"十二五"普通高等教育本科国家级规划教材

国家卫生健康委员会"十四五"规划教材

全　国　高　等　学　校　教　材

供八年制及"5+3"一体化临床医学等专业用

儿科学

Pediatrics

第4版

主　　编　桂永浩　罗小平

副 主 编　母得志　舒　强　李　秋　钱素云

数字主编　桂永浩　罗小平

数字副主编　母得志　舒　强　李　秋　钱素云

人民卫生出版社

·北　京·

图书在版编目（CIP）数据

儿科学 / 桂永浩，罗小平主编 . —4 版 . —北京：人民卫生出版社，2023.10（2024.11 重印）

全国高等学校八年制及“5+3”一体化临床医学专业第四轮规划教材

ISBN 978-7-117-35470-7

Ⅰ. ①儿… Ⅱ. ①桂… ②罗… Ⅲ. ①儿科学－高等学校－教材 Ⅳ. ①R72

中国国家版本馆 CIP 数据核字（2023）第 199602 号

儿　科　学

Erkexue

第 4 版

主　　编：桂永浩　罗小平
出版发行：人民卫生出版社（中继线 010-59780011）
地　　址：北京市朝阳区潘家园南里 19 号
邮　　编：100021
E - mail：pmph @ pmph.com
购书热线：010-59787592　010-59787584　010-65264830
印　　刷：廊坊一二〇六印刷厂
经　　销：新华书店
开　　本：850 × 1168　1/16　**印张：**40　**插页：**4
字　　数：1183 千字
版　　次：2005 年 8 月第 1 版　2023 年 10 月第 4 版
印　　次：2024 年 11 月第 2 次印刷
标准书号：ISBN 978-7-117-35470-7
定　　价：138.00 元
打击盗版举报电话：010-59787491　E-mail：WQ @ pmph.com
质量问题联系电话：010-59787234　E-mail：zhiliang @ pmph.com
数字融合服务电话：4001118166　E-mail：zengzhi @ pmph.com

编　委

（以姓氏笔画为序）

王　艺（复旦大学）
王宝西（空军军医大学）
方建培（中山大学）
田　杰（重庆医科大学）
母得志（四川大学）
巩纯秀（首都医科大学）
曲书强（哈尔滨医科大学）
刘　俐（西安交通大学）
江　帆（上海交通大学）
李　秋（重庆医科大学）
何庆南（中南大学）
宋红梅（北京协和医学院）
张会丰（河北医科大学）
陈志敏（浙江大学）
武　辉（吉林大学）
罗小平（华中科技大学）
罗　蓉（四川大学）
周建华（华中科技大学）
赵东赤（武汉大学）
胡绍燕（苏州大学）
姜玉武（北京大学）
姜红堃（中国医科大学）
桂永浩（复旦大学）
钱素云（首都医科大学）
程文红（上海交通大学）
舒　强（浙江大学）
褚茂平（温州医科大学）

编写秘书

吴静燕（复旦大学）
陈　瑜（华中科技大学）

数字编委

（数字编委详见二维码）

数字编委名单

融合教材阅读使用说明

融合教材即通过二维码等现代化信息技术，将纸书内容与数字资源融为一体的新形态教材。本套教材以融合教材形式出版，每本教材均配有特色的数字内容，读者在阅读纸书的同时，通过扫描书中的二维码，即可免费获取线上数字资源和相应的平台服务。

本教材包含以下数字资源类型

课件　视频　微课

图片　动画　习题

本教材特色资源展示

获取数字资源步骤

①扫描封底红标二维码，获取图书“使用说明”。

②揭开红标，扫描绿标激活码，注册 / 登录人卫账号获取数字资源。

③扫描书内二维码或封底绿标激活码随时查看数字资源。

④登录 zengzhi.ipmph.com 或下载应用体验更多功能和服务。

APP 及平台使用客服热线　400-111-8166

读者信息反馈方式

欢迎登录“人卫 e 教”平台官网“medu.pmph.com”，在首页注册登录（也可使用已有人卫平台账号直接登录），即可通过输入书名、书号或主编姓名等关键字，查询我社已出版教材，并可对该教材进行读者反馈、图书纠错、撰写书评以及分享资源等。

全国高等学校八年制及“5+3”一体化临床医学专业第四轮规划教材　修订说明

为贯彻落实党的二十大精神，培养服务健康中国战略的复合型、创新型卓越拔尖医学人才，人卫社在传承20余年长学制临床医学专业规划教材基础上，启动新一轮规划教材的再版修订。

21世纪伊始，人卫社在教育部、卫生部的领导和支持下，在吴阶平、裘法祖、吴孟超、陈灏珠、刘德培等院士和知名专家亲切关怀下，在全国高等医药教材建设研究会统筹规划与指导下，组织编写了全国首套适用于临床医学专业七年制的规划教材，探索长学制规划教材编写“新”“深”“精”的创新模式。

2004年，为深入贯彻《教育部 国务院学位委员会关于增加八年制医学教育（医学博士学位）试办学校的通知》（教高函〔2004〕9号）文件精神，人卫社率先启动编写八年制教材，并借鉴七年制教材编写经验，力争达到“更新”“更深”“更精”。第一轮教材共计32种，2005年出版；第二轮教材增加到37种，2010年出版；第三轮教材更新调整为38种，2015年出版。第三轮教材有28种被评为“十二五”普通高等教育本科国家级规划教材，《眼科学》（第3版）荣获首届全国教材建设奖全国优秀教材二等奖。

2020年9月，国务院办公厅印发《关于加快医学教育创新发展的指导意见》（国办发〔2020〕34号），提出要继续深化医教协同，进一步推进新医科建设、推动新时代医学教育创新发展，人卫社启动了第四轮长学制规划教材的修订。为了适应新时代，仍以八年制临床医学专业学生为主体，同时兼顾“5+3”一体化教学改革与发展的需要。

第四轮长学制规划教材秉承“精品育精英”的编写目标，主要特点如下：

1. 教材建设工作始终坚持以习近平新时代中国特色社会主义思想为指导，落实立德树人根本任务，并将《习近平新时代中国特色社会主义思想进课程教材指南》落实到教材中，统筹设计，系统安排，促进课程教材思政，体现党和国家意志，进一步提升课程教材铸魂育人价值。

2. 在国家卫生健康委员会、教育部的领导和支持下，由全国高等医药教材建设研究学组规划，全国高等学校八年制及“5+3”一体化临床医学专业第四届教材评审委员会审定，院士专家把关，全国医学院校知名教授编写，人民卫生出版社高质量出版。

3. 根据教育部临床长学制培养目标、国家卫生健康委员会行业要求、社会用人需求，在全国进行科学调研的基础上，借鉴国内外医学人才培养模式和教材建设经验，充分研究论证本专业人才素质要求、学科体系构成、课程体系设计和教材体系规划后，科学进行的，坚持“精品战略，质量第一”，在注重“三基”“五性”的基础上，强调“三高”“三严”，为八年制培养目标，即培养高素质、高水平、富有临床实践和科学创新能力的医学博士服务。

4. 教材编写修订工作从九个方面对内容作了更新:国家对高等教育提出的新要求;科技发展的趋势;医学发展趋势和健康的需求;医学精英教育的需求;思维模式的转变;以人为本的精神;继承发展的要求;统筹兼顾的要求;标准规范的要求。

5. 教材编写修订工作适应教学改革需要,完善学科体系建设,本轮新增《法医学》《口腔医学》《中医学》《康复医学》《卫生法》《全科医学概论》《麻醉学》《急诊医学》《医患沟通》《重症医学》。

6. 教材编写修订工作继续加强"立体化""数字化"建设。编写各学科配套教材"学习指导及习题集""实验指导/实习指导"。通过二维码实现纸数融合,提供有教学课件、习题、课程思政、中英文微课,以及视频案例精析(临床案例、手术案例、科研案例)、操作视频/动画、AR模型、高清彩图、扩展阅读等资源。

全国高等学校八年制及"5+3"一体化临床医学专业第四轮规划教材,均为国家卫生健康委员会"十四五"规划教材,以全国高等学校临床医学专业八年制及"5+3"一体化师生为主要目标读者,并可作为研究生、住院医师等相关人员的参考用书。

全套教材共48种,将于2023年12月陆续出版发行,数字内容也将同步上线。希望得到读者批评反馈。

全国高等学校八年制及“5+3”一体化临床医学专业第四轮规划教材　序言

“青出于蓝而胜于蓝”，新一轮青绿色的八年制临床医学教材出版了。手捧佳作，爱不释手，欣喜之余，感慨千百位科学家兼教育家大量心血和智慧倾注于此，万千名医学生将汲取丰富营养而茁壮成长，亿万个家庭解除病痛而健康受益，这不仅是知识的传授，更是精神的传承、使命的延续。

经过二十余年使用，三次修订改版，八年制临床医学教材得到了师生们的普遍认可，在广大读者中有口皆碑。这套教材将医学科学向纵深发展且多学科交叉渗透融于一体，同时切合了“环境 - 社会 - 心理 - 工程 - 生物”新的医学模式，秉持“更新、更深、更精”的编写追求，开展立体化建设、数字化建设以及体现中国特色的思政建设，服务于新时代我国复合型高层次医学人才的培养。

在本轮修订期间，我们党团结带领全国各族人民，进行了一场惊心动魄的抗疫大战，创造了人类同疾病斗争史上又一个英勇壮举！让我不由得想起毛主席《送瘟神二首》序言：“读六月三十日人民日报，余江县消灭了血吸虫，浮想联翩，夜不能寐，微风拂煦，旭日临窗，遥望南天，欣然命笔。”人民利益高于一切，把人民群众生命安全和身体健康挂在心头。我们要把伟大抗疫精神、祖国优秀文化传统融会于我们的教材里。

第四轮修订，我们编写队伍努力做到以下九个方面：

1. 符合国家对高等教育的新要求。全面贯彻党的教育方针，落实立德树人根本任务，培养德智体美劳全面发展的社会主义建设者和接班人。加强教材建设，推进思想政治教育一体化建设。

2. 符合医学发展趋势和健康需求。依照《“健康中国 2030”规划纲要》，把健康中国建设落实到医学教育中，促进深入开展健康中国行动和爱国卫生运动，倡导文明健康生活方式。

3. 符合思维模式转变。二十一世纪是宏观文明与微观文明并进的世纪，而且是生命科学的世纪。系统生物学为生命科学的发展提供原始驱动力，学科交叉渗透综合为发展趋势。

4. 符合医药科技发展趋势。生物医学呈现系统整合 / 转型态势，酝酿新突破。基础与临床结合，转化医学成为热点。环境与健康关系的研究不断深入。中医药学守正创新成为国际社会共同的关注。

5. 符合医学精英教育的需求。恪守“精英出精品，精品育精英”的编写理念，保证“三高”“三基”“五性”的修订原则。强调人文和自然科学素养、科研素养、临床医学实践能力、自我发展能力和发展潜力以及正确的职业价值观。

6. 符合与时俱进的需求。新增十门学科教材。编写团队保持权威性、代表性和广泛性。编写内容上落实国家政策、紧随学科发展，拥抱科技进步、发挥融合优势，体现我国临床长学制办学经验和成果。

7. 符合以人为本的精神。以八年制临床医学学生为中心，努力做到优化文字：逻辑清晰，详略有方，重点突出，文字正确；优化图片：图文吻合，直观生动；优化表格：知识归纳，易懂易记；优化数字内容：网络拓展，多媒体表现。

8. 符合统筹兼顾的需求。注意不同专业、不同层次教材的区别与联系，加强学科间交叉内容协调。加强人文科学和社会科学教育内容。处理好主干教材与配套教材、数字资源的关系。

9. 符合标准规范的要求。教材编写符合《普通高等学校教材管理办法》等相关文件要求，教材内容符合国家标准，尽最大限度减少知识性错误，减少语法、标点符号等错误。

最后，衷心感谢全国一大批优秀的教学、科研和临床一线的教授们，你们继承和发扬了老一辈医学教育家优秀传统，以严谨治学的科学态度和无私奉献的敬业精神，积极参与第四轮教材的修订和建设工作。希望全国广大医药院校师生在使用过程中能够多提宝贵意见，反馈使用信息，以便这套教材能够与时俱进，历久弥新。

愿读者由此书山拾级，会当智海扬帆！

是为序。

中国工程院院士
中国医学科学院原院长 刘德培
北京协和医学院原院长

二〇二三年三月

主编简介

桂永浩

男，1958年10月出生于上海，教授、博士生导师。国务院政府特殊津贴专家。现任教育部高等学校教学指导委员会儿科学专业教学指导分委员会主任委员，教育部临床医学专业认证工作委员会副主任委员，国家卫生健康委员会新生儿疾病重点实验室主任。曾任复旦大学常务副校长兼上海医学院院长，复旦大学附属儿科医院院长。先后担任国务院学位委员会委员，中华医学会儿科学分会主任委员，教育部医学教育专家委员会委员，上海市科协副主席，《中华儿科杂志》总编辑等职。

从事医教研工作40余年，为儿科学国家级教学团队及国家精品课程、国家精品资源共享课程、国家级一流本科课程（线上线下混合式一流课程）负责人。担任《临床儿科学》等十余部儿科医学专著及《儿科学》国家级规划本科生教材和研究生教材的主编。主编的《儿科学》第3版被评为首批上海高等教育精品教材。主要研究方向为胎源性疾病、围产期先心病防治策略和先心病分子发病机制。先后主持国家“863”重大课题、“973”课题、国家“十五攻关”课题、国家自然科学基金项目等，在国际、国内杂志发表论文200余篇。曾荣获国家级教学成果奖特等奖、教育部高等学校科学研究优秀成果奖（科学技术）二等奖、上海市回国留学人员先进个人、全国卫生系统和上海市卫生系统先进工作者、国家卫生健康突出贡献中青年专家、宋庆龄儿科医学奖、宝钢优秀教师奖、上海市高等教育名师、上海市领军人才、亚洲杰出儿科医师奖和中国儿科医师奖等。

主编简介

罗小平

男，1964 年 11 月出生于湖北公安，教授、博士生导师。国务院政府特殊津贴专家，国家杰出青年科学基金获得者。现任华中科技大学同济医学院儿科学系主任，同济医院儿科学系主任，同济儿童医院院长。先后担任国际儿科内分泌联盟理事，亚太儿童内分泌学会主席，亚洲遗传代谢病学会理事，生长激素研究学会理事，中华医学会儿科学分会副主任委员及内分泌遗传代谢学组名誉组长，中华医学会罕见病分会常务委员，中国医师协会儿科医师分会副会长及青春期健康与医学专业委员会副主任委员，中国医疗保健国际交流促进会妇儿专业委员会副主任委员及儿科专业委员会副主任委员，中国医院协会罕见病专业委员会副主任委员，中国医药教育协会儿科专业委员会副主任委员，中国研究型医院学会儿科学专业委员会副主任委员，世界中医药学会联合会优生优育专业委员会常务副会长，湖北省医学会儿科学会分会主任委员等。

从事教学工作 38 年，儿科学国家精品课程、国家精品资源共享课程负责人。主持国际、国家和省部级项目 40 余项，发表论文 530 余篇。担任 *Chinese Medical Journal* 及《中华儿科杂志》等国内外 50 余种杂志主编/副主编/编委。主编、参编、参译教材专著 60 余部。获国家科学技术进步奖二等奖、湖北省科学技术进步奖一等奖、湖北省自然科学奖一等奖、湖北省教学成果奖一等奖、宋庆龄儿科医学奖、中国出生缺陷干预救助基金会科学技术奖杰出贡献奖、首届中国儿科医师奖和首届国之名医·优秀风范荣誉称号。获评国家卫生健康突出贡献中青年专家，新世纪百千万人才工程国家级人选。

副主编简介

母得志

男，1963 年 9 月出生于四川古蔺，教授、博士生导师。国家杰出青年科学基金获得者。现任四川大学华西第二医院学术院长，中国医师协会新生儿科医师分会会长、儿科医师分会副会长，中华医学会儿科学分会副主任委员、围产医学分会副主任委员。教育部长江学者创新团队带头人，国家卫生健康突出贡献中青年专家，首届国之名医·优秀风范荣誉称号获得者，国家临床重点专科带头人。

从事儿科临床、教学和科研工作 38 年，主持国家自然科学基金 10 项，国家重点研发计划项目 2 项，省部级课题 10 余项；发表学术论文 460 余篇，主编、主译儿科专著 20 余部；培养研究生 80 余名。获国家科学技术进步奖二等奖及省部级科学技术进步奖一、二等奖共 7 项，四川省教学成果奖一、二等奖各 1 项。

舒　强

男，1965 年 10 月出生于浙江宁波，教授、博士生导师。国务院政府特殊津贴专家。现任浙江大学医学院附属儿童医院党委书记，浙江大学医学院儿科学院院长，国家儿童健康与疾病临床医学研究中心主任，国家儿童区域医疗中心主任，教育部高等学校教学指导委员会儿科学专业教学指导分委员会副主任委员，中华医学会小儿外科学分会副主任委员，浙江省医学会小儿外科学分会主任委员。被评为国家卫生健康突出贡献中青年专家，浙江省有突出贡献中青年专家。担任 *World Journal of Pediatrics* 主编、*World Journal of Pediatric Surgery* 主编、《中华小儿外科杂志》副总编辑等。

从事教学工作 34 年，主持国家重点研发计划项目、国家自然科学基金及省部级项目 20 余项，发表学术论文 240 余篇，主编/副主编专著 10 余部。作为负责人或主要成员获国家科学技术进步奖二等奖、浙江省科学技术进步奖一等奖、宋庆龄儿科医学奖等 10 余项。

副主编简介

李 秋

女，1963 年 8 月出生于重庆，教授、博士生导师。国务院政府特殊津贴专家，第十二届、十三、十四届全国人大代表。现任重庆医科大学儿科学院院长、附属儿童医院院长，国家儿童健康与疾病临床医学研究中心主任，教育部儿童发育与疾病重点实验室主任，教育部高等学校教学指导委员会儿科学专业教学指导分委员会副主任委员，中华医学会儿科学分会常务委员、秘书长，中国医师协会青春期健康与医学专业委员会副主任委员、儿科医师分会常委，中国医院协会儿童医院分会副会长，《中华儿科杂志》副主编，《儿科药学杂志》主编，重庆市医学会儿科学分会主任委员，重庆市医师协会儿科医师分会主任委员，重庆市医院协会副会长、儿科学专业委员会主任委员。

从事教学工作 38 年。获国家级教学成果奖二等奖、教育部科技进步二等奖 1 项，重庆市科技进步奖一等奖 1 项，重庆市教学成果奖一等奖 2 项。获第八届国家卫生健康突出贡献中青年专家称号，第十届宋庆龄儿科医学奖，中华医学会儿科学分会第七届儿科卓越贡献医师奖，中国医院协会 2022 年突出贡献奖，中国民主同盟成立 80 周年杰出盟员称号(2022)。被评为重庆市首届医学领军人才，重庆市英才计划名师名家，重庆市首席专家工作室首席专家。

钱素云

女，1962 年 12 月出生于山东菏泽，教授、博士生导师。国务院政府特殊津贴专家，中国共产党第二十次全国代表大会代表。现任首都医科大学附属北京儿童医院党委委员、重症医学科/内科教研室名誉主任、儿科住院医师规范化培训专业基地主任、罕见病中心副主任。兼任中华医学会儿科学分会常务委员，北京医学会儿科学分会会长，北京医师协会常务理事，北京医师协会儿内科专科医师分会会长，*Pediatric Critical Care*(specialty section of *Frontiers in Pediatrics*)副主编，《中华儿科杂志》副总编辑，《中国小儿急救医学》副总编辑等。

从事教学工作 39 年，先后承担国家自然科学基金、北京市自然科学基金等省部级以上课题 10 余项，发表论文 200 余篇，主编/副主编专著 10 余部。荣获北京市科学技术进步奖三等奖、中华医学科技奖三等奖、第十二届宋庆龄儿科医学奖等。

前　言

为落实健康中国战略对医学教育提出的新要求，培养服务健康中国战略和创新型国家战略的未来领军人才，八年制《儿科学》完成了新版的修订工作。本次修订坚持“精品战略，质量第一”的宗旨，从长学制教育的特点、医学教育模式的转变、信息技术的发展等角度出发，在内容、形式等诸多方面力求“更新”“更深”“更精”的特点。在前一版注重“三基”“五性”的基础上，进一步强调了基础医学、临床医学与公共卫生交叉融合的大医学理念，强调了全生命周期健康的模式，尤其是在落实教材立德树人根本任务、课程思政和人文精神教育方面作了新的安排。

本次修订在内容上，除原循证医学、医学伦理学相关章节的科研指导外，增加了儿科临床流行病学研究基本概念和方法的介绍，以增强对学生临床科研思维潜能的培养。根据读者的意见反馈，本次修订继续对教材中涉及学科、章节之间的重复或类同内容进行了修改；根据近年来儿科学科学研究和临床实践取得的新理论、新技术、新方法，在第 4 版各章节中均增加了相关的新内容和知识点。围绕主干教材，加强了“立体化”建设，本次专家同步修订了上版配套教材《儿科学实习指导》《儿科学学习指导与习题集》，还新编写了配套教材《儿科学案例与临床思维》作为学习指导，为指导教师教学，帮助培养学生自主学习能力、梳理临床思路、提升核心岗位胜任能力提供了范本。鉴于本教材编写的特点，本书适用于长学制儿科学的教学，也适用于“5+3”规培生和基层医师提升理论水平、更新业务知识。

本次修订工作由来自全国 23 所大学、临床医院的 27 位儿科专家共同参与。各位编者严谨的科学态度、认真负责的敬业精神使修订工作得以顺利圆满完成。但由于能力和学术水平有限，本书在编写工作中难免存在错误或缺点，在此恳请读者批评和指正。

在完成本书编写的时刻，感谢所有为本书的出版作出贡献的人员，特别向本书的编写秘书吴静燕老师致谢。

桂永浩

2023 年 2 月

目 录

第一章
绪 论

01章

扫码获取
数字内容

1. 儿科学的任务和范围。
2. 儿童各年龄的分期及其特点。
3. 医学伦理学的基本原则和儿童临床的伦理问题。
4. 儿童临床实践中的循证实践。
5. 儿科临床研究的特殊性及实施方法。
6. 《中国儿童发展纲要(2021—2030)》的主要任务及全球可持续发展目标。

第一节 儿科学的任务和范围

(一) 儿科学的任务

儿科学(pediatrics)是一门研究从胎儿至青少年不断生长发育成熟过程中的各年龄期身心健康和疾病防治的医学科学。儿科学的任务是不断探索儿科医学理论并在实践中总结经验,提高疾病的防治水平,降低儿童发病率和死亡率,维护和改善儿童体质、心理发展和社会适应能力,可归纳为儿童的生存、保护和发展三个目标,健康保护和健康促进两大任务。

(二) 儿科学的范围

儿科学涉及范围广泛,凡有关儿童健康保健和疾病防治的问题都属于其研究和实践的范畴。儿科学的重要内容包括以下方面。

1. 预防儿科学(preventive pediatrics) 突出"预防为主",强调预防在儿童时期的重要性。除了对传染病的预防外,还包括提高儿童免疫功能、增强体质、维护儿童心理健康、防止意外伤害,出生缺陷及遗传性疾病的早期筛查和处理。

2. 发育与行为儿科学(developmental and behavioral pediatrics) 侧重于研究儿童运动、语言、认知、情绪与社会发展的规律和特点,以及环境、生物因素的影响作用;区分和识别儿童青少年发育与行为的正常、偏离、问题或障碍,并进行咨询、诊断、干预和治疗。

3. 临床儿科学(clinical pediatrics) 包括研究疾病发生发展规律,临床诊断治疗和康复,降低疾病的死亡率,提高儿童生存质量。随着科学技术的发展,儿科学科细化发展,临床各专业又细分为:儿童的呼吸病学、心血管病学、血液病学、肾脏病学、神经病学、肝脏病学、内分泌代谢病学、先天遗传病学、感染和传染病学、急救医学、康复医学、精神医学和心理学等学科。儿童的生长发育是一个动态连续的过程。从受精卵形成到胎儿出生,母亲妊娠期间受到的外界不利因素影响(包括感染、创伤、滥用药物、接触放射性物质、营养失调和严重心理障碍等)都可影响胎儿的正常生长。近年来,围产医学(perinatal medicine)迅速发展。在我国,围产期(围生期)是指胎龄(妊娠)28周至出生后1周。此阶段围产期胎儿和新生儿死亡率和患病率较高,病理生理和临床特点明显。因此,儿科和产科密切合作,共同研究和处理问题是围产医学的重要模式。青春期医学(adolescent medicine)也是近20多年来儿科临床工作者关注的新兴学科。青春期的少年正处在从儿童转向成人的发育阶段,在性发育、体格发育、内分泌变化和心理行为发育等各方面都具有特殊的规律。

第二节 儿科学的特点

儿科与其他临床医学相比有其不同特点。儿童、青少年处于不断发育成长阶段，年龄造成的差异明显，且个体间差异也很大。此外，儿童临床诊疗与预防密切相关，维护儿童的身心健康更需要从保健和预防着手。

1. 解剖结构 随着儿童生长发育的进展，身体各部位的比例逐渐改变。内脏器官逐渐增长，功能日趋成熟，其大小、位置随年龄增长也有所不同。熟悉正常儿童生长发育规律，掌握不同年龄小儿的特点，有助于及早发现和判断出现的情况是否正常，并对异常情况予以及时的恰当处理。

2. 生理生化 不同年龄儿童有不同的生理生化正常指标，如心率，呼吸频率，血压范围，周围血象中红细胞、白细胞及分类计数等。某些器官或系统的功能暂时不成熟，常是疾病发生的内在因素，如：年幼儿神经系统功能不成熟，受刺激后神经传导易于扩散兴奋，故发热易引起惊厥；婴幼儿肾脏组织分化不全，水盐代谢不稳定，易发生水和电解质紊乱等。只有了解这些生理方面的特点，才能进行恰当干预和诊治。

3. 免疫 儿童皮肤黏膜、淋巴系统、体液免疫和细胞免疫等功能处于发育过程中，其抵御外界病原体入侵的免疫功能较成人低下，如：新生儿的免疫球蛋白 M（IgM）量少，容易患革兰氏阴性细菌感染；3~5 个月婴儿从母体中得到的免疫球蛋白 G（IgG）逐渐消失，而分泌型免疫球蛋白 A（sIgA）不足，容易患呼吸道和消化道感染。

4. 病理 机体对病原体的反应因年龄不同而有差异，相同的致病因子可引起不同的发病过程和病理变化，如：同样为肺炎链球菌引起的肺部感染，婴幼儿常发生支气管肺炎，而年长儿童或成人则多见局限于一个肺叶的大叶性肺炎；婴儿缺乏维生素 D 可出现佝偻病，而成人则发生骨软化、骨质疏松。

5. 心理和行为 感知觉的发育、情感的表达、性格的形成、语言的发展等都使不同年龄儿童具有不同的心理行为特征，如婴幼儿对母亲的依恋心理、青春期少年的性心理发育等。家庭社会的关注和正确引导对儿童的身心健康有重大影响。儿科医务人员在研究和实践中必须熟悉各年龄儿童的心理行为特点，才能作出恰当的判断和处理。

6. 临床表现 儿童病情进展快，易反复，且变化多。婴幼儿病情严重时，有时表现为表情淡漠、体温不升或不吃不哭，特征性表现不明显，容易造成误诊。儿科医师须仔细和严密观察，不放过病情中的细微变化和可疑表现。

7. 诊断 儿童受语言表达的局限，往往不能正确描述症状。临床上儿科医师需详细倾听家长的陈述，结合全面的体格检查和实验室数据进行分析，考虑年龄不同的因素。同一症状和实验室发现在不同年龄段的诊断和鉴别诊断有很大的区别，如：小儿惊厥发生在新生儿早期，应多考虑产伤、颅内出血、缺氧缺血性脑病、先天异常等；对于婴儿无热惊厥，应首先考虑手足搐搦症，而对学龄儿童则应考虑癫痫；婴儿有惊厥者，除热性惊厥外，应考虑中枢神经系统感染。

8. 治疗 儿童用药剂量与成人不同，应按体重或体表面积计算，如抗生素的使用剂量，实施液体疗法时的定量、定性和定速等。在处理儿童疾病时，应积极处理各种可能的并发症，要特别重视护理和支持治疗在儿科综合治疗中的作用。

9. 预后 儿童处于生长发育时期，生命力旺盛，组织修复能力强。疾病虽起病急、来势凶、变化快，但如处理及时、得当，好转也快，后遗症少。但体弱、年龄小、营养不良者病情容易突变，须严密仔细观察，积极处理。

10. 预防 预防工作是儿科临床的特点。传染性疾病和感染性疾病通过计划免疫、公共卫生和社区保健得以控制。通过生长发育的监测，可以早期发现问题，及时处置。通过遗传咨询和围产期筛查可防止遗传性疾病的发生和发展。起源于儿童时期的成人疾病，如高血压、糖尿病和动脉粥样硬化等，也已引起社会高度重视。

NOTES

第三节 儿童年龄分期

儿童的生长发育是一个连续渐进的动态过程，不应被人为地割裂认识。但是在这个过程中，随着年龄的增长，儿童的解剖结构、生理功能和心理行为等确实在不同阶段表现出与年龄相关的规律性。在实际工作中，一般把儿童年龄分为7个时期。

(一) 胎儿期(fetal period)

从受精卵形成到胎儿娩出，正常胎儿期约40周(40±2周)。胎儿的周龄即胎龄，或称为妊娠龄。母亲妊娠期间的外界不利因素，包括感染、创伤、滥用药物、接触放射性物质、毒品，以及营养缺乏、严重疾病和精神创伤等，都可能影响胎儿的正常生长发育，导致流产、畸形或宫内发育不良等。整个胎儿期又分为妊娠早期(不足13周)、妊娠中期(13~28周)和妊娠后期(29~40周)三个阶段。

(二) 新生儿期(neonatal period)

自胎儿娩出脐带结扎时开始至生后28天为新生儿期。此期实际包含在婴儿期内。由于此期在生长发育和疾病方面具有非常明显的特殊性，且发病率高，死亡率也高，所以被单独列为婴儿期中的一个特殊阶段。在此期间，新生儿脱离母体独立生存，其所处的内、外环境发生根本的变化，故其适应能力尚不完善。此外，分娩过程中的损伤、感染延续存在，先天性畸形也常在此期表现。

(三) 婴儿期(infant period)

自出生到1周岁之前为婴儿期。此期是生长发育极其旺盛的阶段，因此对营养的需求量相对较高。此时，各系统、器官的生长发育虽然也在持续进行，但是不够成熟完善，尤其是消化系统相对较弱，故易发生营养和消化功能紊乱。同时，来自母体的抗体逐渐减少，自身的免疫功能尚未成熟，抗感染能力较弱，易发生各种感染和传染性疾病。

(四) 幼儿期(toddler period)

自满1岁至满3周岁之前为幼儿期。此阶段儿童体格生长发育速度较前稍减慢，而智能发育迅速，消化系统功能仍不完善，营养的需求量仍然相对较高，因此合理喂养仍然是保持正常生长发育的重要环节。此期小儿活动范围渐广，接触社会事物增多，但对危险的识别和自我保护能力都有限，因此意外伤害发生率高，应注意防护。

(五) 学龄前期(preschool age)

自3周岁至6~7岁入小学前为学龄前期。此时儿童体格生长发育速度已经减慢，而智能发育更加迅速，与同龄儿童和社会事物有了广泛的接触，知识面得以扩大，自理能力和初步社交能力得到锻炼。

(六) 学龄期(school age)

自入小学始(6~7岁)至青春期前为学龄期。此期儿童的体格生长速度相对缓慢，除生殖系统外，各系统、器官外形均已接近成人。儿童智能发育更加成熟，可以接受系统的教育学习。此期阅读时间明显增多，近视发生率增高。

(七) 青春期(adolescence)

青春期年龄范围一般为10~20岁，女孩的青春期开始年龄和结束年龄都比男孩早2年左右。青春期的进入和结束年龄存在较大个体差异，可相差2~4岁。此期体格生长发育再次加速，出现第二次生长高峰，同时生殖系统的发育也加速并渐趋成熟。在这一时期情绪容易多变且不稳定，精神、行为和心理的问题开始增加。

第四节 医学中的伦理学问题

医学伦理学(medical ethics)探讨和解决医疗卫生工作中人类行为的问题。研究内容包括医学领域中道德的作用、意义和发展规律，医学道德规范，医学道德及人际关系等。随着医学科学的发展、医

NOTES

学研究的深入和新的生物医学技术的不断涌现,医学伦理学涉及的问题越来越多,也越来越复杂。

(一) 医学伦理学的基本原则

1. 自主原则(autonomy) 即充分尊重患者的人格和尊严。在施以任何医学措施和行为前,都应对医疗活动的意义、目的及其可能的结果作真实全面的说明,要取得患者自主的知情同意或选择,尊重他们的自主决定。自主原则保证了患者能够根据他们自己的价值观独立、自愿地做出决定的权利。对于大多数智力正常的成年人,自主权由自己行使;对于缺乏自主能力的人,其自主权受监护人的协助和保护。学龄儿童和青少年具有行为能力,应该重视其在医疗选择上的自主权。

2. 有利原则(beneficence) 就是把有利于患者健康放在第一位,切实为患者谋利益。有利就是行为能够带来客观利益和好处,对作为行为主体的医生而言就是为患者行善事。在医疗行为中,不允许有意伤害和任何伤害的危险存在,这是医学伦理原则中的底线原则。重症监护技术的推广应用使儿童死亡率明显降低,也使得相当数量的儿童在得到长期生存机会的同时留下严重的后遗症。对重症缺氧缺血性脑病的新生儿,是否继续机械通气下维持生命体征,什么情况下可以选择停止救治,是临床医师和家长的一个两难选择。在我国,由于社会、文化和经济背景的不同,破解这一命题的主要方法就是由各方组成的伦理委员会谋求合适的方案。

3. 公正原则(justice) 即在基本医疗照顾上,力求做到人人享有基本的医疗保健,有同样医疗需要的患者应得到相同的医疗待遇。在临床实践中,公正原则体现在两个方面:一是医患交往公正,虽然患者的社会经济和价值观点千差万别,但对患者应一视同仁;二是资源分配公正,对于医疗卫生资源的配置和利用,在患者个体和社会群体之间,既要考虑患者个体的利益,更要考虑社会群体的利益。要在有限的医疗资源的情况下,尽量使每个公民享受公正的基本医疗保障权利。

(二) 儿科临床中的伦理问题

儿科临床活动中经常碰到以下的问题:低龄儿童语言表达能力有限,因此大部分的病史采集过程是在医护人员亲自诊查和与家长的沟通中完成的。家长情绪状态的不稳定和信息来源的不完全,对准确的诊断会造成困难。另外,如果医护人员与家长和患者的交流存在抵触和不合作的情况,就无法获取真实的病情感受和治疗的效果。因此,儿科临床更需要医护人员拥有良好的同理心和为儿童服务的使命感,更耐心地观察和倾听,更有效地沟通和换位思考。

第五节 循证医学与儿科实践

循证医学(evidence-based medicine)的核心思想是:医务人员应认真地、明智地、深思熟虑地运用临床研究中得到的最新、最有力的科学信息来诊治患者。其目的是保证临床医疗决策的科学化。21 世纪的临床医学是循证医学的时代,即在临床实践中贯彻循证医学的理念和方法提高临床医学的水平。

循证医学与传统医学在处理临床问题时有着重大的区别。在诊断试验、预防和筛查措施的选择、治疗有效性评价、预后评价、病因与危险因素分析等各方面,传统医学多以经验医学为主,其决策主要建立在非实验性的临床经验及对发病机制和病理生理知识的理解的基础上。传统医学解决临床问题的主要方法是:①根据医师的经验和生物学知识;②阅读教科书;③采纳专家意见;④阅读有关文献。而循证医学则强调根据科学研究的依据来处理临床问题,同时结合医生的临床经验并尊重患者的意愿作出临床决策。循证医学实施的具体步骤包括:①提出问题,找准临床问题是实施循证医学的前提条件。提出的问题大多是围绕患者诊治的中心展开,包括病因、临床表现、鉴别诊断、治疗方案、疾病预后和预防。②获取有关证据,包括原始的研究证据、二次处理的合成证据、循证指南等。③评价证据,即对证据的真实性、可靠性、实用性严格评价。④应用证据解决问题,根据患者的具体病情以及个人意愿,在知情同意的前提下,决定优先处理的问题,并将获得的最佳证据的结论应用到患者的临床方案中去。⑤效果评估,即对已实施的临床行为进行仔细的分析和评价,总结经验,不断提高医疗

NOTES

质量。

循证医学中对医学文献的收集都要进行评价。评价方法可遵循 *JAMA* 出版的《医学文献使用者指南-循证临床实践手册》提出的标准进行。

循证医学除了强调对临床证据作系统和科学的评价以外，由英国的 Archie Cochrane 在 1979 年提出和开展的系统综述（systematic review）对循证医学的开展起了重要作用。系统综述是针对某一具体临床问题系统、全面地收集全世界所有已发表或未发表的有关临床研究的文章，用统一的科学评价标准，筛选出符合质量标准的文章，进行定量综合，得出可靠的结论。由于传统综述解决临床问题在方法上存在缺陷，在文献收集、文献质量评价、文献结果汇总上存在加大的偏倚，得出的结论常常是不完整，有时是错误的。系统综述则强调收集文献的全面性，对每篇文献必须根据科学标准评估，删除无科学性的文献，并将符合条件的文献结果加以定量综合，这样可以较大程度上避免偏倚及错误。20 世纪 80 年代 Cochrane 组织开展跨国合作，对某些常见重要疾病（心血管、癌症、消化道疾病）的某些疗法作了系统综述，它们对改变世界临床实践产生了划时代的影响，被认为是临床医学发展史上的一个里程碑。

循证医学强调收集最佳证据，同时还提倡把个人的临床实践经验与从外部得到的最好的临床证据结合起来，充分尊重患者的选择，这在诊治决策中至关重要。一个忽视临床实践经验的医生，即使得到了最好的证据，也可能用错。将最佳证据用于每一个具体患者时，必须因人而异，结合患者的临床资料进行取舍。

近年来，采用各种临床指南（clinical guideline）作为临床医生的医疗行为标准已成为国际趋势。临床指南是以循证医学为基础，由官方政府机构或学术组织撰写的医疗文件，将规范化医疗与个体化医疗相结合。以循证医学为基础的临床指南的产生具有重要意义。临床指南可以提高医疗机构的医疗质量，为患者提供最佳和合理的治疗；可以改变临床医师的医疗行为，减少不同医疗机构和不同临床医师间素质不同造成的医疗水平差异；可以减少医疗费用，选择成本-效果分析结果较好的诊断和治疗意见；有助于继续教育，是很好的继续教育教材；可作为官方政府部门对医疗机构医疗质量检查的依据；可作为医疗保险机构掌握医疗保险政策的凭据。临床指南正式文件形成后，还需要定期修订，根据每年出现的新文献、新的证据来不断修改，完善原订的版本。

不同水平的实证（按强度从高至低排序）包括：①来自对所有相关随机对照试验的系统评价的实证；②来自至少设计良好的随机对照试验的实证；③来自设计良好、有对照但非随机试验的实证；④来自设计良好的队列研究或病例-对照分析研究，特别是多中心研究；⑤来自多时间序列研究，有干预或没有干预；⑥来自权威的意见，基于临床经验、描述性研究或专家委员会的报告。

目前，高水平的儿童疾病临床研究证据还相对不足，同时成人的研究证据不能完全照搬应用于儿童。儿童对药物的吸收、分布和代谢与成人有着根本的区别，对治疗产生的效果也不同，如大剂量、长疗程使用糖皮质激素会造成小儿生长发育迟缓，而在成人则没有这种危险。很多研究不包括儿童或没有年龄的分组结果，这意味着儿科医生缺乏儿科相关的研究证据应用于患者。为此，Cochrane 协作组内的儿科医生发起成立了儿童健康领域工作组（Cochrane Child Health Field），聚焦儿童健康问题，推广循证医学证据，改善儿童和青少年的循证医疗决策。

循证医学实践对保证儿科患者获得最好和最适宜的临床决策是必要的。虽然循证儿科临床实践存在障碍，但克服这些障碍的方法和策略也在不断地发展和完善。为了在儿科临床更好地实践循证医学，儿科临床医师必须不断跟踪最新的进展，掌握专业领域的专门知识，形成以患者为中心、以问题为导向、遵循证据的的临床思维方式。

第六节 儿科临床研究方法

随着儿科医学的发展和进步，临床研究为疾病的诊治提供了科学依据。儿科临床研究的基本理

NOTES

论和方法与其他医学学科并无本质的差别。但是，由于儿童尚处于不断的生长发育阶段，其生理、病理、疾病谱与成人相比存在较大差异，很多成人临床研究结果难以被照抄照搬地应用于儿童人群。因此，强调用循证医学的理念和方法进行儿科临床研究和实践，以提供更多的临床疾病诊治证据，指导临床行为显得非常必要。

一、儿科研究的重要性

从事儿科临床实践的医生需要有专门的知识和技能与丰富的临床经验。但这些临床工作中积累的经验不够系统和全面，或由于受条件的限制，不足以揭示疾病的本质问题。临床研究中，由于研究对象的特殊性和研究手段的限制，很多儿童相关的临床数据明显缺乏，如多数婴儿的药物代谢资料仍参考成人数据，导致大量儿童用药属于处方说明书外的使用（off-label use）。随着技术的进步，儿科药物研究可望采用微量检测、无创检测、计算机辅助分析等多种无创或微创技术，使儿童药物监测和剂量确定便捷、可行，同时为儿科临床药理的相关研究提供了新的机会。

由于儿科疾病谱的特点，先天性和遗传代谢病在儿科占有较大比重，儿科疾病的预防干预和早期筛查研究有重要地位。随着围产期疾病监测技术的进步，较多的严重先天性疾病在产前或生后早期得到了治疗或干预，提高了生存率和存活儿的生存质量。

生命早期起源的成人疾病问题是近年来较受重视的儿科研究方向。大量的流行病学和实验研究已经发现那些存活的宫内生长滞缓儿（IUGR）、低出生体重儿或早产儿与成年期发生的疾病，如2型糖尿病、肥胖、代谢综合征、骨质疏松、高血压、冠状动脉疾病、慢性肾病以及慢性肺疾病等密切相关，并可以遗传至下一代。这可能与胎儿或新生儿为适应宫内外不良环境，对自身代谢或组织结构发生的适应性调节有关。在生命早期阶段，如果这种不良环境得不到及时纠正，那么这些适应性调节将导致机体在代谢结构上发生永久性改变，导致成人期发生冠心病、卒中、糖尿病、高血压、肥胖、慢性肾病等疾病风险增加，此即所谓的“成人疾病的发育起源”学说。该学说的提出，引发了儿科领域大量的相关研究。近年来，胎儿程序化的研究重点主要集中在产前事件对胎儿发育的表观遗传的影响。

由环境因素变化所引起的机体生理与代谢等方面的持续性改变也被称为胎儿的编程。越来越多的证据揭示了DNA甲基化和组蛋白修饰等分子修饰改变或分子调控机制在胎儿来源的成人疾病中起到重要作用，这也成为了儿科临床研究新的、重要的方向。

二、儿科研究的特殊性

儿童不是成人的缩影。由于处于生长发育阶段，儿童器官功能和代谢处于不断成熟的过程中，相关的临床研究必须考虑患者的年龄因素。某些专业，如新生儿学科，又属于包括了各个器官和系统的学科，也与产科和围产医学关系密切，故在临床研究中儿科与妇产科、公共卫生、基础医学及生命科学学科交叉有着重要意义。

在儿科临床研究中，由于儿童常不能准确叙述病情，客观性检测的地位非常重要。在随机对照研究中，知情同意书往往需征得监护人的同意和签署；儿童临床试验的伦理学要求、对研究中不良事件监测的要求往往较高且具特殊性。临床试验结果的随访，除考虑时间因素外，还应关注儿童生长发育本身带来的变化。例如，对新生儿期的临床治疗研究，尤其是有关神经发育影响的随访，常在生后18个月时进行，必要时在5岁或更长期进行随访。过短期的随访不能全面反映治疗干预的远期效果，但过长时间的随访可能会受到生长发育本身的影响，或由于受到不同时期治疗干预策略的改变和变迁的影响，使得干预的效果出现“稀释”而不易显现。

在我国儿科临床研究中，一些儿科发育、生理、生化及遗传代谢等指标采用了国外的相关资料，中国人群样本来源的数据有待完善和补充，这也为儿科临床研究提供了机遇和挑战。相对于成人的疾病研究，儿科临床的随机对照试验（randomized controlled trial，RCT）研究数量还比较有限，进一步研究的空间很大。目前儿科临床药理研究思路基本是在成人临床研究知识的基础上进行探索，这在最

NOTES

大程度上避免了过多的、不必要的儿童和新生儿临床试验。但是，在新生儿合理用药中，除了沿用成人或儿童研究结果外，不管使用何种药物，正确理解生长和发育与药物的吸收、分布、代谢和排泄的关系是十分重要的。不同年龄组的个体表现、所处环境不同，其临床反应可能会出现较大差异，对此我们仍需要获取相关的数据和必要的随机对照试验研究资料。随着发育药理学的研究深入及新生儿临床药理学研究新技术的引入和开展，此类问题将会逐渐得到解决。

儿童期是遗传代谢病的主要发病年龄段，但我国的儿童遗传代谢病数据库有待完善，诸多的遗传代谢病有待正确和及时的诊断。随着二代测序（next generation sequencing）技术等基因检测和分析技术的进步、相关研究和检测成本的下降，儿童遗传代谢病的诊断和研究将会有更大的发展，也为合理、及时的治疗带来了新的机遇。

三、儿科研究的方法

与其他临床学科的研究类似，儿科临床研究首先应该正确地选择研究问题；临床日常工作中可能会遇到很多困难和疑难问题需要研究解决。尽管在临床研究中，真正的原创性研究占少数，更多的是借鉴、模仿或部分重复前人或他人的工作，但即使是模仿和重复成人研究的结果，也应该有所创新，提出新的结论、观点和见解。在进行研究设计前，确定研究的问题是第一步；儿科特定的问题需要探索、解决未知，发现新的规律，找出新的方法，提出新的观点，最终解决问题。儿科临床研究问题的提出常常是建立在扎实的临床实践基础、创新性的思考、大量文献阅读和分析的基础上的。

1. 儿科转化医学研究（pediatric translational research） 转化医学研究，将实验室的研究和理念应用于临床实践和临床研究，是对儿科临床医生或从事儿科基础研究工作者的新要求。儿科转化医学研究主要包括：儿童疾病病理生理理论在临床的应用、遗传学和分子生物学在儿科肿瘤和炎症中的应用、最新医疗设备技术在临床评估和预后监测中的应用、最新的病理机制和新的疗法在儿童各不同器官疾病中的应用、将动物模型研究的进展及相关技术用于儿科疾病的研究等。探讨我国儿科转化医学研究的现状，分析我国儿科临床医生转化医学研究能力欠缺的可能原因，可望找到提高我国儿科临床医生转化医学研究能力的方法，提升医生从事科研工作的水平。通过提高临床实践工作中进行转化医学研究的潜意识，有助于总体把握临床疾病的病因、发病机制及治疗，最终培养出具有从临床凝练到基础、从基础研究投射到临床应用思维模式的新一代儿科临床科学家（physician scientist）。

2. 儿科临床研究的全球合作问题 国际上将婴儿死亡率、孕产妇死亡率和人均预期寿命作为衡量一个国家的卫生健康发展水平的重要指标。降低婴儿死亡率是儿科临床研究的重要任务和终点指标；基础研究的进步为临床研究提供了解决问题的方向和手段。我国的儿科临床研究，尤其是临床适宜技术的推广和培训研究对降低婴儿死亡率作出了重要贡献。国际合作与交流（尤其在降低婴儿死亡率的全球合作研究）及国际数据共享和对比，对促进儿科临床研究，降低我国婴儿死亡率也起到了非常积极的作用。

3. 科学的设计方案在儿科临床研究中的重要性 循证医学的发展提升了儿科临床研究的科学性和实用性。选择不同的研究方案，在很大程度上决定了研究结果的证据强度。临床随机对照试验（RCT）是强度最高的设计之一。儿科研究由于研究条件、伦理问题等限制，在没有条件进行RCT研究时，可进行非随机或无对照的观察性研究。在儿科临床研究前，应该有计划地进行科研设计，对纳入对象、排除标准、结果的判断标准等作出具体的定义和规定。

总之，儿科临床研究是基于儿科特点的一种创新性工作，要充分掌握学科的进展，选好课题，进行规范的科学研究。通过研究，发现儿科临床工作中存在的问题，解决问题，最终推动儿科医学学科的发展。

第七节 儿科的发展与展望

中国传统医学在儿科方面的发展比西方医学要早得多。在2 000多年前的《素问》《灵枢》等文

NOTES

献中已记载有婴儿病;《史记》中首次提到“小儿医”。2—3 世纪医书中小儿病例记述渐多,东晋葛洪的《肘后救卒方》提到结核病和用槟榔治绦虫病。隋唐时儿科发展更快,有儿科专论,如孙思邈著的《备急千金要方》,已按症状将儿科疾病分门别类,并重视儿童保育和预防;唐代太医署设少儿科讲授儿科医学。宋代儿科高度发展,名医很多,如钱乙著有《小儿药证直诀》、刘昉等著有《幼幼新书》,尚有《小儿卫生总微论方》等著名儿科文献,那时已能分辨痘与疹,并对发热、惊厥、咳嗽、吐泻总结出不少治疗方剂。明代和清代不少名医不仅改进了诊疗技术方剂,而且注意了疾病的预防,如薛铠提出用烧灼脐带法预防新生儿破伤风;张琰的《种痘新书》提出接种人痘来预防天花,较欧洲人发明牛痘早百余年。明清两代也出现了不少儿科医家与专著,但 19 世纪国内儿科学发展不如西方。自 19 世纪下半叶开始,随着商品和教会进入我国,西方医学也随之传入。

19 世纪随着西方自然科学和工业的迅速发展,带来医学方面的重大进步。此时人们开始注意到婴儿死亡主要与传染病、营养缺乏病以及新生儿疾病有关,并对儿童传染病进行研究,如研究用白喉抗毒素中和毒素抢救白喉患者;对脊髓灰质炎流行病学及病理进行研究,在 20 世纪初分离出致病病毒,为制造疫苗打下了基础。20 世纪 20 年代和 30 年代,人工喂养、佝偻病、腹泻和传染病等常见病诊治有了极大发展。此外,婴幼儿体液与电解质平衡也受到重视。在感染性疾病方面,随着磺胺类药物和青霉素等抗生素的不断发现和广泛应用,儿童传染病和感染性疾病的发病率和病死率明显降低。20 世纪 50 年代后期的半个世纪以来,由于创制了各种疫苗对儿童传染病进行有效预防,儿童传染病的发病率大大下降,流行得到控制,如天花已于 20 世纪 70 年代在全世界被消灭。临床儿科学已转向了对各种难治疾病的研究,逐渐形成了按各系统划分的儿科亚专业。

1939 年中华医学会儿科学分会在上海成立。20 世纪 40 年代各大城市开始设置儿科。1943 年,由诸福棠主编的《实用儿科学》问世,为我国第一部完整的儿科医学参考书,标志着我国现代儿科学的建立。1949 年中华人民共和国成立后,政府遵循预防为主的卫生方针,大力开展城乡儿童保健工作,逐步建立各级儿保或妇幼保健机构,形成了较健全的儿童保健网。20 世纪 50 年代我国培训了大批接生员、保育员,广泛推行科学接生,提倡新法育儿,使婴儿死亡率显著下降。与此同时,大力开展爱国卫生运动,我国的预防接种、计划免疫,特别是为儿童普遍接种牛痘、卡介苗和百日咳、白喉、破伤风三联疫苗,成为发展中国家的范例。20 世纪 60 年代,我国又自力更生制成麻疹和脊髓灰质炎疫苗。疫苗的广泛应用,使相应的传染病发病率大幅度下降(天花已于 1951 年 7 月在国内被消灭),彻底改变了解放初期的“三高一低”状况,即高出生率(30.7‰)、高婴儿死亡率(117.6‰)、高孕产妇死亡率(685/10 万)和低期望寿命(45 岁)。2022 年我国 5 岁以下儿童死亡率为 6.8‰,新生儿死亡率为 3.1‰(图 1-7-1)。

伴随快速的经济发展而出现的工业化、城市化、现代化和全球化带来了新的健康问题,儿童健康也面临着许多新的问题和挑战,突出表现在环境因素、社会因素、人们的行为和生活方式对儿童的影响,不仅影响儿童期的健康,甚至还会对儿童发育、成长构成影响,伴随终身。由于形成了多因素致病的模式,以往以应对单一因素致病的传统策略和处置方法已经不能适应新的变化的需要。历史上严重威胁儿童生命和健康的传染性疾病和感染性疾病依然存在。在全球范围内,一些已经得到控制的传染病、新发传染病出现了回升和流行,对儿童健康的威胁突出表现在以下几个方面:滥用抗生素与细菌耐药菌株的广泛产生和扩散;昆虫媒介和动物源性疾病;血液或血液制品传播疾病的威胁增加;孕期和新生儿感染性疾病增加;流动人口中儿童传染病的防治问题。与此同时,慢性非传染性疾病在儿童发病率和死亡率中所占比例越来越高,儿童心理问题正在成为日益严重的儿童健康挑战。近年来导致 5 岁以下儿童死亡的前 5 位死因顺位为早产或低出生体重、肺炎、出生窒息、先天性心脏病和意外伤害等非感染性因素。

世界卫生组织、联合国儿童基金会在向全球发出的“新千年发展目标”(millennium development goals, MDGs)中提出了至 2015 年,将 5 岁以下儿童死亡率降低 2/3,孕产妇死亡率降低 3/4 的要求。中国作为一个有着三亿多儿童的发展中的大国,根据国家卫生事业发展“十三五”规划纲要,实现 21

NOTES

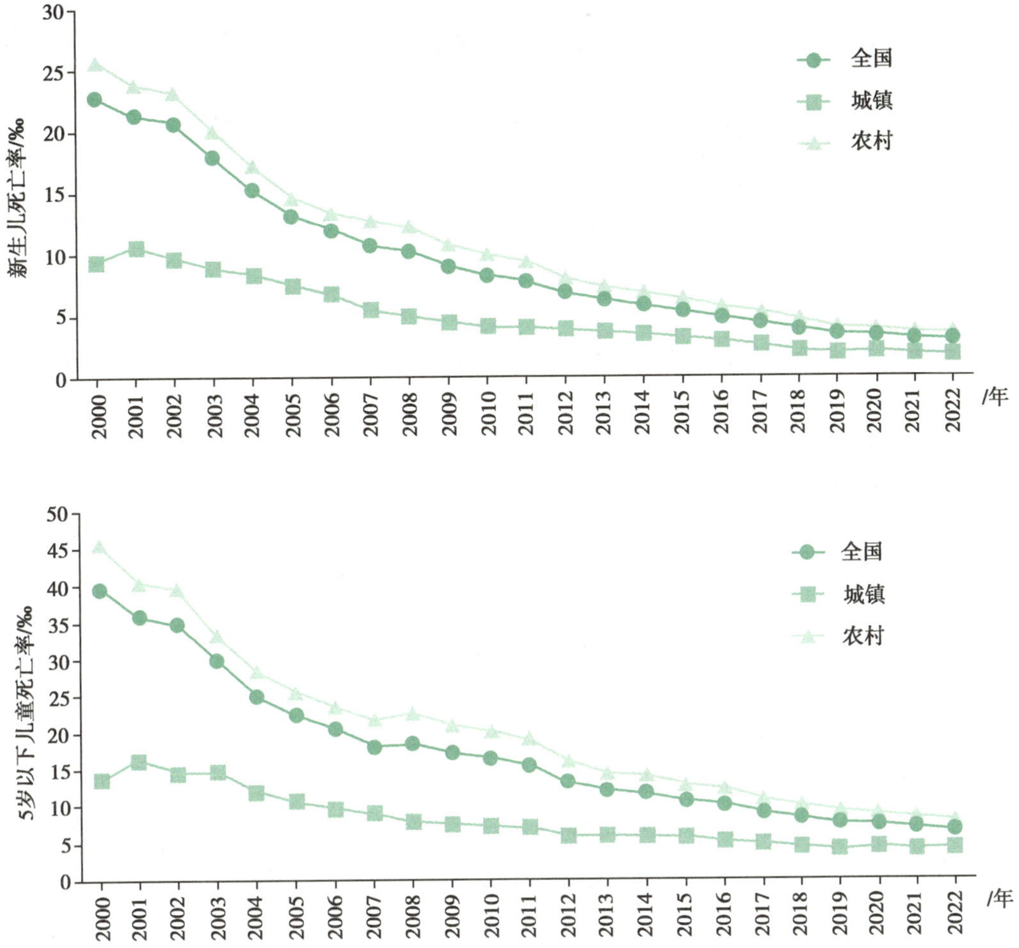

图 1-7-1 2000—2022 年我国监测地区的新生儿死亡率和 5 岁以下儿童死亡率

世纪儿童健康策略在儿童生存、保护和发展三个目标以及健康保护和健康促进的目标，提前 8 年完成了“新千年发展目标”中降低 5 岁以下儿童和婴儿死亡率的任务。

新近发布的《中国儿童发展纲要（2021—2030 年）》中提出：要更加完善覆盖城乡的儿童健康服务体系，儿童医疗保健服务能力明显增强，儿童健康水平不断提高，新生儿、婴儿和 5 岁以下儿童死亡率分别降至 3.0‰、5.0‰ 和 6.0‰ 以下，预防和控制出生缺陷，提升儿童心理健康水平，使儿童常见疾病和恶性肿瘤等严重危害儿童健康的疾病得到有效防治等十二项指标。世界卫生组织也在“新千年发展目标”的基础上，提出了“可持续发展目标”（sustainable development goals，SDGs），即到 2030 年，全球要消除新生儿和 5 岁以下儿童可预防的死亡等一系列儿童健康指标。中国的儿童健康事业任重道远。

（桂永浩）

思考题

1. 根据儿童年龄分期，分析儿童保健和疾病防治的特点。
2. 如何应用循证医学的理念指导儿科临床实践？
3. 新时期儿童健康保护和促进面临的任务和挑战是什么？

02章

扫码获取
数字内容

第二章
儿科疾病的诊断和治疗

1. 病史询问、体格检查和病历书写是医生的基本功。
2. 良好的沟通技能和人文关怀在儿科诊疗与医患沟通中非常重要。
3. 液体疗法是儿科治疗中最基础和最重要的治疗方法之一。
4. 口服补液盐（ORS）推荐用于治疗急性腹泻脱水。

第一节　儿科诊断的特点

疾病诊断过程包括：病史采集；体格检查；实验诊断及辅助检查；对搜集的临床资料进行综合分析和评价；进行临床诊断推理；提出初步诊断和鉴别诊断，并在临床实践中验证或修正诊断。虽然临床实验室和医疗诊断设备不断更新，为疾病的诊断提供了更多更精确的手段，但准确的病史采集和系统的体格检查永远是正确诊断疾病的重要基础。病历是记载疾病发生、发展和转归的诊疗记录，无论手写还是电子病历都是具有法律效力的医疗文件。书写完整而规范的病历是对医生的基本要求。

一、病史询问及记录

获得完整而准确的病史是儿科诊疗工作的重要环节。儿童病史一般由家长或监护人提供，更需要医生耐心并具有同情心地倾听代述人对病情的描述。年长儿童可让其自述病情，但宜注意儿童有时会因害怕或表达能力欠佳而误说病情，应注意分辨真伪。病情危重时，应先重点扼要地询问病史，边询问边检查和抢救，以免耽误时机，详细病史可以后补问。医生良好的仪表和询问时态度的和蔼可亲将有助于取得患者和家长或监护人的信任与病史的采集。

（一）住院病历

1. 一般项目　正确记录患者姓名、性别、年龄、民族、父母或监护人姓名、家庭地址、联系电话、病史提供者与患者的关系及病史可靠程度。不同年龄时期儿童的年龄记录要求不同：新生儿记录天数甚至小时数，婴儿记录月数，1 岁以上记录几岁几个月，例如 18 个月表示为 $1^{6}/_{12}$ 岁。

2. 主诉　是促使患者就诊的主要症状或体征及持续时间。主诉一般不超过 20 个字，例如：发热 3 天，抽搐发作 1 次。

3. 现病史　是病历的主要部分，内容包括：①起病情况。记录起病时间、地点、起病急缓、前驱症状、可能诱因。②主要症状和病情变化情况。按照出现先后顺序重点描述主诉中症状或体征的出现部位、性质、持续时间、程度、缓解或加剧情况、伴随症状、有鉴别意义的阴性症状及病情发展变化情况，然后再记录其他症状。婴幼儿常不会叙述自觉症状而以特殊行为表示，如头痛时拍头、腹痛捧腹弯腰或阵发性地哭闹不安等。儿童疾病症状常泛化，可涉及多个系统，如呼吸道感染时常伴有呕吐、腹泻等消化道症状，还可由高热引起惊厥。③诊治经过。记录起病以来的就诊情况，接受的检查、治疗及效果。④一般状况。记录起病后的精神状态、睡眠、食欲、大小便、性格改变等情况；对于慢性疾病，宜注意对儿童生长发育的影响；疑为传染性疾病时，应详细询问传染病相关的接触史。

4. 个人史　询问时根据不同年龄和不同疾病有所侧重。对于 3 岁以内儿童，应详细询问出生史、喂养史和生长发育史。

（1）出生史：记录胎次，胎龄，分娩方式，出生体重，出生时有无窒息、产伤，阿普加评分（Apgar score）。对有神经系统症状、智力发育障碍和疑有先天畸形的患者，更应详细询问生产史，还应询问父母年龄、母孕期健康和用药史。对于新生儿病历，应将出生史写在现病史的开始部分。

（2）喂养史：询问母乳喂养还是人工喂养或混合喂养。对于人工喂养儿，要了解乳品种类、调制方式和量，辅食添加情况；对于年长儿，要询问食欲、饮食习惯、是否偏食等。

（3）生长发育史：对于3岁以内的患者或所患疾病与发育密切相关者，应详细询问其体格和智力发育过程。对于婴幼儿，着重了解出现抬头、笑、坐、走、有意识叫爸爸妈妈、囟门闭合及出牙时间等；对于年长儿，应了解学习情况和行为表现等。

（4）预防接种史：包括是否按时按序进行计划免疫，非计划免疫的特殊疫苗接种情况，有无不良反应。

（5）生活史：包括居住条件与环境，生活是否规律，睡眠情况及个人卫生习惯，是否经常进行户外活动，以及家庭周围环境，是否饲养宠物等。病历中生活史一般不单独列出。

5. 既往史　是患者过去的健康和疾病情况，包括既往一般健康状况与疾病史，尤其是是否患过与本次疾病相关的疾病。注意询问有无药物或食物等过敏史。

6. 家族史　询问父母年龄、职业和健康状况，是否近亲结婚；母亲历次妊娠及分娩情况；家庭其他成员的健康状况；家庭中有无其他人员患有类似疾病；有无家族性和遗传性疾病；其他密切接触者的健康状况。

（二）门诊病历书写

门诊病历封面（首页）应记录患者姓名、性别、年龄、住址、联系方式、药物过敏史等信息，由首诊医生填写。初诊病历包括就诊日期、科别、主诉、现病史、既往史、与本次发病有关的个人史和家族史、阳性体征和有鉴别意义的阴性体征、实验室和辅助检查结果、诊断或初步诊断、处理意见和医生签名等内容。处理意见包括要做的实验室和辅助检查，治疗药物和使用方法、注意事项以及是否随访和随访时间等。门诊复诊病历要重点记录上次就诊以来病情变化，治疗反应，原有阳性体征变化或新发现的阳性体征，需要补充的实验室和辅助检查项目，诊断和处理措施有无变更等内容。对于法定传染病，必须依规及时填写疫情报告。

二、体格检查

体格检查时宜注意：①病史采集时与患者有效沟通和尽可能让其参与其中，态度和蔼并与患者建立良好的关系，有助于体格检查的顺利进行。查体时要注意保护个人隐私。②医生一般站在受检查者右侧，手法要规范轻柔，并注意保暖。可让婴幼儿在家长怀抱中进行检查，以能使其安静为原则。③养成按顺序查体的习惯，避免反复翻动患者身体，但口咽部、眼部、主诉疼痛等部位的检查可放在最后进行。④对病情危重的患者，应边抢救边检查，或先检查生命体征和与疾病有关的部位，待病情稳定后再进行全面体格检查。⑤注意避免交叉感染，检查前应洗手或用消毒液擦手，听诊器等检查用具要经常消毒。

（一）一般状况

询问病史过程中可同时观察发育与体型、营养状况、精神状态、面部表情、意识状态和对周围事物的反应、面色、体位、语言应答及活动能力等。

（二）一般测量

除体温、呼吸、脉搏、血压外，还应测量儿童的身高/长、体重、头围、前囟大小、坐高等。

1. 体温　可根据不同年龄和病情选择测温方法：①腋温。体温表置于腋窝处，夹紧上臂至少5分钟，正常36~37℃，除了休克和周围循环衰竭者外，适用于各年龄组儿童。②口温。口表置于舌下3分钟，正常不超过37.5℃，只适用于能配合的年长儿。③肛温。肛表插入肛门内3~4cm，2分钟，正常为36.5~37.5℃，较准确，适用于病重及各年龄组儿童。④耳温。用耳温测定仪插入外耳道内，20秒

NOTES

左右即可完成测试，可用于各种情况下的儿童。⑤额温。用红外线测温枪测额头皮肤温度，正常不超过37℃，但结果易受环境温度影响，仅用于体温快速筛测。

2. 呼吸和脉搏 在儿童安静时测量，年幼儿腹式呼吸为主，可按腹部起伏计数。对呼吸过快不易看清者，可用听诊器听呼吸音计数。年幼儿腕部脉搏不易扪及，可计数颈动脉或股动脉搏动。各年龄儿童呼吸、脉搏正常值见表2-1-1。

表2-1-1 各年龄组儿童呼吸和脉搏正常值

年龄分期	呼吸/次	脉搏/次	呼吸：脉搏
<28天	40~45	120~140	1：3
28天~1岁	30~40	110~130	1：3~1：4
1~3岁	25~30	100~120	1：3~1：4
4~7岁	20~25	80~100	1：4
8~14岁	18~20	70~90	1：4

3. 血压 可采用汞柱血压计和电子血压计。对不同年龄儿童应选用不同宽度的袖带。合适的袖带宽度应为1/2~2/3上臂长度：过宽测得血压偏低；过窄则偏高。新生儿及小婴儿可用监护仪测量。儿童年龄愈小，血压愈低。儿童时期正常收缩期血压(mmHg)=[年龄(岁)×2]+80，舒张压为收缩压的2/3。一般只测任一上肢血压即可。如疑为大动脉炎或主动脉缩窄的患者，则应测四肢血压。

(三) 皮肤及皮下组织

注意观察皮肤色泽、湿润度、弹性、皮下脂肪厚度，有无黄疸及程度、皮疹、紫癜、出血点、水肿、硬肿、毛细血管扩张、血管瘤和毛发异常等变化。

(四) 淋巴结

检查淋巴结大小、数目、质地、活动度、有无压痛等。正常儿童在颈部、腋下和股沟等处可扪及单个淋巴结，大小0.5~1.0cm，质软、活动、无压痛，但颏下、锁骨上和滑车上不应扪及。

(五) 头部

1. 头颅 观察：大小、形态、头发；前囟大小、隆起或凹陷、张力；骨缝是否闭合，有无枕秃、颅骨软化及缺损等。必要时测量头围。

2. 面部 注意有无特殊面容、眼距、鼻梁高低、双耳位置和形状等。

3. 眼、耳、鼻 注意眼睑有无水肿、下垂、红肿，有无眼球突出、斜视、结合膜充血、巩膜黄染、角膜溃疡及混浊；检查瞳孔大小和对光反射、外耳道有无分泌物、提耳时是否疼痛；怀疑有中耳炎时用耳镜检查鼓膜情况。注意鼻翼有无扇动及鼻腔分泌物。

4. 口 注意口唇有无苍白、发绀、干燥、皲裂、口角糜烂、疱疹，口腔内黏膜或牙龈有无充血、溃疡、麻疹黏膜斑、鹅口疮，腮腺开口处有无红肿及分泌物，牙齿数目及有无龋齿，舌的大小、舌质和舌苔颜色，舌系带是否过短，舌有无溃疡，有无舌的运动异常，有无腭裂。检查咽部有无充血、溃疡、疱疹，扁桃体是否肿大、有无充血、分泌物、脓点、假膜，以及咽后壁滤泡和脓肿等情况。

(六) 颈部

注意有无短颈和颈蹼等畸形，甲状腺是否肿大，气管是否居中，有无异常的颈部血管搏动，有无活动受限，有无颈肌张力增高或弛缓。

(七) 胸部

1. 胸廓 注意胸廓是否对称，外观有无畸形，如肋骨串珠、肋膈沟、肋缘外翻、鸡胸、漏斗胸、桶状胸，有无肋间隙饱满、凹陷，有无心前区隆起及异常呼吸运动等。

2. 肺 观察呼吸节律、频率、幅度有无异常，有无呼吸困难，是否出现三凹征(锁骨上窝、胸骨上

NOTES

窝、肋间隙和剑突下吸气时凹陷)。婴幼儿胸壁薄,叩诊时用力要轻。儿童正常呼吸音为支气管肺泡呼吸音。如年幼儿童不配合,可在其啼哭或说话时进行语音震颤检查,在啼哭后深吸气时进行听诊。儿童肺炎时湿性啰音部位容易出现在腋下、肩胛间区和肩胛下区,尤其应注意这些部位的听诊。

3. 心 注意有无心前区隆起、心尖搏动移位、心尖搏动强度和范围改变、负性心尖搏动。正常新生儿心尖搏动部位于第4肋间锁骨中线偏外侧,6~7岁后逐渐内移至第5肋间锁骨中线内侧。心尖搏动范围一般为2~3cm。触诊检查心尖搏动的位置及有无震颤,并注意部位和性质。叩心界时宜轻。对3岁以内儿童,一般只叩心脏左右界。叩心脏左界时从心尖搏动点左侧起向右叩;叩心右界时从肝浊音界的上1肋间自右向左叩。儿童各年龄组的心界参考表2-1-2。听诊包括心率、心律、心音、额外心音、杂音和心包摩擦音。小婴儿第一、二心音强度几乎相等,儿童时期肺动脉瓣区第二心音比主动脉瓣区第二心音强($P_2>A_2$)。常可在学龄前期及学龄期儿童肺动脉瓣或心尖区听到生理性收缩期杂音,但生理性杂音只限于收缩期,杂音柔和、吹风样,无震颤,心脏无增大。

表2-1-2 儿童各年龄组的心界

年龄/岁	左界	右界
<1	左锁骨中线外1.0~2.0cm	沿右胸骨旁线
1~4	左锁骨中线外1.0cm	右胸骨旁线与右胸骨线之间
5~12	左锁骨中线上或内0.5~1.0cm	接近右胸骨线
>12	左锁骨中线内0.5~1.0cm	右胸骨线

(八)腹部

新生儿及消瘦婴儿可见肠蠕动波或肠形。对新生儿,要注意脐部有无分泌物、出血和炎症;年龄稍大后注意有无脐疝。腹部触诊宜在儿童安静或哺乳时进行。较大儿童取仰卧屈膝位,嘱其深呼吸,或在与其交谈时进行检查,以免由于惊慌或怕痒而不合作。检查有无压痛主要观察儿童表情变化,不能完全依靠儿童的回答。正常婴幼儿肝脏可在肋缘下扪及1~2cm,6~7岁后不应再触及。正常婴儿有时可扪及脾。儿童叩诊检查方法和内容与成人相同。听诊儿童肠鸣音常亢进,注意有无腹部血管杂音。对于腹水患者,须测量腹围。

(九)脊柱和四肢

观察脊柱有无畸形,躯干长和四肢长的比例是否正常,有无O形或X形腿、手镯或足镯征,有无杵状指/趾和多指/趾畸形。

(十)肛门和外生殖器

观察有无畸形(无肛、尿道下裂、两性畸形等)、肛裂。对于女孩,注意阴道有无分泌物和畸形;对于男孩,注意有无包皮过长、过紧,阴囊鞘膜积液,隐睾及腹股沟疝等。

(十一)神经系统

根据年龄和病情做必要的检查。

1. 一般检查 包括神志,精神状态,面部表情,反应灵敏度,动作/语言发育,有无异常行为,肢体活动能力和四肢肌张力等。

2. 神经反射 注意觅食、吸吮、握持、拥抱反射的出现和消失时间是否在正常范围。正常小婴儿的提睾、腹壁反射较弱或引不出来,但可出现踝阵挛;2岁以下儿童巴宾斯基(Babinski)征可呈阳性,如仅一侧阳性,则应引起重视。

3. 脑膜刺激征 检查有无颈抵抗、克尼格征(Kerning征)和布鲁辛斯基征(Brudzinski征))阳性,但儿童哭闹肢体强直时不易获得准确结果,要反复检查。

体格检查顺序可根据实际情况进行操作,但在病历书写时必须按照规范的顺序记录。阳性体征和重要的阴性结果均要记录。

NOTES

三、实验室检查及特殊检查

除病史采集和体格检查外，必要的实验室检查及特殊检查对疾病诊断和病情评估也非常重要。具体实施中应注意儿童特点，血液、尿、粪便和其他体液检测的正常值因年龄不同而不同；为新生儿及小婴儿采取血标本检验时应有很好的规划，如有可能，尽量采用微量血，以避免发生医源性贫血；特殊检查中应注意放射性、核素等检查可能对发育中的儿童造成危害，应避免频繁使用；一些遗传性疾病主要在儿童期发病，一些成人不常用的分子遗传学检查是儿童时期非常重要的检查手段。

四、诊断思路

根据病史、体征、实验室检查和辅助检查结果，进行综合分析和诊断推理，提出初步诊断及诊断依据、鉴别诊断及鉴别要点，并在临床实践中验证或修正诊断。在诊断过程中宜注意：①先考虑常见病与多发病，再考虑少发病或罕见病；②在单一疾病不能解释全部临床问题时，应考虑多种疾病并存；③在诊断功能性疾病之前，必须排除器质性疾病；④在提出初步诊断并实施必要治疗的同时，注意随访和严密追踪病情变化，对于验证诊断和及时修正诊断至关重要。

第二节　儿科一般治疗措施

由于儿童处于不断生长发育的过程，语言表达能力差，病情变化快和疾病谱不同，儿科治疗原则与成人有诸多不同之处，在儿科治疗过程中更需要爱心和耐心，以及更加细致的观察和及时的判断能力。

一、儿科护理特点

护理在儿科疾病治疗中占有重要地位，良好的医护协作在提高治疗效果、促进患者康复中具有重要作用。因此，儿科医生应了解和熟悉护理工作。

（一）细致的病情观察

婴幼儿语言表达能力有限，常以哭闹来表达身体不适。观察到患者姿态、面部表情、动作等方面的异样，可能成为诊断线索，例如脾气和性格的改变可能是结核性脑膜炎的早期表现。

（二）合理的病室安排

保持病室整齐、清洁、安静、舒适、空气新鲜，室温维持在18~22℃。可根据病室条件，按年龄、病种、病情轻重和护理要求合理安排病房及病区。

（三）规律的病房生活

患者的生活要有规律，保证充足睡眠和休息；定时进餐，保证营养；合理安排治疗和诊断操作时间，以免打扰患者休息。

（四）预防院内感染

不同病种、同一病种分别处于急性期与恢复期的患者应尽量分开安置；患者用过的物品需定时消毒；医护人员注意洗手或用消毒液擦手，严格执行无菌操作，以防止交叉感染和医源性感染。

（五）预防意外伤害

在放置病房内的设施时应考虑到患者安全。阳台和窗户应安装护栏；药品要放在患者拿不到的地方；管理好热水瓶，以免烫伤；病床要有护栏，医护人员检查处理完毕要及时拉好床栏，拿走体温计、药杯等物品，防止意外伤害。

二、饮食疗法

NOTES

根据不同病情和年龄选择适当的饮食将有助于疾病的治疗和康复，而不当饮食可加重病情，甚至危及生命。

（一）基本膳食

基本膳食包括普通饮食、软食、半流质饮食和流质饮食。

（二）特殊饮食

1. 无盐或低盐饮食 每天食物中盐含量<0.5g为无盐，<1.5g为低盐，适用于心、肾功能不全有水肿的患者。

2. 低蛋白饮食 每天蛋白供给量低于一般标准，适用于尿毒症、肝性脑病和急性肾炎少尿期的患者。

3. 高蛋白饮食 每天蛋白供给量高于一般标准，适用于营养不良、消耗性疾病患者。

4. 低热能饮食 热能供给低于一般标准，适用于单纯性肥胖症的儿童。

5. 低脂肪饮食 适用于腹泻，肝、胆、胰疾病和高脂血症患者。

6. 要素饮食 含各种营养素、易消化吸收的无渣饮食，适用于消耗性疾病、营养不良或慢性腹泻患者。

7. 特殊医学用途婴儿配方食品 专门为某些疾病婴儿的营养需求而配制，如无乳糖或低乳糖配方适用于乳糖不耐受者，游离氨基酸或水解蛋白配方适用于牛奶蛋白过敏者，无苯丙氨酸配方适用于苯丙酮尿症婴儿，以及适用于早产、低出生体重婴儿的配方牛奶等。

8. 检查前饮食 包括隐血检查饮食，即不含肉类、动物肝脏、血和绿叶蔬菜的饮食，用于等待消化道出血检查的患者，胆囊造影饮食（高脂）和肾功能检查（不含氨基酸）饮食等。

9. 禁食 对于消化道出血或术后等原因不能进食的患者，应注意静脉供给热量，并注意水、电解质平衡。

三、药物治疗

儿童用药除了不同年龄用药剂量不同以外，还因器官功能发育未成熟等，其药物用法、对药物的反应、药物副作用等也与成人明显不同。因此，必须充分了解药物性能、作用机制、毒副作用、适应证和禁忌证，以及精确剂量计算和合理用药方法。

（一）儿童药物动力学特点

儿童对药物的吸收、分布和代谢与成人不同，年龄越小，差异也越大：①在组织内的分布不同。年龄越小体液占体重的比例越大，药物分布在体液中的比例也就越高。②肝脏酶系统发育不完善。新生儿肝脏功能不成熟，氧化或水解、N-去甲基和乙酰化作用低，致部分药物半衰期延长，毒性作用增加。③肾脏排泄功能不足。新生儿，特别是未成熟儿，肾小球滤过与肾小球分泌功能均差，药物及其分解产物在体内滞留时间延长。因此新生儿和小婴儿的药物剂量宜小，次数宜少。

（二）药物治疗中的一些特殊问题

1. 抗生素类 长期或过量使用广谱抗生素容易引起肠道菌群失衡，对婴幼儿容易导致肠道菌群失调而继发真菌感染。氨基糖苷类药可致肾毒性和不可逆性听力损害，氯霉素可抑制造血功能，喹诺酮类药可影响软骨发育，应慎用或禁用于儿童。

2. 激素类 长期使用肾上腺皮质激素可抑制骨骼生长，影响水、电解质、蛋白质、脂肪代谢，引起血压增高和库欣病，以及降低机体免疫力。生长激素的使用应严格掌握适应证与禁忌证。

3. 镇咳药 婴幼儿支气管较窄，炎症易引起呼吸困难，故婴幼儿一般不用镇咳药，而多使用祛痰药物，使痰液稀释和促痰液排出。

4. 止泻药与泻药 对腹泻患者不主张用止泻药，因止泻药减少肠蠕动，使肠道内毒素无法排出，反而加重病情。儿童便秘多采用饮食调节和通便法，很少应用泻药。

5. 乳母应慎用药物 阿托品、吗啡、水杨酸盐、苯巴比妥、抗凝药等可经母乳作用于婴儿，应慎用。

NOTES

（三）给药方法

口服为最常用给药方式。常用剂型有糖浆、干混悬剂、颗粒剂、片剂和药丸等，对不同年龄儿童应尽量选择和使用合适剂型。对神志不清、昏迷者，采用鼻饲法给药。在病情严重、严重脱水、频繁呕吐不能口服等情况下，宜静脉滴注给药。臀部肌内注射次数较多可造成臀肌挛缩，非必要已较少使用。支气管黏膜嫩薄、血管丰富，肾上腺素稀释后可作气管内给药。儿童皮肤薄、面积相对大，外用药容易被吸收，不能涂得太多。其他给药途径还包括雾化吸入、灌肠法、缓释栓剂等。

（四）药物剂量计算

儿童用药剂量需精确，可按以下方法计算。

1. 按体重计算 是最常用的计算方法。每日或每次剂量=患者体重（kg）×每日或每次每千克体重所需药量。每日剂量再根据药物说明书或药物半衰期分次使用。退热、镇静等急诊治疗药物常按每次剂量计算。年长儿童剂量按体重计算如已超过成人量，则以成人量为剂量上限。

2. 按体表面积计算 比按体重计算更为精准。体表面积计算公式如下：体重≤30kg 儿童，体表面积（m^2）=体重（kg）×0.035+0.1；体重>30kg 儿童，体表面积（m^2）=（体重 kg−30）×0.02+1.05；药物剂量=体表面积（m^2）×剂量/m^2。

3. 按年龄计算 对于剂量幅度大、不需十分精确的药物，如营养类药等，可按年龄计算，比较简单易行。

4. 从成人剂量折算 儿童剂量=成人剂量×儿童体重（kg）/50，或儿童剂量=成人剂量×儿童体表面积（m^2）/1.73。此法仅用于未提供儿童剂量的药物，所得剂量一般都偏小，故不常用。

四、新技术治疗

伴随着科学技术的进步，对一些传统方法束手无策的疾病，医疗新技术治疗展现了希望的前景。

（一）干细胞治疗

干细胞（stem cell）是一类具有自我更新和多向分化潜能的细胞，分为胚胎干细胞、成体干细胞和诱导性多能干细胞三种类型。临床研究和应用最多的是属于成体干细胞的造血干细胞和间充质干细胞。干细胞移植治疗就是将健康的干细胞移植到患者体内，以修复病变或重建功能正常的细胞和组织，从而达到治疗疾病的目的。目前干细胞已被探索性应用于血液系统等肿瘤性疾病、心血管和神经系统疾病、遗传性疾病以及重症新型冠状病毒感染等疾病。虽然安全性、有效性尚需经规范的临床试验研究进一步验证，但干细胞移植治疗业已成为一些疾病最有效或唯一有效的方法。

（二）器官移植

器官移植是现代医学最大的成就之一，是挽救终末期器官衰竭患者的重要医疗手段。移植的器官来源：一是自体器官移植，如皮肤移植；二是别人自愿捐献的器官，是目前最主要的移植器官来源；三是异种器官移植，是将一个物种的器官或组织移植到另一个物种体内，比如从猪到人。异种器官移植涉及伦理学和更为严重的排斥反应，以及动物疾病传染给人类的潜在风险等诸多问题。而利用基因编辑技术开发无或低抗原性的生物器官替代物，可能为异种移植开辟一条新途径。此外，通过 3D 打印技术人造器官以及应用干细胞技术再生人体器官等，均是未来发展的方向。

（三）生物免疫细胞治疗

生物免疫细胞治疗主要用于肿瘤的治疗，是一种利用机体自身免疫系统来对抗癌症的技术，又称为肿瘤免疫治疗。通过分离患者自身细胞，在体外用一些细胞因子使其变成一种杀伤细胞，再输回患者体内去识别和杀伤肿瘤细胞。随着新的免疫治疗靶点不断出现，直接靶向细胞因子、T 细胞或 T 细胞疫苗等免疫治疗方法已越来越多地成为肿瘤治疗的重要方法。

（四）医疗机器人技术

外科手术机器人已广泛应用于普外科、泌尿科、妇科、胸心外科等微创手术，其通常由内镜（探头）、刀剪等手术器械、微型摄像头和操纵杆等组装而成。医生坐在电脑显示屏前，通过无线操作操纵杆进行手术。全球首例5G技术支持下的手术机器人远程手术由我国医生完成。此外，微型机器人（micro robot）由外部磁场控制，能够在机体内移动，帮助发现可疑病变或准确输送药物至特定部位。随着5G技术、人工智能与医疗技术加速融合，医疗机器人技术的临床应用将会更加广泛。

第三节　儿童体液平衡的特点和液体疗法

体液是人体的重要组成部分，保持体液平衡是维持生命所必需的条件。体液平衡包括维持水、电解质、酸碱度和渗透压的正常。儿童由于体液占体重比例较大、器官功能发育尚未成熟、体液平衡调节功能差等生理特点，容易发生水、电解质和酸碱平衡紊乱，如处理不及时或不恰当可危及儿童生命。

一、儿童体液平衡的特点

（一）体液的总量和分布

体液分布于血浆、组织间隙和细胞内，前两者合称为细胞外液。年龄越小，体液总量相对愈多，主要是间质液比例较高，而血浆和细胞内液的比例与成人相近（表2-3-1）。

表2-3-1　不同年龄的体液分布（占体重的百分比）

年龄	总量/%	细胞外液/%		细胞内液/%
		血浆	间质液	
足月新生儿	78	6	37	35
1岁	70	5	25	40
2~14岁	65	5	20	40
成人	55~60	5	10~15	40~45

（二）体液的电解质组成

细胞外液的电解质以Na^+、Cl^-、HCO_3^-等为主，其中Na^+量占细胞外液阳离子总量的90%以上，对维持细胞外液的渗透压起主要作用。细胞内以K^+、Mg^{2+}、HPO_4^{2-}等为主，其中K^+占细胞内液阳离子总量的78%，大部分处于解离状态。除新生儿在生后数日内血钾、氯偏高，血钠、钙和碳酸氢盐偏低外，儿童体液内的电解质组成与成人相似。

（三）水代谢的特点

1. 水的需要量相对较大，交换率高　儿童新陈代谢旺盛，排泄水的速度较成人快。年龄愈小，出入水量相对愈多。婴儿每日水的交换量为细胞外液量的1/2，而成人仅1/7，故婴儿体内水的交换率比成人快3~4倍；此外，儿童体表面积相对较大，呼吸频率快，因此儿童年龄愈小，水的需要量相对愈大（表2-3-2），不显性失水相对愈多（表2-3-3），对缺水的耐受力也愈差，在病理情况下较成人更易发生脱水。

2. 体液平衡调节功能不成熟　肾脏的浓缩和稀释功能对于体液平衡调节起着重要作用。儿童肾脏功能不成熟，年龄愈小，肾脏对体液平衡调节作用也愈差。婴儿肾脏只能将尿渗透压浓缩至700mmol/L（成人为1 400mmol/L），每排出1mmol/L溶质时需带出1~2ml水（成人为0.7ml）。儿童肾脏的稀释能力相对较好，在出生1周时可达成人水平，但由于肾小球滤过率低，因此水的排泄速度较

表2-3-2　儿童每日水的需要量

年龄/岁	需水量/（ml/kg）	年龄/岁	需水量/（ml/kg）
<1	120~160	4~9	70~110
1~3	100~140	10~14	50~90

NOTES

表 2-3-3 儿童每日不显性失水量

年龄分期	不显性失水量/[ml/(kg·d)]
早产儿或足月新生儿	
750~1 000g	82
1 001~1 250g	56
1 251~1 500g	46
>1 500g	26
婴儿	19~24
幼儿	14~17
儿童	12~14

慢，当摄入水过多时易发生水肿和低钠血症。另外，由于儿童肾脏排钠、排酸、产氨能力差，也容易发生高钠血症和酸中毒。

二、水、电解质和酸碱平衡紊乱

（一）脱水

脱水是由水摄入不足和丢失过多引起体液总量，尤其是细胞外液量的减少。脱水的同时伴有水、钠、钾和其他电解质的丢失。

1. 脱水程度 取决于水和电解质丢失的速度及程度。脱水程度分为三度（表 2-3-4），常以累积体液丢失量占体重的百分比来表示，而临床常根据前囟、眼窝凹陷与否，皮肤弹性，尿量和循环情况等临床表现进行综合判断。

表 2-3-4 脱水程度与临床表现

脱水程度	失水量百分比（ml/kg）	精神	眼泪	口渴	尿量	皮肤	黏膜	眼窝	前囟	四肢	休克征
轻度	5%（50）	稍差，略烦躁	有	轻	稍减少	稍干燥	略干	稍凹陷	稍下陷	温	无
中度	5%~10%（50~100）	萎靡，烦躁	少	明显	减少	干燥、苍白、弹性差	干燥	凹陷	下陷	稍凉	不明显
重度	>10%（50~120）	淡漠，昏迷	无	烦渴	极少或无	干燥、花纹、弹性极差	极干	明显凹陷	明显下陷	厥冷	有，脉细，血压下降

2. 脱水性质 指体液渗透压的改变，反映了水和电解质（主要是钠）的相对丢失量。临床根据血清钠水平将脱水分为等渗性脱水、低渗性脱水和高渗性脱水，其中等渗性脱水最常见，其次为低渗性脱水，高渗性脱水少见。

（1）等渗性脱水（isotonic dehydration）：血清钠 130~150mmol/L，水和电解质成比例丢失，血浆渗透压正常，丢失的体液主要是细胞外液。等渗性脱水多见于急性腹泻、呕吐、胃肠液引流、肠瘘及短期饥饿所致的脱水。

（2）低渗性脱水（hypotonic dehydration）：血清钠<130mmol/L，电解质丢失量比水多。低渗性脱水多见于营养不良伴慢性腹泻、腹泻时补充过多的非电解质液体、慢性肾脏疾病或充血性心力衰竭患者长期限盐并反复使用利尿剂和大面积烧伤等患者。细胞外液低渗，使水从细胞外向细胞内转移，导致细胞外液量减少和细胞内水肿，有效循环血量减少明显。临床表现的脱水症状较其他两种类型严重，较早发生休克。神经细胞水肿者，可出现头痛、烦躁不安、嗜睡、昏迷或惊厥等神经系统症状。

（3）高渗性脱水（hypertonic dehydration）：血清钠>150mmol/L，电解质丢失比水少，血浆渗透压增高，丢失的体液主要是细胞内液。高渗性脱水多见于腹泻伴高热，不显性失水增多而补水不足（如昏迷、发热、呼吸增快、光疗或红外线辐射保温、早产儿等),口服或静脉注入过多的等渗或高渗液体,垂体性或肾性尿崩症和使用大量脱水剂的患者。细胞外液高渗,使水从细胞内向细胞外转移,导致细胞内液量减少,而血容量得到部分补偿,有效循环血量变化相对不大。故在失水量相等的情况下,其脱水征比其他两种类型轻。临床特点为口渴,神经系统症状明显,循环障碍不明显。但脱水严重时仍可发生休克,主要表现为烦渴、高热、烦躁不安、皮肤黏膜干燥。高渗性脱水可使神经细胞脱水、皱缩,脑血管扩张甚至破裂出血,亦可发生脑血栓,表现为肌张力增高、惊厥、昏迷、脑脊液压力降低等,可留有中枢神经系统后遗症。

(二)钾平衡紊乱

正常血清钾浓度为3.5~5.5mmol/L,当血清钾<3.5mmol/L时为低钾血症,当血清钾浓度>5.5mmol/L时为高钾血症。低/高钾血症临床症状的出现不仅取决于血钾的浓度,更重要的是与血钾变化的速度有关。

1. 低钾血症(hypokalemia)

(1)病因:①钾摄入量不足,如长期不能进食,或采用液体疗法时补钾不足。②钾丢失增加,如呕吐、腹泻、各种引流、胃肠减压、使用排钾利尿剂、低镁血症、原发性失钾性肾病(远端肾小管酸中毒、醛固酮增多症等)、巴特(Bartter)综合征(肾小球旁器增生症)、库欣病等。③钾分布异常。输液纠正酸中毒过程中,血液被稀释,钾随尿量的增加而被排出,酸中毒纠正后大量K^+进入细胞内,以及糖原合成时消耗钾,均导致血清钾骤降;低钾性周期性瘫痪、碱中毒和胰岛素治疗等;使用β肾上腺素能兴奋剂、茶碱、钡剂和甲苯等药物。

(2)临床表现:①神经肌肉。可表现为精神不振,骨骼肌兴奋性降低,表现为肌无力(弛缓性瘫痪、呼吸肌无力)、腱反射消失。②胃肠道平滑肌兴奋性降低。可表现为恶心、呕吐、腹胀、肠麻痹、腹壁反射消失等。③心血管。心肌收缩无力、心脏扩大,表现为心音低钝、心动过速、心力衰竭、猝死。心电图示T波低平、S-T段下降、Q-T间期延长,出现U波、室上性或室性心动过速、室颤,亦可发生心动过缓和房室传导阻滞、阿-斯综合征。④泌尿系统。长期缺钾可导致肾小管上皮细胞空泡变性,对抗利尿激素反应低下,浓缩功能减退,出现多饮、多尿、夜尿;肾小管泌H^+和回吸收HCO_3^-增加,氯的回吸收减少,发生低钾、低氯性碱中毒,此时伴反常性酸性尿;可增加肾脏产氨而导致肝性脑病;膀胱功能受损还可导致尿潴留。慢性缺钾可造成间质性肾炎。⑤其他。缺钾还可使胰岛素分泌受抑制,糖原合成障碍,易发生高血糖症。

(3)治疗:①治疗原发病;②轻度患者可口服氯化钾每日200~300mg/kg;③重度低钾血症需静脉补钾,全日总量一般为100~300mg/kg(10% KCl 1~3ml/kg)。应均匀分配于全日静脉输液中,静脉补钾浓度一般不超过0.3%(新生儿0.15%~0.2%),每日补钾总量静滴时间不应少于6~8小时。忌将钾盐静脉推注。肾功能障碍无尿影响钾排出,此时补钾有引起高血钾的危险,故必须见尿补钾。膀胱中有潴留尿或治疗前6小时内曾排过尿也可视为有尿。由于细胞内钾恢复较慢,治疗低钾血症须持续补钾4~6天,甚至更长。补钾时应及时监测血清钾水平,并给予心电监护。在治疗过程中如病情好转,可由静脉补钾改为口服补钾。

2. 高钾血症(hyperkalemia)

(1)病因:①肾脏排钾减少。肾功能衰竭、尿路梗阻、狼疮性肾炎、肾上腺皮质功能减退、21-羟化酶缺乏症、肾上腺脑白质营养不良、高钾型肾小管酸中毒、长期使用保钾利尿剂。②钾摄入量过多。静脉或口服摄入过多,如输液注入钾过多、过快,输入库存过久的全血。③钾分布异常。钾由细胞内转移至细胞外,如严重溶血、缺氧、休克、代谢性酸中毒、严重组织创伤、洋地黄中毒、氟化物中毒、过度运动、高渗状态、胰岛素缺乏、使用琥珀酰胆碱等去极化类肌松药或β肾上腺素能阻滞剂、高钾型周期性瘫痪和横纹肌溶解症等。

(2)临床表现:①由于钾离子对细胞膜的极化作用,最早受影响的是心脏传导系统,心电图改变往往先于临床症状,首先出现T波高尖,P-R间期延长,P波变平,QRS波群增宽,S-T段压低,房室传

NOTES

导阻滞，最终发生心脏室颤和停搏。②由于神经肌肉兴奋性降低，可出现精神萎靡，嗜睡，肢体肌肉无力，腱反射减弱或消失，严重者呈弛缓性瘫痪；但脑神经支配的肌肉和呼吸肌一般不受累。乙酰胆碱释放可引起恶心、呕吐、腹痛等。

（3）治疗：主要有两个目的，一是防止发生致死性心律失常，二是从体内排出钾。首先要积极治疗原发病，停用含钾药物和食物，供应足量热量以防止内源性蛋白质分解释放钾。对血清钾达 6~6.5mmol/L、心电图正常者，可以给予阳离子交换树脂保留灌肠或排钾利尿剂。对血清钾>6.5mmol/L 或有心电图异常者，需迅速采取以下措施：①拮抗高钾对心脏的毒性作用。钙剂能够稳定心肌细胞膜，防止心律失常。可使用 10% 葡萄糖酸钙 0.5ml/kg，加等量葡萄糖液缓慢静脉注射，起效后改用 10% 葡萄糖酸钙 10~20ml 加入 10% 葡萄糖 100~200ml 静脉滴注。②促使钾向细胞内转移。碱化细胞外液，用 5% 碳酸氢钠 3~5ml/kg 快速静脉滴注；应用葡萄糖加胰岛素静脉滴注，葡萄糖 0.5~1.0g/kg，每 3g 葡萄糖加 1 单位胰岛素。吸入支气管扩张药沙丁胺醇，可通过刺激 β_1 受体使钾转移到细胞内。后者明显的优点为不需要静脉输液通路。③加速排钾。呋塞米、聚磺苯乙烯钠口服、鼻饲或直肠给药，透析或连续血液净化。

（三）酸碱平衡紊乱

正常血液 pH 值维持在 7.35~7.45。pH<7.35 为酸中毒，pH>7.45 为碱中毒。发生酸碱平衡紊乱（acid-base imbalance）时，如果机体通过缓冲系统的代偿，使血液 pH 仍保持在正常范围，则称为代偿性酸中毒或碱中毒。

1. 代谢性酸中毒（metabolic acidosis） 为临床最常见的酸碱失衡类型。根据阴离子间隙（anion gap，AG）值，可分为正常 AG 型（AG 值 8~16mmol/L）和高 AG 型（AG 值>16mmol/L）代谢性酸中毒，而 AG 降低的代谢性酸中毒在临床上较少见。正常 AG 型代谢性酸中毒主要由失碱引起，特点是 AG 正常、血 Cl^- 浓度升高和 HCO_3^- 浓度降低。常见于消化道大量丢失 HCO_3^-，或肾小管酸中毒重吸收 HCO_3^- 减少或泌 H^+ 障碍，应用碳酸酐酶抑制剂（乙酰唑胺）或醛固酮拮抗剂，以及摄入含氯的酸性盐（氯化钙、氯化镁）过多等情况。高 AG 型代谢性酸中毒主要是产酸过多所致，如糖尿病酮症酸中毒、饥饿性酮症和水杨酸中毒等。

（1）临床表现：轻度酸中毒症状不明显，主要靠病史和血气分析作出诊断。典型酸中毒表现为精神萎靡或烦躁不安、呼吸深快，有时可有面红或唇红、腹痛、呕吐、昏睡、昏迷。酸中毒时细胞通过 H^+-K^+ 交换使细胞外液 K^+ 增高，可导致心律失常和心力衰竭。酸中毒时血浆游离钙增高，在酸中毒纠正后下降，可使原有低钙血症的患者发生手足抽搐。新生儿和小婴儿的呼吸代偿功能较差，酸中毒时其呼吸改变可不典型，往往仅有精神萎靡、拒食和面色苍白等。

（2）治疗：积极治疗缺氧、组织低灌注、腹泻等原发病。正常 AG 型代谢性酸中毒处理原则为减少 HCO_3^- 的损失和补充碱剂增加碱储备、中和 H^+；高 AG 型酸中毒的处理原则为改善微循环和机体缺氧状况。轻度酸中毒经病因治疗后通过机体代偿可自行恢复，不需碱剂治疗；一般主张 pH<7.3 时可静脉补给碱性液体，常首选碳酸氢钠。在紧急情况下，可暂按提高血浆 HCO_3^- 浓度 5mmol/L 计算碱剂需要量（1.4% $NaHCO_3$ 或 1.87% 乳酸钠 3ml/kg 可提高 HCO_3^- 约 1mmol/L），必要时 2~4 小时后可重复；有血气测定结果时可按照公式计算，碱剂需要量=剩余碱 |–BE|×0.3×体重（kg）。因为 5% 碳酸氢钠 1ml=0.6mmol，故所需 5% 碳酸氢钠（ml）=|–BE|×0.5×体重（kg）。一般首次给予计算量的 1/2，根据治疗后情况及复查血气结果决定是否继续用药。重度酸中毒伴重度脱水时，可用 1.4% $NaHCO_3$ 每次 20ml/kg（总量不超过 300ml），起到既纠酸又扩容的作用。在通气功能障碍时不宜用碳酸氢钠，用后可发生 CO_2 潴留，反而使酸中毒加重。新生儿、缺氧、休克和肝功能不全者不宜使用乳酸钠。在纠酸过程中由于钾离子进入细胞内液，血清钾降低，游离钙也减少，应注意补钾和补钙。

2. 代谢性碱中毒（metabolic alkalosis） 由体内 H^+ 丢失或 HCO_3^- 蓄积所致，主要见于：①严重呕吐或胃液引流导致的氢和氯的丢失，如先天性肥厚性幽门狭窄、先天性失氯性腹泻；②摄入或输入过多碳酸氢盐；③严重低钾血症，肾脏碳酸氢盐的重吸收增加，使用大剂量皮质激素，Bartter 综合征

NOTES

(肾小球旁器增生症),脱氧皮质酮分泌增多,使用大剂量青霉素、氨苄西林等含有肾脏不能回吸收的阴离子(使远端肾小管 H^+、K^+ 排出及 Na^+ 回吸收增多),肾衰竭,使用呼吸机使高碳酸血症迅速解除等。

(1)临床表现:典型表现为呼吸慢而浅、头痛、烦躁、手足麻木以及低钾血症,血清中游离钙降低导致手足抽搐。

(2)治疗:去除病因,停用碱性药物,纠正水、电解质平衡失调。对轻症者给予0.9%氯化钠液静脉滴注补充部分阴离子(氯离子)即可。对严重者($pH>7.6$、$HCO_3^->40mmol/L$、$Cl^-<85mmol/L$)可给予氯化铵治疗。对高碳酸血症迅速解除所引起的代谢性碱中毒,首先应调节呼吸机参数,使 $PaCO_2$ 回升到患者原来的耐受水平,以后再逐渐降低。

3. 呼吸性酸中毒(respiratory acidosis) 由通气障碍导致的体内 CO_2 潴留和 H_2CO_3 增高所致,见于:①呼吸道阻塞,如喉头痉挛或水肿、支气管哮喘、呼吸道异物、分泌物堵塞、羊水或胎粪吸入等;②肺和胸腔疾病,如严重肺炎、呼吸窘迫综合征、肺不张、肺水肿、气胸、大量胸腔积液等;③呼吸中枢抑制,如脑炎、脑膜炎、脑外伤、安眠药和麻醉药过量等;④呼吸肌麻痹或痉挛,如感染性多发性神经根炎、脊髓灰质炎、严重低血钾、破伤风等;⑤呼吸机使用不当所致 CO_2 潴留。

(1)临床表现:除原发病表现外,呼吸性酸中毒者常伴有低氧血症及呼吸困难。高碳酸血症可引起血管扩张,颅内血流增加,致头痛及颅内压增高,严重时可出现中枢抑制。

(2)治疗:积极治疗原发病,改善通气和换气功能,排除呼吸道阻塞。对于重症患者,应行气管插管或气管切开、人工辅助呼吸,给予低流量氧气吸入。

4. 呼吸性碱中毒(respiratory alkalosis) 由通气过度使血液 CO_2 过度减少、血 H_2CO_3 降低所致,见于:①神经系统疾病,如脑膜炎、脑肿瘤或外伤;②低氧,如严重贫血、肺炎、肺水肿、高山病等;③过度通气,如紧张、长时间剧烈啼哭、高热伴呼吸增快、心理疾病、机械通气使用不当导致的 CO_2 排出过多;④水杨酸中毒(早期);⑤CO中毒。

(1)临床表现:突出症状为呼吸深快,其他症状与代谢性碱中毒相似。

(2)治疗:主要是病因治疗。呼吸改善后,碱中毒可逐渐恢复。纠正电解质紊乱,对有手足抽搐症者给予钙剂。

5. 呼吸性酸中毒合并代谢性酸中毒 是混合型酸碱平衡紊乱中较常见者,由换气功能障碍时 CO_2 潴留,同时伴有缺氧、进食不足、脱水和休克等情况导致。此时既有 HCO_3^- 降低,又有 CO_2 潴留,血pH值明显下降。应积极治疗原发病,在处理代谢性酸中毒的同时要保持呼吸道通畅,必要时须使用呼吸机加速促进潴留 CO_2 的排出。

三、液体疗法

液体疗法是通过补充液体及电解质来纠正体液容量及成分的紊乱,以保持机体正常生理功能的一种治疗方法。实施液体疗法时,要充分考虑到机体自身代偿能力;如存在肾、肺、心等器官功能不全,则应严格选用液体成分,注意补液量及速度,并密切观察病情变化,及时调整治疗方案。补充液体的方法包括口服补液法和静脉补液法两种。液体疗法包括补充累积损失量、继续损失量和生理需要量三部分。

1. 累积损失量 指自发病以来累积损失的液体量,根据脱水程度而定。轻度脱水的补充量为30~50ml/kg,中度为50~100ml/kg,重度为100~150ml/kg。

2. 继续丢失量 指治疗过程中由呕吐、腹泻、胃肠引流等情况导致的液体的继续丢失量。补充原则为“丢多少、补多少”。具体丢失量因原发病而异,各种体液的丢失成分见表2-3-5。

3. 生理需要量 包括显性(尿和大便)和不显性失水(通过皮肤和肺丢失),其中尿量占60%,不显性失水占35%,大便占5%。每日需水量可按能量消耗计算,即120~150ml/100kcal。年龄越小需水量相对越多,故也可根据体重计算(表2-3-6)。生理需要量用1/5~1/4张含钠液补充。持续发热体温超过38℃者,每增高1℃,生理需要量增加10%~15%。呼吸急促和气管切开患者经肺的不显性失水量增加。

NOTES

表 2-3-5 各种损失液成分表

损失液体	Na^+ (mmol/L)	K^+ (mmol/L)	Cl^- (mmol/L)	HCO_3^- (mmol/L)	蛋白质 (g/L)
胃液	20~80	5~20	100~150	0	—
胰液	120~140	5~15	90~120	100	—
小肠液	100~140	5~15	90~130	?	—
胆汁	120~140	5~15	50~120	40	—
回肠造瘘液	45~135	5~15	20~115	25~30	—
腹泻液	10~90	10~80	10~110	50	—
汗液	10~30	3~10	10~25	—	—
烫伤	140	5	110	—	30~50

表 2-3-6 按照体重计算生理需要量

体重/kg	每日需要液体量
≤10	100ml/kg
11~20	1 000ml+(体重 -10kg)×50ml/kg
>20	1 500ml+(体重 -20kg)×20ml/kg

注:正常生理需要量每日不超过 2 400ml。

(一) 口服补液法

口服补液法适用于中度以下脱水、呕吐不严重的患者,按照累积损失量轻度脱水 50~80ml/kg,中度脱水 80~100ml/kg 补给。有明显休克、心肾功能不全或其他严重并发症者以及新生儿,不宜口服补液。口服补液法也可用于重度脱水的扩容后的补液,按 100~120ml/kg 补给。每 5~10 分钟喂 1 次,每次 10~20ml,所需液量要求在 8~12 小时内服完。继续损失量根据实际损失补给。在口服补液过程中要随时注意观察病情变化,如病情加重,则随时改用静脉补液。

(二) 静脉补液

静脉补液适用于严重呕吐、腹泻,伴中、重度脱水的患者,主要用于快速纠正水、电解质平衡紊乱。输用溶液的成分、量和滴注持续时间必须根据不同的脱水程度和性质决定,同时要注意个体化,结合年龄、营养状况、自身调节功能而灵活掌握。各种原因引起的脱水情况不尽相同,应当根据具体情况调整补液方案。

现以儿童腹泻为例,制订第 1 天液体疗法如下。

1. 确定输液总量(定量) 包括补充累积损失量、继续损失量和生理需要量三部分。第 1 天补液总量轻度脱水者为 90~120ml/kg,中度脱水者为 120~150ml/kg,重度脱水者为 150~180ml/kg。先补 1/2 至 2/3 量,余量视病情决定取舍。对于营养不良儿童(在估计脱水程度时易偏高)、肺炎患者、心肾功能损伤者、学龄期儿童(其体液组成已接近成人),补液总量应酌减 1/4~1/3。

2. 确定输液种类(定性) 原则为先浓后淡。低渗性脱水者补给 2/3 张液,等渗性脱水者补给 1/2 张液,高渗性脱水者补给 1/5~1/3 张液。若临床上判断脱水性质有困难,可按等渗脱水补给。脱水一旦纠正,电解质正常后,不必将原计划张力的液体全部输完,应当及时修正补液方案,改为 1/5~1/4 张液。

3. 确定输液速度(定速) 原则为先快后慢。补液总量的 1/2 应在最初 8~12 小时内补完,输入速度约为每小时 8~12ml/kg。有休克时先行扩容,用 2:1 液或 1.4% 碳酸氢钠,10~20ml/kg(总量不超过 300ml),于 30~60 分钟内静脉注入,以迅速改善有效循环血量和肾功能。如果以呕吐为主,或是脓毒性休克为主,亦可直接用等渗的生理盐水快速扩容。扩容所用的液体和电解质包括在最初 8~12

NOTES

小时的补液内。余下液体于12~16小时内补完，约每小时5ml/kg。对低渗性脱水的纠正速度可稍快。出现明显水中毒症状（如惊厥等）时，需用3%氯化钠液滴注，12ml/kg可提高血清钠10mmol/L，以纠正血清钠至125mmol/L为宜。高渗性脱水时补液速度要放慢，总量宜在24小时内均匀输入，纠正高钠以每日降低血清钠10mmol/L为宜。有资料表明高渗性脱水时可以用等渗的生理盐水纠正脱水，因为处于高渗状态的神经细胞内的钠离子不能很快排出，如低渗液体输入过快，水分易进入细胞引起脑水肿，使病情突然恶化。

4. 纠正酸中毒 当脱水纠正后，组织灌流得以改善，堆积的乳酸进入血中，易产生和加重酸中毒。因此，补液后更应注意酸中毒的纠正，详见代谢性酸中毒的治疗。

5. 补钾 原则为有尿补钾，详见低钾血症的治疗。

第2天及以后的补液：经第1天补液后，脱水和电解质紊乱已基本纠正，第2天及以后主要是补充继续损失量（防止发生新的累积损失）和生理需要量，继续补钾，供给热量。一般可改为口服补液。腹泻仍频繁或口服量不足者，仍需静脉补液。补液量需根据吐泻和进食情况估算，并供给足够的生理需要量，用1/5~1/3张含钠液补充。继续损失量是按“丢多少补多少”“随时丢随时补”的原则，用1/3~1/2张含钠溶液补充。将这两部分相加于12~24小时内均匀静滴。仍需注意继续补钾和纠正酸中毒的问题。

四、液体疗法中常用的溶液

溶液张力（tonicity）一般是指溶液中电解质所产生的渗透压，与血浆渗透压相等时即为等张（isotonicity），低于血浆渗透压为低张（hypotonicity），高于血浆渗透压为高张（hypertonicity）。葡萄糖液虽也有渗透压，但输入体内后葡萄糖逐渐被氧化成水（约每小时1g/kg）及CO_2，或转化为糖原贮存，液体的渗透压也随之消失，因此在液体疗法时视各种浓度的葡萄糖液为无张力溶液。

（一）非电解质溶液

非电解质溶液常用5%和10%葡萄糖溶液。前者为等渗溶液，后者为高渗溶液，仅用于补充水分和部分热量，不能起到维持血浆渗透压的作用。

（二）电解质溶液

电解质溶液用于补充体液容量，纠正体液渗透压、酸碱和电解质失衡。

1. 0.9%氯化钠溶液（生理盐水）和复方氯化钠溶液（Ringer溶液，含少量K^+和Ca^{2+}）均为等张溶液。生理盐水含Na^+及Cl^-各154mmol/L，Na^+含量与血浆相仿，但Cl^-含量比血浆含量（103mmol/L）高1/3，大量输入可使血氯增高，血浆HCO_3^-被稀释，发生高氯性及稀释性酸中毒，尤其在肾功能不佳时。

2. 3%氯化钠 用于纠正低钠血症，Na^+浓度为0.5mmol/ml。

3. 碱性溶液 用于纠正酸中毒：①碳酸氢钠。制剂为5%高张液（1ml=0.6mmol），1.4%溶液为等张液（5%碳酸氢钠稀释3.57倍为1.4%等张液）。可直接增加缓冲碱，故可迅速纠正酸中毒，但有呼吸衰竭和CO_2潴留者慎用。②乳酸钠。制剂为11.2%溶液。1.87%溶液为等张液（11.2%乳酸钠稀释6倍为1.87%等张液）。需在有氧条件下经肝脏代谢生成HCO_3^-后才具有纠酸作用，奏效较缓慢，在休克、缺氧、肝功能不全、新生儿期或乳酸潴留性酸中毒时不宜使用。

4. 氯化钾 制剂为10%溶液。不可静脉直接推注含钾的液体，警惕高浓度钾对心肌的抑制作用而发生猝死。一般用0.2%的浓度（含钾27mmol/L）静脉滴注，最高浓度不超过0.3%（含钾40mmol/L）。

5. 氯化铵 制剂为0.9%等张液（1mmol NH_4Cl=53.5mg）。NH_4^+在肝内与CO_2结合成尿素，释出H^+及Cl^-，使pH值下降，用于纠正低氯性碱中毒。心、肺、肝、肾功能障碍者禁用。

（三）混合溶液

为满足不同情况的补液需要，常把各种不同渗透压的溶液按不同比例配制混合溶液应用。常用

NOTES

溶液成分见表 2-3-7，混合液的简便配制见表 2-3-8。

表 2-3-7 常用溶液成分

溶液	每 100ml 含溶质或液量	阳离子/(mmol/L)		阴离子/(mmol/L)		Na：Cl	渗透压或相对于血浆的张力
		Na^+	K^+	Cl^-	HCO_3^-/乳酸根		
血浆		142	5	103	24	3：2	300mOsm/L
① 0.9 氯化钠	0.9g	154		154		1：1	等张
② 5% 或 10% 葡萄糖	5g 或 10g						
③ 5% 碳酸氢钠	5g	595			595		3.6 张
④ 1.4% 碳酸氢钠	1.4g	167			167		等张
⑤ 11.2% 乳酸钠	11.2g	1 000			1 000		6 张
⑥ 1.87% 乳酸钠	1.87g	167			167		等张
⑦ 10% 氯化钾	10g		1 342	1 342			8.9 张
⑧ 0.9% 氯化铵	0.9g	NH_4^+ 167		167			等张
1：1 含钠液	①50ml，②50ml	77		77		1：1	1/2 张
1：2 含钠液	①35ml，②65ml	54		54		1：1	1/3 张
1：4 含钠液	①20ml，②80ml	30		30		1：1	1/5 张
2：1 含钠液	①65ml，④或⑥35ml	158		100	58	3：2	等张
2：3：1 含钠液	①33ml，②50ml，④或⑥17ml	79		51	28	3：2	1/2 张
4：3：2 含钠液	①45ml，②33ml，④或⑥22ml	106		69	37	3：2	2/3 张

表 2-3-8 几种混合液的简便配制

溶液种类	加入溶液/ml			
	张力	5% 或 10% 葡萄糖	10% 氯化钠	5% 碳酸氢钠(11.2% 乳酸钠)
2：1 含钠液	等张	加至 500	30	47(30)
1：1 含钠液	1/2 张	加至 500	20	—
1：2 含钠液	1/3 张	加至 500	15	—
1：4 含钠液	1/5 张	加至 500	10	—
2：3：1 含钠液	1/2 张	加至 500	15	24(15)
4：3：2 含钠液	2/3 张	加至 500	20	33(20)

注：为了配制简便，加入的各液量均为整数，配成的溶液是近似的浓度。

(四) 口服补液盐(oral rehydration salts，ORS)

世界卫生组织(WHO)和联合国儿童基金会(UNICEF)在 1971 年推荐所有具有脱水症状的急性腹泻患者使用 ORS。ORS 具有纠正脱水、酸中毒及补钾的作用。其作用是基于小肠的 Na^+-葡萄糖偶联转运吸收机制，即小肠上皮细胞刷状缘的膜上存在 Na^+-葡萄糖的共同载体，当 Na^+ 和葡萄糖同时与位点结合时开始转运，使钠和水的吸收增加。当时的 ORS 配方(ORS Ⅰ)见表 2-3-9，总渗透压 311mOsm/L，电解质渗透压 220mOsm/L。由于其口味欠佳，患者难以接受，以后的配方(ORS Ⅱ)改用

NOTES

2.9g 枸橼酸盐代替 2.5g 碳酸氢钠。

表 2-3-9 口服补液盐配方及三种 ORS 的比较

补液盐种类	成分/g					电解质浓度/(mmol/L)						总渗透压/(mOsm/L)	电解质渗透压/(mOsm/L)
	氯化钠	枸橼酸钠	碳酸氢钠	氯化钾	无水葡萄糖	钠	钾	氯	枸橼酸盐	碳酸氢盐	葡萄糖		
ORS Ⅰ	3.5	—	2.5	1.5	20	90	20	80	—	10	111	311	220(2/3 张)
ORS Ⅱ	3.5	2.9	—	1.5	20	90	20	80	10	—	111	311	220(2/3 张)
低渗 ORS	2.6	2.9	—	1.5	13.5	75	20	65	10	—	70	245	170(1/2 张)

注:加温开水至 1 000ml。

ORS Ⅰ和 ORS Ⅱ配方均是基于分泌性腹泻等肠道丢失电解质较多的特点而制订,其中钠浓度偏高(90mmol/L);服用后可引起口渴、水肿等不良反应,高渗物质还有可能损伤肠黏膜,使屏障功能损伤。鉴于大部分婴幼儿腹泻为等渗性脱水,WHO 在 2002 年推荐使用低渗 ORS 配方。低渗 ORS 通过减少氯化钠(75mmol/L)及葡萄糖浓度(70mmol/L)而降低渗透压(总渗透压 245mOsm/L,电解质渗透压为 170mOsm/L),其他组分则保持不变。

(何庆南)

思考题

1. 如何对一个急性腹泻所致中度脱水的婴幼儿实施液体疗法?
2. 如何从口服补液盐Ⅰ、Ⅱ、低渗 ORS 的变化中进一步了解婴幼儿腹泻?

NOTES

03章

扫码获取
数字内容

第三章 儿童生长发育

1. 儿童生长发育的基本特点。
2. 生长发育的共性规律及个体差异性。
3. 儿童体格生长评估的常用指标及评价方法。

儿童与成人最大的区别在于儿童处于不断生长发育的过程中，这是儿童最基本的特征。许多儿科疾病涉及生长发育，异常的生长发育可能是某些疾病的重要临床表现。生长发育是儿科学的基础。

生长（growth）是机体“量”的变化，即细胞、组织、器官形态、大小的变化。发育（development）是机体“质”的变化，是细胞、组织、器官的分化与功能成熟。生长与发育密不可分，共同体现机体的动态变化。生长指体格生长，通过测量体格生长的各类指标进行评估，而发育指神经心理发育，通过发育里程碑及标准化量表衡量。体格生长的过程也伴有心理行为发育成熟，因此也经常一并表述。

第一节 儿童生长发育规律及影响因素

每个儿童生长发育模式不尽相同，但遵循共同的规律。掌握生长发育规律有助于正确评价儿童的生长发育状况。

一、生长发育的连续性、非匀速性和阶段性

从受精卵到成人，儿童的生长发育不断进行。然而，连续的生长发育过程中生长速度不完全相同，呈非匀速性生长，形成不同的生长阶段，主要可以分为胎儿期、婴儿期、儿童期以及青春期四个阶段，不同阶段体格生长的调控机制不尽相同。胎儿期的生长主要是受营养调控模式。出生后的第一年体重、身高的增长最快，是第一个生长高峰，婴儿期生长为胎儿期营养调控模式的延续。儿童期生长的速度趋于稳定，主要由生长激素调控。青春期生长的速度又加快，为第二个生长高峰（图 3-1-1），

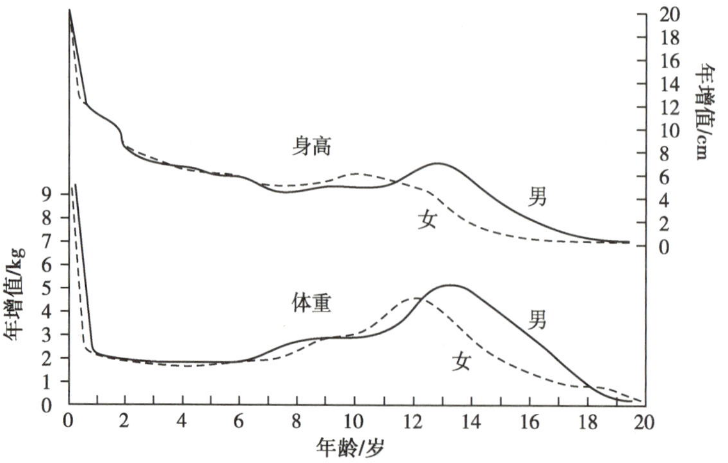

图 3-1-1 男女童身高、体重生长速度曲线

主要受生长激素和性激素协同调控。

二、各器官、系统生长发育不平衡

各器官、系统发育有先有后，快慢不一。呼吸系统、循环系统、消化系统、泌尿系统、肌肉及脂肪的发育与体格生长平行，即出生后前 1~2 年快速增长，之后进入稳定增长期，青春期再次出现生长的高峰。神经系统发育早于其他组织系统，出生后前 2 年发育最快，6~7 岁神经系统结构发育接近成人水平。儿童期淋巴系统生长迅速，青春期前达顶峰，约 2 倍于成人，以后逐渐萎缩，降至成人水平。生殖系统在青春期前处于静止状态，青春期迅速发育直至成熟。

三、生长发育的共性规律

1. 自上而下 如运动发育先抬头，后抬胸，再独坐，站立，行走。

2. 由近到远 如运动发育从臂到手，从腿到脚。

3. 由粗到细、由正到反、由低级到高级、由简单到复杂 如精细运动发育从全掌一把抓到手指取物；先握物后放下，先学向前走后倒退走；先画圆后画方形；先感知事物的表面属性，再发展到思维、判断事物的类别属性。

四、生长发育的个体差异

儿童生长发育既有共性发展规律，也受遗传与环境影响而呈现个体差异。同性别、同年龄儿童群体的每个个体的生长状况、生长速度、身材匀称度及成熟先后等不尽相同，神经心理发育也不同步，即使是同卵双生儿之间也存在差别。因此，应避免仅通过一个时点的指标作为判定生长发育的依据，应动态追踪观察，全面考虑生长发育的个体差异特点，从而做出正确的判断。

五、影响儿童生长发育的因素

生长发育受到遗传、营养、疾病、理化环境以及家庭社会环境因素等多重因素的交互影响。

1. 遗传 决定儿童正常生长发育的特征、潜力及趋向，如身材高矮、体型、性成熟的早晚等主要受遗传因素的影响。如果儿童在良好生活环境下成长至成年，最终身高 75% 取决于遗传，25% 取决于营养等环境因素。遗传性疾病，如代谢缺陷病、染色体畸变可严重影响儿童整个生长发育过程，如 21-三体综合征患者生长迟滞，发育迟缓，伴有智力低下。

2. 营养 是儿童生长发育的物质基础，宫内或出生后早期营养不良不仅影响体格生长，同时也影响脑发育。除蛋白质、碳水化合物及脂肪三大营养素外，铁、碘、锌、叶酸、维生素 A、维生素 D、维生素 B 复合物等微量营养素对儿童的生长发育也有重要作用。从孕前、孕期健康营养开始，出生后大力促进母乳喂养，同时要科学添加辅食，养成健康饮食习惯，从而确保儿童充分获取这些营养素。

3. 疾病 任何引起生理功能紊乱的急、慢性疾病均可直接影响儿童的体格生长，如：急性腹泻、肺炎导致儿童体重下降；严重心、肝、肾脏疾病，某些内分泌疾病如生长激素缺乏症、先天性甲状腺功能减退症等导致生长发育迟滞。

4. 理化环境 良好的生态环境，如充足的阳光、新鲜的空气、清洁的水源等有益于儿童健康生长发育。而环境污染，例如空气污染、铅污染、二手烟暴露、农药及抗生素过度使用导致的食品安全问题等均会对儿童生长发育产生影响。

5. 家庭社会环境 胎儿生长发育与母亲的生活环境、营养、疾病、情绪等密切相关。妊娠期母亲身体健康、营养丰富、心情愉快、环境舒适，则胎儿发育良好。母亲妊娠期营养缺乏、吸烟、酗酒、感染、创伤、滥用药物、接触放射性物质等可致胎儿流产、畸形或先天性疾病。

和睦的家庭气氛、父母稳定的婚姻关系也对儿童生长发育起着不容忽视的作用。长期处于暴力、压抑的生活环境，可导致激素分泌的紊乱，从而影响生长发育。儿童早期的负性经历可以对儿童发育

NOTES

产生毒性应激（toxic stress），会影响大脑发育，导致不可逆的神经发育损伤，并增加成年后躯体和心理疾病风险。

完善的医疗保健服务、良好的教育环境等对于促进儿童的生长发育有积极的作用。一般经济发达地区的儿童生长发育水平明显优于经济落后地区，因此贫困对儿童生长发育的影响也在全世界范围内引起广泛关注。

综上所述，儿童生长发育水平是多重因素共同作用的结果，遗传决定生长发育的潜力，但孕期及出生后各种环境因素决定生长发育的潜力能否得到最大程度发挥。而目前联合国提出的面向2030可持续发展目标中，就把儿童早期发展作为主要议题之一，其核心就是帮助儿童发挥最大的潜能，通过提高人口综合素质最终达到国家发展的目标。

第二节　儿童体格生长

一、体格生长常用指标

每次儿童体格检查都需要测量体重（weight）、身长/身高（length/height），而3岁以前还需要定期测量头围（head circumference）。其他指标包括胸围、顶臀长/坐高等。

1. 体重　是身体各组织、器官系统、体液的综合重量。其中，体脂和体液重量易受疾病影响，故体重易于波动，是反映儿童营养状况的重要指标。测量儿童体重常采用杠杆秤或电子秤。

2. 身长/身高　为头顶至足底的垂直距离，包括头、脊柱、下肢长度的总和。身长/身高受遗传、内分泌的影响较大，短期的营养波动和疾病对其影响不大。婴幼儿应采用测量床仰卧位测量，称为身长；3岁后的儿童应采用身高计立位测量，称为身高。

3. 头围　即从眉弓经枕骨结节绕头一周的最大围径，反映脑和颅骨的发育。临床上头围的测量是发现头颅异常生长的重要筛查步骤。在发育迟缓性疾病或可疑脑积水时尤其重要。

4. 其他　胸围为平乳头下缘经肩胛骨下角绕胸一周的长度，反映胸廓、胸背部肌肉、皮下脂肪和肺的发育。顶臀长/坐高指头顶到坐骨结节的垂直距离，反映脊柱和头部的增长。婴幼儿仰卧位采用测量床测量为顶臀长，3岁后的儿童采用坐高计坐位测量称为坐高。

二、出生至青春前期的体格生长规律

（一）体重的增长

出生体重与胎龄、性别及母亲妊娠期营养状况有关。一般早产儿体重较足月儿轻，男童出生体重大于女童。世界卫生组织（WHO）2006年的调查结果显示男婴平均出生体重为3.3kg，女婴为3.2kg，与我国2015年9市城区调查结果相似（男3.38kg，女3.26kg）。部分新生儿在出生数天内因摄入不足、胎粪及水分的排出而出现生理性体重下降。一般下降范围在原有体重的5%~10%，多在第7~10天恢复至出生体重。如新生儿体重下降超过10%或至第2周仍未恢复到出生体重，应考虑喂养不足或病理原因的可能。生后及时合理喂哺可减轻甚至避免新生儿生理性体重下降的发生。

世界卫生组织2006年的调查资料显示：生后3~4个月的婴儿体重约为6kg，为出生体重的2倍；1岁时约为9kg，为出生体重的3倍；2岁时约为12kg，为出生体重的4倍。由此可以看出，生后第一年体重增长显著，是第一个生长高峰（peak heigh velocity，PHV）。体重的增长是非匀速的，生后前3个月体重的增长约等于第一年后9个月体重的增长，体重增长速度是趋于缓慢的。2岁后至青春前期儿童体重稳步增长，年增长约为2kg。该阶段体重值可通过公式预测，即体重（kg）=年龄×2+8。但是儿童的生长是非匀速的，且有个体差异。因此，公式计算得出的值仅为生长的粗略估计，也不宜将其当作“标准”进行体格生长评价。

NOTES

（二）身长/身高的增长

世界卫生组织2006年的调查资料显示出生时身长男童平均约49.88cm，女童为49.15cm，这也与我国2015年9市城区调查结果相似（男50.4cm，女49.8cm）。男童3个月龄时约61~63cm，1岁时约75cm，2岁时约86~87cm，女童身长与男童大致相同，略低于男童，因此，身长增长规律与体重增长规律基本相似：生后第一年是生后增长最快时期，与体重增长平行，为第一生长高峰；前3个月身长增长约等于第一年后9个月身长增长。婴儿期生长主要受营养调控，遗传因素对生长的影响自1岁以后开始，2岁以后充分显现。2岁后到青春前期每年身高增长速度较稳定，约5~7cm。该阶段身高值可通过公式预测，即身高（cm）=年龄×7+75。同样地，身长/身高的生长也是非匀速的，且有个体差异。因此，公式计算得出的值仅为生长的粗略估计，也不宜将其当作“标准”进行体格生长评价。

（三）头围的增长

新生儿出生时头围较大，平均为34cm。3个月龄时约40cm，1岁时约46cm，2岁时约48cm，5岁时约50cm，10岁时约53cm，15岁时达成人头围，约54cm。因此，头围增长的规律与体重、身长/高增长规律相似：头围的增长在第一年为生长高峰，这与此期中枢神经系统的迅速发育是密切相关的。婴儿前3个月龄头围的增长约等于后9个月增长的总和，同样也是非匀速的增长，2岁后头围增长缓慢。此外，儿童头围大小与遗传、疾病等有关。

（四）胸围的增长

出生时胸围较头围略小1~2cm，平均约32~33cm；胸围在第一年增长最快。1岁时胸围约等于头围，出现头、胸围生长曲线交叉。1岁后胸围发育开始超过头围；1岁至青春前期胸围应大于头围，胸围与头围的差值约为“年龄减1cm”。头、胸围生长曲线交叉年龄与儿童营养状况、胸廓发育情况有关。除营养因素外，这可能还与我们不重视爬行训练和胸廓锻炼有关。

三、青春期的体格生长规律

青春期是儿童向成年过渡的特殊时期，这一时期儿童体格生长有自身的特点。由于性激素和生长激素协同作用，这一阶段体格生长出现生后第二个高峰期，有明显的性别差异。不论男女孩，在青春期前的1~2年中生长速度略有减慢。女孩多在9~11岁乳房发育，男孩多在11~13岁睾丸增大，标志青春期的开始。青春期始动1~2年后体格生长出现生后的第二个身高增长高峰，并持续2.5~3年左右。在身高增长高峰，女孩身高每年增长约8~9cm，男孩身高每年增长约9~10cm。因此，在身高第二生长高峰，身高增加值约为最终身高的15%，且男孩PHV出现时间较女孩约晚2年，意味着男孩多长约10cm。男童的最终身高比女童平均高12~13cm。

青春期体重的增长与身高增长基本平行，在第二生长高峰体重也迅速增长，无论男女，体重增长值约25~30kg，体重增加值约为成年人理想体重的25%。男、女儿童体形发生了显著改变。男孩肩部增宽，肌肉发育更显强壮。女孩逐渐形成身体曲线，耻骨和髂骨下脂肪堆积使女孩臀围增大。

不同个体青春期开始的时间、进展的快慢、生长的高峰速率以及父母的遗传因素等使得儿童青春期个体差异巨大，增加了临床评价的困难。评价青春期体格生长的参数应该以纵向跟踪调查资料为依据，但是目前各国这一年龄段参考值仍然来源于横断面调查。横断面调查资料是将同一年龄同性别但不同成熟阶段的儿童数值进行统计取平均值，因此并不能反映同年龄段不同性别发育阶段儿童的差别。因此，对处于青春期儿童的生长评估一定要结合青春发育启动的年龄、当前性发育分期、年生长速率、生长高峰速率的年龄、父母身高等个体差异进行综合分析。

此外，无论男童还是女童，均在达到身高线性生长PHV之前出现骨龄增长的加速，而当生长速度达到最快时则骨龄增长开始减速，这是青春期早期特殊的先有骨龄加速再有体格线性生长加速的规律。骨龄和线性生长速度的这种交叉反映了性激素促使长骨生长板软骨细胞增殖、成熟加速在前，而生长激素轴使软骨细胞肥大而致骨生长加速在后的组织学规律。

NOTES

四、体格生长评价

由于受到遗传、环境等多重因素影响，个体的体格生长存在差异。定期生长发育监测，正确评价儿童体格生长状况，有利于及时发现问题，给予适当的指导和干预，促进儿童健康生长。

（一）评估标准

1. WHO 儿童生长标准（growth standard） 2006 年 WHO 年发布了 5 岁以下儿童生长标准，这一标准数据来自 6 个不同国家。2 岁以下数据是来自 6 个国家的高质量母乳喂养婴儿队列。这些婴幼儿以母乳为主喂养至少 4 个月，且持续喂养母乳至少到 12 月龄，而且研究样本由生活在使其遗传潜力充分发挥的有利环境条件下的健康儿童所组成。2~5 岁儿童则采用来自这 6 个国家的横断面数据。由于 WHO 生长标准拟定是建立在最有利环境及健康要素前提下，确立健康儿童应该如何生长，所以被界定为“生长标准”。2006 年的 WHO 标准是目前国际上普遍应用的标准，被很多国家所接纳使用，尤其是 2 岁以下基于母乳喂养队列建立的数据，更是对全球范围推进母乳喂养具有重要意义。但是由于儿童生长还具有不同种族、国家等相对特异性，尤其是年长儿生长受遗传及种族影响较大，所以还是有必要建立不同国家的生长数据参照。

2. 中国儿童生长参考值（growth reference） 生长参考值与生长标准最大的区别在于，生长参考是确定特定时间、区域的特定儿童群体如何生长的。中国自 1975 年开始每十年在九大城市的市区与郊区对 7 岁以下儿童生长数据进行横断面调查，最近一次是 2015 年完成的调查数据，目前作为中国儿童生长参考值。

3. 特殊群体的生长参考值 一些特殊儿童群体的生长发育规律与正常儿童有所不同，因此建议采用特殊的生长参考，例如极低出生体重儿、小于胎龄儿、21-三体综合征（唐氏综合征）、特纳综合征（Turner sydrome）等。

（二）评估方法

1. 生长曲线图 生长曲线是目前最为广泛使用的生长评估工具，优点是直观，不仅能较准确了解儿童的生长水平，还能对儿童某项指标进行定期纵向观察。生长曲线通常有两种展示方式，不同年龄体格参考值按均值离差法或百分位数法的等级绘成曲线图。

（1）均值离差法：对于体重、身高和头围等连续性变量，通常是呈正态分布的，变量值用平均值±标准差（SD）表示。均值±1 个 SD 包括样本的 68.26%，均值±2 个 SD 包括样本的 95.44%，均值±3 个 SD 包括样本的 99.72%。为了更精确反映与均值的距离，可计算偏离的程度，即 Z 评分。Z=(变量值−均值)/SD：变量值等于均值，$Z=0$；变量值小于均值，Z 为负数；变量值大于均值，Z 为正数。这样利于进行不同组别（年龄、性别、生长指标）之间的比较。通常离差法以均值±2SD（或 Z 值±2）为正常范围，包括样本的 95%，小于均值−2SD，或大于均值+2SD 为异常。

（2）百分位数法：是将某一组变量值（如体重、身高）按从小到大的顺序排列，将最小值与最大值分为 100 个等份，每一等份为一个百分位，并按序确定各百分位数。当变量呈正态分布时，第 50 百分位相当于均值。P_3 接近于均值减 2 个 SD，P_{97} 接近于均值加 2 个 SD。百分位数法以 P_3~P_{97} 为正常范围，包括样本的 94%。也就是说，小于 P_3，或大于 P_{97} 为异常。

2. 生长标准/参数表格 测量数值按均值离差法或百分位数法等级以表格形式列出，优点是列出不同界值点的具体数据，便于查询并进行个体的单个时间的生长水平评估，但是其结果不够直观。因此，临床上通常会结合生长曲线和表格进行结果评价并展示。

（三）评价内容

1. 生长水平 将某一年龄时点（横断面测量）所获得的某一项体格生长指标测量值与参考人群值比较，得到该儿童在同年龄、同性别人群中所处的位置，即该儿童生长的现实水平。生长水平包括所有单项体格生长指标，如体重、身高/长、头围等。

早产儿体格生长有一允许的“落后”年龄范围，进行生长水平评价时应矫正胎龄至胎龄 40 周后再评价。考虑到各器官、系统发育不平衡，当早产儿长到 18 个月时头围就不再矫正，到 24 个月时体重不再矫正，到 40 个月龄身高就不再矫正了。

生长水平评价有其局限性。一次测量值仅表示已达到的水平，不能说明过去存在的问题，也不能直接估计生长过程。

2. 生长速度 对某一单项体格生长指标进行定期连续测量（纵向观察）所获得的该项指标在某一时间段中的增长值，将此增长值与参照人群在同一时间段的增长值进行比较，就能判断出一个儿童在此段时间内生长趋势。纵向观察儿童生长速度可掌握个体儿童自身的生长轨迹，能早期发现生长的偏离情况。“定期”“连续”测量是生长速度评价的关键。临床上儿童生长速度多通过在生长曲线图上简单、直观地描出，以判断儿童的生长趋势。如某儿童定期测量值各点均在生长曲线上同一等级线，或在 2 条主百分位线内（P_3、P_{10}、P_{25}、P_{50}、P_{75}、P_{90}、P_{97}）波动说明该儿童生长正常。对怀疑体格发育异常儿童，经动态追踪观察后发现年龄的身高曲线向下偏离越过 2 条主要身高百分位数曲线（如从$>P_{25}$到$<P_{10}$）或生长速度在<2 岁儿童<7.0cm/年，2~<4 岁儿童<5.5cm/年，4~<6 岁儿童<5.0cm/年，6 岁至青春前期儿童<4.0cm/年，青春期儿童<6.0cm/年则考虑生长缓慢。但如前所述，临近青春期儿童可存在暂时性生长速度缓慢。

3. 匀称度

（1）体型匀称度：评估体重与身高/长的关系，反映一定身高/长的体重范围或身体的充实程度，多用于营养评价。

身长别体重（weight for length，W/L）：代表一定身长的相应体重范围。可查阅表格或曲线与参照人群值比较，结果以等级表示。本质上体现人的胖瘦。

体质指数（body mass index，BMI）：BMI=体重（kg）/身高（m）^{2}，WHO 推荐 2 岁以上用 BMI 表示单位面积中所含的体重数，是判断儿童营养状况有效的筛查工具。

（2）身材匀称度：身高/长的实质是头、脊柱与下肢 3 部分长度的综合，但这 3 部分在各个年龄时期的生长速度有明显不同。常用评价身材匀称度的指标包括坐高/下肢长、坐高/顶臀长：身高/长的比值。临床以坐高/顶臀长，即头与脊柱之和，表示身体上部，以坐高/顶臀长：身高/长的比值反映身体比例。矮小儿童中常采用坐高/下肢长鉴别匀称性或非匀称性矮小，实际测量计算结果与参照人群值计算结果比较。

4. 成熟度评价

（1）性发育程度：是反映身体成熟度的重要依据。评估内容主要包括第二性征、性器官发育与性功能水平。第二性征发育常规采用 Tanner 分期评价，性器官发育评估采用 B 超监测卵巢容积、子宫大小，或测定阴茎、睾丸长径。卵巢容积超过 1~3ml、睾丸长径≥2.5cm 提示进入青春期。

（2）骨龄评价：骨化中心是生后长骨增长的重要部位，随年龄增长按一定顺序和解剖部位有规律出现，能够反映长骨生长发育成熟程度，有助于判断骨发育的年龄，称为骨龄。骨龄反映儿童体格发育成熟度较实际年龄更为准确，在临床中有重要意义。骨龄的测量主要是采用左手腕部 X 线摄片。若小婴儿或临床上考虑有骨发育延迟的婴幼儿应加摄膝部 X 线片。从人群中调查得到每个次级骨化中心出现的时间、大小、形态、密度等绘制标准图谱，并将某儿童骨化中心与各年龄标准图谱比较，若其骨骼成熟度相当于某一年龄的标准图谱时，该年龄即为其骨龄。

根据骨龄与实际年龄关系，可判定骨龄等于、落后或超前于实际年龄。真性性早熟和假性性早熟（如先天性肾上腺皮质增生症）的儿童骨龄提前，而生长激素缺乏症、先天性甲状腺功能减退症的儿童因为骨骼发育障碍，骨龄明显落后于实际年龄。

骨龄评价不应是儿童常规体检内容，而应在儿童或青少年出现生长异常时进行评价，尤其低年龄段儿童正常骨发育存在较大的变异性，骨龄评价诊断价值有限，需结合临床综合分析。

第三节 与体格生长有关的其他系统的发育

一、骨骼

(一)头颅骨

头颅主要由额骨、顶骨和枕骨组成,骨与骨之间由具有弹性的纤维组织连接。颅骨间小的缝隙称为骨缝,包括额缝、冠状缝、矢状缝和人字缝。颅骨间大的缝隙称为囟门。位于两块额骨与两块顶骨间形成的菱形间隙为前囟,而后囟是由两块顶骨和枕骨形成的三角形的间隙(图 3-3-1)。骨缝和囟门可缓冲颅内压力,在新生儿娩出的时候,正是骨缝和囟门这些弹性纤维组织的存在使得颅骨在一定程度上的重叠成为可能,有利于胎儿顺利通过产道。

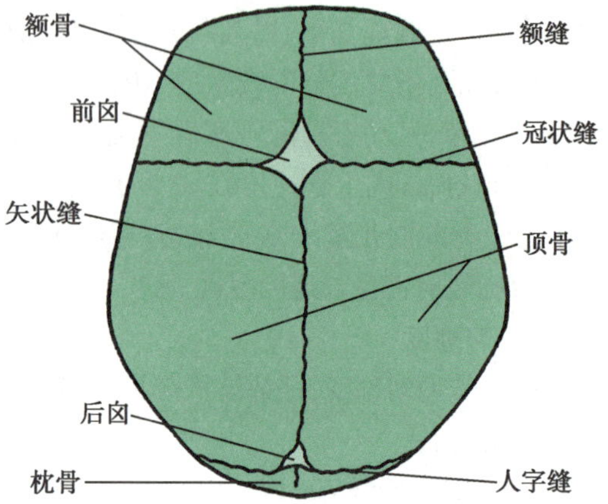

图 3-3-1 颅骨骨缝、前囟与后囟

前囟的大小是菱形对边中点连线的距离,出生时大约 1.5~2cm。因为分娩时婴儿头颅通过产道,故出生时骨缝是稍有重叠的。生后 2~3 个月龄婴儿颅骨重叠逐渐消失,前囟此时较出生时还大,之后随着颅骨骨化前囟逐渐闭合。前囟大小与闭合年龄个体差异较大,正常儿童前囟最早闭合年龄为 3 月龄,50% 的儿童在 14~16 月龄闭合,3 岁以后前囟未闭合为延迟闭合。临床上前囟的大小和闭合的时间有无异常通常需要结合头围、行为发育等其他临床表现综合判断分析。后囟出生时近闭,大约 0.5cm,6~8 周龄闭合。

(二)长骨

长骨的生长从胚胎早期间充质向骨原基分化起始,到成人期骨发育成熟即骨骺和干骺端骨性融合为止。在这个过程中,骨膜下成骨作用使长骨增粗,软骨内成骨使长骨增长。胎儿时期最开始是软骨雏形,胚胎 2~3 个月时在软骨雏形中段形成初级骨化中心,由于初级骨化中心两端的软骨组织不断生长、骨化,在干骺端和次级骨化中心之间保留软骨层组织,称为生长板(growth plate),是出生后长骨增长的靶组织。在生长板 各带软骨细胞通过增殖、分化、凋亡和钙化,推动骨骼纵向生长过程。当青春期结束,生长板生长潜能耗尽,生长板软骨消失,骨骺和干骺端骨性融合,长骨的生长停止。

长骨干骺端次级骨化中心的出现,可在出生前、出生后数月或数年的时间,是随年龄增长按一定顺序和解剖部位有规律地出现。比如说,出生时在股骨远端和胫骨近端部位出现的次级骨化中心是新生儿长骨发育成熟的标志,而到了 4~6 个月龄婴儿腕部才出现骨化中心,腕部骨化中心相对集中,因此通过拍摄腕部 X 线片作为骨龄评价的标准(图 3-3-2)。

(三)脊柱

脊柱存在生理性弯曲。早在胎儿时脊柱就已经形成最初的弯曲,像个字母 C。以后,婴儿 3~4 个月龄左右抬头动作的发育使颈椎前凸,形成颈曲;6~7 个月龄婴儿会坐后,胸椎后凸形成胸曲;1 岁左右儿童开始行走,腰椎前凸逐渐形成腰曲,脊柱形成类似于 S 形的弯曲。脊柱生理性弯曲帮助脊柱吸收、缓冲运动过程中产生的压力,有利于身体保持柔韧性和平衡。儿童 6~7 岁时脊柱生理性弯曲被韧带固定。儿童不正确的站、立、行、走姿势和骨骼疾病均可影响脊柱的正常形态。最常见的儿童脊柱畸形是脊柱侧弯,是指脊柱的一个或数个节段向侧方弯曲并伴有椎体旋转和矢状面上后凸或前凸的增加或减少的脊柱畸形,主要可以分为先天性、后天性和特发性脊柱侧弯,80% 为特发性。

NOTES

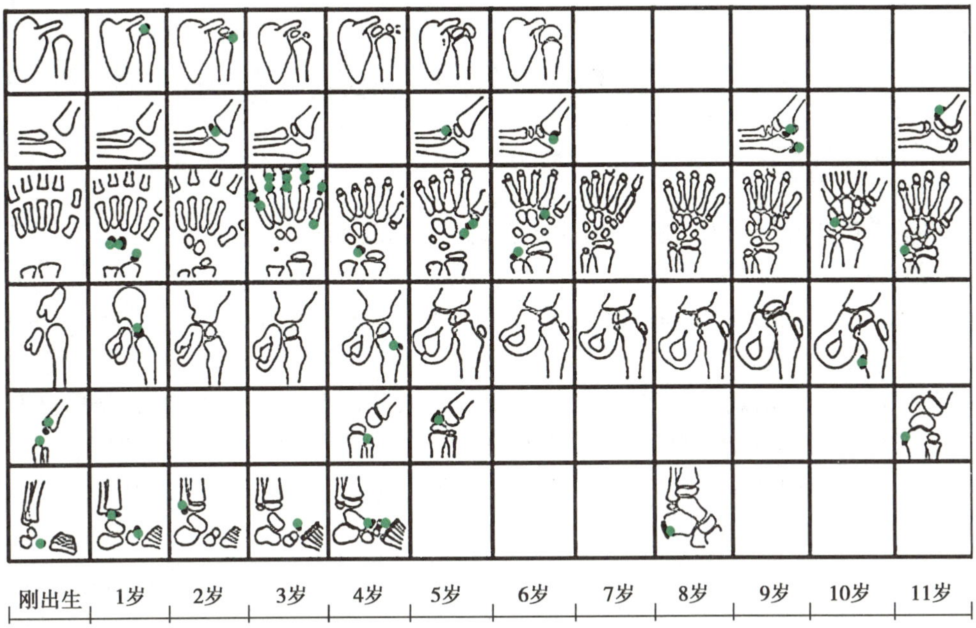

图 3-3-2 次级骨化中心出现模式图

二、牙齿

人一生中有两副牙齿，即乳牙和恒牙。牙齿萌出时间、萌出顺序和出齐时间个体差异很大。多数婴儿 5~8 个月龄时乳牙开始萌出。通常，萌牙顺序为下颌先于上颌、由前向后进行。最开始萌出的是下正中切牙，然后上正中切牙、上侧切牙、下侧切牙，第一乳磨牙，尖牙，第二乳磨牙。乳牙共 20 枚，约在 3 岁内出齐。若 13 个月龄后仍未萌牙称为萌牙延迟。萌牙延迟的主要原因可能是特发性的，也可能与遗传、疾病及食物性状有关。恒牙萌出的时间大约是 6 岁。多数人 6 岁左右在第二乳磨牙之后萌出第一恒磨牙，部分人最开始萌出的是中切牙。12 岁左右出第二恒磨牙，17~18 岁以后出第三恒磨牙（智齿），也有终生不出智齿者。恒牙出齐一共 32 个，如果没有智齿，就 28 颗。一般于 20~30 岁时出齐。牙齿来源于外、中胚层，发育与骨骼有一定的关系，但也不完全平行。牙齿发育异常包括萌牙延迟、排列紊乱、缺牙和牙釉质异常。

三、生殖系统发育

（一）女性性征发育

女性生殖器官包括卵巢、子宫、输卵管和阴道。女性第二性征发育顺序为乳房、阴毛、腋毛。乳房发育是第二性征中最早出现的，为青春期始动的标志，女孩多是 9~11 岁。青春期始动后 2.5~3 年，月经初潮来临，标志女性生殖功能发育成熟。

（二）男性性征发育

男性生殖器官包括睾丸、附睾、阴茎。男性第二性征发育顺序为睾丸、阴茎、阴囊、阴毛、腋毛、胡须、喉结、变声。男童以睾丸的增大作为青春期始动标志。排精标志着男性性功能发育成熟。

青春期开始、持续的时间及第二性征出现的顺序有很大的个体差异。性早熟指女童在 8 岁前、男童在 9 岁前出现第二性征，为青春期提前。多数性早熟为特发性性早熟，部分与肿瘤有关。若女童 13 岁、男童 14 岁后仍无第二性征出现，为性发育延迟，多与遗传及疾病有关，如特纳综合征、克兰费尔特综合征（Klinefelter syndrome）。

第四节 神经心理发育

一、神经解剖生理特点

神经系统发育是儿童神经心理发展的基础，是结构和功能逐渐成熟的过程。

(一) 脑发育

脑由大脑、小脑和脑干组成。在胚胎发育过程中，脑是率先发育的器官。脑发育，是形态发育与结构功能逐渐成熟的过程。

脑起源于神经管的头段。胚胎 5 周时已可分出前、中、后脑及左、右大脑半球；8 周时已形成大脑皮质。婴儿出生时，大脑功能发育尚不完善，而与基础生命活动有关的中脑、脑桥、延髓、脊髓发育相对较成熟。出生时，新生儿脑重约 390g（约占成人脑重 25%），大脑体积是成人的 1/3；6~8 岁时儿童脑重约 1 200g，约占成人脑重的 90%。

大脑分为两个半球。两个大脑半球在活动协调、适应环境的感觉和运动功能方面是对称的。然而，两个大脑半球尚存在分解-合成或时间-图形的许多高级功能分离或不对称，即大脑半球一侧优势。左半球对语言语法技巧、运算、逻辑推理能力具有优势；右半球对形象思维、旋律、三维物体的感知占优势。大脑半球一侧优势是相对的，左半球也有一定的非词语性认知功能，右半球也有一定的简单语言活动功能。大脑优势不仅与遗传有关，还与后天训练有关。脑的不同功能向一侧半球集中是儿童脑结构和认知发育的主要特征。

据估计，成人大脑大概有 1 000 亿个神经元，几乎所有的神经元发育形成都是在出生前完成，出生后前两年是神经元突触连接数量快速增长期，同时在不断形成有效的功能神经网络。突触是指两个神经元之间或神经元与效应器细胞之间相互接触并借以传递信息的部位。出生前 2 个月到 2 岁左右是大脑突触旺盛发育阶段，2 岁左右儿童的突触数量约等于成人的 2 倍，之后逐渐减少。突触数量在增加的过程中也同时在进行修剪，通常连接较弱的突触会逐渐消失，而连接较强的突触会被保留下来，并且连接性不断增强。突触发育与外界环境刺激密切相关，因此生命早期为儿童创造良好的发展环境对于脑发育极为重要。2 岁左右用以支持功能脑网络的结构发育基本成熟，而到 8 岁左右全脑网络拓扑特征发育成熟，但是更大范围的脑功能连接发育仍在继续，持续到青少年阶段甚至更大年龄。大脑的体积与重量发育达到最大程度并不意味着大脑发育成熟，现有研究发现大脑额叶的突触密度稳定要到 30 岁左右，意味着大脑发育可能到 30 岁左右才稳定下来。

脑干位于脑中下部，由延髓、脑桥、中脑、间脑组成，连接大脑、小脑、脊髓。脑干具有感觉分析，调整自主性神经（与情绪活动关系密切），视及听反射，整合左右身体运动，调节呼吸循环，选择性注意，意识，呕吐，觉醒和睡眠周期，调节肌张力、心率、血压和血管收缩等功能。

小脑主要功能是调节躯体运动，维持身体平衡和协调运动。小脑在出生后 6 个月达到发育高峰，6 岁左右达到成人水平。因此，3 岁前小脑尚未发育完善，随意运动不准确，共济运动较差。

(二) 髓鞘发育

神经纤维髓鞘化是有隔绝作用的脂肪鞘包裹神经纤维的过程，可以提高信息传导效率，是传导功能成熟的一个重要标志，其顺序为感觉神经纤维（传入）先于运动神经纤维（传出），脑神经髓鞘化先于脊神经。中枢神经系统的髓鞘化从出生前开始，最早是在视觉系统，然后在出生后 1 年内完成感觉中枢的髓鞘化。2 岁左右基本完成运动中枢的髓鞘化，更加高级的认知中枢的髓鞘化完成要到青少年甚至成人阶段。

由于大脑皮质髓鞘化较晚，婴幼儿由外界刺激引起的神经冲动传入大脑速度慢，易泛化，不易在皮质形成明显的兴奋灶。此外，新生儿大脑皮质及新纹状体未发育成熟，而皮质下中枢，如丘脑、苍白球发育已较成熟。所以，新生儿出现肌张力增高、不自主蠕动动作、兴奋与抑制易扩散等皮质下中枢

NOTES

优势的表现。随着大脑皮质发育成熟，大脑皮质对皮质下中枢的抑制作用逐渐增强，以上表现会逐渐消失。

（三）神经反射

神经反射包括终身存在的神经反射（如浅反射、腱反射、瞬目反射、瞳孔对光反射以及吞咽反射），以及“原始反射”（primary reflexes，是出生时脊髓的固有反射）。原始反射主要包括：拥抱反射（约在4个月消失）、觅食反射及吸吮反射（约在4个月消失）、握持反射（约在5~6个月消失）、踏步反射（约在2个月消失）、颈紧张反射（约在3~4个月消失）。原始反射反映了神经系统发育的成熟度，新生儿如果没有表现出这些反射，则提示可能存在一些问题。例如，出生时使用了麻醉剂或缺氧的新生儿，可表现出原始和适应性反射减弱。患21-三体综合征的新生儿，其拥抱反射以及吸吮反射也很差。同时，原始反射消失的时间超过了正常时限，也提示有神经损伤或神经功能异常。原始反射的消失也使得很多重要躯体技能可以开始发展，如够物、抓握、翻身和行走等。早产儿原始反射在刚出生时较弱或无，在出生后过一段时间才出现，但消失的时间比正常产儿童要晚。

二、感知觉的发育

感觉是通过各种感觉器官从外界环境选择性地取得信息的能力。知觉是依靠大脑皮质对复合刺激物的整体反应的知觉活动。

1. 视感知发育 胎儿32~34周视觉就开始发育；新生儿已有视觉感应功能，瞳孔有对光反应。安静状态下，新生儿可短暂注视物体，15~20cm的距离视物最清楚；能辨大小、形状和几种简单颜色，但无法区分蓝色和绿色，以及红色和黄色。新生儿阶段就已经出现对脸或类似脸样图形的偏好，这是社交能力发展的基础。1个月婴儿出现头眼协调，视线和头可随物水平移动90°；3~4个月头眼协调好，可追物180°，辨别彩色和非彩色物体；6~7个月时，目光可随物体垂直移动，喜欢红色。8~9个月能辨大小；18个月开始辨别形状；2岁逐渐学会辨别红、白、黄、绿等颜色。2岁时视力达到4.7，4~5岁时视力达到5.0。婴儿8~9个月开始出现视深度，即通过视觉估计对象的距离，能够看到小的物体，4~5岁时视深度充分发育。

2. 听感知发育 胎儿20周左右听觉系统开始发育，胎儿后期听觉已经比较灵敏。新生儿出生时鼓室无空气，听力差。新生儿3~7天后听觉已经良好，50~90dB的声音可引起呼吸改变；能辨别母亲声音与他人声音，寻找声源；能区分音量、音调、音色。3~4个月能把头转向声源；6个月能区分父母声音；7~9个月能听懂语气；10~12个月能听懂名字；1~2岁能听懂指令；4岁左右听觉发育逐渐成熟，并持续至青少年期。

3. 味觉发育 味觉在出生时发育已很完善。生后2小时新生儿即可分辨出无味、甜、酸、苦、咸，并出现不同表情。新生儿接触甜味时表现愉快，已经有明显偏好。4~5个月婴儿对食物轻微味道改变很敏感，喜欢原味食物，该期是“味觉发育关键期”。

4. 嗅觉发育 出生时嗅觉发育已成熟。生后1~2周新生儿已可辨别母亲与他人气味，3~4个月婴儿能区别愉快与不愉快气味；7~8个月婴儿能分辨芳香气味。

5. 皮肤感觉发育 包括痛觉、触觉、温度觉及深感觉。新生儿大脑皮质发育未完善，对痛、温度、触觉刺激不能定位；冷热刺激引起全身性运动，而不是局部的逃避反应。新生儿对热不敏感，因此被热水袋烫伤后也无反应。新生儿已有痛觉发育，但比较迟钝，第2个月后逐渐改善。新生儿触觉发育比较成熟，尤其眼、前额、口周、手掌、足底等部位有高度敏感性。触觉是婴儿认识世界的主要手段。婴儿通过口腔和手接触物体，实现探索外界、获得知识的目的。5~6个月可区别体积和重量不同的物体；2~3岁可辨别物体属性（软、硬、冷、热等）。

三、运动发育

婴幼儿的运动发育包括大运动和精细运动发育。

NOTES

(一)大运动发育

大运动(gross motor)指身体对大动作的控制,包括颈肌、腰肌的平衡能力,以及爬、站、走、跑、跳等动作(表3-4-1)。

表3-4-1 大运动发育里程碑

平均年龄/月	大运动发育里程碑	平均年龄/月	大运动发育里程碑
1	俯卧抬头	8	坐下;匍匐前进;拉站
2	俯卧抬头	9	自由爬行
3	俯卧抬肘	11	扶走
4	俯卧抬胸;俯卧位翻身至仰卧位	12	独走
5	仰卧位翻身至俯卧位;扶坐	15	跑
6	独坐		

1. 抬头 新生儿俯卧位可抬头1~2秒,2月可抬头45°~90°,3个月时抬头稳,4个月可俯卧撑胸。

2. 翻身 4个月婴儿可由仰卧翻身至侧卧位。4~7个月婴儿可有意转动上下肢,继而躯干、上下肢分段转动,可从仰卧到俯卧,再翻至仰卧位。

3. 坐 3个月龄扶坐腰背呈弧形,4个月龄能竖颈,6个月能靠双手支撑坐片刻,8~9个月可坐稳,并左右转动身体。

4. 爬 新生儿俯卧时有反射性的匍匐动作,2个月龄俯卧能交替踢腿,匍匐开始。3~4个月龄可用手撑上身数分钟。7个月龄开始,婴儿能够驱使自己用腹部爬行。10个月龄能够熟练爬行,12个月能够手膝并用爬行。15个月后,能够爬楼梯。

5. 站、走 1个月的新生儿出现踏步反射和立足反射,真正婴儿开始站立、扶物行走并独走的年龄差别较大。8~9月龄可扶站片刻;10~14个月独站和扶走,1.5岁走得好;2~2.5岁单足站;3岁能上下楼梯;4岁能沿直线走;5~6岁能在宽的平衡木上走,能脚跟对着脚尖走直线。

6. 跑、跳 5~6个月龄扶立时双下肢可负重,并上下跳;18~24个月龄会跑和双足跳;3岁时可并足跳远、单足跳。

婴儿大运动发展的年龄范围较大,其发展也与儿童气质有关,不应完全刻板地以时间表来衡量小儿的发育。例如,气质上属于不活跃或适应慢的婴儿,即使神经发育使他们已经具备行走能力,但他们仍不愿意独立行走。此外大运动发展若在正常范围内,其动作获得早晚与智力没有直接关系,单独一项动作发展不能作为神经发育综合判定的指标。

(二)精细运动发育

精细运动(fine motor)指手和手指的动作,如伸手够物、抓握物品、涂画、叠方木、翻书、写字等,个体差异较大运动小。

随着非对称性颈强直反射降低以及眼睛的调节适应能力提高,2~3个月的婴儿可以看自己的手并以一只手去触另一只手,开始玩手。婴儿抓握物体一开始是全掌抓握,以后逐渐精细起来。4个月时,以指掌握物;5个月时,大拇指参与握物;7个月时,可用拇指和其他4个手指抓起小物体,出现捏、敲等探索性动作;9个月时,可用拇指、示指灵巧地钳住小物体,喜欢撕纸。12~15个月会用匙;16个月时会用蜡笔乱涂,18个月龄能叠两三层积木。2岁叠纸,叠六七层积木,模仿画垂直线和圆。2~3.5岁用积木搭桥。3~4岁会使用一些“工具性”玩具。4~5岁穿鞋带,剪纸。5~6岁用笔学写字、折纸、剪复杂图形(表3-4-2)。

四、语言发育

NOTES

语言(language)是儿童全面发育的标志。语言的发育以理解为基础,同时还与听觉系统、发音系

表 3-4-2 视觉-精细运动发育里程碑

年龄/月	发育里程碑
1	注视
2	水平和垂直方向追视
3	追视 360° 对视觉刺激有反应
4	手过中线
5	伸手抓物;换手
6	全掌拾较大物体
8	全掌拾小物体
9	试用拇、示指钳小物体;追看坠落物体
10	找到隐藏物体
11	熟练用拇、示指钳小物体
12	故意扔掉物体
16	模仿乱画
18	自发乱画
21	搭 3 层积木
24	水平方向搭 4 节火车
30	学搭更多节数火车,并在适当方向垂直冲开火车排列;搭 4 节带烟囱火车
36	学画图;画有头和身体某一部分的人;认识一种颜色

统、脑功能发育,以及一定的语言环境有关。语言能力的发展是先理解后表达,先名词、动词,后代名词、形容词、介词、助词。

婴儿早期自发的无声唇舌运动是学语音的基础。新生儿已会哭叫,哭是婴儿最早的"语音"。最初的哭声是没有分化的,1 个月的婴儿用不同的哭声来表达饥饿和疼痛,吸引大人对自己的注意。1 个月龄开始发咕咕音和做声音游戏,1~3 个月发单音,2~4 个月发笑声,3~4 个月反复咿呀做声,7 个月龄开始学语。1 岁出现第一个有意义的单词,1.5~2 岁会说短语,3 岁能说简单句,4 岁儿童能自言自语,6 岁说话流利。儿童 1.5 岁后词汇量迅速发展,2~3 岁增加更快,5~6 岁后词汇量增长速度逐渐减慢(表 3-4-3)。

表 3-4-3 语言接受和表达能力发育里程碑

年龄/月	接受能力里程碑	表达能力里程碑
1	对声音有反应	
2	社会性微笑	
3		咕咕发声
4	头转向声源	大笑
6		牙牙学语
8		不明确发"mama""dada"
10	理解"不"	清楚发"mama""dada"
12	遵循 1 步带手势指令	2 个词
18	按要求指出 1 幅图片;区别 2 个以上身体部位	7~10 个词
21	按要求指出 2 幅图片	20 个词,2 个短语
24	遵循 2 步指令	50 个词,2 个句子(会用名词、动词)
30	理解"1";按要求指出 7 幅图片	适当使用代词
36	遵循 2 步含介词的指令	250 个词;使用 3 个句子

NOTES

五、心理活动的发展

（一）注意（attention）的发展

注意是人的心理活动集中于一定的事物，是认识过程的开始。注意分为无意注意和有意注意。无意注意是自然发生的，无需意志努力的注意。有意注意是指自觉的，有预定目的的注意。婴儿期以无意注意为主，且容易转移。3岁时逐渐发展形成有意注意，5~7岁时能集中注意的平均时间为15分钟。3岁时一般只注意事物的外部较鲜明的特征，4岁时开始注意到事物不明显的特征、事物间的关系，5岁后能够注意事物的内部状况、因果关系等。

（二）记忆（memory）的发展

记忆是一个重要的心理过程，是对经历过的事物的反映，可分为感觉、短暂记忆和长久记忆三个不同系统。长久记忆又分为再认和重现两种形式。以前感知过的事物在眼前重新出现时能被认识称为再认；过去感知过的事物不在眼前，而却在脑中重现出来，即为重现。1岁以内的婴儿只有再认而无重现，随年龄增长，重现能力亦增强。3岁的儿童可重现几个星期前的事情，4岁的儿童可重现几个月前的事情。幼年儿童以机械记忆为主，随年龄的增加，逻辑记忆逐渐发展。

（三）思维（thinking）的发展

思维是客观事物在人脑中概括的、间接的反映。1岁以后的儿童开始产生思维。3岁以前只有最初级的形象思维；3岁以后开始有初步的抽象思维；6~11岁以后儿童逐渐学会综合分析、分类比较等抽象思维方法。

（四）想象（imagination）的发展

想象是人脑对已有表象进行加工改造而创造出新形象的过程。1~2岁儿童开始有想象的萌芽。想象力在3~4岁时开始迅速发展，但此时基本是自由联想，内容单一且数量少。5~6岁有意想象和创造性想象内容进一步丰富。儿童想象在学龄前最为丰富。

（五）社会-情绪（social-emotion）的发展

社会-情绪发展包括自我概念（self-concept）、自我效能感（self-efficacy）、适当地表达情感的能力、识别和回应他人情感的能力以及与同龄人和成年人形成并维持社会关系的能力。婴幼儿情绪表达特点是时间短暂、反应强烈、容易变化；2~3个月时婴儿出现社会性微笑，并以笑、停止啼哭等行为表示认识父母；6个月龄开始认生；9~10个月龄喜欢照镜子、玩躲猫猫游戏，是认生的高峰；18个月，易与父母分开；3岁时能和小朋友一起玩简单的游戏，学习遵循游戏规则。3岁以后，随着儿童社会生活的增加，基本的情绪活动都出现。但由于儿童的语言尚未发展得很好，有时为了表达感受、发泄不满和被激怒，常常会发脾气，但随着语言的发展和控制力的提高，发脾气逐渐减少，一般5岁左右就很少发脾气了。由于很多学前期的儿童倾向用行为表达情感，所以有必要从儿童的行动中寻找真正的动机。学龄期儿童出现初步的社会性情感和道德体验，如信任感、安全感、同情感、友谊感和荣誉感。情绪的稳定性和调控能力逐渐增强。

（六）气质（temperament）和人格（personality）的发展

气质是个性心理特征之一，是人格发展的基础，由先天基因决定，比较稳定而持久，主要是表现在心理活动的强度、速度、灵活性与指向性等方面的一种稳定的心理特征。儿童气质类型主要分为易养型、难养型、启动缓慢型以及中间型（包含中间近易养型和中间近难养型）四种。

人格是个人带有倾向性的、本质的、比较稳定的心理特征（兴趣、爱好、能力、气质、性格等）的总和，是在先天气质差异的基础上，在某种社会文化环境的影响下，通过不断的社会性内化过程而逐渐形成起来的，因此是由先天获得的遗传素质与后天环境相互作用而形成的。根据埃里克森的人格发展论，人格具有阶段性发展的特点：婴儿期（信赖-不信赖），所有生理需要都依赖成人，如与成人无依恋关系，将产生不安全感和情绪问题；幼儿期（自主-怀疑），开始有自理能力，但仍需依赖成人，故依赖性和违拗行为交替出现；学龄前期（主动-内疚），自理能力提高，但常因失败而产生失望和内疚；学龄

NOTES

期(满足-自卑),因学习能力提高和某些行为得到认可而满足,又因常失败而产生自卑;青春期(自我评价-自我意识混乱),这个阶段是儿童由童年向成人过渡的阶段,个体对自己的评价并未得到成人的认可,如情感问题、伙伴关系、职业选择、道德价值等问题处理不当可产生身份紊乱。

六、睡眠发育

睡眠是一种复杂的生理及行为过程,有明显的年龄差异。睡眠时间、质量和节律是反映与儿童身心健康密切相关水平的重要指标。儿童睡眠发育受遗传与环境因素的交互作用影响,儿童睡眠习惯的建立与先天遗传因素和后天习得的行为能力密切相关。

1. 新生儿睡眠 新生儿大脑皮质兴奋性低,外界的刺激易使其疲劳,兴奋性更低而进入睡眠状态。新生儿睡眠时间个体差异很大,每天睡眠时间平均14~17小时(范围可在11~19小时之间);睡眠节律尚未建立,平均夜间睡8~9小时,白天5~6小时。早产儿较足月儿睡眠时间长。

2. 婴儿睡眠 婴儿在1~2个月时开始可随光线强度变化调整睡眠。2~3个月是婴儿建立昼夜睡眠规律的关键期。2~12个月婴儿每日总睡眠时间约12~15小时,夜间睡眠9~10小时,时间睡眠3~4小时。家长应帮助婴儿形成自己的睡眠-觉醒规律,学习自己安定入睡。

足月健康婴儿6月龄后消化道发育较成熟,已不需夜间喂哺。家长给婴儿长期夜间喂哺的行为,导致婴儿频繁夜醒,同时影响日间正常喂哺量,形成进食不良习惯。

3. 幼儿睡眠 幼儿平均睡眠时间11~14小时(夜睡9~10小时,日睡时2~3小时)。一般,1岁后的幼儿仍有白天小睡2次,18月龄时白天小睡1次至2岁左右,约1/2的3岁儿童还有白天小睡习惯。

4. 学龄前儿童睡眠 学龄前儿童平均睡眠时间10~13小时,多数儿童基本无日间午睡习惯。学龄前儿童想象力和幻想力的发展可增加夜间恐惧发生。

5. 学龄儿童睡眠 睡眠模式已趋于稳定,夜间睡眠时间固定,基本无日间小睡。总睡眠时间约9~11小时。

6. 青少年睡眠 建议青少年平均每天睡眠时间为8~10小时,但青少年睡眠不足的发生率很高。青少年容易出现入睡时间延迟,睡眠-觉醒生物钟多向后推迟2小时(倾向于晚睡晚起),可能与青春期发育影响褪黑激素分泌节律有关。

第五节 神经心理发育的评价

神经心理发育评估主要是通过对儿童行为的测量和观察,从而对儿童的神经心理发育进行定性(例如是否存在异常)、定量(例如发育水平在同龄人中的百分位数)的判断。神经心理发育评估的重要意义,在于早期筛查出发育异常个体,并通过诊断评估及时、准确地将有需要的儿童转介至早期干预、康复机构进行干预。

一、全面神经发育评估

神经发育水平测试方法包括筛查性测试和诊断性测试两大类,每种测试又有不同的适用年龄。

(一) 筛查性/监测性评估

筛查性评估即运用简要的、易于操作的标准化测试工具,可靠地区分需要转介至进一步诊断性评估或干预的儿童与不需转介的儿童。单次评估通常称为筛查,如果对同一名(或一群)儿童实施定期的、多次的筛查评估,追踪和记录各年龄阶段的发育状况,则被称为监测性评估。

1. 丹佛发育筛查测试(DDST) 是婴幼儿行为发育筛查常用的工具,又叫“儿童发育水平筛查量表”。于1967年在美国丹佛制定,用于儿童发育筛查以及高危儿童的发育监测。1975年第一次修改,1981年再次修改。1996年发行Denver Ⅱ英文版,2007年中文引进,但是收集的是地方常模。适宜年龄为1~76月龄。可通过直接测试、日常观察或家长访谈收集信息,测试内容包括大运动、精细运

NOTES

动、语言、个人-社会4个能区。

2. 年龄与发育进程问卷——第三版(ASQ-C) 是目前国际上常用的发育筛查工具,2009年发行英文版,中文版2009年开始修订,2012年完成全国常模建立,有较好的信效度。适用于1~65月龄儿童,通过直接测试、日常观察或家长访谈收集信息,主要测试沟通、粗大动作、精细动作、解决问题和个人-社会能区。

3. 绘人试验(HFD) 适用于5~9.5岁儿童。要求测试对象根据自己的想象绘一个全身的、正面的人像,并以所绘人像身体部位、各部分比例和表达的合理性计分。绘人测试结果与其他智能测试的相关系数在0.5以上,与推理、空间概念、感知能力的相关性更显著。可用于个别测试或集体测试。

4. 图片词汇测试(PPVT) 适用于4~9岁儿童,可测试儿童视觉、听觉、知识、语言词汇、推理、综合分析、注意力、记忆力等。工具是120页组合图片,每页有黑白线条图画4幅,受试儿童需根据测试者所说词汇指出相应图画。该方法简单,且适用于语言或运动障碍者。可用于个别测试或集体测试。

(二)诊断性测试

1. Gesell发育诊断量表(GDS) 适用于4周至3岁婴幼儿,测试内容包括适应性行为、大动作、精细动作、语言和个人-社会性行为。可用于评价和诊断婴幼儿神经系统发育及功能成熟情况。结果以发育商(developmental quotient,DQ)值表示该能区发育水平。

2. Bayley婴儿发育量表(BSID) 适用于1月龄至3.5岁儿童,可用于评价和诊断婴幼儿神经系统发育及功能成熟情况,也是研究儿童神经心理发育的工具。测试内容包括三部分:智能量表、运动量表、婴儿行为记录表。各量表将通过的条目分数累计得出运动量表粗分及精神量表粗分,并根据粗分查表得到总量表分。

3. Griffith精神发育量表 是新近引进中国并完成全国常模的国际儿童发育诊断性评估工具,适用于0~95个月的儿童,需要由经过标准化测试培训并获得资格的医师实施,主要测试推理(2岁以后)、运动、个人与社会、听力与语言、手眼协调、操作能区。

4. 韦氏学前及初小智力量表(WPPSI)和韦氏儿童智力量表(WYCSI) 是国际儿科临床应用最广泛的儿童智力测定工具之一,至今已颁布、修订共4版,通过对儿童言语智商、操作智商、总智商以及各种能力的测定评价儿童智力水平,用于儿童智力测定以及智力障碍儿童的诊断测试。WPPSI适用于4~6.5岁儿童;WYCSI适用于6~16岁儿童。

二、特定发育能区/心理行为评估

1. 婴儿-初中学生社会生活能力量表 是目前国内普遍采用的一种适应性行为检查量表。适应性行为受损已被美国《精神障碍诊断与统计手册第五版》(*Diagnostic and Statistical Manual of Mental Disorders*,5th edition,DSM-5)纳入智力障碍的诊断标准之一。测试内容涵盖:独立生活能力、适应能力、作业能力、交往能力、参加集体活动、自我管理。适用于6月龄~15岁儿童及青少年。

2. Conner注意缺陷多动障碍儿童行为量表 是目前发育儿科广泛应用的注意缺陷多动障碍(attention-deficit/hyperactivity disorder,ADHD)评估量表之一,分为父母量表、教师量表及简明症状量表。内容涉及注意缺陷、多动-冲动和品行问题3个方面。

3. Vanderbilt注意缺陷多动障碍儿童行为量表 是另一个发育儿科广泛应用的ADHD评估量表,分为父母量表及教师量表。内容涉及注意缺陷、多动-冲动、对立违抗障碍、品行障碍、焦虑/抑郁以及学习问题6个方面。

4. 孤独症婴幼儿筛查量表-修订版 是初期孤独症筛查工具,共设23个条目。由父母或带养人完成,专业人员或医生评分并给出结论。适用于16~48个月儿童。

5. 儿童孤独症评定量表(CARS) 是临床常用的孤独症诊断量表。内容包括15个方面:人际关系、模仿行为、情感反应、奇异的身体运动或仪式、对无生命物的特殊喜好、抗拒环境的改变、奇特的

NOTES

视觉反应、奇特的听觉反应、浅感觉反应、焦虑反应、口语沟通、非口语沟通、活动水平、智力功能、总的印象。适用于 2 岁以上儿童。

6. 孤独症诊断访谈量表（ADI-R） 是目前国际通用的孤独症诊断量表之一，属半定式诊断访谈工具。内容涉及社会交互作用方面质的缺陷、语言及交流方面异常、刻板局限重复的兴趣与行为、已获语言或其他技能丧失、判断起病年龄、非诊断积分、特殊能力或天赋共 7 个方面、93 项内容。

7. 孤独症诊断观察量表（ADOS） 是目前国际通用的另一孤独症诊断量表，属于半定式诊断工具。该量表评估个体的沟通、人际交往、游戏及想象能力。

（江　帆）

思考题

1. 简述儿童生长发育的基本特点。
2. 简述儿童体格生长评估的常用指标及评价方法。

NOTES

第四章
儿童保健原则

1. 不同年龄阶段儿童保健的要点。
2. 国家免疫规划疫苗儿童免疫程序。

第一节　各年龄期儿童的保健要点

儿童保健的目的是在研究儿童各年龄期生长发育的规律及其影响因素的基础上，采取有效措施促进儿童健康成长。根据不同生长发育时期不同的解剖、生理、体格、神经心理发育特点，各年龄期儿童保健的具体措施和工作重点有所不同，针对性的有效措施能降低发病率、死亡率，保障儿童健康成长。

一、胎儿期保健要点

胚胎早期（3~8 周）胚胎细胞高度分化，是胎儿器官形成的阶段，此期易受环境不良因素的干扰影响，发生发育缺陷与畸形，称为致畸敏感期（critical period）（图 4-1-1）。胎儿的发育与孕母的营养状况、疾病、生活环境和情绪等密切相关，故胎儿期保健亦是孕母保健。通过产科的健康教育、定时孕期保健等措施保护胎儿健康生长、安全出生，属 I 级预防保健。此期保健重点为预防宫内发育迟缓（IUGR）、宫内感染、窒息等，预防遗传性疾病与先天畸形。

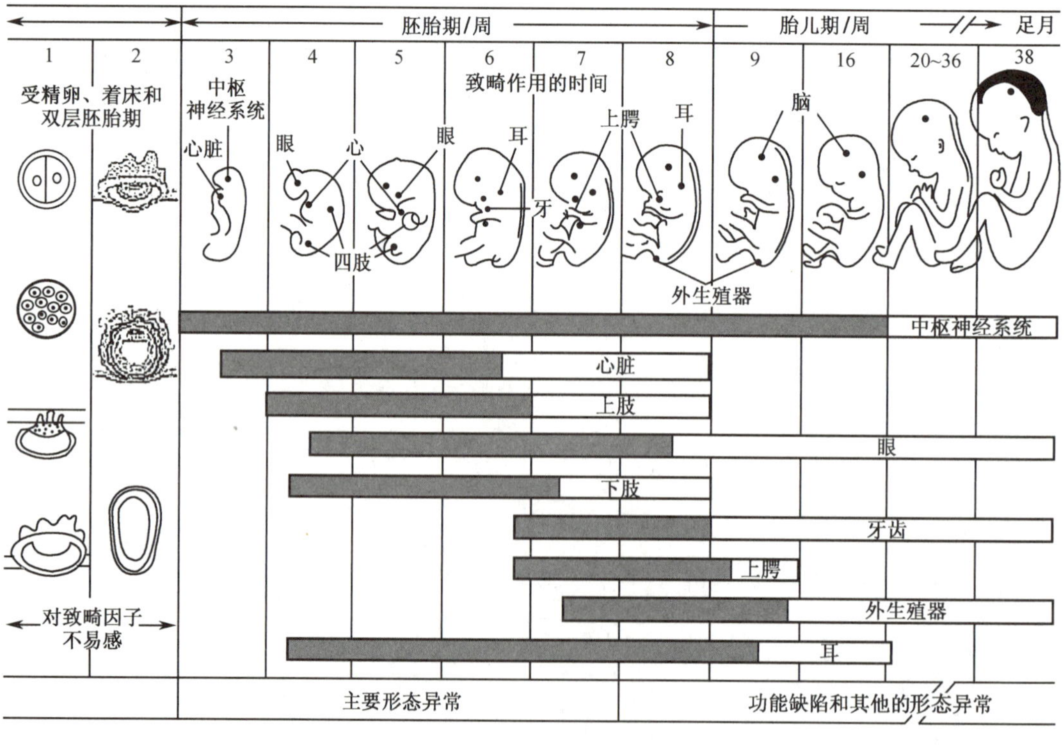

图 4-1-1　胎儿致畸敏感期

1. 预防遗传性疾病与先天畸形　婚前遗传咨询，禁止近亲结婚。

2. 预防感染　弓形体、风疹病毒、巨细胞病毒、单纯疱疹病毒、细小病毒 B19、乙型肝炎病毒是引起宫内感染的常见病原体，直接损害胎儿细胞，破坏免疫活性细胞，受感染细胞的分化受到抑制，导致畸形（表 4-1-1）。孕母应尽可能避免各类感染。

表 4-1-1　孕母感染对胎儿的影响

孕母感染	对胎儿的影响
风疹病毒	白内障、失聪、智力低下、先天性心脏畸形
弓形体	视网膜病、脑钙化、脑积水
水痘病毒	肢体畸形、手指/足趾畸形、白内障、早产
巨细胞病毒	智力低下、失聪、早产、宫内发育迟缓、小头畸形
单纯疱疹病毒	视网膜病、中枢神经系统异常
埃可病毒	脑炎、心肌炎
柯萨奇病毒	脑炎、心肌炎
流感病毒	流产、早产、畸形
梅毒螺旋体	先天性梅毒
乙型肝炎病毒	乙型肝炎
解脲支原体	早产、低体重
细小病毒 B19	流产、水肿、贫血、死胎、畸形
人类免疫缺陷病毒	人类免疫缺陷

我国曾以巨细胞病毒、乙型肝炎病毒、弓形体感染多见。伴随着乙肝疫苗的广泛接种，乙肝病毒人群感染得到有效控制。

3. 避免接触放射线　孕母应尽可能避免接触各类放射线，尤其是在妊娠早期不可接触。

4. 避免化学毒物　烟、酒、毒品、重金属（苯、汞、铅）、有机磷农药以及环境内分泌干扰物等化学毒物均可损害胎儿发育。

5. 慎用药物　药物对胚胎、胎儿的影响程度与用药的孕周、药物种类及时间长短有关。受精卵在着床阶段对药物很敏感，轻微的损害可导致胚胎死亡；器官形成期的胚胎可因此而发生畸形。母亲妊娠 3 个月后除性激素类药物外，一般药物不产生致畸作用，但可影响胎儿的生长与器官功能。目前已知的可能对胎儿有损害的药物见表 4-1-2。

表 4-1-2　药物对胎儿的影响

药物	胎儿受到的影响
肾上腺皮质激素	腭裂、无脑儿
地西泮	唇裂、畸形、胆红素脑病
苯妥英钠	唇裂、腭裂、先天性心脏病
链霉素	失聪、小鼻、多发性骨畸形
维生素 A	畸形
四环素	牙釉质、骨骼发育不良
^{131}碘	甲状腺肿、甲状腺功能减退、畸形
维生素 D	主动脉狭窄、高钙血症
甲苯磺丁脲（D860）	畸形、唇裂、腭裂、先天性心脏
甲巯咪唑	甲状腺肿
胰岛素	死亡、畸形、唇裂、腭裂、先天性心脏病
黄体酮	男性化
环磷酰胺	畸形、死亡

NOTES

应注意分娩时用药对胎儿的影响，如催产素可使胎儿缺氧，解痉降压剂硫酸镁可抑制胎儿呼吸中枢。

6. 治疗慢性疾病 患有心肾疾病、糖尿病、甲状腺功能亢进、结核病等慢性疾病的孕母应在医生指导下进行积极治疗。

7. 保证充足营养 孕母妊娠后3个月的营养对保证胎儿生长和贮存产后泌乳所需能量非常重要，但要避免摄入过多，避免巨大儿的产生。

8. 保证良好的生活环境 注意劳逸结合，减少精神负担，避免妊娠期发生合并症，预防流产、早产和其他异常产的发生。

9. 及时处理围产期疾病 预防产时感染、窒息等围产期疾病，对早产儿、低体重儿、宫内感染、产时异常等高危儿应予以特殊监护。

10. 预防胎儿溶血 孕妇与丈夫ABO血型或Rh血型不合时，应完成相关实验室筛查，以便早期防治胎儿溶血。

二、新生儿期保健要点

新生儿保健重点是预防出生时缺氧、窒息，预防低体温、寒冷损害综合征和感染的发生（Ⅰ级预防），并积极开展新生儿筛查（Ⅱ级预防）。

1. 出生时护理 保持产房室温25~28℃。新生儿娩出后迅速清理口腔内黏液，保证呼吸道通畅；及时滴眼药，防治分娩时的感染性眼病；严格消毒、结扎脐带；记录出生时阿普加评分、体温、呼吸、心率、体重与身长。设立新生儿观察室，发现高危儿要及时送入新生儿重症监护室，观察6小时后正常者送入婴儿室/母婴室。

2. 新生儿居家保健

（1）保暖：新生儿居室的温度与湿度应随气候变化调节。有条件的家庭在冬季使室内温度保持在20~22℃，湿度以55%为宜；夏季应避免室内温度过高。

（2）喂养：尽早吸吮母乳，指导母亲正确的哺乳方法；若母乳确实不足或无法进行母乳喂养，指导母亲选用配方奶粉喂养。婴儿出生后应补充维生素D，足月儿为400IU/d，从出生后几天开始补充，无须补充钙剂。早产儿、低出生体重儿、双胎儿出生后即应补充800~1 000IU/d，3个月后改为400IU/d。

（3）皮肤护理：新生儿皮肤娇嫩，应每日洗澡保持皮肤清洁，应特别注意保持脐带残端清洁和干燥；根据室温选择合适的衣服与尿布。

（4）促进新生儿感知觉、运动发育：父母应多与新生儿进行眼与眼的交流，与其说话及唱舒缓歌曲等，增加皮肤与皮肤的接触机会。新生儿应衣服宽松、活动自如。2~3周后可每日俯卧一两次，训练抬头动作。

（5）预防感染：居室保持空气新鲜；护理新生儿前要洗手，家人患呼吸道疾病接触新生儿时戴口罩；用具每日消毒；接种卡介苗、乙肝疫苗。

3. 慎用药物 新生儿肝功能不成熟，某些药物体内代谢率低，在体内蓄积发生副作用。哺乳期母亲用药应考虑乳汁中药物对新生儿的作用（表4-1-3）。

表4-1-3 哺乳期母亲用药对新生儿有害的药物

药物	有害作用	药物	有害作用
异烟肼	肝损害	放射性核素	骨髓抑制
氯霉素	骨髓抑制	抗代谢药物	抗DNA活性
磺胺类	高胆红素血症		

NOTES

4. 新生儿疾病筛查　出生后即筛查，尽早诊治，减少后遗症，属Ⅱ级预防。目前重点筛查的疾病有遗传代谢疾病，现阶段我国筛查的主要是苯丙酮尿症和先天性甲状腺功能减退症。此外，还有听力筛查、先天性心脏病等先天畸形筛查。母亲疑有滥用药物史时，应做新生儿尿液筛查。通过新生儿皮肤、毛发、指甲、外生殖器、非条件反射、肌张力评价新生儿成熟度，同时可帮助筛查神经系统疾病。

三、婴儿期保健要点

婴儿期保健和早期发展的主体是家庭，父母育儿水平与父母接受科学知识能力密切相关，直接影响儿童早期发展水平。

1. 高能量、高蛋白的乳类营养　婴儿期营养状况与儿童期生长发育水平密切相关。母乳是婴儿过渡到独立摄取营养之前最好的天然食物，提倡纯母乳喂养到6月龄，并延续至2岁。如母乳无法满足婴儿，考虑选择配方奶。婴儿的食物应以高能量、高蛋白的乳类为主。常规每天补充维生素D。母乳喂养婴儿通常应从6月龄开始引入其他食物，特殊情况下提前添加辅食也不应早于满4月龄。首先引入富含铁的食物，如铁强化米粉或富含铁和锌的红肉类食物。在新食物的引入过程中，应指导家长避免或减少食物过敏的发生。婴儿仍需补充维生素D 400IU/d，在奶量保证的前提下无须补充钙剂。

2. 定期进行健康检查　可早期发现问题，早期干预。如错过生长发育最快期，纠正较困难。体检的频率一般为6个月以内每1~2个月一次，6个月之后每2~3个月一次。教会父母使用生长曲线，主动配合监测婴儿体格生长。坚持每日户外活动1小时。

3. 促进感知觉和运动发育　父母应及时满足婴儿的需要，使之感到安全，对成人产生信赖感，反之婴儿则产生焦虑不安和恐惧。用带有声、光、色的玩具恰当地刺激婴儿，可促进婴儿感知觉的发育。

4. 生活技能培训　从婴儿期开始培养婴儿良好的生活能力，如独立睡眠习惯、进食技能，有利于独立能力、控制情绪能力和适应社会能力的发展。

5. 口腔保健　注意婴儿用奶瓶的正确姿势，避免将奶头抵压上颌，影响颌骨发育；萌牙后不宜含乳头入睡，以免发生“奶瓶龋齿”（bottle tooth decay）。乳牙萌出后开始用指套牙刷或小牙刷给婴儿刷牙，每晚一次。婴儿后期进食粗、软食物，有利于牙齿与下颌骨发育。避免婴儿在感到不愉快、寂寞、疲劳时用吸吮手指或空奶嘴、咬物品等行为来安定自己。不良吸吮习惯可在口腔产生异常压力，形成牙反颌、错颌、颜面狭窄等畸形。

6. 预防感染

（1）提倡母乳喂养。母乳中，特别是初乳中丰富的sIgA可保护呼吸道黏膜及肠黏膜，预防肺炎、腹泻发生。

（2）应按计划免疫程序完成卡介苗、脊髓灰质炎、百白破、麻疹、乙型肝炎等疫苗接种。

（3）每日洗澡，勤换衣裤；保持会阴皮肤清洁，避免泌尿系感染。

7. 疾病筛查

（1）缺铁性贫血：6~9月龄时进行筛查，若血红蛋白（Hb）<110g/L，应积极治疗。

（2）食物过敏：应强调母乳喂养重要性，引入其他食物时要注意观察过敏相关的皮肤、胃肠道等症状。如怀疑有食物过敏可能，需进一步专科就诊。

（3）中耳炎：婴儿中耳炎易被医生和家长忽略，婴儿出现发热、不安、食欲下降时要注意检查双耳。

（4）先天性髋关节发育不良：应注意有无双下肢不等长、内收肌紧张，或不站，或站不稳等症状。骨盆X线摄片检查可帮助确诊。

（5）发育异常：婴儿期应常规进行发育能力筛查，结果异常或可疑但无条件进行确诊时，应及时转诊到专科。

NOTES

（6）视力：应进行视力筛查，早产儿是重点检查对象。结果异常或可疑者应转诊到专科。

（7）听力：新生儿听力筛查可疑者，42天应复查，若仍未通过，及时转专科诊治。

（8）泌尿、生殖系统：婴儿期泌尿系感染易被忽略。婴儿期至少做一次尿常规检查，特别是遇到不明原因发热时，应除外婴儿泌尿系感染；体检注意除外隐睾和鞘膜积液。

（9）营养性佝偻病：对有维生素D缺乏及钙缺乏的高危因素，同时有可疑临床表现的婴儿，需做骨X线与相应血生化检查确诊。

四、幼儿期保健要点

1. 促进幼儿早期发展 幼儿通过游戏、讲故事、唱歌等活动学习语言；选择适当玩具可促进幼儿精细动作和想象、思维能力的发育。

2. 培养自我生活能力 2~3岁大脑皮质的控制功能发育较完善，幼儿可逐渐自己控制排便。安排规律生活，培养幼儿独立生活能力和养成良好的生活习惯。

3. 定期健康检查 每3~6个月应进行体格检查一次，教育家长配合医生继续用生长曲线监测儿童生长速度。

4. 预防事故和疾病 防止幼儿吸入异物引起窒息；不能让幼儿独自外出或留在家中，应注意避免环境中致烫伤、跌伤、溺水、触电的各种不安全因素。1.5~2岁进行百白破疫苗强化接种；根据传染病流行病学、卫生资源、经济水平、家长的自我保健需求接种乙脑、流脑、风疹、腮腺炎、水痘、肺炎、B型流感等疫苗。

5. 合理营养 供给丰富的平衡营养素，食物种类、质地接近成人；幼儿每日3次与家人共进主食餐，两三次营养辅餐。营养适合幼儿生长需要和消化道水平。定时就餐，进餐时间应控制在20~25分钟，鼓励独立进食行为，避免强迫进食；避免过多液体或零食摄入。坚持每日户外活动1小时，进行空气浴、日光浴。

6. 口腔保健 家长用指套牙刷或小牙刷帮助幼儿刷牙，每晚一次，预防龋齿；12月龄开始学习用吸管杯饮水，15月龄应断离奶瓶，预防错颌畸形和"奶瓶龋齿"。

7. 疾病筛查

（1）贫血：每年一两次Hb筛查。Hb<110g/L者，应治疗。

（2）视力：每年一次视力筛查，异常者转专科诊治。

（3）泌尿系感染和寄生虫感染：每年一次小便、大便常规检查，结果异常者，寻找原因，或转专科诊治。

（4）外生殖器：检查男童有无小阴茎、鞘膜积液，异常者转专科诊治。

（5）遗传代谢性骨病：幼儿如出现进行性骨骼畸形，似营养性佝偻病临床表现，需通过骨X线、血生化检查与低血磷性佝偻病、维生素D依赖性佝偻病及其他原因的骨骼畸形鉴别。

五、学龄前期保健要点

1. 加强入学前期教育 包括培养学习习惯，发展儿童想象与思维能力，使之具有良好的心理素质。活动内容安排动静结合，游戏中学习的形式可增加儿童兴趣，每次时间以20~25分钟为宜。

2. 保证充足营养 膳食结构接近成人，与成人共进主餐，每日四五餐（三餐主食，一两餐点心），适合学龄前期儿童生长需要和消化道功能水平。

3. 预防感染与事故 集体机构儿童特别注意预防传染性疾病，如手足口病、麻疹等；预防儿童外伤、异物吸入、溺水、触电等意外伤害。

4. 合理安排生活 不仅可保证儿童身体健康，还可培养儿童的集体主义精神、控制情绪和遵守规则的能力。

5. 体格检查 每年一两次体格检查，注意儿童正确坐、走姿势，预防脊柱畸形。

6. 视力保健 每年接受一次视力筛查(视力表)和眼检查;培养良好的用眼习惯;积极矫正屈光不正;防治各种流行性眼病。

7. 口腔保健 3岁后儿童学会自己刷牙,培养每天早晚刷牙的习惯,每次2~3分钟,预防龋齿;帮助儿童纠正不良口腔习惯,包括吸吮手指、咬唇或物,预防错颌畸形。每半年或每年检查口腔一次。

8. 疾病筛查

(1)贫血:每年一两次Hb筛查。Hb<110g/L时应治疗。

(2)小便、大便检查:每年一次小便和大便常规检查,除外泌尿系感染、肾脏疾病、寄生虫感染。

(3)遗尿症:需鉴别是原发性/继发性遗尿症,转专科进一步治疗。

六、学龄期保健要点

1. 提供适宜的学习条件 培养良好的学习兴趣、习惯,给予正面积极教育,加强素质教育,积极开展体育锻炼。

2. 平衡膳食,促进身体活动 加强营养,满足生长发育的需要,多食富含钙的食物,如牛乳、豆制品。加强运动,避免肥胖,使骨量发育达最佳状态,减少成年期后骨质疏松、骨折的发生。

3. 体格检查 每年体格检查一次,及时发现体格生长偏离及异常并及早干预。保证充足睡眠时间。预防屈光不正、龋齿的发生。

4. 进行法制教育 增加儿童法律知识,认识家庭与自己遵纪守法的重要性。

5. 性知识教育 按不同年龄进行教育,包括对自身的保护,正确认识性发育对青少年心理生理的影响,学习有关性病、艾滋病危险因素科普知识。

6. 预防感染与事故 学习交通安全规则和事故的防范知识,减少伤残发生。

7. 疾病筛查

(1)骨骼畸形:注意检查脊柱,除外脊柱侧弯、后凸畸形。

(2)营养性疾病:预防缺铁性贫血、营养不良、单纯肥胖症。让儿童学会计算自己的体质指数。

(3)学习困难:智力低下、注意缺陷多动障碍、情绪和行为问题、学习障碍均可引起学习困难,应转专科诊治。

(4)矮小:女孩性发育落后伴矮小,男孩睾丸小伴矮小,应到专科检查,除外特纳综合征、睾丸发育不良综合征。

8. 心理健康保健 此期儿童的主要活动是学习,学习的成功/失败、被成人肯定/批评是儿童获得自信/自卑、勤奋/懒惰的重要影响因素。

七、青春期保健要点

1. 心理教育 在集体活动与体育锻炼中锻炼意志,学习与人相处,礼貌待人,遵守规则;注意培养青少年有承受压力与失败的良好心理状态;帮助青少年正确认识社会的不良现象,提高识别是非能力,把握自己的行为,远离烟、酒、毒品、偷窃、斗殴、说谎等恶习。

2. 性教育 青少年有发生性传播疾病的危险,应进行正确的性教育。

3. 疾病筛查

(1)性发育异常:性早熟为女孩<8岁、男孩<9岁第二性征出现;性发育延迟为女孩>14岁、男孩>16岁无第二性征出现。

(2)月经不调:女孩如果出现月经周期紊乱、量多少不一、腹痛等情况,需专科诊疗。

(3)心理行为障碍:多数青少年在青春期发育阶段可出现暂时的情绪或行为问题;如持续时间长,症状变得复杂、严重,需专科诊断治疗。

各年龄期儿童保健重点见表4-1-4。

NOTES

表 4-1-4 各期儿童保健重点

年龄	生长特点	影响因素	保健重点	措施
胎儿期	依赖母体；器官成形生长快	母亲：健康、营养、毒物、射线、情绪	预防先天畸形；防早产、宫内发育迟缓	定期产前检查
新生儿期（0~1个月）	生长快；免疫力弱；体温中枢不成熟	营养；感染；环境温度	科学喂养；保暖；皮肤清洁	新生儿筛查；新生儿访视；预防接种
婴儿期（0~12个月）	生长第一高峰；消化道不成熟；主动免疫不成熟；神经心理发育	营养；疾病；环境刺激	科学喂养：消化道适应；早教：语言、感知觉、运动、独立能力、体格训练、生活能力	定期体检：≤6月龄每月1次，>6月龄1~2个月1次；预防接种
幼儿期（1~2岁）	生长速度减慢；心理发育进入关键期	教育环境；营养；疾病	早教：生活习惯与能力、语言、性格、社交；预防事故；合理营养	定期体检：3~6个月1次
学前期（3~5岁）	生长稳步增长；心理发育日益成熟；免疫活跃	教育环境；营养；免疫性疾病	心理发育；预防事故；合理安排生活；营养	定期体检：6个月~1年1次
学龄期（6~12岁）	部分生长进入青春期；心理发育日益成熟；免疫活跃	教育环境；营养；免疫性疾病	心理教育；预防事故；合理安排生活；体格锻炼；营养；性教育	定期体检：1年1次
青春期	生长第二高峰；性发育	教育环境；营养	心理教育；营养；性教育；体格锻炼	定期体检：1年1次

第二节 儿童保健的具体措施

儿童保健工作对象是从胎儿到青少年，目前的重点对象仍是7岁以下的儿童。儿童保健工作的具体内容和措施如下。

一、建立儿童保健网络系统

定期收集本地区儿童健康资料，包括本地区儿童历年健康状况、病死率、常见病发病率。同时需分析本地区儿童健康状况，发现影响本地区儿童健康的主要因素，为地区制定儿童健康相关政策提供依据。

二、散居儿童管理

散居儿童由辖区医院负责。

1. 建立三表制 每个儿童就诊、入托有三表：体检表，发育筛查表，新生儿筛查表（听力、新生儿疾病）。

2. 生长发育监测 按操作常规进行儿童体格测量，使用生长曲线图/表，跟踪儿童生长；能用参数正确解释儿童生长水平、生长速度、匀称度（体型、身材）以及成熟度。按检查的年龄要求定期到固定的社区儿童保健单位进行健康检查。连续纵向观察可获得个体儿童生长趋势变化及心理发育的信息。使用全国标准化的儿童发育筛查量表进行发育筛查，如丹佛发育筛查测试（denver development screening test，DDST），筛查阳性的儿童应及时转诊并协助随访。根据儿童生长发育速度决定定期检查时间。年龄小的儿童，检查间隔时间短，以便及时发现生长发育的偏离。6个月以内婴儿每1~2个月检查一次，7~12个月婴儿则2~3个月检查一次。高危儿、体弱儿可在此基础上适当增加检查次数。

NOTES

3. 疾病的筛查、诊治 常见病的筛查、转诊并协助专科随访，如肺炎、髋关节发育不良、脑瘫、矮小、骨骼畸形、视力异常、口腔疾病；常见病的诊疗，如上呼吸道感染、营养不良、单纯性肥胖、贫血、佝偻病、维生素缺乏症、寄生虫感染等。

4. 营养、喂养指导　及时对家长和有关人员进行有关母乳喂养、婴儿过渡期食物引入、幼儿期正确进食行为培养、学前及学龄期儿童的膳食安排等内容的宣教和指导。

5. 新生儿访视　社区妇幼保健人员应于新生儿出院返家28日内进行家访，对高危儿应适当增加家访次数。目的是早期发现新生儿问题，及时指导处理。家访内容有：①新生儿出生情况；②生后生活状态；③预防接种情况；④喂养与护理指导；⑤体重监测；⑥体格检查，重点应注意有无产伤、黄疸、畸形、皮肤与脐部感染以及视、听觉检查。每次访视后，应认真填写访视卡，婴儿满月后转至系统保健管理。访视中如发现严重问题，应立即转医院诊治处理。

6. 免疫规划　详见本章第三节。

三、托幼机构集体儿童保健

遵照国家卫健委、教育部有关文件要求，落实保、教结合的原则，区、县妇幼保健院是该地区托幼园所卫生保健工作的指导和管理者，在本地区卫生行政部门领导下完成以下工作。

1. 对本地区主要园所开展儿童入园体检和年度体检、教师体检、晨检、消毒、营养管理、眼保健、口腔保健、健康教育等工作。
2. 与教育部门配合，开展“卫生保健合格证”评审发放工作。
3. 每年培训托幼园所人员并考核一次。
4. 培训、指导本地区与基层儿童保健工作。

四、公共健康教育

公共健康教育即给社会、家长普及儿童生长发育的正确知识与信息。

第三节　免疫规划

免疫规划是指根据国家传染病防治规划，使用有效疫苗对易感人群进行预防接种所制订的规划、计划和策略。免疫规划是目前为止性价比最高、最为有效的预防疾病的手段之一。疫苗的接种使得人类消灭了天花，脊髓灰质炎也在全球范围得到有效控制。我国从1978年开始实施儿童免疫规划（旧称“计划免疫”），之后不断完善。免疫规划的实施对于我国儿童感染性疾病的控制发挥了重要作用。本节将重点介绍中国疾病预防控制中心2021年发布的《国家免疫规划疫苗儿童免疫程序及说明（2021年版）》。

一、接种年龄

免疫程序表（表4-3-1）所列各疫苗剂次的接种时间，是指可以接种该剂次疫苗的最小年龄。儿童年龄达到相应剂次疫苗的接种年龄时，应尽早接种。

二、接种部位

疫苗接种途径通常为口服、肌内注射、皮下注射和皮内注射，具体见表4-3-1的接种途径。注射部位通常为上臂外侧三角肌处和大腿前外侧中部。当多种疫苗同时注射接种（包括肌内、皮下和皮内注射）时，可在左右上臂、左右大腿分别接种，卡介苗选择上臂。

三、同时接种及补种原则

1. 不同疫苗同时接种　两种及以上注射类疫苗应在不同部位接种。严禁将两种或多种疫苗混

NOTES

表 4-3-1 国家免疫规划疫苗儿童免疫程序表

可预防疾病	疫苗种类	接种途径	剂量	英文缩写	接种年龄														
					出生时	1月龄	2月龄	3月龄	4月龄	5月龄	6月龄	8月龄	9月龄	18月龄	2岁	3岁	4岁	5岁	6岁
乙型病毒性肝炎	乙肝疫苗	肌内注射	10 或 20μg	HepB	1	2					3								
结核病[1]	卡介苗	皮内注射	0.1ml	BCG	1														
脊髓灰质炎	脊灰灭活疫苗	肌内注射	0.5ml	IPV			1	2											
	脊髓灰质炎减毒活疫苗	口服	1 粒或 2 滴	bOPV					3								4		
百日咳、白喉、破伤风	百白破疫苗	肌内注射	0.5ml	DTaP				1	2	3				4					
	白破疫苗	肌内注射	0.5ml	DT															5
麻疹、风疹、流行性腮腺炎	麻腮风疫苗	皮下注射	0.5ml	MMR								1		2					
流行性乙型脑炎[2]	乙脑减毒活疫苗	皮下注射	0.5ml	JE-L								1			2				
	乙脑灭活疫苗	肌内注射	0.5ml	JE-I								1,2			3				4
流行性脑脊髓膜炎	A 群流脑疫苗	皮下注射	0.5ml	MPSV-A							1		2						
	A+C 流脑疫苗	皮下注射	0.5ml	MPSV-AC												3			4
甲型病毒性肝炎[3]	甲肝减毒活疫苗	皮下注射	0.5ml 或 1.0ml	HepA-L										1					
	甲肝灭活疫苗	肌内注射	0.5ml	HepA-I										1	2				

注：1. 主要指结核性脑膜炎、粟粒性肺结核等。

2. 选择乙脑减毒活疫苗接种时，采用两剂次接种程序。选择乙脑灭活疫苗接种时，采用四剂次接种程序；乙脑灭活疫苗第 1、2 剂次间隔 7~10 天。

3. 选择甲肝减毒活疫苗接种时，采用一剂次接种程序。选择甲肝灭活疫苗接种时，采用两剂次接种程序。

合吸入同一支注射器内接种。

2. 现阶段的国家免疫规划疫苗均可按照免疫程序或补种原则同时接种。

3. 不同疫苗接种间隔　两种及以上注射类减毒活疫苗如果未同时接种，应间隔不小于 28 天进行接种。国家免疫规划使用的灭活疫苗和口服类减毒活疫苗，如果与其他灭活疫苗、注射或口服类减毒活疫苗未同时接种，对接种间隔不做限制。

4. 未按照推荐年龄完成国家免疫规划规定剂次接种的小于 18 周岁人群，应尽早进行补种，尽快完成全程接种，优先保证国家免疫规划疫苗的全程接种；只需补种未完成的剂次，无需重新开始全程接种；当遇到无法使用同一厂家同种疫苗完成接种程序时，可使用不同厂家的同种疫苗完成后续接种。

四、常见特殊健康状态儿童的接种

1. 过敏　所谓“过敏性体质”不是疫苗接种的禁忌证。对已知疫苗成分严重过敏或既往因接种疫苗发生喉头水肿、过敏性休克及其他全身性严重过敏反应的，禁忌继续接种同种疫苗。

2. 免疫功能异常　除人类免疫缺陷病毒（HIV）感染者外的其他免疫缺陷或正在接受全身免疫抑制治疗者，可以接种灭活疫苗，原则上不予接种减毒活疫苗（补体缺陷患者除外）。对 HIV 感染母亲所生儿童，需要根据儿童是否感染以及是否有症状或有无免疫抑制等情况判断各种疫苗是否可以接种。

3. 其他特殊健康状况　下述常见疾病不作为疫苗接种禁忌：生理性和母乳性黄疸，单纯性热性惊厥史，癫痫控制处于稳定期，病情稳定的脑疾病、肝脏疾病、常见先天性疾病（先天性甲状腺功能减退症、苯丙酮尿症、21-三体综合征、先天性心脏病）和先天性感染（梅毒、巨细胞病毒和风疹病毒）。

对于其他特殊健康状况儿童，如无明确证据表明接种疫苗存在安全风险，原则上可按照免疫程序进行疫苗接种。

（江　帆）

思考题

1. 简述不同年龄阶段儿童保健的要点。
2. 过敏性体质儿童的接种需注意哪些事项？

NOTES

扫码获取
数字内容

第五章
营养和营养障碍疾病

1. 母乳喂养的优点。
2. 蛋白质-能量营养不良的临床表现。
3. 儿童单纯性肥胖的治疗和预防。
4. 维生素 A 缺乏的临床表现、治疗和预防。
5. 营养性佝偻病的发病机制、临床表现、治疗和预防。
6. 维生素 D 缺乏性手足搐搦症的临床表现和紧急处理措施。

第一节　营养学基础

营养(nutrition)是人体获得和利用食物维持生命活动的整个过程，是维持生命与生长发育的物质基础。婴幼儿生长发育迅速，代谢旺盛，对营养需求较高，一方面需要得到足量优质的营养素供给，另一方面婴幼儿消化吸收功能尚不完善，对营养素的吸收、利用受到限制。最佳营养状况(optimal nutrition)能保证儿童发挥最大生理遗传潜能(genetic potential)。提供丰富营养食物，合理喂养，对儿童健康成长十分重要。及时发现并及早积极解决营养问题至关重要，否则对生长发育造成不利影响。

营养素与膳食营养素参考摄入量：营养素(nutrient)是指提供能量需求以及维持多种生命功能必需的宏量营养素(macronutrient)和微量营养素(micronutrient)；营养素参考摄入量(dietary reference intakes，DRIs)包括平均需要量(estimated average requirement，EAR)、推荐摄入量(recommended nutrient intake，RNI)、适宜摄入量(adequate intake，AI)、可耐受最高摄入量(tolerable upper intake level，UL)。它们之间的关系见图 5-1-1。

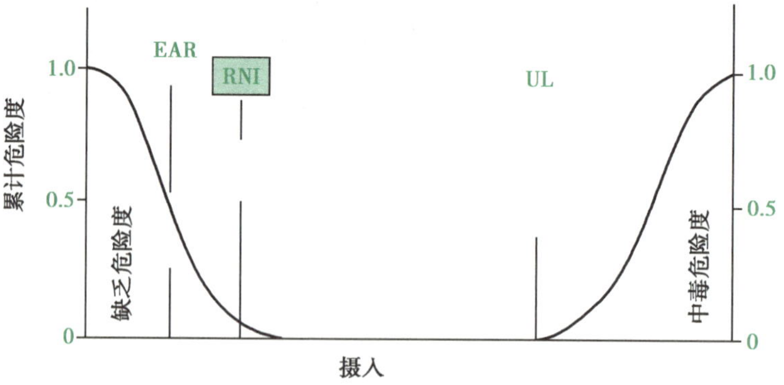

图 5-1-1　营养素参考摄入量的关系(安全摄入范围)示意图
EAR：平均需要量；RNI：推荐摄入量；UL：可耐受最高摄入量。

(一) 能量

儿童所需的总能量来自蛋白质、脂肪和碳水化合物三大宏量营养素。能量消耗包括基础代谢、生长发育、身体活动、食物热力作用和排泄五个方面。食物提供的能量是消化后获得的化学能。能量单位是千卡(kcal),或以千焦耳(kJ)为单位,1kcal=4.184kJ。

1. 基础代谢 指人体在空腹、清醒安静状态下,环境温度在18~25℃时,为维持人体基本生理活动的能量需求。儿童基础代谢的能量需要量较成人高,随年龄增长逐渐减少。单位时间内每平方米体表面积所需要的基础代谢能量称为基础代谢率(basal metabolic rate,BMR)。大脑能量需求在全身器官中处于优先地位。婴儿的BMR约为55kcal/(kg·d),7岁时约为44kcal/(kg·d),12岁时约为30kcal/(kg·d),成人约为25~30kcal/(kg·d)。

2. 生长发育 儿童需要额外的能量以支持生长发育,为儿童特有的能量需求。生长发育越快,所需能量越多。婴儿期和青春期两个阶段能量需求较高。婴儿期所需能量约占总能量的20%~30%。

3. 身体活动 所需能量与身体大小、活动强度、活动持续时间、活动类型有关。个体波动较大,并随年龄增加而增加。当能量摄入不足时,儿童表现为活动减少。

4. 食物热力作用 或称食物生热效应,是指进餐后几小时内发生的体内能量消耗增加,主要用于食物消化、吸收、转运、代谢和储存。不同食物引起的这种能量需求不同,与食物成分有关。碳水化合物的食物热力作用为本身产生能量的6%,脂肪为4%,蛋白质为30%。婴儿食物以乳类为主,含蛋白质多,食物热力作用占总能量的7%~8%,年长儿的膳食为混合食物,其食物热力作用为5%。

5. 排泄 正常情况下未经消化吸收的食物经肠道排泄,以及营养素被机体利用后代谢产物的排泄均含有能量。这部分能量的损失约占总能量的10%,腹泻时增加。

一般基础代谢占能量的50%,生长和运动所需能量占32%~35%,排泄消耗占能量的10%,食物热力作用占7%~8%(图5-1-2)。由于人类进化早期食物稀缺,可高效贮存能量,故能量的RNI为EAR。前6个月婴儿能量的EAR下降至90kcal/(kg·d),6个月龄~1岁为80kcal/(kg·d),1岁后以每岁计算(见附录一)。

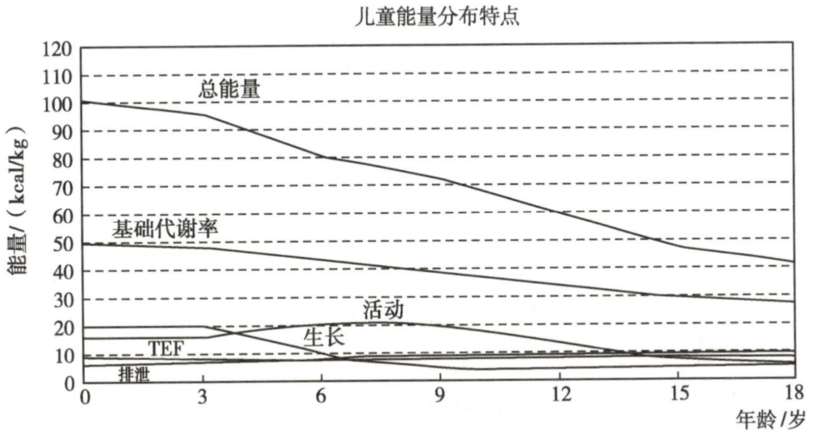

图5-1-2 能量分布与年龄的关系

(二)宏量营养素

1. 蛋白质 是一切生命的物质基础和构成机体器官、组织的重要成分。正常成人体内约16%~19%是蛋白质。构成人体蛋白质的氨基酸有20种,其中9种是必需氨基酸(亮氨酸、异亮氨酸、缬氨酸、苏氨酸、蛋氨酸、苯丙氨酸、色氨酸、赖氨酸、组氨酸),人体不能合成,需要由食物提供。为了补充蛋白质转化和满足生长所需的氨基酸,需要从膳食摄入蛋白质。蛋白质的作用是为新合成蛋白质和其他含氮化合物(如多肽激素)提供氮和所必需的氨基酸,而不是供能。膳食蛋白质作为能量底物提供约4kcal/g的能量。蛋白质供能作用仅占总能量的8%~15%。

蛋白质质量:指人体所摄入的蛋白质中不能合成的氨基酸的分布和比例。组成蛋白质的氨基酸模式与人体蛋白质氨基酸模式接近的食物,生物利用率高,称为优质蛋白质。优质蛋白质含有大

NOTES

量的必需氨基酸。植物蛋白的氨基酸模式与人体相差甚远，生物利用度差，不能满足儿童生长。所需的蛋白质摄入量与摄入的蛋白质质量成反比；随着高质量蛋白质的摄入，总蛋白质的需求量会减少。

蛋白质来源：优质蛋白质主要来源于动物类食物，大豆蛋白质接近动物蛋白，我国也称其为优质蛋白。其他植物蛋白缺乏一种以上的必需氨基酸。合理搭配及加工可达到蛋白质互补，提高食物的生物价值，例如小麦、米、玉米等赖氨酸含量低，蛋氨酸含量高，而豆类则相反，如两者搭配可互相弥补不足。豆制品的制作可使蛋白质与纤维素分开，利于消化。

蛋白质需要量：婴儿期需要量为1.5~3g/(kg·d)。婴幼儿生长旺盛，优质蛋白质应占50%以上。

2. 脂类 包括脂肪和类脂。脂肪是机体除碳水化合物以外的第二供能营养素，是能量密度最高的宏量营养素，大约提供9kcal/g能量。构成脂肪的基本单位是脂肪酸。脂肪对脂质双层膜结构形成起着关键作用；作为必需脂肪酸的花生四烯酸为生成前列腺素、白三烯和血栓素提供底物；有助于脂溶性维生素吸收。所有类型的脂肪酸能量含量相同，摄入过多增加肥胖风险。

脂肪酸按碳原子数目的不同分为短链（2~4C）、中链（6~10C）和长链（12~26C）脂肪酸；按含双键和双键数目的多少分为饱和脂肪酸、单不饱和脂肪酸和多不饱和脂肪酸；根据双键的位置分为n-3系和n-6系。人体不能合成的不饱和脂肪酸为必需脂肪酸，如n-3型的α-亚麻酸（18∶3 ω-3，α-linolenic acid，ALA）和n-6型的亚油酸（18∶2 ω-6，linoleic acid，LA）。α-亚麻酸可转化为二十碳五烯酸（EPA）和二十二碳六烯酸（docosahexaenoic acid，DHA）。亚油酸转化为亚麻酸和花生四烯酸（arachidonic acid，AA）。故亚油酸是最重要的必需脂肪酸。这些必需脂肪酸对细胞膜功能、基因表达、防治心脑血管疾病和生长发育都有重要作用，如DHA存在于视网膜，参与婴儿视觉诱发反应。

反式脂肪（trans-fatty）是植物油加氢生成的半固体和更稳定的脂肪形式，为反式结构，不同于天然不饱和脂肪的顺式结构，对人体健康无益处。摄入反式脂肪对婴儿神经发育有不良影响。

脂肪来源：甘油三酯存在于动植物脂肪。单糖（如精制谷物和高糖饮料）在肝脏中转化为甘油三酯。婴儿期的多不饱和脂肪酸主要来源于母乳，母乳能够提供足够的亚油酸和亚麻酸；葵花籽油是亚油酸的良好来源。核桃油和亚麻籽油是亚麻酸的良好来源。亚油酸主要存在于植物油、坚果类（核桃、花生）；亚麻酸主要存在于深海鱼油及坚果类。

脂肪需要量：脂肪所提供的能量占婴儿摄入总能量的45%（35%~50%），随着年龄的增长，脂肪占能比下降，年长儿为25%~30%，饱和脂肪酸不超过总热量的10%。必需脂肪酸应占脂肪所提供能量的1%~3%。膳食胆固醇摄入量不应超过300mg/d。DHA和AA需要量尚无确切定论。推荐亚油酸（LA）/亚麻酸（ALA）为5~15，占总能量至少4.5%（0.5g/100kcal），ALA占总能量至少0.5%（55mg/100kcal）。一般婴儿配方奶LA/ALA为10，ALA占总能量的1.5%。

3. 碳水化合物（糖类） 包括可消化的碳水化合物和非消化性碳水化合物（膳食纤维，dietary fiber）。可消化的碳水化合物为主要供能来源。非消化性碳水化合物由存在于所有植物细胞壁中的多糖和木质素组成。可消化的碳水化合物大约提供4kcal/g能量。除供能外，碳水化合物还发挥其他功效，如降低胆固醇、增加钙盐吸收、在结肠内作为短链脂肪酸的来源以及增加粪便体积、促进排便等。

碳水化合物来源：许多食物的碳水化合物含量丰富，包括谷物、水果和蔬菜。我国人群碳水化合物主要来源于谷类食物。在食品制备、加工中单糖（单糖和双糖）被添加到食品和饮料中，以增强其甜味感。这些糖类属于无营养热量（empty calories），增加了肥胖、糖尿病和龋齿的风险。果糖会增加甘油三酯以及尿酸的生成，与非酒精性脂肪性肝病和代谢综合征有关。

碳水化合物需要量：母乳以乳糖的形式提供大约40%热量。2岁以上儿童膳食中，糖类所产的能量应占总能量的50%~65%。新生儿和儿童碳水化合物的最大摄入量具体见附录二。

NOTES

为满足儿童生长发育的需要，应首先保证能量（碳水化合物和脂肪）供给，其次是蛋白质。宏量营养素应供给平衡，比例适当，否则易发生代谢紊乱。

(三) 微量营养素

维生素和矿物质是膳食中必不可少的微量营养素，对诸多生理功能和生长发育具有重要作用。维生素 A、D、钙、铁、锌等摄入量易不足，而钠摄入量易过多。

1. 维生素 是维持人体正常生理功能所必需的一类有机物质，在体内含量极微，但在机体的代谢所必需的酶或辅酶中发挥核心作用。维生素分为脂溶性和水溶性两大类。长期摄入不足会发生缺乏，影响代谢过程。儿童容易缺乏维生素 A、维生素 D、维生素 C、维生素 B_1；母乳喂养儿容易发生维生素 K 缺乏（vitamin K deficiency）。

2. 矿物质

（1）常量元素：人体 98% 的矿物质由钙、磷、镁组成。在矿物质中，人体含量大于体重的 0.01% 的各种元素称为常量元素，如钙、钠、磷、钾等，其中钙和磷接近人体总重量的 6%。从妊娠最后 2 个月到青春期是人体骨骼钙量迅速增加的阶段。骨量持续积累到第三个十年，此时骨密度达到峰值。这个峰值骨密度与晚年骨质疏松症的发展直接相关，因此早期钙营养对健康很重要。婴儿期钙的沉积高于生命的任何时期，2 岁以下每日钙在骨骼增加约 200mg。乳类和大豆制品都含较为丰富的钙。钙的 UL 为 2g/d。

（2）微量元素（microelement）：分为三类。第一类为必需微量元素，有 8 种（碘、锌、铁、硒、铜、钼、铬、钴），其中以铁、碘、锌缺乏为主。第二类为人体可能必需微量元素，有 5 种（锰、硅、镍、硼、钒）。第三类是具有潜在毒性微量元素，包括氟、铅、镉、汞、砷、铝、锂、锡。通常所说的微量元素是指人体必需微量元素。人体必需微量元素为构成人体体重低于 0.01% 的矿物质，或成人每天需求量在 1~100mg 范围内的营养素。微量元素是生命、健康和生殖所必需的，是酶和辅酶必须的活性因子，构成和参与激素作用，参与核酸代谢，与其他营养素共同作用。第三类微量元素中的氟虽然有潜在毒性，但有对抗蛀牙的作用。

(四) 水和其他膳食成分

1. 水 不提供能量。儿童水的需要量与能量摄入、食物种类、肾功能成熟度、年龄等因素有关。婴儿新陈代谢旺盛，水的需要量相对较多，随年龄增长而下降。6 个月前婴儿水总摄入量 AI 为 700ml/d（主要来自母乳），6 个月龄~1 岁为 900ml/d，1~4 岁为 1.3~1.6L/d（见附录三）。

水的摄入是通过液体和食物的摄入来实现的，损失包括尿和粪便中的排泄，以及通过皮肤和呼吸道黏膜的蒸发。母乳和婴儿配方奶粉提供足够的水，在辅食未引入之前不需要额外的水或其他液体摄入。

2. 膳食纤维（dietary fiber） 指一大类重要非营养素物质，至少包括 5 种，即纤维素、半纤维素、果胶、黏胶和木质素。膳食纤维有两种形式：不可溶性和可溶性。纤维素和大部分半纤维素属于不溶性纤维；某些半纤维素、果胶、黏胶属于可溶性纤维。燕麦麸、大麦和豆类是可溶性纤维的膳食来源；全谷物的麸皮层是不溶性纤维的主要来源；水果和蔬菜是果胶主要来源。

主要功能：吸收大肠水分，软化大便，增加大便体积，促进肠蠕动等。婴幼儿可从谷类、新鲜蔬菜、水果中获得一定量的膳食纤维。1 周岁时纤维素摄入量应达到 5g/d。2 周岁以上的儿童每日纤维素摄入推荐量（g/d）=年龄+5，波动在（年龄+10）g/d 以下都属于安全范围。

第二节 婴儿喂养

一、母乳喂养

母乳喂养既是婴儿的一种生活方式，也是一个公共健康问题。世界卫生组织和联合国儿童基金会建议：足月出生的健康婴儿应于生后 1 小时内开始母乳喂养，此前不应喂食任何食物或饮料；婴儿

NOTES

生后最初6个月内应纯母乳喂养，婴儿6个月后应及时添加泥糊状辅食，并在此基础上继续母乳喂养直至2岁或2岁以上。在最初几个月提供给机体特定营养的有益效果可能会延续到断奶之后，这被称为营养程序化（nutritional programming）。营养程序化的概念意味着在机体或各器官功能发育的关键或敏感时期的营养状况将产生有利或不利的长期乃至终生的影响。

（一）母乳的优点

母乳是满足婴儿生理和心理发育的天然最佳食物，对婴儿的健康生长发育有不可替代的作用。母乳对健康的足月婴儿是清洁而安全的营养来源。一个健康的母亲基本上可提供足月儿正常生长到6个月所需要的营养素、能量和液体量。

母乳具有如下诸多优点。

1. 营养丰富 母乳营养生物效价高，易被婴儿利用。母乳含必需氨基酸比例适宜，为必需氨基酸模式。母乳所含酪蛋白为β-酪蛋白，含磷少，凝块小；母乳所含白蛋白为乳清蛋白，促乳糖蛋白形成；母乳中乳清蛋白多于酪蛋白（1∶0.8），易被消化吸收。母乳中宏量营养素产能比例适宜（表5-2-1）。母乳喂养婴儿很少产生过敏。

表5-2-1 人乳与牛乳宏量营养素产能比（100ml）

宏量营养素	母乳	牛乳	理想标准
碳水化合物	41%（6.9g）	29%（5.0g）	40%~50%
脂肪	50%（3.7g）	52%（4.0g）	50%
蛋白质	9%（1.5g）	19%（3.3g）	11%
能量	67kcal（280.33kJ）	69kcal（288.70kJ）	

母乳中乙型乳糖（β-双糖）含量丰富，利于脑发育；利于益生菌如双歧杆菌、乳酸杆菌生长，并产生B族维生素；促进肠蠕动；乳酸使肠腔内pH下降，利于小肠钙的吸收。

母乳含不饱和脂肪酸较多，初乳中更高，有利于脑发育。母乳的脂肪酶使脂肪颗粒易于消化吸收。

母乳中电解质浓度低、蛋白质分子小，适宜婴儿不成熟的肾发育水平。母乳矿物质易被婴儿吸收，如母乳中钙磷比例适当（2∶1），含乳糖多，钙吸收好；母乳中含低分子量的锌结合因子-配体，易吸收，锌利用率高。

由于进化和环境因素，某些微量营养素在母乳中很少，如铁、维生素D和维生素K，若不及时补充，会导致婴儿出现这些微量营养素缺乏。尤其是维生素K缺乏性出血，易合并颅内出血，发病凶险，因此出生后每一名母乳喂养的婴儿都需要及时补充维生素K。

2. 生物活性作用 母乳提供多种生物活性成分，预防感染和促进正常发育。这是母乳不可替代的根本原因。

（1）缓冲力小：母乳pH为3.6（牛奶pH为5.3），对酸碱的缓冲力小，不影响胃液酸度（胃酸pH为0.9~1.6），有利于酶发挥作用。

（2）不可替代的免疫成分（营养性被动免疫）：初乳含丰富的sIgA，早产儿母亲乳汁的sIgA高于足月儿。母乳中的sIgA在胃中稳定，不被消化，可在肠道发挥作用。sIgA黏附于肠黏膜上皮细胞表面，封闭病原体，阻止病原体吸附于肠道表面，使其繁殖受抑制，保护消化道黏膜，抗多种病毒、细菌。

母乳中含有大量免疫活性细胞，初乳中更多，其中85%~90%为巨噬细胞，10%~15%为淋巴细胞；免疫活性细胞释放多种细胞因子而发挥免疫调节作用。母乳中的催乳素也是一种有免疫调节作用的活性物质，可促进新生儿免疫功能的成熟。

（3）生物活性因子：母乳含较多乳铁蛋白，初乳中含量更丰富（可达1.741g/L），是母乳中重要的非特异性防御因子。母乳的乳铁蛋白对铁有强大的螯合能力，能夺走大肠埃希菌、大多数需氧菌和白

NOTES

念珠菌赖以生存的铁，从而抑制病原微生物的生长。

母乳中的溶菌酶能水解革兰氏阳性菌细胞壁中的乙酰基多糖，使之破坏并增强抗体的杀菌效能。母乳的补体及双歧因子含量也远远多于牛乳。双歧因子促乳酸杆菌生长，使肠道 pH 达 4~5，抑制大肠埃希菌、痢疾杆菌、酵母菌等生长。

低聚糖是母乳所特有的。母乳中低聚糖与肠黏膜上皮细胞的细胞黏附抗体的结构相似，可阻止细菌黏附于肠黏膜，促使乳酸杆菌生长。

母乳含多种生长调节因子，对细胞增殖、发育有重要作用，如牛磺酸、激素样蛋白（上皮生长因子、神经生长因子），以及某些酶和干扰素。

3. 其他 母乳既卫生又经济（仅 1/5 人工喂养费用）、方便、温度适宜，有利于婴儿心理健康。保证乳母合理的营养就可以满足婴儿的需要。

（二）母乳的成分变化

母乳成分及生物活性成分因母亲的个体差异而不同，在出生后和喂养过程中随着时间的推移也有较大变化。

1. 各期母乳成分 初乳为孕后期与分娩 1 周以内的乳汁；7~14 天为过渡乳；14 天以后的乳汁为成熟乳。母乳中的脂肪、水溶性维生素、维生素 A 和 K、铁等营养素与乳母饮食有关（表 5-2-2）。

表 5-2-2 各期母乳成分

母乳分期	成分/(g/d)					
	蛋白质	脂肪	碳水化合物	矿物质	钙	磷
初乳	22.50	28.50	75.90	3.08	0.33	0.18
过渡乳	15.60	43.70	77.40	2.41	0.29	0.18
成熟乳	11.50	32.60	75.00	2.06	0.35	0.15

初乳量少，淡黄色，碱性，比重为 1.040~1.060（成熟乳为 1.030），每日量约 15~45ml；初乳含脂肪较少而蛋白质较多（主要为免疫球蛋白）；初乳中维生素 A、牛磺酸和矿物质的含量颇丰富，并含有初乳小球（充满脂肪颗粒的巨噬细胞及其他免疫活性细胞），对新生儿的生长发育和抗感染能力十分重要。随着哺乳时间的延长，蛋白质与矿物质含量逐渐减少。各期乳汁中乳糖的含量较恒定。

2. 哺乳过程的乳汁成分变化 每次哺乳过程乳汁的成分亦随时间而变化（表 5-2-3）。哺乳过程按照时间顺序可分为三个阶段，一阶段的乳汁蛋白质含量高脂肪含量低，二阶段的乳汁蛋白质含量逐渐降低脂肪含量逐渐增高，三阶段乳汁脂肪含量最高。

表 5-2-3 各阶段乳汁成分变化

不同阶段乳汁	成分/(g/L)	
	蛋白质	脂肪
Ⅰ	11.8	17.1
Ⅱ	9.4	27.7
Ⅲ	7.1	55.1

3. 乳量 正常乳母平均每天泌乳量随时间而逐渐增加，成熟乳量可达 700~1 000ml。一般产后 6 个月乳母泌乳量与乳汁的营养成分逐渐下降。判断奶量是否充足应以婴儿体重增长情况、尿量多少与睡眠状况等综合考虑。

二、部分母乳喂养

各种原因导致母乳不足或因故不能按时哺乳的乳母，需要同时采用母乳与配方奶或动物乳喂养婴儿，这种喂养方式为部分母乳喂养或混合喂养。母乳喂养的婴儿体重增长不满意，提示母乳不足，需要选用配方奶补足母乳不足的部分。配方奶的乳量由小儿食欲及母乳量多少而定，即“缺多少补多少”。当母乳量增多，能满足婴儿需要时，可恢复母乳喂养。母乳量充足，但因故不能按时哺乳婴儿的乳母，可通过手工挤奶和吸奶器吸奶两种方法将乳汁储存起来备用，室温 25~27℃下可贮存 3 小时，冷藏室贮存 3 天，冷冻室贮存不超过 3 个月。

三、人工喂养

对于 4~6 个月以内的婴儿，由于各种原因不能进行母乳喂养时，完全采用配方奶或其他动物乳，如牛乳、羊乳、马乳等喂哺，称为人工喂养。由于种类差异，动物乳所含营养成分不适合人类婴儿直接饮用。配方奶是在改善动物乳的缺点基础上加工而成。以牛乳为例，动物乳的缺点如下。

（一）动物乳的缺点

1. 乳糖含量低 牛乳中的乳糖含量低于母乳，主要为甲型乳糖，有利于大肠埃希菌的生长。

2. 宏量营养素比例不当 牛乳蛋白质含量较母乳高，且以酪蛋白为主，酪蛋白易在胃中形成较大的凝块；牛乳的氨基酸比例不当；牛乳脂肪颗粒大，而且缺乏脂肪酶，较难消化；牛乳不饱和脂肪酸（亚麻酸，2%）低于母乳（8%）。牛乳含磷高，磷易与酪蛋白结合，影响钙的吸收。

3. 肾负荷重 牛乳含矿物质比母乳多 3~3.5 倍，增加婴儿肾脏的溶质负荷，对婴儿肾脏有潜在的损害。

4. 缺乏免疫因子 牛乳缺乏各种免疫因子是其与母乳的最大区别，故牛乳喂养的婴儿患感染性疾病的机会较多。

其他乳类：羊乳的营养价值与牛乳大致相同，蛋白质凝块较牛乳细而软，脂肪颗粒大小与母乳相仿。但羊乳中叶酸含量很少，长期哺给羊乳易致巨幼细胞贫血。马乳的蛋白质和脂肪含量少，能量亦低，故不宜长期哺用。

（二）配方奶（粉）

配方奶（粉）是参考婴幼儿营养需要和母乳成分，以牛奶或羊奶、大豆蛋白或谷类食物等为基础原料，经过一定配方设计和工艺处理而生产的用于喂养不同生长发育阶段和健康状况婴儿的食品。婴儿配方食品多为乳粉（再冲调为乳液喂养婴儿，称为配方奶粉）或可直接喂养婴儿的液态乳。

牛奶婴儿配方奶粉（cow milk infant formulas）是以牛乳为基础的改造奶制品，其成分经过重新合成或替换，使宏量营养素成分尽量“接近”于母乳，以更好地模拟母乳中的蛋白质、脂肪、碳水化合物和矿物质含量，使之适合婴儿的消化能力和肾功能。

1. 蛋白质和氨基酸的改变 成熟的母乳含有 60% 的乳清蛋白和 40% 的酪蛋白，蛋白质含量约为 0.9g/100ml，而牛奶含有 18% 的乳清蛋白和 82% 的酪蛋白，蛋白质含量为 3.3g/100ml。酪蛋白和乳清蛋白的比例被改变，以模拟母乳中的比例，降低牛奶酪蛋白含量和总蛋白含量以降低发育中的肾脏的溶质负荷。母乳中牛磺酸的含量比牛奶高，通过添加牛磺酸可提高蛋白质质量。

2. 脂肪的改变 成熟母乳脂肪含量变异度很大，前乳（foremilk）中脂肪为 3g/100ml，而后乳（hindmilk）则高达 5g/100ml；基于牛奶配方奶粉的脂肪为 3.3g/100ml，其脂肪的主要来源是植物或动、植物油的混合物。混合脂肪更容易吸收，并提供饱和、单不饱和以及多不饱和脂肪酸。虽然人奶含有胆固醇，但牛奶配方中很少或没有胆固醇，而且目前还不知道在配方中添加胆固醇的价值。

1 岁以内婴儿选用婴儿配方奶（粉）。12 月龄以上的幼儿可以喝全脂牛奶。12~24 个月的超重或肥胖儿童，或有肥胖、血脂异常或心血管疾病家族史的儿童，饮用低脂牛奶更为适宜。

3. 碳水化合物的改变 母乳中的碳水化合物含量为 7.3g/100ml，而牛奶中的碳水化合物含量为 4.7g/100ml。这两种奶中的主要碳水化合物来源都是乳糖，因此在牛奶中添加额外的乳糖以达到与人奶相似的常量营养平衡。乳糖是母乳和足月婴儿标准牛奶配方中的主要碳水化合物。

NOTES

足月婴儿的配方也可能含有改性淀粉或其他复合碳水化合物。含碳水化合物的牛奶配方为

67~75g/L。

4. 维生素和矿物质的改变 强化婴儿生长时所需要的微量营养素，如维生素 A、维生素 D、β 胡萝卜素和微量元素铁、锌等；降低无机盐含量。

(三) 奶量摄入的估计(6 月龄以内)

婴儿的体重、RNIs 以及奶制品规格是估计婴儿奶量的必备资料。使用时按年龄选用。合理的奶粉调配在保证婴儿营养摄入中至关重要。

配方奶粉摄入量估计：一般市售婴儿配方奶粉 100g 供能约 500kcal(2 092kJ)，婴儿能量需要量约为 90kcal/(kg·d)[376.56kJ/(kg·d)]，故婴儿配方奶粉 18g/(kg·d)可满足需要。

(四) 正确的喂哺技巧

与母乳喂养一样，人工喂养婴儿亦需要有正确的喂哺技巧，包括正确的喂哺姿势、婴儿完全觉醒状态，还应注意选用适宜的奶嘴和奶瓶、奶液的温度、喂哺时奶瓶的位置。喂养时婴儿的眼睛尽量能与父母(或喂养者)对视。

四、婴儿食物转换

随着生长发育的成熟，婴儿需要进入由出生时的纯乳类向固体食物转换的转乳期。转乳期的泥状食物是人类生态学发展中不可逾越的食物形态，它不仅提供营养素，还对儿童功能发育和能力获得有重要促进作用。

(一) 不同喂养方式婴儿的食物转换

婴儿喂养的食物转换过程是让婴儿逐渐适应各种食物的味道，培养婴儿对其他食物的兴趣，逐渐由以乳类为主要食物转换为以固体为主要食物的过程。母乳喂养婴儿的食物转换是帮助婴儿逐渐用配方奶或动物乳完全替代母乳，同时引入其他食物；部分母乳喂养和人工喂养婴儿的食物转换是逐渐引入其他食物。

(二) 转乳期食物(也称辅助食物)

辅助食物简称辅食，是指母乳或配方奶(动物乳)以外，为过渡到固体食物所添加的富含能量和各种营养素的泥状食物(半固体食物)(表 5-2-4)。辅食添加是为了满足生长发育中的婴儿日益增长的营养需求。随着婴儿月龄增加，乳汁所提供的热量和营养素不能满足需要，婴儿消化道功能逐渐成熟，可以接受其他种类食物。此外辅食添加过程是婴儿喂养技能训练的过程。

表 5-2-4 转乳期食物的引入

月龄	食物性状	种类	餐数		进食技能
			主要营养源	辅助食品	
6	泥状食物	菜泥、水果泥、含铁配方米粉、配方奶	6 次奶(断夜间奶)	逐渐加至 1 次	用勺喂
7~9	末状食物	稀/软饭、肉末、菜末、蛋、鱼泥、豆腐、配方米粉、水果	4 次奶	1 餐饭、1 次水果	学用杯
10~12	碎食物	软饭、碎肉、碎菜、蛋、鱼肉、豆制品、水果	3 次奶	2 餐饭、1 次水果	抓食、断奶瓶、自用勺

添加辅食既是喂养问题，更与文化传统风俗习惯有关。世界卫生组织推荐 6 个月的纯母乳喂养。当婴儿出现下列 3 种情况时，可以提前添加辅食，但不应早于 4 个月：①母乳已经不能满足婴儿的需求，婴儿体重增加不理想；②婴儿有进食欲望，看见食物会张嘴期待；③婴儿口咽已经具备安全地接受、吞咽辅食的能力。

添加辅食会改变婴儿摄入的宏量营养素种类比例，以及微量营养素的摄入量，特别是热量、铁、锌和维生素 D 及钙。辅食应多样化，以确保适宜的宏量和微量营养素摄入。

NOTES

添加辅食的时间应根据婴儿体格生长、神经发育以及摄食技能、社交技能几方面的发育状况决定。一般婴儿多在4~6个月龄时体重达6.5~7.0kg；婴儿的神经系统和骨骼肌肉系统的发育为添加辅食奠定基础，头能抬稳，腰能坐稳，用勺进食，挤压反射（extrusion reflex，用舌头把食物从嘴里推出）消失，以及探索性喂食行为增加。这是口腔味觉和咀嚼功能发育的关键期。添加辅食既包括食物质地的变化，如从流质、半流质（汁、汤），到半固体（泥糊状），直至固体食物，也包括食物性状的变化，如颜色、形状和味道等。辅食添加过程中，婴儿通过口腔神经肌肉和牙齿相互配合，得以训练咀嚼、吞咽非液体食物的能力，和对不同类型食物的适应能力。

辅助食品添加注意事项：婴儿添加辅食过程中要确保充足的奶量摄入；食物清淡，无盐或低盐，少糖和油，不食用蜂蜜水或糖水。

含铁米粉是首先添加的辅食。6月龄婴儿开始添加肉类，能提高锌水平和促进颅脑发育。

绝大部分宏量和微量营养素通过辅食添加获得满足，有些维生素和矿物质需要特别补充，出生时注射维生素K，补充维生素D，4~6月龄纯母乳喂养的婴儿补充铁。

辅助食品引入的原则：①从少到多；②从一种到多种；③从细到粗；④从软到硬；⑤注意进食技能培养。

（三）婴儿期常出现的问题

1. 溢乳 15%的婴儿常出现溢乳，可由过度喂养、不成熟的胃肠运动类型、不稳定的进食时间造成。同时，婴儿胃呈水平位置，韧带松弛，易折叠；贲门括约肌松弛，幽门括约肌发育好的消化道解剖生理特点使6个月内的小婴儿常常出现胃食管反流。此外，喂养方法不当，如奶头过大、吞入气体过多时，婴儿也往往出现溢乳。

2. 食物引入时间和方法不当 过早引入半固体食物影响母乳铁吸收，增加食物过敏、肠道感染的机会；过晚引入其他食物，错过味觉、咀嚼功能发育的关键年龄，造成进食行为异常，断离母乳困难，以致婴儿营养不足。引入半固体食物时采用奶瓶喂养，导致孩子不会主动咀嚼、吞咽饭菜。

3. 能量及营养素摄入不足 8~9月龄婴儿已可接受能量密度较高的成人固体食物。如经常食用能量密度低的食物，或摄入液量过多，婴儿可表现进食后不满足，体重增长不足或下降，或在安睡后常于夜间醒来要求进食。

婴儿后期消化功能发育较成熟，应注意逐渐增加婴儿6个月后的半固体食物能量密度比，满足生长需要。避免给婴儿过多液量影响进食。

4. 进餐频繁 胃的排空与否与消化能力密切相关。婴儿进餐频繁（每日7~8次或更多），或夜间进食，使胃排空不足，影响食欲。一般安排婴儿一日6餐，有利于形成饥饿的生物循环。

5. 喂养困难 难以适应环境、过度敏感气质的婴儿常常有不稳定的进食时间，常常表现为喂养困难。

第三节 幼儿营养与膳食安排

幼儿期是建立饮食行为和健康习惯的时期，对父母来说，则是一个产生困惑和焦虑的时期。幼儿营养的重要目标是供给适宜的食物和培养健康的饮食习惯。

一、幼儿进食特点

（一）体格生长速度减慢，营养需求相对下降

1岁后幼儿体格生长逐渐平稳，婴儿期旺盛的食欲相对略有下降。幼儿膳食已从婴儿期的乳汁为主逐渐过渡到以谷类为主，辅以蛋、肉（包括鱼）、蔬菜和水果等混合固体食物。运动活动增加，幼儿期对营养物质的需求仍相对较高。

(二) 心理需求发生改变，兴趣从食物转向玩耍

幼儿神经心理发育迅速，由婴儿期对食物的巨大兴趣转向玩耍，对周围世界充满好奇心，表现出探索性行为，而对进食食物分心，进食时也表现出强烈的自我进食欲望。应允许幼儿参与进食，满足其自我进食欲望，培养独立进食能力。

(三) 家庭成员进食行为，影响小儿的进食行为

家庭成员和对食物的反应是小儿的榜样。父母健康饮食行为的模式是幼儿食物选择的关键决定因素。由学习与社会的作用所形成的进食过程决定着小儿今后所接受食物的类型。在积极的社会情况下（如奖励或与愉快的社会行为有关）给小儿食物，则小儿对食物的偏爱会增加；相反，强迫进食可使小儿不喜欢某些有营养的食物。

(四) 进食技能是发育过程，训练提升进食技能

幼儿的进食技能发育与婴儿期的训练有关，错过训练吞咽、咀嚼的关键期，或长期食物过细，幼儿期会表现为不愿吃固体食物，或“包在口中不吞咽”。

(五) 食欲呈现波动性，不要强制进食

幼儿有自身判断能量摄入的能力。这种能力不是在一餐中表现，是通过连续几餐的总量体现出来。幼儿可能在某一日早餐吃很多，而次日早餐吃很少；某一天早餐吃得少，而中餐吃得多，晚餐又吃得少。变化的进食行为提示幼儿有调节进食的能力。幼儿餐间摄入的差别可达 40%，但一日的能量摄入比较稳定，只有 10% 的变化。

二、幼儿膳食安排

幼儿膳食中各种营养素和能量的摄入需满足该年龄阶段生理需要。蛋白质每日 25g 左右，其中优质蛋白（动物性蛋白质和豆类蛋白质）应占总蛋白的 1/2。从婴儿期到幼儿期，对脂肪的需求量在减少。不限制 2 岁以下儿童的脂肪摄入量。幼儿天然喜爱含糖食物和饮料，需要严格控制。幼儿经常达不到推荐的水果、蔬菜和纤维摄入量，而脂肪和加糖食物摄入量很高。

膳食餐次安排需合理，以四五餐（奶类两三餐，主食两餐）为宜，做到平衡膳食。平衡膳食（balanced diet）是健康的基础。膳食所提供的营养素需既满足生长需求，各营养素之间的比例又合适，主辅搭配、荤素搭配、干湿搭配、粗细搭配、果蔬搭配。正餐前 1 小时之内，不摄入高糖食物。

预防窒息是幼儿阶段的重点工作。预防窒息的简单措施包括：①引入食物应逐渐从光滑的食物过渡到碾碎或研磨的食物，进而再发展到柔软的可咀嚼的食物，以支持咀嚼技能的发展；②3 岁以下儿童应避免食用某些高风险窒息食物，包括坚果、硬糖果和块状生水果、爆米花、花生等；③严禁儿童在跑步、玩耍时或在车里吃东西，儿童在吃饭和吃零食时要时刻受到监护。

三、幼儿进食技能培养及喂养原则

不愿意接受新食物是发育过程中常见的一个阶段。幼儿通常在一段时间内只喜欢某一种食物，拒绝曾经喜欢的食物。在一段时间内，一种新的食物应该提供多次（8~15 次），以便让孩子接受。

注意良好的生活习惯和进食技能的培养。饮食行为：定时、定所进餐；保持安静的进餐环境，专心、开心进餐；每餐进食时间控制在半小时内；鼓励小儿主动参与摄食，双勺原则；从喂食、容许抓食过渡到自己独立进食；鼓励但不强迫进食；回避一切干扰，如看屏幕、听故事、玩玩具等；不容许幼儿边吃边玩。

幼儿喂养原则：①继续给予母乳喂养或其他乳制品，逐步过渡到食物多样；②选择营养丰富、易消化的食物；③采用适宜的烹调方式，单独加工制作膳食；④在良好环境下规律进餐，重视良好饮食习惯的培养；⑤鼓励幼儿多做户外游戏与活动，合理安排零食，避免过瘦与肥胖；⑥每天足量饮水，少喝含糖高的饮料；⑦定期监测生长发育状况；⑧确保饮食卫生，严格餐具消毒。

NOTES

第四节 营养状况评价

儿童营养状况评价包括人体测量-体格评价、实验室检查、临床表现、膳食调查、流行病学，即A、B、C、D、E五方面。

（一）人体测量-体格评价（anthropometric measurement & growth assessment，A）

体格生长情况是临床最基础的评价方法，工具简单，操作方便，经济，是营养评价的第一步。

（二）实验室检查（biochemical tests，B）

实验室检查可了解机体某种营养素的贮存、缺乏水平。通过实验方法测定小儿体液或排泄物中各种营养素及其代谢产物或其他有关的化学成分，了解食物中营养素的吸收和利用情况。实验室检查在营养素缺乏中变化最敏感，可用于营养缺乏的早期诊断。只有在正确的临床背景下，生化测量指标才有实际意义。

（三）临床表现（clinical indicators，C）

体格检查可以发现明显的营养缺乏征象，包括角膜炎、唇裂、舌炎、消瘦和水肿。青春期发育受营养状况的影响，应记录性发育的Tanner分期。除常规体格检查外，注意有关营养素缺乏的特异性症状和体征，一般临床症状和体征出现较晚。

（四）膳食调查（dietary assessment，D）

1. 膳食调查方法 按工作要求选择不同方法，调查营养素摄入情况，对个人尤其须同时注意是否建立良好进食行为。

（1）询问法：询问对象刚刚吃过的食物或过去一段时间吃过的食物。询问法又分24小时回忆法、膳食史法和食物频度法。询问法简单，易于临床使用，通过查对《中国食品成分表》估计营养素摄入量。询问法主要用于个人膳食调查，是目前应用最多的方法。

（2）称重法：多用于集体儿童膳食调查。

（3）记账法：多用于集体儿童膳食调查。

2. 膳食评价方法

（1）营养素摄入量与RNI比较。达到RNI有两种含义：对个体而言，表示满足身体需要的可能性是97%，缺乏的可能性小（3%）；对群体而言，这一摄入水平能够满足该群体中97%个体的需要，可能3%的个体达不到该营养素的需要。

（2）宏量营养素供能比例：糖类占总能量的50%~65%，这在各年龄基本一致；蛋白质产能应占总能量的10%~15%；脂肪所占比例逐渐下降，7岁以上脂类占总能量的20%~30%。

（3）膳食能量分布：每日三餐食物供能亦应适当，即早餐供能应占一日总能量的25%~30%，中餐应占总能量的35%~45%，点心占总能量的10%，晚餐应占总能量的25%~30%。

（五）流行病学（epidemiology，E）

人群对某种营养素缺乏的流行情况对诊断具有重要价值。

第五节 蛋白质-能量营养不良

历史上，营养不良（malnutrition）即营养不足或低下（undernutrition），表现为体重低下（underweight）、生长迟缓（stunting）、消瘦（wasting）和微量营养素缺乏（micronutrient deficiencies）。如今，“营养不良”一词则指营养性疾病谱系，从营养不足到超重（overweight）和肥胖（obesity）。因此，世界卫生组织定义的营养不良是指摄入能量和/或营养物质的不足、过度或失衡。在本节中，营养不良指的是营养不足或低下，而不包括超重和肥胖，是营养需求和摄入或转运之间的不平衡，从而导致能量、蛋白质或微量营养素不足。

NOTES

蛋白质-能量营养不良（protein-energy malnutrition，PEM）是由于缺乏能量和/或蛋白质所致的机体生长发育和功能障碍，主要见于3岁以下婴幼儿，特征为体重不增、体重下降、渐进性消瘦或水肿、皮下脂肪减少或消失，常伴全身各组织、器官不同程度的功能低下及新陈代谢失常。PEM常伴多种微量营养素缺乏，可能导致儿童生长障碍、抵抗力下降、智力发育迟缓、学习能力下降等后果，对其成年后的健康和发展也可产生长远的不利影响。

【流行病学】

《中国居民营养与慢性病状况报告（2020年）》与《中国居民营养与健康状况调查（2002）》对比显示，我国儿童生长迟缓率和低体重率分别由14.3%和7.8%降至7%以下和5%以下，尤其是我国农村儿童的生长迟缓问题得到了根本改善。

【病因】

1. 热量摄入不足　如食物短缺；喂养不当；母乳不足而未及时添加辅食，奶粉配制错误（过稀），辅食添加过迟或不合理，长期以碳水化合物为主，蛋白质摄入不足；机械喂养困难（或运动异常、神经系统紊乱、影响口鼻-咽和/或上消化道的先天性异常）；偏食、挑食和厌食。

2. 热量吸收障碍或损失过多　如胰液分泌不足、肝功能异常、小肠吸收不良、腹泻、肠病（蛋白丢失）。

3. 营养需求增加　如慢性感染（能量消耗增加和能量不均衡）。

【病理生理】

1. 新陈代谢异常

（1）蛋白质：由于蛋白质摄入不足或蛋白质丢失过多，体内蛋白质代谢处于负平衡，以维持基础代谢。当血清总蛋白浓度<40g/L、白蛋白<20g/L时，便可发生低蛋白性水肿。

（2）脂肪：能量摄入不足时，体内脂肪大量消耗以维持生命活动的需要，故血清胆固醇浓度下降。肝脏是脂肪代谢的主要器官，当体内脂肪消耗过多，超过肝脏的代谢能力时可造成肝脏脂肪浸润及变性。

（3）糖类：由于糖类摄入不足和消耗增多，故糖原不足和血糖偏低，轻度时症状并不明显，重者可发生低血糖昏迷甚至猝死。

（4）水、盐代谢：由于脂肪大量消耗，故细胞外液容量增加，低蛋白血症可进一步加剧而呈现水肿；PEM时三磷酸腺苷（ATP）合成减少，可影响细胞膜上钠-钾-ATP酶的转运，钠在细胞内潴留，细胞外液一般为低渗状态，易出现低渗性脱水、酸中毒、低钾血症、低钠血症、低钙血症和低镁血症。

（5）体温调节能力下降：营养不良儿体温偏低，可能与热能摄入不足，皮下脂肪菲薄，散热快，血糖降低，氧耗量低，脉率和周围血液循环量减少等有关。

2. 各系统功能低下

（1）消化系统：由于消化液和酶的分泌减少、酶活力降低，肠蠕动减弱，菌群失调，所以消化功能低下，易发生腹泻。

（2）循环系统：心脏收缩力减弱，心输出量减少，血压偏低，脉细弱。

（3）泌尿系统：肾小管重吸收功能减退，尿量增多而尿比重下降。

（4）神经系统：精神抑郁，但时有烦躁不安，表情淡漠，反应迟钝，记忆力减退，条件反射不易建立。

（5）免疫功能：非特异性免疫（如皮肤黏膜屏障功能、白细胞吞噬功能、补体功能）和特异性免疫功能均明显降低。患者结核菌素等迟发性皮肤反应可呈阴性；常伴IgG亚类缺陷和T细胞亚群比例失调等。由于免疫功能全面低下，患者极易并发各种感染。

【临床表现】

营养不良的早期表现是活动减少、精神变差、体重不增。随营养不良加重，体重下降，表现为消瘦。皮下脂肪层厚度是判断营养不良程度的重要指标之一。皮下脂肪消耗的顺序先是腹部，其次为

NOTES

躯干、臀部、四肢，最后为面颊。皮下脂肪逐渐减少以致消失，皮肤干燥、苍白、渐失去弹性，额部出现皱纹，肌张力降低、肌肉松弛、肌肉萎缩呈“皮包骨”时，四肢可有挛缩。营养不良初期，身高不受影响，但随病情加重，骨骼生长减慢，身高亦低于正常。

轻度 PEM 者精神状态正常；重度者可有精神萎靡，反应差，体温偏低，脉细无力，无食欲，腹泻、便秘交替。血浆白蛋白明显下降时患者出现凹陷性水肿，严重时感染形成慢性溃疡。重度营养不良者可伴有重要器官功能损害。

严重 PEM 可分为：干瘦型（marasmus）、水肿型（kwashiorkor）和混合型（marasmic kwashiorkor）。干瘦型为能量摄入严重不足，特征是皮下脂肪消失和全身肌肉萎缩，儿童极度消瘦和恶病质样表现。水肿型以蛋白质严重缺乏为主，也称恶性营养不良，是饮食中碳水化合物过多而蛋白质过低所导致的严重营养不良。混合型介于干瘦型和水肿型之间。

PEM 常见并发症如下。

1. 营养性贫血 患者造血需要的原料蛋白质、铁、维生素 B_{12} 和叶酸等缺乏，易患营养性贫血，以小细胞低色素性贫血最常见。

2. 微量营养素缺乏 包括维生素和微量元素，以维生素 A 缺乏常见。营养不良时维生素 D 缺乏症状不明显，恢复期生长发育加快时可伴有维生素 D 缺乏。大部分患者伴有锌缺乏。

3. 感染 由于免疫功能低下，易患各种感染。如腹泻迁延不愈，加重营养不良，形成恶性循环。

4. 自发性低血糖 突然出现面色灰白、神志不清、脉搏减慢、呼吸暂停、体温不升但无抽搐，若诊治不及时，可危及生命。

【实验室检查】

营养不良的早期往往缺乏特异、敏感的诊断指标。血浆白蛋白浓度降低为其特征性改变，但其半衰期较长而不够灵敏。前白蛋白和视黄醇结合蛋白较敏感，胰岛素样生长因子 1（IGF-1）不受肝功能影响，被认为是早期诊断的灵敏、可靠的指标。常见指标变化见表 5-5-1。

表 5-5-1 蛋白质-能量营养不良的常见实验室检查指标及意义

检测指标	临床意义
血红蛋白；红细胞计数；平均红细胞体积、平均红细胞血红蛋白和平均红细胞血红蛋白浓度（MCV、MCH 和 MCHC）	脱水和贫血程度，贫血类型（铁缺乏、叶酸缺乏和维生素 B_{12} 缺乏；溶血；疟疾）
血气分析	明确酸碱中毒类型
血糖	低血糖
血钠	低钠血症、脱水类型
血钾	低钾血症
（前）白蛋白、总蛋白、转铁蛋白	蛋白缺乏程度
肌酐	肾脏疾病
C 反应蛋白（CRP）、淋巴细胞计数、血清学、厚/薄血涂片	细菌或/和病毒感染或疟原虫感染
粪便	肠道感染，包括寄生虫感染

【诊断】

根据小儿年龄及喂养史、体重下降、皮下脂肪减少、全身各系统功能紊乱及其他营养素缺乏的临床症状和体征，典型病例的诊断并不困难。诊断营养不良的基本测量指标为身长和体重。用身长和体重对营养不良进行分型有几个不同的标准，被广泛采用的是 Waterlow 分型和 Gomez 标准。

5 岁以下儿童营养不良的分型和分度如下。

1. 体重低下（underweight） 指相对年龄体重不足。体重低下的定义为体重低于同年龄、同性别参照人群值的均值−2SD。如低于同年龄、同性别参照人群值的均值−3SD~−2SD 为中度体重低下；

低于均值-3SD 为重度体重低下。该项指标主要反映慢性或急性营养不良，可能会有发育迟缓、消瘦或两者兼有。

2. 生长迟缓（stunting） 指相对年龄身高不足。生长迟缓的定义为身长低于同年龄、同性别参照人群值的均值-2SD。如低于同年龄、同性别参照人群值的均值-3SD 为中度生长迟缓；低于均值-3SD 为重度生长迟缓。此指标主要反映慢性长期营养不良。

3. 消瘦（wasting） 指体重低于身高别体重。消瘦的定义为体重低于同性别、同身高参照人群值的均值-2SD。如低于同性别、同身高参照人群值的均值-3SD~-2SD 为中度消瘦；低于均值-3SD 为重度消瘦。此项指标主要反映近期、急性营养不良。

临床常综合应用以上指标来判断患者营养不良的类型和严重程度。以上三项判断营养不良的指标可以同时存在，也可仅符合其中一项。符合一项即可作出营养不良的诊断。

【治疗】

对营养不良儿童的管理首先需要评估营养不良的严重程度。轻、中度营养不良者不需住院，只需对症处理；通过调整饮食、补充维生素和矿物质，改善肠道功能，营养不良会逐步改善。各种奶制品如酸奶是很好的营养食物，易消化吸收，并促进肠蠕动。每天热量和蛋白质的摄入量主要取决于胃肠道功能的耐受情况。体重减轻超过 5% 的轻度至中度营养不良儿童有再喂养综合征（refeeding syndrome）的风险，需要细致管理和监测。重度营养不良应作为医疗紧急情况处理。重度营养不良的治疗原则是积极处理各种危及生命的合并症，去除病因，调整饮食，促进消化功能。需要立即干预的临床征兆是：①心动过缓；②意识水平降低；③毛细血管再充盈时间大于 2 秒；④脉搏微弱；⑤低血糖。其他临床危险因素包括严重贫血、体温过低、呼吸性酸中毒、脱水、低钠血症、低钾血症和嗜睡等。此处重点讲述重度营养不良住院患者的治疗。重度营养不良的治疗可分为 3 个阶段：初始治疗（1~7 天）、恢复期治疗（2~6 周）和随访期治疗（7~26 周）。治疗时间表见表 5-5-2。

表 5-5-2 住院重度营养不良儿童治疗时间表

	初始治疗		恢复期治疗	后期治疗
治疗	第 1~2 天	第 3~7 天	第 2~6 周	第 7~26 周
低血糖	---------→			
低体温	---------→			
脱水	---------→			
纠正电解质紊乱	----------	----------	-------→	
抗感染	----------	---------→		
纠正微量营养素缺乏	←--------无铁 ----------	--------→ ----------	←-加铁-→ -------→	
开始喂养	----------	---------→		
增加喂养量以恢复丢失的体重（“追赶性生长”）			----------	-------→
感官刺激和情感支持	----------	----------	----------	---→
准备出院			----------	-------→

整个治疗分 3 个阶段。

1. 第一阶段 调整机体内环境，主要包括：防治低血糖、低体温、脱水，纠正电解质紊乱以及抗感染。

2. 第二阶段 纠正微量营养素缺乏。

（1）多种维生素及矿物质的补充：所有严重营养不良患者都有维生素和矿物质缺乏。补充多种维生素或矿物质，纠正微量营养素缺乏十分重要（表 5-5-3）。

表 5-5-3 维生素及矿物质补充时间及其剂量

营养素	开始/持续时间	补充剂量*
维生素 A	第 1 天	>12 个月:200 000IU
		6~12个月:100 000IU
		0~5 个月:50 000IU
叶酸	第 1 天	5mg/d
	至少持续到 2 周	1mg/d
锌	至少持续到 2 周	2mg/d
铜	至少持续到 2 周	0.3mg/(kg·d)
铁#	至少持续到 2 周	3mg/(kg·d)

注:* 为最近 1 个月内未补充维生素 A 的患者;# 为仅在体重开始增加时补充。

电解质/矿物质/维生素联合对严重营养不良患者的治疗是有效的,可替代电解质/矿物质溶液和叶酸的补充,但在第 1 天仍应该给予大剂量维生素 A 和叶酸的补充,并在体重开始增加时补充铁剂。

(2)开始喂养:在病情稳定阶段,患者可以进食后应马上进行喂养,给予充足的能量和蛋白质,以维持患者基本的生理过程。

监测指标及其注意事项:包括进食量及食物的残留量、呕吐情况、水样便的频率和每日的体重。

患者在稳定阶段,腹泻应该逐渐减少,水肿患者体重应该减轻。

3. 第三阶段 追赶性生长(catch-up growth)是指生长迟缓或停滞的患者,出现生长超过原生长速度的快速生长过程。患者食欲恢复是进入恢复期的一个信号,通常在可以进食后 1 周出现,建议逐步过渡,以避免当患者突然大量进食时发生心力衰竭和再喂养综合征。在恢复期治疗时,为了实现追赶性生长[体重增长>10g/(kg·d)],所需能量通常要超出推荐摄入量的 20%~30%。追赶性生长所需要的能量[kcal/(kg·d)]=推荐能量摄入量[kcal/(kg·d)]×标准身高别体重(kg)÷患者实际体重(kg)。建议采用高蛋白配方奶喂养(能量 100kcal/100ml、蛋白质 3g)。

4. 其他

(1)提供感官刺激和情感支持:重度营养不良患者如出现精神和行为发育延迟,应给予如下处理。

1)精心护理。

2)营造快乐环境。

3)结构化游戏治疗,15~30min/d。

4)患者在症状好转的前提下尽早开始身体活动。

5)亲子互动(例如安抚、喂食、洗澡、游戏等)。

(2)出院后的随访:患者身高别体重(weight for height)达到 90% 可以认定为疾病康复,但因为生长迟缓,患者年龄别体重可能仍然偏低。在家中应该继续坚持良好的喂养方法和感官刺激。

1)应教会父母或带养者:①怎样频繁喂食能量和营养密集型食物;②怎样给予结构化游戏治疗。

2)给父母或带养者的建议:①定期儿保门诊复查;②确保疫苗接种;③确保每 6 个月给予一次大剂量维生素 A,见表 5-5-3 中维生素 A 补充剂量。

【预防】

1. 合理喂养 大力提倡母乳喂养,对母乳不足或不宜母乳喂养者应及时给予指导,采用混合喂养或人工喂养并及时添加辅助食品;纠正偏食、挑食、吃零食的不良习惯。小学生早餐要吃饱,午餐应

NOTES

保证供给足够的能量和蛋白质。

2. 推广应用生长发育监测图　定期测量体重，并将体重值标在生长发育监测图上。如发现体重增长缓慢或不增，应尽快查明原因，及时予以纠正。

第六节　儿童单纯性肥胖

儿童单纯性肥胖是由于长期能量摄入超过人体的消耗，体内脂肪过度积聚，体重超过参考值范围的一种营养障碍性疾病。肥胖归属于营养不良范畴。肥胖已经成为重要的公共健康问题的根源，不仅影响儿童健康，且与儿童期并发症的风险、成年期代谢综合征的发生及发病率和死亡率的增加密切相关。我国儿童青少年超重率和肥胖率呈现明显上升趋势，城市高于农村。

【流行病学】

1975 年，世界儿童和青少年的肥胖率不到 1%。2016 年，女童肥胖率增加到近 6%；男童肥胖率增加到近 8%。如今，世界儿童和青少年的肥胖人数将超过体重不足人数。《中国居民营养与健康状况调查报告（2002）》显示，7~18 岁儿童和青少年的超重率和肥胖率分别为 4.5% 和 2.1%，而《中国居民营养与慢性病状况报告（2015 年）》所报告的 6~17 岁儿童和青少年的超重率和肥胖率分别达到 9.6% 和 6.4%，增长迅速。《中国居民营养与慢性病状况报告（2020 年）》数据显示，该年龄组的儿童青少年超重率和肥胖率都进一步增加为 11.1% 和 7.9%。中国业已成为第一肥胖和超重大国，成为多种慢性疾病的隐患，值得我们高度重视。

【病因】

机体将多余的能量以甘油三酯的形式储存在脂肪组织的脂肪细胞中。脂肪组织遍布全身，可以储存大量能量。三大宏量营养素碳水化合物、脂肪和蛋白质都能作为能量供应机体需求，也都能直接或间接以脂肪形式储存备用。机体的能量消耗（energy expenditure）和热量摄入（caloric intake）处于微妙平衡，生活方式的微小变化可能打破平衡：能量消耗大于热量摄入，体重逐渐下降，从而消瘦；若热量摄入大于能量消耗，体重逐渐上升，乃至超重和肥胖。

1. 热量摄入过多　是肥胖的主要原因。食品环境发生巨大变化，儿童每天都面临大量的高热量、高脂肪、高糖食品的诱惑。多余热量转化为脂肪贮存体内，导致儿童肥胖。

2. 活动量过少　电子产品流行，屏幕前久坐，体力活动和体育锻炼减少。即使热量摄入不多，但能量消耗减少，也引起肥胖。肥胖儿童大多不喜爱运动，形成恶性循环。

3. 遗传因素　对个体的肥胖易感性有一定作用。*FTO* 基因位于 16q12，与儿童肥胖有关。该基因异常可能增加热量摄入。单基因病肥胖也被确定，如黑素皮质激素-4 受体（melanocortin-4 receptor，MC4R）缺乏与早发型肥胖和觅食行为有关。*MC4R* 突变是单基因肥胖的常见原因。

人类肥胖与 600 多个基因、标志物和染色体区域有关。肥胖的家族性与多基因遗传有关。父母中有一个肥胖，孩子患肥胖症的风险增加 3 倍；父母中有两个肥胖，孩子患肥胖症的风险增加 13 倍。有证据表明，食欲性状（appetitive traits）有一定遗传性。

4. 睡眠　与肥胖风险有关。长期睡眠不足会增加体重增加和肥胖的风险。睡眠不足的影响可能与食欲素（orexin）有关。食欲素是下丘脑外侧合成的肽，可以增加进食、唤醒、交感神经活动和神经肽 Y 的活动。

5. 其他　进食过快，或饱食中枢和饥饿中枢调节失衡以致多食；精神创伤（如亲人病故或学习成绩低下）以及心理异常等因素亦可致儿童过量进食。

【病理生理】

肥胖发生基础是脂肪细胞数目增多或体积增大。人体脂肪细胞数量的增多主要在出生前 3 个月、生后第 1 年和 11~13 岁三个阶段。肥胖发生在这三个时期，引起脂肪细胞数目增多性肥胖；脂肪细胞数目增多为脂肪细胞体积增大奠定了进一步肥胖的基础。其他时期的肥胖主要以脂肪细胞体积

NOTES

增大为主。

脂肪组织的基本功能是为机体储存能量，维持机体能量代谢稳态，及时而有效地为人体供应能量。目前脂肪组织不再被认为仅仅是储存能量的终末分化器官。脂肪组织可以分泌一系列激素和细胞因子。脂肪细胞分泌的激素有瘦素、脂联素、抵抗素、内脂素等；分泌的细胞因子包括白细胞介素-1/6/10、肿瘤坏死因子-α（TNF-α）等。脂联素是一种具有抗炎特性的肽，与胰岛素敏感的瘦人相比，肥胖患者的脂联素水平较低。脂联素低水平与游离脂肪酸和血浆甘油三酯高水平以及高 BMI 相关；脂联素高水平与外周胰岛素敏感性相关。这些激素或因子参与调节机体诸多生理或病理过程，发挥广泛而重要的生物学作用。肥胖也可能与慢性炎症有关。脂肪细胞分泌的细胞因子白细胞介素-6 和 TNF-α 为促炎因子，例如白细胞介素-6 刺激肝脏 C 反应蛋白产生。C 反应蛋白是炎症标志物，可能与肥胖、冠状动脉疾病和亚临床炎症有关。

脂肪组织还具有多种内分泌和自分泌/旁分泌功能，通过分泌激素和细胞因子而参与脂代谢、糖代谢、免疫炎症应答、生殖及维持血管内皮细胞功能等。肥胖导致机体脂肪组织功能失衡，从而导致机体能量代谢和内环境失衡，出现胰岛素抵抗、2 型糖尿病、脂代谢紊乱、高血压、心血管疾病、慢性低度炎症状态。脂肪组织能分泌肾素-血管紧张素-醛固酮系统（RAAS）所有组分。儿童肥胖是成人期心血管病的独立危险因素之一。脂肪组织具有转换类固醇激素的能力，脂肪组织由于存在芳香化酶活性，能把雄激素底物转化为雌激素，所以肥胖女孩青春期发育提前，肥胖男孩外生殖发育不佳（阴茎短小），乳房发育。

代谢综合征（metabolic syndrome）是一组代谢紊乱症候群组成的疾病状态，包括胰岛素抵抗、糖代谢异常、脂代谢紊乱、高血压以及高尿酸血症、高同型半胱氨酸血症、非酒精性脂肪性肝病（nonalcoholic fatty liver disease，NAFLD）等。肥胖是代谢综合征的基本要素。肥胖儿童可出现代谢紊乱和内分泌异常。

【临床表现】

肥胖可发生于任何年龄，但最常见于 5~6 岁和青春期，且男童多于女童。患者食欲旺盛且喜吃甜食和高脂肪食物。肥胖儿童常有疲劳感，用力时气短或腿痛。严重肥胖者脂肪的过度堆积限制了胸廓和膈肌运动，使肺通气量不足、呼吸浅快，故肺泡换气量减少，造成低氧血症、气急、发绀、红细胞增多、心脏扩大或出现充血性心力衰竭甚至死亡，称肥胖低通气综合征（Pickwickian syndrome）。

体格检查可见患者皮下脂肪丰满，但分布均匀，腹部膨隆下垂。严重肥胖者可因皮下脂肪过多，胸腹、臀部及大腿皮肤出现紫纹；体重过重，走路时双下肢负荷过重，致膝外翻和扁平足。女孩胸部脂肪堆积应与乳房发育相鉴别，后者可触到乳腺组织硬结。男性肥胖儿因大腿内侧和会阴部脂肪堆积，阴茎可隐匿在阴阜脂肪垫中而被误诊为阴茎发育不良。

肥胖儿性发育常较早，故最终身高常略低于正常儿童。由于怕被别人讥笑而不愿与其他儿童交往，故常有心理上的障碍，如自卑、胆怯、孤独等。

【实验室检查】

肥胖儿童常规应检测血压、糖耐量、血糖、腰围、高密度脂蛋白（HDL）、低密度脂蛋白（LDL）、甘油三酯、胆固醇等指标。根据肥胖的不同程度可能出现其中某些指标的异常。严重的肥胖儿童肝脏超声检查常有脂肪肝。

【诊断】

儿童肥胖诊断标准有两种：一种是年龄别体质指数（BMI），BMI=体重（kg）/身长或身高（m）^{2}，适用于年龄≥2 岁儿童，当儿童 BMI 处于 P_{85}~P_{95} 为超重，超过 P_{95} 为肥胖；另一种方法是用身高别体重评价肥胖，适用于年龄<2 岁婴幼儿，当身长的体重大于参照人群体重平均值的 2 个标准差为“超重”，大于 3 个标准差为“肥胖”。

1. 准确测量身高和体重 计算 BMI，根据 BMI 进行体重分类：体重不足（<P_5）、健康体重（P_5~P_{84}）、超重（P_{85}~P_{95}）、肥胖（>P_{95}）。

NOTES

2. 详细询问病史　重点了解家族史：家族肥胖（尤其是父母）状况，2 型糖尿病、高血压、高胆固醇血症、心血管疾病或脑卒中等病史。

3. 评估导致肥胖风险的行为方式　重点询问含糖饮料摄入、不健康饮食习惯、外出就餐频率、食物分量、体力活动、屏幕时间等。

4. 体格检查　肥胖本身为一种体征，其他疾病也可出现肥胖，在体格检查时需要关注肥胖引起的或与之相关的体征，见表 5-6-1。

表 5-6-1　肥胖引起的或与之相关的体征及病理状况

体征	相关疾病状况
生长迟缓	甲状腺功能减退症、库欣病、遗传性疾病
甲状腺肿大	甲状腺功能减退症
黑棘皮病	2 型糖尿病、胰岛素抵抗
多毛和痤疮	多囊卵巢综合征、库欣病
皮肤紫纹	库欣病
视乳头水肿，脑神经麻痹	颅内肿瘤
腺样体增生肥大	睡眠呼吸暂停
腹部压痛	胃食管反流、胆石症
肝大	非酒精性脂肪性肝病
隐睾	普拉德-威利（Prader-Willi）综合征

【鉴别诊断】

1. 伴肥胖的内分泌疾病，见表 5-6-2。

表 5-6-2　伴肥胖的内分泌疾病及症状、体征和实验室特点

疾病	症状和体征	辅助检查
库欣病	中心性肥胖，多毛，满月脸，高血压	地塞米松抑制试验
甲状腺功能减退症	身材矮小，体重增加，乏力，便秘，怕冷，水肿	促甲状腺素（TSH）、血清游离甲状腺素（fT4）
生长激素缺乏	身材矮小，线性生长缓慢	生长激素激发试验、IGF-1
弗勒赫利希（Fröhlich）综合征	肥胖，手指/足趾纤细，身材矮小，第二性征延迟或不出现	磁共振成像（MRI）下丘脑及垂体病变

2. 伴肥胖的遗传性疾病

（1）Prader-Willi 综合征：15 号染色体部分缺失或父系表达基因缺失，表现为周围型肥胖体态，身材矮小，智力低下，手脚小，肌张力低，外生殖器发育不良。

（2）劳伦斯-穆恩-比德尔（Laurence-Moon-Biedl）综合征：*BBS1* 基因突变，表现为周围型肥胖，智能轻度低下，视网膜色素沉着，多指/趾，性功能减退。

（3）Alström 综合征：*ALMS1* 基因突变，表现为中央型肥胖，视网膜色素变性，失明，神经性耳聋，糖尿病。

【治疗】

对于 BMI 高于 P_{95} 的肥胖儿童，应制订减肥计划，重点是改变生活方式。肥胖症治疗原则是减少热能摄入和增加能量消耗，因此饮食疗法和运动疗法是儿童减肥的两项基本措施。不推荐减肥药物，不选择外科减重手术。

1. 饮食疗法　“交通灯饮食法（traffic light diet）”可帮助家长管理儿童饮食。根据热量高低，将

NOTES

食物分为无限制性食物(绿灯食物)、适当限制性食物(黄灯食物)和限制性食物(红灯食物)。食物蛋白质和微量营养素含量决定食物的营养价值高低(营养素密度)。脂肪和碳水化合物含量决定食物的热量高低。

三餐搭配的总体原则:早餐以绿灯食物和黄灯食物为主,注意干湿搭配;午餐以绿灯食物为主,适量黄灯食物,少量红灯区食物,注意荤素搭配,荤素菜比例一般为 1∶(2~3);晚餐以绿灯食物为主,控制黄灯食物,不吃红灯食物。此外,为了补充钙元素,每天儿童牛奶摄入量为 500ml,肥胖儿童以脱脂牛奶为宜。

2. 运动疗法 包括各类体力和体育活动。适当的运动能促使脂肪分解,减少胰岛素分泌,使脂肪合成减少,蛋白质合成增加,促进肌肉发育。有氧运动(aerobic exercise)能改善肥胖儿童和青少年的代谢状况。加强运动,即使不减重,也能提高有氧适能(aerobic fitness),降低体脂率。增加运动而不同时减少热量摄入只能保持体重不升而不可能降低体重,但增加运动可以降低罹患心血管疾病风险。

肥胖儿童常因动作笨拙、懒动及活动后易累而不愿锻炼,需要循序渐进,逐步增加运动强度。需要家长以身作则。可鼓励和选择患者喜欢和有效的易于坚持的运动,如晨间跑步、散步、做操等,每天坚持至少运动 30 分钟。活动量以运动后轻松愉快、不感到疲劳为原则。如果运动后疲惫不堪、心慌气促以及食欲大增,均提示活动过度。

提倡以运动取代久坐活动。美国儿科学会建议 2 岁儿童每天看屏幕时间不超过 2 小时,2 岁以下儿童不要看电视(各类屏幕)。许多高热量的食品是通过各类视频节目向儿童直接推销。减少屏幕时间,一方面增加运动时间,另一方面也能减少额外热量摄入(零食减少)。

3. 药物治疗 如果生活方式改变(包括运动和饮食控制)无效,患有严重并发症的肥胖儿童可考虑药物治疗。儿童体重减轻的药物治疗还有待研究,一般不主张用药。美国食品药品监督管理局唯一批准的治疗 12 岁以上儿童肥胖的药物是奥利司他(orlistat):它可以减少脂肪的吸收,导致适度的体重减轻;并发症包括胀气、油性斑点。二甲双胍未被证实可以治疗肥胖,但被批准用于 10 岁以上的 2 型糖尿病患者。

4. 肥胖外科手术 骨骼发育成熟(女孩一般为 13 岁,男孩为 15 岁)、体质指数超过 $40kg/m^2$、生活方式改变不成功的青少年,以及伴有严重并发症的人群,可考虑减肥手术。减肥外科手术包括胃束带术(Gastric banding/lapband)和胃旁路术(gastric bypass)等。

【预防】

预防是治疗超重和肥胖最有效的方法。肥胖是一种慢性病,需要终身保持健康的饮食和生活方式。在体重控制方案起效后,患者和家长必须坚持良好的行为方式。

1. 鼓励健康生活方式 选择健康食物,增加活动,减少屏幕时间,改善睡眠习惯,减少含糖饮料和高脂肪食物的摄入。

2. 儿童肥胖预防从孕期开始 世界卫生组织建议,预防儿童肥胖应从胎儿期开始。肥胖预防是系统工程,每一个链条都很重要,需要全社会关心。

第七节 维生素 A 缺乏

维生素 A 是基于夜盲症(night blindness)与某些食物的关系而被发现的。我国古代医书记载“肝明目”,古埃及和古希腊医学文献记载牛肝治疗夜盲症。维生素 A 是所有脊椎动物维持正常视力、生殖、细胞和组织分化以及免疫系统功能所必需的;是正常的胚胎发育、造血、免疫反应、代谢和许多类型细胞的生长和分化所必需的。

维生素 A 缺乏(vitamin A deficiency)包括临床型维生素 A 缺乏(clinical vitamin A deficiency)、亚临床型维生素 A 缺乏(subclinical vitamin A deficiency)及可疑亚临床型维生素 A 缺乏(suspicious

NOTES

subclinical vitamin A deficiency）或边缘型维生素 A 缺乏（marginal vitamin A deficiency）。临床型维生素 A 缺乏早期表现为暗适应能力下降或夜盲，特征性表现为皮肤角化过度和干眼症；亚临床型和边缘型维生素 A 缺乏无特异表现，主要增加反复呼吸道感染、腹泻和贫血等风险。

（一）维生素 A 的种类和来源

1. 维生素 A 种类 维生素 A 一词是指具有全反式视黄醇（*trans*-retinol）生物活性的一组类视黄醇物质，包括视黄醇（retinol）、视黄醛（retinal）、视黄酯（retinyl ester）及视黄酸或维甲酸（retinoic acid，RA）等。世界卫生组织规定：1IU 维生素 A=0.3μg 全反式视黄醇=0.6μg 全反式 β-胡萝卜素。维生素

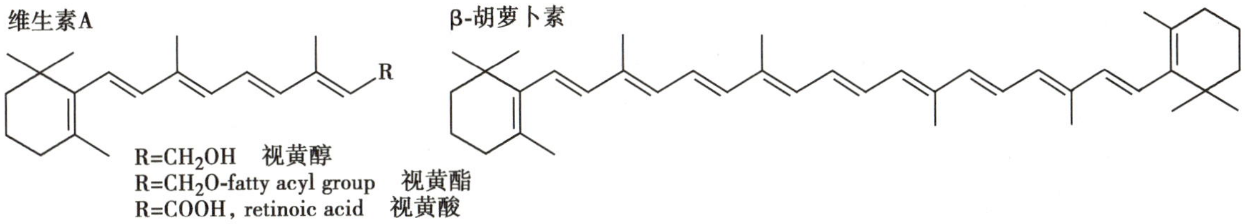

图 5-7-1 维生素 A 和 β-胡萝卜素结构示意图

A 和 β-胡萝卜素的结构见图 5-7-1。

2. 维生素 A 来源 维生素 A 主要有两大来源：一类是动物性食物的视黄酯（维生素 A 酯），如动物内脏（尤其是肝脏、肾脏）含丰富维生素 A，乳类和蛋类也含有一定量维生素 A；另一类是植物类食物的维生素 A 原——类胡萝卜素（carotenoids），其中 β-胡萝卜素（β-carotene）具有的维生素 A 活性最高。β-胡萝卜素分子结构为两个尾部相连的视黄醇分子，经过肠黏膜细胞内 β-胡萝卜素单氧酶（β-carotene monooxygenase）裂解为视黄醛，视黄醛通过视黄醛还原酶进而转变为视黄醇。深绿色蔬菜和黄红色水果富含 β-胡萝卜素，β-胡萝卜素单氧酶在肠细胞以较低水平存在，使得 β-胡萝卜素转化为视黄醇的效率较低，其在肠道转化为维生素 A 的比例可能是（20~12）：1。

（二）维生素 A 的功能

1. 构成视觉细胞内的感光物质 11-顺式视黄醛（11-*cis*-retinal）是视觉所需的形式，对视觉的维持起着重要作用。人类视网膜包括两种不同感光细胞，即视杆细胞和视锥细胞。

在视杆细胞中，11-顺式视黄醛与视蛋白结合，形成感知暗光的视紫红质，而在视锥细胞中则形成感知不同颜色光的视紫蓝质。11-顺式视黄醛是这两种视蛋白发生化学反应的辅基。当维生素 A 不足时，视紫红质缺乏，对弱光视觉减退，即夜盲症。视黄醛变成视黄醇被排泄，需要不断补充维生素 A，才能维持正常视觉过程。

2. 维持上皮的稳定性和完整性 维生素 A 缺乏导致体内多出的上皮组织内的黏液分泌细胞被角蛋白生成细胞所替代，这种改变是皮肤、眼结膜和角膜干燥的病理基础。补充维生素 A 可以纠正这种变化。

3. 调节糖蛋白和黏多糖合成 维生素 A 缺乏时，糖蛋白和黏蛋白分泌减少，最后导致严重干眼症时的角膜软化。维生素 A 缺乏导致特征性上皮改变，包括基底细胞增殖、角化过度和形成层状角化鳞状上皮。对于肠道，肠道分泌黏液的杯状细胞受到影响，上皮屏障功能受损，对病原体的屏障功能减弱，从而发生消化道感染。对于呼吸道，上皮细胞分泌的黏液是应对吸入病原体必不可少的，对泌尿生殖道也是如此。这种变化累及全身上皮组织，尤其是呼吸道、消化道和泌尿道，造成这些系统抗感染能力下降，感染增加。

4. 维持和促进免疫功能 上皮组织是防御感染的重要屏障，维生素 A 缺乏损伤这一功能。维生素 A 还以其特定途径维持机体免疫活性，维护淋巴细胞库，维护 T 细胞介导的免疫反应，促进免疫细胞产生抗体，促进 T 淋巴细胞产生某些细胞因子。

5. 影响造血 维生素 A 缺乏常与贫血同时存在，补充维生素 A 可以改善孕妇和儿童贫血。

6. 影响生长发育 视黄酸参与骨形成蛋白（bone morphogenetic protein，BMP）信号通路，促进骨骼生长发育。

7. 参与胚胎发育 在胚胎发育过程中，视黄酸是决定机体形态发生的重要信号分子之一，对胚胎正常发育至关重要。

【流行病学】

维生素A缺乏是全球范围内最普遍存在的公共卫生营养问题。《中国居民营养与健康状况监测报告（2015）》显示：3~5岁儿童临床型维生素A缺乏率为1.5%，其中城市为0.8%，农村为2.1%，农村显著高于城市；3~5岁儿童边缘型维生素A缺乏率为27.8%，其中城市为21.4%，农村为34.7%。《中国居民营养与健康状况监测报告（2002）》数据显示：3~12岁儿童临床型维生素A缺乏率为9.3%，边缘性缺乏率为45.1%；农村儿童临床型维生素A缺乏率（11.2%）和边缘型缺乏率（49.6%）均显著高于城市（3.0%和29.0%）。对比2015年和2002年的数据，可以看出我国儿童维生素A营养状况总体在改善，但仍然存在较为广泛的边缘型维生素A缺乏，还存在一定比例的临床型维生素A缺乏。《中国居民营养与慢性病状况报告（2020年）》数据表明膳食摄入的维生素A不足依然存在。我国0~2岁儿童维生素A营养状况良好，这得益于我国持续推广该阶段小儿持续补充维生素AD滴剂。

全球大约有1.27亿学龄前儿童为维生素A缺乏，其中440万患有一定程度的干眼症；发展中国家有720万孕妇为临床型维生素A缺乏，1 350万孕妇为边缘型维生素A缺乏；每年有600多万孕妇发生夜盲症。

【病因】

1. 先天不足 维生素A缺乏在5岁以下儿童中的发生率远高于成人，其主要原因是维生素A和β-胡萝卜素都很难通过胎盘进入胎儿体内，所以新生儿血清和肝脏中的维生素A水平明显低于母体，如在出生后不能得到充足的维生素A补充，则极易出现维生素A缺乏。

2. 摄入不够 偏食、厌食、挑食等不良喂养习惯，导致动物性食物和富含β-胡萝卜素的蔬菜与水果摄入少。

3. 吸收障碍 维生素A和β-胡萝卜素均为脂溶性，膳食脂肪含量与其吸收密切相关，在小肠的吸收依靠胆盐帮助。因此，膳食脂肪含量过低，胰腺炎或胆石症引起胆汁和胰腺酶分泌减少以及消化道疾病如急性肠炎、乳糜泻等造成胃肠功能紊乱都影响维生素A和β-胡萝卜素的消化和吸收。

4. 储存减少 任何影响肝脏功能的疾病都影响维生素A的体内储存量，造成维生素A缺乏。

5. 消耗增多 一些消耗性传染病，尤其是儿童中的麻疹、猩红热、肺炎和结核病等都增加体内维生素A的存储消耗，同时，这些疾病患者食欲缺乏或消化功能紊乱，致使维生素A摄入和吸收明显减少。两者的综合势必导致维生素A缺乏。

【临床表现】

维生素A缺乏的临床表现与其缺乏的阶段和程度有关（图5-7-2）。在边缘型维生素A缺乏和亚临床型维生素A缺乏阶段无特异性临床表现，如生长迟缓、反复呼吸道或消化道感染及贫血等。在临床型维生素A缺乏阶段才表现出维生素A缺乏的特异性表现——干眼症。

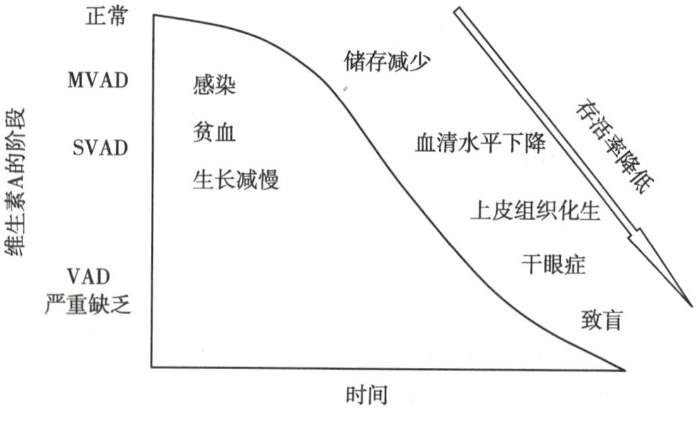

图5-7-2 维生素A缺乏的临床表现历程

MVAD：marginal vitamin A deficiency，边缘型维生素A缺乏；SVAD：subclinical vitamin A deficiency，亚临床型维生素A缺乏；VAD：vitamin A deficiency，临床型维生素A缺乏。

1. 眼部表现 眼部症状和体征是维生素A缺乏最特征性和特异性或最早被认识的临床表现。伴随维生素A

NOTES

缺乏，逐步呈现眼部表现。维生素A缺乏的早期症状是暗适应能力下降，表现为夜盲症或暗光中视物不清。若维生素A缺乏持续，眼部病变呈隐袭性进展，数周后，开始出现干眼症，外观眼结膜、角膜干燥，失去光泽，自觉痒感，泪减少；眼部检查可见结膜近角膜边缘处干燥起皱褶，角化上皮堆积形成泡沫状白斑，称结膜干燥斑或比托斑（Bitôt's spot）；进而角膜发生干燥、混浊、软化，自觉畏光、眼痛，常用手揉搓眼部导致感染。当淋巴细胞在感染后期浸润角膜时，会发生角膜软化和角膜溃疡，进而坏死，引起穿孔，虹膜、晶状体脱出，导致失明。

2. 皮肤表现 开始是皮肤干燥、易脱屑、有痒感，渐至上皮角化增生、汗液减少，角化物充塞毛囊形成毛囊丘疹。触摸皮肤时有粗砂样感觉，以四肢伸面、肩部为多，可发展至颈背部甚至面部。毛囊角化引起毛发干燥、失去光泽、易脱落，指/趾甲变脆易折、多纹等。

3. 生长发育障碍 严重维生素A缺乏表现为生长迟缓，牙齿釉质易剥落，失去光泽，易发生龋齿。

4. 感染易感性增高 在维生素A亚临床或可疑亚临床缺乏阶段，免疫功能低下就已存在，主要表现为反复呼吸道和消化道感染，且易迁延不愈，增加疾病发病率和死亡率，尤其是6个月到2岁儿童。这是当前重视对亚临床型或可疑亚临床型维生素A缺乏干预的重要原因。

5. 贫血 维生素A缺乏时会出现贮存铁增加、外周血血清铁降低、类似于缺铁性贫血的小细胞低色素性贫血。

【诊断】

1. 临床诊断 通过询问喂养史（长期动物性食物摄入不足），结合患病史（各种消化道疾病或慢性消耗性疾病史，急性传染病史等），应高度警惕维生素A缺乏。如出现暗适应能力下降或夜盲症、干眼症等眼部特异性表现以及皮肤症状和体征，即可作出临床诊断。

2. 实验室诊断

（1）血浆维生素A：是维生素A缺乏分型的重要依据。血清维生素A正常参考范围是1.05~2.45μmol/L（0.3~0.7mg/L）。根据血清维生素A水平和维生素A缺乏的临床表现，把维生素A缺乏分为：边缘型维生素A缺乏（可疑亚临床型维生素A缺乏），血清维生素A处于0.7~1.05μmol/L（0.2~0.3mg/L）；亚临床型维生素A缺乏，血清维生素A<0.7μmol/L（0.2mg/L）；临床型维生素A缺乏，血清维生素A<0.35μmol/L（0.1mg/L）伴眼部特异性表现。边缘型维生素A缺乏和亚临床型维生素A缺乏是指维生素A摄入不足导致机体维生素A贮存减少，血浆维生素A水平低于正常参考范围，而尚未出现维生素A缺乏相关的眼部表现。

但须注意的是血浆维生素A水平并不是反映维生素A状态的准确指标，血清维生素A不能反映肝脏维生素A储备情况。维生素A体内储备量在很大范围内可自身调控，只有当体内储备量很低（缺乏）或很高（过量）时，才能通过血液循环维生素A反映出储备量变化。但是人群维生素A干预时血清维生素A变化能有效反映干预效果。

（2）相对剂量反应试验（relative dose response test，RDR test）：健康个体90%的维生素A储存在肝脏，伴随维生素A缺乏的发生，肝脏储存的维生素A逐渐减少。肝脏释放出的维生素A量与肝脏维生素A储存量下降程度成正比。相对剂量反应试验的原理是：当机体缺乏维生素A时，肝脏释放维生素A入血，游离状态的视黄醇结合蛋白（RBP）在肝脏积累，肝脏游离状态的RBP超过结合状态的RBP，此时若供给维生素A，维生素A能迅速结合RBP，并快速释放入血；通过观察口服小剂量维生素A后，血浆维生素A上升的幅度，间接反映肝脏维生素A储备状况。

当肝脏维生素A储备严重不足时，给予小剂量维生素A，血清维生素A上升迅速，并在接下来的5小时内持续上升。相比之下，若维生素A储备充足，给予小剂量维生素A后，血清维生素A水平的上升更快达到顶点，可能是肝脏积累的游离RBP较少。在这种情况下，血清维生素A水平在5小时内从顶点下降。

相对剂量反应试验方法是在空腹时采集静脉血（A0），然后口服维生素A制剂450μg（约

1 500IU），5 小时后再次采集静脉血（A5），测定两次血浆中维生素 A 的水平并按如下公式计算 RDR 值，如 RDR 值大于或等于 20% 为阳性，表示肝脏维生素 A 不足。

$$RDR\%=(A5-A0)/A5\times 100\%$$

（3）血浆视黄醇结合蛋白测定：与血清维生素 A 有很好的相关性，能很好地反映血清维生素 A 水平。目前正常值范围并无统一标准，有的实验室正常参考值为：男 3.6~7.2g/L；女 2.0~5.3g/L。指标降低有维生素 A 缺乏可能。但在感染、蛋白质能量营养不良时该指标亦可降低，可同时检查炎症指标 C 反应蛋白（CRP）来鉴别。

（4）暗适应检查：用暗适应计和视网膜电流变化检查，如发现暗光视觉异常则有助于诊断。暗适应检查可用于评估早期维生素 A 缺乏。如果缺乏维生素 A，视杆细胞在暗光下的生理功能出现障碍，导致暗适应能力下降，发生夜盲症。

若患者有明确摄入不足或消耗增加的病史，以及明显维生素 A 缺乏临床表现，可作出临床诊断。亚临床型和边缘型维生素 A 缺乏无特异表现，主要依靠实验室检查和流行病学资料作出诊断。

【治疗】

无论临床症状严重与否，甚或是无明显症状的边缘型和亚临床型维生素 A 缺乏，都应该尽早补充维生素 A，因为多数病理改变经治疗后都可逆转而恢复。

1. 调整饮食，去除病因 提供富含维生素 A 的动物性食物或含 β-胡萝卜素较多的深色蔬菜，有条件的地方也可以采用维生素 A 强化食品，如婴儿的配方奶粉和辅食等。此外，应重视原发病的治疗。

2. 维生素 A 制剂治疗 具体见表 5-7-1。

表 5-7-1 预防性与治疗性维生素 A 大剂量补充建议

年龄	维生素 A 治疗性剂量*/IU	维生素 A 预防性剂量/IU	频率
<6 月龄	50 000	50 000	在 10 周龄、14 周龄和 16 周龄接种及脊髓灰质炎疫苗接种时
6~11 月龄	100 000	100 000	每 4~6 个月 1 次
>1 岁	200 000	200 000	每 4~6 个月 1 次
妇女	200 000#	400 000	产后 6 周内

注：* 为同年龄段人群，对干眼症者，确诊后立即给予单剂量，24 小时后再给予 1 次，2 周后再给予 1 次；对确诊为麻疹者，立即给予单剂量，24 小时后再给予 1 次；对蛋白质-能量营养不良者，在确诊时给予单剂量，此后每日补充维持需要量的补充量。

为育龄期妇女（13~49 岁）确诊为活动性角膜损害的，需立即补充维生素 A 200 000IU，24 小时后再给予 1 次，2 周后再给予 1 次；轻度眼部体征（夜盲和/或比托斑）的育龄期妇女补充维生素 A 10 000IU/d 或每周 25 000IU，至少 3 个月。

3. 眼局部治疗 除全身治疗外，比较严重的维生素 A 缺乏患者常需眼的局部治疗。为预防结膜和角膜发生继发感染，可采用抗生素眼药水（如 0.25% 氯霉素）或眼膏（如 0.5% 红霉素）治疗，每日三四次，可减轻结膜和角膜干燥不适。如果角膜出现软化和溃疡时，可采用抗生素眼药水与消毒鱼肝油交替滴眼，约 1 小时 1 次，每日不少于 20 次。治疗时动作要轻柔，勿压迫眼球，以免角膜穿孔，虹膜、晶状体脱出。

【预防】

1. 健康教育 平时注意膳食的营养平衡，主动摄入富含维生素 A 的动物性食物和深色蔬菜与水果，一般不会发生维生素 A 缺乏。小年龄儿童是预防维生素 A 缺乏的主要对象，孕妇和乳母应多食上述食物，以保证新生儿和乳儿有充足的维生素 A 来源。母乳喂养优于人工喂养，人工喂养婴儿应尽量选择维生素 A 强化配方奶。

2. 预防性干预 补充维生素 A 是世界卫生组织降低 5 岁死亡率战略目标的重要部分。对 5 岁以下儿童每年 2 次大剂量补充维生素 A 能明显减少儿童疾病和死亡率。在产妇维生素 A 缺乏发生

NOTES

率高的人群中，给新生儿补充维生素 A 可能是最有效的。我国由政府出资对贫困地区 5 岁以下儿童给予含 50% 推荐摄入量（RNI）的维生素 A 营养包，以改善维生素 A 营养状况。具体维生素 A 预防剂量见表 5-7-1。

第八节 营养性佝偻病

一、营养性佝偻病

佝偻病主要原因之一是维生素 D 缺乏，称为维生素 D 缺乏性佝偻病。临床诊断中难以区分是维生素 D 缺乏还是钙缺乏导致佝偻病。为此，国际上以“营养性佝偻病（nutritional rickets）”这一术语描述发生在婴幼儿阶段的维生素 D 和钙缺乏所发生的佝偻病。营养性佝偻病是儿童维生素 D 缺乏和/或钙摄入量过低导致生长板软骨细胞分化异常、生长板和类骨质矿化障碍的一种疾病。

维生素 D 是脂溶性维生素，其化学本质是类固醇类激素。维生素 D 的经典作用是调节钙磷代谢。皮肤-光照合成途径是人体维生素 D 的主要来源。目前认为，除骨骼健康作用外，维生素 D 与多种慢性疾病发生有关，包括常见肿瘤、心血管疾病、糖尿病、代谢综合征以及自身免疫性疾病等。

（一）维生素 D 的种类、来源和代谢

1. 维生素 D 的种类 天然维生素 D 有两种形式，维生素 D_2 和 D_3。某些植物能合成维生素 D_2（麦角钙化醇，ergocalciferol），哺乳动物合成维生素 D_3（胆钙化醇，cholecalciferol）。二者基本结构相同，不同之处在于其侧链，维生素 D_2 的 22 和 23 位碳之间是双键，且在 24 位碳多一甲基。某些植物所含的麦角固醇（ergosterol）经紫外线照射转化为麦角钙化醇（维生素 D_2）。大多数脊椎动物（包括人）表皮和真皮富含 7-脱氢胆固醇，经阳光中的紫外线（波长为 290~320nm）照射，转化生成胆钙化醇（维生素 D_3）。

2. 维生素 D 的来源 阳光照射皮肤产生维生素 D_3 或通过膳食补充维生素 D_2 或 D_3，是维生素 D 的主要来源。胎儿通过胎盘从母体获得一定量维生素 D。人体需要的维生素 D，90% 由阳光照射皮肤产生，膳食得到的维生素 D_2 或 D_3 大约为 10%（图 5-8-1）。

（1）阳光维生素 D：阳光中的紫外线照射机体本身皮肤中的 7-脱氢胆固醇，其 B 环重组形成双键，致使 B 环打开，成为维生素 D 前体；经光化学反应异构生成维生素 D 原；维生素 D 原迅速转化为维生素 D，即维生素 D_3，也被称为阳光维生素 D 或内源性维生素 D。季节、皮肤颜色、日照时间、空气污染等因素均会影响皮肤产生维生素 D_3 的量。

（2）膳食维生素 D：天然食物中，除鱼肝油、乳酪、动物肝脏、蛋黄等含有一定量维生素 D 外，绝大部分食物维生素 D 含量都比较低。人乳每 100ml 维生素 D 含量在 1μg（40IU）以下，谷物、蔬菜、水果几乎不含维生素 D，肉类含量较少。这一特点具有生物学进化意义：阳光维生素 D 为人体维生素 D 的主要来源，若天然食物含有丰富的维生素 D，将使人体处于维生素 D 过量或中毒的高风险状态。强化维生素 D 的乳制品是婴幼儿维生素 D 的重要来源。婴儿乳品大都强化了维生素 D。婴儿配方奶粉 100g 含维生素 D 7.5μg（300IU），婴儿配方米粉 100g 含维生素 D 6.25~7.5μg（250~300IU）。人体摄入含有维生素 D 的食物或直接摄入维生素 D 营养补充剂可满足人体对维生素 D 的需要，称为膳食维生素 D 或外源性维生素 D。膳食维生素 D 可以是维生素 D_2，也可以是维生素 D_3。

3. 维生素 D 的代谢 维生素 D_2 和维生素 D_3 均无生物活性。阳光维生素 D 由皮肤细胞外间隙到皮肤毛细血管网，进入血液循环。膳食维生素 D 通过乳糜微粒，经由淋巴系统转运至门静脉系统，进入血液循环。人血液循环的维生素 D 包括维生素 D_2 或维生素 D_3，一部分直接储存于脂肪组织，另一部分与维生素 D 结合蛋白（vitamin D binding protein，DBP）结合，转运至肝脏。在肝细胞微粒体 25-羟化酶作用下，维生素 D 侧链的 25 位发生羟化（第一次羟化），生成 25-羟维生素 D（25OHD），也称骨化二醇（calcidiol）。25OHD 生物活性较弱，抗佝偻病的生物活性较低，但 25OHD 半衰期较长，为 2~3 周，是人体血液循环中的主要形式，因此作为反映机体维生素 D 营养状况的金指标。在

NOTES

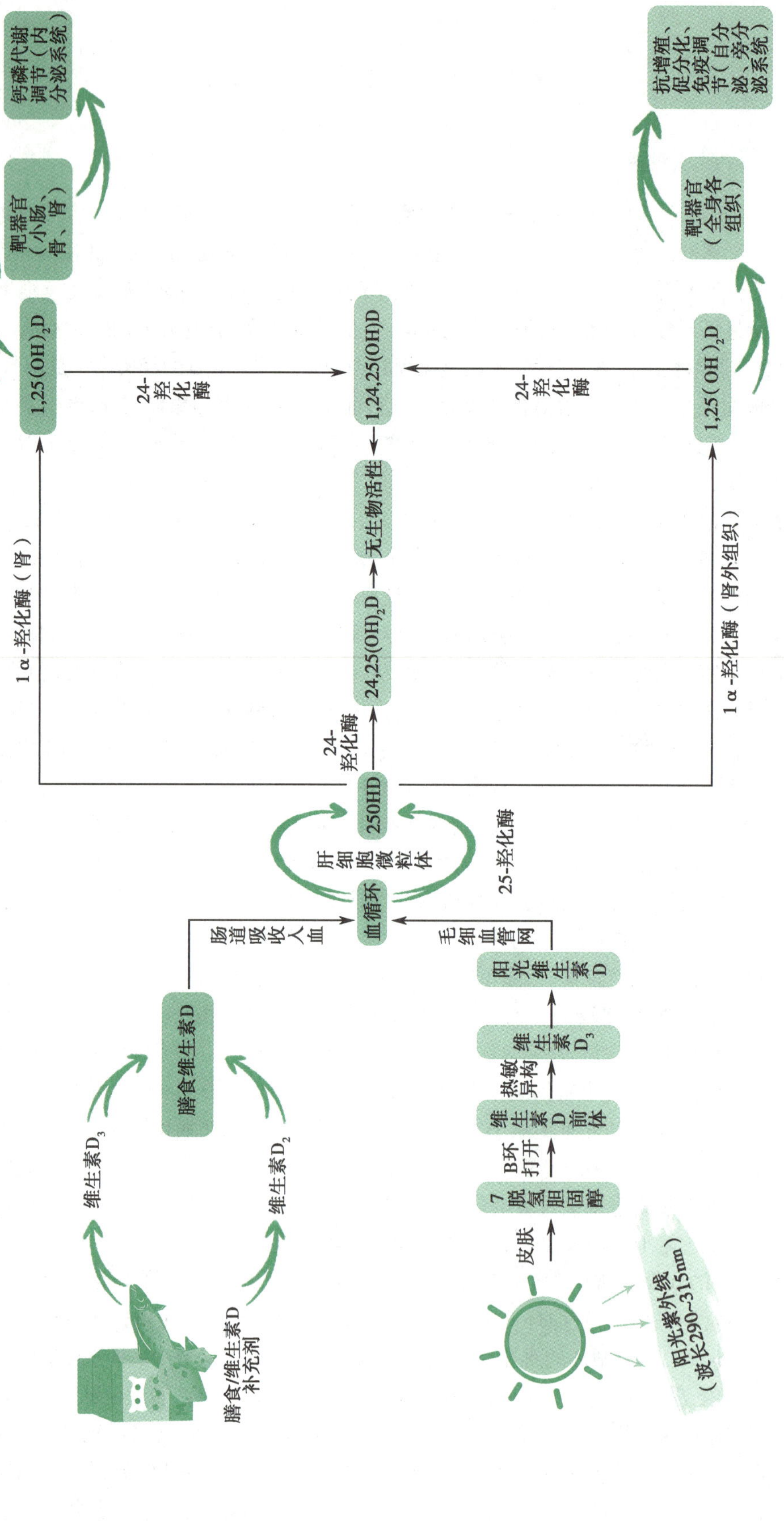

图 5-8-1 维生素 D 的来源、代谢和内分泌与自分泌/旁分泌作用

NOTES

肝脏羟化后形成的25OHD随血液循环到达肾脏，在肾脏近端肾小管上皮细胞线粒体25-羟维生素D-1α-羟化酶的作用下，发生1α羟化作用(第二次羟化)，A环1位羟化，转化为1,25-二羟维生素D[1,25(OH)$_2$D]，也称骨化三醇(calcitriol)。1,25(OH)$_2$D为维生素D的生物活性形式。1α-羟化酶是催化25OHD形成1,25(OH)$_2$D的限速酶。通常，1α-羟化酶活性的高低决定了血清1,25(OH)$_2$D的含量。1,25(OH)$_2$D诱导25-羟维生素D-24-羟化酶表达，后者催化25OHD和1,25(OH)$_2$D成为无生物活性的水溶性的24,25-双羟维生素D和1,24,25-三羟维生素D，从而完成维生素D的完整代谢过程，这是1,25(OH)$_2$D的重要调节机制，可防止1,25(OH)$_2$D产生过多，作用过强。

(二) 维生素D的作用机制

1,25(OH)$_2$D释放入血，与DBP结合，转运到靶器官。1,25(OH)$_2$D通过VDR发挥生理作用。维生素D受体(VDR)为核内受体蛋白，属于类固醇激素/甲状腺受体超家族的成员，其与1,25(OH)$_2$D结合后形成复合物；该复合物可与靶基因上游启动子区域上的维生素D反应元件相结合，进而对靶基因的转录表达进行调控。

(三) 维生素D的生物学作用

维生素D的生物学作用体现在两个方面：骨骼作用和非骨骼作用。骨骼作用是维生素D的经典作用，可调节钙磷代谢，维持骨健康。非骨骼作用以肾、骨、甲状旁腺和小肠以外组织、器官为靶器官，呈现抗增殖、促分化、免疫调节、抑制肿瘤的浸润和转移等作用。本文仅涉及维生素D的经典作用。

1. 1,25(OH)$_2$D与小肠VDR结合 促小肠黏膜细胞合成一种特殊的钙结合蛋白，增加小肠对钙、磷的吸收，特别是磷的重吸收，提高血磷浓度，有利于骨的矿化。

2. 1,25(OH)$_2$D与肾脏的VDR结合 可增加肾脏近端肾小管对钙、磷的重吸收。

3. 1,25(OH)$_2$D对骨组织具有双向作用 促进成骨细胞活性，促进骨桥蛋白及骨钙蛋白合成，参与骨形成和骨钙沉积；抑制破骨细胞增殖，促进破骨细胞的分化，促进骨钙、磷释放入血。

(四) 维生素D营养状况和钙营养状况

1. 维生素D营养状况 分为四个级别：缺乏、不足、充足和中毒。血25OHD<30nmol/L为维生素D缺乏；30~50nmol/L为维生素D不足；>50~250nmol/L为维生素D充足；>250nmol/L为维生素D中毒。

2. 钙营养状况 根据膳食钙摄入量，将钙营养状况分为三种：缺乏、不足和充足。钙摄入量<300mg/d为钙缺乏；钙摄入量300~500mg/d为钙不足；钙摄入量>500mg/d为钙充足。钙可耐受的最高摄入量为2 000mg/d。

【流行病学】

在20世纪，北欧和美国佝偻病发病率很高，常规补充维生素D后发病率明显下降。近年来，欧美国家营养性佝偻病复现。营养性佝偻病始终是发展中国家的重要公共健康问题。随着我国公共卫生预防意识的加强，社会经济文化水平的提高，症状和体征较重的营养性佝偻病的发病率呈下降趋势，病情也趋向轻度。《中国居民营养与慢性病状况报告(2020年)》显示我国居民豆及豆制品、奶类消费量仍然偏低，膳食摄入的钙不足依然存在。营养性佝偻病仍然是我国儿童需要重点预防的疾病之一。

【病因】

婴幼儿(特别是小婴儿)生长发育迅速，户外活动较少，是发生营养性佝偻病的高危人群。

1. 围产期维生素D和钙不足 母亲长期在室内工作和生活，未及时补充维生素D和钙，会导致胎儿维生素D和钙储备减少。

2. 日光照射不足 阳光维生素D是机体维生素D的主要来源。高层建筑遮挡日光照射，玻璃阻挡阳光紫外线，雾霾、尘埃可吸收紫外线；气候/季节影响日光照射，如冬季太阳离地面远，日照时间短，紫外线较弱。户外活动时间、皮肤颜色、纬度、季节、天空云量、空气污染、皮肤暴露面积、紫外线防护措施等都影响阳光维生素D产生。一旦阳光维生素D减少，机体维生素D将缺乏。

3. 膳食维生素D和钙补充不足 母乳喂养是维生素D缺乏的高危因素。母乳维生素D含量不足，母乳维生素D含量为15~50IU/L。若母乳喂养儿每天摄入750ml乳汁，在不接受阳光照射的前提

NOTES

下，每天获得的维生素 D 仅为 11~38U，远远低于维生素 D 推荐摄入量。天然食物中含维生素 D 少，断母乳后未辅以配方奶或其他奶制品喂养，儿童、青少年膳食中缺乏奶类等高钙食物，或没有补充维生素 D 和钙，均会导致维生素 D 和钙缺乏或不足。

4. 生长速度快，维生素 D 和钙需求多 婴儿，尤其是早产及双胎婴儿，以及青少年阶段生长速度快，骨骼生长迅速，对维生素 D 和钙需求量大，易发生营养性佝偻病。

5. 疾病影响 胃肠道或肝胆疾病均可影响维生素 D 及钙的吸收利用。肝、肾疾病影响维生素 D 羟化，1，25（OH）$_2$D 生成不足。某些药物如苯妥英钠、苯巴比妥刺激肝细胞微粒体的氧化酶系统活性增加，使维生素 D 和 25OHD 分解加速。糖皮质激素拮抗维生素 D 的作用，促进钙丢失。

【发病机制】

营养性佝偻病本质是长期维生素 D 和/或钙缺乏，机体为维持血钙稳态而牺牲骨钙所导致的骨病。维生素 D 缺乏和/或钙缺乏时，肠道钙吸收减少，血钙呈现下降趋势。血钙下降是甲状旁腺激素（PTH）分泌的强烈刺激因素。为维系血钙稳态，甲状旁腺功能代偿性增强，分泌大量 PTH；PTH 促进破骨细胞骨吸收功能，动员骨钙释放入血，进而使得血钙恢复正常或接近正常。同时 PTH 抑制肾小管磷吸收，导致血磷降低(图 5-8-2)。细胞外液钙、磷不足，破坏生长板软骨细胞正常增殖、分化和凋亡的程序，使得生长板软骨细胞分化异常，生长板软骨基质矿化障碍，钙化带消失。骨样组织堆积于干骺端，骺端增厚，向两侧膨出形成"串珠""手/足镯"。骨干骨基质不能正常矿化，成骨细胞代偿增生，碱性磷酸酶分泌增加，骨骼发生弯曲，形成骨骼畸形。颅骨骨化障碍而颅骨软化，颅骨骨样组织堆积出现"方颅"。临床即出现一系列佝偻病症状和血生化改变。

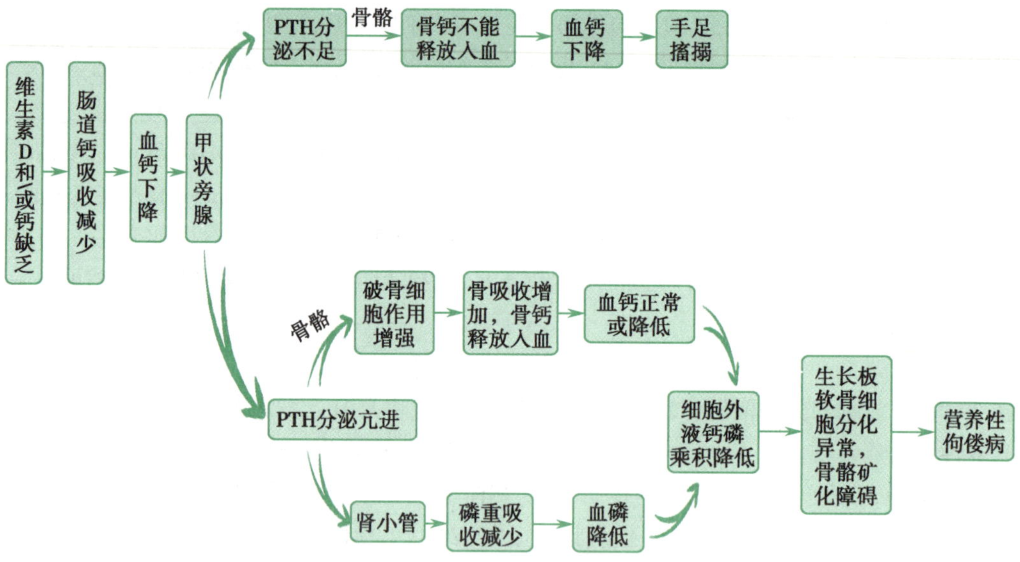

图 5-8-2 营养性佝偻病和维生素 D 缺乏性手足搐搦症的发病机制

【临床表现】

营养性佝偻病的临床表现主要是骨骼快速生长部位异常，亦可影响肌肉发育及神经兴奋性。由于不同年龄的骨骼生长速度不同，营养性佝偻病骨骼的临床表现与年龄密切相关。基于维生素 D 具有更广泛的生物学作用，罹患佝偻病的患者可能出现消化和心肺功能障碍，并可影响行为发育和免疫功能。佝偻病的骨骼改变常在维生素 D 和/或钙缺乏后数月出现，围产期维生素 D 不足的佝偻病骨骼改变出现较早。本病临床上可分 4 期：初期、活动期、恢复期和后遗症期(表 5-8-1)。

1. 初期(早期) 多见于 6 个月以内，特别是 3 个月以内的小婴儿。多为神经兴奋性增高的表现，如易激惹、烦闹、多汗等。因汗液刺激头皮，婴儿常摇头、擦枕而出现枕秃。但这些并非佝偻病的特异症状，仅作为临床早期诊断的参考依据。该期的特征性血生化改变是血 25OHD 下降，PTH 升高，一

表 5-8-1 营养性佝偻病临床 4 期的特点

临床分期	发病年龄	症状	体征	血钙	血磷	碱性磷酸酶（ALP）	25-(OH)D_3	骨X线
初期	3个月左右	非特异性神经精神症状	枕秃	正常或稍低	降低	升高或正常	下降	多正常
活动期	>3个月	骨骼改变和运动功能发育迟缓	生长发育最快部位骨骼改变，肌肉松弛	稍降低	明显降低	明显升高	<8ng/ml，可诊断	骨骺端钙化带消失，呈杯口状、毛刷状改变，骨骺软骨带增宽（>2mm），骨质疏松，骨皮质变薄
恢复期	—	症状减轻或接近消失	骨骼改变或无	数天内恢复正常	降低或正常	1~2个月后逐渐正常	数天内恢复正常	长骨干骺端临时钙化带重现、增宽、密度增加，骨骺软骨盘<2mm
后遗症期	多>2岁	症状消失	骨骼改变或无	正常	正常	正常	正常	干骺端病变消失

过性血钙下降，血磷降低，碱性磷酸酶正常或稍高；此期常无骨骼病变，骨骼X线可正常，或钙化带稍模糊。

2. 活动期（激期） 初期表现的婴儿未经治疗，继续加重，出现PTH分泌亢进和钙、磷代谢失常的典型骨骼改变，表现部位与该年龄骨骼生长速度较快的部位相一致。

（1）颅骨：6月龄以内婴儿的佝偻病以颅骨改变为主，前囟边缘较软，颅骨薄。检查者用双手固定婴儿头部，指尖稍用力压迫枕骨或顶骨的后部，可有压乒乓球样的感觉（正常婴儿的骨缝周围亦可有压乒乓球样感觉）。6月龄后，颅骨软化消失。7~8月龄婴儿脑组织发育增快，可出现额骨和顶骨中心部分因骨样组织矿化不良而增生，致额骨及顶骨双侧对称性隆起，即“方颅”，也可呈“鞍状、十字状”颅形（从上向下看）；头围也较正常增大。

（2）胸廓：1岁左右婴儿沿肋骨方向于肋骨与肋软骨交界处可扪及圆形隆起，从上至下如串珠样突起，以第7~10肋骨最明显，称佝偻病串珠（rachitic rosary）；膈肌附着处的肋骨受膈肌牵拉而内陷，胸廓的下缘形成一水平凹陷，即肋膈沟或哈里森沟（Harrison's groove）。胸骨和肋骨交界处向前突起，形成“鸡胸”畸形（图5-8-3）。

（3）四肢：多见于6个月以上婴幼儿，手腕、足踝部可形成钝圆形环状隆起，称佝偻病“手镯”“足镯”。由于骨质软化与肌肉关节松弛，婴儿站立与行走后双下肢负重，可出现股骨、胫骨、腓骨弯曲，形成严重膝内翻（O形腿）或膝外翻（X形腿）（图5-8-3），偶见K形样下肢畸形。需要注意正常儿童可有生理性弯曲和正常的姿势变化，如足尖向内或向外等，注意鉴别。

（4）其他：婴儿会坐与站立后，韧带松弛可致脊柱畸形（后凸或侧弯）；重症者骨盆前后径变短形成扁平骨盆。程度较重患者可全身肌肉松弛，肌张力降低和肌力减弱，如竖颈无力、蛙腹。

该期的特征性血生化改变是血磷和25OHD明显下降，碱性磷酸酶和PTH增高，血清钙稍低或正常低限。X线检查显示：长骨干骺端临时钙化带模糊或消失，呈毛刷样、杯口状改变；生长板厚度增宽（>2mm）；骨质稀疏，骨皮质变薄；可有骨干弯曲畸形或骨折（图5-8-4）。此外，囟门闭合延迟（正常2岁前闭合）、牙齿萌出延迟（10月龄时门牙未萌出，18月龄时磨牙未萌出）也是营养性佝偻病的体征。

3. 恢复期 以上任何期的患者经治疗或日光照射后，初期或激期的临床症状和体征逐渐减轻或消失。血钙、磷逐渐恢复正常，碱性磷酸酶约需1~2个月降至正常水平。治疗2~3周后骨骼X线改

NOTES

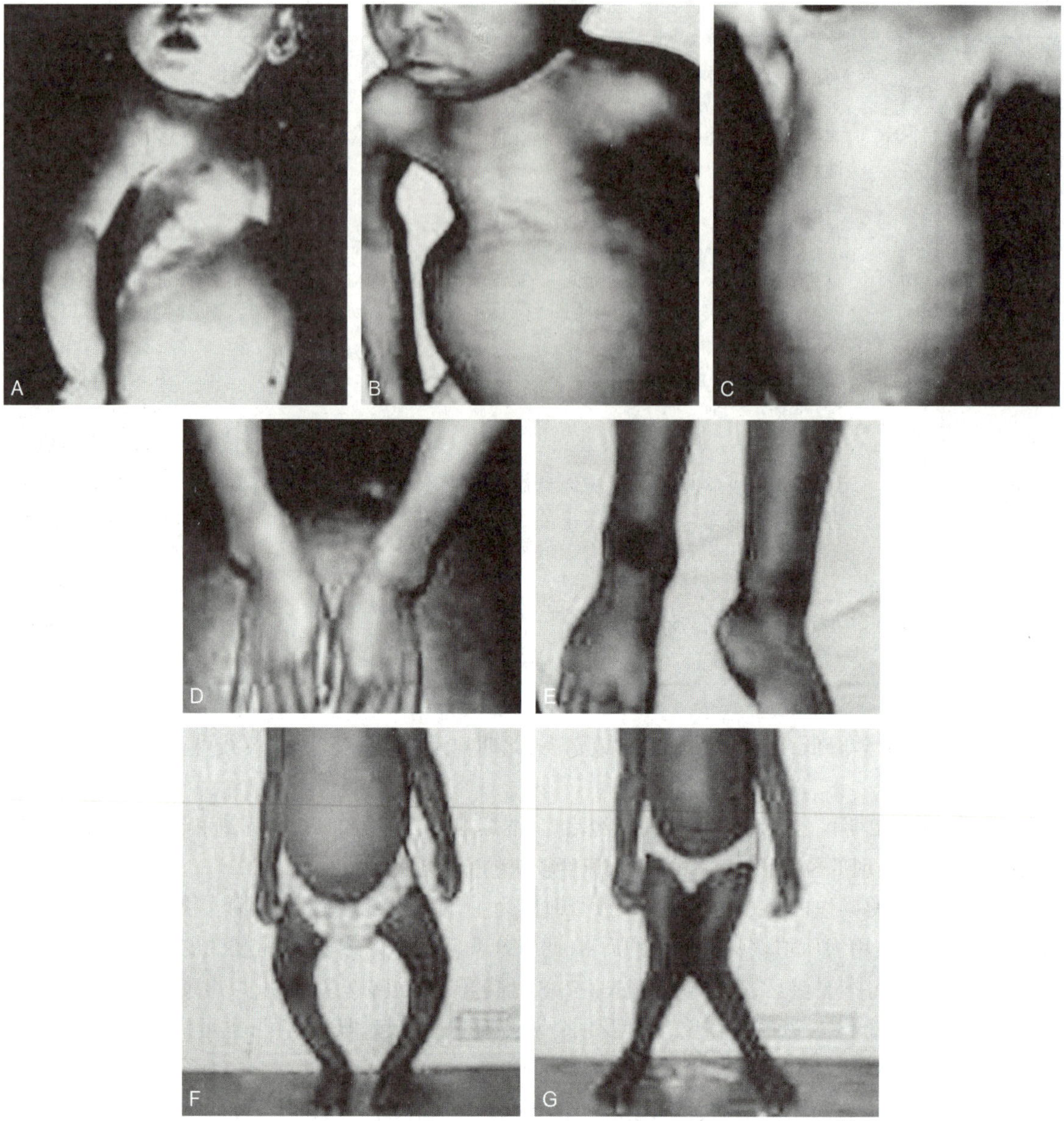

图 5-8-3 营养性佝偻病的骨骼畸形

A. 肋串珠;B. 鸡胸;C. 哈里森沟;D. 手镯;E. 脚镯;F. O 型腿;G. X 型腿。

变有所改善,出现不规则的钙化线,以后钙化带致密增厚,骨骺软骨盘<2mm,逐渐恢复正常。

4. 后遗症期 多见于 2 岁以上儿童。若维生素 D 和/或钙缺乏较为严重,骨骼损害程度较重,即使经治疗或日光照射,仍会残留不同程度的骨骼畸形。此期患者已无任何临床症状,血生化正常,X 线检查骨骼干骺端病变消失,不需治疗。

【辅助检查】

1. 血清钙、磷、碱性磷酸酶 是诊断营养性佝偻病最常用的指标。营养性佝偻病典型表现是血 25OHD、血磷和尿钙下降,而血 PTH、碱性磷酸酶和尿磷水平升高。注意佝偻病时血清钙只在早期一过性降低,其他各期均为正常。血 25OHD 水平是评价机体维生素 D 营养状况的可靠指标。以维生素 D 缺乏为主的营养性佝偻病患者血 25OHD 在早期明显降低;以钙缺乏为主的营养性佝偻病患者血 25OHD 可能并无明显降低。

2. 骨骼 X 线片 是诊断营养性佝偻病的金标准,特异性强,敏感性差。

3. 血 25OHD 目前检测方法有 5 种:放射免疫法、酶联免疫吸附测定(ELISA)、化学发光法、

NOTES

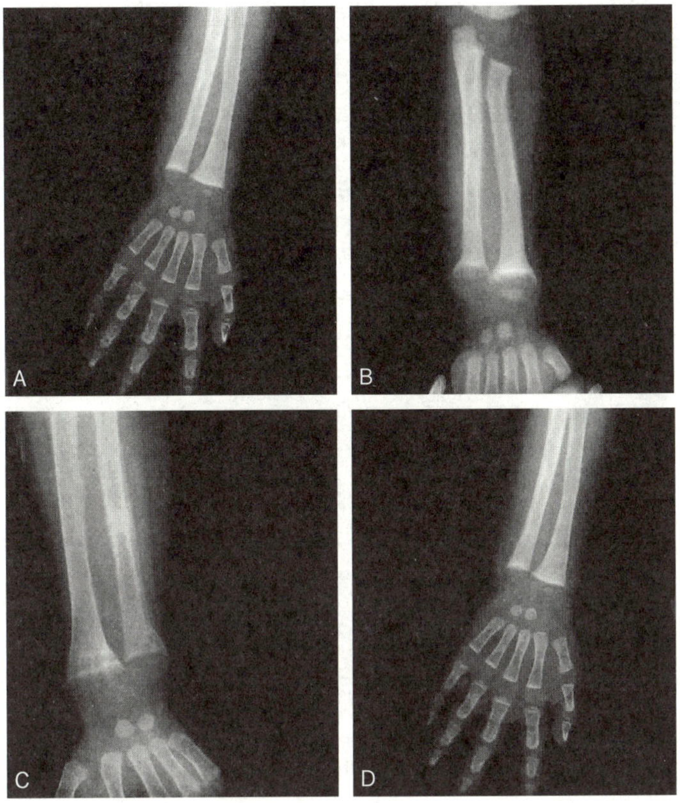

图 5-8-4　营养性佝偻病时骨骼 X 线改变

A. 正常 X 线表现；B. 佝偻病 X 线表现：长骨干骺端临时钙化带消失，呈毛刷样、杯口样改变；C. 佝偻病恢复过程中 X 线表现：不规则钙化线出现；D. 恢复至正常的 X 线表现。

高效液相层析（HPLC）、液相色谱与串联质谱联用（liquid chromatography tandem mass spectrometry，LC-MS/MS）。LC-MS/MS 是检测血清 25OHD 的金标准。维生素 D 营养状况的血 25OHD 判断标准见“维生素 D 营养状况”的相关内容。

【诊断】

诊断需解决三个问题：首先，是否有佝偻病；其次，属于哪个期；再次，是否需要治疗。依据维生素 D 或钙缺乏的病因（高危因素）、临床表现、血生化及骨骼 X 线检查作出诊断。应注意早期的神经兴奋性增高的症状无特异性，如多汗、烦闹等，仅依据临床表现的诊断准确率较低；骨骼的改变可靠，但不够敏感。LC/MS/MS 测定血 25OHD 最敏感和准确。营养性佝偻病病情总体偏轻，可具有初期的某些临床症状和较轻的激期骨骼体征，而不具有典型的骨骼 X 线特征性表现，因此不推荐为了诊断营养性佝偻病而做 X 线检查。应仔细询问病史，明确维生素 D 和/或钙缺乏的高危因素是做出诊断的关键。

【鉴别诊断】

1. 与佝偻病体征的鉴别　黏多糖病、先天性软骨发育不良、脑积水等具有佝偻病样骨骼体征但不是佝偻病，需要相互鉴别。

2. 与其他不同病因导致的各类佝偻病的鉴别（表 5-8-2）

（1）低血磷性佝偻病：是最常见的遗传性佝偻病，常染色体显性或隐性遗传或性连锁遗传。病因为肾小管重吸收磷障碍，导致血磷降低和骨矿化障碍。血钙多正常，血磷明显降低，尿磷增加。本病多在学走路时被发现，发病晚于营养性佝偻病。通常维生素 D 治疗无效时应与本病鉴别。基因检测可明确具体类型。

（2）远端肾小管酸中毒：远端肾小管排泌 H^+ 障碍，血 H^+ 增多，血 pH 降低，代谢性酸中毒，尿液

表 5-8-2 各型佝偻病（活动期）的实验室检查

病名	血生化指标						其他
	钙	磷	碱性磷酸酶	25OHD	1,25-(OH)$_2$D	PTH	
营养性佝偻病	正常(↓)	↓	↑	↓	↓	↑	尿磷↑
低磷性佝偻病	正常	↓	↑	正常(↑)	正常(↓)	正常	尿磷↑
远端肾小管酸中毒	正常(↓)	↓	↑	正常(↑)	正常(↓)	正常(↑)	碱性尿、高血氯、低血钾
维生素 D 依赖性佝偻病Ⅰ型	↓	↓	↑	↑	↓	↑	—
维生素 D 依赖性佝偻病Ⅱ型	↓	↓	↑	正常	↑	↑	
肾性佝偻病	↓	↑	正常	正常	↓	↑	等渗尿、氮质血症、酸中毒

不能酸化，尿 pH>6。酸中毒状态致使骨质脱钙、骨骼软化而变形，出现佝偻病体征，伴有身材矮小。

（3）维生素 D 依赖性佝偻病：为常染色体隐性遗传，可分为两型。Ⅰ型为肾脏 1α-羟化酶缺陷，使 25OHD 转变为 1,25(OH)$_2$D 发生障碍，血中 25OHD 浓度可升高，1,25(OH)$_2$D 浓度降低；Ⅱ型为靶器官 1,25(OH)$_2$D 受体缺陷，血中 25OHD 浓度正常，1,25(OH)$_2$D 浓度增高。两型临床均有严重的佝偻病症状，低钙血症，低磷血症，碱性磷酸酶明显升高及继发性甲状旁腺功能亢进。Ⅱ型的一个重要特征为脱发。

（4）肾性佝偻病：先天或后天原因所致的慢性肾功能障碍，导致钙、磷代谢紊乱，血钙低，血磷高，甲状旁腺继发性功能亢进，骨质普遍脱钙，骨骼呈佝偻病改变。症状多于幼儿后期逐渐明显，身材矮小。

【治疗】

治疗的目的在于控制活动期症状和体征，防止遗留骨骼畸形。

1. 补充维生素 D 维生素 D 以每日口服法为主。不主张采用维生素 D 大剂量冲击疗法（肌内注射或口服），极少数个体会出现高钙血症和/或高钙尿症。只有在口服用药依从性差或无法口服时，可采取大剂量冲击疗法。口服用药比肌内注射能更快恢复血液循环 25OHD 水平。维生素 D 治疗具体剂量见表 5-8-3。治疗 1 个月后复查效果，如临床表现、血生化与骨骼 X 线改变无恢复征象，应与抗维生素 D 佝偻病鉴别。不建议采用活性维生素 D 治疗营养性佝偻病，如 1,25(OH)$_2$D（骨化三醇）治疗。当神经肌肉兴奋性增高的相关临床症状明显时，可酌情短期应用活性维生素 D 以快速提升血钙，缓解神经肌肉兴奋症状。用任何一种疗法（每日口服法或大剂量冲击疗法）治疗 3 个月后，给予维生素 D 400~800IU/d。有研究认为维生素 D_3 的效果优于维生素 D_2。

表 5-8-3 营养性佝偻病的维生素 D 治疗量

年龄	持续 90 天的每日剂量/IU	大剂量冲击疗法 */IU
<3 月龄	2 000	不采用
3~12 月龄	2 000	5 万
>12 月龄到 12 岁	3 000~6 000	15 万
>12 岁	6 000	30 万

注：* 大剂量冲击疗法为 1 次给药，不可超过 2 次。

2. 补充钙剂 提倡维生素 D 和钙同补，需考虑年龄和体重，膳食来源的钙元素至少 500mg/d。首选含钙丰富膳食（牛奶、配方奶和豆制品等）补充钙。只要摄入足够牛奶（每天 500ml），不需要额外补充钙剂。但如有低血钙表现、严重佝偻病或膳食不能满足时,需要额外口服补充钙剂。

【预防】

营养性佝偻病的原因是维生素D和/或钙缺乏,因此只要补充充足的维生素D和钙,就能预防营养性佝偻病。预防的关键是日光照射(晒太阳)与适量维生素D补充。

1. 围产期 孕母应多户外活动,食用富含钙、磷、维生素D以及其他营养素的食物。妊娠后期适量补充维生素D(800IU/d)有益于胎儿贮存充足的维生素D,以满足生后一段时间生长发育的需要。

2. 婴幼儿期 足月新生儿出生后即需要补充维生素D。预防的关键在于阳光照射与适量维生素D的补充。早产儿、低出生体重儿、双胎儿生后即可开始补充维生素D(800IU/d)。夏季阳光充足,可在上午和傍晚户外活动,暂停或减量服用维生素D。确保钙元素摄入量至少500mg/d。一般可不加服钙剂,当乳类摄入不足和营养欠佳时额外补充钙剂。

3. 儿童和青少年 也需要补充维生素D。我国营养性佝偻病防治政策强调0~3岁婴幼儿补充维生素D和日光照射,而对学龄前儿童、学龄期儿童和青少年不再强调补充维生素D的重要性。维生素D预防量为400~800IU/d。

此外,鉴于我国5岁以下儿童亚临床型和边缘型维生素A缺乏较为常见,推荐选用适宜的儿童维生素AD剂型(1岁以内剂型或1岁以上剂型),即维生素A、D同补,这样既能预防营养性佝偻病也能改善维生素A的营养状况。

二、维生素D缺乏性手足搐搦症

维生素D缺乏性手足搐搦症(tetany of vitamin D deficiency),也称低钙性惊厥(hypocalcaemia convulsions),是维生素D缺乏性佝偻病的伴发症状之一,多见于6个月以内的小婴儿。因普遍推广维生素D补充策略,维生素D缺乏性手足搐搦症已较少发生。

【病因和发病机制】

维生素D缺乏时,血钙呈下降趋势,甲状旁腺负反馈调节机制发挥作用,PTH代偿性分泌增加,以使血钙恢复正常。若甲状旁腺代偿功能不足,则血中钙离子浓度降低,当总血钙低于1.75~1.8mmol/L,或离子钙低于1.0mmol/L时,神经肌肉兴奋性增高,出现抽搐。血钙降低,PTH急剧代偿分泌增加,这是正常调节反应;若血钙降低,PTH在“正常参考值”范围,就是甲状旁腺代偿功能不足。受到血钙降低的信号刺激后,甲状旁腺所代偿性分泌的甲状旁腺激素不足以升高血钙,或甲状旁腺功能反应过度而出现甲状旁腺激素抵抗,出现血钙降低。因此,维生素D缺乏性手足搐搦症的患者,同时存在甲状旁腺功能亢进所产生的佝偻病(低血磷)的表现和甲状旁腺功能低下的低血钙所致的临床表现(见图5-8-2)。

【临床表现】

临床表现主要为惊厥、喉痉挛和手足抽搐,并有程度不等的活动期佝偻病表现。

1. 隐匿型 血清钙多在1.75~1.88mmol/L,无典型发作的症状,但可通过刺激神经肌肉而引出下列体征:①面神经征(Chvostek sign,佛斯特征)。以手指尖或叩诊锤轻叩患者颧弓与口角间的面颊部(第Ⅶ对脑神经孔处),引起眼睑和口角抽动为面神经征阳性,新生儿期可呈假阳性。②腓反射(peroneal sign)。以叩诊锤骤击膝下外侧腓骨小头上腓神经处,引起足向外侧收缩者即为腓反射阳性。③陶瑟征(Trousseau sign)。以血压计袖带包裹上臂,使血压维持在收缩压与舒张压之间,5分钟之内该手出现痉挛症状,属陶瑟征阳性。

2. 典型发作 血清钙低于1.75mmol/L时可出现惊厥、喉痉挛和手足抽搐:①惊厥。突然发生四肢抽动,两眼上翻,面肌颤动,神志不清,发作时间可短至数秒钟,或长达数分钟,发作时间长者可伴口周发绀。可有暂时性意识丧失,但缓解后多入睡,醒后活泼如常。发作次数可数日一次或一日数次,甚至多至一日数十次。一般不发热,发作轻时仅有短暂的眼球上翻和面肌抽动,神志清楚。②手足搐搦。可见于较大婴幼儿,发作时,双手腕部屈曲,手指强直,拇指内收掌心,强直痉挛,类似助产士手;

NOTES

足部踝关节伸直，足趾同时向下弯曲呈“芭蕾舞足”。③喉痉挛。婴儿多见，喉部肌肉及声门突发痉挛，呼吸困难，有时可突然发生窒息、严重缺氧，甚至死亡。三种发作中，以惊厥（无热）最为常见。

【诊断和鉴别诊断】

维生素D缺乏性手足搐搦症表现为突发无热惊厥，且反复发作，发作后神志清醒而无神经系统体征，同时有佝偻病存在，总血钙低于1.75mmol/L，离子钙低于1.0mmol/L。本病应与下列疾病鉴别。

1. 其他无热惊厥性疾病

（1）低血糖症：常发生于清晨空腹时，有进食不足或腹泻史。重症病例惊厥后转入昏迷，一般口服或静脉注射葡萄糖液后立即恢复，血糖常低于2.2mmol/L。

（2）低镁血症：常见于新生儿或年幼婴儿，常有触觉、听觉过敏，引起肌肉颤动，甚至惊厥、手足抽搐，血镁常低于0.58mmol/L（1.4mg/dl）。

（3）婴儿痉挛症：为癫痫的一种表现。起病于1岁以内，呈突然发作，头及躯干、上肢均屈曲，手握拳，下肢弯曲至腹部，呈点头哈腰状抽搐和意识障碍，发作数秒至数十秒自停，伴智力异常，脑电图有特征性的高幅异常节律波出现。

（4）原发性甲状旁腺功能减退：表现为间歇性惊厥或手足抽搐，间隔几天或数周发作1次，血磷升高（>3.2mmol/L），血钙降至1.75mmol/L以下，碱性磷酸酶正常或稍低，颅骨X线可见基底节钙化灶。

2. 中枢神经系统感染 脑膜炎、脑炎、脑脓肿等大多伴有发热和感染中毒症状，精神萎靡，食欲差等。体弱年幼儿反应差，有时可不发热。有颅内压增高体征及脑脊液改变。

3. 急性喉炎 大多伴有上呼吸道感染症状，也可突然发作，声音嘶哑伴犬吠样咳嗽及吸气困难，无低钙症状，钙剂治疗无效。

【治疗】

1. 急救处理

（1）氧气吸入：惊厥期应立即吸氧。对于喉痉挛者，须立即将舌头拉出口外，并进行口对口呼吸或加压给氧，必要时进行气管插管以保证呼吸道通畅。

（2）迅速控制惊厥或喉痉挛：可用10%水合氯醛，每次40~50mg/kg，保留灌肠，或地西泮，每次0.1~0.3mg/kg，缓慢静脉注射。

2. 钙剂治疗 尽快给予10%葡萄糖酸钙5~10ml加入10%葡萄糖液10~20ml中，缓慢静脉注射（>10分钟）或滴注，迅速提高血钙浓度。注射过快可引起血钙骤升，发生呕吐，甚至心搏骤停。惊厥反复发作时，可每日应用两三次。不可皮下或肌内注射钙剂，以免造成局部坏死。惊厥停止后口服钙剂。

3. 维生素D治疗 急诊情况控制后，按营养性佝偻病给予维生素D治疗。维生素D应用过多，会导致维生素D中毒。

第九节 锌 缺 乏

锌缺乏（zinc deficiency）是锌摄入不足或代谢障碍，引起食欲缺乏、生长迟缓、反复感染、异食癖、腹泻及不同程度皮损以及青春发育延迟的营养性疾病。锌是人体必需微量元素（essential trace element）。据估计，婴幼儿锌缺乏率达40%左右，特别是在发展中国家。一些国家把对5岁以下儿童腹泻采用锌治疗作为国家政策。锌缺乏是发展中国家十大疾病负担影响因素之一。

婴儿前4~6个月，每天母乳提供2mg锌。母乳锌含量随时间推移而下降。4~6个月后单靠母乳无法提供足够的锌，需要添加肉类以补充锌。新证据支持将肉类作为第一种婴儿添加辅食，特别是对母乳喂养儿。牛乳含锌量与母乳相似，约3~3.5mg/L，但牛乳锌的吸收率（39%）低于母乳（65%），人工喂养可导致缺锌。

【病因】

NOTES

锌主要在小肠吸收，以锌金属蛋白的形式储存在肝和肾细胞。高达60%~80%的血清锌与白蛋白结合，因此，患者白蛋白下降时，锌值需要校正。每天从尿液中排出锌量为0.5~0.8mg。锌摄入量与膳食蛋白质摄入量密切相关。锌的天然食物来源包括瘦肉、贝类、坚果、牛奶和豆类。动物性食物来源的锌比植物性食物来源（如谷物和豆类）的锌有更高的生物利用度。谷物和豆类植酸丰富，植酸在胃肠道中与锌形成不溶复合物，使得锌吸收减少。

1. 摄入不足　动物性食物含锌丰富，易于吸收；坚果类（核桃、板栗、花生等）也含锌；其他植物性食物含锌少。全胃肠道外营养者如未补锌也将发生锌缺乏。

2. 吸收不良　各种原因的腹泻都妨碍锌吸收。肠病性肢端皮炎（acrodermatitis enteropathica）是一种常染色体隐性遗传病，因 *SLC39A4* 基因突变，无法合成锌离子转运蛋白4（hZIP4），所以肠道吸收锌减少，表现为严重缺锌；多发于断奶4~6周后的婴儿，临床表现以口周及肢端皮炎、脱发和腹泻三联症为特点。

3. 需要量增加　生长发育迅速阶段的婴儿，或组织修复过程中，或营养不良恢复期等，机体对锌需要量增多，如未及时补充，可发生锌缺乏。

4. 丢失过多　如反复出血、溶血、大面积烧伤、慢性肾脏疾病、长期透析、蛋白尿以及应用金属螯合剂（如青霉胺）等患者均可因锌丢失过多而发生锌缺乏。

5. 药物影响　过多钙剂、铁剂摄入通过竞争性抑制或干扰锌吸收导致锌缺乏。抗酸药和抑制胃酸分泌药（H_2受体拮抗剂），造成胃内高pH环境，锌吸收减少。

【发病机制】

锌是200多种酶的活性成分、诸多酶类激活剂；参与调节基因表达、细胞分化和促进细胞分裂、生长和再生；维持细胞膜的生物结构和功能；对生长发育、学习认知、行为发育、味觉及嗅觉、免疫调节和创伤愈合等具有重要作用。当锌缺乏时，上述功能异常，从而出现相应的各种临床表现。

【临床表现】

锌缺乏的临床表现变异度很大，取决于锌缺乏的严重程度。皮疹是典型的临床表现。锌对儿童的生长影响最大。锌缺乏可表现为皮肤异常（湿疹）、黏膜异常（腹泻）、生长迟缓、认知功能障碍、厌食、味觉和嗅觉受损、伤口愈合改变及细菌感染。

1. 皮肤　如头皮脂溢性皮炎，脱发，皮肤干燥，指/趾甲生长不良，大疱性脓疱性皮炎，口腔炎，甲沟炎，睑缘炎，唇炎。

2. 消化功能减退　缺锌影响味蕾细胞更新和唾液磷酸酶活性，使舌黏膜增生、角化不全，以致味觉敏感度下降，发生食欲缺乏、厌食和异食癖。

3. 生长发育落后　缺锌可妨碍生长激素轴的功能以及性腺轴的成熟，表现为线性生长下降、生长迟缓、体格矮小、性发育延迟。

4. 免疫功能降低　缺锌可导致T淋巴细胞功能损伤，容易发生感染。

5. 智能发育延迟　缺锌可使脑DNA和蛋白质合成障碍，脑内谷氨酸浓度降低，从而引起智能发育延迟。

6. 其他　如反复口腔溃疡，伤口愈合延迟，视黄醇结合蛋白减少而出现夜盲、贫血等。

【实验室检查】

1. 空腹血清锌浓度　儿童人群血清锌正常参考范围是70~150μg/dl（10.7~22.9μmol/L）。儿童人群血清锌低于70μg/dl（10.7μmol/L）为锌缺乏。

2. 血清碱性磷酸酶水平　碱性磷酸酶是一种锌依赖酶，可用作锌状态评估的额外生物标记物。缺锌时血清碱性磷酸酶水平可能较低，需要注意血清碱性磷酸酶呈现年龄特征性，年龄越小，碱性磷酸酶水平越高。

3. 餐后血清锌浓度反应试验（PICR）　测空腹血清锌浓度（A0）作为基础水平，然后给予标准饮食（按全天总热量20%计算，其中蛋白质10%~15%，脂肪30%~35%，糖类为50%~60%），2小时后复查血清锌（A2），计算公式为PICR=（A0–A2）/A0×100%，若PICR>15%提示缺锌。

NOTES

4. 发锌测定 发锌含量是人体长期锌营养状况的反映，不能反映近期锌营养状况。头发部位和洗涤方法均影响测定结果。发锌已不作为锌缺乏诊断指标。

【诊断】

血清锌水平不能准确反映人体锌的总储量，因此，识别婴儿、儿童和青少年锌缺乏的体征和症状很重要。依靠症状和体征以及通过营养摄入情况以准确评估锌缺乏高危因素和作出诊断。根据病史和临床表现，如线性生长下降和食欲下降等，结合血清锌水平和 PICR 作出诊断。

世界卫生组织提出三个指标以确定锌缺乏的高危因素：膳食锌摄入量不足、生长迟缓和血清/血浆锌浓度低。如果血清锌和血清碱性磷酸酶水平正常，但临床症状和体征提示疑似锌缺乏，可以进行补锌试验，以评估反应和帮助诊断锌缺乏。无论什么原因导致的锌缺乏，补锌均能显著改善缺锌的症状和体征。补锌有效是诊断锌缺乏的依据。

【治疗】

1. 针对病因 治疗原发病。

2. 饮食治疗 鼓励进食富含锌的动物性食物（如肉类、甲壳类动物）以及植物性食物（如全谷、豆类等）。初乳含锌丰富，提倡母乳喂养。

3. 补充锌剂 常用锌制剂有葡萄糖酸锌、硫酸锌和甘草锌，每日剂量为元素锌 0.5~1.0mg/kg，疗程一般为 2~3 个月。长期静脉输入高能量者，每日锌用量为：早产儿 0.3mg/kg；足月儿至 5 岁 0.1mg/kg，5 岁以上儿童 2.5~4mg/d。

肠病性肢端皮炎患者应终生补锌 3mg/(kg·d)，定期监测血锌，每 3~6 个月 1 次，根据血清锌测量结果指导补锌剂量。

锌剂毒性较小，锌中毒罕见。急性锌过量时，可有胃部不适、恶心、呕吐、食欲缺乏、腹泻、腹痛等消化道刺激症状，头晕，嗜睡，脱水和电解质紊乱等。慢性锌过量干扰铜代谢，引起低铜血症、贫血、中性粒细胞减少、肝细胞中细胞色素氧化酶活力降低等。

【预防】

无充分证据显示健康儿童需要定期补充锌。提倡母乳喂养，坚持平衡膳食，进食锌含量较丰富的红肉和海产品，改正挑食、偏食。对可能发生缺锌的情况，如早产儿/低出生体重儿、人工喂养儿以及营养不良、长期腹泻、反复呼吸道感染患者等，按照营养素参考摄入量予以补锌。

（张会丰）

思考题

1. 简述营养性佝偻病与维生素 D 缺乏性手足搐搦症的发病机制。
2. 简述维生素 A 缺乏、营养性佝偻病的预防措施。
3. 简述维生素 D 的内分泌机制和生物学作用。

第六章

新生儿与新生儿疾病

扫码获取
数字内容

1. 新生儿的基本概念、分类及常见特殊生理状态。

2. 足月和早产儿的外观特点、各系统的生理特点及护理。

3. 新生儿窒息的基本复苏方法和流程。

4. 新生儿主要各系统疾病，如呼吸窘迫综合征、支气管肺发育不良、呼吸暂停、缺氧缺血性脑病、颅内出血、黄疸、溶血病、新生儿出血症、坏死性小肠结肠炎、新生儿硬肿病、高血糖、低血糖、低钙血症、感染性疾病（尤其败血症）的基本概念、特点和防治。

5. 新生儿疾病筛查、产伤、早产儿视网膜病、脑损伤及新生儿随访的发展历程和基本概念。

第一节 新生儿的基本概念及分类

新生儿（neonate，newborn）指从脐带结扎到生后28天内（<28天）的婴儿。新生儿学（neonatology）是研究新生儿生理、病理、疾病防治及保健等方面的医学科学，原属儿科学范畴，现已逐渐形成一门独立的学科。围产期（perinatal period）是指产前、产时及产后的一段特殊时期，目前国际上有四种定义：①自妊娠28周（此时胎儿体重约1 000g）至生后7天；②自妊娠20周（此时胎儿体重约500克）至生后28天；③自妊娠28周至生后28天；④自胚胎形成至生后7天。我国现在采用定义①。在围产期内的胎儿、新生儿称围产儿。围产医学（perinatology）是研究孕母、胎儿和新生儿在围产期的各种健康问题，涉及产科、新生儿科和有关遗传、生化、免疫、营养等领域的一门边缘学科。新生儿学属儿科学范畴，但又是围产医学的一部分。

一、新生儿分类

（一）按胎龄分类

胎龄（gestational age，GA）是从末次月经第一天起到分娩时为止的时间，通常以周（W）表示。

1. **足月儿（term infant）** 指37周≤GA<42周（259~293天）的新生儿。

2. **早产儿（preterm infant）** 指GA<37周的新生儿（<259天），其中GA≥34周者称为晚期早产儿（late-preterm infant）或近足月儿（near-term infant），GA 32~34周为中期早产儿（moderate preterm infant），GA 28~32周为极早产儿（very preterm infant），GA<28周者称为超早产儿（extremely preterm infant）或超未成熟儿。

3. **过期产儿（post-term infant）** 指GA≥42周（≥294天）的新生儿。

（二）按出生体重分类

出生体重（birth weight，BW）是指出生1小时内的体重。

1. **超低出生体重儿（extremely low birth weight，ELBW）** 指BW<1 000g的新生儿。

2. **极低出生体重儿（very low birth weight，VLBW）** 指1 000g≤BW<1 500g的新生儿。

3. **低出生体重儿（low birth weight，LBW）** 指1 500g≤BW<2 500g的新生儿。

4. **正常出生体重儿（normal birth weight，NBW）** 指2 500g≤BW≤4 000g的新生儿。

5. **巨大儿（macrosomia）** 指BW>4 000g的新生儿。

(三)按出生体重和胎龄分类

1. 小于胎龄儿(small for gestational age,SGA) 指出生体重在同胎龄儿同性别出生体重的第10百分位数以下的新生儿。

2. 适于胎龄儿(appropriate for gestational age,AGA) 出生体重在同胎龄儿同性别出生体重的第10至第90百分位数之间的新生儿。

3. 大于胎龄儿(large for gestational age,LGA) 出生体重在同胎龄儿同性别出生体重的第90百分位数以上的新生儿。

(四)按出生后的周龄分类

1. 早期新生儿(early newborn) 指出生后1周内的新生儿。

2. 晚期新生儿(late newborn) 指出生后第2周开始至第4周末的新生儿。

(五)高危儿(high risk infant)

高危儿指已经发生或可能发生严重疾病而需要监护的新生儿,常见于如下情况:①母亲疾病史,如糖尿病、感染、吸烟、吸毒或酗酒史,母亲血型为Rh阴性,过去有死胎、死产或性传播病史等;②母孕期异常,如母亲患妊娠高血压综合征、先兆子痫、子痫、羊膜早破、羊水胎粪污染、胎盘早剥、前置胎盘;③异常分娩史,如各种难产、手术产(产钳助娩、胎头吸引、臀位助产等)、分娩过程中使用镇静和止痛药物史等;④新生儿异常,如新生儿窒息、多胎儿、早产儿、小于胎龄儿、巨大儿、宫内感染、先天畸形等。

二、新生儿病房分级

根据医护人员的水平及病房的设备条件将新生儿病房分为三级。

1. Ⅰ级新生儿病房(level Ⅰ nursery) 即普通母婴同室病房,适于健康新生儿,主要任务是指导父母科学地照护婴儿,利于母乳喂养及母婴身心健康,以及对常见遗传代谢病进行筛查。

2. Ⅱ级新生儿病房(level Ⅱ nursery) 即普通新生儿病房,适于胎龄>32周和出生体重≥1 500g(发达国家为胎龄>30周和出生体重≥1 200g),患有普通疾病而又无需循环或呼吸支持以及外科手术治疗的新生儿。

3. Ⅲ级新生儿病房(level Ⅲ nursery) 即新生儿重症监护室(neonatal intensive care unit,NICU),具有较高的医护技术力量、先进的监护和治疗设备及新生儿急救转运系统,适于各种危重新生儿的抢救及治疗,并负责接收Ⅰ、Ⅱ级新生儿病房转来的患者。Ⅲ级新生儿病房一般设立在医学院校的附属医院或较大的儿童医院。

第二节 正常足月儿的特点及处理

正常足月儿(normal term infant)系指胎龄≥37周并<42周,出生体重≥2 500g并≤4 000g,无畸形或疾病的活产婴儿。

(一)外观特点

正常足月儿外观特征有别于早产儿(表6-2-1),因此,对初生婴儿可根据外貌表现、体格特征和神经发育的成熟度来评价其胎龄。

(二)生理特点

1. 呼吸系统 胎儿期的肺内充满约30~35ml/kg液体,称为胎肺液。分娩时经产道挤压,约1/3经口、鼻腔排出,其余2/3经由生后第一次啼哭,胸内产生30~80cmH_2O负压,由肺间质内的毛细血管和淋巴管快速吸收。如肺液的吸收延迟,则可发生湿肺(详见本章第五节)。新生儿的呼吸频率较快,约为40~60次/分。呼吸节律不齐,呈周期性呼吸。呼吸频率>60次/分为呼吸急促,<30次/分为呼吸过慢。胸廓呈圆桶状,肋间肌薄弱,主要靠膈肌运动,故呈腹式呼吸。呼吸道管腔狭窄,黏膜柔嫩,血

NOTES

表 6-2-1　足月儿与早产儿外观特点

新生儿分类	外观特点						
	皮肤	头发	耳廓	指/趾甲	跖纹	乳腺	外生殖器
足月儿	红润、皮下脂肪多和毳毛少	分条清楚	软骨发育好、耳舟成形并直挺	达到或超过指/趾端	足纹遍及整个足底	结节>4mm	男婴睾丸已降至阴囊，阴囊皱纹多；女婴大阴唇遮盖小阴唇
早产儿	鲜红发亮、水肿和毳毛多	细、乱而软	软、缺乏软骨和耳舟不清楚	未达到指/趾端	足底纹理少	无结节或结节<4mm	男婴睾丸未降至阴囊，阴囊皱纹少；女婴大阴唇不能遮盖小阴唇

管丰富，故易发生气道阻塞而导致呼吸困难。

2. 循环系统　出生后血液循环的动力学发生一系列变化，完成了胎儿循环向成人循环的转变：①脐动静脉关闭。脐带结扎，胎盘-脐血循环终止。②肺血流增加。出生后呼吸建立和肺的膨胀，使肺循环阻力下降，血流增加。③卵圆孔关闭。左心房压力增加，使卵圆孔发生功能性关闭，之后结构关闭。④动脉导管关闭。动脉血氧分压增高，循环血中前列腺素 E_2 水平降低，使动脉导管收缩，由功能性关闭到结构性关闭。正常足月儿在生后第 3 天，几乎全部动脉导管都发生功能性关闭，若某些原因，如缺氧、酸中毒等使肺血管的阻力增加，肺动脉压力超过体循环时，动脉导管或卵圆孔重新开放，出现右向左分流，即持续胎儿循环或持续肺动脉高压。新生儿心率波动范围较大，通常为 90~160 次/分。足月儿血压平均为 70/50mmHg（9.3/6.7kPa）。

3. 消化系统　足月儿出生时，虽吞咽功能已完善，但由于食管下部贲门括约肌松弛，幽门括约肌较发达，胃呈水平位而容易溢乳，甚至发生胃食管反流。消化道的面积相对较大，管壁较薄，黏膜通透性高，虽有利于乳汁中营养物质的吸收，但肠腔内的毒素和消化不全产物也容易进入血液循环，引起中毒。消化道已能分泌充足的消化酶，但淀粉酶生后 4 个月方达成人水平，所以不宜过早喂淀粉类食物。胎粪由胎儿肠道分泌物、胆汁及吞咽的羊水等组成，呈墨绿色糊状，于生后 10~12 小时排出，约 2~3 天排完；若生后 24 小时仍不排胎粪，应检查是否有肛门闭锁或其他消化道畸形。此外，肝内尿苷二磷酸葡萄糖醛酸基转移酶的量及活力不足，是生后出现生理性黄疸的原因之一。

4. 泌尿系统　新生儿通常在生后 24 小时内开始排尿，尿量一般为 1~3ml/(kg·h)，如 48 小时仍不排尿应进一步检查。足月儿出生时肾结构发育完成，但功能仍不成熟。肾小球滤过功能较低，肾稀释功能虽与成人相似，但浓缩功能较差，故对浓缩乳或牛乳喂养的新生儿应适当补足水分。新生儿肾排磷功能较差，故牛乳喂养儿易发生血磷偏高和低钙血症。

5. 血液系统　足月儿出生时血容量平均为 85ml/kg，与脐带结扎迟早有关。红细胞、血红蛋白和网织红细胞的水平较高。血红蛋白中胎儿血红蛋白约占 70%~80%（成人<2%），5 周后降到 55%，随后逐渐被成人型血红蛋白取代。白细胞总数生后第 1 天为（15~20）$\times 10^9$/L，3 天后明显下降，5 天后接近婴儿水平；分类在出生时以中性粒细胞为主，4~6 天与淋巴细胞相近，以后交叉，以淋巴细胞占优势。血小板出生时已达成人水平。此外，由于胎儿肝脏内维生素 K 储存量少，凝血因子Ⅱ、Ⅶ、Ⅸ、Ⅹ活性低，故生后应常规肌内注射维生素 K_1。

6. 神经系统　新生儿的脑相对较大，但脑沟、脑回形成尚未完善。足月儿大脑皮质兴奋性低，睡眠时间长，觉醒时间一昼夜仅为 2~3 小时。大脑对下级中枢抑制较弱，且锥体束、纹状体发育不全，常出现不自主和不协调动作。足月儿出生时已具备多种暂时性的原始反射，如觅食反射、吸吮反射、握持反射及拥抱反射。上述反射于生后数月自然消失。若在新生儿期这些反射减弱或消失，常提示有神经系统疾病。此外，正常足月儿也可出现年长儿的病理性反射，如克尼格征、巴宾斯基征等。脊髓相对较长，其末端约达 3、4 腰椎下缘，故腰椎穿刺时应在第 4、5 腰椎间隙进针。

NOTES

7. 免疫系统　足月儿非特异性和特异性免疫功能均不成熟。皮肤黏膜薄嫩易擦破；脐部开放，细菌易进入血液。呼吸道纤毛运动差，胃酸、胆酸少，杀菌能力不足。血脑屏障发育尚未完善，细菌易于通过。由于血中补体水平低，缺乏趋化因子，IgA 和 IgM 不能通过胎盘，所以易患细菌感染，尤其是革兰氏阴性杆菌感染；同时分泌型 IgA 也缺乏，故易发生呼吸道和消化道感染。

8. 能量及体液代谢　足月儿基础热量消耗为 50kcal/(kg·d)，加之活动、食物的特殊动力作用、大便丢失和生长所需等，所需热量为 100~120kcal/(kg·d)。体内含水量占体重的 70%~80%，随日龄的增加逐渐减少。由于每日经呼吸和皮肤丢失的水分约 20~30ml/kg，尿量 25~65ml/kg，粪便中失水量 2~5ml/kg，故生后 2~3 天生理需水量为 50~100ml/(kg·d)。生后初期，由于排尿、排胎粪，摄入不足，呼吸及皮肤不显性失水较多，所以体重逐渐下降，约第 5~6 天降到最低点（但不超过出生体重的 10%），一般于 7~10 天后恢复到出生体重，称为生理性体重下降。

9. 体温　足月儿体温调节中枢功能尚不完善，皮下脂肪薄，体表面积相对较大，容易散热，寒冷时主要靠棕色脂肪代偿产热。当遇寒冷刺激时，去甲肾上腺素水平增加，使棕色脂肪组织分解产热。生后环境温度低于宫内温度，散热增加，如不及时保暖，可发生低体温、低氧、低血糖和代谢性酸中毒等；环境温度高、进水少及散热不足，可使体温增高，发生脱水热。适宜的环境温度对新生儿至关重要：足月儿包被时应为 24℃，生后 2 天内裸体为 33℃，以后逐渐降低。适宜的环境湿度保持为 50%~60%。

10. 常见的几种特殊生理状态

（1）生理性黄疸：见本章第九节。

（2）“马牙”“上皮珠”和“螳螂嘴”：在齿龈部位和上腭中线，由上皮细胞堆积或黏液腺分泌物积留所形成的黄白色小颗粒，俗称“马牙”（齿龈部位）、“上皮珠”（上腭中线附近），数周内可自然消退。新生儿两侧颊部各有一隆起的脂肪垫，俗称“螳螂嘴”，有利于乳汁吸吮。这些均属于新生儿正常的生理表现，不可擦拭或挑破，以免发生感染。

（3）乳腺肿大：由于新生儿刚出生时体内存在一定量来自母体的雌激素、孕激素和催乳素，所以男婴或女婴于生后 4~7 天可有乳腺增大，如蚕豆或核桃大小，2~3 周自然消退。切勿挤压，以免发生感染。

（4）假月经：部分女婴于生后 5~7 天，阴道流出少许的血性分泌物，持续 3~7 天，俗称“假月经”，也为生理现象。发生机制同月经，由雌激素中断所致。

（5）新生儿红斑及粟粒疹：生后 1~2 天，在头部、躯干及四肢的皮肤可见大小不等的多形红斑，俗称“新生儿红斑”，也可因皮脂腺堆积，在鼻尖、鼻翼、颜面部见针尖至小米大小黄白色皮疹，称为“新生儿粟粒疹”，脱皮后自然消失。

（三）处理要点

1. 保温　生后应将足月儿置于预热的辐射抢救台上或温箱中，设定腹壁温度为 36.5℃，抢救台或温箱可自动调节内部环境温度，保持新生儿皮温 36.5℃。4~6 小时后，移至普通婴儿床中（室温 24~26℃、空气湿度 50%~60%）。

2. 喂养　生后半小时内即可哺母乳，以促进母乳分泌并防止低血糖发生。提倡按需哺乳，每天 8~12 次。喂奶后将婴儿竖立抱起，轻拍背部，以排出咽下的空气，防止溢奶。奶量以自己吐出奶头，不再接受喂乳，奶后安静、不吐、无腹胀和理想的体重增长（15~30g/d，生理性体重下降期除外）为标准，否则应注意查找原因。

3. 呼吸管理　保持呼吸道通畅，避免因颈部过度弯曲而导致呼吸道阻塞的发生。若出现青紫时，予以吸氧，以维持动脉血氧分压 50~70mmHg（6.7~9.3kPa）或经皮血氧饱和度 90%~95% 为宜，并积极查找原因。新生儿出生后不需要常规吸氧。如出现呼吸暂停，轻者通过轻弹或拍打足底，或刺激皮肤等可恢复呼吸，并同时查找原因；重者需经面罩气囊复苏或气管插管复苏，同时转入 NICU 监护和进一步诊治。

NOTES

4. 预防感染 新生儿护理和处置均应注意无菌操作。工作人员如患上呼吸道或皮肤感染，应暂时隔离。接触新生儿前应洗手。为预防感染还应做到以下几方面：①保持呼吸道通畅；②保持脐带残端清洁和干燥；③保持皮肤清洁；④尽量减少有创性的医疗操作等。

5. 其他 足月儿出生后6小时内应肌内注射一次维生素K_1，剂量0.5~1mg（<1 500g，0.5mg；≥1 500g，1mg），以预防新生儿出血症。生后3天接种卡介苗；生后1天、1个月、6个月时应各注射乙肝疫苗1次。此外，现已开展新生儿先天性心脏病筛查、听力筛查及某些先天代谢缺陷疾病（目前至少包括先天性甲状腺功能减退症、苯丙酮尿症、先天性肾上腺皮质增生症及葡萄糖-6-磷酸脱氢酶缺乏症）的筛查。

第三节 早产儿特点及管理

一、早产儿体温调节特点及保暖

1. 体温调节功能不完善 早产儿难以维持正常的体温，具有如下特点：①早产儿体温调节中枢发育不成熟；②体表面积相对更大，皮下脂肪薄，且通透性高，更易散热；③棕色脂肪含量低，糖原储备少，代偿产热的能力差；④严重感染、低血糖、代谢性酸中毒及氧消耗增加等均是导致低体温的高危因素。

2. 低体温临床表现 正常新生儿核心温度（直肠温度）是36.5~37.5℃。低于35.0℃称低体温，表现为：低血压，心动过缓，浅慢不规则的呼吸，甚至呼吸暂停；肢体活动减少，皮肤硬肿，对刺激反应差，腹胀或呕吐，还可同时伴有代谢性酸中毒、低血糖、高血钾、氮质血症和少尿，严重时出现休克、弥散性血管内凝血（DIC）、广泛出血（如肺出血）等。

3. 维持适宜的中性温度 中性温度是指机体代谢、氧及能量消耗最低并能维持体温正常的环境温度。出生体重越低，胎龄越小，所需中性温度越高。低出生体重儿的中性温度设定应使核心温度维持在36.7~37.3℃，且核心温度与皮肤温度的变化小于0.2~0.3℃/h。早产儿在暖箱中，箱温应保持适宜中性温度：一般体重在1 501~2 500g，箱温为32~33℃；体重在1 200~1 500g，箱温为33~34℃；体重<1 200g，箱温为34~35℃。出生早期不同体重新生儿的中性温度有所不同。

4. 减少体热的丢失 ①出生时保暖：将刚娩出的早产儿置于辐射保暖台上，擦干皮肤，维持体温稳定。对于超低出生体重儿，需在生后立即置入聚乙烯塑料袋中或用薄膜覆盖，胎龄29周以下的早产儿还需要戴帽子，以防止热量散失。②复苏时保暖：复苏应在辐射保暖台上进行，注意正确连接肤温探头，转运途中使用预热的暖箱。③NICU维持室温26~28℃，暖箱维持适宜的中性温度。预设肤温，置传感器于腹部，根据肤温来自动反馈调节箱温。胎龄、体重越小，对暖箱要求越高，要求暖箱能随体温的变化自动、准确地在适宜的温、湿度范围内调控温度和湿度。

保持适宜的湿度也很重要。在没有保证湿度的情况下，皮肤的不显性失水增加，蒸发散热增加，一般超低出生体重儿和极低出生体重儿温箱湿度至少在60%以上。

二、呼吸系统特点及呼吸支持

1. 早产儿呼吸中枢及呼吸系统的发育均不成熟，呼吸浅表且节律不规整，常出现周期性呼吸及呼吸暂停（apnea）。

2. 早产儿因肺泡表面活性物质缺乏，易发生呼吸窘迫综合征（RDS）。

3. 早产儿更多接受氧疗，暴露于机械通气及炎症损伤的不利环境中，增加了支气管肺发育不良（详见本章第五节）和视网膜病（详见本章第三节）的发生风险。

4. 呼吸支持 可采用无创通气进行呼吸支持，常用无创通气方式包括经鼻持续气道正压通气（nCPAP）、经鼻间歇正压通气（NIPPV）、高流量鼻导管吸氧（HFNC）。

NOTES

三、循环系统特点及动脉导管未闭的处理

1. 循环系统特点 早产儿心率更快，血压较低。平均动脉压约等于胎龄数，若小于 30mmHg 可影响脑血流灌注，需定期监测血压，维持平均动脉压在 30mmHg 以上。早产儿由于发育尚未完善，易出现动脉导管未闭、房间隔缺损及室间隔缺损等，血流动力学异常，容易出现心力衰竭、低血压、休克等病理情况。

2. 动脉导管未闭（patent ductus arteriosus，PDA） 正常足月儿出生后 72 小时动脉导管几乎全部可以功能性关闭，而早产儿不仅关闭延迟，即使关闭，也可因某些因素（如感染、呼吸窘迫综合征、液体量过多等）再次开放。PDA 与胎龄、出生体重密切相关。早产儿 PDA 发生率约为 20%，胎龄不足 30 周早产儿约 1/3 发生 PDA，而胎龄不足 28 周的早产儿，PDA 发生率则高达 60%。

持续的 PDA 不仅使婴儿死亡率上升，而且也与颅内出血、坏死性小肠结肠炎、肾功能不全、脑室周围白质软化、支气管肺发育不良等疾病的发生密切相关。需重视早产儿 PDA 的处理。

保守治疗：适度供氧保证足够的肺氧合；限制液体量为 80~100ml/(kg·d)，如有光疗，可增加至 100~120ml/(kg·d)；如果有存在液体潴留的证据，可应用利尿剂。

药物关闭：①布洛芬，属非限制性环氧化酶抑制剂，可促进导管关闭。推荐剂量为首剂 10mg/kg，第 2 剂 5mg/kg，第 3 剂 5mg/kg，每剂间隔 24h；也有用首剂 20mg/kg，以后 2 剂都用 10mg/kg，关闭率更高。②吲哚美辛，也是非限制性环氧化酶抑制剂，常用剂量 0.2mg/kg，间隔 12~24 小时静脉注射，连用 3 剂。年龄>7 日龄的早产儿，第 2、3 剂的剂量增加至 0.25mg/kg。常见副作用为胃肠道出血穿孔、肾功能损害、低钠血症和脏器血流暂时性减少等。

手术关闭：使用药物治疗第二个疗程失败后，若 PDA 仍反复发生或持续，伴有显著左向右分流，对呼吸支持依赖或肺部情况恶化，以及存在药物治疗禁忌证，建议手术治疗。

四、消化系统特点

早产儿胎粪形成少，肠蠕动差，容易出现胎粪排出延迟；吸吮、吞咽、呛咳反射弱，胃容量小，胃肠功能欠成熟，易出现喂养困难、吸入性肺炎、窒息等；一旦缺氧、喂养不当等，容易出现坏死性小肠结肠炎（NEC）。由于胆酸分泌少，脂肪消化吸收差，肝功能不完善，葡萄糖醛酸转移酶活性低，生理性黄疸较重、时间长，易发生胆红素脑病；由于肝糖原储备少，蛋白质合成不足，低蛋白血症、水肿、低血糖发生率较高。

五、泌尿系统特点

早产儿肾功能不足，浓缩功能更差，排钠分数较高，肾小管对醛固酮反应低下，易致低钠血症；肾糖阈低容易出现尿糖；另外，碳酸氢盐肾阈低、肾小管排酸差，常发生晚发性酸中毒，出现苍白、反应差、体重不增、代谢性酸中毒等。

六、血液系统特点

由于早产，促红细胞生成素（EPO）水平低，各种微量元素储备不足，尤其是铁，故“生理性贫血”出现早，持续时间长，程度重。加之血容量增加快，红细胞寿命短，贫血发生率高。

七、神经系统特点及脑损伤的防治

早产儿脑发育未成熟，母亲孕期多合并妊娠高血压、贫血、感染或脐带、胎盘、羊水等问题，致胎儿宫内慢性缺氧或生产过程窒息等，易出现缺氧缺血性脑损伤；加之出生后感染、低血糖、低碳酸血症等问题，易发脑室周围-脑室内出血、脑室周围白质软化，远期出现脑瘫，运动、语言障碍，认知和社会适应性问题。脑损伤防治需要从产前硫酸镁和糖皮质激素的应用，产时及时有效的复苏和合理用氧，到

NOTES

产后 NICU 感染防治，咖啡因、促红细胞生成素的应用，避免低碳酸血症，营养支持及发育支持护理等集束化管理。若有宫内缺氧、围产期窒息等高危因素或已发生颅内出血、脑白质病变及不明原因惊厥等，在住院期间进行神经发育评估、头颅 B 超、MRI 检查及脑电活动等监测，尽早发现问题并处理。出院后严格定期随访和评估，及时发现智力、运动、视听感官功能发育过程中存在的问题，予以个体化预防和治疗，包括不同月龄促进智力、语言、运动、心理行为发育的系列干预措施，物理康复、视听功能训练等，采取早发现、早诊断、早治疗的综合性措施，以保障生存质量。

八、体液平衡和内环境稳定

1. 体液分布特点 向新生儿转变时，胎儿的总体液量占身体组成比例、体液平衡调节特点都发生变化。胚胎发育初期，体内 95% 由水分组成，主要分布在细胞外液，随着胎龄增加，细胞内液逐渐增多，总体液量和细胞外液逐渐减少。因此，胎龄越小，体液占体重比例越大，如胎龄 28 周者占 84%，32 周占 82%，36 周占 80%，足月儿则占 74%。此外，由于细胞外液较多，细胞内液较少，早产儿体液中的电解质含量与足月儿稍有不同，如钠、氯离子稍高，钾离子稍低。

2. 水及电解质 易出现紊乱。早产儿生后液体丢失较多，主要通过以下途径：①肾脏丢失。胎龄越小，肾功能越不成熟。②肾外性丢失。由于环境温度升高、使用辐射台、光疗、皮肤面积相对大、发育欠完善等，不显性失水更多。呼吸道不显性失水随着胎龄越小和呼吸频率的增快而增加。气管插管时，吸入气体湿化不足也会导致不显性失水增加。

3. 早产儿液体疗法 早产儿出生后前 5~6 天，其体重可下降 5%~15%。早期液体疗法见表 6-3-1，生后 24 小时内一般不补充电解质。

表 6-3-1 出生后 48 小时内液体疗法

出生体重/kg	静脉葡萄糖/(g/100ml)	入液量/[ml/(kg·d)]		
		<24h	24~48h	48h
<1.0	5~10	100~150	120~150	140~190
1.0~1.5	10	80~100	100~120	120~160
>1.5	10	60~80	80~120	120~160

注：上述数值是指放置在温箱中，如放置于热辐射台通常需要更高的初始液量。

九、营养需求及营养支持

早产儿本身的营养储备不足，生理代谢功能不成熟，且对营养的需求比足月儿更高，加上进食和胃肠功能不足、疾病消耗等，都会增加早产儿营养不良风险。当出院时生长发育计量指标小于等于同性别、同胎龄相应宫内生长速率期望值的第 10 百分位（生长曲线的第 10 百分位）时，即为宫外生长发育迟缓（extrauterine growth retardation/restriction，EUGR）。

1. 早产儿营养和生长发育特点 ①营养储备不足：胎儿期营养储备最多、最快是在最后 3 个月。早产使营养储备不足，生后很快被消耗，易出现低血糖、代谢异常及 EUGR。②生理性体重下降：早产儿生理性体重下降可达 15%，体重下降的最低点通常在生后 4~6 天，若不给予干预，可在生后 14~21 天才能恢复至出生体重。应尽可能控制早产儿出生体重下降的程度和持续时间，并使其在 7~14 天内恢复至出生体重。③宫外生长速度：早产儿生后生长应以达到胎儿在宫内的生长速度及宫内营养累计率作为评价标准。一般体重增长应达到同期宫内生长的速率 15~30g/(kg·d)，身长大约每周增长 1cm，头围每周增长 0.5~1cm。

对于早产儿，生后应连续测量体重、身长、头围，并绘制生长曲线，以评估宫外生长发育状态。目前多采用 Fenton（2013）胎儿-婴儿曲线图表。

2. 早产儿营养支持 分三个阶段：①过渡期（或转变期），一般在生后 7 天内，营养支持以维持营

NOTES

养和代谢平衡，防止发生分解代谢为目标；②稳定生长期，指临床状态稳定至出院的时间，要求营养支持使生长速度接近宫内生长速度；③出院后时期（追赶生长期），指出院后到矫正年龄 1 岁的阶段，营养支持以达到理想的追赶生长为目标。

十、早产儿视网膜病的防治

早产儿视网膜病（retinopathy of prematurity，ROP）是早产儿，尤其伴有低体重者易发生的一种视网膜血管发育异常的双侧性眼病，表现为视网膜缺血、新生血管形成和增生性改变，重症可引起视网膜脱离而导致永久性失明。早产、低出生体重、长时间高浓度吸氧、感染等多种合并症均可影响视网膜组织，干扰视网膜血管发育而产生视网膜病变。胎龄越小，体重越低，发生率越高。

按《早产儿治疗用氧和视网膜病变防治指南》要求：提倡母乳喂养、注重营养、减少血氧波动、慎重采血、控制贫血、减少输血、避免感染，严格用氧指征、用氧方式、氧浓度及 $TcSO_2$（经皮血氧饱和度）及 PaO_2（动脉血氧分压）监测、ROP 筛查，对预防 ROP 的发生具有重要作用。

第四节 新生儿窒息与复苏

新生儿窒息（asphyxia of newborn）是指生后 1 分钟内无自主呼吸或未能建立规律呼吸而导致的缺氧状态。我国每年出生的新生儿中，约有 7%~10% 新生儿发生窒息，其中约 30 万留有不同程度的神经系统后遗症。

【病因】

新生儿窒息可由多种原因所致，包括产前、产时及产后因素，其中出生前因素约 20%，出生时因素约 70%，出生后仅占 10%。可以是几种病因同时存在，也可是一种病因通过不同的途径而起作用。

（1）孕妇因素：①缺氧，如呼吸功能不全、严重贫血及 CO 中毒等；②心力衰竭、血管收缩（如妊娠高血压综合征）、低血压、心动过缓等；③年龄≥35 岁或<16 岁及多胎妊娠等。

（2）胎盘异常：前置胎盘、胎盘早剥和胎盘老化等。

（3）脐带异常：脐带受压、脱垂、绕颈、打结、过短和牵拉等。

（4）胎儿因素：①早产儿、小于胎龄儿、巨大儿等；②某些畸形，如后鼻孔闭锁、肺膨胀不全、先天性心脏病等；③宫内感染，如神经系统受损；④呼吸道阻塞，如胎粪吸入等。

（5）分娩因素：难产，高位产钳、胎头吸引，臀位；产程中麻醉药、镇痛药及催产药使用不当，分娩时处理不当等。

【病理生理】

正常新生儿应于生后 2 秒开始呼吸，5 秒后啼哭，10 秒到 1 分钟出现规律呼吸。新生儿窒息的本质为缺氧。

（一）缺氧后的细胞损伤

根据程度和时间不同，缺氧可造成可逆性细胞损伤、不可逆性细胞损伤和再灌注损伤。

（二）窒息的发展过程

1. 原发性呼吸暂停 缺氧初期，机体出现代偿性血液重新分配。由于儿茶酚胺分泌增加和其选择性血管收缩作用，优先保证脑、心及肾上腺的血液供应，而肺、肾、消化道、肌肉及皮肤等器官的血流量减少。此时由缺氧而导致的呼吸停止，表现为肌张力存在，心率先增快后减慢，血压升高，伴有发绀，即原发性呼吸暂停。此阶段若病因解除，经清理呼吸道和物理刺激，新生儿即可恢复自主呼吸。

2. 继发性呼吸暂停 原发性呼吸暂停阶段病因仍不能解除，缺氧持续存在，导致心、脑等重要器官血流量减少，胎儿或新生儿出现几次喘息样呼吸，继而出现呼吸停止，表现为肌张力消失，皮肤青紫加重或苍白，心率和血压持续下降，即继发性呼吸暂停。此阶段新生儿已对清理呼吸道和物理刺激无反应，需正压通气方可恢复自主呼吸。

NOTES

继发性呼吸暂停持续时间越长，建立自主呼吸越困难，造成各系统损伤，特别是脑损伤可能性越大，而临床难以区分原发性和继发性呼吸暂停。为不延误抢救，在清理气道、触觉刺激呼吸后，新生儿无呼吸或喘息样呼吸时，均可按继发性呼吸暂停给予正压通气处理。

【临床表现】

（一）胎儿宫内窘迫

首先出现胎动增加，胎心增快（≥160 次/分）；晚期则胎动减少（<20 次/12 小时），甚至消失。其次胎心减慢，胎心率<100 次/分，严重时甚至心搏骤停。缺氧可导致肛门括约肌松弛，排出胎粪，使羊水被胎粪污染，呈绿色或黄绿色。

（二）窒息程度判定

Apgar 评分是临床评价出生窒息程度经典而简易的方法，但有一些缺陷，比如：必须在 1 分钟内评价和诊断；早产儿肌张力、反射等与发育有关，与窒息程度不完全一致。

1. 评价时间　分别于生后 1 分钟、5 分钟和 10 分钟进行。

2. 评分内容　包括皮肤颜色（appearance）、心率（pulse）、对刺激的反应（grimace）、肌张力（activity）和呼吸（respiration）（表 6-4-1）。

表 6-4-1　新生儿 Apgar 评分内容及标准

得分/分	体征				
	皮肤颜色	心率/(次/分)	弹足底或插鼻管后反应	肌张力	呼吸
0	青紫或苍白	无	无反应	松弛	无
1	躯干红，四肢紫	<100	有皱眉动作	四肢略屈曲	慢，不规则
2	全身红	>100	哭，喷嚏	四肢活动	正常，哭声响

3. 评价标准　每项 0~2 分，总共 10 分。1 分钟 Apgar 评分 8~10 分为正常，4~7 分为轻度窒息，0~3 分为重度窒息。

4. 评估的意义　1 分钟评分反映窒息严重程度，5 分钟评分除反映窒息严重程度外，还可反映窒息复苏的效果及预后。

5. 注意事项　应客观、快速及准确进行评估；胎龄小的早产儿成熟度低，虽无窒息，但评分较低；如孕母应用镇静药等，评分可较实际低。

（三）并发症

由于窒息程度不同，发生器官损害的种类及严重程度各异，重度窒息可引起多器官损害。常见并发症有如下几种：①中枢神经系统，如缺氧缺血性脑病和颅内出血；②呼吸系统，如胎粪吸入综合征、呼吸窘迫综合征及肺出血等；③心血管系统，如缺氧缺血性心肌损害、持续性肺动脉高压等；④泌尿系统，如急性肾小管坏死（ATN）、肾功能不全及肾静脉血栓形成等；⑤代谢方面，如低血糖或高血糖，低钙、低钠血症及酸中毒等；⑥消化系统，如应激性溃疡和坏死性小肠结肠炎等。此外，窒息导致血小板数量及功能异常，发生 DIC，还可导致黄疸加重及持续时间延长。严重者引起多器官功能障碍或衰竭。

【辅助检查】

对宫内缺氧胎儿，胎头露出宫口时取头皮血进行血气分析，以估计宫内缺氧程度；生后应检测动脉血气、血糖、电解质、血尿素氮和肌酐等生化指标。

【诊断】

目前我国新生儿窒息的诊断及程度判定多仍沿用 Apgar 评分。1996 年美国儿科学会（AAP）和妇产科学会（ACOG）将围产期窒息定义为：①脐动脉血气分析结果为严重的代谢性酸中毒或混合型酸中毒（pH<7）；②Apgar 评分 0~3 分持续 5 分钟以上；③新生儿早期有神经系统表现，如抽搐、肌张

NOTES

力低下、昏迷等；④出生早期有多器官功能不全的证据。AAP/ACOG 再次强调 Apgar 评分不应作为评估低氧及预测神经损伤的唯一依据。

【预防与处理】

复苏（resuscitation）必须分秒必争，由产、儿科医生合作进行。产前做好咨询，组成复苏团队，准备器械并检查。

（一）复苏方案

采用国际公认的 ABCDE 复苏方案。首先，快速评估和初步复苏。

1. ABCDE 复苏方案 ①A（airway）：保持气道通畅；②B（breathing）：建立呼吸；③C（circulation）：维持循环；④D（drugs）：药物治疗；⑤E（evaluation and environment）：评估和环境（保温）。其中评估贯穿于整个复苏过程中。执行 ABCD 每一步骤的前后，应对评价指标——呼吸、心率（计数 6 秒钟心率然后乘以 10）和皮肤颜色、经皮氧饱和度进行评估。根据评估结果做出决定，执行下一步复苏措施，即应遵循：评估→决定→操作→再评估→再决定→再操作；如此循环往复，直到完成复苏（图 6-4-1）。

严格按照 A → B → C → D 步骤进行复苏，其顺序不能颠倒。大多数患者经过 A 和 B 步骤即可复苏，少数则需要 A、B 及 C 步骤，仅极少数需要 A、B、C 及 D 步骤才可复苏。足月新生儿复苏初期可用室内空气，以后通过监测动脉血气值或经皮血氧饱和度，逐步调整吸入氧浓度。

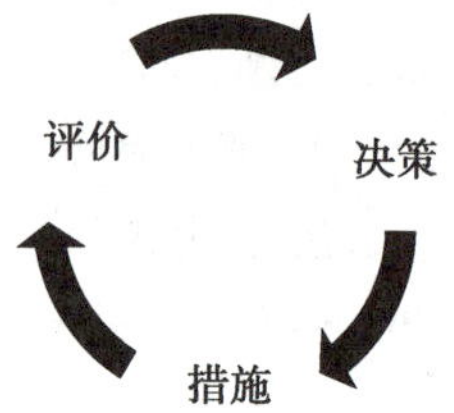

图 6-4-1 新生儿复苏的决策环

2. 快速评估 出生后立即评估 4 项基本指标。

（1）足月吗？

（2）羊水是否清亮？

（3）是否有哭声或呼吸？

（4）肌张力是否好？

以上任何一项为“否”，则按以下步骤进行初步复苏。

3. 复苏步骤

（1）保暖：将新生儿置于预热好的辐射保暖台上，设置腹壁温度为 36.5℃。

（2）摆正体位，清理气道（A）：肩胛下垫高 2~3cm，使颈部轻度仰伸，以开放气道。如有明显分泌物需吸引，先吸口腔，后吸鼻腔（图 6-4-2）。如羊水胎粪污染，迅速判断新生儿有无活力：①心率<100 次/分；②无自主呼吸；③肌张力低。有上述任何一条即为无活力，应立即气管插管吸净气道内的胎粪。

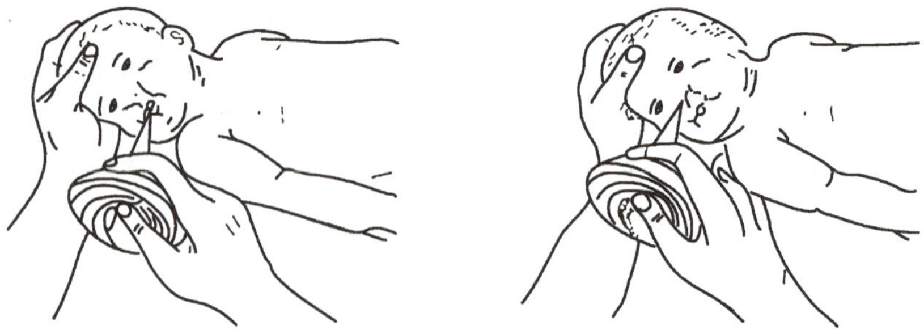

图 6-4-2 吸引先口腔后鼻腔

（3）建立呼吸（B）：包括触觉刺激和正压通气。

1）触觉刺激：用预热的毛巾擦干头部及全身，并拿走湿毛巾；清理呼吸道后拍打或弹足底或快速摩擦背部皮肤（图 6-4-3、图 6-4-4）。如自主呼吸建立，心率>100 次/分，肤色红润，即可常规护理观察。

NOTES

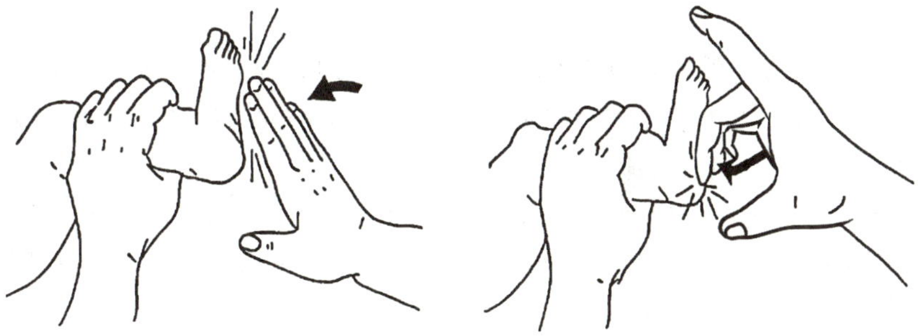

图 6-4-3　拍打及弹足底

2）正压通气：若经触觉刺激后无自主呼吸或喘息样呼吸，心率<100 次/分，或持续性中心性青紫，早产儿采用 T 组合正压通气，足月儿可采用面罩气囊或 T 组合进行正压通气（图 6-4-5）。通气频率 40~60 次/分，吸呼比为 1∶2，吸气峰压最高为 30cmH_2O，早产儿为 20~25cmH_2O，以胸廓起伏适中和听诊双肺呼吸音正常为宜。若面罩正压通气 30 秒后，仍无规律性呼吸或心率<100 次/分，需进行气管插管正压通气。

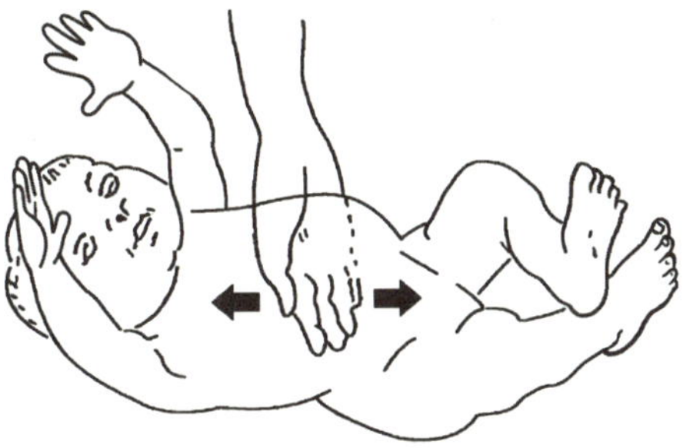

图 6-4-4　摩擦背部

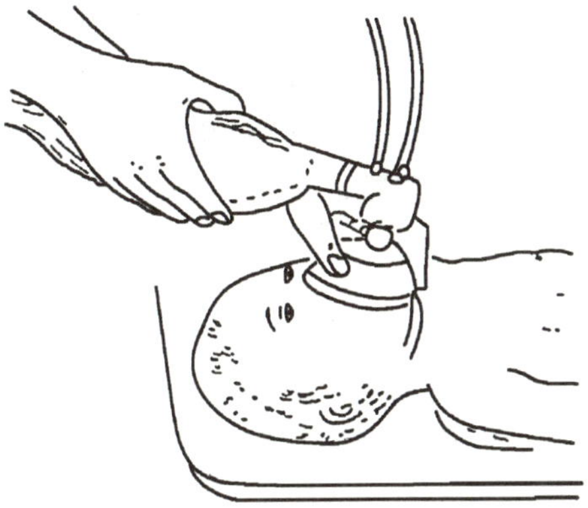

图 6-4-5　面罩正压通气

（4）恢复循环（C）：胸外心脏按压。如有效正压通气 30 秒后，心率<60 次/分或在 60~80 次/分之间不再增加，应继续气管插管正压通气，胸外心脏按压与正压通气同时进行。按压胸骨下 1/3 段，通常采用拇指法（双拇指按压，其余手指环绕胸廓并支撑背部）或双指法（一手中指和示指或无名指按压，另一手支撑背部），频率为 90 次/分（相当于 120 次/分：每按压 3 次，正压通气 1 次）。按压深度为胸廓前后径的 1/3（图 6-4-6）。

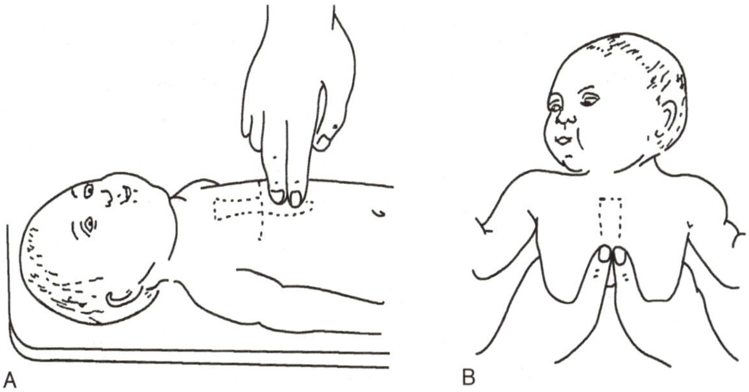

图 6-4-6　胸外心脏按压

A. 双指法；B. 拇指法。

（5）药物治疗（D）

1）肾上腺素：经过正压通气和胸外心脏按压30~60秒后，如心率仍然<60次/分，应立即给予1∶10 000肾上腺素，首选脐静脉推注0.1~0.3ml/kg（0.01~0.03mg/kg）或气管内给药0.5~1.0ml/kg（0.05~0.1mg/kg）；5分钟后可静脉途径重复给药。

2）扩容剂：有低血容量，怀疑失血或休克（给氧后仍苍白、低血压/低灌注、脉搏细弱）且对其他复苏措施反应不佳时，应给予扩容剂，推荐生理盐水。首次剂量10ml/kg，经外周静脉或脐静脉缓慢推入（>10分钟）。必要时可重复扩容1次。

3）碳酸氢钠：分娩现场新生儿复苏时一般不推荐使用碳酸氢钠。仅在对其他治疗无反应或严重代谢性酸中毒时使用5%（0.6mmol/ml）碳酸氢钠溶液3.3ml/kg，用等量5%~10%葡萄糖溶液稀释后经脐静脉或外周静脉缓慢注射（5~10分钟）。因碳酸氢钠的高渗透性和产生CO_2的特性，应在建立充分的人工呼吸和血液灌流后应用。

（二）复苏后的监护和转运

复苏后需监测体温、呼吸、心率、血压、尿量、肤色、血气、血糖和电解质等，需把患者转到NICU观察和治疗。转运途中需注意保暖，监测生命体征，予以必要的治疗。

【预防】

1. 加强围产保健，及时处理高危妊娠及围产期异常，避免胎儿宫内窘迫。
2. 加强产、儿科合作和复苏技术培训，保持良好的复苏技能。
3. 各级医院产房、产科手术室需配备功能完好的复苏设备。高危妊娠分娩时必须有熟练掌握复苏技术并可配合默契的人员在场。

第五节 新生儿呼吸疾病

一、呼吸窘迫综合征

新生儿呼吸窘迫综合征（neonatal respiratory distress syndrome，NRDS）是由出生时或出生后短期内肺泡功能和结构发育不成熟，缺乏肺表面活性物质（pulmonary surfactant，PS）所致的疾病。因病理上形成肺透明膜，故又称为肺透明膜病（hyaline membrane disease，HMD）。生后数小时内发病，出现进行性呼吸困难、发绀和呼吸衰竭，如不予治疗，生后3天内病情渐加重，可由进行性的低氧血症及呼吸衰竭导致死亡。近年来随着治疗手段的不断进步，存活率逐渐增高。

新生儿呼吸窘迫综合征多见于出生胎龄<35周的早产儿，胎龄愈小，发病率愈高。足月儿可见发病且病情较重。

【病因与发病机制】

新生儿呼吸窘迫综合征由PS不足或缺乏所致。PS是由Ⅱ型肺泡上皮细胞合成并分泌的一种磷脂蛋白复合物，脂类占85%~90%。其中卵磷脂（phosphatidyl cholin，PC）占75%，是发挥表面活性作用的重要物质；磷脂酰甘油（phosphatidylglycerol，PG）和鞘磷脂（sphingomyelin）约占9%。由于鞘磷脂的含量较为恒定，故羊水或气管吸引物中卵磷脂/鞘磷脂（L/S）的比值可作为评价胎儿或新生儿肺成熟度的重要指标。PS中蛋白质占约5%~10%，糖约5%。孕18~20周开始产生PS，继之缓慢上升，35~36周迅速增加，达肺成熟水平。PS中与磷脂结合的蛋白质称为表面活性物质蛋白（surfactant protein，SP），可增加表面活性，包括SP-A、SP-B、SP-C和SP-D等。PS覆盖在肺泡表面，主要功能是降低表面张力，防止呼气末肺泡萎陷，以保持功能残气量（functional residual capacity，FRC），维持肺顺应性，具有稳定肺泡内压、减少肺间质和肺泡内组织液生成等作用。

导致肺表面活性物质缺乏的因素主要有以下几方面：①早产儿。早产儿肺发育未成熟，PS合成分泌不足，胎龄<35周的早产儿易发生RDS。②剖宫产。宫缩时儿茶酚胺和肾上腺皮质激素分泌增

NOTES

加有促进PS合成的作用，分娩未发动时行剖宫产，可造成PS合成不足；同时胎肺液因未经产道挤压，排出减少；肺内未成熟物质堆积，容易发生呼吸窘迫综合征，尤其是择期剖宫产，常见于足月儿或晚期早产儿。③糖尿病母亲婴儿（infant of diabetic mother，IDM）。因血中高浓度胰岛素能拮抗肾上腺皮质激素对PS合成的促进作用，故呼吸窘迫综合征发生率比正常增加5~6倍。④肺表面活性物质蛋白B（SP-B）基因突变或缺陷，不能表达SP-B，PS磷脂不能发挥作用，易患呼吸窘迫综合征。⑤围产期窒息。缺氧、酸中毒、低灌注可导致急性肺损伤，上述过程抑制酶活性，抑制肺Ⅱ型上皮细胞酶反应的过程及产生PS。⑥重度Rh溶血病。患者胰岛细胞代偿性增生，胰岛素分泌过多抑制PS分泌。

【临床表现】

呼吸窘迫综合征多见于早产儿，生后不久（一般6小时内）出现呈进行性呼吸困难、呼气性呻吟及青紫等呼吸窘迫甚至呼吸衰竭的表现。主要表现为：①呼吸急促（>60次/分），以增加肺泡通气量，代偿潮气量的减少；②鼻翼扇动，以增加气道横截面积，减少气流阻力；③呼气呻吟，是呼气时声门部分开放产生阻力所致，以使肺内气体潴留产生正压，防止肺泡萎陷；④吸气性三凹征，是辅助呼吸肌参与的结果，以满足增加的肺扩张压；⑤青紫，是由于氧合不足，常提示动脉血中还原血红蛋白>50g/L。严重时表现为呼吸浅表、呼吸节律不整、呼吸暂停及四肢松弛。由于呼气时肺泡萎陷，体格检查可见胸廓扁平；因潮气量小，听诊两肺呼吸音减低，肺泡有渗出时可闻及细湿啰音。

随着病情逐渐好转，由于肺顺应性的改善，肺血管阻力下降，约有30%~50%患者于RDS恢复期出现PDA，分流量较大时可发生心力衰竭、肺水肿。故恢复期的RDS病患者，其原发病已明显好转，突然出现对氧气的需求量增加、难以矫正和解释的代谢性酸中毒、喂养困难、呼吸暂停、周身发凉/发花及肝脏在短时间内进行性增大，应注意PDA。若同时具备脉压增大，水冲脉，心率增快或减慢，心前区搏动增强，胸骨左缘第二肋间可听到收缩期或连续性杂音，通过心脏超声检查可确诊。

与早产儿相比，剖宫产足月儿RDS临床表现症状可能更重，PS使用效果不及早产儿，易并发新生儿持续性肺动脉高压（PPHN）。

【辅助检查】

1. 实验室检查　血气分析：pH值和动脉氧分压（PaO_2）降低，动脉二氧化碳分压（$PaCO_2$）增高，碳酸氢根减少。

2. X线检查　具有特征性表现，是目前确诊RDS的最佳手段。主要征象（图6-5-1）及恢复后上述征象消失（图6-5-2）。根据胸片结果可将RDS分为4级。Ⅰ级：两肺野透亮度普遍性降低，呈毛玻璃（ground glass）样（充气减少），可见均匀散在的细小颗粒（肺泡萎陷）和网状阴影（细支气管过度充气）；Ⅱ级：两肺透亮度进一步降低，可见支气管充气征（支气管过度充气，呈黑色），延伸至肺野中外带；Ⅲ级：是在Ⅱ级表现的基础上病变加重，肺野透亮度更加降低，心缘、膈缘模糊；Ⅳ级：整个肺野呈

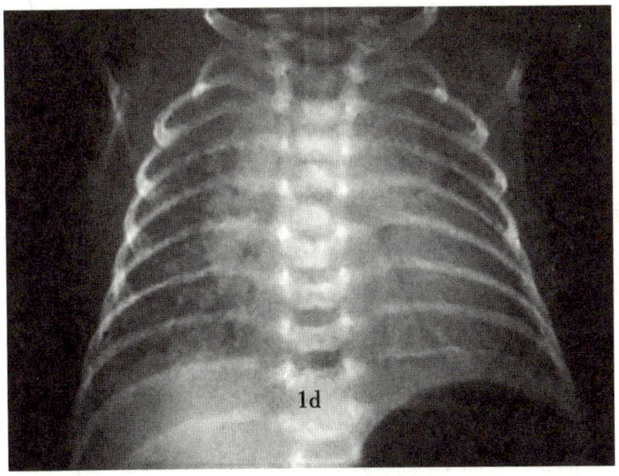

图6-5-1　RDS胸片（1d）

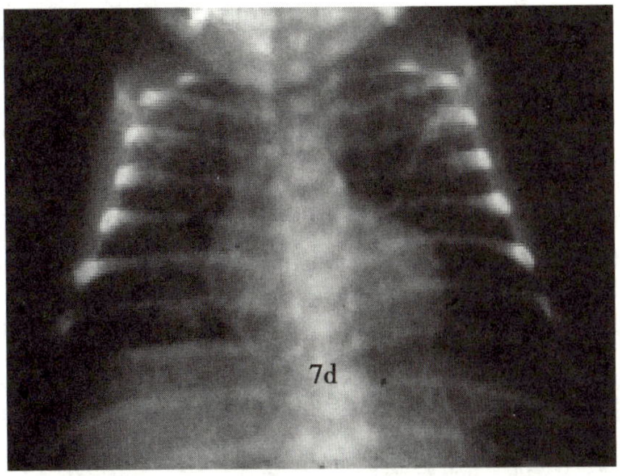

图6-5-2　RDS胸片（7d）

NOTES

白肺（white out），支气管充气征更加明显，似秃叶树枝。

3. 超声检查 彩色多普勒超声有助于动脉导管开放的确定，可见肺实变的不均质高回声伴密集雪花状或斑点状的支气管充气征，非实变区呈肺泡间质综合征（AIS）样改变，胸膜线异常与A线消失等，可协助诊断。已有研究通过肺部超声检测判定肺成熟度及评分，以指导PS应用。

【诊断及鉴别诊断】

根据患者的病史、临床表现并结合胸部X线检查，一般不难做出诊断，但需与下列疾病相鉴别。

1. 湿肺（wet lung） 多见于足月或近足月的剖宫产儿，生后很快出现呼吸急促，吃奶佳，反应好，预后良好。早期胸片可有RDS类似改变，常见叶间裂形成的横形线条影。多数症状很快减轻，于24小时内自行恢复.

2. B族链球菌肺炎（group B streptococcal pneumonia，GBS） 产前感染发生的B族链球菌肺炎，临床表现和肺部早期X线表现极似RDS，不容易鉴别，常发生误诊。但母亲妊娠晚期多有感染，羊膜早破或羊水有异味史，母血、小便或宫颈拭子培养有B族链球菌生长；患者外周血象、C反应蛋白、血培养等也可提示有感染证据。此外，其病程与RDS不同，且抗生素治疗有效。

【治疗】

治疗目的是保证通气换气功能正常，将不良反应减到最少，待自身PS产生增加，RDS得以恢复。机械通气和应用PS是治疗的重要手段。

（一）一般治疗

1. 保温 把患儿置暖箱中或辐射式抢救台上，保持皮肤温度在36.5℃。

2. 监测 呼吸、心率、血压和动脉血气。

3. 保证液体和营养供应 第1天液体量为60~80ml/(kg·d)，以后逐渐增加，液体量不宜过多，否则易导致动脉导管开放，甚至肺水肿。

4. 纠正酸中毒。

5. 抗生素 应谨慎使用抗生素，并在排除败血症后尽早停用。

（二）氧疗（oxygen therapy）和辅助通气

常用的氧疗有鼻导管、面罩、头罩、经鼻持续气道正压通气（nCPAP）和气管插管机械通气。

1. 吸氧 轻症者可选用鼻导管、面罩、头罩，维持 PaO_2 50~80mmHg和经皮血氧饱和度（$TcSO_2$）90%~95%为宜。

2. nCPAP

（1）指征：①出生胎龄≤30周，有较强自主呼吸。②出生胎龄>30周，有自主呼吸且具备下列2项以上者。产前未进行糖皮质激素促胎肺成熟或剂量、疗程不足；出生体重<1 250g；糖尿病孕妇孕期血糖未达到理想水平；择期或急诊剖宫产；多胎；男胎；母亲产前有发热、胎膜早破或白细胞（WBC）计数 $>15\times10^9/L$；③出现呼吸困难、呻吟、吐沫等RDS早期症状。若早产儿存在以下情况，不建议使用nCPAP：心率<100次/分；自主呼吸功能不足，需气管插管复苏。

（2）方法：最常用短双孔鼻塞，也可经鼻咽管、鼻罩、面罩等进行。参数：6~8cmH$_2$O，至少保证6cmH$_2$O，一般不超过8~10cmH$_2$O，否则压力过大导致心输出量减少、潮气量降低。气体流量最低为患者每分通气量的3倍或5L/min，FiO_2 则根据 SaO_2 进行设置和调整。

（3）若nCPAP治疗失败，则给予气管插管和机械通气。CPAP多适用于轻、中度RDS。但生后即使用CPAP，可减少PS或机械通气的使用。对已确诊的RDS，越早使用CPAP，越能减少后续经气管插管机械通气的使用。

3. 常频机械通气

（1）指征：①生后无明显自主呼吸，面罩正压通气复苏无效；②频繁呼吸暂停，药物或nCPAP治疗无效；③出生胎龄<26周者，nCPAP治疗时，呼气末正压（PEEP）≥6cmH$_2$O，$FiO_2>0.3$；④出生胎龄≥26周者，nCPAP治疗时，PEEP≥6cmH$_2$O，$FiO_2>0.4$，经皮血氧饱和度<0.85；⑤氧疗时，$FiO_2>0.6$，

NOTES

动脉氧分压<50mmHg 或经皮血氧饱和度<0.85；⑥动脉二氧化碳分压>60mmHg，并伴有持续性酸中毒（pH<7.2）。

（2）呼吸机初始参数：吸气峰压（PIP）应根据患者胸廓起伏设定，一般 20~25cmH_2O，呼气末正压（PEEP）4~6cmH_2O，呼吸频率（RR）20~40 次/分，TI 0.3~0.4 秒。FiO_2 依据目标 $TcSO_2$ 调整，15~30 分钟后检测动脉血气，决定是否调整参数。尽量缩短有创机械通气时间，降低参数。

（三）PS 替代治疗

PS 替代治疗可显著改善肺顺应性、通/换气功能和氧合，减少呼吸支持需求，降低 RDS 病死率，改善预后。

1. 指征　已确诊的 RDS 或需要气管插管维持生命者；产房内 RDS 的预防。

2. 方法

（1）时间：对于已确诊 RDS 的患者，越早应用 PS，效果越好；早期使用 nCPAP，如 nCPAP 压力≥6cmH_2O，FiO_2>0.30，即给予 PS 治疗。对病情进展快，需要机械通气的严重 RDS 患者，应立即给予 PS 治疗。对母亲产前未使用激素或需气管插管稳定的极早产儿，应在产房内使用 PS；使用 PS 后应根据临床表现、氧合情况和肺部影像检查对病情进行重新评估，如判断 RDS 病变仍比较严重或改善后又加重，可重复使用 PS，间隔时间一般为 6~12 小时。

（2）剂量：根据药物推荐剂量和病情严重程度选择 PS 剂量，对重症病例建议使用较大剂量。首剂 100~200mg/kg，第二剂或第三剂给予 100mg/kg。

（3）方法：仰卧位，药物（干粉剂需稀释）摇匀后，经气管插管注入肺内。对使用无创通气，出生胎龄 25~32 周者可采用微创表面活性物质疗法（minimally-invasive surfactant therapy，MIST）或微创表面活性物质注入（less invasive surfactant administration，LISA），即细导管经声门入气管，将 PS 注入肺内，不用气管插管，减少损伤的方法。

3. 注意事项　①为减少大剂量较浓的 PS 引起的气道阻塞，在 PS 注入气管后，需正压通气使其尽快在肺内弥散；②应用 PS 后，当潮气量迅速增加时，应及时下调 PIP，密切关注可能发生的过度通气、高氧血症、气漏和肺出血等风险；③预防性应用 PS 时，应避免因气管插管时间过长而发生低氧血症，甚至早产儿脑损伤。

【预防】

1. 预防早产　加强高危妊娠和分娩的监护及治疗。

2. 促进胎肺成熟　胎龄<34 周可能早产孕妇，在分娩 48 小时前单疗程（2 次/日，2 天）肌内注射地塞米松或倍他米松。若第一个疗程激素使用后间隔 1~2 周或更长时间才分娩，胎龄<32 周者可考虑使用第二个疗程的产前激素。

3. 胎龄<28 周存在早产风险的孕妇可短期使用保胎药，争取时间完成一个疗程的产前激素并转诊到具有诊治 RDS 经验的围产中心。

4. PS 应用　对生后需要气管插管的早产儿，可在产房使用 PS。

二、胎粪吸入综合征

胎粪吸入综合征（meconium aspiration syndrome，MAS）或称胎粪吸入性肺炎，是由胎儿在宫内或产时吸入混有胎粪的羊水导致，以呼吸道机械性阻塞及化学性炎症为主要病理特征，以生后出现呼吸窘迫为主要表现的临床综合征，多见于足月儿或过期产儿。分娩时羊水胎粪污染的发生率为 8%~25%，其中仅 5% 发生 MAS。

【病因和病理生理】

1. 胎粪吸入　当胎儿在宫内或分娩过程中缺氧，迷走神经兴奋，导致肛门括约肌松弛，副交感神经兴奋引起肠蠕动增快，使胎粪排入羊水。与此同时，缺氧使胎儿产生呼吸运动和喘息，或在娩出过程、建立有效呼吸时，将胎粪吸入气管内或肺内。

NOTES

2. 不均匀气道阻塞 病理变化主要是由胎粪机械性地阻塞所致：①肺不张。胎粪颗粒完全性梗阻小气道，引起肺不张，使肺泡通气/血流降低，导致肺内分流增加，从而发生低氧血症。②肺气肿。黏稠胎粪颗粒不完全阻塞部分肺泡的小气道，形成"活瓣"效应，由于主动吸气过程产生胸腔负压，气体易进入肺泡，被动呼气气体滞留，出现肺气肿，致使肺泡通气量下降，发生 CO_2 潴留。进一步发展可引起肺气漏，如间质气肿、纵隔气肿或气胸等。③正常肺泡。部分肺泡的小气道可无胎粪，但该肺泡的通/换气功能均可代偿性增强。由此可见，MAS 的病理特征为肺不张、肺气肿和正常肺泡同时存在，其各自所占的比例决定患者临床表现的轻重。

3. 化学性肺炎 于胎粪吸入后 12~24 小时，因胆盐等各种胎粪成分刺激，局部肺组织可发生化学性炎症及间质炎症。同时，胎粪还有利于细菌生长，肺部继发细菌性炎症。此外，胎粪可使 PS 灭活，减少 SP-A 及 SP-B 的产生，其对 PS 的抑制程度与吸入的胎粪量相关，因此，MAS 时，PS 减少，肺顺应性降低，肺泡萎陷，进一步影响通换气功能。

4. 肺动脉高压 在 MAS 患者中，约 1/3 可并发不同程度的肺动脉高压。在胎粪吸入所致的肺不张、肺气肿及肺组织炎症，以及 PS 继发性被灭活的基础上，缺氧和混合性酸中毒进一步加重，使患者肺血管阻力不能适应生后环境的变化而下降，出现持续性增高，导致新生儿持续性肺动脉高压（PPHN）。

【临床表现】

MAS 常见于足月儿或过期产儿，多有宫内窘迫史和/或出生窒息史。

1. 吸入混胎粪的羊水 是诊断的必备条件：①分娩时可见羊水混胎粪；②患儿皮肤、脐带和指/趾甲床留有胎粪污染的痕迹；③口、鼻腔吸引物中含有胎粪；④气管插管时声门处或气管内吸引物可见胎粪。

2. 呼吸系统表现 生后开始出现呼吸窘迫，12~24 小时随胎粪吸入远端气道，症状及体征则更为明显，表现为呼吸急促、青紫、鼻翼扇动和吸气性三凹征等，少数患者也可出现呼气性呻吟。查体可见胸廓前后径增加似桶状胸，听诊早期有鼾音或粗湿啰音，继之出现中、细湿啰音。若呼吸困难突然加重，听诊呼吸音明显减弱，应警惕气胸的发生。

需注意，患者症状轻重与吸入羊水的性质和量密切相关。若吸入少量或混合均匀的羊水，可无症状或上述表现轻微；吸入大量或黏稠胎粪，可致死胎或生后不久即发生死亡。

3. PPHN 主要表现为持续而严重的青紫，哭闹、哺乳或躁动时进一步加重；青紫程度与肺部体征不平行（发绀重，体征轻）；部分患者胸骨左缘第二肋间可闻及收缩期杂音，严重者可出现休克和心力衰竭。

此外，严重 MAS 可并发红细胞增多症、低血糖、低钙血症、缺氧缺血性脑病（HIE）、多器官功能障碍及肺出血等。

【辅助检查】

1. 实验室检查 动脉血气分析示 pH 值下降、PaO_2 降低、$PaCO_2$ 增高；还应进行血常规、血糖、血钙和相应血生化检查，气管内吸引物及血液的细菌学培养等。

2. X 线检查 两肺透光度增强，伴有节段性或小叶性肺不张斑片影，也可仅有弥漫性浸润影或并发纵隔气肿、气胸等肺气漏改变（图 6-5-3）。由于肺部过度充气导致的横隔平坦等多种 X 线征象在生后 12~24 小时最为明显。部分 MAS 胸片

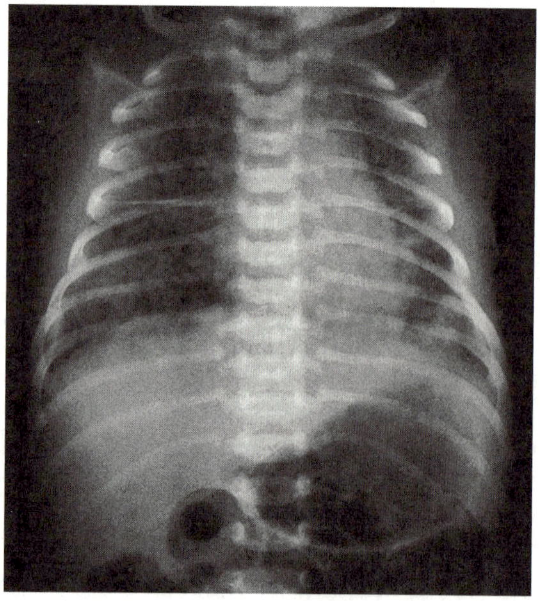

图 6-5-3 MAS 胸片

NOTES

的严重程度与临床表现并非成正相关。

【诊断】

足月儿或过期产儿，有明确的吸入混胎粪的羊水病史，生后皮肤、脐带、指/趾甲等被胎粪污染或黄染，气道内吸出被胎粪污染的羊水，生后不久出现呼吸窘迫，结合胸部X线特征性改变，即可做出诊断。

【治疗】

1. 促进气管内胎粪排出　对病情较重且生后不久的MAS患者，可气管插管后进行吸引，以减轻MAS引起的气道阻塞。

2. 氧疗　当 $PaO_2<50mmHg$（6.7kPa）或 $TcSO_2<90\%$ 时，依据患者缺氧程度选用不同的吸氧方式，如鼻导管、头罩、面罩等，以维持 PaO_2 50~80mmHg 或 $TcSO_2$ 90%~95%。最好温湿化给氧，有助于胎粪排出。

3. 机械通气治疗

（1）当 $FiO_2>0.4$ 时，可试验性使用CPAP，压力需个体化调节（一般4~5cmH$_2$O）。当肺部查体或X线提示有过度充气表现时，应慎用CPAP，否则可加重肺内气体潴留，诱发肺气漏的发生。

（2）当 $FiO_2>0.6$，$TcSO_2<85\%$，或 $PaCO_2>60mmHg$ 伴 $pH<7.25$ 时，应行机械通气治疗。为防止气体潴留及肺气漏，一般选择中等呼吸频率（40~60次/分，保证胸廓起伏的最小有效PIP，低至中PEEP（3~5cmH$_2$O），足够的呼气时间（0.5~0.7秒）。若出现气体潴留，呼气时间则可延长至0.7~1.0秒，PEEP降至2~4cmH$_2$O。

（3）对于常频呼吸机治疗无效或有肺气漏，如气胸、间质性肺气肿者，可使用高频通气。体外膜氧合（ECMO）对MAS合并难治性呼吸衰竭者，也有一定疗效。

4. 肺表面活性物质治疗　由于本病继发PS失活，补充外源性PS对改善肺顺应性及氧合有效，可用于严重MAS。

5. 并发症治疗

（1）肺气漏治疗：少量气胸不需处理可自行吸收。但对张力性气胸，应紧急胸腔穿刺抽气，可立即改善症状。根据胸腔内气体的多少，必要时行胸腔闭式引流。

（2）PPHN治疗：去除病因是关键，如有PPHN，联合高频通气、NO吸入效果更佳。

6. 其他治疗　①限制液体入量：严重者常伴有脑水肿、肺水肿或心力衰竭，应适当限制液体入量；②抗生素应用：对目前是否预防性应用抗生素仍存争议，但对继发细菌感染者，常选择广谱抗生素，并进一步根据血、气管内吸引物细菌培养及药敏结果调整抗生素；③维持正常循环：对于出现低体温、苍白和低血压等休克表现者，应选用生理盐水或血浆、全血、白蛋白等进行扩容，同时静脉滴注多巴胺和/或多巴酚丁胺等抗休克治疗；④镇静剂及肌松药：用于较大的新生儿，可减轻患者呼吸肌对抗及活瓣效应引起的过度通气，减少肺气漏发生；⑤其他：保温，镇静，满足热卡需要，维持血气、电解质和血糖水平等。

【预防】

积极防治胎儿宫内窘迫和产时窒息；羊水混有胎粪时，评估新生儿是否有活力。有活力的定义为：呼吸规则，肌张力好，心率>100次/分。新生儿如有活力则不需气管插管吸引，进行观察即可；如无活力，应立即气管插管，将胎粪吸出。在气道胎粪吸出前一般不应进行正压通气。

三、支气管肺发育不良

支气管肺发育不良（bronchopulmonary dysplasia，BPD）是早产儿所特有的慢性呼吸系统疾病，又称为慢性肺疾病（chronic lung disease，CLD）。近年来随着超低出生体重儿及极低出生体重儿救治成活率的不断提高，早产儿BPD是早产最常见的并发症之一，发生率有逐年增加趋势。其主要病理变化是对产前和产后肺损伤的异常修复的结果，表现为肺泡及肺微血管的发育不良。不仅可遗留肺功

NOTES

能异常，甚至成为成年后某些肺部疾病发生的诱因。

【病理改变】

"经典"BPD 主要改变为肺实质严重炎症损伤，广泛、弥漫肺泡纤维化和囊性改变，呼吸道上皮增生、鳞状化生等，气道平滑肌增生，肺血管增生重塑，肺泡化降低及肺泡交换面积减少等。近年来随着NICU 救治水平提高、产前糖皮质激素的预防性应用及生后 PS 的使用，"经典"BPD 已较少见，取而代之是一种"新型"BPD，以肺泡、肺微血管发育受阻或停滞为特点，即肺泡数目减少，结构简单化，少有肺纤维化，肺泡和气道损伤较轻。

【病因与发病机制】

病因和发病机制目前尚未完全清楚，可能涉及多因素、多环节的综合作用效应。早产儿肺发育不成熟，肺泡数目少，各种不利因素，如宫内感染（绒毛膜羊膜炎是最常见的原因），生后长时间、高浓度氧暴露，机械通气所致的气压伤或容量伤，肺动脉高压等对肺组织和血管的急慢性损伤，加之遗传易感性等因素，导致损伤后异常修复，出现肺泡化障碍和肺微血管的发育紊乱，最终发生 BPD。

【临床表现】

BPD 主要发生于胎龄<28 周，出生体重<1 000g 的超未成熟儿，胎龄越小，体重越轻，发病率越高。早期表现不典型，通常在机械通气过程中出现呼吸机依赖或撤氧困难。早产儿在生后数天或数周内逐渐出现进行性呼吸困难、吸气性三凹征、呼吸急促、喘憋、发绀、肺部啰音等呼吸功能不全的症状和体征，需要提高氧气浓度，甚至辅助通气，持续时间超过 28 天或纠正胎龄 36 周。患者多伴有生后感染及营养摄入不足。

病程较长，与严重程度有关，多数病例可逐渐撤机或离氧，少数患者生后 1 年内常由反复呼吸道感染、呼吸衰竭或心力衰竭导致病情加重甚至死亡。存活患者还可继发上气道梗阻、肺动脉高压、电解质紊乱、感染、中枢神经系统功能障碍、听力受损、早产儿视网膜病（ROP）、胃食管反流、早期生长发育迟滞及远期神经系统发育不良等。

【辅助检查】

1. 动脉血气分析　PaO_2 降低，$PaCO_2$ 增高，HCO_3^- 可代偿性增加（代谢性酸中毒）。

2. 肺部 X 线检查　随着疾病的进展，可出现不同的改变。

"经典"BPD 主要分为 4 期。

Ⅰ期（1~3 天）：双肺野呈磨玻璃样改变，表现同 RDS 患者。

Ⅱ期（4~10 天）：弥漫的磨玻璃样改变，密度增加，肺容积正常或缩小。

Ⅲ期（11~30 天）：双肺野密度不均，可见线条状或斑片状阴影伴充气的透亮小囊腔。

Ⅳ期（1 个月以后）：双肺野透亮区扩大呈囊泡状，伴两肺结构紊乱，有散在条状或斑片影及过度充气和肺不张。

"新型"BPD 主要为Ⅱ期改变，仅表现为肺过度充气和肺纹理弥漫的毛玻璃样改变。不是所有的患者都进展至Ⅳ期，部分患者可直接由Ⅰ期发展至Ⅲ期，且这种影像学的异常表现可持续至儿童期。

3. 肺功能检测　呼吸道阻力增加和肺的顺应性降低是 BPD 的特征性表现。患者生后第 1 年主要表现为：用力呼气流速降低，功能残气量增加，残气量增加，残气量与肺总量的比值增加，支气管扩张剂治疗有效并伴有轻中度的气流阻塞，气体潴留和气道高反应等。

【诊断】

诊断和分度主要根据美国国立儿童健康和人类发展研究所（National Institute of Child Health and Human Development，NICHD）的 2001 标准和 2018 建议（表 6-5-1）。

【治疗】

BPD 需综合评估和治疗，评估包括：①病史回顾。围产史，生后呼吸支持、间歇性低氧发作，特别是肺部疾病的药物及疗效等情况。②BPD 严重程度及病理改变。根据 2018 年 NICHD 制定的 BPD 标准，校正胎龄 36 周或出院时 $FiO_2 \geq 0.30$ 或需要正压通气及机械通气的患者均定义为 BPD。其中

表 6-5-1 BPD 的诊断及分度

诊断：出生胎龄<32 周的早产儿，生后累计用氧 28 天，伴有影像学证实的持续性肺实质病变，校正胎龄 36 周时至少连续 3 天需要以下呼吸支持和 FiO_2 才能维持氧饱和度 90%~95%

分度（FiO_2）	有创间歇正压通气*	N-CPAP，NIPPV，鼻导管≥3L/min	鼻插管流量 1~<3L/min	头罩吸氧	鼻导管流量 <1L/min
Ⅰ	—	21	22~29	22~29	22~70
Ⅱ	21	22~29	≥30	≥30	>70
Ⅲ	>21	≥30			
Ⅲ（A）	因持续性肺实质疾病和呼吸衰竭而早期死亡（14 日龄至校正胎龄 36 周内），排除因坏死性小肠结肠炎、重度脑室内出血、败血症等死亡者				

注：* 不包括原发性气道疾病或中枢性呼吸调节状况而进行通气的婴儿。表中数值为百分比（%）。
CPAP：持续气道正压通气；IPPV：间歇正压通气；N-CPAP：经鼻持续气道正压通气；NIPPV：无创间歇正压通气。

需要机械通气的患者病理改变包括肺实质病变、肺血管病变及气道疾病，且三者常混合存在。③营养及生长发育，包括体重、身长、头围及神经系统发育等。治疗包括营养支持、呼吸支持、限制液体和抗感染治疗等为主。

主要目标：尽可能降低远期肺损伤，包括肺的气压伤和容量伤，氧毒性和感染等；最大程度保证能量及营养物质的供应；提供足够的通气及氧合支持并减少氧供。

1. 营养支持 ①提供充足的能量和蛋白质，增强机体对抗氧化和炎症损伤的能力，促进肺组织修复、生长和成熟。BPD 患者对能量的需求高于一般早产儿，在病情不稳定阶段一般需要 120~130kcal/（kg·d）的能量摄入才能获得理想的体重增长，进食不足需肠外营养。②维生素 A 每次 5 000IU，肌内注射，生后 28 天内每周 3 次，连续 4 周，可使超低出生体重儿的 BPD 发病率降低。③尽早开始补充足量的钙、磷和维生素 D，并注意监测血钙、血磷、碱性磷酸酶、甲状旁腺激素水平等生化指标。推荐早产儿生长期钙需要量为 100~140mg/（kg·d），磷需要量为 77~108mg/（kg·d）。推荐早产儿生后即应补充维生素 D 800~1 000IU/d，3 月龄后改为 400IU/d，根据情况调整。

大部分 BPD 患者能顺利从管饲过渡至经口喂养。但对部分因前期反复气管插管、吸痰等，发生呼吸吞咽不协调、胃食管反流或气管、支气管软化等，不能顺利建立经口喂养的患者，应尽早开始口腔训练。

2. 限制液体量 BPD 患者液体耐受性差，摄入正常量的液体即可导致肺间质和肺泡水肿，肺功能恶化，故需注意控制液体量和钠的摄入。液体量控制在 130~150ml/（kg·d），可根据情况限液至 80~100ml/（kg·d），但限液过量又会引起营养不良，影响肺发育和肺损伤修复，需根据患者耐受情况选择高密度强化母乳或特殊配方。

利尿剂具有减轻肺间质水肿、改善肺顺应性、降低氧需求等短期效应。呋塞米和氢氯噻嗪都可以引起明显的电解质紊乱。螺内酯利尿作用弱，一般与氢氯噻嗪联用以减少低钾血症的发生。在短时间内输注大量液体或明确由肺水肿导致呼吸功能恶化时，可予利尿剂治疗。当出现以下情况，可考虑短期使用利尿剂：①需增加热量，加大输液量时；②因输液过多病情恶化；③呼吸机依赖，有早期 BPD 表现；④BPD 治疗无改善；⑤合并 PDA、房缺、室缺等左向右分流，正常量的液体即出现肺水肿甚至心力衰竭表现时。但不建议长期应用利尿剂，应用过程中注意监测电解质。首选呋塞米，剂量 0.5mg/kg，1 天 1 次口服或 1 天 2 次静脉注射，或隔天 1 次。氢氯噻嗪 2~5mg/（kg·d），1 天 2 次口服，和螺内酯 2~4mg/（kg·d）联合应用，可减少副作用。

3. 无创通气 减少气管插管和机械通气引起的肺损伤。常用经鼻持续气道正压通气（nCPAP），保持呼气末正压和功能残气量，以保持气道通畅和氧合。其他可使用经鼻间歇正压通气（NIPPV）和高流量鼻导管通气。

4. 机械通气 需要个体化管理方案。对于肺部病变不均一的患者,呼吸机参数设置宜采用大潮气量(10~12ml/kg)、长吸气时间(0.5~0.8 秒)和低呼吸频率(10~25 次/分),以克服气道阻力,减少肺不张,保证足够的呼气时间,避免二氧化碳潴留。PEEP 一般设置为 6~8cmH_2O,但肺泡募集困难和/或存在气管、支气管软化,二氧化碳潴留明显的患者可能需要 10~15cmH_2O,甚至更高。

5. 糖皮质激素治疗 对机械通气 1~2 周仍不能撤机的 BPD 高风险患者,可考虑地塞米松治疗。目前多是短疗程低剂量的地塞米松方案,起始剂量 0.15mg/(kg·d)静脉推注,持续 3 天;减量至 0.10mg/(kg·d),持续 3 天;再减量至 0.05mg/(kg·d),持续 2 天;最后减量至 0.02mg/(kg·d),持续 2 天。整个疗程持续 10 天,累积剂量 0.89mg/kg。氢化可的松静脉推注和糖皮质激素的吸入治疗是否减少死亡或 BPD 发生,有待进一步的证据支持。

6. 抗感染 根据具体感染情况选用适当的抗生素。

7. BPD 相关肺动脉高压(pulmonary hypertension,PH)的治疗 肺动脉高压是 BPD 患者慢性阶段常见且严重的并发症,甚至进展为肺源性心脏病,显著影响远期预后。

肺动脉收缩压(sPAP)超过体循环收缩压(sBP)的 1/2(sPAP/sBP>0.5)定义为 BPD 相关 PH。若 sPAP/sBP 为 1/2~2/3,即轻中度 PH;sPAP/sBP>2/3 为重度 PH。首次心脏超声筛查通常在校正胎龄 36 周进行,若在此之前患者已经出现 PH 相关症状,可以更早筛查。通过心导管检查评估肺动脉压力是诊断 BPD 相关 PH 的金标准。

治疗方法:①急性 PH 危象时可给予一氧化氮吸入,初始浓度 10~20ppm,待稳定后逐步降低 NO 浓度直至撤离。②稳定后联用西地那非有助于 NO 的成功撤离。西地那非为磷酸二酯酶-5 抑制剂,初始口服剂量为 0.3~0.5mg/kg,每 8 小时 1 次,逐渐增加至 2mg/kg,每 6 小时 1 次或每 8 小时 1 次(最大剂量不超过 30mg/d)。主要不良反应为低血压、增加胃食管反流,长期使用(>2 年)可能使病死率增加。③波生坦是内皮素受体阻滞剂,初始口服剂量为 0.5~1mg/kg,每 12 小时 1 次,可在 2~4 周后增加至 2mg/kg,每 12 小时 1 次,主要不良反应为肝功能损害。④曲前列尼尔开始剂量 2ng/(kg·min),静脉或皮下注射,每 4~6 小时逐渐增加至 20ng/(kg·min),若患者耐受良好,剂量还可以逐渐增加。需注意的是上述 PH 靶向治疗药物在新生儿尤其早产儿大多属于超说明书应用,仅限于在明确诊断和积极治疗原发病的基础上应用。

8. 其他治疗

(1)咖啡因:早期(出生 48 小时内)应用,有助于早产儿缩短机械通气和用氧时间,降低 BPD、PDA 的发生率,改善神经发育预后。常用剂量为首剂枸橼酸咖啡因 20mg/kg,24 小时后开始维持量 5mg/(kg·d),静脉输注或口服,每天 1 次,一般持续至校正胎龄 33~34 周。

(2)PDA 的处理:有显著血流动力学改变的动脉导管未闭(hemodynamic significant PDA,hsPDA)大量左向右分流引起肺水肿、通气血流比失调,导致氧需求和呼吸机参数上调,延长机械通气时间等,加重 BPD 的发展,建议适时干预。hsPDA 主要通过临床症状、体征和心脏超声诊断。心脏超声指标有动脉导管直径>1.5mm、存在左向右分流、左房与主动脉根部比值>1.4。干预包括药物治疗和手术结扎。常用药物为非甾体抗炎药吲哚美辛和布洛芬。若 hsPDA 经 2 个疗程药物治疗后仍无法关闭,或存在药物治疗禁忌证者考虑手术结扎。

(3)干细胞治疗:目前的研究显示,不论通过静脉输注还是腹腔或气管内注入干细胞,均可降低 BPD 的严重程度,未发现不良反应,为 BPD 的治疗提供了新的思路。

【预后】

1. BPD 患者生后第 1 年的死亡率在 10%~20%。反复呼吸道感染是其中的一个主要因素。
2. 反复喘憋发作和哮喘。
3. 喂养困难,生长发育受限,神经系统发育迟缓。

【出院后随访】

NOTES

出院指征:①体重稳定增长;②不吸氧下维持 SaO_2 在 90%~95% 之间且吃奶或睡眠时无下降;

③患者如呼吸状态平稳，但短期内不能撤氧，有条件者可采用家庭氧疗。

由于严重慢性呼吸道疾病和相关合并症发生率高，需要长期严密观察随访，监测体重、头围、身高等生长指标，必要时监测血液生化代谢指标；接受家庭氧疗的患者，通常需要 SpO_2 监测，氧饱和度应维持在 0.92 以上；每 2~4 个月行心脏超声检查，若出院前已经诊断 PH，可适当增加检查频次；定期进行神经发育评估；进行各种营养补充剂和药物剂量的调整，需要时转呼吸科治疗。

四、新生儿呼吸暂停

新生儿呼吸暂停（apnea）是指在一段时间内无呼吸运动的状态，生后 3~5 天多见。呼吸停止时间≥20 秒，伴有皮肤青紫，血氧饱和度降低，心率减慢（<100 次/分），肌张力减低，称为呼吸暂停。呼吸暂停常见于早产儿，故也称早产儿呼吸暂停（apnea of prematurity，AOP），是一种严重现象，如不及时处理，可引起脑缺氧损害，甚至猝死，需密切监护和处理。如呼吸暂停 10~15 秒以后又出现呼吸，心率不慢或稍慢，无肤色改变，因呼吸停止时间很短，不影响气体交换，称为周期性呼吸。

【病因和分类】

新生儿呼吸暂停分为原发性呼吸暂停和继发性呼吸暂停。

1. 原发性呼吸暂停 多见于早产儿，常见于胎龄<34 周、体重<1 800g 的早产儿，单纯由呼吸中枢（及肺）发育不成熟所致，多无引起呼吸暂停发作的相关疾病。胎龄越小，呼吸暂停发生率越高。

2. 继发性呼吸暂停 多见于早产儿，也可见于足月儿。多种原因可引起继发性呼吸暂停。

（1）缺氧窒息：低氧血症、酸中毒、先天性心脏病等。

（2）血液系统：贫血、红细胞增多症等。

（3）感染：肺炎、败血症、脑膜炎等。

（4）创伤：颅内出血、横贯性脊髓损伤、膈神经麻痹等。

（5）母亲用镇静剂：麻醉药、硫酸镁、吗啡类等。

（6）神经系统疾病及功能紊乱：HIE、IVH、胆红素脑病、脑积水致颅内压增高、惊厥、先天性中枢性低通气综合征等。

（7）迷走神经反射：继发于插入鼻饲管、喂养、吸痰、颈部过度屈曲和伸展、迷走神经张力增高等。

（8）代谢和电解质紊乱：低血糖、低钠、低钙血症、高氨血症和酸中毒等。

（9）体温不稳定：高温、低温、体温波动等。

【发病机制】

1. 脑干呼吸中枢发育的不成熟 是导致呼吸暂停的关键。早产儿快速眼动睡眠占优势，快速眼动睡眠时潮气量、呼吸频率不规则，易发生呼吸暂停。

2. 呼吸系统解剖结构发育不完善 当呼吸负荷增加时不能有效延长吸气时间。

3. 缺氧和酸中毒 抑制呼吸中枢，降低对 CO_2 的反应性。

4. 低血糖、低钠血症、低钙血症等 抑制呼吸中枢。

5. 呼吸肌运动不协调 气道阻塞、呼吸肌受累。

6. 体温过高/过低或刺激反射 体温过高或过低，喂奶后和咽部受到刺激（导管吸引、插胃管），胃内容物刺激喉部黏膜化学感受器，酸性溶液进入食管中段胃食管反流，气道保护性反射收缩导致阻塞性呼吸暂停。

7. 气道受压 颈部过度屈曲或伸展，气管受压。

近期研究发现，同性别双胞胎、父母近亲结婚早产儿的呼吸暂停发生率较其他早产儿高，说明遗传在呼吸暂停的发生中也起着重要的作用。

新生儿呼吸暂停传统上按照有无上气道梗阻分为三类：中枢性、梗阻性和混合性。中枢性呼吸暂停患者没有自主呼吸或呼吸动作，但无呼吸道阻塞；阻塞性呼吸暂停患者有呼吸动作，但是缺乏上部气道开放的神经肌肉控制，尽管患者持续进行呼吸动作，气流仍无法进入肺内；混合性呼吸暂停

NOTES

是中枢性、阻塞性两种呼吸暂停的联合，可以中枢性或阻塞性呼吸暂停任一种形式开始，以后可以两种交替或同时存在。三种呼吸暂停的发生率以混合性最多，占 50%~75%，阻塞性和中枢性分别为 10%~25% 及 10%~25%。

【诊断和鉴别诊断】

1. 新生儿呼吸暂停的诊断 足月儿呼吸暂停以继发性多见。通过认真询问病史、体格检查、实验室检查、各种辅助检查(如心电图、胸及腹部 X 线检查、脑电图、颅脑超声、MRI 等)找出引起呼吸暂停的可能病因。在排除引起继发性呼吸暂停的多种病因后，才能诊断早产儿原发性呼吸暂停。

2. 鉴别诊断 诊断呼吸暂停并不困难，关键鉴别是原发性和继发性，暂停还是周期性呼吸。

(1) 周期性呼吸：可有 10~15 秒短暂的呼吸停顿，以后又出现呼吸，心率和血氧饱和度都无变化，对新生儿的全身情况也无明显的影响。周期性呼吸是一良性过程，但两者之间的分界线尚有争议，有人认为呼吸暂停可能是周期性呼吸的进一步发展。

(2) 新生儿惊厥：有时呼吸暂停是惊厥的一种表现形式，称为脑性呼吸暂停，通常见于中枢神经系统疾病，如颅内出血、HIE 早期，常同时伴有其他轻微发作型惊厥的表现，或伴有肢体强直性惊厥。发作时脑电监护可见节律性 δ 波等惊厥时波形，应注意鉴别。

【新生儿呼吸暂停的监测】

早产儿，特别是小于 34 周早产儿呼吸暂停发生率高，生后 1 周内要密切观察，有条件者给予呼吸、心率、脉搏血氧饱和度监护，特别是对围产期异常者。避免可能促发呼吸暂停的诱因，如减少咽部吸引及插管，避免颈部的过度屈曲或伸展等。必要时吸氧。

目前常用肺阻抗图技术监测仪，其原理为呼吸时的容量变化产生可测量的微小电阻变化，经放大并描记，但不能区分气道阻塞期间的呼吸动作和正常的呼吸，必须结合心肺监护仪监测心率和呼吸及脉搏血氧饱和度，尽早发现呼吸暂停。

【治疗】

首先应确定是原发性呼吸暂停还是继发性呼吸暂停。继发性呼吸暂停应治疗原发病。

1. 解除气道梗阻，改变体位 头高位倾斜 15°，俯卧位。

2. 物理刺激 发现呼吸暂停发生，立即给予物理刺激，促使呼吸恢复，如拍打、弹足底等，或用气囊面罩加压呼吸；给予感觉刺激，包括触觉、嗅觉、振动刺激对呼吸暂停治疗有效。作为最常用的干预措施，触觉刺激可能通过对脑干产生非特异性的兴奋性来引发呼吸。

3. 药物治疗 如呼吸暂停反复发作，应给予兴奋呼吸中枢的药物。目前甲基黄嘌呤类药物仍是治疗新生儿呼吸暂停的主要药物，包括咖啡因和氨茶碱。

(1) 枸橼酸咖啡因：副作用比氨茶碱小，半衰期比氨茶碱长，用药次数少，更安全。枸橼酸咖啡因目前为首选药物。首次负荷量 20mg/(kg·d)，20 分钟内静脉滴注，24 小时后维持量 5mg/(kg·d)，如果早产儿呼吸暂停不改善，可加至 10mg/kg，静滴或口服，有效血浓度为 5~25μg/L，疗程 5~7 天，可用至纠正胎龄 35 周。

(2) 氨茶碱：首次负荷量 5mg/kg，20 分钟内静脉滴注，12 小时后给维持量 2mg/kg，每 12 小时 1 次，静滴或口服。应监测有效血浓度，为 5~15μg/L，疗程 5~7 天。

4. 无创通气 药物治疗不能缓解呼吸暂停者可用经鼻持续气道正压通气或经鼻间歇正压通气，常用的是双鼻塞法，压力在 2~4cmH_2O，其机制可能与纠正缺氧有关。

(1) 经鼻持续气道正压通气(nCPAP)：对频繁发作的呼吸暂停，CPAP 正压可支撑上部气道，减少咽和喉部梗阻，同时持续保持呼气末正压和功能残气量，以保持气道通畅和氧合，兴奋肺泡牵张感受器，减少呼吸暂停的发作，对阻塞性及混合性呼吸暂停效果好。

(2) 经鼻间歇正压通气(NIPPV)：也能有效治疗呼吸暂停，减少气管插管和机械通气引起的肺损伤。

NOTES

(3) 高流量鼻导管通气：也有减轻呼吸暂停的功效。

5. 机械通气 如果无创通气不能控制呼吸暂停发作，应进行气管插管机械通气。如果患者肺部无器质性病变，肺顺应性好，用较低的呼吸机参数。初调参数如下：PIP 10~15cmH_2O，PEEP 2~4cmH_2O，FiO_2 0.21~0.4，呼吸频率 10~20 次/分、吸气时间 0.3~0.4 秒。

第六节 新生儿缺氧缺血性脑病

新生儿缺氧缺血性脑病（hypoxic-ischemic encephalopathy，HIE）是围产期窒息导致的脑缺氧缺血性损害。临床表现为一系列脑病的症状，部分患者可留有不同程度的神经系统后遗症。本病在我国是导致新生儿死亡的主要疾病之一。

【病因与病理】

1. 病因 围产期窒息是引起 HIE 的最主要原因（详见本章第四节）。此外，生后严重心肺疾病导致的低氧血症也可引发 HIE。

2. 病理学改变 病变的范围、分布和类型主要取决于脑损伤的严重程度及持续时间。脑水肿为早期主要病理改变，可见以下 5 种类型的其他病理损害：①选择性神经元坏死，主要累及大脑和小脑，重者累及脑干及延髓的神经元；②基底节、丘脑损伤，主要累及基底神经节和丘脑，常呈双侧对称性；③大脑矢状旁区损伤，多累及大脑额中回，经旁中央区至枕后部位；④脑梗死，大脑动脉或其分支发生阻塞，引起该供血区域脑组织的缺血坏死，从而形成梗死灶；⑤脑室周围白质软化（periventricular leukomalacia，PVL），早产儿多见，包括局灶性和弥漫性，局灶性 PVL 主要累及侧脑室的额部、体部和枕部三角区。

【发病机制】

（一）脑血流分布不平衡

缺氧缺血时，全身血流重新分配，血液优先供应重要器官，如心、脑、肾上腺等。尽管脑供血量增加，但并非脑内各区域均匀增加，首先保证代谢最旺盛的部位，如基底核、丘脑、脑干和小脑等，而脑动脉终末供血区域仍然是血流分布最薄弱部位。因此，一旦体内的代偿机制丧失，脑血流量减少，脑动脉终末供血区域将最先受累，故足月儿易发生矢状旁区损伤，早产儿易发生 PVL。

（二）脑血流自动调节功能不完善

脑血流具有自主调节功能，但新生儿的调节范围较小，轻微的血压波动即可导致脑组织过度灌注或缺血。缺氧缺血时，脑血管的自主调节功能障碍，形成“压力被动性脑循环”，即脑血液灌注随全身血压的变化而波动：若血压增高，可因脑血流的过度灌注发生出血；若血压下降，可因脑血流的减少而发生缺血性脑损伤。

（三）脑组织代谢改变

葡萄糖是脑组织能量的主要来源。缺氧时脑组织的无氧酵解增加，组织中乳酸堆积，ATP 产生减少，细胞膜上钠-钾泵、钙泵功能不足，使 Na^+、Ca^{2+} 与水进入细胞内，导致脑水肿。此外，氧自由基、兴奋性氨基酸和炎症因子等也与 HIE 发生有关，最终导致脑细胞发生水肿、死亡。

【临床表现】

1. 神经系统异常表现 主要表现为意识障碍、兴奋或抑制、肌张力及原始反射改变、惊厥和颅内高压等神经系统异常，重者可出现中枢性呼吸衰竭。惊厥常发生在出生后 12~24 小时，脑水肿则在 36~72 小时内最明显。根据临床表现，HIE 可分为轻、中、重度（表 6-6-1）。

2. 多器官受损表现 除神经系统以外，缺氧缺血可造成其他器官受损。不同组织、细胞对缺氧的敏感性各异，其中脑细胞最敏感，其次为心肌、肝和肾上腺；而上皮及骨骼肌细胞耐受性较高，因此各器官损伤发生的概率和程度各有差异：①呼吸系统，包括羊水或胎粪吸入、呼吸衰竭、肺出血等；②心血管系统，包括持续性肺动脉高压、缺氧缺血性心肌病等；③泌尿系统，包括肾功能不全、肾衰竭及肾静脉血栓形成等；④代谢方面，包括血糖紊乱、电解质紊乱、高碳酸血症等；⑤消化系统，如坏死性

NOTES

表 6-6-1 HIE 临床分度

分度	临床表现								
	意识	肌张力	拥抱反射	吸吮反射	惊厥	中枢性呼吸衰竭	瞳孔改变	脑电图（EEG）	病程及预后
轻	兴奋抑制交替	正常或稍增加	活跃	正常	可有肌阵挛	无	正常或扩大缩小	正常	症状在 72 小时内消失，预后好
中	嗜睡	减低	减弱	正常减弱	常有	有	对光反射迟钝	低电压，可有痫样放电	症状在 14 天内消失，可能有后遗症
重	昏迷	松软或间歇性伸肌张力增高	消失	消失	有或持续状态	明显	不对称或扩大	爆发抑制、等电位	症状可持续数周，病死率高；存活者多有后遗症

小肠结肠炎等；⑥血液系统，如弥散性血管内凝血等。

【辅助检查】

1. 实验室检查 通过新生儿脐血的血气分析结果了解患者宫内缺氧状况。血清肌酸激酶的同工酶 CK-BB 主要存在于脑和神经组织中，神经元特异性烯醇化酶（NSE）主要存在于神经元和神经内分泌细胞中，故 HIE 时血浆中 CK-BB（正常值<10U/L）及 NSE（正常值<6μg/L）活性升高，有助于评估脑损伤的程度。

2. 影像学检查 B 超具有无创、可床旁操作的优点，对脑水肿早期诊断较为敏感，但对矢状旁区的损伤难以识别。计算机断层扫描（CT）有助于了解颅内出血的部位和程度，对识别基底节、丘脑损伤、脑梗死、脑室周围白质软化具有较好的参考作用。磁共振成像（MRI）则是目前明确 HIE 损伤类型（特别是 B 超和 CT 难以识别的矢状旁区损伤）（图 6-6-1~图 6-6-4）、判定病变程度及评价预后的重要手段，尤其是弥散加权成像（DWI）可为早期（病后 1 或 2 天）评价脑损伤提供重要的影像学信息。

【诊断】

2005 年中华医学会儿科分会新生儿学组制定了足月儿 HIE 的诊断标准，具体如下。

1. 有明确的可导致胎儿宫内窘迫的异常产科病史，以及严重的胎儿宫内窘迫表现（胎心<100 次/分，持续 5 分钟以上和/或羊水Ⅲ度污染）或者在分娩过程中有明确窒息史。

2. 出生时有重度窒息，指 Apgar 评分 1 分钟≤3 分，并延续至 5 分钟时仍≤5 分，或者出生时脐

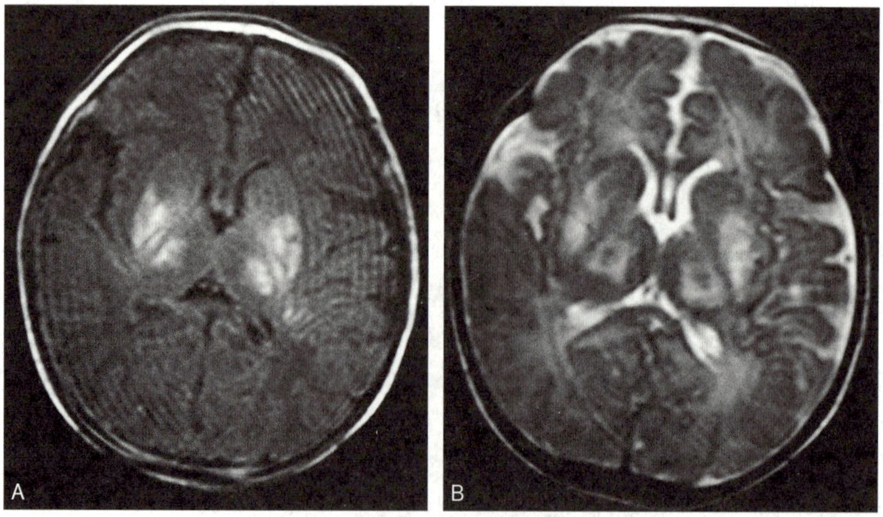

图 6-6-1 丘脑、基底节损伤（MRI）

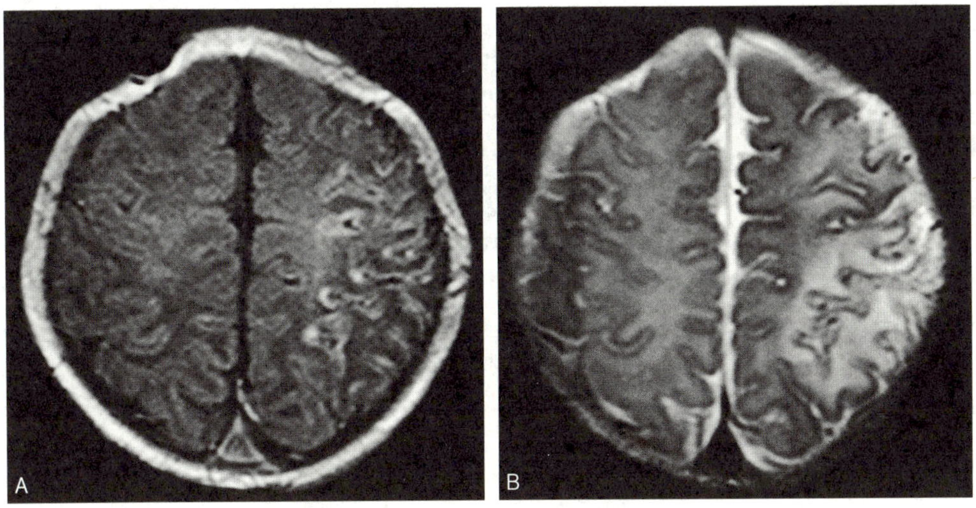

图 6-6-2　大脑皮质损伤（MRI）

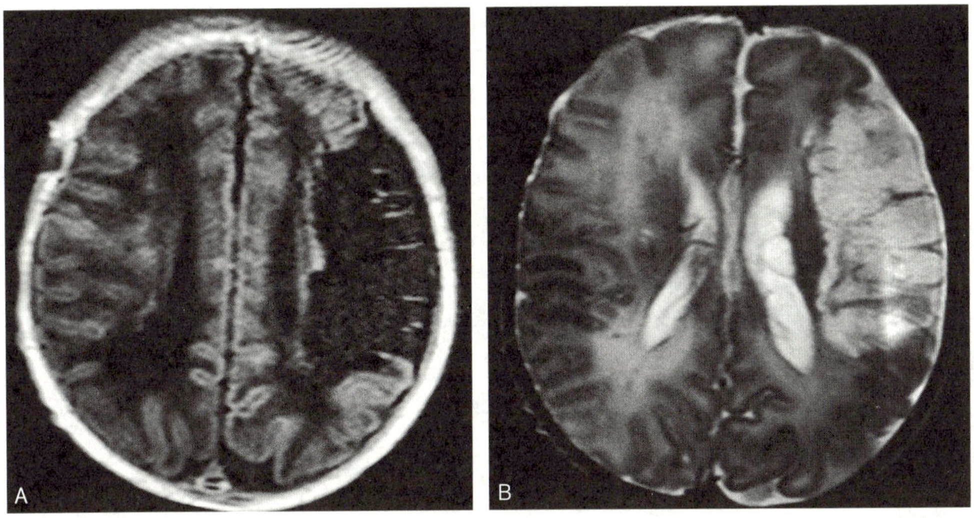

图 6-6-3　脑梗死（MRI）

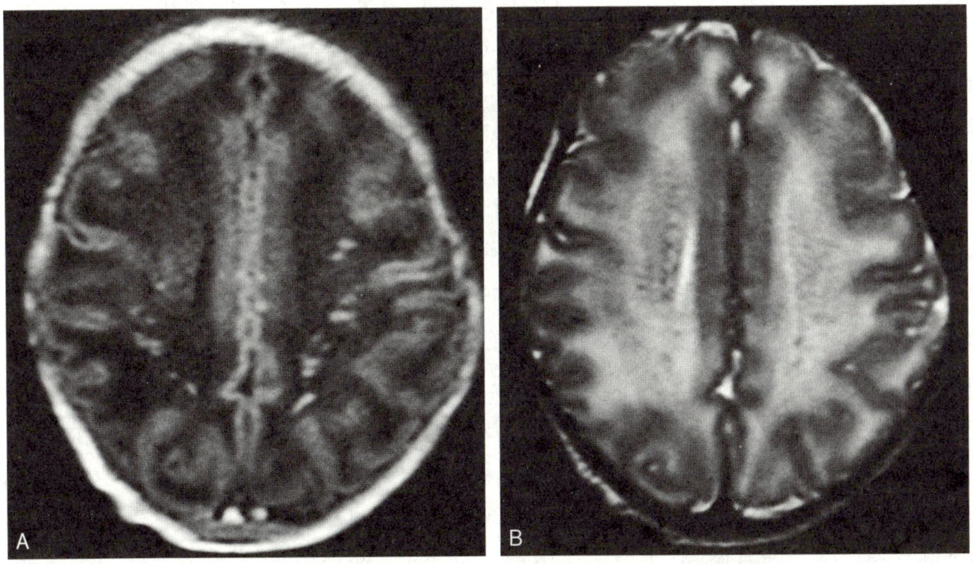

图 6-6-4　脑白质损伤（MRI）

动脉血气分析 pH≤7.00。

3. 出生后 24 小时内出现神经系统表现，如意识改变（过度兴奋、嗜睡、昏迷），肌张力改变（增高或减弱），原始反射异常（吸吮、拥抱反射减弱或消失），惊厥，脑干症状（呼吸节律改变、瞳孔改变、对光反应迟钝或消失）和前囟张力增高。

4. 排除低钙血症、低血糖、感染、产伤和颅内出血等为主要原因引起的抽搐，以及遗传代谢性疾病和其他先天性疾病所引起的神经系统疾病。

同时具备上述 4 条者可确诊；第 4 条暂时不能确定者可作为拟诊病例。目前尚无早产儿 HIE 的诊断标准。

尽管上述临床表现为 HIE 的诊断和病情分度提供了主要依据，但应注意与具有 HIE 相似临床表现的疾病（如中枢神经系统先天发育异常、感染、低血糖及遗传代谢性疾病等所导致的脑病）相鉴别。

【治疗】

（一）支持疗法

1. 维持良好的通气和换气功能，使血气保持在正常范围，可给予氧疗，必要时人工通气治疗。

2. 维持良好循环功能，必要时可应用多巴胺，维持心率、血压在正常范围，以保证各器官的血流灌注。

3. 维持血糖在正常范围，以保证脑内代谢所需能量。

（二）对症治疗

1. 控制惊厥 首选苯巴比妥，负荷量 20mg/kg，静脉缓慢推注，若惊厥不能控制，1 小时后再加用 10mg/kg，12~24 小时后改为维持量，每日 3~5mg/kg。对顽固性惊厥，可加用咪哒唑仑（midazolam），每次 0.05~0.20mg/kg 静脉注射，2~4 小时重复 1 次或持续静脉滴注 4~6μg/(kg·min)。也可用地西泮每次 0.1~0.3mg/kg 静脉缓慢注射，或 10% 水合氯醛，每次 0.5ml/kg，临时灌肠。应注意地西泮对呼吸有抑制作用，用药期间应密切观察呼吸情况。

2. 降低颅内压 首选呋塞米，每次 1mg/kg 静脉推注，如无明显改善，可使用 20% 甘露醇，每次 0.25~0.50g/kg 静脉注射酌情每 6~12 小时给药 1 次。

（三）亚低温疗法（mild hypothermia treatment）

亚低温治疗可以降低新生儿中、重度 HIE 的病死率和远期严重伤残的发生率，已成为中、重度 HIE 的重要治疗方法。

我国新生儿 HIE 亚低温治疗的选择标准为胎龄≥36 周和出生体重≥2 500g，并且同时存在下列情况：①有胎儿宫内窘迫的证据；②有新生儿窒息的证据；③有振幅整合脑电图（aEEG）脑功能监测异常的证据。

胎儿宫内窘迫的证据至少包括以下 1 项：①急性围产期事件，如胎盘早剥、脐带脱垂、严重胎心异常变异或迟发减速；②脐血 pH<7.00 或 BE>16mmol/L。

新生儿窒息的证据（满足以下 3 项中的任意 1 项）：①5 分钟 Apgar 评分<5 分；②脐带血或生后 1 小时内动脉血气分析 pH<7.00 或 BE>16mmol/L；③需正压通气至少 10 分钟。

新生儿 HIE 诊断依据中华医学会儿科学分会新生儿学组制定的新生儿 HIE 诊断标准。

aEEG 脑功能监测异常的证据，至少描计 20 分钟并存在以下任意 1 项：①严重异常，上边界电压≤10μV；②中度异常，上边界电压>10μV 和下边界电压<5μV；③惊厥。

新生儿 HIE 有以下情况不适合进行亚低温治疗：①存在严重的先天性畸形，特别是复杂青紫型先天性心脏病、复杂神经系统畸形，存在 21、13 或 18-三体等染色体异常；②颅脑创伤或重度颅内出血；③全身性先天性感染；④临床有自发性出血倾向或血小板（PLT）<50×10^{9}/L。

亚低温有选择性头部亚低温（冰帽系统）和全身亚低温（冰毯系统）两种方式。目前没有证据表明哪种方式治疗新生儿 HIE 临床效果更好。选择性头部亚低温使鼻咽部温度维持在 33.5~34℃（目

NOTES

标温度)，可接受温度为33~34.5℃，同时直肠温度维持在34.5~35℃。全身亚低温使直肠温度维持在33.5~34℃(目标温度)，可接受温度为33~34.5℃。亚低温治疗最适宜在生后6小时内进行，越早越好，治疗时间为72小时。亚低温治疗复温后至少严密临床观察24小时，且最好出院后随访至生后18个月。

(四) 新生儿期后的治疗及早期干预

待病情稳定后，根据HIE患者的具体情况，尽早行智能与体能的康复训练，有利于促进脑功能的恢复和减少后遗症的发生。

【预防】

防止围产期窒息，及时正确复苏是预防新生儿缺氧缺血性脑病的关键。

第七节　新生儿颅内出血

新生儿颅内出血(intracranial hemorrhage of the newborn)是新生儿脑损伤的常见类型，与围产期窒息和产伤密切相关。早产儿多见，胎龄越小，其发生率越高。足月儿多为硬膜下出血和蛛网膜下腔出血，而早产儿则以脑室周围-脑室内出血多见。

【病因与发病机制】

(一) 早产

胎龄32周以下的早产儿，在脑室周围的室管膜下及小脑软脑膜下的颗粒层均存留胚胎生发基质(germinal matrix，GM)。GM的血液供应源于大脑前动脉及中动脉，其管壁由仅含内皮细胞的毛细血管网组成，缺乏弹力纤维的支撑。GM的内皮细胞对缺氧及酸中毒极为敏感，易发生坏死、崩解而出血。此外，基质区域静脉系统通过U形回路汇于大脑大静脉(盖伦静脉，Galen vein)。这种特殊的走行，容易因血流动力学的变化而发生血流缓慢，致使毛细血管床压力增加而破裂出血。因此，早产儿所特有的脑室管膜下胚胎生发基质的解剖学结构特点，是早产儿好发脑室内出血的主要原因。32周以后GM逐渐退化，至足月时基本消失。

(二) 血流动力学异常

缺氧、酸中毒等均可损害脑血流的自主调节功能，使其变为"压力被动性脑循环"，此时压力的波动可直接作用于末端毛细血管，使其破裂出血。低氧和高碳酸血症可使脑血管扩张，静脉淤滞，压力增高而引起栓塞和出血。此外，当新生儿存在先天性心脏病、气胸、抽搐等情况时，或者在机械通气过程中出现人机对抗等，均可引起血压波动并可能造成毛细血管破裂而导致出血。

(三) 外伤

新生儿颅内出血主要为产伤所致，如胎位不正、胎儿过大、产程异常、使用产钳、胎头吸引器等，可导致小脑幕、大脑镰撕裂和脑表浅静脉破裂而发生硬膜下出血。

(四) 其他

母孕期服苯妥英钠、苯巴比妥、利福平等药物，新生儿有凝血机制障碍，脑血管发育畸形，不适当地输入高渗溶液(如甘露醇等)等均可导致血管破裂而发生出血。

【临床表现】

临床表现与出血部位和出血量密切相关。轻者可无症状，重者可死亡。主要症状及体征如下：①神志改变，如烦躁不安、激惹或嗜睡，重者昏迷；②呼吸不规则，甚至呼吸暂停；③颅内压升高，如前囟隆起，血压增高，抽搐；④瞳孔不等大，对光反射减弱或消失，凝视，眼球震颤等；⑤原始反射减弱和消失。此外，若患者不明原因贫血、频繁呼吸暂停及休克等，应注意颅内出血的发生。

新生儿颅内出血主要包括如下几种类型。

1. 脑室周围-脑室内出血(periventricular-intraventricular hemorrhage，PV-IVH)　常见于胎龄<32周的早产儿，多在生后72小时内发生，可表现为呼吸暂停、嗜睡、肌张力减低等，还可伴有心动过

NOTES

缓、体温降低、低血压等，但有 25%~50% 患者可无明显症状。根据头颅 B 超或 CT 检查分为Ⅳ级。Ⅰ级：室管膜下胚胎生发基质出血（subependymal hemorrhage，SHE）；Ⅱ级：SHE 流入脑室，引起脑室内出血；Ⅲ级：脑室内出血伴脑室扩大；Ⅳ级：Ⅲ级出血伴脑实质出血。其中Ⅲ、Ⅳ级常留有神经系统后遗症（图 6-7-1~图 6-7-4）。

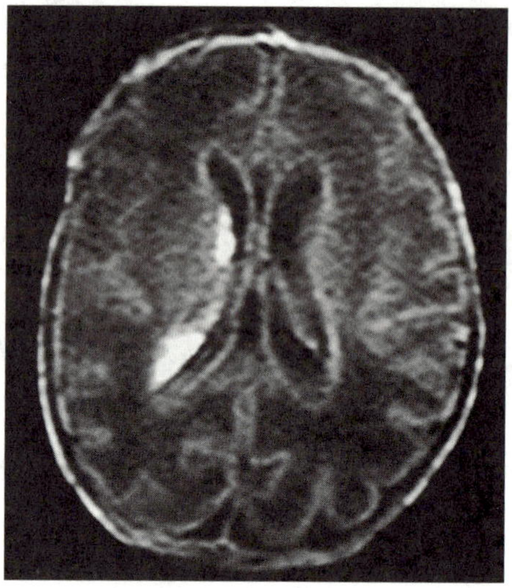

图 6-7-1 室管膜下出血（MRI）

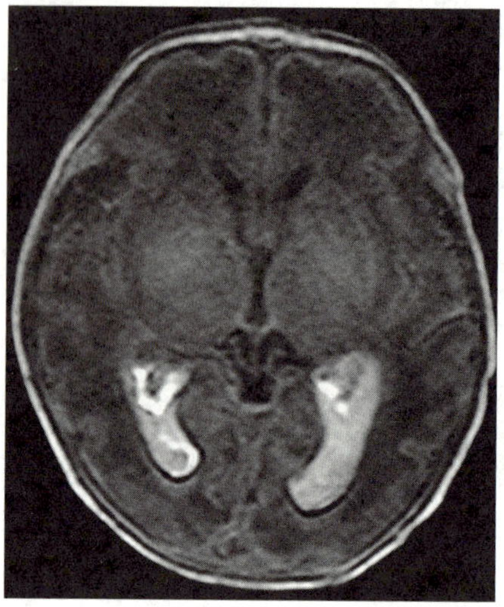

图 6-7-2 脑室内出血不伴脑室扩大（MRI）

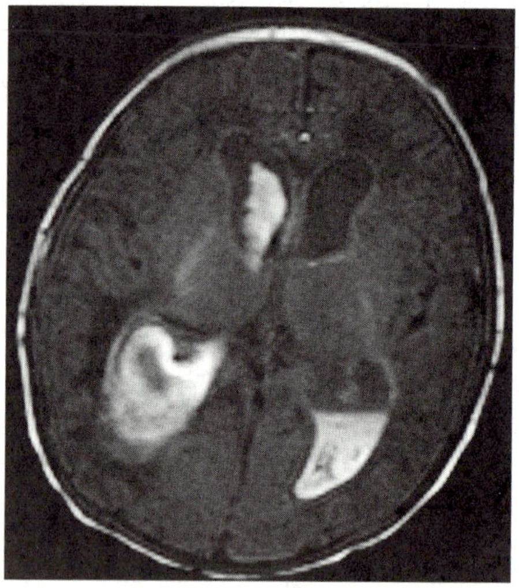

图 6-7-3 脑室内出血伴脑室扩大（MRI）

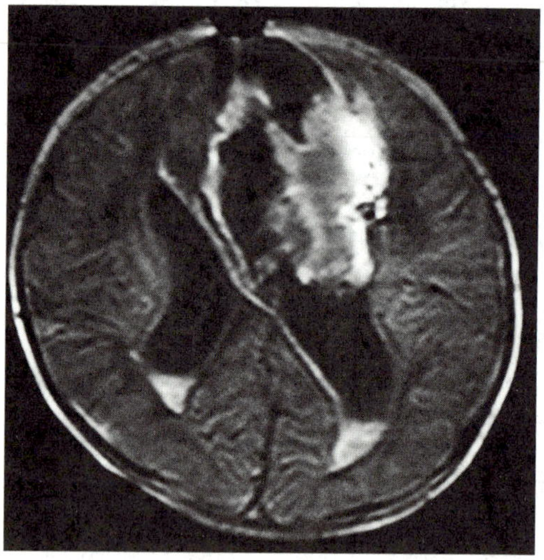

图 6-7-4 脑室内出血伴脑实质出血（MRI）

2. 蛛网膜下腔出血 指原发性蛛网膜下腔出血（subarachnoid hemorrhage，SAH），而非继发于硬膜下或脑室内出血（图 6-7-5）。出血多源于小静脉，如蛛网膜下腔内的桥静脉，常位于大脑表面和颅后窝内。足月儿常由产伤引起，早产儿多与窒息缺氧有关。少量 SAH 可无临床症状，预后良好。出血量较大者可表现为惊厥、意识障碍、肌张力减低和中枢性呼吸衰竭，甚至死亡。出血量较大者可因脑脊液循环通路受阻而发生脑积水。

3. 硬膜下出血（subdural hemorrhage，SDH） 多见于巨大儿、胎位异常、难产或产钳助产者。机械性损伤使上矢状窦附近的大脑镰或小脑幕撕裂，静脉窦和大脑表浅静脉破裂引起出血（图 6-7-6）。少量出血可无症状，出血量较大者常在出生 24 小时后出现惊厥等神经系统症状。严重者可在出生后数小时内死亡。也有患者在新生儿期症状不明显，数月后发生慢性硬膜下积液。

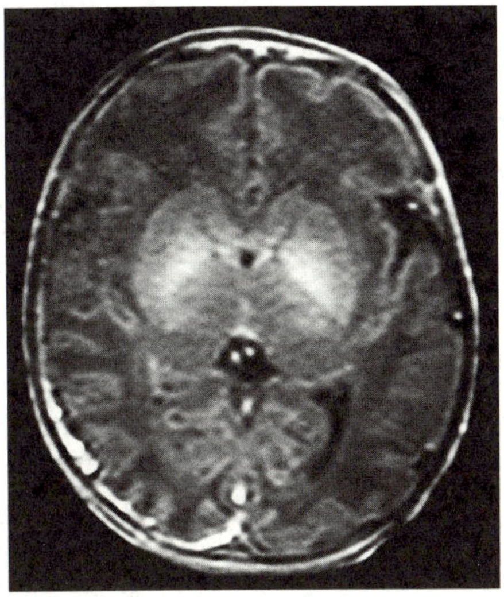

图 6-7-5　蛛网膜下腔出血(MRI)

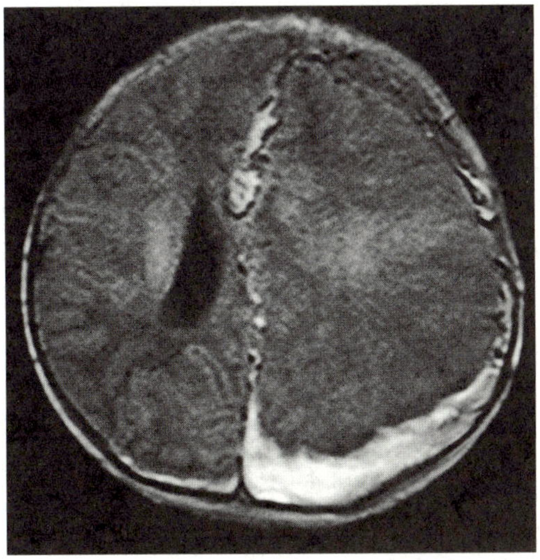

图 6-7-6　硬膜下出血(MRI)

4. 脑实质出血(intraparenchymal hemorrhage,IPH)　多由小静脉栓塞后,毛细血管压力增高导致破裂而出血。临床表现与出血部位和出血量多少密切相关。若出血部位位于脑干,早期可见瞳孔变化、呼吸不规则和心动过缓,前囟张力可不高。常会遗留不同程度的神经系统后遗症,如脑瘫、精神发育迟缓等。出血部位可液化形成囊肿,若囊肿与脑室相通,称为脑穿通性囊肿。

5. 小脑出血(intracerebellar hemorrhage,ICH)　包括原发性小脑出血,脑室内或蛛网膜下腔出血蔓延至小脑,小脑撕裂和血管破裂所致的出血。常见于 32 周以下的早产儿,足月儿多由产伤引起。主要表现为脑干受压的症状,如呼吸不规则、心动过缓、眼球偏斜、面瘫、肢体肌张力增高、角弓反张等。病情可迅速恶化,在短时间内死亡。部分患者病程进展缓慢,临床症状可改善。

【诊断】

1. 详细询问妊娠史、分娩史、有无窒息及复苏等情况。

2. 详细观察临床表现,重视神经系统体征。

3. 检查有无凝血功能的异常,动态观察血红蛋白有无进行性下降。

4. 影像学检查是确诊的重要依据。MRI 是目前明确出血部位及程度、预后评价的最重要检测手段;B 超对 PV-IVH 诊断具有无创、操作方便的优势。

【治疗】

1. 一般治疗　保持患者安静,尽量减少刺激性操作;维持血压正常,保证足够热量和水、电解质平衡。

2. 止血　维生素 K_1、凝血酶等,必要时可选用新鲜冰冻血浆。

3. 对症治疗　有惊厥时可用苯巴比妥、咪哒唑仑或地西泮等抗惊厥药;有脑水肿和颅内压增高症状者可选用呋塞米或小剂量的甘露醇;严重贫血及出血引起休克时应输血。

4. 脑积水的监测与治疗　对重度 PV-IVH 病例,应每日测量头围,至少每周 1 次超声检查,以发现早期无症状性脑积水。外科手术治疗是迅速缓解脑积水的有效方法。

【预防】

做好孕妇保健工作,避免早产。提高产科技术,减少新生儿窒息和产伤的发生。及时治疗有凝血功能障碍及出血性疾病的孕妇,及时纠正新生儿异常凝血状况,纠正酸碱失衡。提高医护质量,避免各种可能导致医源性颅内出血的因素,如防止血压过大波动、避免快速大量输液、慎用高渗液体等。

NOTES

第八节 新生儿黄疸

新生儿黄疸（neonatal jaundice）是由胆红素在体内积聚引起的皮肤或其他组织、器官黄染，是新生儿期最常见的临床问题。新生儿血清总胆红素超过5~7mg/dl可出现肉眼可见的黄疸。未结合胆红素（unconjugated bilirubin）增高是新生儿黄疸最常见的表现形式，重者可引起胆红素脑病（详见本章第九节“新生儿溶血病”），造成神经系统损害，严重者可死亡。

一、胎儿和新生儿胆红素代谢的生理

在胎儿期，肝脏代谢不活跃，胎儿红细胞破坏后所产生的胆红素主要由母亲肝脏处理。如胎儿红细胞破坏过度，母亲肝脏不能处理过多的胆红素，脐带和羊水可黄染。胎儿肝脏也能处理少量胆红素，当胎儿胆红素水平增加超过其肝脏处理能力时，新鲜脐血中可检测到较高水平的胆红素。

胆红素多来源于衰老红细胞。红细胞经网状内皮系统破坏后所产生的血红素约占75%，其他来源的血红素约占25%。血红素在血红素加氧酶（heme oxygenase）的作用下转变为胆绿素，后者在胆绿素还原酶（biliverdin reductase）的作用下转变成胆红素；在血红素转变至胆绿素的过程中产生内源性一氧化碳（CO），故临床上可通过呼出气CO含量来评估胆红素的产生速率。1g血红蛋白可产生34mg未结合胆红素。

胆红素的转运、肝脏摄取和处理：血中未结合胆红素与白蛋白联结，以复合物形式转运至肝脏进行代谢。未结合胆红素与白蛋白联结后不易进入中枢神经系统。未与白蛋白联结的游离状态的未结合胆红素呈脂溶性，能够通过血脑屏障，进入中枢神经系统，重者可引起胆红素脑病。某些情况，如低白蛋白血症、窒息、酸中毒、感染、早产和低血糖等，可显著降低胆红素与白蛋白联结率；静脉用脂肪乳剂和某些药物如磺胺、头孢类抗生素、利尿剂等也可竞争性影响胆红素与白蛋白的联结。胆红素到达肝细胞表面后被肝细胞质的蛋白（Y和Z蛋白）结合转运至光面内质网，在尿苷二磷酸葡萄糖醛酸基转移酶（UDP-glucuronosyltransferase，UDPGT）的催化下，每一分子胆红素结合二分子的葡萄糖醛酸，形成水溶性的结合胆红素（conjugated bilirubin），后者经胆汁排泄至肠道。肠道内的结合胆红素在细菌作用下形成粪胆原和尿胆素后随粪便和尿排出。部分排入肠道的结合胆红素可被肠道的β-葡萄糖醛酸酐酶水解成未结合胆红素，后者可通过肠壁经门静脉重吸收到肝脏再行处理，形成肠肝循环（enterohepatic circulation）；在病理情况下，如肠梗阻、肠闭锁等，肠肝循环显著增加，血胆红素水平增高。

二、新生儿胆红素代谢特点

新生儿期血清胆红素水平增高的主要原因如下。

（一）胆红素生成过多

新生儿生成的胆红素明显高于成人（新生儿8.8mg/kg，成人3.8mg/kg），其原因是：胎儿血氧分压低，红细胞代偿增加，出生后血氧分压升高，过多的红细胞被破坏；新生儿红细胞寿命相对短（早产儿约70天，足月儿约80天，成人为120天），且血红蛋白的分解速度是成人的2倍；肝脏和其他组织中的血红素及骨髓未成熟红细胞较多。

（二）血浆白蛋白联结胆红素的能力不足

刚娩出的新生儿常有不同程度的酸中毒，可减少胆红素与白蛋白联结；胎龄越小，白蛋白含量越低，联结胆红素的量也越少。

（三）肝细胞处理胆红素能力差

未结合胆红素与Y、Z蛋白结合进入肝细胞代谢；新生儿出生时肝细胞内Y、Z蛋白含量低（生后5~10天达正常），UDPGT含量也低（生后1周接近正常）且活性差（仅为正常的0~30%），因此，生成结

NOTES

合胆红素较少；肝细胞将结合胆红素排泄到肠道的能力低下，早产儿更为明显，可出现暂时性肝内胆汁淤积。

（四）肠肝循环特点

新生儿肠蠕动性差且肠道菌群尚未完全建立，而肠道内β-葡萄糖醛酸酐酶活性相对较高，可将结合胆红素转变成未结合胆红素，再通过肠道重吸收，导致肠肝循环增加，血胆红素水平增高。此外，胎粪排出延迟，也可使胆红素重吸收增加。

饥饿、缺氧、脱水、酸中毒、红细胞增多症、头颅血肿或颅内出血时黄疸加重。

三、新生儿黄疸分类

目前高胆红素血症风险评估的方法是采用小时龄胆红素值（图6-8-1）；同时也根据不同胎龄、生后小时龄和是否存在高危因素来评估相应的胆红素水平以及是否需要治疗（图6-8-2）。高危因素指临床上常与重度高胆红素血症并存的因素，高危因素越多，发生重度高胆红素血症及胆红素脑病的概率也愈大；新生儿溶血病、葡萄糖-6-磷酸脱氢酶（G6PD）缺乏、缺氧、酸中毒、感染、低白蛋白血症等均是高危因素。

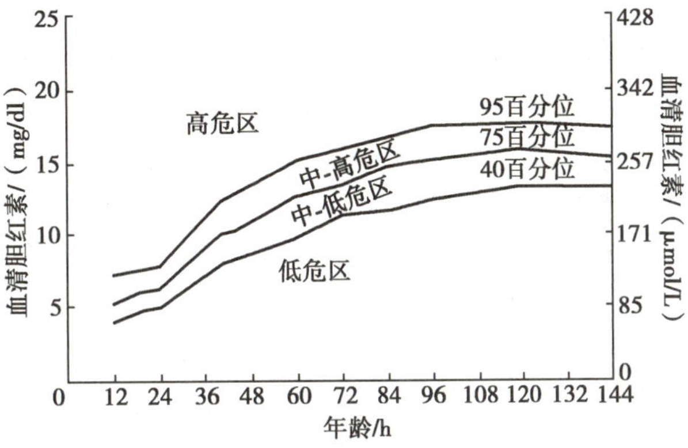

图6-8-1 新生儿小时胆红素列线图（Bhutani）

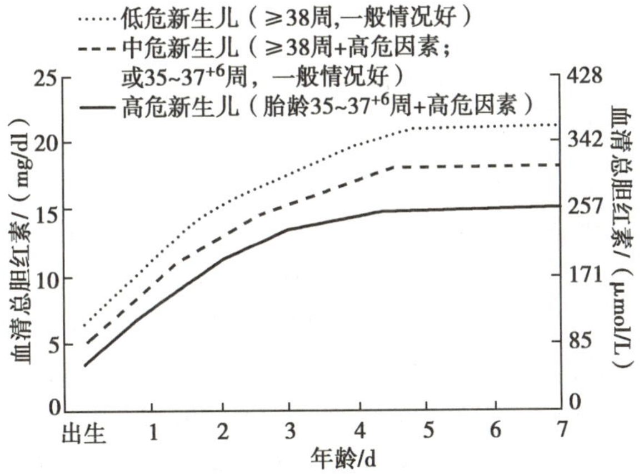

图6-8-2 >35周新生儿不同胎龄和生后小时龄的光疗标准

（一）生理性黄疸（physiological jaundice）

生理性黄疸是排除性诊断，其特点为：①一般情况良好；②生后2~3天出现黄疸，4~5天达高峰，5~7天逐渐消退，足月儿最迟不超过2周；早产儿最长可延迟至3~4周；③每日血清胆红素升高<85μmol/L（5mg/dl）；④血清总胆红素值未达到相应日龄及相应危险程度下的光疗干预标准（见图6-8-2）。

（二）病理性黄疸（pathologic jaundice）

病理性黄疸一般是由病理因素引起的胆红素水平异常增高，也有属于生理性黄疸的延续或加重的情况。病理性黄疸的特点：①生后24小时内出现黄疸；②血清总胆红素值已达到相应日龄及相应危险程度下的光疗干预标准（见图6-8-2），或每日上升超过85μmol/L（5mg/dl）；③黄疸持续时间长，足月儿>2周，早产儿>4周；④黄疸退而复现；⑤血清结合胆红素>34μmol/L（2mg/dl）。具备其中任何一项即可诊断为病理性黄疸。

病理性黄疸根据其发病原因分为三类。

1. 胆红素生成过多 过多红细胞的破坏使胆红素增多。

（1）红细胞增多症：静脉血红细胞>6×10^{12}/L，血红蛋白>220g/L，血细胞比容>65%，常见于母-胎或胎-胎输血、宫内生长迟缓及孕母为糖尿病患者等情况。

（2）血管外溶血：如严重的颅内出血、头颅血肿、肺出血等。

（3）同族免疫性溶血：如ABO或Rh血型不合溶血病等。

（4）感染：细菌、病毒、真菌等引起的重症感染皆可致溶血，以金黄色葡萄球菌、大肠埃希菌引起的败血症多见。

（5）肠肝循环增加：先天性肠道闭锁、巨结肠、饥饿和喂养延迟等均可使肠肝循环增加，胆红素重吸收增加。

（6）母乳喂养与黄疸：母乳喂养相关的黄疸（breast feeding-associated jaundice）常指母乳喂养的新生儿在生后1周内，由于母乳量少、热卡和液体摄入不足、排便延迟等，血清胆红素升高。约2/3母乳喂养的新生儿可出现此类黄疸，可通过增加母乳喂养量和频率而缓解，母乳不足时添加配方奶。

母乳性黄疸（breast milk jaundice）指母乳喂养的新生儿在生后3个月内仍有黄疸，表现为高未结合胆红素血症，通常为排除性诊断。黄疸出现于出生1周后，2周左右达高峰，然后逐渐下降。若继续母乳喂养，黄疸可延续4~12周消退。部分母亲母乳中的β-葡萄糖醛酸酐酶水平较高，可在婴儿肠道内降解结合胆红素，使胆红素再吸收增加，增加了肝脏处理胆红素的负担。母乳性黄疸一般不需治疗，停喂母乳24~48小时，黄疸可明显减轻；但对于胆红素水平较高者应密切观察或干预。

（7）红细胞酶缺陷：葡萄糖-6-磷酸脱氢酶（G6PD）等缺陷可影响红细胞代谢，使红细胞膜脆性增加，变形能力减弱，滞留和被网状内皮系统破坏。

（8）红细胞形态异常：如遗传性球形红细胞增多症、遗传性椭圆形细胞增多症等，红细胞膜结构异常，使红细胞破坏增加。

（9）血红蛋白病：如地中海贫血等，血红蛋白肽链数量和质量缺陷引起溶血。

（10）其他：维生素E缺乏和低锌血症等，使细胞膜结构改变，导致溶血。

2. 肝脏胆红素代谢障碍 由于肝细胞摄取和结合胆红素的功能低下，血清未结合胆红素升高。

（1）缺氧和感染：均可抑制肝脏UDPGT的活性。

（2）克纳（Crigler-Najjar）综合征：先天性UDPGT缺乏。Ⅰ型属常染色体隐性遗传，酶完全缺乏，酶诱导剂治疗无效。患者很难存活，生后数年内需长期治疗，以降低血清胆红素和预防胆红素脑病；肝移植可以改善UDPGT酶活性。Ⅱ型属常染色体显性遗传，酶活性低下，发病率较Ⅰ型高；酶诱导剂如苯巴比妥治疗有效。

（3）吉尔伯特（Gilbert）综合征：是一种良性高未结合胆红素血症，属常染色体显性遗传，由肝细胞摄取胆红素功能和肝脏UDPGT活性降低所致。其UDPGT活性降低的机制与基因突变致酶活力降低有关。在新生儿期常由于肝细胞结合胆红素功能低下而表现为高胆红素血症。

（4）Lucey-Driscoll综合征：家族性暂时性黄疸。特点为该母亲所生的所有新生儿在生后48小时内表现为严重的高未结合胆红素血症，其原因为妊娠后期孕妇血清中存在一种葡萄糖醛酸转移酶抑制物，使新生儿肝脏UDPGT酶活性被抑制，新生儿早期黄疸重，2~3周自然消退。

（5）药物：某些药物如磺胺、水杨酸盐、维生素K_3、吲哚美辛、西地兰等可竞争Y、Z蛋白的结合位点。

（6）先天性甲状腺功能减退：甲状腺功能减退时，肝脏UDPGT活性降低可持续数周至数月，还可以影响肝脏胆红素的摄取和转运。甲状腺素治疗后，黄疸常明显缓解。

（7）其他：脑垂体功能低下和21-三体综合征（唐氏综合征）等常伴有血胆红素升高或生理性黄疸消退延迟。

3. 胆汁排泄障碍 肝细胞排泄结合胆红素障碍或胆管受阻，可致高结合胆红素血症。

（1）新生儿肝炎：多由病毒引起的宫内感染所致。常见的病原体有乙型肝炎病毒、巨细胞病毒等。

（2）先天性代谢性疾病和内分泌疾病：α_1-抗胰蛋白酶缺乏症、半乳糖血症、果糖不耐受症、糖原贮积病及脂质贮积病（尼曼-皮克病、戈谢病）、重症甲状腺疾病等可致肝细胞损害。

（3）杜宾-约翰逊（Dubin-Johnson）综合征：先天性非溶血性黄疸-结合胆红素增高Ⅰ型，较少见，是由肝细胞分泌和排泄结合胆红素障碍所致，可出现未结合和结合胆红素增高，预后好。

NOTES

（4）胆道闭锁：由于先天性胆道闭锁或先天性胆总管囊肿，肝内或肝外胆管阻塞，结合胆红素排泄障碍。胆道闭锁的新生儿，黄疸可在2~4周出现，大便呈灰白色，血清结合胆红素显著增高。胆汁黏稠综合征是由于胆汁淤积在小胆管中，结合胆红素排泄障碍，也可见于严重的新生儿溶血病。胆汁淤积性黄疸的早期诊断和干预很重要。在生后60天内做引流手术效果较好，后期（生后3个月）胆汁性肝硬化的发生造成肝脏不可逆的损伤。引流手术无效者，肝移植是治疗选择。

第九节 新生儿溶血病

新生儿溶血病（hemolytic disease of newborn，HDN）指母、子血型不合引起的同族免疫性溶血（isoimmune hemolytic disease）。在已发现的人类43个血型系统中，以ABO血型不合所致的溶血最常见，Rh血型不合较少见。ABO溶血病占新生儿溶血病的85.3%，Rh溶血病占14.6%，MN（少见血型）等溶血病占0.1%。

【病因和发病机制】

由父亲遗传而母亲所不具有的显性胎儿红细胞血型抗原，通过胎盘进入母体，刺激母体产生相应的血型抗体，当不完全抗体（IgG）进入胎儿血液循环后，与红细胞的相应抗原结合（致敏红细胞），在单核-吞噬细胞系统内被破坏，引起溶血。若母婴血型不合的胎儿红细胞在分娩时才进入母血，则母亲产生的抗体不使这一胎发病，而可能使下一胎发病（血型与上一胎相同）。

（一）ABO溶血

ABO溶血发生在母亲O型而胎儿A型或B型。

1. 40%~50%的ABO溶血病发生在第一胎。其原因是：O型母亲在第一胎妊娠前，已受到自然界A或B血型物质（某些植物、寄生虫、破伤风及白喉类毒素等）的刺激，产生抗A或抗B抗体（IgG）。

2. 在母子ABO血型不合中，仅1/5发生ABO溶血病。其原因为：①胎儿红细胞抗原性的强弱不同，导致抗体产生量的多少各异；②除红细胞外，A或B抗原存在于其他组织，只有少量通过胎盘的抗体与胎儿红细胞结合，其余的被组织或血浆中可溶性的A或B物质吸收。

（二）Rh溶血

Rh血型系统有6种抗原，即D、E、C、c、d、e（d抗原未测出，推测存在），其抗原性强弱为D>E>C>c>e，故Rh溶血病中以RhD溶血病最常见，其次为RhE溶血病。红细胞缺乏D抗原称为Rh阴性，而具有D抗原称为Rh阳性，中国人绝大多数为Rh阳性。但由于母亲Rh阳性（有D抗原），也可缺乏Rh系统其他抗原（如E），若胎儿具有该抗原时，也可发生Rh溶血病。母亲暴露于Rh血型不合抗原的机会主要有：①曾输注Rh血型不合的血液；②分娩或流产时接触Rh血型不合抗原；③在孕期与母亲Rh抗原不同的胎儿红细胞经胎盘进入母体。

Rh溶血病一般不发生在第一胎，是因为自然界无Rh血型物质，Rh抗体只能由人类红细胞Rh抗原刺激产生。Rh阴性母亲首次妊娠，于妊娠末期或胎盘剥离（如流产）时，Rh阳性的胎儿血进入母血中，约经过8~9周产生IgM抗体（初发免疫反应），此抗体不能通过胎盘，以后虽可产生少量IgG抗体，但胎儿已经娩出。如母亲再次妊娠（与第一胎Rh血型相同），怀孕期即使有少量（低至0.2ml）胎儿血进入母血，也可于几天内产生大量IgG抗体（次发免疫反应），抗体通过胎盘引起胎儿溶血。

既往输过Rh阳性血的Rh阴性孕妇，第一胎可发病。极少数Rh阴性孕妇虽未接触过Rh阳性血，其第一胎也发生Rh溶血病，可能是由于Rh阴性孕妇的母亲（外祖母）为Rh阳性，孕妇的母亲怀孕时已使孕妇致敏，导致第一胎也发病。

另外，当存在ABO血型不合时，Rh血型不合的溶血常不易发生；其机制可能是ABO血型不合所产生的抗体已破坏了进入母体的胎儿红细胞，使胎儿Rh抗原不能被母体免疫系统所发现。

【病理生理】

ABO溶血除引起黄疸外，其他改变不明显。Rh溶血可造成胎儿重度贫血，甚至心力衰竭。重度

NOTES

贫血、低蛋白血症和心力衰竭可导致胎儿全身水肿。贫血严重时，髓外造血增强，可出现肝脾大。胎儿血中的胆红素经胎盘进入母体，由母亲肝脏进行代谢，故娩出时黄疸往往不明显。出生后，由于新生儿处理胆红素的能力较差，所以出现黄疸。血清未结合胆红素过高可引起胆红素脑病（bilirubin encephalopathy）。

【临床表现】

症状轻重与溶血程度基本一致。多数ABO溶血病患者除黄疸外，无其他明显异常。Rh溶血病症状较重，严重者甚至死胎。

1. 黄疸 大多数血型不合溶血病患者生后24小时内出现黄疸并迅速加重。血清胆红素以未结合型为主，但如溶血严重，造成胆汁淤积，结合胆红素也可升高。

2. 贫血 程度不一。重症Rh溶血，生后即可有严重贫血或伴有心力衰竭。部分患者因其抗体持续存在，也可于生后3~6周发生晚期贫血。

3. 肝、脾大 Rh溶血病患者多有不同程度的肝、脾大，ABO溶血病患者则不明显。

【并发症】

胆红素脑病为新生儿溶血病最严重的并发症，多于生后4~7天出现症状。主要见于血清总胆红素（TSB）>20mg/dl（342μmol/L）或/和上升速度>0.5mg/（dl·h）[8.5μmol/（L·h）]的新生儿，尤其是早产儿和低出生体重儿；未结合胆红素水平过高，会透过血脑屏障，造成中枢神经系统功能障碍，如未积极有效治疗，可造成严重的永久性损害或死亡。增高的胆红素常造成基底神经节、下丘脑神经核和小脑神经元坏死，尸体解剖可见相应的神经核黄染，故胆红素脑病又称为核黄疸（kernicterus）。

目前将生后数周内胆红素所致的中枢神经系统损害称为急性胆红素脑病（acute bilirubin encephalopathy）。胆红素升高也可引起暂时性脑病（transient encephalopathy），指胆红素引起的可逆性神经系统损伤，临床表现为嗜睡、反应低下，但治疗后，随着胆红素的降低而症状消失。脑干听觉诱发电位显示各波形的潜伏期延长，但可随治疗而逆转。

胆红素脑病常在24小时内进展较快，临床可分为4个期。

第一期：表现为嗜睡、反应低下、原始反射减弱、肌张力减低等，偶有尖叫。持续约12~24小时。

第二期：出现抽搐、角弓反张和发热（多与抽搐同时发生）。轻者仅有双眼凝视，重者肌张力增高、呼吸暂停、双手紧握、双臂伸直内旋，出现角弓反张。持续12~48小时。

第三期：反应好转，抽搐减少，角弓反张逐渐消失，肌张力逐渐恢复。持续约2周。

第四期：出现典型的核黄疸后遗症表现，包括①手足徐动：出现不自主、无目的和不协调的动作；②眼球运动障碍：眼球向上转动障碍，形成"落日眼"；③听觉障碍：耳聋，对高频音失听；④牙釉质发育不良：牙呈绿色或深褐色。此外，可有脑瘫、智能落后、抽搐等严重后遗症。

【实验室检查】

（一）母子血型检查

检查母子ABO和Rh血型，证实有血型不合存在。

（二）检查有无溶血

1. 溶血时红细胞和血红蛋白减少，早期新生儿血红蛋白<145g/L可诊断为贫血；网织红细胞增高（>6%）；血涂片有核红细胞增多（>10/100个白细胞）。

2. 血清总胆红素和未结合胆红素明显增加。

3. 呼出气一氧化碳（exhaled carbon monoxide，ECO）含量的测定 是一种无创、简便的床旁检测方法，血红素在形成胆红素的过程中会释放出CO。测定呼出气中CO的含量可以反映胆红素生成的速度，可用以预测胆红素水平。若不能测定ECO，检测血液中碳氧血红蛋白（COHb）水平也可作为胆红素生成情况的参考。

（三）致敏红细胞和血型抗体测定

NOTES

1. 改良直接抗人球蛋白试验 即改良Coombs试验，是用"最适稀释度"的抗人球蛋白血清与充分洗涤后的受检红细胞悬液混合，如有红细胞凝聚为阳性，表明红细胞已致敏，为确诊试验。

2. 抗体释放试验（antibody release test） 通过加热等使患者血中致敏红细胞的血型抗体释放于释放液中，将与患者相同血型的成人红细胞（ABO 系统）或 O 型标准红细胞（Rh 系统）加入释放液中致敏，再加入抗人球蛋白血清，如有红细胞凝聚为阳性。抗体释放试验是检测致敏红细胞的敏感试验，也为确诊试验。

3. 游离抗体试验（free antibody test） 在患者血清中加入与其相同血型的成人红细胞（ABO 系统）或 O 型标准红细胞（Rh 系统）致敏，再加入抗人球蛋白血清，如有红细胞凝聚为阳性，表明血清中存在游离的 ABO 或 Rh 血型抗体，并可能与红细胞结合引起溶血。此项试验有助于评估是否有溶血的可能，但不是确诊试验。

【诊断】

（一）产前诊断

凡既往有不明原因的死胎、流产、新生儿重度黄疸史的孕妇及其丈夫均应进行 ABO、Rh 血型检查，不合者进行孕妇血清中抗体检测。孕妇血清中 IgG 抗体水平对预测是否可能发生 ABO 溶血病意义不大。Rh 阴性孕妇在妊娠 16 周时应检测血中 Rh 血型抗体作为基础值，以后每 1~4 周检测一次，当抗体效价上升，提示可能发生 Rh 溶血病。

（二）生后诊断

1. 溶血的诊断 新生儿娩出后黄疸出现早且进行性加重，有母子血型不合，改良 Coombs 和抗体释放试验中有一项阳性者即可确诊。其他诊断溶血的辅助检查有：血涂片检查球形红细胞、有核红细胞，ECO 或 COHb 水平等。

2. 胆红素脑病的辅助诊断 头颅 MRI 弥散加权成像表现为急性期基底神经节苍白球 T_1 高信号，数周后可转变为 T_2 高信号；脑干听觉诱发电位（BAEP）可见各波潜伏期延长，甚至听力丧失；BAEP 早期改变常呈可逆性。

【鉴别诊断】

新生儿溶血病需与以下疾病鉴别。

1. 先天性肾病 有全身水肿、低蛋白血症和蛋白尿，但无病理性黄疸和肝脾大。

2. 新生儿贫血 双胞胎的胎-胎间输血，或胎-母间输血可引起新生儿贫血，但无重度黄疸，溶血三项试验阴性。

3. 生理性黄疸 生理性黄疸期如有喂养减少、排便延迟、头颅血肿或红细胞增多等，也可出现过高的胆红素血症，甚至需要治疗和干预。血型不合及溶血试验在鉴别诊断中有重要意义。

【治疗】

（一）产前治疗

1. 提前分娩 既往有输血、死胎、流产和分娩史的 Rh 阴性孕妇，本次妊娠 Rh 抗体效价逐渐升至 1∶64 以上，分光光度计测定羊水胆红素值增高，提示宫内溶血；此时如羊水卵磷脂/鞘磷脂（L/S）>2，提示胎肺已成熟，可考虑提前分娩。

2. 血浆置换 Rh 抗体效价明显增高，但又不宜提前分娩的孕妇，可对孕母进行血浆置换，以换出抗体，减少胎儿溶血。该治疗目前在临床上已极少应用。

3. 宫内输血 对胎儿水肿或胎儿 Hb<80g/L，而胎儿肺未成熟者，可将与孕妇血清不凝集的浓缩红细胞在 B 超引导下注入脐血管内，以维持胎儿循环内有效的红细胞量，纠正贫血，继续妊娠。

4. 静脉注射免疫球蛋白（IVIG） 在孕 28 周尚未发生胎儿水肿前，给孕妇注射 IVIG，可抑制母体生成血型抗体，阻断血型抗体经胎盘转运至胎儿体内。IVIG 亦能抑制血型抗体破坏致敏红细胞。

（二）新生儿治疗

1. 光照疗法（phototherapy） 简称光疗，是降低血清未结合胆红素简单而有效的方法。

（1）指征：当血清总胆红素水平增高时，根据患者是否存在高危因素及生后日龄，对照日龄胆红

NOTES

素与光疗干预列线图(见图 6-8-2),当达到光疗标准时即可进行。

(2)原理:光疗作用下,未结合胆红素光异构化,形成构象异构体(configurational isomers)和结构异构体(structural isomer),即光红素(lumirubin,LR);上述异构体呈水溶性,可不经肝脏处理,直接经尿液排出。波长 425~475nm 的蓝光效果最佳。光疗主要作用于皮肤浅层组织,光疗后皮肤黄疸消退并不表明血清未结合胆红素已正常。

(3)设备:主要有光疗箱、光疗灯、发光二极管(LED)灯和光疗毯等。光疗方法有单面光疗和双面光疗;影响光疗效果的因素有光源强度、暴露在光照下的体表面积及光照时间等。光照强度以光照对象表面所受到的辐照度计算。辐照度由辐射计量器检测,单位为 $\mu W/(cm^2 \cdot nm)$。标准光疗为 8~10$\mu W/(cm^2 \cdot nm)$,强光疗>30$\mu W/(cm^2 \cdot nm)$。光照时,用黑色眼罩保护婴儿双眼,以免损伤视网膜,除会阴、肛门部用尿布遮盖外,其余部位均裸露。

(4)副作用:可出现发热、腹泻和皮疹,但多不严重,可继续光疗,暂停光疗后可自行缓解;当血清结合胆红素>68μmol/L(4mg/dl),且血清谷丙转氨酶和碱性磷酸酶增高时,光疗可使皮肤呈青铜色,即青铜症,此时应停止光疗,青铜症可自行消退。光疗时应适当补充水分。

(5)光疗过程中密切监测血清胆红素水平的变化,一般 6~12 小时监测 1 次。对于>35 周新生儿,一般当血清总胆红素<13~14mg/dl(222~239μmol/L)可停止光疗。

2. 药物治疗 ①白蛋白:当血白蛋白水平<25g/L,可输白蛋白以增加其与未结合胆红素的联结,减少胆红素脑病的发生;②静脉用免疫球蛋白:可抑制吞噬细胞破坏已被致敏的红细胞,用法为 0.5~1g/kg,于 2~4 小时内静脉滴入,必要时 12 小时后可重复应用。

3. 换血疗法(exchange transfusion)

(1)作用:换出血中游离抗体和致敏红细胞,减轻溶血;换出血中胆红素,防止发生胆红素脑病;纠正贫血,改善携氧,防止心力衰竭。

(2)指征:大部分 Rh 溶血病和个别严重的 ABO 溶血病需换血治疗。符合下列条件之一者即应换血:①对于出生胎龄 35 周以上的早产儿和足月儿,可参照图 6-9-1,在准备换血的同时先给予患者强光疗 4~6 小时,若血清总胆红素(TSB)水平未下降甚至持续上升,或免疫性溶血病患者在光疗后 TSB 下降幅度未达到 2~3mg/dl(34~50μmol/L),立即给予换血;②严重溶血,出生时脐血胆红素>4.5mg/dl(76μmol/L),血红蛋白<110g/L,伴有水肿、肝脾大和心力衰竭;③已有急性胆红素脑病的临床表现者。

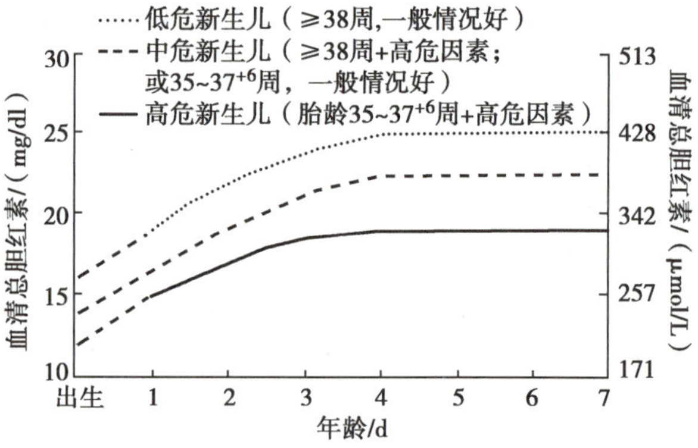

图 6-9-1 胎龄 35 周以上早产儿以及足月儿换血参考标准

(3)方法:①血源。Rh 溶血病应选用 Rh 系统与母亲同型、ABO 系统与患者同型的血液;ABO 溶血病选用 AB 型血浆和 O 型红细胞的混合血;有明显贫血和心力衰竭者,可用血浆减半的浓缩血。②换血量。一般为患者血量的 2 倍(约 150~180ml/kg),大约可换出 85% 的致敏红细胞和 60% 的胆红素及抗体。③途径。采用脐动、静脉或其他外周动、静脉同步换血。

4. 其他治疗 防治低血糖、低血钙、低体温,纠正缺氧、贫血、水肿、电解质紊乱和心力衰竭等。

【预防】

Rh 阴性孕妇在流产或分娩 Rh 阳性胎儿后,应尽早注射相应的抗 Rh 免疫球蛋白,以中和进入母血的 Rh 抗原。临床上目前常用的预防方法,是对 RhD 阴性孕妇在分娩 RhD 阳性胎儿后,72 小时内肌内注射抗 D 球蛋白 300μg,能取得较满意的预防效果。

NOTES

第十节　新生儿感染性疾病

一、新生儿败血症

新生儿败血症（neonatal septicemia）是指病原体侵入新生儿血液循环并生长、繁殖、产生毒素而造成的全身性炎症反应。常见病原体为细菌，但也可为真菌、病毒或原虫等其他病原体。本节主要阐述细菌性败血症（bacterial septicemia）。尽管医学发展迅速，但新生儿败血症的发病率和病死率仍居高不下。其发生率占活产儿的1‰~10‰，出生体重越轻，发病率越高，极低出生体重儿可达164‰，病死率13‰~50‰。本病早期诊断困难，易误诊，处理不及时可导致脓毒性休克（septic shock）和多器官功能障碍综合征（multiple organs dysfunction syndrome，MODS）。

【病因和发病机制】

病原菌因不同地区和年代而异，我国多年来一直以金黄色葡萄球菌和大肠埃希菌感染多见。近年来随着呼吸机和广谱抗生素的广泛应用，以及极低出生体重儿存活率提高等，机会致病菌（表皮葡萄球菌、铜绿假单胞菌、克雷伯菌、肠杆菌等）、厌氧菌（脆弱类杆菌、产气荚膜梭菌）以及耐药菌株所致的感染有增加趋势。B族链球菌（group B streptococcus，GBS）和李斯特菌感染在我国也逐渐增多。

1. 非特异性免疫功能　①屏障功能差，皮肤角质层薄，黏膜柔嫩易损伤，胃液酸度低使消化液的杀菌力弱，肠黏膜通透性大，血脑屏障功能薄弱：以上因素均有利于细菌进入血液循环致全身感染。②淋巴结发育不全，不能将感染局限在局部淋巴结。③补体途径的部分成分（C3、C5、调理素等）含量低，机体对细菌抗原的调理作用差。④中性粒细胞产生及储备少，趋化性和黏附性低；溶菌酶含量低，导致吞噬和杀菌能力不足。⑤单核细胞产生粒细胞-集落刺激因子（G-CSF）、白细胞介素8（IL-8）等细胞因子的能力低下。

2. 特异性免疫功能　①新生儿体内IgG主要来自母体，胎龄越小，其含量越低，因此早产儿更易感染；②IgM和IgA分子量较大，不能通过胎盘，新生儿体内含量很低，因此易患消化道及呼吸道感染；③新生儿T细胞主要为初始T细胞，不能产生足量的细胞因子，对外来特异性抗原的应答差；④巨噬细胞、自然杀伤细胞活性低。

【危险因素及临床表现】

1. 新生儿败血症的危险因素如下。

（1）早产和低出生体重。

（2）胎膜早破≥18小时。

（3）羊膜腔内感染：包括羊水、胎盘、绒毛膜感染，临床上主要指绒毛膜羊膜炎。

（4）有创诊疗措施：机械通气、中心静脉置管等有创操作增加了细菌进入新生儿血液循环的可能性。

（5）不合理应用抗菌药物。

（6）处理不恰当：消毒脐带不严、挑“马牙”、挤乳腺、挤痈疖等，都是导致新生儿败血症的高危因素。

2. 根据发病时间早晚，新生儿败血症可分为早发型和晚发型。

早发型败血症（early-onset sepsis，EOS）：生后3天内起病，感染发生在出生前或出生时，病原菌以革兰氏阴性杆菌为主，病情凶险，病死率高。

晚发型败血症（late-onset sepsis，LOS）：出生3天后起病，感染发生在出生后，病原菌以葡萄球菌和机会致病菌为主。

新生儿败血症的早期症状不典型，表现为反应差、嗜睡、少吃、少哭、少动，甚至不吃、不哭、不动，发热或体温不升，体重不增或增长缓慢，面色苍灰等。还可出现以下表现：①黄疸。表现为黄疸迅速

NOTES

加深或黄疸退而复现。②肝脾大。出现较晚，一般为轻至中度大。③出血倾向。皮肤黏膜瘀点、瘀斑，呕血，便血，肺出血，严重时发生DIC。④休克。皮肤大理石样花纹，毛细血管再充盈时间延长，血压下降，尿少或无尿。⑤可合并脑膜炎、肺炎、坏死性小肠结肠炎、肝脓肿和骨髓炎等。⑥其他。呼吸窘迫或暂停，呕吐，腹胀，中毒性肠麻痹。

【辅助检查】

1. 周围血象 白细胞总数$<5.0\times10^9/L$或$>20\times10^9/L$；不成熟中性粒细胞计数/总中性粒细胞计数（I/T）出生至3日龄≥0.16，≥3日龄≥0.12；血小板计数$<100\times10^9/L$。

2. 细菌培养 ①血培养：应在使用抗生素之前进行，可提高阳性率；②脑脊液：约有1/4的败血症患者合并细菌性脑膜炎，故应进行脑脊液检查；③尿培养：阳性有助诊断；④其他：胃液、脐残端分泌物、肺泡灌洗液等可做细菌培养。因新生儿抵抗力低，即使血中培养出机会致病菌也应重视，且阴性结果也不能排除败血症。

3. 直接涂片 外周血白细胞层涂片、脑脊液直接涂片找细菌，阳性结果意义大。

4. 急相蛋白 C反应蛋白（C-reactive protein，CRP）等在感染早期即可增高。细菌感染后6~8小时即上升，可高达正常值（<8mg/L）的数倍以上，当感染被控制后短期内即可下降，有助于疗效观察和预后判断。降钙素原（PCT）≥0.5mg/L提示异常，通常在感染后4~6小时开始升高，12小时达到峰值。但3日龄内新生儿降钙素原有生理性升高，参考范围应结合生后日龄。

5. 鲎试验 用于检测细菌内毒素，阳性提示有革兰氏阴性细菌感染。

6. 病原菌抗原检测 对流免疫电泳、酶联免疫吸附试验（enzyme-linked immunosorbent assay，ELISA）等方法可用于血、脑脊液和尿中致病菌抗原检测。

7. 基因诊断方法 质粒分析、聚合酶链反应（polymerase chain reaction，PCR）等方法可用于鉴别病原菌，有助于寻找感染源。

【诊断】

1. 新生儿早发型败血症 3日龄内。

（1）疑似诊断。有下列任何一项：①异常临床表现；②母亲有绒毛膜羊膜炎、全身感染或泌尿道感染；③早产，胎膜早破≥18小时。如无异常临床表现，血培养阴性，间隔24小时连续2次血非特异性检查<2项阳性，则可排除败血症。

（2）临床诊断。有临床异常表现，同时满足下列条件中任何一项：①血液非特异性检查5项（WBC+I/T+PLT+CRP+PCT）中≥2项阳性；②脑脊液检查为化脓性脑膜炎改变；③血中检出致病菌DNA或抗原。

（3）确定诊断。有临床表现，血培养或脑脊液培养阳性。

2. 新生儿晚发型败血症 临床诊断和确定诊断均为>3日龄，其余条件分别同新生儿早发型败血症。

【治疗】

1. 抗生素治疗用药原则 ①早用药：对临床拟诊败血症的新生儿，不必等血培养结果，应尽早用药。②合理用药、联合用药：病原菌未明确前可结合当地菌种流行病学特点和耐药菌株情况，选择针对革兰氏阳性和革兰氏阴性菌的两种抗生素联合使用；明确病原菌后改用药敏试验敏感的抗菌药（表6-10-1）；药物不敏感但临床有效者可暂不换药。③静脉给药。④疗程足：血培养阴性者经抗生素治疗病情好转后，应继续治疗5~7天；血培养阳性者至少需治疗10~14天，有并发症者应治疗3周以上。⑤注意药物剂量和毒副作用：1周以内的新生儿，尤其是早产儿，因肝肾功能不成熟，给药次数宜减少，但剂量应足够；鉴于氨基糖苷类抗生素的耳、肾毒性，国内不推荐常规使用。

2. 处理严重并发症 ①及时纠正休克：生理盐水扩容，给予血管活性药物，如多巴胺和多巴酚丁胺；②纠正酸中毒和低氧血症；③积极处理脑水肿和DIC。

NOTES

3. 清除感染灶 局部有脐炎、皮肤感染灶或其他部位化脓病灶时，应及时处理。

表 6-10-1 新生儿抗菌药物选择和使用方法

抗菌药物	每次剂量	每日次数/次		主要病原菌
		日龄 <7 天	日龄 >7 天	
青霉素	5 万~10 万 U	2	3	肺炎球菌、链球菌、对青霉素敏感的葡萄球菌、革兰氏阴性球菌
氨苄西林	50mg/kg	2	3	流感嗜血杆菌、革兰氏阴性杆菌、革兰氏阳性球菌
苯唑西林	25~50mg/kg	2	3 或 4	耐青霉素葡萄球菌
羧苄西林	100mg/kg	2	3 或 4	铜绿假单胞菌、变形杆菌、多数大肠埃希菌、沙门菌
哌拉西林	50mg/kg	2	3	铜绿假单胞菌、变形杆菌、大肠埃希菌、肺炎球菌
头孢拉定	50~100mg/kg	2	3	金黄色葡萄球菌、链球菌、大肠埃希菌
头孢呋辛酯	50mg/kg	2	3	革兰氏阴性杆菌、革兰氏阳性球菌
头孢噻肟	50mg/kg	2	3	革兰氏阴性菌、革兰氏阳性菌、需氧菌、厌氧菌
头孢曲松	50~100mg/kg	1	1	革兰氏阴性菌、耐青霉素葡萄球菌
头孢他啶	50mg/kg	2	3	铜绿假单胞菌、脑膜炎双球菌、革兰氏阴性杆菌、革兰氏阳性厌氧球菌
红霉素	10~15mg/kg	2	3	革兰氏阳性菌、衣原体、支原体、螺旋体、立克次体
万古霉素	10~15mg/kg	2	3	金黄色葡萄球菌、链球菌
美罗培南	20~40mg/kg	2	2 或 3	对绝大多数革兰氏阴性、革兰氏阳性需氧和厌氧菌有强大的杀菌作用
甲硝唑	7.5mg/kg	2	2 或 3	厌氧菌

4. 支持疗法 注意保暖，供给足够能量和液体，维持血糖和水、电解质平衡。

5. 免疫疗法 静脉注射免疫球蛋白，每日 300~500mg/kg，3~5 天。

二、新生儿细菌性脑膜炎

新生儿细菌性脑膜炎（neonatal bacterial meningitis）是新生儿期由细菌感染引起的最常见的一种颅内感染性疾病，病情凶险，但如治疗及时，则预后良好。因此，早期诊断和及时处理新生儿细菌性脑膜炎十分重要。大多数病例与新生儿败血症有关，病原菌多由血行播散至中枢神经系统。少数病例细菌可从脊柱裂、脑脊膜膨出处入侵，或由中耳炎等邻近组织的感染蔓延所致，早产儿更易发病。

【临床表现】

新生儿细菌性脑膜炎的临床表现不典型，早期诊断困难。任何患败血症的新生儿均需除外细菌性脑膜炎。早期症状与败血症相似，表现为嗜睡、喂养困难、体温不稳定、呼吸暂停、呕吐、腹胀和腹泻等。神经系统异常表现最常见为兴奋和抑制交替，其他包括惊厥、前囟饱满、昏迷等。当患者出现多尿、低血钠、低渗透压时要考虑存在抗利尿激素分泌不足，可使脑水肿加重，病情恶化，应予及时处理。主要并发症有脑室管膜炎、硬膜下积液和脑积水等。

【诊断】

有母亲围产期感染史、绒毛膜羊膜炎、胎膜早破等高危因素，可有皮肤黏膜、呼吸道、消化道等感染灶，如出现上述临床表现，脑脊液检查异常，尤其是找到细菌，可明确诊断。对患败血症的新生儿，即使无神经系统症状，均应考虑做脑脊液检查。新生儿脑脊液的细胞数、蛋白和糖含量均高于其他年龄组。细菌性脑膜炎时脑脊液压力增高[正常<80mmH_2O（0.79kPa）]，白细胞数超过 20×10^6/L，脑脊

NOTES

液蛋白>1.7g/L 及糖<400mg/L(或小于当时血糖的 40%)。脑脊液培养和涂片染色可发现细菌。血培养阳性结果有助于脑膜炎的诊断。头部 MRI 和 B 超影像学检查对诊断脑室管膜炎、脑脓肿、硬膜下积液和脑积水等并发症有较大价值。

【治疗】

早期诊断和及时有效的治疗对于减少病死率和后遗症的发生有重要意义。

1. 抗生素治疗 药物选用原则同新生儿败血症,由于血脑屏障的存在,还应注意选择通过血脑屏障较好的抗生素,疗程要足够,一般需 3~4 周。

2. 对症处理 抗惊厥使用苯巴比妥钠;颅内压增高时可用甘露醇、呋塞米等脱水;出现抗利尿激素分泌不足时限制低渗液体摄入和补充适当电解质。

3. 支持疗法 保证水、电解质平衡和能量供给;因患者多伴有不同程度的脑水肿,每日补液量宜在 60~80ml/kg,若伴有休克时,可适当增加补液量,并根据"边补边脱"原则来调整脱水剂和补液的速度;使用脱水剂易引起低钠及低钾血症,宜每天监测血电解质一两次;必要时给予静脉注射免疫球蛋白(IVIG),有利于增强机体免疫力。

三、新生儿感染性肺炎

新生儿感染性肺炎(neonatal infectious pneumonia)是新生儿期最常见的感染性疾病,可发生在宫内、分娩过程中或生后,由细菌、病毒或真菌等病原体引起,是新生儿死亡的重要原因之一。

【病因】

1. 宫内感染性肺炎 常由母亲妊娠期原发感染或潜伏感染复燃后,病原体经血行通过胎盘传给胎儿,或吸入被病原体污染的羊水而发生肺部感染。常见病原体为巨细胞病毒、大肠埃希菌、金黄色葡萄球菌、克雷伯菌、弓形体和支原体等。

2. 分娩过程中感染性肺炎 胎膜早破,产程延长,分娩时消毒不严,孕母有绒毛膜羊膜炎、泌尿生殖道感染等情况,胎儿娩出过程中吸入被病原体污染的羊水或母亲宫颈分泌物,均可导致胎儿肺部感染。常见病原体为大肠埃希菌、肺炎链球菌、克雷伯菌等。

3. 生后感染性肺炎 主要是通过呼吸道和血行传播。常见病原体为金黄色葡萄球菌、大肠埃希菌、克雷伯菌、假单胞菌、表皮葡萄球菌、沙眼衣原体、真菌、呼吸道合胞病毒、腺病毒及解脲支原体(ureaplasma urealyticum)等。

【临床表现】

1. 宫内感染性肺炎 多在生后 24 小时内发病,出生时常有窒息史,复苏后可出现气促、呼吸困难、呻吟、发绀,体温不稳定,反应差。肺部听诊可闻及呼吸音粗糙、减低或有湿啰音。严重者可发生呼吸衰竭、心力衰竭、DIC、休克或持续性肺动脉高压。病毒感染者出生时可无明显症状,生后 2~3 天,甚至 1 周左右逐渐出现呼吸困难,并进行性加重。血白细胞可正常,也可减少或增加。脐血 IgM>200mg/L 或特异性 IgM 增高对产前感染的诊断有意义。病毒性肺炎 X 线检查多表现为间质性肺炎改变;细菌性肺炎则多表现为支气管肺炎征象。

2. 分娩过程中感染性肺炎 一般在出生数日至数周后发病,细菌性感染多在生后 3~5 天发病,疱疹病毒感染多在 5~10 天发病,而衣原体则在长达 3~12 周发病。生后立即取血标本、气管分泌物等进行涂片和培养等检测,有助于病原学诊断。

3. 生后感染性肺炎 可以有发热或体温不升、少吃、反应差等全身症状。呼吸系统表现有咳嗽、气促、鼻翼扇动、发绀、三凹征、湿啰音等。呼吸道合胞病毒肺炎可表现为喘息,肺部听诊可闻哮鸣音。衣原体肺炎可同时有眼结膜炎。金黄色葡萄球菌肺炎易合并脓气胸。鼻咽部分泌物细菌培养、病毒分离和荧光抗体、血清特异性抗体检查有助于病原学诊断。不同的病原感染时 X 线表现有所不同:细菌性肺炎表现为两肺弥漫性模糊影或点片状浸润影;金黄色葡萄球菌感染合并脓胸、气胸或肺大疱时 X 线可见相应改变;病毒性肺炎以间质病变或肺气肿多见。

NOTES

【治疗】

1. 呼吸道管理 保持呼吸道通畅，及时吸净口、鼻分泌物，定期翻身、拍背。

2. 供氧 有低氧血症时可用鼻导管、面罩、头罩、nCPAP给氧，氧气需经过温湿化。呼吸衰竭时可使用呼吸机，维持血气在正常范围。

3. 抗病原体治疗 及时做病原学检查，根据病原学检查结果及药敏试验选用抗感染药物。细菌性肺炎可参照败血症选用抗生素。重症或耐药菌感染者可用第三代头孢菌素；衣原体肺炎首选红霉素；病毒性肺炎可采用利巴韦林或干扰素雾化吸入；巨细胞病毒肺炎可用更昔洛韦，如有继发细菌感染，应根据病情及病原体选择合适的抗生素。

4. 支持疗法 纠正水、电解质平衡紊乱，输液勿过多过快，以免发生心力衰竭和肺水肿；保证能量和营养成分的供给；酌情静脉输注免疫球蛋白，提高机体免疫功能。

四、新生儿破伤风

新生儿破伤风（neonatal tetanus）是由破伤风梭状芽孢杆菌（*Clostridium tetani*）侵入体内而引起的严重感染性疾病，常在生后7天左右发病，俗称"七日风"，主要表现为全身骨骼肌强直性痉挛和牙关紧闭，病死率高。随着我国新法接生的推广，世界卫生组织于2012年宣布我国已基本消除新生儿破伤风，即我国所有地市的新生儿破伤风发病率均低于1‰。

【病因及发病机制】

破伤风杆菌为革兰氏阳性、梭形、厌氧菌，有繁殖体和芽孢两种形态，其芽孢抵抗力极强，可在外界环境中长期存活，需高压消毒、含碘消毒剂或环氧乙烷才能杀灭。破伤风杆菌广泛存在于土壤、尘埃和粪便中。当使用该菌污染的器械进行断脐或包扎时，破伤风杆菌就可进入脐部，而包扎引起的缺氧环境更利于破伤风杆菌的繁殖。破伤风杆菌产生的痉挛毒素扩散至中枢神经系统与神经节苷脂结合，封闭抑制性神经元，使其不能释放抑制性神经介质(甘氨酸、氨基丁酸)，导致肌肉强烈收缩。此外，破伤风毒素还能抑制神经-肌肉接头处的神经突触的传递活动，使乙酰胆碱聚集于胞突结合部，不断向外周发放冲动，导致持续性的肌张力增高和肌肉痉挛，牙关紧闭，角弓反张等临床表现。毒素还能兴奋交感神经，引起心动过速、血压升高、多汗等。

【临床表现】

常有不洁分娩或断脐消毒不严史。潜伏期多为4~7天，时间愈短，病情愈重，死亡率也愈高。早期有哭闹、张口困难、吃奶困难，此时用压舌板检查口腔时，愈用力张口愈困难，称为"压舌板试验"阳性，有助于本病早期诊断。逐渐发展为牙关紧闭、面肌紧张、口角上牵、呈"苦笑"面容，阵发性全身肌肉强直性痉挛和角弓反张，呼吸肌和喉肌痉挛可引起呼吸停止。痉挛发作时患者神志清楚为本病的特点。任何轻微刺激即可诱发痉挛发作。经合理治疗，1~4周后痉挛逐渐减轻，完全恢复约需2~3个月。病程中常并发肺炎和败血症。

【治疗】

控制惊厥、预防感染和保证营养是治疗中的三大要点。在疾病初期控制痉挛尤为重要。

1. 控制惊厥 ①地西泮(安定)：为首选药，每次0.1~0.3mg/kg，缓慢静脉注射，惊厥发作时使用。惊厥停止后，改用口服制剂胃管内注入，每次0.5~1mg/kg，每4~6小时1次，重症者可把间隔缩短至3小时，好转后再逐渐延长间隔时间。用药期间注意观察呼吸，防止药物副作用，有条件时测定血药浓度。②苯巴比妥：在地西泮使用过程中仍有痉挛者加用，首次负荷量为15~20mg/kg，静脉注射，维持量为每日5mg/kg，分次静脉注射。③10%水合氯醛：作为惊厥发作时的临时用药，剂量为每次0.5ml/kg，灌肠。

2. 中和毒素 破伤风抗毒素（tetanus antitoxin，TAT）可中和游离破伤风毒素，对已与神经节苷脂结合的毒素无效，因此愈早用愈好。TAT 1万~2万U稀释后缓慢静脉注射，可另取3 000U作脐周注射，用前须做皮肤过敏试验。皮试阳性者需用脱敏疗法注射。也可用破伤风免疫球蛋白（tetanus immune

NOTES

globulin,TIG)500U 肌注。TIG 半衰期较 TAT 长,且不会发生过敏反应,不必做过敏试验。

3. 抗生素 青霉素每日 10 万~20 万 U/kg,每日两三次;甲硝唑,首剂 15mg/kg,以后 7.5mg/kg,每 12 小时 1 次,静脉滴注,用 7~10 天。

4. 其他治疗 脐部用 3% 过氧化氢或 1∶4 000 高锰酸钾溶液清洗,涂抹碘伏以清除残余的破伤风杆菌。发作时缺氧者予以间歇性吸氧,严重者需要气管插管,呼吸机辅助通气。

5. 护理营养 把患者置于安静且避光的环境,保持体温稳定,避免刺激以减少痉挛发作。病初应禁食,予以肠道外营养,待痉挛减轻后试用胃管喂养,逐渐过渡到经口喂养。

【预防】

有效的措施是实行新法接生,严格消毒。紧急情况下如不能严格消毒,须在 24 小时内将脐带远端剪去一段,并重新结扎、消毒脐带,同时肌内注射 TAT 1 500~3 000U,或注射 TIG 250U。在不能保证无菌分娩的情况下,母亲产前可使用破伤风抗毒素。

五、新生儿巨细胞病毒感染

巨细胞病毒(cytomegalovirus,CMV)属于疱疹病毒,为双链 DNA 病毒,因组织切片上可见受染细胞体积大,细胞质内含有特征性的包涵体而得名。母孕期初次感染(原发感染)、潜伏感染重新激活(复发感染)或不同抗原 CMV 再次感染(再发感染),病毒通过胎盘感染胎儿称为先天性感染或宫内感染。新生儿出生时经产道吸入含 CMV 的分泌物引起的感染称为出生时感染。出生后接触母亲含 CMV 的唾液、尿液、母乳引起的感染称为出生后感染。我国目前尚无全国范围先天 CMV 感染的流行病学数据。先天性 CMV 感染新生儿 10%~15% 在出生时有临床表现,包括血小板减少、肝炎、脉络膜炎,后期发生感音性耳聋、精神发育迟缓等神经发育损害。无症状者后期约 5%~15% 发生感音性耳聋。因为大多数 CMV 感染来自母亲病毒再次激活,母亲的免疫状态与新生儿先天性 CMV 感染和围产期 CMV 感染及严重程度有关。

【临床表现】

1. 先天性感染(宫内感染)包括症状性感染和无症状性感染。《2017 年国际孕妇及新生儿先天性巨细胞病毒感染预防、诊断和治疗专家共识》将先天性 CMV 感染按照症状严重程度划分为中-重度症状、轻度症状、仅存在感音性耳聋及无症状。

(1)中-重度症状:同时存在多种表现,如血小板减少、瘀点/瘀斑、肝脾大、发育迟缓、肝炎(转氨酶升高或胆红素升高)、肺炎、脉络膜视网膜炎等;中枢神经系统受累症状:如小头畸形、CMV 感染相关中枢神经系统影像学表现(脑室增大、脑组织钙化、大脑皮质或小脑发育畸形)、脉络膜视网膜炎、感音性耳聋或脑脊液中 CMV-DNA 阳性。

(2)轻度症状:仅有 1 个或最多 2 个孤立和轻微的先天性 CMV 感染相关症状,如皮肤瘀点/瘀斑、肝脏轻度大或生化、血液学检查异常(如血小板水平轻度降低、贫血、白细胞减少或转氨酶轻度升高)。

(3)仅存在感音性耳聋:无明显的 CMV 感染症状,仅存在神经性的感音性耳聋(听阈≥21dB)。

(4)无症状:无明显的先天性 CMV 感染症状,听力正常。

2. 出生时或出生后感染潜伏期为 4~12 周,多数表现为亚临床感染。新生儿期主要表现为肝炎和间质性肺炎,足月儿常呈自限性经过,预后一般良好。早产儿还可表现为单核细胞增多症、血液系统损害、心肌炎等,死亡率高达 20%。输血传播可引起致命性后果。

【诊断】

1. 新生儿期出现典型症状或母亲孕期血清学检查由阴性转阳性者应高度警惕 CMV 感染。

2. 病毒检查

(1)病毒分离:特异性强。尿标本中病毒量高,排病毒持续时间可长达数月至数年,但排病毒为间歇性,多次尿培养分离可提高阳性率。此外,脑脊液、唾液等也可行病毒分离。

(2)PCR 检测 CMV-DNA:感染患者经尿液或唾液排病毒量高,PCR 为早期发现 CMV 感染的敏

NOTES

感而有效的方法，可进行早期诊断。此外还可用 PCR 检测血液和脑脊液中的 CMV-DNA。由于 90% 先天性 CMV 感染患者出生时无临床表现，但其中 10% 远期出现听力丧失，所以早期诊断对指导后期随访具有重要意义。诊断先天性 CMV 感染的金标准为：出生后 3 周内从新生儿尿液或唾液标本分离到 CMV。《2017 年国际孕妇及新生儿先天性巨细胞病毒感染预防、诊断和治疗专家共识》建议用实时荧光 PCR 法诊断先天性 CMV 感染，首选唾液样本。

（3）血清学检查：经胎盘来自母体的 IgG 抗体半衰期为 23 天，如新生儿体内 CMV IgG 抗体持续升高，提示新生儿感染。检测 CMV 特异性 IgM 可有助于诊断。

3. 脑脊液　呈脑膜脑炎样改变，细胞数升高，以淋巴细胞为主，蛋白质含量可升高。

4. 影像学　头颅 CT 可见脑室周围钙化，脑软化、脑积水等畸形。头颅 B 超常见脑室周围囊肿、脑室扩大、脑室周围强回声、脑室周围钙化等，在基底节和丘脑可见分支状强回声。MRI 对诊断神经发育异常有重要价值，可发现髓鞘化障碍、小脑发育不良等，但 MRI 对钙化的诊断不及 CT 敏感。

5. 脑干听觉诱发电位　有临床表现的 CMV 感染患者约有 16% 发生感音性听觉障碍，而无症状的感染者仅 3% 发生听觉障碍。所有感染者听觉损害可进行性加重，6 岁时听觉障碍总发生率为 15%。因此，对 CMV 感染的患者应进行听觉随访检查。

6. 眼科检查　先天性 CMV 感染的新生儿均应进行眼科检查，症状性感染患者可表现视网膜瘢痕、斜视和皮质盲。

【治疗】

新生儿 CMV 感染接受抗病毒药物治疗前需要进行严格的治疗指征评估。中国医师协会新生儿科医师分会 2021 年发表的《新生儿巨细胞病毒感染管理专家共识》建议：重度先天 CMV 症状性感染、任何感染级别的原发免疫缺陷病患者、重度生后获得 CMV 感染的极低和超低出生体重儿均积极治疗，其他情况则需监测器官损伤情况，损伤进行性加重考虑药物治疗。

符合治疗指征的先天 CMV 感染患者应尽可能在出生 1 个月内开始治疗，严重患者在初始治疗时尽量选择静脉制剂，原则上疗程不少于 4~6 周。

更昔洛韦剂量 6mg/(kg·次)，间隔 12 小时给药 1 次，建议深静脉给药，经外周静脉给药时药物浓度不超过 1g/L，避免药物外渗。口服制剂缬更昔洛韦剂量 16mg/(kg·次)，间隔 12 小时给药 1 次。口服缬更昔洛韦和静脉更昔洛韦生物利用度相近，骨髓抑制和肾功能受损时需要调整剂量或暂停用药。更昔洛韦静脉疗程不超过 6 周，可过渡到口服缬更昔洛韦，先天重症感染总疗程可持续 6 个月。

【预后】

出生时即有症状的患者预后差，30%~50% 有神经系统后遗症，包括小头、智力发育障碍、发育迟缓、惊厥、脑瘫等，其中听力和视觉障碍常见。出生时无症状的 CMV 感染新生儿最常见的后遗症是感音性耳聋，发生率为 7%~15%。CMV 感染引起的感音性耳聋者可在新生儿听力筛查时表现正常，因此随访筛查很有必要，以便及时发现感染患者，早期干预。

头颅 CT 或 MRI 对预后有价值，有症状的先天性 CMV 感染患者中 70% 存在 CT 异常；CT 正常的患者通常无明显智力障碍。目前早产儿经母乳感染 CMV 后的远期听力及神经系统预后尚不明确，仍需进一步研究。

【预防】

预防、筛查及治疗相结合的措施很重要。一级预防包括避免孕妇及新生儿接触 CMV 病毒，养成良好的卫生习惯，尤其手卫生是最重要的预防措施。二级预防包括预防母婴垂直传播，新生儿筛查早期发现感染。卫生教育是预防孕期 CMV 感染的有效措施。

有关早产儿经母乳喂养感染 CMV 的预防问题，国际上对母乳库捐赠母乳进行巴氏消毒已达成共识。中国医师协会新生儿科医师分会 2021 年发表的《新生儿巨细胞病毒感染管理专家共识》指出：极低出生体重早产儿母乳喂养时，建议对 CMV 携带母亲的母乳常规检测，针对病毒数大于 1 000 拷贝/ml 的母乳进行不少于 3 天的冷冻消毒或短时巴氏消毒，以减少感染机会；健康足月儿母乳中存在

NOTES

病毒对新生儿影响小，不建议常规进行 CMV 检测。

六、单纯疱疹病毒感染

单纯疱疹病毒（herpes simplex virus，HSV）感染主要由Ⅱ型单纯疱疹病毒（75%~80%）引起，少数由Ⅰ型单纯疱疹病毒引起。Ⅰ型、Ⅱ型单纯疱疹病毒引起的临床表现相似，但后者预后较差。新生儿感染主要发生在围产期，占新生儿 HSV 感染的 85%。新生儿 HSV 感染发生率为 3/100 000~30/100 000。70% 以上 HSV 感染新生儿的母亲可无 HSV 感染临床表现。据美国流行病学研究，在性传播疾病门诊就诊的病例中，Ⅱ型 HSV 阳性率为 47%，但仅 22% 存在临床表现，在生殖道分离出 HSV 的病例中仅 2/3 有典型的生殖道溃疡，其余可无症状。母亲感染状态与新生儿感染有关，如母亲在临近分娩时发生初次生殖道感染，新生儿感染发生率约为 25%~60%。如母亲为再发感染，新生儿感染概率约为 2%。

【临床表现】

宫内 HSV 感染主要累及皮肤、神经系统和眼部。皮肤损害包括皮肤发育不良、色素沉着或减退、疱疹及其他皮损；神经系统感染表现为小头畸形、脑组织钙化等；眼部表现为脉络膜炎、小眼畸形、视神经萎缩等。

产时感染及生后感染的临床表现分三种类型：局限于皮肤、眼和口腔（skin，eye and mouth，SEM）感染，伴或不伴 SEM 的中枢神经系统感染，以及全身播散型感染。

1. SEM 感染 约占新生儿 HSV 感染的 45%，常在出生后 5~11 天起病，80% 有皮肤损害表现，20% 表现为眼或口腔感染。如不及时治疗，75% 可进展为全身型或神经系统感染，还可发生角膜结膜炎，导致白内障、脉络膜视网膜炎、视网膜病。如及时给予阿昔洛韦治疗，90% 以上患者可无后遗症。如 SEM 在 6 个月内反复发生，则提示有神经系统损害的可能。在三种临床类型中，SEM 预后最好。

2. 中枢神经系统感染 大约 1/3 感染 HSV 的新生儿累及中枢神经系统，约 35% 表现为单纯脑炎。常在生后 10~14 天出现嗜睡、激惹、惊厥、体温不稳、肌张力低下等临床表现，其中约 50% 患者出现惊厥。中枢神经系统感染最常累及颞叶，病情进展可发展为全脑炎。

3. 全身播散型 是最严重的新生儿 HSV 感染的临床类型，大约 1/4 的 HSV 患者为全身播散型，呈败血症样表现，累及多个器官，主要累及肺和/或肝，也可累及心脏和肾上腺等，临床表现为发热、呼吸窘迫，大多数患者肝酶升高，CRP 升高，严重者发生 DIC。60%~75% 的播散型病例合并脑炎。

【诊断】

新生儿 HSV 感染临床表现无特异性。当新生儿出现皮肤黏膜疱疹或败血症表现，但血培养阴性，或出现肝炎、DIC、惊厥、严重肺炎等，应取皮肤黏膜损害部位的组织、尿液等进行病毒检测。脑脊液标本可用 PCR 检测 HSV-DNA。

病毒培养是诊断的金标准，取血液、脑脊液、皮肤损害部位或肛周、口腔等标本进行培养，但因病毒培养生长缓慢，操作复杂，报告结果耗时长，临床实际应用困难。

PCR 检测 HSV-DNA：可进行快速诊断，尤其对中枢神经系统感染的患者，脑脊液 PCR 检测 HSV-DNA 较病毒培养敏感性高（70%~100%）。

血清学检查：通过检测血清中的抗体反映 HSV 感染状况，但可能存在假阳性，且不能定位感染部位。

头颅影像学检查：MRI、CT 等对诊断亦有一定帮助。

【治疗及预后】

治疗一般选择静脉用阿昔洛韦 20mg/（kg·次），每 8 小时 1 次，SEM 感染疗程 14 天，中枢神经系统或全身播散型感染为 21 天。中枢神经系统感染者在疗程结束前应复查脑脊液，用 PCR 检测 HSV-DNA；若结果为阳性，则继续治疗 1 周。之后，再次复查脑脊液 HSV-DNA，直到转阴。对于全身感染或中枢神经系统感染的患者，完成静脉阿昔洛韦治疗后，继续使用阿昔洛韦口服，每次

NOTES

$300mg/m^2$,每日 3 次,疗程 6 个月。早产儿因肾功能发育未成熟,阿昔洛韦剂量可参考表 6-10-2。

表 6-10-2 不同胎龄儿静脉用阿昔洛韦推荐剂量 *

胎龄	剂量
<30 周	20mg/(kg·次),每 12 小时 1 次
30~35 周	20mg/(kg·次),每 8 小时 1 次
36~41 周	20mg/(kg·次),每 6 小时 1 次

阿昔洛韦最常见的副作用是粒细胞减少。因此,治疗中应密切监测患者的白细胞:开始治疗后第 1 周检测 2 次;随后第 2 周、4 周检测;之后每月一次。所有感染患者均要随访到儿童期,监测神经系统、视觉和听觉发育。

各种临床类型的患者在随访中均可能发现神经系统后遗症。全身型感染未治疗者死亡率约为 90%。按目前推荐方案进行抗病毒治疗,存活率可提高约 70%,但约 15% 仍有神经系统后遗症。中枢神经系统 HSV 感染死亡率为 15%。与 SEM 感染相比,全身播散型感染和中枢神经系统感染后遗症发生率高。

【预防】

预防较为困难,常采用以下措施:①产妇临产前进行生殖道疱疹检测。对于有生殖道 HSV 感染且有病损者,采用剖宫产且尽量在胎膜未破前进行,避免逆行感染。②有活动性 HSV 感染或近期 HSV 病史的家庭成员,要避免接触新生儿。③通过 HSV 感染产道娩出或因母亲产道感染而剖宫产的新生儿,生后应监测是否有 HSV 感染的证据,直至确诊或者排除。对于有生殖道 HSV 感染史的产妇,在临近分娩时口服阿昔洛韦预防临产时 HSV 感染复发。所有这类患者均应在出生后 6 周内进行监测,以评估是否有 HSV 感染的证据。④HSV 疫苗目前尚处于临床试验阶段。

七、先天性梅毒

先天性梅毒(congenital syphilis),是梅毒螺旋体从母体经胎盘进入胎儿血液循环所致的全身性感染。病原为梅毒螺旋体,因形似螺旋状纤维而得名。妊娠的任何时期都可以发生母婴传播。胎儿的感染与母亲梅毒的病程、抗体滴度及妊娠期是否治疗以及治疗的时机有关。近年来,我国先天性梅毒发病率有上升趋势。孕妇患有初期梅毒,且未经治疗,其母婴传播率几乎为 100%。先天性感染可导致死产、早产、胎儿水肿。存活儿发病年龄不一,2 岁以内出现临床症状者为早期先天性梅毒,2 岁以后为晚期先天性梅毒。

【临床表现】

大多数受累患者出生时无症状,于 2~3 周后症状逐渐出现。早期先天性梅毒的主要症状如下:①一般症状,包括发育不良、营养差,贫血,易激惹,黄疸等。②皮肤黏膜损害,常于生后 2~3 周出现,皮疹为多形性,可表现为全身散在斑丘疹、梅毒性天疱疮、口周或臀部皮肤放射状裂痕。梅毒性鼻炎通常在生后 1 周左右出现,表现为鼻塞、脓血样分泌物,鼻黏膜溃疡累及鼻软骨时形成“鞍鼻”,累及喉部引起声嘶。③骨损害,约 90% 患者可出现,多发生于生后数周,长骨干骺端最易受累,常由剧痛造成肢体“假性瘫痪”(Parrot's pseudoparalysis),X 线特点为长骨干骺端增宽,出现横行透亮带。④肝脾大和和淋巴结肿大。几乎所有患者均有肝大,滑车上淋巴结肿大有诊断价值。⑤血液系统症状,包括贫血、白细胞减少或增多、血小板减少、Coombs 试验阴性的溶血性贫血等。⑥中枢神经系统症状在新生儿期罕见,多在生后 3~6 个月时出现急性化脓性脑膜炎样症状,但脑脊液中细胞数增加,以淋巴细胞为主,糖正常。⑦其他。可见视网膜脉络膜炎、肺炎和心肌炎等。晚期先天性梅毒的症状包括神经性耳聋、“鞍鼻”、间质性角膜炎、智力发育迟缓等。隐性先天性梅毒则常无临床症状和体征,仅血清学反应呈阳性。

NOTES

【诊断】

根据母亲病史、临床表现、实验室检查和X线检查进行诊断。胎盘大而苍白提示宫内感染。可取胎盘、脐带或皮肤黏膜损害处渗出物涂片,在暗视野显微镜下查找螺旋体,但阳性率低。

非梅毒螺旋体抗原血清试验,检测抗心磷脂、胆固醇和卵磷脂类脂质抗体(反应素),一般作为观察疗效、复发及再感染的指标。常用的试验包括快速血浆反应素试验(rapid plasma reagin test,RPR)、性病研究实验室试验(venereal disease research laboratory,VDRL)、甲苯胺红不加热血清试验(toluidine red unheated serum test,TRUST)。

特异性试验,即梅毒螺旋体抗原试验,包括荧光螺旋体抗体吸附试验(fluorescent treponema antibody-absorption test,FTA-ABS)、梅毒螺旋体颗粒凝集试验(treponema pallidum particle agglutination test,TPPA)、梅毒螺旋体血细胞凝集试验(treponema pallidum haemagglutination assay,TPHA)和梅毒螺旋体酶联免疫吸附试验(TP-ELLSA)。此类试验可筛查现患感染或既往感染梅毒的患者,但不能判断梅毒活动情况,所以不能作为有效监测手段。TP-IgM是近年来发展起来的梅毒诊断新方法,阳性可确诊。此外,脑脊液检查及X线检查也可辅助诊断。

【治疗】

梅毒血清学试验阳性且伴有临床症状,或母亲孕期未经过足疗程青霉素治疗的新生儿需进行抗梅毒治疗。国家卫生健康委《预防艾滋病、梅毒和乙肝母婴传播工作规范(2020版)》要求对先天性梅毒患者进行脑脊液检查,包括常规检查及脑脊液梅毒血清学试验,以判断是否有神经系统损害。脑脊液正常者使用苄星青霉素,5万U/kg,1次静脉滴注,无静脉通道者可肌内注射(分两侧臀肌);脑脊液异常者可首选青霉素,每次5万U/kg,每12小时1次,静脉滴注,7天后改为每8小时1次,每次剂量同上,总疗程10~14天。药物治疗应系统进行,治疗期间中断1天以上,梅毒螺旋体会增殖,整个疗程需重新开始。疗程结束后,须在3、6、9、12、18个月追踪观察血清学试验,如治疗较晚者应追踪更久,直至非螺旋体抗体滴度为阴性。治疗6个月内血清滴度未出现4倍下降,或滴度保持稳定甚至增高,视为治疗失败或再感染,应重复治疗。神经梅毒应每6个月复查脑脊液1次,直至脑脊液细胞计数正常为止。对于每次复查无下降趋势者,应再次给予治疗,若脑脊液非螺旋体试验转为阳性,也应予重复治疗。

【预防】

孕前检查和正规治疗是预防先天性梅毒的关键,应对所有孕妇在首次产前检查时进行梅毒血清学筛查;治疗妊娠梅毒是预防先天性梅毒的重要措施,应早期、规范治疗。在分娩前30天完成规范治疗可以预防94%~99%的先天性梅毒。对孕妇进行常规筛查并对梅毒患者进行及时、正规的治疗是降低先天性梅毒发病率的最有效措施。

第十一节 新生儿坏死性小肠结肠炎

新生儿坏死性小肠结肠炎(naonatal necrotizing enterocolitis,NEC)是由多种围产期致病因素导致的,以腹胀、呕吐、便血为主要症状的急性坏死性肠道疾病,主要发生于早产儿,但也可见于足月儿。NEC的发病率为2%~5%,其中极低出生体重儿发病率为4.5%~8.7%,病死率为20%~30%,超低出生体重儿病死率则高达30.0%~50.9%。NEC是早产儿最常见的并发症之一,可导致严重后遗症。

【病因和发病机制】

NEC的病因和发病机制十分复杂,尚未完全明确,目前认为是多因素共同作用所致。

1. 肠道屏障功能障碍 新生儿,尤其是早产儿,消化系统发育尚未成熟,肠道屏障保护作用薄弱。缺氧、缺血-再灌注、感染等因素均可导致肠道屏障功能障碍。

2. 肠道菌群失调 肠道菌群多样性降低,变形菌门、厚壁菌门和拟杆菌门相对丰度的改变可能与NEC的发病密切相关。正常肠道菌群的稳态被破坏后,其代谢产物被模式识别受体识别,诱发免

NOTES

疫应答损伤。早产、感染性疾病及抗生素应用等因素均可诱发肠道菌群失调。

3. 免疫功能紊乱 新生儿期免疫系统尚在建立过程中，肠道屏障功能障碍导致细菌易位，肠上皮细胞非程序性死亡介导免疫细胞浸润、激活，进而诱发宿主过度炎症反应及免疫因子风暴，加剧炎症级联反应，导致黏膜炎症浸润，炎症介质上调，进一步加剧肠道损伤和坏死。

4. 遗传相关因素 近年来，NEC 基因易感性的相关研究报道表明 Toll 样受体、细胞因子、自噬等相关基因突变可能与 NEC 发生有关。

【病理】

NEC 典型病变表现为不同程度的肠壁积气、黏膜水肿、出血及黏膜斑片状或大片坏死，伴有炎症细胞浸润。肠道病变轻重悬殊：轻者病变范围仅数厘米；重者可累及胃和整个肠道，严重时可见肠壁全层坏死并伴肠穿孔。常见受累部位是回肠末端和升结肠。

【临床表现】

NEC 多见于早产儿。发病时间与胎龄及出生体重相关，胎龄越小，起病越晚。足月儿一般在生后 1 周内发病，胎龄<28 周早产儿发病日龄多为生后 3~4 周，甚至迟至生后 2 个月。临床表现轻重差异较大，初期表现为胃潴留、腹胀和呕吐等喂养不耐受的症状，或者呼吸暂停、呼吸窘迫、嗜睡、体温波动等全身症状。随后出现大便性状改变、血便。严重者发展为呼吸衰竭、休克、弥散性血管内凝血，甚至死亡。查体可见腹部膨隆、肠型、腹壁发红、肠鸣音减弱或消失。肠穿孔和腹膜炎是常见的并发症。

【辅助检查】

1. 腹部 X 线平片 对 NEC 的诊断有重要意义，具有较高的特异度，但灵敏度较低。主要表现为麻痹性肠梗阻、肠壁间隔增宽、肠壁积气、门脉积气、部分肠袢固定（表明该段肠管病变严重）、腹水和气腹。肠壁积气和门脉积气为本病的特征性表现，可与一般麻痹性肠梗阻相鉴别。重症新生儿不宜采用立位摄片，可以采用左侧卧位片（显示积聚于肝和右侧腹壁之间的腹腔内游离气体）或侧位片（显示前腹壁与肠曲间出现小三角形透光区）观察肠穿孔。

2. 超声检查 是 NEC 的重要影像学诊断标准之一。在病情初期，超声对于检查肠壁积气或门脉积气的敏感性较 X 线片高，还可动态观察肠管蠕动、肠壁的厚度、腹腔积液、肠壁血流灌注等情况。

3. 诊断性腹腔穿刺术 是明确 NEC 肠道坏死及穿孔的重要手段之一。研究发现腹腔穿刺液细菌培养阳性提示可能存在肠道坏死。外观混浊、白细胞增多的腹腔穿刺液多提示肠穿孔。

4. 实验室检查 中性粒细胞减少（$<2\times10^9/L$）、杆状核比例增高（>0.2）、血小板减少（$<50\times10^9/L$）、血气分析提示酸中毒（pH<7.25）多见于病情进展的 NEC 患者，与预后不良有关。CRP、PCT、IL-6 增高是非特异性炎症指标。此外，还可见便隐血阳性、血糖异常（高血糖或低血糖）、低钠血症、凝血功能障碍等。血、粪便细菌培养阳性有助于指导抗生素应用。

【诊断】

NEC 的诊断需根据临床表现与腹部影像学。目前临床采用修正 Bell-NEC 分级标准（表 6-11-1）。对于典型病例，如腹胀、呕吐、便血，加之腹部 X 线或超声表现改变，不难诊断。对于不典型病例，应与自发性肠穿孔、肠扭转、感染性小肠结肠炎、结肠囊样积气症、食物蛋白诱导性小肠结肠炎综合征及肛裂相鉴别。

【治疗】

1. 一般处理 禁食是 NEC 治疗的关键措施之一，停止喂养可减轻肠道内容物对肠道的压力。关于 NEC 患者的禁食时间尚有争议，多推荐禁食时间为 7~10 天，目前多数学者认为可根据病情适当缩短禁食时间。禁食期间行胃肠减压，推荐肠麻痹缓解且腹部摄片不再显示肠壁积气后停止胃肠减压。禁食后重启喂养首选母乳喂养，母乳缺乏或不足者推荐采用标准配方奶；不能耐受时，可选用深度水解蛋白配方奶。

2. 药物治疗 每例患者均应做血、粪便培养，以寻找可能的病原菌。推荐对疑似及确诊 NEC 患

NOTES

表 6-11-1 修正 Bell-NEC 分级标准

分期	全身症状	胃肠道症状	影像学检查
Ⅰ疑似			
ⅠA	体温不稳定、呼吸暂停、心率下降、嗜睡	胃潴留增加、轻度腹胀、大便隐血阳性	正常或轻度肠梗阻
ⅠB	同ⅠA	同ⅠA,肉眼血便	同ⅠA
Ⅱ确诊			
ⅡA(轻度病变)	同ⅠA	同ⅠA,肠鸣音消失、伴或不伴腹部压痛	肠管扩张、肠梗阻、肠壁积气
ⅡB(中度病变)	同ⅠA,轻度代谢性酸中毒、轻度血小板减少	同ⅠA,肠鸣音消失、明确腹部压痛、蜂窝织炎、右下腹肿块	同ⅡA,腹腔积液
Ⅲ晚期			
ⅢA(严重病变,肠道无穿孔)	同ⅡB,低血压、心动过缓、严重呼吸暂停、混合性酸中毒、DIC、中性粒细胞减少	同Ⅰ和Ⅱ,腹膜炎症状、明显的腹胀、腹部压痛	同ⅡB,明确的腹腔积液
ⅢB(严重病变,肠道穿孔)	同ⅢA	同ⅢA	同ⅡB,气腹

者常规使用抗生素。经验性抗生素的选择应覆盖新生儿败血症常见病原菌,参考药敏结果调整抗生素。抗生素疗程多推荐 7~14 天。关于是否加用甲硝唑抗厌氧菌治疗 NEC 尚无定论,需进一步研究以明确。

3. 支持疗法 动态监测生命体征,完善实验室及影像学检查;维持呼吸功能,必要时机械通气;维持水、电解质平衡,推荐每日供给液体量 120~150ml/kg,根据胃肠道液体丢失量适当调节。由于禁食时间较长,应该给予胃肠外营养,保证每日 378~462kJ/kg(90~110kcal/kg)的能量供给。注意必需氨基酸、必需脂肪酸、维生素及微量元素的补充。有凝血机制障碍时可输新鲜冰冻血浆;严重血小板减少者可输注血小板。出现休克时给予抗休克治疗。

4. 外科治疗 指征:①肠穿孔或弥漫性腹膜炎;②保守治疗无效的完全性肠梗阻(扩张的肠袢僵直、固定);③经内科严格保守治疗,病情仍逐渐加重者。推荐对具有手术指征且能耐受手术的 NEC 患者,首选剖腹探查术,仅对无法耐受剖腹探查术的患者考虑选用腹腔引流术。

5. 随访 存活者应定期随访,手术患者有 10%~20% 由于切除肠段而并发短肠综合征,另有部分患者发生肠狭窄、吸收不良、胆汁淤积、慢性腹泻、电解质紊乱等远期并发症。此外,有报道发现存活 NEC 患者发生远期生长发育及神经发育障碍的比例增加。

第十二节 新生儿硬肿病

新生儿硬肿病(sclerema neonatorum)通常由寒冷损伤、感染或早产引起,主要表现为低体温和皮肤硬肿,重症可发生多器官功能损害。随着新生儿转运技术的开展和新生儿保暖的普及,该病的发病率已有显著下降。

【病因】

(一)寒冷和保温不足

新生儿尤其是早产儿,体温调节中枢不成熟,体表面积相对较大,皮下脂肪少,皮肤薄,血管丰富,导致散热增加易发生低体温;皮下脂肪(白色脂肪)中,饱和脂肪酸含量高(为成人 3 倍),由于其熔点高,低体温时易于凝固,出现皮肤皮下硬肿。

（二）疾病

严重感染、缺氧、心力衰竭和休克等使能源物质消耗增加、热卡摄入不足，加之缺氧又使能源物质的氧化产能发生障碍，故产热能力不足，即使在正常散热的条件下，也可出现低体温和皮肤硬肿。

（三）多器官损害

低体温及皮肤硬肿，可使局部血液循环淤滞，引起缺氧和代谢性酸中毒，导致皮肤毛细血管壁通透性增加，出现水肿。如低体温持续存在和/或硬肿面积扩大，缺氧和代谢性酸中毒进一步加重，可引起多器官功能损害。

【临床表现】

新生儿硬肿病主要发生在寒冷季节或重症感染时。多于生后 1 周内发病，早产儿多见，低体温和皮肤硬肿是本病的主要表现。

1. 一般表现 反应低下，吮乳差或拒乳，哭声低弱，活动减少，也可出现呼吸暂停等。

2. 低体温（hypothermia） 新生儿低体温指体温<35℃。轻症为 30~35℃；重症<30℃，可出现四肢甚或全身冰冷。低体温时常伴有心率减慢。

3. 皮肤硬肿 即皮肤紧贴皮下组织，不能移动，按之似橡皮样感，呈暗红色或青紫色。伴水肿者有指压凹陷。硬肿常呈对称性，其发生顺序依次为：下肢→臀部→面颊→上肢→全身。硬肿面积可按头颈部 20%、双上肢 18%、前胸及腹部 14%、背部及腰骶部 14%、臀部 8% 及双下肢 26% 计算。严重硬肿可妨碍关节活动，胸部受累可致呼吸困难。

4. 多器官功能损害 重症可出现休克、DIC 和急性肾损伤等。肺出血是较常见的并发症。

【辅助检查】

根据病情需要，检测血常规、动脉血气和血电解质、血糖、尿素氮、肌酐、DIC 筛查试验。必要时可做心电图（ECG）及 X 线胸片等。

【诊断】

在寒冷季节，环境温度低和保温不足，或患有可诱发本病的疾病，患者有体温降低、皮肤硬肿，即可诊断。临床依据体温及皮肤硬肿范围分为：轻度，体温≥35℃，皮肤硬肿范围<20%；中度，体温<35℃，皮肤硬肿范围为 20%~50%；重度，体温<30℃，皮肤硬肿范围>50%，常伴有器官功能障碍。

【鉴别诊断】

（一）新生儿水肿

1. 局限性水肿 常发生于女婴会阴部，数日内可自愈。

2. 早产儿水肿 下肢常见凹陷性水肿，有时延及手背、眼睑或头皮，大多数可自行消退。

3. 新生儿 Rh 溶血病或先天性肾病 水肿较严重。

（二）新生儿皮下坏疽

新生儿皮下坏疽常由金黄色葡萄球菌感染所致，多见于寒冷季节，有难产或产钳分娩史。常发生于身体受压部位（枕、背、臀部等）或受损（如产钳）部位。表现为局部皮肤变硬、略肿、发红、边界不清楚并迅速蔓延，病变中央初期较硬，以后软化，先呈暗红色，以后变为黑色；重者可有出血和溃疡形成，亦可融合成大片坏疽。

【治疗】

（一）复温（rewarming）

提高环境温度（减少失热或外加热），以恢复和保持正常体温。新生儿由于腋窝部皮下含有较多棕色脂肪，寒冷时氧化产热，使局部温度升高，此时腋温高于或等于肛温（核心温度）。正常状态下，棕色脂肪不产热，腋温-肛温差（TA-R）<0℃；重症新生儿硬肿症者，因棕色脂肪耗尽，故 TA-R 也<0℃；新生儿硬肿症初期，棕色脂肪代偿产热增加，则 TA-R≥0℃。因此，TA-R 可作为判断棕色脂肪产热状态的指标。

1. 若肛温>30℃，可通过减少散热，使体温回升。将患者置于已预热至中性温度的暖箱中，一般

NOTES

在6~12小时内可恢复正常体温。

2. 当肛温<30℃时，一般均应将患者置于箱温比肛温高1~2℃的暖箱中进行外加温。每小时提高箱温0.5~1.0℃（箱温不超过34℃），在12~24小时内恢复正常体温。然后根据患者体温调整暖箱温度。若无上述条件，也可采用温水浴、热水袋、电热毯或母亲将患者抱在怀中等加热方法。

（二）热量和液体补充

供给充足的热量有助于复温和维持正常体温。热量供给从50kcal/(kg·d)开始，逐渐增加至100~120kcal/(kg·d)。对于喂养困难者可给予部分或完全静脉营养。液体量按1ml/kcal计算，有明显心、肾功能损害者，在复温时组织间隙液体进入循环，可造成左心功能不全和肺出血，故应严格控制输液速度及液体入量。

（三）控制感染

根据临床情况或血培养和药敏结果应用抗生素。

（四）纠正器官功能紊乱

对心力衰竭、休克、凝血障碍、弥散性血管内凝血、肾衰竭和肺出血等，应给予相应治疗。

【预防】

1. 做好围产期保健工作。
2. 避免早产、产伤和窒息等，及时治疗诱发硬肿症的各种疾病。
3. 尽早开始喂养，保证充足的热量供应。
4. 注意保暖，产房温度不宜低于24℃，生后应立即擦干皮肤，用预热的被毯包裹。有条件者放置暖箱中数小时，待体温稳定后再放入婴儿床中；若室温低于24℃，应增加包被。极低出生体重儿生后即应在暖箱中保温，箱温为中性温度，待体重>1 800g或室温下体温稳定时，可放置于婴儿床中。
5. 在新生儿转院及各种检查或手术过程中要注意保暖。

第十三节 新生儿出血症

新生儿出血症（hemorrhagic disease of the newborn，HDN）又称新生儿维生素K缺乏性出血症（vitamin K deficiency bleeding，VKDB），是由维生素K缺乏使体内维生素K依赖的凝血因子活性降低而导致的出血性疾病。近年来，由于对新生儿出生时常规注射维生素K_1，此病发病率已明显降低。

【病因和发病机制】

Ⅱ、Ⅶ、Ⅸ、Ⅹ等凝血因子主要在肝脏合成和贮存，这4种凝血因子必须在有维生素K的参与下才能使谷氨酸残基羧化为γ-羧基谷氨酸，具有更多的钙离子结合位点后，方有凝血的生物活性。当维生素K缺乏时，上述维生素K依赖凝血因子不能羧化，从而不能参与凝血过程而导致出血。维生素K缺乏的主要原因包括：①肝脏储存量低。由于胎盘对维生素K的通透性很低，母体维生素K很少进入胎儿体内，早产儿、小于胎龄儿的储存量更低。②合成少。维生素K可由肠道细菌合成，出生后延迟喂奶或长时间使用广谱抗生素可抑制肠道正常菌群的形成，从而减少维生素K的合成。母乳喂养儿肠道内以双歧杆菌为主，合成维生素K的能力差。母亲孕期应用某些药物如抗惊厥药（苯妥英钠、卡马西平、苯巴比妥）、抗凝药（双香豆素和华法林）、抗结核药（利福平和异烟肼）等，可抑制维生素K的合成。③摄入少。维生素K在绿叶蔬菜和植物油中含量较高。母乳中维生素K的含量仅1~4μg/L，明显低于牛乳，因此新生儿特别是母乳喂养儿从食物摄入的维生素K很少。④吸收少。肝胆疾病、先天性胆道闭锁或慢性腹泻时，维生素K的吸收减少。

【临床表现】

根据发病时间，新生儿出血症分为3型：①早发型。生后24小时之内发病，与母亲产前服用干扰维生素K代谢的药物有关。出血症状严重，表现为头颅血肿，脐带残端渗血，皮肤、消化道和颅内出血等。②经典型。生后2~7天发病，早产儿可迟至生后2周发病。主要为特发性，或者与母亲应用

NOTES

药物相关，表现为皮肤、脐带残端、胃肠道出血，穿刺部位或手术创口渗血等，颅内出血较少见，出血量一般少到中等量。③晚发型。通常于生后 2~12 周发病，多见于单纯母乳喂养又未补充维生素 K 的婴儿，以及肝胆疾病、慢性腹泻、营养不良、长期接受广谱抗生素的患者。一半以上的患者表现为急性颅内出血，其次为胃肠道出血，预后不良。

【辅助检查】

诊断 VKDB 应当具有凝血酶原时间（PT）≥4 倍标准值，并且至少满足下列一项标准：①血小板计数正常或升高，纤维蛋白原水平正常，缺乏纤维蛋白降解产物；②静脉注射维生素 K 后 20~30 分钟内 PT 恢复正常，一般情况下不需要补充凝血因子；③血清维生素 K 缺乏诱导蛋白Ⅱ（protein induced by vitamin K absence Ⅱ，PIVKA-Ⅱ）阳性。

【诊断与鉴别诊断】

根据病史、发病时间、临床表现、辅助检查即可诊断。维生素 K 治疗后出血停止、PT 缩短亦有助于本病诊断。对于不典型病例，需与坏死性小肠结肠炎或消化道应激性溃疡等引起的消化道出血、新生儿咽下综合征、弥散性血管内凝血、血友病等先天性凝血因子缺乏疾病引起的出血或凝血功能障碍性疾病相鉴别。

【治疗】

必须使患者保持安静，避免搬动。已发生出血的新生儿立即给予维生素 K_1 1mg 静脉注射。此时不宜肌内注射，因为容易导致注射部位的血肿。严重活动性出血者可输新鲜冰冻血浆 10~20ml/kg，以提高血浆中有活性的凝血因子水平。根据不同出血部位，采取不同措施。

【预防】

目前仍无统一的预防方法，比较公认的是孕期服用抑制维生素 K 合成药物的妊娠期女性，应在妊娠最后 3 个月及分娩前 24 小时各给予维生素 K_1 10mg 肌内注射一次。新生儿出生后立即给予维生素 K_1 肌内注射一次：出生体重<1.5kg，肌内注射 0.5mg；出生体重≥1.5kg，肌内注射 1mg。对于慢性腹泻、胆汁淤积、脂肪吸收不良或长期应用抗生素的患者，应额外每周肌内注射维生素 K_1 0.5~1.0mg。纯母乳喂养不同意肌内注射者可口服维生素 K_1，于出生时、生后 4~6 天、生后 4~6 周分别口服维生素 K_1 2mg，共 3 次；或出生时口服维生素 K_1 2mg，以后每周口服维生素 K_1 1mg，直至生后 3 个月。

第十四节　新生儿低血糖症和高血糖症

一、新生儿低血糖症

新生儿低血糖症（neonatal hypoglycemia）是新生儿期最常见的代谢问题之一，多见于早产儿及小于胎龄儿，严重者可以引起神经系统损伤。由于新生儿生后血糖浓度有一短暂下降继而上升的自然过程，并且许多低血糖的新生儿无任何临床症状和体征，因此，目前仍无可以针对不同胎龄、出生体重、日龄及病情的统一低血糖诊断标准。国际上多数学者以全血葡萄糖<2.2mmol/L（40mg/dl），血清葡萄糖<2.6mmol/L（47mg/dl）作为新生儿低血糖症诊断标准。

【病因及发病机制】

新生儿低血糖症的病因可大致概括为以下几类。

1. 肝糖原贮存不足　因胎儿肝糖原贮存主要发生于妊娠后期并取决于宫内营养状况，所以早产儿、小于胎龄儿和双胎中体重轻者肝糖原贮存少，出生后若延迟开奶或摄入不足就容易发生低血糖。

2. 葡萄糖消耗增加　应激及严重疾病，如寒冷、创伤、窒息、感染、休克等均可使机体代谢增加，葡萄糖的消耗增多，因而容易并发低血糖。

3. 胰岛素水平过高　①糖尿病母亲新生儿因母体高血糖致胎儿胰岛细胞代偿性增生，生后胰岛素水平较高，而来自母体的葡萄糖供应中断；②突然停止高张葡萄糖液静脉输注，而胰岛素分泌仍处

NOTES

于亢进状态；③新生儿溶血病时红细胞破坏致谷胱甘肽释放，刺激胰岛素分泌增加；④胰岛素分泌过多的疾病，如贝-维（Beckwith-Wiedemann）综合征、持续性高胰岛素血症、胰岛细胞增生症、胰岛细胞腺瘤等；⑤母亲孕期用氯磺丙脲、噻嗪类利尿剂、特布他林等药物导致新生儿高胰岛素水平。

4. 遗传代谢性疾病 某些糖、脂肪酸、氨基酸代谢异常，如半乳糖血症、糖原贮积病、先天性果糖不耐受症、枫糖尿病等。

5. 内分泌疾病 如先天性垂体功能低下、肾上腺皮质功能低下、胰高血糖素缺乏、甲状腺功能低下、生长激素缺乏等。

6. 其他 如肝脏疾病、慢性腹泻、营养不良、孕母应用β受体阻滞剂或口服降糖药物，此外尚有一些不明原因者，称为特发性低血糖。

【临床表现】

多数患者并无临床症状，即使出现症状也多是非特异性的。临床表现主要分为以下几个方面。

1. 神经源性症状 由低血糖触发交感神经放电引起，包括震颤、出汗、易激惹、呼吸增快或不规则、面色苍白、心动过速和呕吐等。

2. 神经低血糖性症状 由葡萄糖供应不足引起脑部能量代谢受损，导致脑功能障碍引起，包括吸吮无力或喂养困难、哭声弱或音调高、意识水平改变、抽搐等。

3. 其他 如呼吸暂停、心动过缓、发绀和低体温等。

【辅助检查】

1. 血糖测定 生后1~2小时的高危儿或有症状的新生儿应该常规筛查血糖。试纸法可用于筛查及监测，但有一定误差。此外，由于新生儿红细胞相对多，且其中还原型谷胱甘肽含量高，红细胞糖酵解增加，故全血葡萄糖值较血清葡萄糖低10%~15%，当血糖值<1.67mmol/L（30mg/dl）时，差异更大，故确诊需依据化学法（如己糖激酶法）测定血清葡萄糖含量。应注意采血后及时测定，因为在室温下葡萄糖分解可导致血糖值每小时下降0.83~1.11mmol/L（15~20mg/dl）。

2. 持续性低血糖 是指出生后48小时血清葡萄糖仍偏低，或者需要胃肠外输注葡萄糖来治疗的低血糖。对于生后1周仍需要应用输注糖速大于8~10mg/(kg·min)的静脉营养才能维持血糖正常者，应酌情在血糖降低时选测血胰岛素、胰高血糖素、皮质醇、生长激素、促肾上腺皮质激素（ACTH）、甲状腺素（T4）、TSH、血尿氨基酸、尿酮体及有机酸等，有助于查找持续性低血糖原因。由高胰岛素血症引起的持续性低血糖者可行胰腺B超或CT检查，疑有糖原贮积症时可行肝活检测定肝糖原和酶活力。

3. 头部MRI及振幅整合脑电图 建议对有症状低血糖患者进行头部MRI及振幅整合脑电图检查，判断脑损伤程度。低血糖可引起广泛的、各种类型的脑损伤，尤其顶枕叶皮质和皮质下白质损伤更为常见，损伤后6天内在DWI成像上即可发现病变。振幅整合脑电图可以监测惊厥的发生并及时发现无临床症状的电惊厥。

【治疗】

不论有无症状，低血糖患者均应及时治疗，因为发病越早，血糖越低，持续时间越长，越易造成中枢神经系统永久性损害。

1. 早期喂养 对于有发生低血糖高危因素无症状的新生儿，病情准许的情况下应在生后1小时内开始母乳或配方奶喂养，进乳半小时后行血糖监测。低血糖危险因素包括小于胎龄儿、宫内发育迟缓、大于胎龄儿、糖尿病母亲新生儿、早产儿、出生窒息等。

2. 葡萄糖颊黏膜凝胶 40%葡萄糖颊黏膜凝胶是一种新型制剂，国外多个新生儿低血糖防控指南均已推荐对于存在低血糖高危因素的新生儿在喂养前即刻给予葡萄糖颊黏膜凝胶（剂量为200mg/kg）。

3. 静脉给予葡萄糖 指征：①有低血糖症状的新生儿；②有疾病不能够喂养的新生儿；③有低血糖高危因素的新生儿，经过喂养及葡萄糖颊黏膜凝胶应用30分钟后，血糖<1.8mmol/L（33mg/dl）。用

NOTES

法：针对有低血糖症状的新生儿，需首先推注 10% 葡萄糖 2ml/kg（1ml/min）。对于无症状者，起始时应用 10% 葡萄糖持续静脉输注 30 分钟：若血糖≥2.6mmol/L（47mg/dl），增加肠内喂养量并逐步停用静脉营养；若血糖<2.6mmol/L（47mg/dl），将 10% 葡萄糖输注速度每 30 分钟增加 1ml（kg·h），直至血糖可维持到目标值，即生后 48 小时内血糖为 2.8~5.0mmol/L，生后 48 小时后血糖为 3.3~5.0mmol/L。若糖速达 8~10mg/（kg·min），考虑中央静脉通路；若糖速达 10~12mg/（kg·min），考虑药物治疗。

4. 持续性低血糖　①糖皮质激素：对于连续 2~3 天糖速均超过 12mg/（kg·min）才能维持血糖正常者，可以给予糖皮质激素。氢化可的松每次 1~2mg/kg，每 6~8 小时 1 次，静脉给药，或口服泼尼松 2mg/（kg·d），共 3~5 天，其具有减少外周葡萄糖的利用、促进糖异生、促进肝糖原分解及增加胰高血糖素的作用。②胰高血糖素：0.025~0.200mg/kg 肌内、皮下或静脉注射，最大剂量为 1.0mg/d，其能促进糖原分解，该药仅作为短期用药。③二氮嗪（diazoxide）：5~20mg/（kg·d），每 8~12 小时 1 次口服，一般用药 5 天后起效；该药作为胰岛 β 细胞上特异性三磷酸腺苷（ATP）敏感的钾通道兴奋剂，抑制胰岛素的释放。④奥曲肽（octreotide）：5~25μg/（kg·d），分 6~8 小时皮下注射或持续静脉注射；此药为二线药物，是生长激素抑制素，可以抑制胰岛素分泌，起效较快。⑤持续性高胰岛素血症药物治疗无效者须行外科手术治疗。⑥有遗传代谢性疾病或其他原因者应采取相应治疗措施。

二、新生儿高血糖症

新生儿高血糖症（neonatal hyperglycemia）尚无统一的诊断标准，目前多将全血葡萄糖>7.0mmol/L（125mg/dl），或血清葡萄糖>8.4mmol/L（150mg/dl）定义为新生儿高血糖症。

【病因及发病机制】

1. 血糖调节功能不成熟　新生儿对葡萄糖的耐受性个体差异很大，胎龄越小，体重越低，出生时间越短，对糖的耐受性越差，与胰岛 β 细胞功能不完善，对输入葡萄糖反应不灵敏，胰岛素活性较差，存在相对性胰岛素抵抗等因素有关。

2. 应激性高血糖　应激状态下，如窒息、感染、寒冷、休克等，血中胰岛素反调节激素，如儿茶酚胺、皮质醇、胰高血糖素水平明显升高，糖异生作用增强而引起高血糖。

3. 医源性高血糖　葡萄糖输入浓度过大、糖速过快，母亲分娩前短时间内应用葡萄糖或糖皮质激素，或婴儿应用某些药物抑制磷酸二酯酶，使环磷酸腺苷（cAMP）升高，促进糖原分解，升高血糖；麻醉诱导剂和镇静剂可抑制胰岛素的作用，导致血糖升高。

4. 新生儿糖尿病　是指发生于生后 1 个月内，持续 2 周以上且需要胰岛素治疗的持续高血糖。较罕见，多见于小于胎龄儿，其病因为遗传因素所致胰腺发育异常、胰岛素合成分泌障碍，为单基因遗传病。

【临床表现】

轻者可无临床症状。血糖增高显著或持续时间长的患者可出现高渗血症、高渗性利尿，表现为脱水、烦渴、多尿、体重下降、惊厥等，严重者甚至发生颅内出血。

【治疗】

对于医源性高血糖，应根据病情，暂时停用葡萄糖或减少葡萄糖的输入量，并尽量停用可升高血糖的药物；根据热卡需要及血糖值严格控制输糖速度，并监测血糖和尿糖；积极治疗原发病，纠正脱水和电解质紊乱；尽早开始肠内喂养，促进激素分泌并促进胰岛素分泌；对于早产儿，尤其是极低出生体重儿，如果输糖速度减至 4mg/（kg·min）、糖浓度减至 5% 时，血糖仍高于 13mmol/L，可加用胰岛素。

第十五节　新生儿低钙血症

新生儿低钙血症（neonatal hypocalcemia）指血清总钙<1.75mmol/L（7mg/dl），血清游离钙<1mmol/L（4mg/dl），是新生儿惊厥的常见原因之一。

NOTES

【病因和发病机制】

胎盘能主动向胎儿转运钙。妊娠晚期母血甲状旁腺激素(parathyroid hormone,PTH)水平高,可使母体的血钙逆浓度差不断地经胎盘进入胎儿血液,因此分娩时脐血总钙和游离钙均高于母血水平,使新生儿甲状旁腺功能暂时受到抑制。出生后因母亲来源的钙供应停止,外源性钙供应不足,而新生儿 PTH 水平较低,骨钙动员入血能力差,导致低钙血症。

(一) 早期低血钙

早期低血钙发生于生后 2 天内。早产儿对 PTH 的反应差,降钙素水平高,尿磷排出低,尿钙丢失多;小于胎龄儿易患低钙血症是由于胎儿时期经胎盘主动转运的钙水平低;糖尿病及妊娠高血压综合征母亲所生新生儿由于孕母甲状旁腺素活性增高而抑制了其甲状旁腺功能,所以此类新生儿 PTH 水平更低,同时多伴随低镁血症。有难产、窒息、感染及产伤史者也易发生低钙血症,可能是由细胞破坏、血磷增高所致。

(二) 晚期低血钙

晚期低血钙发生于出生 2 天后,其病因如下。

1. 磷负荷过大 饮食中的磷增加,同时新生儿肾小球滤过率低,肾小管排磷功能不成熟,但对磷再吸收能力强,导致高磷血症,这是晚期低钙血症的主要原因。血磷升高也见于用含磷较高的牛奶喂养新生儿,由于目前配方奶中钙磷比例的优化,这种情况已很少见。

2. 先天性甲状旁腺功能低下 若低血钙持续时间长或反复出现,应注意本病。

(1)母亲甲状旁腺功能亢进:多见于母亲甲状旁腺瘤。由于母血 PTH 水平持续增高,孕妇和胎儿均存在高血钙,所以胎儿甲状旁腺功能被严重抑制,导致生后发生顽固性低钙血症,可伴发低镁血症,血磷一般高于 2.6mmol/L(8.0mg/dl)。

(2)暂时性先天性特发性甲状旁腺功能不全:是一种良性自限性疾病,母亲甲状旁腺功能往往正常。

(3)先天性永久性甲状旁腺功能不全:由新生儿甲状旁腺先天缺如或发育不全所致,为 X 连锁隐性遗传,具有持久的甲状旁腺功能低下和高磷血症,若合并胸腺缺如、免疫缺陷、小颌畸形和主动脉弓异常,则为迪格奥尔格(DiGeorge)综合征。

3. 其他 妊娠期维生素 D 摄入不足所致新生儿维生素 D 缺乏亦可引起低钙血症;过度通气导致的呼吸性碱中毒或应用碳酸氢钠等碱性药物,使血中游离钙变为结合钙;换血时血液抗凝剂枸橼酸钠结合血中游离钙;低镁血症造成 PTH 分泌减少及抵抗;新生儿严重感染使机体处于应激状态,抑制甲状旁腺功能,进而影响血钙调节;长期使用髓袢利尿剂,如呋塞米,可导致高钙尿症。以上情况均可致血钙降低。

【临床表现】

症状轻重不同,多出现于生后 5~10 天。表现为呼吸暂停、烦躁不安、肌肉抽动、震颤、惊跳及惊厥等,手足抽搐和喉痉挛在新生儿少见。抽搐发作时常伴有呼吸暂停和发绀,胃肠道平滑肌严重痉挛可致呕吐、便血等症状,支气管痉挛可致喘息。发作间期一般情况良好,但肌张力稍高,腱反射增强,踝阵挛可呈阳性。

【辅助检查】

血清总钙<1.75mmol/L(7mg/dl),血清游离钙<1mmol/L(4mg/dl),血清磷常>2.6mmol/L(8mg/dl),碱性磷酸酶多正常。对持续性或症状性低钙血症者,需进一步评估血清镁、PTH 及 25-羟基维生素 D 水平,必要时还应检测母亲血钙、磷和 PTH 水平。胸片上看不到胸腺影可能提示 DiGeorge 综合征。

【治疗】

1. 补充钙剂

(1)方法:①伴有惊厥发作或心力衰竭时,应立即静脉缓慢推注(10~15 分钟)10% 葡萄糖酸钙溶液 1~2ml/kg,必要时间隔 6~8 小时再给药 1 次,每日最大剂量为 6ml/kg。惊厥停止后可口服补充元素钙 50~60mg/(kg·d),病程长者可持续 2~4 周,最终目标以维持血清总钙在 2.0~2.3mmol/L(8.0~

NOTES

9.0mg/dl)为宜。②不伴惊厥但血清游离钙<1mmol/L(4mg/dl)时应该静脉持续补充元素钙40~50mg/(kg·d)(10%葡萄糖酸钙溶液含元素钙9mg/ml),以维持游离钙水平在1.2~1.5mmol/L。③对于无症状的需要静脉营养的早产儿,应每日持续给予元素钙50mg/kg,如果补钙超过2天,应适当补充磷。④代谢性骨病早产儿达到全肠内喂养后,每日钙摄入量100~160mg/kg。

(2)注意事项:①静脉内快速推注钙剂可使血钙浓度迅速升高,而抑制窦房结功能引起心动过缓,甚至心搏骤停,故静脉推注时应密切监测心率变化;②静脉补钙治疗时应防止钙剂外溢至血管外造成组织坏死和皮下钙化;③经脐静脉置管补钙时要注意管端不能在门静脉分支内,以防造成肝坏死;④不应经脐动脉导管快速输注钙剂,否则可能引起肠系膜动脉痉挛,影响肠道血运。

2. 补充镁剂 若使用钙剂后惊厥仍不能控制,应检查血镁。若血镁<0.6mmol/L(1.4mg/dl),可肌内注射25%硫酸镁,每次0.4ml/kg,或25%硫酸镁0.2~0.4ml/kg稀释10倍静脉注射,必要时8~12小时重复1次。

3. 补充维生素D 对于维生素D缺乏或甲状旁腺功能不全者,长期口服钙剂的同时还应给予维生素D_2 10 000~25 000IU/d或二氢速固醇0.05~0.10mg/d或1,25(OH)$_2D_3$ 0.25~0.50μg/d。治疗过程中应定期监测血钙水平,调整维生素D的剂量。

4. 调整饮食 停喂含磷过高的牛乳,改用母乳或钙磷比例适当的配方乳。

第十六节 新生儿产伤

产伤(birth injury)是分娩以及复苏过程中所发生的机械性损伤,高危因素包括初产、产程延长、急产、胎位不正、巨大儿、胎头过大、胎儿畸形、母亲骨盆异常等。目前由于助产技术及产前动态监测质量的提高,其发生率有所下降。

一、头颅血肿

【病因】

头颅血肿(cephalohematoma)多由异常分娩、产钳或负压吸引助产时,头颅受到过度挤压以致血管破裂,血液积聚于骨膜下引起。

【临床表现】

头颅血肿常见于初产妇所生新生儿,多见于顶部,偶见于枕、颞、额部,以一侧多见,也可发生于双侧。生后数小时乃至数天头颅表面可见圆形肿胀,迅速增大,大小不一。血肿受到骨膜限制,不超越骨缝。血肿表面皮肤颜色可正常,负压吸引所致者可呈紫红色,初期触诊时有胀满感,吸收过程中变软而有波动感,边缘清楚。由于血肿机化(钙质沉积而骨化)从边缘开始,故在基底部形成硬环,逐渐延至血肿中央部位,吸收过程需1~4个月。血肿较大者,因血肿内红细胞破坏过多,可导致黄疸加重。头颅血肿与产瘤可同时存在,待水肿消失后显出血肿。5%~20%的患者合并颅骨骨折,若同时出现神经系统症状时应检查头颅CT或MRI。继发感染时表现为血肿迅速增大,表面变红,波动感及张力增加。

【治疗】

一般不需要治疗,大多数自行吸收而不留痕迹。注意局部皮肤清洁,不宜穿刺抽出血液,以免引起继发感染。对于大血肿伴中度以上高胆红素血症者,可在严格无菌操作下抽吸血肿,并加压包扎2~3天,以避免胆红素脑病的发生。若化脓,则须切开引流、清创,抽取血肿内液体进行病原体培养,同时给予抗生素治疗。

二、帽状腱膜下出血

【病因】

帽状腱膜下出血(subgaleal hemorrhage)是分娩过程中机械因素所致的骨膜与颅顶帽状腱膜之间

NOTES

血管破裂，聚集于两者之间疏松组织内的出血。

【临床表现】

因无骨膜限制，出血量往往较大，易于扩散，常越过骨缝；头颅外观呈广泛性肿胀，波动感明显；眼睑、耳后和颈部皮下可见紫红色瘀斑，甚至出现低血容量性休克。

【治疗】

早期判断出血程度至关重要。治疗需视情况采用浓缩红细胞、新鲜冰冻血浆及生理盐水进行容量复苏，纠正持续出血和凝血异常。

三、面神经损伤

【病因】

面神经损伤（facial nerve injury）是由胎儿面部受产钳损伤或在产道内下降时受母亲骶骨压迫所致的周围性面神经损伤。

【临床表现】

多数患者为单侧面瘫，面神经的下支最常受损，表现为哭闹时颜面不对称，患侧前额平坦，眼裂不能完全闭合，鼻唇沟消失，口角下垂、向健侧歪斜。创伤性面神经损伤需要与病毒感染或其他病因所致的发育障碍或综合征相鉴别。

【治疗】

轻瘫者一般 3 周内自行痊愈，预后良好。对眼睑闭合不全者可以应用人工泪液及眼罩进行保护，个别因神经撕裂持续 1 年未恢复者需行神经修复术治疗。

四、臂丛神经损伤

【病因】

臂丛神经损伤（brachial plexus injury）多见于胎儿分娩过程中肩部不易娩出而被用力牵拉头部或者臀位产过程中被过度牵拉头部、上肢或躯干造成臂丛神经受压迫或撕裂，引起上肢完全或部分的弛缓性瘫痪。可能的危险因素包括孕母体重增长过快、糖尿病母亲新生儿、巨大儿以及产程异常、阴道助产等。但不是所有臂丛神经损伤均为牵拉所致，部分损伤与不可避免的产时或产前因素有关，如胎儿发育异常、胎位异常等。

【临床表现】

臂丛神经损伤分为四型。

Ⅰ型：又称 Duchenne-Erb 麻痹，C5、C6 神经损伤，是最常见的类型，大约占 50%。表现为肩外展、屈肘不能。通常第 1 个月内开始自行恢复，4~6 个月可完全康复，约 10% 的患者遗留不同程度的肩关节功能障碍。

Ⅱ型：又称 Duchenne-Erb 麻痹附加型，C5、C6 和 C7 神经损伤，约占病例的 35%。表现为肩外展、屈肘、伸腕不能，手臂内收内旋、前臂伸展、旋前及手腕和手指屈曲。大多数病例从 1 个月后开始恢复，约 65% 可达到完全正常，剩余病例可遗留不同程度的肩关节功能障碍。

Ⅲ型：C5 至 T1 神经损伤，临床表现为全上肢瘫痪，但霍纳（Horner）征阴性。此型约 50% 可自行完全恢复，未恢复者可遗留肩、肘或前臂旋转障碍，约 25% 患者的伸腕、伸指功能不恢复。

Ⅳ型：C5 至 T1 神经损伤伴 Horner 征阳性（眼睑下垂、瞳孔缩小、眼球内陷、半脸无汗）。该型无自行完全恢复可能，且至少 2% 的患者由于合并脊髓损伤而出现行走发育延迟、步态不稳及患足变小。

【治疗】

生后第 1 周用夹板将上肢固定于外展、外旋、前臂肘关节屈曲的位置。7~10 天后可以开始理疗和被动运动，以防止肌肉萎缩。对于 1 个月后不能完全恢复者，应行肌电图及神经传导检查，确定进一步治疗方案。对于严重神经损伤，或者 3~6 个月内功能仍不恢复的部分病例，提倡行手术干预，但

NOTES

有关手术时机和疗效尚未达成共识。

五、锁骨骨折

【病因】

锁骨骨折（fracture of clavicle）是最常见的产伤性骨折，多见于肩难产、臀位产及巨大儿，由分娩过程中严重肩部受压及牵拉所致。

【临床表现】

骨折多发生在锁骨中外1/3处，此处锁骨较细，无肌肉附着，当胎儿娩出受阻时，S形锁骨凹面易卡在母亲耻骨弓下，造成折断。新生儿锁骨骨折症状出现的时间和诊断时间取决于骨折有无移位。

1. 移位性（完全性）锁骨骨折　多在出生后立即出现阳性体征，包括骨擦音、水肿、患肢运动减少、骨轮廓不对称和被动运动时哭闹。

2. 无移位性锁骨骨折　新生儿多无症状，1~2周后锁骨中外1/3交界处形成一个可见或可触及的硬结。

通过锁骨X线检查即可做出诊断。此外，锁骨骨折需进一步检查是否伴有臂丛神经损伤。

【治疗】

无移位性锁骨骨折一般不需治疗，移位性骨折可在腋下置一棉垫，并将患肢用绷带固定于胸壁，或将患侧上肢放置在长袖衣服内，屈肘90°，固定在胸前。也有学者主张不需治疗，注意轻柔护理及必要的镇痛，一般2周左右即可愈合。

第十七节　新生儿疾病筛查

新生儿疾病筛查（neonatal diseases screening）是指医疗保健机构在新生儿群体中，利用足跟血等末梢血或尿标本，用快速、简便、敏感的检验方法，对一些危及儿童生命、危害儿童生长发育、导致儿童智能障碍的先天性疾病、遗传性疾病等进行的群体筛查。通过新生儿筛查，可在患者临床上未出现疾病表现，而体内生化、激素水平已有明显变化时就作出早期诊断，结合有效治疗，可避免患者出现重要器官的不可逆性损害，保障儿童正常智能发育和体格发育。

新生儿筛查始于20世纪60年代。作为一种提高出生人口素质的有效方法，新生儿疾病筛查已在世界范围内推广，成为一项重要的公共卫生计划。经过近半个多世纪的发展，新生儿疾病筛查的病种逐步增多，由最初的苯丙酮尿症逐步增加到几十种；筛查技术发展迅速；筛查范围显著扩大，新生儿疾病筛查逐步由发达国家向发展中国家普及。新生儿疾病筛查的社会效益和经济效益也已得到广泛认可。

一、新生儿疾病筛查发展简史

新生儿疾病筛查经历了起步、推广和快速发展三个阶段。1934年，Fölling首次通过患者尿三氯化铁试验诊断苯丙酮尿症（phenylketonuria，PKU）。1961年，Guthrie建立了半定量测定血中苯丙氨酸的细菌抑制法，并创立了干血滤纸片血样采集法，使PKU的新生儿筛查成为可能。但由于受经济以及实验技术等条件限制，只有少数发达国家（美国、英国、加拿大等）开展了新生儿疾病筛查。1975年，干血滤纸片采血法用于先天性甲状腺功能减退症（congenital hypothyroidism，CH）的筛查获得成功，使大规模的新生儿疾病筛查成为可能。此后，以PKU和CH为主要病种的新生儿疾病筛查在欧美等发达国家迅速掀起并逐步普及，同时随着血斑取样自动化的实现（血斑打孔），检测的灵敏度大大提高。20世纪七八十年代，越来越多的国家相继开展了新生儿疾病筛查。1982年，在日本东京召开的第二届国际新生儿疾病筛查大会，提出了适合大规模筛查的四种疾病：PKU、CH、先天性肾上腺皮质增生症（congenital adrenal hyperplasia，CAH）和半乳糖血症（galactosemia，GAL）。但由于受各国经济、疾病

NOTES

流行和发病情况的影响，新生儿筛查开展时间、筛查病种呈现明显的地域差异性。即使在同一国家的不同地区，新生儿疾病筛查的疾病种类也有差异。目前，欧美、日本等发达国家已建立完善的新生儿筛查体系。我国新生儿筛查始于20世纪80年代，并于1994年将新生儿筛查纳入母婴保健法，使开展新生儿筛查工作有了根本的保障。早期筛查病种主要为苯丙酮尿症和先天性甲状腺功能减退症，部分地区含葡萄糖-6-磷酸脱氢酶（G6PD）缺陷。

新生儿筛查在世界范围内普及推广以及病种逐步扩大的同时，筛查技术也得到迅速发展。既往主要通过酶免疫法（EIA）、时间分辨荧光免疫法（DELFIA）和荧光酶免法测定TSH筛查；PKU应用Guthrie细菌抑制法和荧光法进行筛查；G6PD缺乏症筛查利用高铁血红蛋白还原试验定性检测法和荧光斑点定性试验法；CAH主要通过DELFIA法；听力筛查主要通过耳声发射（OAE）和自动听性脑干反应（AABR）法。筛查模式基本为“一项检测，一种疾病”。但随着可筛查疾病种类的增加和筛查范围的扩大，工作量和筛查成本也大大增加，尤其是对遗传代谢病诊断和鉴别诊断的要求增加，临床上需要一种能同时检测多种氨基酸及其中间产物的方法。

应用生化方法测定异常代谢产物是筛查诊断遗传性代谢病的主要方法。1966年，Tanaka首先将气相色谱-质谱法（GC/MS）作为化学诊断技术应用于遗传代谢病的诊断；1992年，Matsumoto将方法改进，可筛查出数种遗传代谢病的异常产物；1998年，Matsumoto将方法进一步改进，一次尿液可同时分析出氨基酸、有机酸、单糖、二糖、卟啉、嘧啶、核酸等101种遗传代谢病的异常代谢产物。目前，GC/MS技术结合氨基酸分析等其他生化技术已可诊断多数不同临床表型的遗传代谢病，是目前对遗传性代谢病进行高危筛查、确定诊断最为有效和广泛应用的方法。1990年，美国杜克大学Millington等首先提出了利用串联质谱仪进行新生儿筛查。1995年，Rashed等将电喷雾-串联质谱技术（ESI-MS/MS）应用于新生儿遗传代谢性疾病筛查，检测出丙酸血症、甲基丙二酸血症、短链以及中链酰基辅酶A脱氢酶缺乏症等多种疾病。电喷雾-串联质谱技术引入了离子化技术，并与连续自动进样器联用，使得一个进样序列可以连续分析200个样品（每个样品分析时间在3分钟左右），使大规模的新生儿遗传代谢病筛查成为可能。

20世纪90年代以后，串联质谱技术（tandem mass spectrometry，MS/MS）开始被广泛应用于新生儿遗传代谢病筛查，可利用一张干血滴滤纸片对包括氨基酸病、有机酸尿症和脂肪酸氧化缺陷在内的30余种遗传性代谢病在数分钟内同时进行筛查，大大提高了效率，在大规模群体筛查中显著降低了成本，实现了筛查工作从“一项检测，一种疾病”到“一项检测，多种疾病”的转变，同时使筛查过程中常见的假阳性、假阴性的发生率显著降低，大大提高了筛查质量及效率，降低了筛查费用，提高了成本效益。该技术也显著扩大了遗传代谢缺陷病的筛查、诊断和研究范围，使越来越多的遗传代谢缺陷病得到及时的筛查诊断和正确处理。可用串联质谱技术筛查的疾病见表6-17-1。

进入21世纪以来，各种遗传检测技术，尤其是高通量测序技术（next generation sequencing，NGS）的快速发展、检测准确性增加和检测成本的下降。NGS用于新生儿筛查领域已经积累了一定经验，如有利于扩大筛查病种，从分子水平明确突变来源，在目前尚无可靠生化标志物的病种上有明显优势。但也存在一些问题，如对致病基因意义未明位点解读困难以及存在社会伦理问题等，因此，NGS作为新生儿筛查主要手段，其临床优势尚不明确，但作为传统串联质谱筛查结果阳性患儿的二次检查，可以减少假阳性，还可以对疾病进行精准分型。

目前，国外报道的遗传代谢病发病率各有不同，如：美国苯丙酮尿症的发病率为1/12 000，有机酸尿症为1/15 000，糖原贮积病为1/60 000，半乳糖血症为1/45 000，高胱氨酸尿症为1/100 000，枫糖尿症为1/290 000；巴西苯丙酮尿症的发病率为1/15 000~1/11 818，枫糖尿症为1/43 000，生物素酶缺乏为1/125 000；英格兰西部苯丙酮尿症的发病率为8.1/10万，有机酸血症为12.6/10万，尿素循环缺陷为4.5/10万，糖原贮积病为6.8/10万，溶酶体贮积症为19.3/10万，过氧化物酶体病为7.4/10万，线粒体病为20.3/10万。我国高苯丙氨酸血症/苯丙酮尿症的发病率为1/11 144，先天性甲状腺功能减退症的发病率为1/3 009，先天性肾上腺皮质增生症的发病率为1/16 866，葡萄糖-6-磷酸脱氢酶缺乏症

NOTES

表 6-17-1 可用串联质谱技术进行新生儿疾病筛查的遗传代谢性疾病

类别	疾病
氨基酸代谢病	苯丙酮尿症（phenylketonuria，PKU）
	枫糖尿病（maple syrup urine disease，MSUD）
	同型胱氨酸尿症（homocystinuria，HCY）
	高甲硫氨酸血症（hypermethioninemia，MET）
	非酮性高血糖症（nonketotic hyperglycemia）
	酪氨酸血症Ⅰ型（tyrosinemia type Ⅰ，TYR Ⅰ）
	酪氨酸血症Ⅱ型（tyrosinemia type Ⅱ，TYR Ⅱ）
	暂时性酪氨酸血症（transient tyrosinemia）
	组氨酸血症（histidinemia）
	高脯氨酸血症Ⅰ型（hyperprolinemia type Ⅰ）
	高脯氨酸血症Ⅱ型（hyperprolinemia type Ⅱ）
	高鸟氨酸血症（hyperornithinemia）
	瓜氨酸血症（citrullinemia type Ⅰ，CIT）
	精氨琥珀酸尿症（argininosuccinic aciduria，ASA）
	精氨酸酶缺乏（arginase deficiency）
	磷酸氨甲酰合成酶缺乏（carbamyl phosphate synthase deficiency，CPS）
有机酸代谢紊乱	丙酸血症（propionic acidemia，PROP）
	异戊酸血症（isovaleric acidemia，IVA）
	戊二酸血症Ⅰ型（glutaric acadernia type Ⅰ，GA1）
	戊二酸血症Ⅱ型（glutaric acidemia type Ⅱ，GA2）
	甲基丙二酸血症（methylmalonic acidemia，MMA）
	甲基丙二酸辅酶-A 变异酶缺乏症（methymalonyl-CoA mutase deficiency，MUT）
	腺苷钴胺合成酶缺乏症（adenosyl cobalamin synthesis defects，ACSD）
	3-羟-3-甲基戊二酰辅酶 A 裂解酶缺乏症（3-hydroxy-3-methylglutaryl CoA lyase deficiency）
	多种辅酶 A 羧化酶缺乏症（multiple CoA carboxylase deficiency）
	3-酮硫解酶缺乏症（3-Keto thiolase deficiency）
	3-甲基戊二酰辅酶 A 羟化酶缺乏症（3-methylglutaconyl-CoA hydratase deficiency）
	3-甲基巴豆酰辅酶 A 羧化酶缺乏症（3-methylcrotonyl-CoA carboxylase deficiency，3-MCC）
	异戊辅酶 A 脱氢酶缺乏症（isovaleryl CoA dehydrogenase deficiency）
脂肪酸氧化缺陷病	短链乙酰辅酶 A 脱氢酶缺乏症（short-chain acyl-CoA dehydrogenase deficiency，SCAD）
	中链乙酰辅酶 A 脱氢酶缺乏症（medium-chain acyl-CoA dehydrogenase deficiency，MCAD）
	长链乙酰辅酶 A 脱氢酶缺乏症（long-chain acyl-CoA dehydrogenase deficiency，LCAD）
	极长链乙酰辅酶 A 脱氢酶缺乏症（very long-chain acyl-CoA dehydrogenase deficiency，VLCAD）
	长链羟化乙酰辅酶 A 脱氢酶缺乏症（long chain hydroxyacyl CoA dehydrogenase deficiency，LCHAD）
	肉碱棕榈酰酶缺乏症（carnitine palmitoyl synthase deficiency）
	肉碱棕榈酰转移酶缺乏症（carnitine palmitoyltransferase deficiency，CPT）
	肉碱转运体缺乏症（carnitine transporter deficiency）
	2,4 二烯酰辅酶 A 还原酶缺乏症（2,4 dienoyl-CoA reductase deficiency）
	肉碱/乙酰肉碱转位酶缺陷症（carnitine/acrycanitine tranlocase deficiency）

的发病率为 5%(男 6.00%,女 3.92%)。

我国新生儿筛查工作起步相对较晚,但近二十年来,武汉、上海、广州、杭州、济南等地陆续开始应用串联质谱仪、气相色谱-质谱联用仪、氨基酸分析仪开展遗传代谢病高危儿筛查诊断、新生儿筛查,并进一步在大中城市推广应用。2003—2007 年,上海通过 MS/MS 对 116 000 新生儿进行筛查,发现遗传代谢病发病率为 1/5 800。进入 21 世纪来,NGS 用于新生儿筛查在各地开始探索,2023 年,发表了《新生儿基因筛查专家共识:高通量测序在单基因病筛查中的应用》,在规范新生儿基因筛查体系,指导 NGS 在新生儿基因筛查领域的应用方面起到很好的指导作用。

为保障新生儿疾病筛查的有效实施,我国还相继出台了一系列的政策法规。1994 年 10 月《中华人民共和国母婴保健法》颁布,第一次以法律形式确定了新生儿疾病筛查在疾病预防方面的地位。2008 年卫生部通过了《新生儿疾病筛查管理办法》,规范新生儿疾病筛查的管理,建立新生儿筛查网络,保证新生儿疾病筛查工作质量。2009 年以后卫生部相继发布了《新生儿采血规范》《新生儿疾病筛查技术规范 2010 版》等,对实施新生儿筛查的机构、人员、采血要求、检测方法、切割值以及报告反馈等均有明确要求,从多个层面规范新生儿疾病筛查工作,保证了新生儿筛查质量。

二、新生儿疾病筛查的质量管理体系

新生儿疾病筛查是一项由多环节组成的系统工程,涉及新生儿血样的采集、递送、实验室检测、实验报告发出、复查和阳性患者的确诊、治疗、随访等多个环节,任何一个环节出现疏漏都会延误诊治。因此,建立新生儿疾病筛查质量管理体系十分必要。一个良好的质量管理体系,不仅要求正确采集标本、可靠的实验室检测、正确及时的诊断、有效的治疗措施和随访,也需建立协调的组织管理网络。

新生儿疾病筛查质量管理体系的内容包括:①成立新生儿疾病筛查质量管理组织;②制定各筛查环节的质量标准;③建立新生儿疾病筛查质量管理制度和人员职责;④实施新生儿疾病筛查采血、实验质量保证计划。

新生儿疾病筛查的病种在新生儿期无任何临床症状,而其体内生化激素水平已有明显变化,实验检测结果是疾病诊断的唯一依据,因此对实验室检测要求非常高。随着新生儿疾病筛查的不断发展,新生儿筛查质量管理逐渐被提出。1997 年美国疾病控制中心(Centers for Disease Control,CDC)开始实验室室间质量评估,评估各筛查机构的实验室能力,提高筛查的可靠性和不同筛查实验室检测结果的可比性。20 世纪 80 年代,随着计算机技术的发展,美国建立了实验室信息管理系统,出版了《美国新生儿疾病筛查指南》,以促进筛查项目规范化,尝试将病例的管理与追访整合到该系统中,如今已经发展成实时在线的系统,并对公众开放。

《新生儿疾病筛查管理办法》《新生儿疾病筛查技术规范(2010 年版)》《新生儿疾病筛查血片采集技术规范》等对新生儿筛查的多个环节的质量管理均有明确要求,主要包括:实验室技术人员需要接受过省级以上卫生行政部门组织的新生儿筛查相关知识和技能培训并取得技术合格证;严格掌握采血时间、部位、方法,以及血片的合格标准,按要求保存、递送,正确填写采血卡片的内容,并在规定时间内递送至新生儿筛查实验室;收到标本应当在 24 小时内登记,不符合要求的标本应当立即退回,重新采集;采用国家规定的实验方法,且具有国家批准文号的试剂和设备进行检测;新生儿筛查单位须接受国家卫健委临床检验中心的质量监测和检查;检测结果及时反馈,发现漏检病例,须寻找原因;新生儿疾病筛查采用召回制度,阳性者依托妇幼保健网络进行召回、追踪随访等。

给予患者及时、准确的诊断和治疗是新生儿疾病筛查达到全面质量控制的不可缺少的部分和内容,也是新生儿筛查的最终目的。因此,召回制度、确诊与治疗、建立病例档案至关重要。

(1)召回制度:新生儿疾病筛查阳性患者治疗开始越早,预后越好。负责召回的人员接到筛查中心出具的可疑阳性报告,可采用各种方式(电话、短信或书面等)立即通知新生儿监护人到筛查中心及时进行复查,尽早给予治疗。因地址不详或拒绝随访等而失访者,须注明原因,做好备案工作。每

NOTES

次通知均须详细记录，相关资料至少保存10年。对筛查出的可疑患者应尽可能100%追回。

（2）确诊与治疗：对筛查出的阳性患者进行明确诊断十分必要，这要求临床医师对患者筛查和确诊实验的结果作出正确的评价。对有疑问的检验结果应进一步随访观察。尤其在治疗过程中应注意根据反复的检测结果对作出的诊断进行修正，如暂时性先天性甲状腺功能减退症的诊断，高苯丙氨酸血症、四氢生物蝶呤缺乏症的鉴别诊断等。在诊断过程中对其他畸形的诊断亦不容忽视。我国已制定了CH和PKU的诊治技术规范，应严格按照规定的原则进行诊断、治疗和随访。

（3）病例档案：由于疾病的治疗需要一个较长的时期甚至终身治疗，建立系统、完整、规范的病例档案，不仅是对新生儿疾病筛查全面质量管理的要求，更是对患者负责的要求。一份完整的病例包括新生儿的初筛信息，即采血卡片上的所有信息、体格检查、复查结果、相关的确诊实验结果、病情变化记录、治疗剂量、历次有关的实验检测结果、智商检测结果、其他疾病的发病情况等详细的记载和描述。

通过新生儿疾病筛查质量管理体系的建立和实施，最大限度地减少了漏筛，有效保证阳性患者的检出和及早治疗。但我国人口众多，幅员辽阔，有许多偏远地区医疗水平还很落后，使得新生儿疾病筛查的质量管理在实际实施过程中存在诸多问题。

（1）覆盖率：许多偏远地区（新疆、西藏等）受医疗资源的限制，新生儿疾病筛查不能很好覆盖，使得新生儿疾病的筛查率不能达到100%。

（2）漏检率：由于有关的宣传力度不够，许多家长意识不强，家长不能积极配合，加上有关工作人员工作过程中责任心不强以及其他客观原因，经常出现漏检。

（3）误检率：新生儿疾病筛查结果正确性主要取决于筛查中心。筛查中心的质量控制和管理会对检测质量产生影响。我国受经济条件和医疗水平的限制，各筛查中心的技术水平有明显差异，存在一定的误检率。

（4）召回率：对于筛查阳性或疑似阳性的新生儿样本应及时召回复检，由于受客观条件（如患者家庭的经济条件、联系方式等）限制，可疑患者的召回率不能达到100%。

（5）确诊和治疗：部分地区患者的确诊时间较长，及时、有效的治疗得不到保障；部分筛查范围内的疾病的治疗费用相对昂贵，如PKU患者的奶粉，部分家庭难以承担，使治疗中断。

三、新生儿疾病筛查的成本效益分析

新生儿疾病筛查由于所筛查疾病发病率相对较低，在卫生部门经费有限的范围内，要在全国甚至世界范围内进行新生儿疾病筛查，就必须进行成本效益分析（cost-benefit analysis）。成本效益分析也是卫生部门制定新生儿疾病筛查决策的重要依据。

新生儿疾病筛查工作的成本包括筛查费、确诊费、随访费用、特殊治疗费用、随访的交通费以及照顾患者的误工费。新生儿疾病筛查工作的效益包括节省的直接医疗费用、智能障碍患者早亡损失、患者特殊教育费用等。在同一个国家，由于受经济发展影响，不同地区和省份对同一疾病计算成本效益比会有较大差异。在新生儿疾病筛查成本效益因素分析中，新生儿的筛查和治疗成本计算较容易，但要完全用文字描述所有的效益较困难。事实上，新生儿疾病筛查的社会效益，特别是无形效益，也较难从经济数据上反映出来，如儿童智能落后对社会、对家庭的影响，患者对父母造成的精神负担等无法用货币量化；患者早期诊断、早期治疗以后的生命质量提高从成本效益分析中也不能很好地反映。

根据国外的相关研究，筛查PKU的成本-效益比在1∶（2.5~8.3），筛查CH的成本-效益比为1∶（6.7~12.2）。国内外的相关研究均表明，新生儿疾病筛查工作具有较高的经济效益。通过开展新生儿疾病筛查工作，可以在早期支付一定额度的筛查治疗费用，避免后期大量对智能障碍儿童的治疗、抚养和特殊教育费用的发生，在很大程度上减轻了患者家庭的治疗负担，提高了患者及其家庭的生活质量，节省了巨大的卫生和民政资源。

提高新生儿疾病筛查成本效益主要在于降低成本，可从新生儿疾病筛查的各个环节来降低成本，如：科学合理地配置新生儿疾病筛查点，避免筛查点设立过多，避免造成人力、物力的浪费；建立和逐步完善新生儿疾病筛查网络，做好标本采集、递送和监测各环节的质量控制，异常检测结果通过网络及时反馈和溯源，召回患者进一步确诊，避免延误诊断而增加成本；研发和推广国产实验室筛查仪器，提高国产筛查试剂盒的质量，降低检测成本；提高各医疗单位的诊疗水平，做到确诊患者的就近诊治，减少患者往返就诊的误工费、交通费等。

（母得志　刘 俐　武 辉　罗小平）

思考题

1. 简述足月儿 HIE 的诊断标准和临床分度。
2. 简述新生儿病理性黄疸的特点以及常见引起病理性黄疸的原因。
3. 简述新生儿败血症的诊断及治疗原则。
4. 简述新生儿低血糖症的处理流程。
5. 简述新生儿坏死性小肠结肠炎的分期及相应的治疗方案。
6. 简述早产儿的特点及救治要点。
7. 简述新生儿窒息复苏中气管插管及胸外心脏按压的指征。

NOTES

第七章
消化系统疾病

扫码获取
数字内容

1. 胃食管反流、胃炎、消化性溃疡、炎症性肠病的临床特点、诊断及治疗原则。
2. 腹泻病病因、分类、临床特点及治疗原则。
3. 肠套叠的临床表现、诊断方法及治疗方案选择。
4. 婴儿胆汁淤积症的临床表现及诊断。
5. 儿童常见消化系统畸形,如先天性巨结肠、先天性肥厚性幽门狭窄的临床特点及诊断。

第一节　儿童消化系统解剖生理特点

一、解剖生理特点

(一) 口腔

口腔是消化道的起端,具有吸吮、吞咽、咀嚼、消化、味觉、感觉和语言等功能。足月新生儿出生时已具有较好的吸吮及吞咽功能。新生儿及婴幼儿口腔黏膜薄嫩,血管丰富,唾液腺不够发达,口腔黏膜干燥,易受损伤和局部感染;3~4 个月时唾液分泌开始增加。婴儿口底浅,尚不能及时吞咽所分泌的全部唾液,常发生生理性流涎。

(二) 食管

食管长度在新生儿为 8~10cm,1 岁时为 12cm,5 岁时为 16cm,学龄儿童为 20~25cm,成人为 25~30cm。食管全长相当于从咽喉部到剑突下的距离。插胃管时,从鼻根至剑突的距离作为插入的长度。婴儿食管横径为 0.6~0.8cm,幼儿为 1cm,学龄儿童为 1.2~1.5cm。食管 pH 通常为 5.0~6.8。新生儿和婴儿的食管呈漏斗状,黏膜纤弱,腺体缺乏,弹力组织及肌层尚不发达;食管下段括约肌发育不成熟,控制能力差,常发生胃食管反流。婴儿吸奶时常吞咽过多空气,易发生溢奶。

(三) 胃

胃容量在新生儿约为 30~60ml,1~3 个月时 90~150ml,1 岁时 250~300ml,5 岁时为 700~850ml,成人约为 2 000ml。进乳后不久幽门即开放,胃内容物陆续进入十二指肠,故实际胃容量不受上述容量限制。婴儿胃略呈水平位,当开始行走时其位置变为垂直。盐酸和各种酶的分泌均较成人少,且酶活性低下,消化功能差。胃平滑肌发育尚未完善,在充满液体食物后胃易扩张。胃排空时间随食物种类不同而异:稠厚含凝乳块的乳汁排空慢;水的排空时间为 1.5~2 小时;母乳 2~3 小时;牛乳 3~4 小时;早产儿胃排空更慢,易发生胃潴留。

(四) 肠

儿童肠管相对比成人长,一般为身长的 5~7 倍(成人仅为 4 倍)。小肠的主要功能包括运动(蠕动、摆动、分节运动)、消化、吸收及免疫保护。大肠的主要功能是贮存食物残渣、进一步吸收水分以及形成粪便。婴幼儿肠黏膜肌层发育差,肠系膜柔软而长,结肠无明显结肠带与脂肪垂,升结肠与后壁固定差,易发生肠扭转和肠套叠。肠壁薄,故通透性高、屏障功能差,加之口服耐受机制尚不完善,肠内毒素、消化不全产物等过敏原可经肠黏膜进入体内,引起全身感染和变态反应性疾病。由于婴儿大脑皮质功能发育不完善,进食常引起胃-结肠反射,产生便意,所以大便次数多于成人。

(五) 肝

年龄愈小,肝脏相对愈大。正常新生儿至 1 周岁,在右锁骨中线上、肋缘下 1~3cm 可触及肝,3 岁以内大部分在右肋缘下 1~2cm,4 岁以后在肋弓以下不易扪及,仅少数能触及 1cm 以下的肝缘。在剑突下,从生后到 7 岁可触及 2.0~2.5cm 的肝脏。婴儿肝结缔组织发育较差,肝细胞再生能力强,不易发生肝硬化,但易受各种不利因素的影响,如缺氧、感染、药物等均可使肝细胞发生肿胀、脂肪浸润、变性、坏死、纤维增生而肿大,影响肝的正常功能。婴儿时期胆汁分泌较少,故对脂肪的消化、吸收功能较差。

(六) 胰腺

出生后 3~4 个月时胰腺发育较快,胰液分泌量也随之增多。出生后 1 年,胰腺外分泌部分生长迅速,为出生时的 3 倍。胰液分泌量随年龄生长而增加,至成人每日可分泌 1~2L。酶类出现的顺序为:胰蛋白酶最先,而后是糜蛋白酶、羧基肽酶、脂肪酶,最后是淀粉酶。新生儿胰液所含脂肪酶活性不高,直到 2~3 岁时才接近成人水平。婴幼儿时期胰液及其消化酶的分泌易受炎热天气和各种疾病的影响而被抑制,容易发生消化不良。

二、肠道细菌

在母体内,胎儿肠道是无菌的,生后数小时细菌开始经口、鼻、肛门等进入胃肠道,主要分布在结肠和直肠。肠道菌群的形成受各种围产期因素的影响,包括外界因素(如分娩方式、喂养方式、抗生素暴露、生活方式和地理因素)和宿主因素。单纯母乳喂养儿以双歧杆菌占绝对优势,人工喂养和混合喂养儿肠内的大肠埃希菌、嗜酸杆菌、双歧杆菌及肠球菌所占比例几乎相等。正常肠道菌群除了对侵入肠道的致病菌有一定的拮抗作用外,还对一些儿童期重要生理功能,如免疫、代谢、营养、消化、吸收等的发育成熟过程起着决定性的作用。婴幼儿肠道正常菌群脆弱,易受许多内、外界因素影响而菌群失调,导致消化功能紊乱。

三、粪便

食物进入消化道至粪便排出时间因年龄而异:母乳喂养的婴儿平均为 13 小时,人工喂养婴儿平均为 15 小时,成人平均为 18~24 小时。

1. 胎便 是新生儿最初 3 天内排出的粪便,形状黏稠,呈橄榄绿色,无臭味。它由脱落的肠上皮细胞、浓缩的消化液、咽下的羊水所构成,2~3 天内转变为普通的婴儿粪便。

2. 母乳喂养婴儿粪便 为黄色、金黄色或绿色,多为均匀膏状或带少许黄色粪便颗粒,或较稀薄,不臭,呈酸性(pH 4.7~5.1)。平均每日排便 2~4 次,一般在添加辅食后次数即减少。

3. 人工喂养婴儿粪便 人工喂养的婴儿粪便为淡黄色或灰黄色,较干稠,呈中性或碱性反应(pH 6~8)。因牛乳含蛋白质较多,粪便有明显的蛋白质分解产物的臭味,有时可混有白色酪蛋白凝块。大便每日一两次,易发生便秘。

4. 混合喂养婴儿粪便 与喂牛乳者相似,但较软、黄,添加淀粉类食物可使大便增多,稠度稍减,稍呈暗褐色,臭味加重。大便每日 1~3 次不等。添加各类蔬菜、水果等辅食时大便外观与成人粪便相似;初加菜泥时,常有少量绿色便排出。

第二节 儿童消化系统疾病常用检查方法

一、胃肠影像学

1. 胸腹部平片及透视 是最常用的基本检查手段,可取仰卧位、立位、水平侧位及倒立侧卧位,根据病情及诊断需要可在床旁及术中进行摄片。胸腹部平片及透视主要用于消化道异物、食管闭锁、胃肠道穿孔、肠梗阻、肛门闭锁、腹部肿块等病变的诊断。

2. 消化道造影 常用造影剂(对比剂)有阴性造影剂和阳性造影剂。阴性造影剂有空气、氧气等。阳性造影剂有钡剂、碘剂。钡剂可用于评估大多数疾病,碘造影剂通常用于急性创伤或近期术后考虑肠穿孔的病例。碘造影剂有低渗性(碘海醇、碘酰胺葡甲胺)及高渗性(泛影葡胺、泛影酸钠)两种。高渗性造影剂可能导致液体性质转变及电解质紊乱,应谨慎使用。

(1)食管造影:评估喉咽部至胃近端(包括胃食管连接部)水平的解剖及活动性,主要用于检查先天发育异常,如食管气管瘘、食管狭窄、食管裂孔疝、胃肠道旋转不良、肥厚性幽门狭窄、贲门痉挛或松弛及膈疝等疾病,也常用于食管术后改变的监测。

(2)上消化道造影与小肠钡餐检查:食管造影之后,胃和十二指肠作为同一检查的一部分,被称为上消化道造影。可通过鼻饲管或胃管,将造影剂输送至胃内,从而评估胃和十二指肠。上消化道造影主要用于呕吐(包括可疑旋转不良伴扭转、幽门梗阻和十二指肠或近端空肠梗阻)、评估胃排空情况及在放置胃管之前对上消化道解剖结构的评估。

近年来,小肠钡餐检查很大程度被CT和MRI所取代,在评估已知或可疑炎症性肠病(inflammatory bowel disease,IBD)方面仍有应用价值,适用于评估梗阻、喂养困难、蠕动障碍/小肠通过时间、息肉、可疑吸收不良综合征等疾病。

(3)造影剂灌肠:大多数儿童采用单造影剂,很少采用双重对比。钡灌肠造影主要用于肠套叠、巨结肠及肠位置异常等的诊断。婴幼儿一般不需清洁灌肠,在检查当日不给固体食物,检查前3小时禁食。学龄前和学龄儿童应在检查前清洁灌肠。

(4)其他特殊透视检查:瘘管造影检查在评估复杂的胃肠道解剖结构中有重要作用,对手术医生确定手术方案有指导性意义。

3. 超声检查 超声因其方便快捷、无电离辐射等优势,成为儿童腹部疾病诊断的普查手段,对于肝、胆、胰、脾疾病尤为敏感,是肝脏和胆道疾病首选的检查手段。超声弹性成像是无创评估肝脏硬度的新技术。但超声检查主观性较强,由于操作者的经验以及操作过程差异、检查切面的选择,易受胃肠道气体回声的影响,故其诊断价值有限。

4. 计算机断层扫描(computed tomography,CT) 可以用于腹部包块、腹腔脓肿、外伤及肝脏和胰腺疾病的诊断,也可以用于小肠和腹部血管性病变的检查。螺旋CT扫描可增快扫描速度,减少呼吸运动造成的伪影。CT小肠造影(CT enterography,CTE)口服中性造影剂使肠壁/黏膜静对比后呈高密度,能客观评估肠道炎症垂直扩散程度及肠外表现,有助于IBD的诊断。增强CT扫描通过静脉注入对比剂进行扫描,可清楚地显示血管的解剖及鉴别肿瘤和正常组织。但因为儿童由辐射产生的基因突变及癌症的风险性是成年人的10多倍,所以必须严格掌握适应证,避免儿童因检查发生更大的身体危害和遗传效应。

5. 磁共振成像(magnetic resonance imaging,MRI) 适用于腹部器官的先天畸形与肿瘤或肿瘤样病变、胰胆系、血管系统病变的诊断。此外,先进的MR技术,包括弥散加权成像、化学位移成像、光谱成像、弹性成像和肝胆管特意造影剂的使用,可以评估特定组织的影像学特征。MRI对血管的显示优于CT,特别是磁共振血管造影对肝脏病变的血管显示清晰。MR肠道造影(MRE)适用于评估IBD、息肉、肿瘤及除IBD外的炎性病变进展,但由于扫描时间长、常规需要镇静及全身麻醉以减少呼吸及运动相关的伪影等,在临床应用中有一定的局限性。

6. 核医学

(1)胃肠道出血扫描:评估儿童下腹部胃肠道活动性出血,将患者一部分血液用^{99m}Tc标记并重新注射至患者体内,进行动态检查,有助于快速定位出血区域,引导内镜医师或血管造影者明确诊断及治疗。

(2)正电子发射断层显像-计算机断层扫描(positron emission tomography-computed tomography,PET-CT):将PET与CT的优势相结合。PET提供病灶详尽的功能与代谢等分子信息,CT提供病灶的

NOTES

精确解剖定位，可获得全身各方位的断层图像，具有灵敏、准确、特异及定位准确等特点，在评估肝脏原发及继发性肿瘤、淋巴瘤及其他血液系统肿瘤在脾脏局灶转移及弥漫浸润中具有一定意义。

二、消化道内镜检查

消化道内镜可清楚地直视消化道黏膜微细的病变，并可用多种方式记录和保存图像，便于多人同时观看，为诊断、治疗、研究消化道疾病提供了良好的条件。同时可做黏膜活检，实施内镜下多种治疗术式，目前在儿科领域应用逐渐增加。

（一）上消化道内镜检查

上消化道内镜检查（upper gastrointestinal endoscopy）是诊断上消化道疾病最常用和最准确的检查手段，通过直视病变、取活检等手段准确诊断疾病，发现食管、胃及十二指肠黏膜炎症、溃疡、憩室、息肉、血管瘤及血管扩张等，并且可通过镜身附有的管道插入器械进行治疗，如上消化道异物取出、内镜下止血、食管静脉曲张硬化治疗、狭窄扩张、息肉切除等。

（二）儿童结肠镜检查

儿童结肠镜检查（colonoscopy）适用于下消化道出血、炎症性肠病、慢性腹泻、各种息肉综合征等的诊断，经结肠镜介入治疗，如摘除息肉、取出异物、扩张狭窄及止血等。

（三）小肠镜检查（双气囊推进式）

小肠镜检查（双气囊推进式）（double-balloon enteroscopy，DBE）主要用于儿童不明原因肠道出血、腹泻等慢性小肠病变（如克罗恩病）的检出。其与普通内镜的区别：内镜头部有一气囊，内镜外再置有一气囊的外套管，通过气囊的来回充气、放气和外套管移行、钩拉等动作，使内镜插入小肠深处，达到检查目的，并且可进行电凝、息肉摘除、球囊扩张、异物取出等介入治疗手段。

（四）胶囊内镜

胶囊内镜全称为“智能胶囊消化道内镜系统”，又称医用无线内镜（wireless capsule endoscopy），是小肠病变诊断方法之一。受试者通过口服内置摄像和信号传导的胶囊，借胃肠道蠕动使其在消化道内移行并拍摄图像；医师利用体外的图像接收和成像工作站，了解受检者的消化道变化。本方法具有安全、便捷、无创、无导线、无麻醉等优点，但缺点是图像欠清晰，且发现病灶后不能做活体组织检查或内镜治疗。

（五）超声内镜检查

超声内镜检查（endoscopic ultrasonography，EUS）是经胃镜、肠镜导入高频微型超声探头，在体腔内内镜直视下对消化道壁或邻近器官进行实时超声扫描的方法，可以获得清晰的消化道管壁的各层次结构和周围邻近器官的超声显像。同时，可以在超声引导下对病灶进行细针穿刺活检。此外，借助EUS引导，还可以对病变进行引流、药物的局部注射或置入治疗。

（六）内镜逆行胰胆管造影

内镜逆行胰胆管造影（endoscopic retrograde cholangiopancretography，ERCP）是通过内镜将导管从十二指肠乳头插入，向胰胆管注入造影剂，在X线下观察胰胆系统的操作过程，主要适用于肝内外胆管梗阻，如胆管闭锁、异位、结石及蛔虫、先天性胆管囊肿、反复发作胰腺炎、胰腺假囊肿等的诊断。ERCP已逐步过渡为以治疗为目的的操作，内镜下十二指肠乳头肌切开术（endoscopic sphincterotomy，EST）、乳头肌球囊扩张术、胰胆管支架引流术是儿童胰腺及胆道系统疾病有效且安全的治疗手段。

三、胃肠动力学检查

1. 核素检查 将标记核素的液体及固体食物给受试者服用后，借助计算机分析的摄像系统采取不同体位及间隔时间进行监测，与起始计数比较得出单位时间的排空率和半排空时间，了解胃排空及胃食管反流、肠胃胆汁反流情况。该方法多用于科研，少用于临床。

NOTES

2. 胃肠测压法 利用连续灌注导管测压系统(包括测压集合导管、压力感受器、液气压毛细管灌注系统、多导生理记录仪等),测压导管感受压力并将压力信号转换为电信号,通过计算机收集信息,处理结果。常用的有食管测压、直肠肛门测压、胃内压测定、Oddi 括约肌压力测定等。

3. 超声检查 应用实时 B 超或三维超声,观察进食一定量液体后胃各部位及十二指肠的动态运动情况,并将胃排空情况量化,得出胃排空和半排空时间。

4. 胃电图 测定人体胃电活动的方法有腔内胃电和体表胃电记录。体表胃电记录技术,即胃电图(EGG),是一种非侵入性检查方法,其定量指标包括 EGG 的主频率、正常胃慢波所占时间百分比、胃动过速、胃动过缓及其他动力紊乱所占比例。

5. 动态 pH 监测 食管-胃 pH 监测是采用柔软的 pH 微电极,放置在食管和/或胃内监测 pH;监测期间不限制正常生理活动,记录进餐、体位变化和一些症状的起止时间,数据存储在便携式 pH 记录仪上,可持续监测 24~96 小时。食管 pH 监测可以发现胃食管反流,了解反流与进食、体位及症状的关系,主要用于胃食管反流病的诊断,是衡量胃食管反流严重程度的客观指标,可判断治疗效果,还可以用于查找一些反复发作性呼吸道疾病的病因。胃 pH 监测主要用于评价酸相关性疾病的疗效、检测十二指肠胃反流。

四、呼气试验

呼气试验因具有简便、迅速及无创等优点,作为一种非侵入性胃肠功能的常规检查方法,在胃肠病的诊断和筛查中具有非常重要的作用。

(一) 碳呼气试验

CO_2 是能量代谢的终末产物,CO_2 呼气试验是经口服或静脉注射放射性核素(如 ^{13}C 或 ^{14}C 标记的化合物)后,经一系列代谢,最终以 $^{13}CO_2$ 或 $^{14}CO_2$ 形式从肺排出,收集呼出气,经液闪测定检测呼出气中 $^{13}CO_2$ 或 $^{14}CO_2$ 含量。^{14}C 或 ^{13}C-尿素呼气试验用于检测幽门螺杆菌感染。由于 ^{14}C 半衰期较长,不适用于儿童和孕妇。可采用 ^{13}C 标记化合物;^{13}C 为稳定性核素,无放射性。

(二) 氢呼气试验

人呼气中的 H_2 是由肠道的细菌发酵碳水化合物而产生的。在某些病理情况下,肠黏膜细胞的某些酶,如乳糖酶、蔗糖-麦芽糖酶或麦芽糖酶缺乏时,相应的糖(如乳糖、蔗糖和麦芽糖)直接进入结肠,细菌发酵产生的 H_2 大部分从肠道排出,14%~21% 被吸收入血液循环经肺呼出。通常应用气相色谱法检测收集的呼出气中的 H_2。氢呼气试验主要用于诊断碳水化合物吸收不良、小肠细菌过度生长(small intestinal bacterial overgrowth,SIBO)、胃肠动力异常等疾病。

第三节 口 炎

口炎(stomatitis)是指口腔黏膜由各种感染引起的炎症,若病变限于局部,如舌、齿龈、口角,亦可称为舌炎、齿龈炎或口角炎等。本病多见于婴幼儿,可单独发生,亦可继发于全身疾病,如急性感染、腹泻、营养不良、久病体弱和维生素缺乏等。感染常由病毒、真菌、细菌引起。不注意食具及口腔卫生或各种疾病导致机体抵抗力下降等因素均可导致口炎的发生。目前细菌感染性口炎已经很少见,病毒及真菌感染所致的口炎仍为儿科常见疾病。

一、口腔念珠菌感染/鹅口疮

口腔念珠菌感染/鹅口疮(oropharyngeal candidiasis/thrush)又称雪口病,为白念珠菌感染所引起的口腔炎症,是在口腔黏膜表面形成白色假膜的疾病,多见于新生儿和婴幼儿;营养不良、腹泻、长期使用广谱抗生素或激素的患者常有此症。新生儿多由分娩时产道感染或因哺乳时污染的奶头和哺乳用具污染传播。

NOTES

【临床表现】

口腔黏膜表面覆盖白色乳凝块样小点或小片状物，可逐渐融合成大片，不易擦去；周围无炎症反应，强行剥离后局部黏膜潮红、粗糙，可有溢血。大多数儿童无全身症状，轻时患者无临床表现，不痛，不流涎，一般不影响吃奶，无全身症状。如蔓延至咽喉部，可出现哭声嘶哑。重症者则全部口腔均被白色斑膜覆盖，甚至可蔓延到咽、喉头、食管、气管、肺等处，此时可危及生命。重症患者可伴低热、拒食、吞咽困难。使用抗生素可加重病情，促其蔓延。取口腔黏膜病变部位直接涂片，加 10% 氢氧化钾后直接压片，镜检下可见白念珠菌菌丝及孢子。

【治疗】

在健康的新生儿中通常为自限性，不需口服抗真菌药物。弱碱性环境不适宜白念珠菌生长，可用 1%~2% 碳酸氢钠溶液于哺乳前后清洁口腔，或局部涂抹 10 万~20 万 U/ml 制霉菌素溶液，每日两三次。亦可口服肠道微生态制剂，纠正肠道菌群失调，抑制真菌生长。预防应注意哺乳卫生，消除感染源，加强营养，适当增加维生素摄入。

二、疱疹性口炎

疱疹性口炎（herpetic stomatitis）为单纯疱疹病毒 I 型感染所致，多见于 6 岁以前的儿童，特别是 6 个月至 3 岁的婴幼儿，多具有自限性。在公共场所感染容易传播，发病无明显季节差异。

【临床表现】

患者通常有与疱疹患者接触史，潜伏期 4~7 天。起病急，疱疹常好发于颊黏膜、齿龈、舌、唇内、唇红部及邻近口周皮肤。起病时发热可达 38~40℃，1~2 天后，上述各部位口腔黏膜出现单个或成簇的小疱疹，直径约 2mm，周围有红晕，初起时发痒，迅速破溃后形成溃疡，有黄白色纤维素性分泌物覆盖，多个溃疡可融合成不规则的大溃疡，有时累及软腭、舌和咽部。由于疼痛剧烈，患者可表现为拒食、流涎、烦躁，常因拒食啼哭才被发现。体温在 3~5 天后恢复正常，整个病程约 7~10 天。所属淋巴结常肿大和压痛，可持续 2~3 周。从患者的唾液、病变皮肤和大小便中均能分离出病毒。

本病应与疱疹性咽峡炎鉴别。后者大都为柯萨奇病毒 A 组所引起，多发生于夏秋季，常骤起发热及咽痛，初起时咽部充血，并有灰白色疱疹，四周绕有红晕，2~3 天后红晕加剧扩大，疱疹破溃形成黄色溃疡。疱疹主要发生在咽部和软腭，有时见于舌，但不累及口腔前部及齿龈，此点与疱疹性口炎迥异。

【治疗】

治疗以对症治疗为主。保持口腔清洁，用淡盐水漱口，以防止继发感染；多饮水，食物以微温或凉的流质为宜，避免刺激性食物。局部可喷洒西瓜霜、锡类散等。为预防继发感染，可涂 2.5%~5.0% 金霉素鱼肝油。疼痛严重者可在餐前用 2% 利多卡因涂抹局部。发热时可用退热剂。抗生素不能缩短病程，仅用于有继发感染者。同时对患者适当隔离，减少疾病传播。

三、溃疡性口炎

溃疡性口炎（ulcerative stomatitis）是由链球菌、金黄色葡萄球菌、肺炎链球菌、铜绿假单胞菌或大肠埃希菌等感染引起的口腔炎症。多见于婴幼儿，常发生于急、慢性感染，长期腹泻等机体抵抗力降低时，口腔不洁更利于细菌繁殖而致病。

【临床表现】

口腔各部位均可发生，常见于唇内、舌、牙龈、上颚、颊黏膜及咽部等处。初起黏膜充血、水肿，可有疱疹，后发生大小不等的糜烂或溃疡，创面覆盖较厚的纤维素性渗出物形成的灰白色或黄色假膜，边界清楚，易于擦去，擦后遗留溢血的糜烂面，不久又重新出现假膜。患者患处疼痛明显，流稠涎多，拒食，烦躁，发热 39~40℃；所属淋巴结肿大；外周血象中白细胞常增高；创面渗出液涂片染色可见大量细菌。全身症状轻者约 1 周左右体温恢复正常，口腔溃疡黏膜症状一般仍持续一定时间。

NOTES

【治疗】

口腔护理，可用0.1%~0.3%依沙吖啶溶液每日一两次清洗溃疡面，局部涂以2.5%金霉素鱼肝油、锡类散等。如果估计其致病细菌不是厌氧菌，则不必用氧化剂，特别是过氧化氢，因其酸性较强，刺激口腔黏膜可增加患者痛苦。补充足够的营养和液体，供给多种维生素。预防和纠正水、酸碱失衡。及时控制感染，针对病因选用抗生素治疗。

第四节　胃食管反流及反流性食管炎

胃食管反流（gastroesophageal reflux，GER）是指胃内容物，包括从十二指肠流入胃的胆盐和胰酶等反流入食管甚至口咽部，分生理性和病理性两种。生理性反流以婴儿多见。生理情况下，由于小婴儿食管下端括约肌（lower esophageal sphincter，LES）发育不成熟或神经肌肉协调功能差，可出现反流，往往出现于餐时或餐后，一般仅表现为少量吐奶，不合并有各种并发症。病理性反流是LES的功能障碍和/或与其功能有关的组织结构异常，导致LES压力低而出现的反流，常常发生于睡眠、仰卧位及空腹时，往往可引起一系列临床症状和并发症，包括合并反流性食管炎，称为胃食管反流病（gastroesophageal reflux disease，GERD）。随着直立体位时间增加，固体食物比例增加，60%的GER患者在2岁前症状可自行缓解，部分患者症状可持续到4岁以后。脑瘫、21-三体综合征以及其他原因的发育迟缓患者，有较高的GER发生率。

【病因和发病机制】

1. 抗反流屏障功能低下

（1）LES压力降低，是引起GER的主要原因。正常吞咽时LES反射性松弛，压力下降，通过食管蠕动推动食物进入胃内，然后压力又恢复到正常水平，并出现一个反应性的压力增高以防止食物反流。当胃内压和腹内压升高时，LES会发生反应性主动收缩，使其压力超过增高的胃内压，起到抗反流作用。如某种因素使上述正常功能发生紊乱，LES短暂性松弛即可导致胃内容物反流入食管。

（2）LES周围组织作用减弱，例如缺少腹腔段食管，致使腹内压增高时不能将其传导至LES使之收缩达到抗反流的作用；小婴儿食管角（由食管和胃贲门形成的夹角，即His角）较大（正常为30°~50°）；膈肌食管裂孔钳夹作用减弱；膈食管韧带和食管下端黏膜瓣解剖结构存在器质性或功能性病变，以及胃内压、腹内压增高等，均可破坏正常的抗反流功能。

2. 食管廓清能力降低　正常情况下，食管廓清能力即依靠食管的推动性蠕动、唾液的冲洗、对酸的中和作用、食物的重力和食管黏膜细胞分泌的碳酸氢盐等多种因素发挥食管对反流物的清除作用，以缩短反流物和食管黏膜的接触时间。当食管蠕动减弱、消失或出现病理性蠕动时，食管清除反流物的能力下降，这样就延长了有害的反流物质在食管内的停留时间，增加了对黏膜的损伤。

3. 食管黏膜的屏障功能破坏　屏障作用由黏液层、细胞内的缓冲液、细胞代谢及血液供应共同构成。反流物中的某些物质，如胃酸、胃蛋白酶以及十二指肠反流入胃的胆盐和胰酶使食管黏膜的屏障功能受损，引起食管黏膜炎症。

4. 胃、十二指肠功能障碍　胃排空能力低下，使胃内容物及其压力增加，当胃内压增高超过LES压力时可使LES开放。胃容量增加又导致胃扩张，致使贲门食管段缩短，使其抗反流屏障功能降低。十二指肠病变时，幽门括约肌关闭不全则导致十二指肠胃反流。

5. 其他　严重的牛奶蛋白过敏可导致胃食管反流，可能与牛奶蛋白过敏导致胃节律紊乱及延迟的胃排空相关。

【临床表现】

1. 呕吐　新生儿和婴幼儿以呕吐为主要表现。多数患者于生后第1周即出现呕吐，另有部分患者于生后6周内出现症状。呕吐程度轻重不一，多发生在进食后，有时在夜间或空腹时，严重者呈喷射状。呕吐物为胃内容物，有时含少量胆汁。年长儿以反胃、反酸、嗳气等症状多见。

2. 反流性食管炎 常见症状有:①胃灼热。见于有表达能力的年长儿,位于胸骨下端,饮用酸性饮料可使症状加重,服用抗酸剂症状减轻。②吞咽时疼痛。婴幼儿表现为喂奶困难、烦躁、拒食及不明原因的哭闹,年长儿诉吞咽时疼痛,如并发食管狭窄则出现严重呕吐和持续性吞咽困难。③呕血和便血。食管炎严重者可发生糜烂或溃疡,出现呕血或黑便症状。严重的反流性食管炎患者可发生缺铁性贫血。

3. Barrette 食管 由于慢性 GER,食管下端的鳞状上皮被增生的柱状上皮所替代,抗酸能力增强,但更易发生食管溃疡、狭窄和腺癌。溃疡较深者可发生食管气管瘘。

4. 食管外症状

(1)与 GERD 相关的呼吸系统疾病:①呼吸道感染。反流物直接或间接引发反复呼吸道感染。②哮喘。反流物刺激食管黏膜感受器,反射性地引起支气管痉挛而出现哮喘。部分发病早、抗哮喘治疗无效、无特应性疾病家族史的哮喘更可能为 GERD 引起。③窒息和呼吸暂停。多见于早产儿和小婴儿。原因为反流所致的喉痉挛引起呼吸道梗阻,表现为青紫或苍白、心动过缓,甚至发生婴儿猝死综合征。

(2)营养不良:由呕吐及食管炎引起喂食困难而摄食不足所致,主要表现为体重不增和生长发育迟缓、贫血。

(3)其他:如声音嘶哑、中耳炎、鼻窦炎、反复口腔溃疡、龋齿等。部分患者可出现精神、神经症状,如桑迪弗(Sandifer)综合征,是指病理性 GER 患者呈现类似斜颈样的一种特殊"公鸡头样"的姿势。此为一种保护性机制,以期保持气道通畅或减轻酸反流所致的疼痛,同时伴有杵状指、蛋白丢失性肠病及贫血。

【辅助检查】

1. 食管钡餐造影 可对食管的形态、运动状况、钡剂的反流和食管与胃连接部的组织结构做出判断,并能观察到是否存在食管裂孔疝等先天性疾病,以及严重病例的食管黏膜炎症改变。

2. 24 小时食管 pH 值监测 通过食管下段置入 pH 电极,24 小时连续监测食管下端 pH 变化,通过计算机软件分析可反映 GER 的发生频率、时间、反流物在食管内停留的状况,以及反流与起居活动、临床症状之间的关系,借助评分标准,可区分生理性和病理性反流,以及反流与临床症状之间的关系,是临床可靠的诊断方法。24 小时食管 pH 值监测特别适用于一些症状不典型的患者,或用于查找一些症状(如咳嗽、哽噎、喘鸣、呼吸暂停)的原因,但不能检测到非酸反流。

3. 食管腔内多通道阻抗(multichannel intraluminal impedance,MII)联合 pH 监测技术 与 24 小时食管 pH 监测相比,该检测方法增加了食管内的多通道阻抗监测技术,在监测食管下段 pH 变化的基础上,可同时监测到食管内的非酸反流,并可监测到食管近端的高位反流,通过分析软件对数据进行判断。美国胃肠病学会于 2006 年将其列为胃食管反流诊断金标准。

4. 食管测压及高分辨率食管测压 食管测压是测定食管动力功能的重要方法。应用低顺应性灌注导管系统和腔内微型传感器导管系统等测压设备,可了解食管运动情况及上下食管括约肌功能。通过测压导管可得出上下食管括约肌、近段食管、移行区、中远段食管的压力图,对贲门失弛缓症、硬皮病、弥漫性食管痉挛、食管裂孔疝等与反流相关的疾病有很高的诊断价值,结合 MII 监测,能同步测定反流发生与食管动力及 LES 功能的关系。

5. 食管内镜检查及黏膜活检 内镜诊断及分级标准如下。0 级:食管黏膜无异常;Ⅰ级:黏膜点状或条状发红、糜烂、无融合现象;Ⅱ级:黏膜有条状发红、糜烂并有融合,但小于周径的 2/3;Ⅲ级:黏膜广泛发红、糜烂,融合成全周性或有溃疡。食管黏膜组织活检可发现鳞状上皮基底层细胞增生、肥厚,黏膜固有层乳头延伸进入上皮,上皮层内中性粒细胞、嗜酸性粒细胞、淋巴细胞浸润,甚至黏膜糜烂、溃疡,肉芽组织形成和/或纤维化。Barrette 食管:鳞状上皮由腺上皮取代,出现杯状细胞的肠上皮化生。

NOTES

6. 胃-食管核素闪烁扫描 口服或向胃管内注入含有 ^{99m}Tc 标记的液体,应用 γ 摄像系统测定食管反流量，可了解食管运动功能。

【诊断】

GER 临床表现复杂且缺乏特异性，仅凭临床症状有时难以与其他引起呕吐的疾病相鉴别，即使是 GER 也难以区分是生理性或病理性。凡临床发现不明原因反复呕吐、咽下困难，反复发作的慢性呼吸道感染，难治性哮喘，生长发育迟缓，营养不良，原因不明的哭闹、贫血，反复出现窒息、呼吸暂停等症状时，都应考虑 GER 的可能，针对不同情况，选择必要的辅助检查以明确诊断。

【鉴别诊断】

1. 贲门失弛缓症（achalasia） 又称贲门痉挛，是指食管下括约肌松弛障碍导致的食管功能性梗阻。婴幼儿表现喂养困难、呕吐，重症可伴有营养不良、生长发育迟缓。年长儿诉胸痛和胃灼热感，反胃。X 线钡餐造影、胃镜检查和食管测压有助于鉴别诊断。

2. 以呕吐为主要表现的新生儿、小婴儿应排除消化道器质性病变，如肠旋转不良、先天性幽门肥厚性狭窄、肠梗阻、胃扭转，以及要注意除外颅内占位性病变引起的呕吐。

3. 对存在胃食管反流，但同时伴有其他临床症状的患者（表 7-4-1），必须排除胃食管反流以外疾病。

表 7-4-1 提示需考虑胃食管反流病以外疾病的报警征象

部位	症状及体征	临床提示
全身症状	体重减轻、嗜睡、发热、易激惹	可见于多种疾病，如全身性的感染
	排尿困难	提示可能存在尿路感染，尤其对于婴幼儿
	反流或呕吐发作超过 6 个月大于 12~18 月龄症状仍持续加重	提示需考虑除胃食管反流病外的其他疾病
神经系统	囟门膨隆或头围进行性增大、惊厥、大头或小头畸形	提示可能存在导致颅内压增高的疾病，如脑膜炎、脑肿瘤、脑积水等
消化系统	顽固性的剧烈呕吐	提示可能存在肥厚性幽门狭窄（小于 2 月龄的婴儿）
	夜间呕吐	提示颅内压增高可能
	呕吐物含有胆汁	提示肠梗阻可能，常见的原因有先天性巨结肠、中肠扭曲、肠道闭锁、肠套叠等
	呕血	提示存在消化道出血，可能的原因有消化性溃疡（尤其是同时使用非甾体抗炎药者）、呕吐引起的食管贲门黏膜撕裂、反流性食管炎等
	慢性腹泻	提示可能存在食物蛋白介导的肠病（尤其对于有湿疹或过敏家族史的婴儿）
	直肠出血	见于多种情况，如感染性胃肠炎、炎症性肠病、食物蛋白介导的直肠结肠炎
	腹胀	提示有梗阻、肠蠕动障碍或解剖结构异常

【治疗】

对于诊断为生理性胃食管反流，不合并有各种并发症的患者，不需要特殊治疗；但应与家长沟通，进行健康教育，避免家长焦虑。对合并有并发症或影响生长发育的胃食管反流患者，则必须及时进行治疗，包括体位治疗、饮食治疗、药物治疗和手术治疗。

1. 体位治疗 将床头抬高 30°。小婴儿的最佳体位为前倾俯卧位，但为防止婴儿猝死综合征的发生，睡眠时应采取左侧卧位。儿童在清醒状态下最佳体位为直立位和坐位，睡眠时保持左侧卧位及上体抬高，减少反流频率及反流物误吸。

2. 饮食疗法 以稠厚饮食为主，少量多餐。婴儿增加喂奶次数，缩短喂奶间隔时间。年长儿亦

NOTES

应少量多餐，以高蛋白低脂肪饮食为主，睡前 2 小时不予进食，保持胃处于非充盈状态，避免食用降低 LES 张力和增加胃酸分泌的食物，如酸性饮料、高脂饮食和辛辣食品。此外，应控制肥胖，避免被动吸烟。

3. 药物治疗 目的是降低胃内容物酸度和促进上消化道动力，包括促胃肠动力药、抗酸或抑酸药、黏膜保护剂等。临床使用时应注意药物的适用年龄阶段及不良反应。

(1) 促胃肠动力药：可以增加食管和胃蠕动，提高食管廓清能力，促进胃排空，从而减少反流和反流物在食管内的停留。

1) 多巴胺受体阻滞剂：多潘立酮（domperidone）为选择性周围性多巴胺 D_2 受体阻滞剂，可增强食管蠕动和 LES 张力，增加胃窦和十二指肠运动，协调幽门收缩，促进胃排空，剂量为每次 0.2~0.3mg/kg，每日 3 次，饭前半小时及睡前口服。

2) 通过乙酰胆碱起作用的药物：西沙必利（cisapride），主要作用于肠肌层神经丛运动神经元 5-羟色胺（5-HT）受体，增加乙酰胆碱释放，从而促进胃排空和增加 LES 压力。常用剂量为每次 0.1~0.2mg/kg，3 次/日，口服。莫沙必利（mosapride）为选择性 5-HT 受体激动剂，作为全消化道促动力剂，被广泛用于胃肠动力不足的疾病。把上述药物应用于儿童时需慎重。

(2) 抑酸药物：抑制胃酸分泌，减少反流物对食管黏膜的损伤。可以使用抑酸药物，但可能增加感染风险。

(3) 黏膜保护剂（mucosa protector）：包括硫糖铝、硅酸铝盐、磷酸铝等。抑酸药物及黏膜保护剂具体见本章第五节“消化性溃疡”内容。

4. 外科治疗 采用体位、饮食、药物治疗后，大多数患者症状能明显改善。具有下列指征时可考虑外科手术：①内科治疗 6~8 周无效，有严重并发症（消化道出血、营养不良、生长发育迟缓）；②严重食管炎伴溃疡、狭窄或发现有食管裂孔疝者；③有严重的呼吸道并发症，如呼吸道梗阻、反复发作吸入性肺炎或窒息、伴支气管肺发育不良者；④合并严重神经系统疾病。手术治疗的目的是加强食管下括约肌的功能。

【预防】

胃食管反流的发生与婴儿的消化系统解剖结构密切相关，临床很难预防胃食管反流的发生。但是，对于临床考虑或诊断胃食管反流的病例，及时、有效地采取治疗措施，对于预防由胃食管反流引起的严重并发症是非常有意义的。

第五节 胃炎和消化性溃疡

一、胃炎

胃炎（gastritis）是小儿最常见的上消化道疾病之一，指由各种物理性、化学性或生物性有害因子作用于人体引起的胃黏膜或胃壁炎性病变。胃炎根据病程分急性和慢性两种，后者发病率高。

【病因和发病机制】

1. 急性胃炎 是由不同病因所引起的胃黏膜急性炎症，多为继发性。

(1) 药物性及饮食：非甾体抗炎药（nonsteroid anti-inflammatory drugs，NSAIDs）如阿司匹林、抗肿瘤药物、浓茶、咖啡、过热/过冷饮食等刺激胃黏膜，破坏黏膜的保护屏障，导致胃黏膜充血、水肿、糜烂及出血。

(2) 应激性因素：严重感染、大面积烧伤、休克、窒息、精神过度紧张等所致的应激反应，导致急性胃黏膜损伤，可能与自主神经兴奋引起胃黏膜血管痉挛、缺血缺氧损伤有关。

(3) 腐蚀因素：强酸、强碱、其他腐蚀性物质导致胃黏膜凝固性坏死或液化性坏死。

(4) 感染性因素：进食被微生物、细菌毒素污染的食物引起急性胃炎。

NOTES

（5）食物过敏因素：由食物蛋白介导的黏膜变态反应引起。

2. 慢性胃炎 是有害因子长期、反复作用于胃黏膜引起的慢性炎症。结合临床、内镜、病理组织学结果可将慢性胃炎分为浅表性胃炎（superficial gastritis）、萎缩性胃炎（atrophic gastritis）、特殊型胃炎。儿童慢性胃炎中以浅表性胃炎（非萎缩性胃炎）最常见，约占 90%~95%，萎缩性胃炎极少。病因迄今不明，可能与下列因素有关。

（1）幽门螺杆菌（*Helicobater pylori*，Hp）：最初感染主要发生在儿童期，不经治疗可终身存在，世界各地均有发生。在全球范围内，受社会经济状况、卫生条件、地区和年龄的影响，估计全球 50% 的人口感染幽门螺杆菌。据报告，非洲的幽门螺杆菌感染率最高，约 70.1%，而大洋洲的幽门螺杆菌感染率最低，约 24.4%。中国的幽门螺杆菌感染率很高，目前为 40%~60%。研究已证实 Hp 感染是引起慢性胃炎的主要病因，在活动性、重度胃炎中 Hp 检出率很高，且 Hp 感染具有家族聚集倾向。最近研究表明幽门螺杆菌与其他微生物之间的相互作用可能在幽门螺杆菌相关疾病中发挥关键作用，可能与幽门螺杆菌感染导致胃液过少及高胃泌素血症有关。

（2）胆汁反流：各种原因引起胃肠道动力异常，十二指肠-胃反流，反流的胆盐破坏胃黏膜正常屏障，从而造成氢离子反弥散，刺激肥大细胞导致组胺分泌增加，胃血管扩张，造成炎症。

（3）长期食/服用刺激性食物和药物：如粗糙、过硬、过冷、过热、辛辣的食品，经常暴饮、暴食，饮浓茶、咖啡，服用阿司匹林等非甾体抗炎药及类固醇激素类药物。

（4）精神神经因素：持续精神紧张、压力过大，可使消化道激素分泌异常。

（5）全身慢性疾病影响：如慢性肾炎、尿毒症、重症糖尿病、肝胆系统疾病、类风湿关节炎、系统性红斑狼疮等。

（6）其他因素：食物过敏或其他过敏所致的嗜酸粒细胞性胃炎，此外环境、遗传、免疫、营养等因素均与发病有关。

【病理】

1. 急性胃炎 表现为上皮细胞变性、坏死，小凹上皮细胞增生，固有层大量中性粒细胞浸润，无或极少有淋巴细胞、浆细胞，腺体细胞呈不同程度变性坏死。

2. 慢性胃炎 浅表性胃炎见上皮细胞变性，小凹上皮细胞增生，固有膜炎症细胞主要为淋巴细胞、浆细胞浸润，可分为轻、中、重三度，其中轻度仅限于表层上 1/3，重度浸润表层 2/3 以上，中度介于轻、重之间。萎缩性胃炎主要表现为固有腺体萎缩、肠腺化生及炎症细胞浸润。

【临床表现】

1. 急性胃炎 发病急骤，症状轻重不一。轻者仅有食欲缺乏、腹痛、恶心、呕吐，严重者可出现呕血、黑便、脱水、电解质及酸碱平衡紊乱。有感染者常伴有发热等全身中毒症状。

2. 慢性胃炎 常见症状为反复发作、无规律性的腹痛，疼痛经常出现于进食过程中或餐后，多数位于上腹部、脐周，部分患者部位不固定，轻者为间歇性隐痛或钝痛，严重者为剧烈绞痛。幼儿腹痛仅表现不安和不愿进食，年长儿症状似成人，多诉上腹痛，常伴有食欲缺乏、恶心、呕吐、腹胀，继而影响营养状况及生长发育。胃黏膜糜烂出血者伴呕血、黑便。

【辅助检查】

1. 胃镜检查 是最有价值、安全、可靠的诊断手段，能直接观察胃黏膜病变及其程度，并可取病变部位组织进行幽门螺杆菌和病理学检查。内镜下可见黏膜广泛充血、水肿、糜烂、出血，有时可见黏膜表面的黏液斑或反流的胆汁。Hp 感染胃炎时，还可见到胃黏膜微小结节（又称胃窦小结节或淋巴细胞样小结节增生）形成。

2. 幽门螺杆菌检测

（1）侵入性检测：通过胃镜检查取胃黏膜活组织进行检测。

1）胃黏膜组织切片染色与培养：经苏木精-伊红染色（HE）或沃森-斯塔里银染色（Warthin-Starry silver staining，WS 染色）后，在黏膜层有鱼贯状排列、形态微弯的结构，其中以 WS 效果最好，是目前最

NOTES

常用方法；Hp 培养需在微氧环境下用特殊培养基进行，3~5 天可出结果，是诊断 Hp 的金标准，但阳性率低，易出现假阴性。

2）尿素酶试验：尿素酶试剂中含有尿素和酚红，Hp 产生的酶可分解其中的尿素产生氨，后者使试剂中的 pH 值上升，从而使酚红由棕黄色变成红色。将活检胃黏膜放入上述试剂（滤纸片）中，如胃黏膜含有 Hp，则试剂变为红色。此法快速、简单，特异性和敏感性可达 80% 以上。

（2）非侵入性检测

1）血清学检测抗 Hp 抗体：适用于临床和流行病学调查，不能作为判断根除 Hp 和现症感染的依据。

2）核素标记尿素呼吸试验：让患者口服一定量核素 ^{13}C 标记的尿素，如果患者消化道内含有 Hp，则 Hp 产生的尿素酶可将尿素分解产生 $^{13}CO_2$ 由肺呼出。通过测定呼出气体中 ^{13}C 的含量即可判断胃内 Hp 感染的有无及程度，其特异性和敏感性达 90% 以上。

3）粪便 Hp 抗原检测：是一种简单、准确、快速诊断 Hp 的方法，适用于婴幼儿、老人、孕妇及其他无法配合呼气试验检测者，可用于诊断和治疗效果的监测。

【诊断和鉴别诊断】

根据病史、体检、临床表现、胃镜和病理学检查，基本可以确诊胃炎。由于引起儿童腹痛的病因很多，急性发作的腹痛必须注意与外科急腹症，肝、胆、胰、肠等腹内器官的器质性疾病，以及腹型过敏性紫癜相鉴别。慢性反复发作的腹痛应与消化性溃疡、嗜酸细胞性胃肠炎、肠道寄生虫、肠痉挛等疾病鉴别。

1. 肠蛔虫症 常有不固定腹痛、偏食、异食癖、恶心、呕吐等消化功能紊乱症状，有时出现全身过敏症状；往往有吐虫、排虫史。粪便查找虫卵、驱虫治疗有效等可协助诊断。随着卫生条件的改善，肠蛔虫病在我国已经明显减少。

2. 肠痉挛 婴儿多见，可出现反复发作的阵发性腹痛，腹部无异常体征，排气、排便后可缓解。

3. 消化性溃疡 多为慢性上腹痛，年长儿表现为规律性及饥饿性腹痛，常有半夜痛醒病史，胃镜检查可鉴别。

4. 嗜酸细胞性胃肠炎 是由嗜酸性粒细胞在胃肠黏膜浸润所致的胃肠疾病，分为黏膜型、浆膜型、肌层型，其中黏膜型常见。临床表现为腹痛、恶心、呕吐，与本病相似，可通过黏膜组织病理协助鉴别；糖皮质激素治疗有效。

5. 心理因素所致功能性（再发性）腹痛 是一种常见的儿童期身心疾病，青少年常见，原因不明，与情绪改变、生活事件、家庭成员过度焦虑等有关；表现为弥漫性的、发作性的腹痛，持续数十分钟或数小时而自行缓解，可以伴有恶心、呕吐等症状。临床和辅助检查往往无阳性发现。

【治疗】

1. 急性胃炎 去除病因，积极治疗原发病，避免服用一切刺激性食物和药物，及时纠正水、电解质紊乱。有上消化道出血者应卧床休息，保持安静，监测生命体征及呕吐与黑便情况。静脉滴注抑酸剂；口服胃黏膜保护剂；可用内镜下局部黏膜止血的方法。细菌感染者需应用有效抗生素。

2. 慢性胃炎

（1）去除病因，积极治疗原发病。

（2）饮食治疗：养成良好的饮食习惯和生活规律。饮食定时定量，避免服用刺激性食品和对胃黏膜有损害的药物。

（3）药物治疗：①黏膜保护剂，如胶体次枸橼酸铋、硫糖铝、*L*-谷氨酰胺呱仑酸钠颗粒、蒙脱石散等。②抗酸剂，如磷酸铝凝胶、氢氧化铝凝胶等。③抑酸剂，包括 H_2 受体阻滞剂如西咪替丁、雷尼替丁、法莫替丁等，质子泵抑制剂如奥美拉唑等。④胃肠动力药，腹胀、呕吐或胆汁反流者加用多潘立酮、西沙必利、莫沙必利等。⑤有幽门螺杆菌感染者应进行规范的抗 Hp 治疗（见本章第二节）。药物治疗时间视病情而定。

NOTES

二、消化性溃疡

消化性溃疡(peptic ulcer)是指接触消化液(胃酸、胃蛋白酶)的胃肠黏膜及其深层组织的一种病理性缺损,其深层达到或穿透黏膜、肌层,好发于胃、十二指肠,也可发生于食管、小肠、胃肠吻合处。各年龄儿童均可发病,以学龄儿童多见。婴幼儿多为急性、继发性溃疡,常有明确的原发疾病。胃溃疡(gastric ulcer,GU)和十二指肠溃疡(duodenal ulcer,DU)发病率相近。年长儿多为慢性、原发性溃疡,以十二指肠溃疡多见,男孩多于女孩,部分可有明显的家族史。

【病因和发病机制】

小儿消化性溃疡的病因及发病机制至今尚未完全阐明,胃酸和胃蛋白酶是消化性溃疡主要原因。目前认为溃疡的形成是对胃和十二指肠黏膜有损害作用的侵袭因子(酸、胃蛋白酶、胆盐、药物、微生物及其他有害物质)与黏膜自身的防御因素(黏膜屏障、黏液-重碳酸盐屏障、黏膜血流量、细胞更新、前列腺素等)之间失去平衡的结果。一般认为,与胃酸有关的侵袭因素对十二指肠溃疡形成的意义较大,而组织防御机制减弱对胃溃疡形成有更重要的意义。

1. 胃酸和胃蛋白酶的侵袭力 胃酸分泌增加和胃蛋白酶的消化作用是发生消化性溃疡的重要因素。十二指肠溃疡患者基础胃酸、壁细胞数量及壁细胞对刺激物质的敏感性均高于正常人,且胃酸分泌的正常反馈抑制机制亦发生缺陷,故酸度增高是形成溃疡的重要原因。新生儿生后 1~2 天胃酸分泌高,与成人相同,4~5 天时下降,以后又逐渐增高,故生后 2~3 天亦可发生急性胃溃疡及胃穿孔。因胃酸分泌随年龄而增加,所以年长儿消化性溃疡的发病率较婴幼儿高。

2. 胃和十二指肠黏膜的防御功能 决定胃黏膜抵抗损伤能力的因素包括黏膜血流、上皮细胞的再生、黏液分泌和黏膜屏障的完整性。在各种攻击因子的作用下,黏膜血液循环及上皮细胞的分泌与更新受到影响,屏障功能受损,发生黏膜缺血、坏死而形成溃疡。

3. 幽门螺杆菌感染 有调查表明 80% 以上的十二指肠溃疡与 50% 以上的胃溃疡患者存在 Hp 感染。Hp 被根除后溃疡的复发率即下降,说明 Hp 在溃疡病发病机制中起重要作用。

4. 遗传因素 消化性溃疡的发生具有遗传因素的证据,部分患者可以有家族史。胃溃疡和十二指肠溃疡同胞患病比一般人群分别高 1.8 和 2.6 倍;单卵双胎发生溃疡的一致性也较高;O 型血的人十二指肠溃疡发病率较其他血型的人高;2/3 的十二指肠溃疡患者家族成员血清胃蛋白酶原升高,但其家族史也可能与 Hp 感染的家族聚集倾向有关。

5. 其他 精神创伤、中枢神经系统病变、外伤、手术后、饮食习惯不当(如过冷、油炸食品)、气候因素、对胃黏膜有刺激性的药物(如非甾体抗炎药、类固醇激素)等均可降低胃黏膜的防御能力,引起胃黏膜损伤。

继发性溃疡是由全身疾病引起的胃、十二指肠黏膜局部损害,见于各种危重疾病所致的应激反应(见上文急性胃炎的病因)。严重烧伤引起的溃疡称柯林(Curling)溃疡,颅内病变引起的溃疡称库欣(Cushing)溃疡。

【病理】

十二指肠溃疡好发于球部,偶尔位于球后以下的部位(称球后溃疡),多为单发,也可多发。胃溃疡多发生在胃窦、胃窦-胃体交界的小弯侧,少数可发生在胃体、幽门管内。溃疡大小不等,深浅不一,胃镜下观察呈圆形、不规则圆形或线形,底部有灰白苔,周围黏膜充血、水肿。十二指肠球部黏膜充血、水肿,或多次复发后,纤维组织增生和收缩而导致球部变形,有时出现假憩室。胃和十二指肠同时有溃疡称复合溃疡。光镜下溃疡的基底可分 4 层:①急性炎性渗出物,由白细胞、红细胞和纤维蛋白组成;②嗜酸性坏死层,为无组织结构的坏死物;③肉芽组织,含丰富的血管和结构组织的各种成分;④瘢痕组织。

【临床表现】

由于溃疡在各年龄阶段的好发部位、类型和演变过程不同,临床症状和体征也有所不同,年龄愈

NOTES

小，症状愈不典型。不同年龄患者的临床表现有各自的特点。

1. 新生儿期 继发性溃疡多见，常见原发病有早产、出生窒息、缺血缺氧、败血症、低血糖、呼吸窘迫综合征和中枢神经系统疾病等，常表现为急性起病，呕血、黑便；生后2~3天亦可发生原发性溃疡。

2. 婴儿期 继发性溃疡多见，发病急，首发症状可为消化道出血和穿孔。原发性以胃溃疡多见，表现为食欲缺乏、呕吐、进食后啼哭、腹胀、生长发育迟缓，也可表现为呕血、黑便。

3. 幼儿期 胃和十二指肠溃疡发病率相等，常见进食后呕吐，间歇发作脐周及上腹部疼痛，烧灼感少见；夜间及清晨痛醒，可发生呕血、黑便甚至穿孔。

4. 学龄前及学龄期 以原发性十二指溃疡多见，主要表现为反复发作脐周及上腹部胀痛、烧灼感，饥饿时或夜间多发。严重者可出现呕血、便血、贫血。并发穿孔时疼痛剧烈并放射至背部或左、右上腹部。也有患者仅表现为贫血，少数患者表现为无痛性黑便、晕厥，甚至休克。

【并发症】

消化性溃疡的并发症主要为出血、穿孔和幽门梗阻，常可伴发缺铁性贫血。

1. 消化道出血 为消化性溃疡最常见并发症，部分患者消化道出血可为消化性溃疡的首发症状。呕血一般见于胃溃疡，黑便多见于十二指肠溃疡，重症可出现失血性休克表现。

2. 穿孔 少见，常突然发生。穿孔可引起弥漫性腹膜炎及邻近器官炎症（如胰腺炎）。腹部立位片可见膈下游离气体。

3. 梗阻 主要发生在十二指肠球部溃疡或幽门管溃疡。梗阻时上腹部胀满不适、腹痛、恶心等，呕吐可缓解症状；呕吐物不含胆汁。胃镜或X线可鉴别。

【辅助检查】

1. 消化道出血相关的实验室检查 如血常规检测血红蛋白进行性下降提示活动性失血，素食3天后粪便潜血阳性提示可能有活动性溃疡等。

2. 上消化道内镜检查 是诊断消化性溃疡首选方法，准确率最高，可观察病灶大小、周围炎症的轻重、溃疡表面有无血管暴露，同时可采取黏膜活检做病理组织学和细菌学检查，还可在内镜下进行活动性出血止血治疗。内镜下溃疡可呈圆形或椭圆形病灶，边界清楚，中央有灰白色苔状物，可分为活动期（A）、愈合期（H）和瘢痕期（S），其中每个病期又可分为2个阶段，即A1、A2、H1、H2、S1、S2。A1期：溃疡底部有厚苔，周边黏膜隆起明显，可伴有出血或血痂；A2期：溃疡底部有厚苔，周边黏膜隆起减轻，无活动性出血，出现少量再生上皮；H1期：溃疡缩小，苔变薄，周围上皮再生形成红晕，黏膜皱襞向溃疡集中；H2期：溃疡进一步愈合，溃疡底部少许白苔；S1期：溃疡白苔消失，中央充血，瘢痕呈红色，又称红色瘢痕期；S2期：瘢痕部无充血，与周围黏膜近似，又称白色瘢痕期。在治疗6~8周后应复查内镜以确定溃疡是否愈合。

3. 胃肠X线钡餐造影 既往应用广泛，但敏感性和特异性低，适用于胃镜检查禁忌者。

（1）直接征象：发现胃和十二指肠壁龛影可确诊。

（2）间接征象：溃疡对侧切迹，十二指肠球部痉挛、畸形对消化性溃疡有诊断参考价值。因儿童溃疡浅表，钡餐通过快，检出率较成人低，且假阳性率较高，气钡双重对比造影效果较佳。

4. 幽门螺杆菌检测 见本节“胃炎”部分。

【诊断和鉴别诊断】

儿童消化性溃疡的症状和体征不如成人典型，因此对出现以下症状者，均应警惕消化性溃疡病的可能性，及时进行内镜检查，尽早明确诊断：剑突下烧灼感或饥饿痛；反复发作的进食后缓解的上腹痛，夜间及清晨症状明显；与饮食有关的呕吐；粪便潜血试验阳性的贫血患者；反复胃肠不适，且有溃疡病，尤其是十二指肠溃疡家族史；原因不明的呕血、便血等。

以下症状应与其他疾病鉴别。

1. 腹痛 应与反流性食管炎，急/慢性胃十二指肠炎，小肠和大肠急/慢性炎症及功能性动力紊

NOTES

乱，肝、胆、胰腺和泌尿生殖系统急/慢性炎症，腹腔淋巴结炎，蛔虫病，腹型过敏性紫癜等疾病鉴别。

2. 呕血　新生儿和小婴儿呕血可见于新生儿自然出血症、食管裂孔疝等；年长儿需与肝硬化致食管静脉曲张破裂及全身出血性疾病鉴别，还需与来自非消化道的假性呕血（如鼻出血、咯血等）相鉴别。

3. 便血　消化性溃疡出血多为柏油样便，鲜红色便仅见于大量出血者，应与肠套叠、梅克尔憩室、息肉、腹型过敏性紫癜及血液病所致出血等鉴别。

【治疗】

消化性溃疡治疗的目的是缓解和消除症状，促进溃疡愈合，防止复发，预防并发症。

1. 一般治疗　创造良好的生活环境，减少或避免精神刺激；培养良好的生活习惯，饮食定时定量；消除有害因素，如避免食用刺激性、对胃黏膜有损害的食物和药物。如有出血，应积极监护治疗，以防止失血性休克。应监测生命体征，如血压、心率及末梢循环；禁食的同时注意补充足够血容量；进行消化道局部止血（如喷药、胃镜下硬化、电凝治疗）及全身止血；如失血严重，应及时输血。

2. 药物治疗　原则为抑制胃酸分泌和中和胃酸，强化黏膜防御能力，抗幽门螺杆菌治疗。

（1）抑制胃酸治疗：是消除侵袭因素的主要途径。

1）H_2 受体阻滞剂（H2RI）：可直接抑制组胺，阻滞乙酰胆碱分泌，达到抑酸和加速溃疡愈合的目的。可用西咪替丁，每日 10~15mg/kg，分 4 次于饭前 10 分钟至 30 分钟口服，或分 1 或 2 次/日静脉滴注；雷尼替丁，每日 3~5mg/kg，每 12 小时 1 次，或每晚 1 次口服，或分 2 或 3 次/日静脉滴注，疗程均为 4~8 周；法莫替丁，0.9mg/kg，睡前 1 次口服，或 1 次/日（严重者每 12 小时 1 次）静脉滴注，疗程 2~4 周。

2）质子泵抑制剂（PPI）：作用于胃黏膜壁细胞，降低壁细胞中的 H^+-K^+-ATP 酶活性，阻抑 H^+ 从细胞质内转移到胃腔而抑制胃酸分泌。常用奥美拉唑，剂量为每日 0.6~0.8mg/kg，清晨顿服，疗程 2~4 周。此外还有兰索拉唑、埃索美拉唑等，可根据年龄特点选择。

3）中和胃酸的抗酸剂：起缓解症状和促进溃疡愈合的作用。

（2）胃黏膜保护剂

1）硫糖铝：在酸性胃液中与蛋白形成大分子复合物，凝聚成糊状物覆盖于溃疡表面起保护作用，还可增强内源性前列腺素合成，促进溃疡愈合。常用剂量为每日 10~25mg/kg，分 4 次口服，疗程 4~8 周。

2）枸橼酸铋钾：在酸性环境中沉淀，与溃疡面的蛋白质结合，覆盖其上形成一层凝固的隔离屏障；促进前列腺素分泌。铋剂还具抗 Hp 的作用。枸橼酸铋钾剂量为每日 6~8mg/kg，分 3 次口服，疗程 4~6 周。本药有导致神经系统不可逆损害和急性肾衰竭等副作用，长期大剂量应用时应谨慎，最好有血铋监测。

3）麦滋林-S 颗粒剂：具有保护胃黏膜、促进溃疡愈合的作用。

（3）抗幽门螺杆菌治疗：指南强烈推荐对有消化性溃疡、胃黏膜相关淋巴瘤家族史的儿童感染 Hp 需行根治治疗。以下情况可考虑根治：①慢性胃炎伴消化不良症状；②慢性胃炎伴胃黏膜萎缩、糜烂；③胃癌家族史；④长期服用质子泵抑制剂；⑤不明原因的难治性缺铁性贫血、特发性血小板减少性紫癜；⑥计划长期服用 NSAID（包括低剂量阿司匹林）；⑦监护人、年长儿童强烈要求治疗。临床常用的药物有：枸橼酸铋钾；阿莫西林 50mg/（kg·d）（最大剂量 1g，2 次/日）；克拉霉素 15~20mg/（kg·d），分 2 次（最大剂量 0.5g，2 次/日）；甲硝唑 20~30mg/（kg·d）（最大剂量 0.5g，2 次/日）；替硝唑 20mg/（kg·d），分 2 次；呋喃唑酮 5~10mg/（kg·d），分 3 次口服。目前多主张联合用药，目前一线方案（首选方案）是以质子泵抑制剂（PPI）为中心药物的三联方案。克拉霉素耐药率低的地区采用“PPI+克拉霉素+阿莫西林”，疗程 10 或 14 天，若青霉素过敏，则换用甲硝唑或替硝唑；克拉霉素耐药率高的地区，采用以铋剂为中心的“三联”“四联”治疗方案，包括“阿莫西林+甲硝唑+胶体次枸橼酸铋剂（三联）”，以及“PPI+阿莫西林 5 天，PPI+克拉霉素+甲硝唑 5 天”（序贯治疗）。对于一线方案失败的患者采用二线方案,即“PPI+阿莫西林+甲硝唑(替硝唑)+胶体次枸橼酸铋剂”,或伴同疗法(PPT+克拉霉素+阿莫西林+甲硝唑),疗程 10 或 14 天。

3. 手术治疗 一般不需手术治疗,但如有以下情况,应根据个体情况考虑手术治疗:①溃疡合并穿孔;②难以控制的出血,失血量大,48 小时内失血量超过血容量的 30%;③幽门完全梗阻,经胃肠减压等保守治疗 72 小时仍无改善;④慢性难治性疼痛。

【预防】

1. 饮食方面 规律进食,定时定量,以维持正常消化活动节律,使得胃酸分泌有节律;少食多餐,避免过饱和饥饿;细嚼慢咽,以减少消化道过强的机械刺激。需选择营养丰富、易于消化的食物,避免粗糙、过冷、过热、过酸、过咸、油腻等食物。

2. 药物方面 避免使用非甾体抗炎药、肾上腺皮质激素等药物;如果必须使用,应严格掌握适应证、使用剂量及时间,必要时配合服用胃黏膜保护剂。

3. 情绪管理 调节情绪,避免焦虑、暴躁,保持心情愉悦,可以减少胃酸分泌,预防溃疡发生。

第六节 炎症性肠病

炎症性肠病(inflammatory bowel disease,IBD)是指原因不明的一组非特异性慢性胃肠道炎症性疾病,包括溃疡性结肠炎(ulcerative colitis,UC)、克罗恩病(Crohn disease,CD)和未定型结肠炎(indeterminate colitis,IC)。近年来,儿童炎症性肠病发病率有上升趋势,严重影响着本病患者的生长发育和生活质量。IBD,特别是 CD,多在青少年期起病,据统计约 20%~30% 的 IBD 在儿童期就被诊断。儿童炎症性肠病患者发病年龄越小,症状越严重。

【病因和发病机制】

IBD 病因与发病机制至今仍未完全明确,但公认 IBD 是遗传、环境及免疫等多种因素综合作用的结果。目前认为其发病机制是由大量肠道细菌诱发的过度肠黏膜免疫反应,在具有遗传易感性的人群中导致肠黏膜损伤。

1. 遗传因素 流行病学资料表明,本病发病呈明显种族差异和家族聚集性。不同种族人群中 IBD 发病率存在较大差异,其中白种人发病率最高,其次为美洲黑人,亚洲人种发病率最低。随着免疫学、遗传学、分子生物学的迅速发展,特别是全基因组关联研究(GWAS)、基因芯片等技术的应用,目前已经发现多达 40 个基因位点与 CD 易感性有关,至少 17 个基因位点与 UC 易感性有关。

2. 环境因素 工业化国家儿童 IBD 的发病率高于非工业化国家,城市儿童的发病率高于农村和山区,迁居欧美的亚洲移民及其后代的 IBD 易感性明显增加,提示各种环境因素(如感染、吸烟、饮食、肠道菌群、居住地气候等)均可能参与 IBD 的发病。

3. 免疫因素 肠黏膜上皮细胞、基质细胞、肥大细胞、内皮细胞等与免疫细胞间相互作用,调节肠黏膜免疫的动态平衡,维持肠黏膜结构的稳定。上述相互作用失调,即可造成组织损伤和慢性炎症,导致 IBD 发生。中性粒细胞、巨噬细胞、T 和 B 淋巴细胞等免疫细胞释放的抗体、细胞因子和炎症介质均可引起组织破坏和炎性病变。

【病理】

溃疡性结肠炎主要累及结肠及直肠,偶尔累及回肠末端,亦可能累及阑尾,极少累及上消化道,病变呈弥漫性、连续性分布,多位于黏膜层,浆膜层无明显异常。镜下为非特异性炎症,多局限于黏膜层及黏膜下层,固有层内可见淋巴细胞、浆细胞、单核细胞浸润,急性期常伴有多量中性粒细胞及嗜酸性粒细胞浸润。腺体破坏是该病的重要特征,肠黏膜隐窝处多见隐窝脓肿形成,腺体上皮细胞坏死、腺体破坏,同时杯状细胞减少,潘氏细胞化生,腺上皮增生,核分裂增多。

克罗恩病可侵犯整个消化道,最常累及末端回肠,病变呈节段性分布。镜下可见单核细胞、浆细胞、嗜酸性粒细胞、肥大细胞、中性粒细胞等急、慢性炎症细胞浸润肠壁全层;有时形成裂隙样溃疡,上

NOTES

皮样细胞及多核巨细胞形成非干酪样坏死性肉芽肿，黏膜下层水肿，淋巴管、血管扩张，部分血管周围可见粗大、扭曲的神经纤维，神经节细胞增生，伴有纤维组织增生。

【临床表现】

UC 和 CD 共同临床特征有：两者多呈亚急性或慢性起病，也有部分急性起病；均可表现腹痛、腹泻，大便呈黏液稀便、黏膜脓便或脓血便，甚至血水样便，可伴有里急后重；可以出现不同程度发热及各种肠外表现，如关节炎、强直性脊柱炎、皮疹、虹膜睫状体炎等；病程较长或反复发作对患者的营养和生长发育造成很大影响，可以出现体重下降、营养不良、生长发育迟缓、青春期延迟等；两者都可能有肠出血、肠狭窄、肠梗阻、肠穿孔等并发症。

UC 和 CD 的不同临床特点：①CD 患者因常累及回盲部，腹痛多在右下腹，多表现为绞痛或痉挛性锐痛，呈阵发性发作，绞痛多发生在餐后。因为累及小肠的消化吸收功能，CD 对生长发育影响更明显。早期病例容易误诊为阑尾炎，迁慢病程又容易误诊为肠结核。少数儿童 CD 患者可以伴有腹部包块和肛周病变，包括肛门直肠周围瘘管、脓肿形成，肛裂及皮赘等病变。②UC 患者的肠道损害多先出现在直肠和远端结肠，因此腹痛多在左下腹，以持续性隐痛或钝痛为主要特征，腹泻后腹痛可缓解。大便多呈黏液或脓血，甚至血水样便，伴里急后重多见，容易误诊为痢疾或感染性结肠炎。CD 与 UC 的鉴别见表 7-6-1。

表 7-6-1 CD 与 UC 的鉴别

病种	病变范围	病变特点	病变累及深度	内镜特征	并发症	活组织检查特征	治疗难度	预后
CD	全消化道	跳跃式	全层，不对称	纵行深溃疡，鹅卵石外观	狭窄，梗阻，穿孔，瘘管，出血	裂隙状溃疡，非干酪样肉芽肿	更大	差
UC	主要在结肠	连续性	黏膜和黏膜下层	弥漫性浅溃疡	出血，结肠扩张（巨结肠），癌变，狭窄	固有膜全层弥漫性炎症，隐窝脓肿，隐窝结构异常，杯状细胞减少	大	相对好

【辅助检查】

1. 实验室检查 包括全血细胞计数、红细胞沉降率（血沉）、C 反应蛋白（CRP）、血清白蛋白等。活动期白细胞计数可升高，CRP 可升高，血沉可加快。严重或病情持续病例血清白蛋白下降。粪便常规与培养对非 IBD 的肠道感染可起鉴别作用。血清标志物：抗中性粒细胞胞质抗体（p-ANCA）和抗酿酒酵母抗体（ASCA）分别为 UC 和 CD 的相对特异性抗体，有助于 UC 和 CD 的诊断和鉴别诊断。

2. 胃肠道内镜检查 疑似 IBD 患者就诊时均应完善全面的内镜检查及活检，包括食管、胃、十二指肠镜和结肠镜检。小肠镜检查对发生在小肠的 CD 有独特的诊断价值。镜下改变及病理结果见表 7-6-2。胶囊内镜亦可用于年长儿观察小肠 CD，但缺点是不能进行活体组织检查。

表 7-6-2 炎症性肠病的内镜和组织学表现

分类	内镜（胃镜/肠镜）表现	组织学表现
CD	溃疡（阿弗他、纵行、裂隙状）；鹅卵石样改变；狭窄；瘘管；口腔或肛周病变；跳跃性病变；节段性分布	累及黏膜下层或全层；隐窝扭曲、变形；隐窝脓肿；溃疡；肉芽肿（非干酪样、非黏液性）；局部病变、灶性分布
UC	红斑；血管纹理模糊，质脆；自发性出血；连续性病变（从直肠到近端结肠）；假性息肉	累及黏膜层；隐窝扭曲、变形；隐窝脓肿；杯状细胞减少；黏液性肉芽肿（罕见）；连续性分布

3. X 线钡剂灌肠检查 胃肠钡剂造影和气钡双重造影可显示 IBD 病变以及肠管的狭窄、僵硬和内瘘。CD 者可见黏膜呈鹅卵石样改变、溃疡，病变呈跳跃性节段性分布。

NOTES

4. 腹部 CT 扫描 可以发现节段性肠壁增厚(肠壁>3mm);肠壁强化显示为多层,或肠壁分为两层,伴有显著黏膜强化和黏膜下低密度现象;肠系膜血管呈扭曲,扩张,增多;肠系膜淋巴结肿大;并发症如瘘管、窦道、脓肿、肠穿孔、狭窄等。

5. MRI 或 MRI 双重造影 以气体和等渗液体扩张肠道,并静脉注射钆剂增强,使肠腔内、肠壁和肠腔外的结构得以显示。MRI 具有极好的对比、多平面成像和无辐射的特点,在儿童 CD 的诊断中得到越来越多的应用。

【诊断和鉴别诊断】

对于腹痛、腹泻、便血和体重减轻等症状持续 4 周以上或 6 个月内类似症状反复发作 2 次以上的患者,临床上应高度怀疑 IBD,结合患者的肠外表现、实验室检查、内镜检查、病理检查、影像学检查等做出诊断。由于治疗上的特殊性,本病需与下述疾病相鉴别。

1. 肠结核 回盲部肠结核与克罗恩病的鉴别相当困难。肠镜下两病无特征性区别。一般来说,纵行溃疡多见于克罗恩病,而横向溃疡多见于结核。肠结核不常见瘘管及肛周病变。对鉴别有困难者,建议先行诊断性抗结核治疗。

2. 急性阑尾炎 起病急,病史短,腹泻少见,常有转移性右下腹痛,血象白细胞计数增高更为显著。

3. 其他 如慢性细菌性痢疾、阿米巴肠炎、出血坏死性肠炎、腹型过敏性紫癜、白塞病、肠道淋巴瘤等,在鉴别诊断中亦需考虑。

【疾病评估】

1. CD 诊断成立后,需全面评估病情,指导治疗方案的制订。

(1)临床类型:可采用巴黎分型,见表 7-6-3。

表 7-6-3 CD 的巴黎分型

项目	指标	分型
确诊年龄(A)	0~<10 岁	A1a
	10<17 岁	A1b
	17~40 岁	A2
	>40 岁	A3
病变部位(L)	远端 1/3 回肠伴或不伴局限回盲部病变	L1
	结肠	L2
	回结肠	L3
	上消化道到十二指肠屈氏韧带	L4a
	十二指肠屈氏韧带到远端 1/3 回肠以近	L4b
疾病行为(B)	非狭窄非穿透	B1
	狭窄	B2
	穿透	B3
	狭窄穿透	B2B3
	肛周病变	p
生长	无生长迟缓	G0
	有生长迟缓	G1

(2)疾病活动度的评估:临床上常用儿童克罗恩病活动指数(pediatric Crohn's disease activity index,PCDAI)来评估儿童 CD 的疾病活动严重程度以及疗效评价,见表 7-6-4。将 PCDAI<10.0 分定

表 7-6-4 儿童克罗恩病活动指数（PCDAI）

项目	指标	评分/分
腹痛	无	0
	轻度	5
	中/重度，夜间加重、影响日常生活	10
每日便次	0 或 1 次稀便，无血便	0
	一两次带少许血的糊状便或 2~5 次水样便	5
	6 次以上水样便或肉眼血便或夜间腹泻	10
一般情况	好，活动不受限	0
	稍差，偶尔活动受限	5
	非常差，活动受限	10
体重	体重增长	0
	体重较正常轻<10%	5
	体重较正常轻≥10%	10
身高①或身高速率②	身高下降 1 个百分位等级内或身高生长速率在 -1 个标准差之内	0
	身高下降 1~2 个百分位等级或身高生长速率在 -2~-1 个标准差	5
	身高下降 2 个百分位等级以上或身高生长速率在 -2 个标准差以下	10
白蛋白	>35g/L	0
	25~35g/L	5
	<25g/L	10
腹部	无压痛无肿块	0
	压痛或者无压痛肿块	5
	压痛、腹肌紧张、包块	10
肛旁疾病	无或无症状皮赘	0
	一两个无痛性瘘管，无窦道，无压痛	5
	活动性瘘管，窦道，压痛，脓肿	10
肠外疾病③	无	0
	1 个表现	5
	≥2 个表现	10
血细胞比容	<10 岁儿童≥33%；女（10~19 岁）≥34%；男（10~14 岁）≥35%；男（≥15~19 岁）≥37%	0
	<10 岁儿童 28%~32%；女（10~19 岁）29%~33%；男（10~14 岁）30%~34%；男（≥15~19 岁）32%~36%	2.5
	<10 岁儿童<28%；女（10~19 岁）<29%；男（10~14 岁）<30%；男（15~19 岁）<32%	5
血沉	<20mm/h	0
	20~50mm/h	2.5
	>50mm/h	5

注：①百分位数法评价身高的方法常分为第 3、10、25、50、75、90、97 百分位数，即 7 个百分位等级，如"10 → 25 → 50"为上升 2 个百分位等级。②以 cm/年表示，需要超过 6~12 个月的测量方可得到可靠的升高速率，与正常相比标准差。③1 周内超过 3 天体温>38.5℃，关节炎、葡萄膜炎、皮肤结节性红斑或皮肤坏疽。

NOTES

义为缓解期，10.0~27.5 分定义为轻度活动期，30.0~37.5 分定义为中度活动期，40.0~100.0 分为重度活动期。

2. UC 诊断成立后，亦需全面评估病情，包括临床类型、病变范围、疾病活动度。

（1）临床类型：分为初发型和慢性复发型。初发型指无既往病史而首次发作；慢性复发型指在临床缓解期再次出现症状。

（2）病变范围：推荐采用巴黎分型，见表 7-6-5。

（3）疾病活动度的评估：UC 病情分为活动期和缓解期，临床上常用儿童 UC 疾病活动指数（pediatric ulcerative colitis activity index，PUCAI）来评估儿童 UC 的疾病活动严重程度，见表 7-6-6。将 PUCAI<10 分定义为缓解期，10~34 分定义为轻度活动期，35~64 分定义为中度活动期，≥65 分定义为重度活动期。

表 7-6-5 UC 病变范围的巴黎分型

分型	分布	结肠镜下所见炎症病变累及的最大范围
E1	直肠	局限于直肠，未达乙状结肠
E2	左半结肠	累及左半结肠（脾曲以远）
E3	广泛结肠	病变累及肝曲以远
E4	全结肠	病变累及肝曲以近乃至全结肠

表 7-6-6 儿童溃疡性结肠炎活动指数（PUCAI）

项目	指标	评分/分
腹痛	无	0
	腹痛可忽略	5
	腹痛无法忽略	10
便血	无	0
	量小，仅 50% 次数的大便中带血	10
	量小，但大多数的大便次数中带血	20
	量大，而且大于大便容量的 50%	30
大便性状	成形	0
	部分成形	5
	完全不成形	10
24 小时内大便次数	0~2	0
	3~5	5
	6~8	10
	>8	15
患者是否因为需夜间排便而被迫起夜	否	0
	是	10
活动受限情况	无活动受限	0
	偶尔活动受限	5
	严重活动受限	10

NOTES

【治疗】

儿童 IBD 治疗目标包括：诱导并维持临床缓解及黏膜愈合；促进生长发育；防治并发症；改善患者

生存质量。儿童 IBD 患者的治疗应个体化，需要考虑年龄、病变累及范围、疾病活动程度、是否存在生长延迟、药物的潜在副作用和生活质量等多个因素，治疗包括诱导缓解和维持缓解两方面。对于初诊或复发的患者，首先应进行诱导缓解，成功诱导缓解后，再进行维持缓解治疗。

（一）营养支持

IBD 的发病高峰年龄是儿童生长发育的关键时期，除了生长发育对营养物质的需求量增加外，IBD 患者常有食欲下降、营养物质吸收障碍和丢失增多等现象。营养支持治疗可防治营养不良，促进儿童生长发育和预防骨质疏松症，因此营养支持治疗是 IBD 治疗的重要措施之一。在轻、中度儿童 CD 的诱导缓解中，全肠内营养（exclusive enteral nutrition，EEN）可以作为一线治疗方案，其疗效与糖皮质激素相当，并且相比糖皮质激素、免疫抑制剂和生物制剂等药物治疗，风险更小。EEN 疗程建议 6~12 周，随后在 2~4 周内逐步引入低脂少渣食物。对于存在孤立口腔溃疡或肛周病变患者，不推荐 EEN 用作诱导缓解的治疗。

（二）药物治疗

1. 氨基水杨酸类药物 5-氨基水杨酸（5-ASA）是临床治疗 IBD 并预防其复发的最常用药物之一，具有抑制局部炎症、清除自由基和抑制免疫反应等作用。5-ASA 口服和/或直肠给药，是目前轻、中度 UC 患者诱导缓解以及维持治疗的一线药物。儿童 5-ASA 类口服制剂包括柳氮磺胺吡啶和美沙拉嗪，直肠用药制剂为 5-ASA 灌肠剂和栓剂。柳氮磺胺吡啶疗效与美沙拉嗪相当，但不良反应多。口服 5-ASA 用药量为 30~50mg/(kg·d)，分两三次服用。5-ASA 用于 CD 患者的诱导及缓解治疗尚存争议。目前认为，对于轻度活动期结肠型 CD 诱导缓解和维持缓解治疗可能有效，剂量与 UC 患者相同。

2. 糖皮质激素 可以通过降低毛细血管通透性，稳定细胞膜，减少白三烯、前列腺素及血栓素等炎症因子的释放，抑制炎症反应，从而缓解临床症状，有效控制急性活动性炎症。一般适用于中、重度 UC 及轻度活动期 UC 对 5-ASA 无效者，或者中、重度活动性 CD 的诱导缓解治疗，通常不用于维持缓解治疗。儿童泼尼松口服按 1mg/(kg·d)（其他类型全身作用激素的剂量按相当于上述泼尼松剂量折算）起始给药，最大剂量 40~60mg/d。症状改善后，逐渐减少用量，直到彻底停药。其他还可采用甲泼尼龙 1~1.5mg/(kg·d)静脉给予，最大剂量 60mg/d，用于重度活动性 UC。IBD 患者不宜长期接受糖皮质激素治疗，部分患者对激素有依赖性，逐渐减量时，有些患者的症状会复发，尤其是发病年龄早的患者。

3. 免疫调节剂 临床常用嘌呤类制剂包括 6-巯基嘌呤（6-MP）、硫唑嘌呤（AZA）、甲氨蝶呤、钙依赖磷酸酶抑制剂（环孢素、他克莫司）等。

（1）嘌呤类制剂：起效较慢，不作为急性治疗用药，初次给药 3 个月左右见效。因此在中、重度 CD 患者治疗早期即应考虑该药的应用。嘌呤类制剂适用于以下情况：应用激素诱导缓解的重度 UC 的维持缓解；5-ASA 不耐受的 UC 患者；UC 频繁复发（1 年内复发两三次）；激素依赖的 UC 患者且 5-ASA 已用到最大剂量；儿童 CD 维持缓解的首选治疗方案。推荐 AZA 剂量 1.5~2.5mg/(kg·d)，6-MP 剂量为 1.0~1.5mg/(kg·d)。常见的不良反应有骨髓抑制、肝功能损害和胰腺炎等，期间需定期监测血常规和肝功能。

（2）甲氨蝶呤（methotrexate，MTX）：硫嘌呤类药物无效或不能耐受者，可考虑应用 MTX 维持缓解，剂量为 10~25mg/m^2，给药方式为肌内注射、皮下注射或口服，每周 1 次。最大剂量每次 25mg。

（3）其他：环孢霉素 4~6mg/(kg·d)、他克莫司 0.2mg/(kg·d)可用于治疗重度活动期 UC。治疗期间需监测药物血药浓度，根据血药浓度调整剂量，并严密监测药物相关不良反应。环孢素有效者，待症状缓解后改为继续口服（不超过 6 个月），逐渐过渡到硫嘌呤类药物维持治疗；4~7 天治疗无效者，应及时转手术治疗。

沙利度胺具有免疫抑制和免疫刺激的双重作用，能抑制单核细胞产生 TNF-α 及 IL-12，改变黏附分子的水平，从而影响炎症组织的白细胞外渗并抑制炎性反应，此外还具有抗血管生成及抑

NOTES

制氧自由基等作用。沙利度胺可用于CD合并结核分枝杆菌感染及儿童难治性CD。推荐用药量1.5~2.5mg/(kg·d)。由于其潜在的致畸、外周神经病变等不良反应,用药前需充分与家长沟通并取得知情同意后方可考虑应用,并密切监测其不良反应,如有外周神经炎、嗜睡、精神异常等,应及时减量或停用。

4. 生物治疗 研究认为IBD患者TNF-α表达水平增高在疾病过程中起重要作用,故针对TNF-α表达过程的生物治疗,抗TNF-α单抗如英夫利昔单抗(infliximab,IFX)、阿达木单抗(adalimumab,ADA)已应用于临床,其效果已获得大量临床研究证实,被认为是目前诱导和维持CD缓解最有效的药物。抗TNF-α单抗适用于:中、重度活动期CD的诱导和维持缓解治疗;激素耐药的活动性CD的诱导缓解治疗;瘘管性CD;有严重肠外表现(如关节炎、坏疽性脓皮病等)的CD;存在高危因素的患者,即内镜下深溃疡,充分诱导缓解治疗后仍持续为重度活动,病变广泛,生长迟缓(年龄别身高*Z*值在-2.5以下),严重骨质疏松,起病时即存在炎性狭窄或穿孔,严重肛周病变;重度UC的"拯救"治疗。

IFX用于IBD患者的初始剂量为5mg/(kg·次),在第0、2、6周静脉注射作为诱导缓解;有效者随后每隔8周给予相同剂量用于长程维持缓解治疗。目前尚无足够资料提出何时可以停用IFX。IFX的不良反应为可增加感染、肿瘤和免疫反应的发生率。因此在IFX治疗前需严格除外结核、乙肝及其他感染因素。若存在脓肿、感染、结核,需充分抗感染、脓肿引流后再考虑IFX治疗。

ADA在2021年被批准用于我国儿童CD的治疗。国外已有大量临床研究证实ADA治疗儿童CD的有效性及安全性。推荐剂量:对于体重≥40kg者,建议前3次注射剂量分别为160mg、80mg和40mg;体重<40kg者,建议前3次注射剂量分别为80mg、40mg和20mg作为诱导缓解。以后每隔1周40mg(体重≥40kg)或20mg(体重<40kg)用于维持缓解治疗。

对于抗TNF-α单抗治疗的IBD患者,建议早期主动进行药物浓度监测(therapeutic drug monitoring,TDM),根据TDM指导调整治疗措施。如部分患者对抗TNF-α单抗治疗反应差,即对抗TNF-α单抗治疗失应答,有条件的医疗机构可进行血清抗TNF-α单抗药物谷浓度及抗抗体的检测,分析失应答的原因,进一步优化治疗方案,而不是经验性增加剂量或转换药物。

5. 抗生素 对于合并肛瘘、肛周脓肿或腹腔、盆腔脓肿的患者,推荐给予甲硝唑或三代头孢类广谱抗生素积极抗感染治疗。甲硝唑用法:15mg/(kg·d),每日2次。

(三)手术治疗

1. CD外科手术指征为 ①出现肠梗阻、腹腔脓肿、瘘管形成、急性穿孔、大出血等并发症时;②癌变;③内科治疗无效、疗效不佳和/或药物不良反应已严重影响生存质量者。

2. UC的手术治疗大多作为"拯救"治疗,但对中毒性巨结肠患者一般宜早期实施手术。全结直肠切除、回肠储袋肛管吻合术是UC患者的首选手术,尤其是J-pouch(J型储袋吻合术)。

(四)心理辅导

IBD患者常伴有情绪低落、抑郁、自我评价降低等心理问题,进而影响其社会功能。长期疾病的困扰、激素治疗的副作用、生长发育迟缓及青春期延迟对儿童和青少年的心理均产生较大的影响。因此在积极治疗原发病的同时,应尽量减轻患者的心理负担,必要时寻求心理科医生的帮助。

儿童IBD治疗需要一个专业的治疗团队协同完成,包括儿科、儿外科、营养科、心理科、专业护理队伍(如瘘管的特殊护理)以及成人消化科(后继治疗)医师等。这个专业团队的共同努力才能确保IBD患者的最佳预后。

第七节 腹 泻 病

婴幼儿腹泻(infantile diarrhea),或称腹泻病,是一组由多病原、多因素引起的以大便次数增多和大便性状改变为特点的消化道综合征,是我国婴幼儿最常见的疾病之一。6个月~2岁婴幼儿发病率高,1岁以内患者约占半数,婴幼儿腹泻是造成儿童营养不良、生长发育障碍的主要原因之一。近10

NOTES

多年来,我国对腹泻病的研究与控制已取得重大进展,包括:①进行了大面积的流行病学调查,基本查清了我国小儿腹泻病的发病规律;②通过全年大样本的监测,基本查清了我国小儿腹泻病的主要病原;③已总结出一些有效的预防方法;④制订了全国统一的《中国腹泻病诊断治疗方案》;⑤国家及多数省市卫健委有了腹泻病控制规划(CDD);⑥为了落实CDD,进行过各级医疗机构层层培训。

婴幼儿容易患腹泻病,主要与下列易感因素有关。

1. 消化系统发育尚未成熟,胃酸和消化酶分泌少,酶活力偏低,不能适应食物质和量的较大变化。婴幼儿水代谢旺盛,婴儿每日水的交换量为细胞外液量的1/2,而成人仅为1/7,所以婴幼儿对缺水的耐受力差,一旦失水容易发生体液紊乱。婴儿时期神经、内分泌、循环、肝、肾功能发育不成熟,容易发生消化道功能紊乱。

2. 生长发育快,所需营养物质相对较多,且婴儿食物以液状食物为主,摄入量较多,胃肠道负担重。

3. 机体防御功能差 ①婴儿胃酸偏低,胃排空较快,对进入胃内的细菌杀灭能力较弱;②血清免疫球蛋白(尤其是IgM、IgA)和胃肠道分泌型IgA(sIgA)均较低。肠黏膜的免疫防御反应及口服耐受(oral tolerance)机制均不完善。

4. 肠道菌群失调 正常肠道菌群(normal bacteria flora)对入侵的致病微生物有拮抗作用。新生儿出生后尚未建立正常肠道菌群、改变饮食使肠道内环境改变或滥用广谱抗生素,均可使肠道正常菌群平衡失调而患肠道感染。同时,维生素K的合成有赖于肠道正常菌群的参与,故肠道菌群失调时除易患腹泻外,还可有呕吐物或大便中带血。

5. 人工喂养 母乳中含有大量体液因子(sIgA、乳铁蛋白)、巨噬细胞和粒细胞、溶菌酶、溶酶体,有很强的抗肠道感染作用。家畜乳中虽有某些上述成分,但在加热过程中被破坏,而且人工喂养的食物和食具易受污染,故人工喂养儿肠道感染发生率明显高于母乳喂养儿。

【病因】

引起儿童腹泻病的病因分为感染性及非感染性原因。

(一)感染因素

肠道内感染可由病毒、细菌、真菌、寄生虫引起,以前两者多见,尤其是病毒。

1. 病毒感染 寒冷季节的婴幼儿腹泻80%由病毒感染引起。病毒性肠炎主要病原为轮状病毒(rotavirus,RV),属于呼肠病毒科RV属;其次有星状病毒(astrovirus),杯状病毒(calicivirus)科的诺如病毒(norovirus)、札幌病毒(sapovirus)等。

(1)轮状病毒:秋冬季婴幼儿腹泻病的主要病原,流行广泛,呈全世界性分布。

(2)诺如病毒:偶可引起地方性暴发流行,多为成人及年长儿发病。

(3)肠腺病毒:其胃肠型(血清型)40或41型是引起婴幼儿腹泻病的常见病原,发病率仅次于轮状病毒。

(4)其他:星状病毒、杯状病毒、埃可病毒、小圆病毒(small round virus)、巨细胞病毒(cytomegalovirus)也可引起腹泻病。

2. 细菌感染(本节中不包括法定传染病)

(1)致腹泻大肠埃希菌:根据引起腹泻的大肠埃希菌的不同致病性和发病机制,已知菌株可分为5大类(EPEC、ETEC、EIEC、EHEC、EAEC)。

1)肠产毒性大肠埃希菌(enteroxigenic *E.coli*,ETEC):可黏附在小肠上皮刷状缘,在细胞外繁殖,产生不耐热肠毒素(heat-labile toxin,LT)和耐热肠毒素(heat-stable toxin,ST)而引起腹泻;临床表现有发热、呕吐、频繁多次水样便,多伴有脱水酸中毒。该菌可用PCR法检测。

2)肠致病性大肠埃希菌(enteropathogenic *E.coli*,EPEC):为最早发现的致腹泻大肠埃希菌。EPEC侵入肠道后,黏附在肠黏膜上皮细胞,引起肠黏膜微绒毛破坏,皱襞萎缩变平,黏膜充血、水肿而致腹泻,可累及全肠道;EPEC有一部分也可产生肠毒素。由于耐药菌株增多,病情容易迁延。临

NOTES

床症状基本同ETEC。

3）肠侵袭性大肠埃希菌（enteroinvasive *E.coli*，EIEC）：可直接侵入肠黏膜引起炎症反应，也可黏附和侵入小肠与结肠黏膜，导致肠上皮细胞炎症和坏死，产生脓血便，引起痢疾样腹泻。该菌与志贺菌相似，两者O抗原有交叉反应。

4）肠出血性大肠埃希菌（enterohemorrhage *E.coli*，EHEC）：黏附于结肠产生与志贺菌相似的肠毒素（vero毒素），引起肠黏膜坏死和肠液分泌，致出血性肠炎。

5）肠聚集性大肠埃希菌（enteroadherent *E.coli*，EAEC）：以集聚方式黏附于下段小肠和结肠黏膜致病，引起迁延性腹泻，不产生肠毒素，亦不引起组织损伤，可能与它们对肠黏膜的吸附能力或侵袭有关。

（2）空肠弯曲菌（*Campylobacter jejuni*）：与肠炎有关的弯曲菌有空肠型、结肠型和胎儿亚型3种；95%~99%弯曲菌肠炎是由胎儿弯曲菌空肠亚种（简称空肠弯曲菌）所引起。致病菌直接侵入空肠、回肠和结肠黏膜，引起侵袭性腹泻。某些菌株亦能产生肠毒素。临床表现主要有：发热、腹泻、粪便初期呈水稀便，继而呈痢疾样黏液脓血便。确诊依据粪便细菌培养。

（3）耶尔森菌（Yersinia）：除侵袭小肠、结肠黏膜外，还可产生肠毒素，引起侵袭性和分泌性腹泻。临床主要表现为小肠结肠炎，以婴儿多见。主要症状有发热、腹痛、腹泻。腹泻可持续1~2周。大便呈水样、黏液样或胆汁样，镜检有多形核白细胞。由于严重腹泻，患者可发生低蛋白血症和低钾血症。耶尔森菌肠炎可合并肠系膜淋巴结炎及末端回肠炎，常伴有严重腹痛，有时误诊为阑尾炎。确诊依据细菌培养。

（4）其他：沙门菌（Salmonella）（主要为鼠伤寒和其他非伤寒、副伤寒沙门菌）、嗜水气单胞菌（*Aeromonas hydrophila*）、难辨梭状芽孢杆菌（*Clostridium difficile*）、金黄色葡萄球菌（*Staphylococcal aureus*）、铜绿假单胞菌（*Bacillus pyeyaneus*）、变形杆菌（*Bacillus proteus*）等均可引起腹泻。

3. 真菌 致腹泻的真菌有念珠菌、曲菌、毛霉菌，婴儿以白念珠菌（*Candida albicans*）性肠炎多见。在机体抵抗力低下、正常菌群紊乱时真菌可引起腹泻病。

4. 寄生虫 常见的为蓝氏贾第鞭毛虫、阿米巴原虫和隐孢子虫等。

5. 肠道外感染 有时亦可产生腹泻症状，如患中耳炎、上呼吸道感染、肺炎、泌尿系感染、皮肤感染或急性传染病时，可由于发热、感染原释放的毒素、抗生素治疗、直肠局部激惹（如膀胱炎、阑尾周围脓肿等）作用而并发腹泻。

6. 使用抗生素引起的腹泻 除了一些抗生素可降低碳水化合物的转运和乳糖酶水平外，肠道外感染时长期、大量地使用广谱抗生素也可引起肠道菌群紊乱，肠道正常菌群减少，耐药性金黄色葡萄球菌、变形杆菌、铜绿假单胞菌、艰难梭菌或白念珠菌等可大量繁殖，引起药物较难控制的肠炎，排除其他（病程中发生的病毒或者细菌感染，应用泻剂等）诱发因素，称为抗生素相关性腹泻（antibiotic-associated diarrhea，AAD），通常发生在抗生素治疗2~6周时。

7. 隐孢子虫肠炎（cryptosporidiosis） 多发生于婴幼儿，男女无明显差异。隐孢子虫感染人体后，寄生在小肠黏膜，破坏微绒毛，引起小肠吸收障碍及双糖酶缺乏，造成渗透性腹泻。

8. 其他细菌病原 变形杆菌、产气荚膜杆菌、蜡样芽孢杆菌、克雷伯菌均为条件致病菌，多在久病体弱或滥用抗生素造成肠道菌群紊乱的情况下发病。

（二）非感染因素

1. 饮食因素 ①喂养不当可引起腹泻，多见于人工喂养儿，原因为喂养不定时，饮食量不当，突然改变食物品种，或过早喂给大量淀粉或脂肪类食品；果汁，特别是含高果糖或山梨醇的果汁，可导致高渗性腹泻；肠道刺激物（调料、富含纤维素的食物）也可引起腹泻。②过敏性腹泻，如对牛奶或大豆制品过敏引起腹泻。③原发性或继发性双糖酶（主要为乳糖酶）缺乏或活性降低，肠道对糖的消化吸收不良引起腹泻。

NOTES

2. 气候因素 气候突然变化、腹部受凉使肠蠕动增加；天气过热，消化液分泌减少或口渴饮奶过多等都可能诱发消化功能紊乱致腹泻。

【发病机制】

导致腹泻的机制有：肠腔内存在大量不能吸收的具有渗透活性的物质——“渗透性”腹泻；肠腔内电解质分泌过多——“分泌性”腹泻；炎症所致的液体大量渗出——“渗出性”腹泻；肠道蠕动功能异常——“肠道功能异常性”腹泻等。但在临床上不少腹泻并非由某种单一机制引起，而是在多种机制共同作用下发生的。

(一) 感染性腹泻

病原微生物多随污染的食物或饮水进入消化道，亦可通过污染的日用品、手、玩具或带菌者传播。病原微生物能否引起肠道感染，决定于宿主防御功能的强弱、感染病原微生物的量的大小及毒力。

1. 病毒性肠炎 各种病毒侵入肠道后，在小肠绒毛顶端的柱状上皮细胞上复制，使细胞发生空泡变性和坏死，其微绒毛肿胀，排列紊乱和变短，受累的肠黏膜上皮细胞脱落，遗留不规则的裸露病变，致使小肠黏膜吸收水分和电解质的能力受损，肠液在肠腔内大量积聚而引起腹泻。同时，发生病变的肠黏膜细胞分泌双糖酶不足且活性降低，使食物中糖类消化不全而积滞在肠腔内，并被细菌分解成小分子的短链有机酸，使肠液的渗透压增高。微绒毛破坏亦造成载体减少，上皮细胞钠转运功能障碍，水和电解质进一步丧失(图 7-7-1)。新近的研究表明：轮状病毒的非结构蛋白 4(NSP4)亦与发病机制关系密切。NSP4 是具有多种功能的液体分泌诱导剂，可以通过以下方式发挥作用：作用于固有层细胞，激活 Cl^- 分泌和水的外流；改变上皮细胞的完整性，从而影响细胞膜的通透性；本身可能形成一个通道或是激活一种潜在的 Ca^{2+} 激活通道，导致分泌增加；通过旁分泌效应作用于未感染的细胞，扩大了被感染的黏膜上皮细胞的感染效应；直接作用于肠道神经系统(ENS)，产生类似于霍乱毒素引起的腹泻。

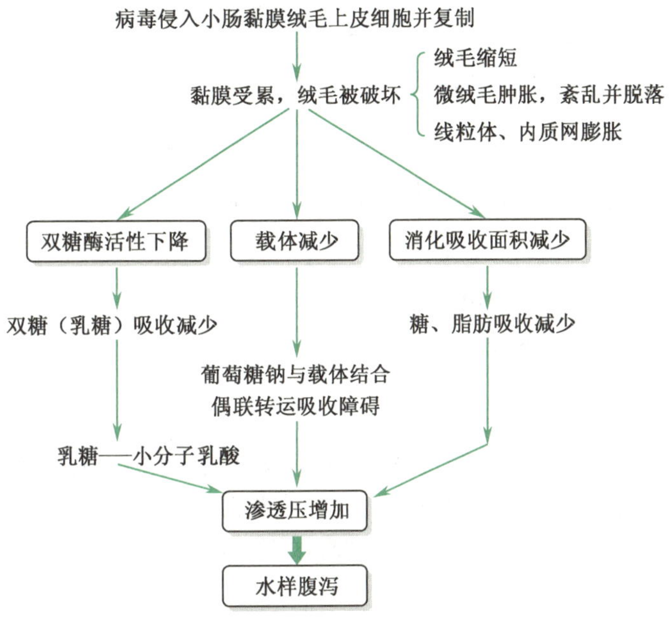

图 7-7-1 病毒性肠炎发病机制

2. 细菌性肠炎 肠道感染的病原菌不同，发病机制亦不同。

(1) 肠毒素性肠炎：各种产生肠毒素的细菌可引起分泌性腹泻，如霍乱弧菌、肠产毒性大肠埃希菌等，如图 7-7-2 所示。病原体侵入肠道后，一般仅在肠腔内繁殖，黏附在肠上皮细胞刷状缘，不侵入肠黏膜。细菌在肠腔释放 2 种肠毒素，即不耐热肠毒素(LT)和耐热肠毒素(ST)：LT 与小肠上皮细胞膜上的受体结合后激活腺苷酸环化酶，致使三磷酸腺苷(ATP)转变为环磷酸腺苷(cAMP)，cAMP 增多后即抑制小肠绒毛上皮细胞吸收 Na^+、Cl^- 和水，并促进肠腺分泌 Cl^-；ST 则通过激活鸟苷酸环化酶，使三磷酸鸟苷(GTP)转变为环磷酸鸟苷(cGMP)，cGMP 增多后亦使肠上皮细胞减少 Na^+ 和水的吸收、促进 Cl^- 分泌。两者均使小肠液总量增多，超过结肠的吸收限度而发生腹泻，排出大量水样便，导致患者脱水和电解质紊乱。

(2) 侵袭性肠炎：各种侵袭性细菌感染可引起渗出性腹泻，如志贺菌属、沙门菌属、肠侵袭性大肠埃希菌、空肠弯曲菌、耶尔森菌和金黄色葡萄球菌等均可直接侵袭小肠或结肠肠壁，使黏膜充血、水肿，炎症细胞浸润引起渗出和溃疡等病变。此时可排出含有大量白细胞和红细胞的菌痢样粪便，并出现全身中毒症状。结肠由于炎症病变而不能充分吸收来自小肠的液体，并且某些致病菌还会产生肠

NOTES

毒素，故亦可发生水样腹泻。

（二）非感染性腹泻

非感染性腹泻主要是由饮食不当引起，如图 7-7-3 所示。当进食过量或食物成分不恰当时，消化过程发生障碍，食物不能被充分消化和吸收而积滞在小肠上部，使肠腔内酸度降低，有利于肠道下部的细菌上移和繁殖；食物发酵和腐败，分解产生的短链有机酸使肠腔内渗透压增高，腐败性毒性产物刺激肠壁使肠蠕动增加导致腹泻，进而发生脱水和电解质紊乱。

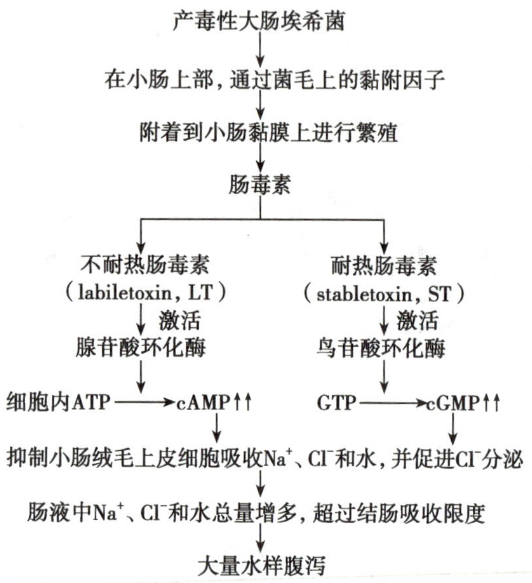

图 7-7-2 肠毒素引起的肠炎发病机制——以肠产毒性大肠埃希菌为例

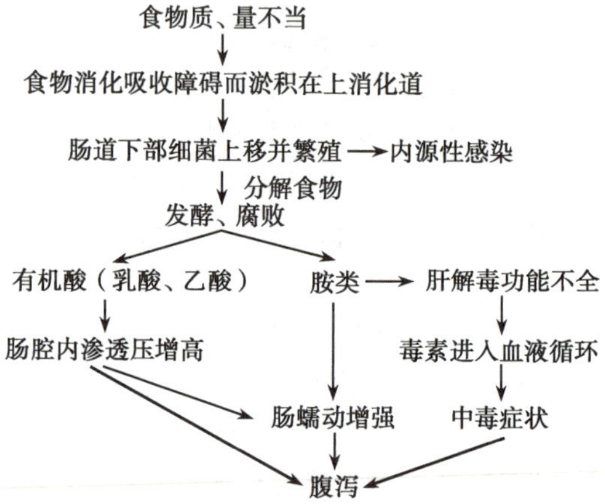

图 7-7-3 食饵性腹泻发生机制

【临床表现】

不同病因引起的腹泻常各具临床特点和不同临床过程，故在临床诊断中常包括病程、严重程度及可能的病原。连续病程在 2 周以内的腹泻为急性腹泻；病程 2 周~2 个月为迁延性腹泻；慢性腹泻的病程为 2 个月以上。国外学者亦有将病程持续 2 周以上的腹泻统称为慢性腹泻，或难治性腹泻。

（一）急性腹泻

1. 腹泻的共同临床表现

（1）轻型：常由饮食因素及肠道外感染引起。起病可急可缓，以胃肠道症状为主，表现为食欲缺乏，偶有溢乳或呕吐，大便次数增多，但每次大便量不多，稀薄或带水，呈黄色或黄绿色，有酸味，常见白色或黄白色奶瓣和泡沫。无脱水及全身中毒症状，多在数日内痊愈。

（2）重型：多由肠道内感染引起。常急性起病，也可由轻型逐渐加重、转变而来；除有较重的胃肠道症状外，还有较明显的脱水、电解质紊乱和全身感染中毒症状，如发热或体温不升，精神烦躁或萎靡、嗜睡，面色苍白，意识模糊，甚至昏迷、休克。

胃肠道症状包括食欲缺乏，常有呕吐，严重者可吐咖啡色液体；腹泻频繁，大便每日 10 余次至数十次，多为黄色水样或蛋花样便，含有少量黏液，少数患者也可有少量血便。

水、电解质及酸碱平衡紊乱：由于吐泻丢失体液和摄入量不足，所以体液总量尤其是细胞外液量减少，导致不同程度（轻、中、重）脱水。由于腹泻患者丧失的水和电解质的比例不尽相同，可造成等渗、低渗或高渗性脱水，以前两者多见。患者出现眼窝、囟门凹陷，尿少、泪少，皮肤黏膜干燥、弹性下降，甚至血容量不足引起末梢循环的改变。

重型腹泻患者常出现代谢性酸中毒、低钾血症等离子紊乱。腹泻伴代谢性酸中毒的发生原因有：①腹泻丢失大量碱性物质；②进食少，肠吸收不良，热能不足使机体得不到正常能量供应，导致脂肪分解增加，产生大量酮体；③脱水时血容量减少，血液浓缩使血流缓慢，组织缺氧导致无氧酵解增多而使乳酸堆积；④脱水使肾血流量亦不足，其排酸、保钠功能低下使酸性代谢产物滞留体内。在脱水合并代谢性酸中毒时，由于血液浓缩，酸中毒时钾由细胞内向细胞外转移，尿少而致钾排出量减少等，所以体内钾总量虽然减少，但血清钾多数正常。脱水、酸中毒被纠正，排尿后钾排出增加，大便继续失钾以及输入葡萄糖合成糖原时需钾离子参与等因素，使血钾迅速下降，出现不同程度的缺钾症状，如精神不振、无力、腹胀、心律失常、碱中毒等。

腹泻患者还可合并低钙和低镁血症：腹泻患者进食少，吸收不良，从大便丢失钙、镁，可使体内钙、镁减少；此症在活动性佝偻病和营养不良患者更多见。但是在脱水、酸中毒时，由于血液浓缩、离子钙增多等，患者不出现低钙的症状，待脱水、酸中毒纠正后则出现低钙症状（手足抽搐和惊厥）。极少数久泻和营养不良患者输液后出现震颤、抽搐，用钙治疗无效时应考虑有低镁血症可能。

2. 几种常见类型肠炎的临床特点

（1）轮状病毒肠炎：是秋、冬季婴儿腹泻最常见的病原，故曾被称为秋季腹泻。呈散发或小流行，经粪-口传播，也可通过气溶胶形式经呼吸道感染而致病。潜伏期 1~3 天，多发生在 6~24 个月婴幼儿，4 岁以上者少见。起病急，常伴发热和上呼吸道感染症状，多数无明显感染中毒症状。病初 1~2 天常发生呕吐，随后出现腹泻。大便次数及水分多，呈黄色水样或蛋花样便，带少量黏液，无腥臭味；常并发脱水、酸中毒及电解质紊乱。轮状病毒感染亦可侵犯多个器官，可产生神经系统症状，如惊厥等；有的患者可表现为血清心肌酶谱异常，提示心肌受累。本病为自限性疾病，数日后呕吐渐停，腹泻减轻，不喂乳类的患者恢复更快，自然病程约 3~8 天，少数较长。大便显微镜检查偶有少量白细胞，感染后 1~3 天即有大量病毒自大便中排出，最长可达 6 天。血清抗体一般在感染后 3 周上升。病毒较难分离，有条件者可直接用电镜检测病毒，或 PCR 及核酸探针技术检测病毒抗原。临床常用 ELISA 法或胶体金方法检测病毒抗原。

（2）诺如病毒性肠炎：全年散发，无明显季节性，暴发易见于冬季和冬春季（11 月至下年 2 月）。在轮状病毒疫苗高普及的国家或地区，诺如病毒感染甚至超过了轮状病毒，成为了小儿急性胃肠炎的首要元凶。该病毒是集体机构急性暴发性胃肠炎的首要病原。发生诺如病毒感染最常见的场所是餐馆、托幼机构和医院，其次还有游船、学校、养老院、军营、家庭等地点，常呈暴发性，从而造成突发公共卫生问题。潜伏期 1~2 天，急性起病。首发症状多为阵发痉挛性腹痛、恶心、呕吐和腹泻，全身症状有畏寒、发热、头痛、乏力和肌痛等；可有呼吸道症状。吐泻频繁者，可有脱水及酸中毒、低钾。本病为自限性疾病，症状持续 1~3 天。

（3）肠腺病毒肠炎：全年均可感染，以夏季多见，常见于 2 岁以下婴幼儿，潜伏期 3~10 天。以水样泻为主要临床表现，半数患者伴有脱水和酸中毒。病程长，可达 14 天。粪便排病毒可持续 1~2 周。周围血象检查一般无特殊发现。

（4）肠致病性大肠埃希菌肠炎：多见于 1 岁以下的小儿，5~8 月份为发病的高峰季节。潜伏期 1~2 天。起病较缓，大便次数每日可达 5~10 次，大便呈黄绿色蛋花汤样，有发霉臭味和较多黏液。镜检有少量白细胞，偶有脓细胞。常伴呕吐，多数患者无发热及全身中毒症状。重者可出现程度不等的脱水表现及代谢性酸中毒；病程 7~14 天。

（5）肠集聚性大肠埃希菌肠炎：肠集聚性大肠埃希菌黏附于小肠黏膜细胞，并大量繁殖，引起微绒毛损伤，虽不产生肠道及细胞毒素，亦无侵袭能力，但可引起与肠产毒性大肠埃希菌同样的水样泻。目前认为，该菌可导致肠黏膜刷状缘消失、基底变平，与迁延性腹泻病密切相关，其致病作用尚待深入研究。

（6）肠产毒性细菌引起的肠炎：多发生在夏季。潜伏期 1~2 天，起病较急。轻症者仅大便次数稍增，性状轻微改变。重症者腹泻频繁，量多，呈水样或蛋花样，混有黏液；镜检无白细胞；伴呕吐，常发生脱水、电解质和酸碱平衡紊乱。本病是自限性疾病，自然病程一般 3~7 天，亦可较长。

（7）侵袭性细菌（包括肠侵袭性大肠埃希菌、空肠弯曲菌、耶尔森菌、鼠伤寒沙门菌等）引起的肠

NOTES

炎：全年均可发病，多见于夏季。潜伏期长短不等。本病常引起志贺菌性痢疾样病变。根据病原菌侵袭的肠段部位不同，临床特点各异。一般表现为急性起病，高热甚至可以发生热惊厥；腹泻频繁，大便呈黏液状，带脓血，有腥臭味；常伴恶心、呕吐、腹痛和里急后重，可出现严重的中毒症状，如高热、意识改变，甚至脓毒性休克。大便镜检有大量白细胞及数量不等的红细胞。粪便细菌培养可找到相应的致病菌。其中空肠弯曲菌常侵犯空肠和回肠，有脓血便，腹痛剧烈，易误诊为阑尾炎，亦可并发严重的小肠结肠炎、败血症、肺炎、脑膜炎、心内膜炎和心包炎等。另有研究表明吉兰-巴雷综合征与空肠弯曲菌感染有关。耶尔森菌小肠结肠炎，多发生在冬季和早春，可引起淋巴结肿大，亦可产生肠系膜淋巴结炎，症状可与阑尾炎相似，也可引起咽痛和颈淋巴结炎。鼠伤寒沙门菌小肠结肠炎，有胃肠炎型和败血症型，新生儿和<1岁婴儿尤易感染，新生儿多为败血症型，常引起暴发流行；可排深绿色黏液脓便或白色胶冻样便。

（8）肠出血性大肠埃希菌肠炎：大便次数增多，开始为黄色水样便，后转为血水便，有特殊臭味。大便镜检有大量红细胞，常无白细胞。其中O157:H7肠炎主要的临床症状，有三大典型特征：①特发性、痉挛性腹痛；②血性粪便（血水便或脓血便）；③低热或不发热。严重者可发生溶血性尿毒综合征、血栓性血小板减少性紫癜两大并发症。

（9）隐孢子虫肠炎：临床症状和严重程度取决于宿主的免疫功能和营养状况。免疫功能正常者，感染程度轻者，多数可表现为无症状型；感染程度稍重者，主要表现为急性水样腹泻或稀糊状便，一般无脓血。多数患者持续数天或1~2个月后可自行停止，呈自限性腹泻。免疫功能低下者（如婴幼儿、营养不良患者）腹泻病程常较长，可达数日至数月。由急性转为慢性而反复发作者并不少见，迁延性和慢性隐孢子虫肠病的粪便多呈黏液稀便或稀水便，常可同时伴有腹痛、腹胀、恶心、呕吐、食欲缺乏、低热等症状。诊断依据为在粪便、呕吐物及痰中找到隐孢子虫卵囊。

（10）抗生素诱发的肠炎

1）金黄色葡萄球菌肠炎：多继发于使用大量抗生素后，病程与症状常与菌群失调的程度有关，有时继发于慢性疾病的基础上。表现为发热、呕吐、腹泻、不同程度中毒症状、脱水和电解质紊乱，甚至发生休克。典型大便为暗绿色，量多，带黏液，少数为血便。大便镜检有大量脓细胞和成簇的革兰氏阳性球菌，培养有葡萄球菌生长，凝固酶阳性。

2）假膜性小肠结肠炎：由艰难梭菌引起。除万古霉素和胃肠道外用的氨基糖苷类抗生素外，几乎各种抗生素均可诱发本病。可在用药1周内或迟至停药后4~6周发病。本病亦见于外科手术后，或患有肠梗阻、肠套叠、巨结肠等病的体弱患者。艰难梭菌大量繁殖，产生毒素A（肠毒素）和毒素B（细胞毒素）致病，表现为腹泻。轻症大便每日数次，停用抗生素后很快痊愈。重症频泻，黄绿色水样便，可有假膜排出，为坏死毒素致肠黏膜坏死所形成的假膜。黏膜下出血可引起大便带血，可出现脱水、电解质紊乱和酸中毒；伴有腹痛、腹胀和全身中毒症状，甚至发生休克。对可疑病例可行结肠镜检查。大便厌氧菌培养、组织培养法检测细胞毒素可协助确诊。

3）真菌性肠炎：多为白念珠菌所致，2岁以下婴儿多见，常并发于其他感染，或肠道菌群失调时。病程迁延，常伴鹅口疮。大便次数增多，黄色稀便，泡沫较多，带黏液，有时可见豆腐渣样细块（菌落）。大便镜检有真菌孢子和菌丝，如芽胞数量不多，应进一步作真菌培养确诊。

（二）迁延性和慢性腹泻

迁延性和慢性腹泻病因复杂，感染、营养物质过敏、酶缺陷、免疫缺陷、药物因素、先天畸形等均可引起，以急性腹泻未彻底治疗或治疗不当、迁延不愈最为常见。人工喂养、营养不良婴幼儿患病率高，其原因为：①重症营养不良时胃黏膜萎缩，胃液酸度降低，使胃杀菌屏障作用明显减弱，有利于胃液和十二指肠液中的细菌和酵母菌大量繁殖；②营养不良时十二指肠、空肠黏膜变薄，肠绒毛萎缩、变性，细胞脱落增加，双糖酶尤其是乳糖酶活性以及刷状缘肽酶活性降低，小肠有效吸收面积减少，引起各种营养物质的消化吸收不良；③重症营养不良患者腹泻时小肠上段细菌显著增多，十二指肠内厌氧菌和酵母菌过度繁殖，大量细菌对胆酸的降解作用，使游离胆酸浓度增高，损害小肠细胞，同时阻碍脂肪

NOTES

微粒形成;④营养不良患者常有肠动力的改变;⑤长期滥用抗生素引起肠道菌群失调;⑥重症营养不良儿免疫功能缺陷,抗革兰氏阴性杆菌有效的 IgM 抗体、起黏膜保护作用的分泌型 IgA 抗体、吞噬细胞功能和补体水平均降低,因而增加了对病原的易感性,同时降低了对食物蛋白抗原的口服耐受。故营养不良儿患腹泻时易迁延不愈,持续腹泻又加重了营养不良,两者互为因果,最终引起免疫功能低下,继发感染,形成恶性循环,导致多器官功能异常。

最近已确定慢性腹泻病因与遗传和分子基础有关。肠上皮细胞结构缺陷是由特定分子结构缺陷所引起的早发严重腹泻。微绒毛包涵体病中,微绒毛被隔离在液泡内是自噬作用的结果,而自噬的发生是由肌球蛋白发生基因突变,损害了顶端蛋白质转运引起刷状缘异常发育所致。肠道上皮细胞发育异常(或簇绒肠病)是以肠上皮细胞无序地排列成簇为特点。在肠上皮细胞基底膜侧可检测出层粘连蛋白和硫酸乙酰肝素蛋白多糖的异常沉积。簇绒肠病显示 $\alpha 2\beta 1$ 和 $\alpha 6\beta 4$ 整合素在肠道异常分布,这些遍及各处的蛋白参与细胞与细胞以及细胞与基质之间的相互作用,在细胞发育和分化过程中起着至关重要的作用。

电解质转运缺陷属于肠上皮细胞结构缺陷的一种,包括先天性失氯性腹泻,这是由于 *SLC26A3* 发生突变,所以 Cl^-/HCO_3^- 交换缺陷或缺失,从而引起严重的 Cl^- 吸收障碍。碳酸氢盐分泌障碍导致代谢性碱中毒及肠内容物酸化,肠道内酸化进一步抑制依赖于 Na^+ 吸收的 Na^+/H^+ 交换。先天性失钠性腹泻表现出类似的临床特征,因小肠和大肠存在 Na^+/H^+ 交换缺陷,所以大量的 Na^+ 从粪便丢失,引起严重的酸中毒。

对于迁延性、慢性腹泻的病因诊断,必须详细询问病史,全面体格检查,正确选用有效的辅助检查,如:①粪便常规,肠道菌群分析,大便酸度、还原糖检测和细菌培养;②小肠黏膜活检,以了解慢性腹泻病理生理变化;③食物过敏方面的检查,如过敏原、皮肤点刺试验等。某些情况下,基于感染细胞中包涵体或寄生虫存在,光学显微镜可以帮助识别特定的细胞内物质,如巨细胞病毒。电子显微镜检测细胞结构异常至关重要,如微绒毛包涵体病。必要时还可做蛋白质、碳水化合物和脂肪的吸收功能试验,消化道造影或 CT 等影像学检查,结肠镜等检查,以综合分析判断。

【诊断和鉴别诊断】

根据发病季节、病史(包括喂养史和流行病学资料)、临床表现和大便性状可以做出临床诊断。必须判定有无脱水(程度和性质)、电解质紊乱和酸碱失衡。注意寻找病因,从临床诊断和治疗需要考虑,可先根据大便常规有无白细胞将腹泻分为两组。

1. 大便无或偶见少量白细胞者 为侵袭性细菌以外的病因(如病毒、非侵袭性细菌、寄生虫等肠道内、外感染或喂养不当)引起的腹泻,多为水泻,有时伴脱水症状,除感染因素外还应注意下列情况。

(1)“生理性腹泻”多见于 6 个月以内婴儿,生后不久即出现腹泻,除大便次数增多外,无其他症状,食欲好,不影响生长发育。近年来发现此类腹泻可能为乳糖不耐受的一种特殊类型,添加辅食后大便即逐渐转为正常。

(2)小肠吸收不良综合征:是导致小肠消化吸收功能障碍的各种疾病的总称,可分为原发性和继发性两种。

1)原发性吸收不良:多由小肠双糖酶缺乏引起,如乳糖酶缺乏、蔗糖-异麦芽糖缺乏、葡萄糖-半乳糖吸收不良、肠激酶缺乏等,其中以乳糖酶缺乏症最为多见。由于缺乏乳糖酶,所以乳糖不能分解,导致肠腔内呈高渗状态,肠腔内水分增加出现腹泻。食入不含乳糖的食物,症状则明显改善。乳糖耐量试验可协助确诊。另外原发性胆酸吸收不良,蛋白质、脂肪吸收不良,均可导致腹泻。

2)继发性吸收不良:全身性疾病(营养不良、重度贫血、免疫功能障碍、药物反应)、胃肠部分切除、寄生虫感染及食物过敏(牛奶蛋白、大豆蛋白、小麦蛋白)等均可导致继发性吸收不良,出现腹泻。

导致小肠消化吸收功能障碍的各种疾病,如乳糖酶缺乏、葡萄糖-半乳糖吸收不良、失氯性腹泻、原发性胆酸吸收不良、食物过敏性腹泻等,可根据各病特点进行粪便酸度、还原糖试验、食物过敏原(特异性免疫球蛋白)等检查加以鉴别。

NOTES

2. 大便有较多的白细胞者 表明结肠和回肠末端有侵袭性炎症病变，常由各种侵袭性细菌感染所致，仅凭临床表现难以区别，必要时应进行大便细菌培养，细菌血清型和毒性检测，尚需与下列疾病鉴别。

（1）细菌性痢疾：常有流行病学病史，起病急，全身症状重。便次多，量少，排脓血便伴里急后重；大便镜检有较多脓细胞、红细胞和吞噬细胞；大便细菌培养有志贺菌生长可确诊。

（2）坏死性肠炎：中毒症状较严重，腹痛，腹胀，频繁呕吐，高热，大便暗红色呈糊状，渐出现典型的赤豆汤样血便，常伴休克。腹部立、卧位X线摄片呈小肠局限性充气扩张，肠间隙增宽，肠壁积气等。

（3）婴儿过敏性直肠炎：是一种摄入外源蛋白所引起的暂时性，预后良好的疾病，发病平均年龄在2个月，多为纯母乳或合并混合喂养婴儿。表现为大便表面带有血丝，轻度腹泻（粪便含黏液/水样）或大便仍为软便。常无诱因，症状突然出现，无全身其他器官、系统受累。大便常规检查见红细胞增多，潜血阳性，偶见白细胞。

慢性腹泻的病因显示其与年龄相关，早期发病暗示可能存在先天性疾病或病情严重；感染和过敏常见于婴儿至2岁的儿童，而炎症性疾病多见于年龄较大的儿童和青少年。乳糜泻及慢性非特异性腹泻通常与年龄无关。家族史和个人史有助于分辨病因是先天性的、过敏性还是炎症。早期有急性胃肠炎症状提示肠炎后综合征，食用某种特殊食物后发生腹泻则提示食物过敏。羊水过多史与先天性失氯性和先天性失钠腹泻有关，相反则需考虑囊性纤维化。湿疹或哮喘与过敏性疾病有关，而特定的肠外表现（如关节炎、糖尿病、血小板减少症）可能提示存在自身免疫性疾病。特异性皮肤损害提示肠病性肢端皮炎。

【治疗】

治疗原则为：调整饮食；预防和纠正脱水；合理用药；加强护理；预防并发症。不同时期的腹泻病治疗各有侧重：急性腹泻多注意维持水、电解质平衡及抗感染；迁延及慢性腹泻则应注意肠道菌群失调及饮食疗法。

（一）急性腹泻的治疗

1. 饮食疗法 腹泻时进食和吸收减少，而肠黏膜损伤的恢复、发热时代谢旺盛、侵袭性肠炎丢失蛋白等因素使得营养需要量增加。限制饮食过严或禁食过久常造成营养不良，并发酸中毒，以致病情迁延不愈，影响生长发育。故应强调继续饮食，满足生理需要，补充疾病消耗，以缩短腹泻后的康复时间；应根据疾病的特殊病理生理状况、个体消化吸收功能和平时的饮食习惯进行合理调整。有严重呕吐者可暂时禁食4~6小时（不禁水），待好转后继续喂食，由少到多，由稀到稠。病毒性肠炎多有继发性双糖酶（主要是乳糖酶）缺乏，对疑似病例可暂停乳类喂养，改为豆类、淀粉类代乳品，或去乳糖配方奶粉以减轻腹泻，缩短病程。腹泻停止后逐渐恢复营养丰富的饮食，并每日加餐1次，共2周。

2. 纠正水、电解质紊乱及酸碱失衡 参照第二章第三节（重度脱水时静脉补液见图7-7-4）。

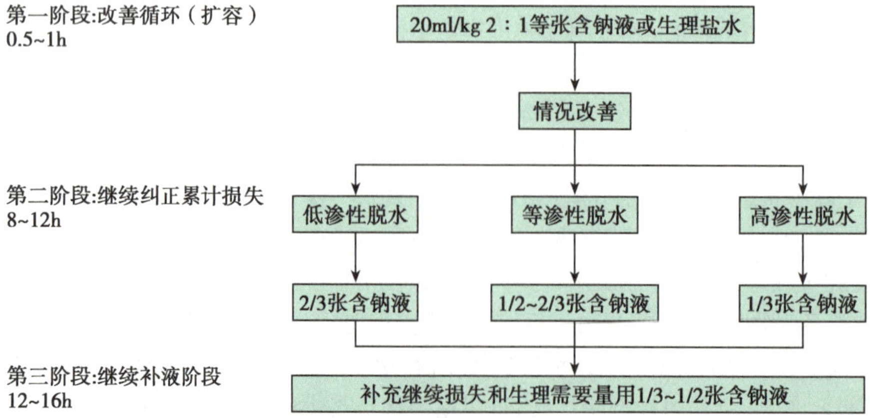

图7-7-4 重度脱水时静脉补液

NOTES

3. 补钙、补镁治疗

（1）补钙：补液过程中如出现惊厥、手足抽搐，可用 10% 葡萄糖酸钙 5~10ml，用等量葡萄糖液稀释后静脉滴注。心力衰竭患者慎用洋地黄制剂。

（2）补镁：在补钙后手足抽搐不见好转反而加重时要考虑低镁血症，可测定血镁浓度。同时用 25% 硫酸镁，每次 0.2~0.4ml/kg，深部肌内注射，每日两三次，症状消失后停用。

4. 药物治疗

（1）控制感染：①水样便腹泻（在排除霍乱后，约占 70%）多为病毒及非侵袭性细菌所致，一般不用抗生素。如伴有明显中毒症状不能用脱水解释者，尤其是对重症患者、新生儿、小婴儿和衰弱患者（免疫功能低下），应选用抗生素治疗。②黏液、脓血便患者（约占 30%）多为侵袭性细菌感染，应根据临床特点，针对病原经验性选用抗菌药物，再根据大便细菌培养和药敏试验结果进行调整。对于大肠埃希菌、空肠弯曲菌、耶尔森菌、鼠伤寒沙门菌所致感染，常选用抗革兰氏阴性杆菌的抗生素以及大环内酯类抗生素。金黄色葡萄球菌肠炎、假膜性小肠结肠炎、真菌性肠炎者应立即停用原使用的抗生素，根据症状可选用苯唑西林、万古霉素、利福昔明、甲硝唑或抗真菌药物治疗。③寄生虫引起的腹泻。健康儿童不需要进行抗寄生虫治疗。但是，症状严重者可酌情考虑。严重蓝氏贾地鞭毛虫病例可以用甲硝唑、硝唑尼特、阿苯达唑或者磺甲尼立达唑治疗；隐孢子虫病主要发生在免疫低下儿童中，用硝唑尼特治疗；阿米巴性结肠炎患者应该用甲硝唑治疗。

（2）肠道微生态疗法：有助于恢复肠道正常菌群的生态平衡，抑制病原菌定植和侵袭，控制腹泻。常用布拉酵母菌、鼠李糖乳杆菌、双歧杆菌、嗜酸乳杆菌、需氧芽孢杆菌、蜡样芽孢杆菌制剂。益生元是一类消化性食物，在胃、小肠内不被消化吸收，到达结肠后被双歧杆菌发酵分解利用，能促进双歧杆菌的增长并激发其活性。常用的益生元有寡果糖，亦称双歧因子。

（3）肠黏膜保护剂：能吸附病原体和毒素，维持肠细胞的吸收和分泌功能，与肠道黏液糖蛋白相互作用可增强其屏障功能，阻止病原微生物的攻击，如蒙脱石散。

（4）抗分泌治疗：脑啡肽酶抑制剂消旋卡多曲可以通过加强内源性脑啡肽来抑制肠道水、电解质的分泌，治疗分泌性腹泻。

（5）避免用止泻剂：如洛哌丁醇，因为它抑制胃肠动力的作用，增加细菌繁殖和毒素的吸收，对于感染性腹泻有时是很危险的。昂丹司琼是有效并且毒性低的止吐药物。在持续的呕吐可能妨碍口服补液的进行时，可以给予一次舌下含服昂丹司琼口腔溶解片：4~11 岁剂量 4mg/次，>11 岁剂量 8mg（通常 0.2mg/kg）。但大部分患者并不需要止吐治疗。

（6）补锌治疗：在锌缺乏高发地区和营养不良患者中，补锌治疗可缩短 6 月龄~5 岁患者的腹泻持续时间和严重程度，增强免疫功能，能潜在阻止部分腹泻病的复发，能改善食欲，促进生长发育。除了能有效缩短病程和降低发病率，补锌及应用口服补液盐增多，还同时减少了抗菌药物的应用；世界卫生组织/联合国儿童基金会建议，对于急性腹泻患者，应每日给予元素锌 20mg（>6 个月），6 个月以下婴儿每日 10mg，疗程 10~14 天。元素锌 20mg 相当于硫酸锌 100mg，葡萄糖酸锌 140mg。

（7）密切观察病情：如果患者在治疗 3 天内临床症状不见好转或出现下列任何一种症状，即应该去医院就诊：①腹泻次数和量增加；②频繁呕吐；③明显口渴；④不能正常饮食；⑤发热；⑥大便带血。

（二）迁延性和慢性腹泻治疗

因迁延性和慢性腹泻常伴有营养不良和其他并发症，病情较为复杂，必须采取综合治疗措施。积极寻找引起病程迁延的原因，针对病因进行治疗（图 7-7-5），切忌滥用抗生素，避免发生顽固的肠道菌群失调。预防和治疗脱水，纠正电解质及酸碱平衡紊乱。此类患者多有营养障碍，继续喂养对促进疾病恢复，如肠黏膜损伤的修复、胰腺功能的恢复、微绒毛上皮细胞双糖酶的产生等是必要的治疗措施。

（1）调整饮食：应继续母乳喂养。人工喂养儿应调整饮食，保证足够热卡。

（2）双糖不耐受患者由于有不同程度的原发性或继发性双糖酶缺乏，食用含双糖（包括蔗糖、乳

NOTES

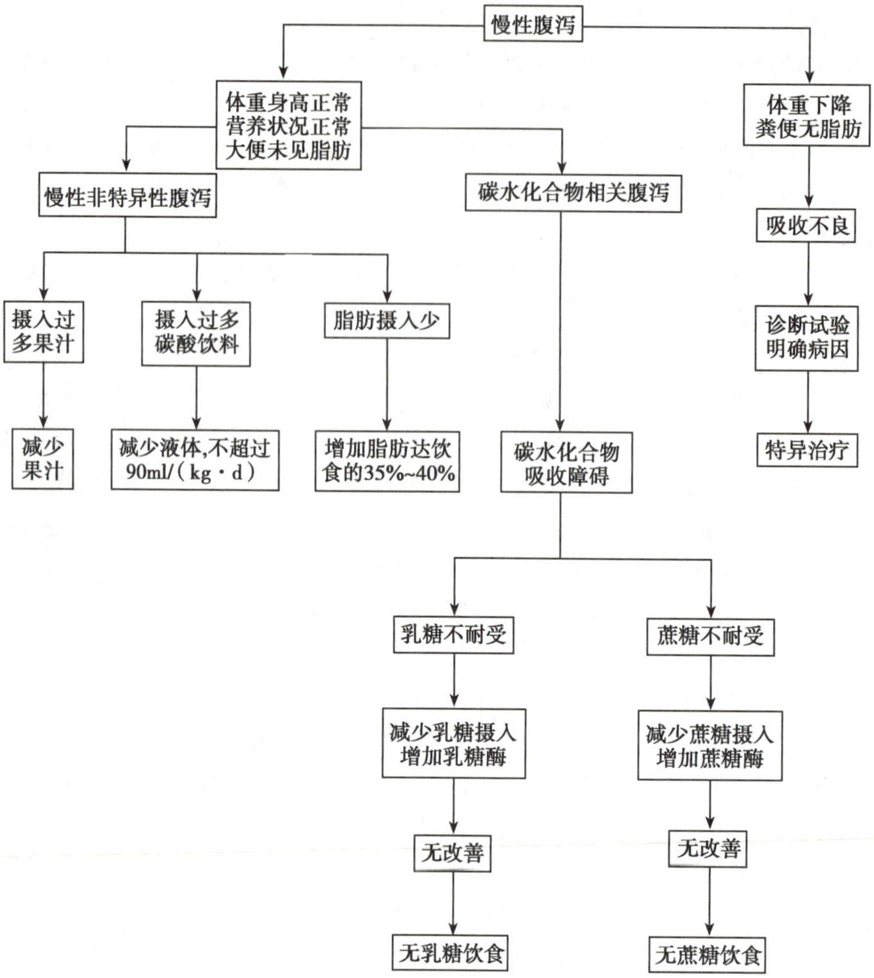

图 7-7-5 慢性腹泻一般治疗方法

糖、麦芽糖)的饮食可使腹泻加重,其中以乳糖不耐受最多见,所以治疗宜采用去双糖饮食,如采用豆浆或去乳糖配方奶粉。

(3)过敏性腹泻的治疗:如果在应用无双糖饮食后腹泻仍不改善,应考虑食物过敏(如对牛奶或大豆蛋白过敏)的可能性,应回避过敏食物或采用水解蛋白配方饮食。

(4)要素饮食:是肠黏膜受损伤患者最理想的食物,系由氨基酸、葡萄糖、中链甘油三酯、多种维生素和微量元素组合而成。应用时的浓度和量视患者的临床状态而定。

(5)静脉营养:少数患者不能耐受口服营养物质,可采用静脉高营养。推荐方案为:脂肪乳剂每日 2~3g/kg,复方氨基酸每日 2~3g/kg,葡萄糖每日 12~15g/kg,电解质及多种微量元素适量,液体每日 120~150ml/kg,热卡每日 50~90cal/kg。好转后改为口服。

(6)药物治疗:抗生素仅用于分离出特异病原的感染患者,并根据药物敏感试验选用。补充微量元素和维生素:如锌,铁,烟酸,维生素 A、B_{12}、B_1、C 和叶酸等,有助于肠黏膜的修复。应用微生态调节剂和肠黏膜保护剂。

(7)中医辨证论治有良好疗效,并可配合中药、推拿、捏脊、针灸和磁疗等。

临床营养包括肠内和肠外营养。肠内营养通过鼻胃管或胃造瘘管给予,因原发性肠道疾病或极度衰竭而不能经口喂养的患者亦可应用。持续肠内营养可延长营养物质在仍有吸收功能肠道的通过时间,因此,持续肠内营养对一些吸收功能不良的患者很有效,例如短肠综合征。

在特定条件下(如自身免疫性肠病),应考虑使用免疫抑制剂,甚至生物制剂。对于神经内分泌肿瘤、微绒毛包涵体病引起的腹泻以及肠毒素引起的严重腹泻,可考虑给予生长抑素类似物奥曲肽。

【预防】

1. 合理喂养，提倡母乳喂养，及时添加辅助食品，每次限一种，逐步增加，适时断奶。人工喂养者应根据具体情况选择合适的代乳品。

2. 积极防治营养不良；对于生理性腹泻的婴儿应避免不适当的药物治疗，同时注意避免由于婴儿便次多而怀疑其消化能力，而不按时添加辅食。

3. 养成良好的卫生习惯，注意乳品的保存和奶具、食具、便器、玩具和设备的定期消毒。

4. 感染性腹泻患者，尤其是大肠埃希菌、鼠伤寒沙门菌、轮状病毒肠炎患者的传染性强，集体机构如有流行，应积极治疗患者，做好消毒隔离工作，防止交叉感染。

5. 避免长期滥用广谱抗生素，对于即使没有消化道症状的婴幼儿，在因败血症、肺炎等肠道外感染必须使用抗生素，特别是广谱抗生素时，亦应加用微生态制剂，防止由难治性肠道菌群失调所致的腹泻。

6. 病毒引起的小儿腹泻日益被重视。随着经济发展、卫生条件改善，细菌性腹泻会愈来愈少，而病毒性腹泻的发病率相对升高。今后控制病毒性腹泻主要靠接种疫苗。现在口服疫苗国内已有应用，并有较高的安全性和较好的免疫效果，但持久性尚待研究。

第八节 肠 套 叠

肠套叠（intussusception）是指肠管的一部分及其相应的肠系膜套入邻近的肠腔内引起的肠梗阻，是婴幼儿期最常见的急腹症之一。

【流行病学】

急性肠套叠婴幼儿期好发，1 岁以内占 60%~65%，以 4~10 个月婴儿多见，2 岁以后随年龄增长发病逐年减少，5 岁后罕见。男女比例为（2~3）∶1。肠套叠一年四季均可发病，以春末夏初发病率最高，可能与上呼吸道感染及淋巴结病毒感染有关。

【病因】

婴幼儿肠套叠以原发性为主，而年长儿多为继发性，常存在器质性病变，以梅克尔憩室最多见。原发性肠套叠可能与下列因素有关。

1. 饮食改变 出生后 4~10 个月，正是添加辅食及增加乳量的时期，婴儿肠道不能立即适应所改变食物的刺激，导致肠道功能紊乱，引起肠套叠。

2. 回盲部解剖因素 婴儿期回盲部较为游离，小肠系膜相对较长；回盲瓣过度肥厚，加之局部淋巴组织丰富，受炎症及食物刺激后易充血、水肿、肥厚，肠蠕动易将回盲瓣向前推移，并牵拉肠管形成套叠。

3. 病毒感染 肠套叠多发生于上呼吸道感染或胃肠炎后，与肠道内腺病毒、轮状病毒感染后回盲部淋巴滤泡增生有关，局部肠壁肥厚，肠管蠕动节律改变。

4. 其他 肠痉挛、自主神经失调及遗传因素也是诱发肠套叠的原因。有肠套叠家族史的患者，肠套叠发病率是正常人群的 15~20 倍。

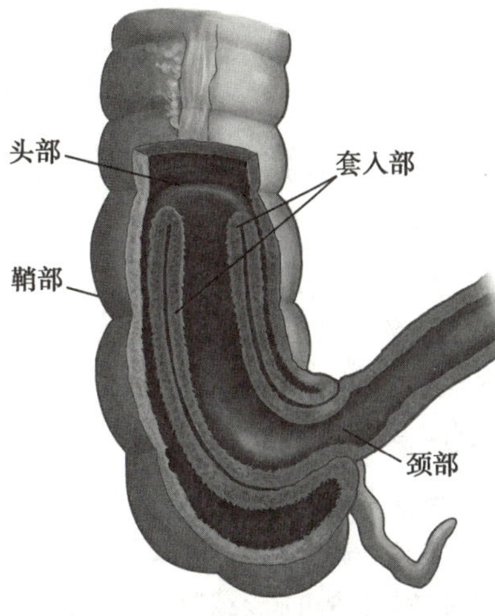

图 7-8-1 肠套叠解剖结构示意图

【病理变化】

肠套叠多为顺行性套叠，由近端肠管套入远端肠管内，与肠蠕动方向一致。套叠的外层称为鞘部，进入里面的部分为套入部，肠管从外面卷入处称为颈部，肠套叠套入部最远点称为头部或顶端（图 7-8-1）。鞘层肠管持续痉挛，致使套入部肠管发生循环障碍，初期静脉回流受阻，组织充血、水肿，黏膜细胞分泌大量黏液，与血液及粪质混合呈果酱样胶冻状便。进一步发展，肠壁水肿与静脉回流障碍加重，使动脉受累，供血不足，最终发生肠壁坏死。

根据套入部起始肠管和鞘部最远端肠管部位将肠套叠分为以下几种类型：小肠型，即小肠套入小肠；回盲型，以回盲瓣为套入头端，阑尾亦套入；回结型，以回肠末端为起始部，阑尾不套入鞘内，此型最多见，约占 70%~80%；结肠型，结肠套入结肠，不累及小肠；复杂型，套叠的肠管再套入远端肠腔，以回回结型多见；多发型，在肠管不同区域内有分开的两个或更多的肠套叠。

【临床表现】

阵发性哭闹或腹痛、呕吐、便血和腹部肿块是儿童急性肠套叠的 4 个主要症状。90% 以上的病例有上述两三种症状，70% 左右 4 种症状全具备。突然出现阵发性有规律的哭闹，持续约 10~20 分钟，然后有 5~10 分钟或更长时间的间歇期，如此反复发作。几乎全部婴儿及 80% 以上年龄较大儿童均有呕吐。果酱样血便多在发病后 6~12 小时出现，早者在发病后 3~4 小时即可出现，是肠套叠特征性表现之一。年长儿多以腹痛为主要症状，而血便则大多数在 2 岁以下的患者中出现。约有 80% 的患者在两次哭闹间歇期在右上腹肝下可触及腊肠样、有弹性、稍活动并有轻压痛的包块，右下腹有空虚感。病程较长患者可有脱水、电解质紊乱、精神萎靡不振、嗜睡、反应迟钝。发生肠坏死时，有腹膜炎表现，可出现中毒性休克等症状。

【辅助检查】

1. 腹部超声 是首选的检查方法，可以通过肠套叠的特征性影像协助临床确定诊断，并可通过监测水压灌肠的全过程完成肠套叠复位治疗。在肠套叠横断面上显示为“同心圆”或“靶环”征，纵切面上呈“套筒”征或“假肾”征（图 7-8-2）。

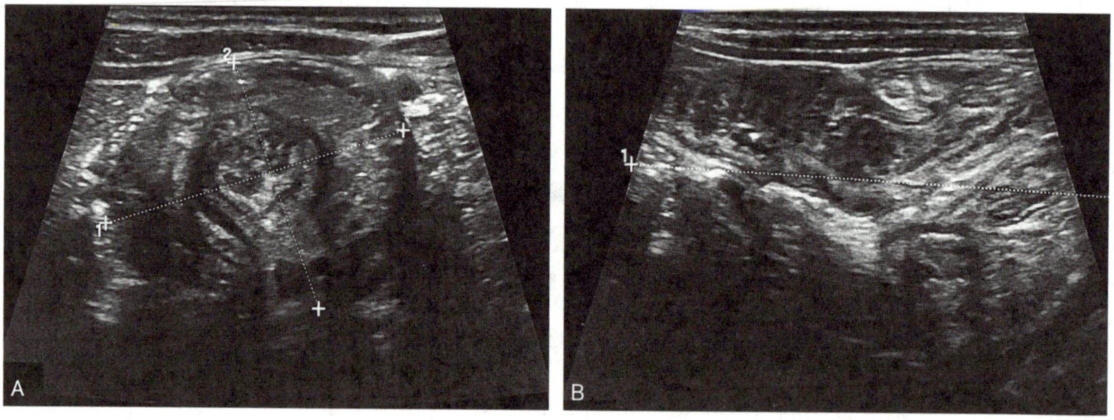

图 7-8-2 肠套叠超声影像

A. 横断位见“同心圆”肿块；B. 纵切面呈假肾征。

2. 空气灌肠 既是肠套叠诊断方法，又是治疗方法。在空气灌肠前先做腹部正侧位全面透视检查，观察肠内充气及分布情况。空气灌肠时，在套叠顶端可见致密软组织肿块呈半圆形，向结肠内突出，气柱前端形成明显杯口影（图 7-8-3）。

3. 腹部 CT 检查 多用于慢性肠套叠患者，横断位可见同心圆软组织肿块，纵切面可见肾型征（图 7-8-4）。

【诊断与鉴别诊断】

当患者阵发性哭闹不安，呕吐，出现果酱样血便及腹部触到腊肠样包块时，即可确定诊断。但临床约有 10%~15% 的病例，来院就诊时缺乏肠套叠的典型表现，或只有其中一两个症状，此时应仔细检查腹部是否可触及肿块，右下腹有否空虚感，肛门指诊观察指套上是否有果酱样黏液便。腹部超声、空气灌肠等辅助检查可进一步协助诊断。

NOTES

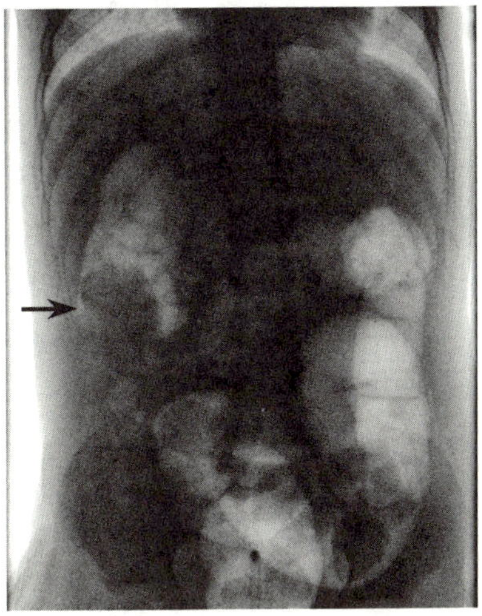

图 7-8-3 肠套叠空气灌肠

升结肠内充盈缺损,头端呈杯口影,箭头所指处为近端肠道套入远端肠道的软组织影团块。

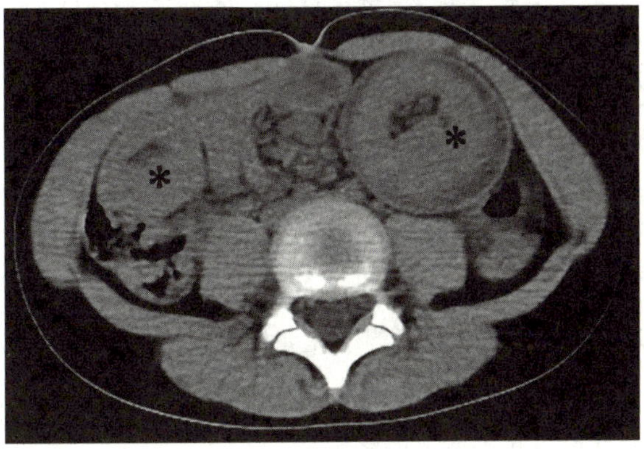

图 7-8-4 肠套叠 CT 扫描

两侧下腹部均可见同心圆软组织肿块,同心圆肿块(*)。

腹痛、呕吐及便血是小儿常见的消化道症状,肠套叠容易与其他的胃肠道疾病混淆,需注意鉴别。

1. 细菌性痢疾 多见于夏季,常有不洁饮食史;有高热、黏液脓血便,伴里急后重,大便常规可见大量脓细胞;如细菌培养阳性,即可确诊。

2. 急性出血坏死性小肠炎 多见于年长儿,以腹泻为主,解洗肉水样便,有特殊腥臭气味;伴高热,呕吐频繁,明显腹胀,全身情况迅速恶化;可出现严重脱水,皮肤花纹和昏迷等休克症状。

3. 过敏性紫癜 腹型紫癜患者如有阵发性腹痛、呕吐及便血,出现双下肢出血性皮疹、膝关节和踝关节肿痛,即应考虑过敏性紫癜。有 25% 的腹型紫癜可伴发肠套叠,此时应做 B 超或空气灌肠检查协助诊断。

4. 梅克尔憩室 对于儿童无痛性下消化道大出血,首先考虑梅克尔憩室。但梅克尔憩室也可引发肠套叠,与原发性肠套叠很难鉴别,多在手术中发现。

5. 直肠脱垂 少数严重肠套叠,其套入部可由肛门脱出,易误诊为直肠脱垂。直肠脱垂时,肠黏膜一直延续到肛门周围的皮肤,可资鉴别。

【治疗】

小儿急性肠套叠未及时诊治可导致水电解质酸碱平衡紊乱,出现肠坏死、腹膜炎等严重并发症。因此,一旦确诊肠套叠,需尽早干预,包括非手术治疗和手术治疗两种方法。

1. 非手术疗法 对于病程不超过 48 小时、全身情况良好、无明显脱水及电解质紊乱、无明显腹胀和腹膜炎表现者,可采取非手术疗法。有空气灌肠和 B 超监视下水压灌肠复位疗法,复位压力一般控制在 60~100mmHg,3 个月以下婴儿肠套叠的诊断性灌肠压力一般不超过 80mmHg。如患者就诊时出现下列情况则不宜选择灌肠复位:①病程超过 2 天,全身情况显著不良,如出现严重脱水、精神萎靡、高热或休克等症状;②高度腹胀,腹部有明显压痛,肌紧张,疑有腹膜炎;③反复肠套叠,高度怀疑或已确诊为继发性肠套叠;④小肠型肠套叠。3 月龄以下婴儿肠套叠也不推荐灌肠复位。

除了超声或 X 线透视提示肠套叠复位成功外,以下征象亦提示肠套叠复位成功:①拔出气囊肛管后排出大量带有臭味的黏液血便和黄色粪水;②患者很快入睡,无阵发性哭闹及呕吐;③腹部软,已触不到原有肿块;④口服活性炭 0.5~1.0g,6~8 小时由肛门排出黑色炭末。

结肠穿孔是灌肠复位肠套叠最严重的并发症。一旦发现肠穿孔,应立即停止注水注气,拔除肛管,腹腔穿刺抽出腹水,或用消毒针在剑突和脐中间刺入排出腹腔内气体。迅速做好术前准备,急诊

NOTES

剖腹探查。

2. 手术疗法 以下情况应采取手术治疗：①有非手术疗法禁忌证者；②应用非手术疗法复位失败者；③小肠型肠套叠；④继发性肠套叠。手术前应纠正脱水和电解质紊乱，禁食、水，胃肠减压，必要时采用退热、吸氧、输血等措施。术中如发现无套叠肠管坏死，应通过压挤法促使肠套叠整复（见文末彩图 7-8-5），切忌在近端拖拽套入部，以免发生肠破裂。对不能复位的肠坏死病例，应行坏死肠段切除吻合术。随着微创技术的发展，腹腔镜肠套叠复位手术也已开展。但对于高度腹胀、有肠坏死征象、肠管套叠较深或复位困难的病例，应禁忌行腹腔镜手术。同时腹腔镜手术可能会遗漏对继发性肠套叠的诊断。

【预防】

肠道功能紊乱是诱发婴幼儿原发性肠套叠的主要原因。因此，在日常生活中应保持良好饮食习惯，避免突然饮食改变；增强儿童体质，以防病毒感染；注意卫生，减少腹泻发生。避免各种不良诱因的影响，才能防止肠套叠的发生。

第九节 急性胰腺炎

急性胰腺炎（acute pancreatitis，AP）是由于胰液消化酶在胰腺内被激活而发生胰腺自身消化，是一种以化学性炎症为主的疾病，在儿童时期较少见。临床表现为上腹部的疼痛、呕吐以及血清淀粉酶增高。婴幼儿的症状可以很轻微，表现为易激惹。

【病因】

小儿急性胰腺炎发病因素较多，特发性、胰胆管发育畸形、感染较为常见。成人最常见的病因以胆道疾病（如胆结石、炎症所致梗阻、肿瘤等）以及饮食因素为主。

1. 感染 引起儿童胰腺炎最常见的原因为各种感染，往往继发于身体其他部位的细菌或病毒感染，如流行性腮腺炎病毒、风疹病毒、EB 病毒、HIV 病毒等病毒感染以及伤寒杆菌、大肠埃希菌及各种败血症均可能引起急性胰腺炎。在儿童，还需注意的是寄生虫感染（如胆道蛔虫）也可引起胰腺炎。

2. 先天发育畸形 上消化道疾病或胆胰交界部位畸形，胆汁反流入胰腺，引起胰腺炎。

3. 药物诱发 肾上腺皮质激素的大量应用，免疫抑制剂、吗啡以及在治疗急性淋巴细胞白血病时应用门冬酰胺酶均可引起急性胰腺炎。

4. 手术及外伤 腹部外伤是儿童胰腺炎的常见病因，儿童胃、胆道及脾相关手术术后亦有发生急性胰腺炎的可能。

5. 可并发于全身性系统性疾病 如系统性红斑狼疮、过敏性紫癜、川崎病、炎症肠病、糖尿病酮症酸中毒、甲状旁腺功能亢进、高脂血症等；尿毒症、过度饥饿后重新进食均可导致胰腺炎的发生。

6. 遗传因素 与一些胰腺炎相关基因有关，如 *PRSS1*、*PRSS2*、*SPINK1*、*CTRC*、*CFTR*。

【病理】

急性胰腺炎按病理变化分为 2 型。

1. 水肿型胰腺炎（pancreatitis of edematous type） 胰腺部分或全部充血水肿，体积增大，血液及尿中淀粉酶增高，临床以此型多见，约占 85%~95%。

2. 出血坏死性胰腺炎（hemorrhagic necrotic pancreatitis） 胰腺出血坏死，大量胰液流到腹腔引起弥漫性腹膜炎。胰液作用于脂肪组织，造成广泛脂肪坏死，脂肪分解为甘油和脂肪酸。脂肪酸摄取血中钙质形成灰白色钙化灶，并导致血钙显著降低而出现手足抽搐。部分严重病例胰岛大量破坏，可影响糖代谢。

【临床表现】

主要症状为上腹部疼痛，多数患者腹痛为首发症状，常突然起病，逐渐加重至持续性剧痛。疼痛多位于中上腹，性质为钝痛、钻痛或刀割样疼痛，可向腰背部放射；多呈持续性，并常伴恶心、呕吐。呕

NOTES

吐物为食物与胃、十二指肠分泌液；或伴有腹胀，部分患者上腹压痛为腹部唯一体征，部分患者伴局部肌紧张。危重患者可出现烦躁不安，继之出现低血压、休克、呼吸困难、少尿或无尿。若渗液流入腹腔，则出现急性腹膜炎体征，腹水往往呈血性或紫褐色，淀粉酶含量高。如透过腹膜后进入皮下组织，可分解皮下脂肪，引起毛细血管出血，使局部皮肤出现青紫块，在脐部表现为卡伦（Cullen）征，腰背部表现为格雷·特纳（Grey Turner）征。

【并发症】

早期可并发水、电解质紊乱，低钙血症和手足抽搐，假性囊肿形成，亦可遗留慢性胰腺炎及糖尿病。

1. 局部并发症

（1）急性胰周液体积聚：病程早期，胰周或胰腺远隔间隙液体积聚，缺乏完整包膜，可单发或多发。

（2）急性坏死物积聚：病程早期，混合有液体和坏死组织的积聚，坏死物包括胰腺实质或胰周组织坏死。

（3）包裹性坏死：是一种包含胰腺和/或胰周坏死组织且具有界限清晰炎性包膜的囊实性结构，多发生于 AP 起病 4 周后。

（4）胰腺假性囊肿（多发生于起病 4 周后）：如直径大于 6cm 且有压迫症状，或持续观察直径增大，需外科干预。

以上每种局部并发症存在无菌性及感染性两种情况，其中急性坏死物聚集和包裹性坏死继发感染称为感染性坏死。

（5）胰周血管并发症：约 20% 的 AP 早期可有脾静脉血栓形成，后期可出现胰源性门静脉高压（左侧门静脉高压），导致胃底静脉曲张，甚至导致消化道出血，可考虑行脾切除术；炎性假性动脉瘤在 4%~10% 的病例中引起严重并发症，例如腹腔或囊肿内出血，“腹腔血管造影+动脉栓塞”是一线治疗手段，造影未明确出血部位或栓塞失败者可考虑积极手术止血。

（6）胰瘘：大多数患者经过 3~6 个月的引流可以自愈。ERCP 置入胰管支架有一定治疗作用。长期不闭合或有并发症的胰瘘者则应行外科手术。胰管完全断裂者可行胰腺部分切除和瘘管-空肠吻合术。

（7）消化道瘘：以十二指肠瘘与结肠瘘最为常见，可能与缺血坏死、胰液渗出或感染侵蚀有关。基本治疗原则为保持消化液引流通畅。十二指肠瘘者可经空肠行肠内营养，有较高的自愈率，通常不需要手术治疗。空肠瘘者可行胃肠外营养，或经跨瘘口的喂养管行肠内营养。管状瘘者通常可以自愈，唇状瘘者通常需要行肠瘘切除、肠吻合手术。结肠瘘者腹腔污染严重，通常需要肠造口转流手术，较少自愈。

2. 全身并发症 包括多器官功能障碍综合征（MODS）、多器官功能衰竭（MOF）、全身炎症反应综合征（SIRS）、脓毒症全身感染、腹腔内高压或腹腔间室综合征（ACS）、胰性脑病。

【辅助检查】

1. 血/尿淀粉酶测定 急性胰腺炎时血清淀粉酶升高，早期达正常上限值的 3 倍以上。血淀粉酶在发病后 2~6 小时开始升高，12~24 小时达高峰，3~5 天恢复正常，部分轻型患者 24~72 小时即可恢复正常。如血淀粉酶持续增高超过 1 周，常提示存在胰管阻塞或胰腺假性囊肿形成。为区分唾液腺疾病所导致的淀粉酶增高，可检测同工酶、胰腺淀粉酶（P 型）、唾液腺淀粉酶（S 型）。

尿淀粉酶升高较慢，一般于 12~24 小时开始升高，但可持续达 1~2 周。

需注意的是，肝胆疾病、肾脏疾病等均可使血淀粉酶轻度升高，尿淀粉酶则受肾功能和尿浓度影响。尿淀粉酶/肌酐清除率=尿淀粉酶/血清淀粉酶×血肌酐/尿肌酐×100%：正常比值为 1%~4%；>6% 提示为急性胰腺炎。

2. 血清脂肪酶 在发病 24 小时后达峰值，持续时间较长（8~14 天），可作为晚期患者的诊断方法。

3. 血清标志物 发病 72 小时后 CRP>150mg/L，提示胰腺组织坏死；早期血糖可暂时性增高，持久的空腹血糖增高反映胰腺坏死严重；低血钙与病情严重程度成正相关，血钙<1.75mmol/L 提示病情严重。

4. 超声影像学检查 水肿型急性胰腺炎者可见胰腺轻度弥漫增大，胰腺呈均匀低回声。出血坏死型者可见胰腺重度肿大，边缘模糊不清，呈不规则回声和混合回声。假性囊肿者，超声可见边界清楚的无回声区。

5. CT 检查 对判断胰腺有否坏死及坏死的范围、大小具有诊断价值。水肿型胰腺炎者，CT 显示胰腺呈弥漫性肿大。出血时局部呈高密度，坏死时可出现低密度区。发病 1 周左右的增强 CT 诊断价值更高，可有效区分液体积聚和坏死的范围。

6. 磁共振胰胆管成像（MRCP） 也可显示 CT 所提示的信息，对原发或手术创伤等造成的胰胆管解剖异常及胰胆管梗阻等疾病的诊断价值与 ERCP 相似。如 MRCP 正常，可不必进行 ERCP 和胰胆管造影等有创检查。

【诊断标准】

急性胰腺炎诊断标准：符合以下 3 项中的任意 2 项，即可诊断为急性胰腺炎。

1. 急性腹痛发作，伴有上腹部压痛或腹膜刺激征。

2. 血清淀粉酶和/或脂肪酶活性至少>3 倍正常上限值。

3. 影像学检查，如腹部超声、CT 或 MRI 呈 AP 影像学改变。

【分级诊断】

1. 轻度 AP（mild acute pancreatitis，MAP） 具有急性胰腺炎的临床表现和生化改变，不伴有器官功能衰竭及局部或全身并发症。

2. 中度 AP（moderately severe acute pancreatitis，MSAP） 具有急性胰腺炎的临床表现和生化改变，伴有一过性器官功能衰竭（48 小时内可恢复），或有全身或局部并发症，但不存在持续性器官功能衰竭（48 小时内不能恢复）。

3. 重度 AP（severe acute pancreatitis，SAP） 具有急性胰腺炎的临床表现和生化改变，伴有持续的器官功能衰竭（持续 48 小时以上，不能自行恢复的呼吸系统、心血管或肾功能衰竭）。

【治疗】

1. 内科治疗 主要目的在于减少胰液分泌，使胰腺休息。

（1）一般治疗：胰腺炎患者初期均应禁食，对症补液；部分呕吐、腹胀等重症者需胃肠减压，以减少胰液分泌，并有助于减轻呕吐、腹胀等症状。SAP 者需重症监护支持治疗：积极液体复苏，稳定内环境及器官功能保护。早期液体复苏应该在 24~48 小时内予以生理需要量的 1.5~2.0 倍的静脉维持输液量，并同时监测尿量。

（2）抑制胃酸分泌：应用西咪替丁、奥美拉唑等，减少胃酸分泌，从而减少促胰液素分泌，同时可防止应激性胃黏膜病变的发生。

（3）生长抑素：主要有 8 肽的奥曲肽及 14 肽的生长抑素。其主要作用为抑制胰腺外分泌，阻止血小板活化因子引起的毛细血管渗漏以及保护胰腺细胞。生长抑素首次负荷量 3.5μg/（kg·次），静脉滴注；维持量 3.5μg/（kg·h）对于轻度 AP 者，一般无需给予生长抑素。

（4）镇痛解痉：控制疼痛是一个重要治疗目标。方法包括外周和中枢的镇痛药。

（5）控制感染：对于急性胰腺炎由胆道疾病引起者或坏死胰腺组织有继发感染者，应给予广谱抗生素控制感染，并兼顾抗厌氧菌治疗。不推荐经验性使用抗生素治疗。

（6）连续性血液净化：出血坏死性胰腺炎者早期行连续性血液净化可以非选择性清除多种促炎因子，可清除血浆中存在的可溶性炎症介质，并能迅速降低血胰酶水平，减轻胰液对组织、器官的直接化学损伤，从而减少对组织、器官的损害。

NOTES

（7）营养支持治疗：急性胰腺炎患者的营养支持对疾病恢复尤为重要。既往认为给予全胃肠外营养（TNF），使肠道得到充分休息有利于疾病的恢复。但目前认为长期TNF易产生肠道细菌移位，增加胰腺感染概率，而适时的肠内营养（EN）能减少急性胰腺炎患者肠源性感染和多器官功能障碍综合征的发生率。对于何时引入EN最合适、最有益于疾病恢复，目前尚无定论；目前普遍推荐，在无肠内营养的禁忌证下，早期恢复肠内营养（48~72小时内）。但长时间（超过5~7天）不能进行EN的情况下，如肠梗阻、复杂瘘、腹腔间室综合征等，需要考虑TPN。在病情允许的情况下，EN和PN联合应用。急性胰腺炎患者EN的途径包括鼻胃管、空肠置管、经胃造口或空肠造口置管以及手术空肠造口置管空肠喂养，可根据患者实际情况选择喂养方法；其中鼻空肠置管可采用盲插、pH监测、透视、内镜引导等方法插入，导管均放置在十二指肠悬韧带（ligament of Treitz，屈氏韧带）以下。手术空肠造口置管适用于需要手术治疗的急性胰腺炎患者。

（8）胆源性胰腺炎：去除诱因。

2. 手术治疗 急性胰腺炎者大部分不需要手术治疗；急性重症胰腺炎伴有腹腔间室综合征、胰腺坏死、化脓者需手术，以引流清创为主。部分病例可采用ERCP手段治疗。

手术适应证如下。

（1）诊断为胰腺炎，经内科治疗，症状及体征进一步恶化，出现并发症者；保守治疗无效者。

（2）胆源性急性胰腺炎处于急性状态，需外科手术解除梗阻。

（3）考虑为出血坏死性胰腺炎，病程呈进行性加重，短时间治疗无缓解。

（4）假性囊肿形成者，待病情缓解后可外科干预。

（5）不能除外其他急腹症需探查者。

第十节 功能性消化不良

功能性消化不良（functional dyspepsia，FD）是以上消化道不适为主要表现的一组临床综合征。主要特点为腹痛（以上腹部为中心的疼痛）和/或腹部不适感（如餐后饱胀、早饱、厌食、嗳气、恶心、呕吐），症状可以持续存在或者呈反复发作，且临床无法以其他疾病解释。FD属于儿童功能性胃肠病（functional gastrointestinal disorders，FGIDs）的一种，罗马Ⅳ诊断标准中将其与肠易激综合征、腹型偏头痛归类到功能性腹痛疾病（functional abdominal pain disorders，FAPD）分类。FD发病率缺少确切的流行病学调查资料，国内一项研究显示青少年消化不良总患病率为11.58%，其中男性患病率为9.09%，女性为14.19%。

【病因和发病机制】

FD病因及发病机制尚不明确。目前认为遗传易感因素、饮食行为、膳食结构、胃肠道感染、幽门螺杆菌感染、肠道菌群失调、胃酸分泌异常、精神心理因素等可能与FD发病相关。上述因素可能导致胃肠动力异常、内脏高敏感性、胃肠黏膜和免疫功能改变、中枢神经系统处理功能异常，从而引起功能性消化不良的临床表现。

由进食后胃舒张能力下降所引起的胃适应性舒张功能障碍已得到证实。对胃电图和胃排空进行研究，有50%的FD患者胃电图异常，47%的患者胃排空延迟。但是，这种胃肠动力的异常与临床症状的相关性仍需进一步研究证实。也有研究发现，相对于胃排空延迟，胃快速排空反而易导致FD的相关症状。研究表明，使用恒压器检测，FD患者在进行近端胃气囊扩张时的感觉阈值比健康志愿者更低，提示胃内脏高敏感性。有24%的儿童FD被归因于急性细菌性（不是病毒性）胃肠炎的并发症。患有过敏性疾病和FD的患者胃黏膜固有层中的嗜酸性粒细胞和肥大细胞数量会增加，并且服用牛奶后肥大细胞会迅速脱颗粒。需要指出的是：与成人不同，对于无十二指肠溃疡的儿童而言，尚无证据表明幽门螺杆菌感染与消化不良症状相关。一项全球性的流行病学调查报道，FD患者易合并抑郁、焦虑等精神心理异常，而这往往预示着对临床治疗的反应较差。

NOTES

【临床表现】

功能性消化不良主要表现为上消化道的各种不适症状，主要包括腹痛和腹部不适。腹痛主要表现为以上腹部为中心的腹痛、烧灼感，腹部不适主要表现为餐后上腹饱胀感、早饱、腹胀、恶心、嗳气、呕吐等。其中餐后饱胀是指正常餐量即出现饱胀感。早饱是指有饥饿感但进食后不久即有饱感，导致摄入食物明显减少。依据临床症状的不同，临床上可以分为餐后不适综合征和上腹痛综合征两个亚型。餐后不适综合征以餐后不适为主要表现；上腹痛综合征则以腹部疼痛为主要表现。

【诊断】

由于婴幼儿很难正确表述相关症状，所以 FD 诊断适用于>4 岁的儿童及青少年。

1. 诊断标准 功能性胃肠病罗马Ⅳ诊断标准中关于 FD 的诊断标准为，诊断前至少 2 个月症状符合以下 1 项或多项条件，且每个月至少 4 天有症状：①餐后饱胀；②早饱；③上腹疼痛或烧灼感，与排便无关。经过适当评估，症状不能用其他疾病来完全解释。

2. FD 亚型 根据主要症状不同，FD 可有餐后不适综合征和上腹痛综合征两个亚型。

（1）餐后不适综合征：包括餐后不适或早饱感，不能完成平常餐量的进食。支持诊断条件包括上腹胀气、餐后恶心、过度嗳气以及呃逆。

（2）上腹痛综合征，必须包括以下所有条件：①严重上腹疼痛或烧灼感，影响日常生活；②疼痛非全腹，局限于腹部其他部位或胸肋部区域；③排便或排气后不能缓解。支持其诊断的标准：①疼痛可能为烧灼样，但不包括胸骨后疼痛；②疼痛通常由进食诱发或缓解，但也可在空腹时发生。

【鉴别诊断】

FD 的鉴别诊断一方面要注意与 FD 有相似症状的功能性胃肠病的鉴别，依赖于详细的病史询问，另一方面，需注意与可引起腹痛、腹部不适的器质性疾病鉴别。

1. 肠易激综合征（irritable bowel syndrome，IBS） 与 FD 同属于功能性腹痛，其特点是反复发作的腹痛，并可伴有大便性状或排便频率的变化（便秘或腹泻），症状难以由其他疾病来解释。肠易激综合征与功能性消化不良的鉴别依赖于详细的病史询问。

2. 胃食管反流（GER） 是指胃内容物反流入食管，伴或不伴反胃和呕吐，可引起包括反酸、嗳气在内的消化不适症状。食管 24 小时 pH+阻抗监测，胃镜+食管黏膜活检组织病理学检测有助于诊断。

3. 慢性胃炎 临床可表现为腹痛、腹胀，需注意的是约 50% FD 患者伴有慢性胃炎，20% FD 患者伴有十二指肠炎，在诊断中要重视。FD 是功能性疾病诊断，强调症状，可依据罗马Ⅳ诊断标准进行诊断；慢性胃炎主要依据内镜表现和病理组织学证据诊断。

4. 慢性腹痛报警征象 对于慢性腹痛患者，要详细询问病史和全面体格检查，了解症状的严重程度与出现频率，及其与进餐、排便的关系，尤其应关注可能的报警症状。对有报警征象者要及时行相关检查，排除器质性疾病。儿童慢性腹痛的报警征象见表 7-10-1。

表 7-10-1 儿童慢性腹痛报警征象

报警征象	报警征象
持续右上腹或右下腹痛	消化道出血
关节炎	青春期延迟
夜间疼醒	夜间腹泻
直肠周围肛门病变	无法解释的发热
吞咽困难	炎性肠病、乳糜泻或消化性溃疡家族史
非主动控制的体重减轻	生长曲线减缓
持续呕吐	

NOTES

【辅助检查】

儿童 FD 一般不需要进一步辅助检查，但如临床合并报警征象，则需根据临床症状选择合适的辅助检查项目。

1. 实验室检查 包括血常规、肝/肾功能、血糖、粪常规和隐血试验，有助于发现贫血、消化道出血的病例。

2. 影像学检查 包括腹部超声、胸部 X 线片，以除外部分腹腔器质性病变及胸部病变引起的腹部疼痛、不适。同时腹部超声还可监测胃排空情况。

3. 胃肠动力学检查 包括食管 24 小时 pH 监测、食管 24 小时 pH+阻抗监测、胃电图、胃十二指肠压力测定、胃恒压器检查，主要用于鉴别胃食管反流病，并可对胃肠动力、内脏高敏感性进行评估。

4. 上消化道内镜检查 消化内镜检查在儿童 FD 诊断中是否必要还有待进一步评价。一般认为如果患者有消化性溃疡家族史、幽门螺杆菌感染病史、10 岁以上、症状持续时间超过 6 个月、症状严重影响睡眠及日常生活，则内镜检查是非常必要的。内镜检查的目的是除外食管、胃、十二指肠炎症、溃疡、糜烂、肿瘤等器质性病变引起的腹部不适症状。

【治疗】

FD 治疗是综合性治疗，强调治疗的个体化，包括一般治疗、药物治疗及精神心理治疗，目的在于改善症状，提高生活质量。随着对功能性胃肠病的认识深入，精神、心理因素在功能性胃肠病发病中的作用越来越受到重视，也提醒在这一类儿童疾病的诊断过程中，医生不仅要关注躯体症状、体征，也需要关注儿童的心理状态及心理健康。

1. 一般治疗 家长健康教育在 FD 治疗中起着重要作用。帮助患者家长认识、理解病情，指导其改善患者生活方式，调整饮食结构、饮食习惯（避免可加重症状的食物，如咖啡、辛辣以及油腻食物），去除与症状相关的可能发病因素（应用非甾体抗炎药），有助于 FD 患者的症状在一定程度上缓解。

2. 药物治疗 应根据主要临床症状、与进餐的关系、可能的病因选取合适的药物。

（1）抑酸药物及抗酸药物：对于以腹痛为主要表现且年龄较大的 FD 患者，可选择组胺受体阻滞剂和质子泵抑制剂抑酸治疗以及抗酸药物治疗。儿童首选质子泵抑制剂，如奥美拉唑，其疗效优于组胺受体阻滞剂。剂量为 0.6~0.8mg/(kg·d)，晨起餐前半小时空腹服用，每天 1 次，以 4 周为一个疗程。还可选用抗酸剂，如铝碳酸镁咀嚼片、复方氢氧化铝凝胶等，可以缓解腹痛症状。

（2）胃肠动力药物：以恶心、腹胀、早饱为主要表现的 FD 病例治疗相对困难，可选择胃肠动力药物，如多潘立酮。多潘立酮是选择性外周多巴胺 D_2 受体阻滞剂，可增加胃窦和十二指肠动力，促进胃排空，从而改善餐后饱胀、早饱等症状。剂量为 0.2~0.3mg/(kg·次)，3 次/日，餐前服用，疗程 2~4 周。但多潘立酮在儿童应用中存在的安全性问题，限制了其临床应用。

（3）根治幽门螺杆菌感染：适用于幽门螺杆菌感染的 FD 患者，常用标准三联（质子泵抑制剂+两种抗生素）或铋剂四联（质子泵抑制剂+铋剂+两种抗生素），疗程 10 天或 14 天；铋剂适用于大于 6 岁的患者。

（4）H_1 受体阻滞剂：常用药物为赛庚啶，其对治疗儿童功能性消化不良是安全有效的，可能与其能拮抗 5-HT，进而增加胃容受性有关。常用剂量为 0.25~0.50mg/(kg·d)，分两三次服用。初始剂量可更小，再逐渐加量。

（5）三环类抗抑郁药物：对于抑酸药治疗无效且伴有明显心理障碍的患者，可以在心理科医生协助诊治的情况下，适当给予抗焦虑、抗抑郁药，以改善症状。对于 5 岁以上难治性 FD 病例可采用小剂量三环类抗抑郁治疗，如阿米替林，剂量为 0.25~0.5mg/(kg·d)，睡前服用。可从小剂量开始，每周增加 5~10mg，最大剂量不超过 1mg/kg。

3. 精神心理治疗 心理干预在 FD 治疗中的作用日益受重视。诊疗过程中医生应具备足够的同

NOTES

情心和耐心，建立良好的医患关系对于保证治疗的依从性至关重要。如果有下列情况，要考虑心理治疗，包括行为治疗、认知治疗及精神类药物治疗，并把合适的患者推荐给有资质的精神心理专业人员，制订多学科会诊的治疗方案：①常规治疗效果不佳，伴有持续的严重症状；②应激或心理因素可能会加重 FD 的症状或影响治疗疗效，同时出现相应临床表现。

【预防】

FD 的预防主要包括以下方面。

1. 饮食习惯 养成良好的饮食习惯，饮食结构合理，尽量避免辛辣、刺激及油腻食物，同时要避免暴饮暴食。注意饮食卫生，尤其父母或家庭中有 Hp 感染患者的，一定要注意碗筷及餐食分开。

2. 作息规律 睡眠不足，精神心理压力增大也是 FD 的可能病因，尤其对于学龄期儿童，应注意保证充足睡眠时间，注意其心理健康。

第十一节 婴儿胆汁淤积症

婴儿胆汁淤积症（cholestatic jaundice）是指 1 岁以内由各种原因导致胆汁生成、分泌、排泄异常，以黄疸、粪便颜色变浅、肝大、结合胆红素及胆汁酸增高为主要临床表现，继而出现腹泻、体重不增、发育落后等表现的临床综合征。病因复杂，主要有宫内和围生期感染性、先天遗传代谢病、肝内胆管发育异常等，由环境、遗传等因素单独或共同造成病变。

【病因和发病机制】

胆汁淤积症的病因复杂，胆汁分泌排泄过程中任何环节出现问题，均可引起胆汁淤积。

病因包括以下方面。

1. 感染 包括肝脏原发性感染和全身性感染累及肝脏，引起肝细胞性胆汁分泌或排泄障碍：①病毒感染，涉及巨细胞病毒、单纯疱疹病毒、风疹病毒、呼吸道病毒、肠道病毒、细小病毒 B19、乙型肝炎病毒、人类免疫缺陷病毒，以及非特异性嗜肝病毒等。②细菌和寄生虫，包括各种细菌，如金黄色葡萄球菌、大肠埃希菌、沙门菌、厌氧菌、肺炎球菌等以及一些条件致病菌，往往全身感染时累及肝脏；梅毒螺旋体以及结核分枝杆菌、弓形体等感染侵袭肝脏，应引起重视。

2. 先天性遗传代谢疾病 先天遗传代谢异常常累及肝脏，代谢性累积病变都伴有显著肝大，肝功能损伤。

（1）碳水化合物代谢异常：如半乳糖血症、遗传性果糖不耐受症、糖原贮积症（Ⅰ、Ⅲ和Ⅳ型）。

（2）氨基酸及蛋白质代谢障碍：酶缺陷时正常代谢途径发生阻滞，如酪氨酸血症、高蛋氨酸血症等，可以造成持续性肝损伤。

（3）脂质代谢障碍：系一组遗传性疾病。类脂质代谢过程中某些酶的遗传性缺陷，使某些本该被酶分解的类脂质沉积在单核-巨噬细胞系统及其他组织内，呈现充脂性组织细胞增殖，如胆固醇酯沉积病（Wolman 病）、C 型尼曼-皮克病、2 型戈谢病。

（4）胆汁酸及胆红素代谢障碍：胆汁酸代如 3β-羟基-C_{27}-类固醇脱氢酶/异构酶缺陷（*HSD3B7* 基因变异）、δ-4-3-氧固醇-5β-还原酶缺陷、氧固醇 7α-羟化酶（CYP7B1）缺陷、25-羟化酶（CH25H）缺陷；进行性家族性肝内胆汁淤积症（progressive familial intrahepatic cholestasis，PFIC），胆汁酸合成缺陷病（*HSD3B7*、*AKR1D1*、*CYP7B1* 等基因突变）。Citrin 缺乏致新生儿肝内胆汁淤积症（NICCD）；以及继发性胆汁酸代谢障碍：肝脑肾综合征、Alagille 综合征、遗传性胆汁淤积伴淋巴水肿等。

（5）其他遗传代谢病：α1-抗胰蛋白酶（α1-AT）缺乏症是血清中一种拮抗蛋白酶的成分 α1-抗胰蛋白酶缺乏，中和蛋白酶的作用减弱，使自体组织遭到破坏，可造成肝细胞损伤、汇管区纤维化伴胆管增生以及胆管发育不良等类型改变。其他遗传代谢病还包括线粒体肝病（系 *MPV17*、*DGOUK*、*PLOG*、*TK2* 等基因突变）以及囊性纤维化、婴儿铜负荷过剩等。

3. 胆管梗阻 分为肝外胆管和肝内胆管问题。

（1）肝外胆管疾病：包括胆道闭锁、胆总管囊肿、新生儿硬化性胆管炎、胰胆管合流异常、自发性胆管破裂或穿孔、胆石症、肿瘤、胆道狭窄、胆汁浓缩甚至阻塞。

（2）肝内胆管阻塞性疾病：先天性肝纤维化及卡罗利病（Caroli disease），卡罗利病为先天性肝内胆管扩张病，常染色体隐性遗传，男性多见，以复发性胆管炎为主要特点，常伴有不同程度的肾囊性疾病。

先天性胆道闭锁是一种进行性病变，某种原因导致肝内、肝外胆管的阻塞，使胆汁排泄通道梗阻，形成不同程度的胆道闭锁，是新生儿出生以后前3个月出现可见梗阻性黄疸的最常见病因。目前胆道闭锁病因不明，发病机制主要包括胆管畸形、病毒感染、毒素、慢性炎症或自身免疫介导的胆管损伤。主要表现为出生早期出现进行性黄疸，常伴无胆色（陶土色）粪。及时诊断先天性胆道闭锁，有助于尽早行胆总管-空肠吻合术。

先天性胆总管囊肿是多种因素参与的先天性发育畸形，现已报道了5种解剖学变异，但大多数患者存在胆总管弥漫性增大（1型，占胆管囊肿的50%~80%）。胚胎时期胰胆管分化异常，胆总管和胰管未能正常分离，胰液反流入胆管，胆总管远端狭窄，胆道内压力增高，Oddi括约肌神经肌肉功能失调，是本病的综合致病因素。

4. 毒性作用　如药物毒物（如对乙酰氨基酚、抗惊厥药物、抗生素及毒物等）、肠衰竭（肠外营养）相关性肝病等。

5. 其他　包括肝内占位病变和累及肝脏的全身恶性疾病，如朗格汉斯细胞组织细胞增生症、噬血细胞淋巴组织细胞增生症等，以及21-三体综合征等染色体异常疾病。内分泌疾病，如特发性垂体功能减退、甲状腺功能减退亦可有胆汁淤积表现。部分病例病因不明。

肝内胆汁淤积的主要机制如下。

（1）肝细胞膜结构、功能和酶的活性变化，使肝细胞摄取、转运以及排泌功能异常，导致胆汁淤积；肝细胞 Na^+-K^+-ATP 酶活性减弱，微粒体羟化酶受抑制，以及细胞膜上转运体异常，胆汁分泌受阻，胆汁流生成减少。

（2）细胞骨架改变、微丝功能的障碍：肌动蛋白失去功能，毛细胆管周围微丝收缩障碍，导致毛细胆管扩张，胆汁在毛细胆管内淤积。

（3）毛细胆管的通透性增加，水分外渗，胆汁的渗透梯度消失，引起胆汁淤积。

（4）胆管阻塞：肝内胆管的任何部位梗阻，胆汁流减少或中断，均可造成胆汁淤积。

胆汁淤积引起肝细胞损害的因素如下。

（1）胆汁排泄障碍：胆管系统压力升高，渗透梯度破坏，渗透性发生改变，胆管逐渐扩张。

（2）胆汁排入肠道中断：中断了胆汁的抑菌功效，肠道内致病菌繁殖、逆行，通过十二指肠Oddi括约肌至胆管系统，引起胆管炎，逆行感染肝细胞，或肠道内致病菌经血源性感染肝细胞和毛细胆管细胞。

（3）胆汁淤积致使肝细胞内胆汁浓度升高：其中石胆酸、脱氧胆酸等毒性物质直接损伤肝细胞，或溶解肝细胞膜，引起肝炎；血浆中胆汁浓度增高，再次损伤肝细胞，甚至发生肝细胞中毒；重者发生胆汁性肝硬化。

【病理】

主要病理改变为非特异性的多核巨细胞形成。胆汁淤积、肝间质和门脉区炎症细胞浸润。轻者肝小叶结构正常，重者紊乱失常，甚至肝细胞坏死，肝纤维化。病因众多，病理有所区分，如：α1抗胰蛋白酶缺乏症可见PAS颗粒；阿拉日耶综合征（Alagille syndrome）初期小胆管增生，后期胆管缺乏；硬化性胆管炎有肝细胞坏死表现。多药耐药性蛋白3（MDR3）染色缺失提示PFIC，或者无胆管增生的巨细胞肝炎。胆道闭锁典型的组织学特征包括：汇管区扩大伴胆管增生，汇管区水肿、纤维化和炎症，以及胆小管和胆管内胆栓。胆道闭锁最早的组织学改变可能是相对非特异性的，过早活检可能产生假阴性结果。有时需要在年龄更大时（如2~3周后）复行肝活检。

NOTES

【临床表现】

1. 皮肤改变 皮肤黄疸为首发症状及显著特点，皮肤暗黄突出。皮肤颜色与胆汁淤积程度有关，梗阻性黄疸肤色灰暗甚至黄褐色。肝功能受损、凝血因子合成障碍时出现皮肤瘀斑、瘀点，或有鼻黏膜、牙龈出血。皮肤瘙痒可能与胆汁酸蓄积、内源性阿片肽生成增加和溶血磷脂酸（lysophosphatidic acid，LPA）水平升高相关。

2. 粪便颜色改变 大便颜色变浅，呈白陶土色，甚至灰白色。尿色变深，尿布黄染。

3. 肝大和/或质地异常 肝功能受损，首先出现转氨酶升高，以及肝大，质韧，无明显压痛。黄疸伴胆囊肿大提示胆总管下端梗阻，见于结石、炎症及肿瘤。严重时可出现门静脉高压、脾大。随胆汁淤积进展，肝功能受损逐渐加重，出现消化道出血。20% 可进展为胆汁性肝硬化、肝衰竭。

4. 脂肪、脂溶性维生素吸收障碍，营养不良 胆汁淤积在肝内，肠道胆汁减少导致腹泻、营养不良和脂溶性维生素吸收不良。维生素 K 吸收不良与肝功能能受损、合成不足，致使维生素 K 缺乏，出现出凝血功能障碍，产生瘀点、瘀斑，甚至颅内出血。维生素 A、D、E 等缺乏，出现佝偻病症状、夜视力受损甚至夜盲。脂肪、脂溶性维生素吸收障碍引起脂肪泻；肝功能受损，蛋白合成不良，导致发育落后、营养不良。

5. 精神及神经系统异常 遗传代谢性疾病常表现为喂养困难，嗜睡，肌张力减低，激惹，烦躁，甚至惊厥。肝功能明显受损，常导致高氨血症和肝性脑病。

6. 不同病因有其他不同的表现 20% 胆道闭锁者合并其他畸形，如肠旋转不良、先天性心脏病、多脾或无脾。先天性 CMV 感染可合并脉络膜视网膜炎；染色体异常或 Alagille 综合征可伴随心脏杂音、面容异常；右上腹扪及包块可能为胆总管囊肿。

【检查】

婴儿胆汁淤积症的检查围绕着黄疸与肝病的主题，以及相应后果而展开，包括肝组织和肝外组织受损的实验室检查和病因学检查。

1. 肝功能检测

（1）胆红素代谢：血清胆红素升高，以结合胆红素升高为主；尿胆红素阳性，尿胆原缺乏。

（2）血清胆汁酸多增加，但在胆汁酸合成障碍患者中减少。

（3）血清酶：碱性磷酸酶（ALP）、5′-核苷酸酶（5′-NT）、转氨酶升高。对于 γ 谷氨酰转肽酶（gamma-glutamyl transpeptidase，GGTP），一些遗传/代谢疾病可分为高 GGTP 型和低 GGTP 型，例如：在胆道闭锁和 Alagille 综合征中 GGTP 通常升高，而 GGTP 正常或偏低见于进行性家族性肝内胆汁淤积症的大多数类型、胆汁酸合成障碍和 ARC 综合征（关节挛缩-肾功能损害-胆汁淤积综合征）。丙氨酸转氨酶（ALT）、天冬氨酸转氨酶（AST）升高，可评估肝细胞损伤。

（4）凝血酶原时间延长、凝血因子减少，提示肝细胞合成功能差。

（5）血清白蛋白减低，提示营养状况差，肾脏丢失或是肝脏合成功能差。血清胆固醇、血清氨基酸下降。甲胎蛋白升高提示肝细胞破坏。

2. 病因学检测

（1）细菌培养：血和十二指肠引流物的病毒血清学、细菌培养，以及尿培养、腹水检查，尤其对于新生儿或小婴儿，可协助诊断宫内细菌感染。

（2）病毒学检测：包括抗体检测、病毒 DNA 检测以及病毒分离。抗体检测包括乙肝病毒标记物、细小病毒 B19、TORCH 检查等；病毒 DNA 检测，包括乙肝病毒（HBV）DNA、EB 病毒（EBV）DNA、巨细胞病毒（CMV）DNA 检测等。病毒培养或分离结合血清学检查可明确是否病毒感染引起。

（3）代谢病筛查：电解质、碳酸氢盐和葡萄糖检测为代谢性疾病的初始筛查。串联质谱方法检测血清氨基酸及尿有机酸、酰基肉碱谱、氨、乳酸/丙酮酸比值等代谢产物水平，发现氨基酸及脂肪酸等代谢障碍性疾病。TSH 筛查及早检测甲状腺功能减退；尿和血中半乳糖-1-磷酸尿苷酰转移酶检测半乳糖血症。血清 α1-AT 降低和异常蛋白酶活性降低判断 α1-抗胰蛋白酶缺乏症；胰蛋白酶原免疫反

NOTES

应筛查和汗液氯离子检测可提示婴儿囊性纤维化。

（4）基因检测：目前基因检测广为应用。*Jagged1* 基因诊断 Alagille 综合征；*SLC25A13* 基因诊断 Citrin 蛋白缺陷病。囊性纤维化（CF）是常染色体隐性遗传，相关基因位于染色体 7q。

3. 特异性诊断方法

（1）影像学检查：肝胆 B 超、腹部 CT、磁共振胆管成像（MRCP），可发现肝内外胆管、肝外胆道发育结构异常及占位病变。胆道闭锁的超声表现包括胆囊缺失（或未显像）和存在三角形条索征（肝门区三角形或带状强回声，厚度>3mm），超声检查还可能发现与胆道闭锁合并存在的内脏位置异常、多脾或血管异常。

（2）肝胆核素扫描：正常 ^{99m}Tc-HIDA 静脉注射后迅速被肝细胞摄取，3~5 分钟肝脏显影，左、右肝管 5~10 分钟显影，15~30 分钟胆囊、总胆管及十二指肠开始出现放射性，肝影于 12~20 分钟逐渐消退。正常情况下，胆囊及肠道显影不迟于 60 分钟。先天性胆管闭锁时肠道内始终无放射性显影。

（3）经皮经肝穿刺或腹腔镜检查：肝脏穿刺获取活体组织标本，进行免疫组织化学、电镜、病毒培养、酶学等病理学诊断。

（4）胆汁引流：动态持续十二指肠引流查胆汁常规、细菌培养、胆红素、胆汁酸。持续引流 24 小时，无胆汁再间断引流 48~72 小时，期间按时喂养。若十二指肠液有黄色、胆汁酸阳性胆汁，表明肝内胆汁淤积症；若十二指肠液无胆汁，诊断为胆道闭锁。

【诊断】

婴幼儿应注意病史和体格检查，黄疸是首发及突出症状。婴儿大便淡黄色或白陶土样。持续黄疸、结合胆红素升高是肝胆管胆汁分泌及排泄障碍的信号。胆汁淤积意味着胆汁流异常，提示肝组织和肝外组织功能受损。胆汁淤积持续超过 6 个月称为慢性胆汁淤积。

诊断依据如下。

（1）临床特征：①皮肤黄疸；②粪便变白（淡黄、白色）；③尿色变深；④肝脏变大，变硬。

（2）血生化特征：①血清总胆红素和直接胆红素增高。当血清总胆红素<85μmol/L，直接胆红素>17μmol/L，或总胆红素>85μmol/L，直接胆红素/总胆红素≥20%，可诊断胆汁淤积。②反映胆汁淤积的酶增高。碱性磷酸酶（AKP）高于 1.5 倍正常值上限，γ-谷氨酰转肽酶（γ-GT）高于 3 倍正常值上限。③胆汁酸增高。

（3）生理学特征：胆汁量减少或中断。

（4）胆汁淤积的后果：①脂溶性维生素吸收障碍；②营养不良；③感染；④胆汁性肝硬化；⑤门静脉高压，腹水，出血；⑥肝衰竭。

【治疗】

在查明胆汁淤积症的病因后，治疗原发病，以及进行进行利胆、对症和支持治疗。对症治疗主要包括利胆退黄、护肝和改善肝功能。

1. 病因治疗 抗感染治疗：针对病毒感染（如 CMV 感染）应用更昔洛韦抗病毒治疗；细菌感染者应用在胆汁中分布浓度高的抗生素；停用引起胆汁淤积的药物，减少或停止肠外营养。代谢干预：对半乳糖血症者予无乳糖饮食，对酪氨酸血症者予低酪氨酸和低苯丙氨酸饮食；这 2 种氨基酸的每日摄入量均<25mg/kg。甲状腺功能减退者需及早干预。对 Citrin 蛋白缺陷病者，应用去乳糖奶粉喂养。

2. 利胆治疗 利胆药物促进肝细胞分泌和胆汁排泄，增加胆汁在肠道中的排泄，消除临床症状及改善肝功能，常用药物如下。

（1）熊去氧胆酸（ursodeoxycholic acid，UDCA）：脱氧胆酸的异构体，促进胆汁分泌，降低胆汁中胆固醇浓度，广泛用于各种肝内胆汁淤积的治疗；剂量为 10~20mg/（kg·d），分 2 次口服；胆道闭锁和严重肝功能异常患者禁用。

（2）考来烯胺：一种阴离子结合树脂，口服后在肠道中能与胆汁酸结合，增加胆汁酸的排泄，剂量

NOTES

为 0.25~0.50g/(kg·d),在早餐前、后顿服或分次口服;对胆道闭锁无效。

(3)苯巴比妥:能诱导肝细胞微粒体葡萄糖醛酸转移酶和 Na^+-K^+-ATP 酶活性,促进胆汁排泄,剂量为 5~10mg/(kg·d),分次口服。

(4)利福平:可能通过诱导肝细胞微粒体酶,改善胆汁酸代谢。剂量为 10mg/(kg·d)。不良反应有肝细胞损害、肾功能损害等。

(5)S-腺苷甲硫氨酸(S-adenosylmethionine,SAME):促进胆汁酸的转运,增加胆盐的摄取和排泄;增加谷胱甘肽的合成,具有解毒和肝细胞保护作用。初始治疗为 600~800mg/d 静脉注射,口服片剂维持治疗。

3. 免疫抑制剂 皮质激素具有抑制免疫、消炎、促进胆汁分泌的作用,对各种肝内胆汁淤积具有良好的疗效,但抑制免疫功能。泼尼松 1~2mg/(kg·d)口服。

4. 对症治疗 补充维生素及微量元素,如脂溶性的维生素 A、维生素 D、维生素 E、维生素 K,给予量应大于需要量,并补充微量元素铁、锌等。对低蛋白血症者给予白蛋白,凝血因子缺乏时可用凝血酶复合物。

5. 微生态调节剂 能改善肝功能,降低血清胆红素水平,增加胆汁排泄量,使炎性细胞因子的产生减少。常用调节剂为双歧杆菌、乳酸杆菌、酪酸菌等。

6. 部分胆汁外分流术 阻断胆汁酸肠肝循环,减少胆汁酸在小肠重吸收和对肝脏的不良反应。胆道闭锁者应在生后 60 天内行肝门肠吻合术(Kasai pro-cedure)。

第十二节 先天性巨结肠

先天性巨结肠(congenital megacolon)又称肠无神经节细胞症(aganglionosis),是以进行性便秘为临床表现,病变肠管神经节细胞缺如的一种消化道发育畸形。1887 年,丹麦哥本哈根的儿科医生 Harald Hirschsprung 首次报道了该疾病,所以先天性巨结肠又称为希尔施普龙病(Hirschsprung disease)。

本病是消化道发育畸形中比较常见的一种,其发病率为 1/5 000~1/2 000,以男性多见,男女比例为 4∶1。本病有家族性倾向,家族发病率可高达 4%。

【病因】

先天性巨结肠是神经嵴干细胞从头端向尾端移行至胃肠道的过程停顿或移行入胃肠道的神经嵴干细胞不能正常增殖、分化,导致肠壁神经节细胞缺如。其确切病因尚不清楚,多认为是一种遗传性疾病,其表达形式是常染色体显性、常染色体隐性和多基因形式。现已发现多个与巨结肠发病相关的基因。最常见的基因是 *RET* 原癌基因及其相关基因,如 *Neurturin* 和胶质细胞源性神经营养因子(*GDNF*)的多种突变,可导致早期神经细胞死亡。内皮素家族基因,特别是内皮素-3 和内皮素-B 受体的突变,也可导致巨结肠的发生。有证据表明内皮素和 *SOX-10* 基因的突变可能导致神经嵴细胞的早期成熟或分化,从而减少可用的祖细胞数量并阻止神经嵴细胞进一步迁移。其他与巨结肠相关的基因还包括 *SIP1*(现被称为 *ZFHX1B*)、配对同源异型盒蛋白 2b(*Phox2b*)和 *Hedgehog/Notch* 复合体等。

【病理】

1. 病理改变 先天性巨结肠患者病变肠管近端肠段异常扩张肥厚,色泽苍白,质地僵硬,黏膜水肿,有时有小的溃疡,肠腔内常有粪石,称为“扩张段”。远端肠管比较狭窄,称为“痉挛段”或“狭窄段”,大小趋于正常,外表亦无特殊。两段肠管中间逐渐过渡区呈圆锥形或漏斗状的称为“移行段”(见文末彩图 7-12-1)。

组织学检查在远端病变肠管中,位于肌间神经丛(奥尔巴克神经丛,Auerbach plexus)和黏膜下神经丛(迈斯纳神经丛,Meissner plexus)内的神经节细胞完全缺如,这是本病的基本病理改变。而无髓

NOTES

性的副交感神经纤维显著增多、增粗，紧密交织成束，排列紊乱，呈波浪或旋涡状，代替了正常的神经丛。扩张段肠管肌间神经丛内神经节细胞存在，但可能有不同程度的减少和变性，常有肌肉组织肥大变性，黏膜有炎症、糜烂及溃疡。

2. 病理分型 根据无神经节细胞段肠管病变累及范围，先天性巨结肠可分为以下几个类型。

(1) 短段型：也称为常见型，无神经节细胞区自肛门开始延伸至乙状结肠远端，此型约占 83%。

(2) 长段型：病变累及范围较广，包括降结肠、脾曲甚至大部分横结肠。

(3) 全结肠型：整个结肠受累，甚至包括部分回肠（末端回肠 30cm 以内）。

(4) 全肠型：病变累及全部结肠及距离回盲瓣 30cm 以上的小肠。

【临床表现】

先天性巨结肠在新生儿期主要表现为不排胎便或胎便排出延迟，及腹胀、呕吐等急性肠梗阻症状。经过通便、灌肠等治疗后有时患者可以维持数天或 1 周排便功能，多数患者又出现便秘。少数患者出生后胎便排出正常，1 周甚至 1 个月后出现症状。直肠指检可探及壶腹部空虚及裹手感，拔出手指后，常有大量粪便、气体呈喷射性排出，腹胀立即好转，称为“爆破性”排气排便反射，对本病诊断有较高提示意义。

在婴幼儿及儿童期则表现为慢性、进行性加重的便秘与腹胀。数天甚至 1~2 周或更长时间不排便。大便性状为糊状黏稠便，味奇臭。随着便秘加重，腹部逐渐膨隆（见文末彩图 7-12-2）。因长期受便秘、腹胀影响，患者多有不同程度的食欲缺乏，出现消瘦、贫血和低蛋白血症等营养不良表现，生长发育落后于正常儿童，加之肠内大量细菌繁殖，毒素吸收，心、肝、肾功能均可出现损害。

并发小肠结肠炎时，表现为高热、腹胀、腹泻、血便、泥沙样恶臭大便以及白细胞升高。病情进展迅速，重症患者可因脱水、酸中毒等并发症死亡。

【诊断】

进行性便秘伴腹胀，有胎便排出延迟的患者应考虑先天性巨结肠，确诊则需通过进一步影像学检查、肛门直肠测压、直肠病理活检等客观检查方法。

1. 影像学检查 包括腹部立位平片与结肠造影检查。腹部立位平片显示腹腔内肠管扩张充气，远端肠管未见气体，呈现低位肠梗阻征象。钡灌肠结肠造影，结合正侧位片，典型病例可见扩张段、移行段与狭窄段，肠管僵硬，失去正常结肠袋形态，黏膜面毛糙（图 7-12-3A）。24 小时延迟摄片见造影剂残留，也是诊断巨结肠的重要征象（图 7-12-3B）。

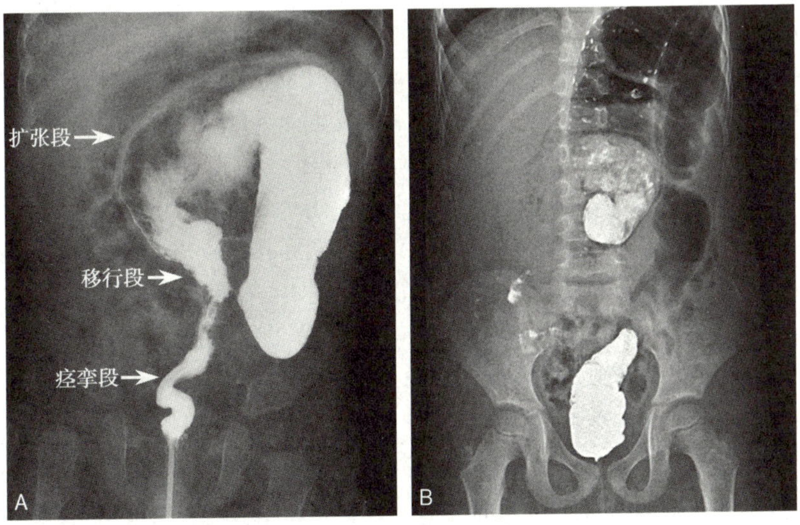

图 7-12-3 钡灌肠结肠造影与 24 小时延迟摄片

A. 钡灌肠结肠造影见直肠乙状结肠远端狭窄，乙状结肠近端、降结肠扩张；B. 24 小时延迟摄片提示钡剂残留。

2. 肛管直肠测压 巨结肠患者病变肠管缺乏神经节细胞，肠管呈持续痉挛状态。直肠壁内压力感受器受刺激后不能通过肠壁肌间神经丛及其节后纤维引起肛门内括约肌松弛反射，无肛管内压力下降甚至压力反而增高，表现为肛管静息压升高，肛门直肠抑制反射消失或异常反射。

3. 直肠活检 直肠活检组织病理学检查是目前诊断先天性巨结肠的金标准。直肠黏膜活检要求在齿状线上 2~3cm 取材，组织直径至少 3mm，组织中的黏膜下层成分至少占 1/3。活检组织经 HE 染色可见肌间神经丛和黏膜下神经丛神经节细胞缺如，神经纤维异常增粗等典型病理改变（见文末彩图 7-12-4）；乙酰胆碱酯酶组织化学染色呈强阳性；神经元特异性标记如配对同源异型盒蛋白 2b（Phox2b）、钙网膜蛋白（calretinin，CR）免疫组织化学染色呈阴性（见文末彩图 7-12-5）。

【鉴别诊断】

先天性巨结肠患者，在新生儿期表现为胎便不解、腹胀、呕吐等急性肠梗阻症状，需与先天性肛门直肠畸形、肠闭锁及胎粪性便秘等疾病鉴别，通过仔细体格检查及腹部影像学检查多能排除。在儿童期表现为进行性便秘伴腹胀，甚至腹部肿块，需与继发性巨结肠、特发性巨结肠、巨结肠同源病、乙状结肠冗长症及一些导致便秘的内科疾病（如甲状腺功能减退）鉴别。

1. 肠闭锁 低位肠闭锁也表现为腹胀、便秘、呕吐等肠梗阻症状，直肠指检仅见少量灰绿色分泌物。腹部立位片多见闭锁盲端宽大气液平；钡灌肠提示结肠呈胎儿型结肠，与全结肠型先天性巨结肠鉴别困难，必要时手术探查明确。

2. 特发性巨结肠 多见于年长儿，表现为不明原因的顽固性便秘或便秘合并污粪，胎便排出正常。结肠造影见直肠扩张，无明显远端狭窄段与移行段；直肠活检存在神经节细胞；直肠肛管测压直肠顺应性高、张力低，有正常直肠肛管抑制反射，是鉴别先天性巨结肠的最可靠方法。

3. 先天性巨结肠同源病 是临床症状与先天性巨结肠相似的一类肠神经节细胞发育异常疾病，可分为肠神经元发育不良、肠神经元未成熟和肠神经元减少等。顽固性便秘的患者在以下情况时应考虑先天性巨结肠同源病：①出生时胎粪排出正常，以后数月或数年发生顽固性便秘；②钡灌肠时直、结肠扩张但无明显的狭窄及移行段，24 小时后钡剂滞留或伴有乙状结肠冗长；③直肠肛管测压有明显的抑制反射，但刺激阈值增加，波形变异；④直肠黏膜乙酰胆碱酯酶组织化学染色阴性，直肠黏膜活检神经元发育异常是诊断金标准。

【治疗】

先天性巨结肠患者需切除无神经节细胞的肠段以及近端明显扩张肥厚的肠段，近端相对正常的肠管与直肠肛管吻合，恢复肠道排便功能。一部分超短段型巨结肠可通过内括约肌部分切除、强力扩肛或肉毒杆菌毒素注射治疗得到缓解。

1. 非手术治疗 包括灌肠、扩肛、缓泻剂、开塞露等辅助治疗。其中灌肠是一项既简便又经济的有效措施，可以解除积贮的粪便，减少小肠结肠炎的发生，又可作为根治术前的肠道准备。灌肠液要用等渗的温盐水以免水中毒；灌肠时肛管插入深度要超过痉挛段，用虹吸法灌肠，直到流出液不含粪汁。

2. 肠造瘘术 对于全身情况较差，全结肠型巨结肠、肠穿孔或合并小肠结肠炎非手术治疗无效，又不能实施根治术的患者，应先行肠造瘘术，延期行根治手术。肠造瘘时可行肠管多点活检，明确病变范围。

3. 巨结肠根治术 手术原则在于切除无神经节细胞肠管等病变肠段并且重建肠道功能。手术治疗已经从传统的肠造瘘及开腹手术逐渐转向单纯经肛门拖出术和腹腔镜辅助手术等微创方式。常用的手术方式包括结肠经直肠内拖出切除术（Swenson procedure），结肠切除、直肠后结肠拖出术（Duhamel procedure），直肠黏膜剥离、结肠经直肠肌鞘内拖出切除术（Soave procedure）及结肠切除、直肠结肠吻合术（Rehbein procedure）。近二十年来单纯经肛门结肠拖出切除吻合术以及腹腔镜辅助巨结肠根治术应用越来越广泛，极大减少了手术创伤和术后腹部并发症。

NOTES

第十三节　先天性肥厚性幽门狭窄

先天性肥厚性幽门狭窄（congenital hypertrophic pyloric stenosis）是幽门环肌肥厚增生，使幽门管腔狭窄而引起的机械性幽门梗阻，是新生儿最常见的外科疾病之一。1907 年 Fredet 和 1912 年 Ramstedt 相继创建幽门肌切开术治疗该病，获得良好疗效，一直沿用至今。

【流行病学】

发病率因不同地区、种族及季节而差异较大。欧美地区发病率 0.5/1 000~2.0/1 000，我国发病率大约为 1/3 000。男性好发，男女比例为 4∶1。多见于足月产正常婴儿，未成熟儿较少见。春秋两季多见。先天性肥厚性幽门狭窄的危险因素还包括先天性肥厚性幽门狭窄家族史、孕母年龄小于 20 岁、生后 2 周内使用红霉素、第一胎婴儿及非母乳喂养等。

【病因】

先天性肥厚性幽门狭窄的病因尚不清楚，遗传和环境因素均起重要作用。目前认为本病是一种多基因遗传病，遗传易感性的间接证据包括种族差异、男性好发和第一胎多见等。肌间神经丛与神经节细胞发育异常，消化道激素紊乱使得幽门肌松弛障碍并呈持续痉挛进而导致幽门环肌继发性肥厚，以及病毒感染都可能是先天性肥厚性幽门狭窄的发病原因。

【病理】

先天性肥厚性幽门狭窄的主要病理改变是幽门壁各层组织均肥厚增生，而以环肌为主。整个幽门呈橄榄状肿块，质坚硬，有弹性，表面光滑，色泽略呈苍白。肥厚组织近端逐渐向正常胃壁延伸消失，在十二指肠端突然终止，像子宫颈突入阴道腔内一样突入十二指肠腔内。小儿病程越久，肿块越大。一般肿块长度 2.0~3.5cm，直径 1.0~1.5cm，肌层厚 0.4~0.6cm。

【临床表现】

1. 呕吐　为早期的主要症状，多在出生后 2~3 周发生，呈进行性加重。呕吐物为奶汁或乳凝块，呈酸臭味，不含胆汁。呕吐初期，因大量胃酸及钾离子丧失，可发生低钾低氯性碱中毒，呼吸变浅而慢。随病情进展，脱水严重，酸性代谢产物潴留，可形成代谢性酸中毒或混合性酸碱平衡紊乱。长期呕吐者，可出现营养不良，体重不增或逐渐消瘦，皮肤松弛有皱纹，皮下脂肪少；尿量明显减少，粪便干燥呈弹丸状。

2. 黄疸　不常见，以非结合胆红素升高为主，可能是由反复呕吐，热量摄入不足使肝脏的葡萄糖醛转移酶活性低下所致，也可能与胃扩张使腹压增高，门静脉和腔静脉受到压迫，血流量减少，肝动脉血液代偿增加，未经处理的间接胆红素重回血液循环有关。手术解除幽门梗阻后，黄疸迅速在 3~5 天内消退。

3. 腹部体征　上腹部较膨隆，而下腹部则平坦柔软，约 95% 的患者可见胃蠕动波，起自左肋下向右上腹移动后消失。右上腹肋缘下腹直肌外缘处可触及橄榄样肿块，质地硬，约 1~2cm 大小，是肥厚性幽门狭窄的特有体征，有诊断意义。

【诊断】

根据患者典型呕吐病史，即生后 2~3 周出现非胆汁性呕吐，进行性加重，呈喷射状，即应考虑先天性幽门肥厚性狭窄；上腹部如能触及橄榄样肿块，即可诊断。目前多需幽门 B 超及上消化道造影进一步辅助诊断。

B 超检查是首选的辅助诊断方法，先天性肥厚性幽门狭窄患者幽门肌增厚，幽门管延长。如果幽门肌肥厚≥4mm、幽门管直径≥15mm、幽门管长度≥18mm，即可做出先天性幽门肥厚狭窄的诊断，其中以幽门肌层厚度为最重要的超声检查参数（图 7-13-1）。

上消化道造影也是常用的诊断方法。可见胃扩张，造影剂通过幽门时间延长。幽门管细长，呈细线样；胃窦部幽门前区呈鸟啄状、双肩征等先天性肥厚性幽门狭窄的特有 X 线改变（图 7-13-2）。

NOTES

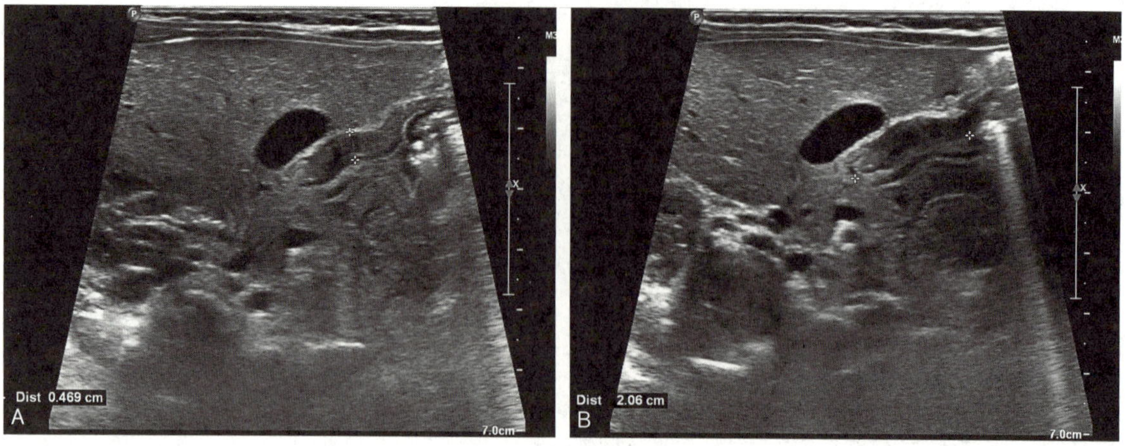

图 7-13-1 幽门超声检查
幽门肌厚度 4.69mm，幽门管长度 20.6mm。

【鉴别诊断】

先天性肥厚性幽门狭窄需与新生儿期一些可导致非胆汁性呕吐的疾病相鉴别。

1. 幽门痉挛 生后即吐，间歇性、非喷射状，无严重脱水和营养不良，体检无右上腹橄榄样肿块，影像学检查也无幽门肌增厚及幽门狭窄征象。镇静剂及阿托品等治疗效果良好，可使症状消失。

2. 幽门前瓣膜 是一种较少见的先天性消化道畸形，临床症状与幽门狭窄很相似，较难鉴别。但幽门前瓣膜的患者在右上腹部触摸不到橄榄样肿块，超声无幽门肌增厚，上消化道造影可见幽门完全闭锁或幽门腔狭窄。需手术切开或切除瓣膜行幽门成形术。

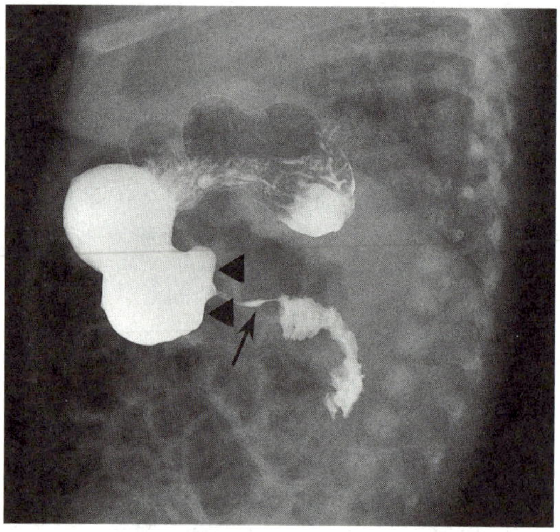

图 7-13-2 上消化道造影
幽门管细长呈线样征，胃窦部呈双肩征，线样征（→），双肩征（▲）。

3. 胃扭转 出生后有溢奶或呕吐，偶呈喷射状，呕吐物不含胆汁，腹部无阳性体征。上消化道造影可见食管黏膜与胃黏膜有交叉现象，胃大弯位于小弯之上或幽门窦的位置高于十二指肠球部等征象。采用体位喂养法，一般 3~4 个月后症状自然减轻或消失。

4. 胃食管反流 由于新生儿食管下端括约肌发育不良，多在生后几天内出现呕吐，体重不增。钡餐 X 线透视见贲门开放，造影剂反流入食管即可确诊。治疗时用较稠厚的奶汁，喂奶后取竖立位 2~3 小时。随着年龄增长，本病多可痊愈。

5. 喂养不当 喂奶过多、过急，或人工喂养时吸入过多气体，或喂奶后放置不当等，均为新生儿呕吐的常见原因。

【治疗】

先天性肥厚性幽门狭窄确定诊断后，原则上应尽早行幽门环肌切开术。充分的手术前准备非常必要，因患者入院时都有不同程度的水、电解质、酸碱平衡紊乱及营养不良，必须在脱水和营养不良基本得到纠正后才能进行手术。

幽门环肌切开术可以通过标准的开放技术或微创方法进行。开放手术多采用右上腹切口，提出幽门后纵向切开浆肌层，使用幽门分离钳扩张幽门肌层达黏膜下层，使黏膜膨出与浆膜平齐，检查黏

NOTES

膜完整性，避免穿孔（见文末彩图 7-13-3）。腹腔镜手术采用脐部放置主视镜，左、右上腹分别放置操作钳，固定十二指肠后以幽门刀切开幽门浆肌层，幽门扩张器撑开幽门肌，解除幽门梗阻（见文末彩图 7-13-4）。随着内镜微创技术的发展，应用十二指肠镜行隧道技术切开幽门环肌也已得到开展。

【预后】

先天性肥厚性幽门狭窄由于早期诊断、充分术前准备、早期手术与术后护理的改进，手术死亡率已降低至 1% 以下，术后罕见有复发者。手术后少数患者仍有呕吐，与反复呕吐导致的胃食管反流相关，多于 1 周内消失。术前体重降低者均在术后 1~2 个月内恢复正常，以后生长发育和智力发育与同龄儿一样。

（王宝西　舒　强）

思考题

1. 儿童急性腹泻如何维持水、电解质平衡？
2. 先天性巨结肠与肥厚性幽门狭窄临床表现的异同点有哪些？如何能早期诊断？
3. 为什么婴幼儿易患消化道疾病？

08章

扫码获取
数字内容

第八章
呼吸系统疾病

1. 毛细支气管炎的临床特点。
2. 急性支气管肺炎的病理生理与临床诊断。
3. 不同病原体所致肺炎的临床特点。
4. 急性支气管肺炎的治疗原则。
5. 支气管哮喘的临床诊断。
6. 支气管哮喘的处理原则。

第一节 概　　述

一、儿童呼吸系统解剖生理和免疫特点

（一）宫内发育

呼吸系统的形态学发育从孕第4~6周开始，共分为五期：①胚胎期（4~6周）。此期以主呼吸道出现为标志。②假性腺期（7~16周）。此期肺组织切片与腺泡相似，故有此名。到本期末，原始气道开始形成管腔，此期气管与前原肠分离，分离不全则形成气管食管瘘，是重要的先天畸形。③成管期（17~27周）。此期支气管分支继续延长，形成呼吸管道。毛细血管和肺腺泡的生长为本期特点。④成囊期（28~35周）。末端呼吸道在此期加宽并形成柱状结构，为肺泡小囊。⑤肺泡期（36周~生后3岁）：本期出现完整的毛细血管结构的肺泡，肺泡表面扩大，这是肺泡能进行气体交换的形态学基础，但其主要发育是在生后。不同时期肺结构的发育见图8-1-1。

（二）解剖特点

呼吸道以喉环状软骨下缘为界分为上、下呼吸道。上呼吸道包括鼻、鼻窦、咽、咽鼓管、会厌及喉；下呼吸道包括气管、支气管、毛细支气管、呼吸性细支气管、肺泡管及肺泡。从气管到肺泡逐级分支为0~23级：0~16级为传导区，包括从气管到终末毛细支气管，专司气体传导；17~19级为移行区，由呼吸性细支气管构成，有部分呼吸功能；20~23级为呼吸区，由肺泡管及肺泡囊组成，为肺的呼吸部分。呼吸系统下气道解剖分级见图8-1-2。

1. 上呼吸道　婴幼儿鼻腔较成人短，无鼻毛，后鼻道狭窄，黏膜柔嫩，血管丰富，易于感染；炎症累及时，后鼻腔易堵塞而致呼吸与吸吮困难。上颌窦口相对较大，故急性鼻炎时易致上颌窦炎；但婴儿时期鼻窦发育较差，故婴儿鼻窦炎较少。咽鼓管较宽、直、短，呈水平位，因而鼻咽炎易波及中耳，引起中耳炎。咽部亦较狭窄，方向垂直。扁桃体包括咽扁桃体和腭扁桃体，腭扁桃体至1岁末逐渐增大，4~10岁达发育高峰，14~15岁时逐渐退化，故婴儿扁桃体炎少见。咽扁桃体又称腺样体，位于鼻咽顶部和后壁交界处，6个月已发育，严重肥大者可导致阻塞性睡眠呼吸暂停综合征。喉部呈漏斗状，喉腔较窄，声门裂相对狭窄，软骨柔软，黏膜柔嫩且富含血管及淋巴组织，轻微炎症即可引起喉部狭窄和喉梗阻。

2. 下呼吸道　婴幼儿的气管、支气管较成人狭窄；软骨柔软，管腔弹性组织发育差，支撑作用薄弱；气道黏膜柔嫩，血管丰富，含有丰富的黏液腺，纤毛功能相对较弱，因而炎症时易发生气道阻塞症

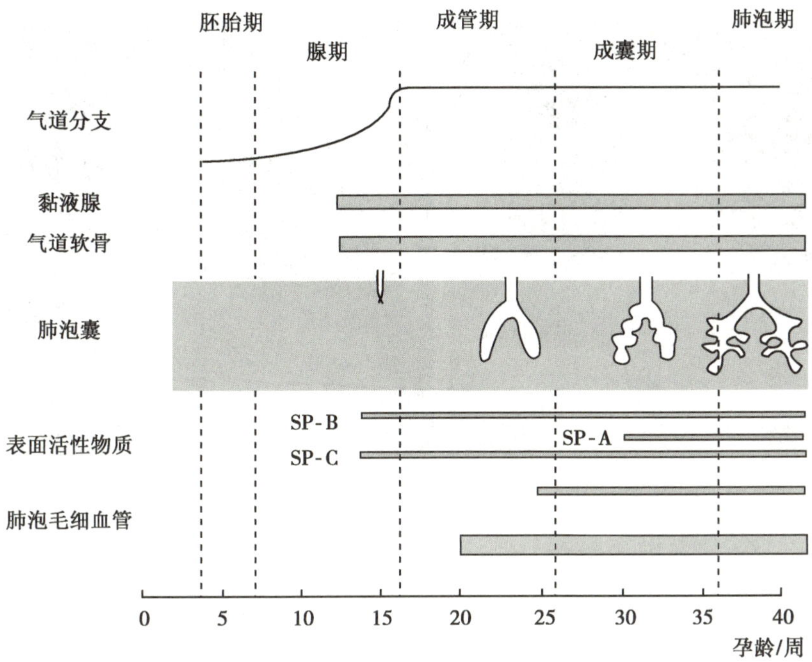

图 8-1-1 五期不同肺结构的发育图

SP-A:表面活性蛋白 A;SP-B:表面活性蛋白 B;SP-C:表面活性蛋白 C。

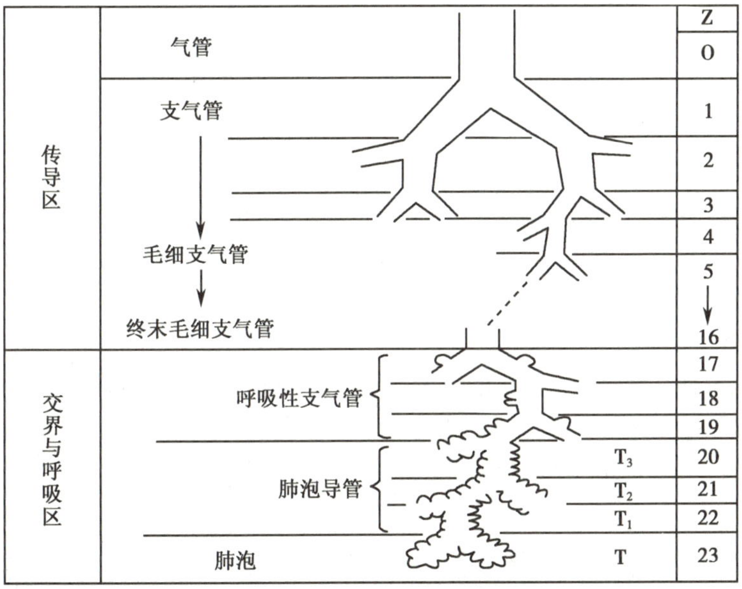

图 8-1-2 呼吸系统下气道解剖分级

状。左支气管细长,由气管侧方伸出,而右支气管短粗,似气管直接延伸,异物较易坠入右支气管。细支气管无软骨,呼气时易受压导致气体滞留。

肺泡直径在早产儿约 75μm,足月新生儿、成人分别为约 100μm 和 250~350μm。新生儿肺泡数约 0.2 亿~1.5 亿,而成人肺泡数平均为 4.8 亿(2 亿~8 亿)。肺泡面积初生时为 $2.8m^2$,8 岁时 $32m^2$,至成人达 $75m^2$。因此,儿童较成人气体交换单位少。成人肺泡间存在科恩孔(Kohn pore),儿童 2 岁以后才出现,故新生儿及婴儿无侧支通气。

3. 胸廓 婴幼儿胸廓短,呈桶状;肋骨水平位,肋间肌欠发达,不能在吸气时增加胸廓扩展,因为胸部呼吸肌不发达,主要靠膈呼吸,而膈呈横位,且位置较高(图 8-1-3)。胸腔较小而肺相对较大,呼

NOTES

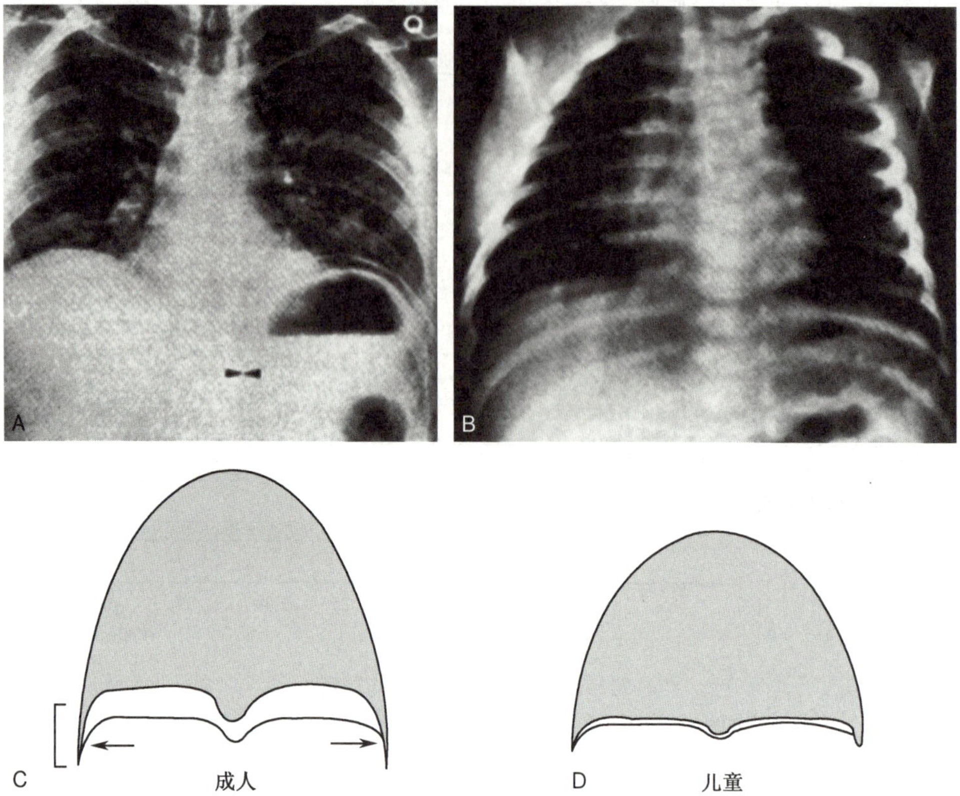

图 8-1-3 成人与儿童膈肌、肋骨的比较

与成人相比，儿童膈呈横位，位置较高；肋骨水平位。

吸时胸廓活动范围小，肺不能充分扩张，会影响通气和换气。由于婴儿胸壁柔软，很难抵抗胸腔内负压增加所造成的胸廓塌陷，所以肺的扩张受到限制。膈肌和肋间肌中耐疲劳的肌纤维数量少，早产儿不到 10%，足月新生儿只有 25%，3 个月时为 40%，1 岁左右达成人水平（50%~60%），故婴儿更易出现呼吸肌疲劳导致呼吸衰竭。

（三）生理特点

1. 呼吸频率、节律与呼吸类型 年龄越小，呼吸频率越快。由于小儿呼吸中枢调节能力差，所以易出现呼吸节律不齐，甚至呼吸暂停，早产儿更为明显。婴幼儿为腹式呼吸，呼吸肌易疲劳；学龄儿童则为胸腹式呼吸（混合式呼吸）。不同年龄小儿正常呼吸频率见表 8-1-1。

表 8-1-1 不同年龄小儿呼吸频率

年龄	平均呼吸频率/(次/分)	年龄	平均呼吸频率/(次/分)
新生儿	40~44	~7 岁	22
~1 岁	30	~14 岁	20
~3 岁	24	~18 岁	16~18

2. 肺活量 肺活量小，约 50~70ml/kg；按体表面积计算，成人的肺活量是小儿的 3 倍多。

3. 潮气量 约 6~10ml/kg，年龄越小，潮气量越小。按体表面积计算，儿童每平方米潮气量亦小于成人，无效腔/潮气量比值大于成人。

4. 静息每分钟通气量 正常婴幼儿由于呼吸频率较快，静息每分钟通气量若按体表面积计算与成人相近。

5. 气体弥散量 小儿肺脏小，肺泡毛细血管总面积与总容量均较成人小，故气体弥散量亦小；但以单位肺容积计算则与成人相近。

6. 气道阻力 与管道半径的4次方成反比。由于管径细小，小儿气道阻力大于成人，婴儿更甚，在呼吸道梗阻时尤为明显（图8-1-4）。气道管径随发育而增大，阻力随年龄增大而递减。

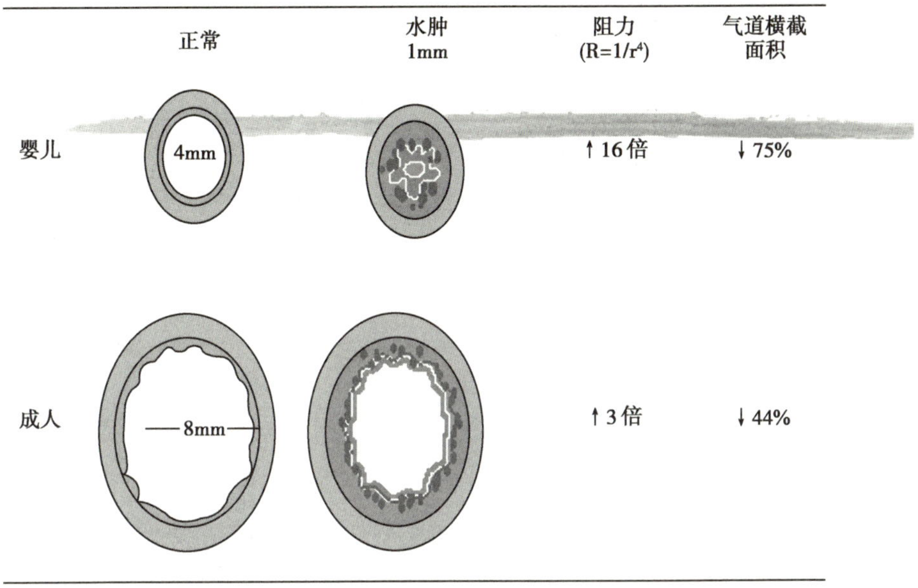

图8-1-4 儿童与成人在气道黏膜水肿增厚1mm时气道阻力变化的比较

上述特点使儿童在呼吸道感染时更易发生呼吸困难；同时由于呼吸功能储备能力也较低，缺氧时其代偿呼吸量最多不超过正常的2.5倍，更易发生呼吸衰竭。

（四）免疫特点

小儿呼吸道的非特异性和特异性免疫功能均较差。新生儿、婴幼儿咳嗽反射弱，纤毛运动功能差，肺泡巨噬细胞功能欠佳。婴幼儿的sIgA、IgA、IgG和IgG亚类含量均低，乳铁蛋白、溶菌酶、干扰素、补体等的数量和活性不足，故小儿易患呼吸道感染。

二、儿童呼吸系统常用检查方法

（一）体格检查时的重要体征

1. 呼吸急促（tachypnea） 是儿童肺炎的重要征象，年龄越小越明显。呼吸急促指：<2月龄，呼吸≥60次/分；2~12月龄，呼吸≥50次/分；1~5岁，呼吸≥40次/分；5岁以上，呼吸≥30次/分。慢或不规则的呼吸、呼吸暂停是病情凶险的征象，需特别引起重视。

2. 三凹征（retractions） 上呼吸道及气管（尤其是胸腔外气道）梗阻时，用力吸气导致胸腔内负压增加，可引起胸骨上、下，锁骨上窝及肋间隙软组织吸气性凹陷，即所谓“三凹征”，婴幼儿尤其明显。

3. 吸气喘鸣（stridor） 正常儿童吸呼时间比为1∶(1.5~2.0)，上呼吸道及喉、气管（尤其是胸腔外气道）严重梗阻时可出现吸气性喘鸣，常伴吸气相延长和三凹征。

4. 呼气性哮鸣音（wheezing） 小气道，尤其是毛细支气管梗阻时，听诊可闻及呼气性高音调哮鸣音，常伴呼气时间延长。在严重小气道梗阻时，则听不到哮鸣音，呼吸音低甚至消失，称闭锁肺（silent lung），常见于哮喘，是病情危重的征象。

5. 呼气呻吟（grunting） 是小婴儿下呼吸道梗阻和肺扩张不良的表现，常见于早产儿呼吸窘迫综合征和婴儿肺炎。其作用是在声门半关闭情况下，声门远端呼气时压力增加，有利于已萎陷的肺泡扩张。

6. **发绀(cyanosis)** 是血氧下降的重要表现，由毛细血管床还原血红蛋白增加所致。毛细血管内还原血红蛋白量达40~60g/L可出现发绀。末梢性发绀指血流较慢，动、静脉氧差较大部位(如肢端)的发绀；中心性发绀指血流较快，动、静脉氧差较小部位(如舌、黏膜)的发绀。后者更有意义。由于发绀与还原血红蛋白量有关，所以严重贫血时即使血氧饱和度明显下降也不一定出现发绀。

7. **杵状指/趾(digital clubbing)** 由长期缺氧导致指/趾骨末端背侧软组织增生，甲床抬高所致(图8-1-5)。常见于支气管扩张，亦可见于迁延性肺炎、慢性哮喘等慢性肺疾病；肺外因素有青紫型先天性心脏病等。在除外肺外原因后，杵状指/趾可反映肺病变的进展情况。

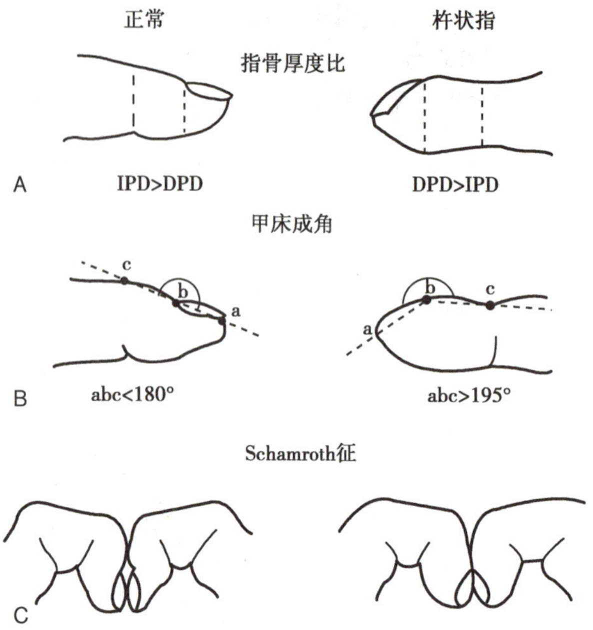

图8-1-5 指/趾骨末端背侧软组织增生

A(指骨厚度比)：甲床抬高导致DPD>IPD。IPD(interphalangeal diameter)：指节间厚度；DPD(distal phalangeal diameter)：末端指厚度。B(甲床成角)：从侧面观察，连接指尖、甲床根部及末节指骨底连线所构成的角度(abc)，正常小于180°。C(Schamroth征)：正常两指背侧并拢时在甲床末端构成的"宝石样"窗消失为阳性。

(二)血液气体分析

血液气体分析是了解呼吸功能是否满足基本生理需要的可靠方法，通过对血O_2、CO_2和血液酸碱平衡状态的分析，为诊断和治疗提供依据。一般以动脉或热敷后动脉化毛细血管血为准。小儿动脉血气体分析正常值见表8-1-2。

表8-1-2 小儿动脉血气体分析正常值

年龄	pH值	PaO_2/(kPa)	$PaCO_2$/(kPa)	HCO_3^-/(mmol/L)	BE/(mmol/L)	SaO_2
新生儿	7.35~7.45	8~12	4.00~4.67	20~22	−6~+2	0.900~0.965
~2岁	7.35~7.45	10.6~13.3	4.00~4.67	20~22	−6~+2	0.950~0.970
>2岁	7.35~7.45	10.6~13.3	4.67~6.00	22~24	−4~+2	0.955~0.977

(三)肺功能检查

1. **肺容量测定** 常用指标包括潮气量、肺活量、功能残气量、肺总量等，6岁以上小儿渐能合作，才可做上述较全面的肺容量检查(图8-1-6)。

2. **肺通气功能检查** 指单位时间随呼吸运动进出肺的气体容积，常用指标包括静息每分钟通气量、肺泡通气量、最大自主通气量、时间肺活量等。

时间肺活量指用力呼吸过程中随时间变化的呼吸气量，在哮喘等阻塞性肺部疾病的诊断与评估中极为重要，包括用力肺活量(forced vital capacity，FVC)、第一秒用力呼气容积(简称"1秒量"，forced expiratory volume in one second，FEV_1)和最大呼气中期流量(maximal mid-expiratory flow，MMEF)；后者又称用力呼气中期流量($FEF_{25\%\sim75\%}$)，是用力呼气25%~75%肺活量时的平均流速，反映小气道阻塞情况。

流速-容积曲线是目前最常用的肺通气功能检查项目，检查方法与深吸气后做用力肺活量相同，但曲线描记出以流速为纵坐标，肺容量为横坐标的图形(图8-1-7、图8-1-8)。通常以$FEF_{50\%}$和$FEF_{75\%}$表示呼出50%和75%肺活量时的流速，它们较FEV_1更敏感地反映了小气道的病变，在阻塞性肺疾病早期，$FEF_{50\%}$和$FEF_{75\%}$即下降。

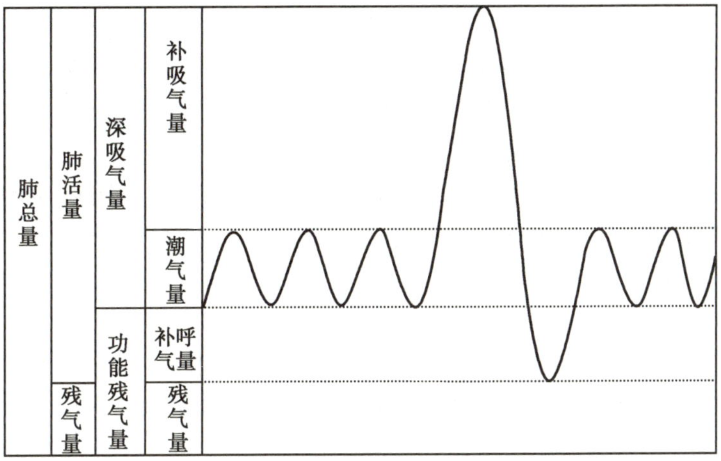

图 8-1-6　肺容量测定曲线

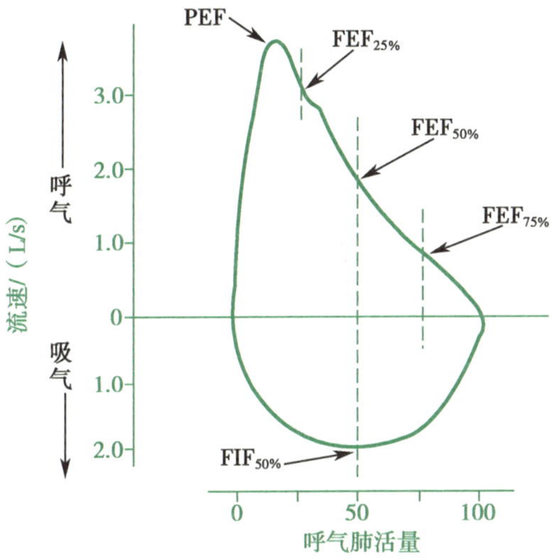

图 8-1-7　最大呼气流速-容积环（表明即刻用力呼气流速值）

PEF：呼气峰流速；FIF：用力吸气流速。

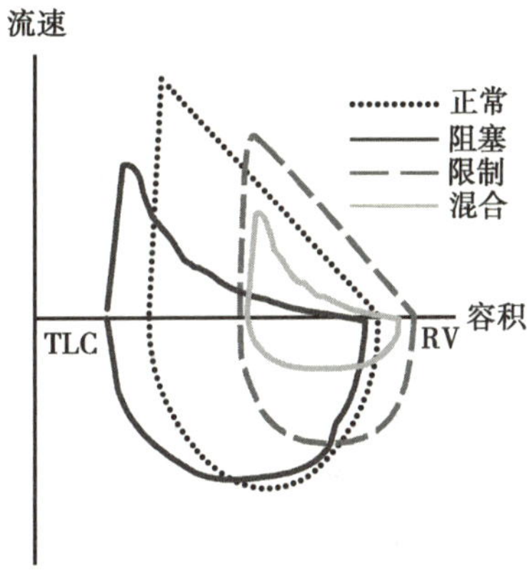

图 8-1-8　各种通气功能障碍的流速-容量曲线

3. 呼吸力学检查　包括顺应性、气道阻力、呼吸功及弥散功能检查等。

（四）肺脏影像学

胸部 X 线片仍是呼吸系统疾病影像诊断的主要技术。近 20 年，CT、磁共振成像、核医学革新了肺脏影像学，数字化胸部 X 线照射术已取代了传统方法，可迅速获得和传送清晰的肺部影像片。其中高分辨率 CT（HRCT）对肺部疾病，尤其对肺间质性病变具有重要的诊断价值。仿真（虚拟）支气管镜检查又称计算机断层支气管造影术，可以产生非常好的气管支气管树内影像（可达 4 或 5 级支气管水平），三维重建可清楚地显示气管及支气管的内外结构。磁共振成像特别适合于肺门及纵隔肿块或转移淋巴结的检查，在显示肿块与肺门、纵隔血管关系方面优于 CT。

（五）可曲式支气管镜术

可曲式（软式）支气管镜（flexible bronchoscope）包括纤维支气管镜、电子支气管镜和混合式支气管镜，适用于不明原因咯血、慢性或反复咳喘、肺不张等呼吸道疑难杂症及重症难治性肺炎的病原学诊断、病因诊断与鉴别诊断，也可通过钳取异物、支气管灌洗等方法通畅气道。近年来，球囊扩张、支架放置、冷冻、激光等支气管镜下介入治疗技术已被逐渐应用于儿童严重气道畸形、气道肿瘤等疾病的治疗。

NOTES

（六）胸腔镜术

胸腔镜是利用带有光源的金属细管，经胸壁切口进入胸腔，用以观察胸膜及肺部病变，并治疗某些胸膜腔疾病。此外，胸腔镜还可用于纵隔、心包疾病以及胸外伤的诊断和治疗。

（七）胸腔穿刺术和胸腔闭式引流术

胸腔穿刺术简称胸穿，是指对有胸腔积液或积气的患者，为了满足诊断和治疗疾病的需要而通过胸腔穿刺抽取积液或气体的一种技术。胸腔闭式引流术又称"胸廓造口术"，主要用于治疗脓胸、外伤性血胸、张力性气胸及大量胸腔积液等。

（八）吸入治疗

吸入治疗是应用特制的气溶胶发生装置（如雾化器）将药物制成气溶胶微粒，吸入后沉降于下气道或肺泡，达到治疗疾病、改善症状的目的，主要用于阻塞性气道病变（支气管哮喘、毛细支气管炎等）的治疗。

（九）睡眠呼吸监测技术

睡眠呼吸监测技术如多导睡眠监测仪，通过收集和分析多导生物电信号，对睡眠过程中各种参数如脑电图、血氧饱和度、胸腹壁运动、口鼻气流等进行显示和分析，是诊断睡眠呼吸障碍性疾病的关键检测手段。

第二节 急性上呼吸道感染

急性上呼吸道感染（acute upper respiratory infection，AURI）简称"上感"，俗称"感冒"，是小儿最常见的疾病。它主要侵犯鼻、鼻咽和咽部，导致急性鼻咽炎、急性咽炎、急性扁桃体炎等，常统称上呼吸道感染。

【病因】

各种病毒、细菌及肺炎支原体均可引起急性上呼吸道感染，但以病毒多见，约占 90% 以上，主要为呼吸道病毒，如鼻病毒、冠状病毒、呼吸道合胞病毒（respiratory syncytial virus，RSV）、流感病毒、副流感病毒、腺病毒，也可由柯萨奇病毒、埃可病毒、单纯疱疹病毒、EB 病毒等引起。病毒感染后上呼吸道黏膜失去抵抗力，细菌可乘虚而入，并发混合感染，最常见的是溶血性链球菌；其次为肺炎链球菌、流感嗜血杆菌等；肺炎支原体亦可引起急性上呼吸道感染。

【临床表现】

急性上呼吸道感染症状轻重不一，与年龄、病原和机体抵抗力不同有关。

（一）普通感冒

普通感冒主要症状包括鼻塞、喷嚏、流涕、干咳、咽痒、发热等，常在受凉或接触感冒患者后 1~3 天发病；年长儿症状较轻，但婴幼儿全身症状重，可伴高热、食欲缺乏、呕吐、腹泻，甚至热性惊厥，而局部症状可不显著。部分患者可有阵发性脐周疼痛，与发热所致阵发性肠痉挛或肠系膜淋巴结炎有关。

体检可见咽部充血，扁桃体肿大，颌下淋巴结肿大、触痛等。肺部听诊无异常。肠道病毒感染者可有不同形态的皮疹，病程约 3~5 天，若体温持续不退或病情加重，应考虑继发肺炎等并发症。

（二）流行性感冒

流行性感冒系流感病毒所致，常有明确流行病学史。全身症状重，如发热、头痛、咽痛、肌肉酸痛等。上呼吸道卡他症状可不明显。

（三）两种特殊类型上感

1. 疱疹性咽峡炎（herpangina） 主要由柯萨奇 A 组病毒所致，好发于夏秋季。起病急，表现为高热、咽痛、流涎、厌食、呕吐等。咽部充血，咽腭弓、悬雍垂、软腭处有直径 2~4mm 的疱疹，周围有红晕，破溃后形成小溃疡。病程 1 周左右。

2. 咽-结膜热（pharyngo-conjunctival fever） 由腺病毒 3、7 型所致，常发生于春夏季，可在儿

NOTES

童集体机构中流行。以发热、咽炎、结膜炎为特征。多呈高热、咽痛、眼部刺痛、咽部充血、一侧或两侧滤泡性眼结膜炎，颈部、耳后淋巴结肿大，有时伴胃肠道症状。病程 1~2 周。

【并发症】

急性上呼吸道感染可波及邻近器官或向下蔓延，引起中耳炎、鼻窦炎、咽后壁脓肿、颈淋巴结炎、喉炎、气管炎、支气管肺炎等，婴幼儿多见。病原可通过血液循环播散到全身，引起败血症及骨髓炎、脑膜炎等。年长儿链球菌感染可引起急性肾炎、风湿热等。

【辅助检查】

病毒感染者白细胞计数正常或偏低；鼻咽分泌物病毒分离、抗原及血清学检测可明确病原。细菌感染者血白细胞及中性粒细胞可增高，咽拭子培养可有病原菌生长。链球菌引起者血中 ASO（抗链球菌溶血素 O 抗体）滴度可增高。

【诊断和鉴别诊断】

根据临床表现不难诊断急性上呼吸道感染，但需与以下疾病鉴别。

（一）急性传染病早期

上感常为各种传染病的前驱症状，如麻疹、流行性脑脊髓膜炎、百日咳、猩红热、脊髓灰质炎等，应结合流行病学史、临床表现及实验室资料综合分析，并观察病情演变加以鉴别。

（二）急性阑尾炎

上感伴腹痛者应与本病鉴别。急性阑尾炎腹痛常先于发热，以右下腹为主，呈持续性，伴腹肌紧张和固定压痛点，血白细胞及中性粒细胞增高。

【治疗】

1. 一般治疗　普通感冒具有一定的自限性，症状较轻，无需药物治疗；若症状明显影响日常生活，则需服药，以对症治疗为主，并注意休息，适当补充水分。

2. 病因治疗　流行性感冒可在病初应用神经氨酸酶抑制剂，如奥司他韦，疗程 5 天，也可根据病情、年龄选择其他神经氨酸酶抑制剂，如帕拉米韦和扎那米韦。M_2 离子通道抑制剂（金刚烷胺和金刚乙胺）不建议使用。其他呼吸道病毒目前尚缺乏特异性抗病毒药物。

有继发细菌感染依据者可加用抗菌药物，常用青霉素类、头孢菌素类、大环内酯类，疗程 3~5 天。如证实为溶血性链球菌感染，或既往有风湿热、肾炎病史者，青霉素应用 10~14 天。

3. 对症治疗　2 月龄以上儿童发热伴明显不适或高热者可使用解热镇痛药。适当减少穿着衣物，降低室内温度等，提高患者舒适度，必要时可予以温水浴。对热性惊厥者可予镇静、止惊等处理。

【预防】

加强体格锻炼，增强抵抗力；提倡母乳喂养，防治佝偻病及营养不良；避免疲劳、受凉等诱因；避免接触感冒患者或去人多拥挤的公共场所。不建议使用静脉注射免疫球蛋白预防反复上感。

第三节　急性感染性喉炎

急性感染性喉炎（acute infectious laryngitis）是指感染导致的喉部黏膜急性弥漫性炎症，部分患者可同时累及气管或支气管，为急性喉气管支气管炎（acute laryngotracheobronchitis）。儿童声门上、下、声门及气管感染较常见，统称哮吼综合征（croup syndrome），以犬吠样咳嗽、声嘶为临床特征，重者可伴吸气性呼吸困难和喉鸣等喉梗阻表现；可发生于任何季节，冬春为多；常见于婴幼儿。

【病因及发病机制】

急性感染性喉炎病因多为病毒感染，以副流感病毒 1 型最常见，其他有副流感病毒 2 及 3 型、流感病毒 A 及 B 型、腺病毒、RSV 等，亦可并发于麻疹、百日咳、流感和白喉等急性传染病。

小儿喉腔狭窄，软骨柔软，对气道的支撑能力差，易发生气道动力性塌陷。为克服上气道梗阻，患者辅助呼吸肌常参与吸气运动，但气体进入肺部困难，因而产生很大的胸腔内负压。强大的胸腔负压

NOTES

可致胸壁凹陷，产生三凹征；腹腔与胸腔主动脉压力差的增加可致奇脉；同时强大的胸腔负压也使梗阻以下气管内负压增大，明显低于大气压，从而使梗阻以下的胸腔外气道动力性塌陷，进一步加重气道梗阻，因此上气道梗阻的呼吸困难以吸气相更加明显，在患者哭闹时更为加重(图 8-3-1)。

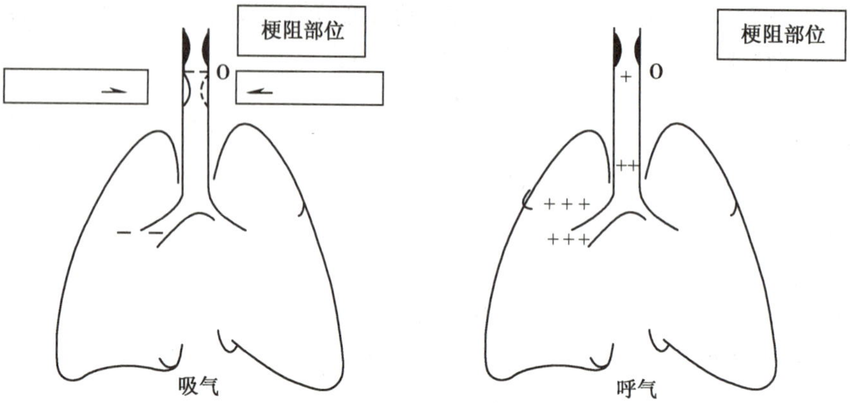

图 8-3-1 喉炎患者吸气气道梗阻加重

– 为负压(小于大气压)；+为正压(大于大气压)；0 为大气压。
喉炎患者在吸气时胸腔外气道内负压使梗阻段下方出现动力性塌陷，进一步加重胸腔外气道梗阻；呼气时气道梗阻相对减轻。

通过上气道的气流呈涡流状，可在通过声带结构时发生颤动引起喉鸣。起初喉鸣为低调、粗糙、吸气性，随梗阻加重变为高调、柔和，并扩展至呼气相。严重梗阻时可闻及呼气性喘鸣，最终可发生气流突然终止。

【临床表现】

初期可有上呼吸道卡他症状，如发热、流涕等，症状高峰多在起病后 3~4 天，表现为犬吠样咳嗽、声嘶，严重者出现吸气性喉鸣和三凹征，哭闹及烦躁常使喉鸣及气道梗阻加重，多在 1 周左右缓解。一般白天症状轻，夜间症状加重。严重梗阻者可出现发绀、烦躁不安、面色苍白、心率增快及奇脉。喉梗阻者若不及时抢救，可因吸气困难而窒息死亡。患者咽部充血，间接喉镜检查可见声带有不同程度的充血、水肿。按吸气性呼吸困难的轻重，喉梗阻分为四度，见表 8-3-1。

表 8-3-1 喉梗阻分度

分度	症状
Ⅰ	活动后出现吸气性喉鸣和呼吸困难，肺呼吸音清晰，心率无变化
Ⅱ	安静时亦出现喉鸣和吸气性呼吸困难，肺部听诊可闻喉传导音或管状呼吸音，心率增快
Ⅲ	除上述喉梗阻症状外，有烦躁不安，口唇及指/趾发绀，双眼圆睁，惊恐万状，多汗，肺部呼吸音明显降低，心音低钝，心率快
Ⅳ	渐显衰竭，呈昏睡状，由于无力呼吸，三凹征反而不明显，面色苍白发灰，肺部听诊呼吸音几乎消失，仅有气管传导音，心音钝弱，心律不齐

【诊断和鉴别诊断】

急性感染性喉炎根据急性发病、犬吠样咳嗽、声嘶、喉鸣、吸气性呼吸困难等临床表现不难诊断，但应与白喉、咽后壁脓肿、扁桃体周围脓肿、会厌炎、喉痉挛、气道异物、细菌性气管炎、支气管内膜结核及肺炎鉴别。

【治疗】

NOTES

1. **一般治疗** 保证充分的休息与水分摄入。保持呼吸道通畅，必要时雾化吸入湿化气道，以冷雾化为宜。

2. 控制感染 多为病毒感染，无需常规使用抗菌药物。重症患者难以排除细菌感染或混合感染时，可适当使用抗菌药物。

3. 糖皮质激素与肾上腺素 糖皮质激素具有抗炎、抗过敏和免疫抑制等作用，有助于减轻喉水肿。Ⅱ度或Ⅱ度以上喉梗阻者可口服地塞米松0.16~0.60mg/kg，最大剂量为16mg，或泼尼松龙1mg/kg。重症者可肌内注射或静脉注射地塞米松。雾化吸入糖皮质激素（如布地奈德悬液）具有一定的效果。明显喉梗阻患者可同时进行肾上腺素雾化吸入治疗，可通过血管收缩作用减轻局部水肿。

4. 对症治疗 吸氧，避免剧烈哭闹。除重症监护室（ICU）外，原则上避免使用镇静剂，以免抑制呼吸、加重呼吸困难。

5. 气管插管或切开术 经上述处理若仍有严重缺氧或Ⅲ度及以上喉梗阻，应及时进行气管插管和机械通气支持，必要时气管切开。

第四节 急性支气管炎

急性支气管炎（acute bronchitis）指支气管黏膜发生炎症，多继发于上呼吸道感染之后，气管常同时受累，故更宜被称为急性气管支气管炎（acute tracheobronchitis），婴幼儿多见。

【病因】

病原与上感相似，能引起上感的病原体都可引起支气管炎，常以病毒为主要病因，如RSV、流感病毒、副流感病毒、腺病毒、鼻病毒等；病程较长或有呼吸道基础疾病者易发生细菌感染。

【临床表现】

多先有上感症状，3~4天后出现咳嗽，初为干咳，以后有痰，小婴儿常将痰吞咽。婴幼儿症状较重，常有发热及伴随咳嗽后的呕吐、腹泻，呕吐物中常有黏液。全身症状常不明显。体检双肺呼吸音粗糙，可有不固定的、散在干湿啰音，一般无气促、发绀。若症状持续不缓解，应怀疑继发肺炎、肺不张或可能存在尚未发现的其他慢性疾病。

【辅助检查】

胸片显示正常，或肺纹理增粗，肺门阴影增浓。

【诊断】

本病主要靠临床诊断，一般不需实验室检查。除非为了鉴别是否合并肺炎或肺不张，一般不需进行胸部X线检查。

【治疗】

1. 一般治疗 同上呼吸道感染。宜经常变换体位，多饮水，适当进行气道湿化，以使呼吸道分泌物易于咳出。

2. 控制感染 由于病原体多为病毒，一般不用抗菌药物；婴幼儿有发热、黄痰、白细胞增多时，须考虑细菌感染并适当选用抗菌药物。

3. 对症治疗 一般不用镇咳或镇静剂，以免抑制咳嗽反射，影响黏痰咳出。对于咳嗽剧烈或有痰者，可适当给予镇咳化痰治疗。喘息明显时可使用支气管舒张剂（如沙丁胺醇雾化吸入）或糖皮质激素（如布地奈德雾化吸入），严重时可加用糖皮质激素短期口服，如泼尼松，1mg/（kg·d）口服，1~3天。

第五节 毛细支气管炎

毛细支气管炎（bronchiolitis）是2岁以下婴幼儿特有的呼吸道感染性疾病，多见于2~6个月的小婴儿，80%以上的病例在1岁以内。

【病因及流行病学】

毛细支气管炎的病因主要为病毒感染，RSV 占 1/2 以上，其他病毒包括副流感病毒（3 型较常见）、鼻病毒、腺病毒、流感病毒、肠道病毒、人类偏肺病毒等，少数患者可由肺炎支原体引起。

本病在我国北方多见于冬季和初春，广东、广西则以春夏或夏秋为多。发病率男女相似，但男婴重症较多。新生儿、早产儿症状不典型。高危人群为年龄小于 6 周，早产婴儿，慢性肺疾病、先天性心脏病、神经系统疾病或免疫缺陷等患者。

【病理变化及发病机制】

病变主要侵及直径 75~300μm 的毛细支气管，早期即出现纤毛上皮坏死，黏膜下水肿，管壁淋巴细胞浸润，但胶原及弹性组织无破坏。细胞碎片及纤维素全部或部分阻塞毛细支气管，并有支气管平滑肌痉挛，使管腔明显狭窄（图 8-5-1、图 8-5-2）。受累毛细支气管周围可发生肺气肿及斑点状肺不张。以上病理变化导致低氧血症、高碳酸血症、呼吸性酸中毒、代谢性酸中毒。恢复期毛细支气管上皮细胞再生需 3~4 天，纤毛要 15 天后才出现。毛细支气管内的阻塞物则由巨噬细胞清除。

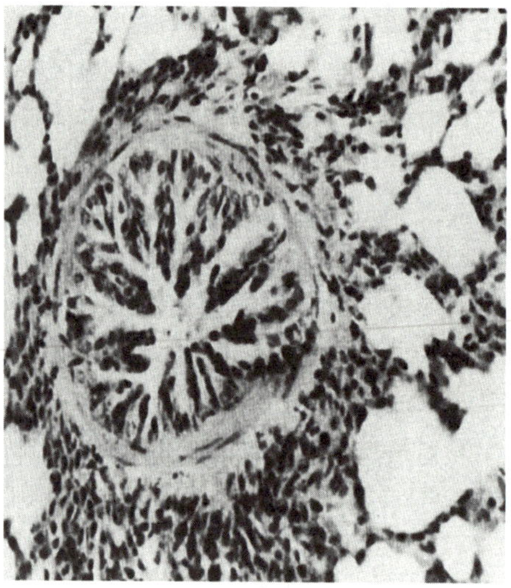

图 8-5-1 毛细支气管炎时小气道被阻塞
病理切片显示，毛细支气管因粘膜炎症、坏死及细胞碎片、纤维素等堵塞导致管腔明显狭窄。

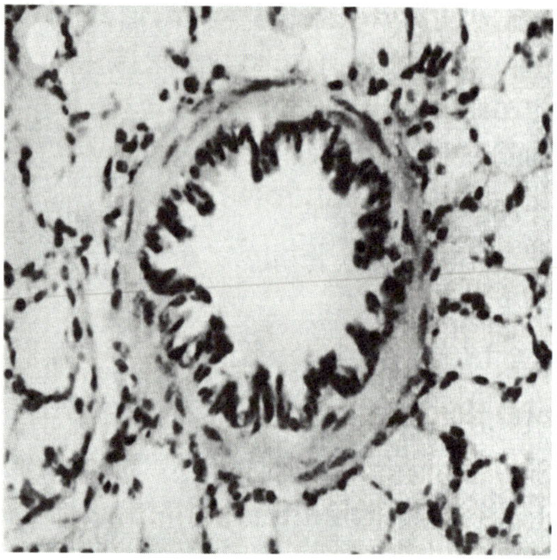

图 8-5-2 正常小气道

【临床表现】

初期常有上感症状，如流清涕等，2~4 天后出现持续性干咳和发作性喘憋，两者为本病的特点，尤以晨起明显。症状轻重不等，小婴儿尤其是早产儿可以呼吸暂停作为先发症状。少见高热，与病情并无平行关系。肺气肿及胸腔膨胀压迫腹部，常影响吮奶及进食。

体检可发现气促、三凹征甚至发绀。气促是疾病严重度的重要指标，如 ≥60 次/分为重度，≥70 次/分为危重度。胸部叩诊呈过清音，常伴呼气相延长、呼气性喘鸣。当毛细支气管接近完全梗阻时，呼吸音明显减低，或听不见。在喘憋发作时往往听不到湿啰音；当喘憋稍缓解，可有弥漫性细湿啰音或中湿啰音。发作时肋间隙增宽、肋骨横位，横膈及肝、脾因肺气肿可被推向下方。由于存在肺气肿，即使无心力衰竭，肝脏也常在肋下数厘米可触及。因不显性失水增加和液体摄入不足，部分患者有脱水，小婴儿还可能有代谢性酸中毒。重者可发展成呼吸衰竭。

本病最危险的时期是咳嗽气喘发生后的 48~72 小时，并可能因长时间呼吸暂停、严重失代偿性呼吸性酸中毒、严重脱水等危及生命。病程一般 5~15 天，平均 10 天。细菌性合并症不常见。

【辅助检查】

1. X 线检查 可见全肺有不同程度的肺气肿，肺纹理增粗，可显现周围炎征象。1/3 患者有散在

NOTES

小实变(肺不张或肺泡炎症),但无大片实变。

2. 实验室检查 白细胞总数及分类多在正常范围。病情较重的小婴儿血气分析多有代谢性酸中毒,少数可有呼吸性酸中毒。用免疫荧光技术、酶标抗体染色法或ELISA等方法可进行病毒快速诊断。

【诊断及鉴别诊断】

年幼婴儿首次喘息,无明显中毒症状,结合肺部哮鸣音及X线检查所见,诊断并不困难。鉴别诊断包括以下方面。

1. 支气管哮喘 婴儿第一次喘息发作,多为毛细支气管炎,若反复发作,有哮喘等变应性疾病家族史,则有支气管哮喘可能。抗哮喘治疗有效是鉴别诊断的重要依据。

2. 其他疾病 如百日咳、粟粒性肺结核、充血性心力衰竭、心内膜弹力纤维增生症、吸入异物等也可发生喘息,需予鉴别。

【治疗】

轻症者可在家观察,保证足够的氧合和液体摄入即可。有中、重度呼吸困难者,尤其是高危人群建议住院治疗。目前尚缺乏特异、有效的治疗方法,以支持治疗和对症治疗为主。

1. 补液 如摄入量低于平时50%~75%时,应额外补充液体,必要时鼻胃管喂养或静脉补液;但需注意限制液体入量,并控制输液速度。

2. 保持呼吸道通畅 除足够液体摄入外,可通过增加空气湿度、雾化吸入湿化气道,避免痰液黏稠;及时清除鼻腔分泌物;如病情允许,应适当变换体位促进排痰,必要时吸痰。

3. 吸氧与呼吸支持 有低氧血症者应予吸氧,多数患者通过低流量鼻导管吸氧即可纠正,必要时给予高流量鼻导管吸氧治疗。定期测定血氧饱和度并调整吸入氧浓度,使血氧饱和度保持在94%以上。进行性呼吸困难、吸氧下不能维持正常血氧饱和度或频繁呼吸暂停者,可应用CPAP或机械通气等呼吸支持。

4. 抗感染治疗 目前尚缺乏明确有效的抗RSV药物。利巴韦林为广谱的抗病毒药物,但对RSV毛细支气管炎的有效性不明确。除非有明确的细菌感染证据,一般无需常规使用抗菌药物。

5. 其他 对住院的重症毛细支气管炎患者,可试用雾化吸入高渗盐水或糖皮质激素联合支气管舒张剂,但疗效不明确。喘憋严重病例可考虑试用全身糖皮质激素,如甲泼尼龙或泼尼松龙1~2mg/(kg·d),1~3天;无效者应及时停用。适当镇静可减少氧耗,但应注意镇静对呼吸的影响,也可能影响痰液排出,加重呼吸困难。密切观察病情,及时发现并治疗并发症,如代谢性酸中毒、呼吸性酸中毒及呼吸衰竭等。

【预防】

1. 避免传染源和切断传播途径 避免接触呼吸道感染患者,避免去公共场所,尤其是医疗机构;RSV在飞沫中可存活6小时,具有较强的传染性,戴口罩和严格的手卫生是预防RSV传播的重要手段。

2. 主动免疫 目前尚缺乏明确有效的RSV疫苗。早期福尔马林灭活的RSV疫苗反而加重病情并导致死亡。近年来已有多种候选疫苗正在临床试验中。

3. 被动免疫 20世纪90年代研发出静脉用RSV免疫球蛋白(RSV-IVIG),含高浓度特异性抗RSV中和抗体;随后很快被RSV F蛋白单克隆抗体(palivizumab,帕利珠)取代。后者用于高危婴儿的预防,可在RSV流行季节应用,每月肌内注射1次,连续5个月,可明显降低高危儿童的RSV感染率和重症发生率。目前已有仅用一次的长效RSV单克隆抗体,正在临床试验中。

【预后】

毛细支气管炎具有一定的自限性,多数患者在12~15天内症状消失,预后良好。住院患者病死率约为1%,但有基础疾病的婴儿及新生儿、早产儿死亡风险明显增高。部分患者病后出现反复咳喘和持续肺功能异常。长期观察显示:RSV毛细支气管炎住院患者6岁时哮喘伴肺功能异常发生率比正

NOTES

常儿童高出3倍;13岁、18岁时哮喘发生率也增高。

第六节 肺　　炎

肺炎(pneumonia)系由不同病原体或其他因素导致的肺部炎症。临床表现以发热、咳嗽、气促、呼吸困难及肺部固定细湿啰音为特点。肺炎分类见表8-6-1。临床上若病原明确,应按病因分类,以利指导治疗;病因未明者则多按病理分类。

表8-6-1 肺炎分类

分类方法	具体种类
病理	大叶性肺炎、支气管肺炎(小叶性肺炎)、间质性肺炎、毛细支气管炎
病因	感染性肺炎 病毒性肺炎:最常见者为呼吸道合胞病毒,其次为副流感病毒(1、2、3型)和流感病毒(A、B型)。其他包括腺病毒、巨细胞病毒、鼻病毒、人类偏肺病毒、EB病毒、麻疹病毒等 细菌性肺炎:常见细菌为肺炎链球菌、流感嗜血杆菌、A群链球菌、金黄色葡萄球菌、大肠埃希菌、肺炎克雷伯菌、厌氧菌等 其他感染性肺炎:支原体、衣原体、真菌、原虫(以肺孢子虫为主)、军团菌等 非感染病因引起的肺炎:吸入性肺炎、坠积性肺炎、嗜酸细胞性肺炎、过敏性肺炎、类脂性肺炎、脱屑性肺炎等
病程	<1个月者为急性;1~3个月为迁延性;>3个月者为慢性
病情	轻症者以呼吸系统症状为主,无全身中毒症状;重症者除呼吸系统症状外,其他系统亦受累,且全身中毒症状明显
临床表现	典型肺炎:由肺炎链球菌、流感嗜血杆菌、金黄色葡萄球菌及其他革兰氏阴性杆菌和厌氧菌等引起 非典型肺炎:常见病原体为肺炎支原体、衣原体、军团菌
感染地点	社区获得性肺炎(community acquired pneumonia,CAP):无明显免疫抑制的患者在医院外或住院48小时内发生的肺炎 院内获得性肺炎(hospital acquired pneumonia,HAP):住院48小时后发生的肺炎,又称医院内肺炎(nosocomial pneumonia,NP)

一、支气管肺炎

支气管肺炎(bronchopneumonia)是小儿时期最常见的肺炎,全年均可发病,以冬、春寒冷季节较多。营养不良、先天性心脏病、低出生体重儿、免疫缺陷者更易发生。

【病因】

支气管肺炎的病原体以细菌、病毒和肺炎支原体最为常见。国内肺炎链球菌、流感嗜血杆菌和金黄色葡萄球菌是重症细菌性肺炎的重要病因。前三种病毒依次为RSV、鼻病毒和副流感病毒。肺炎支原体则是年长儿童肺炎的主要病原。不同年龄阶段儿童肺炎常见病原体不同,见表8-6-2。

【病理】

支气管肺炎的病理特征以肺组织充血、水肿、炎性浸润为主。肺泡内充满渗出物,经肺泡壁通道(科恩孔)向周围肺组织蔓延,形成点片状炎症病灶。若病变融合成片,可累及多个肺小叶或更广泛。小支气管和毛细支气管发生炎症,可致管腔部分或完全阻塞并引起肺不张或肺气肿。不同病原体引起的肺炎病理改变亦有不同:细菌性肺炎以肺实质受累为主;而病毒性肺炎则以间质受累为主,亦可累及肺泡。临床上支气管肺炎与间质性肺炎常同时并存。

NOTES

表 8-6-2 儿童不同年龄阶段肺炎常见病原体及其临床特征

年龄组	病因	显著的临床特征
出生~生后 20 天	B 族链球菌	肺炎是早发脓毒症的一部分，病情通常很严重，病变涉及双肺并呈弥漫性感染灶
	革兰氏阴性肠道细菌	通常为院内感染，所以经常在出生 1 周后才发现
	巨细胞病毒	肺炎为全身巨细胞病毒感染的一部分，通常存在其他先天性感染体征
	莫氏厌氧菌	肺炎是早发性脓毒症的一部分
3 周~3 个月	沙眼衣原体	由母亲的生殖器感染所引起，不发热或低热，咳嗽剧烈，类似百日咳样咳嗽
	呼吸道合胞病毒	发病的高峰年龄为出生后 2~7 个月；临床特点通常为：喘鸣（很难区别细支气管炎与肺炎），流涕，在隆冬或早春发病
	副流感病毒 1、2、3 型	与呼吸道合胞病毒感染非常相似，但它主要影响稍大些的婴儿，在冬季并不流行
	肺炎链球菌	可能为细菌性肺炎的最常见原因，即便在低年龄组也如此
	百日咳博德特菌	主要引起支气管炎，在重症病例也可引起肺炎
	金黄色葡萄球菌	较前几年相比，现在已成为较少见的致病原因；引起重症肺炎，其特征为可同时出现肺浸润、肺脓肿、肺大疱、脓胸或脓气胸
4 个月~4 岁	呼吸道合胞病毒	在这个年龄组中，该病毒是较低年龄患者的最常见致病因素
	副流感病毒、流感病毒、腺病毒和鼻病毒	流感病毒和腺病毒是引起婴幼儿重症肺炎的常见病毒病原
	肺炎链球菌	常引起肺叶性或/和节段性肺炎，但也可能存在其他形式
	流感嗜血杆菌	在广泛应用疫苗的地区，b 型感染几近消失；但其他型及未分类型的流感嗜血杆菌感染还很常见
	肺炎支原体	在这个年龄组中，主要为较大年龄儿童的感染
5~15 岁	肺炎支原体	为这个年龄组肺炎的主要致病原因，放射影像学表现变化多样
	肺炎衣原体	可能是该年龄组较大年龄患者的重要病因
	肺炎链球菌	最有可能引起大叶性肺炎，但也可能引起其他形式的病变

【病理生理】

病原体常由呼吸道侵入，少数经血行入肺。当炎症蔓延到支气管、细支气管和肺泡时，支气管因黏膜炎症水肿，变窄；肺泡壁因充血水肿而增厚；肺泡腔内充满炎性渗出物，导致通气与换气功能障碍。通气不足引起 PaO_2 降低（低氧血症）及 $PaCO_2$ 增高（高碳酸血症）；换气功能障碍则主要引起低氧血症，严重时出现发绀。为代偿缺氧，患者呼吸和心率增快，以增加每分钟通气量。为增加呼吸深度，呼吸辅助肌亦参与活动，出现鼻翼扇动和三凹征，进而发展为呼吸衰竭。缺氧、二氧化碳潴留和病毒血症/菌血症等可导致机体代谢及器官功能障碍。此外，病原体诱导宿主过度的免疫与炎症反应也可能对机体和器官产生损害。

（一）循环系统

病原体和毒素侵袭心肌，缺氧和过多内源性炎症介质也可导致心肌损害；缺氧与高碳酸血症使肺小动脉反射性收缩，肺循环压力增高，形成肺动脉高压，增加右心室负荷。持续肺动脉高压和心肌损害可诱发不同程度的心功能障碍。重症患者可出现微循环障碍、休克，甚至弥散性血管内凝血（DIC）。

（二）中枢神经系统

缺氧和 CO_2 潴留使 $PaCO_2$ 和 H^+ 浓度增加、血与脑脊液 pH 降低；同时无氧酵解增加致使乳酸堆

NOTES

积。高碳酸血症使脑血管扩张、血流减慢、脑血管淤血、毛细血管通透性增加；严重缺氧和脑供氧不足使 ATP 生成减少，影响 Na^+-K^+ 离子泵运转，引起脑细胞内钠、水潴留，可形成脑水肿，导致颅内压增高。病原体毒素作用亦可引起脑水肿。

（三）消化系统

低氧血症和毒血症使胃肠黏膜受损，可发生黏膜糜烂、出血等应激反应，导致黏膜屏障功能破坏。胃肠功能紊乱，患者出现厌食、呕吐及腹泻，严重者可致中毒性肠麻痹和消化道出血。

（四）水、电解质和酸碱平衡失调

重症肺炎者常有混合性酸中毒。严重缺氧时体内无氧酵解增加，酸性代谢产物增多，加以高热、饥饿、吐泻等，常引起代谢性酸中毒；CO_2 潴留又可导致呼吸性酸中毒。缺氧和 CO_2 潴留将使肾小动脉痉挛，重症肺炎缺氧常有抗利尿激素（ADH）分泌增加，均可致水、钠潴留。此外，缺氧使细胞膜通透性改变、钠泵功能失调，Na^+ 进入细胞内，可造成稀释性低钠血症。若消化功能紊乱、吐泻严重，则钠摄入不足，排钠增多，可致脱水和缺钠性低钠血症。因酸中毒、H^+ 进入细胞内和 K^+ 向细胞外转移，血钾通常增高（或正常）。但若伴吐泻及营养不良，则血钾偏低。血氯由于代偿性呼吸性酸中毒，可能偏低。

综上所述，重症肺炎者可出现呼吸功能衰竭，心功能障碍，中毒性脑病，中毒性肠麻痹，DIC，水、电解质、酸碱平衡紊乱。

【临床表现】

1. 一般症状 多起病较急。初期常有上呼吸道感染症状，体温可达 38~40℃。小婴儿多起病相对缓慢，发热不高，咳嗽和肺部体征均不明显。其他表现可有拒食、呕吐、呛奶。

2. 呼吸系统症状及体征 主要症状为咳嗽、气促和呼吸困难：①咳嗽常较剧烈，但新生儿、早产儿咳嗽可不明显，而表现为口吐泡沫；②气促多发生于发热、咳嗽之后，呼吸增快，可达 40~80 次/分；③可有呼吸困难，表现鼻翼扇动，重者呈点头状呼吸，三凹征明显，唇周发绀。肺部体征早期不明显或仅呼吸音粗糙，以后可闻及固定的中、细湿啰音，叩诊多正常。若病灶融合扩大累及部分或整个肺叶，则出现相应的肺实变体征，如语颤增强、叩诊浊音、听诊闻及管性呼吸音。

3. 其他系统的症状及体征 多见于重症患者。

（1）循环系统：可有心率增快、心电图改变，重者可出现心力衰竭，合并先天性心脏病者更易发生。重症革兰氏阴性杆菌肺炎者还可发生微循环障碍。

（2）神经系统：可有烦躁不安或嗜睡，严重者出现意识障碍，惊厥，呼吸不规则，前囟隆起，有时有脑膜刺激征，瞳孔对光反应迟钝或消失。

（3）消化系统：轻症者常有食欲缺乏、吐泻、腹胀等；重症可出现中毒性肠麻痹，肠鸣音消失，腹胀严重可加重呼吸困难。消化道出血者可呕吐咖啡样物，大便隐血阳性或排柏油样便。

【辅助检查】

1. 外周血检查

（1）白细胞检查：细菌性肺炎者白细胞总数和中性粒细胞多增高，甚至可见核左移，胞质中可有中毒颗粒。病毒性肺炎者白细胞总数正常或降低，常以淋巴细胞为主，有时可见异型淋巴细胞。肺炎支原体感染者白细胞总数大多正常或略增多，以中性粒细胞为主。

（2）C 反应蛋白（CRP）：细菌感染和肺炎支原体感染者 CRP 常升高，细菌感染更明显，而病毒感染大多正常。

2. 病原学检查

（1）细菌培养：临床多采集痰标本进行培养，但需注意标本质量及咽部正常菌群对结果的影响。血标本和胸腔积液培养阳性价值较大，但常规培养需时较长，且在应用抗生素后阳性率也较低。对重症难治性肺炎、免疫功能抑制的肺炎患者，可通过气管吸出物、支气管肺泡灌洗液，甚至肺穿刺液进行细菌培养，以指导治疗。

NOTES

（2）病毒或肺炎支原体培养分离和鉴定：应于发病 7 天内取鼻咽或气管分泌物标本做培养分离，但操作烦琐，需时亦长，可行性差，且不能用作早期诊断。

（3）病原特异性抗体检测：病毒或肺炎支原体感染急性期与恢复期双份血清特异性 IgG 有 4 倍升高，有确诊意义。急性期单份血清特异性 IgM 水平明显升高亦有早期诊断价值。

（4）病原核酸检测：通过聚合酶链反应或特异性基因探针技术检测呼吸道标本中的病原体 DNA 或 RNA，尤其适用于病毒和肺炎支原体的检测。此法取材方便，且在数小时内可获得特异性和敏感性较高的结果，已得到普遍应用。多种病原体核酸联合检测及二代测序（next-generation sequencing）等高通量检测技术已在临床中逐渐开展，可显著提高检测效率。

（5）病原特异性抗原检测：检测到某种病原体的特异抗原即可作为相应病原体感染的证据，对诊断价值很大。

（6）其他：冷凝集试验仅用于肺炎支原体感染的过筛试验。

3. X 线检查 早期肺纹理增粗，以后出现小斑片状阴影，以双肺下野、中内带及心膈区居多，并可伴肺不张或肺气肿。斑片状阴影亦可融合成大片，甚至波及节段。若并发脓胸，早期示患侧肋膈角变钝；积液较多时，患侧呈一片致密阴影，肋间隙增宽，纵隔、心脏向健侧移位。并发脓气胸时，患侧胸膜腔可见气液平。肺大疱时则见完整薄壁，多无气液平。肺炎支原体肺炎者肺门阴影增重较突出。

【并发症】

支气管肺炎最多见的并发症为不同程度的肺气肿或肺不张。重症患者可并发呼吸衰竭，心力衰竭，中毒性脑病，抗利尿激素异常分泌综合征，DIC，胃肠出血或黄疸，噬血细胞综合征，水、电解质紊乱和酸碱失衡等。细菌性肺炎者应注意脓胸、脓气胸、坏死性肺炎或肺脓肿、心包炎及败血症等。肺炎支原体肺炎可伴有肺外并发症。

【诊断】

一般有发热、咳嗽、气促或呼吸困难，肺部有较固定的中细湿啰音，据此可作出临床诊断。必要时可做胸 X 线片检查。诊断后，须判断病情轻重，有无并发症和基础疾病，并做病原学检查，以指导治疗。

【鉴别诊断】

1. 急性支气管炎 可表现咳嗽和发热，但肺部无啰音或闻及不固定粗大湿啰音。婴幼儿气道相对狭窄，重症支气管炎易致呼吸困难，有时与肺炎不易区分，应按肺炎处理。

2. 肺结核 婴幼儿活动性肺结核的症状及 X 线影像改变与支气管肺炎颇相似，但肺部啰音常不明显。应根据结核接触史、结核菌素试验、血 γ-干扰素释放试验、胸部影像学、随访观察等加以鉴别。

3. 支气管异物 吸入异物可致支气管部分或完全阻塞而致肺气肿或肺不张，且易继发感染引起肺部炎症；但患者多有异物吸入史，胸部薄层 CT+三维重建具有较高的诊断率，必要时行支气管镜检查。

4. 支气管哮喘 可有咳嗽气喘，肺部也可闻及干湿啰音，且年幼者哮喘多由感染诱发，需与肺炎鉴别。但哮喘患者常有反复发作史，对平喘治疗反应良好。

【治疗】

应采取综合措施，积极控制炎症，改善肺的通气功能，防治并发症。

1. 一般治疗 保持室内空气流通，室温以 18~20℃为宜，相对湿度 60% 左右。加强营养，饮食富含蛋白质和维生素，少量多餐；对重症不能进食者，可给予鼻饲喂养或静脉营养。不同病原体患者宜分室居住，以免交叉感染。

2. 病原治疗 按不同病原体选择药物。

（1）抗菌治疗：怀疑细菌性肺炎或非典型肺炎应采取抗菌治疗。初期可根据患者年龄、病情等综合判断可能的病原进行经验性用药：细菌感染者首选 β 内酰胺类；对怀疑非典型病原感染者，给予大

NOTES

环内酯类。对原因不明的重症病例，可先联合应用以上两类抗菌药物（表 8-6-3）。如病原菌明确，则应给予针对性治疗，需根据病菌种类和药敏试验结果选择合适的抗菌药物。

表 8-6-3 根据患者年龄及是否住院所推荐的儿童社区获得性肺炎的药物治疗

年龄组	门诊患者	住院患者，无肺叶或肺小叶浸润、无胸膜渗出或二者都无	住院患者，有脓毒症体征、肺泡浸润、大量的胸膜渗出或三者皆具备
出生~产后20天	收入院	氨苄西林，可联合使用头孢噻肟等	静脉使用氨苄西林，可联合使用头孢噻肟等
3周~3个月	不发热者口服大环内酯类；出现发热或缺氧症状立即住院	不发热者静脉应用红霉素等大环内酯类；如果发热，加用头孢噻肟或头孢呋辛等	静脉使用头孢噻肟或头孢呋辛等
4个月~4岁	怀疑细菌性肺炎者口服阿莫西林、阿莫西林/克拉维酸或头孢羟氨苄、头孢克洛等；病毒性肺炎患者不应使用任何抗生素；如怀疑非典型病原，使用大环内酯类抗生素	对于病毒性肺炎患者，不应使用任何抗生素；如果怀疑细菌性肺炎，可考虑静脉使用氨苄西林等β内酰胺类治疗；非典型病原者使用大环内酯类抗生素	静脉使用头孢噻肟或头孢呋辛等
5~15岁	口服大环内酯类抗生素	静脉使用红霉素或口服阿奇霉素；如果有明确证据提示细菌感染（例如白细胞计数高，寒战，门诊时对大环内酯类药物无效等），加用氨苄西林等β内酰胺类	静脉使用头孢噻肟或头孢呋辛等；假如患者病情无改善，可考虑加用阿奇霉素等大环内酯类

轻症患者可口服治疗，重症肺炎应住院治疗，并早期静脉给药，病情稳定后改为口服治疗，为序贯疗法。疗程应根据感染病原、部位、严重度、机体反应性决定，一般持续至体温正常后5~7天，临床症状基本消失后3天。肺炎链球菌肺炎一般为7~10天，肺炎支原体肺炎用药10~14天。葡萄球菌肺炎比较顽固，易复发及产生并发症，疗程宜长，体温正常后继续用药2周，总疗程4~6周。

（2）抗病毒治疗：除流感病毒感染外，其他呼吸道病毒目前尚无理想的抗病毒药物。流感病毒感染的药物治疗参考“急性上呼吸道感染”相关内容。

3. 对症治疗

（1）氧疗：凡有呼吸困难、喘憋、口唇发绀、面色苍灰者，应立即给氧。鼻前庭给氧流量为0.5~1.0L/min，氧浓度不超过40%。氧气应湿化，以免损伤气道上皮细胞的纤毛。缺氧明显者可用面罩或头罩给氧，氧流量2~4L/min，氧浓度50%~60%；若出现呼吸衰竭，则应给予机械通气等呼吸支持。

（2）保持呼吸道通畅：及时清除上呼吸道分泌物，鼻塞明显者可局部短期应用缩血管药物减轻鼻黏膜肿胀。病情允许者应多变换体位，以利痰液排出；痰多时可吸痰，适当使用祛痰剂，如氨溴索等。明显气喘者可雾化吸入布地奈德等表面皮质激素，并联合 β_2 受体激动剂和抗胆碱药。

（3）腹胀的治疗：伴低钾血症者及时补钾。如系中毒性肠麻痹，应禁食，胃肠减压。

（4）其他：脓毒性休克、脑水肿、呼吸衰竭、水电解质与酸碱平衡紊乱的治疗参阅相关章节。

4. 糖皮质激素治疗 一般不需要用糖皮质激素，但下列情况可加用：喘憋明显者；中毒症状明显，合并缺氧中毒性脑病等并发症者；肺炎高热持续不退伴过强炎性反应者；有严重肺外并发症，如脑膜脑炎。以短期治疗为宜，一般为3~5天，但难治性肺炎支原体肺炎、间质性肺炎、合并坏死性肺炎等严重并发症，尤其是免疫性肺外并发症的治疗常需更长时间。可选用甲泼尼龙，每次1~2mg/kg，每日2~3次，或泼尼松、地塞米松等。

5. 静脉注射免疫球蛋白（IVIG） 一般患者不需使用IVIG，但对于重症腺病毒肺炎、肺炎支原体肺炎并发多形性渗出性红斑、脑炎等肺外损害，免疫缺陷病，尤其是免疫球蛋白减少或缺乏者可考虑使用。

6. 并存症和并发症的治疗 对并存佝偻病、营养不良者,应给予相应治疗。并发脓胸、脓气胸时,应及时胸腔闭式引流。对痰液堵塞合并肺不张、内科治疗无效,尤其是塑型性支气管炎者,可考虑进行支气管镜下灌洗治疗。

【预防】

1. 一般措施 与上感相似。

2. 疫苗 是预防感染、有效降低儿童肺炎患病率和病死率的重要方法。目前已有肺炎链球菌疫苗、B 型流感嗜血杆菌疫苗、流感病毒疫苗广泛应用于临床。

二、几种不同病原体所致肺炎的特点

(一) 腺病毒肺炎(adenoviral pneumonia)

腺病毒肺炎为腺病毒所致,3 型和 7 型是主要病原体,11 型、21 型次之。主要病理改变为支气管和肺泡间质炎,严重者病灶互相融合,气管、支气管上皮广泛坏死,引起支气管管腔闭塞,加上肺实质的严重炎性病变,致使病情严重、病程迁延,易引起小气道和肺功能损害及其他系统功能障碍。本病多见于 6 个月~2 岁,起病急,表现稽留高热,萎靡,嗜睡,面色苍白,咳嗽较剧烈,频咳或阵咳,可出现喘憋、呼吸困难、发绀等。肺部体征出现较晚,发热 4~5 天后始闻湿啰音,病变融合后有肺实变体征。少数患者并发渗出性胸膜炎。X 线特点为"四多三少两一致",即:肺纹理多;肺气肿多;大病灶多;融合病灶多;圆形病灶少;肺大疱少;胸腔积液少;X 线与临床表现一致(图 8-6-1)。病灶吸收缓慢,需数周至数月。腺病毒肺炎远期并发症有闭塞性细支气管炎、支气管扩张及其他慢性阻塞性肺疾病。目前病毒检测方法包括免疫荧光技术(间接法较直接法更为适用)、酶联免疫吸附试验、PCR 检测。一般治疗参阅"支气管肺炎"的治疗相关内容。对于重症腺病毒肺炎,可考虑应用 IVIG,400mg/(kg·d),连用 3~5 天。

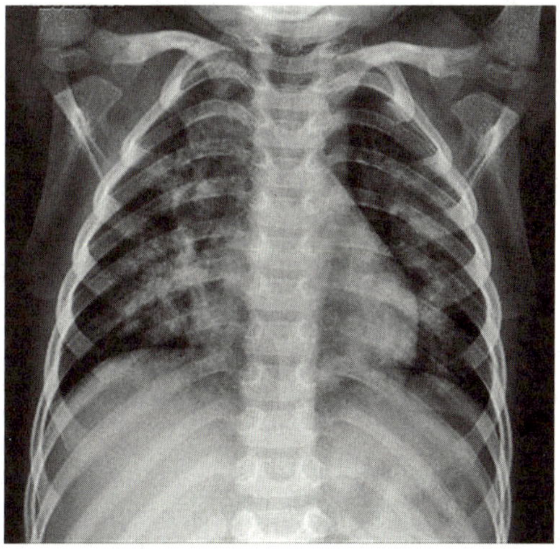

图 8-6-1 腺病毒肺炎胸部 X 线片
双肺渗出病变,可见融合病灶、肺气肿。

(二) 葡萄球菌肺炎(*Staphylococcal* pneumonia)

金黄色葡萄球菌和白色葡萄球菌均可引起葡萄球菌肺炎。冬、春季发病较多,新生儿及婴幼儿常见,常由呼吸道入侵或经血行播散入肺。主要病理是化脓性渗出或脓肿形成,病变进展迅速,很快出现多发性脓肿,胸膜下小脓肿破裂则形成脓胸或脓气胸,有时可形成支气管胸膜瘘。炎症易扩散至其他部位(如心包、脑、肝、皮下组织等处),引起迁徙性化脓病变。多起病急,病情重,进展快;常呈弛张高热,婴儿可呈稽留热。中毒症状明显,面色苍白,咳嗽,呻吟,呼吸困难。可有消化道症状,如呕吐、腹泻、腹胀(由于中毒性肠麻痹)及嗜睡、烦躁不安或惊厥等感染中毒症状,甚至呈休克状态。肺部体征出现较早,双肺可闻中、细湿啰音。皮肤常见猩红热样或荨麻疹样皮疹。并发脓胸、脓气胸时呼吸困难加剧,叩诊浊音、语颤及呼吸音减弱或消失。X 线检查特点为:①早期可有小片影,但发展迅速,甚至数小时内发展成脓肿;②易发生小脓肿、脓气胸、肺大疱等并发症,可并发纵隔积气、皮下气肿及支气管胸膜瘘;③病灶阴影持续时间较长,2 个月左右阴影仍不能完全消失(图 8-6-2、图 8-6-3)。实验室检查白细胞一般为(>15~30)$\times10^9$/L,中性粒细胞增高,可见中毒颗粒。部分婴儿白细胞可<5$\times10^9$/L,但中性粒细胞百分比仍较高,多提示病情严重。对气管咯出或吸出物及胸腔穿刺抽出液进行细菌培养多可获阳性结果,有诊断意义。本病的治疗见"支气管肺炎"相关内容,但抗菌药物疗

NOTES

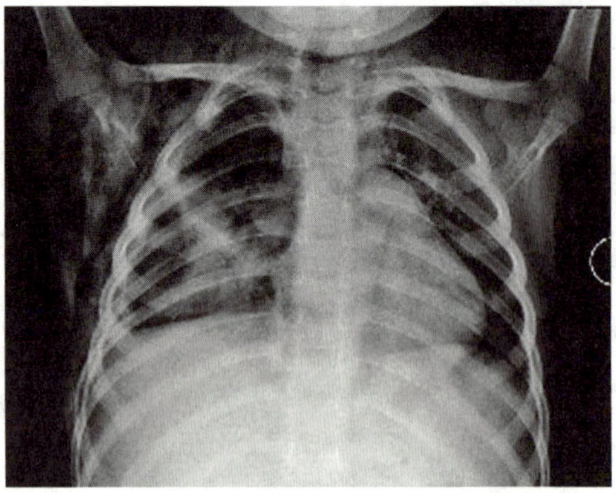

图 8-6-2 金黄色葡萄球菌肺炎胸部 X 线片
右肺实变，胸腔积液，上叶肺大疱，纵隔皮下气肿。

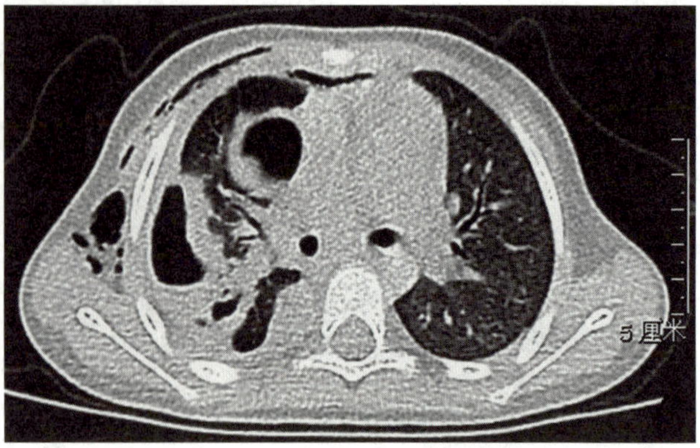

图 8-6-3 金黄色葡萄球菌肺炎胸部 CT
右侧胸腔积液，肺脓肿，纵隔皮下气肿。

程较长，总疗程 4~6 周。

葡萄球菌肺炎并发症包括：①脓胸（empyema）。常累及一侧胸膜。患者呼吸困难加重，患侧呼吸运动受限，语颤减弱，叩诊浊音，听诊呼吸音减弱或消失。当积液较多时，纵隔、气管移向对侧。②脓气胸（pyopneumothorax）。肺脏边缘脓肿破裂与肺泡或小支气管相通即造成脓气胸。患者病情突然加重，咳嗽剧烈，烦躁不安，呼吸困难，面色青紫。胸部叩诊在积液上方为鼓音，下方为浊音，呼吸音明显减弱或消失。若支气管胸膜瘘的裂口处形成活瓣，空气只进不出，即形成张力性气胸。发展成脓胸或脓气胸时，如脓液量少可采用反复胸腔穿刺抽脓治疗；但多数患者脓液增长快、黏稠而不易抽出，宜施行闭式引流术。③肺大疱（pneumatocele）。细支气管管腔因炎性肿胀狭窄，渗出物黏稠，形成活瓣阻塞，空气能吸入而不易呼出，导致肺泡扩大、破裂而形成肺大疱。其大小取决于肺泡内压力和破裂肺泡的多少。体积小者，可无症状；体积大者引起急性呼吸困难，此外还可引起肺脓肿、坏死性肺炎、化脓性心包炎、败血症等。

（三）肺炎支原体肺炎（*Mycoplasma pneumoniae* pneumonia）

肺炎支原体（*Mycoplasma pneumoniae*，MP）是非细胞内生长的最小微生物，含 DNA 和 RNA，无细胞壁。本病占小儿肺炎的 10% 左右，流行季节可达 40% 以上。主要经呼吸道传染，在密集人群可造成集体暴发。常年皆可发生，流行周期为 3~6 年。MP 尖端吸附于纤毛上皮细胞受体，通过活性氧、过氧化物及社区获得性呼吸窘迫综合征毒素，损害纤毛上皮细胞，使黏膜清除功能异常。由于 MP 与人体某些组织存在部分共同抗原，故感染后可形成相应组织的自身抗体，导致多系统免疫损害。

MP 感染以学龄期儿童高发，但近年来学龄前期甚至婴幼儿发病也不少见。症状轻重不一。年长儿常以发热起病，随后出现咳嗽。发热热型不定，大多数在 39℃左右，热程 1~3 周。刺激性咳嗽为突出表现，初期干咳，部分可呈百日咳样咳嗽，可伴咽痛、乏力等。肺部体征常不明显。婴幼儿常以呼吸困难、喘憋和双肺哮鸣音较突出，可闻湿啰音。部分患者有多系统受累，如心肌炎、心包炎、溶血性贫血、血小板减少、脑膜炎、吉兰-巴雷综合征、肝炎、胰腺炎、脾大、消化道出血、各种皮疹、肾炎、血尿、蛋白尿等。少数直接以肺外表现起病，也可伴有呼吸道感染症状。

胸 X 线片改变分为 4 种：①以肺门阴影增浓为主；②支气管肺炎；③间质性肺炎；④大叶性或节段性肺炎。临床常表现“两个不一致”：咳嗽重而肺部体征轻微；体征轻微但胸片阴影显著。可借助 MP 核酸或血清 MP 特异性抗体检测进行诊断。

MP 肺炎首选大环内酯类抗生素，常用药物为阿奇霉素。8 岁以上儿童可选用米诺环素或多西环素。近年来重症或难治性 MP 肺炎增多，后者是指经大环内酯类抗生素治疗 7 天以上，仍高热不退，肺部症状与影像学继续进展者。此类患者常与 MP 大环内酯类耐药有关；同时需重视过强的免疫炎症反应和并发症，可加用糖皮质激素治疗，并及时处理并发症。持续肺不张者可通过可曲式支气管镜

NOTES

进行灌洗治疗。

几种不同肺炎的鉴别诊断见表 8-6-4。

表 8-6-4 几种不同肺炎的鉴别诊断

肺炎类型	多发年龄	发热	一般病情	肺部体征	X 线所见	白细胞数	β 内酰胺类抗生素治疗
大叶性肺炎(肺炎链球菌)	较大儿童	突然起病,稽留高热	较重,可见休克型	早期体征不显	全叶或节段	明显增高	可能有效
支气管肺炎(肺炎链球菌等)	婴幼儿	热型不定	较轻	弥漫	多为斑片状	多数见增加	可能有效
金黄色葡萄球菌肺炎	任何年龄	常为弛张热	中毒症状较重,可见皮疹	弥漫	常见脓肿、肺大疱、脓气胸	增加或下降	大剂量可能有效
腺病毒肺炎	6 个月~2 岁	稽留或弛张高热	中毒症状较重,早期嗜睡	3~5 天后体征方显	大片较多,重者有积液	多数正常或减少	无效
副流感病毒肺炎	婴儿	中度热	较轻	弥漫	小片较多,可见气肿	多数正常或减少	无效
毛细支气管炎	小婴儿	一般无热或低热	喘憋	喘鸣音,啰音多	多肺气肿或点片影	多数减少或正常	无效
肺炎支原体肺炎	儿童,幼儿	热型不规则	频咳	较少或局限	单侧斑片影或实变影	多数正常或偏高	无效

第七节 化脓性胸膜炎

化脓性胸膜炎(purulent pleurisy)是指细菌引起的胸膜炎症并导致胸膜腔积脓,故又称为脓胸(empyema),在婴幼儿最多见。

【病因】

化脓性胸膜炎多由肺炎病原菌直接侵袭胸膜而引起,约占 2/3。另外,纵隔炎、肺脓肿、膈下脓肿、胸壁感染,以及胸部创伤、胸部手术等操作直接污染也有可能引起化脓性胸膜炎。脓胸最常见的病原体是肺炎链球菌和葡萄球菌,其次是革兰氏阴性菌。

【病理】

病初胸膜脏层及壁层炎症,并有大量浆液渗出,压迫肺部可导致肺萎陷。如感染能早期控制,则渗出停止,脓液吸收,炎症消退愈合,肺再张开。如不能早期吸收,1 个月或数月后,可见胸膜增厚,渗出物机化或纤维化,脓腔闭合后瘢痕化而收缩,以致发生胸廓畸形。

【临床表现】

化脓性胸膜炎大多在肺炎早期发生,最初症状有发热、咳嗽等,年长儿可诉胸痛,喜患侧卧位以减小患侧胸的呼吸幅度,从而暂时缓解疼痛。阳性体征为:①患侧肋间隙饱满,呼吸运动减弱;②语言震颤减弱或消失;③叩诊可呈实音(积液较多时)或浊音(积液较少时);④听诊呼吸音减弱或消失;⑤积液如在右侧,可使肝脏向下方移位。慢性期脓胸者可见患侧胸廓运动受限。脓胸中毒症状严重者,较早出现营养不良和贫血、精神不佳等。

【并发症】

常见的并发症有支气管胸膜瘘、张力性脓气胸,涉及纵隔胸膜时还可见食管胸膜瘘、心包炎及腹膜炎等。

NOTES

【影像学检查】

X 线检查可见密度均匀的阴影，立位胸片上其上界呈弧形曲线，自积液区达胸壁上方，外侧高于内侧，只在空气进入胸腔后才会出现气液平。大量积液时见一侧肺呈致密暗影，患侧肋间隙增宽，气管、心脏向健侧移位及膈肌下降。在胸片上不含气的肺与胸腔积液密度相似，因此胸部超声检查及 CT 扫描有助于进一步诊断。

【诊断】

根据严重中毒症状，呼吸困难，气管和心浊音界向对侧移位，病侧叩诊大片浊音，且呼吸音明显降低，大致可拟诊为脓胸。进行胸部 X 线检查，可协助诊断胸腔积液。从胸膜腔抽出脓液可确诊。黄色脓液多为葡萄球菌，黄绿色脓液多为肺炎链球菌，淡黄稀薄脓液多为链球菌，绿色有臭味脓液常为厌氧菌。胸腔脓液均应做培养和药物敏感试验，为选择抗生素提供依据。

【鉴别诊断】

1. 膈疝 胸部透视或 X 线直立位胸片可见病变侧多发气液平，患侧肺受压，看不到膈影，易误诊为脓胸。钡餐检查可明确。

2. 结核性胸腔积液 患者常有结核病接触史，常伴肺门淋巴结肿大。结核菌素试验（PPD 试验）、血 γ-干扰素释放试验、胸腔积液检验有助于鉴别。

3. 恶性肿瘤 常无急性发热，但可有纵隔肿块或淋巴结肿大的证据，尤其是伴有食欲下降、体重减轻、低热/间歇热或盗汗等症状时应重点关注。胸腔积液及相关血化验可鉴别。

4. 结缔组织病合并胸膜炎 胸腔积液外观为渗出液而非典型脓液，胸腔积液涂片及培养无菌，常合并多系统损害表现。

5. 其他 儿童胸腔积液的其他原因包括充血性心力衰竭、乳糜胸、血胸，以及来自中心静脉导管或脑室腹腔分流管的外渗液。

【治疗】

脓胸治疗主要包括以下三个方面。

1. 控制感染 根据病原菌及药敏试验选用有效、足量的抗生素，应静脉给药，观察疗效并及时调整。抗生素选择见“支气管肺炎”相关内容。

2. 排出脓液 是脓胸治疗的关键。建议早期行胸腔闭式引流；纤维素脓性期可选择胸膜腔内纤溶治疗或电视胸腔镜手术；机化期一般选择开胸脓腔清创和纤维板剥脱术。如有支气管胸膜瘘，应避免过度抽吸，否则不利于瘘口愈合。如支气管胸膜瘘持续存在，则应手术治疗。

3. 改善全身情况。

第八节 先天性肺囊肿

先天性肺囊肿（congenital pulmonary cysts）是肺组织胚胎发育异常所形成的畸形，是较常见的先天性肺部发育异常，多在婴幼儿期出现症状，也可于新生儿期发病。囊肿可为单个或多个，部分患者同时伴有多囊肾、多囊肝等其他先天畸形。

【病因和分类】

肺芽在胚胎发育第 4~6 周开始分支。本病是胚胎发育过程中一段支气管从主支气管芽分隔出，其远端支气管分泌黏液聚积而成。若一个支气管芽隔断，形成孤立性囊肿；若几个支气管芽同时隔断，则形成多发性囊肿。

先天性肺囊肿可分为支气管源性、肺泡源性和混合型三种，以支气管源性囊肿最为多见。囊肿发生在支气管称为支气管源性肺囊肿；发生于近肺泡的细支气管称为肺泡源性肺囊肿；混合型兼具二者特征。

【病理】

NOTES

支气管源性囊肿的囊壁为支气管结构，壁内衬纤毛柱状上皮细胞或立方上皮细胞，外覆纤维组织，可见透明软骨、支气管型腺体，一般不与支气管相通。肺泡源性肺囊肿的囊壁内缘覆盖单层柱状上皮或单层纤毛上皮，外层无肌纤维，囊腔内充满黏液，逐渐膨胀后可向支气管破溃，和支气管相通。

【临床表现】

先天性肺囊肿的临床表现无特异性，主要表现为肺部感染及肺、气管、食管受压。临床表现轻重取决于囊肿大小、部位以及有无并发感染、气胸等。超过 1/3 的患者生后可无症状，在胸部 X 线检查时被发现。有症状者多在婴幼儿期发病，临床表现与囊肿压迫周围器官有关：如压迫气管，通常表现为咳嗽、喘鸣、呼吸困难；压迫食管时可有吞咽困难，当囊内合并出血和继发感染时，囊内压突然增大，可出现感染和急性压迫症状。若囊肿破裂，形成张力性气胸，则出现严重呼吸困难、发绀，患侧叩诊呈鼓音，呼吸音减弱，纵隔移位，严重者可危及生命。

【辅助检查】

胸部 X 线正侧位片是诊断和随访的重要依据：单发囊肿表现为圆形或类圆形的透亮影，密度均匀，边缘清楚，囊壁菲薄；多发囊肿可表现为多个环形空腔或蜂窝状阴影分布在一个肺叶内。若囊肿与支气管相通，可见气液平。支气管造影可以确定囊肿病变范围和位置。CT 检查可以更好地显示囊肿的大小、数目、囊壁厚度、气液平、囊肿与邻近结构的关系并准确定位，为外科手术提供可靠的解剖信息（图 8-8-1）。MRI 检查可更好地显示病变血供情况，且有助于发现肺外囊肿，如脊柱、肾上腺区等部位的囊肿。B 超能分辨出靠近胸壁的病变为实质性还是囊性病变，彩色多普勒超声能分辨出病变的血供情况，有助于与肺隔离症相鉴别，且能用于先天性肺囊肿的产前诊断，目前诊断准确率已达 70%。

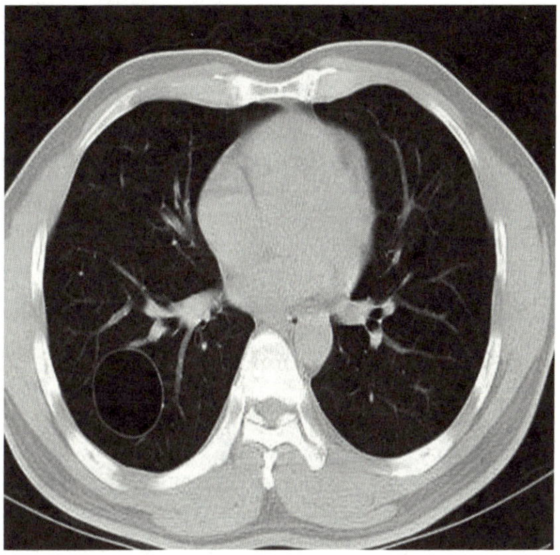

图 8-8-1　先天性肺囊肿（胸部 CT）

【诊断与鉴别诊断】

先天性肺囊肿临床表现无特异性，诊断主要依靠影像学检查，包括 X 线片、CT、MRI、超声等。先天性肺囊肿易被误诊，应与肺隔离症等其他先天性气道肺发育畸形及肺炎、肺大疱、肺脓肿、肺结核空洞、支气管扩张、气胸及膈疝等鉴别。

【治疗】

治疗主要以外科手术为主。一经确诊，在无急性炎症情况下应尽早手术治疗，任何年龄都可以进行手术。对囊肿合并肺部感染者，应先抗感染治疗，待感染控制后再行手术。对于并发张力性气胸患者，囊内放引流管减压后，行急诊手术。手术治疗的原则是既要彻底切除病变组织，又要尽可能保留正常肺组织。手术切除的方法及范围应根据病变的范围、数目、部位以及周围肺组织的情况而定。

第九节　支气管哮喘

支气管哮喘（bronchial asthma）简称哮喘，是一种以慢性气道炎症和气道高反应性为特征的异质性疾病，以反复发作的喘息、咳嗽、气促、胸闷为主要临床表现，常在夜间和/或凌晨发作或加剧。呼吸道症状的具体表现形式和严重程度具有随时间而变化的特点，并常伴有可逆性呼气气流受限和阻塞性通气功能障碍。

【病因】

支气管哮喘是遗传与环境因素共同作用的结果，为多基因遗传性疾病，其中过敏体质（特应性，

NOTES

atopy）对本病的形成关系很大，多数患者有婴儿湿疹、过敏性鼻炎或/和食物/药物过敏史，约 20% 的患者有家族史。

【发病机制】

哮喘的发病机制尚未完全明确，目前主要认为，免疫机制、神经调节机制和遗传机制等多种机制共同参与了气道炎症的启动、慢性炎症持续过程及气道重塑。支气管哮喘发病机制见图 8-9-1。

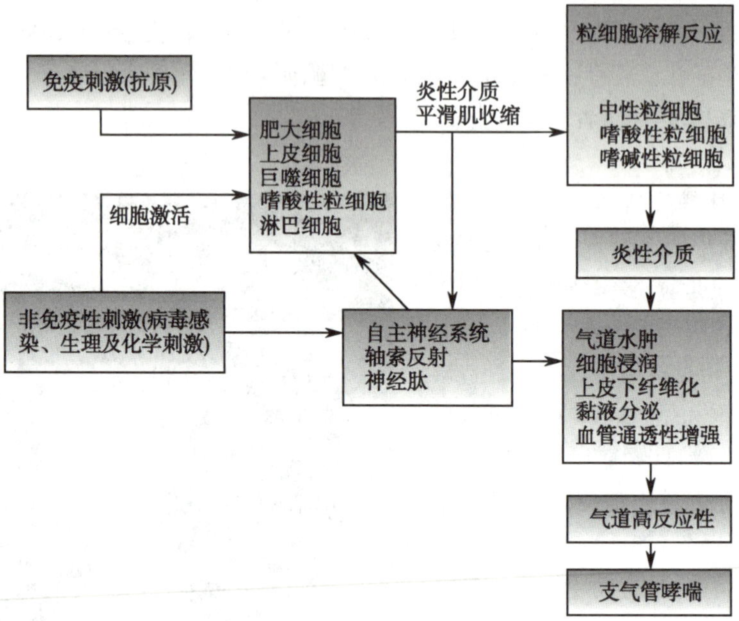

图 8-9-1 支气管哮喘发病机制

【病理及病理生理】

大体标本可见肺组织有明显肺气肿，肺过度膨胀（见文末彩图 8-9-2）。大、小气道内填满黏液栓（见文末彩图 8-9-3）。显微镜下见支气管及毛细支气管的上皮细胞脱落，管壁嗜酸性粒细胞和单核细胞广泛浸润，血管扩张及微血管渗漏，基底膜增厚，平滑肌肥厚和增生，杯状细胞增加，黏膜下腺体增生（见文末彩图 8-9-4）。气流受阻是哮喘病理生理改变的核心，支气管痉挛、气道壁肿胀、黏液栓形成、气道壁重塑均是造成患者气道受阻的原因。黏液栓由黏液、血清蛋白、炎症细胞、细胞碎片混合组成。

【危险因素】

诱发哮喘症状的常见危险因素：吸入变应原，包括尘螨、动物皮屑、花粉等；食入变应原，包括牛奶、鱼、鸡蛋等；呼吸道感染，尤其是病毒及肺炎支原体感染；强烈情绪变化；运动和过度通气；冷空气；药物，如阿司匹林；职业粉尘及气体。

【临床表现】

典型症状为喘息、咳嗽、气促及胸闷，特别是上述症状反复出现并常于夜间或凌晨加重，在除外其他病因后要高度怀疑哮喘。儿童慢性或反复咳嗽有时可能是哮喘的唯一症状，即咳嗽变异性哮喘（cough variant asthma，CVA）。

哮喘急性发作时可见吸气性三凹征，呼气相延长。叩诊两肺呈过清音，并有膈肌下移，心浊音界缩小。呼吸音减弱，全肺可闻哮鸣音及干性啰音。哮喘急性发作经合理使用支气管舒张剂和糖皮质激素等治疗后仍有严重或进行性呼吸困难者，称为哮喘持续状态（status asthmatics）。

特别严重的病例可见患者烦躁不安，呼吸困难，以呼气困难为著，往往不能平卧，坐位时耸肩屈背，呈端坐呼吸。查体面容惶恐不安，面色苍白、甚至冷汗淋漓、鼻翼扇动、口唇及指/趾甲发绀。哮喘

NOTES

重度发作者，由于肺通气量减少，两肺几乎听不到呼吸音，称闭锁肺，是哮喘最危险的体征。

发作间歇期多数患者症状可全部消失，肺部听不到哮鸣音。

【辅助检查】

1. 肺功能检查 是诊断哮喘的重要手段，也是评估哮喘控制水平和病情严重程度的重要依据。肺通气功能检测的主要指标是 FEV_1 和 FEV_1/FVC，以 $FEV_1<80\%$ 预计值、$FEV_1/FVC<0.8$ 作为判断儿童哮喘气流受限的重要指标。对疑诊哮喘儿童，如出现肺通气功能降低，可考虑进行支气管舒张试验，评估气流受限的可逆性；如果肺通气功能未见异常，则可考虑进行支气管激发试验评估其气道反应性。如患者支气管舒张试验阳性、支气管激发试验阳性或呼气流量峰值（PEF）日间变异率≥13%均有助于确诊。

2. 过敏状态评估 包括体内试验和体外试验。体内试验多应用变应原做皮肤点刺试验；体外试验主要是血清变应原特异性 IgE 测定。

3. 气道炎症指标检测 可通过诱导痰嗜酸性粒细胞分类计数和呼出气一氧化氮（fractional exhaled nitric oxide，FeNO）水平等无创检测手段，评估嗜酸性粒细胞性气道炎症状况。

4. 胸部影像学检查 对于诊断困难或治疗后症状控制不佳的患者，适时进行胸部 X 线、胸部 CT 等检查，以除外肺实质病变、先天性畸形、呼吸道异物等。哮喘急性发作时胸片可正常，或有肺气肿、支气管周围间质浸润及肺不张，偶见气胸、纵隔气肿。

5. 支气管镜检查 反复喘息或咳嗽儿童，经规范治疗无效，怀疑其他疾病，或哮喘合并其他疾病，应考虑予以支气管镜检查以进一步明确诊断。

【诊断与鉴别诊断】

哮喘常可通过详细的病史询问作出诊断，如症状、触发因素、疾病过程、典型发作、治疗反应、家族及个人过敏史，并排除其他原因。气流受限及症状的可逆性是最重要的证据。

1. 诊断 中华医学会儿科分会呼吸学组 2016 年修订的儿童哮喘诊断标准如下。

（1）儿童哮喘诊断标准

1）反复发作喘息、咳嗽、气促、胸闷，多与接触变应原、冷空气、物理/化学性刺激、呼吸道感染、运动以及过度通气（如大笑或哭闹）等有关，常在夜间和/或凌晨发作或加剧。

2）发作时在双肺可闻及散在或弥漫性，以呼气相为主的哮鸣音，呼气相延长。

3）上述症状和体征经抗哮喘治疗有效或自行缓解。

4）除外其他疾病所引起的喘息、咳嗽、气促和胸闷。

5）临床表现不典型者（如无明显喘息或哮鸣音），应至少具备以下 1 项：①证实存在可逆性气流受限。a. 支气管舒张试验阳性，即吸入速效 β_2 受体激动剂后 15 分钟第 1 秒用力呼气量（FEV_1）增加≥12%；b. 抗炎治疗后肺通气功能改善，即给予吸入糖皮质激素和/或抗白三烯药物治疗 4~8 周，FEV_1 增加≥12%；②支气管激发试验阳性；③PEF 日间变异率（连续监测 2 周）≥13%。

符合第 1）~4）条或第 4）、5）条者，可诊断为哮喘。

（2）咳嗽变异性哮喘诊断标准

1）咳嗽持续>4 周，常在运动、夜间和/或凌晨发作或加重，以干咳为主，不伴有喘息。

2）临床上无感染征象，或经较长时间抗生素治疗无效。

3）抗哮喘药物诊断性治疗有效。

4）排除其他原因引起的慢性咳嗽。

5）支气管激发试验阳性和/或 PEF 日间变异率（连续监测 2 周）≥13%。

6）个人或一、二级亲属过敏性疾病史，或变应原检测阳性。

以上 1）~4）项为诊断基本条件。

（3）分期与病情评价：根据临床表现，哮喘可分为急性发作期、慢性持续期和临床缓解期。急性发作期是指突然发生喘息、咳嗽、气促、胸闷等症状，或原有症状急剧加重。慢性持续期是指近 3 个月

NOTES

内不同频度和/或不同程度地出现过喘息、咳嗽、气促、胸闷等症状。临床缓解期是指经过治疗或未经治疗症状、体征消失，肺功能恢复到急性发作前水平，并维持3个月以上。急性发作期可根据病情严重度分级，慢性持续期则根据控制水平分级。

2. 鉴别诊断 以喘息为主要症状的儿童哮喘应注意与毛细支气管炎、反复病毒性呼吸道感染、气道异物、迁延性细菌性支气管炎、肺结核、先天性呼吸系统畸形、支气管肺发育不良和先天性心血管疾病相鉴别。咳嗽变异性哮喘应注意与支气管炎、鼻窦炎、胃食管反流和嗜酸性粒细胞支气管炎等疾病相鉴别。

【治疗】

（一）治疗目标与原则

哮喘治疗目标不仅限于尽快控制哮喘急性发作，还应预防和减少反复发作，达到并维持最佳控制状态，选择合适的药物进行个体化治疗和避免或降低哮喘治疗药物的不良影响。

哮喘治疗应尽早开始，坚持长期、持续、规范、个体化的治疗原则。我国儿童哮喘控制治疗倡导多向的开放式哮喘管理流程，包括初始强化治疗，预干预或间歇干预，升级或强化升级治疗，降级治疗，定期监测以及停药观察。

（二）常用治疗药物

1. 短效 β_2 受体激动剂（SABA） 用于快速解除支气管痉挛、改善症状，是治疗儿童哮喘急性发作的一线药物。常用沙丁胺醇或特布他林雾化吸入：体重≤20kg，每次2.5mg；体重>20kg，每次5mg；严重哮喘发作时第1小时可每20分钟1次，以后根据病情每1~4小时重复吸入治疗。

2. 抗胆碱能药物 短效抗胆碱能药物是儿童哮喘急性发作联合治疗的组成部分，可以增加支气管舒张效应，尤其是对 β_2 受体激动剂治疗反应不佳的中、重度患者应尽早联合使用。药物剂量：体重≤20kg，异丙托溴铵每次250μg；体重>20kg，异丙托溴铵每次500μg，加入 β_2 受体激动剂溶液做雾化吸入，间隔时间同吸入 β_2 受体激动剂。

3. 糖皮质激素 全身应用糖皮质激素是治疗儿童哮喘重度发作的一线药物，早期使用可以减轻疾病的严重度，给药后3~4小时即可显示明显的疗效。口服泼尼松或泼尼松龙1~2mg/(kg·d)，疗程3~5天。口服给药效果良好，副作用较小，但对于依从性差、不能口服给药或危重患者，可采用静脉途径给药，多选择甲泼尼龙1~2mg/(kg·次)或琥珀酸氢化可的松5~10mg/(kg·次)，根据病情可间隔4~8小时重复使用。

吸入性糖皮质激素（ICS）具有较强的呼吸道局部抗炎作用，是哮喘预防的一线药物，5岁以下儿童可用气流量≥6L/min的氧气或压缩空气（空气压缩泵）作为动力，通过雾化器吸入ICS；也可采用有活瓣的面罩储雾罐及压力式定量气雾装置（metered dose inhaler，MDI）。常用的雾化吸入ICS包括布地奈德混悬液、丙酸倍氯米松混悬液、丙酸氟替卡松混悬液等。5~7岁患者除上述方法外，亦可用吸入干粉剂。

早期应用大剂量ICS可能有助于哮喘急性发作的控制，但病情严重时不能以吸入治疗替代全身糖皮质激素治疗，以免延误病情。

4. 白三烯受体阻滞剂（LTRA） 如孟鲁司特，是非糖皮质激素类抗炎药物，可改善哮喘症状，减轻支气管高反应性，减少 β_2 受体激动剂和全身性糖皮质激素的使用，常用于哮喘的长期控制治疗。

5. 其他

（1）长效 β_2 受体激动剂（LABA）、长效抗胆碱能药物（LAMA）：常与ICS联合用于哮喘的控制治疗，不单独使用。

（2）硫酸镁：是哮喘急性发作的二线药物，有助于危重哮喘症状的缓解，安全性良好。

（3）氨茶碱：如哮喘发作经上述药物治疗后仍不能有效控制，可酌情考虑使用。

（4）重组人源化抗IgE单克隆抗体：是哮喘的生物靶向药物，可用于6岁及以上患者，但由于价格昂贵，仅用于经ICS联合LABA治疗后，仍不能有效控制症状的中、重度持续性过敏性哮喘。

NOTES

（5）变应原特异性免疫治疗（allergen specific immunotherapy，AIT）：通过使过敏患者反复接触变应原提取物并逐渐增加剂量，提高患者对此类变应原的耐受性，从而控制或减轻过敏症状；适用于症状持续、采取变应原避免措施和控制药物治疗不能完全消除症状的轻、中度哮喘或哮喘合并变应性鼻炎患者。

（6）色甘酸钠：是一种非糖皮质激素类抗炎制剂，可抑制 IgE 诱导的肥大细胞释放介质。

（三）分期分级治疗

1. 急性发作期　快速缓解症状、抗炎、平喘为治疗原则。常用 SABA 为代表的支气管舒张剂吸入治疗，根据病情严重度给予吸氧、激素、抗胆碱能药物等治疗。

2. 慢性持续期与缓解期　长期控制症状、抗炎、降低气道高反应性、避免触发因素为治疗原则。常用 ICS、LABA、LTRA 等药物长期治疗，根据控制水平调整剂量与疗程。

【管理与教育】

避免危险因素；对患者及家长进行哮喘防治基本知识的教育，调动其对哮喘防治的主观能动性，提高依从性，鼓励患者坚持每日定时测量 PEF、监测病情变化、记录哮喘日记、定期评估哮喘控制水平；通过门诊教育、集中教育和媒体宣传等多种形式，向哮喘患者及其家属宣传哮喘基本知识。

第十节　阻塞性睡眠呼吸暂停综合征

阻塞性睡眠呼吸暂停综合征（obstructive sleep apnea syndrome，OSAS）是指睡眠过程中频繁地发生部分或全部上气道阻塞，扰乱睡眠过程中的正常通气和睡眠结构而引起的一系列病理生理变化。

【病因】

临床上造成儿童上气道阻塞的主要原因是腺样体和/或扁桃体肥大。此外，肥胖、颅面畸形、神经肌肉疾病等因素也可能与儿童 OSAS 发病有关。

【临床表现】

OSAS 主要表现为睡眠打鼾、张口呼吸、憋气、睡眠不安、反复惊醒、盗汗、遗尿。白天嗜睡可能不明显，甚至表现过度活跃；也可表现为与年龄不相符的日间小睡、自诉困倦、易激惹、晨起头痛；还可能出现注意力不集中、学习问题和行为问题，有时会被诊断为注意缺陷多动障碍。

【并发症】

OSAS 儿童可出现颌面发育异常（腺样体面容）、行为异常、学习障碍、生长发育落后、神经认知损伤、内分泌代谢失调、高血压和肺动脉高压，甚至增加成年期心血管事件的风险。

【辅助检查】

整夜多导睡眠图（polysomnography，PSG）监测是诊断 OSAS 的金标准。没有条件行 PSG 检查的，可应用音频、视频监测，或用脉氧仪等便携临床设备替代监测，并充分结合病史、体格检查及问卷等临床信息进行综合诊断。对于重度 OSAS 儿童，需行胸片、心电图、超声心动图检查。对于解剖学异常者，鼻咽侧位 X 线或 CT 有助于量化阻塞的程度并判断部位，辅助制订外科手术计划（图 8-10-1）。

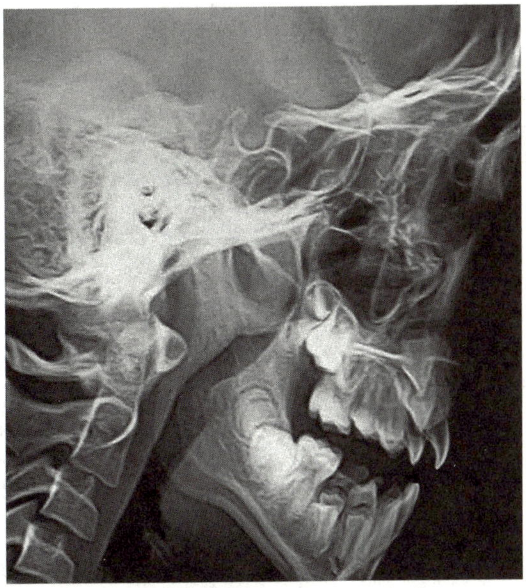

图 8-10-1　鼻咽 X 线侧位片
显示腺样体肥大。

【诊断】

儿童需同时满足临床标准和 PSG 标准才能被确诊为 OSAS。

NOTES

1. 临床标准 存在1种或多种下述临床症状：①打鼾；②在睡眠期间出现呼吸困难、反常呼吸或阻塞性呼吸；③嗜睡，过度活跃，行为问题或学习问题。

2. PSG标准 存在下列表现中的至少1种：①睡眠期间每小时出现1次或多次阻塞性呼吸暂停、混合型呼吸暂停或低通气；②阻塞性通气不足模式，定义为至少25%的总睡眠时间有高碳酸血症（$PaCO_2$大于50mmHg），伴1种或多种下述表现，包括打鼾、鼻腔压力波形变低平、反常的胸腹壁运动。

【鉴别诊断】

OSAS应与原发鼾症、发作性睡病等相鉴别。

【治疗】

治疗原则：早诊断，早治疗；解除上气道梗阻因素；预防和治疗并发症。

（一）外科治疗

1. 腺样体切除术和扁桃体切除术 是治疗儿童严重OSAS的主要方法。

2. 其他外科治疗 包括颅面正颌手术，严重的病例可行气管切开术，但可能影响儿童的生长发育及生活质量，应慎重。

（二）持续气道正压通气治疗（continuous positive airway pressure，CPAP）

CPAP适用于各年龄段儿童。不能耐受CPAP压力者，可试用双水平正压通气治疗（bi-level positive airway pressure，BiPAP）。CPAP/BiPAP的压力滴定应在睡眠实验室完成，并且需要定期调整。

（三）其他治疗

其他治疗方法包括体位治疗、减肥、吸氧、药物治疗等。由过敏性鼻炎、鼻窦炎等鼻部疾病导致上气道阻塞者，应系统、规范地治疗。

第十一节 特发性肺含铁血黄素沉着症

特发性肺含铁血黄素沉着症（idiopathic pulmonary hemosiderosis，IPH）是一组病因未明的弥漫性肺泡毛细血管出血性疾病，以大量含铁血黄素沉积于肺内为特征，多见于儿童。典型的临床表现为贫血、咯血和弥漫性肺浸润三联症，痰、胃液或支气管肺泡灌洗液检查可见含铁血黄素细胞。在中国儿童弥漫性肺间质性疾病中，IPH是首位病因。

【病因及发病机制】

IPH的病因和发病机制尚不清楚，可能与免疫、遗传、牛奶过敏、环境因素及接触有毒物质等有关。

1. 免疫因素 多数学者认为IPH的发生与机体异常的免疫因素有关。有报道IPH患者可合并出现自身免疫性甲状腺炎、自身免疫性溶血性贫血等自身免疫性疾病，推测可能自身抗体与肺泡基底膜等自身抗原结合后通过激活补体、抗体依赖的细胞介导的细胞毒性作用、形成抗原-抗体复合物等免疫反应，导致肺泡上皮细胞及肺泡毛细血管的破坏，引起肺泡毛细血管扩张出血；糖皮质激素和免疫抑制剂治疗有效也支持上述观点。

2. 遗传因素 已有一些家族性病例的报道，提示IPH可能存在遗传学背景。

IPH还可能与牛奶过敏、环境、接触杀虫剂等有毒化学物质等因素相关。此外，肺泡上皮细胞发育与功能异常、肺泡上皮受损也可能是导致肺泡反复出血的原因。

因此，IPH的病因及发病机制复杂，目前难以用单一因素解释其发生机制，IPH的发生可能是外界因素作用于具有特殊遗传学背景的人群，由免疫因素介导其发病。

【病理生理】

IPH的病理生理特点为：肺泡毛细血管反复出血，血流入肺泡腔可引起咯血；失血及肺组织中铁的沉积引起缺铁性贫血；肺泡毛细血管出血渗入肺间质，血红蛋白转化为含铁血黄素，巨噬细胞吞噬含铁血黄素后成为含铁血黄素细胞；长期反复出血导致肺间质大量含铁血黄素沉积、肺间质纤维化病

NOTES

变，还可引起肺动脉内膜下增生、硬化，轻度支气管动脉肌层增厚；随着病程进展，可最终形成肺动脉高压。

肺大体检查见肺重量和体积增加，切面呈弥漫性棕色色素沉着。光镜下见肺泡内出血，含铁血黄素细胞浸润，肺间质不同程度纤维化。电镜下见肺泡上皮细胞肿胀，肺泡毛细血管基底膜局部增厚、断裂及不规则的胶原沉积等。

【临床表现】

IPH 典型的临床表现为贫血、咯血和弥漫性肺浸润的三联症，但在儿童常以不能解释的缺铁性贫血为最早的临床表现，缺乏呼吸道症状。临床上可分为三期：急性出血期、慢性反复发作期、静止期或后遗症期。

（一）急性出血期

急性出血期可有面色苍白、咯血、咳嗽、气促、疲乏等表现，合并感染时出现发热。小儿不会咳痰，常无咯血，多以面色苍白为主要表现，有时伴呕血、黑便或轻度黄疸，久之出现疲乏、食欲缺乏、生长发育落后。严重病例可呈大咯血表现。体征可有呼吸音增粗，湿啰音。贫血患者可闻及心尖部收缩期杂音。

（二）慢性反复发作期

慢性反复发作期常有慢性咳嗽、气促及贫血所致的心悸、乏力，部分患者出现肝、脾大，杵状指/趾。

（三）静止期或后遗症期

静止期或后遗症期表现为轻微咳嗽、气促，常无咯血或贫血。病程后期可并发肺动脉高压、肺源性心脏病和呼吸衰竭。个别报道 IPH 可同时伴发乳糜泻或其他自身免疫性疾病。

【辅助检查】

（一）实验室检查

1. **血常规** 血红蛋白降低比红细胞数减少明显，呈小细胞低色素性贫血，网织红细胞比例升高。

2. **铁代谢检查** 血清铁、转铁蛋白饱和度和血清铁蛋白浓度降低，总铁结合力升高，但不一定同时出现。典型的骨髓象为增生性红细胞生成和髓内铁储存降低。

3. **含铁血黄素细胞检查** 痰液、胃液、支气管肺泡灌洗液（BALF）普鲁士蓝染色后可见巨噬细胞中充满含铁血黄素颗粒，称为含铁血黄素细胞。对于可疑病例，应反复多次检查以提高阳性率。BALF 中含铁血黄素细胞的阳性率最高，因此，痰液、胃液含铁血黄素细胞阴性者，可做支气管肺泡灌洗检查。

4. **病理检查** 肺活检是诊断 IPH 的金标准。重要的特征为肺组织中发现含铁血黄素细胞和完整的红细胞，并且没有免疫复合物沉积、毛细血管炎、脉管炎、肉芽肿及恶性肿瘤的表现。

5. **免疫指标的检测** 主要用以除外风湿及免疫系统疾病。免疫指标包括免疫球蛋白、抗核抗体（ANA）、抗中性粒细胞抗体（ANCA）、抗磷脂抗体、抗肾小球基底膜（GBM）抗体和类风湿因子（RF）等，均为阴性；怀疑合并乳糜泻者检测抗麦胶蛋白麦醇溶蛋白抗体（AGA）。

（二）胸部影像学检查

影像学变化与病变过程密切相关。早期无特异性表现。在急性肺出血期，两肺野透亮度普遍减低，呈磨玻璃样改变及大片云絮状阴影，以肺门及中下肺野多见。肺部病变经治疗后多在 1~2 周内明显吸收，有时可延续数月或反复出现。在慢性反复发作期，两肺广泛分布小结节影及细小的网状影。进入静止期或后遗症期，肺纹理增多而粗糙，可有小囊样透亮区或纤维化改变，并可出现肺动脉高压和肺源性心脏病征象。胸部 CT，尤其是高分辨率 CT（HRCT）可更早发现弥漫性小结节状阴影（图 8-11-1），对本病的早期诊断有重要意义。

（三）肺功能

IPH 早期肺功能正常；随着病情进展可以出现限制性通气功能障碍和弥散功能障碍。部分患者

NOTES

异常的肺功能可在肺出血吸收后恢复正常。

【诊断】

根据不明原因缺铁性贫血伴反复咯血、咳血丝痰，及肺内弥漫性病变可做出初步诊断；通过痰液、胃液、支气管肺泡灌洗液及肺活检标本中找到含铁血黄素细胞，并根据临床特征、实验室检查及影像学表现可诊断。值得注意的是，诊断应排除肺血管炎等其他疾病所引起的弥漫性肺泡出血症。近年来发现各项指标均符合 IPH 诊断，但肺活检证实为肺毛细血管炎等继发性肺含铁血黄素沉着症的病例逐渐增多。因此，对条件许可的患者，应行肺活检协助确诊。

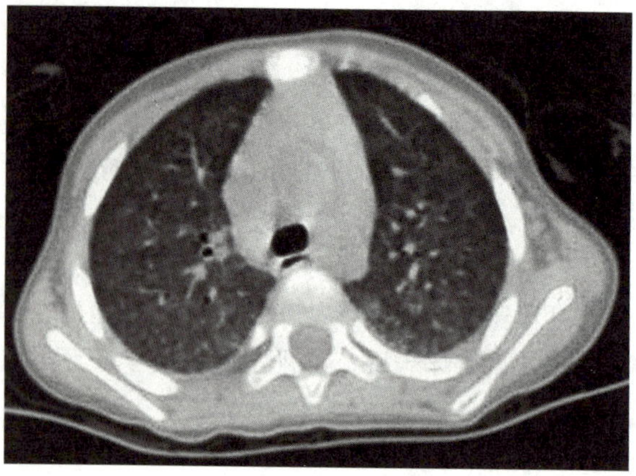

图 8-11-1 特发性含铁血黄素沉着症（胸部 HRCT）

【鉴别诊断】

1. 继发性肺含铁血黄素沉着症 最常见的是继发于心脏病，如风湿性心脏病，尤其是二尖瓣狭窄和各种原因引起的慢性左心衰竭的肺含铁血黄素沉着症；患者常有心脏病史、心脏病体征及心电图、心脏彩超等改变，痰呈污褐色，镜检可见心力衰竭细胞，普鲁士蓝反应阳性。

2. 肺出血肾炎综合征（Goodpasture syndrome，古德帕斯丘综合征） 其临床特点是反复咯血和进行性肾功能障碍；常有镜下血尿、蛋白尿及血清肌酐升高。血清中抗肾小球基底膜抗体阳性，肾穿刺活检发现肾小球基底膜上有 IgG 和补体 C3 沉积。

3. 血行播散型肺结核 常有不规则发热、盗汗、食欲缺乏、乏力、消瘦等症状，X 线显示肺部弥漫性粟粒状阴影，痰含铁血黄素细胞阴性，抗结核治疗有效。

4. 其他原因所致肺泡出血症 是系统性红斑狼疮、系统性血管炎、韦格纳肉芽肿病等自身免疫性疾病、胸部外伤、青霉胺过敏等所致的肺泡出血症。

【治疗】

IPH 缺乏特异性的治疗方法。常用的药物包括糖皮质激素、免疫抑制剂、抗疟药等。出现急性肺出血可危及生命，故迅速处理十分重要。

（一）药物治疗

1. 糖皮质激素 可明显改善患者症状，目前仍是治疗首选药物。对生命受到严重威胁的 IPH 患者，可予甲泼尼龙 10~20mg/（kg·d），连续静脉滴注 3 天，病情缓解后改为口服泼尼松 1~2mg/（kg·d），逐渐减量至能控制症状的最低维持量，持续治疗 6 个月或更长时间（维持时间至少 3~6 个月）；症状较重者，X 线病变未静止及减药过程中有反复的患者，疗程可适当延长至 1~2 年。激素减量宜缓慢，停药过早易出现复发。复发时应调整激素用量，强调激素治疗的个体化。长期口服激素应注意全身不良反应。

2. 免疫抑制剂 对激素效果不佳、激素依赖或肺功能持续下降者可考虑联合应用免疫抑制剂治疗，如硫唑嘌呤、环磷酰胺、环孢素 A、羟氯喹等，但长期应用时必须密切观察其副作用，如骨髓抑制及合并感染，肝、肾功能损害及对视网膜的影响等。

3. 中医/中药 除急性发作期外，可试用活血化瘀及提高免疫功能的中药，如丹参、当归等。雷公藤多苷可辅助治疗肺纤维化，间断或长期应用，但长期应用应注意其副作用。

（二）对症支持治疗

1. 一般治疗 停服牛奶和乳制品，伴有麸麦过敏者予无谷胶饮食，注意避免接触可能的变应原。急性发作期应卧床休息，吸氧或正压通气。镇咳，止血，合并细菌感染时可选用抗生素，重症患者可考虑血浆置换。

NOTES

2. 呼吸支持 严重出血者需机械通气，呼气末正压通气可限制肺泡毛细血管出血。常规机械通气失败者可考虑应用体外膜氧合。

3. 输血 严重贫血者输血纠正贫血。

4. 静止期注意预防感染和锻炼肺功能。

（三）肺移植

有报道对经保守治疗无效的晚期病例进行肺移植，但均在术后复发，提示可能存在系统性的致病因素；但目前肺移植例数较少，疗效无法评价。

【预后】

既往认为儿童 IPH 预后较差，患者通常死于急性肺出血或呼吸衰竭，平均存活时间为 3~5 年。近年的报道显示，接受长疗程激素和免疫抑制剂的患者总体预后较好，部分患者可获得长期存活，甚至临床痊愈，提示尽早诊断、合理药物治疗可能有助于改善预后；但就个例而言，预后难测，有规律治疗患者仍可能因突然大量肺出血而死亡。

第十二节 气管支气管异物

气管支气管异物是儿科的急症，可造成儿童的突然死亡。支气管异物占 0~14 岁儿童意外伤害的 7.9%~18.1%，约 80% 的患者年龄在 1~3 岁，男孩多于女孩。

【病因及发病机制】

气管支气管异物的病因与儿童生理心理发育、家庭看护、医源性等多种因素有关。多数吸入异物位于支气管，由于右侧支气管短粗，异物较易坠入。异物部分阻塞支气管后可由吸气相气道相对扩张而呼气相气道更窄，造成气体只进不出的活瓣阻塞效应，引起阻塞性肺气肿；如为完全阻塞，则造成肺不张。

临床上，气管支气管异物分为两类：外源性异物，约占异物来源的 99%，可分为固体性和液体性，常见的有瓜子、花生、果核、笔帽等，也可见于消化道造影时钡剂的误吸；内生性异物可见于肉芽、假膜、痰栓、支气管淋巴结结核破溃等。气管支气管异物一般指外源性异物。

【临床表现】

（一）气管异物

异物进入后，常突然发生剧烈呛咳、憋气、呼吸困难甚至窒息。特征性症状有撞击声、拍击感、哮鸣音，常有持续性或阵发性咳嗽。查体：活动性异物于颈部气管者可听到异物拍击音和喘鸣音；肺部听诊双侧呼吸音对称、减弱；颈部触诊，可有异物碰撞振动感（拍击感）。

（二）支气管异物

症状轻重不一，少数患者可数年无症状；但若堵塞双侧支气管，可短时间内出现窒息死亡。查体：患侧胸部呼吸运动减低，肺不张者可有胸廓塌陷、触诊语颤减低、叩诊浊音、听诊呼吸音减低；有阻塞性肺气肿者，叩诊呈过清音；可闻及啰音或哮鸣音。

吸入异物体积较小者，往往在误吸数日或数周后因继发感染才就诊，可表现为发热和肺炎的其他症状和体征。

【辅助检查】

（一）实验室检查

继发感染后外周血白细胞增高，CRP 增高。

（二）影像学检查

1. X 线 对于不透过 X 线的异物，可通过影像学确定其部位、大小及形状，以区别气道或食管异物。对于可透过 X 线的异物，可以通过观察呼吸道梗阻的情况，如肺气肿、肺不张及纵隔移位等协助诊断。X 线透视可动态观察肺部情况，气管异物者可见心影有反常大小，支气管异物者可见纵隔摆动。

2. CT 扫描 见气管内异物影、高密度影、肺气肿、肺不张等表现。三维重建能显示支气管树的连贯性，异物所在位置表现为连续性中断。CT仿真模拟成像可显示异物轮廓、大小、部位，也可以显示与支气管黏膜、支气管周围组织的关系。多层螺旋CT对气管支气管异物诊断的准确率高达99.8%。

（三）可曲式支气管镜检查

可曲式支气管镜检查为诊断气管支气管异物的金标准之一，可直接明确诊断并了解异物的大小、形态、性状及所处位置。

【诊断】

典型病例根据异物吸入史、症状、体征结合影像学检查即可得出诊断。支气管镜检查可确诊。

【鉴别诊断】

需要鉴别的疾病包括急性喉炎、支气管哮喘、支气管炎、肺炎、支气管内膜结核、塑型性支气管炎等。病史较长的支气管异物病例多合并肺炎，需注意鉴别。

【治疗】

异物进入气管或支气管，自然咯出的概率只有1%左右，因此必须设法尽快将异物取出。

1. 现场急救 气管支气管异物患者如突然出现面色青紫、呼吸停止等窒息表现，应首先清除鼻腔内和口腔内的异物或呕吐物等，并立即对患者进行海姆立克法现场急救排出异物，必要时心肺复苏。

2. 支气管镜术 多通过硬支气镜取出异物。部分患者，尤其是异物位置特殊（如两侧上叶、支气管深部）或异物可疑者可通过可曲式支气管镜检查和治疗。

3. 胸科手术 对于异物位置深，嵌塞时间长，局部肉芽增生包裹明显或周围局部支气管压迫严重且采用支气管镜无法取出或取出难度大，容易造成支气管撕裂、大出血等危险者，可考虑采取胸科手术治疗。

4. 并发症的处理 严重并发症包括喉水肿、气胸、纵隔气肿等，需立即处理。硬质支气管镜取异物有可能损伤喉部而发生喉水肿，术后可给予糖皮质激素治疗。喉梗阻严重、保守治疗无效者可行气管切开术。对于继发细菌感染的患者可给予抗生素治疗。

【预防】

气管支气管异物是完全可以预防的。应广泛地向家长及保育员进行宣教，3岁以下的小儿不应给花生、瓜子、豆类及其他带核的食物。小儿进食时不要乱跑乱跳，进食时不可惊吓、逗乐或责骂。教育儿童改掉口含笔帽、小玩具等坏习惯。对于幼儿可能吸入或吞下的物品，均不应作为玩具。家长及保育员应学习海姆立克急救法，以及时进行现场急救。

（陈志敏　曲书强）

思考题

1. 如何在呼吸道感染的患者中早期发现肺炎？
2. 简述急性支气管肺炎患者病原学判断依据。
3. 毛细支气管炎和支气管哮喘症状相似，如何鉴别？
4. 简述支气管哮喘缓解期随访过程应该关注的主要问题。

NOTES

第九章

心血管系统疾病

09章

扫码获取数字内容

1. 胎儿心脏发育及其规律，胎儿血液循环特点和出生后的改变。
2. 常见先天性心脏病的病理生理、临床表现及诊治原则。
3. 儿童常见心律失常类型及其主要临床表现与诊治原则。
4. 病毒性心肌炎的主要临床表现与诊治原则。
5. 心肌病的分类及常见类型的主要临床表现与诊治原则。
6. 儿童心功能不全的临床特点及诊治原则。

第一节　儿童正常心血管生理解剖

一、心脏的胚胎发育

胚胎早期3周左右由胚胎腹面咽喉下部两侧的心脏原基所形成的两个血管源性管状结构在胚胎中轴两侧向中线融合，形成了原始心管。胎龄22~24天，在一系列基因的调控下，心管先后发生四个收缩环和相应的四个膨大部分，由头至尾，形成了动脉干、心球、心室、心房与静脉窦等结构，与此同时心管发生扭转，心球转至右尾侧位，心管逐渐扭曲旋转，心室的扩展和伸张较快，逐渐向腹面突出，这样使出自心球、原来处于心管前后两端的动脉干和静脉窦都位于心脏的前端。心脏的流入及排出孔道并列在一端，四组瓣膜环也连在一起，组成纤维支架（图9-1-1）。

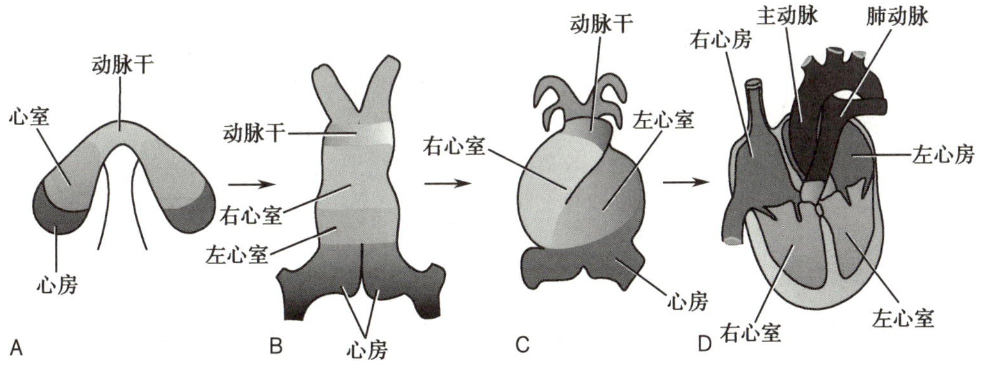

图9-1-1　胚胎早期由原始心管向四腔心的发育过程

A：原始心管；B：心管由头至尾形成动脉干、心球、心室、心房与静脉窦；C：心管扭曲旋转；D：四腔心形成。

心房和心室的最早划分为房室交界的背侧和腹侧长出一心内膜垫，背侧内膜垫与腹侧内膜垫相互融合成为中间的分隔结构，将房室分隔开。心房的左右之分起始于第3周末，在心房腔的顶部向下长出一镰状隔，名为第一房间隔，其下缘向心内膜垫生长，暂时未长合时所留孔道名为第一房间孔。在第一房间孔未闭合前，第一房间隔的上部形成另一孔，名为第二房间孔，这样使左右心房仍保持相通。至第5、6周，于第一房间隔右侧又长出一镰状隔，名为第二房间隔；此隔在向心内膜垫延伸过程中，其游离缘留下一孔道，名为卵圆孔，此孔与第一房间隔的第二房间孔，并非叠合而系上下相对。随着心脏继续成长，第一房间隔与第二房间隔渐渐接近而黏合，第二房间孔被第二房间隔完全掩盖，此时卵圆孔处第一房间隔紧贴着作为此孔的帘膜，血流可由右侧推开帘膜流向左侧，反向时帘膜遮盖卵圆孔而阻止血液自左心房流向右心房(见文末彩图 9-1-2)。心室间隔的形成有三个来源：①肌隔，由原始心室底壁向上生长，部分地将心室分为左、右心室；②心内膜垫向下生长与肌隔相合，完成室间隔；③小部分为动脉干及心球分化成主动脉与肺动脉时的中隔向下延伸的部分。后两部分形成室间隔的膜部。二尖瓣、三尖瓣分别由房室交界的左右侧及腹背侧的心内膜垫和圆锥隔发育分化而成。

原始心脏的出口是一根动脉总干，在总干的内层对侧各长出一纵嵴，两者在中央轴相连，将总干分为主动脉与肺动脉(图 9-1-3)。

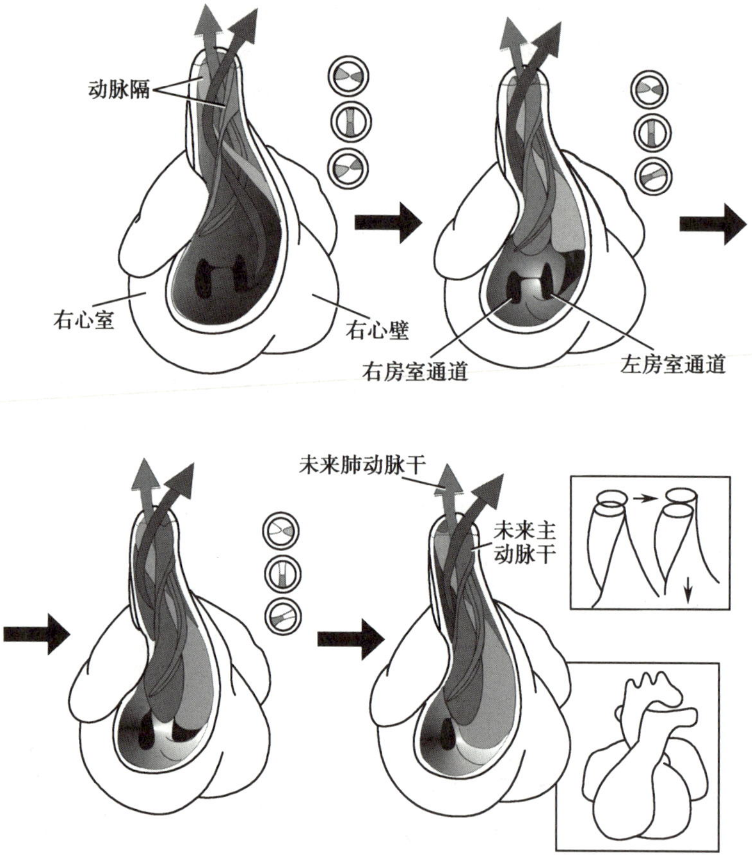

图 9-1-3 胚胎大动脉的发育过程

由于该纵隔自总干分支处呈螺旋形向心室生长，使肺动脉向前、向右旋转与右心室连接，主动脉向左、向后旋转与左心室连接。原始心脏于胚胎第 2 周开始形成后，约于第 4 周起有循环作用，至第 8 周房、室间隔已完全长成，即成为四腔心脏。先天性心脏畸形的形成主要就是在这一时期。

二、胎儿新生儿循环转换

胎儿时期的营养和气体代谢是通过脐血管和胎盘与母体之间通过弥散方式而进行交换的。由胎盘来的动脉血经脐静脉进入胎儿体内，至肝脏下缘，约 50% 血流入肝与门静脉血流汇合，另一部分经静脉导管流入下腔静脉，与来自下半身的静脉血混合，共同流入右心房。由于下腔静脉瓣的阻隔，来自下腔静脉的混合血(以动脉血为主)入右心房后，约三分之一经卵圆孔流入左心房，再经左心室流入升主动脉，主要供应心脏、脑及上肢；其余的流入右心室。从上腔静脉回流的、来自上半身的静脉血，入右心房后绝大部分流入右心室，与来自下腔静脉的血一起进入肺动脉。由于胎儿肺脏处于压缩状态，故肺动脉的血只有少量流入肺脏经肺静脉回到左心房，而约 80% 的血液经动脉导管与来自升主动脉的血汇合后，进入降主动脉（以静脉血为主），供应腹腔器官及下肢，同时经过脐动脉回至胎盘，换取营养及氧气（见文末彩图 9-1-4）。故胎儿期供应脑、心、肝及上肢的血氧量远远较下半身为高。右心室在胎儿期不仅要克服体循环的阻力，同时承担着远较左心室多的容量负荷。

出生后脐血管被阻断，呼吸建立，肺泡扩张，肺小动脉管壁肌层逐渐退化，管壁变薄并扩张，肺循环阻力下降；从右心经肺动脉流入肺脏的血液增多，使肺静脉回流至左心房的血量也增多，左心房压力因而增高。当左心房压力超过右心房时，卵圆孔帘膜先在功能上关闭，到出生后 5~7 个月，解剖上大多闭合。自主呼吸使血氧增高，动脉导管壁平滑肌受到刺激后收缩，同时，低阻力的胎盘循环由于脐带结扎而终止，体循环阻力增高，动脉导管处逆转为左向右分流，高的动脉氧分压加上出生后体内前列腺素的减少，使导管逐渐收缩、闭塞，最后血流停止，成为动脉韧带。足月儿约 80% 在生后 24 小时形成功能性关闭。约 80% 的婴儿于生后 3 个月、95% 的婴儿于生后 1 年内形成解剖上关闭。脐血管则在血流停止后 6~8 周完全闭锁，形成韧带。

三、儿童时期心血管解剖生理特点

（一）解剖特点

1. 心脏位置 小儿心脏的位置随年龄的增长而变化。新生儿心脏位置较高并呈横位，心尖搏动在第 4 肋间隙左锁骨中线外；2 岁以后心脏位置下移并逐渐变为斜位，心尖搏动于第 5 肋间隙。

2. 心脏重量 新生儿心脏/体重比相较成人大，其重量为 20~25g，占体重的 0.8%，而成人只占 0.5%。出生后 6 周内心脏增长很少，此后呈持续增长，1 岁时心脏重量为出生时的 2 倍，5 岁时为 4 倍，9 岁时为 6 倍，青春期后增长到出生时的 12~14 倍，达到成人水平。除青春期初期外，男孩的心脏重量均比女孩重。

3. 心腔容积 四个心腔的容积初生时为 20~22ml，出生后第 1 年增长最快，1 岁时达到初生时的 2 倍，2 岁半时达到 3 倍，近 7 岁时增至 5 倍，约 100~120ml；其后增长缓慢，至青春期开始，其容积仅约 140ml；青春期后增长又渐迅速，至 18~20 岁时达 240~250ml，为初生时的 12 倍。

4. 心房、心室发育 新生儿心房、心耳相对较大，生后第 1 年其增长速度较心室快；1 岁以后则心室的增长迅速并快于心房增速。出生时左、右心室壁厚度约为 0.5cm，右心室壁稍厚于左心室壁，并构成心尖的一部分。随后由于肺循环阻力下降而左心室负荷增加，故左心室的重量及室壁厚度的增长均快于右心室，并逐渐构成心尖的主要部分。5~6 岁时左心室壁厚度约 10mm，而右心室壁约 6mm。15 岁时左心室壁厚度增长到初生时的 2.5 倍，而右心室壁厚度仅增长初生时厚度的 1/3；左室壁的厚度可超过右室壁 1 倍。左心室的迅速增长过程中，心脏长径较横径增大更多，故心脏从球形发育成椭圆形。

5. 血管特点 成人的静脉内径较动脉大 1 倍，而小儿的动、静脉内径相差较小。在大血管方面，10 岁以前肺动脉内径较主动脉宽；至青春期主动脉的直径开始超过肺动脉。血管壁的弹力纤维较少，至 12 岁时才达到成人水平。在婴儿期，心、肺、肾及皮肤供血较好，主要是因为该时期这些器官的微血管较粗。

6. 心脏传导系统 新生儿期窦房结起搏细胞原始，过渡细胞较少。房室结区相对较大。心房、心室之间可残留心肌细胞的连续。大约 1 岁以后开始发育成熟。

（二）生理特点

出生时自主神经系统不成熟，心脏的交感神经支配占优势，而迷走神经中枢紧张度较低，对心脏抑制作用较弱；之后随着年龄的增长，心脏的自主神经系统不断发育成熟，5 岁时开始具有成人的特征，10 岁时完全成熟。故年龄愈小，心率及血流速度也愈快。婴儿血液循环时间平均 12 秒，学龄期儿童需 15 秒，年长儿则需 18~20 秒。小儿每分钟心输出量相对较成人大，新生儿期可达

NOTES

400~500ml/(kg·min),婴儿约 180~240ml/(kg·min),以后逐渐降低至成人水平,约为 100ml/(kg·min)。

第二节 儿童心血管病诊断方法

一、病史和体格检查

(一)病史采集

小儿时期的心血管疾病以先天性心脏病比较多见。后天性心脏病中婴幼儿期主要是川崎病合并冠状动脉病变、心肌病等;学龄期为风湿性心脏病及病毒性心肌炎等。病史询问重点内容包括下列几项。

(1)青紫:是右向左分流型先天性心脏病的重要症状,应询问出现时间、部位,是否为持续性,是否伴有呼吸困难、蹲踞现象。

(2)心脏杂音:往往提示心血管病变。需询问心脏杂音是在何时何地、什么情况下发现的,例如小型室间隔缺损、轻度肺动脉瓣狭窄等轻症先天性心脏病平时可以没有其他症状,而只是在体检时被发现有心脏杂音。

(3)生长发育迟缓:如体重不增、体格增长迟滞,常见于左向右分流型先天性心脏病。如伴随喂养困难、活动耐力下降,则往往提示慢性心功能不全。

(4)水肿:表现在眼睑或下肢,应询问出现的时间、在一天中的变化以及伴随症状,如合并心动过速、气促、呼吸困难等,提示存在心力衰竭。

(5)心悸:常见于患心动过速、期前收缩的年长儿童,偶见于甲亢、二尖瓣脱垂等。

(6)胸痛:可见于冠状动脉病变等情况。应询问发生时间、诱因、持续时间、性质等。

(7)关节痛:是风湿热的重要症状。询问疼痛部位、关节活动情况,是否为游走性,近期是否有发热、咽痛、皮疹等。

(8)晕厥:见于严重心律失常、重度主动脉或肺动脉瓣狭窄、血管迷走性晕厥等。

(9)反复呼吸道感染:常常提示严重左向右分流型先天性心脏病。

(10)母亲妊娠史:包括孕期早期感染、放射线接触、药物使用、缺氧、酗酒、吸毒、代谢性疾病、结缔组织病等。

(11)家族史:有无心脏病、猝死以及其他遗传代谢性疾病史。

(二)体格检查

1. 全身检查 应从全身的评价开始,准确测量身高和体重。评价生长发育,注意特殊面容及其他合并畸形、精神状态、体位和呼吸频率。检查有无发绀、杵状指/趾;发绀在口唇、指/趾甲床、鼻尖、指/趾端等毛细血管丰富部位最明显,杵状指/趾一般在发绀出现后几个月至1年逐渐形成。有发绀者不仅体格发育落后,严重时智能发育也可受影响。注意颈动脉搏动,肝颈静脉回流征,肝、脾的大小、质地及有无触痛,下肢有无水肿。心力衰竭者肝脏增大,肝颈静脉回流征阳性,并可有全身水肿。体格检查还应注意有无特殊面容和身体其他部位有无伴随的先天畸形存在,如白内障、唇裂、腭裂以及蜘蛛状指/趾等。皮肤黏膜瘀点是感染性心内膜炎血管栓塞的表现,而皮下小结、环形红斑是风湿热的表现。

2. 心脏检查

(1)望诊:观察心前区有无隆起,心尖搏动的位置、强弱及范围。心前区隆起者多提示有心脏扩大,应注意与佝偻病引起的鸡胸相鉴别。正常<2 岁的小儿,心尖搏动见于左第四肋间,其左侧最远点可达锁骨中线外 1cm,5~6 岁时在左第五肋间,锁骨中线上。正常的心尖搏动范围不超过 2~3cm^2,若心尖搏动强烈、范围扩大,提示心室肥大。左心室肥大时,心尖搏动最强点向左下偏移;右心室肥大时,心尖搏动弥散,有时扩散至剑突下。心尖搏动减弱见于心包积液和心肌收缩力减弱。右位心的心

NOTES

尖搏动则见于右侧。消瘦者心尖搏动易见，而肥胖者相反。

（2）触诊：进一步确定心尖搏动的位置、强弱及范围，心前区有无抬举冲动感及震颤。左第五、六肋间锁骨中线外的抬举感为左心室肥大的佐证，胸骨左缘第三、四肋间和剑突下的抬举感提示右心室肥大。震颤的位置有助于判断杂音的来源。

（3）叩诊：可粗略估计心脏的位置及大小。

（4）听诊：注意心率的快慢、节律是否整齐。第一、二心音的强弱，是亢进、减弱还是消失，有无分裂，特别是肺动脉瓣区第二音（P2）意义更大。P2 亢进提示肺动脉高压，而减弱则支持肺动脉狭窄的诊断；正常儿童在吸气时可有生理性 P2 分裂，P2 固定性分裂是房间隔缺损的特征性体征。杂音对鉴别先天性心脏病的类型有重要意义，需注意其位置、性质、响度、时相及传导方向。

3. 周围血管征 比较四肢脉搏及血压，如股动脉搏动减弱或消失，下肢血压低于上肢，提示主动脉缩窄。脉压增宽，伴有毛细血管搏动和股动脉枪击音，提示动脉导管未闭或主动脉瓣关闭不全等。

二、特殊检查

（一）胸部 X 线检查

胸部 X 线检查包括透视和摄片。透视可动态地观察心脏和大血管的搏动、位置、形态以及肺血管的粗细、分布，但不能观察细微病变。摄片可弥补这一缺点，并留下永久记录。常规拍摄正位片，必要时辅以心脏三位片。分析心脏病 X 线片时，应注意以下几点。

1. 摄片质量 理想的胸片应为吸气相拍摄，显示肺纹理清晰，对比良好，心影轮廓清晰，心影后的胸椎及椎间隙可见。

2. 心胸比值 年长儿应小于 50%，婴幼儿小于 55%，呼气相及卧位时心胸比值略增大。

3. 肺血管影 是充血还是缺血，有无侧支血管形成。

4. 心脏 观察位置、形态，各房室有无增大，血管有无异位，肺动脉段是突出还是凹陷，主动脉结是增大还是缩小。

5. 确定有无内脏异位 注意肝脏、胃泡及横膈的位置，必要时可拍摄增高电压（100~140kV）的高千伏胸片，观察支气管的形态。

（二）心电图

心电图对心脏病的诊断有一定的帮助，特别是对各种心律失常，心电图是确诊的手段。心电图对心室肥厚、心房扩大、心脏位置及心肌病变有重要参考价值，24 小时动态心电图及各种负荷心电图可提供更多的信息。有些先天性心脏病有特征性的心电图，如房间隔缺损的 V1 导联常呈不完全性右束支传导阻滞。在分析小儿心电图时应注意年龄的影响。

1. 年龄越小，心率越快，各间期及各波时限较短，有些指标的正常值与成人有差别。

2. QRS 综合波以右心室占优势，尤其在新生儿及婴幼儿，随着年龄增长逐渐转为左心室占优势。

3. 右胸前导联的 T 波在不同年龄有一定改变，如生后第 1 天，V1 导联 T 波直立，4~5 天后转为倒置或双向。

（三）超声心动图

超声心动图是一种无创检查技术，不仅可以提供详细的心脏解剖结构信息，还能提供心功能及部分血流动力学信息，分为以下几种。

1. M 型超声心动图 能显示心脏各层结构，特别是瓣膜的活动，常用于测量心腔、血管内径，结合同步记录的心电图和心音图可计算多种心功能指标。

2. 二维超声心动图 是目前各种超声心动图诊断的基础，可实时地显示心脏和大血管各解剖结构的活动情况，以及它们的空间毗邻关系。经食管超声使解剖结构显示更清晰，已用于心脏手术和介入性导管术中，进行监护及评估手术效果。

3. 多普勒超声 有脉冲波多普勒、连续波多普勒及彩色多普勒血流显像三种，可以监测血流的

NOTES

方向及速度，并换算成压力阶差，可用于评估瓣膜、血管的狭窄程度，估算分流量及肺动脉压力，评价心功能等。

4. 三维超声心动图 成像直观，立体感强，易于识别，较二维超声心动图可提供更多的解剖学信息；还可对图像进行任意切割，充分显示感兴趣区，为外科医师模拟手术进程与切口途径选择提供了丰富的信息，显示了极大的临床应用价值与前景。

(四) 心导管检查

心导管检查是进一步明确诊断和决定手术前的一项重要检查方法，根据检查部位不同，分为右心导管、左心导管检查两种。右心导管检查系经皮穿刺股静脉，插入不透 X 线的导管，经下腔静脉、右心房、右心室至肺动脉；左心导管检查时，导管经股动脉、降主动脉逆行至左心室。检查时可探查异常通道，测定不同部位的心腔、大血管的血氧饱和度和压力，进一步计算心输出量、分流量及血管阻力。通过肺小动脉楔入压测定可以评价肺动脉高压患者的肺血管床状态，对左心房入口及出口病变、左心室功能的评价等有一定意义。连续压力测定可评价瓣膜或血管等狭窄的部位、类型、程度。此外，经心导管还可进行心内膜活检、电生理测定和各种介入治疗。

(五) 心血管造影

心导管检查时，根据诊断需要将导管顶端送到选择的心腔或大血管，并根据观察不同部位病损的要求，采用轴向(成角)造影，同时进行快速摄片或电影摄影，以明确心血管的解剖畸形；尤其对复杂性先天性心脏病及血管畸形，心血管造影仍是主要检查手段。数字减影血管造影(DSA)的发展及新一代造影剂的出现降低了心血管造影对人体的伤害，使诊断更精确。

(六) 放射性核素

常用的放射性核素为 ^{99m}锝。静脉注射后，应用 γ 闪烁照相机将放射性核素释放的 γ 射线最终转换为点脉冲，所有的数据均由计算机记录、存储，并进行图像重组及分析。常用的心脏造影有初次循环心脏造影及平衡心脏血池造影。主要用于左向右分流及心功能检查。

(七) 磁共振成像

磁共振成像(MRI)具有无电离辐射损伤、多剖面成像能力等特点，有多种技术选择，包括自旋回波技术(SE)、电影 MRI、磁共振血管造影(MRA)及磁共振三维成像技术等，常用于诊断主动脉弓发育不良和离断、肺动脉主干和分支发育不全和狭窄、冠状动脉起源异常和病变等，可以很好地显示体循环和肺循环的血管发育情况。

(八) 计算机断层扫描

电子束计算机断层扫描(EBCT)和螺旋形 CT 已应用于心血管领域，对下列心血管疾病有较高的诊断价值：大血管及其分支的病变；冠状动脉病变；心脏瓣膜、心包和血管壁钙化，心腔内血栓和肿块；心包缩窄、心肌病等。此外，对于血管环压迫气管、支气管有很高的诊断价值。

第三节 先天性心脏病概述及分类

先天性心脏病(congenital heart disease，CHD，简称“先心病”)是指胎儿时期心脏血管发育异常而致的心血管畸形，是小儿最常见的心脏病。在 1 000 个出生存活的新生儿中，发生本病者约 6~8 名。据 1989—1991 年上海市杨浦和徐汇两个区的联合调查资料，婴儿出生后 1 年内先心病的发病率为 6.87‰。中国每年大约有 15 万新生婴儿患有各种类型的先心病。近三十多年来，由于超声心动图、心导管检查、心血管造影术等的应用，以及在低温麻醉、体外循环下心脏直视手术的发展，使得绝大多数先心病得到准确的诊断，多数可获得彻底根治，预后已大为改观。

先心病的发生主要由遗传和环境因素及其相互作用所致。据目前了解，由单基因和染色体异常所导致的各类先心病约占 15% 左右，例如：21-三体综合征的患者，40% 合并有心血管畸形，以房室隔缺损为最多见；13、15 和 18-三体综合征患者大多合并室间隔缺损、房间隔缺损和动脉导管未闭等畸

NOTES

形;在动脉单干、肺动脉狭窄和法洛四联症等多种畸形中,存在第22对染色体长臂11带区缺失;主动脉瓣上狭窄可能与弹性蛋白(elastin)基因突变有关;马方综合征与原纤蛋白(fibrillin)基因突变有关等。

但一般认为,多数先心病由多基因异常和环境因素共同作用所致,与心血管畸形相关性较强的因素主要为:①早期宫内感染,如风疹、流行性感冒、腮腺炎和柯萨奇病毒感染等;②孕母有与大剂量的放射线接触和服用药物史(抗癌药物、抗癫痫药物等);③孕妇代谢紊乱性疾病(糖尿病、高钙血症等);④引起子宫内缺氧的慢性疾病等;⑤空气及水源的污染;⑥妊娠早期酗酒、吸食毒品;⑦孕期的精神障碍等。

虽然引起先心病的病因迄今尚未完全明确,但加强对孕妇的保健,特别是在妊娠早期积极预防病毒感染性疾病、避免与发病有关的一些高危因素,对预防先心病的发生具有重要意义。通过胎儿超声心动图及染色体、基因诊断等手段可以在怀孕的早、中期对部分先心病进行早期诊断、早期干预。

先心病的种类很多,临床上根据心脏左、右两侧及大血管之间有无血液分流分为三大类。

(1)左向右分流型(left-to-right shunt lesions):为心血管左、右两侧之间存在异常通道,如室间隔缺损、房间隔缺损和动脉导管未闭等。一般情况下,由于体循环压力高于肺循环,故血液从左向右分流而不出现发绀。但在剧烈哭闹、屏气等情况下,肺动脉或右心室压力增高并超过左心室压力,则可使血液自右向左分流而出现暂时性发绀;如果肺动脉压力进行性增高,右心压力超过左心,也可导致发绀,故此型也称为潜在发绀型先心病。

(2)右向左分流型(right-to-left shunt lesions):也称为发绀型先心病,为右心血液通过异常通道直接流入左心,出现持续性发绀。常见者如法洛四联症和大动脉换位等。

(3)无分流型(non-shunt lesions):心脏左、右两侧或动、静脉之间无异常通路和分流的先心病,如肺动脉瓣狭窄和主动脉缩窄等。

先心病的诊断通常采用Van Praagh顺序节段分析(sequential segmental analysis)方法及命名。分段诊断概念对推动和提高先心病的诊断和治疗水平发挥了非常重要的作用。该方法将心房、心室、大动脉(瓣膜水平)的位置分别以字母表示,例如:正常心脏可以“S、D、S”来表示,即心房位置正常(S)、右襻心室(D)和大动脉位置正常(S),主动脉位于肺动脉右后方;镜像右位心则为“I、L、I”,即心房反位(I)、左襻心室(L)和大动脉反位(I),主动脉位于肺动脉左后方,以上各段连接均正常。心房位置正常、右襻心室、主动脉位于肺动脉右前与右心室连接的大动脉换位,为完全性大动脉转位,用“S、D、D”表示。

完整的Van Praagh顺序分段诊断包括:心房位置、心室位置、房-室连接、大动脉位置、心室-大动脉连接,以及心脏位置及合并畸形的诊断等。正确判断心房、心室及大动脉的分布是顺序分段诊断的基础。

第四节　常见的先天性心脏病

一、房间隔缺损

房间隔缺损(atrial septal defect,ASD)约占先心病的10%。按胚胎发生与病理解剖病变部位,分为四种类型:继发孔型(约占75%)、原发孔型(约占15%)、静脉窦型(约占5%)和冠状静脉窦型(少见)。ASD可单独存在,也可合并其他畸形,较常合并肺静脉异位连接、肺动脉瓣狭窄及二尖瓣裂缺等。

【病理生理】

ASD时左向右分流量取决于缺损大小和两侧心房间压差(取决于两侧心室的相对顺应性和体、肺循环的相对阻力)。新生儿及婴儿早期,由于左、右两侧心室充盈压相似,所以通过ASD的分流量较小;随着年龄增长,体循环压力增高,肺阻力及右心室压力降低,心房水平自左向右的分流增加。小型

NOTES

ASD 者分流量小，可无功能紊乱；大型 ASD 者左心房较多含氧高的血液向右心房分流，右心房接受腔静脉回流血量加上左心房分流血量，导致右心室舒张期容量负荷过重，右心房和右心室增大，肺循环血流量增加，可为体循环的 2~4 倍（图 9-4-1），当分流量超过肺血管床容量的限度，可引起肺动脉高压。

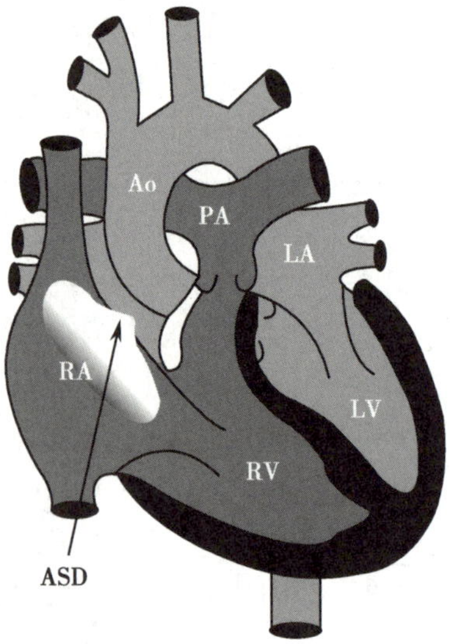

图 9-4-1 房间隔缺损（继发孔型）
LA：左心房；LV：左心室；RA：右心房；RV：右心室；PA：肺动脉；Ao：主动脉；ASD：房间隔缺损；箭头示继发孔型房间隔缺损。

【临床表现】

1. 症状 临床症状出现早晚或轻重主要取决于分流量的大小。婴儿期 ASD 多数无症状，一般由常规体格检查或呼吸道感染闻及杂音而发现该病。儿童期可表现为乏力，活动后气促。大分流量可引起体循环血量不足而影响发育，患者体格较小，消瘦，乏力，多汗和活动后气促，并因肺循环充血而易患支气管炎或肺炎，严重者早期发生心力衰竭。当哭闹、患肺炎或心力衰竭时，右心房压力可超过左心房，出现暂时性右向左分流而呈现青紫。

2. 体征 心前区较饱满，右心搏动增强，心浊音界扩大。由于右心室增大，肺动脉瓣血流增加，所以肺动脉瓣相对狭窄，胸骨左缘第二、三肋间可闻及收缩中期Ⅱ、Ⅲ级喷射性杂音。第一心音正常。肺动脉瓣延迟关闭，产生不受呼吸影响的肺动脉瓣区第二心音固定分裂（fixed splitting）。分流量大时，通过三尖瓣的血流量增多，造成三尖瓣相对狭窄，胸骨左缘下方可闻及舒张期隆隆样杂音。肺动脉扩张明显或有肺动脉高压者，可在肺动脉瓣区听到第二音亢进和收缩早期喀喇音（early systolic click）。如同时合并二尖瓣脱垂，心尖区可闻及全收缩期或收缩晚期杂音。

【辅助检查】

1. 心电图 电轴右偏，显示右心室肥大，伴不完全右束支传导阻滞，QRS 波群呈 rsR' 型，P-R 间期可延长，可能为室上嵴肥厚和右心室扩张所致。少数可有 P 波高尖。如果电轴左偏，提示原发孔型 ASD 伴二尖瓣裂缺。

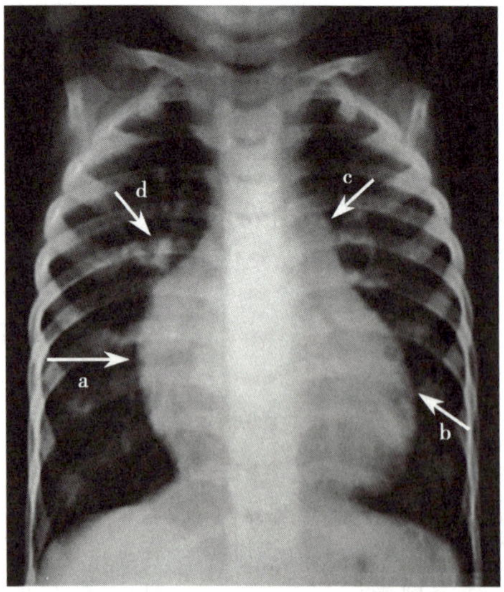

图 9-4-2 房间隔缺损的 X 线表现
箭头 a：提示右心房扩大；箭头 b：提示右心室扩大；箭头 c：肺动脉段稍突出；箭头 d：肺门血管影增粗。

2. X 线检查 右心房、右心室、肺动脉均可扩大，肺门血管影增粗（图 9-4-2），搏动强烈，透视下可见肺动脉总干及分支随心脏搏动而一明一暗的"肺门舞蹈"征。原发孔型 ASD 二尖瓣有严重反流时，左心房、左心室扩大。

3. 超声心动图 右心房、右心室、右心室流出道扩大，室间隔与左心室后壁呈矛盾运动（同向运动），系右心室舒张期容量负荷过重所致。二维超声心动图可直接探测到 ASD 部位及大小，通过叠加脉冲和彩色多普勒观察血流特点可进一步明确诊断。三维超声心动图可观测缺损的整体形态以及与毗邻结构的立体关系。

4. 心导管检查 当临床资料与诊断不一致，或怀疑有严重肺动脉高压存在或合并肺静脉异位连接时，需做心导管检查。右心导管可发现右心房血氧含量较上、下腔静脉平均血氧高，导管可通过缺损经右心房进入左心房，并测算肺动脉压力、阻力及分流大小。

【治疗】

小型继发孔 ASD 无症状患者 4 岁前有 15% 自然闭合可能，可随访观察。大于 8mm ASD 一般不会自然闭合。症状明显者宜早期施行手术治疗。临床症状较轻或无症状，但有血流动力学异常改变者，宜在2~6岁行手术修补治疗。部分继发孔ASD患者可选择心导管植入扣式双盘堵塞装置、蚌状伞或蘑菇伞关闭缺损，适用于年龄大于2岁，缺损周围有足够房间隔边缘者。

二、室间隔缺损

室间隔缺损（ventricular septal defect，VSD）是由室间隔组成部分的发育不良或发育障碍所致，为儿童先心病中最常见类型，约占先心病的25%。根据缺损部位，VSD可分为三种类型：①膜周部缺损。单纯膜部缺损很少，而是表现为膜部及其周边组织缺损，此型最多见，占60%~70%。②肌部缺损。缺损位于肌部室间隔，占15%~25%。③漏斗部缺损。缺损位于右心室流出道、室上嵴与肺动脉瓣环之间，该型在西方国家占3%~6%，但东方人发生率较高，占19%。VSD可单独存在，约40%合并心脏其他畸形。

【病理生理】

左心室的收缩压显著高于右心室，VSD者分流方向从左心室到右心室，造成肺循环血流量增加，体循环供血不足。VSD血流动力学改变与缺损大小及肺血管床发育状况有关。小型缺损（按体表面积校正，<5mm/m^2）：分流量很小，可无功能紊乱；中等缺损（5~10mm/m^2）：有明显分流，肺循环血流量超过正常2~3倍，肺动脉压正常或轻度升高；大型缺损（>10mm/m^2）：肺循环血流量可为体循环的3~5倍（图9-4-3）。肺循环量增加使肺小动脉痉挛，产生动力型肺动脉高压，逐渐引起继发性肺小动脉内膜和中层的增厚及硬化，形成阻力型肺动脉高压。此时，左向右分流量逐渐减少，继而呈现双向分流，甚至反向分流，临床上出现持续性发绀，发展成为艾森门格（Eisenmenger）综合征。

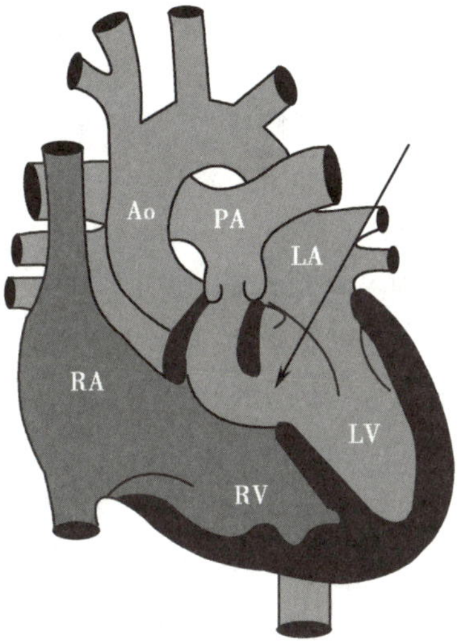

图9-4-3 室间隔缺损

LA：左心房；LV：左心室；RA：右心房；RV：右心室；PA：肺动脉；Ao：主动脉；箭头示大的室间隔缺损。

【临床表现】

1. 症状 小型VSD者多无临床症状，往往在体格检查时，因闻及胸骨左缘下方粗糙的全收缩期杂音而被发现。中、大型缺损在新生儿后期及婴儿期即可出现症状，如喂养困难，吮乳时气急，苍白，多汗，体重不增，反复呼吸道感染，出生后半年内常发生充血性心力衰竭。

2. 体征 胸骨左缘第三、四肋间可闻及响亮粗糙的全收缩期吹风样杂音，向心前区及后背传导，可扪及震颤（thrill），因分流量较大导致相对性二尖瓣狭窄，心尖部可闻及较短的舒张期隆隆样杂音。肺动脉高压时肺动脉瓣区第二音增强；当有明显肺动脉高压或艾森门格综合征时，临床出现发绀，并逐渐加重，此时心脏杂音往往减轻，肺动脉瓣区第二音显著亢进。

【辅助检查】

1. 心电图 小型缺损者心电图属正常范围，而大型缺损者为左、右心室合并肥大。

2. X线检查 小型缺损者心肺X线检查无明显改变。大型缺损者心影呈中度或以上增大，肺动脉段明显突出，肺血管影增粗，搏动强烈，左、右心室增大，左心房也大，主动脉影较小，肺动脉高压者以右心室增大为主（图9-4-4）。

3. 超声心动图 二维超声心动图可以准确地探查VSD的部位、大小、数目和类型，叠加彩色血流显像还可以明确分流方向与速度。无肺动脉口狭窄时，可利用连续波多普勒技术无创性估测肺动脉压力。

4. 心导管检查及左心室造影 单纯性VSD者不需心导管检查。如有重度肺动脉高压、主动脉瓣脱垂、继发性右心室漏斗部狭窄或合并其他心脏畸形，需做心导管检查及左心室造影。右心导管检查可以发现右心室血氧含量高于右心房，并可测定肺动脉压力及推算肺小动脉阻力情况。

【治疗】

25%~40% 的小型膜周部、肌部缺损在 3 岁前有可能自然关闭，对血流动力学变化较轻、没有明显症状者可以随访观察。因有发生感染性心内膜炎的危险，一般建议在学龄前进行外科手术或介入治疗。大型缺损症状明显、并发症内科治疗无效或婴儿期出现肺动脉高压及漏斗部缺损者有早期手术指征。

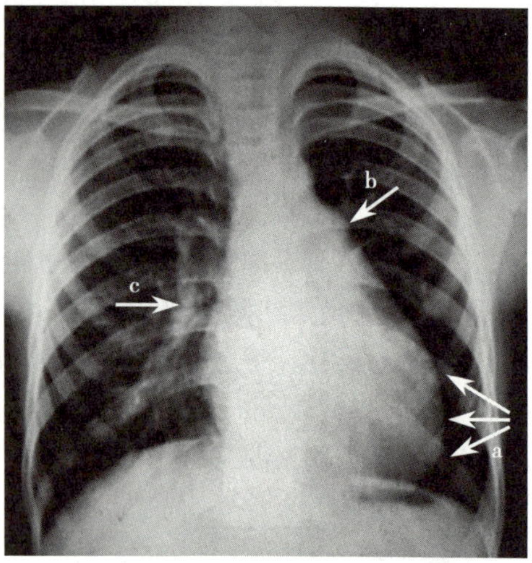

图 9-4-4 室间隔缺损胸部 X 线正位片
箭头 a：提示左心室、右心室扩大；箭头 b：肺动脉段突出；箭头 c：肺门血管影增粗。

三、动脉导管未闭

动脉导管未闭（patent ductus arteriosus，PDA）约占先心病的 15%。胎儿期动脉导管开放是血液循环的重要通道。出生后，随着首次呼吸建立，动脉氧分压增高、肺循环阻力降低，动脉导管渐渐关闭，经数月到 1 年，解剖学完全关闭。若持续开放，并产生病理生理改变，即为 PDA。未闭动脉导管的大小、长短和形态不一，一般分为三型：①管型。导管长度多在 1cm 左右，直径粗细不等。②漏斗型。长度与管型相似，但其近主动脉端粗大，向肺动脉端逐渐变窄。③窗型。肺动脉与主动脉紧贴，两者之间为一孔道，直径往往较大。PDA 多单独存在，但有 10% 的病例合并其他心脏畸形，如主动脉缩窄、室间隔缺损、肺动脉狭窄等。

【病理生理】

出生后动脉导管关闭的机制包括多种因素。在组织结构方面，动脉导管的肌层丰富，含有大量凹凸不平的螺旋状弹性纤维组织，易于收缩闭塞。而出生后体循环中氧分压的增高，强烈刺激动脉导管平滑肌收缩。此外自主神经系统的化学解体，如激肽类的释放也能使动脉导管收缩。未成熟儿动脉导管平滑肌发育不良、平滑肌对氧分压的反应低于成熟儿，故早产儿 PDA 发病率高，占早产儿的 20%，且伴呼吸窘迫综合征的发病率更高。分流量大小与导管粗细及主、肺动脉压差有关。由于主动脉在收缩期和舒张期的压力均超过肺动脉，所以通过未闭动脉导管的左向右分流的血液连续不断，使肺循环及左心房、左心室、升主动脉的血流量明显增加（图 9-4-5），导致左心房、左心室扩大。大量血流向肺循环冲击，肺小动脉可有反应性痉挛，形成动力性肺动脉高压；继之管壁增厚硬化，导致梗阻性肺动脉高压，此时右心室收缩期负荷过重，右心室代偿性肥厚，一旦失代偿则导致心力衰竭。当肺动脉压力超过主动脉压时，左向右分流明显减少或停止，产生肺动脉血流逆向分流入主动脉，患者呈现差异性发绀（differential cyanosis），下半身青紫，左上肢可有轻度青紫，右上肢正常。

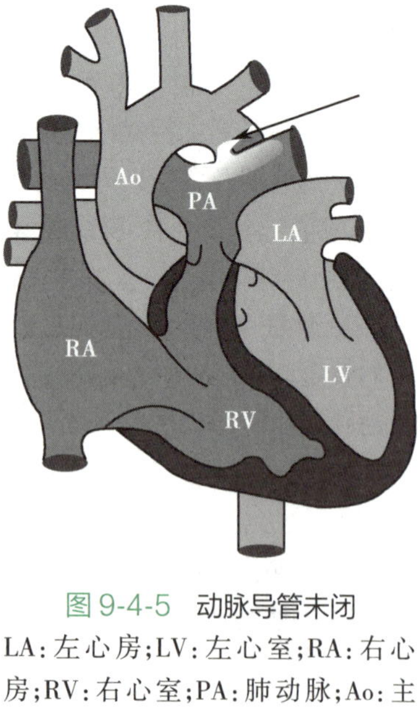

图 9-4-5 动脉导管未闭
LA：左心房；LV：左心室；RA：右心房；RV：右心室；PA：肺动脉；Ao：主动脉；箭头示动脉导管未闭。

【临床表现】

1. 症状 动脉导管细小者临床上可无症状。导管粗大者可有反复呼吸道感染、喂养困难及生长发育落后等。

2. 体征 胸骨左缘第二肋间可闻及响亮的连续性“机器”样杂音（continuous machinery murmur），占整个收缩期与舒张期，常伴震颤，杂音向左锁骨下、颈部和背部传导；当合并肺动脉高压

NOTES

时，杂音的舒张期成分可能减弱或消失。新生儿期因肺动脉压力较高，往往仅听到收缩期杂音。分流量大者因相对性二尖瓣狭窄而在心尖部可闻及较短的舒张期杂音。肺动脉瓣区第二音增强。由于舒张压降低，脉压差增宽，可出现周围血管体征，如水冲脉、指甲床毛细血管搏动等。

【辅助检查】

1. 心电图　分流量大者可有不同程度左心室肥大，偶有左心房肥大。显著肺动脉高压者，左、右心室肥厚，严重者甚至以右心室肥厚为主。

2. X线检查　动脉导管细者心血管影可正常。分流量大者心影增大，左心室增大，心尖向下扩张，左心房亦轻度增大。肺血增多，肺动脉段突出，肺门血管影增粗。肺动脉高压时，肺门处肺动脉总干及其分支扩大，而远端肺野肺小动脉细小，右心室有扩大肥厚征象。主动脉结正常或凸出（图9-4-6）。

3. 超声心动图　二维超声心动图可以直接探查到未闭合的动脉导管。脉冲多普勒在动脉导管开口处也可探测到典型的收缩期与舒张期连续性湍流频谱。叠加彩色多普勒可见红色血流信号从降主动脉，通过未闭导管沿肺动脉外侧壁流动；在重度肺动脉高压时，可见蓝色血流信号自肺动脉经未闭导管反向流入降主动脉。

4. 心导管检查及逆行主动脉造影　当肺血管阻力增加或疑有其他合并畸形时，需要施行心导管检查，可发现肺动脉血氧含量较右心室高。有时心导管可以从肺动脉通过未闭导管插入降主动脉。逆行主动脉造影对观测PDA大小、形态及复杂病例诊断有重要价值，在主动脉根部注入造影剂可见主动脉与肺动脉同时显影，未闭动脉导管也能显影（图9-4-7）。

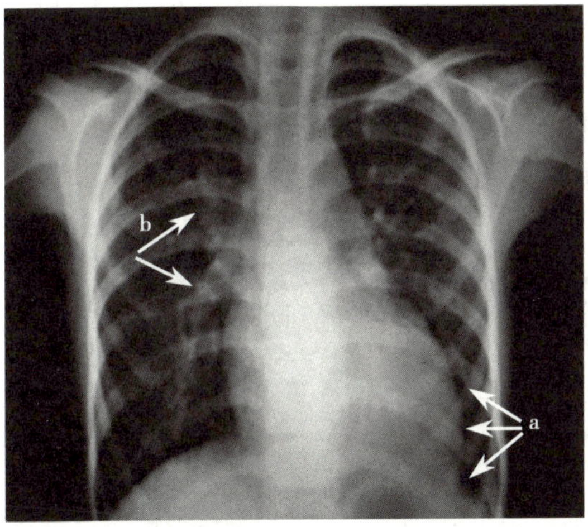

图9-4-6　动脉导管未闭胸部X线正位片
箭头a：提示左心室扩大；箭头b：肺门血管影增粗。

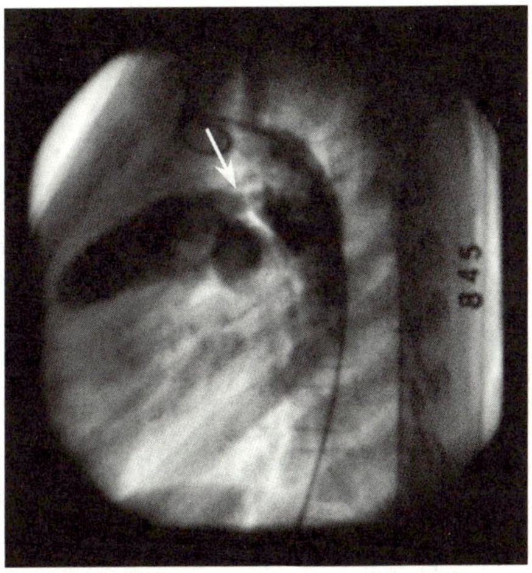

图9-4-7　心血管造影显示动脉导管未闭（箭头所示）

【治疗】

在有些病例中，如完全性大动脉转位、肺动脉闭锁等，动脉导管具有生存依赖性，此时应采用前列腺素E_2保持动脉导管开放，对维持患者生命至关重要。除此之外，不同年龄、不同大小的动脉导管均应经介入方法或手术予以关闭。早产儿PDA的处理视分流大小、呼吸窘迫综合征情况而定。症状明显者，需抗心力衰竭治疗，生后1周内可使用吲哚美辛治疗，但仍有10%的患者需手术治疗。目前多数PDA患者可选择弹簧圈或蘑菇伞等堵塞装置经介入疗法关闭动脉导管。

四、肺动脉瓣狭窄

肺动脉瓣狭窄（pulmonary stenosis，PS）约占先心病的10%，约有20%的先心病合并PS。PS可分为两种类型：①典型PS。肺动脉瓣瓣叶交界处互相融合，使瓣膜开放受限，瓣口狭窄；瓣叶结构完整，瓣环正常，肺动脉干呈狭窄后扩张。②发育不良型PS。肺动脉瓣叶形态不规则且明显增厚或呈结节

NOTES

状，瓣叶间无粘连，瓣叶启闭不灵活，瓣环发育不良，肺动脉干不扩张或发育不良。此型常有家族史，努南（Noonan）综合征大多合并此病变。

【病理生理】

右心室向肺动脉射血遇到瓣口狭窄的困阻，右心室必须提高收缩压方能向肺动脉泵血，其收缩压提高的程度与狭窄的严重性成比例。右心室向心性肥厚，狭窄严重者，心室腔小，心内膜下心肌可有缺血性改变，可导致右心衰竭（图 9-4-8）。右心房有继发性增大，心房壁增厚，卵圆孔开放，或伴有房间隔缺损。如 PS 很重，右心室输出量大减，腔静脉血回流右心房后大多通过卵圆孔或房间隔缺损流入左心房、左心室，呈现青紫。

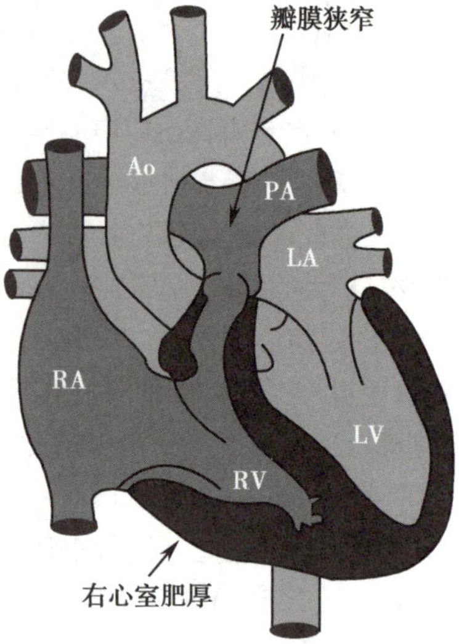

图 9-4-8 肺动脉瓣狭窄

LA：左心房；LV：左心室；RA：右心房；RV：右心室；PA：肺动脉；Ao：主动脉。

【临床表现】

1. 症状 轻度狭窄可无症状；中度狭窄在两三岁内可无症状，但年长后劳动时易疲劳及气促；严重狭窄者中度体力劳动亦可致呼吸困难和乏力，突然昏厥甚至猝死。亦有患者活动时感胸痛或上腹痛，可能是心输出量不能相应提高，使心肌供血不足或心律失常所致。

2. 体征 生长发育多正常，狭窄严重者可有青紫，如伴有大型房间隔缺损可有严重青紫，并有杵状指/趾。颈静脉搏动明显者提示狭窄严重。心前区可较饱满，有心力衰竭时心脏扩大；左侧胸骨旁可触及右心室的抬举搏动，心前区搏动弥散，甚至可延伸到腋前线。胸骨左缘第二、三肋间可及收缩期震颤并可向胸骨上窝及胸骨左缘下部传导。听诊时胸骨左缘上部有洪亮的Ⅳ/Ⅵ级以上喷射性收缩期杂音，向左上胸、心前区、颈部、腋下及背面传导。第一心音正常，轻度和中度狭窄者可听到收缩早期喀喇音，狭窄越重，喀喇音出现越早，甚至与第一音相重，使第一音呈金属样。喀喇音系增厚而仍具弹性的瓣膜在开始收缩时突然绷紧所致。第二心音分裂，分裂程度与狭窄严重程度成比例，肺动脉瓣关闭音很轻甚至听不到。

【辅助检查】

1. 心电图 显示右心房扩大、P 波高耸，右心室肥大，右胸前导联显示 R 波高耸，电轴右偏，其程度取决于狭窄严重程度。狭窄严重时出现 T 波倒置、ST 段压低。

2. X 线检查 轻、中度狭窄时心脏大小可正常，重度狭窄时如心功能尚可，心脏仅轻度增大；如有心力衰竭，则心脏明显增大，主要为右心室和右心房扩大。狭窄后的肺动脉扩张为本病特征性的改变，有时扩张延伸到左肺动脉，但婴儿期扩张多不明显。

3. 超声心动图 二维超声心动图可显示肺动脉瓣的厚度、收缩时的开启情况及狭窄后扩张。多普勒超声可检查心房水平有无分流，更重要的是可较可靠地通过测量右心室与肺动脉之间的收缩期压差估测肺动脉瓣狭窄的严重程度。

4. 心导管检查及右心室造影 右心室压力明显增高，可与体循环压力相等，而肺动脉压力明显降低，心导管从肺动脉向右心室退出时的连续曲线显示明显的无过渡区的压力阶差。右心室造影可见明显的“射流征”，同时可显示肺动脉瓣叶增厚或/和发育不良及肺动脉总干的狭窄后扩张（图 9-4-9）。

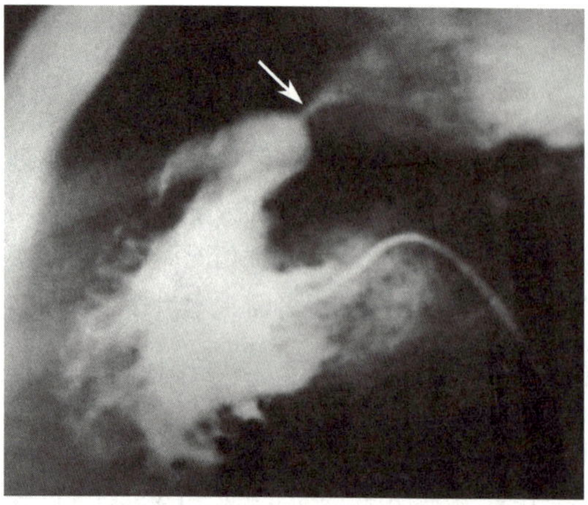

图 9-4-9 肺动脉瓣狭窄右心室造影

箭头示肺动脉瓣口血流呈“射流征”。

NOTES

【治疗】

球囊扩张瓣膜成形术是大多数PS患者的首选治疗方法。严重PS患者应尽早接受治疗，如无介入治疗适应证，如合并肺动脉瓣环发育不良，则应接受外科手术。部分PS患者可伴有漏斗部肥厚、狭窄，但一旦PS解除，大多数漏斗部肥厚可逐渐消退。

五、法洛四联症

法洛四联症（tetralogy of Fallot，TOF）是1岁以后最常见的青紫型先心病，约占先心病的10%。1888年法国医生Etienne Fallot详细描述了该病的病理特点及临床表现，故而得名。TOF由4个畸形组成：①右心室流出道梗阻；②室间隔缺损；③主动脉骑跨；④右心室肥厚。约20%的患者合并右位主动脉弓。

【病理生理】

室间隔缺损通常很大，接近主动脉口的直径，多位于主动脉右冠瓣下方。主动脉根部骑跨于室间隔之上。右心室流出道梗阻的部位各异，50%为漏斗部狭窄，20%~25%同时伴有肺动脉瓣狭窄，少数病例为肺动脉瓣上及周围肺动脉狭窄，或一侧（通常左侧）肺动脉缺如。TOF血流动力学变化主要取决于右心室流出道梗阻程度：当梗阻严重时，肺动脉血流显著减少，大量未氧合的体静脉血流通过室间隔缺损、骑跨主动脉产生右向左分流（图9-4-10），临床呈现严重青紫，血液黏滞度增高，红细胞增多。此时，支气管动脉、动脉导管或其他侧支循环常参与肺部血供。

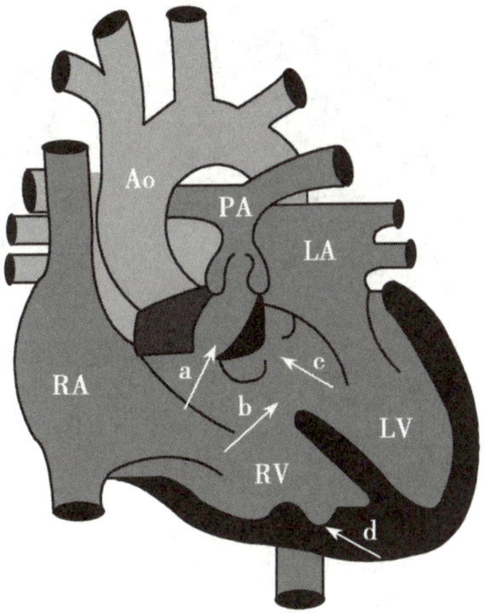

图9-4-10 法洛四联症

LA：左心房；LV：左心室；RA：右心房；RV：右心室；PA：肺动脉；Ao：主动脉；箭头a：右心室流出道梗阻；箭头b：室间隔缺损；箭头c：主动脉骑跨；箭头d：右心室肥厚。

【临床表现】

1. 症状

（1）青紫：为主要表现，其程度和出现的早晚与右心室流出道梗阻程度有关，大多在出生3个月后出现，此时动脉导管关闭，缺氧症状加重。多见于毛细血管丰富的浅表部位，如唇、指/趾甲床、球结膜等。患者活动耐力差，稍一活动如啼哭、情绪激动、体力劳动、寒冷等，即可出现气急及青紫加重。

（2）蹲踞症状：多有蹲踞症状，每于行走、游戏时，常主动下蹲片刻。蹲踞时下肢屈曲，使静脉回心血量减少，减轻了心脏负荷，同时下肢动脉受压，体循环阻力增加，使右向左分流量减少，缺氧症状暂时得以缓解。不会行走的小婴儿，常喜欢大人抱起，双下肢呈屈曲状。

（3）缺氧发作：多见于婴儿，诱因为吃奶、哭闹、情绪激动、贫血、感染等，表现为阵发性呼吸困难，严重者可表现为突然昏厥、抽搐，甚至死亡。其原因是在肺动脉漏斗部狭窄的基础上，突然发生该处肌部痉挛，引起一时性肺动脉梗阻，使脑缺氧加重。年长儿常诉头痛、头晕。

2. 体征 生长发育一般较迟缓，智能发育亦可能稍落后于正常儿。心前区略隆起，胸骨左缘第二~四肋间可闻及Ⅱ、Ⅲ级粗糙喷射性收缩期杂音，此为肺动脉狭窄所致，一般无收缩期震颤。肺动脉瓣区第二音减弱。在部分患者可听到单一、响亮的第二心音，乃由于主动脉增宽占据肺动脉瓣听诊区，多见于肺动脉狭窄较严重者。狭窄极严重者或在阵发性呼吸困难发作时，可听不到杂音。有时可听到侧支循环的连续性杂音。发绀持续6个月以上，出现杵状指/趾，表现为指/趾端膨大如鼓槌状，此乃患者长期缺氧，可使指/趾端毛细血管扩张增生，局部软组织和骨组织也增生肥大。

【辅助检查】

1. 心电图 常显示右心室肥大，其次右心房肥大。

2. X线检查 心影大小属正常范围，呈"靴形"。肺血管影显著减少，主动脉弓可能位于右侧，升主动脉通常扩大，侧支循环丰富者两肺呈网状肺纹理（图9-4-11）。

NOTES

3. **超声心动图** 显示主动脉增宽，主动脉前壁与室间隔连续中断，右心室流出道狭窄，肺动脉及其分支发育不良，大型室间隔缺损一般位于膜周部延及主动脉瓣下（图 9-4-12）。彩色血流显像可见室间隔水平呈双向分流，右心室将血流直接注入骑跨的主动脉。

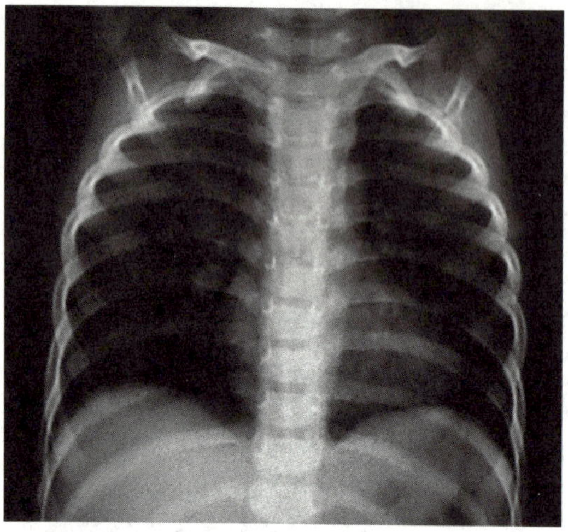

图 9-4-11 法洛四联症胸部 X 线正位片（心影呈"靴形"）

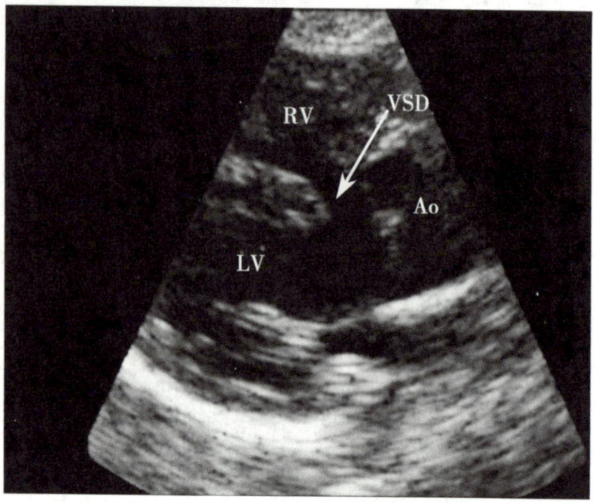

图 9-4-12 法洛四联症超声心动图胸骨旁长轴切面图
LV：左心室；RV：右心室；Ao：主动脉；VSD：室间隔缺损；箭头示室间隔缺损。

4. **心导管检查及选择性右心室造影** 可全面评估右心室流出道、肺动脉瓣、瓣环的结构、肺动脉及其主要分支内径以及冠状动脉情况。

【治疗】

凡确诊者，均应施行外科手术。内科治疗应积极预防感染，防治脱水和并发症。缺氧发作轻者使其取胸膝位即可缓解；重者应立即吸氧，给予普萘洛尔每次 0.1mg/kg，缓慢注射，不宜超过 1mg；必要时也可皮下注射吗啡，每次 0.1~0.2mg/kg；纠正酸中毒，给予 5% 碳酸氢钠 1.5~5.0ml/kg 静脉注射。常有缺氧发作者，可口服普萘洛尔 1~3mg/(kg·d) 预防。去除贫血、感染等诱因，保持患者安静。经上述处理后仍不能有效控制发作者，应考虑急症外科手术修补。近年来外科根治术的死亡率不断下降。轻症患者可考虑于幼儿期行一期根治手术，但症状明显者应在生后 6~12 个月行根治术。重症患者可在婴儿期先行姑息手术，等肺血管发育好转后，再行根治术。目前常用的姑息手术有：锁骨下动脉-肺动脉分流术[改良的布莱洛克-陶西格分流术（Blalock-Taussig shunt）]，上腔静脉-右肺动脉吻合术（Glenn 手术）等。

六、完全性大动脉转位

完全性大动脉转位（transposition of the great arteries，TGA）是新生儿期最常见的青紫型先心病，约占先心病的 5%。主要畸形为主动脉出自解剖右心室，肺动脉出自解剖左心室，主动脉与二尖瓣间的纤维连续中断。大多数患者的主动脉位于肺动脉右前方，又称右型大动脉换位（*D*-TGA）。若不及时治疗，30% 死于出生后 1 周，90% 死于 1 岁以内。

【病理生理】

胚胎发育的 5~7 周，动脉干被一纵隔分成肺动脉和主动脉，随后纵隔的近端发生螺旋形扭转，使主动脉与左心室相连，肺动脉与右心室相连。若扭转不全或未呈螺旋形扭转，则形成主、肺动脉换位，此时主动脉位于右前方，与右心室相连接，肺动脉位于左后方，与左心室相连（图 9-4-13）。这样体、肺循环各自成为两个独立平行的循环，即上、下腔静脉回流的静脉血通过右心流入转位的主动脉供应全身，而肺静脉回流的氧合血通过左心流入转位的肺动脉到达肺循环，故出生后此两循环之间必须要有

NOTES

交通，患者才有血液交流得以生存。2/3 的病例有动脉导管未闭，约 1/2 的病例有室间隔缺损，几乎所有病例均存在心房之间交通。

动脉血氧饱和度主要取决于两个循环间存在的分流量大小。不论体、肺循环间的交通何处有分流，血液的聚积总偏于一侧，例如：向左分流的血仍回到左心，向右分流者仍回到右心，使该侧心腔容量增大，压力增高；而当压力增高后，血液分流方向即发生改变，血又逐渐聚积于另一侧。这样周而复始，临床上发生左、右心室周期性扩大和缩小现象，引起两心室的扩张和肥厚，终因缺氧和心力衰竭而死亡。

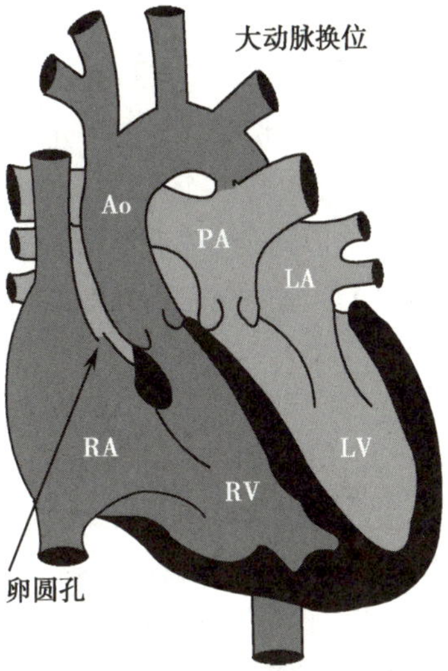

图 9-4-13 大动脉转位
LA：左心房；LV：左心室；RA：右心房；RV：右心室；PA：肺动脉；Ao：主动脉；箭头示卵圆孔未闭

【临床表现】

1. 症状 青紫出现早，半数于出生时即存在，绝大多数始于 1 个月以内。青紫程度取决于是否合并其他畸形。青紫分布一般为全身性，但如合并动脉导管未闭，则动脉血自左心室排出，经肺动脉通过动脉导管入降主动脉，再分布到躯干及下肢，因此下肢青紫较上肢为轻。青紫还取决于两循环间的混合状态。重度低氧血症常见于仅有小的卵圆孔未闭或动脉导管未闭以及室间隔完整者，或是由左心室流出道狭窄所致肺血流量相对减少者。有粗大的动脉导管未闭或大型室间隔缺损者，青紫可不严重，而心力衰竭则为主要表现。

2. 体征 TGA 伴室间隔完整（intact ventricular septum）的婴儿，听不到心脏杂音，若伴有大型动脉导管未闭或大型室间隔缺损或肺动脉狭窄等，可闻及相应畸形所产生的杂音。

【辅助检查】

1. 心电图 婴儿期可出现电轴右偏，右心房扩大，右心室肥厚，反映右心成为体循环的泵室。伴有大型室间隔缺损，且肺血量增多者可能呈现双心室肥厚。

2. X 线检查 出生后第 1 天，尤其室间隔完整者，胸片可表现正常。主要表现：①婴儿早期心影进行性扩大；②心影呈斜置的“蛋形”，乃由于主、肺动脉干呈前后排列，大血管影狭小；③多数肺血管影增加。

3. 超声心动图 二维超声心动图在大血管水平短轴面可显示主动脉与肺动脉的前后排列关系，右前位的主动脉出自右心室，左后位的肺动脉出自左心室。超声心动图还可以发现合并畸形，如室间隔缺损和左心室流出道梗阻等。

4. 心导管检查及心血管造影 在新生儿期心导管检查术主要用于姑息性球囊房间隔造口术（balloon atrial septostomy），以期扩大心房之间的交通，改善血氧饱和度。测得的股动脉血氧含量低，肺动脉血氧含量高于主动脉。血流动力学变化还包括右心室压力与主动脉相仿，而左心室压力高低则取决于肺动脉血流、肺血管阻力及左心室流出道梗阻存在与否等因素。

选择性心血管造影可显示前位的主动脉出自右心室，后位的肺动脉与二尖瓣相连并出自左心室，动脉导管的状况及室间隔缺损的大小。但目前选择性心血管造影主要用于观察是否合并冠状动脉畸形以及左心室流出道梗阻等。

【治疗】

诊断 TGA 后，首先纠正低氧血症和代谢性酸中毒等。

1. 姑息手术

（1）球囊房隔成形术（Rashkind procedure）：缺氧严重而又不能进行根治手术时可行球囊房隔造口术，使血液在心房水平大量混合，提高动脉血氧饱和度，使患者存活至适合根治手术。

（2）肺动脉环缩术：完全性大动脉转位伴大型室间隔缺损者，可在 6 个月内做肺动脉环缩术，预防充血性心力衰竭及肺动脉高压引起的肺血管病变。

NOTES

2. 根治手术

(1)生理纠治术[森宁(Senning)或马斯塔德(Mustard)手术]:可在生后1~12个月内进行,即用心包膜及心房壁在心房内建成板障,将体循环的静脉血导向二尖瓣口而入左心室,并将肺静脉的回流血导向三尖瓣口而入右心室,形成房室连接不一致及心室大血管连接不一致,以达到生理上的纠治。

(2)解剖纠正手术(Jatene Switch 手术):主动脉与肺动脉互换及冠状动脉再植,达到解剖关系上的纠正。室间隔完整的TGA一般需要在生后2~4周内进行,伴室间隔缺损者则可以稍晚进行。

七、主动脉缩窄

主动脉缩窄(coarctation of the aorta,CoA)是指主动脉管腔狭窄,约占先心病的7%~8%。缩窄可发生在主动脉弓到髂动脉分叉处的任何部位,但绝大多数发生在主动脉峡部,即动脉导管(或韧带)附近,多为局限性,程度不一。缩窄范围多为1cm左右,常伴缩窄后扩张。多数病例接近缩窄处的主动脉局部发育不良,升主动脉常增宽。根据缩窄发生部位分为两种类型:①导管前型,又称婴儿型,约占10%,缩窄位于动脉导管或动脉韧带之前。②导管后型,又称成人型,约占90%,缩窄位于动脉导管或动脉韧带之后。CoA可单独存在,但常合并室间隔缺损、动脉导管未闭、主动脉二瓣畸形等。

【病理生理】

CoA引起左心室后负荷增加,左室壁代偿性肥厚和劳损,可致心力衰竭。狭窄段近端动脉压力增高,血管扩张,上肢及头颈部血供增多;远端降主动脉血压减低,下肢血供减少。因缩窄远端的血供不足,可代偿性地形成广泛的侧支循环。

【临床表现】

临床表现取决于缩窄的严重程度,主要为婴幼儿的充血性心力衰竭和年长儿的上肢高血压。早期出现症状的导管前型患者预后极差,不经治疗多在1岁内死亡。导管后型婴儿期可无特异症状,稍年长则有头痛、头晕、下肢阵痛等。死因大多为充血性心力衰竭、心肌梗死、心内膜炎、脑血管意外、主动脉瘤等。上肢血压增高,下肢血压明显降低,有时甚至测不到(正常下肢血压超过上肢20~40mmHg),若缩窄累及锁骨下动脉开口处,则左侧脉搏较右侧明显减弱。桡动脉搏动强烈,而股动脉及足背动脉搏动却延迟、减弱或消失。心尖搏动强烈,心界向左下扩大。在胸骨左缘第二、三肋间隙可闻及柔和收缩中期喷射性杂音,在背部听诊更明显,常提示主动脉缩窄的部位。在年长儿肩胛骨附近、胸骨旁、腋窝处可听到侧支循环形成的连续性杂音。若同时伴主动脉瓣狭窄,则在胸骨右侧第二肋间听到粗糙Ⅱ~Ⅳ级喷射性收缩期杂音,并传导至颈部。

【辅助检查】

1. 心电图 可正常或左心室高电压,左心室肥厚。标准各导联R波及左胸导联RV5、V6波均增高,T波可平坦、双向或倒置。

2. X线检查 心影可正常或增大,大多示左心室增大。肺动脉及肺血管影正常。升主动脉明显突出。有时有缩窄后扩张,食管吞钡时见降主动脉处形成E形的两个切迹:第一切迹在缩窄前;另一切迹为缩窄后扩张所致,中间为缩窄部分。

3. 超声心动图 二维超声心动图显示主动脉缩窄部位及其长度;彩色血流显像显示缩窄段有变细的高速彩色血流信号通过;频谱多普勒在缩窄部位测及高速湍流频谱;连续波多普勒显示缩窄两端存在明显压力差。另可观测动脉导管未闭、室间隔缺损、主动脉瓣畸形、二尖瓣畸形、侧支循环等合并畸形,以及左、右心室或双心室增大、室壁肥厚等征象。

4. 心导管检查及心血管造影 逆行性左心导管及主动脉造影可了解左心室压力的大小、缩窄部位严重程度及侧支循环情况;也可通过卵圆孔进行左心导管检查、左心室造影。

【治疗】

外科手术或介入治疗是解除CoA的根本方法,缩窄两端压差超过30mmHg就具备适应证。无症状患者的治疗年龄可在4~6岁,如有上肢高血压、心力衰竭或其他并发症,可更早进行治疗。

NOTES

八、完全性肺静脉异位连接

完全性肺静脉异位连接（total anomalous pulmonary venous connection）是指4支肺静脉的血流不直接与左心房相连，而与右心房相通或借道体静脉系统间接流入右心房，约占先心病的2.6%，可分为四型：①心上型。4支肺静脉在左心房后方汇合后通过垂直静脉引流入左无名静脉，有时引流入上腔静脉或奇静脉。②心内型。全部肺静脉直接引流入右心房或在左心房后侧汇合成肺静脉总干引流至冠状静脉窦。③心下型。全部肺静脉在心脏后方汇合后经垂直静脉下行通过膈肌食管裂孔进入门静脉、下腔静脉或静脉导管等。④混合型。4支肺静脉血流分别通过不同途径汇入右心房。约75%的患者伴有卵圆孔未闭，25%伴有房间隔缺损。其他并存的心脏血管畸形有动脉导管未闭、主动脉缩窄、单心室、永存动脉干及大动脉转位等。若不接受手术治疗，80%的患者在婴儿期死于右心衰竭。

【病理生理】

由于右心房同时接受来自肺静脉和腔静脉的血液，所以右心室血容量显著增加。肺静脉回流可因血管内狭窄或血管外压迫形成梗阻，发生肺静脉淤血、高压，继而肺动脉压力升高，引起肺动脉高压而致右心衰竭。右心房内小部分混合血通过房间隔缺损或卵圆孔未闭分流入左心房以维持体循环，其分流量的大小取决于房间隔缺损或未闭卵圆孔的大小、肺血管床的阻力以及肺静脉是否有梗阻。当伴有肺动脉高压时，右心室顺应性降低，右心室舒张末期容量及肺血流量减少，心房水平的右向左分流量增加，随之患者青紫加重。当心房水平分流量小（小的房间隔缺损或卵圆孔未闭）或肺静脉阻塞时，肺动脉高压明显。

【临床表现】

无肺静脉梗阻及心房水平分流限制者，临床表现与大型房间隔缺损相似。伴肺静脉梗阻者，出生后1~2天内出现青紫，可出现呼吸急促、颈静脉饱满及肝脏进行性增大等。体征与房间隔缺损相似，胸骨左缘二、三肋间可闻及喷射性收缩期杂音，肺动脉瓣区第二音增强分裂，分流量大者胸骨左缘三、四肋间可闻及相对性三尖瓣狭窄所致的舒张期隆隆样杂音。

【辅助检查】

1. **心电图** 心电轴右偏，右心房增大，右心室肥大。伴肺静脉梗阻者很少有右心房增大。

2. **X线检查** 心影增大。伴肺静脉梗阻者，肺野呈弥漫、模糊的网状改变（肺淤血）。无肺静脉梗阻时，右心房、右心室增大，肺充血，肺动脉段凸出。心上型者肺静脉与左无名静脉连接的心影可呈8字形或雪人形，系由左侧垂直静脉、左无名静脉及右上腔静脉扩张使上纵隔向两侧膨隆所致。

3. **超声心动图** 二维超声可见左心房小，无肺静脉与之连接，右心房、右心室增大。结合多种切面检查可发现肺静脉异位连接的部位。多普勒超声有助于诊断肺静脉梗阻。

4. **心导管检查及心血管造影** 心导管在异常部位可插入肺静脉，左无名静脉、右上腔静脉或右心房血氧饱和度明显增高为诊断依据。确诊有赖于选择性肺动脉造影。

【治疗】

伴肺静脉梗阻、严重青紫及呼吸困难者应积极手术治疗。无肺静脉梗阻者，在心导管造影检查时若发现心房水平分流限制，应做球囊房隔造口术。明确诊断后均应尽早手术治疗。

九、肺动脉闭锁伴室间隔完整

肺动脉闭锁伴室间隔完整（pulmonary atresia with intact ventricular septum，PA/IVS）是一种少见的发绀型先心病，占先心病的1%~3%。该病自然死亡率极高，是新生儿期严重危及生命的疾病。病变包括：肺动脉瓣交界融合呈隔膜状闭锁，瓣环不同程度的狭窄，肺动脉发育正常或轻度发育不良；三尖瓣和右心室可不同程度发育不良，室间隔完整，伴有继发孔型房间隔缺损或卵圆孔开放，心脏大血管连接正常，动脉导管未闭是患者生后生存的必要条件。

NOTES

【病理解剖】

PA/IVS病变广，解剖变异大，总体来说，右心室-肺动脉连接中断，室间隔完整，合并继发孔型房间隔缺损或卵圆孔未闭是PA/IVS的主要病理解剖特征。此外，PA/IVS常常合并冠状动脉畸形，多为右心室冠状动脉瘘，少数伴冠状动脉分支狭窄或闭锁。

【病理生理】

因心房水平由右向左分流，出生后即可发生发绀。只有动脉导管开放患者才能生存，因为开放的动脉导管是肺血的唯一来源。患者出生后肺血流量和血氧饱和度完全依赖动脉导管的直径大小。如果动脉导管在出生后收缩或功能性关闭，将造成肺血不足，出现严重低氧血症和代谢性酸中毒，甚至死亡。由于右心室的血液没有出路，进入右心室的血液经三尖瓣反流入右心房或在心肌收缩时通过心肌窦状隙进入冠状动脉循环。体静脉回流的血液通过卵圆孔或房间隔缺损到左心房，与肺静脉血混合后进入左心室及主动脉。卵圆孔或房间隔缺损的直径大小可限制右向左分流的血量，如果直径小可导致右心房高压而产生体静脉淤血。

【临床表现】

多数患者为足月产，出生后不久出现进行性青紫，吃奶停顿，多汗，短时间气促、发绀加重，呼吸困难，进行性低氧血症，代谢性酸中毒。发绀程度取决于动脉导管分流至肺动脉血流量的多少。听诊杂音变化较多，与动脉导管的血流和三尖瓣反流量的大小有关，可闻及动脉导管的以收缩期为主的连续性杂音，第一、第二心音单一；根据严重程度不同，在胸骨左缘可闻及三尖瓣反流的全收缩期杂音。患者出现发绀面容，吸气性三凹征，四肢末梢灌注较差。

【辅助检查】

1. 胸片 右心房增大，肺血减少。

2. 超声心动图 是PA/IVS的常规检查，能够诊断该病并评估右心室的发育情况，三尖瓣的解剖特点和瓣环发育情况，肺动脉瓣和肺动脉的发育情况以及冠状动脉是否存在畸形。二维多普勒超声心动图显示右室流出道缺如或狭小为特征性表现，并显示肺动脉闭锁，右心室及三尖瓣的发育不良，右室壁肥厚和右心腔小，三尖瓣反流，房间隔缺损的大小及肺动脉干及其分支的发育程度，测量动脉导管的大小能对其缺氧程度和预后做出判断。

3. 心导管检查及心血管造影 心导管造影是显示肺动脉闭锁解剖特征的重要辅助手段，可评估右心室腔大小、三尖瓣反流以及右心室漏斗部盲端，特别是可以显示有无右室心肌窦状隙交通冠状动脉畸形。

【治疗】

PA/IVS起病凶险，自然病死率极高。由于患者出生后循环血流完全依赖动脉导管的开放，一旦动脉导管闭合将很快出现严重缺氧及进行性酸中毒，危及生命，所以新生儿期一经诊断即用前列腺素E，保持动脉导管开放并应尽早手术治疗。外科治疗原则是通过一期手术尽可能建立一个右心室-肺动脉的前向血流以促进右心室及三尖瓣发育，并提供确切的肺循环血供以改善体循环动脉血氧饱和度，最终尽可能实施双心室矫治术。对于右心室发育很差，或伴有右室依赖性冠状动脉循环者，治疗目的是保证肺循环血供，后期再采用方坦（Fontan）类手术方法进行单心室矫治术。而对于右心室介于两者之间的患者可采用一个半心室修补术。

【预后】

由于PA/IVS患者的右心及其附件发育程度不一，手术后生存率高低相差较大，总体来说手术治疗有进步但不理想。远期治疗效果差异主要和患者的右心室发育程度、冠状动脉循环变异程度、低出生体重以及三尖瓣反流有关。

十、三尖瓣下移畸形

NOTES

三尖瓣下移畸形是1866年Wilhelm Ebstein医师在尸体解剖中首次发现，并对此病的病理解剖进行了详细描述，故又被称为埃布斯坦综合征（Ebstein syndrome）。三尖瓣下移畸形是一种少见的先心病，发病率在先心病中约占0.5%~1.0%，男女比例差异不大。三尖瓣下移畸形主要指部分或整个三尖瓣瓣环向下移位至右心室腔，同时伴有三尖瓣瓣膜的畸形和右心室结构的改变；可伴有其他心脏畸形，如动脉导管未闭、房间隔缺损、室间隔缺损、法洛四联症等。

【病理解剖】

三尖瓣下移畸形解剖变异较多，但病变主要包括：①三尖瓣隔瓣和后瓣向右心室心尖部移位，并伴有不同程度的畸形。②三尖瓣前瓣附着于三尖瓣瓣环的正常位置，但前瓣叶比正常时要大，典型的结构呈帆状，与前、中乳头肌相连。③由于三尖瓣瓣环向右心室侧移位，右心室被分割成两个部分。畸形瓣膜以上的右心房部分的心室壁变薄，是原来的右心室流入道，又称为“房化右心室”。畸形瓣膜以下的心腔为右心室功能的流出道，称为功能性右心室。④功能性右心室变小，通常缺失流入道腔体，且小梁部很小。⑤前瓣叶冗余组织和前瓣腱索附着到漏斗部上常会造成漏斗部梗阻。

【病理生理】

由于三尖瓣下移畸形解剖变异较多，病理生理学的严重程度根据解剖变异的严重程度而有所不同。轻者瓣膜功能基本正常，无血流动力学的改变。重者三尖瓣瓣叶变形，腱索短缩或乳头肌发育不良，导致三尖瓣关闭不全。房化心室与心室收缩同步，但与心房收缩相反。当心房收缩，房化心室舒张或膨出，使其被动储血，降低了射出的容量；当心室收缩，房化心室也收缩，影响了静脉血回流到处于舒张阶段的右心房，以致右心房内血量增多，继而右心房排空延迟，压力逐渐升高，导致右心房逐渐扩张，此时右心房部分血流可经房间隔缺损或未闭的卵圆孔流入左心房，从而引起发绀。同时肺循环血流量减少，回流入左心房的含氧血液减少，再与自右心房分流来的静脉血混合，经二尖瓣进入左心室入体循环。此外，由于三尖瓣的关闭不全和心房内分流增加，较大年龄患者及成年患者心房壁显著肥厚。

【临床表现】

由于三尖瓣畸形病理变异广，血流动力学变化多端，临床症状取决于三尖瓣反流的程度、是否有心房内交通、右心室功能损害程度和其他伴发的心脏畸形。临床表现有疲劳、运动耐力降低、体力运动时呼吸困难和发绀。轻症病例出现症状轻且较晚，甚至无任何症状；重症病例可出现在婴幼儿期，表现为发绀、呼吸窘迫、心力衰竭，低心输出量甚至死亡。多数患者在儿童期出现症状，如易疲劳、活动后气促、发绀、心悸、心功能不全等。

体格检查各有不同，心音不亢，可听到多种不同的心音和杂音。胸骨左缘三、四肋间可闻及粗糙而长的三尖瓣反流的收缩期杂音，并扪及震颤。较轻者舒张期或收缩早期的解剖或功能性三尖瓣狭窄杂音也可以存在，杂音在吸气时有特征性的音调提高，第一和第二心音分裂。动脉和颈静脉的脉搏波形通常正常，肝大，但腹水和外周水肿不常见，儿童发绀严重时可出现杵状指/趾。

【辅助检查】

1. 心电图 见右心房肥大的高大的P波，右心室低电压。完全性或不完全性右束支传导阻滞，电轴右偏是心电图的典型表现。患者常常有心律失常和心室预激综合征，可行24小时动态心电图监测来评估。

2. X线检查 心脏不同程度地增大，严重病例可呈球形心，以右心房扩大为主，肺血正常或减少。

3. 超声心动图 二维超声心动图对疾病的诊断有决定作用，是无创、可重复的有价值的诊断方法，临床上基本可替代心导管和心血管造影检查。典型表现为：右心房及房化右心室显示巨大的右心房腔，三尖瓣前叶增大，隔瓣和后瓣明显下移，收缩期三尖瓣前移，舒张初期活动正常，迅速开放，在舒张中、晚期前瓣的异常前位和三尖瓣延迟关闭。

4. 心导管检查及心血管造影 右心导管检查可测得右心房压力升高，右心室压力通常正常或有舒张期末压力上升。肺动脉压力正常或降低。选择性右心房造影显示下移畸形的三尖瓣及巨大的右

NOTES

心房，造影剂在心内缘形成双切迹，称为双球征，即"房化右心室"与真正右心室。右心房、右心室造影剂排空时间及肺动脉显影时间均延迟。

【治疗】

如果患者无临床表现及右向左分流，心脏轻度扩大，先临床随访观察。目前对于无症状患者，建议在 2~5 岁进行手术。如果患者出现胸闷、气短、紫绀，胸片显示心脏扩大，右心室扩张，超声心动图显示心脏收缩功能退化，出现房性心律失常，需考虑外科手术。对于三尖瓣发育良好者，可实施房化心室折叠术和三尖瓣成形术。少数三尖瓣严重发育不良者，可实施人工瓣膜置换术。由于生物瓣膜在小儿易钙化并形成血栓，导致早期瓣膜失去功能，而机械瓣虽然使用年限长，但需要终身抗凝，且容易产生血栓，所以对小儿实施人工瓣膜置换术需谨慎。对于在婴幼儿期出现严重发绀，心力衰竭且内科治疗不能控制者，可实施右上腔静脉与右肺动脉端-侧吻合术（双向 Glenn 术）。

【预后】

三尖瓣下移畸形者首选三尖瓣成形术，部分病例可在施行三尖瓣修复术的同时加做双向 Glenn 术，可减轻右心负荷，对术后心功能的改善有明显帮助。目前大部分患者都可以通过瓣膜修补、成形，同时矫治合并的其他心脏畸形来治疗，且疗效满意，降低人工瓣膜置换的比例。

十一、三尖瓣闭锁

三尖瓣闭锁（tricuspid atresia）是一种少见的先心病，为三尖瓣和三尖瓣口缺如，右心房与右心室间无直接交通，约占先心病的 0.3%~3.7%。三尖瓣闭锁处多为肌性组织，也有呈膜性组织；可合并室间隔缺损、肺动脉狭窄、体静脉回流异常、主动脉缩窄及动脉导管未闭等。

【病理解剖】

三尖瓣闭锁解剖变异较多。1947 年 Edward 和 Bruchell 根据大动脉相互关系和合并畸形将三尖瓣闭锁分为八种类型。Van Praagh 将闭锁的三尖瓣分为肌肉型、隔膜型、瓣膜型、Ebstein 型和房室间隔缺损型五种，以肌肉型最为多见。

【病理生理】

三尖瓣闭锁患者右心室发育不良，腔狭小。卵圆孔未闭或房间隔缺损为右心房血流的出路。左心室血通过室间隔缺损进入右心室，肺血流量取决于室间隔缺损的大小、是否存在肺动脉狭窄及其严重程度、有无动脉导管未闭等。室间隔完整者，肺血流量减少，早期出现发绀；室间隔缺损大而无右心室流出道梗阻者，肺血流量增加，则主要表现为心力衰竭。

【临床表现】

伴肺动脉狭窄或闭锁者出生后即可有发绀，动脉导管关闭后发绀急剧加重，6 个月以下常有缺氧发作，严重者可因重度缺氧、酸中毒而死亡。心脏听诊第一心音亢进，多数病例在胸骨左下缘可闻及肺动脉狭窄及室间隔缺损的收缩期杂音，少数伴有心尖部舒张期杂音。肺动脉瓣区第二音增强或减弱，心尖搏动（左心室搏动）明显，肝大，出生即表现为生长发育落后。感染性心内膜炎及脑脓肿为三尖瓣闭锁常见的并发症。

【辅助检查】

1. 心电图 电轴左偏及左心室肥厚，右心房增大。

2. X 线检查 由于心影右缘平直，肺动脉段凹陷，左心室增大使心影呈方形，合并大型室间隔缺损、肺血流量增加者，肺血管影增多，心影可增大明显，3%~8% 的病例合并有右位主动脉弓。

3. 超声心动图 可以确诊三尖瓣闭锁，并可观察房间隔缺损、室间隔缺损、肺动脉狭窄、大动脉连接关系、右心室腔小及左心室腔扩大等。超声心动图的特征为三尖瓣呈一条强光带回声，无瓣膜开合活动，左心房和左心室增大以及右心室发育不全。彩色多普勒超声可显示心房、心室及大动脉水平的分流及右心室流出道狭窄的射流。频谱多普勒超声可显示血流速度及压力差，评估分流量及狭窄严重程度。

NOTES

4. 心导管检查及心血管造影 心导管不能由右心房进入右心室，右心房造影显示造影剂迅速从右心房进入左心房，随之左心室和主动脉显影。由于无血流直接注入右心室，所以右心房与左心室间充盈缺损，此外，造影有助于确定三尖瓣闭锁的病理类型、肺血管发育情况及肺血流来源途径。

【治疗】

出生后发绀严重，肺血流量减少者可用前列腺素 E_1 维持动脉导管开放以增加肺血流量，可采用体-肺循环分流术增加肺血流量。对限制性心房间交通的患者，球囊房隔造口术可增加心房水平分流。肺血流量多、心力衰竭时采用地高辛及利尿剂，必要时行肺动脉环缩术以减少心力衰竭症状及保护肺血管床，之后行 Glenn 及 Fontan 手术。

十二、右位心

右位心（dextrocardia）指心脏主要在右侧胸腔，心尖向右，腹部器官位置正常或转位，为少见的先心病。右位心分为二型：①心房、内脏反位。左、右心房和胸腹部器官位置全部对换，宛如正常结构的镜中像，又称镜像右位心，多数心脏本身无其他畸形。②心房、内脏正常位或异位。左、右心房和胸腹部器官位置并未形成镜像倒转，其中心脏位于右胸但内脏正常位者称孤立性右位心。伴心房异位者可表现为两侧心房形态相似，而伴有内脏异位（如肝脏中位、胃肠异位等）者，常合并多脾或无脾。这类患者几乎均伴其他心脏畸形。

第五节 心律失常

正常情况下，心搏的冲动起源于窦房结，经房间束传至房室结，再经希氏束传至左、右束支，并通过浦肯野纤维网与心肌纤维相连。心搏冲动的频率、起源及传导的异常均可形成心律失常（arrhythmia）。儿童心律失常的病因及各种心律失常的发生率与成人不尽相同。儿童窦性心律不齐最常见，其次为各种期前收缩，阵发性室上性心动过速亦不少见；心房颤动、心房扑动及完全性束支传导阻滞较少见。先天性完全性房室传导阻滞以及先天性心脏病术后心律失常较成人多见。

一、窦性心律失常

（一）窦性心动过速

新生儿心率超过 200 次/分，婴儿超过 150 次/分，年长儿超过 120 次/分，即为心动过速；P 波为窦性，为窦性心动过速（sinus tachycardia）。

【病因】

窦性心动过速是一种代偿性反应，往往出现在发热、哭闹、运动或情绪紧张时。若发生在睡眠时，则应详细检查其原因，如贫血、慢性传染病、先天性心脏病、心肌炎、风湿热、心力衰竭及甲状腺功能亢进以及应用肾上腺素或阿托品等。

【临床表现】

正常儿童心率波动较大，一般随年龄增长心率减慢。新生儿期窦房结可以发放高达 190 次/分的冲动。这种快速心率常多发生于患者对外界刺激的反应，如情绪激动、发热、贫血、过度活动和劳累等。

【心电图检查】

心电图表现为每个 QRS 波前均有 P 波，P-Q 间期、Q-T 间期均在正常范围内。但婴儿在烦躁、哭闹时，窦性心动过速甚至超过每分钟 200 次，此时心电图可出现 T 波与 P 波重叠或融合，需与阵发性心动过速相鉴别。窦性心动过速的频率为逐渐加快至 100 次/分钟以上持续数秒至数分钟后逐渐减慢至原有水平，P-P 间隔略有不匀齐，刺激迷走神经、压迫颈动脉窦可使心率稍减慢。

【治疗】

窦性心动过速的治疗主要是针对病因治疗或加用镇静剂。洋地黄类药物可减慢心力衰竭所引起

NOTES

的窦性心动过速，而对其他原因所引起的窦性心动过速则无效。普萘洛尔对甲状腺功能亢进所致的心动过速效果较好。

（二）窦性心动过缓

新生儿心率<90次/分，婴儿<80次/分，年长儿<60次/分为心动过缓。P波为窦性，为窦性心动过缓（sinus bradycardia）。

【病因】

窦性心动过缓常由迷走神经张力过高或窦房结受损引起。

【临床表现】

窦性心动过缓可见于健康儿童，也可见于甲状腺功能减退和颅内压增高的疾病，如脑出血、脑肿瘤、脑膜炎等，应用洋地黄、利血平时，心率也可缓慢。持久性心动过缓可为病态窦房结综合征之早期症状，应密切观察。

【心电图检查】

心电图表现为P-Q间期延长，Q-T间期正常。在心率缓慢时常有逸搏发生。

【治疗】

一般针对原发病治疗。

（三）窦性心律不齐

窦性心律不齐（sinus arrhythmia）指脉搏在吸气时加速而在呼气时减慢，是儿童时期常见的生理现象。

【病因】

窦性心律不齐大多属于生理现象。在早产儿尤其多见，特别是伴有周期性呼吸暂停者。游走性心律在儿科多见，为窦房结起搏点在窦房结内或窦房结与房室结之间游走不定，P波形态及P-R间期呈周期性改变，常伴有窦性心律不齐。其临床意义同窦性心律不齐。

【临床表现】

临床表现为心律不规则。多数与呼吸有关，吸气时心率增快，呼气时相反。因此，加深呼吸、发热、惊厥以及应用增强迷走神经张力的药物（如地高辛）时，心律不齐更明显；活动、屏气和应用阿托品可消除心律不齐。

【心电图检查】

心电图表现为窦性P波，P-R间期正常，P-P间距不一致，相差>0.12秒。

【治疗】

一般不需要特殊处理。

二、异位心律

（一）期前收缩

期前收缩又称过早搏动（premature beat），是由心脏异位兴奋灶发放的冲动所引起，为儿童最常见的心律失常。异位起搏点可位于心房、房室交界或心室组织，分别引起房性、交界性及室性期前收缩，其中以室性期前收缩为多见。

【病因】

患者常无器质性心脏病。过早搏动可由疲劳、精神紧张、自主神经功能不稳定等所引起，但也可发生于心肌炎、先天性心脏病或风湿性心脏病。某些药物，如拟交感胺类、洋地黄、奎尼丁中毒及缺氧、酸碱平衡紊乱、电解质紊乱、心导管检查、心脏手术等均可引起期前收缩。健康学龄儿童中约1%~2%有期前收缩。

【临床表现】

NOTES

期前收缩常缺乏主诉。年长儿可诉心悸、胸闷。期前收缩次数因人而异，同一患者在不同时间亦可有较大差异。某些患者于运动后心率增快时期前收缩减少,但也有反而增多者。前者常提示无器质性心脏病,后者则可能有器质性心脏病。

【心电图检查】

1. 房性期前收缩(atrial premature beat)的心电图特征 ①P’波提前,并可与前一心动的T波重叠;②P’-R间期在正常范围;③期前收缩后代偿间隙不完全;④如伴有变形的QRS波,则为心室内差异传导所致(图9-5-1)。

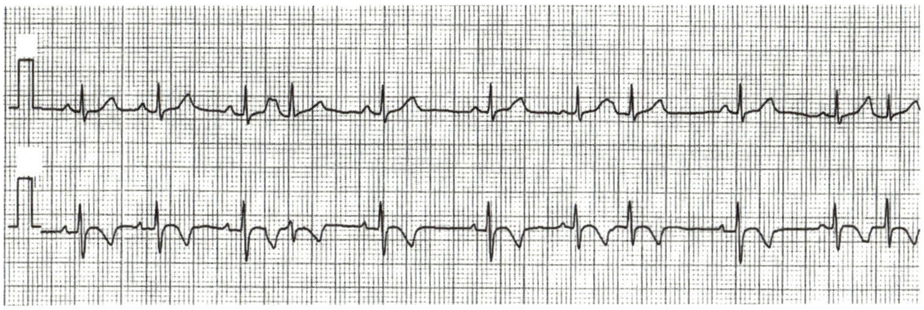

图9-5-1 房性期前收缩

2. 交界性期前收缩(junctional premature beat)的心电图特征 ①QRS波提前,形态、时限与正常窦性心律基本相同。②期前收缩所产生的QRS波前或后有逆行P’波,P’-R<0.10秒。有时P’波可与QRS波重叠,而辨认不清。③代偿间歇往往不完全(图9-5-2)。

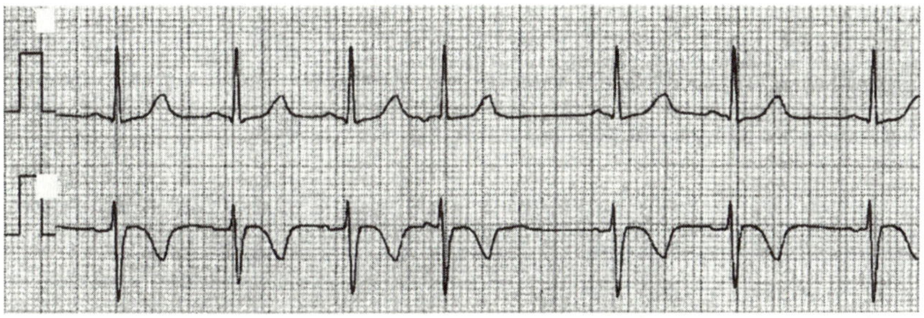

图9-5-2 交界性期前收缩

3. 室性期前收缩(ventricular premature beat)的心电图特征 ①QRS波提前,其前无异位P波;②QRS波宽大、畸形,T波与主波方向相反;③期前收缩后多伴有完全代偿间歇(图9-5-3)。

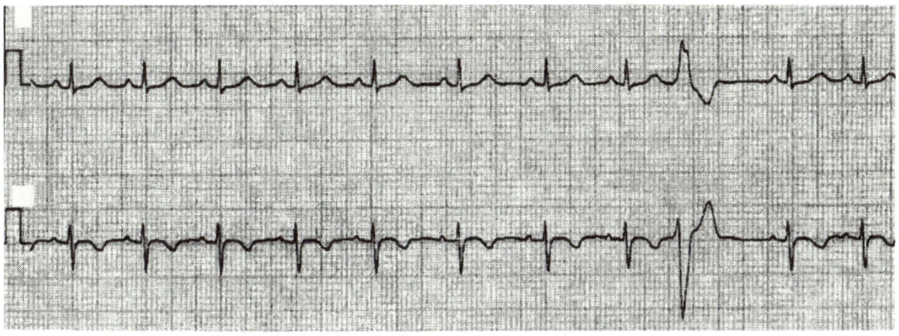

图9-5-3 室性期前收缩

【治疗】

若期前收缩次数不多,无自觉症状,或期前收缩虽频发呈联律性,但形态一致,活动后减少或消

NOTES

失，则无需用药治疗。有些患者期前收缩可持续多年，但不少患者最终自行消退。对在器质性心脏病基础上出现的期前收缩或有自觉症状、心电图上呈多源性者，则应予以抗心律失常药物治疗。根据期前收缩的不同类型选用药物，可服用普罗帕酮或普萘洛尔等；房性期前收缩者若用之无效可改用洋地黄类。室性期前收缩者必要时可选用利多卡因、美西律和莫雷西嗪等。同时应积极治疗原发病。

（二）阵发性室上性心动过速

阵发性室上性心动过速（paroxysmal supraventricular tachycardia，PSVT）是儿童最常见的异位快速性心律失常，是指异位激动在希氏束以上的心动过速。主要由折返机制引起，少数为自律性增高或平行心律。本病可发生于任何年龄，容易反复发作，初次发病以婴儿时期多见。

【病因】

阵发性室上性心动过速可发生于先天性心脏病、预激综合征、心肌炎、心内膜弹力纤维增生症等疾病基础上。但多数患者无器质性心脏疾病。感染为常见诱因，但也可由疲劳、精神紧张、过度换气、心脏手术时和手术后、心导管检查等诱发。

【临床表现】

症状与是否合并基础心脏疾病、发作持续时间长短等因素有关。患者常突然烦躁不安，面色青灰，皮肤湿冷，呼吸增快，脉搏细弱，常伴有干咳，有时呕吐。年长儿还可自诉心悸、心前区不适、头晕等。发作时心率突然增快至160~300次/分，多数在200次/分以上，一次发作可持续数秒钟乃至数日。发作停止时心率突然减慢，恢复正常。听诊第一心音强度完全一致，发作时心律绝对规则、匀齐，呈突发、突止等，为本病的特征。发作持续超过24小时者，易发生心力衰竭。

【心电图检查】

P波形态异常，往往较正常小，常与前一心动的T波重叠，以致无法辨认。如能见到P波，P-R间期常在0.08~0.13秒。QRS波形态同窦性心律（图9-5-4）。发作持续时间较久者，可有暂时性ST段及T波改变。部分患者在发作间歇期可有预激综合征表现。发作的突然起止提示这类心律失常。有时需与窦性心动过速及室性心动过速相鉴别。

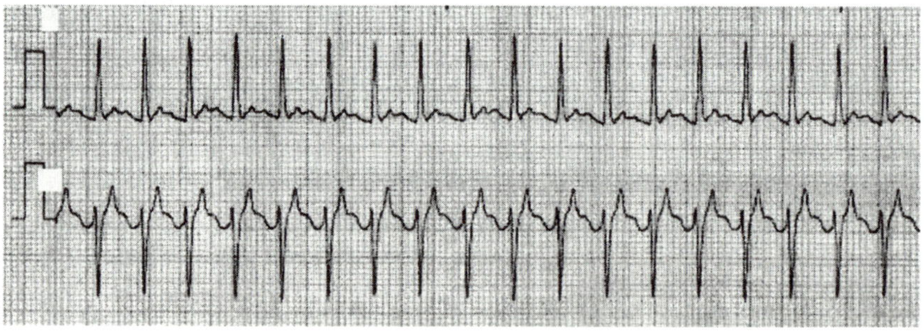

图9-5-4 阵发性室上性心动过速

【治疗】

1. 兴奋迷走神经终止发作 适用于无器质性心脏病，发作时间不长，且血压正常，无心力衰竭者。

（1）刺激咽部：以压舌板或手指刺激患者咽部，使之产生恶心、呕吐及使患者深吸气后屏气。

（2）压迫颈动脉窦法：在甲状软骨水平扪到颈动脉搏动，以大拇指向颈椎方向压迫，先压迫右侧，时间为10~20秒，如无效可用同样方法再试压左侧，但禁忌两侧同时压迫。一旦心律转为正常，便停止压迫。

（3）潜水反射法：用于年长儿或婴儿，将5℃左右湿毛巾敷于面部15秒左右。年长儿可令其吸气后屏气，将面部浸入5℃冷水。未终止者可停数分钟后重复。

（4）改良版瓦氏动作（MVMT）：患者取半卧位或坐位，取一个10ml注射器（压力大约40mmHg）

让患者吹 15 秒，立即让患者取仰卧位并抬高下肢 45°~90°，维持 45 秒。

2. 药物治疗　以上方法无效或当即有效但很快复发时，可考虑下列药物治疗。

（1）洋地黄类药物：对病情较重，发作持续 24 小时以上，有心力衰竭者，宜首选洋地黄类药物。洋地黄中毒引起的室上性心动过速者禁用此药。低钾、心肌炎、PSVT 伴房室传导阻滞或肾功能减退者慎用。

（2）三磷酸腺苷（ATP）：常用剂量 0.2~0.4mg/kg，不稀释，快速“弹丸式”推注。有心肌炎或心功能不全等基础疾病者慎用。用药时需心电监护并备有阿托品。

（3）β 受体阻滞剂：可试用普萘洛尔，静脉注射，每次 0.01~0.15mg/kg，以 5% 葡萄糖溶液稀释后缓慢推注，不少于 5~10 分钟，必要时每 6~8 小时重复 1 次；或选用索他洛尔口服，4.9~5.7mg/（kg·d），美托洛尔口服，0.1~0.2mg/（kg·次），每天 2 次起，渐增至 1~3mg/（kg·d）。重度房室传导阻滞，伴有哮喘及心力衰竭者禁用。

（4）钙离子拮抗剂：可选用维拉帕米，每次 0.1mg/kg，静脉滴注或缓慢推注，不超过 1mg/min。不良反应为血压下降，并可加重房室传导阻滞。婴儿慎用。有血压降低或心力衰竭者禁用。

（5）升压药物：通过升高血压，使迷走神经兴奋，对 PSVT 伴有低血压者更适宜。常用制剂有甲氧明、去氧肾上腺素等。因增加心脏后负荷，需慎用。

3. 电学治疗　对个别药物疗效不佳者，对个别药物疗效不佳者，可考虑用直流电同步电击转律，洋地黄中毒所致的心律失常除外，可考虑用直流电同步电击转律；也可使用经食管心房调搏或经静脉右心房内调搏终止 PSVT。

4. 射频消融术（radiofrequency ablation）　药物治疗无效，发作频繁的 4 岁以上患者可使用此方法。

（三）室性心动过速

室性心动过速（ventricular tachycardia，VT）是指起源于希氏束分叉处以下的 3 个以上宽大畸形 QRS 波组成的心动过速。

【病因】

室性心动过速可由心脏手术、心导管检查、严重心肌炎、先天性心脏病、感染、缺氧、电解质紊乱、洋地黄中毒、Brugada 综合征等原因引起。但不少病例无明确病因。少数也可见于无器质性心脏病者。

【临床表现】

患者表现为烦躁不安、苍白、呼吸急促。年长儿可主诉心悸、心前区疼痛，严重病例可有晕厥、休克、充血性心力衰竭等。发作短暂者血流动力学改变较轻；发作持续 24 小时以上者则可发生显著的血流动力学改变。体检发现心率增快，常在 150 次/分以上，节律整齐，心音可有强弱不等现象。

【心电图检查】

心电图特征：①心室率常在 150~250 次/分钟之间。QRS 波宽大畸形，时限增宽。②T 波方向与 QRS 波主波相反。P 波与 QRS 波之间无固定关系。③Q-T 间期多正常，可伴有 Q-T 间期延长，多见于多形性 VT（图 9-5-5）。④心房率较心室率缓慢，有时可见到室性融合波或心室夺获。心电图是诊

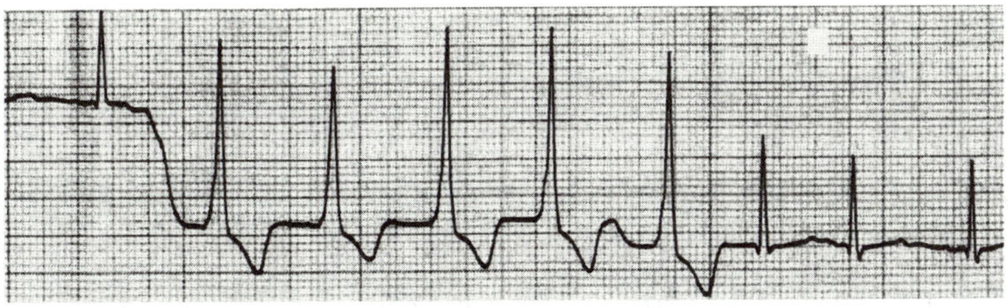

图 9-5-5　室性心动过速

NOTES

断VT的重要方法，但有时与室上性心动过速伴心室内差异传导的鉴别比较困难，必须综合临床病史、体检、心电图特点、对治疗措施的反应等仔细加以区别。

【治疗】

VT是一种严重的快速心律失常，可发展成心室颤动，致心脏性猝死。同时有器质性心脏病者病死率可达50%以上，所以必须及时诊断，予以恰当处理。

药物可选用利多卡因，每次0.5~1.0mg/kg静脉滴注或缓慢推注。必要时可每隔10~30分钟重复，总量不超过5mg/kg。此药能控制心动过速，但作用时间很短，剂量过大可引起惊厥、传导阻滞等毒性反应。伴有血压下降或心力衰竭者首选同步直流电击复律[1~2J/(s·kg)]，转复后再用利多卡因维持。预防复发可口服美西律、普罗帕酮、莫雷西嗪。

对多型性VT伴Q-T间期延长者：如为先天性，则首选β受体阻滞剂，禁忌Ⅰa、Ⅰc及Ⅲ类抗心律失常药物和异丙肾上腺素；如为后天性，可选用异丙肾上腺素，必要时可试用利多卡因。

三、房室传导阻滞

房室传导阻滞(atrioventricular block，AVB)是指由于房室传导系统膜部位的不应期异常延长，电激动从心房向心室传播过程中传导延缓或部分甚至全部不能下传的现象，临床上分为三度：①Ⅰ度AVB；②Ⅱ度AVB(又分为莫氏Ⅰ型和莫氏Ⅱ型)；③Ⅲ度AVB。

【病因】

Ⅰ度AVB较常见，可见于健康儿童；常发生于发热、心肌炎、肾炎、先天性心脏病，如心内膜垫缺损、房间隔缺损等。应用洋地黄也可延长P-R间期。Ⅱ度AVB产生的原因有心肌炎、严重缺氧、心脏手术后及先天性心脏病(如大动脉转位)以及洋地黄中毒等。Ⅲ度AVB较少见，病因可分为获得性与先天性两种：获得性者多见于心脏手术，其次为心肌炎，此外新生儿低血钙与酸中毒也可引起，但一般为一过性；先天性者约50%无心脏形态学改变，部分患者有先天性心脏病或心内膜弹力纤维增生症等。

【临床表现】

1. Ⅰ度AVB 对血流动力学并无不良影响，临床听诊，除第一心音较低钝外，并无其他特殊体征。

2. Ⅱ度AVB 临床表现取决于基础心脏病变以及由传导阻滞引起的血流动力学改变。心室率过缓可引起胸闷、心悸，甚至产生眩晕和晕厥。听诊时除原有心脏疾病所产生的听诊改变外，尚可发现心律不齐，脱漏搏动。Ⅱ度AVB中莫氏Ⅰ型较多见，而莫氏Ⅱ型的预后则比较严重，容易发展为完全性房室传导阻滞，发生阿-斯综合征。

3. Ⅲ度AVB 部分并无主诉。获得性者以及有先心病者病情较重，因心输出量减少而自觉乏力、眩晕、活动时气短。最严重的表现为阿-斯综合征发作，患者知觉丧失，甚至发生死亡。有时表现为心力衰竭以及对应激状态的耐受能力降低。体格检查时脉率缓慢而规则。听诊第一心音强弱不一，有时可闻及第三心音或第四心音。绝大多数患者心底部可听到Ⅰ、Ⅱ级喷射性杂音，为心脏每搏输出量增加引起的半月瓣相对狭窄所致。由于经过房室瓣的血量也增加，还可闻及舒张中期杂音。不伴有心脏疾病的Ⅲ度AVB中60%的患者亦有心脏增大。

【心电图特征】

1. Ⅰ度AVB 房室传导时间延长，心电图表现为P-R间期超过正常范围，但每个心房激动都能下传到心室(图9-5-6)。

2. Ⅱ度AVB 窦房结的冲动不能全部传达到心室，造成不同程度的漏搏，又可分为两型。

(1)莫氏Ⅰ型，又称为文氏现象。特点是P-R间期逐步延长，最终P波后不出现QRS波，在P-R间期延长的同时，R-R间期往往逐步缩短，且脱漏的前后两个R波的距离小于最短的R-R间期的2倍(图9-5-7)。

NOTES

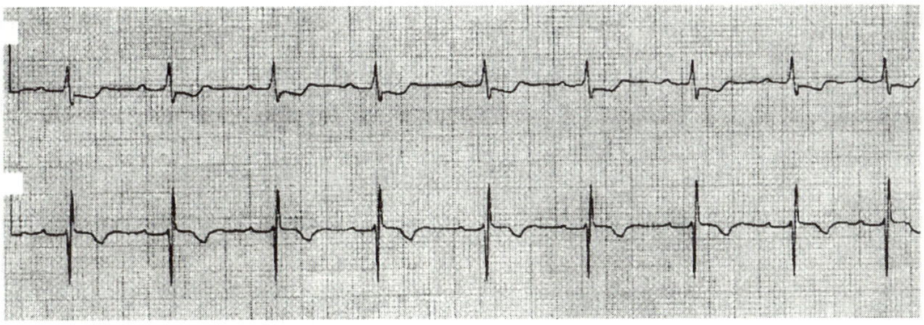

图 9-5-6　Ⅰ度房室传导阻滞

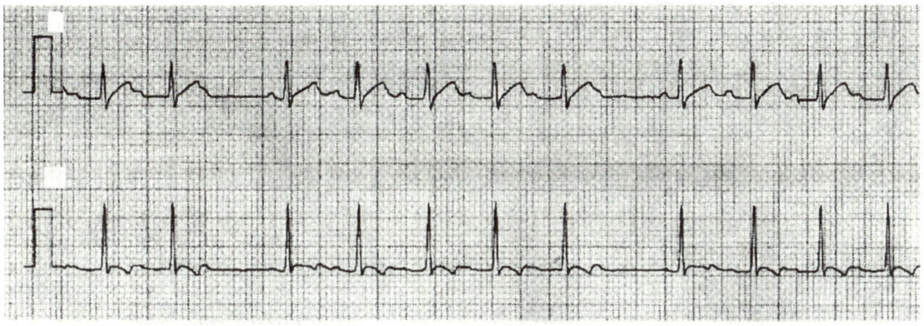

图 9-5-7　莫氏Ⅰ型

（2）莫氏Ⅱ型。此型特点为 P-R 间期固定不变，心房搏动部分不能下传到心室，发生间歇性心室脱漏，且常伴有 QRS 波增宽（图 9-5-8）。

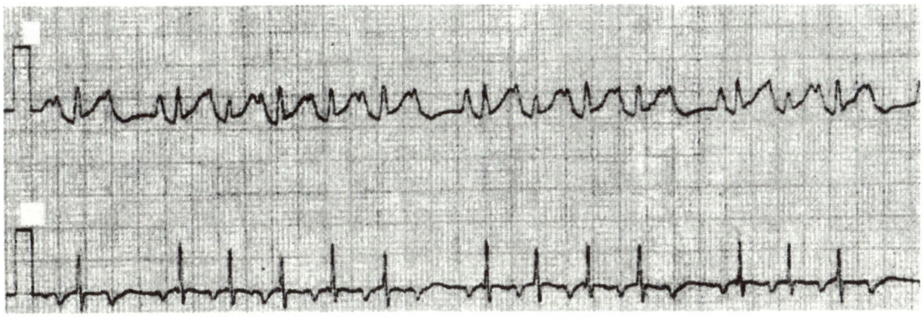

图 9-5-8　莫氏Ⅱ型

3. **Ⅲ度 AVB**　房室传导组织有效不应期极度延长，使 P 波全部落在了有效不应期内，完全不能下传到心室，心房与心室各自独立活动，彼此无关。心室率较心房率慢（图 9-5-9）。

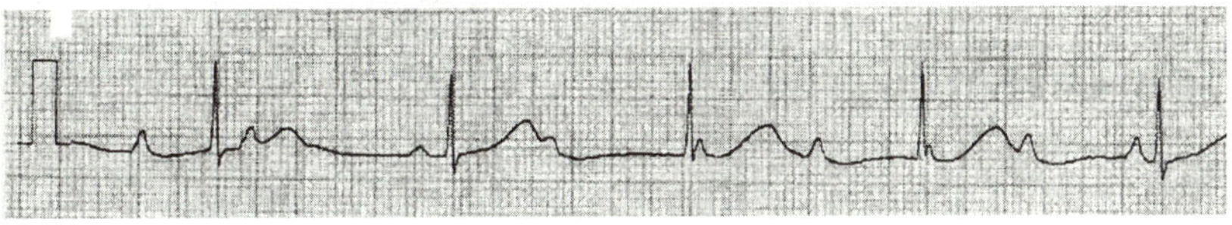

图 9-5-9　Ⅲ度房室传导阻滞

【治疗】

1. **Ⅰ度 AVB**　应着重病因治疗；基本上不需特殊治疗，预后较好。

2. **Ⅱ度 AVB**　应积极治疗原发疾病。当心室率过缓、心输出量减少时，可用阿托品、异丙肾上腺素治疗。预后与心脏的原发病变有关。

3. **Ⅲ度 AVB**　有心功能不全症状或阿-斯综合征表现者需积极治疗。纠正缺氧与酸中毒可改善传导功能。由心肌炎或手术暂时性损伤引起者，肾上腺皮质激素可消除局部水肿。可口服阿托品、麻黄碱或异丙肾上腺素舌下含服；重症者应用阿托品 0.01~0.03mg/kg 皮下或静脉注射，异丙肾上腺素 1mg 溶于 5%~10% 葡萄糖溶液 250ml 中，持续静脉滴注，速度为 0.05~2.00μg/(kg·min)，然后根据心率调整速度。具备以下条件者应考虑安装起搏器：反复发生阿-斯综合征，药物治疗无效或伴心力衰竭者。一般先安装临时起搏器，经临床治疗可望恢复正常；若观察 4 周左右仍未好转，考虑安置永久起搏器。

第六节 病毒性心肌炎

病毒性心肌炎（viral myocarditis）即由病毒侵犯心脏所引起的以心肌炎性病变为主要表现的疾病，有时也可累及心包或心内膜，其病理特征为心肌细胞的变性、坏死。各年龄阶段均可发病，但发病率尚不确切。流行病学资料显示，儿童中可引起心肌炎的常见病毒有柯萨奇病毒 B 组、腺病毒、流感和副流感病毒、EB 病毒、巨细胞病毒、单纯疱疹病毒及细小病毒 B19 等。值得重视的是新生儿期柯萨奇病毒 B 组感染可导致群体流行，其死亡率可高达 50% 以上。

【发病机制】

病毒性心肌炎的发病机制尚不完全清楚，目前认为涉及病毒对心肌细胞的直接损害和病毒触发人体自身的免疫反应而引起的心肌损害。在急性期，柯萨奇病毒和腺病毒通过受体引起病毒复制和细胞变性，直接导致细胞坏死溶解。机体的细胞和体液免疫反应使机体产生抗心肌抗体，通过白介素-Iα、肿瘤坏死因子 α 和 γ-干扰素诱导产生细胞黏附因子，促使免疫细胞有选择地向损害的心肌组织黏附和浸润。

【临床表现】

临床表现差异显著，轻者无症状而不易觉察，少数重症呈暴发性进展，死亡率极高。多数在出现心脏症状前 1~3 周内有上呼吸道感染或其他病毒感染史。

1. 症状 轻重不一，取决于年龄和感染的急性或慢性过程。部分病例起病隐匿，有乏力、活动受限、心悸、胸痛、腹痛等症状，少数重症病例可发生心力衰竭，并发严重心律失常、心源性休克，甚至猝死。少部分呈慢性进程，演变为扩张型心肌病。新生儿患病时病情进展快，常见高热、反应低下、呼吸困难和发绀，常有神经、肝脏和肺部并发症。

2. 体征 心脏轻度扩大，伴心动过速、心音低钝及奔马律。反复心力衰竭者，呼吸急促和发绀，心脏明显扩大，肺部出现湿啰音，肝大。重症患者可突然发生心源性休克，脉搏细弱，血压下降或晕厥。

【辅助检查】

1. 心电图 可见低电压，ST-T 改变，异常 Q 波和 Q-T 间期延长，各种传导阻滞和心律失常包括室上性和室性心动过速、房颤、室颤等，心电图缺乏特异性表现，强调动态观察的重要性。

2. 血生化指标 心肌肌钙蛋白（cTn）I 或 T、肌酸激酶同工酶（CK-MB）水平升高，伴动态变化。此外，肌酸激酶、血清乳酸脱氢酶、α 羟丁酸脱氢酶或天冬氨酸转氨酶可升高。

3. 超声心动图检查 可显示心房、心室扩大，心室收缩功能受损程度；可观察有无心包积液以及瓣膜功能损害。

4. 病毒学诊断 疾病早期可从咽拭子、咽冲洗液、粪便、血液中分离出病毒，但结合血清抗体测定更有意义。恢复期血清抗体滴度比急性期增高 4 倍以上，病程早期血中特异性 IgM 抗体阳性，利用聚合酶链反应或病毒核酸探针原位杂交自血液或心肌组织中查到病毒核酸可作为某一型病毒存在的依据。

5. 心脏磁共振成像（MRI） 显示心肌水肿等心肌炎症及损伤、心肌坏死及纤维化等典型表现，目前已成为明确临床诊断的检查手段。

NOTES

6. 心内膜心肌活检　证实心肌炎的诊断。但由于取样部位的局限性，阳性率仍然不高，阴性结果并不能排除心肌炎，而且因具有创伤风险而限制了其临床应用。

【诊断】

诊断可参照"中国儿童心肌炎诊断建议（2018 年版）"。首先是明确心肌炎诊断，再参考病原学指标诊断病毒性心肌炎。

（一）心肌炎的临床诊断

1. 主要临床诊断依据

（1）心功能不全、心源性休克或心脑综合征。

（2）心脏扩大。

（3）血清 cTnI、cTnT 或 CK-MB 升高伴动态变化。

（4）显著心电图改变包括：以 R 波为主的 2 个或 2 个以上主要导联（Ⅰ、Ⅱ、aVF、V5）的 ST-T 改变持续 4 天以上伴动态变化；新近发现的窦房、房室传导阻滞；完全性右束支或左束支传导阻滞；窦性停搏；成联律、成对、多形性或多源性期前收缩；非房室结及房室折返引起的异位性心动过速；心房扑动、心房颤动、心室扑动、心室颤动；QRS 低电压（新生儿除外）；异常 Q 波等。

（5）心脏 MRI 呈现典型心肌炎症表现。

2. 次要临床诊断依据

（1）前驱感染史，如发病前 1~3 周内有上呼吸道或胃肠道病毒感染史。

（2）出现胸闷、胸痛、心悸、乏力、头晕、面色苍白、面色发灰、腹痛等症状（至少 2 项）；小婴儿可有拒乳、发绀、四肢凉等。

（3）血清乳酸脱氢酶、α 羟丁酸脱氢酶或天冬氨酸转氨酶升高。

（4）心电图轻度异常。

（5）抗心肌抗体阳性。

3. 心肌炎临床诊断标准

（1）心肌炎：符合主要依据≥3 条，或主要依据 2 条加次要依据≥3 条，并除外其他疾病，可临床诊断心肌炎。

（2）疑似心肌炎：符合主要依据 2 条，或主要依据 1 条加次要依据 2 条，或次要依据≥3 条，并除外其他疾病，可以临床诊断疑似心肌炎。

应除外的其他疾病包括：冠状动脉疾病，先天性心脏病，高原性心脏病以及代谢性疾病（如甲状腺功能亢进症及其他遗传代谢病等），心肌病，先天性房室传导阻滞，先天性完全性右或左束支传导阻滞，离子通道病，直立不耐受，β 受体功能亢进及药物引起的心电图改变。

（二）病毒性心肌炎的诊断

1. 病毒性心肌炎病原学诊断依据

（1）病原学确诊指标。心内膜、心肌、心包（活体组织检查、病理）或心包穿刺液检查发现以下之一者可确诊：①分离到病毒；②用病毒核酸探针查到病毒核酸。

（2）病原学参考指标。有以下之一者结合临床表现可考虑：①自粪便、咽拭子或血液中分离到病毒，且恢复期血清同型抗体滴度较第 1 份血清升高或降低 4 倍以上；②病程早期血清中特异性 IgM 抗体阳性；③用病毒核酸探针从患者血液中查到病毒核酸。

2. 病毒性心肌炎诊断标准　是在符合心肌炎诊断的基础上：①具备病原学确诊指标之一，可确诊为病毒性心肌炎；②具备病原学参考指标之一，可临床诊断为病毒性心肌炎。

3. 临床分期

（1）急性期：新发病，症状及检查阳性发现明显且多变，一般病程在半年以内。

（2）迁延期：临床症状反复出现，迁延不愈，病程多在半年以上。

（3）慢性期：病情反复或加重，心脏进行性增大或反复心功能不全，病程多在 1 年以上。

NOTES

【治疗】

（一）休息

急性期患者需卧床休息，限制活动，减轻心脏负荷。

（二）药物治疗

1. 抗病毒治疗 对于仍处于病毒血症阶段的早期患者，可选用抗病毒治疗，但疗效不确定。

2. 改善心肌代谢 维生素C、1,6-二磷酸果糖及辅酶Q10等有助于心肌代谢的药物，也可应用。

3. 大剂量丙种球蛋白 通过抗炎、抗病毒及免疫调节作用减轻心肌细胞损害，剂量2g/kg，静脉滴注。

4. 糖皮质激素 作为免疫抑制剂及具有潜在的抗炎作用，对心肌炎的治疗效果尚不明确。对重型心肌炎、心肌活检证实为慢性自身免疫性心肌炎症反应者可试用。

5. 抗心力衰竭治疗 可根据病情联合应用利尿剂、血管活性药物等，应特别注意用洋地黄时应较常规剂量减少，以避免洋地黄中毒。药物治疗效果不佳，可采用短期机械循环支持（见本章第十二节“心功能不全”）。

6. 心律失常治疗 见本章第五节“心律失常”。

第七节 心 肌 病

一、扩张型心肌病

扩张型心肌病（dilated cardiomyopathy，DCM）以心脏极度增大，左、右心室内径，尤其是左心室扩张为特征。根据病因分为原发性和继发性两类。近年来，随着心脏分子生物学的发展，对原来被认为是原发性的病例，发现了特异的致病原因，有些与基因的缺陷有关，有的与病毒感染相关。国外资料显示，儿童DCM发病率为36/100 000。目前，国内缺乏基于自然人口的儿童心肌病发病率的调查。

【病因】

病因尚不明确，可能与病毒感染有关，一部分病毒性心肌炎可能最终发展为DCM。在2%~10%的患者病理检查存在病毒性心肌炎征象。本病与遗传因素也有一定关系，20%的患者有家族史，表现为常染色体隐性遗传、X连锁遗传等类型。此外，中毒性心肌病、代谢性疾病及结构性心脏病均可导致DCM。

【临床表现】

病程进展缓慢，隐匿。症状轻重不一，多表现为进行性充血性心力衰竭，出现气促、乏力、水肿。体检可见脉搏减弱、脉压减小、颈静脉充盈、肝大等症状，心率增快，可有奔马律。

【辅助检查】

1. 心电图 左心房、左心室肥大，以左心室肥大为主；单纯右心室肥大少见。可有室性期前收缩、传导阻滞、ST-T改变等。

2. X线检查 心影多有不同程度地增大，心脏搏动减弱，肺淤血，有时可有少量胸腔积液。

3. 超声心电图 左心房、左心室扩大，心肌收缩力降低，特征性表现为左心室呈球形扩张，而二尖瓣开放幅度小，形成“大心腔、小瓣口”征象。多普勒探测可见主动脉口流速减慢，二尖瓣反流信号。

【诊断】

儿童DCM的影像学诊断标准与成人存在差异，在判断儿童患者的左心室扩大程度时，需要采用体表面积校正后的均值和标准差来评价。在DCM所引起的结构和功能表型中，除了观察左心系统变

NOTES

化外，同时也需要注意右心系统的改变。

【治疗】

扩张型心肌病可按抗心力衰竭给予积极治疗，可暂时缓解症状，总体生存率不容乐观。患者多死于严重的心律失常或栓塞。因此，积极治疗心律失常和抗血栓形成对延长生命有一定作用。近年来采用血管紧张素转换酶抑制剂（如依那普利）和 β 受体阻滞剂（如卡维地洛）等治疗显示有一定疗效。对于重症、药物治疗无效者，可考虑心脏移植。据国外统计资料，原发性 DCM 患者无心脏移植事件的 5 年存活率为 50%~60%。

二、肥厚型心肌病

儿童肥厚型心肌病（hypertrophic cardiomyopathy，HCM）发病率为 2/100 000。其病理特征为广泛性左心室壁、室间隔肥厚部分累及右心室，左心室腔缩小，心肌出现不同程度的纤维化，由此造成左心室顺应性降低，舒张期充盈受限。约 20% 的患者有不同程度的左心室流出道梗阻，部分患者还可出现二尖瓣关闭不全。

【病因】

肥厚型心肌病有很强的家族遗传倾向，表现为常染色体遗传有不同外显率。先证者在儿童期可不发病，多在青少年期出现症状。30% 左右家族性病例可检出心肌球重链蛋白基因的突变。肌球蛋白结合蛋白、肌钙蛋白等基因突变也可能与此病有关。

【临床表现】

肥厚型心肌病约 50% 的患者是在因心脏杂音或家族成员发病进行体格检查时才被发现。临床症状有肺淤血引起的呼吸困难，由于左心室流出道梗阻，可发生心绞痛、晕厥甚至猝死。有左心室流出道梗阻时可在主动脉瓣听诊区闻及收缩期杂音，二尖瓣反流时可听到心尖部收缩期杂音。有第二心音反向分裂。

【辅助检查】

1. 心电图 左心室肥大；异常 Q 波；如有心肌纤维化，可有室内传导阻滞，表现为 QRS 时限延长；ST-T 改变。

2. X 线检查 心影正常或扩大。如合并心力衰竭，则有肺纹理增多、肺淤血现象。

3. 超声心电图 肥厚型心肌病表现为左心室壁，特别是室间隔肥厚，并累及二尖瓣前瓣。二尖瓣前瓣表现为收缩期向前运动，主动脉瓣提前关闭。左心室流出道梗阻或存在压差。

【诊断】

根据病史、家族史、临床表现及超声心动图检测，一般可以确诊，但需要排除生理性肥厚（如继发于体力活动）和病理性肥厚（如继发于高血压、主动脉瓣狭窄和其他疾病）。儿童 HCM 通常表现为局部肥厚，以前间隔最为常见，但也可表现为其他部位肥厚或者弥漫性心室壁肥厚；除了心肌肥厚外，也可合并其他心脏结构异常，如二尖瓣解剖结构异常和心室隐窝等。

【治疗】

严格限制剧烈的体育活动，以防猝死发生。禁止使用洋地黄、正性肌力药物和利尿剂，β 肾上腺能受体阻滞剂和钙离子通道阻滞剂能缓解流出道梗阻和心肌肥厚进程，改善临床症状。一部分频发心绞痛、晕厥的病例通过心脏外科手术切除肥厚的室间隔，以此减轻左心室流出道的梗阻，改善冠状动脉血供和减轻二尖瓣反流。

三、限制型心肌病

儿童限制型心肌病（restrictive cardiomyopathy，RCM）发病率为 2/100 000。其病理特征为心室顺应性丧失，心内膜弥漫性增厚，舒张期心房向心室充盈受限，心房扩大，心输出量减少，进而引起心功能不全。与缩窄性心包炎血流动力学非常相似。

NOTES

【临床表现】

限制型心肌病常于儿童及青少年期起病，进展隐匿、缓慢。临床表现与受累心室及病变程度有关。右心病变主要表现为颈静脉怒张、肝大、腹水及下肢水肿，酷似缩窄性心包炎。左心病变常有气短，咳嗽，甚至咯血，后期伴有肺动脉高压的表现，很像风湿性二尖瓣病变。体检见血压偏低，脉压小，脉搏细弱，可有奇脉，颈静脉怒张。心前区膨隆，心界扩大，心尖搏动弱，心率快，心音有力，可有奔马律，多数无杂音或仅有轻度收缩期杂音。腹部胀大，叩诊有移动性浊音。下肢凹陷性水肿。

【辅助检查】

1. 心电图 左心房肥大；节律改变或传导阻滞，如有心肌纤维化，可有室内传导阻滞，表现为QRS时限延长；ST-T改变。

2. X线检查 心影中至重度增大。右心病变时心影呈球形或烧瓶状，右心房增大，肺血减少。左心病变时则心影轻至中度增大，左心房扩大，肺淤血或有不同程度肺动脉高压表现。双心室病变为以上综合改变，常以右心室病变所见为主。

3. 超声心电图 心房扩大，心室腔正常或略小，室间隔及左心室壁有向心性增厚，室间隔与左心室内膜增厚发亮，搏动弱，左心室等容舒张期延长。

【诊断】

RCM的诊断要点为心室顺应性降低和充盈受限，是由心肌细胞或细胞间质病变所致，需要与缩窄性心包炎所致的心室充盈受限相鉴别。在结构方面，心室顺应性减低可导致心房压力的升高和心房的扩大，病变往往累及双侧心室而出现双侧心房的明显增大，但也可表现为以单侧心室受累为主。

【治疗】

预后不良，患者出现心力衰竭后往往数年内死亡。治疗以控制心力衰竭为主，但由于其基本病变为心肌纤维化和心腔缩小，故通常洋地黄类药物作用不佳，需要抗凝等综合治疗。对腹水及水肿者可用利尿剂。若有瓣膜病变，可行瓣膜置换术。心脏移植是根本治疗。RCM是儿童心肌病中预后最差的一种类型，在确诊后5年死亡率为20%~28%。

第八节 感染性心内膜炎

感染性心内膜炎（infective endocarditis，IE）指各种病原体感染引起的心内膜炎症病变，常累及心脏瓣膜或缺损、心内装置等处，住院患者发生率约为（0.05~0.12）/1 000。近年来，儿童IE的发病率似乎有上升趋势。在应用抗生素治疗前本病的死亡率几乎为100%。经合理应用抗生素治疗，近年病死率已下降为5%~10%。

【病因】

1. 易感因素 92%的IE患者有原发心脏病变，其中以先天性心脏病约占78%~89%，室间隔缺损最常见，其他为法洛四联症、动脉导管未闭、肺动脉瓣狭窄、主动脉瓣狭窄、主动脉瓣二叶畸形等；后天性心脏病，如风湿性心瓣膜病、二尖瓣脱垂综合征等也可并发IE。随着心脏外科和导管介入技术的发展，越来越多的儿童心脏病得以纠正、根治，但因此而留置在心腔内的装置或材料，如心内补片、人造心脏瓣等，是近年IE常见的易感因素。8%~10%的儿童IE病例没有结构性心脏疾病或其他已知的易感因素。

2. 病原体 几乎所有细菌均可导致IE，甲型溶血性链球菌为最常见的致病菌，但近年来所占比例已有所下降；金黄色葡萄球菌、白色葡萄球菌，以及肠球菌、产气杆菌等革兰氏阴性杆菌引起的IE显著增多。真菌性心内膜炎极少见，多有其他致病因素，如长期应用抗生素、糖皮质激素或免疫抑制剂等。立克次体及病毒感染所致IE罕见。少数情况下，IE由一种以上的病原体引起，常见于人工瓣膜手术者。

NOTES

【病理机制】

正常人口腔和上呼吸道常聚集一些细菌，一般不会致病，只有在机体防御功能低下时可侵入血流，特别是口腔感染、拔牙、扁桃体摘除术时，引起一过性菌血症。当心内膜（特别是心瓣膜）存在病理改变时，细菌易附着在损伤处生长繁殖，从而形成心内膜炎。例如，当左、右心室或主、肺动脉之间存在异常交通时，较大的压力差能够产生高速的血流，冲击心内膜面，使之损伤并暴露心内膜下胶原组织，与血小板和纤维蛋白聚积形成无菌性血栓性心内膜炎。当有菌血症时，细菌易在上述部位黏附、定植和繁殖，形成赘生物（vegetations）。受累部位多在压力低的一侧，如室间隔缺损赘生物常见于缺损的右缘、三尖瓣的隔叶及肺动脉瓣。狭窄瓣孔及异常通道两侧心室或管腔之间的压力差越大、湍流越明显，压力低的一侧越容易形成血栓和赘生物。

基本病理改变是心瓣膜、心内膜及大血管内膜面附着疣状赘生物。赘生物由血小板、白细胞、纤维蛋白原、致病微生物及坏死组织等组成。心瓣膜的赘生物可致瓣膜溃疡、穿孔；若累及腱索和乳头肌，可使腱索缩短及断裂；累及瓣环和心肌，可致心肌脓肿、室间隔穿孔和动脉瘤。大的或多量的赘生物可堵塞瓣膜口或肺动脉，导致急性循环障碍。

赘生物受高速血流冲击可脱落，随血流散布到全身血管导致器官栓塞。右心的栓子引起肺栓塞；左心的栓子引起肾、脑、脾、四肢、肠系膜等动脉栓塞；微小栓子栓塞毛细血管产生皮肤瘀点。肾栓塞可致梗死、局灶性肾炎。脑栓塞时可发生脑膜、脑实质、脊髓、脑神经等弥漫性炎症，产生出血、水肿、脑软化、脑脓肿、颅内动脉瘤破裂等病变。颅内动脉瘤破裂可引起颅内各部位的出血。病原微生物在体内引起的免疫反应对 IE 的发病亦起着重要作用，多数患者血液中存在高浓度的免疫复合物及类风湿因子，免疫复合物沉积于指/趾末端掌面即为奥斯勒结节（Osler node），也可引起免疫复合物性肾小球肾炎。

【临床表现】

感染性心内膜炎起病多缓慢，症状多样，少数呈急性进展。大多数患者有器质性心脏病，部分病例发病前有龋齿、扁桃体炎、静脉插管、介入治疗或心内手术史。

1. 感染表现 发热是最常见的症状，热型不规则，热程较长，少数病例无发热，新生儿常不发热。此外患者有疲乏、盗汗、食欲缺乏、体重减轻、关节痛、皮肤苍白等表现。

2. 心脏表现 原有的心脏杂音可因心脏瓣膜的赘生物而发生改变，出现粗糙、响亮、呈海鸥鸣样或音乐样的杂音。原无心脏杂音者可因瓣膜损伤反流出现相应的心脏杂音。心瓣膜病变、腱索断裂等导致心力衰竭或原有程度加重。

3. 栓塞表现 因栓塞部位的不同而出现不同的临床表现，一般发生于病程后期，但约 1/3 的患者以栓塞表现为首发症状。瘀斑可出现在球结膜、口腔黏膜及四肢皮肤，在手掌和足底的红斑或无压痛的瘀点称为詹韦损害（Janeway lesion）。内脏栓塞可致脾大、腹痛、血尿、便血，有时脾大很显著。肺栓塞者可有胸痛、咳嗽、咯血和肺部啰音。脑动脉栓塞者则有头痛、呕吐、偏瘫、失语、抽搐甚至昏迷等。病程久者可见杵状指/趾，但无发绀。

4. 免疫介导 指/趾甲下出现暗红色线状出血；指/趾掌面隆起的紫红色小结节，略有触痛，为奥斯勒结节；眼底视网膜出现中央苍白的椭圆形出血斑，称为罗特（Roth）斑，也与继发于 IE 的免疫复合物介导的血管炎有关。同时具有以上四方面表现的典型患者不多，尤其 2 岁以下婴儿往往以全身感染表现为主，仅少数患者有栓塞、免疫介导表现和/或心脏杂音。

【辅助检查】

1. 血培养 血细菌培养阳性是确诊 IE 的重要依据。未使用抗生素者，培养阳性率可高达 90% 以上；使用抗生素后，阳性率降至 50%~60%。凡原因未明的发热持续 1 周以上，且原有心脏病者，均应反复多次进行血培养，以提高阳性率。若血培养阳性，应做药物敏感试验。

2. 超声心动图 是诊断 IE 的主要方法，可发现感染部位、赘生物、瓣膜损伤程度及评估心功能情况，对决定手术时机有重要价值。超声未见赘生物者不能排除 IE，如仍怀疑，需重复检查。

NOTES

3. 其他 血常规可见进行性贫血，多为正细胞性贫血，白细胞和中性粒细胞数增高，血沉快，C反应蛋白阳性，血清球蛋白常常增多，免疫球蛋白升高，循环免疫复合物及类风湿因子阳性；尿常规可出现血尿或蛋白尿。

【诊断】

对原有心脏病的患者，如出现1周以上不明原因的发热，应想到本病的可能。除了病史、临床表现外，血培养及超声心动图是确诊的关键环节。

中华医学会儿科学分会心血管学组基于改良Duke标准，2010年发布了儿童IE的诊断标准建议。

(一) 病理学指标

1. 赘生物（包括已形成栓塞的）或心脏感染组织经培养或镜检发现微生物。

2. 赘生物或心脏感染组织经病理检查证实伴活动性心内膜炎。

(二) 临床指标

1. 主要指标

(1) 血培养阳性：分别2次血培养有相同的感染性心内膜炎的常见微生物（如甲型溶血性链球菌、金黄色葡萄球菌、凝固酶阴性葡萄球菌、肠球菌等）。

(2) 心内膜受累证据（超声心动图征象）

1) 附着于瓣膜、瓣膜装置、心脏或大血管内膜、人工材料上的赘生物。

2) 腱索断裂、瓣膜穿孔、人工瓣膜或缺损补片有新的部分裂开。

3) 心腔内脓肿。

2. 次要指标

(1) 易感染条件：基础心脏疾病、心脏手术、心导管术、经导管介入治疗、中心静脉内置管等。

(2) 较长时间的发热（≥38℃），伴贫血。

(3) 原有心脏杂音加重，出现新的心脏杂音，或心功能不全。

(4) 血管征象：重要动脉栓塞、感染性动脉瘤、瘀斑、脾大、颅内出血、结膜出血、詹韦损害（Janeway lesion）。

(5) 免疫学征象：肾小球肾炎、奥斯勒结节、罗特斑、类风湿因子阳性。

(6) 微生物学证据：血培养阳性，但未符合主要指标中的要求。

(三) 诊断依据

1. 具备以下①~⑤项任何之一者可诊断为感染性心内膜炎 ①临床主要指标2项；②临床主要指标1项和次要指标3项；③心内膜受累证据和临床次要指标2项；④临床次要指标5项；⑤病理学指标1项。

2. 有以下情况时可排除感染性心内膜炎诊断 有明确的其他诊断解释临床表现；经抗生素治疗≤4天临床表现消除；抗生素治疗≤4天，手术或尸检无感染性心内膜炎的病理证据。

3. 对临床考虑感染性心内膜炎，但不具备确诊依据者仍应进行治疗，根据临床观察及进一步的检查结果确诊或排除感染性心内膜炎。

【治疗】

感染性心内膜炎的治疗倡导团队化管理，并强调个体化治疗的重要性。及时的抗生素和手术治疗对儿童IE治疗极为重要，明显影响预后。

1. 抗生素 对IE治疗极其关键，重点是抗生素类型的选择及疗程的把握。应用原则是早期、选用敏感的杀菌药、联合应用、剂量足、疗程长，推荐静脉给药。血培养结果是指导治疗的关键。当IE诊断明确时，抗生素治疗应尽早开始，抗生素方案的制订应根据当地流行病学特点，结合血培养结果、抗生素使用及耐药情况、患者感染严重程度、是否为人工瓣膜等因素权衡。

(1) 血培养结果出来前，初始的经验性治疗通常选用抗葡萄球菌的半合成青霉素类（萘夫西林、苯唑西林、甲氧西林）联用氨基糖苷类，如庆大霉素。此组合可覆盖甲型溶血性链球菌、金黄色葡萄球菌及革兰氏阴性菌。如果疑为耐甲氧西林金黄色葡萄球菌，或青霉素过敏者，可使用万古霉素替代半合成青霉素类。

（2）常见病原菌所致 IE 的抗生素选择及疗程

1）链球菌：大部分甲型溶血性链球菌对青霉素高度敏感，静脉应用青霉素或头孢曲松，疗程 4 周。如链球菌耐青霉素者，选用青霉素或氨苄西林或头孢曲松加庆大霉素。

2）葡萄球菌：对甲氧西林敏感葡萄球菌，选择半合成青霉素类（萘夫西林、苯唑西林、甲氧西林）；对耐甲氧西林葡萄球菌，选用万古霉素。疗程均至少 6 周。

3）肠球菌：青霉素或氨苄西林联用庆大霉素，疗程 4~6 周；青霉素过敏者，万古霉素联用庆大霉素 6 周。

4）真菌：两性霉素 B 对大部分真菌有效，可加用氟胞嘧啶。

（3）病原菌不明者，选用头孢曲松加庆大霉素；如怀疑为葡萄球菌，再加用萘夫西林。

2. 手术治疗 近年早期外科治疗 IE 取得了良好效果。对心脏赘生物和污染的人工植入物清创，修复或置换损害的瓣膜，挽救了严重患者，提高了治愈率。手术参考指征：①赘生物。二尖瓣前瓣的赘生物，直径>10mm；发生栓塞事件；抗菌治疗 4 周后赘生物仍在增大。②瓣膜功能不全合并心力衰竭，内科治疗无效。③瓣膜裂开、断裂或形成瘘口；新发的心脏传导阻滞；巨大脓肿或治疗过程中脓肿仍扩大。

【预防】

感染性心内膜炎的预防手段包括：注意口腔卫生，防止齿龈炎、龋齿；预防感染；在进行口腔、消化道及泌尿道检查或治疗操作前、后应用抗生素预防。

第九节 心 包 炎

一、急性心包炎

急性心包炎（acute pericarditis）是指各种原因引起的心包急性炎症，可单独存在或表现为全身疾病的一部分，以感染性心包炎最多见。

【病因】

1. 感染性 常见细菌包括金黄色葡萄球菌、肺炎球菌、链球菌、大肠埃希菌等。病毒以柯萨奇病毒、埃可病毒、流感病毒及腺病毒为主。少见的病原体有结核分枝杆菌、真菌、寄生虫、立克次体等。

2. 非感染性 较常见的有结缔组织病，如风湿热、川崎病、类风湿关节炎、系统性红斑狼疮等。其他因素，如尿毒症、血清病、心包切开后综合征、放射线、化学药物等也可以引起急性心包炎。

【临床表现】

急性心包炎主要表现为心前区疼痛，程度不一，可为钝痛或尖锐剧痛，平卧、深呼吸时疼痛加剧，坐位、前俯位时减轻；婴儿则表现为哭闹、烦躁不安。可出现左肩、背部及上腹部的反射性疼痛，往往是炎症累及附近的胸膜、横膈或纵隔所致。少量心包积液者亦可仅有心前区闷胀不适。大量渗出时，心脏及邻近器官受压可引起呼吸困难，甚至发绀。气管、支气管、喉返神经、食管受压可出现干咳、声嘶、吞咽困难等。

体检时心前区听到心包摩擦音，以胸骨左缘第三、四、五肋间最明显，于坐位身体略前倾时最易听到；心包摩擦音可出现数小时、数日或数周。大量积液时心浊音界向左、右两侧扩大，心尖搏动减弱或消失，心率增快，心音低而遥远；大量积液压迫左肺下叶致肺不张时可出现左肩胛下浊音及支气管呼吸音［尤尔特（Ewart）征］。

心包积液迅速发生可引起急性心包填塞。此时由于心输出量不足，动脉压下降，静脉压不断上升，心动过速，脉搏细弱，严重者出现休克。由于回心血流受阻，体循环淤血，坐位时见颈静脉充盈、有

NOTES

搏动，肝颈静脉征阳性，腹水、肝大、水肿等。

多数患者伴有炎症引起的全身反应，如发热、乏力、食欲缺乏、多汗等。

【辅助检查】

1. 实验室检查 随病因而异，可有白细胞增高、血沉增快等。

2. X线检查 少量心包积液时心影改变不明显；心包内渗液量超过150ml时即可显示心影增大；大量心包积液时，立位显示心脏扩大如“烧瓶状”，心缘各弓消失。卧位时心底部增宽，透视下见心脏搏动减弱或消失。肺纹理无改变。

3. 心电图 发病初期因心外膜下心肌产生损伤电流，表现多数导联ST段抬高，avR导联S-T段压低，P-R段压低，约持续数小时至数日后，S-T段回到等电线，继之出现T波低平、双向或倒置。随着心包炎症状的消失，T波逐渐恢复正常。大量心包积液时常出现低电压和T波变化。

4. 超声心动图 为确定心包积液最安全、可靠的方法。极少量积液时，在收缩期左心室后壁后方即可显示有液性暗区；中等量积液时，于收缩期及舒张期均见液性暗区；大量积液时右心室前壁前方亦出现液性暗区，此时心房和心室均处于受压状态。

【诊断】

满足以下诊断标准中的2项即可诊断急性心包炎：①心前区疼痛；②心包摩擦音；③新出现的广泛导联S-T段抬高或P-R段压低；④心包积液（新出现或进行性增多）。辅助诊断依据还包括炎症指标的升高［血红细胞沉降率（ESR），C-反应蛋白（CRP），白细胞（WBC）计数等］及影像学心包积液的依据。但病因诊断有时存在一定困难，应根据病史及各种伴随症状加以分析。一般需要采用心包穿刺术通过检查心包内液体以明确病因。化脓性心包炎的心包穿刺液呈脓性混浊，涂片和培养可找到细菌。病毒性心包炎的穿刺液呈浆液性或血性浆液性，含单核细胞及多形核细胞，有时可分离出病毒。结核病、肺吸虫等引起的心包炎和心包肿瘤均可呈血性心包积液，应注意鉴别。风湿性心包炎和川崎病急性期心包炎渗出液较少，大多随着急性期症状好转而吸收，根据其他相应的主要临床症状可以做出诊断。

【治疗】

应针对病因或原发疾病进行治疗。大量心包积液时应予心包穿刺抽液或心包引流。急性期者应卧床休息，加强全身支持治疗。药物治疗包括抗炎治疗及病因治疗。抗炎可选用阿司匹林、布洛芬或秋水仙碱；病因治疗针对细菌、结核、结缔组织疾病等进行治疗。

二、缩窄性心包炎

缩窄性心包炎（constrictive pericarditis）是指心脏部分或全部被坚厚、僵硬的心包所包裹，以致在舒张期不能充分扩张，心室不能正常充盈。可发生于急性心包炎后数周，也可由心包疾病经数月或数年缓慢发展而致。

【病因】

小儿时期缩窄性心包炎多由结核性或化脓性心包炎引起。部分缓慢地发展而引起者，病因大多不明。

【病理生理】

心包壁层与脏层广泛粘连，纤维组织增生，心包显著增厚，甚至可达2cm，形成僵硬的纤维组织外壳，心包腔闭塞，紧紧压迫心脏和大血管，使心脏不能在舒张期有效地扩张，静脉入口处心包增厚、缩窄，静脉回流受阻，静脉显著淤血，心室充盈不足，心输出量减少。肝、肺及其他器官均呈慢性淤血，近似慢性充血性心力衰竭。心包有时与邻近组织粘连，部分病例出现心包钙化。由于心肌长期受压、缺血，可发生心肌变性、萎缩及纤维化，从而使心肌收缩功能受损。

【临床表现】

急性化脓性心包炎2~3周后可出现缩窄性心包炎，部分病例经数月或数年后出现症状，表现为全身水肿、静脉充盈、静脉压增高、肝大、腹水等，症状持续存在，进行性加重。有些病例起病隐匿、缓慢，

NOTES

出现乏力、呼吸困难、咳嗽、食欲缺乏、腹胀、肝区疼痛、腹围增大、水肿等，并日益加重。体格检查发现明显颈静脉及周围静脉充盈。心界正常或稍大，心尖搏动不明显，由于心包与邻近组织粘连，有时可出现收缩期回缩（于收缩期出现心尖附近胸壁内陷）。心率增快，心音低远，无心脏杂音或心包摩擦音，有时可在第二心音后听到心包叩击音。肝大显著。腹水的出现早于肢体水肿，程度亦较重。脉压缩小，静脉压增高。

【辅助检查】

1. X 线检查　心脏外形不正常，可呈三角形，左、右心缘变直，心搏动微弱或消失。主动脉弓缩小，上腔静脉扩张。部分病例可见到心包钙化。

2. 心电图　明显低电压及 T 波变化。

3. 超声心动图　心室壁僵硬，在舒张期呈低平运动，二尖瓣开放幅度减小，舒张期血流舒张早期二尖瓣血流最大流速（E）与心房收缩期二尖瓣血流最大流速（A）的比值（E/A 值）<1，表示左心室灌注充盈受限。室间隔运动异常。房室交界常可见强回声纤维组织。

【诊断】

临床上有右心衰竭的症状和体征，结合舒张功能受损的影像学表现，可诊断缩窄性心包炎。但应注意与慢性充血性心力衰竭等鉴别。后者常有器质性心脏病，心脏增大，多伴心脏杂音或奔马律，腹水往往不明显，针对心力衰竭治疗后症状缓解。

【治疗】

施行心包切除术，将压迫心脏的纤维硬壳剥除。需要注意的是，心包剥除后，长期受压塞的心脏突然接受大量血液充盈使容量负荷过重，可发生心功能不全，故有人主张在术中及术后给予洋地黄制剂，同时应严格限制补液及输血量。

第十节　原发性高血压

（见本章数字资源二维码）

第十一节　血管迷走性晕厥

（见本章数字资源二维码）

第十二节　心 力 衰 竭

心力衰竭（heart failure），是指由心肌病变或结构异常导致心脏负荷过重而引起心泵功能减退，心输出量不能满足机体代谢需要为表现的临床综合征。小儿各年龄期均可发生，以婴幼儿最常见。

【病因】

心泵血功能受心肌收缩力、前负荷、后负荷、心率等多种因素的影响。任何因素导致心肌收缩力下降或负荷过重，超出心脏代偿能力均可引发心力衰竭。小儿时期心力衰竭的病因依年龄而异。

1. 新生儿期　以先心病引起者最多见，其他如持续性肺动脉高压、呼吸窘迫综合征、早产儿动脉导管未闭等亦可引起心力衰竭。

2. 婴幼儿期　先心病仍占主要地位。流出道梗阻、左向右分流型先心病、心肌病及心律失常等均可引起心力衰竭。其他疾病，如支气管肺炎、感染引起者在此期也常见。少数可由严重贫血、维生素 B_1 缺乏等引起。

3. 学龄前期及学龄期　先心病仍然是常见原因，患者多由感染、肺动脉高压或心脏手术或并发心律失常诱发。风湿性心脏病和急性肾炎所致的心力衰竭也较多见。川崎病冠状动脉病变也是这一

NOTES

时期心力衰竭的重要原因。

以下诱因可使慢性心功能不全者心力衰竭症状突然加重：①感染，如呼吸道感染、感染性心内膜炎；②剧烈哭闹；③血容量过多，如输血或补液过多、速度过快，急性输入大量脱水剂（如甘露醇）；④心律失常，如阵发性室性心动过速、心房颤动等；⑤其他，如贫血、缺氧、电解质紊乱等。

【病理生理】

心脏功能从正常发展到心力衰竭，经过一段代偿期，心脏出现心率增快、心肌肥厚或心脏扩大，以维持心输出量，当心输出量通过代偿不能满足身体代谢需要时，即出现心力衰竭。心力衰竭时心输出量一般减少到低于正常休息时的心输出量，称为低心输出量心力衰竭。但由甲状腺功能亢进、严重贫血、动静脉瘘等引起的心力衰竭，虽然心输出量减少，仍可超过正常休息时的心输出量，称为高心输出量心力衰竭。

心力衰竭时心室收缩期输出量减少，心室内残余血量增多，故舒张期充盈压力增高，心房和静脉淤血，组织缺氧；组织缺氧激活交感神经系统，引起皮肤内脏血管收缩，血液重新分布，以保证重要器官的血供；同时，肾素-血管紧张素-醛固酮系统激活，使近端和远端肾曲小管对钠的再吸收增多，体内水钠潴留。近年来发现，交感神经激活肾素-血管紧张素-醛固酮系统，引起β受体-腺苷酸环化酶系统调节紊乱，可加剧心室重塑，使心力衰竭恶化。

【临床表现】

1. 全身症状 由心输出量下降、组织灌注不足以及静脉淤血引起，表现为精神萎靡、乏力、多汗、食欲缺乏、消化功能低下、体重不增等。

2. 肺循环淤血表现 心力衰竭导致肺静脉充盈、压力升高，液体渗出至肺间质甚至渗入肺泡，从而影响呼吸功能。婴幼儿心力衰竭发病较急，往往先出现呼吸系统症状。

（1）呼吸急促：由于肺淤血，间质水肿，肺顺应性下降，所以呼吸快而表浅。严重者肺泡、支气管黏膜水肿加剧，影响肺通气、换气功能，出现呼吸困难，甚至端坐呼吸。婴幼儿发病较急者常突然表现气急、呻吟、烦躁不安，不能安睡，不能平卧，要竖抱。

（2）咳嗽：由于支气管黏膜淤血、水肿而出现干咳；严重者因肺水肿可咳出泡沫样血痰或鲜血。

（3）发绀：严重肺淤血可影响肺循环血液氧合过程而导致不同程度青紫。

（4）哮鸣及肺部啰音：液体进入肺泡时肺部出现湿性啰音。婴幼儿易出现哮鸣音。

3. 体循环淤血表现

（1）肝大：肝淤血致肿大、压痛、边缘圆钝，为心力衰竭的早期最常见表现。病情改善后肝脏迅速回缩。

（2）颈静脉怒张：患者坐位时颈静脉充盈，肝颈静脉反流征阳性。婴幼儿由于颈短，皮下脂肪多，颈静脉怒张不易观察。可以通过手背静脉充盈情况判断静脉淤血，即置患者于半坐位（与躯体成45°），将手抬至胸骨上窝水平略高时观察手背静脉是否充盈。

（3）水肿：由于体循环淤血、静脉压增高、水钠潴留，液体积聚于间质而出现水肿。最先见于下垂部位，如踝部、胫前部。严重者伴胸腔积液、腹腔积液、心包积液。婴幼儿水肿可不明显，但体重增加。

4. 心脏体征 除原发疾病的症状和体征外，心力衰竭者常示心脏增大、心音低钝、心动过速，易出现奔马律。

【辅助检查】

（1）X线检查：心影扩大，搏动减弱，肺门附近阴影增加，肺部淤血、纹理增多。

（2）心电图检查：有助于病因诊断及指导洋地黄应用。

（3）超声心动图检查：可见心室和心房扩大，射血分数（ejection fraction）降低（<55%）。

【诊断】

1. 临床诊断依据

NOTES

（1）安静时心率增快，每分钟心率婴儿>180次，幼儿>160次，不能用发热或缺氧解释。

（2）呼吸困难，青紫突然加重，安静时每分钟呼吸频率为婴儿>60次，幼儿>50次，儿童>40次。

（3）肝大，达肋下3cm以上，或在密切观察下短时间内较前增大，而不能以横膈下移等原因解释。

（4）心音明显低钝，或出现奔马律。

（5）突然烦躁不安，面色苍白或发灰，而不能用原有疾病解释。

（6）尿少、下肢水肿，已除外营养不良、肾炎、维生素B_1缺乏等原因。

2. 其他检查　上述前4项为临床诊断的主要依据。尚可结合其他几项以及胸部X线片、心电图和超声心动图检查结果进行综合分析判断。

3. 心力衰竭程度判断　临床上一般依据病史、临床表现及劳动耐力的程度，将心脏病患者心功能分为以下四级。

Ⅰ级：患者体力活动不受限制。

Ⅱ级：患者体力活动轻度受限。休息时没有任何不适，但一般活动时出现症状，如疲乏、心悸和呼吸困难；可能存在继发性生长障碍。

Ⅲ级：患者体力活动明显受限。轻劳动时即有症状，例如步行15分钟即有疲乏、心悸和呼吸困难；存在继发性生长障碍。

Ⅳ级：在休息状态亦有症状，完全丧失劳动力；存在继发性生长障碍。

上述心功能分级对婴儿不适用。婴儿心功能评价可参考改良Ross心力衰竭分级计分法（表9-12-1）。

表9-12-1　改良Ross心力衰竭分级计分方法

症状和体征	得分/分		
	0	1	2
出汗	仅在头部	头部及躯干（活动时）	头部及躯干（安静时）
呼吸过快	偶尔	较多	常有
呼吸	正常	吸气凹陷	呼吸困难
呼吸次数（次/分）			
<1岁	<50	50~60	>60
1~6岁	<35	35~45	>45
7~10岁	<25	25~35	>35
11~14岁	<18	18~28	>28
心率（次/分）			
<1岁	<160	160~170	>170
1~6岁	<105	105~115	>115
7~10岁	<90	90~100	>100
11~14岁	<80	80~90	>90
肝大（肋缘下）	<2cm	2~3cm	>3cm

注：0~2分无心衰；3~6分轻度心衰；7~9分中度心衰；10~12分重度心衰。

【治疗】

治疗原则为加强心肌收缩力，减轻心脏前后负荷，控制水、电解质、酸碱平衡紊乱，积极治疗诱因和病因。

1. 一般治疗

（1）休息与镇静：取平卧或半卧位，尽力避免患者烦躁、哭闹，必要时可适当应用镇静剂。

（2）吸氧：对气急、发绀者适当给予吸氧。

NOTES

（3）饮食：很少需要严格的极度低钠饮食，但水肿者一般饮食中钠盐应适当减少。控制容量，每日液量不超过基础需要量（婴幼儿60~80ml/kg，年长儿40~60ml/kg）。应给予容易消化及富有营养的食品。

（4）防治感染及其他并发症：注意预防和及时治疗呼吸道感染。此外，心力衰竭时，患者易发生酸中毒、低血糖等，应给予及时纠正。

2. 强心苷类药物

（1）常用洋地黄制剂及其选择：小儿时期常用的洋地黄制剂为地高辛，作用时间较快，排泄亦较迅速，半衰期为24~48小时。急性心力衰竭者也可选用西地兰，总量为<2岁0.03~0.04mg/kg，>2岁0.02~0.03mg/kg，作用快，但排泄也快，故不宜作为长期维持用药。洋地黄的剂量和疗效的关系受到多种因素影响，所以使用要个体化。

（2）洋地黄化法：静脉给药时首次给洋地黄化总量的1/2，余量分2次，每隔4~6小时给予，多数患者可于8~12小时内达到洋地黄化。

（3）维持量：洋地黄化后12小时可开始给予维持量，一般为总量的1/5~1/4，分2次服用，视病情而定。急性心力衰竭者往往不需用维持量或仅需短期应用；短期难以去除病因者，如先心病、心内膜弹力纤维增生症或风湿性心瓣膜病等，则应长期给药。

（4）注意事项：用药前应了解患者近期洋地黄使用情况，以防药物过量。心肌炎患者对洋地黄耐受性差，一般按常规剂量的2/3使用，且饱和时间不宜过快。早产儿和2周以内的新生儿因肝、肾功能尚不完善，洋地黄化剂量应偏小，可按婴儿剂量减少1/3~1/2，以免洋地黄中毒。钙剂对洋地黄有协同作用，低血钾可促使洋地黄中毒，故应予注意。使用时注意监测地高辛血药浓度。

（5）洋地黄毒性反应：洋地黄中毒表现在三个方面。

1）心律失常：如房室传导阻滞、室性期前收缩和阵发性心动过速等。

2）消化道症状：如恶心、呕吐。

3）神经系统症状：如嗜睡、头昏、色视等。

（6）洋地黄中毒的处理：洋地黄中毒时应立即停用洋地黄和利尿剂。小剂量钾盐能控制心律失常，但肾功能不全和合并房室传导阻滞者忌用静脉给钾。

3. 非强心苷类正性肌力药物

（1）多巴胺：每分钟5~10μg/kg静脉滴注可增强心肌收缩力。

（2）多巴酚丁胺：每分钟5~10μg/kg静脉滴注可增加心输出量而降低体循环血管阻力，适用于心输出量减少及左心室舒张期充盈压增高者。

4. 利尿剂 对急性心力衰竭者可选用快速强效利尿剂。慢性心力衰竭者一般联合使用噻嗪类与保钾利尿剂，并采用间歇疗法维持治疗，防止电解质紊乱。

5. 血管扩张剂

（1）血管紧张素转换酶抑制剂：通过降低循环中血管紧张素Ⅱ的浓度而发挥效应，常用的有卡托普利（巯甲丙脯酸）和依那普利（苯酯丙脯酸），一般为口服。

（2）硝普钠：对急性心力衰竭伴周围血管阻力明显增加者效果显著。在治疗心脏手术后低心输出量综合征时联合多巴胺效果更佳。有低血压者禁用。

6. 磷酸二酯酶抑制剂 常用药物有氨力农和米力农，可用于对常规治疗无效的低心输出量患者，有增强心肌收缩和舒血管、减轻心脏后负荷的作用，一般用于手术后急性心功能不全。

7. β受体阻滞剂 常用药物为卡维地洛、美托洛尔，用于心力衰竭患者的长期治疗，为扩张型心肌病心力衰竭综合治疗的重要药物。不推荐使用于急性心力衰竭。

8. 病因治疗 需及时治疗引起心功能不全的原发疾病。

9. 机械循环辅助装置 包括体外膜氧合（ECMO）和心室辅助装置（VAD）。ECMO是短期机械循环支持的首选治疗方法，在儿童最常用。

NOTES

10. 急性肺水肿的治疗

（1）镇静：患者往往有烦躁不安，应立即注射吗啡 0.1~0.2mg/kg 或哌替啶 1mg/kg，达到镇静效果，而且吗啡可以扩张周围血管，减少回心血量，减轻心脏前负荷。但吗啡可抑制呼吸，故伴呼吸衰竭者慎用。

（2）体位：取坐位，双腿下垂，以减少回心血量，减轻心脏前负荷。

（3）吸氧：咳大量泡沫痰者可在水封瓶中加入 50%~70% 乙醇，每间隔 15~30 分钟吸通过乙醇的氧气 10 分钟，以促使肺泡内泡沫痰破裂，改善气体交换。动脉血氧分压明显降低者应使用呼吸机。

（4）洋地黄和利尿剂：静脉注射快速洋地黄制剂及速效利尿剂。

（5）血管扩张剂：对危急病例可给予血管扩张剂（如硝普钠）静脉注射。

（6）解除支气管痉挛：急性心力衰竭、肺水肿者可出现心源性哮喘，使用肾上腺皮质激素可解除支气管痉挛、减轻水肿而改善通气，可静脉滴注氢化可的松或地塞米松。此外，氨茶碱有解除小支气管痉挛、增强心肌收缩力、扩张冠状动脉和利尿的作用，亦可选用。

（桂永浩　田 杰　褚茂平　舒 强）

思考题

1. 围产期先天性心脏病防治的策略是什么？
2. 如何从常见先天性心脏病的血流动力学特点理解临床表现的特征？
3. 儿童心律失常的诊治特点有哪些？
4. 如何通过临床综合指标判断减少儿童病毒性心肌炎的误诊与漏诊？

扫码获取数字内容

第十章 泌尿系统疾病

1. 儿童急性肾小球肾炎的临床表现、治疗原则。
2. 原发性肾病综合征的临床表现、诊断和治疗原则。
3. 溶血尿毒症的分类、临床表现。
4. 狼疮性肾炎、紫癜性肾炎的临床表现及治疗原则。
5. 肾小管酸中毒的定义和分型。
6. 儿童泌尿道感染的临床表现、常见病原菌和治疗原则。
7. 急性肾损伤的病因与临床表现。
8. 先天性肾脏和尿路畸形、先天性肾病综合征的临床表现。

第一节 概 述

一、儿童泌尿系统解剖生理特点

（一）解剖特点

1. 肾脏 小儿年龄愈小，肾脏相对愈重。新生儿两肾重量约为体重的1/125，而成人两肾重量约为体重的1/220。婴儿肾脏位置较低，其下极可低至髂嵴以下第4腰椎水平，2岁以后始达髂嵴以上。由于右肾上方有肝脏，故右肾位置稍低于左肾。由于婴儿肾脏相对较大，位置又低，加之腹壁肌肉薄而松弛，故2岁以内健康小儿腹部触诊时容易扪及肾脏。由于胚胎发育残留痕迹，婴儿肾脏表面呈分叶状，至2~4岁时，分叶完全消失。

2. 输尿管 婴幼儿输尿管长而弯曲，管壁肌肉和弹力纤维发育不良，容易受压及扭曲而导致梗阻，易发生尿潴留而诱发感染。

3. 膀胱 婴儿膀胱位置比年长儿高，尿液充盈时，膀胱顶部常在耻骨联合之上，顶入腹腔而容易触到，随年龄增长逐渐下降至盆腔内。

4. 尿道 新生女婴尿道长仅1cm（性成熟期3~5cm），且外口暴露，又接近肛门，易受细菌污染。男婴尿道虽较长，但常有包茎，尿垢积聚也易引起上行性细菌感染。

（二）生理特点

肾脏有许多重要功能：①排泄体内代谢终末产物，如尿素、有机酸等；②调节机体水、电解质、酸碱平衡，维持内环境相对稳定；③内分泌功能，产生激素和生物活性物质如促红细胞生成素、肾素、前列腺素等。肾脏完成其生理活动，主要通过肾小球滤过和肾小管重吸收、分泌及排泄。小儿肾脏虽具备大部分成人肾的功能，但其发育是由未成熟逐渐趋向成熟。在胎龄36周时肾单位数量已达成人水平（每肾85万~100万），出生后上述功能已基本具备，但调节能力较弱，储备能力差，一般至1~1.5岁时达到成人水平。

1. 胎儿肾功能 胎儿于12周末，由于近曲小管刷状缘的分化及小管上皮细胞开始运转，已能形成尿。但此时主要通过胎盘来完成机体的排泄和调节内环境稳定，故无肾的胎儿仍可存活和发育。

2. 肾小球滤过率（glomerular filtration rate，GFR） 新生儿出生时GFR平均约20ml/(min·1.73m^2)，

早产儿更低，生后1周为成人的1/4，3~6个月为成人的1/2，6~12个月为成人的3/4，故不能有效地排出过多的水分和溶质。2岁GFR达成人水平〔青年男性：130ml/(min·1.73m^2)；青年女性：120ml/(min·1.73m^2)〕。

血肌酐作为反映肾小球滤过功能的常用指标，由于身高和肌肉发育等因素影响，不同年龄儿童有不同的正常参考值(表10-1-1)。

表10-1-1 正常小儿血清肌酐浓度

年龄/岁	肌酐浓度($\bar{X} \pm SD$)/(μmol/L)	年龄/岁	肌酐浓度($\bar{X} \pm SD$)/(μmol/L)
新生儿	44.2±7.1	~9.0	44.2±8.8
0.5~3.0	28.3±6.2	~11.0	46.0±8.0
~5.0	33.6±6.2	~18.0	50.0~80.0
~7.0	37.1±7.1		

3. 肾小管重吸收及排泄功能 新生儿葡萄糖肾阈较成人低，静脉输入或大量口服葡萄糖时易出现糖尿。氨基酸和磷的肾阈也较成人低。新生儿血浆中醛固酮浓度较高，但新生儿近端肾小管重吸收钠较少，远端肾小管重吸收钠相应增加，生后数周近端肾小管功能发育成熟，大部分钠在近端肾小管重吸收，此时醛固酮分泌也相应减少。新生儿排钠能力较差，如输入过多钠，容易发生钠潴留和水肿。低体重儿排钠较多，如输入不足，可出现钠负平衡而致低钠血症。生后头10天的新生儿，钾排泄能力较差，故有血钾偏高。

4. 浓缩和稀释功能 新生儿及婴幼儿由于髓袢短，尿素形成量少(婴儿蛋白合成代谢旺盛)以及抗利尿激素分泌不足，所以浓缩尿液功能不足，在应激状态下保留水分的能力低于年长儿和成人。婴儿每由尿中排出1mmol溶质需水分1.4~2.4ml，而成人仅需0.7ml。脱水时婴幼儿尿渗透压最高不超过700mmol/L，而成人可达1 400mmol/L，故入量不足时易发生脱水甚至急性肾功能不全。新生儿及幼婴尿稀释功能接近成人，可将尿稀释至40mmol/L，但因GFR较低，大量水负荷或输液过快时易出现水肿。

5. 酸碱平衡 新生儿及婴幼儿易发生酸中毒，主要原因有：①肾保留HCO_3^-的能力差，碳酸氢盐的肾阈低，仅为19~22mmol/L；②泌NH_3和泌H^+的能力低；③尿中排磷酸盐量少，故排出可滴定酸的能力受限。

6. 肾脏的内分泌功能 新生儿的肾脏已具有内分泌功能，其血浆肾素、血管紧张素和醛固酮均高于成人，生后数周内逐渐降低。新生儿肾血流量低，因而前列腺素合成速率较低。由于胎儿血氧分压较低，故胚肾合成促红细胞生成素较多，生后随着血氧分压的增高，促红细胞生成素合成减少。婴儿血清1,25$(OH)_2D_3$水平高于儿童期。

7. 小儿排尿及尿液特点

(1)排尿次数：新生儿有93%在生后24小时内，99%在48小时内排尿。生后头几天内，因摄入量少，每日排尿仅四五次；1周后，因小儿新陈代谢旺盛，进水量较多而膀胱容量小，排尿突增至每日20~25次；1岁时每日排尿15或16次，学龄前和学龄期每日六七次。

(2)排尿控制：正常排尿机制在婴儿期由脊髓反射完成，以后建立脑干-大脑皮质控制，至3岁已能控制排尿。在1.5~3.0岁，小儿主要通过控制尿道外括约肌和会阴肌控制排尿，若3岁后仍保持这种排尿机制，不能控制膀胱逼尿肌收缩，则出现不稳定膀胱，表现为白天尿频尿急，偶然尿失禁和夜间遗尿。

(3)每日尿量：小儿尿量个体差异较大，新生儿生后48小时正常尿量一般每小时为1~3ml/kg，2天内平均尿量为30~60ml/d，3~10天为100~300ml/d，~2个月为250~400ml/d，~1岁为400~500ml/d，~3岁为500~600ml/d，~5岁为600~700ml/d，~8岁为600~1 000ml/d，~14岁为800~1 400ml/d，>14岁为1 000~1 600ml/d。新生儿尿量每小时<1.0ml/kg为少尿，每小时<0.5ml/kg为无尿。学龄儿童每日排

NOTES

尿量少于 400ml，学龄前儿童少于 300ml，婴幼儿少于 200ml 为少尿；每日尿量少于 50ml 为无尿。

（4）尿的性质

1）尿色：生后头 2~3 天尿色深，稍混浊，放置后有红褐色沉淀，此为尿酸盐结晶。数日后尿色变淡。正常婴幼儿尿液淡黄透明，但在寒冷季节放置后可有盐类结晶析出而变混浊，尿酸盐加热后、磷酸盐加酸后可溶解，可与脓尿或乳糜尿鉴别。

2）酸碱度：生后头几天的尿因含尿酸盐多而呈强酸性，以后接近中性或弱酸性，pH 多为 5~7。

3）尿渗透压和尿比重：新生儿的尿渗透压平均为 240mmol/L，尿比重为 1.006~1.008，随年龄增长逐渐增高；婴儿尿渗透压为 50~600mmol/L，1 岁后接近成人水平，儿童通常为 500~800mmol/L，尿比重范围为 1.003~1.030，通常为 1.011~1.025。

4）尿蛋白：正常小儿尿中仅含微量蛋白，通常 ≤100mg/(m^2·24h)，定性为阴性；一次随机尿的尿蛋白(mg/dl)/肌酐(mg/dl)≤0.2。若尿蛋白含量>150mg/d 或>4mg/(m^2·h)，或>100mg/L，则定性试验阳性为异常。尿蛋白主要来自血浆蛋白，2/3 为白蛋白，1/3 为 T-H 蛋白（Tamm-Horsfall protein）和球蛋白。

5）尿细胞和管型：正常新鲜尿液离心后沉渣镜检，红细胞<3 个/高倍视野，白细胞<5 个/高倍视野，偶见透明管型。

二、肾功能和结构的检查方法

肾脏的正常生理功能很多，且各类肾脏疾病的病因、病理和引起的功能损害各异，故肾脏疾病的功能检查包括内容甚多。表 10-1-2 简要指出不同病变部位可选择的检查项目。

表 10-1-2 肾脏各部分功能检查法

病变部位	检查项目
肾小球	尿蛋白、尿沉渣、血尿素氮、肌酐、肾小球滤过率、半胱氨酸蛋白酶抑制剂（cystatin C，CysC）
近端肾小管	酚红试验（120 分值）、重吸收极限量、分泌极限量、低分子蛋白质
髓袢和远端肾小管	尿比重、尿渗量、pH、HCO_3^-、NH_4^+、可滴定酸、自由水清除率、尿浓缩稀释试验、氯化铵负荷试验
分肾功能	静脉肾盂造影、肾图
血管系	酚红试验（15 分值）、肾血流量、肾血浆流量、肾血管造影、肾图

（一）肾功能检查

1. 肾小球功能检查 包括血尿素氮（BUN）、血肌酐（SCr）、血清半胱氨酸蛋白酶抑制剂 C（CysC）测定、肾小球滤过率（GFR）、肾小球滤过分数（FF）、肾血浆流量（RPF）及放射性核素肾图等。

2. 肾小管功能检查 ①肾小管葡萄糖最大吸收量（TmG）测定是检查近端肾小管的最大重吸收能力。②肾小管对氨基马尿酸最大排泄量（TmPAH）测定是检查近端肾小管的排泌功能。③尿浓缩和稀释试验。④肾小管酸中毒的酸碱负荷试验。⑤尿酶检查：尿溶菌酶来自血液，经肾小球滤过，大部分为肾小管所重吸收，尿中该酶升高，表示肾小管吸收功能障碍；N-乙酰-β-氨基葡萄糖苷酶（NAG）和 γ-谷氨酸转肽酶（γ-GT）分别存在于近端肾小管上皮细胞溶酶体和刷状缘，两酶释出愈多，表示肾小管损伤程度愈重。

3. 分肾功能检查 包括排泄性静脉肾盂造影（IVP）、放射性核素肾图、肾显像、肾动脉血管造影等。

4. 肾脏内分泌功能检查 肾脏内分泌功能包括三部分：①肾内分泌的内分泌激素，如肾素、血管紧张素、前列腺素、促红细胞生成素等；②以肾脏作为靶器官的肾外分泌的多种激素，如抗利尿激素、甲状旁腺激素等；③以肾脏作为降解场所的肾外分泌的内分泌激素，如胰岛素等。测定这些激素的浓

NOTES

度或活性，可了解肾脏在内分泌方面的功能，从而有助于病情的分析和疾病的诊断及治疗。

（二）影像学检查

1. B 型超声检查　可检测肾脏位置、大小，了解肾结构有无异常，有无积水、囊肿、占位性病变及结石等。

2. X 线检查　腹部平片可观察肾脏有无钙化病灶及不透 X 线结石。静脉肾盂造影（IVP）用以了解肾脏排泌功能、肾位置、形态、结构，有无先天畸形、结石、结核、肿瘤、尿路梗阻等。排尿性膀胱尿路造影可确定有无膀胱输尿管反流及严重程度。其他尚有肾血管造影、数字减影血管造影（DSA）、CT 检查等，可结合临床选用。

3. 放射性核素检查　目前检测儿童肾脏疾病常用的放射性核素检查方法有肾动态显影、肾静态显影和膀胱显影，可估计肾脏的血液供应，显示肾实质功能和形态，对上尿路梗阻性疾病、肾内占位性病变的诊断和鉴别诊断有较大的临床价值，并可提供功能方面的定量数据，如肾有效血浆流量（FRPF）、GFR 等，便于判断疾病的转归和疗效，是急性肾小管坏死、肾梗死诊断的首选方法。^{99m}锝-二乙撑三胺五乙酸（^{99m}Tc-DTPA）肾动态显像目前已成为单侧肾血管性高血压的常规筛选试验。^{67}Ga 肾显像还有利于发现隐匿性肾盂肾炎或间质性肾炎。

（三）肾穿刺活组织检查

肾穿刺活组织检查包括光镜、电镜及免疫荧光检查，以明确病理分型、病变严重程度及活动情况，对指导治疗和估计预后起重要作用。由于此项检查有一定损伤性，故须严格掌握适应证。

1. 肾活检的适应证　①非典型或重症急性肾炎综合征或病程大于 3 个月；②急进性肾小球肾炎；③原因不明的持续性或发作性血尿病程持续 3 个月以上；④肾炎综合征、迁延性肾炎、慢性肾炎；⑤无症状持续性非直立性蛋白尿；⑥对糖皮质激素呈依赖、耐药或多次复发的肾病综合征及先天性或婴儿型（生后第 1 年内）肾病综合征；⑦不明原因的急、慢性肾衰竭；⑧肾小管间质性肾炎；⑨继发性肾炎，如狼疮性肾炎、乙肝病毒相关肾炎和紫癜性肾炎、结节性多动脉炎等；⑩遗传性肾小球肾炎、溶血性尿毒综合征、肾移植后排斥反应。

2. 肾活检的禁忌证　①肾脏畸形，包括多囊肾、孤立肾、马蹄肾、对侧肾发育不良及萎缩肾或肾动脉狭窄；②急性肾内感染（含肾结核或肾周围脓肿）；③肾肿瘤、血管瘤及肾囊肿；④出血性疾病或出血倾向未纠正者；⑤严重高血压或血压控制正常在 1 周以内；⑥骨骼发育畸形使肾脏定位困难者；⑦肾盂积水。

（四）遗传学检测

遗传性肾炎［奥尔波特综合征（Alport syndrome）］、登特病（Dent disease）等由基因突变导致的肾小球、肾小管疾病可通过基因突变筛查来诊断。而部分激素耐药肾病等则可以通过基因检测进一步探讨分子遗传的发病机制。

第二节　肾小球疾病

一、儿童肾小球疾病的分类

（一）儿童肾小球疾病的临床分类

中华医学会儿科学分会肾脏病学组于 2000 年 11 月珠海会议对 1981 年修订的关于小儿肾小球疾病临床分类修订及结合国内外共识如下。

1. 原发性肾小球疾病（primary glomerular diseases）

（1）肾小球肾炎（glomerulonephritis）

1）急性肾小球肾炎（acute glomerulonephritis，AGN）：急性起病，多有前期感染，以血尿为主，伴不同程度的蛋白尿，可有水肿、高血压或肾功能不全，病程多在 1 年内。AGN 可分为：①急性链球菌感染后肾小球肾炎（acute poststreptococcal glomerulonephritis，APSGN），有链球菌感染的血清学证据，起病 6~8 周内有血补体低下；②非链球菌感染后肾小球肾炎（non-poststreptococcal glomerulonephritis）。

2）急进性肾小球肾炎（rapidly progressive glomerulonephritis，RPGN）：起病急，病情重，进展迅速，多在发病数天或数周内出现较重的肾功能损害，有尿改变（血尿、蛋白尿、管型尿）、高血压、水肿，并常有持续性少尿或无尿，进行性肾功能减退。若缺乏积极有效的治疗措施，常于数周或数月内发展成为肾衰竭。

3）迁延性肾小球肾炎（persistent glomerulonephritis）：指有明确急性肾炎病史，血尿和/或蛋白尿迁延达 1 年以上，或没有明确急性肾炎病史，但血尿和蛋白尿超过半年，不伴肾功能不全或高血压。

4）慢性肾小球肾炎（chronic glomerulonephritis）：病程超过 1 年，或隐匿起病，有不同程度的肾功能不全或肾性高血压。近年来，提出了慢性肾脏病（chronic kidney disease）概念，是指各种原因引起的肾脏结构和功能障碍，或 GFR<60ml/(min·1.73m^2)，持续时间大于 3 个月。同时基于肾小球滤过率及尿白蛋白水平可对其严重程度分期。

（2）肾病综合征（nephrotic syndrome，NS）。诊断标准：大量蛋白尿（尿蛋白+++~++++；24 小时尿蛋白定量≥50mg/kg）；低白蛋白血症<25g/L；血浆胆固醇高于 5.7mmol/L；一定程度的水肿。以上 4 项中以大量蛋白尿和低白蛋白血症为必要条件。NS 依临床表现分为两型：单纯型肾病（simple type NS）和肾炎型肾病（nephritic type NS）。凡具有以下 4 项之一或多项者属于肾炎型肾病：①2 周内分别 3 次以上离心尿检查红细胞（RBC）>10 个/高倍视野，并证实为肾小球源性血尿者。②反复或持续高血压，并除外糖皮质激素等原因。学龄儿童≥130/90mmHg，学龄前儿童≥120/80mmHg 或超过其所在年龄、性别第 95 百分位数者。③肾功能不全，并排除血容量不足、肾后梗阻等因素。④持续低补体血症。

（3）孤立性血尿或蛋白尿

1）孤立性血尿（isolated hematuria）：肾小球源性血尿，分为持续性（persistent）和复发性（recurrent）；

2）孤立性蛋白尿（isolated hematuria）：分为体位性（thostatic）和非体位性（non-thostatic）。

2. 继发性肾小球疾病（secondary glomerular diseases）

（1）紫癜性肾炎（purpura nephritis）。

（2）狼疮性肾炎（lupus nephritis）。

（3）乙肝病毒相关性肾炎（HBV-associated glomerulonephritis）。

（4）其他毒物、药物中毒，或其他全身性疾病导致的肾炎及相关性肾炎。

3. 遗传性肾小球疾病（hereditary glomerular diseases）

（1）先天性肾病综合征（congenital nephrotic syndrome）：指在生后 3 个月内发病，临床表现符合肾病综合征，可除外继发因素（如 TORCH 或先天性梅毒感染等）所致者，分为以下两种类型。

1）遗传性：芬兰型，法国型（弥漫性系膜硬化，DMS）。

2）原发性：指生后早期发生的肾病综合征。

（2）遗传性进行性肾炎（hereditary progressive nephritis）：Alport 综合征。

（3）家族性再发性血尿（familial recurrent hematuria）。

（4）其他，如指甲-髌骨综合征。

（二）肾小球疾病的病理分类

原发性肾小球疾病病理分型参照联合国世界卫生组织（WHO）1982 年的分类。

1. 微小病变和轻微病变。

2. 局灶-节段性病变 ①局灶-节段性增生性肾炎；②局灶-节段性坏死性肾炎；③局灶-节段性肾小球硬化。

3. 弥漫性肾小球肾炎

（1）非增生性病变膜性肾小球肾炎（膜性肾病）。

NOTES

（2）增生性肾小球肾炎：①系膜增生性肾小球肾炎（非 IgA 性）；②毛细血管内增生性肾小球肾炎（内皮系膜增生性肾炎）；③系膜毛细血管性肾小球肾炎（膜增生性肾炎Ⅰ、Ⅲ型）；④致密沉积物病（膜增生性肾炎Ⅱ型）；⑤新月体性肾小球肾炎（毛细血管外增生性肾炎）。

（3）硬化性肾小球肾炎。

4. IgA 肾病。

5. 未分类的其他肾小球肾炎。

二、急性肾小球肾炎

急性肾小球肾炎（acute glomerulonephritis，AGN）简称急性肾炎，是指一组病因不一，临床表现为急性起病，多有前期感染，以血尿为主，伴不同程度蛋白尿，可有水肿、高血压，或肾功能不全等特点的肾小球肾炎；可分为急性链球菌感染后肾小球肾炎（acute poststreptococcal glomerulonephritis，APSGN）和非链球菌感染后肾小球肾炎。本节中的急性肾炎主要是指 APSGN。APSGN 可以散发或流行的形式出现，2005 年发展中国家儿童 APSGN 年发病率为 2.43/10 万，发达国家为 0.6/10 万。本病多见于儿童和青少年，以 5~14 岁多见，小于 2 岁少见，男女之比为 2∶1。

【病因】

尽管急性肾小球肾炎有多种病因，但绝大多数的病例属急性链球菌感染引起的免疫复合物性肾小球肾炎。溶血性链球菌感染后，肾炎的发生率一般在 20% 以内。急性咽炎（主要为 12 型）感染后肾炎发生率约为 10%~15%，脓皮病与猩红热后发生肾炎者约 1%~2%。呼吸道及皮肤感染为主要前期感染。国内 105 所医院资料表明，各地区均以上呼吸道感染或扁桃体炎最常见，占 51%，脓皮病或皮肤感染次之，占 25.8%。

除乙型溶血性链球菌外，其他细菌如金黄色葡萄球菌（呈上升趋势）、甲型溶血性链球菌、肺炎球菌、伤寒杆菌、流感杆菌等，病毒如柯萨基病毒 B4 型、ECHO 病毒 9 型、麻疹病毒、腮腺炎病毒、乙型肝炎病毒、巨细胞病毒、EB 病毒、流感病毒等，还有疟原虫、肺炎支原体、白念珠菌、丝虫、钩虫、血吸虫、弓形虫、梅毒螺旋体、钩端螺旋体等也可导致急性肾炎。

【发病机制】

目前认为急性肾炎主要与可溶血性链球菌 A 组中的致肾炎菌株感染有关，是抗原-抗体免疫复合物激活效应性免疫细胞及补体系统，细胞因子释放和分泌酶，如基质金属蛋白酶（MMPs），共同损害肾小球毛细血管簇所引起的一种肾小球毛细血管炎症病变，包括循环免疫复合物和原位免疫复合物形成致病学说。此外，某些链球菌株可通过神经氨酸苷酶的作用或其产物（如某些菌株产生的唾液酸酶），与机体的 IgG 结合，脱出免疫球蛋白上的涎酸，从而改变了 IgG 的化学组成或其免疫原性，诱导机体产生自身抗体和免疫复合物而致病，即自身抗体学说。所有致肾炎菌株均有共同的致肾炎抗原性，过去认为菌体细胞壁上的 M 蛋白是引起肾炎的主要抗原。1976 年后相继提出急性肾炎由内链球菌素（endostreptocin）和肾炎菌株协同蛋白（nephritis strain associated protein，NSAP）引起。

肾脏局部可见 T 淋巴细胞、巨噬细胞等浸润，提示细胞免疫参与发病。另外在抗原-抗体复合物导致的组织损伤中，局部炎症介质也起了重要作用。补体具有白细胞趋化作用，中性粒细胞浸润，通过使肥大细胞释放血管活性胺改变毛细血管通透性，还具有细胞毒直接作用。血管活性物质包括色胺、5-羟色胺、血管紧张素Ⅱ和多种花生四烯酸的前列腺素样代谢产物，均可因其血管运动效应，共同损害肾小球毛细血管簇。

急性链球菌感染后肾炎的发病机制见图 10-2-1。

【病理】

在疾病早期，肾脏病变典型，呈毛细血管内增生性肾小球肾炎改变。在疾病恢复期可见系膜增生性肾炎表现。

NOTES

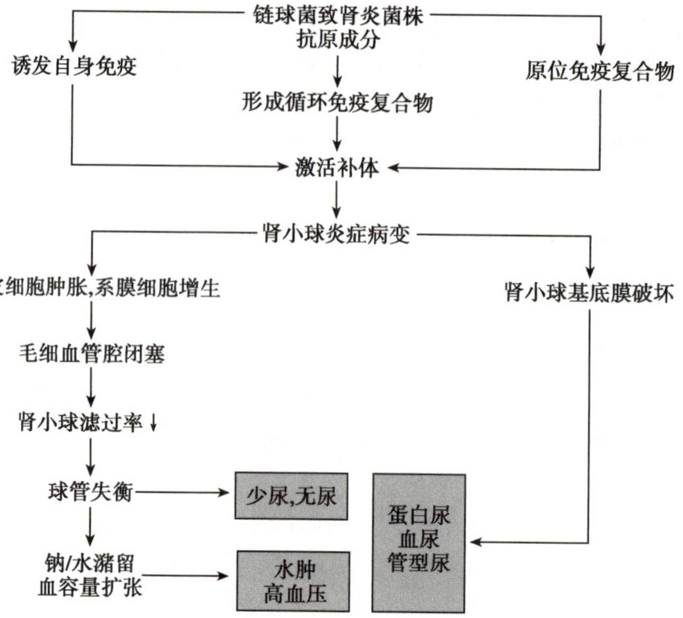

图 10-2-1 急性链球菌感染后肾炎发病机制示意图

【临床表现】

急性肾炎临床表现轻重悬殊:轻者全无临床症状而在检查时发现无症状镜下血尿;重者可呈急进性过程,短期内出现肾功能不全。

(一)前期感染

90% 的病例有链球菌的前期感染,以呼吸道及皮肤感染为主。在前期感染后经 1~3 周无症状的间歇期而急性起病。咽炎引起者 6~12 天,平均 10 天,多表现有发热、颈淋巴结大及咽部渗出。皮肤感染引起者 14~28 天,平均 20 天。

(二)典型表现

急性期常有全身不适、乏力、食欲缺乏、发热、头痛、头晕、咳嗽、气急、恶心、呕吐、腹痛及鼻出血等。约 70% 的病例有水肿,最常见,一般仅累及眼睑及颜面部,重者 2~3 天遍及全身,呈非凹陷性。50%~70% 的患者有肉眼血尿,持续 1~2 周即转镜下血尿。蛋白尿程度不等,约 20% 的病例可达肾病水平蛋白尿。30%~80% 的病例有血压增高。早期常见尿量减少,肉眼血尿严重者可伴有排尿困难。

(三)严重表现

少数患者在疾病早期(指 2 周之内)可出现下列严重症状。

1. 严重循环充血 常发生在起病后第 1 周内,由于水、钠潴留,血浆容量增加而出现循环充血。当肾炎患者出现呼吸急促和肺部出现湿啰音时,应警惕循环充血的可能性。严重者可出现呼吸困难,端坐呼吸,颈静脉怒张,频咳,吐粉红色泡沫痰,两肺布满湿啰音,心脏扩大,甚至出现奔马律,肝大而硬,水肿加剧。少数患者可突然发生严重循环充血,病情急剧恶化。

2. 高血压脑病 脑血管痉挛导致缺血、缺氧、血管渗透性增高而发生脑水肿。近年来也有人认为是脑血管扩张所致。高血压脑病常发生在疾病早期,血压突然上升之后(≥150~160/100~110mmHg),年长儿会主诉剧烈头痛、呕吐、复视或一过性失明,严重者突然出现惊厥、昏迷。

3. 急性肾功能不全 常发生于疾病初期,出现尿少、尿闭等症状,引起暂时性氮质血症、电解质紊乱和代谢性酸中毒,一般持续 3~5 天,不超过 10 天。

(四)非典型表现

1. 无症状性急性肾炎 患者仅有尿检异常如镜下血尿或轻度蛋白尿而无其他临床表现。

2. 肾外症状性急性肾炎 有的患者水肿、高血压明显,甚至有严重循环充血及高血压脑病,此时

NOTES

尿改变轻微或尿常规检查正常，但有链球菌前期感染和血C3水平明显降低。

3. 以肾病综合征表现的急性肾炎 少数患者以急性肾炎起病，但水肿和蛋白尿突出，伴轻度高胆固醇血症和低白蛋白血症，临床表现似肾病综合征。

【辅助检查】

尿蛋白可在+~+++之间，且与血尿的程度相平行。尿镜检除见多少不等的红细胞外，可有透明、颗粒或红细胞管型，疾病早期可见较多的白细胞和上皮细胞，并非感染。血白细胞一般轻度升高或正常，血沉加快。咽炎的病例抗链球菌溶血素O(ASO)往往增加，10~14天开始升高，3~5周达高峰，3~6个月恢复正常。另外咽炎后APSGN者抗双磷酸吡啶核苷酸酶(ADNase)滴度升高。皮肤感染的患者ASO升高不明显，抗脱氧核糖核酸酶(ANDase-B)的阳性率高于ASO，可达92%。另外脱皮后APSGN者抗透明质酸酶(AHase)滴度升高。80%~90%的患者血清C3下降，至第8周，94%的病例血C3已恢复正常。明显少尿者，可出现血尿素氮和肌酐升高，而肾小管功能改变轻微。持续少尿无尿者，血肌酐升高，内生肌酐清除率降低，尿浓缩功能也受损。

肾穿刺活检指征：①需与急进性肾炎鉴别时；②临床、血尿化验不典型者；③病情迁延者需进行肾穿刺活检，以明确诊断。

【诊断及鉴别诊断】

临床上在前期感染后急性起病，尿检有红细胞、蛋白和管型，或有水肿、尿少、高血压者，均可诊断急性肾炎。

我国相关急性肾小球肾炎的循证诊治指南中提出APSGN诊断依据：①血尿，伴/不伴蛋白尿，伴/不伴管型尿；②水肿，一般先累及眼睑及颜面部，继而下行性累及躯干和双下肢，呈非凹陷性；③高血压；④血清C3短暂性降低，到病程第8周94%的患者恢复正常；⑤3个月内链球菌感染证据（感染部位细菌培养）或链球菌感染后的血清学证据；⑥临床考虑不典型的急性肾炎，或临床表现或检验不典型，或病情迁延者，应考虑肾组织病理检查，典型病理表现为毛细血管内增生性肾小球肾炎。满足第①、④、⑤三条即可诊断，如伴有②、③、⑥的任一条或多条则诊断依据更加充分。

典型急性肾炎诊断一般不困难，但临床有时需与下列疾病鉴别，见表10-2-1。

表10-2-1 急性肾小球肾炎鉴别诊断表

疾病	临床表现	尿改变	血生化检查
急性肾炎	①链球菌感染后1~3周起病； ②非凹陷性水肿； ③血尿伴少尿； ④高血压	血尿为主，红细胞管型，尿比重偏高	血清补体多下降，病后6~8周恢复，ASO升高
有肾病综合征表现的急性肾炎	①具有急性肾炎的临床表现； ②同时伴有肾病综合征表现	大量蛋白尿 血尿	血清补体多正常
急进性肾炎	①临床起病同急性肾炎； ②伴进行性肾衰竭	同急性肾炎	血清补体正常；ASO可升高
慢性肾炎急性发作	①链球菌感染可诱发，但前驱期短； ②凹陷性水肿； ③显著贫血； ④持续高血压； ⑤氮质血症	蛋白尿为主；尿比重低且固定在1.010	BUN、血肌酐升高；ASO可升高
病毒性肾炎	①病毒感染早期(1~5天内)起病； ②症状轻，大多无水肿，少尿及高血压	血尿为主，常有肉眼血尿，尿脱落细胞可找到包涵体	血清补体正常
IgA肾病	①多在上呼吸道感染后24~48小时出现血尿； ②表现为反复发作性肉眼血尿； ③多无水肿、高血压	以血尿为主	血C3正常

NOTES

【治疗】

急性肾小球肾炎无特异治疗方法。

(一) 休息

急性期患者需卧床2~3周,直到肉眼血尿消失,水肿减退,血压正常,即可下床作轻微活动。血沉正常者可上学,但仅限于完成课堂学业。3个月内应避免重体力活动。尿沉渣细胞绝对计数正常后方可恢复体力活动。

(二) 饮食

对有水肿、高血压者应限盐及水。食盐以60mg/(kg·d)为宜。水分一般以不显性失水加尿量计算。有氮质血症者应限蛋白,可给优质动物蛋白0.5g/(kg·d)。尿量增多、氮质血症消除后应尽早恢复蛋白质供应,以保证小儿生长发育的需要。

(三) 抗感染

有感染灶时应给予青霉素类或其他敏感抗生素治疗10~14天。经常反复发生的慢性感染灶,如扁桃体炎、龋齿等应予以清除。本症不同于风湿热,不需要长期用药物预防链球菌感染。

(四) 对症治疗

1. 利尿 经控制水、盐入量仍水肿、少尿者,可用氢氯噻嗪(hydrochlorothiazide,DHCT)1~2mg/(kg·d)分两三次口服。尿量增多时可加用螺内酯(spironolactone)2mg/(kg·d)口服。无效时可用呋塞米(furosemide),注射剂量每次1~2mg/kg,每日一两次,静脉注射剂量过大时可有一过性耳聋。

2. 降压 凡经休息,控制水、盐及利尿而血压仍高者,均应给予降压药。可根据病情选择钙通道阻滞剂[硝苯地平(nifedipine)]和血管紧张素转换酶抑制剂(ACEI)等。

3. 激素治疗 APSGN表现为肾病综合征或肾病水平的蛋白尿时,给予糖皮质激素治疗有效。

(五) 严重循环充血治疗

1. 矫正水、钠潴留,恢复正常血容量,可使用呋塞米注射。

2. 对表现有肺水肿者,除一般对症治疗外可加用硝普钠(sodium nitroprusside),取5~20mg加入5%葡萄糖液100ml中,以1μg/(kg·min)初始速度静脉滴注,用药时严密监测血压,随时调节药液滴速,每分钟不宜大于6~8μg/kg,以防发生低血压。滴注时针筒、输液管等须用黑纸覆盖,以免药物遇光分解。

3. 对难治病例可采用腹膜透析或血液透析治疗。

(六) 高血压脑病的治疗原则

高血压脑病的治疗原则为选用降压效力强而迅速的药物。

1. 首选硝普钠,用法同"严重循环充血治疗"。通常用药后1~5分钟内血压明显下降,如有抽搐,立即停药,并同时静脉注射呋塞米2mg/kg。

2. 对有惊厥者应及时止痉。持续抽搐者首选地西泮(diazepam),按每次0.3mg/kg,总量不大于10mg,缓慢静脉注射。

(七) 急性肾衰竭的治疗

急性肾衰竭的治疗见本章第六节"急性肾损伤与急性肾衰竭"相关内容。

【预防】

防治感染是预防急性肾炎的根本。减少呼吸道及皮肤感染,对急性扁桃体炎、猩红热及脓疱患者,应尽早地、彻底地用青霉素类或其他敏感抗生素治疗。另外,感染后1~3周内应随访尿常规,及时发现和治疗本病。

【预后】

急性肾炎急性期预后好。95%的APSGN病例能完全恢复,小于5%的病例可有持续尿异常,死亡病例在1%以下。目前主要死因是急性肾衰竭。远期预后小儿比成人佳,一般认为80%~95%终将痊愈。转入慢性者多呈自身免疫反应参与的进行性肾损害。影响预后的因素可能有:①病因。一般

NOTES

病毒所致者预后较好。②散发者较流行性者差。③成人比儿童差，老年人更差。④急性期伴有重度蛋白尿且持续时间久，肾功能受累者预后差。⑤组织形态学上呈系膜显著增生者，40%以上肾小球有新月体形成者，“驼峰”不典型（如过大或融合）者预后差。对于这部分患者，激素治疗可改善其预后。

三、肾病综合征

儿童肾病综合征（NS）是一组由多种原因引起的肾小球基膜通透性增加，导致血浆内大量蛋白质从尿中丢失的临床综合征。临床有以下四大特点：①大量蛋白尿；②低白蛋白血症；③高脂血症；④明显水肿。以上第①、②两项为必备条件。

NS在小儿肾脏疾病中发病率仅次于急性肾炎。NS按病因可分为原发性、继发性和先天遗传性三种类型。本节主要叙述原发性肾病综合征（primary nephrotic syndrome，PNS）。PNS约占小儿时期NS总数的90%，是儿童常见的肾小球疾病。国外报道儿童NS年发病率约为（2~4）/10万，患病率为16/10万；我国部分省、市医院住院患者统计资料显示，PNS约占儿科住院泌尿系疾病患者的21%~31%。男女比例约为3.7∶1。发病年龄多为学龄前儿童，3~5岁为发病高峰。

【病因及发病机制】

PNS肾脏损害使肾小球通透性增加，导致蛋白尿，而低蛋白血症、水肿和高胆固醇血症是继发的病理生理改变。

PNS的病因及发病机制目前尚不明确。但近年来的研究已证实：①肾小球毛细血管壁结构或电化学的改变可导致蛋白尿。实验动物模型及人类肾病的研究看到微小病变时肾小球滤过膜多阴离子蛋白的丢失，致静电屏障破坏，使大量带负电荷的中分子血浆白蛋白滤出，形成高选择性蛋白尿。肾小球滤过膜机械屏障的损伤，则使血浆大中分子量的蛋白从尿中丢失，而形成非选择性蛋白尿。②非微小病变型肾内常见免疫球蛋白和/或补体成分沉积，局部免疫病理过程可损伤滤过膜的正常屏障作用而发生蛋白尿。③微小病变型肾小球未见以上沉积，其滤过膜静电屏障损伤原因可能与细胞免疫失调有关。既往研究表明PNS主要发病机制是T细胞功能障碍和/或异常分泌某些循环肾小球渗透因子（circulating glomerular permeability factor）。近年研究表明该病发病还与B细胞的功能紊乱相关。T细胞与B细胞功能紊乱在不同激素应答及病理类型PNS中的作用和具体机理，尚不清楚。

近年来研究发现NS的发病具有遗传基础。据报道，基于基因组关联研究发现糖皮质激素敏感NS患者*HLA-DQA1*、*HLADQB1*、*HLADRB1*出现的频率明显增高。另外NS还有家族性表现，且绝大多数是同胞患病。

自1998年以来，对足细胞及裂孔隔膜的认识从超微结构跃升到细胞分子水平，研究认识了“足细胞分子”，如裂隙素（nephrin）、CD2相关蛋白（CD2AP）、足细胞素（podocin）、α辅肌动蛋白4（α-actinin-4）等，并证实这些分子是肾病综合征发生蛋白尿的关键分子。近年来肾脏病学领域的一个突破性进展为遗传性肾病综合征相关基因的发现，目前超过70个与遗传性肾病综合征有关的基因已经被克隆、定位，这些基因的编码蛋白大多为肾小球裂孔隔膜蛋白分子（如NPHS1、NPHS2、KIRREL）或者足细胞分子（podocyte molecules，如ACTN4、CD2AP、TRCP6）；一些基因编码的蛋白为肾小球基底膜结构分子（如LAMB2、ITGB4）；还有一些基因编码蛋白是正常足细胞功能和发育所必需的转录因子或酶（如WT1、LMX1B、PLCE1、GLA）；另一些基因编码产物为溶酶体（SCARB2）、线粒体蛋白（COQ2、ADCK4、PDSS2、MTTL1）或DNA核小体重组调节子（NUP107、SMARCAL1）。明确这些不同基因突变所致遗传性肾病综合征的新近研究进展，有助于根据不同致病基因做出遗传性肾病综合征的诊断以及进一步的分子分型，从而在临床工作中做出正确诊断和制订有针对性的治疗方案。

【病理】

PNS可见于各种病理类型。最主要的病理变化是微小病变型，占70%~80%。少数为非微小病变型，包括系膜增生性肾小球肾炎、局灶性节段性肾小球硬化、膜增生性肾小球肾炎、膜性肾病等。

疾病发展过程中微小病变型可进展为系膜增生性肾小球肾炎和局灶性节段性肾小球硬化。

NOTES

【临床表现】

水肿最常见，开始见于眼睑，以后逐渐遍及全身，以凹陷性水肿常见。未治疗或时间长的病例可有腹水或胸腔积液。一般起病隐匿，常无明显诱因。大约 30% 患者有病毒感染或细菌感染发病史，上呼吸道感染也是 PNS 复发的常见诱发因素。70% 肾病复发与病毒感染有关。尿量减少，颜色变深，无并发症的患者无肉眼血尿，而短暂的镜下血尿可见于大约 15% 的患者。患者大多数血压正常，但轻度高血压也见于约 15% 的患者，严重的高血压通常不支持微小病变型 NS 的诊断。由于血容量减少而出现短暂的肌酐清除率下降者约占 30%，一般肾功能正常，急性肾衰竭少见。部分病例晚期可有肾小管功能障碍，出现低血磷性佝偻病、肾性糖尿、氨基酸尿和酸中毒等。

【临床分型】

1. PNS 依据临床表现可分为以下两型。

（1）单纯型 NS（simple type NS）。仅有上述表现者：①大量蛋白尿；②低白蛋白血症；③高脂血症；④明显水肿。

（2）肾炎型 NS（nephritic type NS）。除以上四大表现外，尚具有以下四项之一或多项者：①2 周内分别 3 次离心尿镜检红细胞≥10 个/高倍镜视野（HPF），并证实为肾小球源性血尿；②反复或持续高血压（≥3 次于不同时间点测量的收缩压和/或舒张压大于同性别、年龄和身高的儿童/青少年血压的第 95 百分位数），并除外糖皮质激素等原因；③肾功能异常，并排除血容量不足等原因；④持续低补体血症。

2. 激素的治疗反应可分以下三型。

（1）激素敏感型 NS（steroid-sensitive NS，SSNS）：以泼尼松足量[2mg/(kg·d)或 60mg/(m^2·d)，最大剂量不超过 60mg/d]治疗≤4 周尿蛋白转阴者。

（2）激素耐药型 NS（steroid-resistant NS，SRNS）：以泼尼松足量治疗>4 周尿蛋白仍阳性者，又可分为初治耐药（initial non-responder）和迟发耐药（late non-responder）。后者指激素治疗 1 次或多次缓解后，再次足量激素治疗>4 周尿蛋白仍阳性者。

（3）激素依赖型 NS（steroid-dependent NS，SDNS）：对激素敏感，但连续 2 次减量或停药 2 周内复发者。

3. 复发与频复发

（1）复发：连续 3 天，24 小时尿蛋白定量≥50mg/kg，或晨尿的尿蛋白/肌酐（mg/mg）≥2.0，或晨尿蛋白由阴性转为+++~++++。

（2）非频复发：首次完全缓解后 6 个月内复发 1 次，或 1 年内复发 1~3 次。

（3）频复发（FR）：指病程中半年内复发≥2 次，或 1 年内复发≥4 次。

单纯型 NS，其病理多为微小病变，大部分激素敏感；肾炎型 NS 相当部分为非微小病变，大部分表现对激素耐药。

【并发症】

（一）感染

肾病患者极易罹患各种感染。常见的感染有呼吸道、皮肤、泌尿道等处的感染和原发性腹膜炎等，其中尤以上呼吸道感染最多见，占 50% 以上。呼吸道感染中病毒感染常见。结核分枝杆菌感染亦应引起重视。另外肾病患者的医院感染不容忽视，以呼吸道感染和泌尿道感染最多见，致病菌以条件致病菌为主。

（二）电解质紊乱和低血容量

常见的电解质紊乱有低钠、低钾、低钙血症。患者不恰当长期禁盐或长期食用不含钠的食盐代用品，过多使用利尿剂，以及感染、呕吐、腹泻等因素均可致低钠血症。在上述诱因下可出现厌食、乏力、懒言、嗜睡、血压下降，甚至出现休克、抽搐等。另外由于低蛋白血症，患者血浆胶体渗透压下降，显著水肿，常有血容量不足，尤其在各种诱因引起低钠血症时易出现低血容量性休克。

NOTES

(三) 血栓形成和栓塞

NS高凝状态易致各种动、静脉血栓形成：①肾静脉血栓形成常见，表现为突发腰痛，出现血尿或血尿加重，少尿，甚至发生肾衰竭。②下肢深静脉血栓形成，两侧肢体水肿程度差别固定，不随体位改变而变化。③皮肤血管血栓形成，表现为皮肤突发紫斑并迅速扩大。④阴囊水肿，呈紫色。⑤顽固性腹腔积液。⑥下肢动脉血栓形成，出现下肢疼痛伴足背动脉搏动消失等症状体征。股动脉血栓形成是小儿NS并发的急症状态之一，如不及时行溶栓治疗，可导致肢端坏死而需截肢。⑦肺栓塞者可出现不明原因的咳嗽，咯血或呼吸困难而无明显肺部阳性体征，其半数可无临床症状。⑧脑栓塞者出现突发的偏瘫、面瘫、失语或神志改变等神经系统症状，在排除高血压脑病、颅内感染性疾病时要考虑颅内血管栓塞。血栓缓慢形成者的临床症状多不明显。

(四) 急性肾衰竭

5%的微小病变型肾病患者可并发急性肾衰竭。当NS患者临床上出现急性肾衰竭时，要考虑以下原因：①急性间质性肾炎，可由使用合成青霉素、呋塞米、非类固醇消炎药引起；②严重肾间质水肿或大量蛋白管型致肾内梗阻；③在原病理基础上并发大量新月体形成；④血容量减少，致肾前性氮质血症或合并肾静脉血栓形成。

(五) 肾小管功能障碍

NS患者除了原有肾小球的基础病可引起肾小管功能损害外，大量尿蛋白的重吸收可导致肾小管，主要是近曲小管功能损害。临床上可见肾性糖尿或氨基酸尿，严重者可呈范科尼综合征(Fanconi syndrome)。

(六) 生长延迟

肾病患者的生长延迟，多见于频繁复发和接受长期大剂量糖皮质激素治疗的病例。

【辅助检查】

(一) 尿液分析

1. 尿常规检查　尿蛋白定性多在(+++)以上，大约有15%的患者有短暂的镜下血尿，大多数可见到透明管型、颗粒管型和卵圆脂肪小体。

2. 尿蛋白定量　24小时尿蛋白定量检查>50mg/(kg·d)为肾病水平蛋白尿。尿蛋白/尿肌酐(mg/mg)：正常儿童上限为0.2；肾病水平蛋白尿>2.0。

(二) 血清蛋白、胆固醇和肾功能测定

血清白蛋白浓度为25g/L(或更少)可诊断为NS的低白蛋白血症。由于肝脏合成增加，α_2、β球蛋白浓度增高，IgG减低，IgM、IgE增加。胆固醇>5.7mmol/L和三酰甘油升高，LDL和极低密度脂蛋白(VLDL)增高，HDL多正常。BUN、Cr可升高，晚期患者可有肾小管功能损害。

(三) 免疫球蛋白水平、血清补体测定

微小病变型NS急性期IgG水平明显降低，而急性期及复发期部分患者IgE、IgM水平增高；微小病变型NS血清补体水平正常，补体水平降低可见于其他病理类型和继发性NS，以及部分脂肪代谢障碍的患者。

(四) 感染依据的检查

对新诊断病例应进行血清学检查，寻找链球菌感染的证据，及其他病原学的检查，如乙肝病毒感染等。

(五) 系统性疾病的血清学检查

对新诊断的肾病患者需检测抗核抗体(ANA)，抗-dsDNA抗体，Smith抗体、抗中性粒细胞胞质抗体等。这些检查对具有血尿、补体减少并有临床表现的患者尤其重要。

(六) 高凝状态和血栓形成的检查

大多数原发性肾病患者都存在不同程度的高凝状态，血小板增多，血小板聚集率增加，血浆纤维蛋白原增加，*D*-二聚体增加，尿纤维蛋白裂解产物(FDP)增高。对临床疑诊血栓形成者可行彩色多

NOTES

普勒B型超声检查以明确诊断,有条件者可行数字减影血管造影(DSA)。

(七)经皮肾穿刺组织病理学检查

大多数儿童NS患者不需要进行诊断性肾活检。NS肾活检指征:①对糖皮质激素治疗耐药或频繁复发者;②临床或实验室证据支持肾炎性肾病、慢性肾小球肾炎者;③高度怀疑病理为非微小病变者;④接受钙调磷酸酶抑制剂治疗,过程中出现肾功能下降者。

【诊断与鉴别诊断】

临床上根据血尿、高血压、氮质血症、低补体血症的有无将原发性肾病综合征分为单纯性和肾炎性(见本章第二节)。

PNS还需与继发于全身性疾病的肾病综合征鉴别。儿科临床上部分非典型的链球菌感染后肾炎、系统性红斑狼疮性肾炎、紫癜性肾炎、乙型肝炎病毒相关性肾炎及药源性肾炎等均可有NS样表现。临床上须排除继发性NS后方可诊断PNS。对于12岁以上儿童,有条件单位应开展肾活体组织检查以确定病理诊断。同时对于SRNS患者,推荐行肾病相关基因检测,明确是否为遗传性肾病综合征。

【治疗】

(一)一般治疗

1. 休息 水肿显著或大量蛋白尿,或严重高血压者均需卧床休息。病情缓解后逐渐增加活动量。

2. 饮食 显著水肿和严重高血压者应短期限制水钠摄入,病情缓解后不必继续限盐。活动期病例供盐1~2g/d。蛋白质摄入1.5~2g/(kg·d),以高生物价的动物蛋白(乳、鱼、蛋、禽、牛肉等)为宜。在应用激素过程中食欲增加者应控制食量,应用足量激素时每日应给予维生素D 400U及钙800~1 200mg。

3. 防治感染

4. 利尿 对激素耐药或使用激素之前水肿较重伴尿少者,可联合用20%~25%白蛋白。白蛋白起始剂量为0.5~1.0g/kg缓慢静脉输注,并在输注结束时加用呋塞米(1mg/kg),但需密切观察出、入水量,体重变化及电解质紊乱。

5. 对家属的教育 应使父母及患者很好地了解肾病的有关知识,并且应该教他们用试纸检验尿蛋白的方法。

6. 心理治疗 肾病患者多具有内向、情绪不稳定性或神经质个性倾向,出现明显的焦虑、抑郁、恐惧等心理障碍,应配合相应心理治疗。

(二)激素敏感型NS的治疗

根据中华医学会儿科学分会肾脏病学组制定的儿童激素敏感、复发/依赖肾病综合征诊治循证指南(2016),初发NS的激素治疗可分为以下两个阶段。

(1)诱导缓解阶段:足量泼尼松(或泼尼松龙)60mg/(m^2·d)或2mg/(kg·d)(按身高的标准体重计算),最大剂量60mg/d,先分次口服,尿蛋白转阴后改为每晨顿服,疗程4~6周。

(2)巩固维持阶段:泼尼松2mg/kg(按身高的标准体重计算),最大剂量60mg/d,隔日晨顿服,维持4~6周,然后逐渐减量,总疗程9~12个月。

激素治疗注意事项:①初发NS的激素治疗须足量和足够疗程,可降低1~2年复发率;②目前国外随机对照临床试验研究建议激素用短疗程法,但实际应用后复发率较高,重复应用激素的累积剂量也较大,因此,基于我国临床应用实际情况及专家共识,仍建议采用中长程激素疗法。

在长期超生理剂量使用激素治疗过程中,须重视并尽可能采取预防措施减少激素的副作用,包括:①代谢紊乱,可出现明显库欣貌,肌肉萎缩无力,伤口愈合不良,蛋白质营养不良,高血糖,尿糖,水、钠潴留,高血压,尿中失钾,高尿钙,骨质疏松;②消化性溃疡和精神欣快感,兴奋,失眠,甚至呈精神病、癫痫发作等,还可发生白内障、无菌性股骨头坏死、高凝状态、生长停滞等;③易发生感染或诱发结核灶的活动;④急性肾上腺皮质功能不全,戒断综合征。

NOTES

(三) 非频复发 NS 的治疗

1. 寻找诱因 积极寻找复发诱因,积极控制感染,少数患者在控制感染后可自发缓解。

2. 激素治疗

(1) 重新诱导缓解:足量泼尼松(或泼尼松龙)每日分次或晨顿服,直至尿蛋白连续转阴 3 天后,改为 $40mg/m^2$ 或 1.5mg/(kg·d)隔日晨顿服 4 周,然后用 4 周以上的时间逐渐减量。

(2) 在感染时增加激素维持量:患者在巩固维持阶段患上呼吸道感染时,改隔日口服激素治疗为同剂量每日口服,可降低复发率。

(四) FRNS/SDNS 的治疗

1. 激素的使用

(1) 拖尾疗法:诱导缓解后泼尼松每 4 周减量 0.25mg/kg,给予能维持缓解的最小有效激素量(0.25~0.50mg/kg),隔日口服,连用 9~18 个月。

(2) 若隔日激素治疗出现反复,可用能维持缓解的最小有效激素量(0.25~0.50mg/kg),每日口服。

(3) 在感染时增加激素维持量:患者在隔日口服泼尼松 0.5mg/kg 时如出现上呼吸道感染,则改隔日口服激素治疗为同剂量每日口服,连用 7 天,可降低 2 年后的复发率。

(4) 改善肾上腺皮质功能:因肾上腺皮质功能减退患者复发率显著增高,对这部分患者可选用促肾上腺皮质激素(ACTH)静脉滴注来预防复发。但其疗效仍须进一步临床验证。

2. 免疫抑制剂治疗

(1) 环磷酰胺(CTX):2~3mg/(kg·d),分两三次口服,连用 8 周,或 8~12mg/(kg·d)静脉冲击疗法,每 2 周连用 2 天,总剂量≤168mg/kg,或每月 1 次静脉注射,500mg/(m^2·次),共 6 次。副作用有:白细胞减少,秃发,肝功能损害,出血性膀胱炎等,少数可发生肺纤维化。最令人瞩目的是其远期性腺损害。病情需要者可小剂量、短疗程间断用药,避免青春期前和青春期用药。

(2) 可根据相关指南分别选用其他免疫抑制剂:①环孢素 A(CsA);②他克莫司(FK506);③利妥昔单抗(rituximab,RTX);④长春新碱(VCR)。

3. 免疫调节剂 左旋咪唑:一般作为激素辅助治疗,适用于常伴感染的 FRNS 和 SDNS 患者。剂量为 2.5mg/kg,隔日服用 12~24 个月。左旋咪唑在治疗期间和治疗后均可降低复发率,减少激素用量,对某些患者可诱导长期缓解。副作用可有胃肠不适、流感样症状、皮疹、中性粒细胞下降,停药即可恢复。

(五) SRNS 的治疗

SRNS 的治疗主要根据中华医学会儿科学分会肾脏病学组制定的儿童激素耐药型肾病综合征诊治循证指南(2016)意见。SRNS 的治疗相对棘手,需要结合患者临床表现及并发症,肾脏病理改变,肾病相关基因检测结果,药物治疗反应及毒副作用,患者个体差异以及经济状况等多方面因素选择免疫抑制剂,严格掌握适应证,避免过度用药以及药物治疗带来的不良反应。

1. 缺乏肾脏病理诊断的治疗 对于缺乏病理诊断的 SRNS,治疗原则上首先进行激素序贯疗法,即以泼尼松足量治疗>4 周尿蛋白仍阳性时,可考虑以大剂量甲泼尼龙(MP)15~30mg/(kg·d),每天 1 次,连用 3 天为 1 个疗程,最大剂量不超过 1g。冲击治疗 1 个疗程后如果尿蛋白转阴,把泼尼松按激素敏感型 NS 方案减量;尿蛋白仍阳性者,建议行肾活检,再根据不同病理类型选择免疫抑制剂,同时隔日晨顿服泼尼松 2mg/kg,随后每 2~4 周减 5~10mg,随后以一较小剂量长期隔日顿服维持,少数可停用。同时,有条件者尽早行肾病相关基因检测,根据是否有单基因突变指导治疗。

注意事项:建议 MP 治疗时进行心电监护。下列情况慎用 MP 治疗:①伴活动性感染;②高血压;③有胃肠道溃疡或活动性出血者;④原有心律失常者。

2. 根据不同病理类型选用不同的治疗方案

(1) 病理类型为微小病变型:可首选钙调磷酸酶抑制剂(CNI)如他克莫司(TAC)或环孢素 A(CsA)进行初始治疗。

NOTES

（2）病理类型为局灶节段性肾小球硬化（FSGS）：可采用 TAC 或 CsA 进行初始治疗。

1）激素联合 CTX 治疗。

2）其他：尚可采用长春新碱（VCR）冲击，利妥昔布单抗静脉滴注和吗替麦考酚酯（MMF）口服等治疗方法。

（3）病理类型为系膜增生性肾小球肾炎（MsPGN）：可选用激素联合静脉 CTX 冲击，CsA、TAC 等治疗。

（4）病理类型为膜增生性肾小球肾炎（MPGN）：可选用大剂量甲泼尼龙冲击，序贯泼尼松和 CTX 冲击，也可以考虑选用其他免疫抑制剂，如 CsA、TAC 或 MMF。

（5）病理类型为膜性肾病（MN）：儿童原发性膜性肾病很少。成人 MN 治疗建议首选 ACEI 或血管紧张素Ⅱ受体拮抗剂（ARB）类药物。若出现大量蛋白尿，肾功能不断恶化或经上述治疗无明显好转，可选用 CNI 或利妥昔单抗单用，或激素联合 CNI 或利妥昔单抗，或激素联合 CTX 治疗。

3. 重视辅助治疗 ACEI 和/或 ARB 是重要的辅助治疗药物，不仅可以控制高血压，而且可以减少尿蛋白和维持肾功能；有高凝状态或静脉血栓形成的患者应尽早使用抗凝药物，如普通肝素或低分子肝素；有高脂血症者重在调整饮食，10 岁以上激素治疗效果欠佳者可考虑使用降脂药物（如他汀类药物）；有肾小管与间质病变的患者可加用冬虫夏草制剂，其作用是改善肾功能，减轻毒性物质对肾脏的损害，同时可以降低血液中的胆固醇和甘油三酯，减轻动脉粥样硬化；伴有肾功能不全者可应用大黄制剂。

（六）抗凝及纤溶药物疗法

由于肾病往往存在高凝状态和纤溶障碍，易并发血栓形成，所以需加用抗凝和溶栓治疗。

1. 口服抗凝药 双嘧达莫，3~5mg/（kg·d），分 3 次饭后服，6 个月为 1 个疗程。

2. 肝素钠 1mg/（kg·d），分一两次，加入 10% 葡萄糖液 50~100ml 中静脉滴注，2~4 周为 1 个疗程。亦可选用低分子肝素。病情好转后改口服抗凝药维持治疗。

3. 其他 包括华法林、尿激酶；均须密切监测凝血功能，不良反应为出血。

（七）血管紧张素转换酶抑制剂（ACEI）治疗

血管紧张素转换酶抑制剂对改善肾小球局部血流动力学，减少尿蛋白，延缓肾小球硬化有良好作用，尤其适用于伴有高血压的 NS。常用制剂有卡托普利（captopril）、依那普利（enalapril）、福辛普利（fosinopril）等。

（八）中医药治疗

NS 属中医“水肿”“阴水”“虚劳”的范畴。可根据辨证施治原则立方治疗。

【预后】

肾病综合征的预后转归与其病理变化关系密切。微小病变型预后最好，局灶性节段性肾小球硬化和系膜毛细血管性肾小球肾炎预后最差。微小病变型 90%~95% 的患者对首次应用糖皮质激素有效。其中约 85% 可有复发，复发在第 1 年比以后更常见。如果停药 3 年无复发，为临床治愈，其后有 95% 的机会不复发。微小病变型发展成尿毒症者极少，但需避免及预防感染或激素严重副作用等。对于 SRNS 经久不愈者，应尽可能检查有否相关基因突变，以避免长期无效的药物治疗。有基因突变阳性 SRNS 者，容易进展至肾衰竭。

四、过敏性紫癜肾炎

过敏性紫癜（Henoch-Schonlein purpura，HSP）是儿童时期最常见的以小血管炎为主要病变的系统性血管炎疾病，临床表现为血小板不减少性皮肤紫癜，常伴关节肿痛、腹痛、血便、血尿和蛋白尿，基本病理改变为广泛的白细胞碎裂性小血管炎。伴肾脏损害者称为过敏性紫癜肾炎（Henoch-Schonlein purpura nephritis，HSPN）。本病好发于儿童，据国内儿科报告，HSPN 占儿科住院泌尿系疾病的 8%，仅次于急性肾小球肾炎和原发性肾病综合征，居第三位。男童、女童均可发病，男女比例约为 1.6∶1。

NOTES

平均发病年龄为(9.0±2.8)岁,90%以上患者年龄在5~13岁之间。四季均有发病,9月至次年3月为发病高峰季节,发病率占全年发病的80%以上。农村和城市发病率无差别。

【病因与发病机制】

(一)病因

过敏性紫癜肾炎的病因尚不明确,可能与各种因素有关,包括感染源和过敏原作用于具有遗传背景的个体,激发B淋巴细胞克隆扩增,导致IgA介导的系统性血管炎。

1. 感染 HSP多继发于上呼吸道感染,近年来关于链球菌感染导致的HSP报道比较多。

2. 疫苗接种 某些疫苗接种(如流感疫苗、乙肝疫苗、狂犬疫苗、流脑疫苗、白喉疫苗、麻疹疫苗)也可能诱发HSP,但尚需可靠研究证据证实。

3. 食物和药物因素 有个案报道某些食物、药物的使用也能触发HSP。目前尚无明确证据证明食物过敏是导致过敏性紫癜的原因。

4. 遗传因素 HSP存在遗传好发倾向。近年来有关遗传学方面的研究涉及的基因主要有*HLA*基因、家族性地中海基因、血管紧张素转换酶基因(*ACE*基因)、甘露糖结合凝集素基因、血管内皮生长因子基因、*PAX2*基因、*TIM-1*等。文献报道黏附分子P-选择素(selectin)表达增强及基因多态性可能与HSP发病相关,P-选择素基因启动子-2123多态性可能与儿童HSP发病相关。

(二)发病机制

1. 过敏性紫癜肾炎与免疫 HSPN患者的免疫学紊乱,十分复杂,B淋巴细胞多克隆活化为其特征,包括免疫细胞(如巨噬细胞、淋巴细胞、嗜酸性细胞)和免疫分子(如免疫球蛋白、补体、细胞因子、黏附分子、趋化因子)的异常。它们在HSPN的发病机制中起着关键的作用。

2. 凝血与纤溶 20世纪90年代后,对凝血与纤溶过程在过敏性紫癜肾炎发病中的作用的探讨,更多地关注在交联纤维蛋白(cross-linked fibrin,xFb)上。交联纤维蛋白主要沉积于内皮细胞和系膜区,与系膜及内皮损伤有关。

3. 遗传学基础 过敏性紫癜肾炎非遗传性疾病,但存在遗传好发倾向:①*C4*基因缺失可能直接参与HSPN发病;②*IL-1ra*基因型——*IL-1RN**2等位基因的高携带率,使机体不能有效拮抗IL-1致炎作用可能是HSPN发病机制中非常重要的因素之一。

【病理改变与分级】

(一)常见病理改变

过敏性紫癜肾炎病理特征以肾小球系膜细胞及系膜基质增生,系膜区IgA沉积以及上皮细胞新月体形成为主,可见到各种类型的肾损害。

光镜:肾小球系膜细胞增生病变,可伴内皮细胞和上皮细胞增生,新月体形成,系膜区炎性细胞浸润,肾小球纤维化,还可见局灶性肾小球坏死甚至硬化。间质可出现肾小管萎缩,间质炎性细胞浸润,间质纤维化等改变。

免疫荧光:系膜区和肾小球毛细血管袢有IgA、IgG、C3、备解素和纤维蛋白原,呈颗粒状沉积。

电镜:系膜区有不同程度增生,系膜区和内皮下有电子致密物沉积。

(二)病理分级标准

肾活检病理检查是判断肾脏损伤程度的金标准,目前常用的病理分级指标为1974年国际儿童肾脏病研究中心(ISKDC)和2000年中华医学会儿科学分会肾脏学组制定。近年来对过敏性紫癜肾炎的临床及病理研究发现,肾小管间质损伤与过敏性紫癜肾炎的疗效及转归密切相关。

肾小球病理分级:①Ⅰ级。肾小球轻微异常。②Ⅱ级。单纯系膜增生,分为a.局灶节段;b.弥漫性。③Ⅲ级。系膜增生,伴有<50%肾小球新月体形成和/或节段性病变(硬化、粘连、血栓、坏死),其系膜增生可为a.局灶节段;b.弥漫性。④Ⅳ级。病变同Ⅲ级,50%~75%的肾小球伴有上述病变,分为a.局灶节段;b.弥漫性。⑤Ⅴ级。病变同Ⅲ级,>75%的肾小球伴有上述病变,分为a.局灶节段;b.弥漫性。⑥Ⅵ级。膜增生性肾小球肾炎。

NOTES

肾小管间质病理分级：①- 级。间质基本正常。②+级。轻度小管变形扩张。③++级。间质纤维化、小管萎缩<20%，散在炎性细胞浸润。④+++级。间质纤维化、小管萎缩占20%~50%，散在和/或弥漫性炎性细胞浸润。⑤++++级。间质纤维化、小管萎缩>50%，散在和/或弥漫性炎性细胞浸润。

【临床表现】

（一）肾脏症状

HSPN 主要表现为血尿、蛋白尿和管型尿，亦可出现高血压、水肿、氮质血症甚至急性肾衰竭。肾脏症状可出现于 HSPN 的整个病程，但多发生在紫癜后 2~4 周内，个别病例出现于 HSP 6 个月后，故尿常规追踪检查是及时发现肾脏损害的重要手段。个别 HSPN 患者，尿常规无异常发现，只表现为肾功能减退。

中华医学会儿科学分会肾脏学组2016年发布的儿童HSPN的诊治循证指南将HSPN临床分型为：①孤立性血尿型；②孤立性蛋白尿型；③血尿和蛋白尿型；④急性肾炎型；⑤肾病综合征型；⑥急进性肾炎型；⑦慢性肾炎型。临床上以①型、②型、③型多见。

（二）肾外症状

典型的皮肤紫癜、胃肠道表现（腹痛，便血和呕吐）及关节症状为 HSPN 肾外的三大主要症状，其他如神经系统、生殖系统、呼吸循环系统也可受累，甚至发生严重的并发症，如急性胰腺炎、肺出血、肠梗阻、肠穿孔等。

【实验室检查】

1. 血常规 白细胞正常或轻度增高，中性或嗜酸性粒细胞比例增多，血小板正常，可与血小板减少性紫癜鉴别。

2. 尿常规 可有血尿、蛋白尿、管型尿。

3. 凝血功能检查 正常，可与血液病致紫癜相鉴别。

4. 毛细血管脆性试验 急性期毛细血管脆性试验阳性。

5. 血沉、血清 IgA 及冷球蛋白 血沉增快，血清 IgA 和冷球蛋白含量增加。但血清 IgA 增高对本病诊断无特异性。

6. 补体 血清 C3、C1q、备解素多正常。

7. 肾功能 多正常，严重病例可有肌酐清除率降低和 BUN、血 Cr 增高。

8. 血生化 表现为肾病综合征者，有血清白蛋白降低和胆固醇增高。

9. 皮肤活检 无论在皮疹部或非皮疹部位，免疫荧光检查均可见毛细血管壁有 IgA 沉积。此点也有助于和除 IgA 肾病外的其他肾炎作鉴别。

10. 肾穿刺活检 有助于 HSPN 的诊断，也有助于明确病变严重度和评估预后。

【诊断与鉴别诊断】

（一）诊断标准

2016 年中华医学会儿科学分会肾脏学组制定的儿童 HSPN 的诊治循证指南中诊断标准为：在过敏性紫癜病程 6 个月内，出现血尿和/或蛋白尿者，诊断为 HSPN。其中血尿和蛋白尿的诊断标准分别如下。

1. 血尿 肉眼血尿或 1 周内 3 次镜下血尿（红细胞≥3 个/高倍视野）。

2. 蛋白尿 满足以下任一项者：①1 周内 3 次尿常规定性示尿蛋白阳性；②24 小时尿蛋白定量>150mg 或尿蛋白/肌酐（mg/mg）>0.2；③1 周内 3 次尿微量白蛋白高于正常值。极少部分患者在过敏性紫癜急性病程 6 个月后，再次出现紫癜复发，同时首次出现血尿和/或蛋白尿者，应争取进行肾活检，如为 IgA 系膜内沉积为主的系膜增生性肾小球肾炎，则亦应诊断为 HSPN。

（二）鉴别诊断

NOTES

HSPN 应与原发性 IgA 肾病、急性肾小球肾炎、ANCA 血管炎相关性肾炎、Goodpasture 综合征、狼疮性肾炎及多动脉炎等鉴别。

【治疗】

（一）一般治疗

急性期有皮肤坏死性紫癜、消化道和关节症状显著者，应注意休息，进行对症治疗。

1. 饮食控制　目前尚无明确证据证明食物过敏是HSP的病因，故仅在HSP胃肠道损害时需注意控制饮食，以免加重胃肠道症状。HSP腹痛患者若进食可能会加剧症状，但是大部分轻症患者可以进食少量少渣易消化食物。呕血严重及便血者，应暂禁食，给予止血、抑酸、补液等治疗。严重腹痛或呕吐者可能需要营养要素饮食或肠外营养支持。

2. 抗感染治疗　有明确的感染或病灶时应选用敏感的抗生素，但应尽量避免盲目地预防性用抗生素。

（二）肾损害的治疗

肾损害的治疗根据中华医学会儿科学分会肾脏病学组制定的儿童HSPN的诊治循证指南。

1. 孤立性血尿或病理Ⅰ级　仅对过敏性紫癜进行相应治疗，镜下血尿目前未见有确切疗效的治疗方案文献报道。应密切监测患者病情变化，目前建议需延长随访时间。

2. 孤立性蛋白尿、血尿和蛋白尿或病理Ⅱa级　建议使用血管紧张素转换酶抑制剂（ACEI）和/或血管紧张素受体阻滞剂（ARB）类药物，有减少蛋白尿的作用。尽管国内有多项关于雷公藤多苷治疗有效的报道，但目前雷公藤多苷药品说明书明确提示儿童禁用，故不再建议儿童使用雷公藤多苷治疗。

3. 非肾病水平蛋白尿或病理Ⅱb、Ⅲa级　改善全球肾脏病预后组织（KDIGO）指南建议对于持续蛋白尿>1g/（d·1.73m^2）、已应用ACEI或ARB治疗、GFR>50ml/（min·1.73m^2）的患者，给予糖皮质激素治疗6个月，也可激素联合免疫抑制剂治疗，如激素联合环磷酰胺治疗、联合霉酚酸酯治疗。

4. 肾病水平蛋白尿、肾病综合征或病理Ⅲb、Ⅳ级　该组患者临床症状及病理损伤均较重，现多采用激素联合免疫抑制剂治疗，其中疗效最为肯定的是糖皮质激素联合环磷酰胺治疗。若临床症状较重、病理呈弥漫性病变或伴有新月体形成者，首选糖皮质激素联合环磷酰胺冲击治疗，当环磷酰胺治疗效果欠佳或患者不能耐受环磷酰胺时，可更换其他免疫抑制剂。

5. 急进性肾炎或病理Ⅳ、Ⅴ级　这类患者临床症状严重，病情进展较快，现多采用三至四联疗法，常用方案为：甲泼尼龙冲击治疗一两个疗程后口服泼尼松+环磷酰胺（或其他免疫抑制剂）+肝素+双嘧达莫。亦有甲泼尼龙联合尿激酶冲击治疗+口服泼尼松+环磷酰胺+华法林+双嘧达莫治疗。

（三）肾外症状的治疗

1. 关节症状治疗　关节痛患者通常应用非甾体抗炎药能很快止痛。口服泼尼松［1mg/（kg·d），2周后减量］可减轻HSP关节炎患者关节疼痛程度及缩短疼痛持续时间。

2. 胃肠道症状治疗　糖皮质激素治疗可较快缓解急性HSP的胃肠道症状，缩短腹痛持续时间。腹痛明显时需要严密监测患者出血情况（如呕血、黑便或血便），必要时需行内镜检查。对于严重胃肠道血管炎者，应用丙种球蛋白、甲泼尼龙静脉滴注及血浆置换或联合治疗均有效。

3. 急性胰腺炎的治疗　予对症、支持疗法，卧床休息，少蛋白、低脂、少渣、半流饮食，注意维持水、电解质平衡，并监测尿量和肾功能。

4. 肺出血的治疗　应在强有力支持疗法的基础上，排除感染后早期使用甲泼尼龙静脉冲击，并配合使用环磷酰胺或硫唑嘌呤，加强对症治疗，如贫血严重者可予输血，呼吸衰竭时及早应用机械通气，并发DIC者可按相关诊疗指南治疗。

【预后】

预后与病理类型有关：病理改变中新月体<50%者，预后好，仅5%发生肾衰竭；新月体>50%者，约30%发生肾衰竭；新月体超过75%者约60%~70%发生肾衰竭。按ISKDC分类法，Ⅱ级、Ⅲa级预后较好，Ⅲb、Ⅳ及Ⅴ级的预后稍差。合并肾小管间质改变严重者预后差，电镜下见电子致密物沉积在

NOTES

上皮下者预后差。对 HSPN 患者应加强随访，病程中出现尿检异常的患者则应延长随访时间，尤其是对于起病年龄晚、临床表现为肾病水平蛋白尿或肾组织病理损伤严重的患者应随访至成年期。

五、狼疮性肾炎

系统性红斑狼疮（systemic lupus erythematosus，SLE）是一种累及多系统和多器官的全身结缔组织的自身免疫性疾病，其特征是自我免疫耐受丧失、自身抗体持续产生，患者体内存在多种自身抗体和其他免疫学改变。该病在亚洲地区女孩发病率最高，有报道白种女孩为（1.27~4.40）/10 万，而亚洲女孩则为（6.16~31.14）/10 万。我国发病率约为 70/10 万，其中女性占 85%~95%，多数发生在 13~14 岁。当 SLE 并发肾脏损害即为狼疮性肾炎（lupus nephritis，LN）。LN 是 SLE 最常见的并发症，一般认为占 SLE 患者的 46%~77%，而对 SLE 患者肾活检，发现 SLE 患者 100% 有轻重不等的肾损害。儿童 LN 损害发生率高于成人，SLE 起病早期可有 60%~80% 肾脏受累，2 年内可有 90% 出现肾脏损害。肾脏病变程度直接影响 SLE 的预后。肾受累及进行性肾功能损害是 SLE 的主要死亡原因之一。

【病因及发病机制】

（一）病因

LN 病因不明，目前认为可能致病因素如下。

1. 免疫遗传因素 本病存在遗传易感性。遗传易感基因位于第 6 对染色体中，遗传性补体缺陷者易患 SLE，带 *HLA-DW3*、*HLA-BW15* 者易发生 SLE。我国儿童 SLE 发病与 *HLA-A9*、*A11*、*B5*、*B17*、*HLA-DRB*15* 和 *HLA-DRB*03* 等位基因有关。

2. 性激素 不论男女患者，体内雌激素增高，雄激素降低，雌激素增高可加重病情。

3. 自身组织破坏 紫外线可使 40% 的患者病情加重。某些药物如氨基柳酸、青霉素、磺胺等，可诱发或加重 SLE。

4. 其他因素 某些感染因素，尤其是病毒感染，可能通过分子模拟或超抗原作用破坏自身免疫耐受。社会与心理压力对 SLE 患者也常产生不良影响。

（二）发病机制

LN 的发病机制较为复杂，尚不完全明了。目前研究认为 SLE 患者体内存在多种自身抗体，在 LN 的发生、发展过程中占有非常重要的地位，其产生与细胞凋亡密切相关：主要是自身反应性 T、B 淋巴细胞逃脱细胞凋亡而处于活化增殖状态，引起机体对自身抗原的外周耐受缺陷，导致自身免疫异常而致病。促发因素包括：①遗传。儿童 SLE 有家族遗传倾向，13.8% 的儿童 SLE 患者的三代亲属中有一个或更多亲属有结缔组织病，同卵双胎一致发病的百分比高达 70%。②病毒感染、日光、药物等。

近些年来，人们对 LN 的发病机制有了更深刻的认识，普遍观点认为自身抗体通过核小体介导与肾脏结合而致病。细胞凋亡的产物核小体（由组蛋白与 DNA 两部分组成）作为自身抗原诱导机体产生自身抗体，即抗核小体抗体。近来的研究表明，在 LN 的病程中抗核小体抗体可早于抗 dsDNA 抗体而出现，其敏感性及特异性均优于后者，且血中抗体水平与蛋白尿、疾病活动性成显著相关。目前认为：核小体的一端通过组蛋白或 DNA 与肾小球基底膜、系膜细胞等相结合，另一端暴露出抗体的结合位点，从而介导自身抗体与肾脏结合，导致补体活化、炎症细胞聚集和细胞因子释放，诱发 LN。核小体中组蛋白或 DNA 与肾小球不同成分的结合，可以导致自身抗体在不同的部位形成沉积，从而产生不同的临床表现和病理分型。

此外，细胞凋亡对维持肾小球内环境的稳定也同样具有重要意义。近年来，认识到 LN 除了整体水平上的淋巴细胞凋亡异常外，肾小球局部也存在着细胞凋亡调节的紊乱。

【病理】

（一）病理分类标准

国际肾脏病协会（ISN）和肾脏病理学会（RPS）于 2004 年正式公布最新 LN 的病理学分类：Ⅰ型——系膜轻微病变型狼疮性肾炎；Ⅱ型——系膜增生型狼疮性肾炎；Ⅲ型——局灶型狼疮性肾炎；

NOTES

Ⅳ型——弥漫型狼疮性肾炎；Ⅴ型——膜型狼疮性肾炎；Ⅵ型——进行性硬化型狼疮性肾炎。

据报道儿童 LN 中Ⅰ和Ⅱ型占 25%，Ⅲ和Ⅳ型占 65%，Ⅴ型占 9%。值得注意的是，上述各型之间转型常见。此外，LN 免疫荧光检查典型表现是以 IgG 为主，早期补体成分（如 C4、C1q）通常与 C3 一起存在。三种免疫球蛋白加上 C3、C4、C1q 均存在，称满堂亮，见于 1/4~2/3 的患者。

（二）间质和小管损伤

LN 患者间质和小管损伤相当常见，表现为肾小管变性、萎缩和坏死，炎性细胞浸润，基膜变厚和间质纤维化。免疫荧光可见 IgG、C1q、C3、C4 局灶性沉积于肾小管基膜。电镜下可见电子致密物沿肾小管基膜沉积。少数以急性小管间质肾炎单独存在，可表现为急性肾衰竭。

（三）血管损伤

血管免疫沉积，透明和非炎症性坏死性病变，伴血管壁淋巴和单核细胞浸润的真性血管炎均可见；罕见肾内小动脉血栓。这些血管病变预示不良预后，偶见血栓性微血管病。

（四）活动性病变和慢性病变的判断

LN 活动性指数（AI）和慢性指数（SI）的判断是评估疾病活动性及预后的标准指标。

【临床表现】

狼疮性肾炎的临床表现多种多样，主要表现为两大类。

（一）LN 的肾脏表现

其中大约 1/4~2/3 的 SLE 患者会出现狼疮性肾炎（LN）的临床表现。LN 患者 100% 可出现程度不同的蛋白尿，80% 出现镜下血尿，常伴有管型尿、水肿、高血压及肾功能障碍。夜尿增多也常常是 LN 的早期症状之一。

根据中华医学会儿科学分会肾脏病学组 2016 年制定的《狼疮性肾炎诊治循证指南》，儿童 LN 临床表现分为以下 7 种类型：①孤立性血尿和/或蛋白尿型；②急性肾炎型；③肾病综合征型；④急进性肾炎型；⑤慢性肾炎型；⑥肾小管间质损害型；⑦亚临床型，SLE 患者无肾损害临床表现，但存在轻重不一的肾病理损害。

（二）LN 的全身性表现

LN 可表现为发热、皮肤黏膜症状、关节症状、肌肉骨骼症状、多发性浆膜炎、血液系统和心血管系统损害、肝脏症状、肺脏症状、中枢神经系统症状等，甚至出现急性危及生命的狼疮危象。其他临床表现可见眼部病变，如眼底静脉迂曲扩张、视神经盘萎缩，典型的眼底改变是棉绒斑，还可见巩膜炎、虹膜炎等。

【诊断与鉴别诊断】

LN 的诊断根据中华医学会儿科学分会肾脏病学组 2016 年制定的《狼疮性肾炎诊治循证指南》中的诊断标准。在确诊为 SLE 的基础上，有下列任一项肾受累表现者即可诊断为狼疮性肾炎。

（1）尿蛋白检查满足以下任一项者：1 周内 3 次尿蛋白定性检查阳性；24 小时尿蛋白定量>150mg；尿蛋白/尿肌酐（mg/mg）>0.2，或 1 周内 3 次尿微量白蛋白高于正常值。

（2）离心尿每高倍镜视野红细胞>5 个。

（3）肾小球和/或肾小管功能异常。

（4）肾穿刺组织病理活检（以下简称“肾活检”）异常，符合狼疮性肾炎病理改变。

SLE 的临床表现多种多样，临床误诊率较高，尤其是临床表现不典型和早期 SLE，诊断时应注意与原发性肾小球疾病、感染性疾病、慢性活动性肝炎、特发性血小板减少性紫癜等相鉴别。

【治疗】

LN 的治疗较为复杂，应按照肾脏病理类型进行相应的治疗。治疗的早晚、是否正确用药及疗程的选择是决定 LN 疗效的关键。

（一）治疗原则

1. 伴有肾损害症状者，应尽早行肾活检，以利于依据不同肾脏病理特点制订治疗方案。

NOTES

2. 积极控制 SLE/LN 的活动性。

3. 坚持长期、正规、合理的药物治疗，并加强随访。

4. 尽可能减少药物毒副作用，切记不要以生命的代价去追求药物治疗的完全缓解。

（二）治疗目标

1. 长期保护肾功能，预防疾病复发，避免治疗相关的损害，改善生活质量和提高生存率。

2. 完全缓解 尿蛋白/肌酐比值（mg/mg）<0.2，或 24 小时尿蛋白定量<150mg，镜检尿红细胞不明显，肾功能正常。

3. 部分缓解 尿蛋白降低≥50%，非肾病范围；血肌酐稳定（±25%）或改善，但未达正常水平。

4. 治疗目标最好在起始治疗后 6 个月内达到，最迟不能超过 12 个月。

（三）一般对症治疗

一般对症治疗包括疾病活动期卧床休息，注意营养，避免日晒，防治感染，避免使用引起肾损害和能够诱发 LN 的药物。不作预防注射。

对所有 LN 患者，均加用羟氯喹（HCQ）为基础治疗。HCQ 一般剂量 4~6mg/（kg·d），最大剂量 6.5mg/（kg·d），对于眼科检查正常的患者通常是安全的；对于 GFR<30ml/min 的患者，有必要调整剂量。

（四）狼疮性肾炎的治疗

根据我国儿童《狼疮性肾炎诊断治疗指南》，按照病理分型治疗。

1. Ⅰ型、Ⅱ型 一般认为，伴有肾外症状者，予 SLE 常规治疗；儿童患者只要存在蛋白尿，应加用泼尼松治疗，并按临床活动程度调整剂量和疗程。

2. Ⅲ型 轻微局灶增生性肾小球肾炎者，可予泼尼松治疗，并按临床活动程度调整剂量和疗程；肾损害症状重、明显增生性病变者，参照Ⅳ型治疗。

3. Ⅳ型 为 LN 病理改变中最常见、预后最差的类型。指南推荐糖皮质激素加用免疫抑制剂联合治疗。治疗分诱导缓解和维持治疗两个阶段。

诱导缓解阶段：共 6 个月，首选糖皮质激素+环磷酰胺冲击治疗。泼尼松 1.5~2.0mg/（kg·d），6~8 周，根据治疗反应缓慢减量。环磷酰胺静脉冲击有 2 种方法可选择：①500~750mg/（m^2·次），每月 1 次，共 6 次；②8~12mg/（kg·d），每 2 周连用 2 天，总剂量 150mg/kg。肾脏增生病变显著时需给予环磷酰胺联合甲泼尼龙冲击。甲泼尼龙冲击 15~30mg/（kg·d），最大剂量不超过 1g/d，3 天为 1 个疗程，根据病情可间隔 3~5 天重复一两个疗程。霉酚酸酯可作为诱导缓解治疗时环磷酰胺的替代药物，在不能耐受环磷酰胺治疗、病情反复或环磷酰胺治疗无效的情况下，可换用霉酚酸酯，指南推荐儿童霉酚酸酯剂量 20~30mg/（kg·d）。环磷酰胺诱导治疗 12 周无反应者，可考虑换用霉酚酸酯替代环磷酰胺。

维持治疗阶段：目的是维持缓解，防止复发，减少发展为肾衰竭的概率。最佳药物和最佳维持治疗的时间尚无定论。在完成 6 个月的诱导治疗后呈完全反应者，停用环磷酰胺，泼尼松逐渐减量至每天 5~10mg 口服，维持至少 2 年；在最后一次使用环磷酰胺后 2 周加用其他免疫抑制剂序贯治疗，首推霉酚酸酯，其次可选用硫唑嘌呤 1.5~2.0mg/（kg·d），每日 1 次或分次服用。初治 6 个月非完全反应者，继续用环磷酰胺每 3 个月冲击 1 次，至 LN 缓解达 1 年；近年来，霉酚酸酯在维持期的治疗受到愈来愈多的关注。霉酚酸酯可用于不能耐受硫唑嘌呤的患者，或治疗中肾损害反复者。

4. Ⅴ型 对表现为非肾病范围蛋白尿且肾功能稳定的单纯Ⅴ型狼疮性肾炎患者，使用羟氯喹、血管紧张素转换酶抑制剂（ACEI）及控制肾外狼疮治疗。对表现为大量蛋白尿的单纯Ⅴ型狼疮性肾炎患者，除使用血管紧张素转换酶抑制剂，尚需加用糖皮质激素及下列任意一种免疫抑制剂，即霉酚酸酯、硫唑嘌呤、环磷酰胺或钙调神经磷酸酶抑制剂。对于经肾活检确诊为Ⅴ+Ⅲ型及Ⅴ+Ⅳ型的狼疮性肾炎患者，治疗方案均同增殖性狼疮性肾炎（Ⅲ型和Ⅳ型狼疮性肾炎）。有报道对Ⅴ+Ⅳ型的狼疮性肾炎患者可采用泼尼松+霉酚酸酯+他克莫司或泼尼松+环磷酰胺+他克莫司的多药联合治疗，但其疗效尚需进一步的 RCT 研究证实。

NOTES

5. Ⅵ型 具有明显肾功能不全者,予以肾替代治疗(透析或肾移植),其生存率与非狼疮性肾炎的终末期肾病患者无差异。如果同时伴有活动性病变,仍应当给予泼尼松和免疫抑制剂治疗。

(五)血浆置换和血浆免疫吸附

血浆置换能够有效降低血浆中的免疫活性物质,清除导致肾脏损伤的炎症介质,因此能够阻止和减少免疫反应,中断或延缓肾脏病理进展。对激素治疗无效或激素联合细胞毒或免疫抑制剂无效,肾功能急剧恶化者,或Ⅳ型狼疮活动期患者,可进行血浆置换。近年来发展的血浆免疫吸附治疗SLE/LN适用于:①活动性SLE/LN或病情急性进展者;②伴有狼疮危象者;③难治性病例或复发者;④存在多种自身免疫性抗体者;⑤因药物不良反应而停药,但病情仍活动者。血浆置换常与激素和免疫抑制剂合用,可提高疗效。

(六)生物制剂治疗

近年来新型免疫抑制剂的使用和新型生物制剂的研发,特别是针对LN免疫发病机制中特定环节的生物靶向治疗有了新的进展。贝利木单抗(belimumab)作为唯一推荐的生物制剂写入了《2020中国系统性红斑狼疮诊疗指南》,目前被用于治疗>5岁的SLE、LN儿童患者。国内外部分文献报道在前期1个月每2周1次诱导,3次后建议每4周输注1次,剂量为10mg/kg,静脉注射。

(七)抗凝治疗

狼疮性肾炎者常呈高凝状态,可使用普通肝素1mg/(kg·d),加入50~100ml葡萄糖溶液中静脉滴注,或低分子肝素50~100AxaIU/(kg·d),皮下注射;已有血栓形成者可用尿激酶2万~6万U溶于葡萄糖中静脉滴注,每日1次,疗程1~2周。

(八)透析和肾移植

肾衰竭者可进行透析治疗和肾移植,但有移植肾再发LN的报道。

【预后】

不定期随诊、不遵循医嘱、不规范治疗和严重感染是儿童LN致死的重要原因。影响LN预后有诸多因素,若出现下列因素者提示预后不良:①儿童时期(年龄≤15岁)发病;②合并有大量蛋白尿;③合并有高血压;④血肌酐明显升高,≥120μmol/L;⑤狼疮肾炎活性指数≥12分和/或慢性损害指数≥4分;⑥病理类型为Ⅳ型或Ⅵ型。

六、乙型肝炎病毒相关性肾炎

乙型肝炎病毒相关性肾炎(hepatitis B virus associated glomerulonephritis,HBV-GN)是指继发于乙型肝炎病毒感染的肾小球肾炎。本病是儿童时期较为常见的继发性肾小球疾病之一,主要表现为肾病综合征或蛋白尿、血尿,病理改变以膜性肾病最多见。1992年我国将乙肝疫苗纳入计划免疫,儿童HBV感染率开始显著降低。2014年中国疾病预防控制中心(CDC)对全国1~29岁人群乙型肝炎血清流行病学调查结果显示,1~4岁、5~14岁和15~29岁人群HBsAg流行率分别为0.32%、0.94%和4.38%,近年儿童HBV-GN的发病率也呈显著下降趋势,占儿童肾活检的比例已不足5%。

【病因】

HBV-GN由HBV感染所致。HBV是直径为42~45nm的球形颗粒[丹氏(Dane)颗粒],系DNA病毒,由双层外壳及内核组成,内含双股DNA及DNA聚合酶,其中一条负链为长链,约3.2kb,另一条正链是短链,约2.8kb。长链DNA上有4个阅读框架,分别编码HBsAg、HBcAg、HBeAg、DNA聚合酶和X蛋白。HBsAg、HBcAg和HBeAg可以沉积于肾小球毛细血管壁导致肾炎发生,HBV基因变异也可能在肾炎的发生中起一定作用。

【发病机制】

HBV-GN的发病机制尚不清楚,目前有以下几种研究结果。

1. 免疫复合物导致的损伤

(1)循环免疫复合物:HBsAg和HBcAg与其相应的抗体形成免疫复合物沉积于系膜区或内皮下,

NOTES

引起系膜增生性肾炎或系膜毛细血管性肾炎。HBeAg 与其抗体形成的免疫复合物沉积于基膜引起膜性肾病。

（2）原位免疫复合物：主要是 HbeAg 先植入基膜，其抗原再与抗体结合，引起膜性肾病。

2. 病毒直接对肾脏细胞的损害 病毒可以感染肾脏细胞，或者通过产生诸如 X 蛋白等导致细胞病变。

3. 自身免疫性损害 HBV 感染机体后，可以刺激机体产生多种自身抗体，如抗 DNA 抗体、抗细胞骨架成分抗体和抗肾小球刷状缘抗体等，从而产生自身免疫反应，导致肾脏损害。

【病理】

儿童 HBV-GN 大多表现为膜性肾病，其次为膜增生性肾小球肾炎，系膜增生性肾小球肾炎，局灶节段性系膜增生或局灶节段硬化性肾小球肾炎，IgA 肾病。往往伴有轻、中度的系膜细胞增生，且增生的系膜有插入，但多限于旁系膜区，很少伸及远端毛细血管内皮下。免疫荧光检查 IgG 及 C3 呈颗粒样沉积在毛细血管壁和系膜区，也常有 IgM、IgA 及 C1q 沉积，肾小球内一般都有 HBV 抗原（HBsAg、HBcAg 和 HBeAg）沉积。电镜检查可见电子致密物在上皮下、内皮下及系膜区沉积。

【临床表现】

HBV-GN 多见于学龄前期及学龄期儿童，男孩明显多于女孩。起病隐匿，家庭多有 HBV 感染携带者。

1. 肾脏表现 大多表现为肾病综合征或者肾炎综合征，对肾上腺皮质激素治疗一般无反应。水肿多不明显，少数患者呈明显凹陷性水肿并伴有腹腔积液，高血压和肾功能不全较少见。

2. 肝脏表现 约半数患者转氨酶升高，黄疸少见。

【辅助检查】

1. 尿液 可出现血尿及蛋白尿、管型尿，尿蛋白主要为白蛋白。

2. 血生化 往往有白蛋白下降，胆固醇增高，丙氨酸转氨酶及天冬氨酸转氨酶可升高或正常，血浆蛋白电泳 α_2 及 β 球蛋白升高，γ 球蛋白则往往正常。

3. HBV 血清学标记 大多数患者为乙肝大三阳（HBsAg、HBeAg 及 HBcAb 阳性），少数患者为小三阳（HBsAg、HBeAb 及 HBcAb 阳性），单纯 HBsAg 阳性者较少。

4. HBV-DNA 血清 HBV-DNA 阳性。

5. 免疫学检查 部分患者血清 IgG 降低，C3 降低。

6. 肾活检 是确定 HBV-GN 的最终手段，是诊断 HBV-GN 的必备条件。

【诊断】

HBV-GN 的诊断参考 2010 年中华医学会儿科学分会肾脏病学组制定的《儿童乙型肝炎病毒相关性肾炎诊断治疗指南》。

1. 血清乙肝病毒标志物阳性。
2. 患肾病或肾炎并除外其他肾小球疾病。
3. 肾组织切片中找到乙肝病毒（HBV）抗原或 HBV-DNA。
4. 肾组织病理改变 绝大多数为膜性肾炎，少数为膜增生性肾炎和系膜增生性肾炎。

值得说明的是：①符合第 1、2、3 条即可确诊，不论其肾组织病理改变如何；②只具备 2、3 条时也可确诊；③符合诊断条件中的第 1、2 条且肾组织病理确诊为膜性肾炎时，尽管其肾组织切片中未查到 HBV 抗原或 HBV-DNA，但儿童原发膜性肾病非常少，也需考虑乙肝肾炎的诊断；④我国为 HBV 感染高发地区，如肾小球疾病患者同时有 HBV 抗原血症，尚不足以作为 HBV-GN 相关肾炎的依据。

【治疗】

1. 一般治疗 包括低盐、适量优质蛋白饮食；水肿时利尿，一般口服利尿剂，严重水肿时可静脉应用呋塞米，有高凝倾向者需抗血小板或者肝素治疗。

NOTES

2. 抗病毒治疗 是儿童 HBV-GN 主要的治疗方法。抗病毒治疗适合血清 HBV DNA $\geq 10^5$ 拷贝/ml（HBeAg 阴性者 ≥10^4 拷贝/ml）伴血清 ALT≥2×ULN 的 HBV-GN。大量蛋白尿患者血清 ALT<2×ULN 但 HBV DNA≥10^5 拷贝/ml 也可考虑抗病毒治疗。目前美国食品药品监督管理局（Food and Drug Administration，FDA）批准用于儿童患者治疗的药物包括 α-干扰素（≥1 岁）、恩替卡韦（≥2 岁）和富马酸替诺福韦酯（TDF）（≥2 岁，且体重≥10kg）。我国已批准富马酸丙酚替诺福韦片（TAF）用于青少年（≥12 岁，且体重≥35kg）。聚乙二醇干扰素-α（Peg-IFN-α）可应用于≥5 岁慢性乙型肝炎病毒感染（CHB）儿童。HBV-GN 可应用核苷（酸）类似物（NAs）抗病毒治疗，推荐使用恩替卡韦或 TAF。方法有 α-干扰素隔日注射，每次 300 万/m^2，疗程半年以上；拉米夫定 3mg/（kg·d）（<100mg/d），疗程 1 年以上。恩替卡韦、富马酸替诺福韦酯或富马酸丙酚替诺福韦片剂量参照美国食品药品监督管理局和世界卫生组织推荐意见。

3. 糖皮质激素与免疫抑制剂 对儿童 HBV-GN 应以抗病毒治疗为主，在抗病毒治疗的同时应慎用糖皮质激素治疗，因为有增加 HBV 复制的风险；不推荐单用激素和免疫抑制剂治疗。

4. 免疫调节剂 可用胸腺肽和中药增强免疫治疗，对抑制 HBV 增殖有一定效果。

七、遗传性肾小球肾炎

近年发现的遗传性肾小球疾病越来越多，但遗传性肾炎通常指奥尔波特综合征（Alport syndrome，AS）。该病以血尿为主，逐步出现蛋白尿，肾功能进行性减退，常伴有感音神经性耳聋及眼部异常等肾外表现。

【病因及遗传学】

AS 是组成基底膜的Ⅳ型胶原的 α5、α3、α4 链的基因突变所致，不能形成完整的Ⅳ型胶原网，因而肾小球基底膜广泛撕裂、分层、厚薄不均，眼和耳等肾外器官也有Ⅳ型胶原结构，同样出现缺陷，而出现相应症状。

Ⅳ型胶原有 6 种不同 α 链（α1~α6），其编码基因为 *COL4A1~COL4A6*。α5 链基因（*COL4A5*）位于 X 染色体，α3 链基因（*COL4A3*）和 α4 链基因（*COL4A4*）位于第 2 号染色体上。约 85% 的 AS 为性连锁显性遗传（X-linked AS，XLAS），由 *COL4A5* 突变所致，15% 为常染色体隐性遗传，由 *COL4A3*/*COL4A4* 突变所致，还有少数为常染色体显性遗传。

【病理】

AS 患者肾活检组织光镜下常规病理染色和免疫荧光检查均缺乏特征性改变。电镜下肾小球基底膜极不规则、肾小球基底膜弥漫性增厚或厚薄不均，致密层撕裂分层、篮网状改变是 AS 的特征性病理改变。组织基底膜Ⅳ型胶原 α 链免疫荧光学检测有助于诊断不同类型 AS。

【临床表现】

（一）肾脏表现

AS 表现为持续显微镜下血尿，可有间歇性肉眼血尿，蛋白尿程度不等。受累男孩几乎全部发展至尿毒症，根据发生尿毒症时年龄可分为早发肾衰型（<31 岁前）和晚发肾衰型（>31 岁）。

（二）感音神经性耳聋

随着年龄的增长，患者逐渐出现高频区（4 000~8 000Hz）神经性耳聋，男性尤多见。两侧耳聋程度可以不完全对称，但为进行性的，耳聋将渐及全音域。

（三）眼部异常

AS 具特征性的眼部异常为前圆锥形晶状体，其他常见的眼部异常为黄斑周围色素改变，在黄斑区中心凹周围有致密微粒沉着，发生先天性白内障、眼球震颤等。

（四）其他

其他临床表现还包括：巨血小板减少症；食管平滑肌瘤，弥漫性平滑肌瘤病是 Alport 综合征少见的临床表现，胃食管、气管和女性生殖道（如阴蒂、大阴唇及子宫）为常见受累部位，并伴随相应症状，如吞咽困难、呼吸困难等。

NOTES

【诊断和鉴别诊断】

有以持续性肾小球性血尿为主要特点的肾脏表现，伴或者不伴有感音神经性耳聋和眼病变，肾活检有特征性肾小球基底膜分层、撕裂和厚薄不均等变化即可以确诊。肾脏Ⅳ型胶原的α5、α3链或者皮肤的α5免疫组化染色以及*COL4A3*/*COL4A4*/*COL45*基因突变分析也可诊断本病，并确定遗传类型。

AS的诊断主要需与良性家族性血尿相鉴别。后者主要表现为无症状性单纯性血尿，肾脏病变不呈进行性，故又名良性血尿。病理改变光镜下正常，电镜下特征为弥漫性肾小球基底膜变薄，故又称薄基底膜病。

【治疗】

AS治疗以减少尿蛋白、对症治疗和控制并发症为主，防止过度疲劳及剧烈体育运动。遇有感染时，避免应用肾毒性药物。发展至终末期肾衰竭者则需长期透析或者肾移植。AS患者肾移植后可产生抗肾小球基底膜的抗体，发生抗肾小球基底膜肾炎。

八、溶血性尿毒综合征

溶血性尿毒综合征（hemolytic uremic syndrome，HUS）是一组以微血管性溶血性贫血、血小板减少和急性肾损伤三联症为主要临床特点的综合征。婴幼儿和儿童多见。少数地区呈流行，国内以春季及初夏为高峰。既往HUS根据有无腹泻被分为腹泻后HUS和无腹泻HUS。随着研究发现，补体替代途径相关调节基因的突变及补体H因子自身抗体的存在参与HUS的发生、发展，故目前临床上通常将HUS分为典型HUS与非典型HUS（atypical HUS，aHUS）。

【病因】

HUS病因不明，可能与下列因素有关。

1. **典型HUS** 占90%，为产志贺毒素或志贺样毒素细菌感染，其中以大肠埃希菌O157:H7型感染为主，其次为O26、O111、O103、O145型等。

2. **非典型HUS（aHUS）** 占10%，分为原发性aHUS及继发性aHUS。原发性aHUS为补体旁路调节蛋白异常所致；继发性aHUS病因包括细菌或病毒感染、药物（如环孢素、避孕药、肿瘤化疗药物等）以及其他疾病，如系统性红斑狼疮、肿瘤、器官移植等（目前，一些指南所述的aHUS主要是指补体介导的原发性aHUS）。

【发病机制】

各种原因造成的内皮细胞损伤是导致HUS的主要原因。

1. D^-HUS 遗传性补体调节蛋白缺陷导致补体活化失控，继而损伤内皮细胞，启动血小板性微血栓的形成。其中先天性HUS存在补体调控因子或补体基因突变，包括补体H因子（completion factor H，CFH）基因、I因子基因、H因子相关蛋白、膜辅助蛋白基因等。而继发性aHUS抗H因子抗体阳性；该抗体阻断H因子C端识别结构区，从而抑制H因子对补体替代途径的调控而致病。

2. D^+HUS 出血性大肠埃希菌感染产生志贺样毒素Stx1和Stx2，特别是Stx2，是引起内皮细胞损伤的主要原因，其他如病毒和细菌的神经氨基酶、循环抗体以及药物等均可引起内皮损伤，胶原暴露激活血小板黏附及凝聚，红细胞通过沉积纤维素网时被机械性破坏而溶血。血小板及内皮细胞中冯·维勒布兰德因子（von Willebrand factor，vWF）在细胞损伤后释放，加速血小板的黏附及凝聚。血管内皮损伤尚可使抗血小板凝聚的前列环素（prostacyclin，PGI_2）合成减少，而血小板凝集后释放出促血小板凝聚血栓素A_2（Thromboxane promoting platelet aggregation A_2，TXA2），与PGI_2作用相反，可使血管收缩。这些因素均促进血栓形成，导致溶血性贫血及血小板减少，并导致肾小球滤过面积减少和滤过率下降及急性肾衰竭。

【病理】

HUS主要病变在肾脏。光镜检查见肾小球毛细血管壁增厚、管腔狭窄、血栓及充血。肾小球基底膜（GBM）分裂，系膜增生，偶见新月体形成。急性期小动脉的损伤可表现为血栓形成及纤维素样坏

NOTES

死。随着治愈,可见内膜纤维增生闭塞、中层纤维化,与高血压血管病变相似;可有轻至重度小管间质病变。

免疫荧光检查可见肾小球毛细血管内及血管壁有纤维蛋白原、凝血Ⅷ因子及血小板膜抗原沉积,也可见 IgM 及 C3 沉积。

电镜检查显示内皮细胞增生、肿胀、内皮下间隙形成,毛细血管壁增厚、管腔狭窄,管腔内可见红细胞碎片或皱缩红细胞。偶有系膜插入致 GBM 分裂。

上述变化可为局灶性,严重病例可见广泛的肾小球及血管血栓形成伴双侧皮质坏死。这些病变也可见于成人的 HUS 及血栓性血小板减少性紫癜(thrombotic thrombocytopenic purpura,TTP)。故不少学者认为 HUS 与 TTP 是同一疾病的不同表现。

【临床表现】

1. 前驱症状 大部分患者有前驱症状,其中 D^+HUS 主要是腹泻、呕吐、腹痛等胃肠炎表现,伴中度发热。腹泻可为严重血便。而 D^-HUS 发病前可有呼吸道感染症状,部分也可有腹泻症状,但无血便和大肠埃希菌感染依据。

2. 溶血性贫血 多在前驱期后数日或数周突然发病,以溶血性贫血为突出表现。患者突然面色苍白,出现黄疸、头晕、乏力、血尿,严重可出现贫血性心力衰竭及水肿,肝、脾大。

3. 急性肾损伤 贫血的同时少尿或无尿,水肿,血压增高,出现尿毒症,水、电解质紊乱和酸中毒。

4. 出血 黑便、呕血及皮肤黏膜出血。

5. 其他 尚可有中枢神经系统症状,如头痛、嗜睡、性格异常、抽搐、昏迷、共济失调等。

【实验室检查】

1. 血常规 血红蛋白明显下降,血涂片可见破碎红细胞,网织红细胞显著增高,血小板数减少,白细胞数大多增高。

2. 尿常规 不同程度的血尿、红细胞碎片,严重溶血者有血红蛋白尿,白细胞及管型。

3. 生化改变 血清总胆红素增高,以间接胆红素升高为主,血浆乳酸脱氢酶(LDH)升高。少尿期患者血尿素氮、肌酐增高,出现血钾增高等电解质紊乱及代谢性酸中毒,血尿酸增高。

4. 骨髓检查 见巨核细胞数目增多、形态正常。

5. 凝血与纤溶检查 早期纤维蛋白原稍降低,纤维蛋白降解产物增加,凝血酶原时间延长,数天内恢复正常;后期纤维蛋白原略升高。

6. 血清补体、ADAMST13 活性监测、基因监测 通常血清 C3 水平下降而 C4 水平正常,在获得性补体调控缺陷 aHUS 患者中,抗 H 因子抗体滴度升高;先天性补体调控缺陷患者可呈现相关基因突变。进行血浆 ADAMST13 活性、相关基因以及抗体的检查有助于和 TTP 的鉴别:aHUS 患者血浆 ADAMST13 活性多>10%,而 TTP 患者血浆 ADAMST13 活性多<10%。

7. 肾组织活检 是确诊的依据并可估计预后。肾活检表现为肾脏微血管病变、微血管栓塞。有人主张在急性期过后病情缓解时进行,因为急性期有血小板减少和出血倾向。

【诊断与鉴别诊断】

突然出现溶血性贫血、血小板减少及急性肾衰竭表现的患者应考虑 HUS,确诊需行肾活检。

HUS 需与血栓性血小板减少性紫癜(TTP)、免疫性溶血性贫血、特发性血小板减少症、败血症、阵发性睡眠性血红蛋白尿(PNH)、急性肾小球肾炎、急性肾衰竭等相鉴别。

【治疗】

1. 一般治疗 包括抗感染,补充营养,维持水、电解质平衡,输血纠正贫血等治疗。由于血小板减少为聚集消耗所致,输注血小板会加重微血栓形成,故一般情况下不建议血小板输注。

2. 急性肾衰竭的治疗 提倡尽早进行透析治疗。

3. 血浆疗法

(1)输注新鲜冻血浆:主要是补充补体调节蛋白以及 PGI_2,直到溶血停止,血小板数升至正常。

NOTES

由肺炎链球菌所致的 HUS 患者禁输血浆。短期内输注大量血浆会加重容量负荷，导致肺水肿甚至呼吸衰竭，建议每次按 10ml/kg 输注，单次最大量婴儿<100ml，幼儿<200ml，年长儿<400ml。输注血浆后给予利尿剂减轻容量负荷，防止肺水肿的发生。

（2）血浆置换：一旦确诊应尽快行血浆置换治疗，尽量于 24 小时内开始，其目的是去除血浆中相关抗体和炎性因子，补充补体调节蛋白。每次血浆置换量为 60~75ml/kg，推荐每日进行血浆置换，至溶血情况得到控制后方可逐渐递减，建议每天置换 1 次，连续 2 周。

4. 抗 C5 单克隆抗体 包括易库珠单抗。其能阻断 C5 裂解为 C5a 和 C5b，抑制补体终末阶段的活化，减轻炎症反应和内皮损伤，目前在国外已被大量应用于 aHUS 患者且疗效显著，尤其对于远期肾功能的恢复优于血浆置换。

5. 其他 如糖皮质激素、抗凝剂等，其疗效根据 HUS 类型有所差异。对于典型 HUS，糖皮质激素、抗凝剂等效果较好，但对于 aHUS 其效果有限。

【预后】

婴幼儿预后好；男性较女性预后好；流行型较散发型为好；肾损害重者预后差；伴中枢神经系统受累者预后差；反复发作者及有家族倾向者预后差；高血压和大量蛋白尿以及 WBC 大于 $20.0\times10^9/L$ 者预后不佳。近几年 HUS 的病死率明显下降，缘于早期诊断和及早进行血液净化治疗。

第三节 肾小管疾病

一、肾小管酸中毒

肾小管酸中毒（renal tubular acidosis，RTA）是由近端肾小管对 HCO_3^- 重吸收障碍和/或远端肾小管排泌氢离子障碍所致的一组临床综合征。其主要表现为：①慢性高氯性代谢性酸中毒；②电解质紊乱；③肾性骨病；④尿路症状等。原发性者为先天遗传缺陷，多有家族史，早期无肾小球功能障碍。继发性者可见于许多肾脏和全身疾病。RTA 一般分为 4 个临床类型：①远端肾小管酸中毒（RTA-Ⅰ）；②近端肾小管酸中毒（RTA-Ⅱ）；③混合型或Ⅲ型肾小管酸中毒（RTA-Ⅲ）；④高钾型肾小管酸中毒（RTA-Ⅳ）。

（一）远端肾小管酸中毒（Ⅰ型）

远端肾小管酸中毒（distal renal tubular acidosis，dRTA）是由远端肾小管排泌 H^+ 障碍，尿 NH_4^+ 及可滴定酸排出减少所致。

【病因】

远端肾小管酸中毒有原发性和继发性。原发者为遗传性肾小管 H^+ 泵缺陷，常染色体隐性遗传涉及编码 V-ATP 酶的 α4 亚基的基因 *ATP6V0A4* 和 β1 亚基的基因 *ATP6V1B1* 突变，以及编码阴离子交换通道 1（anion exchanger 1，AE1）的基因 *SCL4A1* 突变。常染色体显性遗传仅涉及 *SCL4A1* 基因突变。继发者可见于很多疾病，如肾盂肾炎、特发性高 γ-球蛋白血症、干燥综合征、原发性胆汁性肝硬化、系统性红斑狼疮、纤维素性肺泡炎、甲状旁腺功能亢进、甲状腺功能亢进、维生素 D 中毒、特发性高钙尿症、肝豆状核变性/威尔逊病（Wilson disease）、药物性或中毒性肾病、髓质囊性病、珠蛋白生成障碍性贫血、碳酸酐酶缺乏症等。

【发病机制】

正常情况下远曲小管 HCO_3^- 重吸收很少，排泌的 H^+ 主要与管腔液中 Na_2HPO_3 交换 Na^+，形成 NaH_2PO_4，与 NH_3 结合形成 NH_4^+。$H_2PO_4^-$ 与 NH_4^+ 不能弥散至细胞内，因此产生较陡峭的小管腔液-管周间 H^+ 梯度。Ⅰ型 RTA 患者不能形成或维持小管腔液-管周间 H^+ 梯度，使 H^+ 储积，而体内 HCO_3^- 储备下降，血液中 Cl^- 代偿性增高，尿液酸化功能障碍，尿 pH>5.5，净酸排泄减少，因而发生高氯性酸中毒。

泌 H^+ 障碍，Na^+-H^+ 交换减少，必然导致 Na^+-K^+ 交换增加，大量 K^+、Na^+ 被排出体外，造成低钾、低

NOTES

钠血症。患者长期处于酸中毒状态，致使骨质脱钙、骨骼软化而变形，骨质游离出的钙可导致肾钙化或尿路结石。

【临床表现】

远端肾小管酸中毒的临床表现主要有：①高氯性代谢性酸中毒。②电解质紊乱主要为高氯血症和低钾血症。③尿 NH_4^+ 和可滴定酸（TA）排出减少，尿钾排出增多。④碱性尿。即使在酸中毒或酸负荷时，尿 pH 始终>5.5。⑤高尿钙，常有肾钙化或肾结石表现。⑥尿路症状。⑦其他。部分 V-ATP 酶缺陷的患者可以出现神经性耳聋。原发性病例，可在出生后即有临床表现。临床上分为婴儿型和幼儿型。慢性代谢性酸中毒者表现有厌食、恶心、呕吐、腹泻、便秘及生长发育落后等。低钾血症患者出现全身肌无力和周期性瘫痪。肾性骨病者常表现为软骨病或佝偻病，囟门宽大且闭合延迟，出牙延迟或牙齿早脱，维生素 D 治疗效果差。患者常有骨痛、骨折，小儿可有骨骼畸形、侏儒等。由于肾结石和肾钙化，患者可有血尿、尿痛等表现，易出现继发感染与梗阻性肾病。肾脏浓缩功能受损时，患者还常有多饮、多尿、烦渴等症状。

【辅助检查】

1. 血液生化检查 ①血浆 pH、HCO_3^- 或 CO_2CP 降低；②血氯升高，血钾、血钠降低，血钙和血磷偏低，阴离子间隙正常；③血 ALP 升高。

2. 尿液检查 ①尿比重低；②尿 pH>5.5；③尿钠、钾、钙、磷增加；④尿铵显著减少。

3. HCO_3^- 排泄分数<5% 从每日口服碳酸氢钠 2~10mmol/kg 起，逐日增加剂量至酸中毒纠正；然后测定血和尿中 HCO_3^- 和肌酐（Cr），按下列公式计算：HCO_3^- 排泄分数（FE HCO_3^-）=(尿 HCO_3^-/血 HCO_3^-)÷(尿 Cr/血 Cr)×100。

4. 肾功能检查 早期为肾小管功能降低。待肾结石、肾钙化导致梗阻性肾病时，可出现肾小球滤过率下降，血肌酐和 BUN 升高。

5. X 线检查 见骨密度普遍降低和佝偻病表现，可见陈旧性骨折。腹部平片可见泌尿系结石影和肾钙化。

6. 判别试验 对于不典型病例及不完全型 RTA 及判别机制类型，有赖于下列试验诊断方法。

（1）尿 pH 及氯化铵（NH_4Cl）：酸中毒时负荷试验肾小管泌 H^+ 增加，尿 pH 下降。通常血 pH<7.35 时，尿 pH 应<5.5。NH_4Cl 负荷试验对明显酸中毒者不宜应用。当血 HCO_3^- 降至 20mmol/L 以下时，尿 pH>5.5，具有诊断价值。尿 pH<5.5，则可排除本症。

（2）尿 TA 和 NH_4^+ 的测定：Ⅰ型 RTA 者尿 TA 和尿 NH_4^+ 排出明显减少，但Ⅱ型 RTA 尿 NH_4^+ 排出量正常，甚至代偿增加。此试验可估计Ⅰ型 RTA 酸化功能损害程度及鉴别Ⅰ型和Ⅱ型 RTA。

（3）尿二氧化碳分压（U-PCO_2）测定：在碱性尿的条件下，远端肾小管泌 H^+ 增加，H_2CO_3 延迟脱水，是 U-PCO_2 升高的主要原因，以 U-PCO_2 作为判断完全性或不完全性Ⅰ型 RTA 的 H+分泌缺陷。正常 U-PCO_2>30mmHg，完全性或不完全性Ⅰ型 RTA H+分泌缺陷者 U-PCO_2<30mmHg。在本试验中应注意出现代谢性碱中毒、低血钾、水潴留等不良反应。

【诊断与鉴别诊断】

根据以上典型临床表现，排除其他原因所致的代谢性酸中毒，尿 pH>5.5 者，即可诊断 dRTA，确定诊断应具有：①即使在严重酸中毒时，尿 pH 也不会低于 5.5；②有显著的钙、磷代谢紊乱及骨骼改变；③尿铵显著降低；④FE HCO_3^-<5%；⑤氯化铵负荷试验阳性。对于不典型病例及不完全型 RTA，诊断有赖于判别诊断试验。鉴别诊断主要是与各种原因所致的继发性 dRTA 相区别。

【治疗】

1. 纠正酸中毒 在儿童，即使Ⅰ型 RTA 者，亦有 6%~15% 的碳酸氢盐从肾脏丢失（成人<5%），故可给予 2.5~7.0mmol/(kg·d) 的碱性药物。常用口服碳酸氢钠（sodium bicarbonate）或用复方枸橼酸溶液（Shohl 液，含枸橼酸 140g，枸橼酸钠 98g，加水 1 000ml），每毫升相当于 1mmol 的碳酸氢钠盐。开始剂量 2~4mmol/(kg·d)，最大可用至 5~14mmol/(kg·d)，直至酸中毒纠正。

NOTES

2. 纠正电解质紊乱 低钾血症者可服10%枸橼酸钾(potassium citrate)0.5~1.0mmol/(kg·d),每日3次。不宜用氯化钾,以免加重高氯血症。

3. 肾性骨病的治疗 可用维生素D、钙剂。维生素D剂量5 000~10 000IU/d。但应注意:①从小剂量开始,缓慢增量;②监测血药浓度及血钙、尿钙浓度,及时调整剂量,防止高钙血症的发生。

4. 利尿剂的使用 噻嗪类利尿剂可减少尿钙排泄,促进钙回吸收,防止钙在肾内沉积。如氢氯噻嗪1~3mg/(kg·d),分3次口服。

5. 其他 补充营养,保证入量,控制感染及原发疾病的治疗均为非常重要的措施。

【预后】

如早期发现,长期治疗,防止肾钙化及骨骼畸形的发生,则患者预后良好,甚至可达正常的生长发育水平。有些患者可自行缓解,但也有部分患者可发展为慢性肾衰竭死亡。

(二)近端肾小管酸中毒(Ⅱ型)

近端肾小管酸中毒(proximal renal tubular acidosis,pRTA)是由近端肾小管重吸收HCO_3^-功能障碍所致。

【病因】

Ⅱ型RTA病因亦可分为原发性和继发性:①原发性。为常染色体隐性遗传,为编码近端肾小管上皮细胞Na-HCO_3^-共转运离子通道基因(*SCL4A4*)突变。②继发性。可继发于重金属盐中毒、过期四环素中毒、甲状旁腺功能亢进、高球蛋白血症、半乳糖血症、胱氨酸尿症、肝豆状核变性、干燥综合征、髓质囊性病变、多发性骨髓瘤等。

【发病机制】

患者肾小管HCO_3^-阈值一般为15~18mmol/L,显著低于正常阈值(21~25mmol/L),故即使血液HCO_3^-浓度低于21mmol/L,亦有大量的HCO_3^-由尿中丢失,此时患者发生酸中毒而尿液呈碱性。由于其远端肾小管泌H^+功能正常,故当患者HCO_3^-下降至15~18mmol/L,尿HCO_3^-丢失减少,尿液酸化正常,尿pH可低于5.5。补碱后尿中排出大量碳酸氢盐。远端肾小管K^+-Na^+交换增多,可导致低钾血症。

【临床表现】

Ⅱ型RTA男性患者稍多,症状和Ⅰ型RTA类似,但较轻,特点有:①生长发育落后,但大多数无严重的骨骼畸形,肾结石、肾钙化少见;②明显的低钾表现;③高氯性代谢性酸中毒;④可同时有其他近端肾小管功能障碍的表现。患者常有多尿、脱水、烦渴症状;⑤少数病例为不完全型,无明显代谢性酸中毒,但进一步发展可为完全型。

【辅助检查】

1. 血液生化检查 ①血pH、HCO_3^-或CO_2CP降低;②血氯显著升高,血钾显著降低,阴离子间隙可正常。

2. 尿液检查 ①尿比重和渗透压降低;②当酸中毒加重,血HCO_3^-<16mmol/L时,尿pH<5.5。

3. HCO_3^-排泄分数(FE HCO_3^-)>15%。

4. 氯化铵负荷试验 尿pH<5.5。

【诊断与鉴别诊断】

在临床上具有多饮、多尿、恶心呕吐和生长迟缓,血液检查具有持续性低钾高氯性代谢性酸中毒特征者应考虑pRTA,确定诊断应具有:①当血HCO_3^-<16mmol/L时,尿pH<5.5;②FE HCO_3^->15%;③尿钙不高,临床无明显骨骼畸形、肾结石和肾钙化;④氯化铵试验阴性。

当患者伴有其他近端肾小管功能障碍时,须注意与下列疾病相鉴别:①原发性Fanconi综合征;②胱氨酸尿;③肝豆状核变性;④毒物或药物中毒等引起的继发性RTA。

【治疗】

NOTES

1. 纠正酸中毒 因儿童肾HCO_3^-阈值比成人低,故患者尿中HCO_3^-丢失更多,治疗所需碱较Ⅰ

型 RTA 多，其剂量约 10~15mmol/(kg·d)，给予碳酸氢钠或复方枸橼酸溶液（Shohl 液）口服。也可使用 10% 枸橼酸钠钾溶液，配方：枸橼酸钠 100g，枸橼酸钾 100g，加水至 1 000ml，每毫升含 Na^+、K^+ 各 1mmol，含 HCO_3^- 2mmol，每天 5~10ml/(kg·d)。

2. 纠正低钾血症。

3. 重症者可予低钠饮食并加用氢氯噻嗪，可减少尿 HCO_3^- 排出，促进 HCO_3^- 重吸收。

【预后】

Ⅱ型 RTA 预后较好，多数患者能随年龄增长而自行缓解。

（三）混合型或Ⅲ型肾小管酸中毒

混合型 RTA 指Ⅰ、Ⅱ型混合存在。有人认为此型为Ⅱ型 RTA 的一个亚型。患者尿中排出大量 HCO_3^-，尿可滴定酸及铵排出减少，即使在血浆 HCO_3^- 浓度正常时，尿 HCO_3^- 排泄也大于 15% 的滤过量。此型的临床症状一般较重。而所谓的Ⅲ型 RTA 是指Ⅰ型 RTA 伴有 HCO_3^- 丢失，与混合型 RTA 相似，有人认为是Ⅰ型的一个亚型。患者有着Ⅰ、Ⅱ两型的临床表现。当血浆 HCO_3^- 正常时，尿 HCO_3^- 排泄分数在 5%~10% 之间，酸中毒时，排出量则更大。治疗与Ⅰ、Ⅱ型相同。

（四）高钾型肾小管酸中毒（Ⅳ型）

高钾型肾小管酸中毒是由肾脏分泌肾素功能不足而致低肾素血症、低醛固酮血症及高钾血症。临床上以高氯性酸中毒及持续性高钾血症为主要特点，一般无糖尿、高氨基酸尿、高磷酸盐尿等其他近曲小管功能异常。此病常有不同程度的肾小球功能不全，并且与酸中毒的严重程度不成比例。尿酸化功能障碍与Ⅱ型肾小管酸中毒相似，但尿中 HCO_3^- 排泄分数<10%，常常仅有 2%~3%。

【病因】

多认为Ⅳ型 RTA 是继发性，临床常见为慢性肾脏病及肾上腺疾病。假性低醛固酮血症也可以呈现高钾性代谢性酸中毒。

【发病机制】

Ⅳ型 RTA 患者多伴有醛固酮分泌低下，肾小管因醛固酮相对缺乏或对醛固酮失敏，不能潴留 Na^+，排 K^+、Cl^- 与 H^+ 而引起高氯酸中毒与高血钾。其发病机制尚未明确，可能的原因如下：①肾素-血管紧张素系统功能异常或被阻断；②醛固酮的合成、释放、作用障碍；③利尿药（如氨苯蝶啶）引起 Na^+ 通透性异常；④小管间质病变及 Na^+-K^+-ATP 酶的损害均可使肾小管发生转运障碍；⑤细胞旁 Cl^- 通透性增加导致 Na^+ 转运分流；⑥少数病例血醛固酮不低，系肾小管对醛固酮失敏；⑦最近有人提出此型发病是由肾远曲小管重吸收氯过多致体内 NaCl 增多，细胞外液扩张，血压增高，血肾素及醛固酮分泌低下，引起高血钾与酸中毒。

【临床表现】

Ⅳ型 RTA 在临床上以高氯性酸中毒及持续性高钾血症为主要表现，伴有不同程度的肾功能不全，但是高钾血症、酸中毒与肾小球滤过率的下降不成比例。尿可呈酸性（pH<5.5），尿 NH_4^+、K^+ 排出减少。

【诊断】

凡代谢性酸中毒伴持续高钾血症，不能以肾功能不全及其他原因解释时，应考虑本病。结合尿 HCO_3^- 排出量增多，尿铵减少，血阴离子间隙正常及醛固酮低可诊断本病。

【治疗】

1. **纠正酸中毒** 用碳酸氢钠 1.5~2.0mmol/(kg·d)，同时有助于减轻高血钾。

2. **高血钾治疗** 应限制钾盐摄入，口服阳离子交换树脂及袢利尿剂（如呋塞米、氢氯噻嗪）。同时袢利尿剂可刺激醛固酮的分泌。

3. **盐皮质激素** 低肾素、低醛固酮患者，可使用盐皮质激素，如 9-α-氟氢可的松。此药具有类醛固酮作用。

4. **刺激醛固酮分泌** 近年发现多巴胺拮抗剂甲氧氯普胺（metoclopramide）能刺激醛固酮释放，

NOTES

可试用。

5. 限钠饮食 虽可刺激肾素和醛固酮释放，但常加重高钾性酸中毒，故应避免长期限钠饮食。

二、近端肾小管多发性功能障碍

近端肾小管多发性功能障碍（multiple dysfunction of proximal renal tubules）也称范科尼综合征（Fanconi syndrome），临床上较为少见，以多种肾小管功能紊乱为特征，小分子蛋白、氨基酸、葡萄糖、磷酸盐、碳酸氢盐等不能在近端肾小管重吸收而从尿中丢失，出现代谢性酸中毒、低磷血症、低钙血症、脱水、佝偻病、骨质疏松、生长过缓等表现。起病缓慢，且多于青壮年出现症状。

【病因和分类】

范科尼综合征可分为先天性或获得性，原发性或继发性，完全性或不完全性。幼儿大多为原发或者继发于遗传代谢性疾病，年长儿多继发于免疫性疾病、毒物或药物中毒以及各种肾脏病。

【发病机制】

范科尼综合征发病机制尚未完全清楚。近端小管上皮细胞刷状缘缺失、细胞内回漏、基底侧细胞膜转运障碍、细胞紧密连接处反流入管腔增加等多种原因导致蛋白质、氨基酸、葡萄糖和电解质重吸收障碍，而相应出现代谢性酸中毒、低磷血症、低钙血症、脱水、佝偻病、骨质疏松、生长过缓等表现。

【临床表现】

范科尼综合征临床表现取决于肾小管功能障碍的类型和程度。全氨基酸尿、糖尿以及高磷酸盐尿导致低磷血症为本症的三大特征。范科尼综合征不是全部具备上述 3 个特征，只具备其中 1 或 2 个。

（一）原发性范科尼综合征

1. 婴儿型 ①起病早，6~12 个月发病；②常因烦渴、多饮、多尿、脱水、消瘦、呕吐、便秘、无力而就诊；③生长迟缓，发育障碍，出现抗维生素 D 佝偻病及营养不良、骨质疏松甚至骨折等表现；④肾性全氨基酸尿，但血浆氨基酸可正常；⑤低血钾，低血磷，碱性磷酸酶活性增高，高氯血症性代谢性酸中毒，尿糖微量或增多，血糖正常；⑥预后较差，可死于尿毒症或继发感染。

2. 幼儿型 2 岁后发病，症状较婴儿型轻，以抗维生素 D 佝偻病及生长迟缓为最突出表现。

3. 成人型 10 岁左右或更晚发病，出现多种肾小管功能障碍，如糖尿、全氨基酸尿、高磷酸盐尿、低血钾、高氯酸中毒，往往突出表现软骨病，晚期可出现肾衰竭。

（二）继发性范科尼综合征

除有上述表现外，继发性范科尼综合征还因原发病不同而表现相应特点。

【诊断与鉴别诊断】

范科尼综合征无特异诊断试验。根据生长迟缓、佝偻病，多尿及脱水、酸中毒、电解质紊乱的临床表现，血生化检查见低血钾、低血磷、低血钠、高血氯性酸中毒、尿糖阳性而血糖正常，全氨基酸尿，X 线检查有骨质疏松、佝偻病表现等，可作出诊断；注意询问家族史。应注意原发病的诊断，如胱氨酸贮积病者，裂隙灯检查可见角膜有胱氨酸结晶沉着，骨髓或血白细胞中胱氨酸含量增加并见到胱氨酸结晶。由于多种类型范科尼综合征可通过特异性治疗及对症处理取得良好疗效，所以病因诊断尤为重要。

【治疗】

（一）病因治疗

对已明确病因的继发性范科尼综合征，可进行特异性治疗。可通过饮食疗法减少或避免有毒代谢产物积聚（半乳糖血症，遗传性果糖不耐受，酪氨酸血症Ⅰ型）或者促进蓄积的重金属排泄（肝豆状核变性、药物或者重金属中毒）。对于由肾脏疾病或全身疾病引起的范科尼综合征，则针对相应原发病治疗。

（二）对症治疗

1. 纠正酸中毒 根据肾小管受损的程度给予碱性药物，剂量 2~10mmol/（kg·d），可采用碳酸氢钠

NOTES

或枸橼酸钠钾合剂，全天剂量分四五次口服，然后根据血中 HCO_3^- 浓度调整剂量，同时注意补钾。

2. 纠正低磷血症 口服中性磷酸盐以纠正低磷血症，剂量为 1~3g/d，分三四次服，不良反应有胃肠不适和腹泻。磷酸盐有可能加重低钙血症，诱发甲状旁腺功能亢进，可加钙剂和维生素 D 预防。中性磷酸盐配方：$Na_2HPO_4 \cdot 7H_2O$ 145g，$NaH_2PO_4 \cdot H_2O$ 18.2g，加水至 1 000ml，每 100ml 供磷 2g。

3. 其他 应补充血容量，防脱水，纠正低钾血症。对于低尿酸血症、氨基酸尿、糖尿及蛋白尿，目前尚缺乏有效的治疗方法。肾功能不全者，则酌情采用保守式肾脏替代治疗。

【预后】

范科尼综合征的预后取决于原发病、器官受累程度以及治疗情况。严重者死于严重水、电解质紊乱及肾衰竭。

三、巴特综合征

巴特综合征（Bartter syndrome）是一种肾脏失钾性肾小管病，以低血钾性碱中毒、血浆肾素、血管紧张素和醛固酮增高而血压正常为特点。本病 1962 年由 Bartter 首次报道而得名，此后各地陆续有类似报告，迄今已报告几百例，但更多病例可能被漏诊。本病女性稍多于男性，5 岁以下小儿多见，低血钾症状突出，表现为多尿、烦渴、便秘、厌食和呕吐等。按照发病年龄，巴特综合征临床上可以分为先天型（婴儿型）、经典型和成人型。成人型巴特综合征易与 Gitelman 综合征混淆，后者由噻嗪敏感的 Na/Cl 共转运离子通道基因（*SLC12A3*）突变所致，同样具备低血钾性碱中毒、血浆肾素和醛固酮增高而血压正常的特点，还有低镁血症和尿排钙减少。

【病因】

已证实巴特综合征是常染色体隐性遗传病，由髓袢升枝粗段或者远端肾小管上皮细胞的离子通道基因突变所引起的临床综合征，迄今已先后发现 5 种巴特综合征遗传基因突变。先天型（婴儿型）巴特综合征（高前列腺素 E 综合征）中，发现呋塞米敏感的 $Na^+/K^+/2Cl^-$ 共同离子通道基因（*SLC12A1*）或肾脏外髓的钾通道基因（*KCNJ1*）突变。在经典型巴特综合征患者中，发现 Cl^- 通道 CLC-Kb 基因（*ClCNKB*）突变。在有耳聋的先天型（婴儿型）巴特综合征（高前列腺素 E 综合征伴耳聋）患者中，存在编码 Barttin（上述 Cl^- 通道的 β 亚基）的基因（*BSND*）突变；Cl^- 通道 CLC-Ka 基因（*ClCNKA*）和 CLC-Kb 基因（*ClCNKB*）同时缺陷也可引起巴特综合征。

【发病机制】

上述几种离子通道基因突变，导致 $Na^+/K^+/2Cl^-$ 重吸收减少，引起排 K^+ 增多、低钾血症等临床表现。此外，肾脏前列腺素产生过多在本病发生中起重要作用。前列腺素 E_2 导致血管壁对血管紧张素Ⅱ反应低下，血管张力减低，肾脏灌注减少，刺激肾小球旁器代偿性增生肥大，使肾素、血管紧张素和醛固酮分泌增多，排 K^+ 增多，加重低血钾。由于血管对血管紧张素Ⅱ反应低下，故血压正常。

【病理】

肾小球旁器的增生和肥大是巴特综合征的主要病理特点，此外，还可见膜增生性肾小球肾炎、间质性肾炎、肾钙化等病理学改变。肾小球旁器细胞可见到肾素合成增加的征象，电镜检查可见粗面内质网和高尔基复合体肥大，可能为肾素沉着，肾素合成增加。

【临床表现】

巴特综合征临床表现复杂多样，以低血钾症状为主。小儿常见症状为烦渴、多尿、乏力、消瘦、抽搐、生长延缓；成人型常表现为乏力、疲劳、肌肉痉挛，其他较少见症状有轻瘫、感觉异常、遗尿、夜尿多、便秘、恶心、呕吐，甚至肠梗阻、嗜盐、体位性低血压、智力障碍、肾钙化、肾衰竭、佝偻病、低镁血症、耳聋等。值得注意的是，有少数患者没有症状，因其他原因就诊时发现本病。曾报告 2 例患者有特殊面容，头大，前额突出，三角形脸，耳廓突出，大眼睛，口角下垂。

先天性巴特综合征在胎儿期表现为间歇性发作的多尿，孕 22~24 周出现羊水过多，需反复抽羊水，以阻止早产。

NOTES

【辅助检查】

大多数病例有显著低血钾症，一般在 2.5mmol/L 以下，最低可至 1.5mmol/L。代谢性碱中毒也常见，还可出现低钠或低氯血症，婴幼儿低氯血症和碱中毒最为严重，血氯可低至 62mmol/L。血浆肾素、血管紧张素和醛固酮升高。低渗碱性尿，约 30% 的患者有少量蛋白尿。血镁正常或稍低，尿镁正常，尿钙正常或者增加。

【诊断与鉴别诊断】

巴特综合征诊断要点有：①低钾血症（1.5~2.5mmol/L）；②高尿钾（>20mmol/L）；③代谢性碱中毒（血浆 HCO_3^->30mmol/L）；④高肾素血症；⑤高醛固酮血症；⑥对外源性加压素不敏感；⑦肾小球旁器增生；⑧低氯血症；⑨血压正常。

临床上主要与引起低钾性碱中毒的疾病相鉴别，包括：①原发性醛固酮增多症。可出现低血钾和高醛固酮血症，但有高血压和低肾素血症，对血管紧张素反应敏感。②假性醛固酮增多症［利德尔综合征（Liddle syndrome）］。也呈低血钾性代谢性碱中毒，但有明显高血压，且肾素和醛固酮水平减低。③假性巴特综合征。由滥用利尿剂泻剂或长期腹泻引起，丢失钾和氯化物，出现低钾血症、高肾素血症和高醛固酮血症，但停用上述药物，症状好转。④Gitelman 综合征。同样具备低血钾性碱中毒、血浆肾素和醛固酮增高而血压正常的特点，还有持续低镁血症，尿镁增加，尿排钙减少。Gitelman 综合征基因检测可发现噻嗪敏感的 Na^+/Cl^- 共转运离子通道基因（*SCI12A3*）突变。

【治疗】

巴特综合征没有根治方法，主要治疗是纠正低钾血症，防治并发症，包括口服氯化钾、保钾利尿剂、吲哚美辛、卡托普利等，有一定疗效。有持续低镁血症者，可以口服氧化镁纠正。上述药物可以联合应用，疗效好于单用一种药物。

【预后】

婴儿期发病者，症状重，1/3 有智力障碍，可因脱水、电解质紊乱及感染而死亡。5 岁以后发病者，几乎都有生长迟缓，部分患者出现进行性肾功能不全，甚至发展为急性肾衰竭。有报道在 11 例死亡病例中，10 例年龄在 1 岁以下，多死于脱水、电解质紊乱或反复感染。年长及成人多死于慢性肾衰竭。

第四节 泌尿道感染

泌尿道感染（urinary tract infection，UTI）是指病原体直接侵入尿路，在尿液中生长繁殖，并侵犯尿路黏膜或组织而引起损伤。按病原体侵袭的部位不同，一般将其分为肾盂肾炎（pyelonephritis）、膀胱炎（cystitis）、尿道炎（urethritis）。肾盂肾炎又称上尿路感染，膀胱炎和尿道炎合称下尿路感染。由于小儿时期感染局限在尿路某一部位者较少，且临床上又难以准确定位，故常不加区别统称为 UTI。UTI 患者临床上可根据有无症状，分为症状性泌尿道感染（symptomatic UTI）和无症状性菌尿（asymptomatic bacteriuria）。尿路感染是小儿时期常见疾病之一，尿路感染是继慢性肾炎之后，引起儿童期慢性肾功能不全的主要原因之一。儿童期症状性尿路感染的年发病率为：男孩（1.7~3.8）/1 000 人，女孩（3.1~7.1）/1 000 人，发病年龄多在 2~5 岁；无症状性菌尿则多见于学龄期女童。据我国 1982 年全国 105 家医院儿童住院患者调查显示，UTI 占泌尿系统疾病的 8.5%；1987 年全国 21 省市儿童尿过筛检查统计，UTI 占儿童泌尿系疾病的 12.5%。无论成人还是儿童，女性 UTI 的发病率普遍高于男性，但在新生儿或婴幼儿早期，男性的发病率却高于女性。

无症状性菌尿也是儿童 UTI 的一个重要组成部分，它可见于所有年龄、性别的儿童，甚至包括 3 个月以下的小婴儿，但以学龄女孩更常见。

【病因】

任何致病菌均可引起 UTI，但绝大多数为革兰氏阴性杆菌，如大肠埃希菌、副大肠埃希菌、变形杆菌、克雷伯菌、铜绿假单胞菌，少数为肠球菌和葡萄球菌。大肠埃希菌是 UTI 中最常见的致病菌，约占

NOTES

60%~80%。初次患 UTI 的新生儿、所有年龄的女孩和 1 岁以下的男孩，主要的致病菌仍是大肠埃希菌，而在 1 岁以上男孩主要致病菌多是变形杆菌。对于 10~16 岁的女孩，白色葡萄球菌亦常见。至于克雷伯菌和肠球菌，则多见于新生儿 UTI。

【发病机制】

细菌引起 UTI 的发病机制是错综复杂的，其发生是个体因素与细菌致病性相互作用的结果。

（一）感染途径

1. 血源性感染 现已证实，经血源途径侵袭尿路的致病菌主要是金黄色葡萄球菌。

2. 上行性感染 致病菌从尿道口上行并进入膀胱，引起膀胱炎，膀胱内的致病菌再经输尿管移行至肾脏，引起肾盂肾炎，这是 UTI 最主要的途径。引起上行性感染的致病菌主要是大肠埃希菌，其次是变形杆菌或其他肠杆菌。膀胱输尿管反流（vesicoureteral reflux，VUR）是细菌上行性感染的重要原因。

3. 淋巴感染和直接蔓延 结肠内的细菌和盆腔感染可通过淋巴管感染肾脏，肾脏周围邻近器官和组织的感染也可直接蔓延。

（二）个体因素

1. 婴幼儿输尿管长而弯曲，管壁肌肉和弹力纤维发育不良，蠕动力差，容易扩张或受压及扭曲而导致梗阻，易发生尿流不畅或尿潴留而诱发感染。

2. 尿道菌种的改变及尿液性状的变化，为致病菌入侵和繁殖创造了条件。

3. 细菌在尿路上皮细胞黏附是其在泌尿道增殖引起 UTI 的先决条件。

4. 某些患者分泌型 IgA 的产生缺陷，尿中的 SIgA 减低。

5. 先天性或获得性尿路畸形，增加尿路感染的危险性。

6. 新生儿和小婴儿易患尿路感染是因为其机体抗菌能力差。婴儿使用尿布，尿道口常受细菌污染，且局部防卫能力差，易致上行感染。

7. 糖尿病、高钙血症、高血压、慢性肾脏疾病、镰状细胞贫血及长期使用糖皮质激素或免疫抑制剂的患者，其 UTI 的发病率可增高。

8. *ACE* 基因多态性 *DD* 基因型患者是肾瘢痕发生的高危人群，其发生机制与 ACE 活性增高致使血管紧张素Ⅰ向Ⅱ转化增多有关。后者通过引发局部血管收缩、刺激 TGF-β 产生和胶原合成导致间质纤维化和肾小球硬化。

9. 细胞因子 急性肾盂肾炎患者尿中 IL-1、IL-6 和 IL-8 增高，且 IL-6 水平与肾瘢痕的严重程度成正相关。

（三）细菌毒力

除了以上个体因素所起的作用外，对没有泌尿系结构异常的尿路感染儿童，感染细菌的毒力是决定其能否引起 UTI 的主要因素。

【临床表现】

（一）急性 UTI 的临床症状随着患者年龄组的不同存在着较大差异

（1）新生儿：临床症状极不典型，多以全身症状为主，如发热或体温不升、苍白、吃奶差、呕吐、腹泻、黄疸等较多见，部分患者可有嗜睡、烦躁甚至惊厥等神经系统症状。新生儿 UTI 常伴有败血症，但尿路刺激症状多不明显，30% 的患者血和尿培养出的致病菌一致。

（2）婴幼儿：临床症状常不典型，常以发热最突出。此外，拒食、呕吐、腹泻等全身症状也较明显。有时也可出现黄疸和神经系统症状，如精神萎靡、昏睡、激惹甚至惊厥。3 月龄以上的儿童可出现尿频、排尿困难、血尿、脓血尿、尿液混浊等。细心观察可发现患者排尿时哭闹不安，尿布有臭味和顽固性尿布疹等。

（3）年长儿：以发热、寒战、腹痛等全身症状突出，常伴有腰痛和肾区叩击痛，肋脊角压痛等。同时尿路刺激症状明显，患者可出现尿频、尿急、尿痛、尿液混浊，偶见肉眼血尿。

（二）慢性 UTI

慢性 UTI 是指病程迁延或反复发作持续 1 年以上者，常伴有贫血、消瘦、生长迟缓、高血压或肾功能不全。

（三）无症状性菌尿

在常规的尿过筛检查中，可以发现健康儿童存在着有意义的菌尿，但无任何尿路感染症状。这种现象可见于各年龄组，在儿童中以学龄女孩常见。无症状性菌尿患者常同时伴有尿路畸形和既往症状尿路感染史。病原体多数是大肠埃希菌。

【辅助检查】

1. 尿常规检查及尿细胞计数 ①尿常规检查：如清洁中段尿离心沉渣中白细胞>10 个/高倍镜视野，即可怀疑为尿路感染；血尿也很常见。肾盂肾炎患者有中等蛋白尿、白细胞管型尿，晨尿的比重和渗透压降低。②1 小时尿白细胞排泄率测定，白细胞数>30×10^4/h 为阳性，可怀疑尿路感染；<20×10^4/h 为阴性，可排除尿路感染。

2. 尿培养细菌学检查 尿细菌培养及菌落计数是诊断尿路感染的主要依据。通常认为中段尿培养菌落数：≥10^5/ml 可确诊，10^4~10^5/ml 为可疑，<10^4/ml 系污染。应结合患者性别、有无症状、细菌种类及繁殖力综合分析评价临床意义。由于粪链球菌一个链含有 32 个细菌，一般认为菌落数在 10^3~10^4/ml 即可诊断。通过耻骨上膀胱穿刺获取的尿培养，只要发现有细菌生长，即有诊断意义。至于伴有严重尿路刺激症状的女孩，如果尿中有较多白细胞，中段尿细菌定量培养≥10^2/ml，且致病菌为大肠埃希菌类或腐物寄生球菌等，也可诊断为 UTI；临床高度怀疑 UTI 而尿普通细菌培养阴性的，应做 L 型细菌和厌氧菌培养。

3. 尿液直接涂片法 在油镜下找细菌，如每个视野都能找到一个细菌，表明尿内细菌数>10^5/ml。

4. 亚硝酸盐试纸条试验（Griess 试验）和尿白细胞酯酶检测 大肠埃希菌、副大肠杆菌和克雷伯菌试纸条亚硝酸盐试验呈阳性，产气杆菌、变形杆菌、铜绿假单胞菌和葡萄球菌亚硝酸盐试验呈弱阳性，而粪链球菌、结核菌为阴性。

5. 影像学检查 目的在于：①检查泌尿系有无先天性或获得性畸形；②了解以前由漏诊或治疗不当所引起的慢性肾损害或瘢痕进展情况；③辅助上尿路感染的诊断。

常用的影像学检查有 B 型超声检查、静脉肾盂造影加断层扫描（检查肾瘢痕形成）、排泄性膀胱尿路造影（检查 VUR）、动态/静态肾核素造影、CT 等。核素肾静态扫描（^{99m}Tc-DMSA）是诊断急性肾盂肾炎（APN）的金标准。APN 时，由肾实质局部缺血及肾小管功能障碍致对 DMSA 的摄取减少。典型表现呈肾单个或多个局灶放射性减低或缺损，也可呈弥漫的放射性稀疏伴外形肿大。其诊断该病的敏感性与特异性分别为 96% 和 98%。推荐在急性感染后 3 个月行 ^{99m}Tc-DMSA 以评估肾瘢痕。

（1）<2 岁的患者：UTI 伴有发热症状者，无论男孩或女孩，在行尿路 B 超检查后，无论结果是否异常，均建议在感染控制后行 MCU 检查。家属对 MCU 有顾虑者，宜尽早行 DMSA 检查。

（2）2~4 岁患者：可根据病情而定。

（3）>4 岁的患者：B 超显像泌尿系异常者需在感染控制后进行 MCU 检查。

【诊断与鉴别诊断】

年长儿症状与成人相似，尿路刺激症状明显，常是就诊的主诉。如能结合实验室检查，可立即得以确诊。但对于婴幼儿，特别是新生儿，由于排尿刺激症状不明显或阙如，而常以全身表现较为突出，易漏诊，故对病因不明的发热患者都应反复做尿液检查，争取在用抗生素治疗之前进行尿培养、菌落计数和药敏试验；凡具有真性菌尿者，即清洁中段尿定量培养菌落数≥10^5/ml，或耻骨上膀胱穿刺尿定性培养有细菌生长，即可确立诊断。

NOTES

完整的 UTI 诊断除了评定泌尿系被细菌感染外，还应包括以下内容：①本次感染是初染、复发还是再感；②确定致病菌的类型并做药敏试验；③有无尿路畸形，如 VUR、尿路梗阻等，如有 VUR，还要进一步了解反流的严重程度和有无肾脏瘢痕形成；④感染的定位诊断，即上尿路感染还是下尿路感染。

UTI 需与肾小球肾炎、肾结核及急性尿道综合征鉴别。急性尿道综合征的临床表现为尿频、尿急、尿痛、排尿困难等尿路刺激症状，但清洁中段尿培养无细菌生长或为无意义性菌尿。

【治疗】

治疗目的是控制症状，根除病原体，去除诱发因素，预测和防止再发。

(一) 一般处理

1. 急性期需卧床休息，鼓励患者多饮水以增加尿量，女孩还应注意外阴部的清洁卫生。

2. 鼓励患者进食，供给足够的热卡、丰富的蛋白质和维生素，以增强机体的抵抗力。

3. 对症治疗，对高热、头痛、腰痛的患者应给予解热镇痛剂缓解症状。对尿路刺激症状明显者，可用阿托品、山莨菪碱等抗胆碱药物治疗或口服碳酸氢钠碱化尿液，减轻尿路刺激症状。有便秘者改善便秘。

(二) 抗菌药物治疗

选用抗生素的原则：①感染部位。对肾盂肾炎应选择血浓度高的药物，对膀胱炎应选择尿浓度高的药物。②感染途径。对上行性感染，首选磺胺类药物治疗。如发热等全身症状明显或属血源性感染，则多选用青霉素类、氨基糖苷类或头孢菌素类单独或联合治疗。③根据尿培养及药敏试验结果，同时结合临床疗效选用抗生素。④药物在肾组织、尿液、血液中都应有较高的浓度。⑤药物的抗菌能力强，抗菌谱广。⑥对肾功能损害小的药物。

1. 上尿路感染/急性肾盂肾炎的治疗 ①<3 个月婴儿：静脉敏感抗生素治疗 10~14 天。②>3 个月的患者：口服敏感抗生素 7~14 天（若没有药敏试验结果，推荐使用头孢菌素，氨苄西林/棒酸盐复合物）；可先静脉治疗 2~4 天后改用口服抗生素治疗，总疗程 7~14 天。③在抗生素治疗 48 小时后需评估治疗效果，包括临床症状、尿检指标等。若抗生素治疗 48 小时后未能达到预期的治疗效果，需重新留取尿液进行尿培养细菌学检查。

2. 下尿路感染/膀胱炎的治疗 ①口服抗生素治疗 7~14 天（标准疗程）；②口服抗生素 2~4 天（短疗程）：短疗程（2~4 天）口服抗生素治疗和标准疗程（7~14 天）口服抗生素治疗相比，在临床症状持续时间、菌尿持续时间、UTI 复发、药物依从性和耐药发生率方面均无明显差别；③在抗生素治疗 48 小时后也需评估治疗效果。

3. 无症状菌尿的治疗 单纯无症状菌尿一般无需治疗。但若合并尿路梗阻、VUR 或存在其他尿路畸形，或既往感染使肾脏留有陈旧性瘢痕，则应积极选用上述抗菌药物治疗；疗程 7~14 天，继之给予小剂量抗菌药物预防，直至尿路畸形被矫治为止。

4. 复发性泌尿道感染（recurrent urinary tract infection）的治疗 复发性 UTI 包括：①UTI 发作 2 次及以上且均为 APN；②1 次 APN 且伴有 1 次及以上的下尿路感染；③3 次及以上的下尿路感染。

复发性 UTI 者在进行尿细菌培养后选用 2 种抗菌药物治疗，疗程以 10~14 天为宜，然后需考虑使用预防性抗生素治疗以防复发。预防用药期间，选择敏感抗生素治疗剂量的 1/3 睡前顿服，首选呋喃妥因或磺胺甲基异噁唑。若小婴儿服用呋喃妥因出现消化道副作用严重者，可选择阿莫西林-克拉维酸钾或头孢克洛类药物口服。如果患者在接受预防性抗生素治疗期间出现了尿路感染，需换用其他抗生素而非增加原抗生素的剂量。

(三) 积极矫治尿路畸形

小儿 UTI 约半数可伴有各种诱因，特别是慢性或反复复发的患者，多同时伴有尿路畸形，其中以 VUR 最常见，其次是尿路梗阻和膀胱憩室。尿路畸形一经证实，应及时予以矫治，否则 UTI 难被控制。

(四) UTI 的局部治疗

UTI 常采用膀胱内药液灌注治疗，主要针对顽固性慢性膀胱炎经全身给药治疗无效者。灌注药液可根据致病菌特性或药敏试验结果选择。

NOTES

【预后】

急性UTI者经合理抗菌治疗，多数于数日内症状消失，治愈，但有近50%的患者可复发。复发病例多伴有尿路畸形，其中以VUR最常见，而VUR与肾瘢痕关系密切，肾瘢痕的形成是影响儿童UTI预后的最重要因素。肾瘢痕在学龄期儿童最易形成，10岁后进展不明显。一旦肾瘢痕引起高血压，如不能被有效控制，最终发展至慢性肾衰竭。

【预防】

UTI是可以预防的，可从以下几方面入手：①注意个人卫生，勤洗外阴以防止细菌入侵；②及时发现和处理男孩包茎、女孩处女膜伞、蛲虫感染等；③及时矫治尿路畸形，防止尿路梗阻和肾瘢痕形成。

第五节　膀胱输尿管反流和反流性肾病

膀胱输尿管反流（VUR）是指排尿时尿液从膀胱反流至输尿管和肾盂。反流性肾病（reflux nephropathy，RN）是由VUR和肾内反流（intrarenal reflux，IRR）伴反复尿路感染（UTI），导致肾脏形成瘢痕、萎缩，肾功能异常的综合征，如不及时治疗和纠正可发展到慢性肾衰竭。VUR不仅发生在小儿，而且在反复UTI基础上持续到成年，导致肾功能损害。大量资料表明RN是终末期肾衰竭的重要原因之一。

【病因及分类】

导致VUR的主要机制是膀胱输尿管连接部异常。按发生原因可分以下两类。

1. 原发性VUR　最常见，为先天性膀胱输尿管瓣膜机制不全，包括先天性膀胱黏膜下输尿管过短或水平位，输尿管开口异常，膀胱三角肌组织变薄、无力，Waldeyer鞘先天异常等。膀胱逼尿肌功能异常者可致反流，占53%。

2. 继发性VUR　导致Waldeyer鞘功能紊乱的因素有UTI、膀胱颈及下尿路梗阻、创伤、妊娠等，小儿UTI并发反流者高达30%~50%。UTI时膀胱输尿管段因炎症、肿胀、变形，失去正常瓣膜作用。UTI的主要病原菌中大肠埃希菌易与尿道上皮细胞结合而削弱输尿管的蠕动功能，使其产生反流，控制感染后反流逐渐消失；若炎症迁延反复，则反流持续不易消除。尿路畸形合并反流者约占40%~70%。此外膀胱输尿管功能不全，如原发性神经脊髓闭合不全，包括脑脊膜膨出等，约有19%的病例发生VUR。

【发病机制】

RN的发病机制目前仍未阐明，VUR引起的肾损害可能是多因素所致。

1. 菌尿反流　把细菌带到肾内，肾组织损害被认为是直接侵犯的后果。

2. 尿动力学改变　由于输尿管口呈鱼口状，反流量大，即使无感染，当肾盂内压力增高达40mmH_2O时，可出现肾内反流而导致肾损害。残余尿是VUR最重要的结果之一，残余尿量可能在UTI的复发病因学方面起相当重要的作用。

3. 尿液漏入肾组织　尿液经肾盏，肾乳头的Bellin管或穹隆角的破裂处漏入肾间质。尿液在肾间质可直接刺激或通过自身免疫反应（抗原可能为尿液中的细菌或T-H蛋白），导致炎症或纤维化。

4. 肾内血管狭窄　尿液漏溢到肾小管外的间质及毛细血管和直小血管引起炎症及纤维化，导致肾内血管闭塞及狭窄；进一步引起肾内缺血性病变及继发性高血压。另外，当功能性尿路梗阻存在时，膀胱尿道压增高，致肾小管压增高及肾内反流，随后出现肾小球滤过率降低，出球小动脉血流减少，导致肾缺血而产生间质性肾炎。

5. 肾小球硬化　局灶性节段性肾小球硬化发病机制归纳为：①免疫损害；②大分子物质被摄取后系膜功能不全；③肾内血管病变；④肾小球高滤过作用。

6. 遗传因素　有人认为VUR的发病10%~20%与基因遗传有关，易感的家族中有约40%的一级亲属存在反流。*Pax2*等基因的突变可以导致包含VUR的综合征。

NOTES

【病理】

反流的乳头管、集合管明显扩张，管壁周围间质充血水肿，淋巴细胞及中性粒细胞浸润，继之肾小管萎缩，局灶纤维化及肾小球周围纤维化。肾盏、肾盂扩张，肾实质变薄；重度 VUR 伴反复 UTI 者瘢痕广泛，一般肾上、下极突出（极性分布倾向）。小动脉可有增厚狭窄。

【临床表现】

RN 最常见的临床表现为反复发作的 UTI，膀胱刺激症状仅在 UTI 急性期出现。

1. 无症状性反流 无任何症状体征，仅在因其他原因做 B 超或排尿性膀胱造影时才被发现。许多患者在胎儿期做 B 超常规检查时就被发现，表现为肾盂积水、上尿路扩张或巨大膀胱。出生后 B 超及排尿性膀胱造影术可进一步证实。

2. 泌尿系感染 VUR 常合并 UTI，且易反复，或迁延难治，伴有其他先天性尿路畸形。

3. 反流性肾病 蛋白尿可为 RN 的首发症状，亦可在严重瘢痕形成数年后才出现，随着肾功能减退，蛋白尿增加，少数患者甚至可出现大量蛋白尿。蛋白尿的出现，提示 VUR 导致肾小球病变。高血压为 RN 的常见后期并发症，随瘢痕进展，高血压可加速肾功能恶化。

4. 其他 夜尿，多尿，尿淋漓不尽；儿童可以遗尿作为首发症状。其他较常见的临床表现还有反复发热、腰痛、腹痛、发育不良、尿路结石、肾衰竭及肉眼血尿等，个别患者可有肾小管酸中毒。

【辅助检查】

（一）实验室检查

UTI 时尿常规检查有脓尿，尿细菌培养阳性。RN 时尿检可发现蛋白、红细胞、白细胞和各种管型。肾功能检查正常或异常。

（二）超声检查

通过 B 超可估计膀胱输尿管连接部功能，观察输尿管扩张、蠕动及膀胱基底部的连续性，观察肾盂、肾脏形态及实质改变情况。在做 B 超时插入导尿管，注入发泡剂，也可发现发泡剂从膀胱反流到肾脏的情况，诊断 VUR 并做分级。还可以用彩色多普勒超声观测连接部功能及输尿管开口位置。

（三）X 线检查

1. 排尿性膀胱尿路造影（MCU） 为常用的确诊 VUR 的基本方法及分级的“金标准”。国际反流委员会提出的五级分类法：①Ⅰ级。尿反流只限于输尿管。②Ⅱ级。尿反流至输尿管、肾盂，但无扩张，肾盏穹隆正常。③Ⅲ级。输尿管轻、中度扩张和/或扭曲，肾盂中度扩张，穹隆无或有轻度变钝。④Ⅳ级。输尿管中度扩张和扭曲，肾盂、肾盏中度扩张，穹隆角完全消失，大多数肾盏保持乳头压迹。⑤Ⅴ级。输尿管严重扩张和扭曲，肾盂、肾盏严重扩张，大多数肾盏不显乳头压迹。

2. 静脉肾盂造影（IVP） 可进一步确诊有无肾萎缩及肾瘢痕形成。近年学者们认为大剂量静脉肾盂造影加 X 线断层成像更能显示瘢痕。

（四）放射性核素检查

1. 放射性核素膀胱显像 分为直接测定法和间接测定法，用于测定 VUR。

2. DMSA 扫描技术 有学者认为 DMSA 扫描摄影用于尿无菌的患者，对诊断儿童 RN 是唯一的“金标准”，特别是 5 岁以上儿童。Coldraich 根据 DMSA 扫描摄影征象将肾瘢痕分成四级：①Ⅰ级。一处或两处瘢痕。②Ⅱ级。两处以上的瘢痕，但瘢痕之间肾实质正常。③Ⅲ级。整个肾脏弥漫性损害，类似阻梗性肾病表现，即全肾萎缩，肾轮廓有或无瘢痕。④Ⅳ级。终末期、萎缩肾，几乎无或根本无 DMSA 摄取（小于全肾功能的 10%）。

【诊断】

目前由于 VUR 临床诊断时，症状多不明显，有症状者也为非特异性表现，故确诊需依赖影像学检查。

1. 下列情况应考虑反流存在可能性 ①反复复发和迁延的 UTI；②长期尿频、尿淋漓或遗尿；③年龄较小（<2 岁）和/或男孩的 UTI；④中段尿培养持续阳性；⑤UTI 伴尿路畸形；⑥家族中一级亲属有 VUR、RN 患者；⑦胎儿或婴儿期肾盂积水。

NOTES

2. RN 的确诊依赖影像学检查;临床表现和肾活检病理改变有助诊断。

【治疗】

VUR 和 RN 的防治最主要是制止尿液反流和控制感染,防止肾功能进一步损害。

(一) 内科治疗

目前常按 VUR 的不同分级采用不同的治疗措施。

1. Ⅰ、Ⅱ级治疗 可用 SMZco,按 SMZ 5~10mg/kg,TMP 1~2mg/kg 计算,睡前顿服,连服 1 年以上;呋喃妥因 1~2mg/kg,用法同上。预防感染有效,每 3 个月须做尿培养 1 次;每年做核素检查或排尿性膀胱造影,观察反流程度;每 2 年做静脉造影观察肾瘢痕形成情况。反流消失后仍须每 3~6 个月做尿培养 1 次,因为反流有时可为间歇性。此外,应鼓励饮水,睡前排尿 2 次,减轻膀胱内压,保持大便通畅和按时大便。

2. Ⅲ级治疗 同Ⅰ、Ⅱ级,但须每隔 6 个月检查 1 次反流,每年做静脉肾盂造影。

3. Ⅳ、Ⅴ级治疗 应在预防性服药后手术矫正。

(二) 外科治疗

VUR 外科治疗方法多为输尿管再植等抗反流手术。手术指征:①Ⅳ级以上反流;②Ⅲ级以下者先予内科观察治疗,有持续反流和新瘢痕形成者则应手术;③反复泌尿道感染经积极治疗 6 个月反流无改善者;④并有尿路梗阻者。除手术外,还有膀胱内注射抗反流疗法。此方法微创,损伤小,仅需短期住院或不需住院,易被患者父母接受。

【预后】

原发性 VUR 是一种先天性疾病,是小儿发育不成熟的一部分,随着年龄逐渐增大和发育的逐渐成熟,VUR 逐渐消失。很多生长中的小儿Ⅰ~Ⅲ级反流可自愈,Ⅴ级则难自愈。如感染能被控制且无其他并发症,80% 的Ⅰ~Ⅱ级反流、50% 的Ⅲ级反流及 30% 的Ⅳ级反流可自愈。

第六节 急性肾损伤与急性肾衰竭

目前国际肾病和急救医学学者已趋向以急性肾损伤(acute kidney injury,AKI)代替急性肾衰竭(acute renal failure,ARF)的概念。AKI 指由各种原因引起的短时间内(数小时至数天内)肾功能急剧减退或丧失导致的临床综合征,是临床常见的危急重症。近年来临床研究已证实轻度肾功能急性减退即可导致患者病死率明显增加;AKI 概念提出的核心意义在于尽早识别病情、及时进行有效干预。目前对本病研究的重点和难点主要集中在寻找能在肾功能障碍发生之前预测或早期诊断 AKI 的新方法。

【病因】

引起 AKI 的病因大致可分为肾前性、肾性和肾后性三类。

1. 肾前性 AKI 又称肾前性氮质血症,或功能性 AKI。任何原因引起有效循环血量减少、肾脏血流灌注不足,均可引起肾小球滤过率(GFR)急剧下降,发生肾前性 AKI。

常见病因包括:血容量不足,如失血、腹泻、利尿等导致细胞外液丢失,以及烧伤、肾病综合征等导致的细胞外液重新分布;各种原因导致的心输出量减少;脓毒症等引起的外周血管扩张;药物导致的肾脏血管收缩、扩张失衡等。

2. 肾性 AKI 又称肾实质型 AKI,多由肾脏实质结构发生急性病变引起,也可由肾前性病因未及时纠正进展所致。

常见原因可归类为:肾小球疾病(如急性肾小球肾炎、紫癜性肾炎、狼疮性肾炎、溶血性尿毒综合征等),肾小管疾病(如肾脏缺血、肾小管上皮坏死等)及急性肾间质疾病(如急性间质性肾炎、急性肾盂肾炎等)。

3. 肾后性 AKI 各种原因引起的泌尿道梗阻。常见原因如神经源性膀胱、输尿管肾盂连接处狭窄、结石或血凝块压迫、肿瘤浸润等。

NOTES

【发病机制】

AKI的确切发病机制目前尚未完全阐明,不同病因引起AKI的发病机制往往不同,其发生及转归可能是多种因素综合作用导致。以临床中最常见的肾实质性AKI——急性肾小管坏死(acute tubular necrosis,ATN)为例,AKI的发病可能与以下因素相关。

1. 肾血流动力学异常 肾缺血和肾毒素能使肾素-血管紧张素系统活化,肾素和血管紧张素Ⅱ分泌增多、儿茶酚胺大量释放、TXA_2/PGI_2比例增加以及内皮素水平升高,均可导致肾血管持续收缩和肾小球入球动脉痉挛,引起肾缺血缺氧、肾小球毛细血管内皮细胞肿胀,致使毛细血管管腔变窄、肾血流量减少、GFR降低,进而导致急性肾损伤。

2. 肾小管损伤 肾组织缺血和/或肾毒性物质可通过直接或间接方式引起肾小管急性严重损伤,小管上皮细胞生化紊乱、代谢和生物学异常:上皮细胞损伤脱落引起肾小管管腔堵塞,原尿回漏及肾间质炎症反应,造成小管扩张、管内压升高,肾小球有效滤过压降低,出现少尿,同时肾间质水肿,压迫小管周围毛细血管,损害进一步加重;肾小管上皮细胞损伤修复过程中还存在细胞损伤、细胞凋亡、细胞损伤修复再生等多个病理生理过程。

3. 缺血-再灌注肾损伤 肾缺血-再灌注时,细胞内钙通道开放,钙离子内流,造成细胞内钙超载;同时局部产生大量氧自由基,使肾小管细胞损伤进一步加重,发展为不可逆性损伤。

4. 非少尿型ATN的发病机制 非少尿型ATN的发生主要是由肾单位受损严重程度不同所致。部分肾单位血流灌注量几乎正常,无明显血管收缩,血管阻力亦不高;而一些肾单位灌注量明显减少,血管收缩,阻力增大。

【病理】

1. 大体表现 肾脏体积通常增大,颜色苍白,剖面皮质肿胀,髓质呈暗红色或红紫色。

2. 光镜表现 典型的缺血性ATN光镜检查可见近端肾小管上皮细胞空泡变性、刷毛缘脱落、细胞扁平,管腔扩张,肾间质水肿,远端肾小管和集合管内可见细胞碎片、颗粒管型或透明管型。损伤严重时可见肾小管基底膜断裂,伴有灶状淋巴、单核和中性粒细胞浸润。

3. 电镜表现 电镜下可见肾小管上皮细胞微绒毛脱落,细胞内线粒体和内质网肿胀、溶酶体增多,吞噬空泡增多。

【临床表现及并发症】

AKI的临床表现与原发病的种类、肾功能损害的程度和并发症有关。以下以ATN为例予以表述。根据病程中尿量是否减少分为少尿性ATN和非少尿性ATN。少尿性ATN通常在致病因素作用后数小时或数日尿量明显减少,达少尿($<250ml/m^2$)甚至无尿($<50ml/d$),少尿期一般持续1~2周,少数仅持续数天,也有长达3~4周,此期持续越长、肾脏预后越差、病死率越高。如肾脏修复良好,尿量增加,即进入多尿期,一般持续1~3周,尿量逐渐恢复正常,进入恢复期。而非少尿性ATN尿量可正常、轻度减少甚至增多,临床表现较少尿性ATN轻,并发症发生率相对低。

典型的缺血性ATN发展过程一般经历四个阶段。

1. 起始期 此时尚未发生明显肾实质损伤,及时采取有效措施常可逆转AKI。随着肾小管上皮损伤逐渐加重,GFR逐渐下降,肾损伤进入进展期。

2. 进展期和持续期 一般持续7~14天,但也可短至数天或长至4~6周。GFR进行性下降并维持在低水平,此时患者由于肾功能下降而出现尿毒症毒素潴留(氮质血症,程度与病情轻重多一致),并出现水潴留、电解质紊乱和代谢性酸中毒,以及感染、营养和代谢异常等并发症。

(1)消化系统:出现食欲缺乏、恶心、呕吐、腹胀、腹泻等,严重者可发生消化道出血。

(2)呼吸系统:多发生急性肺水肿和肺部感染,导致低氧血症甚至呼吸衰竭。

(3)循环系统:尿量减少,水、钠潴留。表现为:周身水肿、肺水肿、脑水肿;高血压、心力衰竭、心律失常,亦可见心包炎、低血压甚至休克。

(4)神经系统:出现头痛、嗜睡、意识模糊、抽搐、昏迷等脑病症状及自主神经功能紊乱等功能障碍。

NOTES

（5）血液系统：出现贫血、白细胞升高、血小板功能缺陷、出血倾向（齿龈出血、鼻出血、皮肤瘀点/瘀斑及消化道出血）。

（6）水潴留、电解质紊乱及代谢性酸中毒：电解质紊乱表现为“三高三低”，即高钾、高磷、高镁和低钠、低钙、低氯血症。其中高钾血症可引起恶性心律失常甚至心室纤颤、心搏骤停、呼吸肌麻痹等，是少尿期的首位死因。

（7）感染：约 70% 的患者合并感染，以呼吸道及泌尿道感染最常见，是导致患者死亡的主要原因之一。

（8）营养和代谢异常：如高分解状态、营养不良、应激性高血糖等。

3. 恢复期 GFR 逐渐升高至正常，少尿型患者开始出现尿量增多，继而出现多尿，再逐渐恢复正常。肾小管上皮细胞功能恢复相对延迟，部分患者最终可能遗留不同程度的肾脏结构和功能损伤。

【辅助检查】

1. 尿液检查 不同原因所致 AKI 尿液表现各不相同。肾前性 AKI 尿比重、渗透压增高，而尿沉渣和蛋白检查可为阴性或轻度异常；肾性 AKI 因原发病不同可有不同程度的蛋白尿、红细胞、白细胞等。

2. 血液检查 血肌酐和尿素氮进行性上升，血钾升高，血 pH 和 HCO_3^- 浓度降低，血钙降低。可有贫血，早期较轻，肾功能长期减退后程度加重。

3. 影像学检查 超声、CT、磁共振等检查可了解肾脏大小、形态，血管及输尿管、膀胱有无梗阻，也可了解肾血流量、肾小球和肾小管的功能。肾脏血管造影有利于了解血管病变，但造影剂有加重肾损伤风险，需慎用。

4. 肾活检 是 AKI 鉴别诊断的可靠手段，可指导治疗、判断预后。尤其是拟诊肾性 AKI 但不能明确病因时，更应行肾活检。

5. 生物标志物 AKI 治疗的“时间窗”非常短，早发现、早诊断、早干预是避免其进展和恶化的关键。近年来研究筛选出了许多可能具有诊断和风险评估价值的生物标志物，包括半胱氨酸蛋白酶抑制剂 C（CysC）等反映肾小球功能受损的标志物，以及中性粒细胞明胶酶相关脂质运载蛋白（neutrophil gelatinase-associated lipocalin，NGAL）、肾损伤分子-1（kidney injury molecule 1，KIM-1）等反映肾小管上皮细胞损伤或组织损伤的标志物等。

【诊断及鉴别诊断】

目前 AKI 的临床诊断和分级标准主要以血清肌酐和尿量变化为指标。当存在诱发 AKI 的原发疾病，肾功能急剧恶化，尿量持续减少时，结合临床表现、辅助检查，一般不难诊断。一旦明确 AKI 诊断，应进一步鉴别属于肾前性、肾性或肾后性 AKI。

1. AKI 的临床诊断标准 ①48 小时血肌酐升高绝对值>0.3mg/dl（26.5μmol/L）；②确认或推测 7 天内血肌酐较原水平升高≥50%；③尿量减少［尿量<0.5ml/（kg·h），时间超过 8 小时］。

2. AKI 分期标准 见表 10-6-1。

表 10-6-1 急性肾损伤的分期

分期/级	估计肌酐清除率	血清肌酐（Cr）标准	尿量 *
1 期（risk）	eGFR 下降超过 25%	48 小时内绝对值升高>26.5μmol/L（0.3mg/dl），或 7 天内较原水平升高>50%~99%	<0.5ml/（kg·h），时间超过 8 小时
2 期（injury）	eGFR 下降超过 50%	7 天内较原水平升高>100%~199%	<0.5ml/（kg·h），时间超过 16 小时
3 期（failure）	eGFR 下降超过 75%，或 eGFR<35ml/（min·$1.73m^2$）	7 天内较原水平升高>200%	<0.3ml/（kg·h），时间超过 24 小时，或无尿 12 小时

注：* 单独根据尿量改变进行诊断和分期时，必须除外其他影响尿量的因素，如尿路梗阻或血容量状态改变、使用利尿剂等其他导致尿量减少的可逆因素。

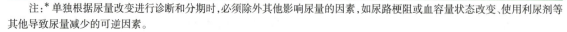

3. AKI 病因诊断

（1）肾前性与肾性鉴别：详细询问病史，如有呕吐、腹泻、失血、休克等引起血容量不足的因素，提示肾前性可能；既往有肾病史或用药史，提示肾性可能。仔细地进行体格检查，如有皮肤黏膜干燥、周围循环充血不足，提示肾前性；高血压、水肿、循环充血症状提示肾性。还可通过补液试验、利尿试验辅助鉴别。

（2）与肾后性 AKI 鉴别：肾后性 AKI 多由尿路梗阻引起。其主要临床特点：①有导致尿路梗阻的器质性或功能性疾病；②常出现突发无尿、无尿与多尿交替出现等与梗阻发生或解除相平行的尿量变化；③影像学检查发现尿路梗阻积水征象。

【治疗】

AKI 治疗的总原则包括：①严密监护和早期诊断；②仔细排查、去除原发病因或加重因素；③支持治疗；④保持内环境稳定，纠正水、电解质、酸碱平衡；⑤预防和治疗感染等并发症。

1. 去除病因、治疗原发病 对于肾前性 AKI 者应及时纠正肾前性致病因素，包括补液、维持血流动力学稳定、改善低蛋白血症、降低后负荷以改善心输出量、控制感染等。避免接触肾毒性物质，严格掌握肾毒性抗生素的用药指征，密切监测尿量和肾功能变化。肾后性 AKI 者应尽早解除尿路梗阻。

2. 营养支持治疗 酌情限制水分、钠和钾的摄入，总量和成分需依据临床情况调整。供给热量儿童 30kcal/(kg·d)、婴儿 50kcal/(kg·d)，蛋白质 0.5g/(kg·d)，选择优质动物蛋白，脂肪占总热量的 30%~40%。

3. 控制水、钠摄入，量出为入 严格限制水、钠摄入，有透析支持时可适当放宽。每日液体量控制在：尿量+显性失水（呕吐、大便、引流量）+不显性失水-食物代谢和组织分解所产生的内生水。其中不显性失水按每日 300ml/m^2 或婴儿 20ml/kg、幼儿 15ml/kg、儿童 10ml/kg 计，体温每升高 1℃增加 75ml/m^2；内生水在非高分解代谢状态下约为 100ml/m^2。使用非电解质液补充不显性失水，异常丢失如呕吐、腹泻、胃肠减压等用 1/4~1/2 张液体补充。

4. 纠正代谢性酸中毒 轻、中度代谢性酸中毒通常无须特殊处理，但当血浆 HCO_3^-<12mmol/L 或动脉血 pH<7.2 时应给予碳酸氢钠。5% 碳酸氢钠 1ml/kg 可提高 HCO_3^- 1mmol/L。需注意给予碱性液可导致血容量增大和诱发低钙惊厥。

5. 纠正电解质紊乱 需处理高钾血症、低钠血症、低钙血症和高磷血症。

（1）高钾血症：①减少钾摄入。停用一切含钾药物和/或食物，不输注库存血。②对抗钾离子的心脏毒性。10% 葡萄糖酸钙稀释后缓慢静脉注射。③转移钾至细胞内。每 3~4mg 葡萄糖配 1U 胰岛素静脉输注。④清除体内钾。口服离子交换树脂、袢利尿剂，如为药物不能控制的严重高血钾，则应及时行透析治疗。

（2）低钠血症：多属稀释性，但对真性缺钠或血钠<120mmol/L 或出现低钠症状者，应补充 3% 氯化钠 1~2ml/kg 以提高血钠 1mmol/L，通常先提高 2.5~5.0mmol/L，视临床效果再进一步校治。

6. 肾脏替代治疗 AKI 者如经保守治疗无效，出现以下症状时应尽早进行透析：①严重容量负荷，有肺水肿、脑水肿倾向；②血钾 ≥6.5mmol/L 或心电图有高钾表现；③严重酸中毒，血浆 HCO_3^-<12mmol/L 或动脉血 pH<7.2；④严重氮质血症，特别是高分解代谢的患者；⑤外源性毒物或药物中毒，可经透析去除。近年来透析指征趋于放宽，方法包括腹膜透析、血液透析和连续动静脉血液滤过三种。

【预后】

随着透析技术的广泛开展，AKI 的病死率已明显降低。其预后与原发病性质、肾脏受损程度、少尿持续时间长短、是否早期诊断和治疗、透析与否以及有无并发症等因素相关。

第七节 慢性肾脏病与慢性肾衰竭

慢性肾脏病（chronic kidney disease，CKD）是指各种原因引起的持续时间超过 3 个月的肾损伤、

NOTES

肾脏结构或功能异常，因其高患病率、高致残率、高医疗花费和低知晓率这"三高一低"的特征，已成为全球范围内危害人类健康的重要公共卫生问题。迄今为止对CKD患者的治疗仍未取得满意疗效，而一旦进展为终末期肾病（end-stage renal disease，ESRD），将需要进行昂贵的肾替代治疗，严重影响患者生活质量，对社会造成重大负担。由于多种CKD发病的始动因素实质是在儿童期，近年来对CKD的研究重点也逐步聚焦于儿童期的防治，早期发现，及时诊治，改善预后。

【定义及分期】

1. 慢性肾脏病 美国肾脏病协会（NKF）公布的《美国肾脏病与透析患者生存质量指导指南》（K/DOQI）中首次对CKD进行明确定义。经过数年临床实践和不断调整，目前国际公认的CKD诊断标准为：①肾脏损伤（包括尿成分、影像学或病理学检查异常）≥3个月，有或无肾小球滤过率（GFR）异常；②GFR<60ml/（min·1.73m^2）≥3个月，有或无肾脏损伤证据。

K/DOQI对慢性肾脏病的分期及建议见表10-7-1。

表10-7-1 K/DOQI对慢性肾脏病的分期及建议

分期	特征	GFR/[ml/(min·1.73m^2)]	防治目标和措施
1	已有肾脏损害，GFR正常或升高	≥90	CKD病因的诊断和治疗；保护肾功能，延缓疾病进展
2	肾脏损害，伴GFR轻度减低	60~89	评估病情是否会进展及进展速度
3a	GFR轻到中度减低	45~59	延缓CKD进展
3b	GFR中到重度减低	30~44	评估和治疗并发症
4	GFR重度减低	15~29	综合治疗；准备肾脏替代治疗
5	终末期肾脏病（ESRD）	<15（或透析）	适时进行肾脏替代治疗

2. 慢性肾衰竭（chronic renal failure，CRF） 由慢性、持久性肾损害导致肾脏排泄调节和内分泌代谢功能严重受损，造成含氮代谢废物潴留，水、电解质及酸碱平衡紊乱，从而出现一系列临床症状，是各种原因引起的慢性肾脏病持续进展至后期的共同结局，相当于CKD 4和5期。

【病因与发病机制】

与成人CKD常见的糖尿病及高血压等病因不同，小年龄儿童及新生儿CKD的原发病因多为先天性肾脏异常，如肾脏未发育/肾发育不良、尿路梗阻、反流性肾病等泌尿系统解剖异常及肾囊性病变、Alport综合征等遗传性疾病，年长儿童及青少年也可由肾小球肾炎、肾病综合征等后天获得性疾病进展或系统性红斑狼疮等全身性疾病累及肾脏所致。CKD肾脏病变进展、肾功能持续进行性减退的机制目前尚未完全阐明，可能与多种因素有关：①局部血流动力学改变。肾小球高灌注、高压力、高滤过导致残存肾小球硬化，残存肾单位功能进一步下降。②肾间质纤维化。炎症损伤诱发细胞活化和受损、促纤维化因子释放，导致细胞外基质沉积，取代正常的肾小管和肾间质结构。③肾素-血管紧张素（RAAS）系统。通过多种机制引起或加重肾脏病进展，其中最主要的效应分子是血管紧张素Ⅱ。④影响CKD进展的因素。高血压和蛋白尿是肾功能减退的独立危险因素，其他因素还包括贫血、血脂异常、酸中毒及基因突变等。其中高血压、蛋白尿、血脂异常、贫血、肥胖、高磷血症、高尿酸血症、酸中毒等属于可改变的因素，而另一部分，如出生体重、种族、年龄、基因突变等则无法改变。

【临床表现】

由于肾脏的代偿能力，早期CKD往往除原发病表现外无明显症状，仅有乏力、食欲缺乏、生长迟滞等非特异性表现。病情进展至氮质血症或尿毒症时则出现多系统受累表现。

1. 水、电解质代谢紊乱 表现为代谢性酸中毒、水肿、低钠血症、钾代谢紊乱（可有低钾血症，晚期尿少时高钾血症）、低钙血症、高磷血症。

NOTES

2. 物质代谢紊乱 表现为氮质血症，白蛋白减少，必需氨基酸水平下降，糖耐量减低，高脂血症，维生素代谢紊乱。

3. 神经肌肉系统 表现为神经肌肉兴奋性增加，感觉神经障碍，共济失调，还可有谵妄、抽搐、昏迷、精神异常等表现。

4. 心血管系统 表现为高血压、左心室肥厚、心力衰竭、尿毒症性心肌病、心包病变、血管钙化和动脉粥样硬化。

5. 消化系统 胃肠道症状通常是CKD最早的表现，主要表现为恶心、呕吐、食欲缺乏、胃肠道炎症和溃疡，甚至出现消化道出血。

6. 血液系统 表现为肾性贫血（程度与GFR减低平行）、出血倾向、血栓形成倾向。

7. 内分泌功能紊乱 表现为1,25-$(OH)_2D_3$不足，促红细胞生成素（EPO）缺乏，胰岛素抵抗，下丘脑-垂体内分泌功能紊乱，继发性甲状旁腺功能亢进等。

8. 骨骼病变 表现为肾性骨质营养不良，包括骨囊性纤维化、骨软化症和骨质疏松等。

【辅助检查】

1. 血液检查 小细胞低色素性贫血，部分患者可有血小板减少；凝血功能异常，主要表现为出凝血时间延长；血清肌酐、尿素氮不同程度升高，二氧化碳结合力降低，肌酐清除率下降；低钠血症、高钾血症或低钾血症、低钙血症、高磷血症；也可见低白蛋白血症、高胆固醇血症、高甘油三酯血症。

2. 尿液检查 见不同程度蛋白尿，约半数可达肾病水平；镜下血尿或肉眼血尿，镜下血尿居多；部分患者尿液中可检出白细胞及管型；尿比重常较固定。

3. 影像检查 对不同类型慢性肾脏病和肾衰竭有提示作用，包括肾小球、血管、小管间质和肾脏囊性疾病。肾脏B超可见肾萎缩、囊性变、肾钙化等。晚期患者超声心动图可发现左室壁肥厚、左室腔扩大、二尖瓣反流及心包积液等。X线检查：胸片可表现心影增大、循环充血等；肾性骨病改变较明显，肱骨、膝、腕等可出现脱钙、骨皮质变薄。

【诊断及鉴别诊断】

儿童慢性肾脏病和慢性肾衰竭的诊断主要依据病史、肾功能检查和相关临床表现：①长期慢性肾脏病史；②起病缓慢，以乏力、头痛、恶心、呕吐、多尿、夜尿、少尿及皮肤瘙痒等非特异性症状为主；③部分患者可有高血压、眼底改变、心力衰竭；④血液检查可有贫血、高血磷、低血钙、高血钾等，且有明显的氮质血症、SCr升高、GFR下降；⑤尿检异常，包括比重低且固定、蛋白尿、血尿、白细胞及管型。

既往病史不明或存在近期急性加重诱因者，应注意与急性肾损伤区分，是否并发贫血、低钙血症、高磷血症、血PTH升高、肾脏缩小等有助鉴别。

诊断后应尽可能明确引起肾衰竭的基础病因，如尿路梗阻等可纠正的原发病应及时予以治疗，同时应积极寻找引起肾功能恶化的可逆诱因，如感染、电解质紊乱等，及时予以处置。

【预防和治疗】

CKD防治的总目标：尽可能针对病因治疗，去除风险因素，减缓肾脏损害进展，加强营养支持，防治高血压、肾性骨病、贫血等并发症，最终提高生存率和生活质量。

1. 治疗可逆病因 对于后尿道瓣膜、肾积水、膀胱输尿管反流等尿路畸形，需及时予以手术等纠正。对于不同原因的肾小球肾炎，应在进展至终末期前给予恰当的免疫抑制治疗。

2. 延缓肾功能恶化进程 通常在婴儿期及青春期这两个儿童快速生长期内CKD恶化进展最快，此阶段的CKD患者需密切监测肾功能，及时发现病情进展可能。

（1）控制血压、减少蛋白尿：使用血管紧张素转化酶抑制剂（angiotensin-converting enzyme inhibitors, ACEI）或血管紧张素受体阻滞剂（angiotensin Ⅱ receptor blockers, ARB）可降低血压，降低肾小球内压，还可减少尿蛋白，延缓肾功能恶化。

（2）治疗血脂异常，减肥，避免各类肾毒性物质。

3. 饮食及营养 是非透析治疗的重要组成部分，在不加重小儿肾脏负担的情况下，满足其营养需要，保障生长发育，延缓病情进展。国内学者将CRF营养疗法的原则概括为“两低、两高、两适当、

NOTES

一限制”，即低蛋白、低磷（<800mg/d）；高热量、高生物价蛋白；适当矿物质、适当微量元素；限制植物蛋白。根据年龄、残余肾功能、营养状态、饮食习惯等条件确定适合 CRF 患者的个体化营养方案。CKD 3 期患者维持膳食蛋白摄入量（dietary protein intake，DPI）于 100%~140% 的膳食营养摄入参考（dietary reference intake，DRI）；CKD 4 和 5 期患者维持 DPI 于 100%~120% 的 DRI。选用优质蛋白（蛋、牛奶、瘦肉、鱼等），热量不足部分用碳水化合物及脂肪补充。无水肿及高血压者一般不严格限制钠、水摄入，但一般每日不应超过 2g 氯化钠，注意补充维生素 B_1、B_2、B_6 和维生素 C 等水溶性维生素。

4. 预防及治疗并发症

（1）高钾、代谢性酸中毒的处理　见本章第六节“急性肾损伤与急性肾衰竭”部分。

（2）钙、磷代谢紊乱及肾性骨病　限制饮食中磷摄入，并口服钙剂（多采用碳酸钙每日 300~400mg/kg 分次口服，也可给予枸橼酸钙），补充活性维生素 D 制剂（常规剂量 1,25-$(OH)_2D_3$ 0.25~0.5μg/d），用药过程中需定期监测血钙、磷水平。

（3）高血压　CKD 患者血压控制目标应在第 90 百分位以下或低于 120/80mmHg（两者取较低值）；24 小时动态血压监测平均血压应低于第 50 百分位。

（4）贫血　治疗需注意营养，补充叶酸、铁剂。当血红蛋白<60g/L，有脑缺氧症状或伴有感染、出血时，需输注适量新鲜血或洗涤红细胞。也可给予促红细胞生成素。

（5）营养不良　见“饮食及营养”相关内容。

（6）其他　防治感染，对心功能不全、心包炎等予以相应治疗。生长迟滞者必要时可应用生长激素。选用药物时需注意有无肾毒性，必要时依据患者肾功能调整用药剂量和给药频次。

5. 透析和肾移植　当 GFR 降低至终末期肾病水平，并发症增加时，需要做肾脏移植前或透析治疗前准备。

第八节　泌尿系统先天、遗传性疾病

泌尿系统先天、遗传性疾病种类繁多，遗传方式不一，可累及肾脏的各个部分，导致形态结构及生理功能异常。临床表现可出现于出生时，也可迟至成年，轻重程度不一，可为良性无症状血尿，也可发生肾衰竭。目前对泌尿系统遗传性疾病的分类尚无统一认识，一般从两方面考虑：一是遵循遗传性疾病的分类方法，分为染色体病、单基因病、多基因病、线粒体病和体细胞遗传病；二是按照肾脏异常的位置和特征，同时结合遗传学特点进行分类，如表 10-8-1。

表 10-8-1　泌尿系统先天、遗传性疾病的分类

分类	疾病
肾形态结构异常遗传病	肾囊性病变：常染色体显性遗传型多囊肾、常染色体隐性遗传型多囊肾等；先天性肾脏和尿路畸形：肾发育不全、膀胱输尿管反流等
肾脏生理机能异常性遗传病	肾小球相关疾病：以血尿主要症状，如奥尔波特综合征、薄基底膜肾病等；以蛋白尿为主要症状，如多种遗传性肾病综合征等。 肾小管相关疾病：近端肾小管重吸收小分子蛋白质障碍疾病，如登特病、眼脑肾综合征（Lowe syndrome）等；重吸收葡萄糖障碍疾病，如家族性肾性糖尿等；重吸收 HCO_3^- 及分泌 H^+ 障碍疾病，如近端肾小管酸中毒、假性醛固酮减少症等；髓袢重吸收电解质障碍疾病，如巴特综合征等；远端小管和集合管重吸收障碍疾病，如家族性尿崩症等
其他	涉及免疫系统异常的肾脏疾病：补体缺陷症、非溶血性尿毒症等；遗传代谢病肾脏受累：法布里病（Fabry disease）、糖原贮积症等；肾结石：原发性高草酸尿症、胱氨酸尿症 1~3 型等；其他综合征：甲状旁腺功能减退-耳聋-肾病综合征、脑肝肾综合征、鳃-耳-肾综合征、利德尔综合征等

NOTES

临床中以遗传性肾小球疾病最为常见，特别是奥尔波特综合征、薄基底膜肾病和多种遗传性肾病综合征。由于此类疾病表型相互重叠，涉及基因众多，往往同一基因导致的遗传性肾脏病可有多种不同临床表型，而一种遗传性肾脏病亦可由多种不同基因异常共同导致。目前遗传性肾脏疾病的临床和基因诊断仍较为困难，尚无有效根治措施，仅能给予对症、支持治疗，对于进展至终末期肾脏病的患者可采取肾脏替代治疗（包括血液透析、腹膜透析）等措施，肾脏移植可改善其预后。由于其诊断困难，缺乏有效治疗措施，最终多进展至终末期肾脏病，需要长期肾脏替代治疗，所以加强对遗传性肾脏疾病的认识，提高警惕，开展必要的筛查、咨询，建立患者数据库，进行患者管理和随访，发现新的基因诊断技术和方法，缩短遗传性肾脏疾病的诊断周期，实现疾病的早期诊断和干预就显得尤为重要。本章第二、三节已对奥尔波特综合征及巴特综合征进行了系统阐述，本节主要对另两种儿童常见、较为典型的泌尿系统先天遗传性疾病——先天性肾脏和尿路畸形、先天性肾病综合征进行介绍。

一、先天性肾脏和尿路畸形

先天性肾脏和尿路畸形（congenital anomalies of the kidney and urinary tract，CAKUT）是由肾脏和泌尿道胚胎期发育缺陷所致的以先天性泌尿系统结构异常为临床特征、表型多样的一组疾病，包括肾脏异常（如肾不发育、肾发育不良、肾发育不全、多囊性肾发育不良、异位肾、马蹄肾）、输尿管及膀胱异常（如巨输尿管、肾盂输尿管连接处梗阻、输尿管膀胱连接处梗阻或关闭不全、异位输尿管开口、双集合系统）、尿道异常（如后尿道瓣膜）等。

CAKUT 是常见的出生缺陷，约占所有产前超声检出畸形的 1/3，在新生儿中的发病率约为 2/1 000，约占儿童期慢性肾脏病及终末期肾脏病的 40%~50%。因此，提高对 CAKUT 的认识，早期发现，及时治疗对于保护肾功能、延缓 CKD 发生发展具有重要意义。

【病因及发病机制】

目前，CAKUT 的发病机制尚不完全明确，但不少研究证实该病的发病与基因突变、基因拷贝数变异及环境等多因素有关。

1. 基因突变 目前所知的与人类 CAKUT 相关的致病基因约 50 个，*HNF1B*、*PAX2* 及 *DSTYK* 是最常见的致病基因，遗传方式以常染色体显性遗传最为常见。

2. 拷贝数变异 当存在多器官发育异常、智力障碍等多种症状合并时应警惕基因拷贝数变异（CNVs）可能。

3. 环境因素 CAKUT 的发生可能与发育时母体健康状况及所处的宫内理化因素有关，如母孕期疾病（如糖尿病）、不良药物摄入（如氨基糖甙类抗生素、非甾体抗炎药或 ACEI 类药物等）、大量饮酒、环境杀虫剂暴露、胎儿低出生体重、胎盘功能不良等。

【诊断】

详细的病史采集、询问全面的家族史、细致的体格检查和实验室检查均有利于 CAKUT 的诊断；利用适宜的影像学方法及一些新型的生物学标志物，亦能够对患者进行早期诊断及预后分析。

【治疗和干预】

明确 CAKUT 的诊断后，目前主要的治疗手段，特别是梗阻性 CAKUT 的根治手段仍是外科手术治疗。因此，对于此类疾病的早期预防、早期诊断至关重要，在孕妇妊娠早期就应采用综合性的保护措施。尤其对于高风险人群要进行遗传咨询。在遗传咨询时，要对疾病的遗传方式、基因诊断、遗传病因、个体化预防治疗、预后等进行详细问诊，对患者生育时后代发生的疾病进行预估和分析，进一步给出可供患者选择的方案。

二、先天性肾病综合征

先天性肾病综合征（congenital nephrotic syndrome，CNS）是指生后 3 个月内发病，临床表现符合肾病综合征临床特点（大量蛋白尿、低白蛋白血症、严重水肿、高胆固醇血症），并除外继发因素（如

NOTES

TORCH 或先天性梅毒感染等）所致的疾病。

【病因及分类】

CNS 根据病因可分为原发性（遗传性）和继发性（非遗传性，或称获得性）。原发性常由基因突变所致，继发性多因宫内感染或母亲疾病等因素所致。随着分子遗传学的研究进展，目前越来越主张根据不同致病基因对 CNS 进行进一步分类，如表 10-8-2。

表 10-8-2 先天性肾病综合征（CNS）的常见病因

分类	常见病因
原发性 CNS	裂隙素（nephrin）编码基因突变（*NPHS1*，芬兰型 CNS）；足细胞素（podocin）编码基因突变（*NPHS2*）；*WT1* 基因突变（Denys-Drash 综合征，孤立性 CNS）；*LAMB2* 基因突变（Pierson 综合征，孤立性 CNS） *PLCE1* 基因突变；*LMX1B* 突变（指甲-髌骨综合征）；*LAMB3* 基因突变（Herlitz 交界型大疱性表皮可松解症）；线粒体基因突变；CNS 伴或不伴脑及其他畸形（基因缺陷尚不清楚）
继发性 CNS	感染相关（先天性梅毒、弓形体、巨细胞病毒、疟疾、艾滋病、风疹、肝炎）；中毒（汞）；母亲系统性红斑狼疮；新生儿抗中性肽链内切酶（neutral endopeptidase）抗体；母亲类固醇-氯苯那敏（chlorpheniramine）治疗

【病理表现】

以最常见的芬兰型 CNS 为例，一般无特征性肾脏病理改变。患者肾脏体积及重量是正常同龄儿肾脏的 2~3 倍，肾单位也明显增多。光镜下正常或有轻度增殖性病变，以轻度系膜增生、肾小管扩张最常见，肾小球周围间质纤维化和炎性浸润。随病情进展，可逐渐出现皮质小管囊性改变和增生性肾脏损害，最终小囊中上皮细胞扁平，刷状缘结构消失，小管萎缩。晚期可见类似于终末期肾病病理改变。免疫荧光检查一般阴性，但在肾小球硬化区可见 IgM 和 C3 沉积。电镜下可见内皮细胞肿胀，足细胞足突广泛融合，裂孔隔膜消失。

【临床表现】

多数患者生后 3 个月已表现出典型的肾病综合征，可有阳性家族史。芬兰型 CNS 患者还有早产（33~37 孕周）、窒息史和大胎盘（胎盘重量>胎儿体重的 25%，甚至可达婴儿体重的 65%）。

1. 水肿 接近 50% 的患者于生后第 1 周出现水肿，几乎所有患者出生后 2 个月内出现水肿，半数于生后 1~2 周内即见水肿，严重者宫内即有水肿，伴有胸腹腔积液。

2. 蛋白尿 持续性大量蛋白尿，最初为高度选择性蛋白尿，疾病后期则选择性下降，患者有明显的低白蛋白血症和高脂血症。

3. 继发性改变 如免疫力低下、缺铁性贫血、生长障碍、甲状腺功能减退、肾功能减退[生后第 2 年 GFR 常<50ml/(min·1.73m^2)，多数患者 3 岁时已需透析或移植]等。

4. 肾外表现 如 *WT1* 突变所致的 CNS 患者可有肾母细胞瘤（Wilms tumor）、男性假两性畸形，亦可出现白内障、角膜混浊、小头畸形、斜视、眼球震颤及眼距过宽等其他相关病变。

【实验室检查】

除大量蛋白尿外，常有镜下血尿，可见轻度氨基酸尿和糖尿。血浆白蛋白降低（通常<10g/L），血浆胆固醇可正常或升高。血清 IgG 降低，C3 正常或下降。血浆转铁蛋白、血 25-(OH)D_3 降低，血清 T4 降低、TSH 增高。母血和羊水中甲胎蛋白浓度增高。

【诊断和鉴别诊断】

对于早发的肾病综合征患者，诊断必须基于临床表现、家族史、实验室检查、肾脏病理和基因检测等指标，以明确是否为遗传性。阳性家族史支持原发性先天性肾病综合征的诊断。根据有无肾外症状，考虑单发型或综合征型 CNS，再根据表型与基因型的关系进行相关基因突变分析，可以进行基因诊断。

NOTES

【治疗及预后】

如糖皮质激素和免疫抑制剂治疗无效，则需定期输注白蛋白，及时选择透析和肾脏替代治疗。原发性先天性肾病综合征预后差，如不采取相应措施，绝大多数患者于1岁内死于并发感染，如能存活至2~3岁，常死于尿毒症。

（李 秋 周建华 姜红堃）

思考题

1. 简述儿童肾小球疾病的免疫发病机制。
2. 简述儿童肾小球疾病的基因诊断。
3. 简述儿童难治性肾小球疾病（难治性肾病综合征、狼疮性肾炎等）的生物制剂治疗。
4. 简述不同年龄和性别儿童泌尿道感染的病原差异。
5. 简述急性肾损伤的生物标志物。

扫码获取
数字内容

第十一章
造血系统疾病

1. 儿童造血特点,髓外造血、血细胞分类的“两个交叉”。
2. 儿童贫血的程度分类和病因分类,理解溶血性贫血的共性。
3. 儿童营养性缺铁性贫血的病因、发病机制、临床表现和治疗。
4. 儿童获得性再生障碍性贫血的临床表现、分型和诊断标准。
5. 儿童白血病的临床分型、诊断和治疗原则。
6. 朗格汉斯细胞组织细胞增生症和噬血细胞综合征的临床表现和诊断标准。

第一节 概 述

一、儿童造血特点

以新生儿出生的时间为标志,儿童造血分为胚胎期造血和生后造血(图 11-1-1)。

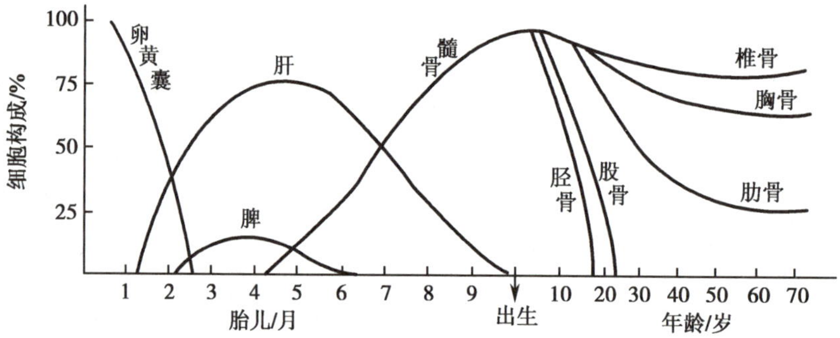

图 11-1-1 胎儿及生后不同时期的造血情况

(一)胚胎期造血

1. 中胚叶造血期(mesoblastic hematopoiesis) 约于胚胎第 10~14 天,出现血岛(blood island),称为“卵黄囊造血”,主要是初级原始红细胞(primitive erythroblast)。自胚胎第 8 周后,血岛开始退化,初级原始红细胞逐渐减少,至 12~15 周时消失。

2. 肝造血期(hepatic hematopoiesis) 自胚胎第 6~8 周,肝脏出现造血组织,并逐渐成为孕中期的主要造血部位,4~5 个月时达高峰,6 个月后逐渐减退,约于出生时停止。肝造血主要产生有核红细胞。此外,产生少量粒细胞和巨核细胞。

约于胚胎第 8 周脾开始造血,以生成红细胞占优势,稍后粒系造血也相当活跃。在 12 周时还可出现淋巴细胞和单核细胞。胚胎 5 个月之后,脾造红细胞和粒细胞功能减退至消失,而造淋巴细胞功能可维持终生。

约于胚胎第 6~7 周开始出现胸腺,于第 8 周开始生成淋巴细胞。淋巴干细胞在胸腺中经胸腺素诱导后分化为前 T 细胞,在周围淋巴组织中增殖并发育为 T 淋巴细胞,这种功能维持终生。此外,胚胎期胸腺还有短暂的生成红细胞和粒细胞功能。

自胚胎 11 周淋巴结开始制造淋巴细胞，并且，淋巴结成为终生造淋巴细胞和浆细胞的器官。胎儿期淋巴结亦有短暂的红系造血功能。

3. 骨髓造血期(medullary hematopoiesis)　胚胎第 6 周起出现骨髓，但至胚胎 4 个月才开始造血，并迅速成为主要的造血器官，至出生 2~5 周后成为唯一的造血场所。

(二) 生后造血

1. 骨髓造血　骨髓是出生后主要的造血器官。此外，骨髓还产生淋巴细胞和单核细胞。在生后几年内，所有骨髓均为红髓，全部参与造血，以满足生长发育的需要；5~7 岁开始，脂肪组织(黄髓)逐渐取代长骨中的红髓。至年长儿和成人，红髓仅分布于脊柱、胸骨、肋骨、颅骨、锁骨、肩胛骨、骨盆及长骨近端。黄髓有潜在的造血功能，当机体需要增加造血时，它可转变为红髓而恢复造血功能。

2. 骨髓外造血(extramedullary hematopoiesis)　是婴幼儿应对机体贫血等病理情况的一种特殊反应。生理状态下，婴幼儿的骨髓已均为红髓，已全力造血。因此，当机体需要增加造血时，只能恢复到胎儿时的造血状态，称为“骨髓外造血”，临床表现为肝、脾、淋巴结增大。外周血中可出现有核红细胞、幼稚粒细胞。

二、儿童血象特点

不同年龄儿童的血象有所不同。

(一) 红细胞数及血红蛋白的含量

胎儿期处于相对缺氧状态，红细胞生成素合成增加，故红细胞和血红蛋白量较高，出生时红细胞数约 5.0×10^{12}~7.0×10^{12}/L，血红蛋白量约 150~220g/L；早产儿与足月儿基本相等。生后 6~12 小时因进食较少和不显性失水，其红细胞数和血红蛋白量往往高于出生时，此后逐渐下降。出生后随着自主呼吸的建立，血氧含量增加，导致促红细胞生成素合成减少，骨髓造血功能暂时性降低，网织红细胞减少；胎儿红细胞较大，寿命较短而致破坏较多(生理性溶血)；婴儿生长发育迅速，循环血量迅速增加。以上因素使红细胞数和血红蛋白含量逐渐下降，至 2~3 个月时达到最低点，红细胞降至 3.0×10^{12}/L 左右，血红蛋白降至 100g/L 左右，呈现轻度贫血(早产儿于生后 3~7 周可降至 70~90g/L)，称为“生理性贫血”，其经过呈自限性。3 个月后，红细胞数和血红蛋白量又缓慢增加，约于 12 岁时达成人水平。

网织红细胞占外周血红细胞的比例：初生 3 天内约 0.04~0.06；于生后 4~7 天迅速下降至 0.003~0.010；3 个月后回升；婴儿期以后接近成人值。

(二) 白细胞数与分类

初生时白细胞数为 15×10^9~20×10^9/L，生后 6~24 小时升高达 21×10^9~28×10^9/L；然后逐渐下降，1 周后平均为 12×10^9/L，6~12 个月白细胞数维持在 10×10^9/L 左右，8 岁后接近成人水平。

白细胞分类主要是中性粒细胞与淋巴细胞比例的变化。出生时中性粒细胞约占 0.60~0.65，淋巴细胞约占 0.35；生后白细胞总数逐渐下降，中性粒细胞的比例也相应下降，生后 4~6 天两者比例约相等；随后淋巴细胞比例上升，约占 0.60，中性粒细胞约占 0.30；至 4~6 岁时两者比例又相等；以后白细胞分类与成人相似。

此外，新生儿出生时外周血液中也可出现少量幼稚中性粒细胞，但在数天内即消失。

(三) 血小板数

血小板数与成人相似，约为 150×10^9~250×10^9/L。

(四) 血红蛋白种类

血红蛋白分子由两对多肽链组成。构成血红蛋白分子的多肽链共有 6 种，分别称为 α、β、γ、δ、ε 和 ζ 链。

血红蛋白 Gower1(ζ2ε2)、Gower2(α2ε2)、Portland(ζ2γ2)在胚胎 12 周时消失，并为 HbF(α2γ2)所代替。胎儿 6 个月时 HbF 占 0.90，而 HbA(α2β2)仅占 0.05~0.10；以后 HbA 合成逐渐增加，至出

NOTES

生时 HbF 占 0.70，HbA 约占 0.30，HbA2（α2δ2）<0.01。出生后 HbF 迅速为 HbA 所代替，1 岁时 HbF 不超过 0.05，至 2 岁时不超过 0.02；成人的 HbA 约占 0.95，HbA2 占 0.02~0.03，HbF 不超过 0.02。

（五）血容量

新生儿血容量约占体重的 10%，平均为 300ml；儿童血容量约占体重的 8%~10%；而成人血容量约占体重的 6%~8%，因此儿童血容量较成人多。

第二节 贫 血

贫血（anemia）是指外周血中单位容积内的红细胞数（RBC）、血红蛋白量（Hb）或血细胞比容（Hct）低于正常。由于婴儿和儿童的红细胞数、血红蛋白和红细胞比容随年龄不同而有差异，所以在诊断贫血时必须参照相应年龄正常值。根据世界卫生组织的资料，Hb 的低限值在 6 个月~6 岁者为 110g/L，6~14 岁为 120g/L，海拔每升高 1 000m，Hb 上升 4%；低于此值者为贫血。6 个月以下的婴儿由于生理性贫血等因素，血红蛋白值变化较大，目前尚无统一标准。我国小儿血液会议（1989 年）建议：Hb 在新生儿期<145g/L，1~4 个月时<90g/L，4~6 个月时<100g/L 者为贫血。

【贫血的分类】

（一）贫血程度分类

根据外周血血红蛋白含量，儿童贫血分为：①轻度，Hb 从正常下限~90g/L；②中度，Hb 为 89~60g/L；③重度，Hb 为 59~30g/L；④极重度，Hb<30g/L。新生儿 Hb 为 144~120g/L 者为轻度，119~90g/L 者为中度，89~60g/L 者为重度，<60g/L 者为极重度。

（二）病因分类

根据病因，贫血可分为红细胞或血红蛋白生成不足、溶血性贫血和失血性贫血三类。

1. 红细胞或血红蛋白生成不足

（1）造血物质缺乏：如铁、维生素 B_{12}、叶酸、维生素 B_6 缺乏等。

（2）骨髓造血功能障碍：如再生障碍性贫血、单纯红细胞再生障碍性贫血等。

（3）红细胞生成素不足：如慢性炎症性疾病（慢性感染、儿童类风湿病、系统性红斑狼疮等）、慢性肾病。

（4）其他：如铅中毒、铁粒幼细胞贫血、骨髓肿瘤细胞浸润导致的贫血（白血病、恶性淋巴瘤等）。

2. 溶血性贫血

（1）红细胞内在缺陷：①红细胞膜结构缺陷，如遗传性球形红细胞增多症、遗传性椭圆形红细胞增多症等；②红细胞酶缺乏，如丙酮酸激酶（PK）缺乏、葡萄糖-6-磷酸脱氢酶（G6PD）缺乏等；③血红蛋白合成与结构异常，如地中海贫血（珠蛋白生成障碍性贫血），血红蛋白 S、E、C、D 等。

（2）红细胞外在因素：①免疫因素。体内存在破坏红细胞的抗体，如新生儿溶血症、自身免疫性溶血性贫血、药物所致的免疫性溶血性贫血等。②感染因素。细菌的溶血素或疟原虫对红细胞产生破坏。③物理化学因素。烧伤、苯、铅、砷、蛇毒等可直接破坏红细胞。④其他。如脾功能亢进、阵发性睡眠性血红蛋白尿症、血栓性血小板减少性紫癜、弥散性血管内凝血等。

3. 失血性贫血

（1）急性失血：如创伤性大出血，出血性疾病等。

（2）慢性失血：如溃疡病、钩虫病、鲜牛奶过敏、肠息肉、特发性肺含铁血黄素沉着症等。

（三）形态分类

根据红细胞数、血红蛋白量和血细胞比容计算出红细胞平均容积（MCV）、红细胞平均血红蛋白（MCH）和红细胞平均血红蛋白浓度（MCHC），将贫血分为以下四类（表 11-2-1）

【临床表现】

NOTES

贫血的临床表现与病因、程度轻重、发生急慢等因素有关。急性贫血如急性失血或溶血，虽贫血

表 11-2-1　贫血的细胞形态分类

类型	MCV/fl	MCH/pg	MCHC/%
正常值	80~94	28~32	32~38
大细胞性贫血	>94	>32	32~38
正细胞性贫血	80~94	28~32	32~38
单纯小细胞性贫血	<80	<28	32~38
小细胞低色素性贫血	<80	<28	<32

程度较轻，亦可引起严重症状甚至休克；而慢性贫血，早期由于机体各器官的代偿功能较好，可无症状或症状较轻，当代偿不全时才逐渐出现症状。

（一）一般表现

皮肤、黏膜苍白为突出表现。皮肤（面、耳轮、手掌等）、黏膜（睑结膜、口腔黏膜）及甲床呈苍白色；重度贫血时皮肤往往呈蜡黄色，易误诊为轻度黄疸；相反，伴有黄疸、青紫或其他皮肤色素改变时可掩盖贫血的表现。

（二）造血器官反应

婴儿期易出现骨髓外造血（再生障碍性贫血除外），表现为肝、脾和淋巴结肿大，外周血中可出现有核红细胞、幼稚粒细胞。

（三）各系统症状

1. 循环和呼吸系统　可出现呼吸加速、心率增快、脉搏加强、脉压差增高，有时可见毛细血管搏动。重度贫血失代偿时，渐出现心脏扩大，心前区收缩期杂音，甚至发生充血性心力衰竭。

2. 消化系统　可出现食欲缺乏、恶心、腹胀或便秘等。

3. 神经系统　常表现精神不振，注意力不集中，情绪易激动等。年长儿可有头痛、晕眩、眼前有黑点或耳鸣等。

【诊断要点】

贫血是综合征，必须寻找贫血的原因，才能进行合理和有效的治疗。因此，详细询问病史，进行全面的体格检查和必要的实验室检查是作出贫血病因诊断的重要依据。

（一）病史

1. 发病年龄　不同年龄发生贫血的病因不同：出生后即有严重贫血者要考虑产前、产时或产后失血；生后 24 小时内出现贫血伴有黄疸者，以新生儿溶血症（ABO 或 Rh 血型不合所致）可能性大；婴儿期发病者多考虑营养缺乏性贫血、遗传性溶血性贫血；儿童期发病者多考虑慢性出血性贫血、再生障碍性贫血、其他造血系统疾病、全身性疾病引起的贫血。

2. 病程经过和伴随症状　起病急、病程短者，提示急性溶血或急性失血；起病缓慢者，提示营养性贫血、慢性失血、慢性溶血等。伴有黄疸和血红蛋白尿提示溶血；伴有呕血、便血、血尿、瘀斑等提示出血性疾病；伴有神经和精神症状如嗜睡、震颤等，提示维生素 B_{12} 缺乏；伴有骨痛提示骨髓浸润性病变，肿瘤性疾病多伴有发热，肝、脾及淋巴结肿大。

3. 喂养史　详细了解婴幼儿的喂养方法及饮食的质与量对诊断和病因分析有重要意义。如 1 岁内仅乳类喂养而未添加辅食、饮食质量差或搭配不合理者，可能为缺铁性贫血；纯母乳（缺乏维生素 B_{12}）或羊乳（缺乏叶酸）喂养未及时添加辅食的婴儿，易患营养性巨细胞性贫血。

4. 过去史　询问有无寄生虫病，特别是钩虫病史；询问其他系统疾病，如消化系统疾病、慢性肾病、结核、慢性炎症性疾病（如类风湿病）等可引起与贫血有关的疾病。此外，还要询问有无使用抑制造血的药物，如氯霉素、磺胺等。

5. 家族史　与遗传有关的贫血，如遗传性球形红细胞增多症、G6PD 缺乏、珠蛋白生成障碍性贫血等，家族（或近亲）中可伴有同样患者。

NOTES

（二）体格检查

1. 生长发育 慢性贫血者往往有生长发育落后。某些遗传性溶血性贫血，特别是重型β-地中海贫血者，还伴有特殊面貌，如颧、额突出，眼距宽，鼻梁低，下颌骨较大等。

2. 营养状况 营养不良者常伴有慢性贫血。

3. 皮肤、黏膜 小儿因自主神经功能不稳定，故面颊的潮红与苍白有时不一定能正确反映有无贫血，观察甲床、结膜及唇黏膜的颜色比较可靠。长期慢性贫血者皮肤呈苍黄甚至古铜色；反复输血者皮肤常有色素沉着。如贫血伴有皮肤、黏膜出血点或瘀斑，则要注意排除出血性疾病和白血病。伴有黄疸时提示溶血性贫血。

4. 指甲和毛发 缺铁性贫血的患者指甲菲薄、脆弱，严重者扁平甚至呈匙状反甲。巨幼红细胞性贫血头发细黄、干稀、无光泽，有时呈绒毛状。

5. 肝、脾和淋巴结肿大 这是婴幼儿贫血常见的体征。肝、脾轻度肿大多提示髓外造血；如肝、脾明显肿大且以脾大为主者，多提示遗传性溶血性贫血等。贫血伴有明显淋巴结肿大者，应考虑造血系统恶性病变（如白血病、恶性淋巴瘤）。

除上述病史与体检资料外，还应注意贫血对各系统的影响，如心脏扩大和心尖部收缩期杂音等，以及各系统可能的其他损害与贫血的因果关系。

【辅助检查】

1. 血常规 红细胞计数和血红蛋白可确定有无贫血及其程度；MCV、MCH、MCHC可帮助判断形态分类；白细胞和血小板计数可协助诊断或初步排除造血系统其他疾病（如白血病）以及感染性疾病所致的贫血。

2. 红细胞形态 观察血涂片中细胞大小、形态及染色情况，对贫血的病因诊断有提示作用。如红细胞较小，染色浅，中央淡染色区扩大，多提示缺铁性贫血；红细胞呈球形，染色深，提示遗传性球形细胞增多症；红细胞大小不等，染色浅并有异形、靶形和碎片者，多提示珠蛋白生成障碍性贫血；红细胞形态正常则见于急性溶血或骨髓造血功能障碍。

3. 网织红细胞计数 反映骨髓造红细胞的功能：增多提示骨髓造血功能活跃，可见于急/慢性溶血或失血性贫血；减少提示造血功能低下，可见于再生障碍性贫血、营养性贫血等。

4. 骨髓检查 涂片检查可直接了解骨髓造血细胞生成的质和量的变化，对某些贫血的诊断具有决定性意义（如白血病、再生障碍性贫血、营养性巨幼红细胞性贫血）。骨髓活检对再生障碍性贫血、白血病等骨髓病变具有诊断价值。

5. 血红蛋白分析 如血红蛋白碱变性试验、血红蛋白电泳、包涵体生成试验等，对地中海贫血和异常血红蛋白病的诊断有重要意义。

6. 红细胞脆性试验 脆性增高见于遗传性球形细胞增多症；减低则见于地中海贫血、缺铁性贫血。

7. 特殊检查 红细胞酶活力测定对先天性红细胞酶缺陷所致的溶血性贫血有诊断意义；抗人球蛋白试验可诊断自身免疫性溶血；血清铁、铁蛋白、红细胞游离原卟啉等检查可以分析体内铁代谢情况，以协助诊断缺铁性贫血；基因分析对遗传性溶血性贫血不但有诊断意义，还有产前诊断价值。

【治疗】

1. 去除病因 是治疗贫血的关键，有些贫血在病因去除后，很快可以治愈。对一些贫血原因暂时未明的，应积极寻找病因，予以去除。

2. 一般治疗 加强护理，预防感染，改善饮食质量和搭配等。

3. 药物治疗 针对贫血的病因，选择有效药物给予治疗，如铁剂治疗缺铁性贫血，维生素B_{12}和叶酸治疗营养性巨幼红细胞性贫血，肾上腺皮质激素治疗自身免疫性溶血性贫血和先天性纯红细胞再生障碍性贫血等。

NOTES

4. 输红细胞　当贫血引起心功能不全时，输红细胞是抢救的措施。对长期慢性贫血者，若代偿功能良好，可不必输红细胞，必须输红细胞时应注意输注的量和速度，贫血愈严重，一次输注量愈少，且速度宜慢。每次输红细胞 5~10ml/kg，速度不宜快，以免引起心力衰竭和肺水肿。对于贫血合并肺炎的患者，每次输注量更应减少，速度更慢。

5. 造血干细胞移植　是目前根治一些遗传性溶血性贫血和再生障碍性贫血的有效方法，如有人类白细胞抗原（HLA）相配的造血干细胞来源应予首选。

6. 并发症治疗　婴幼儿贫血易合并急、慢性感染，营养不良，消化紊乱等，应予积极治疗。同时还应考虑贫血与合并症相互影响的特点，如贫血患者存在消化系统紊乱时对于体液失衡的调节能力较无贫血的小儿差，在输液治疗时应予注意。

第三节　营养性贫血

一、营养性缺铁性贫血

营养性缺铁性贫血（nutritional iron deficiency anemia）是体内铁缺乏导致血红蛋白合成减少，临床上以小细胞低色素性贫血、血清铁蛋白减少和铁剂治疗有效为特点的贫血症。本病以 6~24 个月婴幼儿发病率最高，严重危害小儿健康，是我国重点防治的小儿常见病之一。

【铁的代谢】

（一）人体内铁元素的含量及其分布

正常人体内的含铁总量随着年龄、体重、性别和血红蛋白水平的不同而异。成人男性体内总铁量约为 50mg/kg，女性约为 35mg/kg，新生儿约为 75mg/kg。总铁量中约 64% 用于合成血红蛋白，32% 以铁蛋白及含铁血红素形式贮存于肝、骨髓和其他器官内，3.2% 合成肌红蛋白，0.4% 存在于含铁酶（如各种细胞色素酶、单胺氧化酶），0.4% 以运转铁存在血浆中。

（二）铁的来源

1. 从食物中摄取铁　又称“外源性铁”，占人体铁摄入量的 1/3。食物中的铁分为血红素铁和非血红素铁，前者吸收率高于后者。动物性食物含铁高且为血红素铁；蛋黄含铁量高但吸收率较低；母乳与牛乳含铁量均低，但母乳的铁吸收率比牛乳高约 5 倍。植物性食物属非血红素铁。

2. 红细胞释放的铁　又称“内源性铁”，占人体铁摄入量的 2/3；体内红细胞衰老或破坏所释放的血红蛋白铁几乎全部被再利用。

（三）铁的吸收和转运

食物中的铁主要在十二指肠和空肠上段被吸收。食物铁的吸收有两种形式：①游离铁形式。植物食品中的铁一般以胶状氢氧化高铁（Fe^{3+}）形式存在，在胃蛋白酶和游离盐酸的作用下，转化为游离的 Fe^{2+} 而被吸收。②血红素形式。动物食品在胃酸和蛋白酶的作用下，血红素与珠蛋白分离，被肠黏膜直接吸收，在肠黏膜上皮细胞内经血红素分解酶作用将铁释放出来。

进入肠黏膜细胞的 Fe^{2+} 被氧化成 Fe^{3+}：其中一部分与细胞内的去铁蛋白（apoferritin）结合，形成铁蛋白（ferritin）暂时保存在肠黏膜细胞中；另一部分 Fe^{3+} 与细胞质中载体蛋白结合后移出胞外进入血液，与血浆中的转铁蛋白（transferrin，Tf）结合，随血液循环将铁运送到需铁和贮铁组织，供给机体利用，未被利用的部分则与去铁蛋白结合而形成铁蛋白，作为贮存备用铁。红细胞破坏后释放的铁，也同样通过与 Tf 结合后运送到骨髓等组织，被利用或被贮存。

正常情况下，血浆中的转铁蛋白仅 1/3 与铁结合，称为血清铁（serum iron，SI）；其余 2/3 的转铁蛋白仍具有与铁结合的能力，在体外加入一定量的铁可使其呈饱和状态，所加的铁量即为未饱和铁结合力。血清铁与未饱和铁结合力之和称为血清总铁结合力（total iron binding capacity，TIBC）。血清铁在总铁结合力中所占的百分比称为转铁蛋白饱和度（transferrin saturation，TS）。

（四）铁的利用与储存

吸收到血液中的铁与血浆中的转铁蛋白结合后，转运至需铁组织。铁到达骨髓造血组织后即进入幼红细胞，在线粒体中与原卟啉结合形成血红素，血红素与珠蛋白结合形成血红蛋白。此外，铁还在肌红蛋白的合成及某些酶（如细胞色素 C、单胺氧化酶、核糖核酸还原酶、琥珀酸脱氢酶等）中被使用。

体内未被利用的铁以铁蛋白及含铁血黄素的形式贮存。在机体需要铁时，这两种铁均可再被利用。通过还原酶的作用，使铁蛋白中的 Fe^{3+} 转化成 Fe^{2+} 释放，然后被氧化酶氧化成 Fe^{3+}，与转铁蛋白结合后被转运到需铁的组织。

（五）铁的排泄

正常情况下每日仅有极少量的铁排出体外。小儿每日排出量约为 15μg/kg，约 2/3 随脱落的肠黏膜细胞、红细胞、胆汁由肠道排出，其他经肾脏和汗腺排出，表皮细胞脱落也失去极微量的铁。

（六）铁的需要量

小儿由于生长发育，每日需摄入的铁量相较成人多。足月儿自生后 4 个月至 3 岁每天约需铁 0.5~1.5mg（食物中每日需供铁 5~15mg）；早产儿需铁较多，约为 2mg；各年龄小儿每天摄入总量不宜超过 15mg。

（七）胎儿和儿童期铁代谢特点

1. 胎儿期铁代谢特点 胎儿通过胎盘从母体获得铁，孕早、中期获铁较少，孕后期的 3 个月获铁量最多，平均每日可从母体获 4mg 铁，故足月儿从母体所获得的铁足够其生后 4~5 个月内使用；而早产儿从母体所获的铁较少，容易发生缺铁。研究表明，如孕母严重缺铁，由于母体 TfR 的代偿性增加和胎盘摄铁能力的下降，可影响胎儿获取铁量。

2. 婴幼儿期铁代谢特点 足月新生儿体内总铁约 75mg/kg，其中 25% 为贮存铁。生后由于“生理性溶血”释放的铁较多，随后是“生理性贫血”期造血相对较低下，加之从母体获取的铁一般能满足 4~5 个月之需，故婴儿早期不易发生缺铁。但早产儿从母体获取铁少，且生长发育更快，可较早发生缺铁。约 4 个月龄以后，从母体获取的铁逐渐耗尽，加上此期生长发育迅速，造血活跃，因此对膳食铁的需要量增加；而婴儿主食人乳和牛乳的铁含量均低，不能满足机体需要，贮存铁耗竭后即发生缺铁，故 6 个月~2 岁的小儿缺铁性贫血发生率高。

3. 儿童期和青春期铁代谢特点 儿童期一般较少缺铁，此期缺铁的主要原因是偏食使摄取的铁不足，或是食物搭配不合理使铁的吸收受抑制；肠道慢性失血也是此期缺铁的原因。青春期由于生长发育迅速而对铁的需要量增加，初潮以后少女如月经过多造成铁的丢失也是此期缺铁的原因。

【病因】

1. 储铁不足 早产、双胎或多胎以及胎儿失血（胎儿-胎儿输血或胎儿-母体输血等）等因素和孕母严重缺铁等，均导致胎儿储铁减少。

2. 铁摄入量不足 是营养性缺铁性贫血的主要原因。人乳、牛乳、谷物中含铁量均低，如不及时添加含铁较多的辅食，容易发生缺铁性贫血。

3. 生长发育因素 婴儿期发育较快，5 个月时和 1 岁时体重分别为出生时的 2 倍和 3 倍；随着体重增加，血容量也增加较快，1 岁时血液循环中的血红蛋白增加 2 倍；早产儿的体重及血红蛋白增加倍数更高；如不及时添加含铁丰富的食物，则易致缺铁。

4. 铁的吸收障碍 食物搭配不合理可影响铁的吸收。慢性腹泻不仅铁的吸收不良，而且从粪便排出的铁也增加。

5. 铁的丢失过多 正常婴儿每天排泄铁量相对比成人多。每 1ml 血约含铁 0.5mg，长期慢性失血可致贫血，如肠息肉、钩虫病等可致慢性失血，用不经加热处理的鲜牛奶喂养的婴儿可由对牛奶过敏而致肠出血，每天失血约 0.7ml。

【发病机制】

NOTES

1. 缺铁对血液系统的影响 铁是合成血红蛋白的原料，缺铁时血红素形成不足，血红蛋白合成减少，导致新生的红细胞内血红蛋白含量不足，细胞质不足，细胞变小；而缺铁对细胞的分裂、增殖影响较小，故红细胞数量减少程度不如血红蛋白减少明显，从而形成小细胞低色素性贫血。

缺铁经过三个阶段才发生贫血：①铁减少期（iron depletion，ID）。体内储存铁已减少，但合成血红蛋白的铁尚未减少。②红细胞生成缺铁期（iron deficient erythropoiesis，IDE）。储存铁进一步耗竭，红细胞生成所需的铁亦不足，但循环中血红蛋白的量尚正常。③缺铁性贫血期（iron deficiency anemia，IDA）。出现小细胞低色素性贫血。

2. 缺铁对其他系统的影响 缺铁可影响肌红蛋白的合成。人体内有多种酶（上述）均含有与蛋白质结合的铁，这些含铁酶与生物氧化、组织呼吸、神经介质分解与合成有关。当铁缺乏时，这些含铁酶的活性减低，造成细胞功能紊乱，尤其是单胺氧化酶的活性降低，造成重要的神经介质如5-羟色胺、去甲肾上腺素、肾上腺素及多巴胺发生明显变化，不能正常发挥功能，因而产生一些非造血系统的表现，如：体力减弱，易疲劳，表情淡漠，注意力难以集中，注意力减退和智力减低等。缺铁还可引起组织、器官的异常，如口腔黏膜异常角化、舌炎、胃酸分泌减少、脂肪吸收不良和反甲等。此外，缺铁还可引起细胞免疫功能降低，对感染的易感性增高。

【临床表现】

营养性缺铁性贫血在任何年龄均可发病，以6个月至2岁最多见。发病缓慢，其临床表现随病情轻重而有不同。

1. 一般表现 皮肤黏膜逐渐苍白，以唇、口腔黏膜及甲床较明显；易疲乏，不爱活动。年长儿可诉头晕、眼前发黑、耳鸣等。

2. 髓外造血表现 肝、脾轻度肿大；年龄愈小，病程愈久，贫血愈重，肝、脾大愈明显。

3. 非造血系统症状 包括：①消化系统（食欲缺乏，异食癖，呕吐、腹泻；口腔炎、舌炎或舌乳头萎缩等）；②神经系统（烦躁不安或萎靡不振，精神不集中，记忆力减退，智力多数低于同龄儿）；③心血管系统（心率增快，心脏扩大，重者可发生心力衰竭）。

4. 其他 因细胞免疫功能降低，常合并感染。可因上皮组织异常而出现反甲。

【实验室检查】

1. 血象外周血涂片 可见红细胞大小不等，以小细胞为多，中央淡染区扩大。平均红细胞体积（MCV）<80fl，平均红细胞血红蛋白量（MCH）<26pg，平均红细胞血红蛋白浓度（MCHC）<0.31，红细胞宽度（RDW）升高。网红细胞数正常或轻度减少。白细胞、血小板一般无改变。

2. 骨髓象 呈增生活跃，以中、晚幼红细胞增生为主。各期红细胞均较小，细胞质少，染色偏蓝（血红蛋白量少），显示胞质成熟程度落后于胞核。粒细胞和巨核细胞系一般无明显异常。

3. 铁代谢的检查

（1）血清铁蛋白（serum ferritin，SF）：可较敏感地反映体内贮存铁情况。其放射免疫法测定的正常值：<3个月婴儿为194~238μg/L，3个月后为18~91μg/L；低于12μg/L，提示缺铁。由于感染、肿瘤、肝脏和心脏疾病时SF明显升高，故当缺铁合并这些疾病时其SF值可不降低。

（2）红细胞游离原卟啉（free erythrocyte protoporphyrin，FEP）：缺铁时由于红细胞内缺铁，FEP不能完全与铁结合成血红素，血红素减少又反馈性地使FEP合成增多，未被利用的FEP在红细胞内堆积，导致FEP值增高，这是红细胞内缺铁的证据。当FEP>0.9μmol/L（500μg/dl）即提示细胞内缺铁。如SF值降低、FEP升高而未出现贫血，则是缺铁IDE期的典型表现。FEP增高还见于铅中毒、慢性炎症和先天性原卟啉增多症。

（3）血清铁（SI）、总铁结合力（TIBC）和转铁蛋白饱和度（TS）：三项检查反映血浆中铁含量，通常在缺铁的IDA期才出现异常：SI和TS降低，TIBC升高。SI正常值为12.8~31.3μmol/L（75~175μg/dl），<10.7μmol/L（60μg/dl）有意义，但其生理变异大，并且在感染、恶性肿瘤、类风湿关节炎等多种疾病时也可降低。TIBC>62.7μmol/L（350μg/dl）有意义；其生理变异较小，在病毒性肝炎时可增高。TS<15%有诊断意义。

（4）其他铁代谢参数：红细胞内碱性铁蛋白（EF）在缺铁 ID 期即开始减少，且极少受炎症、肿瘤、肝病和心脏病等因素影响，因而被认为是检测缺铁较敏感而可靠的指标，如<4.5ag/RBC（lag=10~18g）为缺铁。血清可溶性铁蛋白受体（sTfR）测定，如>8mg/L 为 IDE 期的指标。

（5）骨髓可染铁：骨髓涂片用普鲁士蓝染色镜检，观察红细胞内的铁粒细胞数，如<15%，提示储存铁减少（细胞内铁减少），细胞外铁也减少。这是一项反映体内贮存铁的敏感而可靠的指标。

【诊断】

根据病史，特别是喂养史、临床表现和血象特点，一般可作出营养性缺铁性贫血的初步诊断。进一步做有关铁代谢的生化检查有确诊意义。必要时可做骨髓检查。用铁剂治疗有效可证实诊断。

【鉴别诊断】

营养性缺铁性贫血主要需与各种小细胞低色素贫血鉴别：地中海贫血、异常血红蛋白病、维生素 B_6 缺乏性贫血、铁粒幼红细胞性贫血、先天性无转铁蛋白血症等可表现为小细胞低色素性贫血，可根据各病临床特点和实验室检查特征加以鉴别。

【预防】

做好卫生宣传工作，使全社会尤其是家长认识到缺铁对小儿的危害性，使之成为儿童保健工作中的重要内容：①提倡母乳喂养，因母乳中铁的吸收利用率较高；②做好喂养指导，无母乳或人工喂养的婴儿，均应及时添加含铁丰富且铁吸收率高的辅助食品，如精肉、血、内脏、鱼等，并注意膳食合理搭配，如以鲜牛乳喂养婴儿，必须对鲜牛乳加热处理以减少牛奶过敏所致肠道失血；③婴幼儿食品（谷类制品、牛奶制品等）应加入适量铁剂加以强化；④对早产儿，尤其是非常低体重的早产儿，宜自 1~2 个月给予铁剂预防。

【治疗】

营养性缺铁性贫血治疗的主要原则为去除病因和补充铁剂。

1. 一般治疗 加强护理，保证充足睡眠；避免感染，如伴有感染者积极控制感染；重度贫血者注意保护心脏功能。根据患者消化能力，适当增加含铁质丰富的食物。注意饮食的合理搭配，以增加铁的吸收。

2. 去除病因 对饮食不当者应纠正不合理的饮食习惯和食物组成，对有偏食习惯者应予纠正。如有慢性失血性疾病，如钩虫病、肠道畸形等，应予及时治疗。

3. 铁剂治疗

（1）口服铁剂：铁剂是治疗缺铁性贫血的特效药，应尽量采用口服法给药；二价铁盐容易吸收，故临床均选用二价铁盐制剂。

口服铁剂品种较多，但仍以硫酸亚铁最为常用，婴幼儿可用 2.5% 硫酸亚铁合剂；口服铁剂的剂量为元素铁每日 4~6mg/kg，分 3 次口服，一次量不应超过元素铁 2.0mg/kg。口服铁剂以两餐之间口服为宜，既可减少对胃黏膜的刺激，又利于吸收。为减少胃肠副作用，可从小剂量开始，如无不良反应，可在 1~2 天内加至足量。同时服用维生素 C，可使三价铁还原成二价铁，使其易于溶解，增加吸收。牛奶、茶、咖啡及抗酸药等与铁剂同服均可影响铁的吸收，故以上食物或药物不宜与铁剂同时口服。蛋白琥珀酸铁每天 1 次的临床疗效与传统铁剂每天 3 次相当，且胃肠道反应降低，依从性增加。

（2）注射铁剂：较容易发生不良反应，甚至可发生过敏性反应致死，故应慎用。其适应证是：①诊断明确但口服铁合剂后无治疗反应者；②口服后胃肠反应严重，虽改变制剂种类、剂量及给药时间仍无改善者；③胃肠疾病或行胃肠手术后不能使用口服铁剂或口服铁剂无效者。

铁剂治疗后反应：口服铁剂 12~24 小时后，细胞内含铁酶开始恢复，临床症状好转，烦躁等精神症状减轻，食欲增加；36~48 小时开始出现红细胞生成增加现象；网织红细胞于服药后 48~72 小时开始上升，5~7 天达高峰，以后逐渐下降，2~3 周后下降至正常；治疗 1~2 周后血红蛋白逐渐上升，1~3 周每天上升 1~3g/L，以后减慢，通常于治疗 3~4 周达到正常；如 3 周内血红蛋白上升不足 20g/L，注意寻找原因，如剂量不足、制剂不良、影响铁吸收因素存在或有继续失血。如治疗反应满意，血红蛋白恢复

NOTES

正常后再继续服用铁剂 6~8 周，以增加铁储存。

4. 输红细胞 适应证：①贫血严重，尤其是发生心力衰竭者；②合并感染者；③急需外科手术者。贫血愈严重，每次输红细胞的量应愈少。Hb 在 30g/L 以下者，应采用等量换血方法；Hb 在 30~60g/L 者，每次可输注浓缩红细胞 5~10ml/kg；贫血为轻、中度者，不必输血或红细胞。

二、营养性巨幼细胞贫血

营养性巨幼细胞贫血（nutritional megaloblastic anemia）是由维生素 B_{12} 或/和叶酸（folic acid）缺乏所致的一种大细胞性贫血。主要临床特点是贫血，神经精神症状，红细胞的胞体变大，骨髓中出现巨幼红细胞，用维生素 B_{12} 或/和叶酸治疗有效。

【病因】

1. 摄入量不足 单纯母乳喂养而未及时添加辅食、人工喂养不当及严重偏食的婴幼儿，其饮食中缺乏肉类、肝、肾及蔬菜，可致维生素 B_{12} 和叶酸缺乏。羊乳含叶酸量很低，单纯以羊奶喂养，可致叶酸缺乏。

2. 需要量增加 婴儿生长发育较快，对叶酸、维生素 B_{12} 的需要量也增加，严重感染者维生素 B_{12} 的消耗量增加，需要量相应增加。

3. 吸收或代谢障碍 食物中维生素 B_{12} 必须与胃底部壁细胞分泌的糖蛋白结合成复合物才能在末端回肠黏膜吸收，进入血液循环后再与转钴胺素蛋白（transcobalamin，TC）结合，运送到肝脏。慢性腹泻影响叶酸吸收，先天性叶酸代谢障碍（如小肠吸收叶酸缺陷及叶酸转运功能障碍）也可致叶酸缺乏。

【发病机制】

体内叶酸经叶酸还原酶的还原作用和维生素 B_{12} 的催化作用后变成四氢叶酸，后者是 DNA 合成过程中必需的辅酶。因此，维生素 B_{12} 或叶酸缺乏都可致四氢叶酸减少，进而引起 DNA 合成减少。幼稚红细胞内的 DNA 合成减少使其分裂和增殖时间延长，导致细胞核的发育落后于胞质（血红蛋白的合成不受影响）的发育，使红细胞的胞体变大，形成巨幼红细胞。红细胞生成速度慢，加之异型的红细胞在骨髓内易被破坏，进入血液循环的成熟红细胞寿命也较短，从而造成贫血。DNA 的不足可致粒细胞核成熟障碍，胞体增大，故出现巨大幼稚粒细胞和中性粒细胞分叶过多现象，亦可使巨核细胞的核发育障碍而致核分叶过多，影响肠黏膜细胞而出现消化道症状。

脂肪代谢过程中，维生素 B_{12} 能促使甲基丙二酸转变成琥珀酸而参与三羧酸循环，后者与神经髓鞘中脂蛋白形成有关，从而保持神经纤维的功能完整性；当其缺乏时，可导致中枢和外周神经髓鞘受损，出现神经精神症状。维生素 B_{12} 缺乏还可使中性粒细胞和巨噬细胞杀灭细菌的作用减弱，使组织、血浆及尿液中甲基丙二酸堆积，后者是结核分枝杆菌细胞壁成分的原料，过多时有利于结核分枝杆菌生长，故维生素 B_{12} 缺乏者对结核分枝杆菌易感性增高。

叶酸缺乏主要引起情感改变，偶呈深感觉障碍，其机制尚未明了。

【临床表现】

营养性巨幼细胞贫血以 6 个月~2 岁多见，起病缓慢。

1. 一般表现 多呈虚胖或颜面轻度水肿，毛发纤细稀疏、黄色，严重者皮肤出现出血点或瘀斑。

2. 贫血 皮肤常呈现蜡黄色，睑结膜、口唇、指甲等处苍白，偶有轻度黄疸；疲乏无力，常伴有肝、脾大。

3. 精神神经症状 可出现烦躁不安、易怒等症状。维生素 B_{12} 缺乏者表现为表情呆滞，目光发直，对周围反应迟钝，嗜睡，不认亲人，少哭不笑，智力、动作发育落后甚至退步。重症病例可出现不规则性震颤，手足无意识运动，甚至抽搐、感觉异常、共济失调、踝阵挛和巴宾斯基征阳性等。叶酸缺乏者不发生神经系统症状，但可出现神经精神异常。

4. 消化系统症状 常出现较早，如厌食、恶心、呕吐、腹泻和舌炎等。

NOTES

【实验室检查】

1. 血象 呈大细胞性贫血，MCV>94fl，MCH>32pg。血涂片可见红细胞大小不等，以大细胞为多，易见嗜多色性和嗜碱点彩红细胞，可见巨幼变的有核红细胞，中性粒细胞呈分叶过多现象。网织红细胞、白细胞、血小板计数常减少。

2. 骨髓象 增生明显活跃，以红细胞系增生为主，粒、红系统均出现巨幼变，表现为胞体变大、核染色质粗而松、副染色质明显。中性粒细胞的胞质空泡形成，核分叶过多。巨核细胞的核有过度分叶现象。

3. 血清维生素 B_{12} 和叶酸测定 血清维生素 B_{12} 正常值为 200~800ng/L，<100ng/L 为缺乏。血清叶酸水平正常值为 5~6μg/L，<3μg/L 为缺乏。

4. 其他 血清乳酸脱氧酶（LDH）水平明显升高。维生素 B_{12} 缺乏者血清胆红素水平中等度升高，尿甲基丙二酸含量增高。

【诊断】

根据临床表现、血象和骨髓象可诊断为营养性巨幼细胞贫血。在此基础上，如精神症状明显，则考虑为维生素 B_{12} 缺乏所致。有条件时测定血清维生素 B_{12} 或叶酸水平可进一步协助确诊。

【治疗】

1. 一般治疗 注意营养，及时添加辅食；加强护理，防止感染；震颤明显不能进食者可用鼻饲数天。

2. 去除病因 纠正原发病。

3. 维生素 B_{12} 和叶酸 有精神神经症状者，应以维生素 B_{12} 治疗为主，如单用叶酸反有加重症状的可能。维生素 B_{12} 每次肌内注射 100μg，每周两三次，连用数周，直至临床症状好转，血象恢复正常为止；或 500~1 000μg 肌内注射 1 次；当有神经系统受累表现时，可予维生素 B_{12} 每日 1mg，连续肌内注射 2 周以上；维生素 B_{12} 吸收缺陷所致的患者，需每个月肌内注射 1mg，长期应用。用维生素 B_{12} 治疗后 6~72 小时骨髓内巨幼红细胞可转变为正常幼红细胞；精神症状 2~4 天后好转；网织红细胞 2~4 天开始增加，6~7 天达高峰，2 周后降至正常；精神神经症状恢复较慢。

叶酸口服剂量为 5mg，每日 3 次，连续数周至临床症状好转、血象恢复正常为止。同时口服维生素 C 有助叶酸的吸收。服叶酸后 1~2 天食欲好转，骨髓中巨幼红细胞转为正常；2~4 天网织红细胞增加，4~7 天达高峰；2~6 周红细胞和血红蛋白恢复正常。由使用抗叶酸代谢药物而致病者，可用甲酰四氢叶酸钙治疗。先天性叶酸吸收障碍者，口服叶酸剂量应增至每日 15~50mg 才有效。

治疗初期，大量新生红细胞使细胞外钾转移至细胞内，可引起低血钾，甚至发生低血钾性婴儿猝死，应预防性补钾。

4. 红细胞输注 重度贫血者可予红细胞输注。

【预防】

改善哺乳母亲的营养；婴儿应及时添加辅食，注意饮食均衡；及时治疗肠道疾病；注意合理应用抗叶酸代谢药物。

第四节 溶血性贫血

一、遗传性球形红细胞增多症

遗传性球形红细胞增多症（hereditary spherocytosis，HS）是一种红细胞膜先天性缺陷的遗传性溶血性贫血，以不同程度贫血、反复出现的黄疸、持续性脾大、球形红细胞增多及红细胞渗透脆性增加为特征。

【病因和发病机制】

NOTES

红细胞膜由双层脂质和膜蛋白组成。本病由调控红细胞膜蛋白的基因突变造成红细胞膜缺陷所致，大多数为常染色体显性遗传，少数为常染色体隐性遗传。基因突变造成多种膜蛋白（主要是膜骨架蛋白）单独或联合缺陷，主要有：①锚蛋白（ankrin）缺乏；②带3（band 3）蛋白缺乏；③血影蛋白（spectrin）缺乏；④4.2蛋白（band 4.2）缺乏。缺陷造成红细胞的病理生理改变：①红细胞膜双层脂质不稳定，以出芽形式形成囊状而丢失，使红细胞表面积减少，表面积与体积比值下降，红细胞变成球形；②红细胞膜阳离子通透增加，钠和水进入胞内而钾透出胞外，为了维持红细胞内、外钠离子平衡，钠泵作用加强致ATP缺乏，钙-ATP酶受抑，致细胞内钙离子浓度升高并沉积在红细胞膜上；③红细胞膜蛋白磷酸化功能下降，过氧化酶增加，与膜结合的血红蛋白增加，导致红细胞变形性下降。以上改变使红细胞膜的变形性能和柔韧性能减弱，少量水分进入胞内即易使红细胞胀破而溶血，红细胞通过脾时易被破坏而溶解，发生血管外溶血。

【临床表现】

贫血、黄疸、脾大是遗传性球形红细胞增多症三大特征，而且在慢性溶血性贫血的过程中易出现急性溶血发作。发病年龄越小，症状越重。新生儿期起病者出现急性溶血性贫血和高胆红素血症；婴儿和儿童患者贫血的程度差异较大，大多为轻至中度贫血。黄疸可见于大部分患者，多为轻度，呈间歇性。几乎所有患者有脾大，且随年龄增长而逐渐显著，溶血危象时脾大明显。肝多为轻度大。未行脾切除患者可并发色素性胆石症，10岁以下发生率为5%，发现胆结石最小年龄为4岁。长期贫血者可因骨髓代偿造血而发生骨骼改变，但程度一般较地中海贫血轻。偶见踝部溃疡。

在慢性病程中，可由感染、劳累或情绪紧张等因素诱发“溶血危象”：贫血和黄疸突然加重，伴发热、寒战、呕吐，脾大显著并有疼痛。还可出现“再生障碍危象”：以红系造血受抑为主的骨髓造血功能暂时性抑制，出现严重贫血，可有不同程度的白细胞和血小板减少；危象与微小病毒（parvovirus）感染有关，呈自限性过程，持续数天或1~2周缓解。

【实验室检查】

1. 血常规　贫血多为轻至中度，发生危象时可呈重度；网织红细胞升高；MCV和MCH多正常，MCHC可增加；白细胞及血小板多正常。外周血涂片可见胞体小、染色深、中心浅染区消失的球形红细胞增多，是本病的特征；球形红细胞约占红细胞数的0.20~0.40，大多在0.10以上。少数患者球形红细胞数量少或红细胞形态改变不明显。

2. 红细胞渗透脆性试验　大多数病例红细胞渗透脆性增加，在0.50%~0.75%的盐水中开始溶血，0.40%完全溶血。24小时孵育脆性试验则100%病例阳性。

3. 生化检查　溶血的证据如血清间接胆红素和游离血红蛋白增高，结合珠蛋白降低，尿中尿胆原增加。红细胞自身溶血试验阳性，加入葡萄糖或ATP可以纠正。骨髓象示红细胞系统明显增生，但有核红细胞形态无异常。酸化甘油试验阳性。采用十二磺酸钠聚丙烯酰胺凝胶电泳或放射免疫法测定膜蛋白含量有助于判断膜蛋白的缺陷。分子生物学方法可确定基因突变位点。

4. 基因诊断　基因检测显示某种红细胞膜蛋白基因位点变异导致膜蛋白质/量异常，包括SPH1至SPH5型。

【诊断和鉴别诊断】

根据贫血、黄疸、脾大等临床表现，球形红细胞增多，红细胞渗透脆性增加即可作出诊断；阳性家族史或/和基因诊断更有助于确诊。对于球形红细胞数量不多者，可做孵育后红细胞渗透脆性试验和自身溶血试验，如为阳性有诊断意义。鉴别诊断的疾病种类：自身免疫性溶血性贫血、黄疸性肝炎等。

【治疗】

1. 一般治疗　注意防治感染，避免劳累和情绪紧张。适当补充叶酸。

2. 防治高胆红素血症　见于新生儿发病者（参阅第六章第八节“新生儿黄疸”相关内容）。

3. 输注红细胞　贫血轻者无需输红细胞，重度贫血或发生溶血危象时应输红细胞。发生再生障碍危象时可输红细胞，必要时输血小板。

NOTES

4. 脾切除 对遗传性球形红细胞增多症有显著疗效，术后黄疸消失、贫血纠正，不再发生溶血危象和再生障碍危象，红细胞寿命延长，但不能根除先天缺陷。手术应于5岁以后进行，因过早切脾可降低机体免疫功能，易发生严重感染。若反复再生障碍危象或重度溶血性贫血致生长发育迟缓，则手术年龄可提早。为防止术后感染，应在术前1~2周注射多价肺炎链球菌疫苗，术后应用长效青霉素预防肺炎链球菌感染。脾切除术后血小板数于短期内升高，如PLT>800×10^9/L，应予抗血小板凝集药物如双嘧达莫等。

二、红细胞葡萄糖-6-磷酸脱氢酶缺乏症

红细胞葡萄糖-6-磷酸脱氢酶缺乏症（glucose-6-phosphate dehydrogenase deficiency）是一种遗传性溶血性疾病。本病分布遍及世界各地，估计全世界有2亿以上的人患有G6PD缺陷，但各地区、各民族间的发病率差异很大。高发地区为地中海沿岸国家、东印度、菲律宾、巴西和古巴等。在我国，此病主要见于长江流域及其以南各省，以四川、广东、广西、云南、福建、海南等省（自治区）的发病率较高，北方地区较为少见。

【病因】

红细胞葡萄糖-6-磷酸脱氢酶缺乏症是由G6PD的基因突变所致。G6PD基因定位于X染色体长臂2区8带（Xq28），全长约18.5kb，含13个外显子，编码515个氨基酸。男性半合子和女性纯合子均表现为G6PD显著缺乏；女性杂合子发病与否，取决于其G6PD缺乏的细胞数量在细胞群中所占的比例，在临床上有不同的表现度，故称为不完全显性。

迄今，G6PD基因的突变已达226种以上；中国人的G6PD基因突变型超过17种，其中频率从高至低的是c1376G→T（占57.6%）、nt1388G→A（占14.9%），nt95A→G、nt493A→G，nt1024G→T等。同一地区的不同民族其基因突变型相似，而分布在不同地区的同一民族其基因突变型则差异很大。

【发病机制】

红细胞葡萄糖-6-磷酸脱氢酶缺乏症发生溶血的机制尚未完全明了，目前认为服用氧化性药物（如伯氨喹）诱发溶血的机制为：G6PD是红细胞葡萄糖磷酸戊糖旁路代谢中所必需的脱氢酶，它使6-磷酸葡萄糖释出H^+，从而使辅酶Ⅱ（NADP）还原成还原型辅酶Ⅱ（NADPH）。NADPH是红细胞内抗氧化的重要物质，它能使红细胞内的氧化型谷胱甘肽（GSSG）还原成还原型谷胱甘肽（GSH）和维持过氧化氢酶（catalase，Cat）的活性。GSH的主要作用是：①保护红细胞内含硫氢基（—SH）的血红蛋白、酶蛋白和膜蛋白的完整性，避免过氧化氢（H_2O_2）对含-SH基物质的氧化；②与谷胱甘肽过氧化酶（GSHpx）共同使H_2O_2还原成水（H_2O）。Cat是H_2O_2还原成水的还原酶。G6PD缺乏时，NADPH生成不足，GSH和Cat减少，因此，当机体受到氧化物侵害时氧化作用产生的H_2O_2不能被及时还原成水，过多的H_2O_2作用于血红蛋白的-SH基，使血红蛋白氧化成高铁血红蛋白和血红蛋白二硫化合物（Hb-SSG），导致血红蛋白变性沉淀，形成不溶的变性珠蛋白小体（Heinz body）沉积于红细胞膜上，改变了红细胞膜的电荷、形态及变形性；过多的H_2O_2亦作用于含—SH基的膜蛋白和酶蛋白，膜脂质成分也发生变化。上述作用最终造成红细胞膜的氧化损伤和溶血。这种溶血过程是自限性的，因为新生红细胞的G6PD活性较高，对氧化剂药物有较强的“抵抗性”，当衰老红细胞酶活性过低而被破坏后，新生红细胞即代偿性增加，故不再发生溶血。蚕豆诱发溶血的机制未明，蚕豆浸液中含有多巴、多巴胺、蚕豆嘧啶类等类似氧化剂物质，可能与蚕豆病的发病有关，但很多G6PD缺乏者在进食蚕豆后并不一定发病，故认为还有其他因素参与，尚有待进一步研究。

【临床表现】

根据诱发溶血的不同原因，红细胞葡萄糖-6-磷酸脱氢酶缺乏症可分为以下5种临床类型。

1. 伯氨喹型药物性溶血性贫血 是由服用某些具有氧化特性的药物而引起的急性溶血。此类药物包括：抗疟药（伯氨喹、氯喹等），镇痛退热药（阿司匹林、非那西汀），磺胺类药，抗菌药（硝基呋喃类、氯霉素、对氨水杨酸），砜类药（氨苯砜等），杀虫药（β萘酚、锑波芬、硝基哒唑），大剂量维生素K，丙

磺舒，二巯丙醇（BAL），中药川莲、腊梅花等。常于服药后1~3天出现急性血管内溶血。患者有头晕、厌食、恶心、呕吐、疲乏等症状，继而出现黄疸、血红蛋白尿，溶血严重者可出现少尿、无尿、酸中毒和急性肾衰竭。溶血过程呈自限性是本病的重要特点，轻症的溶血持续1~2天或1周左右，临床症状逐渐改善而自愈。

2. 蚕豆病 常在蚕豆成熟季节流行，进食蚕豆或蚕豆制品（如粉丝）均可致病，母亲食蚕豆后哺乳可使婴儿发病。患者通常于进食蚕豆或其制品后24~48小时内发病，表现为急性血管内溶血，其临床表现与伯氨喹型药物性溶血相似。

3. 新生儿黄疸 感染、病理分娩、缺氧、给新生儿哺乳的母亲服用氧化剂药物或新生儿穿戴有樟脑丸气味的衣服等均可诱发溶血，但也有不少病例无诱因可查。主要症状为苍白、黄疸，大多于出生2~4天后达高峰，半数患者可有肝、脾大。贫血大多数为轻度或中度。血清胆红素含量增高，重者可致胆红素脑病。

4. 感染诱发的溶血 细菌、病毒、支原体感染，如沙门菌感染、细菌性肺炎、病毒性肝炎和传染性单核细胞增多症、肺炎支原体等均可诱发G6PD缺乏者发生溶血，一般于感染后几天之内突然发生溶血，溶血程度大多较轻，黄疸多不显著。

5. 先天性非球形红细胞溶血性贫血（CNSHA） 常于婴儿期发病，在无诱因情况下出现慢性溶血性贫血，表现为贫血、黄疸、脾大；可由感染或服药诱发急性溶血。

【辅助检查】

1. 红细胞G6PD缺乏的筛选试验

（1）高铁血红蛋白还原试验：正常还原率>0.75（脐血>0.78）；中间型为0.74~0.31（脐血0.77~0.41）；显著缺乏者<0.30（脐血<0.40）。

（2）荧光斑点试验：NADPH在波长340nm紫外线激发下可见荧光；缺乏G6PD的红细胞因NADPH减少，故荧光减弱或不发生荧光。正常者10分钟内出现荧光；中间型者10~30分钟出现荧光；严重缺乏者30分钟仍不出现荧光。本试验敏感性和特异性均较高。

（3）硝基四氮唑蓝（NBT）纸片法：正常滤纸片呈紫蓝色，中间型呈淡蓝色，显著缺乏者呈红色。

2. 红细胞G6PD活性测定 是特异性的直接诊断方法，正常值随测定方法而不同：①世界卫生组织（WHO）推荐的Zinkham法为（12.10±2.09）IU/gHb；②国际血液学标准化委员会（SICSH）推荐的Clock与Mclean法为（8.34±1.59）IU/gHb；③NBT定量法为13.10~30.00BNT单位。近年开展G6PD/6磷酸葡萄糖酸脱氢酶6PGD比值测定，可进一步提高杂合子检出率：正常值1.00~1.67（脐血1.1~2.3）。

3. 变性珠蛋白小体生成试验 在溶血时阳性细胞>0.05；溶血停止时呈阴性。不稳定血红蛋白病患者此试验亦可为阳性。

4. *G6PD*基因检测 *G6PD*基因直接测序法或多色探针熔解曲线分析法可证实相关核苷酸变异。

【诊断】

红细胞葡萄糖-6-磷酸脱氢酶缺乏症阳性家族史或过去病史均有助于临床诊断。病史中有急性溶血特征，并有食蚕豆或服药物史，或新生儿黄疸，或自幼即出现原因未明的慢性溶血者，均应考虑本病。结合实验室检查即可确诊。

【治疗】

对急性溶血者，应去除诱因。在溶血期应供给足够水分，注意纠正电解质失衡，口服碳酸氢钠，使尿液保持碱性，以防止血红蛋白在肾小球、肾小管内沉积。贫血较轻者不需要输红细胞，去除诱因后溶血大多于1周内自行停止；贫血较重时，可输给G6PD正常的红细胞1或2次。应密切注意肾功能，如出现肾衰竭，应及时采取有效措施。

新生儿黄疸可用蓝光治疗，个别严重者应考虑换血疗法，以防止胆红素脑病的发生。

NOTES

【预防】

在 G6PD 缺陷高发地区，应进行群体 G6PD 缺乏症的普查；已知为 G6PD 缺乏者，应避免进食蚕豆及其制品，忌服有氧化作用的药物，并加强对各种感染的预防。

三、地中海贫血

地中海贫血（Mediterranean anemia）亦称珠蛋白生成障碍性贫血、海洋性贫血（thalassemia），是一组遗传性溶血性贫血。其共同特点是由珠蛋白基因的缺陷使血红蛋白中的珠蛋白肽链有一种或几种合成减少或不能合成，导致血红蛋白的组成成分改变。本组疾病的临床症状轻重不一。

本病在国外以地中海沿岸国家和东南亚各国多见，我国长江以南各省均有报道，以广东、广西、海南、四川等省发病率较高，在北方较为少见。

【病因和发病机制】

正常人血红蛋白（Hb）中的珠蛋白含四种肽链，即 α、β、γ 和 δ。根据珠蛋白肽链组合的不同形成三种血红蛋白，即 HbA（$\alpha_2\beta_2$），HbA_2（$\alpha_2\delta_2$）和 HbF（$\alpha_2\gamma_2$）。当遗传缺陷时，珠蛋白基因功能障碍，珠蛋白肽链合成障碍，从而出现慢性溶血性贫血。根据肽链合成障碍的不同，地中海贫血分别被称为 α、β、δβ 和 δ 等地中海贫血。其中以 α 和 β 地中海贫血较常见。

1. β 地中海贫血 人类 β 珠蛋白基因簇位于第 11 号染色体短臂 1 区 2 节（11p1.2）。β 地中海贫血（简称“β 地贫”）的病因主要是该基因的点突变，少数为基因缺失。基因缺失和有些点突变可致 β 链的生成完全受抑制，称为 β^0 地贫；有些点突变或缺失使 β 链的生成部分受抑制，则称为 β^+ 地贫。染色体上的两个等位基因突变点相同者称为纯合子；同源染色体上只有一个突变点者称为杂合子；等位基因的突变点不同者称为复合杂合子。

重型 β 地贫是纯合子或复合杂合子状态。因 β 链生成完全或明显受到抑制，所以含有 β 链的 HbA 合成减少或消失，而多余的 α 链与 γ 链结合而成为 HbF（$\alpha_2\gamma_2$），使 HbF 明显增加。HbF 的氧亲和力高，致患者组织缺氧。过剩的 α 链沉积于幼红细胞和红细胞中，形成 α 链包涵体附着于红细胞膜上而使其变僵硬，在骨髓内大多被破坏而导致“无效造血”。部分含有包涵体的红细胞虽能成熟并被释放至外周血，但当它们通过微循环时就容易被破坏；这种包涵体还影响红细胞膜的通透性，从而导致红细胞的寿命缩短。所以，患者在临床上呈慢性溶血性贫血。贫血和缺氧刺激红细胞生成素的分泌量增加，促使骨髓增加造血，引起骨骼的改变。贫血使肠道对铁的吸收增加，加上在治疗过程中的反复输血，使铁在组织中大量贮存，导致含铁血黄素沉着症。

轻型 β 地贫是杂合子状态，β 链的合成仅轻度减少，故其病理生理改变极轻微。中间型 β 地贫是复合杂合子和某些地贫变异型的纯合子或复合杂合子状态，其病理生理改变介于重型和轻型之间。

2. α 地中海贫血 人类 α 珠蛋白基因簇位于第 16 号染色体短臂末端（16p13.3）。每条染色体各有 2 个 α 珠蛋白基因，一对染色体共有 4 个 α 珠蛋白基因。大多数 α 地中海贫血（简称“α 地贫”）是由 α 珠蛋白基因的缺失所致，少数由基因点突变造成。若仅是一条染色体上的一个 α 基因缺失或缺陷，则 α 链的合成部分受抑制，称为 α^+ 地贫；若每一条染色体上的 2 个 α 基因均缺失或缺陷，则无 α 链合成，称为 α^0 地贫。

重型 α 地贫是 α^0 地贫的纯合子状态，其 4 个 α 珠蛋白基因均缺失或缺陷，以致完全无 α 链生成，因而含有 α 链的 HbA、HbA_2 和 HbF 的合成均减少。患者在胎儿期即发生大量 γ 链合成 γ4（γ 肽链四聚体），即血红蛋白巴特（Hb Bart）。血红蛋白巴特对氧的亲和力极高，造成组织缺氧而引起胎儿水肿综合征。

中间型 α 地贫是 α^0 和 α^+ 地贫的复合杂合子状态，是由 3 个 α 珠蛋白基因缺失或缺陷所造成，患者仅能合成少量 α 链，其多余的 β 链即合成 HbH（β4）。HbH 对氧亲和力较高，又是一种不稳定血红蛋白，容易在红细胞内变性沉淀而形成包涵体，造成红细胞膜僵硬而使红细胞寿命缩短。

轻型 α 地贫，仅有 2 个 α 珠蛋白基因缺失或缺陷，故有相当数量的 α 链合成，病理生理改变轻微。

NOTES

静止型α地贫仅有一个α基因缺失或缺陷,α链的合成略为减少,病理生理改变非常轻微。

【临床表现和实验室检查】

1. β地中海贫血根据病情轻重的不同,分为以下3型。

(1)重型:又称Cooley贫血。患者出生时无症状,至3~12个月开始发病,呈慢性进行性贫血,面色苍白,肝、脾大,发育不良,常有轻度黄疸,症状随年龄增长而日益明显。常需每4周左右输红细胞以纠正严重贫血。若长期中度或以上贫血者,骨髓代偿性增生将导致骨骼变大、髓腔增宽,先发生于掌骨,以后为长骨和肋骨;1岁后颅骨改变明显,表现为头颅变大、额部隆起、颧高、鼻梁塌陷、两眼距增宽,形成地中海贫血特殊面容。患者常并发支气管炎或肺炎。本病患者如不输红细胞以纠正严重贫血,多于5岁前死亡。若只纠正贫血,不进行铁螯合治疗,易并发含铁血黄素沉着症:过多的铁沉着于心肌和其他器官(如肝、胰腺、脑垂体等)引起该器官损害,其中最严重的是心力衰竭,是导致患者死亡的重要原因之一。自20世纪90年代以来,推广规律的输红细胞和铁螯合剂治疗,本型的临床症状和体征已不典型,且预期寿命明显延长。

实验室检查:外周血象呈小细胞低色素性贫血,红细胞大小不等,中央浅染区扩大,出现异形、靶形、碎片红细胞和有核红细胞、点彩红细胞、嗜多染性红细胞、豪-乔小体等;网织红细胞正常或增高。骨髓象呈红细胞系统增生明显活跃,以中、晚幼红细胞占多数,成熟红细胞改变与外周血相同。红细胞渗透脆性明显降低。HbF含量明显增高,大多>0.40,这是诊断重型β地贫的重要依据。颅骨X线片可见颅骨内、外板变薄,板障增宽,在骨皮质间出现垂直短发样骨刺。

(2)轻型:患者无症状或轻度贫血,脾不大或轻度大;病程经过良好,能存活至老年。本病易被忽略,多在重型患者家族调查时被发现。

实验室检查:成熟红细胞有轻度形态改变,红细胞渗透脆性正常或降低,血红蛋白电泳显示HbA_2含量增高(0.035~0.060),这是本型的特点。HbF含量正常。

(3)中间型:多于幼童期出现症状,其临床表现介于轻型和重型之间,中度贫血,脾轻或中度大,黄疸可有可无,骨骼改变较轻。

实验室检查:外周血象和骨髓象的改变如重型,红细胞渗透脆性降低,HbF含量约为0.40~0.80,HbA_2含量正常或增高。

2. α地中海贫血

(1)静止型:患者无症状;红细胞形态正常,出生时脐带血中血红蛋白巴特含量为0.01~0.02,但3个月后即消失。

(2)轻型:患者无症状;红细胞形态常有轻度“小细胞”或“小细胞低色素”改变,可有轻度贫血至无贫血表现;变性珠蛋白小体可阳性;HbA_2和HbF含量正常或稍低。患者脐血血红蛋白巴特含量为0.034~0.140,于生后6个月时完全消失。

(3)中间型:又称血红蛋白H病。患者出生时无明显症状;婴儿期以后逐渐出现贫血,乏力,肝、脾大。轻度黄疸;部分患者可出现类似重型β地贫的特殊面容。合并呼吸道感染或服用氧化性药物、抗疟药物等可诱发急性溶血而加重贫血,甚至发生溶血危象。

实验室检查:外周血象和骨髓象的改变类似重型β地贫;红细胞渗透脆性降低;变性珠蛋白小体阳性;HbA_2及HbF含量正常。出生时血液中含有约0.25血红蛋白巴特及少量HbH;随年龄增长,HbH逐渐取代血红蛋白巴特,其含量约为0.024~0.440。包涵体生成试验阳性。

(4)重型:又称巴氏胎儿水肿综合征。胎儿常于30~40周时流产、死胎或娩出后半小时内死亡;胎儿呈重度贫血,黄疸,水肿,肝、脾大,腹腔积液,胸腔积液。胎盘巨大且质脆。

实验室检查:外周血成熟红细胞形态改变如重型β地贫,有核红细胞和网织红细胞明显增高。血红蛋白中几乎全是血红蛋白巴特或同时有少量HbH,无HbA、HbA_2和HbF。

近年来,为加强“严重型”地中海贫血患者的管理,提高其生存质量,及早诊治相关合并症,国际地中海贫血联盟(TIF)提出了输血依赖性地贫(TDT)和非输血依赖性地贫(NTDT)的概念:TDT指

NOTES

重型地贫和一部分临床表现“偏向重型”，需要定期依赖输红细胞才能生存的中间型地贫；NTDT 指其余的中间型地贫。

【诊断与鉴别诊断】

地中海贫血根据临床特点和实验室检查，结合阳性家族史，一般可作出诊断。有条件时，可作基因诊断。本病须与下列疾病鉴别。

1. 缺铁性贫血 轻型地中海贫血的临床表现和红细胞的形态改变与缺铁性贫血有相似之处，故易被误诊。但缺铁性贫血常有缺铁诱因，血清铁蛋白含量减少，骨髓外铁粒幼红细胞减少，红细胞游离原卟啉升高，铁剂治疗有效等可资鉴别。对可疑病例的诊断可借助于血红蛋白碱变性试验和血红蛋白电泳。

2. 遗传性球形红细胞增多症 见本节“遗传性球形红细胞增多症”相关内容。

3. 传染性肝炎或肝硬化 因血红蛋白 H 病贫血较轻，还伴有肝、脾大，黄疸，少数病例还可有肝功能损害，故易被误诊为黄疸性肝炎或肝硬化。但通过病史询问、家族调查以及红细胞形态观察、血红蛋白电泳检查即可鉴别。

【治疗】

轻型地贫者无需特殊治疗。中间型和重型地贫者应采取下列一种或数种方法给予治疗。

1. 一般治疗 注意休息和营养，积极预防感染。适当补充叶酸和维生素 E。

2. 输血和去铁治疗 在目前仍是重要治疗方法之一。

（1）红细胞输注：重型 β 地贫者应从早期开始给予适量的红细胞输注，以使患者生长发育接近正常和防止骨骼病变。其方法是：先在 2~4 周内分次输注浓缩红细胞，使患者血红蛋白含量达 120g/L 左右；然后每隔 4~5 周输注浓缩红细胞 10~15ml/kg，使血红蛋白含量维持在 90~140g/L。但本法容易导致含铁血黄素沉着症，故应同时给予铁螯合剂治疗。

（2）铁螯合剂：除铁治疗是改善重型地中海贫血患者生存质量和延长寿命的主要措施。目前临床上使用的药物有去铁胺（deferoxamine）、去铁酮（deferiprone）和去铁斯若（deferasirox）。通常在规则输注红细胞 1 年或 10~20 单位后进行铁负荷评估，如有铁过载（SF>1 000μg/L），则开始应用铁螯合剂。去铁胺每日 25~40mg/kg，每晚 1 次，连续皮下注射 12 小时，或加入等渗葡萄糖液中静脉滴注 8~12 小时；每周 5~7 天，长期应用。去铁酮（deferiprone）是一种二齿状突起的口服活性铁螯合剂，适用于 6 岁以上的儿童。剂量为每日 75mg/kg，分 3 次服。主要副作用有关节痛、一过性 ALT 升高、中性粒细胞减少或缺乏，少见的有胃肠道反应和锌缺乏。服药期间定期检测外周血常规。若出现粒细胞减少症应暂停使用，若出现粒细胞缺乏症则应禁用。去铁斯若为一种新型的三价铁螯合剂，适用于 2 岁以上的儿童，每日 1 次，20~30mg/(kg·d) 餐前口服。口服去铁斯若应注意定期检查肾功能，肾功能不全时应慎用。对于单药去铁疗效不佳的患者，可将以上任意两种药物联合应用。

3. 脾切除 脾切除对血红蛋白 H 病和中间型 β 地贫的疗效较好，对重型 β 地贫效果差。脾切除应在 5 岁以后施行并严格掌握适应证。

4. 造血干细胞移植 异基因造血干细胞移植是目前能根治重型 β 地贫的方法。如有 HLA 相配的造血干细胞供者，应作为治疗重型 β 地贫的首选方法。

5. 基因活化治疗 仅适用于 β 地贫。应用化学药物可增加 γ 基因表达或减少 α 基因表达，以改善 β 地贫的症状。已用于临床的药物有羟基脲、5-氮杂胞苷（5-Aza）、阿糖胞苷、白消安、异烟肼等，目前正在探索之中。

6. 促进红细胞成熟剂 罗特西普（Luspatercept）是一种重组融合蛋白类药物，通过促进晚期红细胞成熟改善贫血，已在我国获批治疗重型 β 地贫。

7. 基因治疗 已有多例成功用于重型 β 地贫的报告。

【预防】

NOTES

开展人群普查和遗传咨询，做好婚前指导以避免地贫基因携带者之间联姻，对预防本病有重要意义。采用基因分析法进行产前诊断，可在妊娠早期对重型β和α地贫胎儿作出诊断并及时终止妊娠，以避免胎儿水肿综合征的发生和重型β地贫患者的出生，是目前预防本病行之有效的方法。

第五节　再生障碍性贫血

再生障碍性贫血（aplastic anemia，AA）是一组以骨髓有核细胞增生减低和外周两系或三系（全血）血细胞减少为特征的骨髓衰竭性疾病，属于骨髓造血衰竭（bone marrow failure，BMF）综合征的一种。其年发病率在我国为0.74/10万人口，可发生于各年龄组，男、女发病率无明显差异。

【病因与发病机制】

再生障碍性贫血病因不明，病毒、药物、电离辐射、遗传易感性等均参与发病。

发病机制主要涉及三个方面。

1. 多能造血干细胞缺乏或功能缺陷　患者$CD34^{+}$细胞数量明显减少，对造血生长因子（HGFs）反应性降低，部分患者端粒酶活性明显降低。

2. 造血微环境缺陷　再生障碍性贫血患者可能存在造血微环境的缺陷，影响骨髓基质细胞分泌促进细胞增殖的细胞因子。

3. 免疫紊乱　细胞免疫紊乱导致造血细胞增殖调节异常，如调节性T细胞（Treg，$CD3^{+}$，$CD4^{+}$，$CD25^{+}$，$FoxP3^{+}$，$CD127^{-}$）显著减少，$CD4^{+}/CD8^{+}$比值倒置。

【临床表现】

再生障碍性贫血主要以贫血、皮肤黏膜及/或内脏出血和反复感染为特点，多无肝、脾及淋巴结肿大。生长发育正常，既往健康且无家族史。严重出血和重症感染可危及患者生命。

【实验室检查】

1. 血常规　红细胞、粒细胞和血小板减少，校正后的网织红细胞<0.01。至少符合以下3项中的2项：①血红蛋白<100g/L；②血小板$<100\times10^{9}/L$；③中性粒细胞绝对值$<1.5\times10^{9}/L$（如为两系减少则必须包含血小板减少）。

2. 骨髓穿刺　骨髓有核细胞增生程度活跃或减低，骨髓小粒造血细胞减少，非造血细胞（淋巴细胞、网状细胞、浆细胞、肥大细胞等）比例增高；巨核细胞明显减少或消失，红系、粒系可明显减少。由于儿童不同部位造血程度存在较大差异，骨髓穿刺部位推荐髂骨或胫骨（年龄小于1岁者），不推荐胸骨。

3. 骨髓活检　骨髓有核细胞增生减低，巨核细胞减少或消失，造血组织减少，脂肪和/或非造血细胞增多，无纤维组织增生，网状纤维染色阴性，无异常细胞浸润。如骨髓活检困难，可行骨髓凝块病理检查。

4. 其他　包括：流式细胞术检测骨髓$CD34^{+}$细胞数量、阵发性睡眠性血红蛋白尿（PNH）克隆、淋巴细胞亚群等；自身抗体、血清铁蛋白、叶酸和维生素B_{12}水平测定；细胞遗传学及基因检测等。

【诊断标准】

再生障碍性贫血诊断标准为：贫血、出血、感染不伴淋巴结和肝、脾大，血常规和骨髓检查达到上述标准，且能够排除先天性和其他获得性、继发性BMF。

【分型诊断标准】

符合上述AA诊断标准者，根据骨髓病理及外周血细胞计数分型。

1. 重型AA（severe aplastic anemia，SAA）

（1）骨髓有核细胞增生程度0.25~0.50，残余造血细胞少于0.30或有核细胞增生程度低于0.25。

（2）外周血象至少符合以下3项中的2项：①中性粒细胞绝对值$<0.5\times10^{9}/L$；②血小板计数$<20\times10^{9}/L$；③网织红细胞绝对值$<20\times10^{9}/L$，或校正后的网织红细胞<0.01。

2. 极重型AA（very severe aplastic anemia，VSAA）　除满足SAA条件外，中性粒细胞绝对

NOTES

值<0.2×10^9/L。

3. 非重型AA(non-severe aplastic anemia,NSAA) 未达到SAA和VSAA诊断标准,包括依赖输血NSAA。

【鉴别诊断】

1. 先天性骨髓衰竭 范科尼贫血(FA)、先天性角化不良和施-戴综合征是最为常见的先天性BMF类型。

(1)对于小于3周岁的患者,诊断获得性AA须非常慎重。

(2)对于存在内脏畸形(如先天性心脏病、肾脏畸形等)者,需更多考虑先天性BMF的可能性。超声检查应为常规检查,FA者尽量避免全身X线检查。

(3)起病急骤伴进展迅速者,多为获得性AA。先天性骨髓衰竭基因筛查有助于明确诊断。

2. 骨髓增生异常综合征(MDS) 骨髓粒、红、巨核细胞系的病态造血是诊断MDS的最基本形态学基础。1/3的儿童MDS由先天性BMF转化而来,因此,一旦发现形态异常,应进行先天性BMF基因检测、染色体核型及荧光原位杂交(FISH)检测、骨髓病理及免疫组织化学染色协助诊断。

3. 原发性免疫性血小板减少症(ITP) AA易被误诊为ITP,特别是胸骨穿刺时。建议髂后上棘骨穿。巨核细胞减少或者消失是AA诊断的重要指标,而ITP则表现为骨髓巨核细胞增多和成熟障碍。

4. 阵发性睡眠性血红蛋白尿(PNH) 需要在近期没有输血的条件下检测CD55和CD59明确诊断。PNH可能与AA同时存在,或在病程中出现,故需要定期复查。

5. 营养性贫血 如检查发现存在维生素B_{12}或叶酸严重缺乏,需在营养补充纠正后再行复查。

6. 各类溶血或自身免疫性疾病 均有原发疾病的特征性诊断依据,骨髓多呈明显增生,罕见骨髓造血细胞明显减少者。

7. 湿疹-血小板减少-免疫缺陷综合征(Wiskott-Aldrich syndrome,WAS) 除血小板减少外,可伴有营养性贫血、继发溶血性贫血及严重感染。但WAS者存在血小板体积明显缩小,骨髓巨核细胞可无明显减少,并具有严重湿疹和婴幼儿起病等特征,发现WAS相关基因突变。

8. 其他 应与脾功能亢进、骨髓转移瘤、噬血细胞综合征、恶性淋巴瘤等鉴别。鉴别的主要依据为骨髓涂片、骨髓活检及相应的细胞和分子生物学检查结果。

【治疗】

(一)对症支持治疗

1. 一般措施 避免剧烈活动,避免接触对骨髓造血有损伤作用的药物;注意饮食和口腔卫生;对于重型AA患者应予保护性隔离,预防性应用抗细菌、抗病毒及抗真菌治疗。

2. 发热 SAA和VSAA患者出现发热时,应按"中性粒细胞减少伴发热"的治疗处理。严重感染者,采用粒细胞输注。

3. 成分血输注 根据卫生部2000年6月颁布的《临床输血技术规范》内科输血指南给予成分输血支持治疗,有条件时建议对血液制品进行过滤和/或照射。

4. 造血生长因子的应用 对于粒细胞缺乏伴严重感染者,可应用粒细胞集落刺激因子。

5. 铁过载的治疗 对于反复输血所致铁过载,当血清铁蛋白>1 000μg/L时可考虑除铁治疗。

6. 疫苗接种 推荐免疫抑制治疗(immunosuppressive therapy,IST)间及停药半年内避免接种一切疫苗。

(二)造血干细胞移植(HSCT)治疗

对于SAA、VSAA、输血依赖性NSAA或IST无效的患者,建议行HSCT。移植时机及供者的选择:SAA、VSAA患者如有同胞相合供者,应尽快进行造血干细胞移植治疗;预期在短期(1~2个月)内能找到 9/10~10/10位点相合的非血缘相关供者移植;其余患者在接受了包括抗胸腺细胞球蛋白(ATG)在内的IST治疗3~6个月无效后再接受造血干细胞移植治疗,应尽可能选择相合度高的非血

NOTES

缘或亲缘相关的供者进行移植。骨髓、外周血及脐带血均可作为造血干细胞的来源，供体选择顺序为同胞>无关>亲缘单倍体>脐血，其中亲缘单倍体和脐血移植建议在有丰富移植经验的机构实施。

（三）免疫抑制治疗（IST）

IST 常用方案包括抗胸腺/淋巴细胞球蛋白（antithymocyte/lymphocyte globulin，ATG/ALG）和环孢素 A（cyclosporine，CsA）。

（四）刺激骨髓造血

刺激骨髓造血包括重组血小板生成素（TPO）及 TPO 受体激动剂、粒细胞集落刺激因子（G-CSF）、雄激素、促红细胞生成素（EPO）和糖皮质激素等。

（五）中医中药

中医中药治疗的原理是辩证施治，个性化治疗；适用于 NSAA。

【疗效标准】

1. **完全缓解（CR）** 中性粒细胞绝对值>1.5×10^9/L，血红蛋白>110g/L，血小板>100×10^9/L，脱离红细胞及血小板输注，并维持 3 个月以上。

2. **部分缓解（PR）** 中性粒细胞绝对值>0.5×10^9/L，血红蛋白>80g/L，血小板>20×10^9/L，脱离红细胞及血小板输注，并维持 3 个月以上。

3. **未缓解（NR）** 未达到 PR 或 CR 标准。

【预后】

SAA 或 VSAA 经过造血干细胞移植治疗后，90% 以上的患者可以获得长期生存。死亡原因有脑出血或败血症、造血干细胞移植相关性死亡等。

第六节 出血性疾病

一、免疫性血小板减少症

免疫性血小板减少症（immune thrombocytopenic，ITP）是小儿最常见的出血性疾病，约占小儿出血性疾病的 25%~30%。

【病因与发病机制】

ITP 是一种异质性自身免疫性疾病，其发病机制包括体液免疫和细胞免疫紊乱，不同的 ITP 患者可能涉及不同的发病机制。ITP 发病机制主要以自身抗体介导的破坏性血小板减少为特征，常与病毒感染和疫苗接种密切相关。病毒感染使机体产生相应的抗体，这类抗体可与血小板膜发生交叉反应，使血小板受到损伤而被单核-巨噬细胞系统所清除。病毒感染后，体内形成的抗原-抗体复合物也可附着于血小板表面，使血小板易被单核-巨噬细胞系统吞噬和破坏，使血小板的寿命缩短，导致血小板减少。

【临床表现】

ITP 患者于发病前 1~3 周常有隐性或急性病毒感染史，如上呼吸道感染、流行性腮腺炎、水痘、风疹、麻疹、传染性单核细胞增多症等，亦偶见于免疫接种后。起病急骤，可伴发热、畏寒、怕冷，突然发生不同程度的皮肤/黏膜出血。出血的特点是皮肤、黏膜出现散在性针状皮肤出血点、瘀点或瘀斑，四肢较多；有些患者以大量鼻出血（约占 20%~30%）或齿龈出血为主诉。呕血或黑便常为口/鼻出血时咽下所致，发生真正胃肠道大出血者并不多见。球结膜下出血也是常见症状。偶见肉眼血尿。大约 80%~90% 的患者于发病后 1~6 个月内痊愈，10%~20% 的患者呈慢性病程。颅内出血是 ITP 致死的主要原因。

【实验室检查】

1. **血常规** 外周血中最主要改变是血小板减少至 100×10^9/L 以下，出血轻重与血小板高低成正比，血小板<50×10⁹/L时可见自发出血，<20×10⁹/L时出血明显，<10×10⁹/L时出血严重。其余两系基本正常，如有大量出血，如严重鼻出血、消化道出血等可合并失血性贫血。

2. 骨髓涂片 主要表现为巨核细胞成熟障碍。原巨核细胞和幼稚巨核细胞百分比正常或稍高；成熟未释放血小板的巨核细胞显著增加，可达80%；而成熟释放血小板的巨核细胞极少见。

3. 血小板抗体检查 主要是血小板表面IgG（PA IgG）增高，阳性率为66%~100%。若同时检测抗血小板抗体（PAIgG、PAIgM、PAIgA），阳性率提高。

4. 其他 出血时间延长，凝血时间正常，血块收缩不良。血清凝血酶原消耗不良，束臂试验阳性，慢性ITP患者血小板黏附和聚集功能可以异常。

【诊断与鉴别诊断】

ITP临床以出血为主要症状。无明显肝、脾及淋巴结肿大，血小板计数<100×10^9/L，骨髓中巨核细胞分类以成熟未释放血小板的巨核细胞为主，巨核细胞总数增加或正常，并排除其他引起血小板减少的疾病，即可诊断。

1. ITP诊断分型 ①新诊断的ITP：指确诊后3个月以内的ITP患者；②持续性ITP：指确诊后3~12个月血小板持续减少的ITP患者，包括没有自发缓解的患者或停止治疗后不能维持完全缓解的患者；③慢性ITP：指血小板减少持续超过12个月的ITP患者；④重症ITP：指PLT<10×10^9/L，就诊时存在需要治疗的出血症状或常规治疗中发生新的出血症状，且需要采用其他升高血小板药物治疗或增加现有治疗的药物剂量。

2. 应与下列疾病相鉴别 ①骨髓异常细胞浸润性疾病，如白血病或其他异常细胞浸润引起的血小板减少；②再生不良性血小板减少性疾病，如再生障碍性贫血；③过敏性紫癜；④伊文思综合征（Evans syndrome）；⑤继发性血小板减少：细菌感染、病毒感染、化学药物、脾功能亢进、系统性红斑狼疮等。

【治疗】

儿童ITP多数为自限性病程，治疗更多地取决于出血的症状，而非血小板计数。当血小板计数≥20×10^9/L，无活动性出血表现，可先观察随访，不予治疗。在此期间，必须动态观察血小板计数的变化；如有感染需抗感染治疗。

1. 一般疗法 ①适当限制活动，避免外伤；②有或疑有细菌感染者，酌情使用抗感染治疗；③避免应用影响血小板功能的药物，如阿司匹林等；④暂时停止预防接种。

2. ITP的一线治疗 血小板计数<20×10^9/L和/或伴活动性出血，可考虑使用以下治疗，一般无需血小板输注。

（1）肾上腺糖皮质激素：常用泼尼松剂量从1.5~2.0mg/（kg·d）开始（最多不超过60mg/d），分次口服，血小板计数≥100×10^9/L后稳定1~2周，逐渐减量直至停药，一般疗程4~6周。也可用等效剂量的其他糖皮质激素制剂代替。糖皮质激素治疗4周，仍无反应，说明治疗无效，应迅速减量至停用。应用时注意监测血压、血糖的变化及胃肠道反应，防治感染。

（2）静脉输注免疫球蛋白（IVIg）：伴有明显出血倾向时可考虑应用，常用剂量400mg/（kg·d），用3~5天；或0.8~1.0g/（kg·d），用1天或连用2天，必要时可以重复。

3. ITP的二线治疗 对一线治疗无效病例需对诊断再评估，进一步除外其他疾病。然后根据病情酌情应用二线治疗。

（1）药物治疗：如大剂量激素，抗CD20单克隆抗体（rituximab，利妥昔单抗），促血小板生成剂［包括重组人血小板生成素（TPO）、促血小板生成素受体激动剂（TRAs）、免疫抑制剂等］。以上药物治疗儿童ITP的疗效不肯定，毒副作用较多，应慎重选择且密切观察。

（2）脾切除术：应严格掌握适应证，尽可能地推迟切脾时间。在脾切除前，必须对ITP的诊断重新评价，骨髓巨核细胞数量增多者方可考虑脾切除术。脾切除指征可参考以下指标：①经以上正规治疗，仍有危及生命的严重出血或急需外科手术者；②病程>1年，年龄>5岁，且有反复严重出血，

NOTES

药物治疗无效或依赖大剂量糖皮质激素维持(>30mg/d);③病程>3 年,年龄>10 岁,血小板计数持续<30×10^9/L,有活动性出血,药物治疗无效者;④有使用糖皮质激素的禁忌证。

(3)紧急治疗:若发生危及生命的出血,如颅内出血,应积极输注浓缩血小板制剂以达到迅速止血的目的。同时选用甲泼尼龙冲击治疗,10~30mg/(kg·d),共用 3 天,和/或静脉输注免疫球蛋白 1g/(kg·d),连用 2 天,以保证输注的血小板不被过早破坏。

【预后】

儿童 ITP 预后良好,80%~90% 的病例在 12 个月内血小板计数恢复正常,10%~20% 发展为慢性 ITP,约 30% 的慢性 ITP 患者仍可在确诊后数月或数年自行恢复。尽管大多数患者在病程中出现血小板计数明显降低,但是发生严重出血的比例很低,颅内出血的发病率约为 0.1%~0.5%。约 3% 的儿童慢性 ITP 为自身免疫性疾病的前驱症状,经数月或数年发展为系统性红斑狼疮、类风湿病或伊文思综合征等。

二、血友病

血友病(hemophilia)是一组遗传性出血性疾病,为 X 连锁隐性遗传。临床分为血友病 A(凝血因子Ⅷ缺陷症)和血友病 B(凝血因子Ⅸ缺陷症)两型。大规模的流行病学调查显示血友病的发病率为(15~20)/10 万人口,无明显地区和种族差异。

【病因和发病机制】

血友病 A 是因子Ⅷ的促凝成分(Ⅷ:C)减少或缺乏所致的遗传性出血性疾病。在循环血液中,Ⅷ与冯·维勒布兰德因子(vWF)以复合物的形式存在,后者起载体作用,能防止Ⅷ过早降解。Ⅷ:C 的基因位于 X 染色体长臂的第二区末端(Xq28),vWF 的基因位于第 12 染色体短臂。Ⅷ:C 仅占复合物的 1%,为水溶性,80% 由肝脏合成,余 20% 由脾、肾和单核-巨噬细胞等合成,其活性易被破坏,在 37℃储存 24 小时后可丧失 50%。典型的血友病 A 属伴性隐性遗传,受累男性发病,女性纯合子及部分杂合子可发病。血友病 B 是因子Ⅸ缺乏所致的遗传性出血性疾病。因子Ⅸ基因定位于 X 染色体长臂 27 区(Xq27.3),是一种由肝脏合成的糖蛋白,合成过程需要维生素 K 参与。

【临床表现】

血友病临床特征为关节、肌肉、内脏和深部组织自发性或轻微外伤后出血难止,常在儿童期随着活动增加而出现临床出血表现。其严重程度与因子Ⅷ或因子Ⅸ活性水平相关。根据因子Ⅷ:C 或因子Ⅸ:C 活性水平的高低,将血友病 A 或血友病 B 分为:重型(<1%)、中型(1%~5%)、轻型(5%~25%)及亚临床型(25%~45%)4 种临床类型。重型多在 1 岁前出现自发性出血,出血部位多且严重,反复关节内或深部组织(肌肉、内脏)出血,关节畸形多见。中间型一般在 1~2 岁时发病,创伤可引起大出血,关节、肌肉出血多见,但反复发作次数少,很少在未成年前出现关节畸形,自发性出血少见。轻型多在 2 岁后发病,轻微损伤或手术后有出血不止,无自发性出血及关节出血。亚临床型仅在严重创伤、大手术后出血不止时才发现,容易漏诊。

【实验室检查】

1. 筛选试验 包括内源途径凝血试验(部分凝血活酶时间,APTT)、外源途径凝血试验(凝血酶原时间,PT)、纤维蛋白原(Fg)或凝血酶时间(TT)、出血时间、血小板计数、血小板聚集试验等。以上试验除 APTT 外,其他均正常。

2. 确诊试验 因子Ⅷ活性(FⅧ:C)测定和因子Ⅸ活性(FIX:C)测定可以确诊血友病 A 和血友病 B。

3. 基因诊断 可用于现症者的确诊、携带者检测和产前诊断。

【诊断和鉴别诊断】

血友病是 X 连锁隐性遗传性出血性疾病,为单种凝血因子缺乏,绝大多数患者是男性,女性罕见,通过详细询问出血病史、家族史(如果无家族史也不能除外),结合上述临床表现和实验室检查可以明

NOTES

确诊断；如父亲是血友病患者或兄弟中有血友病患者，则注意女性携带者的诊断。在血友病的诊断中实验室检查至关重要。血友病应与以下疾病相鉴别。

1. 血管性血友病（vWD） 是常染色体显性遗传性疾病，患者常见的临床症状是皮肤和黏膜出血，如鼻出血，手术或拔牙后出血难止以及青春期女性患者月经过多等。确诊 vWD 需依赖于实验室检查，主要通过 vWF：Ag、瑞斯托霉素辅因子活性、FⅧ：C 等检查来确诊。

2. 获得性凝血因子缺乏 常为多种凝血因子缺乏，比较常见的有维生素 K 依赖性凝血因子缺乏、肝衰竭和弥散性血管内凝血。

3. 获得性血友病 抗 FⅧ抗体属自身免疫抗体，多成年发病，很少关节畸形，往往表现为软组织血肿。常有其他基础疾病，无血友病家族史，男女均可发病，有原发和继发性之分。抗体筛选试验和抗体滴度测定可以诊断因子抑制物阳性。

【治疗】

1. 一般治疗 血友病者血管无损伤时可避免出血，故防止外伤极为重要。尽量避免手术，需手术时（包括拔牙等极小手术）应输注相应凝血因子制剂，术中及术后继续补充，直至伤口愈合为止。尽可能避免肌内、静脉注射，必须肌内注射时，注射后至少指压 5 分钟。忌用损伤血小板功能、扩张血管及损伤胃黏膜的药物，如阿司匹林、保泰松等药。

2. 替代治疗 是血友病目前最有效的止血治疗方法。有出血表现时输入相应的凝血因子制品。治疗原则是早期、足量、足疗程。

（1）制剂选择：血友病 A 首选Ⅷ因子浓缩制剂或其基因重组产品，其次可以选择冷沉淀物；血友病 B 首选Ⅸ因子浓缩制剂或其基因重组产品或凝血酶原复合物。如上述制剂均无法获得，可选择新鲜冰冻血浆［≤10ml/（kg·次）］。伴随抑制物的患者，可根据血友病类型选用凝血酶原复合物（PCC）或重组活化的凝血因子Ⅶ制剂。

（2）治疗剂量：Ⅷ因子首次需要量=(需要达到的Ⅷ因子浓度-患者基础Ⅷ因子浓度)×体重（kg）×0.5；在首剂给予之后每 8~12 小时输注首剂的一半。Ⅸ因子首次需要量=(需要达到的Ⅸ因子浓度-患者基础Ⅸ因子浓度)×体重（kg）；在首剂给予之后每 12~24 小时输注首剂的一半。

剂量应根据因子Ⅷ缺乏的程度和病情及有无并发症而定。自发性出血者每天用量 20~30U/kg；严重创伤、大手术者每天用 50~100U/kg，分两三次，每 8~12 小时 1 次。因子Ⅷ活性保持在 25% 左右即可防止术中出血，大手术时需达 50% 以上。维持剂量常用于重型患者。一般若无慢性关节病变的出血，剂量只要 7U/kg，就足以有效止血。若有关节强直等慢性关节病变的出血，剂量常增加 2~4 倍才有效。应根据不同情况调整因子Ⅷ制剂的剂量。

3. 抗纤溶药物 适用于黏膜出血，但禁用于泌尿道出血。

4. 1-去氨-8-*D*-精氨酸-加压素（DDAVP） 世界血友病联盟推荐轻型血友病 A 首选，适用于大于 2 岁患者，重型患者无效。

5. 预防性治疗 是为了防止出血而有规律地输入相关凝血因子，保证血浆中的因子（Ⅷ：C/Ⅸ：C）长期维持在一定水平，从而减少反复出血、致残的治疗方法，包括三级预防：①初级预防治疗。规律性持续替代治疗，开始于第 2 次关节出血前及年龄小于 3 岁且无明确证据（查体或影像学检查）证实存在关节病变。②次级预防治疗。规律性持续替代治疗，开始于关节有 2 次或多次出血后，但查体和/或影像学检查没有发现关节病变。③三级预防治疗。查体和影像学检查证实存在关节病变后才开始规律性持续替代治疗。目前，我国“指南”建议在发生第一次关节出血或者严重肌肉出血或颅内出血或其他危及生命的出血即应开始预防性治疗。

6. 抑制物的治疗 反复输注凝血因子是产生抑制物的主要原因。直接关系患者的生存质量，是血友病长期坚持规范化管理非常重要的环节。抑制物的处理包括控制出血和清除抑制物。产生抑制物后，可选用的治疗策略有：①大剂量凝血因子；②旁路制剂（如基因重组活化凝血因子Ⅶ及凝血酶原复合物等）；③艾美赛珠单抗。

NOTES

7. 物理治疗和康复训练 以促进肌肉、关节积血吸收,消炎/消肿,维持正常肌纤维长度,维持和增强肌肉力量,维持和改善关节活动范围。在非出血期积极、适当的运动对维持身体肌肉的强壮并保持身体的平衡以预防出血非常重要。

第七节 急性白血病

白血病(leukemia)是造血组织中某一血细胞系统过度增生,浸润到各组织和器官,从而引起一系列临床表现的恶性血液病。据调查,我国小儿白血病的发生率为3/10万~4/10万,是我国最常见的小儿恶性肿瘤。男性发病率高于女性。急性白血病占90%~95%,慢性白血病仅占3%~5%。

【病因】

白血病的病因尚未完全明了,可能与下列因素有关。

1. 病毒因素 反转录病毒(retrovirus,又称人类T细胞白血病病毒,HTLV)可引起人类T淋巴细胞白血病。其他病毒(如EB病毒)与白血病的关系也引起关注。

2. 物理和化学因素 小儿对电离辐射较为敏感,在曾经放射治疗胸腺肥大的小儿中,白血病发生率较正常小儿高10倍;妊娠妇女照射腹部后,其新生儿的白血病发病率比未经照射者高17.4倍。苯及其衍生物、氯霉素、保泰松、乙双吗啉和细胞毒性药物等均可诱发急性白血病。

3. 遗传因素 白血病不属遗传性疾病,但在家族中却可有多发性恶性肿瘤的情况;少数患者可能患有其他遗传性疾病,如21-三体综合征、先天性睾丸发育不全症、范科尼贫血以及X连锁严重联合免疫缺陷病等。这些疾病患者的白血病发病率比一般小儿明显增高。此外,同卵双生儿中一个患急性白血病,另一个患白血病的概率为20%,比异卵双生儿的发病率高12倍。

【发病机制】

白血病的发病机制尚未完全明了。下列机制可能在白血病的发病中起重要作用。

1. 原癌基因的转化 正常情况下,人类的原癌基因(又称细胞癌基因)主要参与调控细胞的增殖、分化和衰老、死亡。当机体受到致癌因素的作用时,原癌基因发生了点突变、染色体重排或基因扩增,从而转化为癌基因,导致白血病。

2. 抑癌基因突变失活 人体内存在的抑癌基因(如*RB*、*P53*、*P16*、*WT1*等)发生突变、缺失等变异时,失去原有的抑癌活性,癌细胞异常增殖而发病。

3. 细胞凋亡受抑 细胞凋亡是在基因调控下的一种细胞主动性自我消亡过程,是人体组织、器官发育中细胞清除的正常途径。当细胞凋亡通路受到抑制(如*Bcl-2*、*Bcl-XL*等)或促进凋亡的基因(如*P53*、*Fas*、*Bax*等)表达降低时,细胞没有正常凋亡,而是继续增殖导致恶变。

【分类和分型】

急性白血病(AL)的分类或分型对于诊断、治疗和提示预后都有一定意义。根据增生的白细胞种类的不同,可分为急性淋巴细胞白血病(急淋)和急性非淋巴细胞白血病(急非淋)两大类,前者约占小儿白血病的70%~85%。强调形态学(M)需结合免疫学(I)、细胞遗传学(C)及分子生物学(M),即MICM综合诊断和分型,以指导治疗和提示预后。

(一)急性淋巴细胞白血病(acute lymphoblastic leukemia,ALL)

1. 形态学分型(FAB分型) 根据原淋巴细胞形态学的不同,分为3种类型:①L1型。以小细胞为主,其平均直径为6.6μm,核染色质均匀,核形规则,核仁很小,一个或无,胞质少,胞质空泡不明显。②L2型。以大细胞为主,大小不一,其平均直径为8.7μm,核染色质不均匀,核形不规则,核仁一个或数个,较大,胞质量中等,胞质空泡不定。③L3型。以大细胞为主,细胞大小一致,核染色质细点状,均匀,核形规则,核仁一个或多个,胞质量中等,胞质空泡明显。上述3型中以L1型多见,占80%以上;L3型最少,占4%以下。

2. 免疫学分型 应用单克隆抗体检测淋巴细胞表面抗原标记,可了解淋巴细胞白血病细胞的来源和分化程度，一般可将急性淋巴细胞白血病进一步分为以下亚型。

（1）T 系急性淋巴细胞白血病（T-ALL）：约占小儿 ALL 的 10%~15%。具有阳性的 T 淋巴细胞标志，如 CD1a、CD3、CyCD3、CD5、CD7、CD8 和 TdT（末端脱氧核糖核酸转换酶）阳性。

（2）B 系急性淋巴细胞白血病（B-ALL）：约占小儿 ALL 的 80%~90%。此型又分为 3 种亚型：①早期前 B 细胞型（early Pre B-ALL）。HLA-DR、CD79a、CD19 和/或 CyCD22（胞质 CD22）阳性；SmIg（细胞膜表面免疫球蛋白）、CyIg（胞质免疫球蛋白）阴性。②前 B 细胞型（Pre B-ALL）。CyIg 阳性；SmIg 阴性；其他 B 系标志及 HLA-DR 阳性。③成熟 B 细胞型（B-ALL）。SmIg 阳性；CyIg 阴性表达 sκ 或 sλ；其他 B 系标记及 HLA-DR 阴性。

（3）伴有髓系标志的急性淋巴细胞白血病（My^+-ALL）：具有淋巴系的形态学特征，以淋巴系特异抗原为主，但伴有个别、次要的髓系特异抗原标志，如 CD13、CD33、CD14 等阳性。

3. 细胞遗传学改变 急性淋巴细胞白血病的染色体畸变种类繁多，主要有：①染色体数目异常，如≤45 条的低二倍体，或≥47 条的高二倍体；②染色体核型异常，如 12 号和 21 号染色体易位，t（12;21）；9 号与 21 号染色体易位，t（9;22）等。

4. 分子生物学分型 主要是 AL 发生及演化中的特异性基因：①Ig 重链（IgH）基因重排；②T 淋巴细胞受体（TCR）基因片段重排，如 *TCRγ*、*TCRδ* 等；③AL 表达的相关融合基因，如 *ETV6/RUNX1*、*TCF3/PBX1*、*BCR-ABL*、*KMT2A/AFF1* 融合基因等。

5. 临床分型 国内外一般按临床特点将儿童 ALL 分为三个临床型，但不同地区的具体分型标准有差别。

国家卫生健康委员会 2018 年发布了《中国儿童急性淋巴细胞白血病的危险度分层诊疗规范》，对儿童 ALL 进行了危险度分层。

（1）低危型急性淋巴细胞白血病（SR-ALL）：①泼尼松 7 天反应佳，第 8 天外周血幼稚细胞 $<1.0\times10^9$/L；②年龄≥1 岁，<6 岁；③WBC$<20\times10^9$/L；④诱导化疗第 15 天骨髓 M1（原淋+幼淋<5%）或 M2（原淋+幼淋为 5%~25%）；⑤诱导化疗第 33 天骨髓 M1。

（2）中危型急性淋巴白血病（IR-ALL）：①泼尼松反应佳，第 8 天外周血幼稚细胞$<1.0\times10^9$/L；②年龄<1 岁，≥6 岁；③WBC$\geq20\times10^9$/L；④诱导化疗后+15 天骨髓 M1 或 M2；⑤诱导化疗后+33 天骨髓 M1；⑥T-ALL；⑦t（9;22）（*BCR/ABL*）或 t（4;11）（*KMT2A/AFF1*）异常；⑧诊断时有睾丸白血病；⑨符合 SR 标准，但诱导化疗后+15 天骨髓 M3（原淋+幼淋>25%），而诱导化疗后+33 天骨髓 M1 者；⑩诊断时已合并中枢神经系统白血病。

（3）高危型急性淋巴白血病（HR-ALL），至少符合以下一点：①IR-ALL 且诱导化疗后+15 天骨髓 M3（非 SR-ALL 及诱导化疗后+15 天骨髓 M3）；②对泼尼松反应差，+8 天外周血幼稚细胞$\geq1.0\times10^9$/L；③+33 天骨髓 M2 或 M3；④诊断时有纵隔大肿块，化疗第 33 天评价未完全恢复者，应于诱导阶段结束后 1 周内再行 MRI/CT 评估（可疑者应做肿块活检行病理细胞学检查），证实诊断者按高危方案治疗。

近 10 年来，诱导缓解时微小残留白血病（MRD）水平对预后的影响得到肯定，一般而言诱导治疗第 29~45 天如 MRD 水平低于 0.01%，提示对治疗敏感，在同一临床危险组中相对预后良好。

（二）急性非淋巴细胞白血病（acute nonlymphoblastic leukemia，ANLL；acute myelogenous leukemia，AML）

1. 形态学分型（FAB 分型）

（1）原粒细胞微分化型（M0）：骨髓中原始细胞≥90%，无奥氏小体（Auer rod）。

（2）原粒细胞白血病未分化型（M1）：骨髓中原粒细胞≥90%，早幼粒细胞很少，中幼粒以下各阶段细胞极少见，可见奥氏小体。

（3）原粒细胞白血病部分分化型（M2）：①M2a。骨髓非红系有核细胞中原粒细胞占 30%~90%，单核细胞小于 20%，早幼粒细胞以下阶段大于 10%。②M2b。骨髓异常的原始和早幼粒细胞明显增

NOTES

多，骨髓中有较多的核、质发育不平衡的中幼粒细胞。

（4）早幼粒细胞白血病（M3）：骨髓中颗粒增多的异常早幼粒细胞占30%以上，胞质多少不一，胞质中的颗粒形态分为粗大密集和细小密集两类；据此又可分为两型，即粗颗粒型（M3a）和细颗粒型（M3b）。

（5）粒-单核细胞白血病（M4）：①M4a为骨髓中幼稚的粒细胞和单核细胞同时增生，原始及幼稚粒细胞>20%；②M4b为原始、幼稚单核和单核细胞≥20%；③M4c则为原始、幼稚和成熟单核细胞>30%；④M4eo 1%~30%呈着色较深的嗜酸性细胞。

（6）单核细胞白血病（M5）：骨髓中以原始、幼稚单核细胞为主。可分为两型：①未分化型，原始单核细胞为主，>80%；②部分分化型，骨髓中原始及幼稚单核细胞>30%，原始单核细胞<80%。

（7）红白血病（M6）：骨髓中有核红细胞>50%，以原始及早幼红细胞为主，且常有巨幼样变；原粒及早幼粒细胞>30%。外周血可见幼红及幼粒细胞；粒细胞中可见奥氏小体。

（8）急性巨核细胞白血病（M7）：骨髓中原始巨核细胞>30%；外周血有原始巨核细胞。

2. 免疫学分型　急性非淋巴细胞M1~M5型可有CD33、CD13、CD14、CD15、MPO（抗髓过氧化物酶）等髓系标志中的1项或多项阳性，也可有CD34阳性。其中MPO最为重要，CD14多见于单核细胞系；M6可见血型糖蛋白A阳性；M7可见血小板膜抗原Ⅱb/Ⅲa（GP Ⅱb/Ⅲa）阳性或CD41、CD68阳性。

3. 细胞遗传学/和分子生物学分型

（1）染色体数目异常以亚二倍体为主，超二倍体较少。

（2）常见的核型改变有t（9；11）/*MLL-AF9*融合基因（常见于M5）；t（11；19）/*ENL-MLL*融合基因；t（8；21）/*AML-ETO*融合基因（M2b的特异标记）；t（15；17）/*PML-RARa*融合基因（M3的特异标记）；inv16（多见于M4EO）等。

4. 临床分型　德国柏林-法兰克福-蒙斯特（Berlin-Frankfurt-Munster，BFM）协作组只分非高危和高危。非高危：形态学分型的M3、M4eo、带奥氏小体的M1或M2，同时以标准化疗方案诱导第15天骨髓原始细胞≤5%（M3除外），其余归入高危。

【临床表现】

各型急性白血病的临床表现基本相同，主要表现如下。

1. 发热　多数患者起病时有发热，热型不定，可低热、不规则发热、持续高热或弛张热，一般不伴寒战。发热原因之一是白血病性发热，多为低热且抗生素治疗无效；另一原因是感染，常见者为呼吸道炎症、齿龈炎、皮肤疖肿、肾盂肾炎、败血症等。

2. 贫血　表现为苍白、虚弱无力、活动后气促等。贫血主要是由骨髓造血干细胞受到抑制所致。

3. 出血　以皮肤和黏膜出血多见，表现为紫癜、瘀斑、鼻出血、齿龈出血，消化道出血和血尿。偶有颅内出血，为引起死亡的重要原因之一。出血的主要原因是骨髓被白血病细胞浸润，巨核细胞受抑制使血小板的生成减少。血小板还可有质的改变而致功能不足，从而加剧出血倾向。白血病细胞浸润肝脏，使肝功能受损，纤维蛋白原、凝血酶原和第Ⅴ因子等生成不足，亦与出血的发生有关。感染和白血病细胞浸润使毛细血管受损，血管通透性增加，也可导致出血倾向。此外，当并发弥散性血管内凝血时，出血症状更加明显。在各类型白血病中，以M3型白血病的出血最为显著。

4. 白血病细胞浸润引起的症状和体征

（1）肝、脾、淋巴结肿大：白血病细胞浸润多发生于肝、脾而造成其肿大，这在急性淋巴细胞白血病尤其显著。肿大的肝、脾质软，表面光滑，可有压痛。全身浅表淋巴结轻度肿大，但多局限于颈部、颌下、腋下和腹股沟等处，其肿大程度以急性淋巴细胞白血病较为显著。有时因纵隔淋巴结肿大引起压迫症状而发生呛咳、呼吸困难和静脉回流受阻。

（2）骨和关节浸润：约25%的患者以四肢长骨、肩、膝、腕、踝等关节疼痛为首发症状，其中部分患者呈游走性关节痛，局部红肿现象多不明显，并常伴有胸骨压痛。骨和关节痛多见于急性淋巴细胞白血病。骨痛的原因主要与骨髓腔内白血病细胞大量增生、压迫和破坏邻近骨质以及骨膜浸润有关。骨骼 X 线检查可见骨质疏松、溶解，骨骺端出现密度减低横带和骨膜下新骨形成等征象。

（3）中枢神经系统浸润：白血病细胞侵犯脑实质和/或脑膜即引起中枢神经系统白血病（central nervous system leukemia，CNSL）。这在急性淋巴细胞白血病尤其多见。浸润可发生于病程中任何时候，但多见于化疗后缓解期。它是导致急性白血病复发的主要原因。

浸润早期常无症状。浸润脑膜，可出现脑膜刺激征；浸润脑神经核或根，可引起脑神经麻痹；脊髓浸润可引起横贯性损害而致截瘫。此外，也可有惊厥，昏迷。

（4）睾丸浸润：白血病细胞侵犯睾丸即引起睾丸白血病（testic leukemia，TL），表现为局部肿大、触痛，阴囊皮肤可呈红黑色。由于化疗药物不易进入睾丸，在病情完全缓解时，该处白血病细胞仍存在，所以常成为导致白血病复发的另一重要原因。

5. 绿色瘤 白血病细胞浸润眶骨、颅骨、胸骨、肋骨或肝、肾、肌肉等，在局部呈块状隆起而形成绿色瘤。此瘤切面呈绿色，暴露于空气中则绿色迅速消退，这种绿色素的性质尚未明确，可能是光紫质或胆绿蛋白的衍生物。

6. 其他器官浸润 少数患者有皮肤浸润，表现为丘疹、斑疹、结节或肿块；心脏浸润可引起心脏扩大、传导阻滞、心包积液和心力衰竭等；消化系统浸润可引起食欲缺乏、腹痛、腹泻、出血等；肾脏浸润可引起肾肿大、蛋白尿、血尿、管型尿等；齿龈和口腔黏膜浸润可引起局部肿胀和口腔溃疡，这在急性单核细胞白血病较为常见。

【辅助检查】

1. 血象 红细胞及血红蛋白均减少，大多为正细胞正血色素性贫血。网织红细胞数大多较低，少数正常；偶在外周血中见到有核红细胞。白细胞数增高者约占 50% 以上，其余正常或减少，但在整个病程中白细胞数可有增、减变化；白细胞分类示原始细胞和幼稚细胞占多数。血小板减少。

2. 骨髓象 骨髓检查是确立诊断和评定疗效的重要依据。典型的骨髓象为该类型白血病的原始及幼稚细胞极度增生；幼红细胞和巨核细胞减少。但有少数患者的骨髓表现为增生低下，其预后和治疗均有特殊之处。

3. 组织化学染色 常用以下组织化学染色以协助鉴别细胞类型。

（1）过氧化酶：在早幼阶段以后的粒细胞为阳性；幼稚及成熟单核细胞为弱阳性；淋巴细胞和浆细胞均为阴性。各类型分化较低的原始细胞均为阴性。

（2）酸性磷酸酶：原始粒细胞大多为阴性，早幼粒以后各阶段粒细胞为阳性；原始淋巴细胞弱阳性，T 细胞强阳性，B 细胞阴性；原始和幼稚单核细胞强阳性。

（3）碱性磷酸酶：成熟粒细胞中此酶的活性在急性粒细胞白血病时明显降低，积分极低或为 0；在急性淋巴细胞白血病时积分增加；在急性单核细胞白血病时积分大多正常。

（4）苏丹黑：原始及早幼粒细胞阳性；原淋巴细胞阴性；原单核细胞弱阳性。

（5）糖原：原始粒细胞为阴性，早幼粒细胞以后各阶段粒细胞为阳性；原始及幼稚淋巴细胞约半数为强阳性，余为阳性；原始及幼稚单核细胞多为阳性。

（6）非特异性酯酶（萘酚酯 NASDA）：是单核细胞的标记酶，幼稚单核细胞强阳性，原始粒细胞和早幼粒细胞以下各阶段细胞为阳性或弱阳性，原始淋巴细胞阴性或弱阳性。

【诊断和鉴别诊断】

典型病例根据临床表现、血象和骨髓象的改变即可作出诊断。发病早期症状不典型，特别是白细胞数正常或减少者，其血涂片不易找到幼稚白细胞，可使诊断发生困难。须与以下疾病鉴别：①再生障碍性贫血；②传染性单核细胞增多症；③类白血病反应；④风湿性关节炎。

【治疗】

急性白血病的治疗是以化疗为主的综合疗法，其原则是：早期诊断、早期治疗；按照类型选用不同的化疗药物和多药联合治疗；采用早期连续适度化疗和分阶段长期规范治疗的方针。同时要早期防治中枢神经系统白血病和睾丸白血病，化疗的同时给予积极的支持治疗。

ALL 者于完全缓解后予维持治疗，总治疗时间为 2.5~3.5 年；ANLL 者则为高强度短疗程的化疗，不需维持治疗；总治疗时间约为 6~8 个月。

1. 支持疗法

（1）防治感染：在化疗阶段，保护性环境隔离对降低院内交叉感染具有较好效果。强调“手卫生”。并发细菌性感染时，应首选强力的抗生素以控制病情，根据不同致病菌和药敏试验结果选用有效的抗生素治疗。并发真菌感染者，可选用抗真菌药物如两性霉素 B、伊曲康唑、伏立康唑等治疗；并发病毒感染者可用阿昔洛韦（acyclovir）等治疗；并发耶氏囊虫肺炎者，应使用复方新诺明。

（2）输血和成分输血：明显贫血者可输给红细胞；由血小板减少致出血者，可输浓缩血小板。有条件时可酌情静脉输注丙种球蛋白。

（3）集落刺激因子：化疗期间骨髓抑制明显者，可予以 G-CSF 等集落刺激因子。

（4）防治高尿酸血症：对白细胞总数明显增高/肿瘤负荷重者，应注意“水化和利尿”，以防治大量白血病细胞破坏分解而引起的高尿酸血症，可口服别嘌醇（allopurinol）或予拉布立酶。

（5）其他：在治疗过程中，要增加营养。有发热、出血时应卧床休息。要注意口腔卫生，防止感染和黏膜糜烂。

2. 化学药物治疗 目的是杀灭白血病细胞，解除白血病细胞浸润引起的症状，使病情缓解，以至治愈。急性白血病的化疗通常按下述次序分阶段进行。

（1）诱导治疗：诱导缓解治疗是患者能否长期无病生存的关键。在 MICM 分型结合治疗反应等确定临床分型的前提下，选择合适的化疗强度，是现代诱导治疗小儿白血病的理念。柔红霉素（DNR）和门冬酰胺酶（*L*-ASP）是提高急性淋巴细胞白血病（ALL）完全缓解率和长期生存率的两个重要药物，故大多数 ALL 诱导缓解方案均为包含这两种药物的联合化疗，如 VCR、DNR、L-ASP 和强的松等。而阿糖胞苷（Ara-c）则对治疗急性非淋巴细胞白血病至关重要。M3 型常选用全反式维 A 酸（ATAR）或三氧化二砷（AS_2O_3）进行“诱导分化”治疗。

（2）巩固治疗：是在缓解状态下最大限度地杀灭微小残留白血病（minimal residual disease，MRD）的有力措施，可有效地防止早期复发，并使 MRD 转阴后进行维持治疗。对于 ALL，一般首选环磷酰胺（C）、Ara-c（A）及 6-巯基嘌呤（M），即 CAM 联合治疗方案；对于 ANLL，常选用有效的原诱导方案治疗一两个疗程。

（3）预防髓外白血病：由于大多数药物不能进入中枢神经系统、睾丸等部位，如果不积极预防髓外白血病，则 CNSL 在 3 年化疗期间的发生率可高达 50%~70%；TL 的发生率在男孩中亦可有 5%~30%。CNSL 和 TL 均会导致骨髓复发、治疗失败，因此有效的髓外白血病的预防是白血病，特别是急性淋巴细胞白血病患者获得长期生存的关键之一。ALL 通常首选大剂量甲氨蝶呤+四氢叶酸钙（HDMTX+CF）方案，配合甲氨蝶呤（MTX）、Ara-c 和地塞米松（Dex）三联药物鞘内注射治疗。

（4）加强治疗和维持治疗：①为了巩固疗效，达到长期缓解或治愈的目的，ALL 患者应在上述疗程后进行再强化治疗和维持治疗：对 ALL 一般主张用 6-巯基嘌呤（6-MP）+MTX 维持治疗；维持治疗 74~77 周的策略，总疗程 2.5~3 年；②对于 ANLL，常选用几个有效方案序贯治疗，研究认为，ANLL 的维持治疗不能降低复发率，故总疗程为 6~8 个月。

3. 中枢神经系统白血病的防治 CNSL 是造成白血病复发或者死亡的重要原因之一，在治疗过程中一定要重视 CNSL 的防治。

（1）预防性治疗：常用方法有以下 3 种，依据白血病的类型和病情选择应用。

1）三联鞘内注射法（IT）：常用甲氨蝶呤、阿糖胞苷、地塞米松 3 种药物联合鞘内注射，剂量见表 11-7-1。不同类型白血病的用法稍有不同，参阅各型的治疗部分。

2）大剂量甲氨蝶呤-四氢叶酸钙（HDMTX-CF）疗法：只用于急淋，每 14 天为 1 个疗程。每个疗程 MTX 剂量为 $2\sim5g/m^2$（剂量根据分型而定），其中 1/10~1/5 量（<500mg）作为突击量，在 30 分钟内

NOTES

表 11-7-1 不同年龄三联鞘注药物剂量

年龄/月	MTX/(mg/次)	Ara-c/(mg/次)	Dex/(mg/次)
<12	5.0	12	2
12~24	7.5	15	2
25~35	10.0	25	5
≥36	12.5	35	5

快速静脉滴入，余量于23.5小时内匀速滴入；突击量MTX滴入后0.5~2.0小时内行鞘内注射1次；于开始滴注MTX后36小时进行第一次CF解救，剂量为每次15mg/m^2，首剂静脉注射，以后每6小时口服或肌内注射，共6~8次。MTX>3g/m^{2}者应常规监测血浆MTX浓度，以调整CF用量和次数；无监测者MTX不宜>3g/m^2，但高危型或中危型的T细胞型者远期复发的可能性增加。HDMTX治疗前、后3天口服碳酸氢钠，并在治疗当天给予5%碳酸氢钠3~5ml/kg静脉滴注，使尿pH>7.0；用HDMXT当天及后3天需水化治疗，每日液体总量3 000ml/m^2。在用HDMTX的同时，每天口服6-MP 25mg/m^2。

3）颅脑放射治疗：适用于>3岁的高危ALL患者，诊断时白细胞数>100×10^9/L，或有t(9;22)或t(4;11)核型异常，或有CNSL，或因种种原因不宜采用HDMTX-CF治疗者。通常在完全缓解后进入维持前进行，放射总剂量为18Gy，分15次于3周内完成；或总剂量为12Gy，分10次于2周内完成。

（2）中枢神经系统白血病的治疗：初诊时已发生CNSL者，在诱导治疗的同时给予适当的三联鞘内注射。在完成诱导缓解、巩固、髓外白血病防治和早期强化后，行颅脑放射治疗，剂量同上。颅脑放疗后不再用HDMTX-CF治疗，但三联鞘内注射必须每8~12周1次，直到治疗终止。

4. 睾丸白血病（TL） 初诊时已发生TL，诱导治疗后完全缓解者，可继续化疗至结束。诱导治疗后未缓解或治疗后复发双侧TL者，可考虑双侧睾丸放射治疗，总剂量为24~30Gy，分6~8天完成；单侧者可行切除术，或双侧睾丸放射治疗；与此同时继续进行巩固、髓外白血病防治和早期强化治疗。

5. 分子靶向治疗 在分子水平上，针对已经明确的肿瘤细胞致癌位点，设计出相应的治疗药物。该药物进入体内后，会选择性地与致癌位点相结合而发生作用，使癌细胞特异地凋亡。如应用伊马替尼治疗*BCR/ABL*阳性的急/慢性白血病，维A酸和砷剂治疗*PML/RARA*基因阳性M3、急性非淋巴细胞白血病等。目前，进入临床试验的其他新型靶向药物有FMS样的酪氨酸激酶3（FLT3）抑制剂、法尼基转移酶抑制剂、γ-分泌酶抑制剂和针对表观遗传学改变的靶向小分子药物。分子靶向药物的出现，使以往部分“高危”型白血病的危险度分型得到改善，是目前的研究热点。

6. 免疫治疗 通过主动或者被动的方式激活体内的免疫细胞，特异性地清除白血病细胞MRD灶，近年取得了突破性进展。代表性的有：嵌合抗原受体T细胞免疫疗法（CAR-T）、双特异性单抗（贝林妥欧单抗、CD3-CD19双特异性抗体）。免疫治疗技术的进步，为儿童复发、难治白血病患者带来新的希望。

7. 造血干细胞移植（hematopoietic stem cell transplantation，HSCT） 适应证：①高危型（HR）ALL首次缓解后；中危型（MR）或者低危型（SR）ALL化疗早期复发者，经重新化疗第2次缓解；②除外M3、M2b、M4eo的ANLL者，并且标准强化疗方案+15天未缓解。

【预后】

近10年来由于化疗方法的不断改进，急性淋巴细胞白血病已不再被认为是“不治之症”，5年无病生存率达75%~90%；急性非淋巴细胞白血病的初治完全缓解率亦已达到80%，5年无病生存率约40%~60%。

第八节 恶性淋巴瘤

NOTES

儿童恶性淋巴瘤分为非霍奇金淋巴瘤（non-Hodgkin's lymphoma，NHL）和霍奇金淋巴瘤

（Hodgkin's lymphoma, HL）。二者的发病率依年龄及地区不同而差别显著。儿童淋巴瘤的无病生存率可以达到85%，被认为是可治愈的疾病。

一、非霍奇金淋巴瘤

非霍奇金淋巴瘤占儿童恶性肿瘤的7%，男女比例约3.5∶1，是过去30年中预后改善最快的疾病之一。

【病因与发病机制】

NHL的病因尚不明确。先天性免疫缺陷症的患者，NHL的风险是正常人群的10~200倍，特别是感染过EBV者；感染HIV的患者患NHL的风险增加150倍。系统性红斑狼疮、自身免疫性溶血性贫血的患者，特别是长期接受免疫抑制治疗，发生NHL的风险也增加。

就发病机制而言，大部分学者认为与基因变异相关。在B细胞淋巴瘤中，如伯基特淋巴瘤，免疫球蛋白基因正常重排程序发生错误，并通过易位导致*c-myc*基因的功能失调，使细胞的增殖与分化失衡，最终细胞发生癌变。在间变大细胞淋巴瘤（anaplastic large cell lymphoma, ALCL）中，间变大细胞淋巴瘤激酶（anaplastic lymphoma kinase, ALK）基因易位导致细胞分化与增殖失平衡是间变大细胞淋巴瘤发病的重要机制。

【病理分类】

根据修正的WHO-2008分类标准，儿童NHL主要有四个常见类型。

1. 成熟B细胞淋巴瘤　包括伯基特淋巴瘤/成熟B细胞性白血病、弥漫大B细胞淋巴瘤、纵隔大B细胞淋巴瘤和未能进一步分类的B细胞淋巴瘤。
2. 成熟或外周T细胞及自然杀伤细胞（NK）淋巴瘤　主要包括ALCL和NK细胞淋巴瘤。
3. 前B细胞肿瘤　主要为前体B淋巴母细胞型白血病/淋巴瘤。
4. 前体T淋巴母细胞型白血病/淋巴瘤。

【临床表现】

NHL临床表现多样，可出现发热、浅表淋巴结肿大、盗汗，但为非特异性。

1. 原发于纵隔的NHL　肿块常位于前或中纵隔，巨大肿块可压迫气管、上腔静脉、心脏和肺，有时还合并大量胸腔积液，临床出现胸痛、刺激性咳嗽、气促、平卧困难，重者有呼吸困难，发绀，颈、头面部及上肢水肿，称为上腔静脉/气道压迫综合征。胸部X线平片可见前、中纵隔巨大肿块，不等量胸腔积液。多见于前体T或者B淋巴母细胞型淋巴瘤/白血病、弥漫大B细胞淋巴瘤。

2. 原发于腹部的NHL　可有腹痛，腹围增大，恶心，呕吐，腹泻，肝、脾大，腹腔积液。有时可出现肠套叠、胃肠道出血、阑尾炎等。少数患者可能会发生肠穿孔。右下腹肿块需与炎性阑尾包块、阑尾炎鉴别。腹腔NHL多见于成熟B细胞淋巴瘤（如伯基特型或伯基特样NHL）。

3. 鼻咽部NHL　鼻咽部也是较多见的原发部位，可表现为鼻塞、打鼾、血性分泌物及吸气性呼吸困难，多见于成熟B细胞型淋巴瘤（伯基特型或伯基特样NHL）。

4. 其他相对少见部位　大细胞型NHL临床表现相对复杂，病程相对较长，可有较特殊部位的浸润，如原发于皮肤皮下组织、中枢神经系统、肺、睾丸、骨甚至肌肉等部位。

儿童NHL出现中枢神经系统浸润，常与骨髓浸润同时存在，有相应的症状和体征。少数患者因中枢浸润的表现来就诊。

【辅助检查】

NHL的辅助检查主要包括疾病诊断、分期诊断、评估器官功能受累的各项检查。

1. 全身的影像学检查　如CT/MRI、B超、骨扫描，美国国立综合癌症网络（NCCN）也推荐脱氧葡萄糖正电子断层显像（FDG-PET）/CT和PET/MRI，以评估肿瘤浸润范围。

2. 实验室检查　①血清乳酸脱氢酶（LDH）水平与肿瘤负荷成正相关，并和预后相关；②高肿瘤负荷者可发生心、肝、肾等重要器官的浸润，影响其功能；③高负荷NHL者在治疗前、初始治疗的1周内易发生肿瘤细胞溶解综合征，因此在这段时间内应定时进行肾功能、血电解质的监测；④进行增强 CT/MRI 检查前应先核实肾功能情况，有肿瘤细胞溶解综合征或肾功能不全时应避免使用造影剂；⑤外周血出现贫血、血小板减少常提示为晚期或有骨髓浸润；⑥常规行骨髓穿刺检查，除外骨髓浸润；⑦做浆膜腔液体沉渣涂片、生化、免疫表型、基因等检查，找淋巴瘤证据。

3. 实验室诊断标准 NHL 的诊断必须依据于病理（细胞）形态学、免疫学和细胞/分子遗传学。病理（细胞）形态学满足 NHL 的基本诊断，而免疫学是 NHL 诊断分型的必要手段，分子生物学特征检测有助于亚型诊断，如成熟 B 细胞淋巴瘤常存在 t(8;14) 及其变异，而间变大细胞淋巴瘤常存在 t(2;5) 及其变异。

【分期】

修订国际儿童 NHL 分期系统见表 11-8-1。

表 11-8-1 修订国际儿童 NHL 分期系统（IPNHLSS）

分期	肿瘤侵犯范围
Ⅰ期	单个肿瘤（淋巴结、结外骨或皮肤），除外纵隔或腹部病变
Ⅱ期	单个结外肿瘤伴有区域淋巴结侵犯；膈肌同侧≥2 个淋巴结区域侵犯；原发于胃肠道肿瘤（通常为回盲部），伴或不伴相关肠系膜淋巴结受累，肿瘤完全切除。如果伴随恶性腹腔积液或肿瘤扩散到邻近器官应定为Ⅲ期
Ⅲ期	膈肌上和/或膈肌下≥2 个淋巴结区域外肿瘤（包括结外骨或者皮肤）；膈肌上/下≥2 个淋巴结区域侵犯；任何胸腔内肿瘤（纵隔、肺门、肺、胸膜或胸腺）；腹腔内或者腹膜后病变，包括肝、脾、肾和/或卵巢，不考虑是否切除；任何位于脊柱旁或硬脑膜外病变，不考虑其他部位是否有病变；单个骨病灶同时伴随结外侵犯和/或非区域淋巴结侵犯
Ⅳ期	任何以上病变伴随中枢神经系统侵犯，骨髓侵犯或中枢和骨髓侵犯采用常规形态学方法检测

注：中枢神经系统浸润定义为①脑脊液 CSF WBC≥5 个/μl，并 CSF 标本离心发现淋巴瘤细胞；或②有明确中枢神经系统受累症状或/和体征，如脑神经瘫痪，并不能用其他原因解释；或③脊髓浸润；或④孤立性脑内肿瘤性病变。

骨髓受累定义为①骨髓穿刺涂片见≥5% 但<25% 的幼稚淋巴细胞；或②骨髓活检发现局灶性浸润。

【治疗】

儿童 NHL 治疗的目标是使疾病获得完全缓解并长期无病生存，同时获得正常的远期生命质量。

1. 放疗 不推荐常规放疗。存在中枢浸润、脊髓肿瘤压迫症、化疗后局部残留病灶、需姑息性治疗等特殊情况时才考虑应用。

2. 手术 主要用于下列情况。

（1）手术活检明确诊断。

（2）急腹症：出现肠套叠、完全性肠梗阻、肠穿孔、严重胃肠道出血等外科急腹症时考虑急诊手术。

3. 急诊处理 大量胸腔积液或心包积液时可引流改善症状。纵隔巨大肿瘤者应尽早化疗以缓解肿瘤对气道和心血管的压迫症状。对明确诊断的肿瘤负荷较大的患者，应积极预防和处理肿瘤细胞溶解综合征。

4. 支持治疗 主要包括感染预防和治疗、血制品应用和粒细胞刺激因子应用。

5. 不同亚型 NHL 的化疗方案选择 化疗目前仍是儿童 NHL 最主要治疗手段，各期均需要化疗。根据病理形态学分型和/或免疫分型，分别采用成熟 B 细胞型 NHL 或淋巴母细胞型 NHL（免疫表型为前体 T 或前体 B）治疗方案，根据分期及临床危险度分组确定化疗强度。成熟 B 细胞型 NHL 的化疗方案原则是短程、强烈，以烷化剂和抗代谢类药物（主要是甲氨蝶呤和阿糖胞苷）为主。而前体 T 或 B 淋巴母细胞型 NHL 的治疗采用急性淋巴细胞白血病（ALL）的化疗方案。成熟 B-NHL 和 ALK 阳性的 ALCL 者可以联合 CD20 抗体、ALK 抑制剂治疗。

6. 难治/复发 NHL 根据特异性（免疫）标志选择合适的靶标进行靶向药物治疗，并桥接造血干细胞移植，或者 CAR-T 治疗。

NOTES

【疗效评估及预后因素】

常在治疗开始后第42~60天(治疗)评估早期治疗反应。影响NHL预后的主要因素包括初诊时肿瘤的负荷(LDH水平超过正常值2倍,存在中枢浸润和/或骨髓转移)、早期治疗反应、特定基因。有效的支持治疗也是治疗成败的重要因素。

二、霍奇金淋巴瘤

1832年霍奇金(Hodgkin)首先对本病在解剖学水平进行描述,因此本病被命名为霍奇金病。霍奇金病又称霍奇金淋巴瘤。显微镜下可见:在炎性细胞的背景下,出现大的双核、多核或者变异单核的镜影样细胞,称里-施细胞(Reed-Sternberg,RS细胞)。好发年龄为15~30岁,主要累及淋巴结和脾。

【病因与发病机制】

HL病因不明,危险因素包括EBV感染、免疫缺陷(如器官移植或HIV感染等);具体发病机制尚不明确。

【病理分类】

按照2008世界卫生组织造血和淋巴组织肿瘤分类标准,HL分为两大类:经典型霍奇金淋巴瘤(CHL)和结节性淋巴细胞为主型霍奇金淋巴瘤(nodular lymphocyte-predominant Hodgkin lymphoma,NLPHL)。经典型HL又分为4个亚型:淋巴细胞消减型(lymphocyte depleted)、结节硬化型(nodular sclerosing)、混合细胞型(mixed cellularity)和经典淋巴细胞富裕型(classical lymphocyte rich)。90%~95%的儿童HL为CHL,细胞特征为里-施细胞,CD30阳性;NLPHL仅占5%~10%,CD20阳性,而CD30阴性,且没有里-施细胞。

【临床表现】

儿童HL的主要临床表现与成人相似。

1. 全身症状 非特异性,包括:发热、乏力、厌食、轻度消瘦、瘙痒。原因不明38℃以上发热或周期性发热、6个月内体重减轻10%以上、大量盗汗,被定义为HL的B症状,与不良预后相关。

2. 淋巴结肿大 无痛性锁骨上、颈部或其他部位淋巴结肿大最常见,约2/3的患者因纵隔淋巴结侵犯,出现咳嗽。

3. 免疫功能紊乱 部分患者可以合并免疫性溶血性贫血或者免疫性血小板减少症的表现。

【辅助检查】

肿块病理活检有助于确诊。确诊后应进行胸部、腹部、盆腔CT或MRI或超声影像学检查,双侧骨髓活检及涂片检查,以此进行分期评估并选择相应的治疗方案。

【分期诊断】

临床诊断必须包括分期和临床危险度分组诊断两部分。目前HL分期多采用霍奇金淋巴瘤2014年Lugano分期标准,见表11-8-2。

表11-8-2 霍奇金淋巴瘤2014年Lugano分期标准

分期	受累部位
Ⅰ期	累及单一淋巴结区或者淋巴样结构,如脾、甲状腺、韦氏环等或其他结外器官/部位(ⅠE)
Ⅱ期	在横膈一侧,侵及2个或更多个淋巴结区,或外加局部侵犯1个淋巴结外器官/部位(ⅡE)
Ⅲ期	受侵犯的淋巴结区在横膈的两侧(Ⅲ),或外加局部侵犯1个淋巴结外器官/部位(ⅢE)或脾(ⅢS)或者二者均受累(ⅢSE)
Ⅲ1期	有或无脾门、腹腔或者门脉区淋巴结受累
Ⅲ2期	有主动脉袢、髂部、肠系膜淋巴结受累
Ⅳ期	弥漫性或播散性侵犯1个及更多的淋巴结外器官,同时,伴或不伴相关淋巴结受累

注:E,单一结外部位受累,病变累及淋巴结/淋巴组织直接相连或邻近的器官/组织;S,脾受累。

NOTES

HL 的危险分层见表 11-8-3。

表 11-8-3　危险分层

危险度	定义
低危	ⅠA 或者ⅡA 期无伴大肿块
中危	ⅠB 或ⅡB 期病变；ⅠA 或者ⅡA 期伴大肿块；无论是否伴有大肿块的ⅠAE 或ⅡAE 期；ⅢA 或ⅣA 期病变
高危	ⅢB 或ⅣB 期病变

注：A，无症状；B，发热（体温超过 38℃）、夜间盗汗、6 个月内不明原因的体重下降 10% 以上；E，单一结外部位受累，病变累及淋巴结/淋巴组织直接相连或邻近的器官/组织。外周淋巴结大肿块定义：单个或者多个融合淋巴结直径大于 6 厘米；纵隔大肿块定义：CT 提示纵隔肿块直径在 10 厘米以上（包括 10 厘米）或者胸部 X 线提示大于胸廓内径的 1/3。

【治疗】

HL 的治疗目标是完全缓解并长期无病生存，同时获得正常的远期生命质量。目前对 HL 主要的治疗手段仍是放疗和化疗。

1. 放疗　HL 对放疗敏感，Ⅲ、Ⅳ期 HL 以全身化疗为主，青少年局灶性病变以化疗联合肿瘤浸润野低剂量放疗为标准治疗（1 800~2 500cGy）。

2. 化疗　根据危险度不同，予以不同治疗方案。难治复发患者采用挽救化疗+大剂量化疗联合自体造血干细胞移植。靶向治疗，如维布妥昔单抗、纳武利尤单抗、帕博利珠单抗等治疗难治/复发 HL 的临床试验也在进行中。

【预后影响因素】

HL 患者 5 年无病生存率可达 90% 以上，危险度高和伴有全身症状影响预后，多次复发、晚期广泛病变者预后不良。放疗、化疗相关并发症可影响远期生活质量。

第九节　组织细胞病

一、朗格汉斯细胞组织细胞增生症

朗格汉斯细胞组织细胞增生症（Langerhans cell histiocytosis，LCH）是组织细胞病最常见的类型，国外研究显示：0~15 岁儿童年发病率约（4~5）/百万，1 岁前的发生率最高，中位诊断年龄是 3.5 岁，男女发病比例是 2∶3。过去由于这类疾病的起源细胞未知，所以跟其他的综合征一起被称为组织细胞增生症 X（histiocytosis X，HX），根据临床主要表现分为：莱特勒-西韦病（Letterer-Siwe disease，LS）、韩-薛-柯病（Hand-Schuller-Christian disease，HSC）、桥本-普里茨克病（Hashimoto-Pritzker disease）和骨嗜酸细胞肉芽肿（eosinophilic granuloma of bone，EGB）。根据受累器官，LCH 分为单器官受累和多器官受累。现在统称为 LCH。

【病因及发病机制】

LCH 病因尚未明确。以往认为 LCH 是非肿瘤性的炎症反应，现在已经明确 LCH 是起源于髓系前体细胞，其发病与基因突变有关，如 *BRAF-V600E* 基因突变，活化 MAPK 信号通路，从而形成炎性髓系肿瘤。

【病理】

病灶可为单灶，亦可多灶。特征病理表现为朗格汉斯细胞（LC）增生。

【临床表现】

LCH 几乎可累及所有器官，骨骼 80%，皮肤 33%，垂体 25%，肝脏 15%，脾脏 15%，血液系统 15%，肺 15%，淋巴结 5%~10%，垂体外的神经系统 2%~4%。其中近半数儿童 LCH 患者有发热，也有患者出现体重下降。

骨骼：除手、足外其他部分的骨组织均可受累，最常见于颅骨，表现为单个或者多个溶骨性变，受累局部常有软组织肿胀和疼痛。

皮肤：2 岁以下的儿童皮肤受累最常见。皮肤损害多种多样，最常见的部位是颜面、头部和躯干。单侧或者双侧眼睑也可以表现为睑腺炎样表现。黏膜损伤主要表现为口腔黏膜和生殖器黏膜溃疡。

内分泌：下丘脑-垂体轴受累最常见，表现为尿崩症，约占 LCH 患者的一半。20% 的患者有激素缺乏，其中 10% 表现为生长激素缺乏。近半数尿崩症患者在发病 5~10 年内出现生长激素缺乏。

肺：儿童单纯肺受累者不足 1%，但可以是系统受累的一部分，表现为气急、咳嗽、胸痛等，部分患者最终发生呼吸衰竭。

肝脏：不会单独受累，但系统受累时可以累及肝脏，表现为肝大、肝功能异常、白蛋白降低、黄疸等。

淋巴结：常见于系统受累，单纯淋巴结受累很少见。

【辅助检查】

（一）血常规

莱特勒-西韦病患者常呈不同程度的贫血；白细胞数正常或增多；血小板数正常或减少。韩-薛-柯病患者血象改变较莱特勒-西韦病少，且程度轻。骨嗜酸细胞肉芽肿患者多无血象变化。

（二）骨髓检查

骨髓增生正常或活跃，大多数呈三系正常，少数呈增生性贫血，偶见巨核细胞减少；10%~15% 的患者骨髓可见组织细胞增多。

（三）X 线检查

X 线检查对诊断很有帮助，不少病例系由 X 线检查最先发现。

1. 胸部　典型改变为肺野透亮度减低，呈毛玻璃状，两肺见弥散的网状或网点状阴影，或在网点状基础上有局限或弥散的颗粒阴影，须与粟粒性结核鉴别。严重者可见弥散性小囊肿、肺气肿、气胸、纵隔气肿或皮下气肿等。婴幼儿常见胸腺肿大。

2. 骨骼　病变部位呈虫蚀样改变至巨大缺损，为溶骨性凿穿样损害，形状不规则，呈圆或椭圆形。脊椎多表现为椎体破坏，偶见椎旁脓肿。下颌骨浸润时牙槽硬板及支持骨破坏，出现漂浮齿征象。

（四）病理检查

病理检查包括皮疹印片和病灶活检，找到 LC 和伯贝克颗粒（Birbeck granule）。免疫组化发现 S-100、CD1a、CD207（langerin）染色阳性。

（五）分子检查

基因测序发现丝裂原活化蛋白激酶（MAPK）通路相关基因突变，如 *RAF* 突变（*BRAF-V600E* 和 *ARAF*）、*MEK* 突变（*MAP2K1* 和 *MAP3K1*）、*RAS* 突变（*NRAS* 和 *KRAS*）等，其中 *BRAF-V600E* 占比最高，达到 56%，具有诊断价值和治疗靶点的作用。

【诊断】

LCH 需结合临床表现、X 线检查、病理及分子检测综合判断。

LCH 的分层诊断如下。

（1）根据临床、实验室和普通病理结果可以做出初步诊断。

（2）如病理切片有 CD1a 阳性或 CD207 阳性或电镜发现伯贝克颗粒则可以确诊。

（3）包括 *BRAF-V600E* 在内的 MAPK 通路相关基因突变检测有助于明确诊断，指导治疗。

根据受累器官分为单器官受累（SS）组和多器官受累（MS）组。肝、脾和血液系统受累纳入高危组（HR），其他器官受累纳入低危（LR）组。

【治疗】

目前国际和国内均没有统一的 LCH 治疗方案。单发骨受累（除外 CNS 危险部位）和单发皮肤受累者，建议随访、观察，出现疾病进展再开始化疗。

NOTES

(一) 药物治疗

1. 国际上 LCH 的主要治疗方案包括 2009 年国际组织细胞协会推荐方案、DAL-HX90 方案、LCH-Ⅲ方案以及日本 LCH 协作组 02 方案。国内于 2018 年启动了儿童组织细胞病协作组方案。

(1) 2009 年国际组织细胞协会推荐方案(具体药物剂量及用法请参考相关专著)。

1) 一线化疗:诱导缓解治疗采用长春新碱+泼尼松(VP)方案;维持治疗采用长春新碱+泼尼松+6 巯基嘌呤(VP+6-MP)方案。

2) 二线(解救方案)治疗:包括克拉屈滨+阿糖胞苷(2-CDA+Ara-C)方案、减低强度清髓预处理方案的造血干细胞移植(RIC-HSCT)、长春新碱+泼尼松+阿糖胞苷(VAP)、克拉屈滨(2-CDA)单药治疗、2-脱氧克福霉素(2-DCF)单药治疗等方案。

(2) 中国儿童组织细胞病协作组方案(CCHG-HLH-2018):分为初始治疗和维持治疗,其中初始治疗为长春新碱+泼尼松(VP)方案;多系统累及危险器官者,在长春新碱+泼尼松(VP)基础上加甲氨蝶呤+6-巯基嘌呤(MM),总疗程 6~12 个月,在第 6、12、25、52 周评估。有疾病进展或者多系统受累或者复发者给予克拉屈滨为骨架的治疗方案。

2. 对于单纯骨损害者可试用吲哚美辛(indomethacin),尿崩症可用鞣酸加压素或 1-去氨-8-D-精氨酸-加压素治疗。

3. 靶向药物针对 *BRAF-V600E* 突变 靶向药物有甲磺酸达拉非尼(Dabrafenib/Tafinlar)和 Vemurafenib(维莫非尼),针对 MEK 的抑制剂是曲美替尼(trametinib)。

4. 其他双磷酸盐,如帕米磷酸和唑来磷酸治疗骨的 LCH 和缓解骨痛;维 A 酸可以缓解皮肤中 LCH 细胞的生长。

(二) 放射治疗

小剂量(4~6Gy)局部照射可控制局限性病变,病变广泛或病变部位不能手术者也可应用。

(三) 手术治疗

局部 EGB 者可行手术刮除。<5 岁者可采用手术加化疗,或单用化疗。

(四) 其他

其他方法包括控制感染,加强支持治疗。

【预后】

LCH 的预后取决于骨髓、肝脏和脾脏是否受累,以及初始治疗反应的效果。单系统/器官受累者预后好,近乎 100% 生存。高危患者对初始治疗反应差者预后差,死亡率高达 52%,新型治疗方案如细胞免疫治疗等,有望改善患者的预后。

二、噬血细胞综合征

噬血细胞综合征(hemophagocytic syndrome,HPS)又称噬血细胞性淋巴组织细胞增生症(hemophagocytic lymphohistiocytosis,HLH),是一组由多种病因诱发的细胞因子风暴,进而引起淋巴细胞和巨噬细胞增生、活化,伴随吞噬血细胞现象的一类综合征。HLH 临床特点:持续高热,伴肝、脾、淋巴结肿大,肝功能严重受损,二系或三系血细胞减少,凝血功能异常等,可伴中枢神经系统受累。

【病因及分类】

HLH 按病因分为原发性 HLH(primary HLH,pHLH)和继发性 HLH(secondary HLH,sHLH)。pHLH 为常染色体或 X 连锁隐性遗传,伴有相关基因异常,目前已发现 20 种基因异常;sHLH 可继发于各种病毒(如 EBV)、细菌、寄生虫所引起的感染、风湿免疫性疾病、代谢性疾病及肿瘤等。

【发病机制】

$CD8^+$T 淋巴细胞广泛活化,产生大量的炎性细胞因子,刺激巨噬细胞增殖、活化;而活化增殖的巨噬细胞又释放大量的促炎性细胞因子,造成多种组织或/和器官的损伤,同时 NK 细胞功能减低或缺乏，产生临床症状。

【病理】

来源于骨髓单核/巨噬细胞的噬血细胞，能吞噬形态、结构完整的白细胞、(有核)红细胞或血小板。受累器官常为脾、肝、淋巴结、骨髓、中枢神经系统，也可见于甲状腺、胸腺、肺、心脏、小肠、肾脏和胰腺等器官。病理切片示受累器官/组织可见大量单核巨噬细胞浸润，噬血细胞易见。

【临床表现】

1岁以内HLH占70%；2岁前发病者多为原发性HLH；而8岁后发病者多为继发性HLH。但目前认为，发病年龄已不能作为区别原发性HLH与继发性HLH的依据。

1. 发热 最常见。患者间断或持续发热，体温常>38.5℃，热型不定，可呈波动性或迁延性，也可自行消退。

2. 肝、脾、淋巴结肿大 脾大更有临床意义，部分患者伴有黄疸。

3. 皮疹 多型多样，可表现为全身斑丘疹、红斑、水肿、麻疹样皮疹、脂膜炎等。

4. 中枢神经系统受累 多见于pHLH、EBV-HLH等。有报道73%的家族性HLH(familial HLH, FHL)在确诊时有CNS受累，临床主要表现为抽搐、易激惹、嗜睡、昏迷、活动障碍、脑神经损伤及智力障碍等。

5. 贫血、出血 出血包括皮肤黏膜、穿刺部位以及消化道、肺、中枢等器官出血。贫血则由出血以及细胞因子抑制骨髓造血所致。

6. 呼吸系统 可表现为咳嗽、气促、呼吸困难，听诊可闻及湿啰音，严重时可出现浆膜腔积液。

【辅助检查】

1. 血常规 HLH患者早期即可全血细胞或二系血细胞减少。

2. 骨髓检查 疾病早期噬血细胞不明显，晚期骨髓增生程度减低，可见噬血细胞。

3. 血液生化 甘油三酯升高，低密度脂蛋白升高，而高密度脂蛋白降低；肝功能异常，丙氨酸转氨酶和胆红素升高，白蛋白降低；血清铁蛋白明显或极度升高；乳酸脱氢酶(LDH)可明显增高；低钠血症。

4. 凝血功能 纤维蛋白原(FIB)降低(<1.5g/L)，活化部分凝血酶时间(APTT)及凝血酶原时间(PT)延长。

5. 免疫学检查 T淋巴细胞功能缺陷，NK细胞活性降低或缺如；可溶性CD25升高；细胞因子谱表现为：IFN-γ、IL-10明显升高，IL-6升高不明显。

6. 脑脊液 重症者脑脊液压力升高，细胞数轻度增加，以淋巴细胞为主，蛋白升高；但也有神经系统症状明显而脑脊液正常者。

7. 影像学检查 X线胸片可显示有间质性肺浸润，可出现胸腔积液；头颅CT或MRI检查可发现异常，其改变表现为陈旧性或活动性感染灶、脱髓鞘、出血、萎缩、水肿、钙化。

8. HLH相关性基因检查 已发现20余种基因缺陷与原发性HLH的发病密切相关，如*PRF1*、*UNCl3D*、*STX11*、*STXBP2*、*RAB27A*、*LYST*、*SH2D1A*、*BIRC4*、*ITK*、*AP3B1*、*MAGT1*、*CD27*等。

9. 病原学检查 包括EBV、CMV、HSV、HHV-6(人类疱疹病毒6型)、HHV-8、腺病毒和微小病毒B19等抗体及DNA的检测，以及支原体、结核、布氏杆菌、黑热病等相关检测。

【诊断】

2004年国际组织细胞协会提出HLH的诊断指南，满足以下两条中任一条的可诊断为噬血细胞综合征。

1. 发现噬血细胞综合征相关的分子遗传学异常者。

2. 满足下列诊断标准8条中的5条者 ①发热；②脾大；③血细胞减少(两系或三系)：HB<90g/L(新生儿<100g/L)、ANC<1.0×10^9/L、PLT<100×10^9/L；④高甘油三酯血症和/或低纤维蛋白原血症：甘油三酯(空腹)≥3.0mmol/L、纤维蛋白原≤1.5g/L；⑤骨髓检查/活检或脾、淋巴结、皮肤穿刺/活检发

NOTES

现噬血细胞，无恶性病证据；⑥NK 细胞活性降低或完全缺少；⑦血清铁蛋白增高（≥500μg/L）；⑧可溶性 CD25（IL-2 受体）增高（≥2 400U/ml）。有阳性家族史、父母近亲婚配等有利于家族性 HLH 的诊断。

【鉴别诊断】

1. 原发性和继发性 HLH 的鉴别 原发性和继发性 HLH 在发病机制、治疗及预后方面具有明显的差别。原发性 HLH 具有家族遗传倾向和基因缺陷，一般发病年龄较小，病情较重，易于反复，造血干细胞移植（HSCT）为目前唯一的根治性手段。需要强调的是，即使未检测出 HLH 相关基因突变或明确诱发因素，也并不能完全排除原发性 HLH 的可能。

2. HLH 与其他疾病的鉴别 目前 HLH，尤其是继发性 HLH 的诊断主要基于非特异性的临床表现和实验室检查，因此需对下述临床表现与 HLH 相似的疾病进行鉴别。

（1）重症感染及相关综合征、全身炎症反应综合征（systematic inflammatory reaction syndrome，SIRS）、多器官功能衰竭综合征（MODS）等。同时，HLH 患者在治疗过程中可能再次发热，应注意鉴别是 HLH 复发还是继发感染。

（2）血液病：朗格汉斯细胞组织细胞增生症（LCH）、骨髓增生异常综合征（MDS）、自身免疫性溶血性贫血等可有血象改变，肝、脾大，肝功能异常等，类似于 HLH，也需加以鉴别。

【治疗】

（一）早期治疗

HLH 病情凶险，进展迅速。若不及时治疗，患者生存时间很少超过 2 个月，所以早期、恰当和有效的治疗非常重要。疑诊 HLH 者，需尽快（24~48 小时内）治疗，同时尽量完成所有 HLH 确诊检查及相关病因学检查。

（二）分层治疗

HLH 是一类综合征，可由多种原因引起，治疗应相对个体化，并非所有患者均严格按照 HLH-1994 方案完成全部疗程。对一些较轻的 HLH（包括 pHLH）患者单用激素可能控制病情。应随时评估病情。

1. 化疗 目前以国际组织细胞协会的 HLH-1994 方案为基础，主要包括依托泊苷、糖皮质激素和环孢素。近年来非受体型酪氨酸蛋白激酶（JAK1/JAK2）抑制剂——芦可替尼因被发现能控制细胞炎性反应，可用于 HLH 的治疗。

（1）诱导治疗（8 周）：需每 1~2 周评估病情及 HLH 诊断相关指标。除外 pHLH 和继发于风湿免疫性疾病的 HLH［巨噬细胞活化综合征（MAS）］。第 8 周评估，完全缓解（CR）者不需要继续维持治疗；第 8 周没有达到 CR 者，需要准备造血干细胞移植，在等待造血干细胞移植期间给予维持治疗。

鞘注：化疗前（患者出凝血功能允许的情况下）和化疗 2 周时（化疗前 CSF 异常）行腰穿，如 2 周后中枢神经系统症状加重或 CSF 异常无改善（包括细胞数和蛋白），开始鞘注治疗，每周 1 次，共 4 周。

（2）维持治疗（9~40 周）：维持治疗中需要每 4 周评估 HLH 诊断相关指标，对于继发 HLH（除外 MAS），病情完全缓解可停止 HLH 相关化疗。但如停药后出现 HLH 复发，则应在及时控制病情后尽早开展造血干细胞移植治疗。

2. 造血干细胞移植 对于 pHLH、复发或者经一线和二线治疗效果不佳的难治性 HLH 患者，应尽早接受造血干细胞移植。

3. 支持治疗 及时处理出血、感染和多器官功能衰竭等并发症是降低死亡率的重要因素。

【预后】

家族性 HLH 患者的自然病情进展非常迅速，存活期一般<2 个月，需行 HSCT 才有治愈的希望。继发性 HLH 的预后取决于治疗原发病的效果。

NOTES

第十节 造血干细胞移植

造血干细胞移植(hematopoietic stem cell transplantation,HSCT)是指通过化疗或/和放疗"摧毁"患者的造血或免疫功能后,提供新的自体/异体造血干细胞,重建正常的造血和免疫功能,从而达到治愈某些疾病的一种临床治疗技术。

HSCT除了被应用于白血病的治疗外,其他适应证有:①恶性肿瘤;②再生障碍性贫血;③免疫缺陷病;④遗传性疾病,如重型珠蛋白生成障碍性贫血、黏多糖病、糖原贮积病、戈谢病等。现将HSCT的基本知识简介如下。

1. 造血干细胞的来源 有骨髓、外周血和脐带血等,分别称为骨髓移植(BMT)、外周血造血干细胞移植(PBSCT)和脐带血造血干细胞移植(UBSCT)。

2. 分类 以基因来源分为:①同基因造血干细胞移植(syngeneic HSCT)。供者和受体之间的基因完全相同,常见于同卵孪生儿。②异基因造血干细胞移植(allogeneic HSCT)。此类供者和受体的基因不完全相同,又分为血缘相关供者(如同胞、父母及其他亲属)和非血缘相关供者(非亲属)两类。③自体干细胞移植(autologous HSCT)。造血干细胞取自患者本身。

3. 供者的选择 根据疾病种类选择供者。

4. 受者准备 包括:①全环境保护(TEP),对预防感染至关重要,因此患者应住空气层流病房;②预防感染,如病灶清除、口服不吸收抗生素及必要的预防感染药物等;③检查心、肺、肝、肾功能等。

5. 预处理 是指移植前14天(d-14)到移植时(d0)给予患者化学药物治疗及放射治疗,其主要目的是:①使受者免疫功能减少或消失,同时使骨髓细胞龛(niches)腾空,以利于造血干细胞的植入;②对白血病和其他恶性肿瘤细胞有杀灭作用。因此,预处理方案对造血干细胞的植入至关重要。

6. 造血干细胞采集、储存和输注 输入足够数量的造血干细胞也是植入成功的关键。造血干细胞可即采即输,亦可采集后超低温保存(常用 -180℃液氮保存)备用。

7. 感染防治 移植早期(1个月以内)可能发生细菌性感染(败血病和局部感染)、真菌感染、病毒感染等;移植中期(1~3个月)的感染以CMV感染、腺病毒、单纯疱疹病毒感染等较常见;晚期(3个月以后)感染主要有带状疱疹病毒和肝炎病毒感染等;应及时发现并予恰当处理。

8. 移植物抗宿主病(graft versus host disease,GVHD) 是造血干细胞移植的主要并发症和造成死亡的重要原因。急性GVHD(aGVHD)在100天内发生,所累及的靶器官主要是皮肤、肠道和肝脏,偶有侵犯关节,是否侵犯呼吸道和内分泌腺还不肯定。慢性GVHD(cGVHD)一般发生在100天以后,累及的靶器官广泛,常见的有皮肤、口腔、肝脏、眼、食管和上呼吸道;少见的有小肠、肌肉、肺和关节。对GVHD应及时做好预防和治疗。

9. 其他并发症 早期并发症有:①肝脏,主要有肝静脉闭塞病(HVOD)、输血后肝炎及其他原因所致的肝损害;②泌尿系统,如急性肾功能损害、出血性膀胱炎、肾脏感染、溶血性尿毒综合征、抗利尿激素分泌不适当综合征及代谢性肾脏并发症(急性肿瘤溶解综合征);③中枢神经系统,如白质脑病、中枢感染、脑出血、药物性中枢系统病变等;④消化系统,有口腔黏膜溃疡、恶心、呕吐等。晚期并发症较广泛,可累及各个系统,主要有间质性肺炎和眼部病变等。此外,强烈化疗和放疗可发生移植后继发性恶性肿瘤。

10. 血制品输注和营养的支持 在受者骨髓完全抑制期间应及时输注红细胞和血小板。移植过程的强烈化疗及放疗等可造成严重营养障碍,应予经口或静脉营养。

(方建培 胡绍燕)

NOTES

思考题

1. 儿童贫血时,为什么易出现髓外造血,其主要临床表现是什么?
2. 简述溶血性贫血的主要临床特点和实验室检查。
3. 对于外周血“三系减少”的患者,需考虑的疾病有哪些?如何鉴别诊断?
4. 简述儿童急性淋巴细胞白血病的临床分型和治疗。

NOTES

第十二章

神经肌肉系统疾病

12章

扫码获取
数字内容

1. 热性惊厥的临床与分型特点。
2. 中枢神经系统常见不同病原感染的脑脊液特征。
3. 脑炎的诊断要点。
4. 吉兰-巴雷综合征的临床表现。
5. 偏头痛的治疗与预防原则。
6. 结节性硬化症的诊断标准。

第一节 概 述

一、神经系统解剖和生理特点

在儿童生长发育过程中，神经系统发育最早，而且速度亦快。胎儿的中枢神经系统由胚胎时期的神经管形成，周围神经系统的发育有不同的来源，但主要来自神经嵴。儿童的脑实质生长较快，新生儿脑的平均重量约为370g，相当于体重的1/9~1/8，6个月时即达700g左右，1岁时约达900g，成人脑重约为1 500g，相当于体重的1/40~1/35。新生儿大脑已有主要的沟回，但较成人浅；皮质较薄，细胞分化不成熟，树突少，3岁时细胞分化基本成熟，8岁时已接近成人。胎儿10~18周是神经元进行增殖的旺盛时期，增殖的神经细胞分别移行到大脑皮质、基底神经节和小脑。出生时大脑皮质已具有6层结构，皮质各层细胞的发育遵循着一个由内向外的规律，即最早迁移并成熟的神经细胞位于最深部，最晚迁移并成熟的则居于最浅层。如果致病因素影响了神经细胞的增殖、移行、凋亡等过程，就会导致脑发育畸形。出生后，大脑皮质的神经细胞数目不再增加，以后的变化主要是神经细胞体积的增大、树突的增多、髓鞘的形成和功能的日趋成熟。

神经传导系统的发育是从胎儿第7个月开始的，神经纤维逐渐从白质深入到皮质，但到出生时数目还很少，生后则迅速增加。至婴幼儿时期，神经纤维外层髓鞘的形成还不完善。髓鞘的形成时间在神经系统各部位也不相同，脊髓神经是在胎儿4个月时开始的，3岁时完成髓鞘化；锥体束在胎儿5~6个月开始至生后2岁完成，皮质的髓鞘化则最晚。故婴幼儿时期，外界刺激引起的神经冲动传入大脑时，速度慢，易于泛化，且不易在大脑皮质内形成明显的兴奋灶。

新生儿的皮质下中枢（如丘脑、苍白球）在功能上已较成熟，但大脑皮质及新纹状体发育尚未成熟，故出生时的活动主要由皮质下中枢调节；以后脑实质逐渐增长成熟，转变为主要由大脑皮质调节。脑干在出生时已发育较好，呼吸、循环、吞咽等维持生命的中枢功能已发育成熟。脊髓在出生时已具备功能，重约2~6g，2岁时构造已接近成人。脊髓下端在新生儿期位于第二腰椎下缘，4岁时上移至第一腰椎，故在做腰椎穿刺选择穿刺部位时要注意年龄特点。小脑在胎儿期发育较差，生后6个月达生长高峰，生后1年小脑外颗粒层的细胞仍在继续增殖，生后15个月，小脑大小已接近成人。

儿童大脑富含蛋白质，而类脂质、磷脂和脑苷脂的含量较少。蛋白质占婴儿脑组织的46%，成人为27%；类脂质在婴儿为33%，成人为66.5%。儿童的脑正处于生长发育时期，故对营养成分和氧的需要量较大，在基础状态下，儿童脑的耗氧量为全身耗氧量的50%，而成人仅为20%。

正常儿童生后即有觅食、吸吮、吞咽、拥抱、握持等反射,其中有些无条件反射,如觅食、吸吮、拥抱、握持等,应随年龄增长而消失,否则将影响动作发育。儿童3~4个月内克尼格征(Kernig sign)阳性,2岁内巴宾斯基征阳性均可为正常生理现象。

二、神经系统体格检查

儿童神经系统检查的主要内容与成人大致相同,但由于儿童神经系统正处于生长发育阶段,不同年龄的正常标准不一样,加之儿童有时难以合作,所以检查方法有其特点,检查顺序也应灵活掌握。检查时应取得患者合作,有些项目可先在医生自己身上试验,以减少患者恐惧。检查应全面,又要有重点,不必拘于顺序。对病情复杂者可以分次检查。不舒适的检查,如眼底和感觉检查可以放在最后。

(一)一般检查

1. 意识和精神状态 需根据患者对外界的反应状况来判断其是否有意识障碍。意识障碍的轻重程度可分为嗜睡、意识模糊、昏迷(浅昏迷和深昏迷)等。精神状态要注意有无烦躁不安、激惹、谵妄、迟钝、抑郁、幻觉及定向障碍等。

2. 皮肤 许多先天性神经系统疾病常合并有皮肤异常,如斯德奇-韦伯综合征(Sturge-Weber syndrome),在一侧面部三叉神经分布区可见红色血管瘤;结节性硬化症(tuberous sclerosis)可见到躯干或四肢皮肤的色素脱失斑,幼儿期后常出现面部血管纤维瘤;神经纤维瘤病(neurofibromatosis)可见浅棕色的皮肤咖啡牛奶斑(cafe-au-lait spots)。

3. 头颅 首先要观察头颅的外形及大小。狭而长的"舟状头"见于矢状缝早闭;宽而短的扁平头见于冠状缝早闭;各颅缝均早闭则形成塔头畸形。儿童出生时头围约34.5cm,生后前半年内每个月约增加1.5cm,后半年每个月约增加0.5cm,1岁时头围约46.5cm,2岁时48.5cm,5岁时51cm,15岁时接近成人头围,约54~58cm。还要注意头皮静脉是否怒张,头部有无肿物及瘢痕。头颅触诊要注意前囟门的大小和紧张度、颅缝的状况等。囟门过小或早闭见于小头畸形;囟门迟闭或过大见于佝偻病、脑积水等;前囟饱满或隆起提示颅内压增高,前囟凹陷见于脱水等。生后6个月不容易再摸到颅缝,若颅内压增高可使颅缝裂开,叩诊时可呈"破壶音"[麦克尤恩征(MacEwen sign)阳性]。颅透照检查适用于婴幼儿,当硬膜下积液时,透光范围增大,如有脑穿通畸形或重度脑积水时,照一侧时对侧也透光。

4. 五官 许多神经系统疾病可合并五官的发育畸形,如小眼球、白内障见于先天性风疹或弓形体感染,眼距宽可见于21-三体综合征、克汀病,耳大可见于脆性X染色体综合征,舌大而厚见于克汀病、黏多糖病等。

5. 脊柱 应注意有无畸形、异常弯曲、强直,有无叩击痛,有无脊柱裂、脊膜膨出、皮毛窦等。

6. 气味 某些特殊的气味可作为疾病诊断的线索。若糖尿病酮症酸中毒有烂苹果气味,苯丙酮尿症有鼠尿味,枫糖尿症有烧焦糖味,有机磷中毒有大蒜味。

(二)脑神经检查

1. 嗅神经 检查时利用牙膏、香精等气味,通过患者表情观察有无反应;不可用刺激三叉神经的物品,如氨水、浓酒精、胡椒、樟脑等。嗅神经损伤可见于先天性节细胞发育不良、颅底病变者。

2. 视神经 主要检查视觉、视力、视野和眼底。正常儿出生后即有视觉,检查小婴儿的视觉可用移动的光或色泽鲜艳的物品。年长儿可用视力表检查视力,年幼儿的视力可用图画视力表或小的实物放在不同的距离进行检查。检查视野:年长儿可用视野计;年幼儿童可用对面检查法;5~6个月的婴儿,可用两个颜色、大小相同的物品,从儿童背后缓缓地移动到儿童视野内,左右移动的方向和速度要尽量一致,若儿童视野正常就会先朝一个物体看去,面露笑容,然后再去看另一个,同时用手去抓。如果多次试验中,儿童只看一侧物体,可能对侧视野缺损。眼底检查对于神经系统疾病的诊断也有重要意义,注意视盘、视神经以及视网膜有无异常。检查眼底时应注意儿童特点,正常婴儿视乳头由于小血管发育不完善，所以颜色稍苍白，不可误认为是视神经萎缩。

3. 动眼、滑车、展神经 此三对脑神经支配眼球运动、瞳孔反射及眼睑上抬，检查时应使儿童头不转动，眼球随医生的手指或玩具向上、下、左、右等各方向注视，观察有无运动受限。注意眼球位置，有无斜视、复视、眼震，有无眼睑下垂等。检查瞳孔时应注意其大小、形状、是否对称及对光反应等。若眼球运动障碍，但瞳孔对光反射灵敏，提示为眼外肌麻痹，如重症肌无力。

4. 三叉神经 运动纤维支配咀嚼肌：当瘫痪时，做咀嚼运动时扪不到咀嚼肌收缩；三叉神经运动纤维受刺激时，咀嚼肌强直，出现牙关紧闭。三叉神经感觉纤维司面部感觉，可用大头针和细棉条分别测试面部两侧的痛、触觉，并做上下、内外的比较。角膜反射检查可了解三叉神经感觉支是否受损。

5. 面神经 观察鼻唇沟深浅及面部表情，注意皱眉、闭眼、露齿、微笑、哭闹时左、右是否对称。周围性面神经麻痹时，患侧上、下部面肌全部瘫痪，该侧出现眼睑不能闭合、鼻唇沟变浅、口角歪斜等。中枢性面神经麻痹者，只表现为病变对侧下部面肌麻痹，如口角歪斜、鼻唇沟变浅，而眼裂大小无改变。

6. 听神经 检查听力，可观察患者对声音、语言和耳语的反应；较大儿童可用音叉鉴别是传导性耳聋还是神经性耳聋。检查前庭功能，可做旋转试验：年长儿可用转椅；婴幼儿可持其腋下平举旋转。正常儿做上述试验时可引发眼震，前庭神经或脑干病变时，不能引起眼震；前庭器官或前庭神经兴奋性增强时，眼震持续时间延长。

7. 舌咽、迷走神经 此二神经损害时表现为吞咽困难、声音嘶哑，检查时可发现咽后壁感觉减退或消失。一侧舌咽、迷走神经麻痹时可见该侧软腭腭弓较低，悬雍垂偏向健侧，发"啊"音时，患侧软腭不能上提或运动减弱。在急性延髓病变导致舌咽、迷走及舌下神经麻痹时，咽反射消失，并可有呼吸及循环功能障碍，称为延髓麻痹（bulbar palsy）。当病变在大脑或脑干上段时，如果双侧锥体束受累，也有吞咽、软腭及舌的运动障碍，但咽反射不消失，下颌反射亢进，此时称为假性延髓麻痹（pseudobulbar palsy）。二者在临床上应注意鉴别。

8. 副神经 主要支配斜方肌和胸锁乳突肌，可通过耸肩、转头检查其功能。

9. 舌下神经 应注意观察舌静止时的位置，有无萎缩、肌束震颤，伸舌是否居中等。舌下神经麻痹时，伸舌偏向麻痹侧，如果是周围性舌下神经麻痹，常伴舌肌萎缩和肌束震颤。

（三）运动功能检查

1. 肌容积 应注意有无肌萎缩或假性肥大。萎缩多见于下运动神经元损伤，腓肠肌假性肥大多见于迪谢内肌营养不良（Duchenne muscular dystrophy）。

2. 肌张力 可用手触摸肌肉以判断在静止状态时肌肉的紧张度，或在肢体放松的情况下做被动的伸屈、旋前/旋后、内收/外展等运动以感知其阻力。小婴儿肌张力可通过内收肌角、腘窝角、足跟碰耳试验、足背屈角、围巾征等观察。

3. 肌力 令患者对抗阻力向各个可能的方向运动，从四肢远端向近端逐一检查各关节，两侧对比，注意各部位肌力。肌力大致可分为 6 级。0 级：完全瘫痪，即令患者用力时，肌肉无收缩；1 级：可见到或触到肌肉收缩，但未见肢体移动；2 级：有主动运动，但不能抵抗地心引力；3 级：有主动运动，且能对抗地心引力，但不能对抗人为阻力；4 级：能对抗地心引力及人为阻力，但力量稍弱；5 级：正常。

4. 共济运动 首先观察儿童持物、玩耍、行走时动作是否协调，然后可做如下检查：①鼻-指-鼻试验。儿童与检查者对坐，令其用示指端触自己的鼻尖，然后指检查者的示指，再指自己的鼻尖，反复进行，观察有无震颤，动作是否准确。②指鼻试验。先让儿童伸直前臂，再令其用示指端触鼻尖，反复进行，两侧比较，睁眼、闭眼皆试。③跟膝胫试验。儿童仰卧，抬高一腿，将足跟准确地落在对侧膝盖上，然后沿胫骨向下移动，观察动作是否准确。④龙贝格征（Romberg sign）。嘱儿童双足并拢站立，双手向前平伸，注意睁眼、闭眼时站立是否平稳，如摇摆或跌倒则为阳性。

5. 姿势和步态 受到肌力、肌张力、深感觉、小脑及前庭功能的影响。观察卧、坐、立、走的姿势是否正常。检查步态时要注意有无摇晃不稳或蹒跚步态、痉挛性步态、剪刀式步态、"鸭步"等。

NOTES

6. 不自主运动 观察有无不自主运动，如舞蹈样运动、手足徐动、扭转痉挛、抽动等。

（四）感觉功能检查

感觉功能检查即检查各种不同的感觉，并注意两侧对比。对于较大儿童，尽可能地取得患者合作；婴幼儿则难于准确判断，可根据患者对刺激的反应估计。

1. 浅感觉 ①痛觉检查：用针尖轻刺皮肤，让患者回答有无痛感或根据患者的表情判断；②触觉检查：用细棉条轻拭皮肤；③温度觉：可用装有冷水或热水的试管测试。

2. 深感觉 ①位置觉：移动患者的指/趾关节，让其回答是否移动及移动的方向；②震动觉：用音叉柄放在骨突起部，测试有无震动感。

3. 皮质（综合）感觉 令患者闭目，用手辨别物体的大小、形状、轻重等。

（五）神经反射

正常儿童的生理反射有两类：一是终生存在的反射（浅反射及深腱反射）；另一类为儿童时期暂时存在的反射（原始反射）。儿童浅反射、深反射及病理反射的检查方法基本同成人。现将婴儿特有的反射表现简介如下。

1. 觅食反射（rooting reflex） 轻触小婴儿口角或面颊部，儿童将头转向刺激侧，唇撅起。正常儿童生后即有，4~7 个月消失。

2. 吸吮反射（sucking reflex） 用干净的橡皮奶头或小指尖放入儿童口内，引起儿童口唇及舌的吸吮动作。此反射生后即有，4~7 个月消失。

3. 握持反射（palmer grasping reflex） 用手指从尺侧进入儿童手心，儿童手指屈曲握住检查者的手指。此反射生后即有，2~3 个月消失。

4. 拥抱反射（Moro reflex） 儿童仰卧，检查者拉儿童双手使肩部略微离开检查台面（头并未离开台面）时，突然将手抽出，儿童表现为上肢先伸直、外展；再屈曲、内收，呈拥抱状，有时伴啼哭。正常新生儿生后即有，4~5 个月消失。

5. 颈肢反射 又称颈强直反射（neck tonic reflex），儿童仰卧位，将其头转向一侧 90°，表现为与颜面同侧的上、下肢伸直，对侧上、下肢屈曲。此反射生后即存在，4~5 月龄消失。

6. 交叉伸展反射（crossed extension reflex） 儿童仰卧位，检查者握住儿童一侧膝部使下肢伸直，按压或敲打此侧足底，可见到另一侧下肢屈曲、内收，然后伸直；检查时应注意两侧动作是否对称。新生儿期有此反射，2 个月后减弱，6 个月后仍存在应视为异常。

7. 降落伞反射（parachute reflex） 托住儿童胸腹部呈俯卧悬空位，将儿童突然向前下方冲一下，此时儿童上肢立即伸开，稍外展，手指张开，好像阻止下跌的动作。此反射生后 6~10 个月出现，可持续终生。

（六）脑膜刺激征

1. 颈强直 儿童仰卧，检查者一手托住儿童枕部，向前屈曲颈部，正常时无抵抗感，阳性时颈部屈曲受阻，下颌不能抵胸部。

2. 克尼格征 儿童仰卧，将一侧下肢的髋关节及膝关节均屈曲成直角，然后抬高其小腿，正常膝关节伸展角大于 135°，如有抵抗不能上举，则为阳性。

3. 布鲁辛斯基征 儿童仰卧，检查者以手托其枕部，将头前屈，此时若膝关节有屈曲动作则为阳性。

三、神经系统辅助检查

儿童神经系统的辅助检查内容很多，如脑电图、肌电图、脑干诱发电位、颅脑超声、X 线平片、CT、MRI、核素扫描以及脑脊液（cerebral spinal fluid，CSF）检查等，这里仅简单介绍几种。

（一）脑脊液检查

脑脊液检查即通过腰椎穿刺取得脑脊液标本，进行常规、生化、细胞学、病原学、酶学、免疫球蛋白等检测，对神经系统疾病，特别是神经系统感染有重要的诊断和鉴别诊断意义。

（二）脑电图（electroencephalography，EEG）

脑电图即通过头皮或者颅内电极对脑电活动进行描记，主要是通过记录脑电生理活动来了解脑功能情况。儿科常用的是头皮电极脑电图，包括常规脑电图、动态脑电图和视频脑电图（video-EEG）等；功能神经外科可能用到各种颅内电极脑电图。延长脑电图监测时间、应用各种诱发试验以及联合视频记录可增加脑电图的阳性发现率。由于脑电生理活动与发育成熟过程密切相关，所以不同年龄的脑电图具有不同的特点。另外，在正常儿童中有5%~7%可以出现脑电图轻度异常，且脑电图异常的程度与疾病程度有时也不完全一致，因此对儿童脑电图结果的解释应慎重，并结合临床情况考虑。

脑电图检查的主要作用有两个方面。第一，关于癫痫的诊断及鉴别诊断：尤其是长程视频脑电图，不仅可监测到脑电图，而且还可同时看到患者的发作情况，对于确定是否为癫痫发作以及癫痫发作及综合征的诊断和分型均具有重要意义，同时，系列脑电图监测也可以作为判断癫痫病程演变、癫痫治疗效果的重要依据。第二，关于脑功能情况的评估：例如脑炎、脑病的辅助诊断及严重程度的判断，系列监测也可以反映病情的演变及判断预后。

（三）肌电图及脑干诱发电位

1. 肌电图（electromyography，EMG） 是研究神经和肌肉细胞电活动的重要检查手段。肌电图有助于判断被测肌肉有无损害和损害性质（神经源性或肌源性）。神经传导速度（NCV）可了解被测周围神经有无损害、损害性质（髓鞘或轴索损害）和严重程度。

2. 诱发电位 分别经听觉、视觉和躯体感觉通路，刺激中枢神经，诱发相应传导通路的反应电位。

（1）脑干听觉诱发电位（brainstem auditory evoked potential，BAEP）：以耳机声刺激诱发。因其不受镇静剂、睡眠和意识障碍等因素的影响，可用于包括新生儿在内任何不合作儿童的听力筛测，以及昏迷患者脑干功能评价，辅助确定听通路受损的大致部位。

（2）视觉诱发电位（visual evoked potential，VEP）：以图像视觉刺激（patterned stimuli）诱发的VEP称为PVEP，可分别检出单眼视网膜、视神经、视交叉、视交叉后和枕叶视皮质间视通路各段的损害。婴儿不能专心注视图像，可改成闪光刺激诱发，称FVEP，但特异性较差。

（3）体感诱发电位（SEP）：以脉冲电流刺激肢体混合神经，沿体表记录感觉传入通路反应电位。脊神经根、脊髓和脑内病变者可出现异常。

（四）计算机断层成像（computed tomography，CT）

在CT的整个检查过程中，患者必须保持不动，否则会产生运动伪影，或根本无法检查，因此对于不合作的婴幼儿应于检查前给予适量镇静药物。CT可以显示不同层面脑组织、脑室、脑池等结构的形态，被广泛用于儿童神经系统疾病的诊断，但对脑组织的分辨率不如MRI高，且对颅后窝、脊髓等部位疾病的诊断还有不足之处。

（五）磁共振检查

磁共振成像（magnetic resonance imaging，MRI）是根据物理学中磁共振现象的原理而发展起来的一种检查方法。其优点是分辨率高、无放射线、不被骨质所阻挡，对颅后窝病变、中线结构病变、脊髓病变等都能显示清晰，能够清楚地分辨灰质、白质。不足之处是成像速度慢，对钙化不敏感等。MRI能显示大多数病变及其组织学特征，但仍有部分病变互相重叠或不能确定，需做增强扫描。此外颅内磁共振血管成像（MRA）对血管病变有较大的诊断价值。

（六）数字减影血管造影（digital subtraction angiography，DSA）

DSA是通过计算机程序把血管造影片上的骨与软组织影消除，仅突出血管的一种摄影技术，主要用于脑血管疾病（如脑动脉炎、脑梗死、脑血管畸形等）的诊断，也可用于颅内占位性疾病的诊断。

（七）发射型计算机断层成像（emission computed tomography，ECT）

ECT是在核医学的示踪技术和计算机断层扫描基础上发展起来的医学检查手段。根据探测放射性示踪剂所用的种类，ECT又分为单光子发射计算机断层成像（single photon emission computed tomography，SPECT）与正电子发射断层成像（positron emission tomography，PET）两种。SPECT扫描主要是通过测定放射性示踪剂的吸收或滞留，定量或半定量评价大脑血流改变及代谢状况的一种放射成像方法。PET扫描主要通过测定能发射正电子的示踪剂在组织内的分布情况，用来定量测定局部脑葡萄糖代谢、氧代谢。发作间期的PET和发作期的SPECT在癫痫病灶的定位诊断中有重要意义。

（八）其他检查

颅脑超声检查有助于新生儿颅内疾病的诊断，如颅内出血、缺氧缺血性脑病、侧脑室扩大，硬膜下血肿等；其优点是可以床旁检测，没有放射线，因而更适合动态随访观察。

第二节 惊 厥

惊厥（convulsion）是儿科最常见的紧急症状之一，是由于随意肌的剧烈、不自主的痉挛性收缩（强直）或者收缩、松弛交替出现（强直阵挛）导致的发作，可以是部分身体，也可以是全身性的，常伴有意识丧失。惊厥既可以是癫痫性发作，即大脑神经元一过性大量同步化放电所导致的发作，脑电图上发作同期常有相应的发作性痫样放电；也可以是非癫痫性的，如破伤风、低钙惊厥等。

【发病机制】

婴幼儿易发生惊厥的内在机制包括如下方面。

1. 发育期脑的特性 大脑皮质功能发育未完全，即使较弱刺激也能在大脑引起较强烈兴奋与扩散，从而导致神经细胞异常的突然大量同步化放电。另外，当神经髓鞘未完全形成时，神经传导不完善，冲动传导易泛化。发育期未成熟脑缺乏对神经兴奋起抑制作用的神经递质和介质，而且成熟脑中枢神经系统中主要抑制性神经介质受体GABAA，在出生后脑发育早期对海马神经元呈兴奋性作用，此时GABAA兴奋足以去除电压依赖的镁离子对NMDA受体的阻断作用，引起大量钙离子内流。发育中脑内缝隙连接的广泛存在促进神经元放电同步化。总之，发育中脑兴奋性系统的成熟先于抑制性系统成熟，这一方面是脑发育中形成学习记忆及神经系统可塑性所必需的；但另一方面，也使婴幼儿处于惊厥性疾病的易感状态。

2. 发育期组织、器官功能特点 血脑屏障功能较差，多种毒性物质（包括药物）易透入脑组织。水、电解质代谢不稳定，可由多种原因造成失衡。

3. 末梢神经肌肉的刺激阈值较低 如血中游离钙降低时，一般冲动也可引起惊厥。

【病因及分类】

（一）感染性病因

1. 颅内感染 如由细菌、病毒、寄生虫、真菌引起的脑膜炎或脑炎。脑脊液检查对诊断和鉴别诊断有较大帮助。

2. 颅外感染 与非颅内的全身性感染性疾病相关，包括感染中毒性脑病（大多并发于脓毒症、重症肺炎、中毒性细菌性痢疾等严重细菌性感染疾病）、热性惊厥等。

（二）非感染性病因

1. 颅内疾病 包括颅脑损伤与出血、先天发育畸形、颅内占位性病变等。

2. 颅外（全身性）疾病 包括缺氧缺血性脑损伤、代谢性疾病[水、电解质紊乱，肝/肾衰竭，瑞氏综合征（Reye syndrome）、遗传代谢性疾病等]、中毒等。

【临床表现】

根据不同病因和神经系统受累部位不同，惊厥的发作形式和严重程度不同。如果是癫痫性惊厥，部分发作前可有先兆，但多数突然发作。全面性惊厥发作时意识完全丧失，双眼凝视、斜视或上翻，头后仰，面肌及四肢呈强直性或阵挛性抽搐，呼吸暂停，甚至出现青紫，惊厥后昏睡、疲乏。热性惊厥者多于惊厥后意识很快恢复。非癫痫性惊厥者，如低钙性手足搐搦症、破伤风的肌痉挛，不伴有意识障

NOTES

碍。惊厥呈持续状态或者频繁发生表示病情严重。

【诊断】

1. 病史　了解既往有无热性惊厥史、现病史有无发热；有发热者多考虑上述感染性疾病及热性惊厥。

2. 年龄　掌握不同年龄的常见病因可协助诊断。

（1）新生儿期：以产伤、窒息、先天颅脑畸形、低血糖症、低钙血症、脓毒症和化脓性脑膜炎、破伤风常见。

（2）1个月~1岁：以产伤后遗症、先天颅脑畸形、低钙血症、化脓性脑膜炎、婴儿痉挛多见。6个月后热性惊厥逐渐增多。

（3）1~3岁：以热性惊厥、各种脑膜炎和脑炎、中毒性脑病、低血糖为多见。

（4）学龄前期及学龄期儿童：以中毒性脑病、各种脑膜炎和脑炎、颅内肿瘤、颅脑外伤、各种中毒、高血压脑病、癫痫为多见。

3. 季节　传染病多有明显的季节性，如：夏秋季以乙型脑炎、中毒性细菌性痢疾多见；冬春季以重症肺炎、流行性脑膜炎多见。

4. 体格检查　主要包括皮肤瘀点、局部感染灶、脑膜刺激征、颅内高压症等，测血压及眼底检查等均可能有助于病因诊断。

5. 实验室检查　血、尿、便常规，血生化，肝、肾功能，脑脊液检查（常规、生化及病原学检查）。

6. 特殊检查

（1）脑电图：对各种类型癫痫有诊断意义，对脑病和脑炎的诊断及病情判断亦可能有帮助。

（2）头颅X线检查：包括CT、平片、脑血管造影，了解有无高颅压表现、钙化点、脑血管病变和畸形。

（3）脑超声检查：适用于前囟未闭婴儿的颅内病变检测。

（4）MRI：是适用范围最广、显示效果最好的脑影像检测方法。

总之，在做儿科惊厥的鉴别诊断时，必须结合有无发热、年龄、季节、临床表现及相关辅助检查等全面分析考虑。

【治疗】

治疗原则是尽快明确原因，进行针对性治疗，同时控制惊厥，稳定生命体征。

1. 一般治疗　严密观察意识、瞳孔及生命体征变化，注意记录惊厥发作的具体症状学表现；注意保护，防止意外伤害，保持头向一侧偏斜，维持呼吸道通畅，避免窒息及误吸，不要向口腔内塞入任何物品；注意不要过度用力按压患者，以免造成骨折；避免不必要的刺激；必要时给氧，若长时间发作（>30分钟），应根据氧合情况适时给予气管插管机械通气；监测生命体征，以及时发现病情变化（如脑疝、呼吸停止等）。

2. 止惊治疗　多数惊厥发作可在5分钟内自发缓解，发作超过5分钟者需要及时给予药物止惊治疗。

（1）首选苯二氮䓬类药物：如有静脉通道，应选择地西泮，每次0.3~0.5mg/kg（单剂最大剂量10mg），静脉推注（每分钟1~2mg，新生儿0.2mg）；如发作持续，必要时10~15分钟后可重复1次。如不能或者难以马上建立静脉通道，目前在国内，咪达唑仑肌内注射也具有很好的止惊效果，而且操作简便、快速，可作为首选；首剂0.2~0.3mg/kg，单剂最大量不超过10mg；如发作持续，可继续静脉输注，1~10μg/（kg·min），维持12~24小时。

（2）苯巴比妥钠：肌内注射吸收较慢，不适宜用于急救的一线用药，可选用静脉制剂；负荷量10mg/kg，注射速度<25mg/min。此药维持时间较长，多于12小时后使用维持量，4~5mg/（kg·d）。但是需要注意的是：即使静脉注射，苯巴比妥在脑组织中的蓄积也需要较长时间，大约需要20~60分钟脑组织药物才可达峰浓度；而且由于半衰期很长（婴幼儿平均50小时），所以先用苯巴比妥再用苯二

NOTES

氮䓬类容易合并长时间呼吸抑制；此药镇静作用较强，持续时间长，容易影响意识判断，在疑似中枢神经系统感染或者怀疑脑病的时候，判断意识对于判断病情很重要。因此目前此药仅作为止惊治疗的二线甚至三线治疗。

（3）10% 水合氯醛：用于上述治疗无效者，剂量为 0.5ml/kg（50mg/kg），稀释至 3%，灌肠。

（4）苯妥英：用于惊厥持续状态。15~20mg/kg，溶于生理盐水，静脉滴注，<1mg/（kg·min），24 小时后予维持量 5mg/（kg·d）。

3. 病因治疗 不同年龄导致惊厥的病因存在明显差异，应及时、准确地了解惊厥的病因，并进行针对性治疗，否则惊厥治疗的效果不好，甚至无效。因此在进行止惊治疗的同时应尽快明确惊厥的病因。在急诊情况下，对于惊厥持续状态者，推荐首先取血做血常规、血糖、血电解质（小婴儿必须包含钙、镁）检查，有条件者可以做急诊肝/肾功能、血气分析、血氨检查，如果有病史线索提示时，可酌情行脑脊液检查、抗癫痫发作药血药浓度检测、血培养、血毒物检测等。

4. 对症治疗 高热者用药物及物理方法降温；纠正水、电解质、代谢紊乱，如存在颅内压增高，可予以 20% 甘露醇等降低颅内压；必要时予循环与呼吸支持（纠正低血压、心律失常，适时机械通气等）。

附：热性惊厥

热性惊厥（febrile seizure，FS），患病率约为 2%~5%，是婴幼儿时期最常见的惊厥性疾病，儿童期患病率 3%~4%。FS 是指发生在生后 6 个月~5 岁，发热初起或体温快速上升期出现的惊厥，排除了中枢神经系统感染以及引发惊厥的任何其他急性病，既往也没有无热发作史。国际抗癫痫联盟的最新分类已经不再将 FS 列为癫痫的一种类型。

【病因】

遗传因素可能在热性惊厥的发生中起关键因素。环境因素，如病毒和细菌感染，是热性惊厥的重要促发因素，其中以病毒感染更为多见。疫苗接种发热是疫苗接种的常见不良反应。某些疫苗更易引发热性惊厥，尤其是减毒活疫苗（例如麻腮风疫苗）以及全细胞制备疫苗（例如全细胞百日咳疫苗）。但是没有证据表明这种疫苗接种后的热性惊厥与远期癫痫的发生相关，根据国际上大多数国家的指南，热性惊厥并不是接种疫苗的禁忌证。

【临床表现】

热性惊厥首次发作年龄多于生后 6 个月至 3 岁间，平均 18~22 个月。男孩稍多于女孩。绝大多数 5 岁后不再发作。

根据临床特点，热性惊厥可以分为单纯型和复杂型两种。

1. 单纯型 发作表现为全面性发作，无局灶性发作特征；发作持续时间小于 15 分钟；24 小时之内或同一热性病程中仅发作 1 次。此型占热性惊厥的 75%。

2. 复杂型 具有以下特征之一：发作时间长（>15 分钟）；局灶性发作；惊厥在 24 小时之内或同一热性病程中发作≥2 次。

【诊断】

热性惊厥的诊断主要是根据特定的发生年龄以及典型的临床表现，最重要的是除外可能导致发热期惊厥的其他各种疾病，如中枢神经系统感染、感染中毒性脑病、急性代谢紊乱等。

【治疗】

热性惊厥绝大多数是良性病程，应注意避免过度治疗。因此，首先要加强家长教育，使家长了解绝大多数热性惊厥的良性预后，并教会家长如何应对急性发作，从而避免家长过度的紧张和焦虑。同时，应该明确告知家长退热治疗对于预防热性惊厥复发无效。

如需要进行预防性治疗，可以采用抗癫痫发作药进行长期预防或者发热时临时预防。虽然这些预防治疗措施可以减少热性惊厥的复发，但是没有证据表明任何预防性治疗可以改变远期预后，包括认知功能、癫痫发生率等。如果考虑到各种预防措施可能带来的不良反应，目前认为对于绝大多数热性惊厥患者，不主张任何预防性治疗。

NOTES

对于少数热性惊厥过于频繁（>5 次/年）或者出现过热性惊厥持续状态（>30 分钟）的患者，可以考虑采取预防措施：①长期预防。可选用丙戊酸或左乙拉西坦或苯巴比妥口服。②间断临时预防。在发热早期及时临时口服或直肠应用地西泮，剂量为每次 0.3mg/kg，可每间隔 8 小时应用 1 次，最多连续应用 3 次。但是应该强调，这种方法常见的不良反应是嗜睡、共济失调等中枢神经系统症状，有可能掩盖严重疾病，如脑膜炎、脑炎等。而且有些热性惊厥发生在发热起始很短的时间内，甚至出现惊厥后才出现发热，因此应用临时口服药预防经常不及时，导致预防失败。不论是采用长期或者临时预防，均应仔细评估其可能的利弊，并与家长充分沟通后再做出决定。

【预后】

热性惊厥总体预后良好，尚无直接因热性惊厥而死亡的病例报道。95% 以上的热性惊厥患者日后并不患癫痫。热性惊厥后患癫痫的危险因素包括：①复杂型热性惊厥；②存在中枢神经系统异常（如发育落后）；③癫痫家族史。首次热性惊厥后仅有约 30% 的患者在以后的发热性疾病过程中再次出现热性惊厥。复发的危险因素有：①18 月龄前发病；②热性惊厥发作时体温<38℃；③热性惊厥家族史；④热性惊厥发生前的发热时间短（<1 小时）。具有所有危险因素的患者 76% 将出现热性惊厥复发，无危险因素者仅 4% 复发。热性惊厥者大多数认知功能预后良好，即使是复杂型热性惊厥患者，其远期认知功能和行为与同龄儿相比均无显著差异。

第三节　癫　　痫

癫痫（epilepsy）是一种以具有持久性的产生癫痫发作的倾向为特征的慢性脑部疾病。癫痫不是单一的疾病实体，而是一种有着不同病因基础、临床表现各异但以反复癫痫发作为共同特征的慢性脑功能障碍。癫痫发作（seizure）是指脑神经元异常过度、同步化放电活动所造成的一过性临床症状和/或体征，其表现取决于同步化放电神经元的放电部位、强度和扩散途径。癫痫发作不能等同于癫痫：前者是一种症状，可见于癫痫患者，也可以见于非癫痫的急性脑功能障碍患者，例如病毒性脑炎、各种脑病的急性期等；而后者是一种以反复癫痫发作为主要表现的慢性脑功能障碍性疾病。

癫痫是儿童最常见的神经系统疾病，我国癫痫的整体患病率在 7‰，其中大多数在儿童时期起病。随着临床与脑电图、病因学诊断水平的不断提高，特别是随着影像学、分子遗传学技术以及抗癫痫发作药的不断发展，儿童癫痫的诊断和治疗水平不断提高，总体来讲大约 70%~80% 的患者可获得完全控制，其中大部分甚至停药后 5 年仍不复发，能正常生活和学习。

【病因】

癫痫的发生是内在遗传因素和外界环境因素在个体内相互作用的结果。每个癫痫患者的病因学均包括这两种因素，只不过各自所占的比例不同。目前认为 70%~80% 的癫痫病例中遗传因素是主要的病因，20%~30% 的癫痫病例主要由明确的外源性获得性因素导致，如缺氧缺血性脑损伤、脑炎、脑外伤和肿瘤等。随着分子遗传学、神经影像学及神经科学的快速发展，近年来癫痫病因学的研究进展迅速，国际抗癫痫联盟（ILAE）关于癫痫病因的分类也因此推陈出新。2017 年 ILAE 提出了新的癫痫分类框架，其中癫痫病因分为 6 类，即：结构性、遗传性、感染性、代谢性、免疫性和原因不明。新病因分类最大的意义在于更加有针对性，能够更好地指导个体化治疗。同时新病因学分类提出每名患者可有单个或多个病因，例如葡萄糖转运子 I 缺乏症，既是遗传性的，也是代谢性的。在临床工作中应该特别重视目前可治疗的病因，如苯丙酮尿症、维生素 B_6 依赖性癫痫等。然而，尽管对儿童癫痫病因的认识不断深入，但对于其发病机制的深入认识仍然十分有限。

【临床表现】

癫痫的临床表现主要是癫痫发作，然而近年来的研究已经充分证明癫痫不仅是临床发作，而且常常伴有各种神经行为共患病（neurobehavioural comorbidities），包括认知障碍、精神疾病及社会适应性行为（social adaptive behavior）障碍。因此，也有学者提出癫痫实际上是一种以癫痫发作为主，同时可以伴有各种程度轻重不一的神经精神共病的谱系疾病(disease spectrum)。

国际抗癫痫联盟(International League Against Epilepsy,ILAE)是全球癫痫学领域最权威的学术组织,其任命的分类和术语委员会根据人们对癫痫的最新认识,对癫痫的国际分类和术语进行修订。2017年的最新修订版提出了癫痫的新分类框架及发作分类方法。

(一)癫痫发作(epileptic seizure)

癫痫发作的临床表现取决于同步化放电的癫痫灶神经元所在脑部位、放电强度和扩散途径。根据发作的临床表现(尤其是发作开始的主要表现)和脑电图特征,癫痫发作主要分为局灶起始(局灶性)发作、全面起始(全面性)发作和起始不明的发作。

1. 局灶起始发作 指这种发作每一次都起源于固定的单侧半球(比如都起源于左侧半球)的致痫网络,可以起始后扩散或者不扩散至双侧脑网络;如果扩散至双侧,则会演变为双侧强直-阵挛发作。根据发作期间意识是否清楚,局灶起始发作分为意识清楚的局灶性发作和意识受损的局灶性发作。有时候,发作时意识情况不详则可不进行意识状态描述,直接根据起始症状分为运动症状起始发作和非运动症状起始发作。运动症状起始的局灶性发作包括自动症(automatisms)、失张力、阵挛、癫痫性痉挛、过度运动(hyperkinetic)、肌阵挛、强直;非运动症状起始的局灶性发作包括自主神经症状(autonomic)、行为停止(behavior arrest)、认知障碍、情绪障碍及感觉障碍。一次发作,可以由局灶性发作演变为双侧强直-阵挛发作。

2. 全面起始发作 指这种发作每一次起源于包括双侧半球的致痫网络的某一点(而不是仅限于某一固定侧网络),并迅速扩散至双侧网络,伴有意识障碍。全面起始发作包括运动性发作(如强直阵挛发作、肌阵挛发作、失张力发作)以及非运动性发作(失神发作)。

3. 起始不明的发作 如果没有观察到发作开始的症状,归类为起始不明的发作,也可以根据观察到的发作表现分为运动性发作及非运动性发作。如果起始模式及发作特征不符合现有分类中的任何一种类型,或者没有足够的信息来进行发作症状的判断,则属于不能分类的发作。

(二)癫痫及癫痫综合征分类

癫痫的类型目前共分为四类:局灶性、全面性、兼有全面性和局灶性以及不能确定分类性癫痫。癫痫综合征(epileptic syndrome)指由一组具有相近的特定临床表现和电生理改变的癫痫(脑电-临床综合征)。临床上常结合发病年龄、发作特点、病因学、伴随症状、家族史、脑电图及影像学特征等所有相关资料,综合做出某种癫痫综合征的诊断。明确癫痫综合征对于治疗选择、判断预后等方面都具有重要指导意义。但是,需要注意的是,并不是所有癫痫都可以诊断为癫痫综合征。

2010年ILAE提出的脑电-临床综合征和其他癫痫病分类方案如下。

1. 按起病年龄排列的脑电-临床综合征(癫痫综合征)

(1)新生儿期:如新生儿良性家族性癫痫、早期肌阵挛脑病、大田原综合征。

(2)婴儿期:如游走性局灶性发作的婴儿癫痫、韦斯特综合征(West syndrome)、婴儿肌阵挛癫痫、婴儿良性癫痫、婴儿良性家族性癫痫、德拉韦综合征(Dravet syndrome)、非进展性疾病中肌阵挛脑病。

(3)儿童期:如热性发作附加症(可始于婴儿期)、Panayiotopoulos综合征(既往称为早发型儿童良性枕叶癫痫)、肌阵挛失张力癫痫、良性癫痫伴中央-颞区棘波、常染色体显性遗传夜发额叶癫痫、晚发型儿童枕叶癫痫、肌阵挛失神癫痫、伦诺克斯-加斯托综合征(Lennox-Gastaut syndrome)、伴睡眠期持续棘-慢波的癫痫性脑病、兰道-克勒夫纳综合征(Landau-Kleffner syndrome)、儿童失神癫痫。

(4)青少年-成年期:如青少年失神癫痫、青少年肌阵挛癫痫、仅有全面强直-阵挛发作的癫痫、进行性肌阵挛癫痫、伴有听觉表现的常染色体显性遗传性癫痫、其他家族性颞叶癫痫。

(5)起病年龄可变的癫痫:如不同起源部位的家族性局灶性癫痫(儿童至成人)、反射性癫痫。

2. 其他一组癫痫 伴有海马硬化的颞叶内侧癫痫、拉斯马森综合征(Rasmussen syndrome)、伴下丘脑错构瘤的发笑性发作、偏身惊厥-偏瘫性癫痫。

NOTES

不属于这些诊断类别的癫痫可以首先根据是否存在已知的结构或代谢疾病(推测的癫痫原因),

然后根据癫痫发作的主要模式(全面性与局灶性)进行区分。

3. 脑结构-代谢异常所致的癫痫 如皮质发育畸形(半侧巨脑回,灰质异位等)、神经皮肤综合征(结节性硬化,斯德奇-韦伯综合征等)、肿瘤、感染、创伤、血管瘤、围生期损伤、卒中等。

4. 原因不明的癫痫。

5. 有癫痫发作,但传统上本身不被诊断为癫痫的情况 如良性新生儿惊厥、热性惊厥。

(三)儿童常见癫痫综合征

1. 伴中央-颞区棘波的儿童良性癫痫(benign children epilepsy with central-temporal spikes, BECTS) 是儿童癫痫最常见的类型之一,约占儿童癫痫的20%。发病年龄2~14岁,5~10岁多见,9~10岁是高峰,男孩多于女孩。发作与睡眠关系密切,约75%的患者只在睡眠中发作,多在入睡后不久或清晨将醒时出现。发作形式为局灶性发作,开始症状多局限于口面部,表现为一侧口角抽动,咽部、舌及颊部感觉异常,喉头异常发声,唾液不能吞咽而外流。患者意识清醒,但不能言语。同侧面部的抽动可扩展到同侧上肢。可泛化为全面性发作而致意识丧失。大多患者发作持续时间较短。发作频率不一,但通常不频繁。发作间期脑电图背景波正常,在中央区和中颞区出现负性、双向或多向的棘波或尖波,或棘慢复合波,入睡后癫痫样放电增加。该病神经系统影像学检查正常,大多数不影响智力发育,预后良好;16岁前95%以上患者发作停止。临床上也存在变异型,表现较复杂,脑电图癫痫放电显著增多,出现睡眠期癫痫性电持续状态,可伴有睡眠中发作明显增多或者出现清醒期发作(包括新的发作类型,如负性肌阵挛发作),对认知功能可能产生一定影响。虽然其癫痫发作及癫痫性放电到青春期后仍然可以缓解,但是部分患者可遗留认知功能障碍。

2. 婴儿痉挛症(infantile spasms) 又称韦斯特综合征,主要特点为婴儿期起病、频繁的痉挛发作、脑电图出现高度失律(hypsarrhythmia)和智力发育障碍。4~8个月发病者最多,发作时表现为两臂前举,头和躯干前屈,似点头拥抱状;少数患者可呈头背后屈。患者常成簇发作,思睡或刚醒时容易连续发生,发作时有时伴喊叫、哭闹或痛苦状,发作间期脑电图示不对称、不同步,并伴有暴发抑制交替倾向的高幅慢波,杂以多灶性尖波、棘波或多棘波,即高度失律。该病大多可找到病因,如遗传代谢病(常见于苯丙酮尿症)、脑发育异常、神经皮肤综合征(主要是结节性硬化)或其他原因引起的脑损伤。本病常合并严重的智力和运动发育落后,后期易转为伦诺克斯-加斯托综合征或其他形式的发作。

3. 儿童失神癫痫(childhood absence epilepsy, CAE) 3~13岁起病,5~9岁多见,女孩多于男孩,与遗传有关。特征是频繁发作的短暂失神,不跌倒,仅持续数秒钟,一般不超过30秒,无发作后症状。典型脑电图异常表现为全导同步的3Hz棘慢波。该病易于控制,预后良好。

【诊断】

癫痫的诊断分为五个步骤:①确定临床发作性症状是否为癫痫发作。许多非癫痫性的发作在临床上需与癫痫发作相鉴别。②根据临床发作和脑电图表现确定癫痫发作的类型。③确定癫痫及综合征类型。根据患者的临床发作、脑电图特征、神经影像学、年龄、预后等因素进行分析,进行相应的辅助检查,判断是否为某种癫痫综合征以及明确癫痫的类型。④确定癫痫的病因。⑤确定癫痫的功能残障(disability)和共患病(co-morbidity)。对患者的全身发育及相关器官功能以及心理、生长发育等进行全面检查和评估,以分析是否存在共患病或者功能残障。

1. 病史与体格检查 病史包括发育历程、用药史、患者及家庭惊厥史;惊厥的描述应首先关注发作的起始表现,还需描述整个发作过程以及发作后的表现、发作的环境及其促发因素等,最好让患者家长模仿发作或用家庭摄像机、手机记录发作。临床体格检查应包括整个神经系统、心/肺/腹查体以及视觉、听觉检查等。

2. 脑电图 是癫痫患者最重要的检查,对于癫痫的诊断以及发作类型、综合征分型都至关重要。癫痫的脑电图异常分为发作间期和发作期:发作间期主要可见到棘波、尖波、棘慢波、尖慢波、棘波节律等;发作期可以看到一个从开始到结束的具有演变过程的异常发作性脑电图异常事件,可以是全导

NOTES

弥漫性的(全面性发作)或者局灶性的(局灶性发作)。但应注意在5%~8%的健康儿童中可以出现脑电图癫痫样放电，由于没有临床发作，此时不能诊断癫痫，但应密切观察，临床随访。剥夺睡眠、光刺激和过度换气等可以提高癫痫性脑电异常发现率，因而在儿童脑电图检查中经常用到。视频脑电图可以直接观察到发作期的实时脑电活动，对于癫痫的诊断、鉴别诊断具有重要意义。

3. 影像学检查

(1) CT与MRI：目的是发现脑结构的异常。头颅MRI在发现引起癫痫的病灶方面具有更大的优势。皮质发育异常是引起儿童症状性癫痫最常见的原因，对于严重/明显的脑结构发育异常，生后早期头颅MRI即可发现，但是对于小的局灶皮质发育不良(focal cortical dysplasia，FCD)，常常需要在1.5岁后行头颅MRI才能发现，因此，如果临床高度怀疑存在FCD，需在1.5岁之后复查头颅MRI。

(2) 功能性神经影像：主要针对需癫痫手术的患者，评估不同脑区功能。这一技术因需要良好的技术和患者主动配合，所以只能用于7~8岁以上智力基本正常的患者。

(3) 正电子发射断层成像(PET)：是一种非侵入性的脑功能影像学检查方法，在定位癫痫灶中具有较高的特异性和准确度。发作间期的癫痫灶呈葡萄糖低代谢。

(4) 单光子发射计算机断层成像(SPECT)：测定局部脑血流，癫痫起源病灶在发作期显示血流增加而在发作间期显示血流减低。发作期SPECT对于癫痫灶的确定具有重要价值。

4. 其他实验室检查 主要是癫痫的病因学诊断，包括遗传代谢病筛查、染色体检查、基因分析、血生化、脑脊液检查等，必要时根据病情选择进行。

【鉴别诊断】

癫痫可表现为多种多样的临床发作，但类似于癫痫发作的发作性症状也可见于非癫痫性的疾病(包括低血糖症、屏气发作、晕厥、睡眠障碍、儿童非癫痫性发作、偏头痛、抽动障碍等)，或为儿童生理性或一过性的事件，尤其是在婴幼儿期。非癫痫性的发作性症状或疾病与癫痫的鉴别，最重要的是详细询问病史，获得可靠的发作期症状；通过智能手机捕捉发作期录像也是获得发作期症状的非常重要和有效的手段；发作间期的癫痫样放电对于诊断有重要的参考价值，但是也要重视的是部分正常儿童也可以出现EEG的癫痫放电，所以发作期视频脑电图是目前鉴别癫痫性和非癫痫性发作的最可靠的检查方法。

还要注意癫痫患者也可能同时有非癫痫性发作。多数情况下，通过详细的病史询问及观看发作期录像，有经验的专科医生可以鉴别；如果鉴别困难，发作期脑电图是对这些发作进行鉴别诊断的关键。

【治疗】

癫痫的治疗为综合性治疗，包括病因治疗、药物治疗、手术治疗等治疗方法及患者的长程管理。

(一) 治疗原则

癫痫的治疗原则首先应该强调以患者为中心，在控制癫痫发作的同时，尽可能减少不良反应，并且应强调从治疗开始就应该关注患者远期整体预后，即最佳有效性和最大安全性的平衡。理想的目标不仅是完全控制发作，而且是使患者达到其能够达到的最好的身心健康和智力及运动发育水平。因此，癫痫临床处理中既要强调遵循治疗原则(指南)，又要充分考虑个体性差异，即有原则的个体化的治疗。

1. 明确诊断 正确诊断是合理治疗的前提，由于癫痫的临床症状纷繁复杂，所以诊断需要尽可能细化、全面，比如：是否癫痫、癫痫发作的分类、癫痫综合征的分类、癫痫的病因、诱发因素等；而且在治疗过程中还应不断修正完善诊断，尤其是当治疗不顺利时，应特别强调重新审视初始诊断是否正确，包括癫痫诊断是否成立，发作/癫痫综合征/病因学诊断分类是否正确；不能及时修正诊断，常导致长期的误诊误治。应积极寻找可治疗的病因。

2. 明确治疗的目标 当前癫痫治疗主要还是以控制癫痫发作为首要目标，但是应该明确的是，癫痫治疗的最终目标不仅仅是控制发作，更重要的是提高患者生活质量，保障患者正常生长发育，降低患者致残程度，尽可能促进其获得正常的社会生活(包括学习)。

NOTES

3. 合理选择处理方案　由于癫痫病的病因学异质性很高，所以目前治疗方法多样，包括抗癫痫发作药治疗、外科切除性治疗、外科姑息性治疗、生酮饮食治疗、免疫治疗等。抗癫痫发作药治疗仍然是绝大多数癫痫患者的首选治疗。选择治疗方案时，应充分考虑癫痫病（病因、发作/综合征分类等）的特点、共患病情况以及患者的个人、社会因素，进行有原则的个体化综合治疗。寻找可治疗的病因，并予以针对性治疗。需要强调的是，癫痫治疗并不一定都是顺利的，因此初始治疗方案常常需要随着治疗反应，在治疗过程中不断修正，或者进行多种治疗手段的序贯/联合治疗。

4. 恰当的长期治疗　抗癫痫发作药治疗应当坚持“长期、足疗程”的原则，根据不同的癫痫病因、综合征类型、发作类型以及患者的实际情况选择合适的抗癫痫发作药的疗程。

5. 保持规律健康的生活方式　与其他慢性疾病的治疗一样，癫痫患者应保持健康、规律的生活，尤应注意避免睡眠不足、暴饮暴食以及过度劳累；如有发作诱因，应尽量去除或者避免。在条件许可的情况下，尽量鼓励患者参加正常的学习生活，但是要注意避免意外伤害的发生，比如溺水、交通事故等。

（二）抗癫痫发作药治疗

1. 抗癫痫发作药的使用原则　抗癫痫发作药治疗是癫痫最主要的治疗方法，规范、合理地应用抗癫痫发作药能提高癫痫发作控制的成功率。药物治疗的基本原则包括以下方面。

（1）适时开始：应该在充分评估患者本身以及其所患癫痫的情况，并且与患者及其家长充分沟通后，选择合适时机开始抗癫痫发作药治疗，一般对于间隔 24 小时以上的 2 次非诱发性癫痫发作者，即可以考虑开始治疗。

（2）首选单药治疗，合理选择抗癫痫发作药：根据发作类型、癫痫综合征及共患病（co-morbidity）、同时服用的其他药物（co-medication）、患者及其家庭的背景情况来综合考虑。能够诊断癫痫综合征的，先按照综合征选药原则挑选抗癫痫发作药；如果不能诊断综合征，再按发作类型选择药物。

（3）小量开始，缓慢调整：除非紧急情况，所有长期使用的抗癫痫发作药的基本加量原则都是“小量开始，缓慢加量”（start low，go slow），根据患者的治疗反应进行个体化剂量调整。如果需要调换药物，也应逐渐过渡，除非必需，否则应避免突然停药，因为可使发作加重，尤其是巴比妥类及苯二氮䓬类药物。

（4）合理联合治疗：对于治疗困难的病例，可以在合适的时机开始抗癫痫发作药联合治疗，应尽量选择不同作用机制的抗癫痫发作药进行联合治疗。

（5）坚持长期规律服药：遵循抗癫痫发作药的药代动力学，制订服药间隔，规律、不间断服药，但是也要有原则地个体化，最大限度减少对患者生活便利性的干扰，必要时监测血药浓度。

（6）注意药物之间的相互作用：包括不同抗癫痫发作药之间以及与合用的治疗其他疾病的药物之间的药代动力学及药效动力学影响。

（7）疗程要长，缓慢减/停药：一般需要治疗至少连续 2 年不发作，而且脑电图癫痫样放电完全或者基本消失，才能开始逐渐减药；病因学是决定疗程的最关键因素；减/停过程一般要求至少 3~6 个月；使用多种药物联合治疗的患者，每次只能减/停一种药物。

（8）定期随访，监测药物可能出现的不良反应：包括治疗开始的急性不良反应（如过敏、肝功能损害、白细胞或者血小板下降等）以及整个治疗过程中的长期慢性不良反应（认知功能、骨骼、体重、青春期发育等影响）。

2. 常用抗癫痫发作药　目前抗癫痫发作药分为传统抗癫痫发作药和新抗癫痫发作药。传统抗癫痫发作药主要包括苯巴比妥（PB）、丙戊酸（VPA）、卡马西平（CBZ）、苯妥英（PHT）、氯硝西泮（CZP）；新抗癫痫发作药主要是指 20 世纪 90 年代后上市的，目前国内已有的包括拉莫三嗪（LTG）、左乙拉西坦（LEV）、奥卡西平（OXC）、托吡酯（TPM）、唑尼沙胺、拉考沙胺、吡仑帕奈以及氨己烯酸。

（三）癫痫外科治疗

有明确的癫痫灶（如局灶皮质发育不良等），抗癫痫发作药治疗无效或效果不佳、频繁发作影响日常生活者，应及时到专业的癫痫中心进行癫痫外科治疗评估，如果适合，应及时进行外科治疗。癫痫外科主要治疗方法有癫痫灶切除手术（包括病变半球切除术）、姑息性治疗（包括胼胝体部分切开等姑息性手术以及迷走神经刺激术等神经调控治疗）。一方面，局灶性癫痫，定位明确，切除癫痫灶不引起主要神经功能缺陷者手术效果较好，可以达到完全无发作，并停用所有抗癫痫发作药，如颞叶癫痫、局灶皮质发育不良等。由局灶病变导致的癫痫性脑病，包括婴儿痉挛等，如果能早期确定致痫灶进行及时手术治疗，不仅能够完全无发作，而且能够显著改善患者的认知功能及发育水平。另一方面，癫痫手术治疗毕竟是有创治疗，不可滥用，必须在专业的癫痫中心谨慎评估手术的风险及获益，并与家长充分沟通后再进行手术。

（四）其他疗法

癫痫的其他疗法包括生酮饮食和免疫治疗（大剂量丙种球蛋白、糖皮质激素等）。

第四节　急性细菌性脑膜炎

急性细菌性脑膜炎（acute bacterial meningitis）是由细菌引起的严重危及生命的脑膜和蛛网膜下腔炎症，由于解剖位置接近，炎症还可能涉及大脑皮质和脊髓。本病通常是社区获得，也可经侵入性手术或头部创伤后获得，在幼儿和老年人中发病率最高，并具有较高病死率和致残率，需要立即进行医疗救治。

【病因】

1. 病原学 肺炎链球菌、脑膜炎奈瑟菌、流感嗜血杆菌、B组链球菌和李斯特菌是儿童社区获得性细菌性脑膜炎的常见病原。随着流感嗜血杆菌疫苗和脑膜炎奈瑟菌等疫苗的接种普及，总患病率持续下降。

2. 机体免疫与解剖缺陷 机体免疫力较弱，血脑屏障功能发育不完善是儿童易发生细菌性脑膜炎的主要原因。具有原发或继发性免疫缺陷的患者更易感染细菌性脑膜炎。颅底骨折、颅脑手术、皮肤窦道、脑脊膜膨出等所致的解剖缺陷可提高细菌性脑膜炎的发病率。

婴幼儿及儿童罹患急性细菌性脑膜炎的危险因素包括：①早产或低出生体重（<2 500g）；②近期或当前患鼻窦炎、中耳炎或肺炎；③未按计划免疫接种；④营养不良，贫血；⑤先天结构异常，如中枢神经系统分流或脑脊液漏、脊柱真皮窦束、先天性心脏病、尿路异常；⑥先天性代谢异常，如半乳糖血症；⑦原发性免疫缺陷，如先天性无脾、长期使用免疫抑制剂；⑧人工耳蜗植入；⑨穿透性头部创伤；⑩近期接触或前往流行性脑膜炎球菌疾病地区旅行史。

【发病机制】

脑膜炎产生通过以下四个环节：①局部定植。鼻咽部感染定植，可由多种作为黏附因子的表面蛋白介导，包括肺炎链球菌表面黏附蛋白A（PsaA）和胆碱结合蛋白（CbpA），使细菌黏附在鼻咽细胞上；也可由神经氨酸酶A（NanA）降低，暴露细胞受体靶点，以及宿主黏膜细胞防御所必需的免疫球蛋白（Ig）A蛋白酶减少所致。②致病菌由局部感染灶进入血液循环，产生菌血症或败血症；一旦肺炎链球菌附着在鼻咽受体上，细菌就会释放溶血素，并与鼻咽膜结合，形成跨膜孔。此外，溶血素通过阻止介导局部杀菌活性的多形核白细胞的趋化性来干扰细胞免疫。该生物体可以通过连续传播直接侵入中枢神经系统，也可以经血行播散到中枢神经系统。③致病菌随血液循环通过血脑屏障到达脑膜。④细菌在蛛网膜和软脑膜处大量繁殖引起炎症性病变。细胞因子白细胞介素-1和肿瘤坏死因子α共同作用，可降低血脑屏障通透性，导致血管源性水肿以及血浆蛋白泄漏到脑脊液中，在蛛网膜下腔形成化脓性渗出物，降低蛛网膜颗粒的吸收能力，并阻塞脑脊液通过脑室，分别导致交通性脑积水和阻塞性脑积水；化脓性渗出物也可引起血管炎，导致脑缺血。如果脑缺血导致梗死，则会发生细胞毒性水肿。血管源性和细胞毒性水肿的结合增加了颅内压升高的可能性，此外，细菌和细胞因子都会导致活性氧和氮物种的产生而诱导神经元凋亡。

NOTES

【临床表现】

(一) 起病

多数患者起病较急,发病前数日常有上呼吸道感染或胃肠道症状。暴发型流行性脑脊髓膜炎者起病急骤,可迅速出现休克、皮肤出血点或瘀斑、弥散性血管内凝血及中枢神经系统功能障碍。

(二) 全身感染中毒症状

患者可出现高热、头痛、精神萎靡、疲乏无力、关节酸痛、皮肤出血点、瘀斑或充血性皮疹等。婴儿常表现为拒食、嗜睡、易激惹、烦躁哭闹、目光呆滞等。

(三) 神经系统表现

1. 颅内压增高 典型表现为头痛和喷射性呕吐。可伴有血压增高、心动过缓、呼吸暂停或过度通气。婴儿可出现前囟饱满、紧张,颅缝增宽。重症患者可有昏迷甚至脑疝。眼底检查一般无特殊发现,若有视乳头水肿,则提示颅内压增高时间较长,可能已有颅内脓肿、硬膜下积液或静脉栓塞等慢性病变。

2. 惊厥 20%~30% 的患者伴有惊厥,可为全身性或局灶性。

3. 意识障碍 表现为嗜睡、意识模糊、谵妄、昏迷等意识变化。

4. 脑膜刺激征 为脑膜炎的特征性表现,包括颈项强直、克尼格征和布鲁津斯基征阳性。但是1岁半以下的患者,这些表现可不明显。

5. 局灶体征 由于局灶性炎症,部分患者可出现第Ⅱ、Ⅲ、Ⅳ、Ⅵ、Ⅶ、Ⅷ对脑神经受累。血管闭塞常引起肢体瘫痪或感觉异常等。

【并发症】

1. 硬膜下积液 约 30%~60% 的患者出现硬膜下积液,多发生在细菌性脑膜炎起病 7~10 天后,其临床特征是:①细菌性脑膜炎在积极治疗过程中体温不降,或退而复升;②病程中出现进行性前囟饱满、颅缝分离、头围增大、呕吐、惊厥、意识障碍等。硬膜下积液时可做头颅透光检查,必要时行B超检查或CT扫描,小婴儿可行前囟穿刺明确诊断。当积液量大于2ml,蛋白质定量在0.4g/L以上,偶可呈脓性,涂片可找到细菌时可明确诊断。

2. 脑室管膜炎 多见于婴幼儿诊断治疗不及时的革兰氏阴性杆菌脑膜炎。一旦发生则病情较重,表现为发热持续不退、频繁惊厥,甚至出现呼吸衰竭,脑脊液难以转为正常。当高度怀疑时可行侧脑室穿刺;穿刺液白细胞数 $\geqslant 50\times10^6$/L,糖<1.6mmol/L,蛋白质>0.4g/L,或细菌学检查阳性,即可确诊。

3. 抗利尿激素异常分泌综合征(syndrome of inappropriate secretion of antidiuretic hormone, SIADH) 可引起低钠血症和血浆渗透压降低,即脑性低钠血症,并加重脑水肿,促发惊厥发作,加重意识障碍。严重的低钠血症本身也可诱发低钠性惊厥。

4. 脑积水 前囟扩大而饱满,头围进行性增大,骨缝分离,头皮静脉扩张,叩颅呈现"破壶音",晚期可出现落日眼,神经精神症状逐渐加重。

5. 脑脓肿 典型临床表现为三联症:头痛、发热和局部神经症状。然而,在大多数患者中,难以发现该三联症,仅表现为亚急性起病的脑内肿块病变,不足 50% 的患者会出现发热症状。

6. 其他 炎症波及视神经和听神经可导致视听觉障碍。脑实质受损可出现继发性癫痫、瘫痪、智力障碍、失语、共济失调等。下丘脑病和垂体病变可继发中枢性尿崩症。

【辅助检查】

(一) 外周血象

白细胞总数明显增高,以中性粒细胞为主。重症患者,特别是新生儿细菌性脑膜炎者,白细胞总数也可减少。

(二) 脑脊液检查

1. 脑脊液常规及生化检查 细菌性脑膜炎的特征性脑脊液表现见表 12-4-1。

表 12-4-1 神经系统常见感染性疾病的脑脊液诊断与鉴别

	压力	外观	细胞数/(个/mm^3)	蛋白/(g/L)	糖/(mmol/L)	氯化物/(mmol/L)	其他
正常儿童	正常	清	<6,无中性粒细胞	0.2~0.4 新生儿: 0.2~1.2	2.8~4.5 婴儿: 3.9~5.0	117~127 婴儿: 110~122	—
细菌性脑膜炎	升高	混浊、脓样	>1 000,中性粒细胞占 85%~90%	增高或明显增高	明显降低	多数降低	涂片和细菌培养、PCR、mNGS;乳酸 >54mg/dl 有助诊断
结核性脑膜炎	升高	毛玻璃状	50~500,单核细胞为主	增高或明显增高	明显降低	多数降低	抗酸染色,PCR,mNGS
病毒性脑膜炎	正常或升高	清亮	<1 000,中性粒细胞占 20%~50%,多为单核细胞	正常或轻度增高	正常	正常	病毒分离,PCR,mNGS
隐球菌性脑膜炎	升高	常清亮或浑浊	10~150,早期多核细胞为主,晚期单核细胞为主	增高或明显增高	明显降低	多数降低	真菌培养,墨汁染色,抗原乳胶凝集,mNGS

2. 脑脊液病原学检查 ①沉渣涂片找细菌是早期明确细菌性脑膜炎病原的重要方法,当脑脊液细菌含量>10^5CFU/ml 时,阳性率可达 95%;②脑脊液培养是明确病原菌最可靠的方法;③分子诊断技术是目前最有价值的方法之一:PCR 或多重 PCR 技术可用于快速检测已知病原菌基因组序列;使用脑脊液宏基因组二代测序(metagenome next-generation sequencing,mNGS)技术很大程度上提高了病原诊断率。

(三)其他检查

1. 血培养 最重要的是在开始使用抗生素前进行血培养检测。为提高血培养阳性率,通常要求采集 2 或 3 份血培养瓶进行检测。

2. 炎症标志物与生物标志物 通常 C 反应蛋白(CRP)浓度大于 80mg/dl 和血清降钙素原(PTC)水平>2ng/ml,有助于诊断;降钙素原水平可用于跟踪抗生素治疗效果。

3. 皮肤瘀点涂片 是流行性脑脊髓膜炎重要的病原诊断方法之一,脑膜炎奈瑟菌的阳性率可达 50% 以上。

4. 局部病灶分泌物培养 咽培养、皮肤脓液等对确定病原有参考价值。

5. 影像学检查 急性化脓性脑膜炎一般不进行 CT 或 MRI 扫描,当出现异常定位体征、治疗效果不佳、头围增大或有显著颅内高压时,应尽早进行颅脑 CT 或 MRI 检查。

【诊断】

早期及时诊断和治疗是决定细菌性脑膜炎预后的重要因素。主要依据典型的临床症状、体征和脑脊液检测明确诊断。

腰椎穿刺进行脑脊液分析和培养仍然是诊断的关键。当具有以下情况时,腰椎穿刺之前必须进行头颅影像学检查:①有局灶性神经功能损害(排除脑神经麻痹);②新发的癫痫发作;③严重意识障碍[格拉斯哥昏迷评分(Glasgow coma score)<10 分];④严重免疫低下状态,如接受器官移植受体或人类免疫缺陷病毒(HIV)感染患者。

有如下情况者,应禁忌或暂缓腰椎穿刺检查:①颅内压明显增高者,特别是有早期脑疝可能者。如颅内压增高的患者必须做腰椎穿刺时,应先静脉注射 20% 甘露醇,待颅内压降低后再行穿刺,以防发生脑疝。②腰骶部皮肤软组织感染者;③严重心肺功能不全及休克,需要紧急抢救者。

【鉴别诊断】

各种致病微生物如细菌、病毒、真菌等引起的脑膜炎,在临床表现上有许多相似之处,鉴别主要依靠脑脊液检查。

(一) 病毒性脑膜炎

病毒性脑膜炎者一般全身中毒症状较轻,脑脊液外观清亮,细胞数为零至数百个,淋巴细胞为主,蛋白质轻度升高或正常,糖含量正常,细菌学检查阴性。在疾病的早期,病毒性脑膜炎患者脑脊液细胞数可以较高,甚至以中性粒细胞为主,此时应结合脑脊液生化结果,尤其是糖含量,脑脊液细菌学检查及临床表现等进行综合分析。

(二) 结核性脑膜炎

结核性脑膜炎起病相对较缓,婴幼儿可以急性起病,前驱症状包括易怒、嗜睡、进食不良和腹痛。常有结核接触史和肺部等处的结核病灶。1/4 病例可出现脑神经受累。脑脊液外观呈毛玻璃状,细胞数多$<500\times10^6/L$,以淋巴细胞为主,蛋白质较高,糖和氯化物含量降低;静置 12~24 小时可见网状薄膜形成;涂片或留膜抗酸染色找到结核分枝杆菌可确诊。结核分枝杆菌培养和 PCR 检测有利于诊断。

(三) 新型隐球菌性脑膜炎

新型隐球菌性脑膜炎起病较慢,以进行性高颅压而致剧烈头痛为主要表现;脑脊液改变与结核性脑膜炎相似,墨汁染色见到厚荚膜的发亮圆形菌体,培养或乳胶凝集阳性可以确诊。

【治疗】

(一) 抗生素治疗

1. 用药原则 应早期、足量、静脉给予抗生素治疗;力争选药准确;所选药物具有良好的血脑屏障通透性;疗程适当;注意联合用药时药物之间的相互作用;注意药物毒副作用。

2. 药物选择 必须在临床怀疑该诊断时尽快启动抗菌药物治疗。

(1) 病原菌未明时:要从患者年龄、细菌入颅途径、颅外感染灶、该地区脑膜炎常见细菌谱等方面综合判断可能的致病菌,并结合细菌耐药情况,合理选择抗菌药物。经验性治疗可联合应用抗菌药物。一旦得到病原学检测结果,应根据病原体药敏结果结合经验治疗效果调整抗菌药物。

(2) 已知病原菌:应参照细菌药物敏感试验结果选用抗生素(表 12-4-2)。

(二) 肾上腺皮质激素

肾上腺皮质激素早期使用,可以减轻炎症反应,减少脑水肿和颅内炎症粘连,降低听力障碍发生率。常使用地塞米松,应在抗菌治疗开始前或同时使用,或开始抗菌治疗后 4 小时内,剂量 0.15mg/(kg·次) 6 小时 1 次,分次静脉注射 2~4 天。

(三) 对症和支持疗法

1. 监护 对急性期患者应严密观察病情变化,如各项生命体征及意识。

2. 对症处理 包括降颅内压、退热、止惊等对症治疗。

3. 支持治疗 注意热量和液体的供应,对于新生儿或免疫功能低下的患者,可予少量血浆或丙种球蛋白等支持治疗。

(四) 并发症的治疗

1. 硬膜下积液 少量液体不需要处理,积液较多出现明显颅内压增高或局部刺激症状时,应进行穿刺放液。有硬膜下积脓时可予局部冲洗并注入适当抗生素。

2. 脑室管膜炎 除全身抗生素治疗外,可做侧脑室穿刺引流,减低脑室内压,并注入抗生素。

3. 脑性低钠血症 适当限制液体入量,酌情补充钠盐。

4. 脑积水 一旦发生应密切观察,必要时手术治疗。

5. 癫痫治疗 有 20% 的患者需要长期应用抗癫痫发作药物治疗。

6. 智能、语言、听力障碍 全面评估并进行康复训练。

【预防】

加强儿童接种肺炎链球菌、流感嗜血杆菌、脑膜炎奈瑟菌疫苗,尤其是在存在脑脊液漏、脾切除、低丙种球蛋白血症、人工耳蜗植入等危险因素情况下。

NOTES

表 12-4-2 社区获得性急性细菌性脑膜炎抗生素治疗

微生物类型	药敏结果	标准治疗	替代治疗	疗程
肺炎链球菌	青霉素敏感（MIC<0.1mg/L）	青霉素或阿莫西林或氨苄西林	头孢曲松、头孢噻肟	10~14d
	青霉素耐药（MIC≥0.1mg/L）；第三代头孢菌素敏感（MIC<2.0mg/L）	头孢曲松或头孢噻肟	头孢吡肟、美罗培南	10~14d
	头孢菌素耐药（MIC≥2.0mg/L）	万古霉素+利福平，或万古霉素+头孢曲松或头孢噻肟，或利福平+头孢曲松或头孢噻肟	万古霉素+莫西沙星、利奈唑胺	10~14d
脑膜炎奈瑟菌	青霉素敏感（MIC<0.1mg/L）	青霉素或阿莫西林、氨苄西林	头孢曲松、头孢噻肟	7d
	青霉素耐药（MIC≥0.1mg/L）	头孢曲松或头孢噻肟	头孢吡肟、美罗培南、环丙沙星、氯霉素	7d
李斯特菌	李斯特菌感染性单核细胞增多症	阿莫西林、氨苄西林，青霉素 G	复方新诺明、莫西沙星、美罗培南、利奈唑胺	至少 21d
流感嗜血杆菌	β-内酰胺酶阴性	阿莫西林、氨苄西林	头孢曲松、头孢噻肟	7~10d
	β-内酰胺酶阳性	头孢曲松或头孢噻肟	头孢吡肟、环丙沙星、氯霉素	7~10d
	β-内酰胺酶阴性且氨苄西林耐药	头孢曲松或头孢噻肟+美罗培南	环丙沙星	7~10d
金黄色葡萄球菌	甲氧西林敏感	氟氯西林、萘夫西林、苯唑西林	万古霉素、利奈唑胺或利福平、磷霉素	至少 14d
	甲氧西林耐药	万古霉素	复方新诺明、利奈唑胺、利福平、磷霉素、达托霉素	至少 14d
	万古霉素耐药（MIC>2.0mg/L）	利奈唑胺	利福平、磷霉素、达托霉素	至少 14d
大肠埃希菌	第三代头孢菌素敏感	头孢曲松或头孢噻肟	头孢吡肟、美罗培南、氨曲南、复方新诺明、阿米卡星	至少 21d
无乳链球菌	无	青霉素 G 或氨苄西林	头孢曲松或头孢噻肟或阿米卡星	14~21d

第五节 病毒性脑炎

病毒性脑炎（viral encephalitis）是儿童最常见的神经系统感染性疾病之一，指各种病毒感染引起的脑实质炎症，临床常表现为急性起病的发热、头痛、呕吐、惊厥或意识障碍。病毒性脑炎以抽搐、意识障碍、精神行为异常、局灶神经系统症状等脑实质受累为主要表现；病毒性脑膜炎以头痛、呕吐及脑膜刺激征阳性为主要表现，不伴明显脑实质受累表现；病毒性脑膜脑炎以脑实质和脑膜同时受累症状为主要表现。

【病因】

目前流行病学调查显示，单纯疱疹病毒（HSV）、水痘-带状疱疹病毒（VZV）和肠道病毒（EV）是最常见的病原体，其他常见病原包括腺病毒、巨细胞病毒、腮腺炎病毒、EB 病毒及某些传染病病毒。不同病毒感染的病例存在地域性和季节性差异，在日本南部以日本脑炎病毒（JEV）常见，而在印度北部以 EV 更为常见，重症脑炎中以单纯疱疹性脑炎、EV71 脑炎和乙型脑炎最常见。流行性乙型脑炎（简称乙脑）为乙脑病毒（JEV）所致的急性人兽共患病，全年均可发病，集中于 6~10 月份，死亡率高达 30%。

【发病机制】

（一）病毒对神经组织的直接侵袭

病毒对神经组织的直接侵袭是病毒性脑炎神经系统损伤的主要机制之一。

病毒主要通过皮肤、结膜、呼吸道、肠道和泌尿生殖系统等途径进入机体。比如，当皮肤损伤或被虫媒咬伤时，日本乙型脑炎、森林脑炎病毒等可进入体内；腺病毒可由结膜感染进入；带状疱疹病毒、巨细胞病毒、狂犬病毒、麻疹病毒、风疹和流感病毒等可由呼吸道进入；EB 病毒、EV71 等可由消化道进入。病毒进入机体后在局部复制，经淋巴结-淋巴管-胸导管进入血液，扩散至中枢神经系统；或侵入局部周围神经并沿周围神经轴索向中枢侵入。

（二）机体对病毒抗原的免疫反应

机体对病毒抗原的免疫反应是病毒性脑炎神经系统损伤的另一主要机制，可导致脱髓鞘病变及血管和血管周围的损伤，而血管病变又影响脑循环，加重脑组织损伤。

【病理】

病毒性脑炎的病变大多呈弥漫分布，受累脑组织及脑膜充血水肿，炎症细胞浸润，并环绕血管形成血管套。血管内皮及周围组织坏死，胶质细胞增生可形成胶质结节。神经细胞呈现不同程度的变性、肿胀和坏死，可见噬神经细胞现象。神经髓鞘变性，断裂。

【临床表现】

病毒性脑炎的临床表现多样，轻者 1~2 周恢复，重者可持续数周或数月，甚至致死或致残。可存在局部神经病学特征，如失语症、偏瘫和视觉障碍，癫痫发作常见，可出现嗅/味觉幻觉、行为障碍、人格改变、精神病特征及自主神经功能障碍，约 1/6 的患者可出现脑血管并发症，约 1/3 的患者进入昏迷状态。

（一）前驱症状

病毒性脑炎患者可有发热、头痛、意识障碍、上呼吸道感染、恶心、呕吐、腹痛及肌痛等前驱感染症状，新生儿可不出现发热。其中单纯疱疹病毒性脑炎呈急性起病，可在数小时至数天内迅速进展。

（二）神经系统症状体征

1. 颅内压增高 主要表现为头痛、呕吐、视乳头水肿，可伴有血压增高、心动过缓，婴儿可出现前囟饱满、紧张，颅缝增宽。重症患者可出现昏迷甚至脑疝，危及生命。

2. 意识障碍 轻者无意识障碍，重者可有不同程度的意识障碍和精神行为异常。

3. 惊厥 常出现全面性或局灶性抽搐发作。

NOTES

4. 病理征和脑膜刺激征 均可阳性。

5. 局灶性症状体征 如急性偏瘫、共济失调、后组脑神经受累表现、手足徐动、舞蹈动作等。

新生儿症状多不典型，常见症状包括呼吸暂停、呼吸急促、癫痫发作、局灶性神经功能受损、意识障碍、易激惹、呕吐、黄疸、低体温、高热、角弓反张等。

（三）其他系统症状

单纯疱疹病毒脑炎可伴口唇或角膜疱疹，柯萨奇病毒脑炎可伴有心肌炎和各种类型皮疹，腮腺炎脑炎常伴有腮腺肿大，EV71 脑炎可伴随手足口病或疱疹性咽峡炎。

【辅助检查】

1. 脑脊液检查 脑脊液压力增高，外观多清亮，白细胞总数增加，多在 300×10^6/L 以下，以淋巴细胞为主。脑脊液蛋白质大多轻度增高或正常，糖和氯化物无明显改变。涂片或培养均无细菌发现。脑脊液葡萄糖检测时需同步进行血糖测定。复查腰椎穿刺的建议：①对于临床诊断而无明确病原的脑炎患者，若病情持续无好转或加重时，需复查腰椎穿刺，进行病因学鉴别诊断及合并症或并发症诊断。②对于病毒明确的患者，建议完成治疗疗程后复查腰椎穿刺，若病毒核酸仍为阳性，需继续抗病毒治疗并定期复查腰椎穿刺，直至病原核酸达到阴性。即使病初病原明确，若病情继续加重，仍需复查腰椎穿刺明确有无合并其他病原感染或鉴别其他疾病。若病情缓解后再次出现加重，应复查腰椎穿刺除外其他病因。

2. 病毒学检查 ①病原分离与鉴定：从脑脊液、脑组织中分离出病毒，具有确诊价值，需常规进行脑脊液一般涂片显微镜下直接观察检查及细菌、真菌、抗酸杆菌培养。②血清学检查：双份血清法或早期 IgM/IgG 测定。③分子生物学技术：PCR 是诊断单纯疱疹病毒性脑炎的金标准，灵敏度为 98%。使用脑脊液宏基因组二代测序（mNGS）技术与标准的常规方法相结合，可极大程度地提高诊断率，且对于少见病原或常规方法不易检测到的病原体优势明显。④当出现中枢神经系统外受累的临床特征时，建议进行额外的检测，如对肺炎患者进行支气管肺泡灌洗液、支气管内活检，对腹泻患者进行粪便培养。

3. 脑电图 主要表现为背景活动变慢，高幅慢波发放，多呈弥漫性分布，可有痫样放电，对诊断有参考价值。

4. 影像学检查 严重病例头颅 CT/MRI 均可显示炎性病灶，表现为大小不等、界限不清、不规则低密度或高密度影灶，但轻度症状的病毒性脑炎患者和病毒性脑炎的早期多无明显异常改变。单纯疱疹病毒性脑炎的损伤通常是单侧起始，多发于前内侧颞叶、下额叶、丘脑和岛叶皮质部位，而西尼罗河病毒、日本脑炎病毒多引起脑深部病变。

【诊断和鉴别诊断】

病毒性脑炎的诊断主要依据病史、临床表现、脑脊液检查和病原学鉴定。病史询问需特别注意是否有不洁饮食史，地方性疾病接触史，近期接种疫苗情况、免疫状态，注意发病季节。

目前诊断可采用国际脑炎协作组的标准。主要标准（必须条件）：脑病表现，即精神意识状态改变持续>24 小时，包括意识水平下降或嗜睡，无其他导致脑病的原因。次要标准：①明确记录的发热≥38℃（起病前 72 小时或起病后 72 小时）；②既往已存在的发作性疾病不能完全解释的全面性或局灶性癫痫发作；③新出现的局灶神经系统表现；④脑脊液有核细胞数>5×10^6/L；⑤神经影像学示脑实质异常，既往没有或表现为急性起病；⑥脑电图符合脑炎改变，且无其他可解释的原因；⑦除外各种脑病，如外伤性、代谢性、肿瘤、乙醇滥用、脓毒症及其他非感染性原因所致的脑病。以上符合 2 条为可能脑炎；≥3 条为很可能脑炎。

重症脑炎识别：①部分重症脑炎患者病情进展迅速，可在病初的 3~5 天快速进展为昏迷，甚至出现严重脑水肿引起的脑疝而危及生命，因此对于脑炎急性期，应进行及时、反复评估，尤其是对于意识状态及脑神经受累的检查和评价；②尽可能迅速地进行脑炎病因学检查。

在临床上应注意和下列疾病进行鉴别。

NOTES

1. 细菌性脑膜炎 经过不规则治疗的细菌性脑膜炎，其脑脊液改变可以与病毒性脑炎相似，应结合病史和治疗经过，特别是病原学检查进行鉴别。

2. 结核性脑膜炎 婴幼儿结核性脑膜炎可以急性起病，而且脑脊液细胞总数及分类与病毒性脑炎相似，有时容易混淆。但结核性脑膜炎脑脊液糖和氯化物均低，常可问到结核接触史，身体其他部位常有结核灶，再结合结核菌素试验（PPD 试验）和血沉等，可以鉴别。

3. 真菌性脑膜炎 起病较慢，病程长，颅内压增高明显，头痛剧烈，脑脊液墨汁染色可确立诊断。

4. 急性播散性脑脊髓炎（acute disseminated encephalomyelitis，ADEM） 又称感染后脑脊髓炎（postinfectious encephalomyelitis，PIE）或疫苗后脑脊髓炎（postvaccinal encephalomyelitis，PVE），指继发于急性感染性疾病或疫苗接种后，由细胞免疫介导为主的中枢神经系统急性炎症性脱髓鞘疾病。重症病毒性脑炎，或以精神症状为主要表现的病毒性脑炎需要与本病鉴别。ADEM 典型病例在起病前 30 天之内常有感染性疾病史或免疫接种史。通常以脑病表现为主，病情常进展迅速，3~5 天内出现一系列神经系统症状。病程一般呈单相性。脑脊液急性期和病毒性脑炎类似，部分脑脊液 IgG 指数增高，寡克隆抗体阳性。MRI 可表现为脑白质多发性散在的非对称性长 T_2 信号，可同时侵犯基底节、丘脑等灰质核团，以及脑干、脊髓。

5. 继发脑炎 约 20% 的单纯疱疹病毒性脑炎患者在急性病后 3 个月内继发自身免疫性脑炎，主要为抗 NMDA 受体脑炎，可反复发病。

6. 其他 如瑞氏综合征、中毒性脑病等亦需鉴别。

【治疗】

病毒性脑炎至今尚无特效治疗，仍以对症处理和支持疗法为主。

1. 一般治疗 应密切观察病情变化，加强护理，保证营养供给，维持水、电解质平衡，重症患者有条件时应在儿科重症监护病房（PICU）监护治疗。

2. 对症治疗 对高热者给予及时降温治疗；高颅压者进行降颅内压治疗，常用甘露醇，必要时可联合应用呋塞米、白蛋白等；惊厥者给予地西泮、苯巴比妥等止惊药物治疗。维持呼吸循环功能，必要时予以机械通气及血管活性药物。

3. 病因治疗 虽然大部分病毒并无特效的抗病毒药物，但对于 HSV、VZV 均应使用阿昔洛韦，其中阿昔洛韦为 HSV 脑炎治疗的 A 等级推荐。对于病原不明的病毒性脑炎或疑似 HSV 的脑炎，在病原学检查没有明确结果的情况下，6 小时内均应先使用阿昔洛韦进行经验性治疗。CMV、人类疱疹病毒 6 可选用更昔洛韦和膦甲酸钠。流感病毒可应用奥司他韦。其他病毒感染可酌情选用干扰素。

4. 肾上腺皮质激素 急性期应用可控制炎症反应，减轻脑水肿，降低颅内压，有一定疗效，但意见尚不一致。对于 EV71 脑炎，糖皮质激素是重要治疗选择，主要目的是减轻危及生命的脑水肿。

5. 抗生素 对于重症婴幼儿或继发细菌感染者，应适当给予抗生素。

6. 康复治疗 对于重症恢复期患者或留有后遗症者，应进行康复治疗，如针灸、按摩、高压氧等。

【预后】

大部分病毒性脑炎患者在 1~2 周内自限康复，部分患者病程较长。重症患者可留下不同程度后遗症，如肢体瘫痪、癫痫、智力低下、失语、失明等。单纯疱疹病毒脑炎、乙型脑炎和 EV71 脑炎的死亡率高。

第六节 脑性瘫痪

脑性瘫痪（cerebral palsy，CP）是一组持续存在的中枢性运动障碍，伴有姿势异常和活动受限，是由发育中的胎儿或婴幼儿脑部的非进行性损伤或发育不良所致，具体的发病机制尚不清楚。脑性瘫痪常伴有感觉、知觉、认知、交流和行为障碍，以及伴发癫痫和继发性肌肉、骨骼问题。脑性瘫痪是最常见的身体残疾，世界卫生组织报道全球脑性瘫痪患病率为 1‰~5‰，我国 0~6 岁儿童脑性瘫痪患病

NOTES

率为 2.3‰。脑性瘫痪患者中,男孩多于女孩[男女比例为(1.13~1.57):1]。

【病因】

脑性瘫痪的致病因素较多,主要病因可分为三类:①出生前因素。70%~80% 的脑性瘫痪病例由出生前因素引起,主要包括由宫内感染、缺氧、中毒、接触放射线、孕妇营养不良、妊娠高血压综合征及遗传因素等引起的脑发育不良或脑发育畸形。②出生时因素。主要为早产(尤其是<26 周极早产)、过期产、多胎、低出生体重、窒息、产伤、缺血缺氧性脑病等。③出生后因素。各种感染、外伤、颅内出血、胆红素脑病等。但存在这些致病因素的患者并非全部发生脑性瘫痪,因此只能将这些因素视为可能发生脑性瘫痪的主要危险因素。

近年来,遗传因素在脑性瘫痪发病中的作用逐渐被人们所重视,与受孕前、后有关的环境和遗传因素也受到关注。目前已知的脑性瘫痪相关单基因致病变异包括 *KANK1*、*ADD3*、*AP4M1* 和 *GAD1* 等基因。与脑性瘫痪相关的拷贝数异常包括 17p12 缺失、2p25.3 缺失、Xp22.31 缺失、22q11.21 缺失和重复等。

【临床表现】

(一) 基本表现

脑性瘫痪患者最基本的临床表现是运动发育异常。一般有以下四种表现。

1. 运动发育落后和主动运动减少 患者的粗大运动(竖颈、翻身、坐、爬、站立、行走)以及手指的精细动作发育等均落后于同龄正常儿,瘫痪部位肌力降低,主动运动减少。

2. 肌张力异常 是脑性瘫痪患者的特征之一,多数患者肌张力升高,称为痉挛型。肌张力低下型则肌肉松软。手足徐动型则表现为变异性肌张力不全。

3. 姿势异常 是脑性瘫痪患者非常突出的表现,其异常姿势多种多样,异常姿势与肌张力不正常和原始反射延迟消失有关。

4. 反射异常 可有多种原始反射消失或延迟,痉挛型脑性瘫痪患者腱反射活跃或亢进,有些可引出踝阵挛及巴宾斯基征阳性。

(二) 临床分型

1. 根据瘫痪的不同性质,脑性瘫痪可分为以下不同类型。

(1) 痉挛型(spasticity):是最常见的类型,约占全部病例的 60%~70%。病变累及锥体束,表现为肌张力增高、肢体活动受限,痉挛型脑性瘫痪呈剪刀样姿势。

(2) 手足徐动型(athetosis):约占脑性瘫痪的 20%,主要病变在锥体外系统,表现为难以用意志控制的不自主运动。本型患者智力障碍一般不严重。

(3) 强直型(rigidity):很少见到,病变在锥体外系性,为苍白球或黑质受损害所致。由于全身肌张力显著增高,所以身体异常僵硬,运动减少。此型常伴有严重智力低下。

(4) 共济失调型(ataxia):病变在小脑,表现为步态不稳,走路时两足间距加宽,四肢动作不协调,上肢常有意向性震颤,肌张力低下,腱反射不亢进。

(5) 震颤型(tremor):很少见,表现为四肢震颤,多为静止震颤。

(6) 肌张力低下型(atonia):表现为肌张力低下,四肢呈弛缓性瘫痪,自主运动很少,但可引出腱反射。本型常为过渡形式,婴儿期后大多可转为痉挛型或手足徐动型。

(7) 混合型:同时存在上述类型中两种或两种以上者称为混合型。其中痉挛型与手足徐动型常同时存在。

2. 根据瘫痪受累部位,脑性瘫痪可分为单瘫(单个上肢或下肢)、偏瘫(一侧肢体)、截瘫(双下肢受累,上肢正常)、双瘫(四肢瘫,下肢重于上肢)、三瘫及双重偏瘫等。

《中国脑性瘫痪康复指南(2015)》将脑性瘫痪分为 6 型,即痉挛型四肢瘫,痉挛型双瘫,痉挛型偏瘫,不随意运动型,共济失调型和混合型。

(三) 临床分级

NOTES

目前,粗大运动功能分级系统(Gross Motor Function Classification System,GMFCS)已成为脑性瘫

瘓儿童运动功能分级的金标准。GMFCS是根据脑性瘫痪儿童运动功能受限随年龄变化的规律所设计的一套分级系统，完整的GMFCS分级系统将脑性瘫痪患者分为5个年龄组（0~2岁、2~4岁、4~6岁、6~12岁、12~18岁），每个年龄组根据患者运动功能从高至低分为5个级别（Ⅰ级、Ⅱ级、Ⅲ级、Ⅳ级、Ⅴ级）。此外，欧洲小儿脑性瘫痪监测组织（SCPE）树状分型法（决策树）现在也被广泛采用。

（四）伴发症状或疾病

脑性瘫痪患者除运动障碍外，伴发的损伤和功能障碍常见：①疼痛。占75%。②智力低下。49%脑性瘫痪患者合并智力低下，以痉挛型四肢瘫、肌张力低下型、强直型多见，手足徐动型较少见，③35%的脑性瘫痪患者合并癫痫，以偏瘫、痉挛性四肢瘫患者多见。④肌肉骨骼畸形。占28%，如髋关节移位、脊柱侧弯。⑤行为障碍。占26%。⑥视/听觉障碍。11%伴有眼部疾病，如斜视、屈光不正、视野缺损、眼球震颤等，听力占4%。⑦睡眠障碍。占23%。⑧其他。语言障碍、胃食管反流、吸入性肺炎等也较常见。这些损伤和功能障碍对患者机体功能和生活质量产生的影响更大。

【辅助检查】

1. 运动评估 粗大运动功能测试量表（GMs）是目前脑性瘫痪患者粗大运动评估中使用最广泛的量表。

2. 头颅MRI/CT 脑影像检查是脑性瘫痪诊断有力的支持。脑性瘫痪诊断中最为广泛使用的是MRI，因为它在区分白色和灰色物质时比CT扫描更清楚。70%~90%的患者在MRI检查中出现异常。

3. 脑电图 对伴有癫痫发作的患者可辅助明确发作类型，指导治疗。

4. 肌电图 区分肌源性或神经源性瘫痪，特别是对上运动神经元损伤还是下运动神经元损伤具有鉴别意义。

5. 听觉、视觉评估 疑有听觉损害者，行脑干听觉诱发电位检查；疑有视觉损害者，行脑干视觉诱发电位检查。

6. 智力及语言等评估 有智力发育、语言、营养、生长和吞咽等障碍者进行智商/发育商及语言量表测试等相关检查。

7. 代谢检测 有脑结构畸形或特殊面容等，应考虑遗传代谢方面的检查，包括血、尿串联质谱等。

8. 遗传学检测 有助于明确特异性病因，包括全外显子检测、拷贝数变异、染色体检查等。

【诊断和鉴别诊断】

脑性瘫痪的诊断需要采取全面的多学科方法。当婴儿被确诊或具有脑性瘫痪高风险时，应对脑性瘫痪及其共患病进行全面评估。诊断脑性瘫痪高危儿，必须满足以下四项必备条件，参考条件帮助寻找病因。

必备条件：①中枢性运动障碍持续存在；②运动和姿势发育异常；③反射发育异常；④肌张力及肌力异常。

参考条件：①有引起脑性瘫痪的病因学依据；②可有头颅影像学佐证。

诊断时应除外进行性疾病（如各种代谢病或变性疾病）所致的中枢性瘫痪及正常儿童一过性发育落后。

【治疗】

脑性瘫痪治疗的主要目的是尽早地促进各系统功能的恢复和发育，纠正异常姿势，减轻其伤残程度。尤其强调需要为0~2岁高危儿童及其家庭制订早期治疗和管理方案。

（一）治疗原则

1. 早期发现，早期治疗 在疑似诊断时即开始干预。婴幼儿运动系统处于快速发育阶段，早期发现运动异常，尽快加以纠正，容易取得较好疗效。

2. 针对特定任务的训练 促进正常运动发育，抑制异常运动和姿势，按儿童运动发育规律，促使儿童运动功能恢复，如：一旦怀疑婴儿有单侧脑性瘫痪，则建议立即进行强制性运动疗法（constraint-induced movement therapy，CIMT）和/或双手训练。可采用由治疗师指导的短时间（30~60

分钟)CIMT 家庭计划,为期 6 周,强度随着年龄的增长而增加。

3. 综合治疗 利用各种有益的手段对患者进行全面、多样化的综合治疗,除针对运动障碍进行治疗外,对合并的语言障碍、智力低下、癫痫、行为异常也需进行干预。培养患者对日常生活、社会交往的主动能力。

4. 家庭训练与医生指导相结合 丰富环境且家庭互动式的任务导向训练对运动、认知有积极的影响。脑性瘫痪的康复是个长期的过程,应减少父母的抑郁和焦虑,使父母在医生的指导下,学习功能训练手法,坚持长期治疗。

(二) 功能训练

1. 躯体训练(physical therapy,PT) 主要训练粗大运动,特别是下肢的功能,利用机械的、物理的手段,针对脑性瘫痪所致的各种运动障碍及异常姿势进行的一系列训练,目的在于改善残存的运动功能,抑制不正常的姿势反射,诱导正常的运动发育。主动运动、针对性运动训练、特定任务性运动训练、环境特异性训练均可实现功能最大程度提高。

2. 技能训练(occupational therapy,OT) 训练上肢和手的功能,提高日常生活能力并为以后的职业培养工作能力。

3. 语言吞咽训练(speech and swallow therapy,ST) 包括发音训练、咀嚼吞咽功能训练,包括行口周、面部、软腭、舌肌等运动控制训练。有听力障碍者应尽早配置助听器,有视力障碍者也应及时纠正。对于存在误吸风险者,喂养倾斜姿势、软化食物稠度、胃造瘘术等可以提高喂养安全性和效率。

4. 认知干预 运动障碍会影响社会互动、环境探索和学习能力。认知干预包括诱导与主动的真实任务动作、多模态学习、挑战性任务以及早期强化学习。

5. 制订个性化的视/听觉训练计划 包括视觉互动和有效刺激。

(三) 矫形器的应用

在功能训练中,常常需用一些辅助器和支具,矫正患者异常姿势,抑制异常反射,如佩戴踝足矫形器,以改善或保持背屈运动范围。

(四) 手术治疗

手术治疗主要适用于痉挛型脑性瘫痪患者,目的在于矫正畸形、改善肌张力、恢复或改善肌力平衡。手术分为神经手术和骨科矫形手术。

1. 神经手术 最经典的手术为选择性脊神经后根切断术。其他术式包括选择性周围神经部分切断术。

2. 骨科矫形手术 根据脑性瘫痪患者不同的情况,可选择软组织矫形(肌肉肌腱松解、转位、替代及延长等)或骨性矫形(截骨矫形、关节融合等)。

(五) 药物治疗

目前尚未发现治疗脑性瘫痪的特效药物,但有些对症治疗的药物可以选用,如:可试用小剂量苯海索缓解手足徐动型的多动;巴氯芬和/或肉毒毒素来减轻痉挛和疼痛,以改善睡眠行为;睡眠障碍者可应用褪黑素进行治疗,必要时采用常规的阶段性呼吸暂停管理方法。

(六) 其他

针灸、电疗、中药等治疗,对脑性瘫痪的康复也可能有益处。早期的社会和心理服务,对家长和孩子至关重要。

第七节 免疫相关性脑炎

一、急性播散性脑脊髓炎

NOTES

急性播散性脑脊髓炎(acute disseminated encephalomyelitis,ADEM)是一种免疫介导的中枢神经

系统的急性炎性脱髓鞘疾病，临床表现为脑病和多种神经功能障碍，通常是单相病程，也可能是多相形式。

【病因】

非特异性上呼吸道感染是最常见的前驱感染病史，但大部分ADEM未能明确病原学。既往研究认为接种特定疫苗（如狂犬病疫苗、乙型脑炎疫苗）与ADEM发病有关，但缺乏基于对照研究的直接相关证据。

【发病机制】

ADEM发病机制尚不完全明确，现有证据表明是由对髓鞘源性抗原的自身免疫反应引起的中枢神经系统脱髓鞘，可能包括分子模拟和自身致敏两种机制。分子模拟假说基于病原体或疫苗和宿主髓鞘抗原之间有共用抗原表位，由环境触发的中枢神经系统髓鞘自身抗原交叉反应引起细胞介导的抗体产生，导致ADEM的脱髓鞘特征。自我致敏假说是直接感染的嗜神经性病原体会导致髓鞘肽的释放和继发性弥漫性炎症反应，破坏血脑屏障，髓鞘衍生的自身抗原被释放到外周循环并暴露于幼稚的淋巴细胞，而这些致敏T细胞随后可能迁移到中枢神经系统并攻击宿主髓鞘，导致中枢神经系统脱髓鞘。

【病理】

ADEM主要累及白质，也可累及深部灰质和皮质，病变具有相似的组织学年龄。病理特征包括与髓鞘巨噬细胞、T和B淋巴细胞、偶有浆细胞和粒细胞的炎症浸润相关的静脉周围脱髓鞘。较大面积的脱髓鞘是许多静脉周围脱髓鞘病变融合的结果。

【临床表现】

ADEM多见于儿童和青少年，平均起病年龄为5~8岁，冬春季更为常见。多数患者有前驱感染史或疫苗接种史，急性起病，少数亚急性起病。神经系统症状进展迅速，通常在3~5天达高峰，疾病进展期应<3个月。神经系统的症状和体征与中枢神经系统受累及区域有关。脑病主要表现为行为异常、极度易怒或意识改变；其他常见的神经系统表现包括锥体束征、小脑性共济失调、急性偏瘫、视神经炎、其他脑神经受累、癫痫发作、横贯性脊髓炎和言语障碍。少数患者可迅速发展为意识障碍和呼吸抑制，或出现继发于脑干受累的呼吸衰竭。

急性出血性脑脊髓炎（acute hemorrhagic encephalomyelitis，AHEM）是ADEM的超急性变种，呈爆发性进展，可发生脑水肿和颅内压升高，若不迅速干预，可导致死亡或严重的神经功能障碍。AHEM的症状包括不对称多灶性神经功能障碍、脑膜炎、头痛和癫痫。

【辅助检查】

1. 脑脊液检查 脑脊液压力增高，外观多清亮，白细胞总数增加，多在100×10^6/L以下，以单核细胞为主。蛋白质轻度增高，糖和氯化物无明显改变。一般寡克隆抗体阴性，约20%的儿童可为阳性。AHEM脑脊液白细胞增高可>$1\,000\times10^6$/L，多核细胞为主，可见红细胞。

2. 血清抗体 半数ADEM患者在首次发作时血清髓鞘少突胶质细胞糖蛋白（MOG）抗体阳性。

3. 脑电图检查 表现为广泛性分布的θ和δ波，可有痫样放电波。

4. 影像学检查 首选MRI，病灶常见于丘脑和基底节，可表现为小病灶（小于5mm），大融合病灶伴有水肿和占位效应，额外的对称性双丘脑受累以及急性出血性脑脊髓炎。T_2加权液体抑制反转恢复序列（T_2-FLAIR）表现为界限不清和不对称的高信号，大小从<1cm至数厘米融合的白质异常，病变发生在深部和皮质下白质，同时保留脑室周围白质。

【诊断】

目前主要依据2013年国际儿童多发性硬化研究组（International Pediatric Multiple Sclerosis Study Group，IPMSSG）修订的ADEM诊断标准。

ADEM的诊断标准：①多灶性中枢神经系统脱髓鞘疾病的首次临床发作；②不能用发热、全身性疾病或发作后症状解释的脑病；③起病3个月后没有新的临床表现和MRI病灶；④影像学特征为急

NOTES

性（3个月）期脑部异常的MRI，主要为累及白质的弥漫性、边界不清的大（>1~2cm）病变，可出现深部灰质如丘脑或基底神经节的病变，很少见 T_1 加权低信号的白质病变。

多相ADEM（MDEM）的诊断标准为至少间隔3个月的反复脱髓鞘发作，每一次发作都符合ADEM的标准，并且MRI上没有出现临床无症状病变或任何其他脱髓鞘发作的证据。

【鉴别诊断】

1. 多发性硬化（multiple sclerosis，MS） 通常是单症状性的，并有慢性、复发和缓解过程；多见于成人，儿童罕见，一般无前驱感染病史，全脑受损症状不突出，脑脊液寡克隆抗体常为阳性，MRI常为不同时间的局部病灶，多位于深部白质，脑室周围病变更常见，丘脑很少累及。

2. 单纯疱疹病毒性脑炎 常有发热，头痛，意识改变，局灶性神经症状和反映额叶、颞叶受累的体征，MRI T_2 加权图像在颞叶、岛叶皮质、下额叶、扣带回和丘脑可见高信号；脑脊液病毒学检测阳性。

【治疗】

1. 糖皮质激素 应尽早足量应用。其作用机制包括抑制炎性细胞因子级联反应、抑制T细胞的活化、减少免疫细胞外渗到中枢神经系统以及促进活化免疫细胞的凋亡。推荐静脉使用甲泼尼龙冲击治疗，持续3~5天，随后改为口服糖皮质激素，通常4~6周内减量至停药。

2. 对糖皮质激素疗效不佳或是危重儿童可考虑使用丙种球蛋白或血浆置换。对暴发性或难治性ADEM者可应用利妥昔单抗或环磷酰胺。

3. 其他治疗 包括加强气道护理，维持水、电解质及酸碱平衡，对高热患者及时降温治疗，对惊厥发作者给予止惊治疗，有颅内高压表现时及时降颅内压治疗，尽早开始康复治疗。

【预后】

大多数ADEM患者能完全康复，但急性期可能严重危及生命，部分儿童可留下后遗症，如运动障碍、视觉问题和癫痫发作等。

二、自身免疫性脑炎

自身免疫性脑炎（autoimmune encephalitis，AE）是一类中枢神经系统神经元产生异常自身免疫反应而引起的炎症性疾病，主要表现为癫痫发作、精神行为症状及认知障碍等。

自从2007年Dalmau首次发现细胞表面的抗N-甲基-*D*-天冬氨酸受体（NMDAR）以来，一系列抗神经元表面或细胞内的自身抗体被陆续发现，儿童AE中常见抗体以谷氨酸脱羧酶65（GAD65）、髓鞘少突胶质细胞糖蛋白（MOG）、NMDAR为主，少见抗体包括抗γ-氨基丁酸A型受体（GABAAR）、抗γ-氨基丁酸B型受体（GABABR）、多巴胺2型受体（D2R）、甘氨酸受体（GlyR）和代谢型谷氨酸受体5（mGluR5）抗体等，其中抗NMDAR脑炎约是儿童AE的最常见类型。

副肿瘤综合征和非副肿瘤综合征均与以下广泛类型的抗体有关：①针对细胞表面抗原的抗体；②针对细胞内抗原的抗体；③针对细胞外表面突触抗原的抗体。根据靶蛋白位置的不同可将自身抗体进行划分，自身免疫性脑炎主要由抗体类型决定其临床症状（表12-7-1）：与细胞内抗原结合的抗体是自身免疫的一般标志物；与细胞外抗原结合的自身抗体是致病性的，并能够与突触受体或离子通道结合。自身抗体与神经元表面表位结合并导致靶蛋白的内化及功能减退或补体的激活，导致免疫系统的一系列下游变化。

【诊断】

既往健康的儿童出现急性或亚急性（少于3个月）新的局灶性或弥漫性神经功能障碍、认知困难、发育倒退、运动异常、精神症状和/或癫痫发作时，应考虑儿童自身免疫性脑炎的可能。以下是提示儿童自身免疫性脑炎相关临床线索。

1. 临床症状和病史

（1）急性或亚急性起病（<3个月快速进展），且有≥1种下列症状。

①短期记忆丧失；②意识水平改变，嗜睡或性格改变；③精神病症状（如精神错乱、幻觉）；④脑干

NOTES

表 12-7-1　不同类型的自身免疫性脑炎相关抗体及相应临床表现

分类	抗原位置	抗原	综合征	临床表现	相关肿瘤
细胞表面	神经元表面离子通道蛋白受体	LGI1	边缘叶脑炎	面臂肌张力障碍、肌阵挛、睡眠障碍等，儿童可见	胸腺瘤
		CASPR2	边缘叶脑炎	Morvan 综合征、Isaacs 综合征、周围神经兴奋过度等，儿童可见	胸腺瘤
		GlyR	脑炎	僵人综合征（SPS）、肌张力增强、阵挛、过度惊骇	—
		DPPX	脑炎	SPS、肌阵挛、过度惊吓	淋巴瘤
	神经元表面突触蛋白受体	NMDAR	抗 NMDAR 脑炎	肌张力障碍、精神症状、舞蹈症、睡眠障碍等，儿童常见	畸胎瘤
		AMPAR	边缘叶脑炎	急性进行性边缘叶脑炎、精神症状、肿瘤等	胸腺瘤、小细胞肺癌
		GABABR	边缘叶脑炎	急性进行性脑病、癫痫等	小细胞肺癌
		GABAAR	脑炎	记忆丧失、行为改变、癫痫	胸腺瘤
		mGluR5	脑炎	记忆丧失、行为改变、癫痫	霍奇金淋巴瘤
	胶质细胞表面抗原相关抗体	MOG	ADEM	偏瘫、共济失调、视神经炎、脑神经麻痹、癫痫等	—
		AQP4	脑炎	记忆丧失、行为改变、癫痫	—
	神经节苷脂抗体	GQ1b	脑干脑炎	意识障碍、睡眠障碍、肌麻痹、脑神经损伤等	—
细胞内	细胞内抗原相关抗体	GFAP、Hu、Ri、Yo、Ma2、CV2	抗 GFAP 脑干脑炎、边缘叶脑炎	视神经炎、共济失调、记忆障碍、肌张力障碍、癫痫等	小细胞肺癌、乳腺癌、胸腺瘤等
	突触蛋白的自身抗体	GAD65	脑炎	癫痫、小脑共济失调、1 型糖尿病、PERM 等	—

LGI1：富亮氨酸胶质瘤失活蛋白；CASPR2：接触蛋白相关蛋白；DPPX：二肽基肽酶样蛋白；AMPAR：α-氨基-3-羟基-5-甲基-4-异恶唑丙酸受体；PERM：伴强直与肌阵挛的进行性脑脊髓炎；AQP4：水通道蛋白 4；GQ1b：神经节苷脂抗体；GFAP：胶质纤维酸性蛋白；Hu：抗神经元核抗体 1 型；Ri：抗神经元核抗体 2 型；Yo：浦肯野细胞抗原 1 型；Ma2：副肿瘤相关神经肿瘤抗原；CV2：抗胞质内抗原抗体；—：无相关性或无数据。

症状（如共济失调、构音障碍、吞咽困难）；⑤眼球运动障碍；⑥对惊吓的反应过度；⑦运动障碍；⑧肌张力障碍。

（2）新出现的局灶性神经系统症状体征。

（3）新出现的发作（如癫痫持续状态、面臂肌张力障碍发作），之前未诊断过发作性疾病。

（4）前驱症状，如头痛、发热或流感样症状。

（5）肿瘤的表现（如无明显诱因的体重下降、夜间盗汗、疲劳）。

（6）自身免疫性疾病史。

（7）自身免疫性疾病或血清自身抗体阳性的家族史。

2. 其他支持的实验室指标或影像学检查

（1）脑脊液白细胞计数>5/mm^3、蛋白升高。

（2）脑脊液或血清 IgG 升高（不是 IgM 或 IgA）。

（3）头颅 MRI T2-FLAIR 提示单侧或双侧颞叶高信号（边缘叶脑炎），或提示累及白质和/或灰质的符合脱髓鞘或炎症的多发性病灶。

NOTES

（4）脑电图提示频繁的双侧颞叶的电发作或极度δ刷。

儿童确定抗体阳性的自身免疫性脑炎诊断标准包括以下方面。

（1）急性或亚急性起病(病程<3个月),起病前正常。

（2）具有神经系统功能障碍特征至少2项:精神状态/意识水平改变或脑电图背景慢或痫样放电、局灶性神经系统症状体征、认知障碍、急性发育倒退、运动障碍、精神症状、不能用既往的发作性疾病或其他原因解释的发作。

（3）辅助检查至少1项阳性发现:①脑脊液细胞数增高>5×10^6/L和/或寡克隆抗体阳性;②MRI有脑炎的特征;③脑活检提示炎性浸润并除外其他病因。

（4）血清和/或脑脊液存在明确与自身免疫性脑炎有关的自身抗体。

（5）需要合理除外其他病因,包括其他导致中枢神经系统炎症的原因。

若符合（1）、（2）、（3）、（5）为可能抗体阴性的自身免疫性脑炎,若只符合（1）、（2）、（5）为可能的自身免疫性脑炎。

【治疗】

早期诊断和开始治疗对于自身免疫性脑炎患者的预后至关重要。在免疫治疗的同时应积极针对病因及对症治疗。

1. 免疫治疗 一线治疗包括糖皮质激素、丙种球蛋白及血浆置换（PLEX）。糖皮质类固醇是治疗的基石。它们具有良好的穿透血脑屏障,并具有广泛的抗炎活性。通常使用甲泼尼龙冲击治疗[20~30mg/(kg·d),3~5天,最大剂量1g/d],然后根据体重持续口服类固醇[泼尼松龙1~2mg(kg·d)],然后在6~12个月内缓慢减量。大部分自身免疫性脑炎患者对一线治疗有反应,并在开始治疗后的前1~2周内症状改善。

使用一线治疗1~2周临床显著无改善者,需考虑二线治疗。常用的二线治疗包括利妥昔单抗和环磷酰胺。利妥昔单抗是一种抗CD20的嵌合单克隆抗体,可导致B细胞耗尽,从而减少促炎$CD4^+$和$CD8^+$T细胞反应;其他慢性免疫抑制剂如霉酚酸酯、硫唑嘌呤,仅用于已知复发风险的儿童自身免疫性脑炎。此外,蛋白酶抑制剂硼替佐米和白介素-1阻滞剂阿那白滞素也已被用于自身免疫性脑炎的治疗。

2. 对症治疗 包括抗癫痫治疗、针对精神症状的治疗以及康复训练等,对于合并肿瘤的患者应首先进行肿瘤切除等抗肿瘤治疗。

（一）抗NMDA受体脑炎

抗N-甲基-*D*-天门冬氨酸受体（NMDAR）脑炎是一种抗神经元表面抗原NMDAR的抗体相关性中枢神经系统炎症性疾病,也是最常见的免疫性脑炎。流行病学研究显示本病的发生率仅次于急性播散性脑脊髓炎。

抗NMDA受体脑炎在儿童与成人均可发病,儿童期起病者约占40%,临床表现变化多样,早期无特异症状及体征,容易误诊并延误治疗。

【病因和发病机制】

目前抗NMDA受体脑炎发病机制尚不明确。研究认为部分患者体内的相关肿瘤(通常是卵巢畸胎瘤)对NMDAR的全身表达是自身免疫反应的触发因素,但只有31%的18岁以下儿童和9%的14岁以下儿童存在这种关联。约20%的单纯疱疹病毒性脑炎患者恢复后出现神经症状和抗NMDAR抗体,推测与病毒对脑组织的破坏导致神经元抗原的释放并随后发展为自身免疫反应有关。也有研究发现儿童感染支原体后会产生抗NMDAR抗体。

NMDAR是一种兴奋性谷氨酸受体,当它被激活时,允许钠离子和钙离子通过通道,使谷氨酸和甘氨酸结合到它们各自的位点。NMDAR抗体由跨越血脑屏障的抗体产生细胞在中枢神经系统中产生。当抗体与NMDAR结合时,这些受体从细胞表面内化,导致受体功能减退。低活性受体未能对多巴胺能中脑边缘通路造成强直性抑制,从而导致精神疾病。

NOTES

【临床表现】

抗 NMDA 受体脑炎多见于儿童及青年女性，男女比例为 2∶8，平均发病年龄 21 岁。本病可急性或亚急性起病，2 周至数周内达到高峰。该病较特异性的临床表现包括 6 项核心症状：①精神行为异常最常见，常为首发症状；②癫痫发作，以局灶性发作最为常见，严重者可出现惊厥持续状态，因此惊厥经常是本病患者就诊的主要原因；③言语障碍包括构音障碍、语言减少或缄默；④运动障碍或不自主运动，以口咽、面部动作最常见，其次是舞蹈症、肌张力不全、震颤等；⑤意识水平下降；⑥自主神经功能障碍，包括心动过度/过缓、血压异常、中枢性通气障碍等。

临床上根据病程可把抗 NMDA 受体脑炎分为五期，各期之间无严格界限：①前驱期。表现为非特异性症状，如发热、头痛、恶心、呕吐和上呼吸道感染样症状。②精神、神经症状期、精神症状表现为行为改变、易怒、发脾气、昏迷、躁狂和抑郁交替、幻觉、行为爆发、睡眠功能障碍及多动症。上述症状出现的早期常被忽略。③无反应期。在数周内，出现言语和语言变化，表现为缄默和反应下降。④不随意运动期。表现为锥体外系受累症状，口/面部运动障碍、共济失调或行走困难、肌张力障碍等。⑤恢复期。大部分患者在出院时认知和行为异常可完全恢复，但运动症状的完全康复需要较长时间。在病程中，常伴有癫痫发作及自主神经功能障碍表现，可有紧张、心律失常、自主神经功能紊乱、通气不足和呼吸不协调等，患者常需入住重症监护室。与自主神经功能障碍和换气过度相比，儿童言语功能障碍更常见。

【辅助检查】

1. 脑脊液检查 脑脊液压力正常或增高，外观多清亮，白细胞总数正常或轻度升高，多在 100×10^6/L 以下，以单核细胞为主。脑脊液蛋白轻度增高，寡克隆区带可阳性，抗 NMDAR 抗体阳性。临床诊断的确认需要证明血清或脑脊液样本中存在针对 NMDAR GluN1 亚基的 IgG 抗体。

2. 肿瘤学检查 女性卵巢超声和盆腔 CT 有助于发现卵巢肿瘤。

3. 脑电图 多呈弥漫性或多灶性慢波，偶有痫样放电，异常 δ 刷是较特征性改变。

4. 影像学检查 头颅 MRI 可无明显异常，部分患者头颅 MRI 显示双侧海马、额叶皮质、内侧颞叶、小脑皮层、脊髓和延髓的 T_2 或 FLAIR 高信号。

【诊断和鉴别诊断】

抗 NMDAR 脑炎的诊断标准如下。

1. 确诊抗 NMDAR 脑炎 在合理排除其他疾病后，出现上述 6 项核心症状中的 1 项或多项，并检测到抗 NMDAR IgG 抗体，即可明确诊断。

2. 拟诊抗 NMDAR 脑炎，需满足以下 3 个标准。

（1）上述 6 项核心症状的至少 4 项（病程少于 3 个月）。

（2）以下辅助检查至少 1 项阳性：①脑电图异常；②脑脊液淋巴细胞增多；③脑脊液寡克隆区带异常。

（3）合理排除其他疾病。

此外，若出现上述 6 项核心症状中的 3 项并伴有卵巢畸胎瘤也可诊断。

抗 NMDA 受体脑炎者在起病初期可能因表现出精神行为症状，常被诊断为精神障碍、药物滥用等。其他需鉴别的疾病包括儿童急性脑病获得性可逆性自闭症综合征、儿童免疫介导的舞蹈病脑病综合征、急性弥漫性淋巴细胞性脑膜脑炎、急性可逆性边缘系统脑炎、急性幼年非疱疹性脑炎、急性播散性脑脊髓炎（ADEM）、先天性代谢障碍、尿素循环障碍、环境毒素和药物过量、风湿病（如神经精神狼疮）和原发性精神疾病（如精神分裂症）等。

【治疗】

抗 NMDA 受体脑炎患者出现神经系统症状可能会伴有自主神经功能障碍、换气过度、心律失常或多动危象，应入住重症监护室。目前抗 NMDA 受体脑炎的治疗主要包括免疫治疗、对症支持治疗。

一线治疗包括大剂量糖皮质激素、静脉注射丙种球蛋白和血浆置换，若存在畸胎瘤需及时切除。

NOTES

对于没有潜在肿瘤的患者，通常需要使用二线治疗，包括利妥昔单抗或环磷酰胺。无肿瘤的患者更容易复发，建议使用免疫抑制药物（如霉酚酸酯或硫唑嘌呤）至少1年。

可乐定、曲唑酮和苯二氮䓬类药物有助于逆转睡眠障碍。苯巴比妥、苯海索和阿片类药物可治疗过度激动。使用典型或非典型抗精神病药治疗精神病和行为症状，喹硫平是治疗精神病的首选药物；丙戊酸可作为一种极好的情绪稳定剂，还可以预防癫痫发作；加巴喷丁和锂也可用于情绪失调。

如果儿童用上述任何一种治疗方式都没有改善，可以考虑机械通气和氯胺酮或丙泊酚输注。儿童应避免在皮质类固醇治疗的同时使用肌肉松弛剂，以预防肌病。

应尽早开始全面的康复计划，包括物理治疗、作业治疗和言语治疗。

【预后】

抗NMDA受体脑炎的预后良好，约80%的患者在24个月后有实质性或完全恢复。

（二）MOG抗体相关疾病

髓鞘少突胶质细胞糖蛋白IgG抗体（myelin oligodendrocyte glycoprotein antibody-IgG，MOG-IgG）相关疾病（MOG-IgG associated disease，MOGAD）是一类免疫介导的中枢神经系统炎性脱髓鞘疾病。

【病因和发病机制】

MOG抗原位于髓鞘最表面，具有高度免疫原性，是最早被确定为实验性自身免疫性脑脊髓炎中脱髓鞘抗体的主要抗原靶点。MOG-IgG分为非致病性抗体及致病性抗体两大类：前者主要包括识别线性MOG抗原表位的抗体；后者识别具有空间立体结构的折叠型糖蛋白，其中后者才具有致病性。MOG-IgG阳性常常提示非多发性硬化的脱髓鞘性疾病。

【临床表现】

MOGAD是儿童特发性中枢神经系统炎症性脱髓鞘疾病中最常见的类型，可发生于各个年龄段，存在明显的年龄依赖性表型特点，低龄儿童更易表现为ADEM，而年长儿更易表现为急性视神经炎（acute optic neuritis，ON）和横贯性脊髓炎（transverse myelitis，TM），无明显性别差异。儿童MOGAD多为单相性病程，部分也可表现为多相性（复发-缓解）病程。

MOGAD常见临床表型包括：①ADEM是最常见的首发临床表型，急性或亚急性起病，病程进展<3个月，表现为脑病和其他多样性中枢神经系统症状；②ON常表现为视力下降、辨色异常、眼球疼痛等，超过半数患者双侧视神经受累；③TM表现为运动感觉障碍及直肠膀胱功能障碍；④视神经脊髓炎谱系疾病（neuromylitis optica spectrum disorder，NMOSD）临床表现为视神经炎、长节段脊髓炎、脑干综合征、大脑综合征和间脑综合征等，MOGAD在水通道蛋白4（AQP4）-IgG阴性的NMOSD中更常见；⑤其他不典型临床表型包括脑炎、重叠综合征、脑神经炎等。

【辅助检查】

1. MOG-IgG检测 MOG-IgG是MOGAD的诊断生物学标志物。目前国际推荐的是细胞转染法，检测样本为血清。血清MOG-IgG滴度水平变化与疾病活动性及临床病程相关。

2. 脑脊液检查 MOGAD患者脑脊液常规及生化可正常，半数患者会出现白细胞计数及蛋白水平升高。少部分患者有寡克隆区带阳性。

3. MRI检查 MRI是诊断MOGAD的重要检查。常见受累部位包括视神经、脑白质、基底节区、脑干、小脑、脊髓等。

（1）ADEM头颅影像学具有典型特征，表现为以皮质下白质受累为主的边界欠清晰的片状白质异常信号，可累及深部灰质核团。NMOSD表型患者可表现与ADEM相似的影像学特征，尤其是年龄较小的患者。

（2）双侧视神经受累多于单侧，表现为视神经肿胀，以视神经前部受累多见，常超过视神经全长一半，很少累及视交叉；T_2WI见病灶处高信号，增强扫描可见视神经鞘及周围脂肪组织强化的特征性改变。

（3）脊髓MRI常表现为长节段横贯性脊髓炎，最多见于颈椎和胸椎，也可累及腰椎；脊髓的灰质易受累，在轴位可表现为H形模式。

NOTES

4. 眼科检查 包括眼底检查、视野及视觉诱发电位检查等。

【诊断及鉴别诊断】

1. 根据2020年中国专家组建议的MOGAD诊断标准,MOGAD的诊断符合以下所有标准。

(1)用全长人MOG作为靶抗原的细胞法检测血清MOG-IgG阳性。

(2)临床有下列表现之一或组合:①ON,包括慢性复发性炎性视神经病变;②TM;③脑炎或脑膜脑炎;④脑干脑炎。

(3)与中枢神经系统脱髓鞘相关的MRI或电生理(孤立性ON患者的视觉诱发电位)检查结果。

(4)排除其他诊断。

2. 鉴别诊断 需与MS、AQP4-IgG阳性的NMOSD等重点鉴别,其他包括神经结核、莱伯遗传性视神经病变(Leber hereditary optic neuropathy)、血管炎、遗传性脑白质病、脊髓亚急性联合病变等。

【治疗】

MOGAD的治疗分为急性期治疗和缓解期期治疗。

急性期治疗可选用大剂量甲泼尼龙、丙种球蛋白;若甲泼尼龙、丙种球蛋白冲击治疗失败及紧急需要的情况下,可采用血浆置换治疗。

对于已出现复发的MOGAD患者应进行缓解期预防复发的治疗,治疗药物包括长期口服泼尼松、定期静脉输注丙种球蛋白、利妥昔单抗、霉酚酸酯、甲氨蝶呤或硫唑嘌呤等。

【预后】

MOGAD的预后取决于临床表型、病程多相或单相以及治疗等因素。单相性病程患者预后好于多相性病程。

第八节 吉兰-巴雷综合征

吉兰-巴雷综合征(Guillain-Barre syndrome,GBS),过去多译为格林-巴利综合征,又称急性感染性多发性神经根神经炎(acute infectious polyradiculoneuritis),是一种获得性免疫介导的累及脊神经和/或脑神经的急性炎症性周围神经病。该病进展迅速而又大多可完全恢复,多见于儿童,夏秋季好发,男略多于女。我国的年发病率为1.6/10万,农村高于城市。其常见临床特征是急性进行性对称性弛缓性麻痹,多为上行性进展,常有脑神经受累,重者可出现呼吸肌麻痹,甚至危及生命。病后2~3周脑脊液呈现蛋白-细胞分离现象。本病包括多个亚型:急性炎症性脱髓鞘性多发性神经病(acute inflammatory demyelinating polyneuropathy,AIDP)、急性运动轴索性神经病(acute motor axonal neuropathy,AMAN)、急性运动感觉轴索性神经病(acute motor-sensory axonal neuropathy,AMSAN)和米-费综合征(Miller-Fisher syndrome,MFS)。其中AIDP最常见。

【病因及发病机制】

吉兰-巴雷综合征是一种自身免疫性疾病,与多种因素有关,感染因素最为突出。

感染因素:大多数患者于发病前2~3周有上呼吸道或胃肠道感染等前驱疾病。已经证实空肠弯曲菌菌体脂多糖涎酸等终端结构与周围神经中的神经节苷脂GM1、GDla等分子结构相似,因而可引发交叉免疫反应,产生抗GM1、GDla等抗神经节苷脂自身抗体,导致周围神经免疫性损伤。除了空肠弯曲菌外,常见的肠道病毒和呼吸道病毒及巨细胞病毒、EB病毒、水痘病毒、麻疹病毒、肝炎病毒、流感病毒、HIV、弓形体、肺炎支原体等感染或疫苗接种后也可发生本病。研究证实细胞免疫是AIDP的主要的发病机制,体液免疫是AMAN和AMSAN主要的致病机制。

其他因素:在经历相同的病原体感染的人群中,仅有少部分患者发生此病,考虑可能与遗传易感性有关。少数患者与疫苗接种相关,如麻疹疫苗、狂犬病疫苗等。

【病理】

吉兰-巴雷综合征典型病理改变是神经根、周围神经干的急性、多灶性、节段性髓鞘脱失,崩解的髓鞘被巨噬细胞吞噬；神经节和神经内膜水肿及多灶性炎细胞浸润。前驱感染病原体的不同以及患者免疫状态的差异，导致了不同的病理类型及临床表现，目前主要分为以下四种。

1. AIDP 免疫损伤的主要部位是周围神经原纤维的髓鞘，轴索相对完整，运动和感觉纤维都受累；最常见。

2. AMAN 主要病理特征是轴突的沃勒变性（wallerian degeneration），仅有轻微的髓鞘脱失和炎症反应；此型与空肠弯曲菌感染的关系更为密切。

3. AMSAN 轴突沃勒变性明显，同时波及运动和感觉神经纤维。此型少见，病情多较重，恢复缓慢。

4. MFS 特殊类型，主要表现为眼肌麻痹、共济失调和腱反射消失三联症，无肢体瘫痪。

【临床表现】

多数吉兰-巴雷综合征患者发病前 2~3 周有上呼吸道感染史，起病较急，也可呈亚急性起病。85% 的患者 1~2 周内达病情高峰，2~3 周后开始恢复。少数患者 1~3 天即可发展至疾病高峰，也有的患者 2 周后仍有进展，但麻痹进展一般不超过 4 周。本病呈自限性，多数患者 2~3 周开始恢复，3~6 个月完全恢复正常。其主要临床表现如下。

1. **运动障碍** 进行性肌无力是吉兰-巴雷综合征的突出表现，一般先从下肢开始，逐渐向上发展，累及上肢及脑神经；少数患者呈下行性进展。两侧基本对称，一般肢体麻痹远端重于近端。瘫痪呈弛缓性，腱反射消失或减弱，受累部位肌肉萎缩。患者肌力恢复的顺序是自上而下，与进展顺序相反，最后下肢恢复。约半数以上的患者出现轻重不同的呼吸肌麻痹，表现为呼吸表浅、咳嗽无力、声音微弱，其中 7%~15% 的患者需辅助呼吸。

2. **脑神经麻痹** 约半数患者累及后组（Ⅸ、Ⅹ、Ⅻ）脑神经，表现为语音低微、吞咽困难、进食呛咳，易发生误吸。约 20% 的患者合并周围性面瘫。少数患者可出现视乳头水肿而无明显视力障碍。眼外肌受累机会较少，但是少数患者在病程早期即可出现动眼神经的严重受累，如米-费综合征。

3. **感觉障碍** 主要见于 AIDP 和 AMSAN 的患者，感觉障碍远不如运动障碍明显，且主观感觉障碍明显多于客观检查发现。在发病的初期，患者可述痛、麻、痒或其他不适的感觉，持续时间比较短，常为一过性。少数患者可查到手套、袜子型的感觉障碍。不少患者因惧怕神经根牵涉性疼痛而致颈抵抗和拉塞格征（Lasègue sign）阳性。

4. **自主神经功能障碍** 患者常有出汗过多、肢体发凉、皮肤潮红、心率增快、血压不稳等自主神经症状。少数患者可有一过性尿潴留或尿失禁。自主神经症状多出现在疾病早期，存在时间较短。也有发生心律不齐甚至心搏骤停的病例报道，因此心血管功能的监护还是十分重要的。

【辅助检查】

1. **脑脊液检查** 80%~90% 患者的脑脊液呈现蛋白细胞分离现象，即脑脊液中蛋白含量增高而白细胞数正常。然而，病初脑脊液蛋白可以正常，通常病后第 2 周开始升高，第 3 周达高峰，之后又逐渐下降。糖含量正常，细菌培养阴性。

2. **电生理检查** 电生理改变与吉兰-巴雷综合征的型别有关。AIDP 患者主要表现为运动和感觉传导速度减慢，远端潜伏期延长和反应电位时程增宽，波幅减低不明显。以轴索变性为主要病变的 AMAN 患者，主要表现为运动神经反应电位波幅显著减低；AMASN 患者则同时有运动和感觉神经电位波幅减低，传导速度基本正常。

【诊断与鉴别诊断】

根据患者急性或亚急性起病，不发热，进行性对称性弛缓性麻痹，脑脊液呈蛋白细胞分离现象，诊断吉兰-巴雷综合征一般不困难。2010 年 8 月我国学者提出吉兰-巴雷综合征诊治指南。AIDP 的诊断标准如下：①常有前驱感染史，呈急性或亚急性起病，进行性加重，多在 2 周左右达高峰；②对称性肢体无力，重症者可有呼吸肌无力，四肢腱反射减低或消失；③可伴轻度感觉异常和自主神经功能障碍；④脑脊液出现蛋白-细胞分离现象；⑤电生理检查见运动神经传导潜伏期延长，运动神经传导速度

NOTES

减慢，F 波异常，传导阻滞，异常波形离散等；⑥病程有自限性。AMAN 和 AMSAN 诊断标准：临床表现与 AIDP 类似，通过肌电图检查区分。MFS 诊断标准：①急性起病，病情在数天内或数周内达到高峰；②临床上以眼外肌瘫痪、共济失调和腱反射减弱为主要表现，肢体肌力正常或轻度减退；③脑脊液出现蛋白-细胞分离；④病程呈自限性。

在病程早期或临床表现不典型时，吉兰-巴雷综合征需与以下疾病鉴别。

1. 脊髓灰质炎　先有发热，体温开始下降时出现瘫痪，体温正常后不再进展。瘫痪为不对称性分布，以单侧下肢瘫多见。无感觉障碍，疾病早期脑脊液细胞数增加，粪便病毒分离或血清学检查可证实诊断。我国已消灭野生型病毒引起的脊髓灰质炎，但柯萨奇病毒、埃可病毒等肠道病毒可引起急性迟缓性麻痹（AFP），另外偶可见到疫苗相关性急性迟缓性麻痹，均应注意鉴别。

2. 急性脊髓炎　特别是高位脊髓炎，可出现四肢瘫痪，在脊髓休克期表现为肌张力低下，腱反射消失，需注意鉴别。但急性脊髓炎常有明显的感觉障碍平面和自主神经功能障碍引起的二便排泄障碍。

3. 脊髓肿瘤　多进展缓慢，有根性痛，常呈不对称性上运动神经元性瘫痪，可有感觉障碍和排便功能障碍，MRI 检查可明确诊断。

4. 急性脑干脑炎　常累及脑神经并可引起交叉性瘫痪，EV71 引起者常有共济失调，应注意与米-费综合征鉴别。

5. 其他　如周期性瘫痪、癔病性瘫痪、卟啉病引起的弛缓性麻痹等亦应注意鉴别。

【治疗】

吉兰-巴雷综合征对患者生命威胁最大的症状是呼吸肌麻痹，其次是后组脑神经功能障碍。如患者能顺利度过急性期，大多恢复良好，因此急性期综合护理和治疗非常重要。

1. 一般治疗及护理　吉兰-巴雷综合征患者可以进展很快，甚至 24 小时内即可出现呼吸肌麻痹，因此应严密观察病情变化和呼吸情况。耐心细致的护理对该病尤为重要：要保持瘫痪患者体位舒适，勤翻身，维持肢体功能位，尽早进行康复训练；及时清除口咽部分泌物，保持呼吸道通畅；脑神经受累者进食要小心，吞咽困难时给予鼻饲，以防食物呛入气管；室内温度、湿度要适宜，保证营养、水分供应及大小便通畅等。

2. 呼吸肌麻痹的处理　凡由呼吸肌麻痹引起明显呼吸困难、咳嗽无力，特别是吸氧后仍有低氧血症者，应及时行气管切开术。术后按时拍背吸痰，防止发生肺不张及肺炎。必要时用人工呼吸器辅助呼吸，并定期做血气分析。

3. 静脉注射免疫球蛋白（IVIg）　是当前首选的治疗方案，每日 0.4g/kg，连用 5 天；起病 2 周内使用疗效确切，与血浆置换相当，其严重副作用发生率更低。

4. 血浆置换　起病 4 周内进行，疗效确切，与 IVIg 相当，但需专用设备且价格昂贵，可能出现严重不良反应，临床应用受到一定限制。

5. 肾上腺糖皮质激素　研究证实单独应用糖皮质激素治疗 GBS 无明确疗效，糖皮质激素和 IVIg 联合治疗与单独应用 IVIg 的效果也无显著差异，口服皮质激素甚至增加不良预后风险。因此不推荐应用糖皮质激素治疗 GBS。

6. 其他　如并发肺炎，应及时给予抗生素治疗；如有心功能受累，应及时处理。另外在治疗过程中，维生素类药物常被选用，如维生素 B_{12} 等。

第九节　重症肌无力

重症肌无力（myasthenia gravis，MG）是一种自身抗体介导的神经肌肉接头（neuromuscular junction，NMJ）功能障碍。临床上表现为骨骼肌无力，其特点是疲劳时加重，休息或用胆碱酯酶抑制剂后症状减轻。

NOTES

【病因和发病机制】

正常神经肌肉接头处（突触）由运动神经末梢（突触前膜）、突触间隙和肌膜（突触后膜）三部分组成。突触前膜膨大无髓鞘，内含储存神经递质乙酰胆碱（acetylcholine，Ach）的许多囊泡，神经冲动电位促使神经末梢向突触间隙释放 Ach；Ach 与突触后膜上的乙酰胆碱受体（Ach-R）结合，引起终板膜上 Na^+ 通道开放，产生动作电位。自身免疫性 MG 的发病机制中至少 80% 是自身免疫抗体直接作用于神经肌肉接头处突触后膜上的乙酰胆碱受体。Ach-R 抗体不仅可直接破坏 Ach-R 和突触后膜，使 Ach-R 数目减少，突触间隙增宽，而且还可与 Ach 竞争 Ach-R 结合部位。因此虽然突触前膜释放 Ach 的量正常，但在重复神经冲动过程中，患者 Ach 与 Ach-R 结合的概率越来越低，导致临床出现肌肉病态性易疲劳现象。抗胆碱酯酶可抑制 Ach 的降解，增加其与受体结合机会，从而增强终板电位，可使肌力改善。最近研究发现肌肉特异性激酶（MuSK）抗体及兰尼碱受体（RyR）抗体可以导致突触后膜乙酰胆碱受体稳定性下降而致病。MG 免疫学异常的病因迄今尚无定论。有人认为与胸腺的慢性病毒感染有关，且与人类白细胞抗原（HLA）型别有关，一般女性、发病较早、伴胸腺增生的患者以 HLA-A1B8 及 Dw3 多见；而男性、发病较晚、伴胸腺瘤患者以 HLA-A2A3 居多。

【临床表现】

（一）儿童期重症肌无力

儿童期重症肌无力女孩多见，合并胸腺瘤较少。约 2% 的患者有家族史，提示这些患者的发病与遗传因素有关。目前临床上多采用 Osserman 分型，将重症肌无力分为五型。Ⅰ型（眼肌型）：表现为眼肌麻痹，为最常见的类型，40% 左右发展为全身型。Ⅱa 型（轻度全身型）：进展缓慢，眼外肌受累，同时可累及咽喉部肌肉，对胆碱酯酶抑制剂反应良好，病死率低。Ⅱb 型（中度全身型）：从眼外肌和咽喉部肌肉受累扩展至全身肌肉，呼吸肌一般不受累，对胆碱酯酶抑制剂常不敏感。Ⅲ型（急性快速进展型）：常突然发病，在数周至数月内进展迅速，早期出现呼吸肌受累，伴严重四肢肌和躯干肌受累，胆碱酯酶抑制剂反应差，常合并胸腺瘤，死亡率高。Ⅳ型（慢性严重型）：病初为Ⅰ型或Ⅱa 型，2 年或更长时间后病情突然恶化，对胆碱酯酶抑制剂反应不明显，常合并胸腺瘤，预后欠佳。

（二）新生儿一过性重症肌无力（transient neonatal myasthenia gravis）

新生儿一过性重症肌无力又称新生儿暂时性重症肌无力，仅见于 MG 母亲所生新生儿，如母亲患 MG，约 1/7 的新生儿因体内遗留母亲抗 Ach-R 抗体，出生时是正常的，但随后很快会出现诸如张力过低、哭声微弱、吮吸不良、活动减少、上睑下垂和面部无力等症状，严重者需要呼吸机辅助呼吸或胃管喂养。短期抗胆碱酯酶治疗通常是有效的。如度过危险期，数天或数周后，婴儿体内的抗 Ach-R 抗体消失，肌力即可恢复正常，且并不增加后期发生 MG 的危险性。

（三）肌无力危象和胆碱能危象

重症肌无力患者可突然出现两种不同的危象。一种是重症肌无力危象，是指患者本身病情加重或治疗不当引起呼吸肌无力所致的严重呼吸功能不全状态，此种危象患者常有反复感染、低钠血症、脱水、酸中毒或不规则用药史。另一种是胆碱能危象，除有明显肌无力外，还有抗胆碱酯酶药物过量的临床表现，如面色苍白、腹泻、呕吐、高血压、心动过缓、瞳孔缩小及黏膜分泌物增多等。如遇上述症状不典型的病例，可借肌内注射依酚氯铵 1mg 做鉴别诊断或指导治疗：如患者用药后症状改善，则考虑为肌无力危象，仍可继续应用抗胆碱酯酶药物；如用药后症状加重，则考虑为胆碱能危象，应停用抗胆碱酯酶药物。

【诊断】

在具有典型 MG 临床特征（疲劳相关的波动性肌无力）的基础上，满足以下 3 点中的至少 1 项即可做出诊断，包括药物诊断性试验阳性、肌电图示重频刺激衰减以及血清抗 Ach-R 等相关抗体阳性。同时需排除其他疾病。所有确诊 MG 患者需进一步完善胸腺影像学检查（纵隔 CT 或 MRI）。

1. 药物诊断性试验 依酚氯铵（tensilon）或新斯的明（neostigmine）药物试验有助于诊断。前者是胆碱酯酶的短效抑制剂，显效迅速，但有时可导致心律失常，故一般不用于婴儿。用于儿童时每次 0.2mg/kg(最大不超过 10mg),静脉或肌内注射,用药后 1 分钟即可见肌力明显改善,2~5 分钟后作用消失。新斯的明虽显效较慢,但很少有心律失常不良反应;每次 0.04mg/kg,肌内注射,或新生儿 0.10~0.15mg,儿童 0.25~0.50mg,最大不超过 1mg;最大作用在用药后 15~40 分钟。婴儿反应阴性而又高度怀疑本病时,可于 4 小时后加量为 0.08mg/kg。为防治新斯的明引起的面色苍白、腹痛、腹泻、心率减慢、气管分泌物增多等毒蕈碱样不良反应,注射该药前应先备好阿托品,一旦出现上述症状,可肌内注射阿托品 0.01mg/kg。

2. 肌电图检查 低频重复刺激(通常用 3 次/秒)检查对诊断该病有重要价值。特征性表现是重复刺激后肌肉动作电位幅度递减,衰减大于 10%。

3. 血清抗 Ach-R 抗体检查 阳性者对诊断有重要意义,但阴性者并不能排除该病。婴幼儿阳性率低,以后随年龄增加而增高。眼肌型(约 40%)又较全身型(70%)低。

4. 胸腺影像学检查 推荐纵隔 CT 或 MRI,可明显提高阳性率。

【鉴别诊断】

MG 最主要是和先天性肌无力综合征(CMS)鉴别。CMS 是一种由遗传缺陷导致的 Ach-R 结构或功能障碍,常常在婴儿期起病,但是也可以在更大年龄起病,临床表现类似,但是免疫治疗无效。

另外,MG 还应与吉兰-巴雷综合征、脊髓灰质炎的延髓型、线粒体肌病、脑干脑炎、格雷夫斯眼病(Graves' ophthalmopathy)、脑肿瘤等相鉴别。严重的婴儿腹泻缺钾时也可发生肌无力现象,但常以颈、腹部肌群和心肌先受累,必要时行心电图及血钾水平检查可帮助鉴别。

【治疗】

MG 的主要治疗包括胆碱酯酶抑制剂和免疫抑制剂。对于胆碱酯酶抑制剂治疗无效或者需要快速缓解症状(如肌无力危象)者,可使用血浆置换或静脉注射免疫球蛋白治疗。

1. 胆碱酯酶(acetylcholinesterase,AChE)抑制剂 乙酰胆碱酯酶抑制剂通过阻止乙酰胆碱酯酶对乙酰胆碱的酶降解作用而增加神经肌肉接头的乙酰胆碱水平,使之作用于残存的 Ach-R,增强神经肌肉传递,从而缓解症状。AChE 抑制剂可用于各型 MG 的治疗,眼肌型 MG 的初始治疗应首选 AChE 抑制剂。溴吡斯的明,1mg/(kg·次)(最大量不超过 60mg)口服,每日三四次,最多 5 次。根据症状控制的需求和是否有毒蕈碱样不良反应发生,可适当增减每次剂量与间隔时间。抗肌肉特异性酪氨酸激酶抗体(muscle specific kinase antibody,Mu SK-Ab)相关 MG 患者对这些药物反应不佳,因此可能需要更高剂量。如果症状持续不缓解,考虑免疫抑制剂治疗。

2. 免疫抑制治疗 糖皮质激素(泼尼松、泼尼松龙和甲泼尼龙)和硫唑嘌呤是用于 MG 治疗的一线免疫抑制剂。二线药物包括环孢素、甲氨蝶呤、霉酚酸酯、环磷酰胺和他克莫司。当患者对 AChE 抑制剂治疗无反应、有任何治疗禁忌证或不能耐受时,可考虑免疫抑制治疗。单克隆抗体,如利妥昔单抗和厄瓜利珠单抗(eculizumab),已用于治疗耐药 MG,但是其疗效还需要进一步证实。

3. 大剂量静脉注射免疫球蛋白(IVIG)和血浆置换疗法 起效快,主要用于重症全身型 MG 患者或 MG 危象的抢救、胸腺切除术围术期以及免疫抑制剂耐药时。

4. 胸腺切除术 对于 MG 合并胸腺瘤者,无论病情轻重均应做胸腺切除;对于儿童眼肌型 MG 患者,胸腺切除不作为一线治疗,但是胸腺切除可用于其他药物治疗无效者。有研究表明胸腺切除可能降低眼肌型转变为全身型的风险。Ach-R 抗体阳性的早发全身型 MG 推荐行胸腺切除,而且最好在病程 1 年内。非胸腺瘤性全身型 MG,胸腺切除可能增加病情缓解或者改善的概率。非胸腺瘤相关的 MuSK 抗体相关 MG 不推荐胸腺切除。

5. 重症肌无力危象治疗 ①保证呼吸道通畅及呼吸功能,必要时经口或经鼻插管,并应用人工呼吸器;②立即肌内注射新斯的明,并继续给予抗胆碱酯酶药物,维持药物有效血浓度;③大剂量静脉注射丙种球蛋白(IVIg)和血浆置换疗法;④积极控制感染,禁用竞争突触后膜乙酰胆碱受体的抗生素。

6. 禁用药物 在 MG 的治疗过程中应禁用加重神经肌肉接头传递障碍的药物,如氨基糖甙类抗

NOTES

生素、红霉素、喹诺酮类、利多卡因、β 受体阻滞剂、肉碱、碘化造影剂等。

【预后】

不到 30% 的患者可自然缓解。眼肌型 MG 起病 2 年后仍无其他肌群受累者，将很少发展为其他类型。据统计最初几年的死亡率为 5%~7%。死于 MG 本身者，多数病程在 1 年之内；死于继发感染，多见于病后 5~10 年的患者；死于呼吸功能衰竭，多见于病后 10 年以上的患者。

第十节 进行性肌营养不良

进行性肌营养不良（progressive muscular dystrophy，PMD）是一组遗传性肌肉变性疾病，以进行性肌无力和肌萎缩为特征。根据遗传方式、起病年龄、受累部位、病程和预后等因素，进行性肌营养不良分为多种临床类型，如：假性肥大型肌营养不良、埃默里-德赖弗斯肌营养不良（Emery-Dreifuss muscular dystrophy）、面肩肱型肌营养不良、肢带型肌营养不良、眼咽型肌营养不良、远端型肌营养不良、强直性肌营养不良及先天性肌营养不良，其中假性肥大型肌营养不良（pseudohypertrophic muscular dystrophy，PMD）是儿童时期最常见的肌营养不良。迪谢内肌营养不良（Duchenne muscular dystrophy，DMD）和贝克肌营养不良（Becker muscular dystrophy，BMD）是 PMD 的两种不同类型。本章主要介绍 DMD 和 BMD。

【病因和发病机制】

进行性肌营养不良均为遗传性疾病，但遗传方式不一。假性肥大型肌营养不良属 X 连锁隐性遗传。目前对于假性肥大型肌营养不良的病因及发病机制研究比较深入。DMD 的基因定位于 Xp21.2，大小为 2.4Mbp，其 cDNA 大小为 14kb，编码的蛋白质称为抗肌萎缩蛋白（dystrophin），该蛋白的分子量为 427kD。DMD 患者多数为该基因的缺失突变，少数为重复突变，亦有点突变的报道。抗肌萎缩蛋白是一种细胞骨架蛋白，位于肌膜的内侧，其氨基端与肌动蛋白连接，羧基端与肌膜的糖蛋白复合物结合，对维持细胞膜的稳定，防止细胞坏死等起重要作用。*DMD* 基因突变导致表达产物抗肌萎缩蛋白缺失或者明显缺乏，引起肌细胞膜结构缺陷，可使细胞内成分如肌酸激酶（creatinine kinase，CK）逸出，细胞外的 Ca^{2+} 过多流入肌纤维，造成肌纤维的慢性进行性变性、坏死、再生、萎缩等一系列的病理生理变化。

【病理】

病变早期显微镜下可见肌纤维呈匀质样变性，继之出现肌纤维坏死伴吞噬反应，坏死纤维可成群或散在分布。病变晚期可见肌内膜明显增生，肌组织被大量的脂肪和结缔组织取代。心肌可有脂肪浸润变性。BMD 的肌纤维坏死相对轻微，呈现慢性病理过程。DMD 和 BMD 患者的肌活检标本的免疫组化染色可显示抗肌萎缩蛋白缺失或明显减少。

【临床表现】

进行性肌营养不良主要为男孩患病，女孩为携带者。DMD 和 BMD 均与肌无力有关，但二者临床表现不尽一致。

1. 迪谢内肌营养不良（DMD） 为儿童最常见的肌营养不良性疾病，临床上以进行性加重的肌无力和肌萎缩为主要表现，在男活婴中的发病率约为 1/3 600。婴儿时期很少有症状，或仅有运动发育稍落后，但血液检查可发现 CK 明显升高（5 000~150 000IU/L；正常值<200IU/L）。2.5 岁左右是父母能够观察到早期异常表现的平均年龄，患者得到进一步评估的时间在 3.6 岁左右，最终确诊的年龄在 5 岁左右。多数患者在 3 岁以后出现肌无力症状，下肢较上肢明显，表现为走路摇摆，犹如鸭行步态，上楼梯及蹲位站立困难，容易跌倒。由仰卧起立时，必须先翻身转为俯卧位，然后以双手撑地成跪位，继而两膝关节伸直用双手和双腿共同支起躯干，再用双手依次撑在胫前、膝、大腿前方，才能逐步使躯干伸直而成立位，这种起立过程称为高尔征（Gower sign），是该病的特征性表现。若肩胛带肌肉受累，表现为举臂无力。前锯肌和斜方肌受累，不能固定肩胛内缘，使肩胛游离呈翼状竖立于背部，称

NOTES

"翼状肩胛",当双臂前推时最为明显。患者双侧腓肠肌肥大也是 DMD 早期的临床表现。此外三角肌、冈上肌、股外侧肌也可肥大。随着疾病的进展,患者四肢近端、躯干、颈部肌肉等逐渐萎缩。早期膝腱反射即可减弱,跟腱可发生挛缩甚至引起骨骼变形。患者肌无力进行性加重,大部分在 10~12 岁左右失去行走能力,且多于 20 岁前因心肺合并症死亡,仅 25% 左右的患者可活至 20 岁以后。30% 的 DMD 患者伴有智力损害,语言智商比操作智商分值低。在 DMD 患者中,精神发育迟滞并不表现为进展性,而且与疾病的严重性、病程及疾病首发年龄无关。

2. 贝克肌营养不良(BMD) 较 DMD 少见,发病率为 DMD 的 1/10。临床症状和 DMD 相似,但是起病晚,病程长,进展慢。这和 BMD 患者能合成抗肌萎缩蛋白,并保留蛋白部分功能有关。BMD 患者的平均起病年龄是 11 岁,25~30 岁左右失去行走能力,50~60 岁左右死亡,有的寿命更长。心肌通常受累,几乎所有的患者至少出现亚临床心肌病的病理生理改变,部分患者可表现为扩张型心肌病。BMD 患者智力发育迟缓和其他非肌肉症状少见。

【辅助检查】

1. 血清酶检查 血清肌酸激酶(CK)升高,在 DMD 等许多类型中升高显著,且乳酸脱氢酶、天冬氨酸转氨酶等也可增高。DMD 晚期患者肌萎缩明显,CK 活性明显减低,CK 值明显下降。

2. 肌电图检查 见典型的肌源性损害。

3. 肌肉活检 符合肌营养不良的改变。DMD 型免疫组织化学染色示抗肌萎缩蛋白缺失。

4. 遗传学检查 *DMD* 基因的分子遗传学检测是确诊和分类的一个重要手段,也是进行产前诊断的必备技术。由于其创伤小,准确性高,已成为优于肌肉活检病理检查的临床首选的确诊方法。

【诊断和鉴别诊断】

根据临床表现、肌酶测定、肌电图及肌肉病理检查,进行性肌营养不良诊断一般没有困难。在临床诊断中应注意:①是否为肌营养不良? ②是何种类型的肌营养不良? ③进行异常基因携带者检测。以 DMD 为例,诊断要点包括:①X 连锁隐性遗传;②5 岁前起病,首发症状为盆带肌无力,随后累及四肢近端肌群,对称性分布;③腓肠肌假性肥大;④病情进展快,青春早期丧失行走能力;⑤可有家族史;⑥血清 CK 显著增高;⑦肌电图显示肌源性损害,肌活检免疫组化显示抗肌萎缩蛋白缺失。尚需与以下疾病进行鉴别。

1. 与其他神经肌肉疾病鉴别

(1)进行性脊髓性肌萎缩:为常染色体隐性或显性遗传,临床有进行性、对称性、以近端为主的弛缓性瘫痪和肌肉萎缩。肌电图示神经源性损害,CK 轻度升高或正常。

(2)特发性肌炎:儿童皮肌炎较常见,而多发性肌炎较少,表现为慢性或亚急性进行性肌肉无力,常有肌肉压痛、血沉增快、CK 增高,必要时可做肌肉活检鉴别。

2. 与其他类型的肌营养不良鉴别

(1)埃默里-德赖弗斯肌营养不良:为 X 连锁隐性遗传,致病基因位于 Xq28。该病罕见,进展缓慢,面肌运动正常,CK 轻度增高,无假性肥大。

(2)面肩肱型肌营养不良:常染色体显性遗传,男女均患病。起病较晚,一般面部先受累,而 DMD 和 BMD 几乎都是下肢先受累,并伴假性肥大,故不难鉴别。

(3)强直性肌营养不良:是一种常染色体显性遗传病,其致病基因定位于 19q13.2~19q13.3。该病可在新生儿起病,但多在少年期或更迟,进展较慢。病初为面肌及肢体远端肌无力,随后波及咀嚼肌、胸锁乳突肌、肩胛带肌、前臂肌和足背屈肌等。肌活检病理可见典型的肌营养不良改变。

【治疗和预防】

1. 目前尚无特效治疗,主要是以对症及支持治疗为主的多学科综合治疗。儿童神经联合呼吸、康复专业及矫形骨科、心理科等,进行呼吸管理、营养支持、康复训练、辅助器具支持以及必要时矫形外科手术等。要关心鼓励患者,合理安排生活和学习。让患者尽可能地从事日常活动,但应避免过劳,防止继发感染。

NOTES

2. 皮质激素治疗 DMD患者4岁以后运动能力进入平台期，可应用小剂量泼尼松[0.75mg/(kg·d)]治疗，有增加肌力、减缓疾病进展速度、延长独立行走时间和生存期的作用。服用激素后，如体重增长过快或已经不能行走，可以减量泼尼松至0.3~0.6mg/kg。糖皮质激素在一定程度上延缓DMD的发展，可延迟使用轮椅2~4年，但激素治疗不具有改变疾病结局的作用。激素长期治疗时需密切注意其副作用，进行合理监测。

3. 细胞移植和基因治疗 肌原细胞移植、干细胞移植、基因治疗均处于临床前期或者临床研究阶段，值得期待。

4. 通过家系调查、CK测定和遗传学分析，尽早发现基因携带者并给予遗传咨询和生育指导，对已怀孕的基因携带者可进行胎儿性别鉴定或产前基因诊断。若为携带相同突变的胎儿，应告知家长胎儿致病风险及可能的不良预后，由孕妇及其家庭决定是否采取治疗性流产/引产。

第十一节 偏头痛

偏头痛(migraine)是一种常见的以反复发作的单侧或双侧头痛为特征的病因不清的特发性头痛疾病。国际上报道儿童、青少年患病率为7.7%~9.1%，是儿童中最常见的急性、反复发作性头痛。

【病因和发病机制】

偏头痛确切的病理生理机制仍不清楚，是一种复杂遗传性脑部疾病。已知偏头痛的发病机制涉及大脑中多个相互关联的复杂疼痛网络，包括作用于许多不同受体的几种神经递质。许多研究集中在三叉神经颈复合体(trigeminal cervical complex，TCC)及其与丘脑、皮质、硬膜和血管中的疼痛敏感结构的联系上。偏头痛已确定与一些神经递质有关，包括血清素和降钙素基因相关肽(calcitonin gene-related peptide，CGRP)

【临床表现及分类】

儿童偏头痛随年龄不同临床表现也存在差异。>15岁的青少年，偏头痛的主要特征与成年人一样，包括单侧性、搏动样、中至重度头痛，常规的日常活动(如上楼)可加重头痛，可伴有恶心、畏光或畏声，持续时间4~72小时，部分患者有视觉等先兆。与成人患者相比，年龄越小的孩子存在以下特点，需注意：年龄越小持续时间相对越短，可以短至30分钟~2小时(小于4小时)；双侧头痛更常见；伴有腹痛、呕吐更常见；发作频率较成人低，发作程度轻，睡眠更容易缓解。偏头痛发作常见的诱因包括应激、疲劳、睡眠缺乏、长途旅行、天气炎热等。

【辅助检查】

目前尚无诊断偏头痛的特异性检查手段，辅助检查的目的是排除导致头痛的其他器质性病因。尤其是对于临床症状、体征或病程经过不典型的患者，应进一步行相关检查，如神经影像学检查、脑脊液检查、遗传代谢病筛查、脑电图检查，以排除其他疾病的可能性。

【诊断与鉴别诊断】

依据典型临床表现，偏头痛诊断并不困难。但要注意除外其他导致头痛的器质性疾病，如感染、外伤、肿瘤、出血、血栓、高血压、血管炎、遗传代谢病等。

年幼儿的偏头痛，临床特点更不典型，患者对病史的描述能力更差，疾病的鉴别诊断尤为重要。以下几点对于头痛患者需要引起足够重视，并注意与其他继发性头痛进行仔细鉴别：①头痛病程短于6个月；②头痛常常在早晨出现/加重；③进展性加重的头痛；④发生在枕部的头痛；⑤伴有神经系统异常病征或其他神经系统症状(例如癫痫发作)；⑥没有偏头痛家族史；⑦瓦尔萨瓦动作(Valsalva maneuver)可加重头痛。

【治疗】

应评估偏头痛对患者生活质量的影响程度，进行个体化治疗，包括非药物治疗和药物治疗两部分。

NOTES

1. 积极开展患者教育　偏头痛是目前无法根治但可以有效控制的疾病，帮助患者及其监护人确立科学和理性的防治观念与目标；保持健康的生活方式，学会寻找并注意避免各种头痛诱发因素。

2. 非药物治疗

（1）减少导致偏头痛发作的诱发因素：如避免情绪焦虑、劳累。睡眠对减少患者偏头痛的发作非常重要，要保证每天 8~10 小时睡眠，并建立良好的作息制度。

（2）约 30% 患者有确切的诱发食物（如巧克力、含咖啡因的饮料、油炸食品、柑橘、奶酪），尽量避免摄入导致偏头痛发作的食物。

（3）作为家长应记录头痛日记，找出导致患者偏头痛的因素，尽可能避免。

（4）心理治疗和物理治疗：如生物反馈治疗、松弛疗法、音乐疗法等。

3. 药物治疗　包括急性发作期治疗和预防治疗。

（1）急性发作期治疗：应当以过去发作时对药物的治疗反应和发作的严重程度为指导进行用药。在发作早期，快速缓解头痛是首要的治疗目标。大多数儿童偏头痛开始可选用单纯的镇痛药、解热镇痛药，如对乙酰氨基酚（尽量选用泡腾片或分散片）、布洛芬、萘普生；头痛发作后越早使用效果越好。如果镇痛药无效，对于青少年可考虑使用特异性治疗偏头痛发作的药物，如选择性 5-羟色胺（5-HT）受体激动药舒马曲坦、佐米曲普坦、利扎曲坦等。麦角胺生物碱类在儿童中副作用较多，也较严重，应尽量避免使用。过度使用阿片类或非阿片类镇痛药、5-HT 受体激动药和麦角胺类药物治疗偏头痛可能会引起药物过量性偏头痛（镇痛药导致的头痛），对此需给予重视。对伴有明显呕吐的患者同时合用止吐药，如多潘立酮等。

（2）预防性治疗：如果偏头痛频繁发作，需要仔细寻找并去除可能的诱发因素。原则上如果偏头痛发作明显影响了儿童正常上学及日常生活，则可以给予预防治疗，目的是减少发作的频次，提高生活质量。常用预防药物包括普萘洛尔、托吡酯、氟桂嗪及阿米替林。

预防用药指征至少符合以下 1 个条件：①频繁头痛，每月 ≥3 次；②头痛严重，干扰日常生活和学习；③急性期治疗无效或存在急性止痛药物的禁忌证，或出现严重不良反应。预防用药的疗程 2~6 个月，如果头痛减轻到 1 次/月以下，可以停药观察。需要强调的是，临床研究已证实安慰剂作用在儿童阶段非常明显，约 60% 的患者对安慰剂治疗有显著效果，因此应积极寻找引发或加重偏头痛的社会心理因素，并加以调整，或尝试给予安慰剂治疗，避免过度使用抗偏头痛药物治疗。

第十二节　神经皮肤综合征

神经皮肤综合征（neurocutaneous syndrome）指一组组织和器官发育异常的先天性疾病，因同时累及皮肤和神经而得名，主要表现为神经、皮肤和眼睛的异常，起源于外胚层，也可波及中胚层或内胚层，并有发生多器官病变和肿瘤的趋势；多为常染色体显性遗传，具有较高的不完全外显率。已知的神经皮肤综合征疾病超过 40 种，不同类型有不同的皮肤改变和组织改变特征，且往往具有临床诊断的特异性。常见的有结节性硬化症、神经纤维瘤、脑面血管瘤病等，认识最早和最常见的是结节性硬化症，神经皮肤综合征曾经的希腊语用词 “phakomatoses”（斑痣性错构瘤病）源于对结节性硬化的视网膜错构瘤病变的最早认识。

一、神经纤维瘤病

神经纤维瘤病（neurofibromatosis，NF）又称多发性神经纤维瘤，1882 年由法国病理学家 Von Recklinghausen 首先描述。咖啡牛奶斑是其特征性的皮肤改变，瘤样组织生长是本病又一特征，全身各个器官和系统均可累及。NF 是常染色体显性遗传病，根据其遗传基础以及临床特征的不同分为神经纤维瘤病Ⅰ型（NF1）和神经纤维瘤病Ⅱ型（NF2）。NF1 患病率大约为 1/4 000，NF2 相对少见，为 1/60 000。

【病因和发病机制】

NF1 致病基因位于 17q11.2,基因位点缺失导致不能产生神经纤维瘤蛋白。神经纤维瘤蛋白是一种肿瘤抑制因子,通过加快降低原癌基因 *p21-ras* 的活性从而减缓细胞增殖。NF2 致病基因位于 22q11.2,基因位点缺失导致体内不能产生施万细胞瘤蛋白。该蛋白在细胞周期的运行、细胞内及细胞外信号转导系统中起作用。

【病理】

皮肤咖啡牛奶斑为表皮的基底层色素增加。主要病理所见为沿粗大的末梢神经生长的肿瘤,如尺神经和桡神经。神经纤维瘤的主要成分是施万细胞、成纤维细胞、神经束膜细胞及肥大细胞等。神经纤维瘤多为良性,极少数可恶变为神经纤维肉瘤。

【临床表现】

(一)神经纤维瘤病Ⅰ型(NF1)

咖啡牛奶斑和腋窝或腹股沟区雀斑(Crowe 征)是 NF1 的两个特征性皮肤表现。Lisch 结节(虹膜错构瘤)是特征性眼部病变。多发性肿瘤可发生在中枢神经、末梢神经系统以及其他器官。常常按照以下先后顺序出现:咖啡牛奶斑、腋窝和/或腹股沟雀斑、Lisch 结节和神经纤维瘤。

1. 皮肤表现

(1)咖啡牛奶斑:出生时即可见到,是不突出于皮肤、浅棕色(咖啡里混牛奶的颜色)、界限清楚、大小不等的色素斑,不脱屑,无异常感,常见于躯干和四肢,除手掌、脚掌和头皮外,身体其他部位皮肤均可波及,常随年龄增长而逐渐增多。正常儿童有时也可见一两个咖啡牛奶斑,6 个或 6 个以上横径大于 1~5cm 的咖啡牛奶斑有诊断价值。

(2)Crowe 征:部分患者在腋窝、腹股沟或躯体的其他部位可见到多数、成簇的雀斑大小浅棕色斑点,颈部或其他部位有时也可见到,具有诊断价值。

(3)皮肤丛状神经纤维瘤:位于皮肤表浅位置并伴有皮肤和软组织过度生长,表现为结节状隆起,大小从数毫米至数厘米,质软,有蒂或无蒂,表面光滑,呈暗红色或与皮肤色泽一致,一般不伴疼痛,常见于躯干、四肢或头皮。

2. 眼部损害 虹膜上可有粟粒状棕黄色圆形小结节(Lisch 小体),属色素性虹膜错构瘤,是本病的特征表现之一。大约从 6 岁以后开始出现,成年患者 95% 有此表现。裂隙灯下可见略凸起的褐色斑块,边缘清晰,对视力无影响。

3. 瘤样组织生长 NF1 患者一生中良性和恶性肿瘤发生率均增加,其中神经纤维瘤是 NF1 患者中最常见的良性肿瘤类型。

(1)中枢神经系统肿瘤:颅内肿瘤以视路胶质瘤(OPG)为主,通常为低级别毛细胞型星形细胞瘤,可出现在沿前视觉通路至视放射的任意位置,累及视神经、视交叉和视交叉后视束。脑干胶质瘤等其他颅内肿瘤也可发生。

(2)周围神经肿瘤:神经纤维瘤可表现为局灶生长,或者沿神经纵向延伸,累及多个神经束(丛状神经纤维瘤);可位于皮肤、沿皮下或体内更深处的周围神经,以及沿毗邻脊柱的神经根生长。

(3)其他肿瘤:NF1 患者罹患软组织肉瘤和嗜铬细胞瘤等其他恶性肿瘤的风险增加。

4. 其他表现

(1)神经症状:由于神经纤维生长的部位不同,症状也多种多样。神经纤维瘤压迫周围神经可引起疼痛或肢体活动障碍。部分表现为惊厥、语言和运动发育迟缓、学习障碍,少数患者有智力低下。

(2)骨骼系统:体格矮小,先天性骨发育不良,骨皮质变薄、钙化不全,病理性骨折和假关节等。NF1 是长骨假关节最常见的病因,因此出现假关节的患者应接受 NF1 评估。

(二)神经纤维瘤病Ⅱ型(NF2)

神经纤维瘤病Ⅱ型较Ⅰ型少见,发病年龄从婴儿时期到 70 岁老人,有明显的遗传倾向,为常染色体显性遗传,属完全的外显率,具有不同表型。轻型在 25 岁以后发病,重型往往在 25 岁以前起病。

NOTES

主要表现为双侧前庭神经鞘瘤的生长。神经鞘瘤可沿其他脑神经发展，三叉神经也常波及。由于肿瘤来源于前庭神经，常侵犯邻近的蜗神经，可导致听力丧失，开始时往往是单侧。NF2还可有脑膜瘤、室管膜瘤等，表现为耳鸣、眩晕、平衡障碍及面肌无力，症状可单独出现，也可合并出现。Ⅱ型患者皮肤咖啡牛奶斑或神经纤维瘤比Ⅰ型少见。

【辅助检查】

1. 影像学检查 CT、MRI等影像检查可发现肿瘤病灶。

2. 遗传学检查 有助于进一步确认诊断和分型。

【诊断】

有典型皮肤损害及皮下结节者诊断并不困难。

1. 凡具有下列2项或2项以上即可诊断为神经纤维瘤病Ⅰ型。

（1）6个或6个以上咖啡牛奶斑。青春期前其直径要求大于5mm，青春期后大于15mm。

（2）2个以上神经纤维瘤或1个丛状神经纤维。

（3）腋窝或腹股沟部位的雀斑。

（4）视神经胶质瘤。

（5）两个或更多的Lisch小体（虹膜）。

（6）骨病变（蝶骨发育不良，长骨皮层变薄，假关节）。

（7）一级亲属中有Ⅰ型神经纤维瘤患者。

2. 凡符合下列1项者即可确诊神经纤维病Ⅱ型。

（1）双侧前庭神经鞘瘤。

（2）一级亲属为神经纤维瘤病Ⅱ型，患者在30岁以前出现一侧前庭神经鞘瘤。

（3）一级亲属为神经纤维瘤病Ⅱ型，患者有下列2项异常者：脑脊膜瘤、神经鞘瘤、室管膜瘤。

遗传学诊断：约95%的临床诊断为NF1的患者检测到致病变异，阴性结果并不能完全排除诊断。

【鉴别诊断】

NF1主要应与皮肤可出现咖啡牛奶斑的疾病鉴别。

1. 结节性硬化（TSC） 可以出现咖啡牛奶斑，但其主要常见皮肤表现为色素脱失斑、面部血管纤维瘤、鲨鱼皮斑等；神经系统损害以大脑皮质或脑室管膜周围结节伴或不伴钙化灶为特征性表现等。二者可以较好地鉴别。

2. McCune-Abright综合征 是罕见的先天性疾病，以骨纤维发育异常为主，可见骨皮质变薄，容易发生病理性骨折，碱性磷酸酶增高；伴皮肤大片的咖啡样色素沉着，以及内分泌疾病，如甲状腺功能亢进、甲状旁腺功能亢进、性早熟、库欣综合征等，一般不累及神经系统，智力正常。

3. Proteus综合征 是多种组织非对称性过度生长造成的畸形。特征性的表现是组织痣，呈黄褐色或黑褐色，边界清楚，隆起呈鹅卵石质地，常有条纹状外观，位于足趾、手掌、手指、鼻部和躯干。神经系统损害主要表现为智力障碍；眼科表现包括眼球外层皮样囊肿和眼球上囊肿。

NF2需要与其他导致前庭症状的疾病鉴别，包括炎症、肿瘤等。根据皮肤和影像学改变特点，以及其他疾病的不同伴随症状可以进行鉴别。

【治疗】

神经纤维瘤病主要是对症治疗。无论Ⅰ型或Ⅱ型，当肿瘤压迫神经系统引起临床症状时，可行手术切除，合并癫痫时应用抗癫痫药物。末梢神经肿瘤预后一般是良好的。颅内肿瘤预后取决于其生长的部位。由于该病随年龄发育的变化性，需要定期进行随访检查，及时发现神经纤维瘤并进行相应处理。

二、结节性硬化症

结节性硬化症（tuberous sclerosis complex，TSC），又名Bourneville病，为最常见的神经皮肤综合征，

大约 5 800 例活产儿中有 1 例。TSC 为常染色体显性遗传，具有遗传异质性，第 9 号染色体长臂上的 *TSC1* 基因和 16 号染色体短臂上的 *TSC2* 基因的变异导致发病。色素脱失斑是其特征性的皮肤改变，曾经临床以癫痫发作、智力低下和面部血管纤维瘤（Vogt 三联症）为特征表现。

【病因和发病机制】

TSC1 基因位于 9q34.1，*TSC2* 基因位于 16p13.3。检测到 *TSC1* 或 *TSC2* 基因突变的概率在 80%~85%，*TSC2* 新生突变率明显高于 *TSC1*，家族性 TSC 病例中 TSC1 和 TSC2 两种突变的比例基本相等。不同家族或同一家族中不同 TSC 患者的病情严重程度可能非常悬殊，与 *TSC1* 和 *TSC2* 基因的差异、多种突变类型、体细胞镶嵌、“二次打击”发病等机制相关。*TSC1* 基因编码错构瘤蛋白，*TSC2* 基因编码结节蛋白（tuberin）。错构瘤蛋白与结节蛋白一起构成复合物，参与细胞周期过程，抑制由雷帕霉素功能靶点（mechanistic target of rapamycin，mTOR）介导的细胞信号转导，影响细胞迁移、增殖和分化，出现相应临床改变。

【病理】

TSC 患者脑部的典型表现为室管膜下，靠近室间孔处，有多发的小结节。显微镜下是一些过度增生的星形细胞，结节有钙化趋势，数目多少不等。脑皮质也可见到一些硬的结节，颜色灰白，脑回表面隆起，直径大小约 1~2cm，数目多少不等，显微镜下结节为神经胶质，由一些巨大的多核星形细胞所组成。

【临床表现】

TSC 的皮肤改变多样，几乎都有一处或多处该病特征性皮肤病变，肿瘤累及脑、心脏、皮肤、眼、肾脏、肺脏和肝脏。症状从出生甚至胚胎期就可能开始出现，症状在全生命周期中可存在阶段性出现的特点。无论同一家族内，还是不同家族间，TSC 表型差异均很大，根据临床特征往往无法区分 *TSC1* 与 *TSC2* 突变者。

1. 皮肤改变 几乎所有患者均可出现皮肤损害，具有特征性。典型的皮肤改变包括色素脱失斑、面部血管纤维瘤（angiofibroma）、指/趾甲纤维瘤及鲨鱼皮样斑（shagreen patch）。

（1）色素脱失斑：90% 的患者在出生或婴儿时期皮肤可以见到色素脱失斑，形状不规则，大小不等，形态多样，如卵圆形的柳叶斑、小的多角形斑和点彩状色素减退斑等。

（2）面部血管纤维瘤：为本病突出症状之一，由过度增生的结缔组织和血管所组成，4 岁以后随年龄增长逐渐增多甚至融合成片，青春期明显。呈红褐色或与皮肤色泽一样的蜡状丘疹，压之不退色，从针头到豌豆大小不等。血管纤维瘤在鼻唇沟附近最多，向面颊、前额、下颌等部位扩展，偶尔见于眼睑。

（3）鲨鱼皮样斑：主要见于腰部，为皮肤错构瘤，表面粗糙，颜色与皮肤相同或略深，边界不规则。

（4）前额纤维斑：是早期皮肤改变之一，额部或头部的小块突出皮肤的改变。

（5）甲周纤维瘤：部分可出现指/趾甲纤维瘤，位于指/趾甲周围或指/趾甲下面，像一小块肉状的小结节。

2. 多系统肿瘤 不同组织、器官肿瘤出现的年龄阶段不同，并可能有随时间消长的特征。

（1）中枢系统肿瘤：是该病致死及致残最主要的原因。包括室管膜下胶质结节、皮质或皮质下结节、管膜下巨细胞星形细胞瘤等。CT 可见皮质或皮质下结节或室管膜下结节发生的钙化。

（2）肾脏受累：主要为血管肌脂肪瘤，是 TSC 死亡的又一主要原因，也可见肾囊肿。

（3）心脏横纹肌瘤：早在胎儿期就可以发现，随年龄增加，部分可以消失。

（4）其他：可见牙釉质点状凹陷和牙龈增生等改变。错构瘤还可见于其他器官、系统，包括胃、小肠、结肠、胰腺及肝脏等。肺部淋巴管肌瘤病（lymphangiomyomatosis，LAM）多发生于成年女性。

3. 眼部表现 包括视网膜异常和非视网膜异常，眼底检查可见“桑葚状”视网膜错构瘤样结节及白斑，病变很少影响视力，常无需特定的治疗。非视网膜病变包括眼睑部血管纤维瘤、非麻痹性斜视、眼组织缺损和扇形虹膜色素脱失等；少见。

NOTES

4. TSC 相关神经精神障碍（TSC-associated neuropsychiatric disorders，TAND） 包括癫痫、

认知缺陷、学习障碍、孤独症、行为问题和心理社会问题等，与脑部病变有关，包括胶质神经元错构瘤（又称结节）、脑室周围巨细胞星形胶质细胞瘤，以及神经影像学查见的脑白质异常等。惊厥是本病的一个突出症状，多数患者有癫痫发作，可为婴儿痉挛症发作、全面发作、部分性发作等发作形式；抗癫痫药物较难控制，容易成为难治性癫痫。

【辅助检查】

1. 影像学检测　颅脑或其他组织CT或MRI、心脏彩超等影像学检查可以协助肿瘤的诊断。

2. 脑电图检查　可以协助癫痫和癫痫发作类型的诊断。

3. 遗传学检查　有助于明确诊断及分型。

【诊断与鉴别诊断】

TSC的临床特征分为主要特征和次要特征。患者具有2个主要特征或1个主要特征+2个以上次要特征，可确诊为TSC。

1. 主要特征

（1）色素脱失斑（≥3处，最小直径5mn）。

（2）血管纤维瘤（≥3个）或头部纤维斑块。

（3）指/趾甲纤维瘤（≥2个）。

（4）鲨鱼皮样斑。

（5）多发性视网膜星形细胞瘤（AML）。

（6）皮质发育不良（包括皮质结节和脑白质放射状移行线）。

（7）室管膜下结节。

（8）室管膜下巨细胞星形细胞瘤。

（9）心脏横纹肌瘤。

（10）淋巴管肌瘤病（LAM）。

（11）肾血管平滑肌脂肪瘤（RAML）（≥2个）。

2. 次要特征

（1）“斑斓”皮损。

（2）牙釉质点状凹陷（>3处）。

（3）口腔纤维瘤（≥2个）。

（4）视网膜色素斑。

（5）非肾血管平滑肌脂肪瘤。

（6）多发性肾囊肿。

遗传学检查可以进一步确认诊断，阴性结果不能排除TSC。鉴别诊断首先应考虑其他神经皮肤综合征，根据TSC的典型皮肤改变和多器官受累特点，比较容易与其他神经皮肤综合征进行鉴别；TSC的色素脱失斑还应注意与白癜风相鉴别。

【治疗】

目前对于TSC尚无有效治疗方法，主要是对症治疗，包括抗癫痫药控制癫痫发作；对于难治性病例，可考虑生酮饮食、外科手术切除病灶等治疗。对于肿瘤患者，根据受累部位特征可以选择手术切除。mTOR抑制剂已具有用于肿瘤和癫痫部分性发作的适应证。长期、定期进行随访是该病管理的重要方面。

第十三节　急性小脑共济失调

急性小脑共济失调（acute cerebellar ataxia，ACA）是以急性小脑功能异常为主要特点并呈自限性过程的综合征。1907年由Batten首次报道。作为一个综合征，虽然标准术语已经没有使用该诊断用

NOTES

词，但在儿科常见，已知病因不能全部解释该情况，故本书仍然予以介绍。ACA 多发生于急性感染之后，症状体征以小脑功能障碍为主，严重病例可有轻微全脑受累症状，主要以步态不稳、意向性震颤、语言障碍等小脑病变为临床表现，多数预后良好。

【病因和发病机制】

ACA 的发病多与感染有关，确切机制尚不清楚，感染后免疫反应可能参与其中，也可能由病毒直接侵袭中枢神经系统所引起。最常见的前驱感染为病毒，如：水痘病毒感染，肠道病毒感染（埃可病毒、柯萨奇病毒、脊髓灰质炎病毒），或为麻疹、风疹、流行性腮腺炎、EB 病毒、流感病毒、腺病毒、单纯疱疹病毒等感染，水痘后发生 ACA 最为常见。ACA 也见于细菌感染之后，但少见。毒物或药物，尤其神经精神类药品可以引发急性共济失调，但不是本病的常见原因，仍建议作为鉴别诊断。

【临床表现】

ACA 可发生于各年龄组的儿童，多见于幼儿，偶见于 10 岁以上儿童。多数病例起病前 2~3 周有非特异性感染性疾病病史，如发热、呼吸道或消化道症状。本病起病急，进展迅速，全身症状不明显，小脑症状在数小时或 2~4 天内达到高峰。共济失调是其核心和主要症状表现，主要为躯干的共济失调，表现为站立不稳，步态蹒跚，似酒醉步态，患者往往因害怕跌倒而不愿下地活动；常伴有构音不清，四肢共济失调症状（如对指、指鼻不准、轮替运动不能等）较轻。可有眼球运动异常，余神经查体往往无特殊。少数有轻微全脑炎症状，如嗜睡、易激惹、头痛、呕吐等。

【辅助检查】

脑脊液多为正常，少数病例淋巴细胞轻度增多，蛋白轻微增高，个别类似轻微病毒性脑炎改变，MRI 等影像学检查正常。

【诊断】

急性小脑共济失调主要为症状诊断，典型的临床特征及排除其他诊断是关键。诊断的主要依据：①急性发病，可有前驱病感染；②小脑性共济失调为主要表现，神经系统的其他症状少见，全身症状不重；③脑脊液正常或轻度细胞增多；④排除其他原因所致的急性小脑共济失调。

【鉴别诊断】

鉴别时要注意其他导致急性小脑共济失调的疾病。

1. 中枢神经系统感染 应鉴别以共济失调为主要症状的颅内感染，通过脊液病原学检查可鉴别。

2. 中毒 毒物或药物中毒者，根据相关病史不难鉴别。

3. 颅后窝占位性病变 如肿瘤等，常有明显的颅内高压表现，其共济失调多缓慢起病，根据影像学检查可以鉴别。

4. 代谢性疾病 先天性代谢异常，如高氨血症、色氨酸转运异常等可引起共济失调反复发生。可根据家族史、代谢特点、智力低下等诊断。后天性代谢异常，如低糖、低血钠等，也可导致急性小脑共济失调。相应实验室检查可以鉴别。

【治疗及预后】

ACA 是一种自限性疾病，以对症为主，无特殊疗法。急性期为避免患者不自主的运动引发外伤，应加强护理，进行适当的康复训练。ACA 预后较好，多数患者在数周内好转，轻者可在 1 周内完全恢复，少数在 3~4 个月内完全恢复，极少数遗留轻微功能障碍。

（姜玉武　王 艺　罗 蓉）

NOTES

思考题

1. 简述儿童惊厥的病因。
2. 简述病毒性脑炎与自身免疫性脑炎的鉴别。
3. 简述儿童急性迟缓性麻痹的可能病因。

NOTES

13章

扫码获取
数字内容

第十三章 儿童和青少年精神障碍

1. 智力障碍、注意缺陷多动障碍、语言障碍、抽动障碍、孤独症谱系障碍的诊断和治疗。

2. 躯体疾病所致精神疾病、破坏性冲动控制及品行障碍以及儿童和青少年期常见其他精神障碍的临床核心特征、诊断要点与治疗原则。

第一节 概 论

既往精神疾病诊断系统,均将儿童和青少年精神障碍分别归于起病于儿童和青少年期的精神疾病,以及可以起病于各种年龄阶段的精神障碍,但是后一类很少提到儿童和青少年的症状特点,因此容易忽略儿童和青少年期各种精神疾病的诊断,以及疾病的生命全病程管理。2013年出版的美国《精神障碍与统计手册第五版》以及2022年出版的《国际疾病分类》第11版(ICD-11)均取消对儿童和青少年期常见精神疾病按起病年龄分类的方法,而是统一按照疾病大类来分类,在各种疾病的临床表现特征、流行病学特征、风险因素及病程转归中会提到发育与年龄的特征。好处是可以纵观疾病的发生、发展与转归,做到疾病全年龄段人群的预防干预与康复。

儿童和青少年的脑与心理随着年龄的发展处于不断发育成熟过程中,与成人相比,更容易受到环境、应激与养育教育的影响,使得症状表现特征以及转归等与成人有所不同。病因与预防干预均需要更多地考虑在一个以个体、家庭、学校与社区所构成的多系统中实施,以最大化促进康复,减少对个体生活、学习、人际等功能以及对人格发展的损害。儿童和青少年的评估与治疗基本原则和成人相似,但是具体操作技术、药物治疗剂量等要考虑儿童和青少年不同年龄阶段的心理发育特点。

受本书篇幅所限,本章重点介绍发病于儿童期的神经发育障碍,以及儿童和青少年期最常见的一些精神障碍。此外,急/慢性生理疾病相关心理障碍也越来越得到临床医务工作者、家庭以及社会的重视。本章也对这部分内容进行了介绍。

第二节 神经发育障碍

一、概述

神经发育障碍又称为发育行为疾病,是一组在发育期即出现症状的疾病,通常起病于儿童进入小学以前,并存在个人-社会能力、学习或职业技能某一方面或多方面的发育缺陷特点。这类发育缺陷性疾病存在的范畴较广,可以从局限的学习或执行功能到社会技能或智力的全面损害。同时,患者可能同时共患其他神经发育性疾病,例如孤独症谱系障碍常合并智力障碍、注意缺陷多动障碍合并学习障碍等。某些发育行为疾病临床可表现为行为过度或发育里程碑行为的缺陷、迟缓。

二、智力障碍

智力障碍(intellectual disabilities)又称为智力发育障碍,是指个体在发育时期智力明显落后于同龄正常水平,并以社会适应行为缺陷为主要特征的发育障碍性疾病。据估计,智力障碍的患病率在

1%~3%，其中轻度占 85%，中度占 10%，重度占 5%。

【病因和病理生理】

智力障碍的发生是大脑在出生前、出生时和出生后的发育过程中受到单个或多个因素损害的结果，由遗传、环境及两者共同作用所致。世界卫生组织编制的《智力障碍术语和分类手册》中将智力障碍的病因分为十类：①感染和中毒；②外伤和物理因素；③代谢障碍和营养；④生后大脑损伤；⑤原因不明的产前因素和疾病；⑥染色体异常；⑦未成熟；⑧严重精神障碍；⑨心理社会剥夺；⑩其他非特异性的病因。

【临床表现】

根据临床表现，智力障碍可分为轻度、中度、重度和极重度四个等级。

1. 轻度智力障碍 智商为 50~69，在全部智力障碍儿童中占 80%~85%。患者在婴幼儿期可能有语言发育迟缓。就读小学以后学习困难，学习成绩经常不及格，可达小学毕业水平。成年后具有低水平的适应职业和社会能力。

2. 中度智力障碍 智商为 35~49，在全部智力障碍儿童中占 10%。患者从幼年开始智力和运动发育都明显比正常儿童迟缓，学龄期学习能力低下，不能适应普通小学的就读。能够完成简单劳动，在指导和帮助下可学会自理简单生活，经反复训练可从事简单非技术性工作。

3. 重度智力障碍 智商为 20~34，在全部智力障碍儿童中占 10%。患者在出生后 3~6 个月即可出现明显的发育落后，可有躯体先天畸形和神经系统异常。经过训练能学说简单语句，但不能进行有效语言交流。无法生活自理，缺乏社会行为能力。

4. 极重度智力障碍 智商<20，在全部智力障碍儿童中占 1%。无语言表达能力，不能识别亲人，大运动发育落后。生活不能自理，完全需他人照顾。

【辅助检查】

智力障碍的辅助检查包括韦氏智力测试量表和儿童适应性行为量表。

【诊断和鉴别诊断】

1. 诊断 由于造成智力障碍的原因很多，应综合病史、体格检查、神经心理评估（智力和社会适应能力评定）、实验室检查、神经电生理检查、神经影像学检查等做出诊断。

诊断要点包括：①起病于 18 岁以前；②智商低于 70；③有不同程度的社会适应困难。

2013 年美国《精神障碍诊断与统计手册》第 5 版（DSM-5）诊断标准提出，对于 5 岁以下儿童，不使用智力障碍这个诊断，而是使用全面发育迟缓。

2. 鉴别诊断 智力障碍需要与以下疾病作鉴别。

（1）孤独症谱系障碍：儿童大部分有不同程度的智力障碍，但其主要特征为社会性和沟通能力缺陷，伴有刻板重复行为和狭隘的兴趣，而智力障碍儿童的社会性和沟通能力往往和其智力水平相符合，较少有刻板重复行为。

（2）注意缺陷多动障碍：常有注意力容易分散、多动、自控能力差，导致学习成绩差、社会适应能力差等，可误诊为智力障碍，但检查智力在正常范围。

（3）儿童精神分裂症：对智力无明显影响，大多数并无真正的智力障碍，主要是精神活动的异常。临床表现为感知觉障碍，思维、情感障碍，性格异常等。但可有学习成绩差，对周围环境接触及适应不良；因本病导致学习困难，易被认为是智力障碍。

【治疗】

智力障碍的治疗原则是早期发现、早期诊断、早期干预，应运用教育训练、药物治疗等综合措施促进患者智力和社会适应能力的发展，包括病因治疗、对症治疗、教育和康复训练。

【预防】

智力障碍及其并发症的预防主要是从早做起，包括从父母亲、孕期做起的三级预防工作。

1. 一级预防 规范婚前、产前检查，做好遗传性疾病的产前诊断。

NOTES

2. 二级预防 对婴幼儿定期进行检查和随访，及早发现发育偏离或异常，早期干预；对环境因素导致的智力障碍者，及早进行强化教育训练；积极防治智力障碍的各类情绪和行为障碍，与家长沟通，使家长在治疗中积极配合。

3. 三级预防 减少残疾，对症处理，达到或恢复最佳功能状态。

三、注意缺陷多动障碍

注意缺陷多动障碍（attention deficit/hyperactivity disorder，ADHD）以持续存在且与年龄不相称的注意力不集中、多动或冲动为核心症状，可造成儿童的学业成就、职业表现、情感认知功能、社交等多方面损害。ADHD 可与其他儿童发育行为疾病共同存在，如学习障碍、孤独症谱系障碍、智力障碍等。儿童 ADHD 发病率约 5%，男女比例为 2∶1。我国尚缺乏相关流行病学调查数据。

【病因和病理生理】

ADHD 的病因和发病机制尚不明确。目前认为是由多种生物因素（如遗传因素、轻度脑损伤等）、心理和社会因素（如父母教育程度、教育方式等）所致的一组综合征。

【临床表现】

DSM-5 将 ADHD 分为三个亚型：注意缺陷型、多动/冲动型、混合型。注意缺陷为主型的亚型，主要表现为难以保持注意力集中，容易分心，做事有始无终，日常生活杂乱；多动冲动为主型的亚型，主要表现为与环境不协调的行为过多，喧闹和急躁；混合型的亚型，即注意缺陷与行为冲动症状均显著。

【辅助检查】

临床常用评定量表有 ADHD 诊断量表父母版、康氏儿童行为量表（Conners child behavior scale）、Vanderbilt 父母及教师评定量表、SNAP 父母及教师评定量表以及困难儿童问卷调查等。此外，初诊除根据情况选择症状、共患病、功能损害评定工具进行评估以外，还应进行认知能力评估。

【诊断和鉴别诊断】

1. 诊断 ADHD 诊断依据 DSM-5 的诊断标准。诊断标准为至少 6 条符合 DSM-5 描述的 9 条多动冲动或注意缺陷行为表现。应在Ⅲ级儿童保健机构，或高级发育和行为专科，或有条件的Ⅱ级儿童保健机构进行评估、诊断、治疗。

（1）一种持续的注意缺陷和/或多动-冲动模式干扰了功能或发育，以下列 1）或 2）为特征。

1）注意障碍：具有下列 6 条或更多的症状，持续至少 6 个月，且达到了与发育水平不相符的程度，并直接负性地影响社会和学业职业活动。①常注意不集中，或做作业粗心出错，或工作中在其他活动中忽略或漏掉细节，工作出差错；②完成任务或游戏活动时难以集中注意，如难以专注听讲座、对话与长时间阅读；③与其说话时常常不能注意听，在没有任何明显的干扰时也心不在焉；④常不能按指令完成学校作业、家务或工作任务，如工作时注意不集中或转移目标；⑤难以组织任务和活动，如难以处理连续性任务以及保持材料与物品顺序，工作杂乱无章，管理能力差，不按时完成任务；⑥常避免或不情愿参与需要持久努力的任务，如家庭作业，年长儿或成人不愿准备报告、填表、看长篇文章；⑦常丢失完成任务或进行活动的必要东西，如书、笔、书包、工具、钥匙、作业、眼镜、电话本等；⑧易被外来刺激分心，如年长儿和成人常常被无关事吸引；⑨常忘记日常活动，如做家务，外出办事，年长儿和成人忘记回电话、付账单、约会等。

2）多动和冲动：具有下列 6 条或更多的症状，持续至少 6 个月，且达到了与发育水平不相符的程度，并直接负性地影响社会和学业职业活动。①常心不在焉地用手或脚敲打，或在座位上扭动；②常随便离开坐位，如在教室内、办公室或其他工作地方；③常在不合适的场所乱跑或攀爬，年长儿或成人则坐立不安；④常难以安静地玩耍或参加娱乐活动；⑤常不停地动或像被电动机驱动，如不能安静在饭店、会议室久坐，让人感觉坐立不安；⑥常话多不停；⑦常常回答问题不经思考脱口而出，如与人交谈常常抢话；⑧在需要轮流时常难以等待，如排队时；⑨常打扰别人，如打断别人对话、游戏、活动，不经允许随便用他人的东西，年长儿、成人干扰他人做事。

（2）若干注意缺陷或多动-冲动症状在12岁前出现。

（3）ADHD的核心症状发生在2个或更多的场合。

（4）有明确的证据显示这些症状干扰或降低了社交、学业或职业功能的质量。

（5）这些症状不能仅仅出现在精神分裂症或其他精神障碍过程中，也不能用其他精神障碍来更好地解释（如心境障碍、焦虑障碍、分离障碍、人格障碍、物质中毒或戒断）。

2. 鉴别诊断 ADHD需要与正常儿童的多动、注意缺陷行为进行鉴别，诊断需排除可能引起类似ADHD症状的情况或伴发ADHD症状的综合征，如婴儿酒精综合征、脆性X染色体综合征、甲状腺功能亢进，以及某些药物的副作用。此外，还须与智力障碍、抽动秽语综合征、品行障碍、孤独症谱系障碍、儿童精神分裂症、适应障碍、特殊学习技能发育障碍等疾病鉴别。

【治疗】

ADHD儿童的治疗需要老师、家长和医师共同参与，采用心理支持、行为矫正、家庭和药物治疗的综合措施，才能获得良好的效果。

1. 药物治疗 ADHD的药物主要包括中枢兴奋剂和去甲肾上腺素再摄取阻滞剂。药物治疗原则：根据个体化原则，从小剂量开始，逐渐调整，达到最佳剂量并维持治疗；治疗过程中采用恰当的方法对药物的疗效进行评估；注意可能出现的不良反应。

2. 行为治疗 需要在药物治疗的基础上对ADHD儿童进行行为治疗。行为治疗的原则包括行为矫正技术和社交学习理论，强调预防性管理，通过观察与模仿恰当的行为、态度和情感反应，来塑造ADHD儿童的行为。常用的行为治疗方法包括 强化、消退、惩罚等。

3. 父母培训 培训的内容包括介绍ADHD知识，如发病率、病因、临床表现、干预和治疗、亲子关系和家庭教育、ADHD儿童的学习干预、行为管理、情绪调控等系列培训活动。ADHD儿童的父母们在培训中加强了沟通和互动，能积极主动地应对ADHD儿童的学习、情绪、交流等问题。

4. 学校干预 ADHD治疗中强调医学、家庭和学校三者的联系和医教结合。ADHD的综合治疗中与学校达成有效沟通是必不可少的。成功的学校干预可以降低儿童在学校的不良行为，对于提高ADHD儿童的学习效率有着一定的作用。

【预防】

ADHD病因不清，预防主要是避免各种因素，为儿童创造温馨和谐的家庭环境、良好的学习环境，正确培养儿童的行为习惯，养成良好的卫生习惯和饮食习惯，有助于减少ADHD导致的功能损害或减轻ADHD的症状或改善ADHD的短期或长期结局。对于有高危因素的儿童应定期随访观察；对在婴幼儿早期和学龄前期就有注意分散、活动过多、冲动任性等症状的儿童，在进行行为矫正的同时，应及早进行提高注意力的训练。

四、语言障碍

语言障碍指在理解和/或使用口语、书面语言或其他符号系统时有困难，语言发育偏离了正常的顺序。语言障碍有语言表达障碍和感受性语言障碍两个亚型。语言表达障碍的儿童可理解语言的意思，感受性语言障碍儿童不能理解语言含义。

【病因和病理生理】

1. 特发性语言损害 除语言发育明显落后于同龄儿童外，其他发育水平均在正常范围内，无智力低下、听力异常、运动性疾病、社会情感功能异常以及明确神经损伤。遗传因素是儿童发生特发性语言损害（specific language impairment，SLI）的主要原因。

2. 获得性语言障碍 是由其他疾病或不利因素所致的语言障碍。神经系统疾病、听力障碍或颅脑外伤等疾病可导致语言障碍；而儿童的语言发育与养育环境息息相关，儿童-母亲关系不良、忽视、虐待以及缺乏早期语言环境也可损害儿童语言发育。

【临床表现】

语言障碍儿童的症状可轻重不一,有一两个症状或多个症状。

1. 感受性语言障碍 儿童不能理解语言,表现在难以理解别人语言,不懂指令,不能组织自己的想法。

2. 表达性语言障碍 儿童语言理解正常,不能应用语言表达自己想法与需要,表现在不能组织词汇为句子,或句子简单、短或语序错误;表达时用词不准确,常用占位符,如"嗯";用词水平低于同龄儿童;说话时漏词;反复用某些短语,或重复(回声样)部分或所有问题;社交困难,常伴行为问题。

【辅助检查】

1. 常规听力测试 可用声阻抗测听法、耳声发射、脑干诱发电位排除听力障碍对儿童语言的影响。

2. 语言评估 包括语言理解和表达的评估。现有评估方法有:图片词汇测试、年龄与发育进程问卷、丹佛发育筛查测试、早期儿童语言发育进程量表、中文早期语言与沟通发展量表(普通话版)、S-S语言发育迟缓检查法、韦氏智力测验。

3. 其他 如儿童有特殊面容,可进行相关遗传学检测;若临床怀疑症状与脑发育异常或颅内疾病有关,可行头颅影像学检查。

【诊断和鉴别诊断】

1. 诊断 语言障碍在DSM-5的诊断标准如下。

(1)因理解或表达缺陷而在说、写、肢体语言及其他形式上出现语言获得和使用持续困难,包括:①词汇量少(词语理解和使用方面);②句子结构受限(根据语法和形态学,将词语组成句子);③叙述缺陷(使用词汇和句子解释或描述一系列事件或对话能力)。

(2)语言能力实质上低于年龄所期望水平,导致沟通、社会参与、学业成就或职业工作出现上述单一或多方面功能限制。

(3)症状始于发育早期。

(4)非听力或其他感觉损伤、运动障碍、其他医学或神经疾病,也非智力障碍(智力发育障碍)或全面发育迟缓导致的上述缺陷。

2. 鉴别诊断

(1)孤独症谱系障碍:典型特点是语言沟通障碍,并伴有社交困难和刻板的重复性动作。该障碍的儿童在前语言阶段就有一些异常表现,如共同注意缺乏、无眼神交流、对家人不亲近。在语言方面,有些儿童会出现:语言倒退;与同伴交流时不能保持话题,不会用代词或不能恰当使用语言,而且语言的发育顺序异常,语言的表达优于理解,但这种表达往往是机械的模仿,没有与人交流的功能。

(2)选择性缄默症:大多数选择性缄默症为暂时性,常常始于6岁前的儿童,特别是离家上学后易发生在学校环境中缄默不语,而在熟悉环境中却能够像正常儿童一样进行交流。

(3)智力障碍:指在发育阶段发生的障碍,包括智力和适应功能方面的缺陷,除语言障碍外,还表现在概念、社交和实用领域中的功能缺陷。

【治疗】

1. 制订目标 维果斯基的"最接近发育水平"理论是主导原则,即所定目标应是略高于个体儿童的发育水平,儿童经过努力可实现的目标。干预策略为扩展语言,让儿童模仿,帮助儿童建立学习模式。如儿童只说一个字,干预则可采用叠词,然后向两个字的词语发展;儿童只会短语时,逐渐扩展为句子。

2. 干预方法 适用于年幼儿童或严重语言障碍的儿童,需在有意义的情境与游戏活动中进行。

(1)以语言治疗师为主导:主要采用练习、游戏中操练和塑造三种形式。练习即儿童回答字或单词的方式,形式比较单调,儿童常缺乏动力。游戏中操练即儿童先在一个游戏活动中完成语言目标后,再给儿童感兴趣的游戏活动强化语言目标的应答。塑造是给儿童听觉刺激,逐步诱导儿童产生接

NOTES

近目标的反应。这三种形式均需要治疗师在有结构的框架下进行，适用于年幼儿童或严重语言异常的儿童。

（2）以儿童为中心：以游戏作为治疗形式，语言治疗师将制订的目标语言加入儿童游戏中，有意引导儿童学习目标语言。当儿童达到治疗目标后，语言治疗师不断反馈，采用模仿、组词、扩展技能与儿童交流。

3. 干预策略　对儿童进行语言训练需要有特殊的干预策略。

对于尚未开口说话，但有一定理解力的儿童，可以吸引儿童对声音、物品的注意，以及与他人玩轮流性和想象性的游戏。常用的策略有以下几种。

（1）“听力轰炸”：反复以单词或叠词做语言刺激。

（2）词与实物结合：将儿童感兴趣的物品和玩具与单词相匹配。

（3）肢体语言：鼓励儿童用姿势、发声作交流。

（4）情绪控制：纠正儿童哭叫、发怒、扔物等不良的交流方式。

（5）情境交流：创造情境，促使儿童与他人交流，并迅速给予应答。

对已经有语言，但语言内容少、形式简单的儿童的干预策略是：让儿童在想象性游戏中模仿，如要求儿童模仿治疗师的语言，逐渐引导儿童主动表达，并能在生活中应用，治疗师采用肢体语言（手势、动作）强化儿童的语言感受；鼓励儿童有意识交流，创造各种机会与儿童对话；在商店购物、接待朋友、礼仪等角色扮演的游戏中让儿童学习生活用语。

无论哪种干预策略都需要注意个体差异，需要在治疗过程中采用适合儿童个体发育水平的语言与儿童交流。

4. 家庭配合　父母和抚养者在儿童语言发育和语言治疗中起着非常重要的作用。治疗效果决定于父母配合与参与程度。训练父母在生活中应用语言治疗的方法和策略，配合治疗师共同完成儿童语言治疗目标。

【预防】

儿童出生后，就应该在丰富的语言环境中生活。家庭是儿童早期语言发育最重要的环境，早期积极、有效的亲子交流不仅对语言发育，而且对儿童整体发育水平都有积极的促进作用。此外，还应对儿童的语言发育进行相应的监测及定期的筛查，一旦发现异常，应尽快进行专业的诊断评估并及早干预。

五、抽动障碍

抽动障碍（tic disorders）是一种起病于儿童和青少年时期，以不自主、反复、快速、无目的的一个或多个部位肌肉运动或/和发声抽动为主要表现的神经精神疾病。抽动障碍包括：短暂性抽动障碍；慢性运动或发声抽动障碍；发声与多种运动联合抽动障碍，又称抽动秽语综合征（日勒德拉图雷特综合征，Gilles de la Tourette syndrome）。

目前报道，5%~20% 的学龄儿童曾有短暂性抽动障碍病史，慢性抽动障碍在儿童和少年期的患病率为 1%~2%，抽动秽语综合征的患病率为 0.05%~3.00%。男孩多见，男女比例（6~9）∶1。

【病因和病理生理】

抽动障碍的病因尚未完全明确。其中，以发声与多种运动联合抽动障碍的病因研究最多。该障碍病因复杂，可能是遗传因素、神经生理、神经生化及环境因素等相互作用的结果。

【临床表现】

1. 短暂性抽动障碍（transient tic disorder）　通常又被称为抽动症或习惯性痉挛，是抽动障碍中最多见的一种类型，大多表现为单纯性运动抽动，极少数表现为单纯发声抽动。运动抽动的部位多见于眼肌、面肌和颈部肌群，病程持续不超过 1 年。

2. 慢性运动或发声抽动障碍（chronic motor or vocal tic disorder）　多见于成年人，但可发生

于儿童和少年期，患病率为1%~2%。症状可以表现为简单的和复杂的运动抽动障碍(单纯运动型抽动)，或仅仅出现简单或发展的发声抽动(单纯发声性抽动)，抽动多累及面肌、颈肌和肩部肌群，但很少有上下肢和躯干的抽动。运动抽动较发声抽动多见，但一般运动抽动和发声抽动不同时存在。抽动的症状持久，相对不变。症状持续1年以上，长者持续数年甚至终生。

3. 发声与多种运动联合抽动障碍(抽动秽语综合征) 为抽动障碍中最为严重的一型。主要临床表现为进行性发展的多部位、形式多种多样的运动抽动和一种或多种发声抽动，运动抽动和发声抽动同时存在。抽动秽语综合征可不同程度地干扰和损害儿童的认知功能和发育，影响适应社会能力。

【辅助检查】

抽动障碍的辅助检查包括心理测验和疾病鉴别的辅助检查。

【诊断和鉴别诊断】

1. 诊断 DSM-5抽动障碍标准见表13-2-1。

表13-2-1 DSM-5的抽动障碍诊断标准

抽动障碍分类	诊断标准
抽动秽语综合征	①在病期内出现多种运动抽动与一次或以上发声抽动，二者不一定同时发生(抽动是指突然、快速、反复、非节律性的肌肉运动或发声)； ②抽动发生的频率可时多时少，但从首次抽动发生以来应持续1年以上； ③起病于18岁以前； ④此障碍并非由某种物质(如可卡因)的直接作用，也不是躯体疾病所致(如脑卒中、亨廷顿病或继发于病毒性脑炎)
慢性运动或发声抽动障碍	①在病期内出现一组或多种运动抽动，或发声抽动，但运动抽动和发声抽动不会都存在(抽动是指突然、快速、反复、非节律性的肌肉运动或发声)； ②抽动发生的频率可时多时少，但从首次抽动发生以来应持续1年以上； ③起病于18岁以前； ④此障碍并非由某种物质(如可卡因)的直接作用，也不是躯体疾病所致(如亨廷顿病或继发于病毒性脑炎)； ⑤不符合抽动秽语综合征的诊断标准
短暂性抽动障碍	①单组或多组运动抽动和/或发声抽动(抽动是指突然、快速、反复、非节律性的肌肉运动或发声)； ②从首次抽动发生以来症状持续不足1年； ③起病于18岁以前； ④此障碍并非由某种物质(如可卡因)的直接作用，也不是躯体疾病所致(如脑卒中、亨廷顿病或继发于病毒性脑炎)。 ⑤不符合抽动秽语综合征或持续(慢性)运动或发声抽动障碍的诊断标准

2. 鉴别诊断 儿童时期常见由各种原因所致的运动障碍，如震颤、舞蹈动作、抽动、肌阵挛、手足徐动、肌张力障碍和偏侧震颤等，因此抽动障碍诊断时需要与小舞蹈症、亨廷顿病、肝豆状核变性、癫痫、手足徐动症、急性运动障碍、癔症和儿童精神分裂症等鉴别。

【治疗】

1. 短暂性抽动障碍 一般预后良好，大多数可自行好转。对患者要给予正确的教育引导，维护患者的身心健康，避免过度紧张疲劳和其他过重的精神负担，以利于病情恢复。对于抽动症状轻、干扰损害少者无须特殊治疗。

2. 慢性运动或发声抽动障碍 对于症状已持久固定，已形成了习惯，如成年人清嗓或眨眼抽动，对日常生活、学习或工作并无影响者，一般不需要用药治疗。

3. 抽动秽语综合征 治疗前应确定治疗的靶症状，即对患者日常生活、学习或社交活动影响最大的症状。抽动通常是治疗的靶症状，而有些患者治疗的靶症状是共患病的症状，如多动冲动、强迫观念等。治疗原则是心理行为治疗和药物治疗并重,注重治疗的个体化。在治疗过程中可应用症状评定量表、药物副作用记录表等,根据治疗过程的效应、抽动症状的变化、社会适应情况、在校学习表现等加以综合评定,调整治疗方案。抽动秽语综合征的临床表现复杂多样,因此要针对每个患者及其家庭情况区别对待。

(1)心理行为治疗:抽动障碍对患者的生活、学习和家庭带来不同程度的影响,患者的症状易受精神创伤、情绪波动或学习负担过重等因素的影响而加重,因此对患者进行心理治疗很重要。治疗前首先要对患者及其家庭进行咨询,让患者、家长和教师理解抽动秽语综合征的性质和特征,调整心理状态,消除病耻感,理解这是一种病,而不是调皮或故意做作,取得他们的合作与支持。患者不必为此感到自卑、自责,正确对待同学的讥讽和嘲笑,处理好与同学的关系,增强对治疗的信心。家长不必过分担心和紧张,应仔细观察和分析引起患者发作的可能原因,并避免这些因素的出现,改善家庭环境。对患者不要训斥和批评,也不要过分关注和提醒,否则会加重症状的发作,应正确教育,耐心帮助,体贴安慰。合理安排患者日常的作息时间和活动内容,避免过度疲劳和情绪紧张及各种心理刺激,可做些家务,开展节律性体育活动锻炼。对于年龄较大的儿童,可以进行行为治疗,包括行为逆转训练(habit reversal training)、暴露与反应预防、放松训练、阳性强化、自我监察、消退联系、认知行为治疗等。其中习惯逆转训练行为疗法目前被认为效果最好,可减轻抽动秽语综合征患者的抽动症状,如发声抽动患者可进行闭口、有节奏缓慢地做腹式深呼吸,从而减少抽动症状。

(2)神经调控治疗:重复经颅磁刺激、脑电生物反馈和重复经颅磁微电流刺激等神经调控疗法,可被尝试用于药物难治性抽动障碍患者的治疗。深部大脑刺激疗效较确切,但属于有创侵入性治疗,主要适用于年长儿或成人难治性抽动障碍的治疗。

(3)药物治疗:是治疗抽动秽语综合征的主要方法,但只能控制症状,不能改变预后和病程,且有一定的副作用,因此在选择药物时要权衡利弊。对于轻症的患者,一般无须药物治疗;但如抽动症状明显,影响患者的日常生活和学习,可考虑药物治疗。药物治疗要有一定的疗程,适宜的剂量,不宜过早换药或停药。药物主要包括多巴胺受体阻滞剂、α受体激动剂以及其他药物等。

【预防】

尽量避免母亲孕期和婴儿出生时的各种危险因素,减少出生后的不良社会心理因素,以预防疾病的发生。具有遗传易感性的儿童,应加强个性塑造,及时疏导不良情绪,培养乐观积极的性格和处事态度。加强父母的心理健康教育,改善教养方式,避免观看恐怖电视和刺激性强的动画片等容易导致精神紧张的因素,合理安排作息时间等均可降低抽动障碍发生风险。

六、孤独症谱系障碍

孤独症谱系障碍(autism spectrum disorder,ASD)是一类以不同程度的社会交往和交流障碍、狭隘兴趣和刻板行为为主要特征的神经发育性障碍。自 1943 年 Kanner 首次报道以来,随着对其研究和认识的不断深入,有关的名称和诊断标准也相应发生演变。1994 年的美国《精神障碍诊断与统计手册》第 4 版(DSM-4)中将孤独症、未分类的广泛性发育障碍、阿斯佩格综合征(Asperger syndrome)归属于广泛性发育障碍。2013 年 5 月美国精神病学会发布了 DSM-5,正式提出孤独症谱系障碍(ASD)的概念。

近年来各国 ASD 患病率报道呈上升趋势:2012 年美国 CDC 最新报告,美国 14 个 ASD 检测点 8 岁儿童 ASD 的患病率为 1/88。我国对 0~6 岁残疾儿童的抽样调查显示,ASD 在儿童致残原因中占据首位,其中男孩多于女孩,男女比例约为 4∶1。

【病因和病理生理】

ASD 病因及发病机制至今尚不完全清楚。多数研究认为 ASD 是由多种因素导致的、具有生物学基础的心理发育性障碍,是带有遗传易感性的个体在特定环境因素作用下发生的疾病。

【临床表现】

社会交往与交流障碍、狭隘兴趣和重复刻板行为及感知觉异常是 ASD 患者的主要症状,同时患者在智力、感知觉和情绪等方面也有相应的特征。多数在 1 岁前后，家长开始发现患者与同龄正常儿童存在不同。

【辅助检查】

心理评估包括智力测试、孤独症筛查及诊断量表。常用的筛查量表有孤独症行为量表（ABC）、克氏孤独症行为量表（CABS）、改良婴幼儿孤独症量表（M-CHAT）、社交反应量表（SRS）等。常用的诊断量表有孤独症诊断观察量表（ADOS）和孤独症诊断访谈量表修订版（ADI-R）。

【诊断和鉴别诊断】

1. 诊断 临床医生需要根据 ASD 的特征行为和临床表现，通过病史询问、体格检查，以及对儿童行为的观察和量表评定，参照 2013 年 DSM-5 作出诊断（表 13-2-2）。

表 13-2-2 DSM-5 诊断标准

A. 在各种情景下持续存在的社会交流和社会交往障碍，不能用其他的一般的发育迟缓所解释，符合三项者：
1. 社会情感互动存在缺陷 轻者表现为异常的社会接触和不能进行回/对话；重度缺乏分享性的兴趣、情绪和情感，社会应答减少，重者完全不能进行社会交往
2. 非言语交流社交行为缺陷 轻者表现为言语和非言语交流整合困难；中度者目光接触和肢体语言异常，或在理解和使用非言语交流方面缺陷；重者完全缺乏面部表情或手势
3. 建立或维持与其发育水平相符的人际关系缺陷（与抚养者的除外）轻者表现为难以调整自身行为以适应不同社交场景；中度者在玩想象性游戏和结交朋友上存在困难；重者明显对他人没有兴趣
B. 行为方式、兴趣和活动内容狭隘、重复，至少符合两项：
1. 语言，运动或物体运用刻板或重复（比如简单的刻板动作，回声语言，反复使用物体、怪异语句）
2. 过分坚持某些常规以及言语或非言语行为的仪式，或对改变的过分抗拒（如运动性仪式行为，坚持同样的路线或食物，重复提问或对细微的变化感到极度痛苦）
3. 高度狭隘、固定的兴趣，其在强度和关注度上是异常的（如对不寻常的物品强烈依恋或沉迷，过度局限或持续的兴趣）
4. 对感觉刺激反应过度或反应低下，对环境中的感觉刺激表现出异常的兴趣（如对疼痛、热、冷感觉麻木，对某些特定的声音或物料出现负面反应，过多地嗅和触摸某些物体，沉迷于光线或旋转物体）
C. 症状必须在儿童早期出现（但是由于儿童早期社交需求不高，症状可能不会完全显现）
D. 所有症状共同限制和损害了日常功能

2. 鉴别诊断

（1）特殊性语言发育延迟：ASD 早期被关注的主要问题往往是语言障碍，比较容易与特殊性语言发育延迟混淆。鉴别要点在于：ASD 儿童同时合并有非言语交流的障碍和刻板行为，而后者除语言落后外，其他基本正常。

（2）发育迟缓或智力障碍：10% 的发育迟缓或智力障碍儿童可表现为 ASD 样症状，30%~50% ASD 患者亦表现出发育迟缓或智力障碍，两种障碍可以共存。可以根据 ASD 儿童的社交障碍、行为特征及部分特别认知能力加以鉴别。此外，典型 ASD 儿童外观正常，运动发育正常甚至表现为灵活，而很多发育迟缓或智力障碍者往往存在早期运动发育迟滞，有些有特殊面容。

（3）儿童精神分裂症：ASD 儿童多数在 2~3 岁出现行为症状，而精神分裂 5 岁前起病少见。此外，尽管 ASD 某些行为方式类似精神分裂，但是不存在妄想和幻觉，鉴别不难。

【治疗】

ASD 的治疗以教育训练为主，精神药物治疗为辅。教育训练的目的在于改善核心症状，即促进社会交往能力、言语和非语言能力的发展，减少刻板重复行为。同时，促进智力发展，培养生活自理和独立生活能力，减少不适应行为，减轻残疾程度，改善生活质量，缓解家庭和社会的精神、经济和照顾方面的压力。力争使部分患者在成年后具有独立学习、工作和生活的能力。ASD 患者存在多方面的发育障碍，因此在治疗中应该按照患者的个体情况，将行为矫正、教育训练、结构化教学等相应课程训练与药物治疗等手段结合起来形成综合干预治疗。

NOTES

【预防】

由于病因不明，对于 ASD 并无特异的预防方法，但随着近年来的基因和环境研究进步，对于某一些特定的罕见的遗传性综合征性 ASD，显然可以通过对患者和父母的基因检测进行预防。针对目前推测的环境因素，也有一般性的预防措施，如妊娠前、后补充叶酸，预防早产和妊娠期感染，妊娠母亲均衡营养等。

第三节 躯体疾病所致精神疾病

躯体疾病指各种原因作用于机体，使机体组织、器官的结构发生病理性改变或使生理功能紊乱的情况。有些躯体疾病病情轻微、病程短暂，并不会造成重大影响，而有些则属于重大疾病（医治费用巨大且在较长一段时间内严重影响患者及其家庭的正常工作和生活），甚至威胁生命（如恶性肿瘤、器官移植以及有可能造成终身残疾的伤病等）。其中不少病情迁延不愈成为慢性疾病或长期处于疾病状态。我国儿童重大及慢性疾病的患病率高达 29.40‰，且最近数据显示患病人数在不断增加。重大及慢性病不仅影响身体功能，还会降低生活质量，养育者要花更多时间精力照顾患者，疾病医疗费用又带来较大的经济负担，这些均会影响患者及其父母等家庭成员的心理状况，出现焦虑、抑郁等不良心理反应甚至精神疾病，容易干扰儿童身体健康疗愈与降低生活质量，加重家庭矛盾冲突，破坏家庭关系，所以对他们提供心理干预是必要的。但在综合医院就诊儿童的精神或心理科会诊率总体不足 2%，儿科则更低。这说明目前对躯体疾病患者心理状况的关注极其缺乏。

【影响因素】

患者和家庭如何应对躯体疾病及心理状况如何受到多种因素影响，主要包含以下因素。

1. 年龄及发育水平 患者的发育水平、年龄大小对适应性有重要影响，不仅影响他们如何获取并受益于与健康相关知识等应对资源，而且不同年龄阶段有不同的认知水平、心理状态和应对方式。低年龄的儿童认知能力有限，造成对疾病的成因、后果等理解有限，如学龄前期的儿童处于前运算阶段，以自我中心和形象思维为主，容易认为生病是对自己做错事的惩罚，从而易产生不开心或易怒等情绪。这一阶段的儿童也处于分离焦虑阶段，对他们来说更难独自面对检查和治疗，所以他们更容易采用拒绝诊治等逃避的方式应对疾病。学龄期的儿童正处在自主性和自控力发展的关键时期，而患病会让他们失去自我控制，容易产生焦虑和无助感，且认知能力的发展也使他们可能对自己的身体状况过分关注和敏感。青少年独立意识和自主性进一步加强，疾病诊治可能会让他们感到自主性和独立性受到侵犯，接受权威、放弃自我控制对他们而言是一件非常困难的事，所以这一时期不仅易发生情绪问题，还容易发生关系冲突。

2. 疾病及医疗史 病程、病情严重程度及医疗过程的痛苦体验均会影响心理反应。在疾病的初期更多出现的是由疾病诊断所引发的焦虑和不安，而在经历过痛苦医疗过程后，可能产生恐惧和逃避，如肿瘤患者在经历化疗痛苦后，看到化疗药物，甚至听到“医院”之类的话就会出现呕吐等躯体不适；甚至看到家人或病友在医疗过程中的体验均会对患者的心理状况产生影响。

3. 先天气质 是一个人与生俱来、稳定的心理活动特征。根据活动水平、节律性、趋避性、适应度、反应强度、情绪本质、坚持度、注意分散度、反应阈 9 个维度，可以将儿童分为“难养型”“启动缓慢型”和“易养型”三种类型。“难养型”和“启动缓慢型”等困难性气质往往预示着患者行为及情绪适应较差。行为与情绪问题受到儿童气质影响。

4. 父母及养育方式的影响 疾病诊治、照料的压力、孩子生病的情绪反应均会影响父母的情绪，导致父母对孩子物质、心理需求的反应能力和质量下降，从而影响患者的心理情绪状态。不良的养育方式，如过度控制、批评否定或者过度保护顺应等，以及不良的家庭环境，如父母离异、忽视、情感躯体虐待等，均不利于儿童疾病的疗愈和康复，容易导致患者内心更孤独、无助、内疚、自责、害怕、不开心与回避等，甚至不愿意积极配合治疗。

NOTES

【临床表现】

躯体疾病所致精神疾病主要包括抑郁障碍、焦虑障碍、双相障碍；其他包括心因性疼痛或精神病性症状等。

1. 抑郁障碍 疾病和治疗的应激性刺激给患者的心理带来很大的冲击，常常引起不开心与无助感，表现适应不良的行为，如社交退缩、黏家人、发脾气、兴趣感下降、不注意卫生、生活无规律等，一般同时出现生理功能紊乱，如入睡困难、食欲缺乏等，严重者影响日常生活、学习以及社交功能。患者的心理反应和心理状态与其康复程度密切相关。病程短暂者，随着压力减轻而缓解，或者逐渐适应了压力，则属于应激下的抑郁反应。若患者持续存在对疾病康复过度明显的无信心、悲观、失望、沮丧，对其他事情无兴趣，不愿跟周围人接触，少语，不积极求治，严重时甚至感到绝望，有轻生倾向、自杀企图或行为，则要考虑抑郁症诊断。如果躯体疾病前无抑郁障碍疾病史，需要考虑以下可能：抑郁症状的发生是躯体疾病所致的心理反应，或者脑代谢异常导致继发抑郁障碍，或者躯体疾病治疗药物导致的药源性抑郁障碍。

2. 焦虑障碍 焦虑是对躯体疾病应激的一种很常见的心理反应。既往没有焦虑发作史的患者，面对重大或慢性躯体疾病的诊断和治疗也容易紧张、担心，但具有焦虑的遗传和生物学易感因素的患者更容易产生过于强烈、持久的紧张和担心情绪。焦虑的特征是过度的恐惧、紧张不安与担心以及相关的行为紊乱，如坐立不安、疲倦、注意力不能集中、易激惹、肌肉紧张和睡眠困难等，其症状严重影响患者的心理、学习与人际交往，甚至家庭功能。

住院患者常见以下几种类型焦虑障碍：①分离性焦虑障碍常见于年幼的住院患者，是对于与照料者分离产生的担心见不到家人的过度焦虑反应。②广泛性焦虑障碍表现为对多个场景及事物的过分担忧，往往一个人时也会不知原因地紧张不安。③强迫障碍的患者常表现出过分害怕躯体疾病的强迫性先占观念及反复清洗等行为。④特定恐惧症者往往对医疗环境中某种对象产生过度恐惧和回避，如对打针、看到血感到过度恐惧。⑤广场恐怖的患者害怕在密闭空间里，因此不能做磁共振，或者难以待在特殊的治疗或环境中。⑥有的患者还会出现由躯体疾病或相关的治疗引起“医疗创伤”后的应激性紧张反应，严重者出现“医源性创伤后应激障碍”症状，如麻木、侵入性医疗相关场景的想法或者画面和过度警觉等。⑦还有躯体疾病所致焦虑障碍，当患者的焦虑、惊恐发作、强迫症状有支持躯体疾病的现病史、体格检查或实验室检查依据，同时常规抗焦虑治疗效果不佳时，需要考虑此诊断。易致焦虑的躯体疾病包括神经系统（脑炎、脑震荡后综合征等）、内分泌疾病（甲状腺功能亢进、嗜铬细胞瘤等）、哮喘等。⑧患者住院期间使用的多种物质或药物（包括抗胆碱能药、皮质类固醇、β肾上腺素受体激动剂以及抗哮喘药物等）也可引起焦虑情绪，尤其在起始用药或调整药物剂量的时候，此时应考虑药源性焦虑障碍的可能。

3. 双相情感障碍 躯体疾病患者可以继发双相障碍，包括抑郁发作和或躁狂发作。分Ⅰ型与Ⅱ型：Ⅰ型仅仅有典型躁狂发作病程；Ⅱ型表现轻躁狂发作与抑郁发作病程，可以不同时出现。儿童更容易表现明显的易激惹症状而引起周围人的注意。可见于库欣病（Cushing disease，CD）、艾迪生病以及甲状腺功能亢进或减退的患者。当患者的抑郁或者躁狂症状经过常规治疗无效，或存在难以解释的性格改变时，可能提示存在潜在的躯体疾病，进一步检查发现与明显异常的体格检查或实验室检查结果关系密切。有双相障碍遗传倾向的患者更容易由躯体疾病或药物治疗（如皮质激素）引起抑郁发作和或躁狂发作。在临床上发现原发性双相障碍患者的躁狂发作起病通常不很急剧，而躯体疾病引起的躁狂发作症状变化往往和潜在的躯体疾病或治疗有关，对患者进行针对躯体疾病潜在起因的治疗通常能迅速缓解双相障碍症状。

4. 心因性疼痛 是一组临床综合征，常以超过3个月的慢性疼痛形式出现。心因性疼痛有两种形式。

（1）原发性心因性疼痛：指没有任何其他原因造成器质性组织损害，单纯由心理因素引起的器官功能性疼痛。常见以下几种类型：①紧张性疼痛。患者处于心理冲突或长期的精神压力下，出现紧张、烦恼、失眠等症状，最多见为头痛、背痛、牙痛或腰痛，与肌肉慢性紧张过度有关，对于某些患者可能是一种解脱压力、摆脱窘境的心理转换方式，往往出现于情绪表达困难的患者。②暗示性疼痛。心理暗示可导致疼痛的发生。如患者自觉躯体不适，到医院检查后听检查技师说了一句话，患者没有进一步询问以正确理解，而是认为自己得了不治之症，此后就持续出现该处疼痛等不适，多项检查未见器质性原因，最后通过心理治疗得以缓解；容易见于过度紧张、心理暗示强、双相情感障碍的患者。③抑郁症性疼痛。除了各种疼痛感，患者同时还会有抑郁症状，如情绪不佳、兴趣减少、信心不足、乏力、能力下降等。④焦虑症性疼痛。焦虑能造成患者躯体多部位肌肉紧张收缩，如头颈部的肌肉收缩就出现肌紧张性头痛，此外还有心前区疼痛、腹痛或背痛等。⑤疑病症性疼痛。其疼痛的性质、程度、部位多不稳定，患者往往敏感、多疑、焦虑等，虽经各项检查显示躯体正常，仍不能消除对患病的担心和疑虑。⑥躯体形式障碍导致的疼痛。以疼痛为主要表现形式的一种心理障碍，患者主诉持续、严重、令人痛苦的疼痛，全身任何部位都可受到影响，其疼痛不能用生理过程或躯体障碍完全加以解释。⑦幻觉性疼痛。分两种情况：一种是由于受异常心理因素影响，患者能感受到别人感觉不到的痛、触觉等，或者自觉受物理因素（如电波等）控制而出现多处疼痛不适；另一种是对已经截肢的肢体，患者主观感觉它依然存在，并伴有剧烈疼痛，情绪扰乱会增强疼痛，这种现象又称为幻肢痛。

（2）继发性心因性疼痛：指虽有各种原因造成的器质性组织损害，但心理因素明显加重疼痛感觉，造成疼痛长期化、复杂化和难治化。常见以下几种类型：①偏头痛。一种周期性发作的头痛，常在青春期起病，表现为一侧前额、颞、眼眶部位的跳痛或胀痛，常伴随面色苍白、畏光、恶心、呕吐等症状。②肌筋膜疼痛综合征。以多个触发点和紧张带为特点的局部疼痛综合征，最常见于颈部和腰部，常由轻微外伤引起，但心理问题的产生也会使疼痛加剧。

当疼痛持续超过 6 个月便可定义为慢性疼痛，会妨碍患者的正常功能和日常生活，还常伴有多种行为反应，包括活动严重受限、睡眠剥夺及社会退缩。

5. 精神病性症状 慢性躯体疾病，如系统性红斑狼疮、癫痫等患者都可以出现幻觉妄想综合征及其他精神病性症状，如：癫痫患者患精神疾病的风险比正常人群增加了 8 倍，6% 的癫痫患者共病精神疾病；移植术后可能出现败血症、电解质失调、全麻后残留效应、缺氧发作以及应用免疫抑制剂和镇痛药导致的谵妄、表现意识障碍，以及幻觉妄想与言行紊乱。器官移植后使用的药物如环孢素、霉酚酸酯等可引起患者出现谵妄、幻觉、精神病性症状等。原发疾病的治疗是缓解躯体疾病所致精神病性症状的关键，期间可以阶段性使用抗精神病药物对症治疗。

【评估与诊断】

对躯体疾病患者进行精神评估，除了需要考虑常规精神心理评估原则和内容外，更需要关注躯体疾病对患者及其家庭成员心理产生的影响。面对一些躯体症状（如癌症患者）的疲劳时，需要仔细分辨是心理因素引起，还是由疾病本身或治疗引发。

儿童青少年精神评估的主要步骤如下。

1. 了解会诊信息 首先应了解患者信息，由谁提出心理会诊，相关诉求是什么，紧急程度，患者及家属是否被告知或欢迎心理服务等。先与发出会诊信息的医生接触，了解申请者、家属或患者的期望是什么，需要识别可能会对后续评估和治疗产生不良影响的因素，如不切实际的期望等。

2. 多方面收集信息 在与患者家庭会谈之前，需要查看病史和护理记录，同时需要与患者和家庭的治疗团队（如医生、护士、康复师、护工等）交流，了解和收集信息，如：他们如何看待相关问题；他们在与患者接触过程中有无问难；与患者家庭的关系如何等。

3. 与父母或抚养者会谈 大多数情况下，先单独与父母或其他主要抚养者会谈。与父母或其他抚养者建立合作同盟关系非常重要，他们可能会对心理服务有些顾虑或羞耻，也会担心出现精神或心理上问题，有种雪上加霜的感觉，或者对心理问题和精神疾病有些不合理认知，如心理问题是由不乐观、不坚强或者父母没有管教好造成的，或担心跟孩子谈论一些父母也害怕面对的话题（如癌症/肿瘤的确诊和死亡等），他们可能认为这会增加患者的心理负担甚至造成伤害。所以评估不仅要收集相关

NOTES

诊断所需信息(如疾病史等),还需要了解父母背后的顾虑和担心等,做一些必要的解释和心理教育。

4. 与患者会谈 是必要的环节,患者与父母的访谈顺序和风格取决于孩子的年龄和所处的发展阶段。通常,对青春期前儿童,先与父母会面,再与患者单独见面;如果患者或父母任何一方拒绝单独会谈,可以先一起参与,等后续关系建立后,再进行单独会谈。对青少年来说,可能在见父母之前先单独见孩子是有益的,以加强青少年的被关注和被重视的需要。应根据患者的年龄和性格特点选择评估手段,采用适宜的方式进行,如:选用与年龄适宜的心理测量工具等;用患者能理解的语言进行沟通和解释,如对小年龄的儿童可以采用游戏、绘画、补充句子等方式进行评估。注意保护隐私,创造安全的环境,让患者轻松地完成评估。

通过面谈,需要收集以下一些关键信息:①躯体疾病状况,包括目前疾病所处阶段,既往就诊经历与未来预后状况等;②患者及父母对疾病的理解;③疾病对患者心理发展、情绪、同伴交往及学业等社会功能的影响,包括患者的情绪/精神状况及行为问题,患者应对疾病的方式,以及患者在学业、社交状况方面的困难和不良影响;④疾病的诊治对父母和家庭的影响,包括父母或其他家庭成员情绪/精神状态情况,家庭关系和功能情况,以及家庭社会支持系统等;⑤家庭与医疗团队的关系与治疗依从性;⑥文化和宗教对患者及家庭对待疾病的认知的影响。

5. 心理测量 可以使用心理测量工具提供辅助性评估信息,主要有以下几种类型。

(1)心理健康筛查量表:如广泛性焦虑量表(Generalized Anxiety Disorder-7,GAD-7)、患者健康问卷(Patient Health Questionnaire,PHQ-9)、儿童焦虑相关情绪筛查量表(Screen for Child Anxiety Related Emotional Disorders,SCARED)、儿童抑郁障碍自评量表(Depression Self-Rating Scale for Children,DSRSC),Achenbach 儿童行为筛查量表(Achenbach Child Behavior Checklist,CBCL)等情绪行为问题筛查量表。

(2)家庭功能问卷:如常用家庭功能评定量表(Family Assessment Device,FAD)、Feetham 家庭功能量表(Feetham Family Functioning Survey,FFFS)等。

(3)生活质量状况:如儿童生存质量测定量表系列(The Pediatric Quality of Life Inventory Measurement Models,PedsQL)。

(4)疼痛评估量表:如 PedsQL 疼痛量表、疼痛语言描述量表,即要求儿童在 5~7 个描述词汇中找出最接近自己疼痛体验的词。疼痛程度可采用疼痛数值评定量表或视觉模拟量表,即用数字或表情来代表疼痛程度等。

完成评估后,需与医疗团队、父母、患者和其他护理系统分享诊断和建议。最重要的是,咨询师应与医疗小组和家人就调查结果和具体情况进行口头沟通,也要给患者及时、适宜的信息反馈。

【干预原则】

对于躯体疾病所引发的精神症状或障碍,常采用药物与心理工作相结合的干预方式。根据评估结果制订干预方案,判断是药物干预为主还是心理干预为主,是需要专业的精神科医师、心理治疗师或咨询师工作,还是给患者及家属提供简单的心理教育或辅导儿科医护,加强心理关怀即可。

(一)心理工作原则

1. 躯体疾病患者心理工作目标 常规儿童和青少年心理问题的工作目标可能是消除临床症状、促进患者社会功能的恢复或人格的发展和完善,而躯体疾病患者心理干预的目标则是管理患者及家属的心理状况,帮助他们在面对客观存在的躯体疾病时改善一些主观体验。

2. 识别和满足患者和家属的需求 不同的疾病类型、疾病的不同阶段具有不同的心理学意义及需求,如疾病早期可能涉及焦虑管理和治疗抉择,会影响躯体残缺的疾病可能对自尊影响更大,晚期患者可能涉及临终关怀,所以治疗师应熟悉患者病情,识别患者和家属当下及未来可能的需求。主要干预技术包括心理支持、心理教育、放松训练等行为管理,躯体不适症状的管理,情绪管理和调节技术,自我印象和他人关系变化的应对,坏消息告知术,参与治疗决策的制订,未来、死亡和临终关怀的处理等;主要方法包括协助与医疗团队的沟通、个体咨询、家庭咨询等。家人甚至医护会担心患者无

NOTES

法接受自己的疾病，而忽略了患者无法回避疾病的真相的事实，关键不是说与不说，而是关心患者与家庭在面对疾病与可能存在风险的未来，如何保持专业的敏锐，观察和了解他们的适应与改变所带来的困难，尊重他们的任何努力，对困难的非适应性行为与情绪提供帮助。

（二）药物干预

当儿科医生发现患者出现谵妄，要求精神科或心理科会诊时，会诊医生需强调让儿科医生检查疾病病因与治疗潜在的相关因素，如减少镇静催眠药的使用剂量以避免药物撤退引起的谵妄，避免药物的抗胆碱能不良反应，减轻焦虑也有助于预防谵妄。大多数严重谵妄患者对氟哌啶醇都有很快的反应，这种高效价的药物高血压和抗胆碱能不良反应更少，能更安全、有效地控制儿童谵妄以及谵妄引起的激越，儿童使用剂量从 0.25~10mg/d 到 0.05~0.15mg/(kg·d)。临床上，许多病例每天给予 1 次或 2 次低剂量的氟哌啶醇即有效。新型非典型抗精神病药物如奥氮平、利培酮、喹硫平等也被证实对谵妄有效，但是它们的使用因缺少针对儿童患者的使用剂量指南而受到限制。

患有癫痫等慢性疾病的患者出现精神症状时可以使用新型抗精神病药物（如利培酮）等治疗。服用抗精神病药物建议以较低剂量开始，并应密切监测患者的紧急副作用。剂量应逐渐增加至最低有效治疗剂量。例如，利培酮起始剂量从 0.5mg/d（较年幼的儿童为 0.25mg/d）开始，可根据病情需要递增：如每日总剂量低于 1.5mg，单次给药；如高于此剂量，则每日 2 次给药的耐受性更好；最高剂量不超过 4mg/d。

丙戊酸钠除可以治疗癫痫外也能作为心境稳定剂使用。门诊青少年的丙戊酸钠剂量从每天 15mg/kg 开始，可酌情逐渐递增到每次 250~500mg；较年幼的儿童从青少年起始剂量的一半开始，以 125~250mg 的增量增加，达到稳态后目标血清水平在 45~125μg/L 之间。

躯体疾病伴有抑郁症状患者，当心理治疗效果不显著，或者症状严重，导致日常功能严重受损时，则需要药物治疗。可以选择 5-羟色胺再摄取抑制剂，需要注意药物的相互作用和不良反应。焦虑障碍的总体治疗原则一般是以心理行为治疗为主，药物治疗为辅，并与家长教育和家庭治疗结合起来。有严重焦虑症状者可选择具有抗焦虑作用的抗抑郁药物，首选 5-羟色胺再摄取抑制剂，如舍曲林、氟伏沙明、氟西汀；可酌情小剂量、临时或短时间使用抗焦虑药物，如苯二氮䓬类（如地西泮）。苯二氮䓬类长期服用容易成瘾并对记忆等认知功能有影响，当撤药时容易出现撤药反应甚至出现谵妄，因此儿童应慎用苯二氮䓬类。以上药物均无 6 岁以下幼儿的适应证。舍曲林推荐起始剂量 25mg/d，儿童和青少年有效剂量为 50~200mg/d；氟西汀成人剂量 20~80mg/d，青少年剂量通常达到成人剂量，而儿童剂量要小一些，可以是成人剂量的一半；氟伏沙明起始剂量为 25mg/d，晚上服用 1 次，每隔 4~7 天增加 25mg/d，有效范围 50~200mg/d，当剂量超过 50mg/d 时可以分 2 次服用。此类药物特点是不良反应少，但可出现食欲降低、恶心、呕吐等消化道症状，治疗过程中要加强观察。

儿科心因性疼痛的治疗首先应在生物-心理-社会因素的背景下对疼痛原因进行综合分析，尤其要明确导致疼痛症状的心理因素或躯体疾病各自在疼痛产生机制中所起的作用，根据评估结果选择调整躯体疾病治疗方案、采用精神科类药物或非药物治疗等。精神科类药物治疗可以使用镇痛的辅助用药或抗焦虑、抗抑郁药物等，如 5-羟色胺再摄取抑制剂、去甲肾上腺素再摄取抑制剂、三环类抗抑郁药物。阿片类药物常常是二线或者三线药物，仅仅用于常规非甾体抗炎药、抗惊厥药物、抗抑郁药物疗效欠佳或者慢性疼痛急性发作时，且一般选择缓释制剂或者透皮制剂。阿片类药物在 7 天内会产生躯体依赖性，需及时撤药，撤药时每天减少原剂量的 10%~20%。

【预防】

预防躯体疾病所致精神障碍的关键是早发现、早干预，防止情况恶化，避免造成不良后果，如因不良情绪的长久积累而出现自伤/自杀行为，关系持续恶化引起冲突或矛盾激化等。可以从以下方面加强。

1. 需完善儿科常规医疗体系中心理卫生服务的建设，将精神心理评估和干预纳入患者常规躯体医疗体系中，尤其是严重躯体疾病（如肿瘤、器官移植等）；建立或完善精神科的联络会诊服务网络，以

NOTES

便给患者及家庭提供及时、有效的评估和干预。

2. 加大对儿科医护心理卫生知识的普及，提高对心理反应或精神疾病的早期识别率和转诊率，儿科医护对患者的心理需求识别与人文关怀以及良好医患关系、沟通能力是成功转诊心理卫生服务的关键之一。

3. 在医疗关键点，如重大疾病诊断后、经历一些手术等侵入性操作前等，均能提供相关评估和干预，如骨肿瘤患者手术面临植入假体甚至截肢的风险，很多父母出于害怕不敢与患者谈论，导致患者心理准备不充分，术后出现更严重的心理反应。

4. 应提高公众意识，增强患者家庭主动求助心理服务的动机。

第四节 破坏性、冲动控制及品行障碍

一、对立违抗障碍

对立违抗障碍（oppositional defiant disorder，ODD）是儿童期常见的心理行为障碍，主要表现为与发育水平不相符合的、明显的对权威的消极抵抗、挑衅、不服从和敌意等行为特征。患病率在1%~11%之间，平均为3.3%。多数起病于10岁之前，男女比例约为1.4∶1。

【病因和病理生理】

虽然对立违抗障碍有明显的家族聚集性，但是目前的遗传学研究还没有一致性的发现。困难气质儿童往往情绪调节能力弱，表现高水平的情绪反应和挫折耐受性差等，是患对立违抗障碍的风险因素。父母养育方式过于严厉、不一致、忽视等在对立违抗障碍的儿童和青少年家庭中比较常见。

【临床表现】

对立违抗障碍的基本特征是与权威人物的关系冲突和与他人相处困难，频繁且持续的愤怒或易激惹情绪、好争辩或挑衅的行为模式以及怨恨。对立违抗障碍的症状最初仅在一个场景下出现，通常是在家庭内，而严重者症状可在多种场景下出现。症状的广度是对立违抗障碍严重程度的一个指标。

对立违抗障碍患者在童年早期，主要抚养人就经常会抱怨难带、不好哄，特别容易出现不听话、烦躁不安、脾气大等行为。学龄前儿童往往在稍不如意时就出现强烈的愤怒情绪和不服从行为。学龄期儿童常以故意的、不服从的、令人厌烦的行为频繁地表达对父母、兄弟姐妹及老师的反抗和挑衅，并常对他人怀恨在心。经常为了逃避批评和惩罚而把由自己的错误造成的不良后果归咎于旁人，甚至责备他人，过分强调客观理由。

当对立违抗性行为出现在家庭内的时候，会严重干扰正常的家庭生活秩序，给家长带来痛苦。当对立违抗性行为出现在学校时，患者往往出现对学习无兴趣，经常故意拖延和浪费时间，找借口不做作业、遗漏作业或晚交作业，最终影响学业。同时患者常烦扰、怨恨、敌视他人，造成他们与家长、教师交流困难，与同伴相处困难，社会适应能力明显受损。

对立违抗障碍的患者常伴有其他精神心理疾病，如注意缺陷多动障碍、心境障碍、品行障碍等。一项社区调查显示，对立违抗障碍儿童中有14%共病注意缺陷多动障碍、14%共病焦虑障碍和9%共病抑郁障碍。

【诊断和鉴别诊断】

1. 诊断 DSM-5对立违抗障碍诊断标准见表13-4-1。

2. 鉴别诊断 诊断对立违抗障碍时要确认这些行为不是由物质依赖、破坏性情绪失调障碍、抑郁障碍或双相障碍等疾病所导致，同时要与注意缺陷多动障碍、品行障碍以及正常的青春期“逆反”等相鉴别。

（1）注意缺陷与多动障碍：个体也可以出现破坏性行为，但这些破坏性的行为主要由注意力不集中和/或多动-冲动症状引起，例如，不能够遵守长时而又复杂的指令、对于维持坐姿或被要求集中注

NOTES

表 13-4-1 DSM-5 的对立违抗障碍诊断标准

A.	一种愤怒的/易激惹的心境模式、争辩/对抗行为,或报复模式,持续至少 6 个月,以下列任意类别中至少 4 项症状为证据,并表现在与至少 1 个非同胞个体的互动中。 **愤怒的/易激惹的心境** 1. 经常发脾气。 2. 经常是敏感的或易被惹恼的。 3. 经常是愤怒和怨恨的。 **争辩的/对抗的行为** 4. 经常与权威人士辩论,或儿童和青少年与成人争辩。 5. 经常主动地对抗或拒绝遵守权威人士或规则的要求。 6. 经常故意惹恼他人。 7. 自己有错误或不当行为却经常指责他人。 **报复** 8. 在过去 6 个月内至少有 2 次是怀恨的或报复性的
B.	该行为障碍与个体或他人在他/她目前的社会背景下(例如,家人、同伴、同事)的痛苦有关,或对社交、教育、职业或其他重要功能方面产生了负性影响
C.	此行为不仅仅出现在精神病性、物质使用、抑郁或双相障碍的病程中,并且也不符合破坏性心境失调障碍的诊断标准

意完成任务存在困难。

(2)品行障碍:反社会性品行障碍是以反复而持续的严重的和反社会性的行为为特征,这种行为或侵犯他人的基本权利,或违反与其年龄阶段相符的社会和文化准则、规定或法律(例如,攻击他人或动物、毁坏财物、欺骗或盗窃、公然违反规则)。对立违抗障碍的行为问题主要是以与权威人物的关系冲突和与他人相处困难为特点,可予以鉴别。

(3)心境障碍:青少年的不服从可能来自一系列抑郁症状,例如,缺乏兴趣或者活动的愉悦感、注意力不集中、无望、精神运动性抑制、精力减退。在躁狂发作、混合发作或轻躁狂发作期间,个体通常不愿意遵从规则或服从指令。所以当行为问题出现在情感发作期间,没有必要做出对立违抗障碍的诊断。

(4)物质滥用相关障碍:通常近期有物质滥用的相关病史,可以予以鉴别。

【治疗】

1. 心理治疗 心理干预对对立违抗障碍有效。家长培训是有效减少儿童破坏性行为的方法之一,重点包括增加家长的正向管教行为、减少过度严厉的家庭教养方法。同时针对家长和孩子行为的培训疗效优于单独培训家长,包括多元系统干预、合作性问题解决干预等方法。辩证行为治疗也可用于对立违抗障碍。

2. 药物治疗 对立违抗障碍本身无特殊治疗药物。药物治疗主要是对症或者用于共病的治疗。例如,治疗注意缺陷多动障碍的药物如哌甲酯、托莫西汀以及可乐定等,可用于对立违抗障碍共病注意缺陷多动障碍的治疗,这些药物在减少注意缺陷、多动冲动症状的同时也能改善对立违抗症状。

【预防】

针对对立违抗障碍开展早期发现以及早期干预工作可以防止不良行为进展为更加严重的问题。一般来说,对立违抗障碍发病越早,预后越差,发展为品行障碍的可能性越大。约有 30% 的早发对立违抗障碍患者会最终发展为品行障碍,约有 10% 的对立违抗障碍患者发展为反社会型人格障碍。因此,对立违抗障碍的管理强调要根据患者的年龄、症状特点、家庭功能以及可用资源等制订个体化的综合干预方案,且对立违抗障碍的患者需长期随访观察。

二、品行障碍

品行障碍(conduct disorders,CD)是指在儿童和青少年期反复、持续出现的反社会性行为,且违

NOTES

反了与年龄相适应的社会规范和道德准则，影响儿童和青少年的学习和社交功能，损害他人或公共利益。国内罗学荣等（1994）调查报道品行障碍总发生率为 1.45%，男性为 2.48%，女性为 0.28%。也有数据表明 2%~8% 的儿童青少年存在品行障碍，男性多见，男女性别比为（4~10）：1。

【病因和病理生理】

品行障碍的发生与多因素有关，包括生物学因素和环境因素，在品行障碍的发病过程中有同样重要的作用。

1. 生物学因素 双生子和寄养子的研究表明品行障碍具有很高的家族遗传性，遗传度为 40%~70%，研究最多的候选基因是单胺氧化酶（monoamine oxidase，MAO）基因启动子的多态性。品行障碍患者多存在语言表达困难、执行功能异常和社会认知相关的信息加工异常等神经发育缺陷。神经影像学研究表明，品行障碍患者前额叶皮质的结构存在异常。神经生理学研究提示，品行障碍患者的电生理指标可能存在异常，如心率慢、唤醒度低等。

2. 环境因素 常见的与品行障碍有关的环境因素包括低收入家庭、不良的依恋关系和养育方式、父母冲突、家庭内暴力、体罚、不良同伴等。

【临床表现】

品行障碍主要包括两组临床特征：攻击性行为和反社会性行为。

1. 攻击性行为 表现为对他人的人身或财产的攻击。男性患者多表现为躯体性攻击，女性则以语言性攻击为多，例如：挑起或参与斗殴，采用打骂、折磨、骚扰及长期威胁等手段欺负他人；虐待弱小、残疾人和动物；故意破坏他人财物或公共财物；强迫他人与自己发生性关系等。当自己情绪不良时常以攻击性行为方式来发泄。

2. 反社会性行为 患者表现为不符合社会道德规范及行为规则的行为，例如：偷窃贵重物品、大量钱财；勒索或抢劫他人钱财、入室抢劫；猥亵行为；对他人进行躯体虐待；持凶器故意伤害他人；故意纵火；经常逃学，夜不归家，擅自离家出走；参与社会上的犯罪团伙，从事犯罪活动等。

说谎也比较常见，从有意或无意地说假话，渐变为有意说谎，甚至发展为说谎成性。

逃学或离家出走，表现为无故旷课或四处游荡，不回家，甚至跑到外地，常伴有说谎或偷窃等不良行为。

通常根据其首发年龄，将其分为两类亚型：①反社会性品行障碍。儿童期起病，即在青春期之前（10 岁以前）的儿童就明确地出现其中 1 项或者多个特征性症状。②反社会性品行障碍。青春期起病。此亚型适用于满足反社会性品行障碍诊断要求，在青春期前（10 岁以前）没有相关的特征性症状。

品行障碍患者常共病注意缺陷多动障碍、心境障碍、焦虑障碍和神经发育障碍等。在早发性品行障碍患者（8 岁以前）中，约有一半问题会持续到成年期，而青少年期起病的品行障碍患者绝大多数（超过 85%）在 20 多岁时会停止反社会行为。

【诊断和鉴别诊断】

1. 诊断 DSM-5 品行障碍诊断标准见表 13-4-2。

2. 鉴别诊断 品行障碍需要与以下疾病作鉴别。

（1）对立违抗障碍：反社会性品行障碍行为模式必须具备严重和反社会性的特点（例如，严重破坏规则、规范或者侵犯他人的权益），这样就超出了对立违抗障碍特征性的不服从和违抗的行为范畴。但是，对立违抗障碍和反社会性品行障碍常伴随发生，尤其是在青少年和既往存在持续的行为问题的个体中。当两种障碍的诊断标准都满足时，则两种障碍都可予以诊断。

（2）注意缺陷多动障碍：罹患注意缺陷多动障碍的个体由于他们的冲动或者多动，可能表现出破坏性行为，但此类破坏性行为在性质上不是典型的严重和反社会的行为（他们并没有违反主要规则、规范，或是侵犯他人的权利），所以也并不能达到附加反社会性品行障碍的诊断。但是，如果满足各自的诊断标准，则两种障碍都可予以诊断。

NOTES

表 13-4-2 DSM-5 的品行障碍诊断标准

A. 侵犯他人的基本权利或违反与年龄匹配的主要社会规范或规则的反复的持续的行为模式，在过去的 12 个月内，表现为下列任意类别的 15 项标准中的至少 3 项，且在过去的 6 个月内存在下列标准中的至少 1 项。 **攻击人和动物** 1. 经常欺负、威胁或恐吓他人。 2. 经常挑起打架。 3. 曾对他人使用可能引起严重躯体伤害的武器(例如，棍棒、砖块、破瓶子、刀、枪)。 4. 曾残忍地伤害他人。 5. 曾残忍地伤害动物。 6. 曾当着受害者的面夺取(例如，抢劫、抢包、敲诈、持械抢劫)。 7. 曾强迫他人与自己发生性行为。 **破坏财产** 8. 曾故意纵火以意图造成严重的损失。 9. 曾蓄意破坏他人财产(不包括纵火)。 **欺诈或盗窃** 10. 曾破门闯入他人的房屋、建筑或汽车。 11. 经常说谎以获得物品或好处或规避责任(“哄骗”他人)。 12. 曾盗窃值钱的物品，但没有当着受害者的面(例如：入店行窃，但没有破门而入；伪造)。 **严重违反规则** 13. 尽管父母禁止，仍经常夜不归宿，在 13 岁之前开始。 14. 生活在父母或父母的代理人家里时，曾至少 2 次离开家在外过夜，或曾 1 次长时间不回家。 15. 在 13 岁之前开始经常逃学
B. 此行为障碍在社交、学业或职业功能方面引起有临床意义的损害
C. 如果个体的年龄为 18 岁或以上，则需不符合反社会型人格障碍的诊断标准

（3）心境障碍：品行问题、攻击性行为、危险行为和易激惹/愤怒都可以在心境障碍的背景下出现(抑郁发作、躁狂发作、混合发作或轻躁狂发作)，如果行为问题基本都出现在心境障碍发作期间，通常不需要诊断独立的反社会性品行障碍。如果行为问题在心境障碍发作期间和非发作期都有出现，并且满足各自的诊断标准，则两种障碍都可予以诊断。

【治疗】

心理行为干预是品行障碍治疗的主要方法。有效的心理行为干预需要建立家庭、学校和社区共同参与的整合式的干预方案，同时治疗需要解决环境中的一些有害因素。有证据表明，多元系统干预、学校-家庭联合追踪干预等对品行障碍的干预有效。经典的行为治疗、认知治疗和家庭治疗等可以用于品行障碍的治疗。

目前针对品行障碍无特殊治疗药物，多数为针对共病疾病的治疗。药物干预最适用于攻击性、冲动、多动和情绪症状，如：抗精神病药物(如利培酮)可改善攻击性、冲动行为；抗抑郁药、心境稳定剂(如锂盐)、抗惊厥药物可改善情绪症状；合并有注意缺陷多动障碍时应该考虑给予相应的药物治疗(如托莫西汀)。

【预防】

女性、高智商、积极社会认知、心理复原力强、与至少一个成人存在温暖支持性的关系、家庭中正向的社会价值观、各种积极的课外活动、社会支持、良好的社区环境和服务等都是品行障碍的保护性因素。

三、间歇性暴怒障碍

间歇性暴怒障碍(intermittent explosive disorder，IED)是指那些具有病理性冲动攻击症状的人群。冲动性攻击行为通常是病理性的，可以造成巨大的心理痛苦或功能障碍。社区调查显示，美国 12%~15% 的男性和女性都出现过成人的攻击行为。孩子在冲动攻击行为环境中成长，耳濡目染地容

NOTES

易出现相同行为。

【病因和病理生理】

临床观察和家系研究表明，IED 是家族性疾病。冲动性和攻击性行为的遗传度为 28%~47%，此外家庭环境也是发病因素之一。分子遗传学研究发现 IED 冲动性和攻击性行为受 5-羟色胺 1B 受体影响。也有研究在社区人群中发现，IED 者的攻击性、冲动性和 5-羟色胺活性的关系受色氨酸羟化酶基因和单胺氧化酶-A 基因影响。5-羟色胺和其他中枢神经递质是攻击行为中被研究得最多的 IED 生物学因素。中枢和外周 5-羟色胺功能与攻击行为的生活史、问卷和实验室检测数据成负相关。有研究结果提示，存在一些生物学指标可以区分冲动性攻击行为与非冲动性攻击行为；而多巴胺、去甲肾上腺素、抗利尿激素、脑源性神经营养因子、阿片制剂和睾酮对冲动性攻击行为有促进作用。

【临床表现】

间歇性暴怒通常突然发作，没有前驱期。每次发作不超过 30 分钟，包括躯体攻击、语言攻击和/或对财物的破坏。如果是在环境刺激下发作的话，往往刺激源来自熟悉的人，而且常是一个很小的刺激事件。这种攻击行为会造成巨大的精神痛苦和社会、经济、职业和法律危害。IED 常和心境障碍、焦虑、物质滥用、进食障碍和其他冲动控制障碍共病。

【诊断和鉴别诊断】

1. 诊断 DSM-5 间歇性暴怒障碍诊断标准见表 13-4-3。

表 13-4-3 DSM-5 的间歇性暴怒障碍诊断标准

A. 代表无法控制攻击性冲动的反复的行为暴发，表现为下列 2 项之一。 1. 言语攻击(例如，发脾气、长篇的批评性发言、口头争吵或打架)或对财产、动物或他人的躯体性攻击，平均每周出现 2 次，持续 3 个月。躯体性攻击没有导致财产的损坏或破坏，也没有导致动物或他人的躯体受伤。 2. 在 12 个月内有 3 次行为暴发，涉及财产的损坏或损毁，和/或导致动物或他人躯体受伤的躯体性攻击
B. 反复暴发过程中所表达出的攻击性程度明显与被挑衅或任何诱发的心理社会应激源不成比例
C. 反复的攻击性暴发是非预谋的(它们是冲动的和/或基于愤怒的)，而不是为了实现某些切实的目标(例如，金钱、权力、恐吓)
D. 反复的攻击性暴发引起了个体显著的痛苦，或导致职业或人际关系的损害，或是与财务或法律的结果有关
E. 实际年龄至少为 6 岁(或相当的发育水平)
F. 排除其他精神障碍，也不能归因于其他躯体疾病或某种物质的生理效应

2. 鉴别诊断

（1）对立违抗障碍：伴慢性易激惹、愤怒的对立违抗障碍患者也可能出现严重脾气爆发，与挑衅的强度和持续时间不成比例。

（2）注意缺陷多动障碍：患者也具有冲动行为的特征。但是，间歇性暴怒障碍以间歇出现的严重冲动暴发或者攻击为特点，而注意缺陷多动障碍患者的冲动具有持续性、普遍存在的特征。

（3）其他精神和行为障碍的鉴别：许多其他精神和行为障碍患者也会出现突发言语攻击症状，如心境障碍的患者有明显情绪低落或高涨的表现，人格障碍的患者其言语攻击的行为持续存在，而不是突发的，精神分裂症患者则有精神病性症状，而言语攻击的表现是受其精神症状所影响的。结合病史、精神检查等可明确诊断，但也要考虑共病的情况。

（4）物质滥用障碍和其他情况下伴随冲动控制障碍：冲动性攻击行为可能会出现在某些神经系统疾病中(如颅脑外伤、阿尔茨海默病、脑卒中)，以及在物质中毒时存在(例如，酒精、苯环已哌啶)。在完善病史的基础上，可以通过头颅磁共振检查来了解脑部病变的情况；尿液毒品检查、血液酒精检测，可以帮助了解物质滥用的情况，从而予以鉴别。

NOTES

【治疗】

关于IED治疗的研究很少。通常可以考虑选择药物治疗和心理治疗。

已经有很多药物被用于治疗冲动性攻击行为，比如三环类抗抑郁药物、苯二氮䓬类、心境稳定剂和抗精神病药物。5-羟色胺再摄取抑制剂（SSRIs）对于IED的冲动性攻击行为有效，比如氟西汀被认为对治疗冲动性攻击行为有效。考虑到SSRIs与心境稳定剂的副作用状况，在临床治疗中，IED患者应该首选SSRIs，除非患者的攻击性极强或者有双相情感障碍病史，在这种情况下才使用心境稳定剂，比如双丙戊酸钠。氟哌啶醇、奥氮平可以改善患者的敌意、愤怒，但是对患者本身抑郁情绪的改善则效果欠佳。

在心理治疗方面，对愤怒的治疗研究聚焦于对愤怒症状的治疗，将愤怒症状作为其他精神疾病（如物质滥用、创伤后应激障碍、抑郁症、家庭暴力以及司法问题和智障）的一部分。对愤怒和攻击的治疗方法主要集中于团体认知-行为治疗，而想象暴露治疗也能帮助易于愤怒的个体的行为得到改善。认知行为治疗（CBT），比如辩证行为治疗，能改善很多患者的愤怒和冲动性。

第五节 儿童和青少年焦虑障碍

焦虑障碍是儿童和青少年时期最常见的精神疾病。DSM-5将焦虑障碍单独列为一组疾病，ICD-11中称其为焦虑及恐惧相关障碍。根据世界卫生组织的数据，儿童和青少年焦虑障碍的患病率在5.7%~17.7%；国内一项数据显示6~16岁在校儿童青少年焦虑障碍患病率为4.7%。焦虑障碍女性比男性更常见，女性是男性的1.5~2.0倍，尤其是青春期时期女性明显高于男性。儿童和青少年在成长过程中会出现焦虑情绪，如0~6个月婴儿对噪音、受惊吓感到恐惧，6~8月婴儿对陌生人、突然靠近的物体感到恐惧。2~3岁幼儿对黑暗、打雷、火、噩梦感到恐惧，4~5岁学龄前儿童害怕与父母分离，5~7岁学龄儿童通常会担心受伤和自然灾害（如风暴），8~11岁儿童害怕上学、社交、学业表现，12~18岁青少年通常会有与人际关系、外貌、学业表现、社会能力和健康问题有关的担忧和恐惧。需要将正常的、发育适当的担忧、恐惧和害羞与严重损害儿童功能的焦虑症区分开来。焦虑障碍通常起病于儿童中期至青春期中期，不同焦虑障碍亚型发病的平均年龄不同，如动物恐惧症平均年龄6~7岁，分离性焦虑障碍7~8岁，社交焦虑障碍11~13岁，广泛性焦虑障碍在青春中期。焦虑障碍往往难以自然缓解。

【病因和病理生理】

焦虑障碍的病因与多种因素有关，包括：①遗传因素；②气质和人格特质因素；③父母和家庭环境因素；④个体的认知偏差因素；⑤负性生活事件；⑥情绪调节相关的皮质-边缘系统受损；⑦多种神经递质系统功能失调等，如γ-氨基丁酸功能受损，儿茶酚胺（CA）类（如去甲肾上腺素和肾上腺素）功能增强以及5-羟色胺功能增强。

【临床表现】

焦虑障碍通常存在以下共性特征：①起病通常与心理社会因素有关；②病前多有一定的易感素质和人格基础；③对疾病有一定的自知力，疾病痛苦感明显，有一定的求治意愿；④社会功能保持相对完好，行为一般保持在社会规范允许的范围内；⑤病程多迁延不愈；⑥症状主要表现为心理、生理和行为方面的改变。心理方面：①对危险存在过度评价和防御反应；②持续的精神紧张、不安和痛苦；③注意力不集中。生理方面：①警觉性增高伴有睡眠障碍；②交感神经系统增强，表现为肌肉紧张，出汗，心悸，震颤等；③多系统的躯体症状。行为方面：①无目的的行为动作增多，如运动性不安；②难以采取实现目标指向的行为；③缓解焦虑的行为，如回避、退缩、寻求刺激、物质依赖。

根据焦虑的内容特点，焦虑障碍可以分以下亚型。

1. 广泛性焦虑症 患者存在广泛的忧虑（“游离焦虑”）或聚焦于对诸多日常事件的过度担忧（多为家庭、健康、学校或人际关系）。年龄较小的孩子更多关心自己的安全、健康和他人的健康，青少

NOTES

年更多担忧自身的表现、完美主义以及自身是否满足他人的期望。儿童可能会经常抱怨头痛、腹痛和胃肠道不适以及睡眠问题；频繁寻求安慰，反复问问题或者对不确定表现为焦虑，花额外的时间来完成任务，如作业等。

2. 惊恐障碍 患者出现反复的、非预期的惊恐发作，即使没有特定的刺激或情境。表现为急性自主神经症状（如心悸或心率增快、出汗、震颤、气促、胸痛、头晕或头昏、发冷、潮热、濒死感）。典型的惊恐发作持续数分钟，也有持续更长时间者。患者常因惊恐发作反复寻求紧急医疗。儿童表现为惊恐发作的躯体症状，但惊恐障碍少见；青少年时期惊恐障碍开始增加。

3. 广场恐怖症 患者对多个场景表现为明显和过度恐惧或焦虑，如使用公共交通工具、在拥挤人群中、独自离家外出（如在商店购物、在电影院或排队中）。患者主动回避这些情境，或需要亲密的朋友或家人出现时才可以进入这些场所。儿童可能会表现为在没有父母或照顾者陪同的情况下抗拒离开家。

4. 特定恐怖症 患者在暴露于或接触某个或多个特定的物体或情境时反复出现明显和过度的恐惧或焦虑，明显超出这类物体或情境的实际危险性。学龄前儿童的恐惧反应包括发脾气、哭泣、僵住。儿童更常见的恐惧对象为动物，青少年更多表现为对环境、血液或注射的恐惧。

5. 社交焦虑障碍 患者在一个或多个社交情境中出现明显和过度的恐惧或焦虑，包括社交互动（如与他人交谈）、被他人观察（如在他人面前吃饭），或在他人面前表演（如演讲）等。因担忧负面评价，患者存在回避行为或带着痛苦感去忍受。10 岁前的儿童中少见，青春期常见。患者可能存在社交技能缺陷，如不知道如何维持对话或坚持自己的观点。年幼的儿童在成人面前表现更严重，而青少年在同龄人面前表现更严重。青少年常表现为社交退缩、拒绝上学和不表达自己的需求。

6. 分离性焦虑障碍 个体对与特定依恋对象分离而出现显著和过度的恐惧或焦虑。分离焦虑对象通常是主要照顾者，如父母。儿童害怕依恋对象受到伤害或遭遇不测，为此不愿上学，或与依恋对象分离时反复出现发脾气、哭泣。年幼的孩子表现为黏人，即使跟父母或照顾者在不同房间也会焦虑；还可表现为不愿意去睡觉，以及反复做关于分离的噩梦。

7. 选择性缄默症 儿童在特定的环境中（通常在家里）语言表达正常，但在其他环境中（通常在学校）却始终不说话。不能言语不是由语言知识缺乏或语言不适所致；通常发生在 5 岁前，常与社交焦虑障碍同时存在。

8. 其他焦虑障碍 还包括物质所致焦虑障碍（如酒精、大麻、咖啡因所致焦虑障碍）、疑病症（持续关注或担心可能患有一种或多种严重的、进行性的或危及生命的疾病，从而反复就医）等。

【辅助检查】

焦虑障碍的辅助检查包括结构性面谈诊断问卷与量表筛查工具。通常对于 6 岁前儿童，可通过父母收集问卷信息；6 岁之后还可以采用自评问卷，直接从儿童和青少年方面收集信息。常用问卷与量表如下。

1. 诊断问卷 儿童焦虑障碍访谈问卷（Anxiety Disorders Interview Schedule for Children，ADIS-C）是国际公认儿童焦虑障碍标准结构性诊断问卷，可以用于 6 岁及以上儿童青少年，对于 2~5 岁儿童可以采用学龄前精神评估问卷（Preschool Age Psychiatric Assessment，PAPA）对父母进行访谈。

2. 量表筛查 如 Spence 儿童焦虑量表、儿童焦虑性情绪筛查表（Screen for Anxiety and Related Disorder，SCARED）、儿童多维焦虑量表（Multidimensional Anxiety Scale for Children，MASC）。对于特定形式的焦虑障碍可以使用更具体和详细的评估，比如使用儿童社交焦虑量表修订版（Social Anxiety Scale for Children-Revised，SASC-R）、儿童焦虑敏感指数（Children's Anxiety Sensitivity Index，CASI）、修订版儿童恐惧调查表（Fear Survey Schedule for Children Revised，FSSCR）。

【诊断和鉴别诊断】

1. 诊断 DSM-5 诊断标准中对焦虑障碍的诊断原则如下。

（1）满足焦虑的症状标准。

NOTES

（2）症状不是短暂的，通常持续6个月或以上，但持续时间标准只作为一般指导性原则，具有一定弹性，在儿童身上可以较短。

（3）症状引起有临床意义的痛苦，导致社交、学业、职业或其他重要功能方面的损害。

（4）这些症状不能更好地用另一种精神障碍（如抑郁症）来解释，这些症状不是其他疾病的表现（例如，甲状腺功能亢进症），并不是由于某种物质或药物对中枢神经系统的影响（如咖啡因、可卡因），包括戒断效应（如酒精、苯二氮䓬类药物）。

2. 鉴别诊断

（1）正常儿童的焦虑和恐惧：部分幼儿在初次与依恋对象分开的时候（如开始上幼儿园），会产生紧张和退缩行为，症状表现从一般感到不安到严重焦虑不等，但一般一段时间内能够自行缓解。正常儿童的焦虑和恐惧与发育年龄阶段相称。

（2）抑郁障碍：焦虑障碍常有抑郁症状，如情绪低落、躯体症状、难以集中注意力、睡眠困难以及与负性思维相关的恐惧感。但是抑郁障碍患者主要表现为持续明显情绪低落，失去既往感到愉快活动的兴趣或乐趣，常有无价值感、自杀意念。如果同时符合两种疾病的诊断标准，可以考虑共病诊断。

（3）强迫性障碍：强迫症患者也会有焦虑、恐惧表现，强迫症的核心特征是反复侵入性和/或不想要的想法、冲动或图像，而焦虑障碍所担心或害怕的内容主要是一些日常生活事件，或担心会出现灾难性结果。根据疾病特征表现可以加以鉴别。

【治疗】

认知行为治疗（cognitive behavioral therapy，CBT）和5-羟色胺再摄取抑制剂（selective serotonin reuptake inhibitors，SSRIs）治疗是儿童和青少年焦虑障碍的一线治疗方法。

儿童和青少年焦虑障碍的治疗原则：①治疗的主要目标是让儿童和青少年学会如何识别和处理他们过度和有害的焦虑；②考虑到焦虑障碍亚型之间存在较高共病，通常将功能损害最明显的部分作为首要干预目标；③需要将家庭、学校系统纳入治疗计划。

1. 心理治疗　CBT是儿童和青少年轻、中度焦虑障碍的一线治疗方法。焦虑症的CBT包括以下成分：①焦虑的心理教育；②焦虑情绪和躯体表现的自我监测；③放松技巧（如深呼吸和渐进式肌肉放松）；④跟踪导致焦虑的行为模式；⑤逐步暴露于恐惧刺激；⑥识别负性思维；⑦认知重构；⑧问题解决技能；⑨奖励；⑩预防复发。在治疗外练习技能是CBT有效的关键因素。儿童和青少年家长也需要接受心理教育，帮助孩子实施行为奖励。CBT通常包括每周1次，每次50~60分钟的个体治疗，持续12~20周。

2. 药物治疗　当焦虑障碍处于中度或重度，心理治疗存在困难，或者心理治疗效果欠佳时，可以使用药物治疗。SSRIs与5-羟色胺和去甲肾上腺素再摄取抑制剂（serotonin and norepinephrine reuptake inhibitors，SNRIs）是成人焦虑障碍的一线用药，有证据支持SSRIs对儿童和青少年焦虑障碍的有效性和耐受性。一般对于6岁以下儿童不使用药物干预。6岁以上通常舍曲林剂量为50~200mg/d，氟伏沙明50~300mg/d，艾司西酞普兰5~20mg/d，氟西汀20~40mg/d。大多数不良反应出现在治疗的最初几周内，如口干、恶心、腹泻、胃灼热、头痛、嗜睡、失眠、头晕、多梦、食欲变化、体重减轻或增加、疲劳、紧张、颤抖、磨牙和出汗。罕见的严重副作用包括自杀想法和行为、行为激活/躁动、癫痫、异常出血和血清素综合征等。度洛西汀和文拉法辛可用于对SSRIs效果欠佳的青少年，推荐剂量为度洛西汀20~60mg/d，文拉法辛75~225mg/d。

其他药物，如5-羟色胺1A（serotonin 1A，5-HT1A）受体激动剂丁螺环酮也可用于治疗儿童和青少年焦虑障碍，青少年可使用剂量为5~30mg/次，每日2次，儿童使用剂量为5~7.5mg/次，每日2次。

3. 综合治疗以及其他治疗　对于严重的焦虑障碍患者，可以先使用药物治疗来降低焦虑程度，从而提高其对心理治疗的依从与合作度。这类患者通常需要心理治疗联合药物治疗以达到症状缓解。对于以上一线治疗方法疗效欠佳的患者，可以考虑其他治疗，如注意偏向矫正（attention bias

NOTES

modification，ABD)、儿童焦虑情绪的支持性父母养育技能(supportive parenting for anxious childhood emotions，SPACE)。

【预防】

鉴于儿童和青少年焦虑发展的风险因素较多，目前越来越关注早期识别、预防和干预。早期预防的对象是指自我或父母报告有明显症状但未达到疾病诊断标准的儿童和青少年。通过早期教授父母和/或儿童焦虑管理技能有助于预防焦虑的发生发展。

第六节 儿童和青少年抑郁障碍

抑郁障碍是最常见的儿童和青少年精神障碍之一，是指由各种原因引起的以显著而持久的心境低落为主要临床特征的一类心境障碍，伴有不同程度的认知和行为改变，严重者存在自伤或自杀的意念、企图甚至行为。儿童和青少年抑郁障碍具有识别率低、治愈率低、自杀率高等特点，严重危害我国未成年人身心健康和生命安全。郑毅等的"中国儿童青少年精神障碍流行病学调查"显示，我国6~16岁儿童和青少年抑郁障碍患病率为3%；2018年美国的流行病学调查显示，3~17岁儿童和青少年抑郁障碍现患病率为3.2%，6~12岁的患病率为1%~2%，13~18岁的患病率为2%~5%，在青春期前、后发病率最高。儿童期男女患病比例为1∶1，青春期为1∶2。

【病因】

抑郁障碍发病原因尚不明确。研究已证明生物学、心理社会学的致病因素。

1. 遗传因素 抑郁症状的遗传率约为40%~65%。儿童和青少年抑郁障碍的家族聚集现象十分明显，17%~46%的患者有情感障碍家族史。

2. 神经递质水平或相关神经通路的功能异常 患者存在多种神经递质水平或相关神经通路的功能异常。比较公认的是单胺假说，即5-羟色胺(5-HT)能、多巴胺(DA)能和去甲肾上腺素(NE)能系统异常是抑郁障碍发病的重要因素。目前较一致的研究结果显示患者存在5-HT、NE和DA功能降低。患者脑脊液中5-HT代谢产物5-羟吲哚乙酸(5-HIAA)、NE代谢产物3-甲氨基-4羟基苯乙二醇(MHPG)和DA降解产物高香草酸(HVA)水平降低。患者5-HT1A受体结合率降低，而抗抑郁药能增加突触间隙5-HT浓度，增加NE和DA浓度，被认为与抗抑郁药的作用机制有关。

3. 其他生物学因素 抑郁障碍还可能与神经内分泌功能异常有关，如：下丘脑-垂体-肾上腺轴(HPA轴)功能异常，患者皮质醇分泌过多，地塞米松抑制试验阳性率高于健康青少年；免疫功能异常，如炎性细胞因子水平异常，患者存在白细胞介素IL-6、C反应蛋白等血清趋炎细胞因子水平增高；脑电生理异常，如事件相关电位异常，有研究发现青少年抑郁患者面对负性情绪刺激，P300幅度减小；脑影像学异常，如背外侧前额叶结构功能异常，主要是体积减小和脑血流灌注减少。目前研究结论尚不明确。

4. 心理社会因素 在儿童和青少年抑郁障碍中父母抑郁障碍，尤其是慢性抑郁障碍，不仅通过遗传机制，还可能通过父母非适应性认知、被动和退缩行为，或不和谐的亲子关系，对儿童产生不利影响。其他因素也会增加儿童和青少抑郁的风险，如：忽视，虐待，被欺凌；失去兄弟姐妹、父母或亲密朋友，尤其是母亲；学业困难，同伴关系不佳；涉及中枢神经系统的疾病(如癫痫、偏头痛)或涉及全身炎症的疾病(如哮喘)，以及一些慢性疾病的治疗(如类固醇、干扰素等)。

【临床表现】

儿童和青少年抑郁障碍主要临床表现为持续性抑郁或易怒情绪、失去兴趣和快乐。此外，经常有其他一些症状，如：消极观念，自杀意念或企图，自伤甚至自杀行为；食欲、体重或睡眠增加或减少；活动、注意力、精力、自我价值感的降低和严重的自责/内疚等。这些症状会影响患者的人际关系(包括同伴、师生、亲子关系)、学习或社交活动等。

NOTES

儿童和青少年抑郁障碍的核心症状与成人相似，但由于不同年龄阶段儿童和青少年的身体、情绪、认知和社会发展阶段的差异，在临床表现上会有一些特殊性。例如，儿童的抑郁情绪更容易表现为情绪不稳定、易怒、低挫折耐受性、脾气暴躁、躯体不适和/或社交退缩。与抑郁相关的自罪妄想和自杀企图及行为也往往比成年抑郁者少。儿童很少会体验到内疚感，睡眠也较少受到影响。青少年可能更多地表现出易激惹，与父母对立冲突，丧失兴趣往往从对学习丧失兴趣开始，出现厌学、不愿上学甚至逃学。青春期的女生可能会更多地出现进食方面的问题，例如食欲缺乏或暴食。男生可能更容易出现躯体攻击行为。自伤、自杀观念及反社会行为（如偷窃、撒谎等）在青少年抑郁障碍中也较常见。

儿童和青少年抑郁障碍通常伴有其他精神障碍，高达50%的患者有两种或两种以上的共病诊断。最常见的共病诊断是焦虑障碍，还有注意缺陷多动障碍（ADHD）、对立违抗障碍、品行障碍。抑郁障碍也会增加青少年酒精、烟草和大麻等的使用和滥用。

国外的研究显示儿童和青少年抑郁一般持续3~8个月，20%的青少年抑郁发作持续2年以上。缓解后1~2年的复发率为20%~60%，5年的复发率为70%。20%~40%的儿童和青少年抑郁障碍会发展成双相障碍。

【评估】

用于评估儿童和青少年抑郁障碍的工具分为（半）结构式访谈问卷，如：适用于6~16岁的儿童和青少年的简明儿童青少年国际神经精神访谈（Mini International Neuropsychiatric Interview for children and adolescents，MINI Kid），适用于6~18岁儿童和青少年的儿童情感障碍与精神分裂症定式检查问卷（The Schedule for Affective Disorders and Schizophrenia for School-age Children-present and Lifetime Version，K-SADS）等；筛查问卷，包括儿童抑郁问卷（Children's Depression Inventory，CDI）、Reynolds青少年抑郁量表、儿童抑郁障碍自评量表（Depression Self-Rating Scale for Children，DSRSC）、Kutcher青少年抑郁量表、患者健康问卷青少年版（Patient Health Questionnaire-Adolescent version，PHQ-A）等。有些自填问卷分儿童和青少年版与父母版。儿童和青少年版一般用于8岁以上、具有初步读写能力的儿童和青少年。

【诊断与鉴别诊断】

1. 诊断　DSM-5重性抑郁障碍诊断标准见表13-6-1。

表13-6-1　DSM-5的重性抑郁障碍诊断标准

A. 在同一个2周时期内，出现5个以上的下列症状，表现出与先前功能相比不同的变化，其中至少1项是心境抑郁或丧失兴趣或愉悦感。 1. 几乎每天大部分时间都心境抑郁（儿童和青少年可能表现为心境易激惹）。 2. 几乎每天或每天的大部分时间，对于所有或几乎所有活动的兴趣或乐趣都明显减少。 3. 在未节食的情况下体重明显减轻，或体重增加，或几乎每天食欲都减退或增加（儿童则可表现为未达到应增体重）。 4. 几乎每天都失眠或睡眠过多。 5. 几乎每天都精神运动性激越或迟滞。 6. 几乎每天都疲劳或精力不足。 7. 几乎每天都感到自己毫无价值，或过分的、不适当地感到内疚。 8. 几乎每天都存在思考或注意力集中的能力减退或犹豫不决。 9. 反复出现死亡的想法（而不仅仅是恐惧死亡），反复出现没有特定计划的自杀意念，或有某种自杀企图，或有某种实施自杀的特定计划
B. 这些症状引起有临床意义的痛苦，或导致社交、职业或其他重要功能方面的损害
C. 这些症状不能归因于某种物质的生理效应，或其他躯体疾病
D. 排除其他精神病性障碍
E. 从无躁狂发作或轻躁狂发作

NOTES

根据症状的类型、严重程度，可将抑郁发作分为轻、中、重度；根据发作的次数，可分为单次发作和复发性抑郁障碍；根据伴发症状，可分为伴/不伴精神症状。

2. 鉴别诊断

（1）双相障碍：抑郁障碍和双相障碍抑郁发作临床上极易混淆。鉴于两种疾病的治疗原则截然不同，故必须重视鉴别。躁狂的主要表现有欣快、易怒、活动增加、精力旺盛、睡眠需要减少、冲动鲁莽行为等。很多双相障碍患者以抑郁发作起病，可能多次抑郁发作后才出现躁狂/轻躁狂发作，因此早期识别提示可能为双相障碍的线索非常重要，如青少年起病、抑郁发作频繁且好转速度快、伴精神病性特征、难治性抑郁、共病物质滥用或边缘性人格障碍、双相障碍家族史等。

（2）焦虑障碍：抑郁和焦虑常同时出现，抑郁障碍的核心症状为"情绪低落、兴趣减退"，焦虑障碍则多表现为过度的"紧张、恐惧、担忧"等，常伴有明显的躯体焦虑症状。若同时符合焦虑障碍的诊断标准，予以共病诊断。

（3）恶劣心境障碍：特征是持续性抑郁情绪（持续 2 年或更长，儿童持续至少 1 年，期间没有症状的时间从未超过 2 个月），很多患者描述为悲伤或沮丧，持续 1 天中大部分时间，儿童和青少年抑郁情绪表现为普遍易怒，但其症状条目数量和持续时间不足以满足抑郁发作的诊断要求。如果在周期中的任何时间，患者的症状满足抑郁发作的诊断标准，恶劣心境障碍和抑郁障碍发作均被诊断。

【治疗】

抑郁障碍的治疗包括药物治疗、心理治疗和物理治疗等。治疗阶段分为急性期、巩固期与维持期。急性期的主要目标是获得临床治愈。巩固期治疗的目标是巩固疗效，避免复发，应持续 6~12 个月。一些严重、反复发作和慢性患者应该接受更长时间的维持治疗以避免复发。

一般来说，每个阶段的治疗选择都应考虑患者的年龄和认知发展，抑郁的严重程度和亚型、病程、共病情况，家族史，家庭和社会环境，家庭和患者治疗偏好与期望，文化，以及药物治疗和/或心理治疗的可用性。每个阶段都应该包括心理教育、支持性管理、家庭和学校参与。治疗方案也需要包含对共病的治疗。在整个治疗阶段应该坚持随访，观察患者的症状、疗效以及不良反应等情况。

对于短暂或轻度抑郁的儿童和青少年，首先考虑心理教育、支持和病例管理。对于支持性心理治疗无效或患有更复杂抑郁障碍的儿童和青少年，需要使用特定类型的心理治疗和/或抗抑郁药。

（一）心理治疗

大量临床研究支持心理治疗作为轻度儿童和青少年抑郁障碍的一线治疗，目前有循证医学依据的治疗方法主要有认知行为治疗（CBT）和人际心理治疗（interpersonal therapy，IPT）。

1. 认知行为治疗（CBT） 治疗抑郁症的重点是通过各种认知技术和行为技能训练，打破患者消极思维、情绪和适应不良行为的循环。治疗的核心是认知重建，即努力让患者意识到负面扭曲的认知，并教会患者如何应对这些扭曲，从而缓解抑郁。现已证明和抑郁的成人一样，抑郁的儿童和青少年对于负性事件有着同样的认知歪曲和偏见。CBT 中与儿童和青少年相关的技术主要有：心理教育、心境监测、问题解决、认知重建、情绪管理、行为激活、家庭干预等。在与儿童和青少年工作的时候，需要充分考虑儿童和青少年的发展与认知水平，根据孩子的能力选择和调整相应的技术。与青少年工作时，获得信任、建立良好的治疗关系非常重要。

2. 人际心理治疗（interpersonal therapy for adolescent，IPT-A） 解决与青少年抑郁障碍有关的人际压力的目标。儿童和青少年期，尤其是青少年阶段，个体面临角色转变、与父母发生冲突以及在同伴关系中投入更多情感等特点。IPT-A 在 IPT 的基础上做了针对青少年的适应性改编，以解决与青少年抑郁相关的人际关系问题，例如亲子关系问题、与父母分离、恋爱关系的发展等。IPT-A 通常需要 12~16 周的治疗；主要与青少年工作，也会要求父母参加一些部分，以接受有关抑郁症的教育，以解决青少年与其父母之间可能发生的关系困难，并帮助和支持青少年的治疗。个别或团体 IPT 可以让抑郁的儿童和青少年提高人际冲突的解决能力，从而改善抑郁症状。

NOTES

（二）药物治疗

成年人抑郁障碍诊疗指南建议，中、重度患者应尽早开始药物治疗。但儿童和青少年的药物治疗有其特殊性。目前还没有一种抗抑郁药对儿童和青少年绝对安全。英国卫生与临床优化研究所（Notional Institute for Health and Care Excellence，NICE）指南建议：心理治疗作为儿童和青少年的一线治疗，对于中、重度抑郁需要专门及高强度心理干预。但随着循证依据的改变，有学者建议对于重度抑郁障碍，应当在更早的阶段使用药物治疗。美国儿童和青少年精神病学会（American Academy of Child and Adolescent Psychiatry，AACAP）指南建议：心理治疗无效或较严重和复杂的儿童和青少年抑郁障碍使用特定心理治疗和/或药物治疗。我国《精神障碍诊疗规范（2020 版）》建议：轻度抑郁障碍患者如果进行 6~12 周心理治疗后抑郁症状无明显改善，通常提示需合并抗抑郁药。

美国食品药品监督管理局（FDA）和欧洲药品管理局（European Medicines Agency，EMA）批准氟西汀可用于治疗 8 岁及以上儿童和青少年的抑郁障碍。临床研究资料显示：三环类抗抑郁药（tricyclic antidepressant，TCA）和 5-羟色胺再摄取抑制剂（SSRI）对儿童和青少年抑郁障碍有效；艾司西酞普兰、舍曲林和文拉法辛对儿童抑郁障碍的影响较为温和；不推荐使用帕罗西汀。儿童和青少年常用抗抑郁药及剂量见表 13-6-2。

表 13-6-2 儿童青少年常用抗抑郁药物及其剂量范围

药物	起始剂量/mg	剂量范围/mg
氟西汀	5.0~10.0	10.0~60.0 QD
艾司西酞普兰	5.0	5.0~20.0 QD
舍曲林	12.5~25.0	25.0~200.0 QD
西酞普兰	5.0~10.0	10.0~40.0 QD
氟伏沙明	12.5~25.0	50.0~200.0（>50，分 2 次服）
文拉法辛	37.5	37.5~225.0 QD
米氮平	7.5~15.0	7.5~30.0（晚上服用）

注：QD 为每日 1 次。

若对儿童和青少年患者使用抗抑郁药，使用前需充分告知儿童、青少年与监护人用药的获益与风险，权衡利弊，再做出决策。抗抑郁药与未满 18 岁儿童和青少年的自杀相关行为（自杀企图和自杀想法）及敌对行为（攻击、对抗行为和发怒）是否有关还无定论。多数学者认为可能抗抑郁药物的躯体不适会激发患者自杀企图，但使用抗抑郁药的潜在获益超过自杀行为相关的风险。用药应从小剂量开始，缓慢加量，以减少上述风险。用药期间应密切监测患者的自杀及冲动征兆。

总的来说，SSRIs 和其他新型抗抑郁药对儿童和青少年都有良好的耐受性，副作用基本相似且成剂量相关性，可能会随着时间的推移而减轻或消失。最常见的副作用包括胃肠道症状、睡眠变化（例如失眠或嗜睡、多梦、噩梦、睡眠减少）、激越或不安、头痛、食欲变化（增加或减少）、震颤。大约 3%~8% 的儿童和青少年，尤其是儿童，也可能表现出更强烈的冲动、激动、易怒。

（三）物理治疗

1. 改良电休克治疗（modified electro-convulsive therapy，MECT） 对于威胁生命或者采用其他治疗无效的严重抑郁障碍者可能有效，但不宜用于 12 岁以下的儿童。MECT 对发育中大脑的影响尚不清楚。

2. 重复经颅磁刺激（repetitive transcranial magnetic stimulation，rTMS） 是一种无创性的电生理治疗技术，循证依据支持高频 rTMS 刺激左侧背外侧前额叶皮质，低频 rTMS 刺激右侧背外侧前额叶皮质有抗抑郁作用。初步的研究显示 rTMS 治疗儿童和青少抑郁障碍效果较好且安全性高，低频 rTMS 对患者的认知功能有一定的改善作用。不良反应主要有头痛、局部不适、听力损害等。但其

NOTES

在儿童和青少年中的有效性和安全性还有待进一步验证。

此外，迷走神经刺激（vagus nerve stimulation，VNS）、深部脑刺激（deep brain stimulation，DBS）、经颅直流电刺激（transcranial direct current stimulation，tDCS）等其他物理治疗被试验性地用于成人抑郁障碍。它们在儿童和青少年抑郁障碍中的应用还有待研究。

【预防】

一些治疗指南建议有抑郁障碍相关危险因素的儿童和青少年应获得早期干预服务。研究显示针对性的 CBT 和 IPT 有一定的效果。预防抑郁障碍发作或复发的策略应包括消除与该疾病相关的风险因素。此外，预防措施还可能包括改变生活方式：规律充足的睡眠、锻炼；应对压力的计划（如冥想、瑜伽、锻炼、社交活动）；追求愉快而有意义的活动。对于那些复发性抑郁障碍患者，一个避免压力源的积极计划和一个应对预期困难的计划可能有助于预防复发。最后，教育相关医护人员、学校工作人员儿童和青少年抑郁障碍相关知识以及告知相关治疗资源也很重要。

第七节 儿童和青少年双相障碍

双相障碍（bipolar disorder，BD）又称双相情感障碍，是指患者既有躁狂或轻躁狂发作，又有抑郁发作的一类情感障碍。典型表现为躁狂与抑郁反复或交替发作，可伴有幻觉、妄想等精神病性症状及强迫、焦虑症状，也可与代谢综合征、甲状腺功能异常，以及物质使用障碍、焦虑障碍、强迫障碍和人格障碍等共病。根据 ICD-11，双相障碍分为双相障碍Ⅰ型、双相障碍Ⅱ型、环性心境障碍等。2011 年世界卫生组织报告全球双相障碍的终身患病率为 2.4%。相较于成人来说，儿童和青少年双相障碍的病程更慢性，疗效更差，长期预后也更差。

【病因】

1. 遗传 双生子、收养家庭及家系研究显示，双相障碍的遗传度高达 85%。父母中若一方患有双相障碍Ⅰ型，其子女患双相障碍的概率为 25%；若父母双方均患有双相障碍Ⅰ型，其子女患双相障碍的概率为 50%~70%。

2. 神经影像 结构性影像学（CT、MRI）显示双相障碍患者前额叶、边缘系统局部灰质容量减少，白质结构异常，非特异性脑室扩大等。功能性影像学（SPECT、PET、fMRI）显示与情绪调节相关的皮质-边缘系统通路过度激活可能导致了双相障碍的情感症状。双相障碍抑郁发作时全脑血流/代谢弥漫性减低，躁狂发作时全脑血流增加，代谢亢进。

3. 神经递质 双相障碍者存在神经通路递质异常，如研究发现：躁狂发作时，多巴胺增高，5-羟色胺降低，去甲肾上腺素增高，乙酰胆碱降低；抑郁发作时，多巴胺降低，5-羟色胺降低，去甲肾上腺素增高，乙酰胆碱增高。

4. 神经内分泌 对下丘脑-垂体-肾上腺轴的研究发现，抑郁患者血中皮质醇水平升高。对下丘脑-垂体-甲状腺轴的研究发现，18%~25% 抑郁发作的患者存在甲状腺功能减退。对下丘脑-垂体-生长素轴的研究发现，抑郁患者的生长激素分泌减少。

5. 心理社会因素 应激性生活事件可以诱发情感障碍的发作，尤其是抑郁发作。但环性心境障碍的心境波动通常与生活事件无明显关系，而是与患者的人格特征有密切关系。

【临床表现】

双相障碍分为以下几种症状类型。

1. 躁狂发作 主要表现为：情感高涨或易激惹；活动增多或主观体验到精力旺盛，话多或言语急迫；思维联想加快或思维奔逸，过度自信或夸大，如认为自己学习能力比其他同学都强。在伴有精神病性症状的躁狂患者中，可表现为夸大妄想，如认为自己有超能力，是国家领导人。躁狂发作时经常表现睡眠需要减少、注意力分散、冲动或鲁莽行为、性欲增强，以及社交活动或目的指向性活动增多等。病程超过 1 周。低龄儿童的躁狂发作常不典型，思维活动较简单，情绪症状较单调，多表现为活

NOTES

动增多和要求增多。

2. 轻躁狂发作　症状与躁狂发作表现相似，与躁狂发作的鉴别点包括：①不伴精神病性症状；②不伴社会功能严重损害；③严重程度低，不需要住院治疗。

3. 抑郁发作　主要表现为：情绪低落；兴趣丧失，无愉快感；精力减退或疲乏感，精神运动性迟滞或激越；自我评价过低，自责或有内疚感，认为自己什么都做不好，甚至拖累家人；联想困难或自觉思考能力下降，自觉学习时脑子反应慢，记忆力差；反复出现想死的念头或有自伤/自杀行为。常伴有睡眠障碍，如失眠、早醒或睡眠过多，食欲降低或体重明显减轻，性欲减退等症状。儿童患者抑郁发作常表现为兴趣减退、不愿参加游戏、退缩、学习成绩下降等。

4. 混合发作　至少 1 周内每天的大多数时间里，躁狂症状与抑郁症状均存在且均突出，或躁狂症状与抑郁症状两者快速转换。

儿童和青少年双相障碍的症状表现常常与成人患者不同，具有以下特点：多见混合发作类型（主要是易激惹和情绪爆发）；容易共病破坏性行为障碍、焦虑和药物滥用问题；躁狂多是周期性的，快速循环率高；抑郁发作常表现为愤怒和烦躁不安；病程更长；常有慢性功能损害。

【辅助检查】

可使用 Young 躁狂量表评定躁狂症状的严重程度；使用汉密尔顿抑郁量表、蒙哥马利抑郁量表、抑郁自评量表评定抑郁症状的严重程度。

【诊断和鉴别诊断】

1. 诊断　DSM-5 将双相障碍主要分为双相障碍Ⅰ型、双相障碍Ⅱ型和环性心境障碍。双相障碍Ⅰ型的诊断要点为至少 1 次符合了躁狂发作的诊断标准。双相障碍Ⅱ型的诊断要点包括：①病程中至少 1 次符合了轻躁狂发作和至少 1 次符合了重性抑郁发作的诊断标准；②从未有过躁狂发作。环性心境障碍的诊断要点包括：①至少 2 年（儿童和青少年至少 1 年）的时间内有多次轻躁狂症状，但不符合轻躁狂发作的诊断标准，且有多次抑郁症状，但不符合重性抑郁发作的诊断标准；②在上述的 2 年（儿童和青少年为 1 年）时间内，轻躁狂期和抑郁期至少有一半的时间，且个体无症状的时间每次从未超过 2 个月；③从不符合重性抑郁、躁狂或轻躁狂发作的诊断标准。

2. 鉴别诊断　双相障碍需要与以下疾病作鉴别。

（1）抑郁障碍：指只有抑郁发作，而无确切躁狂或轻躁狂发作史。大部分双相障碍患者首次发作通常是抑郁发作，在未发现躁狂或轻躁狂发作史时，通常被诊断为抑郁障碍，但是随着病情的发展出现躁狂或轻躁狂发作时，需要改变诊断为双相障碍。与抑郁障碍相比，双相障碍患者的抑郁存在以下特征：发作频繁，急性起病或快速缓解；首发年龄小（通常小于 20 岁）；具有情感波动性；伴精神病性症状；非典型症状；激越；自伤；共病；双相障碍家族史等。

（2）注意缺陷多动障碍（ADHD）：ADHD 和双相障碍均可表现出注意力不集中和活动过多，且 ADHD 患者情绪波动性大，易兴奋，易发脾气，故需要注意鉴别。ADHD 为神经发育性疾病，起病年龄小，存在注意力障碍和/或冲动多动的核心症状；双相障碍为发作-缓解病程，核心症状群为情感症状，在情感症状缓解后，注意力不集中和活动过多均随之缓解。

【治疗】

双相障碍的治疗原则是：综合治疗，全病程治疗，全面治疗，提高患者依从性，家属和患者共同参与治疗。

全病程治疗分为急性期、巩固期和维持期 3 个主要阶段。急性期治疗需充分评估与量化监测、采用综合治疗控制症状与缩短病程，一般治疗时间为 6~8 周。巩固期的治疗目标是防止症状复燃，促进功能恢复；巩固治疗时间至少为，抑郁发作 4~6 个月，躁狂或混合发作 2~3 个月。维持期的主要目的是减少残留症状，提高患者的依从性，预防复发。

（一）药物治疗

1. 药物治疗原则　双相障碍的药物治疗以心境稳定剂为主，儿童和青少年患者应遵循低剂量起

NOTES

始、缓慢加量的原则。

（1）双相障碍Ⅰ型的治疗。抑郁发作急性期药物治疗：首选喹硫平、奥氮平。躁狂发作急性期药物治疗：单药治疗首选锂盐、丙戊酸盐、非典型抗精神病药物（如奥氮平、利培酮、喹硫平、阿立哌唑、齐拉西酮、帕利哌酮）、典型抗精神病药物（氯丙嗪、氟哌啶醇）；合并用药首选在锂盐/丙戊酸盐的基础上合用奥氮平、利培酮、喹硫平、阿立哌唑。双相障碍Ⅰ型巩固期/维持期治疗：单药治疗首选锂盐、拉莫三嗪、丙戊酸盐、奥氮平、喹硫平、阿立哌唑、齐拉西酮；合并用药首选锂盐/丙戊酸盐+喹硫平/奥氮平。大多数患有双相Ⅰ型障碍的青少年需要持续的药物治疗来预防复发，有些甚至需要终身治疗。

（2）双相障碍Ⅱ型的治疗。抑郁发作急性期药物治疗：首选喹硫平。躁狂发作急性期药物治疗方案同双相障碍Ⅰ型。双相障碍Ⅱ型巩固期/维持期治疗：首选单药治疗，药物推荐锂盐、拉莫三嗪、喹硫平。

2. 常用药物

（1）锂盐被批准用于12岁以上患者的急性期和维持期治疗。急性躁狂发作时碳酸锂的治疗剂量一般为1 000~2 000mg/d，一般从小剂量开始，逐渐加至治疗剂量。维持剂量为500~750mg/d。碳酸锂的疗效和不良反应与血药浓度密切相关。急性期有效血药浓度为0.6~1.2mmol/L，维持期血药浓度为0.4~0.8mmol/L。碳酸锂的有效治疗浓度和中毒浓度（血锂浓度超过1.2mmol/L）很接近，因此服用碳酸锂期间务必定期监测血锂浓度，血锂浓度上限不宜超过1.4mmol/L。

（2）抗癫痫药物：目前临床上主要使用丙戊酸盐和卡马西平。这两种药物对儿童和青少年的躁狂发作/混合发作的有效率分别是53%和38%，两种心境稳定剂的合并治疗对青少年的躁狂/轻躁狂也有效。丙戊酸盐起始剂量为500mg/d，儿童治疗剂量为30mg/kg。12岁以上的患者卡马西平起始剂量为200~600mg/d，最高剂量为1 000mg/d。

（3）抗精神病药物：典型抗精神病药物可使用氯丙嗪和氟哌啶醇。氯丙嗪的治疗剂量为300~600mg/d，氟哌啶醇的治疗剂量为5~20mg/d。目前临床常使用非典型抗精神病药物：利培酮治疗剂量为2~6mg/d，帕利哌酮3~12mg/d，奥氮平10~20mg/d，齐拉西酮80~160mg/d，阿立哌唑10~30mg/d，喹硫平300~750mg/d。

（4）抗抑郁药物：有研究显示，使用抗抑郁药物后58%的青少年双相障碍患者出现了躁狂症状，因此抗抑郁药物的使用应谨慎。需遵循以下原则：抗抑郁药物不适用于快速循环发作、混合发作或有严重躁狂发作的患者；双相抑郁共病ADHD时可使用抗抑郁药物治疗；急性抑郁发作且抑郁症状严重时可使用抗抑郁药物，推荐短期使用选择性5-羟色胺再摄取抑制剂（帕罗西汀除外）和安非他酮与心境稳定剂合并治疗；急性期已经使用抗抑郁药物者，进入巩固/维持阶段建议逐步减量；文拉法辛和三环类抗抑郁药物存在更高的转躁风险，通常不推荐。常用抗抑郁药物剂量范围：氟西汀20~60mg/d，舍曲林50~200mg/d，氟伏沙明100~300mg/d，西酞普兰20~60mg/d，艾司西酞普兰10~20mg/d，安非他酮300~450mg/d。

（二）心理治疗

双相障碍会影响儿童和青少年的学业、社会、家庭功能的发展，因此需要结合药物和心理治疗在一起的综合治疗。心理治疗能提高患者的药物治疗依从性，减少复发，也有助于患者及其家庭应对不断发展的同伴关系、学业要求和心理健康需求。在最初制订治疗计划时，需要药物与心理治疗干预相结合的全面的治疗计划来控制症状和存在的社会心理因素。那些伴有明显的情绪和行为失调的青少年患者，可能需要密集的行为干预和父母干预。情感症状稳定之后，先前存在的行为障碍、物质滥用障碍、学习问题和混杂的心理社会问题也可能需要针对性的心理干预。主要的心理治疗方法如下。

（1）心理教育治疗：给患者及家属提供关于疾病遗传特征、症状、病程、治疗方案、疾病对患者心理社会功能和家庭功能的影响等相关信息。

（2）个体心理治疗：以认知行为治疗及人际关系治疗为基础，提供心理发展支持、技能培养，密切监测症状和治疗进程。

(3) 以家庭为中心的治疗:使用心理教育、情感调节和人际功能策略,强调治疗依从性和积极的家庭关系,提高解决问题的能力和沟通技巧。

(4) 人际和社会节律治疗:专注于减轻压力,通过稳定社交和规律睡眠习惯来改善情绪易感性。

(三) 其他

对药物治疗无效,或不能耐受药物治疗的双相障碍Ⅰ型青少年患者,可使用电休克(ECT)治疗。

【预后】

双相障碍是一种严重的慢性疾病,许多双相障碍患者会经历较多的复发阶段,约40%的患者在1年内复发,约73%的患者在5年内复发。双相障碍患者终生心境发作平均9次,每2年左右发作1次。除复发外,自杀使双相障碍成为了另一个十分严峻的问题,双相障碍患者的自杀风险是普通人群的10倍。此外,不少患者在缓解期依然有心境症状、睡眠紊乱、认知损害等残留症状,不仅损害患者的正常功能,增加了复发的风险,又反过来加速疾病的进展。

【预防】

双相障碍是一种慢性、复发性、进展性精神疾病,部分患者可以发展为精神衰退,需要实施三级预防。一级预防需改善家庭关系,营造健康的早期依恋关系,保护孩子免受童年期创伤。二级预防要加强人员培训,做到早发现、早诊断、早治疗。三级预防主要预防并发症,减少精神残疾,促进功能恢复。

第八节 儿童和青少年精神分裂症

精神分裂症(schizophrenia)是一组病因未明的严重精神疾病,主要表现有感知觉、思维、情感和行为等方面的障碍,一般无意识及智能障碍;多起病于青壮年。临床上将起病于儿童和青少年期的精神分裂症称为早发性精神分裂症(early-onset schizophrenia,EOS),13岁之前起病的称为儿童期精神分裂症(childhood-onset schizophrenia,COS),也叫超早发精神分裂症(very early-onset schizophrenia,VEOS)。2021年的“中国儿童青少年精神障碍流行病学调查”结果显示,精神病性障碍的患病率低于0.1%。13岁之前发病较为少见,美国国立心理健康研究所的队列研究报道COS的发病率低于0.04%。在青春期,随着年龄的增长,患病率逐渐增加,男孩比女孩略多见,男女比例约为1.4∶1。

【病因和发病危险因素】

目前精神分裂症的病因及发病机制尚未明确。多数学者认为,精神分裂症发病与遗传因素、神经发育不良及大脑结构功能异常、神经生化方面的异常、子宫内感染与产伤以及社会心理因素等多因素相关。

1. 遗传 研究表明,精神分裂症患者的一级亲属患此病的终生风险是普通人群的5~20倍,而儿童和青少年精神分裂症的精神异常家族史可能高于成人起病患者。国外有研究发现50%早发性精神分裂症患者的一级亲属患有精神病。目前认为精神分裂症是多基因遗传疾病,其遗传度为70%~85%。

2. 神经发育 目前的研究认为,精神分裂症是神经发育障碍的大脑疾病,可能在脑内神经元及神经通路发育和成熟过程中出现紊乱而导致发病,如研究发现早发性精神分裂症患者的灰质体积显著减少,更容易出现智能发育不全、孤独症谱系障碍等神经发育相关性障碍,以及早期语言、社交、运动等发育的异常。

3. 神经生化 精神分裂症的发生可能与神经递质有关,目前有多巴胺假说、谷氨酸假说、5-羟色胺假说等。其中影响最大的是多巴胺假说,认为精神分裂症是中枢多巴胺功能活跃亢进所致。谷氨酸假说认为存在脑内谷氨酸功能不足。5-羟色胺假说认为5-羟色胺功能过度是精神分裂症阳性和阴性症状产生的原因之一。

4. 环境因素 许多环境因素被认为与精神分裂症的发生有关,如孕早期营养不良、孕期感染、产科并发症、父亲年龄过大等。相较于青少年期及之后起病的精神分裂症,家庭环境等社会心理因素与儿童精神分裂症有更高的关联性，如母婴分离、童年创伤等。

【临床表现】

儿童和青少年精神分裂症临床主要表现为感知觉、思维、情感、意志行为的紊乱，与现实环境不协调。由于儿童与青少年存在认知发展的差异，临床特征也有不同，年龄越大，越接近于成人的症状表现。

1. 感知觉障碍

（1）幻觉：儿童较常发生幻觉，但需要与病理性精神病性症状进行区别，例如，5~12 岁的儿童中有 28%~65% 报告说他们遇到了假想的朋友。同样，与从清醒到睡眠或从睡眠到清醒的过渡期相关的幻觉在儿童时期也很常见，并随着年龄的增长而减少。

缺乏环境刺激、内容怪异的幻觉是精神分裂症核心症状特征之一。儿童精神分裂症患者多表现为形象生动的听幻觉、视幻觉，内容与他们的想象世界密切相关，如有的患者会看到动画片中的人物在眼前，听到动画片里的人物与自己说话，也有的孩子会听到小动物与自己对话，但此时需要综合判断患者的现实检验能力、思维的逻辑性等，以区别儿童期的想象与精神病性症状。青少年精神分裂症的幻觉逐渐接近成人的表现，如听到同学们在议论他/她，评论他/她的举手投足，还有的青少年女性患者会觉得自己怀孕了，肚子里有胎儿在动等。他们无法将这些幻觉与现实环境区分，认为就是现实存在，并无法被说服。

（2）感知综合障碍：是指患者对客观事物的整体属性能够正确感知，但对某些个别属性，如大小、形状、颜色、距离、空间位置等产生错误感知。例如，有些患者看到镜子里的自己体型有了变化，左、右耳朵不一样大，或者鼻子变大了，也有的患者看到桌上的杯子在移动，他们不会认为这个是自己的感觉异常问题，而是坚信不疑。

2. 思维障碍 也是精神分裂症核心症状特征之一，包括思维形式障碍、思维内容障碍、思维逻辑障碍、思维属性障碍等。

（1）思维联想障碍：指思维的连贯性障碍，包括思维散漫、思维破裂、思维不连贯。患者思维结构松散，使得听者不明白其要表达的意思，缺乏中心思想，甚至句与句、词与词之间也缺乏连贯性。小年龄的儿童因为言语发展的限制，所使用的词汇受限，有时不能完全表达自己的意思，但需要根据患者的言语发育特点，判断患者思维的目的性、连贯性有无存在异常。

（2）思维内容障碍：主要表现为妄想症状，即思维的内容与客观事实不符，缺乏现实基础，不能用摆事实、讲道理的方式改变，也不符合患者的文化背景，患者坚信不疑，难以动摇，如被害妄想、被跟踪感、被监视感、被洞悉感、被控制感等。儿童精神分裂症的妄想症状常常表现恐怖性，也常常与该年龄段认知发育与生活内容（如幻想）有关，被害妄想的对象常常会是妖魔鬼怪等想象性内容，他们会认为妖怪要来抓他/她；而青少年精神分裂症的妄想症状主要表现为环境中的人对自己不善，如觉得老师监视他/她，同学害他/她等。儿童精神分裂症患者的妄想症状发生率低于青少年精神分裂症。

（3）思维过程障碍：可表现为思维突然中断。患者在说话时、玩耍时突然停下来，联想突然受到抑制，片刻后改为新的话题。对于儿童患者可表现为玩耍时突然停下来，不能继续原来的游戏，或者游戏缺乏连贯性。青少年患者会表达“思想突然没有了”“脑袋里突然一片空白”。

（4）思维属性障碍：包括思维被插入、思维被抽去等。如有患者有思维被插入，称脑袋里被植入了芯片，很多想法被这个芯片窃取，而这个芯片又会往自己大脑里发送指令，要求医生给他/她进行脑外科手术，取出芯片。

3. 情感障碍 精神分裂症的情感障碍主要表现在情感淡漠，情感不协调。如有些患者称全校的老师和同学们都在监视他/她，要害他/她，但表情平淡，沉浸在自我世界中，甚至时而奇怪地自笑，也不回答在笑什么。儿童精神分裂症患者有时会表现为退缩，淡漠的样子，整日呆坐，缺乏环境协调性情感反应与变化。

4. 意志与行为障碍 可表现为意志减弱、缺乏，矛盾意向等。有些患者生活主动性减退，如表现生活懒散，无洗脸、刷牙、洗澡、梳头等的意愿，对环境中的发生的事无动于衷，没有主动要求。

【辅助检查与评估】

目前尚无特异性的实验室检查与评估手段用于儿童和青少年精神分裂症，但应进行必要的实验室检查和辅助检查。实验室检查包括血常规、尿常规、肝功能、肾功能、电解质、血糖、甲状腺功能等。辅助检查包括心电图、脑电图、胸部摄片、头颅 CT 或 MRI 等，以便排除可能引起精神分裂症样症状的其他器质性疾病。

【诊断和鉴别诊断】

1. 诊断 目前儿童和青少年精神分裂症的诊断标准参照成人精神分裂症诊断标准，应结合病史、临床症状、病程特征、功能损害以及体格检查和实验室检查，以及详细的精神检查来做出诊断。在进行精神检查时，需要确认儿童理解了谈话内容，必要时借助图片、游戏、符号等来进行交流。可用来参考的诊断标准包括世界卫生组织出版的 ICD-11《精神、行为或神经发育障碍》(2022 年)和美国精神病学会出版的 DSM-5(2013 年)。

DSM-5 的诊断标准中的症状学诊断标准包括：妄想、幻觉、言语紊乱、明显紊乱的或紧张的行为、以及阴性症状(情绪表达减少或动力缺乏)。需要存在：2 项或更多上述症状，每一项症状均在 1 个月中相当显著的一段时间里存在，其中必须包括妄想、幻觉或言语紊乱；一个或多个重要方面的功能水平(如工作、学习等)显著受损。精神分裂症大多为持续性病程，DSM-5 诊断标准要求这种障碍的体征至少持续 6 个月。此 6 个月应包括至少 1 个月符合症状标准。这些症状不是另一种健康状况(如脑瘤)的表现，也不是由某种物质或药物对中枢神经系统(如皮质类固醇)的影响，包括戒断(如戒酒)。

2. 鉴别诊断

(1) 孤独症谱系障碍：儿童精神分裂症与孤独症谱系障碍的主要区别在于是否有正常的发育期。孤独症谱系障碍的发病发生在发育期，其特点是持续缺乏启动和维持社会互动与社会沟通能力，以及一系列限制性、重复性和不灵活的行为、兴趣或活动模式，对个人的年龄和社会文化背景而言明显不典型或过度。而精神分裂症患者常常有正常的发育期，并以出现幻觉、妄想等精神病性症状为主要表现。

(2) 注意缺陷多动障碍：儿童和青少年精神分裂症患者也可出现注意力不集中、多动、冲动的特点，但其核心症状以幻觉、妄想为主，注意力不能集中，行为管理困难与核心症状有关。但也有一些患者在某阶段表现出幻觉、妄想等精神病性症状，此时如果符合精神分裂症的诊断标准，可诊断为共病。

(3) 伴有精神病性症状的重度抑郁发作：该诊断的核心为情绪低落，在情绪低落的基础上出现精神病性症状。抑郁发作的精神病性症状常常与所处环境及心境相关，如学业压力大、社交困难、自我评价低等状态下出现的妄想症状。而精神分裂症的情感症状多表现为继发于精神病性症状，或情感不协调，且其精神病性症状常常缺乏现实基础，不切实际。

(4) 分离性焦虑障碍：特点是对与特定依恋人物分离的明显和过度的恐惧或焦虑，这种恐惧或焦虑超出了被认为是发育正常的程度。而精神分裂症主要表现为幻觉妄想症状相关、对象泛化的不安全感等，且表现有不协调的特点。

(5) 癫痫：表现为精神运动性发作时，也会出现幻觉症状，多数在癫痫发作前会出现，幻觉内容往往比较简单，如脑海里或眼前出现一些几何图形等，但通常存在发作性意识障碍、肌肉抽搐、脑电图改变等癫痫特征。

【治疗】

儿童和青少年精神分裂症的治疗原则是：小剂量抗精神病药物起始，足量、足疗程的综合治疗方案。

1. 抗精神病药物治疗 根据我国《精神分裂症防治指南》(第 2 版)，优先采用口服一种非典型抗精神病药，如利培酮、帕利哌酮、奥氮平、喹硫平等，其次可考虑使用一种典型抗精神病药物，如氯丙嗪、氟哌啶醇、奋乃静或舒必利治疗。在对儿童和青少年使用抗精神病药治疗时，需要兼顾药物的安

NOTES

全性与疗效，通常由监护人与医生共同决定治疗方案。在患者精神状态允许的情况下，若有利于治疗，应尽量在其知晓情况下决定治疗方案。由于受到新药引进与研发等条件影响，目前我国国家药品监督管理局已批准用于治疗儿童和青少年精神分裂症的抗精神病药物主要有：利培酮（13~17岁）、帕利哌酮（12~17岁）、氟哌啶醇（13~17岁）；美国FDA批准用于治疗儿童和青少年精神分裂症的抗精神病药物还包括：喹硫平（≥13岁）、阿立哌唑（13~17岁）、奥氮平（13~17岁）。其他抗精神病药物对儿童和青少年（包括12岁以下）患者的使用建议参考各国治疗指南与循证研究文献。

使用方法：利培酮常用剂量为0.5mg/d起始，3mg/d为推荐剂量。阿立哌唑起始剂量为2.5mg/d，可根据病情需要逐渐增加至10mg/d，最大剂量30mg/d。奥氮平起始剂量为2.5mg/d，推荐剂量为5~10mg，最大剂量为20mg/d。喹硫平12.5mg/d为起始剂量，逐渐增加至200~400mg/d，日最大剂量为800mg。帕利哌酮常用剂量为3mg/d起始，每天早晨或晚上单次给药，逐渐增加到6~9mg/d。

抗精神病药物常见不良反应：体重增加，催乳素升高，代谢紊乱，锥体外系副作用，心血管副作用，粒细胞减少，抽搐或脑电图异常，肝毒性，恶性综合征等。在治疗中需要定期随访，监测疗效、不良反应，定期监测实验室指标，除此之外，还要关注药物对患者学业状态的影响。

根据我国的防治指南，对于儿童和青少年患者，在抗精神病药治疗过程中，建议监测患者的身高、体重、腰围和臀围以及生命体征、血糖、血脂的指标。

2. 心理干预 儿童和青少年精神分裂症的心理治疗包括对患者与家庭提供治疗康复相关的疾病发生发展以及干预知识的心理教育、心理社会支持，针对患者康复期回归学校、家庭、社会的社交技巧训练等，以及针对家庭负性情绪表达环境的家庭治疗等。心理干预的对象包括监护人及患者本身，也包括学校教育工作者，使他们了解患者的困难，帮助患者适应学校与家庭生活，维持社会功能，同时明确药物治疗需要良好的服药依从性，保证药物疗效，并对不良反应及时处理。另外，及时的心理干预也能减少病耻感，提高社会功能康复。

【预后】

儿童和青少年精神分裂症的预后受生理-心理-社会多因素的影响。研究表明，隐匿的前驱症状会影响早期诊断，耽误治疗时间。急性期症状若以显著的阳性症状为主，对治疗反应良好，有较好的治疗依从性和充分的支持系统，病前较少的社会功能影响，早期无明显的神经发育异常，都能使患者得到较好的预后。但儿童和青少年精神分裂症仍有较高的复发率。儿童和青少年精神分裂症经过恰当诊治，14%~25%获得缓解，50%~74%有持续功能损害，而复发率为80%~90%。因此，早期识别、综合干预与康复随访治疗非常重要。

第九节 儿童和青少年创伤后应激障碍

创伤后应激障碍（post-traumatic stress disorder，PTSD）是指个体经历、目睹或遭遇到一个或多个涉及自身或他人的死亡或相关威胁、严重受伤或躯体完整性受到威胁，所导致个体持续出现闯入性再体验、回避、警觉性增高等一系列症状的一类精神障碍。不同年龄、心理发展水平的儿童对创伤的反应阈值不同，大多数人在创伤后立即出现症状，只有30%左右的人会在1个月后出现延迟反应。2012年在中国开展的首项全国性18岁以上成人心理健康调查报告称，PTSD终生和12个月的患病率分别为0.4%和0.2%。在汶川地震幸存者中，创伤后应激障碍的估计患病率在地震后1年内从9.4%到86.2%不等。我国目前还没有相关研究报道社区中儿童及青少年PTSD患病率的流行病学资料。不同灾害及其他创伤性事件中暴露的儿童PTSD患病率具有很大的变异，例如：遭遇交通意外的儿童PTSD患病率达到了20%；经历过从高处摔下的住院儿童的PTSD患病率为10%~12%。

【病因和病理生理】

创伤后应激障碍发病是环境中的精神创伤性事件与个体的易感素质相互作用的结果。精神创伤性事件是PTSD发生的必备条件。常见的儿童创伤性事件可能包括虐待，来自家庭、社区或学校的暴

NOTES

力，灾难，车祸或其他事故，医疗创伤，战争、恐怖主义，难民创伤，重要他人的死亡，或其他令人震惊、意想不到或恐怖的亲身或目睹经历。对儿童而言一些小的应激事件也有可能引起PTSD，这与儿童对应激事件的感知觉水平及他们的应对能力有关。儿童在创伤暴露后发展成PTSD的风险因素包括女性、既往创伤经历、患有精神障碍（尤其是焦虑障碍）、父母患精神障碍、多重创伤以及缺乏社会支持。儿童在创伤发生后立即出现惊恐症状也预测将来PTSD发生的可能。有研究表明，儿童对创伤暴露的心理反应在一定程度上受遗传因素的影响。在病理机制方面，PTSD患者存在脑神经影响、脑电生理、神经内分泌的改变。比如应激相关的神经内分泌反应主要与交感-肾上腺髓质系统、下丘脑-垂体-肾上腺轴变化及其他神经递质分泌（比如谷氨酸、色氨酸、5-羟色胺、氢化可的松等）变化有关。杏仁核和海马对于情绪、记忆具有重要作用，其功能失调与PTSD密切相关。在事件相关电位的研究中发现，PTSD患者P3b波幅增高，反映了面对创伤线索的焦虑增加、警觉性增高；同时存在P3a波幅增高，提示PTSD患者偏向注意创伤相关刺激。

【临床表现】

PTSD症状主要分为三个症状群。

1. 闯入性再体验　反复侵入性回忆、噩梦、其他重温创伤的感觉。幼儿可能会反复进行创伤主题的游戏，对于儿童来说可能会做没有创伤内容的噩梦，接触到创伤相关的地点、人物、情景会引起强烈的心理或生理痛苦。

2. 回避或情感麻木　回避谈论创伤事件或相关内容，甚至无法回忆起和创伤有关的一些细节；对以前的爱好失去兴趣，疏远他人；情感麻木，对周围的环境刺激普遍反应迟钝；对未来感到没有希望，担心会过早死去。

3. 警觉性增高　出现入睡困难，易惊醒，激惹性增高，注意力不集中，过度警觉，惊吓反应增加。

对于青春期前的孩子来讲，"回避或情感麻木"这部分症状较难表达，家长可能也不易察觉。其他不同年龄段儿童临床表现的不同特点包括：学龄前儿童可能会表现急躁、呆滞、睡眠失调、出现新的恐惧（比如怕黑、不敢自己上厕所、黏照顾者）、发育退行；学龄儿童可能会表现为拒绝上学、攻击行为或对立行为、同伴交往退缩、注意力下降、成绩下降、胃痛、头痛、害怕睡觉、黏人；前青少年期和青少年期可能会表现为自伤、自杀想法，冲动、成瘾等问题行为，分离症状，丧失现实感。

ICD-11诊断条目中还包含"复杂性创伤后应激障碍"，是指一种在暴露于一个或一系列具有极端威胁性或恐怖性质的事件后可能出现的障碍，最常见的是难以或不可能逃脱的长时间或重复性事件（例如酷刑、奴隶、种族灭绝运动、长期家庭暴力、反复的童年性虐待或身体虐待）。其特点是出现严重和持久的情绪调节问题；认为自己被削弱、挫败或无价值感，并伴有与创伤事件有关的羞耻感、内疚感或失败感；难以维持关系和感觉与他人亲近困难。患者个人、家庭、社会、教育、职业或其他重要功能领域受到严重损害。

【辅助检查】

最常用的诊断量表是创伤后应激障碍临床医师评定量表（Clinician-administered PTSD Scale，CAPS）。创伤后应激障碍临床医师评定量表（CAPS）-儿童青少年版用于7岁以上的儿童及青少年，使用标准化提问方式对PTSD患者进行诊断和严重性评估的结构式访谈。需要由具有PTSD工作知识的临床医生和临床研究人员评估。

【诊断和鉴别诊断】

1. 诊断　创伤后应激障碍的DSM-5诊断标准如下。

（1）接触到实际的或被威胁的死亡，经历严重的创伤或性暴力。

（2）在创伤事件发生后，存在一个或多个与创伤事件有关的侵入性症状，例如以生动的侵入性记忆、闪回或噩梦的形式重新体验创伤事件或当前事件。儿童可能在游戏中重演特定的创伤。

（3）创伤事件后开始持续地回避与创伤事件有关的刺激，例如回避对该事件的想法和记忆，或回避让人联想到该事件的活动、情景或人物。

NOTES

（4）与创伤事件有关的认知和心境方面的负性改变，在创伤事件发生后开始或加重，例如：无法记住创伤事件的某个重要方面；对自己、他人或世界持续性放大的负性信念和预期；持续地不能体验到正性情绪等。

（5）与创伤事件有关的警觉或反应性有显著的改变，例如表现为过度警觉或对意外噪声等刺激的惊吓反应增强。

（6）持续时间超过1个月。

（7）这种障碍引起临床上明显的痛苦，或导致社交、职业或其他重要功能方面的损害。

2. 鉴别诊断　儿童和青少年PTSD需要与以下疾病作鉴别。

（1）注意缺陷与多动障碍（ADHD）：回避和闯入性再体验表现出的症状，如不安、多动、无序和/或激动的活动或玩耍，可能与ADHD混淆；儿童的高觉醒症状，如睡眠困难、注意力不集中和高度警觉的运动活动，也与典型的多动症症状显著重叠。根据闯入性再体验、回避、警觉性增高等核心症状，同时结合在患者症状出现或恶化的时间方面仔细记录创伤暴露史，以区分属于哪种疾病。

（2）对立违抗障碍：有些患PTSD的儿童由于以愤怒和易怒为主，可能表现出一些对立违抗障碍的症状；如果孩子持续暴露于创伤线索（比如施暴者的存在），可能会表现得更加容易混淆，若症状发生在创伤事件后，并且能用PTSD来解释，则不再诊断对立违抗障碍。

（3）焦虑障碍：患有PTSD的孩子暴露在容易回想起创伤经历的环境下会出现显著的焦虑和心理/生理痛苦，并避免谈论创伤，有可能被误诊为另一种焦虑障碍，包括社交焦虑障碍、强迫症、广泛性焦虑障碍或恐惧，原因是对恐惧刺激的回避、暴露于恐惧刺激后的生理和心理亢奋、睡眠问题、过度警觉和惊恐反应增加。如果是原发的焦虑障碍，其症状与特定的创伤性事件缺乏紧密联系。

（4）抑郁发作：PTSD患者由于存在自伤行为、回避、社交退缩、情感麻木、睡眠障碍，也可能与重度抑郁发作混淆。抑郁发作之前可能有，也可能没有创伤性事件，通常抑郁发作不会出现“闯入性再体验”和对特定创伤事件相关刺激线索的“回避”症状。

（5）双相障碍：由于儿童过度警觉的状态和其他焦虑症状与轻躁狂容易混淆，而攻击、对抗行为以及在认知应对方面的适应不良容易被误诊为躁狂发作。首先诊断PTSD需要创伤性事件发生在相关症状之前；如果创伤事件后出现符合PTSD诊断的症状群，同时也完全符合双相障碍的诊断标准，并且二者的病程不完全吻合，那么应该诊断共病；但如果这些症状能够用PTSD更好地解释，就应该排除双相情感障碍的诊断。

【治疗】

从目前的循证医学证据来看，对于儿童和青少年PTSD的治疗以心理治疗为主，暂没有足够证据推荐使用药物进行干预。仅在一线心理治疗不可用、疗效欠佳或存在共病情况时需要考虑使用药物干预。

1. 心理治疗

（1）儿童和青少年暴露于潜在创伤事件后，早期予以提供信息、情感支持，进行实际帮助。

（2）对于前3个月内出现PTSD症状的儿童，建议给予儿童和家庭创伤应激干预。如澳大利亚指南推荐的儿童和家庭创伤应激干预法（child and family traumatic stress intervention，CFTSI），包括总共4次的心理社会干预，侧重于不良的社会/家庭支持和不良的应对技能。CFTSI通过：①增加受影响儿童与照顾者之间关于感受、症状和行为的沟通，以增加照顾者对儿童的支持；②向照顾者和儿童传授特定的行为技巧，增强应对创伤应激反应的能力，这两方面的工作来预防PTSD进展。

（3）对于诊断为PTSD的儿童和青少年，一线心理治疗为创伤聚焦的认知行为治疗（trauma-focused cognitive behavior therapy，TF-CBT）治疗。TF-CBT的大部分循证证据来自7岁及以上的儿童，也有一些来自5~6岁儿童的证据，但证据等级较弱。TF-CBT治疗由Cohen等开发，主要的治疗内容包括“PRACTICE”八个治疗单元，即心理教育与教养技能（psychoeducation and parenting skills）、放松训练（relaxation）、情绪调控训练（affective expression and modulation）、认知应对训练（cognitive

NOTES

coping and processing)、创伤复述与对创伤经验的认知加工(trauma narrative)、创伤线索暴露(in-vivo exposure)、亲子联合治疗(conjoint child-parent sessions)、促进安全与未来发展(enhancing future safety and development)。目的是帮助经历创伤事件的儿童处理创伤记忆,克服非适应性思维和行为,发展有效的应对困难和人际交往技能,从而帮助患者达到创伤后疗愈与成长。

(4)对于TF-CBT治疗欠佳或不可用、不能接受者,可以考虑眼动脱敏与再加工疗法(eye movement desensitization and reprocessing,EMDR)。让儿童想象一个创伤场景,同时让儿童的眼睛追踪治疗师快速移动的手指,然后集中调节其认知和警觉反应。反复多次,直至在移动眼球过程中,产生的正性想法能与害怕的场景联系起来,使警觉性反应逐渐减弱。

2. 药物治疗　目前的循证证据表明,药物治疗并无预防或治疗儿童和青少年的PTSD的明显作用,仅在心理治疗无效或无法适用的情况下,才会考虑采用药物治疗。首选治疗药物为SSRIs类。但需要注意的是,SSRIs可能会导致一些儿童易怒、睡眠不良或注意力不集中,此时SSRIs可能就不是这些孩子的最佳药物。

PTSD患者的治疗还存在一些重要问题。如自杀倾向,无论是否共病抑郁症,PTSD患者自杀未遂率显著高于普通人群,对于存在自杀倾向的患者首选抗抑郁药物治疗。对于共病的患者,在治疗开始之前就应充分评估,以选择恰当的治疗方案。如共病双相障碍的患者在使用抗抑郁药物前已采用心境稳定剂。苯二氮䓬类药物可用于治疗过度警觉、失眠和焦虑,但并无证据支持苯二氮䓬类药物的使用对PTSD病程有改善作用。

【预防】

1. 一级预防　提升社会整体教育水平、心理卫生知识水平;做好各年龄阶段儿童和青少年及家庭危机事件应对教育;对童年期精神障碍及情绪问题进行筛查和干预;营造和谐的社会和家庭氛围,早期良好的社会支持是重要的保护性因素。

2. 二级预防　危机事件发生后1个月左右以学校为主体开展PTSD筛查,及早发现及干预。尽早展开实质性帮助,减少创伤事件后随之而来的不幸生活事件、经济或其他与创伤有关的损失,减少后续反复接触创伤相关的提示物。帮助家庭稳定,给予儿童有力的社会支持。

3. 三级预防　减少、减轻症状,促进功能康复,使患者达到或恢复最佳功能状态。

(程文红　江　帆)

思考题

1. 简述智力障碍、注意缺陷多动障碍、语言障碍、抽动障碍、孤独症谱系障碍的诊断和治疗。
2. 与躯体疾病所致精神疾病患者会诊访谈时所需收集的信息包括哪些方面?
3. 简述品行障碍的鉴别诊断和预防。
4. 简述正常儿童和青少年的担心和恐惧与焦虑障碍的区别。
5. 简述儿童和青少年抑郁障碍的预防和治疗。

14章

扫码获取
数字内容

第十四章
内分泌疾病

1. 生长激素缺乏症的临床表现、诊断要点和鉴别诊断思路。
2. 先天性甲状腺功能减退症的临床表现及诊断依据、治疗原则和预防。
3. 甲状腺功能亢进症的临床表现、诊断以及治疗要点。
4. 21羟化酶缺乏症的临床表现、诊断及治疗。
5. 儿童糖尿病的临床表现、诊断和治疗原则。
6. 糖尿病酮症酸中毒的诊断及治疗。

第一节 概 述

内分泌系统的主要功能是促进和协调人体生长、发育、性成熟和生殖等生命过程。内分泌系统与神经系统、免疫系统共同构成了一个调控生物整体功能的系统，使机体保持代谢稳定。随着分子生物学、细胞生物学、生化学、遗传学、免疫学等学科的飞速发展，有关内分泌学的研究已进入到分子生物学的阶段。

一、儿童内分泌系统解剖生理特点

内分泌细胞和神经递质细胞均能合成激素，并且通过弥散方式或者囊泡释放。经典的内分泌（endocrine）是指内分泌腺体释放激素。内分泌激素是由一系列高度分化的内分泌细胞所合成和分泌的化学信使，进入血液后，在一定生理浓度下，作用于靶细胞引起生物学效应，并对机体生理代谢活动起调节作用。经典的内分泌系统（endocrine system）由内分泌腺（垂体、甲状腺、甲状旁腺、肾上腺、性腺和胰岛）组成。非经典内分泌器官（如心血管、肝、胃肠道、皮肤、免疫等组织、器官）亦具有内分泌功能。

激素是一种参与细胞内、外联系的内源性信息分子和调控分子。按化学结构可将激素分为5类：①氨基酸衍生物；②小分子神经肽类；③大分子蛋白质；④以胆固醇为前体合成的类固醇激素；⑤维生素类的衍生物。广义的概念则认为激素不仅能通过传统的内分泌方式起作用，还可通过邻/旁分泌（paracrine）、自分泌（autocrine）、并列分泌（juxtacrine）、腔分泌（solinocrine）、胞内分泌（intracrine）、神经分泌（neurocrine）和神经内分泌（neuroendocrine）等方式发挥作用。而且一种激素还可以几种不同的方式起作用。

儿童内分泌疾病的种类与成人不同，临床特征、发病机制、治疗手段也与成人有较大区别，而且儿童内分泌疾病在不同的年龄阶段各有特点。下丘脑-垂体是机体最重要的内分泌器官，是内分泌系统的中枢，可以分泌多种激素，控制甲状腺、肾上腺、性腺等内分泌器官的活动。在正常生理状态时，各种激素凭借下丘脑-垂体-靶腺轴的各种反馈机制及其细胞间相互的调节作用而处于动态平衡状态，促进细胞的增殖、分化和凋亡，促进器官的成熟和胚胎发育。若下丘脑-垂体功能障碍，则会造成生长激素、促甲状腺素、促肾上腺皮质激素、促性腺激素的分泌失常，从而引起相应症状。任何内分泌激素、受体的结构和功能异常均可造成临床内分泌疾病。

二、内分泌疾病的诊断和治疗

传统的内分泌疾病诊断主要依赖激素测定。近年来各种精确的激素测定法被广泛应用，如放射免疫分析法（RIA）、放射受体分析法（RRA）、酶联免疫吸附法（ELISA）、荧光免疫法（FIA）和化学发光免疫分析法（CLIA）、免疫化学发光法（ICL）、气相色谱-串联质谱法（GC-MS/MS）、液相色谱-串联质谱法（LC-MS/MS）等；建立和完善了一系列具有临床诊断价值的动态试验（如激发试验或抑制试验等）；B超、CT、MRI、SPECT、PET等内分泌腺的影像学检查等快速发展，大大提高了内分泌疾病的临床诊断（尤其对内分泌腺定位诊断）水平；染色体核型分析可诊断多发先天异常、累及一个及以上重要器官/系统、存在多种畸形或智力发育迟缓的疾病。荧光原位杂交（FISH）适用于已知综合征相应染色体缺陷并已有可行探针检测手段的综合征诊断。

临床分子诊断不断深入发展，基因克隆和测序极大地提高了内分泌疾病的诊断水平。DNA分析可找到特异的突变，并需定期更新，与网络资源同步，使某些单基因疾病获得了可靠的诊断，不仅更新了儿科内分泌疾病的临床诊断，而且提出了新的理论和概念。治疗方面，儿童内分泌疾病一旦确诊，多数需要终身替代治疗。随着生物技术的不断改进，除了传统的生长激素、甲状腺激素、糖皮质激素、盐皮质激素替代治疗外，现已生产出多种高纯度激素、细胞因子、生长因子等制剂，以保证患者正常的生长发育。

第二节 垂体疾病

一、生长激素缺乏症

近40年来，我国儿童和青少年生长发育水平持续改善，城乡差距已明显缩小，生长迟缓率显著下降，与社会经济状况的快速发展息息相关。儿童身材矮小症是指身高低于同种族、同年龄、同性别正常健康儿童平均身高的2个标准差（-2SD），或者低于正常儿童生长曲线第3百分位。因腺垂体合成和分泌生长激素部分或完全缺乏，或由生长激素结构异常等所致的生长发育障碍性疾病，称为生长激素缺乏症（growth hormone deficiency，GHD）。

【病理生理和发病机制】

（一）生长激素和下丘脑-生长激素-类胰岛素生长因子（GHRH-GH-IGF-1）轴

1. 生长激素（growth hormone，GH）的分泌和调节 主要受下丘脑分泌的生长激素释放激素（GHRH）和生长抑素（SS）的调控。GH由垂体前叶分泌，一般呈脉冲式释放，夜间深睡眠后的早期分泌最高。GH既促进生长，也对糖、脂、水盐代谢有影响。

2. 类胰岛素样生长因子（insulin like growth factor-1，IGF-1） 肝脏合成的IGF-1在血中与类胰岛素生长因子结合蛋白（IGFBPs）及酸不稳定亚单位结合，输送到外周组织发挥作用。IGF-1的生理作用主要为刺激软骨细胞增殖、分化和胶原的合成。

（二）生长激素缺乏的病因

根据GHRH-GH-IGF-1轴功能缺陷，可分为原发性或继发性GHD，其主要病因如下。

1. 原发性GHD 最为常见，占50%~70%。

（1）遗传：导致生长激素功能缺陷的有关致病基因见表14-2-1。

（2）特发性：常是散发的。

（3）发育异常：垂体发育不良，空泡蝶鞍，视中隔发育异常，视神经发育不良，单门齿脑中线发育不良等。

2. 继发性GHD

（1）肿瘤：影响下丘脑、垂体的肿瘤，如颅咽管瘤、错构瘤等。

表 14-2-1 生长激素功能缺陷的有关致病基因

致病基因	临床诊断疾病
GHRH	生长激素缺乏
GHRHR	单纯性生长激素缺乏
GH-1	单纯性生长激素缺乏
RNPC3	单纯性生长激素缺乏
GH 受体	GH 不敏感综合征(拉龙综合征,Laron syndrome)
IGF-1	GH 不敏感综合征(IGF-1 缺乏症)
IGF-1 受体	GH 不敏感综合征
Pit1(*POUIF1*)	多种垂体激素缺乏
PROP-1	多种垂体激素缺乏

(2)放射性损伤:头颅放疗后。

(3)头部创伤:如产伤、手术损伤、颅底骨折等。

(4)颅内感染或肉芽肿病变。

(5)精神和心理创伤。

(6)继发性 GH 不敏感(营养不良、肝病、高分解代谢状态)。

【临床表现】

原发性 GHD 患者出生时可有难产窒息史或者胎位不正,以臀位、足位产多见。出生时的身长、体重正常,但是生后生长速率减慢,一般在 2~3 岁开始。学龄期身高年增长率不足 5cm,严重者仅 2~3cm,身高在正常均数-2SD 以下。典型的 GHD 通常智力正常,皮下脂肪相对较多,圆脸,幼稚面容,肢体匀称,高音调声音。出牙、换牙延迟及骨龄落后。青春发育大多延缓(与骨龄成熟程度有关),有的甚至没有明显青春期。垂体发育不良者,出现多种垂体功能减退(MPHD),新生儿的临床表现为低血糖、黄疸消退延迟和小阴茎。合并促性腺激素分泌低下者,不出现第二性征。

继发性 GHD 可发生于任何年龄,并伴有原发疾病的相应症状,如颅内占位者则多有头痛、呕吐、视乳头水肿等颅内压增高和视神经受压迫的症状和体征。

【辅助检查】

1. 实验室常规检查　血、尿、便常规检查,肝、肾功能及电解质、钙、磷等检查。

2. 血清 IGF-1、IGFBP3 测定　是检测 GHRH-GH-IGF-1 生长轴的可靠指标。IGF-1 血中浓度稳定,并与 GH 水平成一致关系,但与年龄有关,亦受其他内分泌激素和营养状态、肝功能的影响。

3. 血 GH 测定　新生儿出生的第 1 周,随机测量 GH<7μg/L 可区分健康新生儿和新生儿 GHD。新生儿期后,随机取血检测 GH 无诊断价值。

临床多采用药物激发试验来判断垂体分泌 GH 状况(表 14-2-2)。通常采用至少 2 种作用途径不同的药物进行激发试验才能作为判断的结果。GH 激发试验前需禁食 8 小时以上。两种试验刺激后 GH 峰值<7μg/L,有些地区是<10μg/L,可用来诊断 GHD。

4. 垂体磁共振显像(MRI)　可诊断垂体不发育、发育不良、空蝶鞍、视中隔发育不良等,并且可发现颅内占位。

5. 骨龄　左手腕、掌、指骨正位 X 线片。目前国内外使用最多的方法是 G-P 法(Greulich & Pyle)和 TW3(Tanner-Whitehouse)法。

6. 染色体检查　对矮小女童及伴有畸形者,应做染色体核型分析。

7. 根据临床表现可选择性地检测血甲状腺功能、性激素水平、肾上腺激素水平等,以判断有无甲状腺、性腺激素等缺乏。

NOTES

表 14-2-2 GH 缺乏症诊断常用药物激发试验

药物	方法	机制	取血时间
胰岛素	0.05~0.15IU/kg(4 岁以下儿童:0.05IU/kg;可疑 MPHD 者:0.10IU/kg)静脉注射	α-肾上腺能途径,刺激下丘脑 GHRH 释放	0,30,60,90,120 分钟取血
精氨酸	0.5g/kg 静脉滴注(最大量 30g)30 分钟滴完	通过 α-受体的介导作用,抑制下丘脑生长激素抑制激素的分泌	同上
可乐定	4μg/kg 或 0.15mg/m^2(最大 250μg)口服	α-肾上腺能受体激动剂,刺激下丘脑 GHRH 释放	同上
左旋多巴	10mg/kg 或 0.5g/1.73m^2(最大 500mg)	介导下丘脑神经递质多巴胺能途径的兴奋,刺激下丘脑 GHRH 释放	同上
溴吡斯的明	1mg/kg,顿服	抑制生长抑素	同上

【诊断和鉴别诊断】

(一) 诊断

GHD 患者身高低于同种族、同年龄、同性别正常儿童平均身高 2 个标准差或在第 3 百分位以下,年增长速率在青春期前往往<5cm/年,身材比例匀称、面容幼稚。智力发育正常。骨龄延迟一般可大于 2 年,IGF-1 减低,GH 激发峰值<10μg/L,可伴有其他垂体激素缺乏。

(二) 鉴别诊断

1. 家族性矮小症 有矮小家族史,身高常在第 3 百分位数左右,但其年增长速率大约为 4~5cm,骨龄与年龄相称,智力与性发育均正常,GH 激发峰值>10μg/L。

2. 体质性青春期发育延迟(constitutional delay of growth and puberty,CDGP) 多见于男孩,父母中大多有青春期发育延迟史。出生时无异常,后身高增长缓慢,尤其即将进入青春发育期时生长发育更缓,性发育出现可延迟于正常平均年龄数年,最终身高可正常。

3. 足月小于胎龄儿 母孕期营养或供氧不足、胎盘存在病理性因素、宫内感染、胎儿基因组遗传印迹等因素导致胎儿宫内发育障碍。出生足月,但体重和/或身长低于第 3 百分位新生儿,多数有生后追赶性生长,部分则身材矮小。

4. 染色体异常 典型特纳综合征不难区别,但部分临床表现不甚典型,常仅以生长迟缓为主,应进行染色体核型分析鉴别。

5. 甲状腺功能减退症 由于甲状腺素分泌不足,表现畏寒、倦怠、便秘、活力减退、智力低下、特殊面容等。

6. 骨骼发育异常 如各种骨、软骨发育不良等,都有特殊的体态和外貌,可选择进行骨骼 X 线片及相关基因分析等,以明确诊断。

7. 其他 包括心、肝、肾等慢性疾病,长期营养不良,遗传代谢病(如黏多糖病、糖原贮积症等),以及精神心理压抑等因素导致者,其他特殊的综合征如拉塞尔-西尔弗(Silver-Russell)综合征和努南(Noonan)综合征都应通过对病史、体检资料分析和分子检测以鉴别。

【治疗】

对 GHD 的治疗主要采用注射用人生长激素(rhGH)替代治疗。越早诊断,越早治疗,效果越好。但是对颅内肿瘤术导致的继发性 GHD 患者需慎用,对恶性肿瘤或有潜在肿瘤恶变者及严重糖尿病患者慎用或禁用。

治疗起始剂量大多采用 0.075~0.150U/(kg·d),每晚临睡前皮下注射 1 次。可根据体重和反应性酌情增减剂量。目前已有长效 rhGH,可以每周注射 1 次。

二、中枢性尿崩症

尿崩症（diabetes insipidus，DI）是以排出大量稀释性尿为特征的疾病，主要表现为多尿、烦渴、多饮。多尿的定义是指尿量超过 $3L/(m^2 \cdot d)$。

中枢性尿崩症（central diabetes insipidus，CDI）患者由于抗利尿激素（antidiuretic hormone，ADH）的分泌不足，水分不能重吸收，所以大量排尿，口渴，兴奋口渴中枢，大量饮水，使血浆渗透压基本上能保持在正常渗透压的高限。

【病理生理和发病机制】

ADH 是由下丘脑视上核与室旁核的大神经元细胞合成的 9 肽，因第 8 位氨基酸残基为精氨酸，故命名为精氨酸加压素（arginine vasopressin，AVP）。ADH 以神经分泌颗粒的形式沿轴突向下移行，储存至垂体后叶，并释放入血液循环。ADH 通过肾小管膜和集合管的 V_2 受体对肾脏发挥作用，其主要生理功能是增加肾远曲小管和集合管上皮细胞对水的通透性，促进水的重吸收，使尿量减少，保留水分，使血浆渗透压相对稳定。

【病因】

中枢性尿崩症根据病因不同可分为先天性(包括遗传性)、获得性和特发性。

【临床表现】

中枢性尿崩症可发生于任何年龄，男孩多于女孩。年长儿多突然发病，也可为渐进性。以烦渴、多饮和多尿为主要症状，并表现为较固定的低比重尿。临床症状轻重不一，与患者 AVP 缺乏的程度以及渴觉中枢、渗透压感受器是否受损及饮食内容相关。

婴幼儿可表现为易激惹、生长缓慢、间断发热。烦渴时哭闹不安，但饮水后即可安静。由于喂水不足可发生便秘、体重下降、高钠血症、低热、脱水，甚至惊厥和昏迷。

儿童期多尿或遗尿常是父母最早发现的症状。每日尿量多在 $3L/m^2$ 以上。夜尿增多，晨尿尿色可清淡如水。患者多喜饮冷水，饮水量大致与尿量相等。多饮、多尿可影响患者学习和睡眠，出现少汗、精神不振、食欲缺乏、生长缓慢等症状。

颅内肿瘤引起继发性中枢性尿崩症，可有颅内压增高表现，如头痛、呕吐、视力障碍等。朗格汉斯细胞组织细胞增生症所致尿崩症者可有皮疹、低热、骨质破坏等。

【辅助检查】

1. 尿液检查 尿色清淡，尿比重低，一般为 1.001~1.005，而尿蛋白、尿糖及其他均为阴性。

2. 血生化检查 血电解质、肾功能正常，血浆渗透压多正常或偏高。

3. 肿瘤标记物检查 如甲胎蛋白、癌胚抗原、血或脑脊液绒毛膜促性腺激素（human chorionic gonadotropin，HCG）；颅内生殖细胞瘤患者 HCG 可升高。

4. 影像学检查 通过垂体 MRI 了解下丘脑和垂体的形态，排除颅内肿瘤。T_1WI 上垂体后叶高信号常消失。头颅 X 线片、胸片和长骨片注意有无骨质缺损。

5. 尿崩症特殊试验

（1）禁水试验：用于尿崩症与精神性多饮的鉴别。轻症患者可做过夜禁水试验，重症患者于早晨 8 时开始，试验前先排尿，测体重、尿量、尿比重及尿渗透压，测血钠和血浆渗透压。随后禁水，每小时排尿 1 次，测体重、尿量、尿比重及尿渗透压，若血浆渗透压增加（>295mOsm/kg·H_2O），同时尿渗透压低（<300mOsm/kg·H_2O），或尿比重连续 2 次 ≥1.016，尿渗透压连续 2 次 ≥600mOsm/L，可结束试验。试验结束时采血测血钠及血浆渗透压。试验过程中须严密观察，如果患者排尿甚多，出现烦躁，体重已较原来下降 5%，或血压明显下降，血钠升高，立即停止试验。

完全性尿崩症患者尿量无明显减少，尿比重<1.010，尿渗透压<300mOsm/kg，血浆渗透压>295mOsm/kg；而部分性尿崩症患者尿量可逐渐减少，尿比重 1.010~1.015，血浆渗透压最高值<295mOsm/kg，尿渗透压与血浆渗透压比例为 1.0~1.5；若禁水后尿量减少，尿比重最高达 1.015 以上，

NOTES

尿渗透压明显升高，血渗透压正常，尿渗透压与血渗透压比例大于2，则为精神性多饮。

（2）禁水结合加压素试验：用于中枢性尿崩症与肾性尿崩症的鉴别。可在禁水试验后序贯进行也可次日单独进行。试验前测尿比重和血、尿渗透压，然后皮下注射垂体后叶素5U/m^2（最大量5U），注射后第1小时内每15分钟排尿，测尿量、尿比重及尿渗透压；第2个小时内每30分钟排尿，测尿量、尿比重和尿渗透压；结束时测血钠、血渗透压。中枢性尿崩症者禁饮后，尿渗透压不能显著升高，但在注射加压素后，尿量明显减少，比重达1.015以上，尿渗透压明显升高，大于血浆渗透压2倍；如用加压素后反应不良，尿量及比重、尿渗透压无明显变化，考虑为肾性尿崩症。

6. 血浆AVP测定 目前临床检测困难，检测和肽素（copeptin）有一定价值。

【诊断和鉴别诊断】

中枢性尿崩症的诊断可依据临床烦渴、多饮、多尿，以及血、尿渗透压测定，禁水和加压素试验及血浆AVP定量来进行。临床须与其他具有多尿症状的疾病相鉴别。

1. 高渗性利尿 如糖尿病、肾小管酸中毒等，根据尿比重、尿渗透压、尿pH及其他临床表现即可鉴别。

2. 高钙血症 见于维生素D中毒、甲状旁腺功能亢进症等。

3. 低钾血症 见于原发性醛固酮增多症、巴特综合征等。

4. 继发性肾性多尿 慢性肾炎、慢性肾盂肾炎等病导致慢性肾功能减退时。

5. 肾性尿崩症 是由AVP的V_2受体基因或水通道蛋白2的基因突变所致，AVP不能与肾小管受体结合，或肾小管本身缺陷等所致远端肾小管对AVP的敏感性低下或抵抗而产生尿崩症。

6. 精神性多饮 不存在AVP分泌或作用的缺陷，而是由长期过量摄水所致。过多的液体摄入导致体液增加，血浆渗透压降低，AVP释放减少，随后会出现代偿性的排尿增多。禁水试验中该病患者尿比重、尿渗透压增高。在确诊本病前需对所有可疑患者进行垂体MRI检查。

【治疗】

对尿崩症者应积极寻找病因。肿瘤者应根据肿瘤的性质、部位决定外科手术或放疗方案。精神性多饮者寻找导致多饮多尿的因素，以对症指导治疗。

首选药物是醋酸去氨加压素（DDAVP），一种合成的AVP类似物。口服片剂100μg/片，疗效可维持8~12小时，剂量选择必须个体化，从小剂量每次25μg或50μg开始，每日两至三次。用药期间应注意患者的饮水量，以防止发生低钠血症、水中毒。

三、性早熟

性早熟（precocious puberty）是指女孩7.5岁前，男孩9岁前出现性发育征象。本病女孩较多见，发病率呈逐年增加趋势。

【病理生理和发病机制】

1. 下丘脑-垂体-性腺轴功能 从婴儿期至青春期前阶段，中枢神经系统内在抑制机制和性激素的负反馈作用使下丘脑-垂体-性腺轴（hypothalamic-pituitary-gonadal，HPG axis）保持抑制状态。青春期时，HPG轴重新激活，下丘脑分泌的促性腺激素释放激素（gonadotropin-releasing hormone，GnRH）脉冲式释放，刺激垂体黄体生成素（luteinizing hormone，LH）和卵泡刺激素（follicle-stimulating hormone，FSH）分泌，使性激素水平升高，性征呈现和性器官发育。

2. 青春发育的生理过程 青春发育期是指青春发育开始直至具有生育能力的性成熟序贯过程。青春期开始的年龄：女孩7.5~13岁，男孩9~14岁。女孩从乳房增大到月经初潮平均历时2.0~2.5年。男孩从睾丸增大到出现遗精平均历时3年。

正常青春发育进程可分为5期（Tanner分期法）。男女性征发育分期见图14-2-1和图14-2-2。

3. 性早熟的病因和发病机制 儿童中枢性性早熟与神经内分泌功能密切相关。下丘脑GnRH脉冲频率与幅度增加是人体进入青春发育的重要标志。此外，性早熟的发生还涉及遗传、环境、营养

NOTES

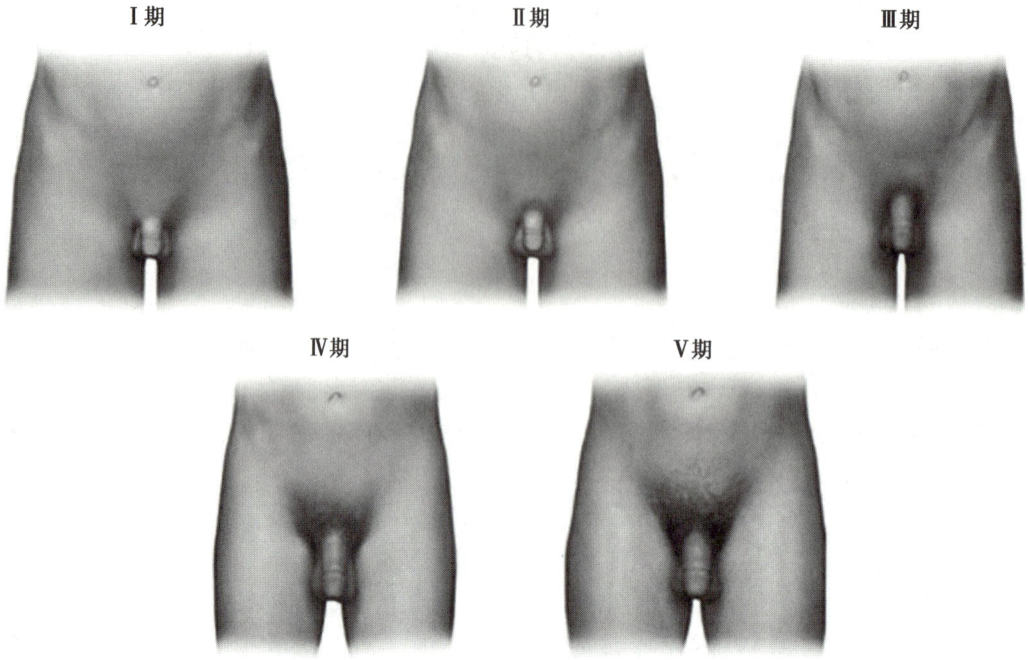

图 14-2-1 男性性征发育分期

Ⅰ期：睾丸 1-3ml，无阴毛；Ⅱ期：睾丸≥4ml，阴毛稀疏；Ⅲ期：睾丸阴茎增大，阴毛颜色变暗、开始卷曲；Ⅳ期：阴囊变黑，龟头发育，阴毛与成人相似，但未延伸至大腿内侧；Ⅴ期：阴茎、阴囊呈成人，阴毛延伸至大腿内侧。

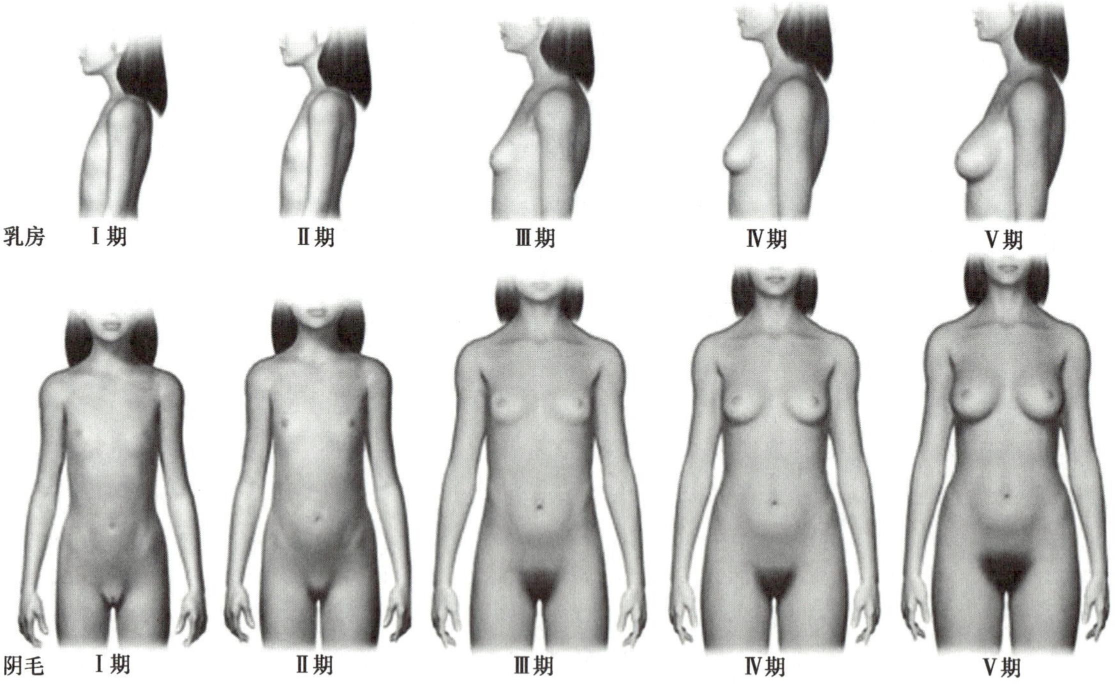

图 14-2-2 女性性征发育分期

Ⅰ期：未发育；Ⅱ期：乳腺萌芽，阴毛稀疏；Ⅲ期：乳房和乳晕增大，阴毛开始卷曲；Ⅳ期：乳房和乳晕突出，形成继发隆起，阴毛与成人相似，但未延伸至大腿内侧；Ⅴ期：乳晕和乳房呈成人，阴毛延伸至大腿内侧。

NOTES

等因素。

根据性早熟的发病机制和病因，可分为中枢性（促性腺激素释放激素依赖性）性早熟（central precocious puberty，CPP）和外周性（非促性腺激素释放激素依赖性）性早熟（peripheral precocious puberty，PPP）以及部分性性早熟。

【临床表现】

CPP的临床特征与正常青春发育程序相似。女孩首先表现为乳房发育，阴毛，外阴改变，腋毛，子宫卵巢增大，月经来潮。男孩首先表现为睾丸增大（容积≥4ml），阴茎增长、增粗，阴毛，腋毛，胡须，变声，遗精。此外，过早发育引起患者生长加速，骨成熟加速，骨骺过早闭合引起成人后身材较矮小。

【辅助检查】

1. 内分泌激素检查 根据临床表现选择测定LH、FSH、雌二醇、睾酮、17-α羟孕酮、甲状腺功能等。CPP患者基础血清LH浓度通常≥0.3U/L。

2. 促性腺激素释放激素（GnRH）激发试验 用于鉴别CPP和PPP。经典激发药物为戈那瑞林，免疫化学发光法测量LH峰值/FSH峰值≥0.6，同时LH峰值≥5.0U/L，考虑性腺轴启动。如激发峰值以FSH升高为主，LH/FSH比值低，考虑单纯乳房早发育或CPP早期，需定期随访。

3. 骨龄测定。

4. B超检查子宫、卵巢及睾丸 卵巢容积1~3ml并可见多个直径≥4mm的卵泡；睾丸容积≥4ml或睾丸长径>2.5cm，均提示青春发育。如怀疑有肿瘤，可进一步做肾上腺或腹部超声。

5. 头颅MRI检查 6岁以下CPP女孩、性成熟过程迅速或有其他中枢病变表现者和所有男孩均应做头颅和/或垂体MRI检查，以排除颅内占位性病变。

【诊断和鉴别诊断】

1. CPP诊断标准 ①第二性征提前出现。以女孩出现乳腺硬结，男孩睾丸体积增大为首发表现。②线性生长加速。年生长速率高于正常儿童。③骨龄超前。骨龄超过实际年龄1岁及以上。④性腺增大。盆腔B超显示女孩子宫、卵巢体积增大，且卵巢内可见多个直径≥4mm的卵泡；男孩睾丸容积≥4ml。⑤下丘脑-垂体-性腺轴功能启动，血清促性腺激素及性激素达青春期水平。

2. 鉴别诊断

（1）单纯性乳房早发育：起病常小于2岁，不伴生长加速和骨龄提前，血清E_2和FSH的基础值常有轻度增高。因小部分患者可演变为CPP，应重视随访。

（2）先天性肾上腺皮质增生症：常见的21羟化酶缺乏表现为女性男性化或男性外周性性早熟，ACTH、17-α羟孕酮升高，皮质醇降低。

（3）麦丘恩-奥尔布赖特（McCune-Albright）综合征：G蛋白α-亚基基因突变，可激活多种内分泌激素受体。患者除性早熟征象外，尚伴有皮肤咖啡色素斑和骨纤维发育不良。

（4）肿瘤：肾上腺肿瘤、性腺肿瘤、鞍区生殖细胞瘤等患者可出现性早熟表现，影像学检查有相应的特点。

【治疗】

CPP治疗根据病因而定，如肿瘤引起者应行手术、化疗或放疗；甲状腺功能减退和先天性肾上腺皮质功能增生症则采用相应的激素替代治疗。治疗目的是延缓性成熟进程，防止骨骺早闭而致成人终身高矮小，避免心理行为问题。促性腺激素释放激素激动剂（gonadotropin-releasing hormone agonist，GnRHa）是目前治疗CPP最有效药物。

四、先天性低促性腺激素性性腺功能减退症

低促性腺激素性性腺功能减退症（hypogonadotropic hypogonadism，HH）是先天遗传性或获得性下丘脑或垂体功能障碍，下丘脑促性腺激素释放激素和垂体促性腺激素分泌不足，继而导致性腺功能减退的一大组疾病。根据是否合并嗅觉异常，先天性低促性腺激素性性腺功能减退症（congenital

NOTES

hypogonadotropic hypogonadism，CHH）分为合并嗅觉缺失或低下的卡尔曼综合征（Kallmann syndrome，KS）及嗅觉正常的先天性低促性腺激素性性腺功能减退症（normosmic congenital hypogonadotropic hypogonadism，nCHH）。

【病理生理和发病机制】

（一）GnRH 神经元的发育和迁移

GnRH 神经元起源于鼻基板，嗅觉感觉神经元及嗅鞘细胞也起源于此。随着鼻基板内陷形成主要嗅觉上皮和犁鼻器，GnRH 神经元从犁鼻器迁出，沿犁鼻器包被的轴突到达前脑，多个基因参与调节 GnRH 神经元的迁移过程。

（二）遗传

CHH 具有遗传异质性，目前报道超过 50 个基因可能与 CHH 发病有关（图 14-2-3）。患者这些基因均可同时影响 GnRH 神经元及嗅觉系统而致病，部分基因可同时引起 KS 和 nCHH。部分基因仅可导致 nCHH，如 *GNRH1*、*GNRHR*、*KISS1*、*KISS1R*、*TAC3*、*TACR3*，部分基因突变 CHH 患者可能发生逆转：*ANOS1*、*FGFR1*、*CHD7*、*HS6ST1*、*PROKR2*、*NSMF*、*GNRHR*、*TAC3*、*TACR3*。

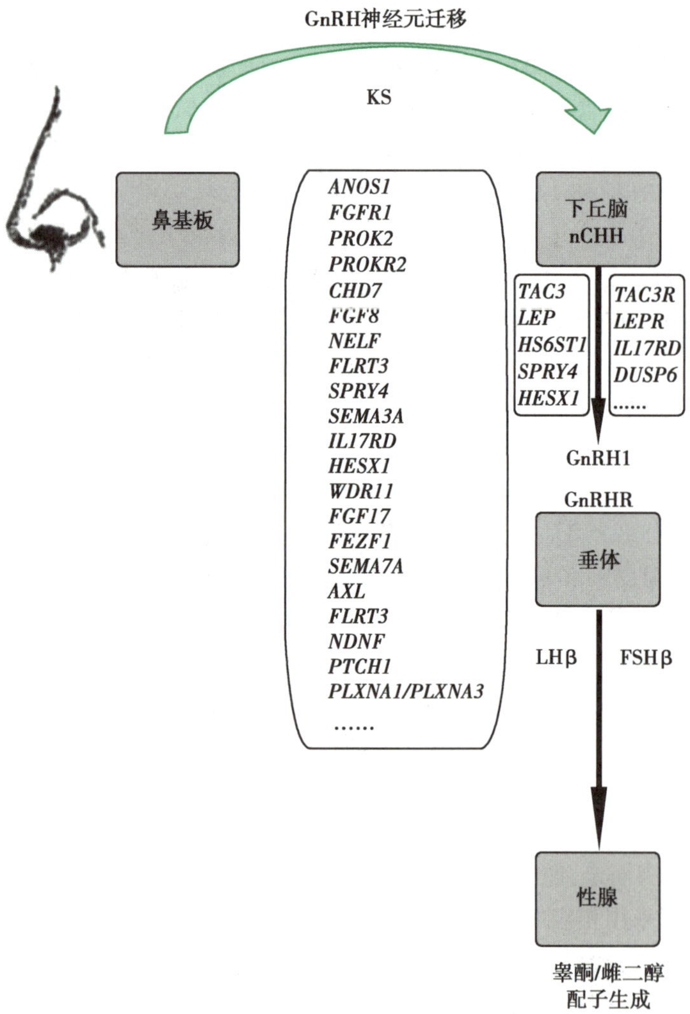

图 14-2-3 参与 CHH 发病的多个基因分布

【临床表现】

CHH 可仅表现为先天性 GnRH 缺乏的相关症状，也可同时合并有其他发育畸形，如唇腭裂、牙齿发育不良、耳畸形、先天性听力受损、肾脏发育不良、短指/趾、并指/趾畸形、超重或肥胖、镜像（连带）

运动等。CHH 具有临床和遗传异质性,呈家族性或散发性发病,其中散发性病例约占 2/3。

新生儿期男婴表现为隐睾和/或小阴茎;青春期患者表现为青春期延迟或青春期进程受到影响,大部分患者表现为缺乏青春期,少部分患者表现为青春期启动后停滞,即部分性青春期。男性 CHH 患者男性化缺乏或男性化程度低,女性患者原发性闭经或无乳房发育。CHH 患者表现为稳定的线性生长,缺乏生长高峰。骨骺闭合延迟,患者通常表现为类阉人体态。成年期患者表现为不育,部分可出现骨质疏松性骨折(图 14-2-4)。

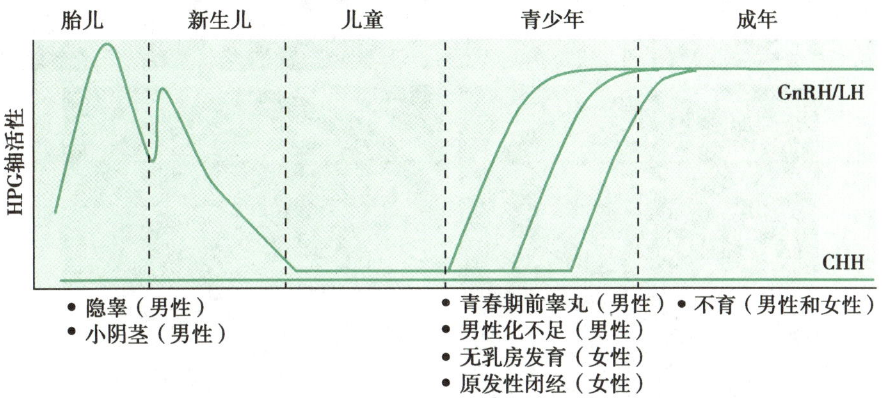

图 14-2-4 不同年龄段 HPG 轴活性及 CHH 患者表型

【辅助检查】

1. 激素检测 LH 和 FSH 低或正常、性激素处于青春期前水平,男性睾酮(T)<100ng/dl,女性雌二醇(E_2)<20pg/ml。

2. 戈那瑞林兴奋试验 一般在骨龄 12 岁以上进行试验,评判垂体激素分泌。

3. MRI 显示嗅球缺失或发育不良,并注意排除下丘脑及垂体的器质性病变如垂体腺瘤(图 14-2-5)。

4. 嗅觉识别测试(UPSIT) 嗅觉缺失或减退。

5. 精液检查 提示无精症、少精症或精子活力异常。

6. 染色体检查 染色体核型正常。

7. 基因检测 二代测序发现致病基因对诊断具有重要意义。

【诊断和鉴别诊断】

(一) 诊断

染色体核型正常,同时存在嗅觉异常和性腺功能减退是诊断 KS 的必备条件。部分患者有家族史。小青春期的男婴有隐睾和/或小阴茎,评估 LH、FSH、性激素及抑制素 B(inhibin B,INHB)水平,无 LH 和 FSH 水平升高是诊断 CHH 最敏感的指标。儿童期男性患者促性腺激素检测不出,需怀疑 CHH 可能。可进一步行尿促性素 HCG/hMG 激发试验评估睾丸莱氏(Leydig)细胞/卵巢颗粒细胞功能,结合 GnRH 激发试验及抗缪勒管激素(anti-Müllerian hormone,AMH)、抑制素 B(INHB)和/或胰岛素样蛋白 3(recombinant insulin like protein 3,INSL3)水平检测综合判断。18 岁后的患者依靠临床表现、MRI 及内分泌学检查予以确诊,可参照成人 CHH 指南。

垂体 MRI 发现嗅球、嗅束和/或嗅沟发育异常,或患者自诉嗅觉缺失或迟钝,应考虑 KS 可能。对于疑诊患者,全外显子基因检测发现 KS 相关致病基因对诊断、预后及遗传咨询具有重要意义。

(二) 鉴别诊断

CHH 应与垂体腺瘤、拉特克(Rathke)囊、脑/垂体放疗、化疗等引起的性腺功能减退、CDGP、合并有性腺轴功能减退的各种遗传性疾病或综合征,如普拉德-威利综合征、*DAX-1* 基因突变、劳伦斯-穆

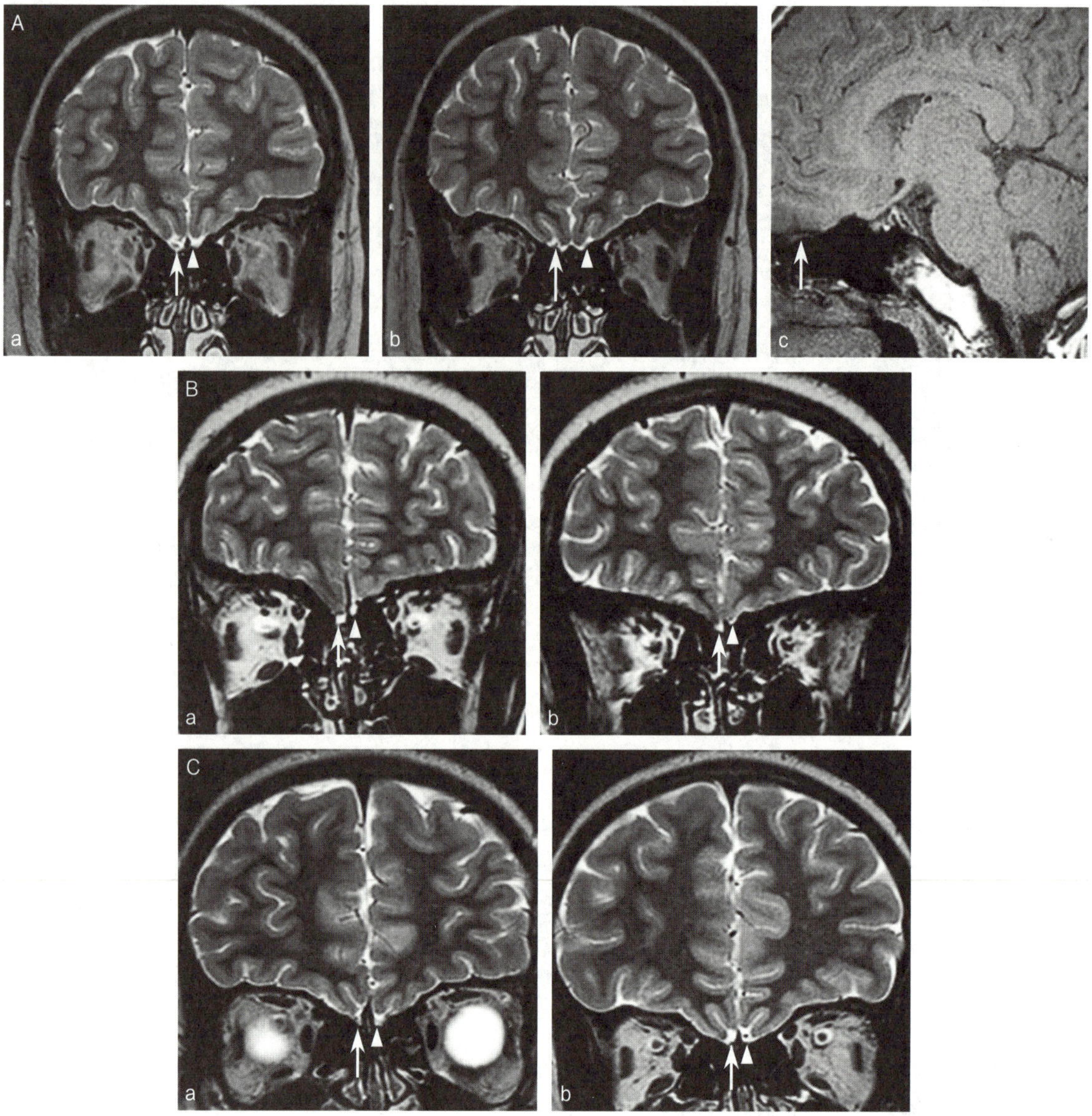

图 14-2-5 MRI 显示嗅球发育情况

A:长箭头示冠状位右侧嗅球 a 及嗅束 b,矢状位右侧嗅球及嗅束 c,短箭头示左侧嗅球未见明确显示,左侧嗅束较对侧细小;B:双侧嗅球及嗅束未见明确显示 a,左侧嗅沟较对侧浅 b;C:双侧嗅球及嗅束未见明确显示 a,双侧嗅沟浅 b。

恩-比德尔(Laurence-Moon-Biedl)综合征等鉴别。

【治疗】

根据目的不同,如仅诱导男性化、女性化或诱导生殖,采用不同的治疗方法。其他症状,如唇腭裂、听力减退或不同程度的骨骼异常者,可能需要早期手术和对症治疗。

1. 婴儿期和儿童期 治疗目的是使睾丸下降和阴茎增长。隐睾,尤其是双侧隐睾者,建议 12 月龄左右进行手术矫正;针对小阴茎者,使用短疗程、低剂量的双氢睾酮或睾酮酯促进阴茎增长。对月龄处于“小青春期”但激素缺乏的小阴茎患者,可应用促性腺激素(HCG 和 HMG)治疗,疗效待进一步研究。

2. 青春期和成人期 治疗目的是诱导男性化或女性化及正常的性功能,促进身高增长、骨骼发育、心理及精神健康等。性激素治疗(男性应用睾酮治疗,女性应用雌二醇及后续雌二醇+孕酮治疗)诱导男性化或女性化,以最大程度减少性幼稚引起的心理创伤。目前对儿科患者也探索使用垂体激素泵、促性腺激素治疗（单用HCG或合用FSH）诱导青春期，促进睾丸的发育，远期效果有待进一步证实。

第三节 甲状腺疾病

一、先天性甲状腺功能减退症

先天性甲状腺功能减退症（congenital hypothyroidism，CH）是由甲状腺激素产生不足或其受体缺陷所致的先天性疾病。如果出生后未及时治疗，将导致生长迟缓和智力低下。中国CH患病率为1/5 327~1/1 347，有区域差异，南高北低。

【病理生理和发病机制】

（一）甲状腺的胚胎发育

甲状腺起源于内胚层，在妊娠第4周，原始咽底部内胚层细胞增生，向下形成甲状舌骨导管，第7周移至颈前正常位置。妊娠18~20周脐血中可测到TSH。

（二）甲状腺激素的合成和分泌

甲状腺激素的合成分为以下几个步骤。

1. 食物中的碘经肠道吸收后以无机碘的形式进入血液，通过甲状腺上皮细胞膜上碘泵浓集，进入细胞内。

2. 无机碘被摄取到甲状腺滤泡上皮细胞内，经过甲状腺过氧化物酶的作用氧化为活性碘，再与酪氨酸结合成单碘酪氨酸（monoiodotyrosine，MIT）和双碘酪氨酸（diiodotyrosine，DIT）。

3. 碘酪氨酸的偶联　两分子DIT缩合成一分子四碘甲状腺原氨酸（又称甲状腺素，T4），MIT、DIT各一分子缩合成一分子三碘甲状腺原氨酸（T3）。T4与T3均是甲状腺激素。

4. 甲状腺激素的分泌、酪氨酸的碘化及T3、T4的合成，均是在甲状腺球蛋白分子上进行的。

甲状腺激素分泌入血后，绝大部分和血浆蛋白质结合，仅极少部分呈游离状态。T3的活性比T4强3~4倍，机体所需的T3约80%是T4经周围组织5′-脱碘酶的作用转化而来。

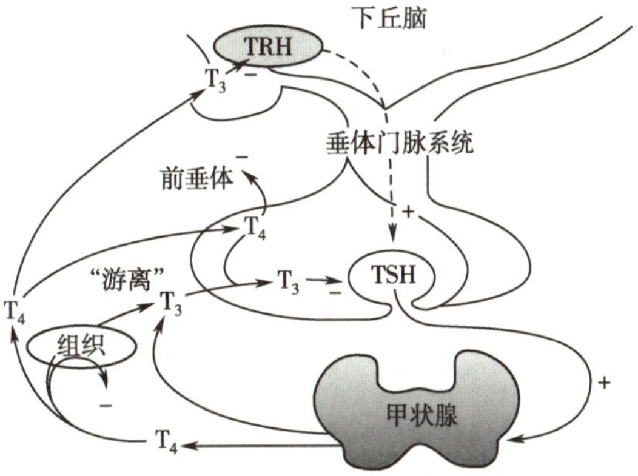

图14-3-1　甲状腺激素的合成和分泌

（三）甲状腺激素的分泌调节

下丘脑促甲状腺激素释放激素（thyrotropin-releasing hormone，TRH）增加垂体前叶分泌促甲状腺激素（thyroid stimulating hormone，TSH），促进甲状腺激素分泌；甲状腺激素对垂体TSH和下丘脑TRH有反馈性抑制作用（图14-3-1）。

（四）甲状腺激素的生理作用

1. 产热作用　刺激物质氧化，促进新陈代谢。

2. 物质代谢　甲状腺激素使糖代谢速率加快，总效应是升高血糖；促进脂肪分解，降低血脂；生理剂量的甲状腺激素增加蛋白质合成，过量甲状腺激素则促进蛋白质分解。

3. 水盐代谢　生理剂量甲状腺激素可利钠排水。甲状腺功能减退时水、钠潴留，导致黏液性水肿。

4. 生长发育　甲状腺激素对中枢神经系统发育必不可少，胚胎晚期和出生早期缺乏会导致永久脑损害，智力减退。甲状腺激素与生长激素一起在促进生长方面具有协同作用。

（五）分类

根据病因，CH按病变部位分为：原发性（病变发生在甲状腺）和继发性或中枢性（垂体、下丘脑病变所致）（表14-3-1）。按疾病转归可分为持续性甲状腺功能减退（需终生替代治疗）及暂时性甲状腺

NOTES

功能减退。

表 14-3-1 先天性甲状腺功能减退的病因学分类

CH 分类	病因
原发性 CH	甲状腺发育异常：甲状腺缺如、发育不良、异位(如 *PAX8*，*TTF2*，*NKX2-1*，*TPO*，*FOXE1* 等基因异常) TSH 抵抗(*TSHR* 基因异常) 甲状腺激素合成分泌缺陷(*SLC5A5*，*SLC26A4*，*DUOX2*，*TG* 等基因异常)；甲状腺激素转运缺陷(*MCT8* 基因异常)；甲状腺激素代谢缺陷(*SECISBP2* 基因异常)；甲状腺激素作用缺陷(*THRA*，*THRB* 基因异常) 母源性抗体：TSH 受体抑制抗体(TRBAb，也称为 TSH 结合抑制免疫球蛋白) 母源性药物治疗：放射性碘、碘化物、丙硫氧嘧啶、甲巯咪唑等药物
继发性 CH	垂体前叶发育相关的转录因子缺陷(*Prop-1*、*PIT-1*、*LHX4* 等基因异常) 促甲状腺激素释放激素(TRH)缺乏症：TRH 受体突变 TSH 缺乏：TSHβ 亚单位突变，联合垂体激素缺乏症 对 TSH 无反应：*Gsa* 基因突变

【临床表现】

先天性甲状腺功能减退症主要临床特征为生长发育落后、智力低下和基础代谢率降低。

1. 新生儿及婴儿甲减 新生儿症状和体征缺乏特异性，大多数较轻微，或者无明显症状和体征，但通过仔细询问病史及体检常可发现可疑线索，如：母亲怀孕时常感到胎动少，过期产；新生儿面部呈臃肿状，皮肤粗糙，生理性黄疸延迟，嗜睡，少哭，吸吮力差，体温低，便秘，前囟较大，后囟未闭，腹胀，脐疝，心率缓慢，心音低钝等。

2. 幼儿和儿童期 多数患者常在出生后数月或 1 岁后因发育落后就诊，此时症状典型，主要表现为智力发育和体格发育异常。

(1)特殊面容：头大，颈短，面部臃肿，眼睑水肿，眼距宽，鼻梁宽平，唇厚、舌大，舌外伸，毛发稀疏，表情淡漠，反应迟钝。

(2)神经系统功能障碍：智力低下，记忆力、注意力均下降。运动发育障碍，常有听力下降。

(3)生长发育迟缓：身材矮小，骨龄发育落后。

(4)心血管系统：脉搏弱，心音低钝，心脏扩大，可伴心包积液。

(5)消化道功能紊乱：腹胀，便秘，大便干燥。

【辅助检查】

1. 甲状腺功能检查 原发性甲状腺功能减退患者 TSH 升高，游离三碘甲腺原氨酸(FT3)、四碘甲状腺原氨酸(FT4)浓度下降；中枢性甲状腺功能减退患者 FT4、FT3 浓度下降，TSH 正常或者下降。

2. 甲状腺超声 了解甲状腺位置及大小。

3. 核素显像(^{99m}Tc，^{123}I) 可判断甲状腺发育情况及摄碘功能。

【诊断和鉴别诊断】

(一)诊断

1. 新生儿筛查 是早期发现 CH 的主要方法。新生儿出生后 72 小时至 7 天内，充分哺乳后，采集足跟血测定 TSH 值。若 TSH 升高(10~20mU/L 为筛查阳性，具体值以筛查实验室和试剂盒切点值为准)，则进行确诊试验，测定血清 TSH 和 FT4；若血 TSH 升高，FT4 降低，诊断为 CH。对早产儿、低出生体重儿应在生后 2~4 周或体重超过 2 500g 时重新采血，复查 TSH 和 FT4 浓度。

2. 儿童 根据病史、典型的临床症状体征和实验室检查，可以确诊。

(二)鉴别诊断

1. 21-三体综合征 患者智能及运动发育均迟缓，有特殊面容：眼距宽、外眼角上斜、鼻梁低、舌外伸，无黏液水肿。可合并甲状腺功能减退，染色体核型可鉴别。

2. 软骨发育不良 主要表现为四肢短，头大，前额凸出，指短、分开，呈三叉手，腹膨隆，臀后翘，X线和基因检查可鉴别。

3. 先天性巨结肠 患者出生后即开始便秘，腹胀，可有脐疝，但无特殊面容，钡灌肠可确诊。

4. 黏多糖贮积症 是一组溶酶体贮积症，患者缺乏溶酶体酶，造成过多黏多糖积聚于组织、器官而致病。丑陋面容，矮小，肝、脾大，智力落后。X线检查可见特征性飘带状肋骨、椎体前部呈楔状。基因或酶学检测可鉴别。

【治疗】

CH应早诊断，早治疗，避免发生终生脑损害。患者的预后与发现的早晚和治疗的依从性有关。新生儿筛查或生后3个月内及时发现并治疗者，可达正常同龄儿的生长和发育水平。生后6个月才开始治疗者或治疗过程中不能规律复诊和及时调整药物治疗剂量者，可发生终身智力损害或身材矮小。

如新生儿筛查TSH>40mU/L，应立即开始治疗；如新生儿筛查异常，确诊试验时（生后第2周）血清TSH浓度>20mU/L，即使FT4正常，也应开始治疗。

治疗首选左旋甲状腺素钠（*L*-T4）。治疗剂量应根据病情，每日1次，口服。严重者起始剂量宜较大，而轻者从小剂量开始。新生儿开始10~15μg/(kg·d)；婴儿5~10μg/(kg·d)；1~5岁：5~6μg/(kg·d)；5~12岁：4~5μg/(kg·d)。目的使FT4在2周内恢复正常，使TSH在治疗4周内达到正常范围。

定期随访，需观察患者的生长曲线、智商、骨龄，以及血清FT4、TSH变化等。第一次临床和生化随访评估应在LT4治疗开始后1~2周。后续评估每2~4周进行1次，直到血清TSH完全正常化后，评估频率可降至1~3个月1次，直至12个月。在12个月至3岁之间，可将评估频率降低至2~4个月1次；此后，每3~6个月进行1次评估。分别于1岁、3岁、6岁进行智力发育评估。

持续性CH患者，应坚持终身治疗。若疑有暂时性甲状腺功能减退者，可在治疗2~3年后减量或停药。停药4周后重新评估甲状腺功能。

二、甲状腺功能亢进症

甲状腺功能亢进症（hyperthyroidism）是由甲状腺持续不适当地合成或分泌过多甲状腺激素所致，常伴有甲状腺肿大、眼球突出及基础代谢率增高等表现，简称甲亢。儿童时期甲亢最常见类型是毒性弥漫性甲状腺肿型甲亢，即格雷夫斯（Graves）病（本节主要讨论内容）。

【病理生理和发病机制】

（一）分类

按照病因和发病部位，甲亢可分为原发性甲亢［属于甲状腺腺体本身病变，包括格雷夫斯病（毒性弥漫性甲状腺肿）、多结节性毒性甲状腺肿、甲状腺自主高功能腺瘤、碘甲亢］和中枢性甲亢（又称垂体性甲亢，由垂体TSH分泌过多所致）。

按照甲亢程度可分为临床甲亢和亚临床甲亢（仅血清TSH降低，甲状腺激素水平正常）。

（二）格雷夫斯病病因及发病机制

格雷夫斯病为自身免疫性疾病，在具有遗传易感的人群（特别是女性）中，环境因素，如吸烟、高碘饮食、应激、感染、妊娠等可促进发病，细胞免疫及体液免疫均参与了发病过程。该病的特征性自身抗体是TSH受体抗体（TSH receptor antibody，TRAb），主要包括甲状腺刺激性抗体（thyroid stimulating antibody，TSAb）和甲状腺抑制性抗体（thyroid stimulating blocking antibody，TSBAb）。TSAb是诱发格雷夫斯病的主要致病抗体，通过激活TSH受体，促进甲状腺合成和分泌过多的甲状腺激素，导致甲亢。

（三）病理

甲状腺呈不同程度肿大，甲状腺组织弥漫性增生，滤泡细胞增多，由立方形变为柱状，血管丰富，淋巴细胞核浆细胞浸润。除甲状腺本身的变化外，胸腺、淋巴结、脾脏、垂体及心脏亦常增大。肝脏常有脂肪变性，骨骼肌有脂肪浸润及退行性变。伴眼球突出者有球后组织水肿及脂肪增加，淋巴细胞浸

NOTES

润，退行性变化及纤维组织增生。有少数病例甲状腺内有结节（包括腺瘤），周围组织常萎缩，称结节性毒性甲状腺肿甲亢。

【临床表现】

儿童甲亢以学龄儿童及青少年多见。女孩发病高于男孩，女比男为5∶1。最早可出现情绪不稳定，常以记忆力差、学习成绩下降为首发症状，但常不被发现，往往因出现双眼突出或甲状腺肿大而就诊。

1. 高代谢综合征　基础代谢率增加（正常值±15），包括乏力、怕热、多汗、皮肤温暖、潮湿、低热、体重下降等。

2. 神经、循环、消化等系统　交感神经兴奋性增加，情绪不稳定，易兴奋、激动，脾气急躁，好动，失眠，多语等；心悸，心率增快，心尖部可闻及收缩期杂音，脉压差大，可有高血压、心脏扩大及心律失常等；食欲增加，易饥饿，大便次数增多。骨质疏松者可伴有骨痛等。可有月经紊乱、闭经及月经过少。

3. 甲状腺肿大　甲状腺呈轻、中度肿大，可随吞咽上下移动。腺体光滑、柔软，有些患者可扪及震颤，可听到血管杂音。

4. 眼征　分非浸润型和浸润型突眼。格雷夫斯病患者一般为轻、中度突眼。睑裂增宽；瞬目减少，常作凝视状；上眼睑挛缩，眼向下看时上眼睑不能随眼球立即下落；集合反射减弱；眼向上看时，前额皮肤不能皱起。可有眼肌麻痹等。

【实验室和影像学检查】

1. 甲状腺功能检查　总T3、总T4、FT3、FT4升高，TSH降低。血总T3、FT3升高而总T4、FT4正常对甲亢早期诊断有意义。

2. 甲状腺抗体测定　抗甲状腺球蛋白抗体（TGAb）、抗甲状腺过氧化物酶抗体（TPOAb）及促甲状腺激素受体抗体（TRAb）均可阳性。格雷夫斯病患者TRAb阳性率达80%~100%，多呈高滴度阳性，对诊断、判断病情活动及评价停药时机有一定意义。而TGAb、TPOAb高滴度阳性常见于桥本甲状腺炎。

3. 甲状腺超声　格雷夫斯病患者甲状腺弥漫性增大，血流信号明显增加，呈“火海征”。多结节性毒性甲状腺肿患者可见多个甲状腺结节。

4. 甲状腺核素显像　甲状腺自主高功能腺瘤提示为热结节，周围萎缩的甲状腺组织仅部分显影或不显影。多结节性毒性甲状腺肿为多发热结节或冷、热结节。

【诊断及鉴别诊断】

甲亢典型病例根据症状、体征和实验室即可诊断，应与下列疾病鉴别。

1. 单纯性甲状腺肿　多发生在青春前期或青春期，临床除甲状腺轻度肿大外，无其他临床表现，甲状腺激素水平正常。

2. 慢性淋巴细胞性甲状腺炎　部分病例在疾病发展过程中可出现一过性甲亢，甲状腺肿大，质地较硬有时出现结节，血T4、T3和TSH水平在疾病不同时期表现不同。但TPOAb、TGAb明显增高是本病的特点。

3. 甲状腺肿物、囊肿　局部可扪及肿块，恶性肿瘤者可有周围淋巴结肿大。甲状腺B超可协助诊断及明确其性质。

4. 心动过速　除外心脏病变后，应排除甲亢的可能性。

5. 其他疾病所致突眼　眼部本身疾病，如感染、出血、肿物，多为单侧，甲状腺激素水平正常。血液病的突眼多见于绿色瘤，黄色瘤，伴有血象异常、骨质的破坏。

【治疗】

儿童甲亢的治疗包括抗甲状腺药物治疗、手术切除及放射性 ^{131} 碘治疗。儿童甲亢首选药物治疗，总疗程2~3年。若治疗过程正处于青春期，有些患者总疗程可能延续到4~5年。

发病早期及病情较重时应卧床休息，避免外来的刺激和压力，饮食应富含蛋白质、糖类及维生素等。

NOTES

(一)抗甲状腺药物

硫脲类衍生物如甲基硫氧嘧啶、丙基硫氧嘧啶、甲巯咪唑及卡比马唑。作用机制均系抑制碘的有机化及偶联,使甲状腺激素合成减少。

儿童甲亢首选甲巯咪唑,剂量 0.5~1.0mg/(kg·d),最大量 30mg/d,每日 1 次或 2 次口服。丙基硫氧嘧啶在儿童中肝毒性风险很高,常规不推荐。

需要注意药物副作用:常见的有皮疹、关节痛、中性粒细胞减少、白细胞减少、药物热等。较严重的有关节炎、肝炎、中性粒细胞缺乏等,均罕见。白细胞<4×10^9/L 或粒细胞低于 1.5×10^9/L 时,或严重皮疹和肝炎者需停药观察。轻度皮疹者加服抗过敏药。

另外,高代谢症状明显者可加服 β-肾上腺能受体阻滞剂;普萘洛尔,剂量 5~10mg/(kg·d),每日 3 次口服,它还能抑制 T4 在周围组织转变为 T3,对减轻病情有效。但哮喘、心脏传导阻滞患者和心功能不全患者禁用。

甲亢治疗的过程中,定期监测血 T4、T3 和 TSH。治疗初期应每个月检查血、尿常规和肝功能,3 个月后可改为 2~3 个月复查 1 次。治疗随访时除了保持甲状腺功能正常外,停药前需测血 TRAb,转阴后再停药。

(二)放射性碘(RAI)治疗

一些儿科专家认为至少满 10 岁才考虑此疗法。最常见的并发症是甲状腺功能减退,包括一过性和永久性。副作用有恶心、呕吐、放射性甲状腺炎及甲状腺结节。

(三)手术治疗

手术适应证:甲状腺明显肿大有压迫症状,甲状腺结节性质不明,用足量的药物治疗病情不能缓解者,抗甲状腺药物过敏不适合药物治疗者。手术后主要并发症为甲状腺功能减退,需用甲状腺激素替代治疗并定期监测甲状腺功能。少数出现暂时性或永久性甲状旁腺功能减退。

(四)甲亢危象的治疗

甲亢危象属于内分泌疾病的急症之一,儿童极少见。

三、甲状腺结节

甲状腺结节(thyroid nodules)是指甲状腺细胞在局部异常生长所引起的散在病变,也是甲状腺一组不同临床疾病的表型总称,包括孤立性结节、多结节性甲状腺肿、自身免疫性甲状腺结节等。

儿童甲状腺结节的发病率远低于成人。甲状腺结节分良性及恶性两大类,值得关注的是,儿童甲状腺结节恶性风险比例远高于成人,成人中的恶性率仅为 5%~10%,而儿童甲状腺结节恶性率可高达 22%~26%。

【病理生理和发病机制】

依据结节的病理可分为:结节性甲状腺肿、炎性结节、毒性结节性甲状腺肿、甲状腺囊肿、甲状腺肿瘤等。在未明确其性质以前统称为甲状腺结节,其中只有甲状腺癌是恶性疾病。

甲状腺结节由多种病因引起,如甲状腺退行性变、炎症、自身免疫以及新生物等都可以表现为结节。另外,桥本甲状腺炎,辐射及一些甲状腺受累相关遗传综合征等均与儿童甲状腺结节有关。

【临床表现】

甲状腺结节生长缓慢,绝大多数表现为无特异性临床症状,最常见的首发症状为无痛性的颈部肿块,也有小部分以远处转移为唯一的首发症状。当触及质硬甲状腺结节或肿大淋巴结及出现压迫、侵袭表现时预示恶性可能。儿童淋巴结肿大较成人患者更常见,其为儿童甲状腺恶性肿瘤最重要的表现,可出现在 80% 的病例中,但这并不意味着预后不良。

【辅助检查】

1. 甲状腺超声 是甲状腺结节诊断和术后随访的常用影像检查,是评估结节数量、大小、特征和有无淋巴结转移的首选影像检查。

NOTES

2. 甲状腺功能 包括甲状腺激素总 T3、总 T4、FT3、FT4 和 TSH。

3. 甲状腺抗体测定。

4. 甲状腺细针抽吸活检（fine needle aspiration biopsy，FNAB） 是术前诊断儿童甲状腺结节性质的最佳方法。

【诊断及鉴别诊断】

甲状腺结节可并发于多种甲状腺疾病，如单纯性甲状腺肿、甲状腺炎、甲状腺肿瘤等；其结节有单发或多发，临床上有良恶之分，必须详细鉴别，以区分良性和恶性。

询问病史要包括：患者颈部肿块、吞咽困难、发声障碍、甲状腺功能亢进等症状及其持续时间；是否来自高碘或缺碘地区；有无甲状腺癌家族史；颈部放射线暴露史及是否存在自身免疫性甲状腺炎病史。需特别注意的是包含甲状腺结节及甲状腺癌表现的遗传综合征，如 *APC* 基因相关性息肉病、家族性肿瘤易感综合征、卡尼（Carney）综合征、DICER1 综合征、PTEN 错构瘤肿瘤综合征和沃纳（Werner）综合征等。

仔细的体格检查是必须的，其内容包括甲状腺情况、肿物结节情况及淋巴结情况。

【治疗】

对 FNAB 证实为良性、最大径≤4cm 的甲状腺结节进行定期的超声随访，在 6~12 个月内复查超声。若结节稳定，则每隔 1~2 年复查超声；当超声检查异常时，则应再次 FNAB。若 FNAB 结果为意义不明确或可疑，行甲状腺腺叶加峡部切除术。

对于最大径>4cm 的良性实性结节、生长趋势明显的甲状腺结节或存在其他恶性征象，应考虑行甲状腺腺叶加峡部切除术。

第四节 肾上腺疾病

一、先天性肾上腺皮质增生症

先天性肾上腺皮质增生症（congenital adrenal hyperplasia，CAH）是一组常染色体隐性遗传病，由肾上腺皮质激素合成过程中某种酶的先天缺陷，引起肾上腺皮质激素部分或完全合成不足，经负反馈作用促使下丘脑、垂体分泌促肾上腺皮质激素释放激素（corticotrophin releasing hormone，CRH）和促肾上腺皮质激素（adrenocorticotrophic hormone，ACTH）增加，导致肾上腺皮质增生和代谢紊乱。临床主要表现为不同程度的肾上腺皮质功能减退、性腺发育异常、伴或不伴水盐代谢紊乱与高血压。

CAH 主要包括 21-羟化酶缺乏症（21-hydroxylase deficiency，21-OHD）、11β-羟化酶缺乏症（11β-hydroxylase deficiency，11β-OHD）、3β-羟类固醇脱氢酶（3β-hydroxysteroid dehydrogenase，3β-HSD）缺乏症、17α-羟化酶/17，20-裂解酶缺乏症（17α-hydroxylase/17，20-lyase deficiency，17α-OHD）、P450 氧化还原酶缺乏（P450 oxidoreductase deficiency，PORD）、胆固醇侧链裂解酶缺乏（P450scc deficiency）、类脂性肾上腺增生症（congenital lipoid adrenal hyperplasia，CLAH）等类型。其中 21-OHD 最常见，约占 CAH 总数的 90%~95%，11β-OHD 次之，约占 7%，再其次为 3β-HSD 缺乏症，17α-OHD 和胆固醇碳裂解酶缺乏症等则比较罕见。

【病因和病理生理】

1. 解剖 肾上腺皮质分为球状带、束状带和网状带，分别合成盐皮质激素、糖皮质激素和肾上腺雄激素。两大类类固醇合成酶是细胞色素 P450s 和羟基类固醇脱氢酶（hydroxysteroid dehydrogenase，HSDs）。大多数关键的类固醇合成酶属于细胞色素 P450 家族的氧化酶。类固醇激素的生物合成途径见图 14-4-1。

2. 病理生理 下丘脑分泌的 CRH 和垂体分泌的 ACTH 促进肾上腺皮质细胞增生、激素合成和分泌。当血中皮质醇达到一定浓度时，即通过反馈机制使 CRH 和 ACTH 分泌减少。在类固醇激素合

NOTES

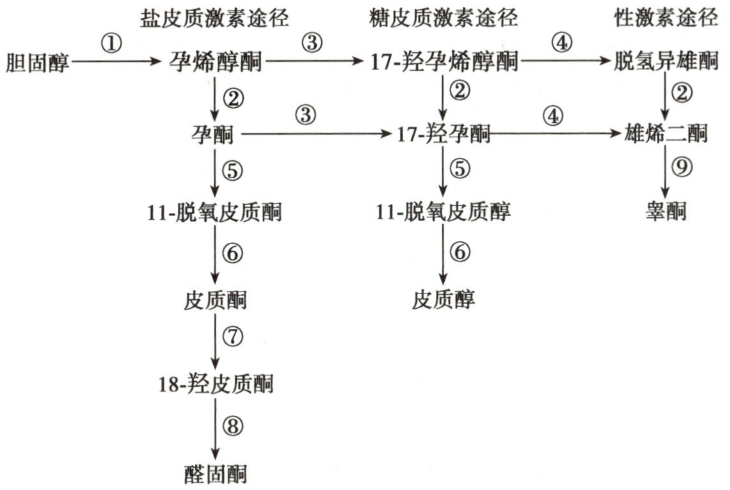

图 14-4-1 类固醇激素的生物合成途径

①20-羟化酶、22-羟化酶、20,22-碳裂解酶（*CYP11A1*）；②3β-羟类固醇脱氢酶（*HSD3B2*）；③17-α 羟化酶（*CYP17A1*）；④17,20-碳裂解酶（*CYP17A1*）；⑤21-羟化酶（*CYP21A2*）；⑥11β-羟化酶（*CYP11B1*）；⑦18-羟化酶（*CYP11B2*）；⑧18-氧化酶、醛固酮合成酶（*CYP11B2*）；⑨17-β 羟基类固醇脱氢酶 3。

成途径中任何一个酶发生缺陷，都会使血中皮质醇浓度降低，负反馈作用减弱或消失，以致 ACTH 分泌增加，刺激肾上腺皮质增生；同时酶缺陷导致前体中间代谢产物增多，经旁路代谢可致肾上腺雄激素产生过多。由于醛固酮合成和分泌在常见类型的 CAH 中亦大多同时受到影响，故常引起血浆肾素（PRA）活性增高。

3. 致病基因 CAH 为单基因遗传病，相关基因的遗传突变导致编码蛋白缺陷。

（1）*CYP21*（P450c21）基因：定位于 6p21.3，由功能基因 *CYP21A2* 和无活性的假基因 *CYP21A1* 构成，两者高度同源。95% 以上 21-OHD 患者可发现有 *CYP21A2* 基因的变异。

（2）*CYP11B*（P450c11）基因：P450 基因家族的 11B 亚家族包含两个基因，即 *CYP11B1* 和 *CYP11B2*，分别定位于 8q21 和 8q24.3，两个基因相距 45kb，分别由 9 个外显子和 8 个内含子组成。人类编码 11β-羟化酶的基因为 *CYP11B1*。*CYP11B2* 编码一种多功能蛋白酶，兼具 11β-羟化酶、18-羟化酶、18 氧化酶和醛固酮合成酶活性。

（3）*CYP17A1*（P450c17）基因：定位于 10q24.3，包含 8 个外显子和 7 个内含子，基因全长 6.6kb。*CYP17A1* 编码的蛋白酶兼具 17α-羟化酶和 17,20-裂解酶的活性。

（4）*HSD3B2* 基因：与 CAH 发病相关的 3β-羟类固醇脱氢酶主要由 *HSD3B2* 基因编码表达。该基因定位于 1p13.1，由 4 个外显子和 3 个内含子组成，基因全长约 7.8kb。

【临床表现】

1. 21-羟化酶缺乏症 典型的 21-OHD 发病率约为 1/15 000~1/10 000。根据酶缺乏程度不同，通常将其分为失盐型、单纯男性化型和非经典型，在临床实践中，这些类别之间存在重叠。

（1）失盐型（salt wasting，SW）：约占 21-OHD 患者总数的 75%。往往在生后 1~4 周出现喂养困难、呕吐、腹泻、脱水、体重不增和皮肤色素沉着，以及难以纠正的低血钠、高血钾症、代谢性酸中毒。严重者可出现血容量降低、血压下降、休克、循环功能衰竭甚至死亡。男孩 6 个月前多无性早熟表现，女孩生后可有外阴不同程度男性化。

（2）单纯男性化型（simple virilizing，SV）：约占 21-OHD 患者总数的 25%。患者临床主要表现为雄激素增高的症状和体征，由于患者仍有残存的 21-羟化酶活性，能少量合成皮质醇和醛固酮，故无

NOTES

失盐症状。

男孩表现有同性性早熟，表现为阴茎增大，但睾丸不增大，出现阴毛、变声、痤疮等，生长加速，肌肉发达，骨龄提前，成年终身高落后，但智力发育正常；女孩出现不同程度的男性化体征：阴蒂肥大，有不同程度的阴唇融合而似男孩尿道下裂，子宫、卵巢发育正常，亦有生长加速和肌肉发达、骨龄提前，成年终身高落后。

（3）非经典型（non-classic，NC）：病情较轻，亦称为晚发型 CAH。儿童晚期可出现雄激素升高、生长加速及骨骺提前闭合等临床表现。女性表现为阴毛早现、生长加速、阴蒂肥大、月经稀发、原发性闭经、多毛症、多囊卵巢综合征及成年后不孕等。男性在儿童期，表现为单纯性阴毛早现或肾上腺功能早现、生长加速、骨龄超前，最终导致身材矮小。青春期后，通常表现为痤疮或不育。

2. 其他罕见的 CAH 疾病见本章数字资源内容。

【辅助检查】

1. 生化检测 尿液包括 17-羟皮质类固醇（17-OHCS）、17-酮类固醇（17-KS）和孕三醇；血液包括钠、钾、ACTH、皮质醇、血浆肾素活性、醛固酮、17-羟孕酮、脱氢异雄酮、雄烯二酮、脱氧皮质酮、孕酮及睾酮。不同类型 CAH 生化表现见表 14-4-1。

2. ACTH、皮质醇节律 血浆皮质醇有明显昼夜节律变化，夜间入睡后 1 小时至午夜血浓度最低，清晨 4 时左右开始上升，醒后 1 小时达高峰，后逐渐减低，入睡后又降至最低水平，故正常范围很广；且皮质醇分泌为脉冲式，当怀疑下丘脑-垂体-肾上腺轴功能异常时，应进行动态功能检测。CAH 患者上午 8 时血浆皮质醇可明显减低，昼夜节律不明显或消失。

3. 标准 ACTH 兴奋试验 ACTH 可兴奋肾上腺皮质束状带分泌皮质醇，利用外源性 ACTH 兴奋肾上腺皮质可以评价肾上腺功能，可用血浆皮质醇、尿 17-OHCS、尿 17-KS 作为观察指标。

4. 影像学检查 对女性男性化和外生殖器性别难辨者应行盆腔和外生殖器 B 超检查。肾上腺 B 超或 CT 可发现肾上腺增生。

5. 核型分析 对所有患有尿道下裂或不典型外生殖器的儿童都应进行染色体核型分析。对表型为女性的婴儿早期出现失盐型肾上腺功能不全的患者，应该进行核型检测。

6. 基因检测 当有明确的临床特征，基因检测可以集中在单个基因上。

【诊断及鉴别诊断】

1. 诊断 见表 14-4-1。

2. 鉴别诊断 新生儿期失盐型患者应与幽门狭窄、食管闭锁等症相鉴别；儿童期患者应与性早熟、真两性畸形、男/女性化肾上腺皮质肿瘤、性腺肿瘤等相鉴别。

3. 性发育异常病因的鉴别 性发育异常即染色体核型与性腺和/或性腺的解剖结构不一。CAH 是性发育异常重要的病因，也常常与其他性发育异常混淆，因此 CAH 需要根据分类与其他性发育异常（DSD）鉴别。

4. CAH 与中枢性性早熟鉴别 如 21-OHD 男童外生殖器与 CPP 形态相似，但后者睾丸和阴茎同时增大，接近青春发育，睾酮达青春期水平，但 17-OHP 正常，LH、FSH 增高；而 CAH 患者仅阴茎增大、阴毛发育，睾丸仍呈幼稚状。

【治疗】

治疗原则：①纠正水、电解质紊乱；②儿童首选氢化可的松或醋酸氢化可的松，有失盐者需补充盐皮质激素；③药物剂量应个体化；④应激情况下应加大肾上腺皮质激素药物剂量；⑤女性患者及失盐型男/女患者应终身治疗，单纯男性化型的男性患者在进入青春期和成年期后可酌情停药。

二、嗜铬细胞瘤和副神经节瘤

嗜铬细胞瘤（pheochromocytoma，PHEO）和副神经节瘤（paraganglioma，PGL）合称嗜铬细胞瘤和副神经节瘤（pheochromocytoma and paraganglioma，PPGL），是分别起源于肾上腺髓质和肾上腺外嗜铬

NOTES

表 14-4-1 各种类型 CAH 临床特征及生化结果

CAH 类型	临床表现	激素谱		促肾上腺皮质激素刺激试验	其他检查
21-OHD	失盐（75%）； 女性男性化外阴，多毛，月经稀发/闭经，不孕； 男性假性性早熟	↑17-羟孕酮（17OHP）、21-脱氧皮质醇、雄烯二酮和肾素	↓皮质醇和醛固酮	17OHP>30nmol/L（>1 000ng/dl）	—
11β-OHD	高血压和低钾血症 女性男性化外阴，多毛，月经稀发/闭经，不孕； 男性假性性早熟	↑DOC、11-脱氧皮质醇、雄烯二酮和 17OHP（轻度）	↓皮质醇、醛固酮、皮质酮和肾素	11-脱氧皮质醇>正常上限的 3 倍	—
3β-HSD	新生儿失盐； 女性男性化外阴，多毛，月经稀发/闭经，不孕； 男性外生殖器发育不良	↑17-羟基孕烯醇酮、脱氢表雄酮和肾素； 11-脱氧皮质酮	↓皮质醇、醛固酮、孕酮、17OHP、雄烯二酮、11-脱氧皮质酮 DOC 和 11-脱氧皮质醇	17-羟孕烯醇酮>150nmol/L（5 000ng/dL）；孕烯醇酮与孕酮的比值升高；17-羟基孕烯醇酮与 17OHP 的比值升高	HCG 刺激后睾酮低反应
17α-OHD	高血压和低钾血症； 女性性幼稚； 男性外生殖器发育不良	↑DOC、皮质酮［>115nmol/L（4 000ng/dl）］、孕酮	↓皮质醇、醛固酮、17-羟基孕烯醇酮、17OHP、肾素、脱氢表雄酮和雄烯二酮	17-羟基孕烯醇酮和 17OHP 反应差； DOC/皮质醇比值和皮质酮/性激素比值升高	—
CLAH	失盐； 女性性幼稚； 男性外生殖器发育不良	↑肾素； 非经典型 CAH：可变	↓所有类固醇激素	轻度-无反应； 非经典：结果可变，皮质醇通常↓	经典：HCG 刺激后睾酮轻度升高； 需基因检测鉴别类脂性先天性肾上腺增生和 SCC 酶缺乏症
PORD	外生殖器模糊，伴或不伴骨骼表现［安特利-比克斯勒（Antley-Bixler）综合征］，伴或不伴母体男性化	↑孕烯醇酮、孕酮、17OHP、DOC 和皮质酮	↓脱氢表雄酮和雄烯二酮； 正常或降低：皮质醇、醛固酮	17OHP 的反应可变，皮质醇反应可变（通常不充分）	尿类固醇代谢物显示特征性诊断图谱

组织的肿瘤。10%~20% 的病例在儿童期确诊，平均确诊年龄为 11 岁，男孩略多。在儿童中，40% 的嗜铬细胞瘤为家族性患病，8%~43% 为肾上腺外，7%~53% 为双侧或多灶性。

【病理生理和发病机制】

患者的临床表现由肿瘤可持续或阵发性分泌大量儿茶酚胺（catecholamines，CA），包括去甲肾上腺素（norepinephrine，NE）、肾上腺素（epinephrine，E）以及多巴胺（dopamine，DA）所致，患者甚至突发高血压危象而危及生命。大量 CA 可引起糖代谢异常，NE 和 E 可促进糖原分解和糖异生，抑制胰岛素分泌，使血糖升高；促进脂肪分解，使游离脂肪酸增多；使基础代谢率上升，体温升高。因 CA 分泌增多和血容量减少，可激活 RAAS 而致继发性醛固酮分泌增多。

PPGL 可能散发或作为遗传性综合征的一部分，见于多发性内分泌腺瘤病 2（MEN2A 或 MEN2B）、神经纤维瘤病Ⅰ型（NF1）、希佩尔-林道综合征（VHL 综合征）和家族性 PGL。

【临床表现】

多数患者的临床表现不典型，血压升高的表现不一，为持续或阵发性高血压伴头痛、多汗和心悸三联症等。

1. 高血压 是最常见症状，呈阵发性或持续性，也可有体位性低血压。发作时间数分钟到数日不等，多有精神刺激、体位变换、排尿和排便等诱因。患者可有剧烈头痛、心悸、多汗、乏力、恶心、呕吐、面色苍白、四肢凉。严重高血压发作者可有眼底出血、视乳头水肿、高血压脑病，甚至危及生命。

2. 代谢紊乱 出现发热、多汗、体重减轻。

3. 其他 可有恶心、呕吐、上腹痛、便秘或腹泻、排尿晕厥，还可有蛋白尿、血尿、精神紧张、烦躁、焦虑、恐惧、晕厥、抽搐等。

【实验室检查】

1. 血和尿中 CA 及其中间和终末代谢产物 浓度测定明显升高。首选血浆游离或尿液甲氧基肾上腺素（metanephrine，MN）和甲氧基去甲肾上腺素（normetanephrine，NMN），合称 MNs。

2. 其他

（1）嗜铬粒蛋白 A（chromogranin A，CGA）：是一种酸性可溶性单体蛋白质，伴随 NE 在交感神经末梢颗粒中的合成、储存及释放，PPGL 患者的 CGA 水平增高。

（2）神经元特异性烯醇化酶（NSE）：非转移性 PPGL 患者的血浆 NSE 水平正常，约半数转移性 PPGL 患者明显增高，故测定血浆 NSE 水平可用于鉴别转移性/非转移性肿瘤。

（3）肾素-血管紧张素-醛固酮系统（renin-aniotensin-aldosterone system，RAAS）水平测定：可帮助判断患者血容量水平。

【诊断和鉴别诊断】

（一）诊断

1. 定性诊断 同时有高血压、体位性低血压并伴有头痛、心悸、多汗三联症；有多发性内分泌腺瘤、神经纤维瘤病、甲状腺髓样癌等家族史者须考虑嗜铬细胞瘤的可能。结合血尿 CA 及其代谢产物测定有助于诊断。

2. 定位诊断 嗜铬细胞瘤的定位诊断常常需要至少两种方法的联合应用。

（1）B 型超声检查：简易无创，尤适于儿童，对肾上腺内嗜铬细胞瘤的筛查有很大实用价值，但准确性不高。应注意避免按压腹部诱发高血压。

（2）CT 和磁共振（MRI）：CT 对嗜铬细胞瘤定位准确率高，必要时可行增强扫描和三维重建，被推荐作为首选的定位检查方法。MRI 的表现与 CT 相似，对于有复发及转移肿瘤、对 CT 造影剂过敏以及儿童等需减少放射性暴露的人群有一定优势。

（3）^{131}I-间碘苄胍（MIBG）闪烁扫描：MIBG 结构与去甲肾上腺素相似，可被肾上腺髓质摄取，γ 照相时显影。MIBG 闪烁扫描目前是诊断嗜铬细胞瘤的安全、灵敏、特异的技术，被广泛应用于临床，尤其适用于肾上腺外、多发、复发或转移肿瘤。

NOTES

（4）生长抑素受体显像：可对 ^{131}I-MIBG 显像阴性的嗜铬细胞瘤进行互补检查，协助诊断。

（5）^{18}F-脱氧葡萄糖正电子断层显像（^{18}F-FDG PET）：广泛用于各种恶性肿瘤的诊断，在转移性 PPGL 患者中，^{18}F-FDG PET 的灵敏度高于 MIBG。

（二）鉴别诊断

1. 血管性高血压 如肾动脉狭窄、先天性主动脉狭窄、多发性大动脉炎等。体检时可发现上、中腹部等处血管杂音，上肢血压比下肢血压明显增高，无脉症等体征。血管造影可明确诊断。

2. 肾性高血压 可由急、慢性肾脏疾病所致，可通过病史的采集，肾功能、尿常规等检查加以鉴别。

3. 内分泌性高血压 多种内分泌疾病均伴有高血压，如库欣病、原发性醛固酮增多症、肾素瘤、先天性肾上腺皮质增生症（17α-OHD、11β-OHD）和甲状腺功能亢进症等。

4. 颅内病变所致高血压 颅后窝肿瘤、蛛网膜下腔出血、癫痫、脑炎等可致高血压，需与本症鉴别。

【治疗】

手术切除肿瘤为 PPGL 的根治措施。术前做好充分的药物治疗准备，避免在麻醉和术中、术后出现血压大幅度波动而危及生命。可用选择性 α1-受体阻滞剂或非选择性 α-受体阻滞剂控制血压，如治疗后血压未能控制，再加用钙通道阻滞剂。使用 α-受体阻滞剂后，如患者发生心动过速，再酌情加用 β-受体阻滞剂，不能在未用 α-受体阻滞剂之前先用 β-受体阻滞剂，以免发生急性心功能不全。此外，患者应摄入高钠饮食和增加液体摄入，补充血容量以防止肿瘤切除引起严重低血压。

高血压危象的处理：需立即抢救，给氧及镇静剂（地西泮、氯丙嗪及苯巴比妥等），并立即应用酚妥拉明，每次 0.1mg/kg 静脉推注，继之以 5mg 溶于 5% 葡萄糖 100ml 中静脉滴注，以控制高血压发作。酌情使用酚苄明，每次 0.2~0.4mg/kg，每日 2~3 次，口服，必要时辅以 β-肾上腺素阻滞剂普萘洛尔 1mg/（kg·d），分 2~3 次口服。

高血压与低血压交替发作危象：血压在短时间内大幅度而频繁地波动时，需在严密监测血压下灵活更换与调整用药。当血压下降时以快速补充血容量为主。当血压升高时则减慢输液速度，以滴注肾上腺能阻滞剂为主，如此反复交替应用，直至病情稳定。原则上不使用升压药物处理低血压发作。

经手术切除肿瘤后，大多数患者可以治愈。患者需终身随访，推荐每年至少复查 1 次，有基因突变、转移性 PPGL 患者应 3~6 个月随访 1 次，定期进行影像学检查，评估肿瘤有无复发、转移或遗传综合征，对其直系亲属进行基因检测和定期检查。

第五节 甲状旁腺疾病

一、甲状旁腺功能减退症

甲状旁腺功能减退症（hypoparathyroidism）简称“甲旁减”，是由甲状旁腺素缺少所引起的钙、磷代谢紊乱。以低血钙、高血磷、尿钙、尿磷低，以及低钙血症引起的神经肌肉兴奋性增高为特征。

【病理生理和发病机制】

甲状旁腺激素（parathyroid hormone，PTH）是甲状旁腺主细胞分泌到体液中的一种由 84 个氨基酸残基组成的内分泌激素。人类 PTH 的基因位于第 11 号染色体短臂，含 3 个外显子。PTH 主要靶器官是骨、肾和肠。

甲旁减病因及分类如下。

（1）遗传性疾病：甲状旁腺发育异常相关缺陷引起的遗传缺陷疾病，包括甲状旁腺发育不成熟或甲状旁腺不发育，甲旁减伴其他发育缺陷，如迪格奥尔格综合征（DiGeorge syndrome，DGS）、巴拉卡特综合征（HDR）等，甲状旁腺合并先天性代谢异常和甲状旁腺抵抗综合征。

（2）获得性：最常发生于甲状旁腺手术性损伤或自身免疫性损伤后被破坏和甲状旁腺浸润性疾病（肝豆状核变性、肉芽肿或转移性癌）。

【临床表现】

1. 急性表现 患者有急性低钙血症、手足搐搦等神经肌肉兴奋性增高表现，常感肢端麻木、皮肤蚁行感或肌肉疼痛，膝腱反射亢进，有时可有口角抽动或腓肠肌痉挛。可以用以下两种试验帮助诊断有无神经肌肉兴奋性增高。

（1）低钙击面征（Chvostek 征）阳性：叩击患者耳垂前方 2cm 处的面神经分支处，可引发同侧口轮匝肌、眼轮匝肌的抽动。

（2）低钙束臂征（Trousseau 征）阳性：用血压带束臂，加压到收缩压和舒张压之间，保持 3 分钟，可诱发测试肢体有无手足抽搐发作。

低钙严重时可有惊厥及意识丧失，还可导致喉痉挛和支气管痉挛，发生呼吸困难。

2. 慢性表现 与急性低钙血症的表现类似，有些是慢性表现独有的，包括基底节钙化、白内障、牙齿异常及外胚层表现。

【辅助检查】

1. 检测血 PTH 的同时测血钙、磷、碱性磷酸酶和尿钙、磷 血清总钙低于 2.0mmol/L，游离钙低于 1.0mmol/L。血磷高，尿钙、磷低，血 PTH 低（或相对于低钙血症程度不适当的正常水平）。

2. 影像学检查 头颅 CT 可见基底节钙化；甲旁减伴有多发畸形者应行 X 线检查胸腺等。

3. 脑电图 惊厥时脑电图可异常。

【诊断和鉴别诊断】

临床上无低镁血症的情况下，患者持续有低血钙、高血磷伴 PTH 偏低或者与低钙血症程度不恰当的 PTH 水平正常，基本可诊断。应进一步结合病史、体格检查、辅助检查以明确诊断。

应与其他原因引起的低钙血症（如维生素 D 缺乏症）等区别，还应与低血镁鉴别。

【治疗】

甲状旁腺功能减退症治疗的目的是纠正低血钙，减轻症状和消除手足抽搐发作。

急性抽搐时应静脉应用 10% 葡萄糖酸钙 1~2ml/kg，加入 5%~10% 葡萄糖液中缓慢静脉推注或滴注，注意预防钙剂外渗。根据血钙水平，可 1 天内输入 1~3 次，使症状缓解。同时口服补钙，每日钙元素 50mg/kg，一般不超过 1 000~2 000mg。定期监测血钙、尿钙水平，以免肾结石。骨化三醇每天 0.25μg 或以 0.125~0.500μg/d 口服，促进肠道钙的吸收。应保证每日饮食中的适量钙，减少高磷饮食，如牛奶、奶酪、鸡蛋等。

补充所缺乏的 PTH 理论上应为甲旁减最理想的治疗。目前已有基因重组的人 PTH 制剂上市，但因其价格太高，且长期应用的安全性证据仍不充分，并未被批准作为一线治疗。

二、假性甲状旁腺功能减退症

假性甲状旁腺功能减退症（pseudohypoparathyroidism，PHP）简称“假性甲旁减”，是由外周靶细胞对 PTH 抵抗而导致的一组遗传性疾病，属于 PTH 不敏感综合征（PTH insensitivity syndrome）。

【病理生理和发病机制】

PHPⅠa、PHPⅠb、PHPⅠc 和 PHP Ⅱ型的发病机制见表 14-5-1。

【临床表现】

PHP 的典型症状：手足抽搐、惊厥、白内障、牙齿异常、基底节钙化等。患者可有特殊体征：圆脸、矮身材、肥胖、掌指/趾骨短粗、牙发育不良，即 Albright 遗传性骨营养不良（AHO）体征，部分患者可伴精神发育迟滞。

【辅助检查】

血钙低、血磷高，尿钙和磷低的同时血 PTH 升高。X 线检查可见第 4 与第 5 掌指/趾骨短的典型

表 14-5-1 各种假性甲旁减和假假性甲旁减的发病机制和鉴别诊断

疾病类型		分子病因	主要临床体征	实验室检查							
				血钙	血磷	血PTH	血碱性磷酸酶	PTH兴奋试验	尿cAMP	尿磷	Gsa活性
Ⅰ型假性甲旁减(PHP)	Ⅰa	*GNAS1* 变异,母源印记	低血钙、AHO体征,伴其他激素抵抗	↓	↑	↑	N		无反应	↓,N	下降
	Ⅰb	*GNAS1* 印记缺陷	低血钙、无AHO体征,多不伴其他激素抵抗	↓	↑	↑或N	N		无反应	↓	正常
	Ⅰc	部分存在 *GNAS1* 变异,Gsa蛋白与PTH受体偶联异常	低血钙、有AHO体征,伴其他激素抵抗	↓	↑	↑	N		无反应	↓	正常
Ⅱ型假性甲旁减		部分与 *PRKAR1A* 变异有关	低血钙、无AHO体征	↓	↑	↑或N	N		正常或↑	↓	正常
假假性甲旁减		*GNAS1* 基因变异,父系遗传印记	除AHO体征外,无其他特殊表现,无低血钙	N	N	N	N		正常或↑	↓	下降

注:N表示正常。

表现。头颅CT可见基底节钙化。低血钙惊厥时脑电图可异常。

【诊断和鉴别诊断】

低血钙、高血磷、血PTH升高,结合临床表现有特殊体型,可考虑PHP。

【治疗】

PHP的治疗类似于甲旁减,只是维生素D和钙的剂量通常比特发性甲旁减需要的量少。

三、甲状旁腺功能亢进症

甲状旁腺功能亢进症(hyperparathyroidism)简称"甲旁亢",是由甲状旁腺分泌过多PTH导致的一组临床综合征,可分为原发性、继发性、三发性。

【病理生理和发病机制】

甲状旁腺分泌PTH过多,PTH与骨和肾脏的细胞表面受体结合,骨钙溶解,释放入血,肾小管重吸收钙的能力增强,并增加肾脏1,25-$(OH)_2$-D_3合成;后者作用于肠道,增加钙的吸收,导致血钙升高,尿钙增加。PTH强烈抑制磷在近端和远端肾小管的重吸收,尿磷排出增多,血磷下降。临床上表现为高血钙、高尿钙、低血磷和高尿磷。PTH过多,加速骨吸收和破坏,长期进展可发生纤维囊性骨炎。骨骼改变以骨吸收增加为主,也可呈现骨质疏松或同时有佝偻病或骨软化。

【临床表现】

甲状旁腺功能亢进症患者病情程度不同,临床表现轻重不一,主要包括高血钙、骨骼病变及泌尿系统病变等。

1. 高血钙症状 表现为淡漠、嗜睡、易疲劳、肌张力降低、肌无力、食欲缺乏、恶心、呕吐、腹胀、腹痛、便秘、反酸等。

高钙危象者表现为神经系统、泌尿、消化、心血管等全身多个系统的功能障碍,表现为进行性少尿、氮质血症、意识不清及昏迷等,以中枢神经系统功能障碍明显。婴儿可发生肢体发育和智能障碍,惊厥和失明。

2. 骨骼病变 表现为广泛的骨关节疼痛,可活动受限,严重者骨畸形。

NOTES

3. 泌尿系统症状 尿钙、尿磷排出增加可出现渗透性利尿，继而多饮；可发生反复泌尿系结石，表现为肾绞痛、血尿等。

4. 非特异性症状 表现为乏力、易疲劳、体重减轻和食欲缺乏等。

【辅助检查】

1. 血清总钙、血清游离钙增高，血磷减低，血清碱性磷酸酶升高。

2. 血 PTH 增高。

3. X 线检查表现为普遍性骨质脱钙、骨质疏松，以胸腰椎、扁骨、掌骨和肋骨最常见。骨囊性变常为多发；还可见病理性骨折。其他如骨密度测定、超声、放射性核素扫描、CT 等都有助于诊断。

4. 甲状旁腺超声是术前定位的有效手段，可发现甲状旁腺腺瘤、甲状旁腺增生、甲状旁腺腺癌。

【诊断和鉴别诊断】

根据病史、骨骼病变、泌尿系统结石和高血钙以及高 PTH 血症并存，可做出定性诊断。此外，血碱性磷酸酶升高，低磷血症，尿钙和尿磷排出增多，X 线影像的特异性改变等均支持原发性甲旁亢的诊断。继而可通过超声、放射性核素扫描等有关定位检查了解甲状旁腺病变的部位，完成定位诊断。

甲状旁腺功能亢进症需要与其他原因引起的高血钙相鉴别，如维生素 D 中毒、肿瘤引起的高钙血症等。

【治疗】

甲状旁腺功能亢进症的治疗包括手术治疗和药物治疗。

治疗高钙血症最根本的办法是去除病因，即行病变甲状旁腺切除术。手术切除腺瘤，对 4 个甲状旁腺均应进行检查。90% 甲旁亢患者术后可有效地缓解症状。患者术后可出现低钙血症，应补钙数日，以后逐渐正常，维持高钙和磷饮食数月。

轻度高钙血症和无临床症状的患者，暂无特殊处理；出现症状和体征的中度高钙血症患者，需积极治疗。当血钙>3.5mmol/L 时，无论有无临床症状，均需立即治疗。治疗原则包括扩容、促进尿钙排泄、抑制骨吸收等。输入足够的生理盐水，同时用呋塞米每次 1~2mg/kg 促进尿中排出钙，利尿的同时应维持电解质的平衡，并适当补充镁和磷。抑制骨吸收的药物有：①双膦酸盐。②降钙素。起效快，不良反应少。③其他。对于上述治疗无效或不能应用上述药物的患者，还可使用低钙或无钙透析液进行腹膜透析或血液透析，治疗顽固性或肾功能不全的高钙危象。

第六节 儿童糖尿病

糖尿病（diabetes mellitus，DM）是由胰岛素绝对或者相对缺乏而造成血液中葡萄糖浓度过高，从而导致糖、脂肪、蛋白质代谢紊乱的疾病。世界卫生组织 2019 年新共识将糖尿病分为 6 个亚型，主要为 1 型、2 型、混合型糖尿病和其他特殊类型糖尿病、未分型糖尿病、妊娠糖尿病。国际儿童糖尿病联盟及美国糖尿病协会仍然沿用原有的分型：1 型、2 型、特殊类型和妊娠糖尿病。

（一）1 型糖尿病（T1DM）

儿童糖尿病约 90% 为 T1DM。

【病理生理和发病机制】

1. 病理生理 由胰岛素分泌不足或功能缺陷和反调节激素（儿茶酚胺、胰高血糖素、皮质醇等）增加，导致分解代谢加速，肝脏和肾脏产生的葡萄糖增多，外周葡萄糖利用受损，血糖浓度升高，超过肾阈值（10mmol/L）时，即产生糖尿。渗透性利尿引起多尿症状，丢失大量的水分和电解质，造成严重的电解质紊乱和脱水。由于机体的代偿作用，患者渴感增加，饮水增多；又因为组织不能利用葡萄糖、能量不足而产生饥饿感，引起多食。脂肪分解增加导致乙酰乙酸、β-羟丁酸等增加，导致酮血症和酮尿症，形成酮症酸中毒。血渗透压升高、水和电解质紊乱以及酮症酸中毒等代谢失常的发生，最终都

NOTES

造成中枢神经系统的损伤，甚至导致意识障碍或昏迷。

2. 发病机制 T1DM 的发生发展是由遗传易感性和环境诱因之间的相互作用决定的。大多数病例（1A 型）是由自身免疫介导的胰腺 β 细胞破坏引起。当约 90% 的胰腺 β 细胞被破坏时，就会出现临床症状。T1DM 具有多基因遗传特点。人类白细胞抗原（HLA）基因 *DQ* 和 *DRB* 基因是最重要的易感基因。

【临床表现】

儿童 T1DM 各年龄均可发病，但以 5~7 岁和 10~13 岁多见。近年来，5 岁以下儿童糖尿病的发生率逐年增加。患病率男女无性别差异。秋、冬季节相对高发。

经典的临床表现为多尿、多饮、多食及体重减轻。但婴幼儿多饮多尿常不易被发觉而很快发展为脱水及酮症酸中毒。学龄儿童可发生夜间遗尿。并非糖尿病儿童都有多食，部分患者食欲正常或减低，有乏力及精神萎靡。

如出现糖尿病酮症酸中毒（diabetes mellitus ketoacidosis，DKA），则表现为脱水、呼吸急促、呼吸深大、库斯莫尔呼吸，类似急腹症的症状如恶心、呕吐和腹痛，意识不清，严重者意识丧失。

【实验室检查】

1. 血糖和糖化血红蛋白（glycosylated hemoglobin，HbA1c）

（1）血糖增高，空腹血糖 ≥7.0mmol/L，随机血糖 ≥11.1mmol/L。

（2）HbA1c 是血中葡萄糖与血红蛋白非酶性结合而产生，其寿命周期与红细胞相同，反映过去 2~3 个月血糖平均水平。HbA1c 越高，发生糖尿病微血管并发症的危险性明显增加。

2. 尿液检测

（1）当糖尿病患者血糖超过肾阈值（>10mmol/L），尿糖呈现阳性。

（2）DKA 时尿酮体阳性，2+以上。

3. 血脂、血电解质和血气分析 代谢紊乱期血清胆固醇、甘油三酯均明显增高；DKA 时血电解质紊乱，血气提示代谢性酸中毒。

4. 口服葡萄糖耐量试验（oral glucose tolerance test，OGTT） T1DM 急性代谢紊乱期不需做 OGTT，仅用于无明显症状、尿糖偶尔阳性而血糖稍高的患者。

5. 自身抗体测定 谷氨酸脱羧酶抗体（GAD）、胰岛素自身抗体（IAA）、胰岛细胞抗体（ICA）、酪氨酸磷酸酶抗体（IA-2）和锌转运体 8（ZnT8）主要用于 1 型糖尿病的诊断和鉴别诊断。

6. C 肽 用于评估胰岛 β 细胞功能。

7. 内分泌其他激素的监测 如甲状腺素、促肾上腺皮质激素、皮质醇等。

【诊断和鉴别诊断】

世界卫生组织和国际青少年糖尿病联盟（International Society for Pediatric and Adolescents Diabetes，ISPAD）对于糖尿病的血糖诊断标准如下：①空腹静脉血糖（至少 8 小时）≥7.0mmol/L（≥126mg/dl）；②随机静脉血糖 ≥11.1mmol/L（≥200mg/dl）；③OGTT 2 小时血糖 ≥11.1mmol/L（≥200mg/dl）；④HbA1c ≥6.5%（不推荐在儿童中使用）。在有糖尿病症状的基础上加上以上任 1 项血糖标准即可诊断糖尿病。对于符合上述标准但无症状者，建议在随后的 1 天重复检测以确认诊断。

需与下列疾病相鉴别。

1. 肾性糖尿 无糖尿病症状，多在体检或者做尿常规检查时发现，血糖正常，胰岛素分泌正常。

2. 假性高血糖 患者短期大量食入或者输入葡萄糖液，可使尿糖暂时阳性，血糖升高。

3. 应激性高血糖 在应激状态时血糖也可一过性升高。

4. 甲状腺功能亢进症 甲状腺素释放增多可引起一系列高代谢表现，如多食、多饮、消瘦等，需注意鉴别。

【治疗】

1. 胰岛素治疗 T1DM 患者必须用胰岛素治疗。

NOTES

（1）胰岛素制剂和作用：从作用时间上分为以下几种。各类制剂作用时间见表14-6-1。

表14-6-1 常用胰岛素的种类和作用时间

胰岛素种类	开始作用时间/h	高峰时间/h	维持时间/h
速效	0.15~0.35	1~3	3~5
短效	0.5~1	2~4	5~8
中效	2~4	4~12	12~24
长效			
甘精胰岛素	2~4	8~12	22~24
地特胰岛素	1~2	4~7	20~24

（2）新诊患者：初始剂量为每天0.5~1.0U/kg，部分缓解期患者每天<0.5U/kg，青春期者常每天需要1.5U/kg或更高剂量才可以使代谢控制满意。胰岛素治疗方案及剂量需要个体化，方案的选择依据年龄、病程、生活方式等因素决定。胰岛素的治疗方案很多，包括每天2次、每天3次皮下注射方案，基础-餐时方案以及胰岛素泵治疗等。

2. 营养管理 每天能量摄入应遵循“总量控制”原则，定时定量进餐，每天总热卡为：1 000+年龄×（70~100kcal），按碳水化合物50%~55%、脂肪25%~35%、蛋白15%~20%进行分配。结合患者的年龄、体重、生活习惯、宗教信仰、喜好等采用个体化的方案。

3. 运动治疗 运动可使肌肉对葡萄糖的利用增加，血糖的调节得以改善。糖尿病患者应每天安排适当的运动，在进行大运动量时应注意进食，防止发生低血糖。

4. 糖尿病的教育和监控

（1）根据不同的知识层次实行糖尿病分层教育。

（2）糖尿病监控及并发症筛查。

1）血糖测定：包括自我血糖监测（self monitoring blood glucose，SMBG）和持续葡萄糖监测（continued glucose monitoring，CGM）。SMBG需要监测初发患者每天三餐前、后2小时，睡前和凌晨2~3点血糖。血糖平稳后可减少监测次数，一般不少于每天4次。近年来，CGM已得到广泛应用，成为评估血糖水平的重要方法。CGM可以了解患者24小时的总体血糖情况，降低儿童轻、中度低血糖的发生频率。

2）糖化血红蛋白（HbA1c）测定：应每2~3个月检测1次。T1DM患者HbA1c<7.0%为控制理想。

3）尿微量白蛋白排泄率测定：一般5年以上病史者，或者从年龄11岁开始，或者青春期患者每年检测一两次，以监测早期糖尿病肾病的发生。正常人<20μg/min（<30mg/24h）。持续的30~299mg/24h蛋白尿是T1DM患者早期糖尿病肾病的主要表现。同时严密观察血压，若发生高血压，应予以治疗。

4）视网膜病变筛查：一般5年以上病史者，或者年龄11岁，或进入青春期（达到其中条件之一即可），开始进行视网膜病变的筛查。

5）其他：每年进行甲状腺功能的筛查；每年测1次血压，在诊断后3个月内就应该进行初次的眼科检查，检测白内障或主要的屈光不正。

5. DKA的治疗 原则：纠正脱水；恢复血糖至接近正常；纠正酸中毒和酮体转阴；监测及治疗DKA的并发症；识别并处理突发事件。

（二）儿童2型糖尿病

2型糖尿病（type 2 diabetes mellitus，T2DM）是指胰岛素抵抗为主伴或不伴胰岛素分泌不足的糖尿病。随着儿童肥胖的增多，2型糖尿病表现出明显的上升趋势，流行趋势已经波及全球范围。

【病理生理和发病机制】

NOTES

T2DM亦是遗传易感性和环境因素共同作用的结果。

遗传因素在T2DM的病因中较1型糖尿病更为重要，研究表明T2DM的发病具有多基因遗传特征，目前报道的相关基因至少有20多种。

流行病学研究表明，肥胖、高热量饮食、体力活动不足是2型糖尿病最主要的环境因素。有高血压、血脂紊乱、糖耐量减低或空腹血糖受损者患T2DM风险也增加。85%以上T2DM患者超重或肥胖，并且都是典型的中心性肥胖。但并非所有肥胖者都必然发生T2DM，发病与否取决于胰岛素抵抗的程度和胰岛β细胞的功能。

胎儿宫内及婴儿早期营养不良可能是导致以后发生T2DM的原因，也就是“节俭基因型假说”。

【临床表现】

T2DM发病较隐匿，临床表现轻重不一。轻者仅有肥胖，往往体检时发现高血糖或尿糖，重者可出现酮症，甚至酮症酸中毒。部分患者伴有黑棘皮病，多见于颈部或腋下。

诊断T2DM的同时要注意慢性并发症的发生，包括高血压、血脂异常、微量蛋白尿、眼底病变等，以及睡眠呼吸障碍及肝脏脂肪变性等疾病。青春期少女还应注意是否合并多囊卵巢综合征。

【诊断和鉴别诊断】

1. 首先满足糖尿病诊断标准后，再进行分型诊断。

典型的T2DM可根据下列表现做出诊断：①超重或肥胖。超重定义为体质指数（BMI）≥同年龄、同性别的85百分位而小于95百分位；肥胖定义为BMI>同年龄、同性别的95百分位。②有T2DM家族史。③诊断时残存胰岛素分泌功能良好（表现为胰岛素和C肽水平正常或升高）。④起病症状隐匿。⑤胰岛素抵抗的表现（如黑棘皮或多囊卵巢综合征）。⑥绝大多数无糖尿病自身免疫的证据，比T1DM患者更容易合并高血压和脂代谢紊乱。

2. 鉴别诊断 儿童和青少年糖尿病的诊断首先应该鉴别的是1型、2型糖尿病还是单基因遗传病（表14-6-2）。

表14-6-2 儿童及青少年1型糖尿病、2型糖尿病和单基因糖尿病的临床特点

糖尿病类型	遗传学	发病年龄	临床表现	自身免疫性	酮体	血糖	肥胖症	黑棘皮	频率（在所有年轻人糖尿病中占的比例）/%	父母有糖尿病的比例/%
1型	多基因	6个月~年轻的成年人	常急性起病	是	常见	高	与普通人相同	无	通常90	2~4
2型	多基因	通常在青春期（或者更迟）	差异较大；从缓慢（通常是隐匿的）到严重	否	不常见	差异大	较人群发病率高	有	在大部分国家<10（在日本60~80）	80
单基因	单基因	通常在青春期之后，除了葡萄糖激酶基因突变和新生儿糖尿病	差异较大（在葡萄糖激酶基因突变中可能是偶然发现的）	否	在新生儿糖尿病中常见；其他类型中少见	差异大	与普通人相同	无	1~2	90

【治疗与管理】

T2DM治疗的总体目标是：通过饮食控制和体育锻炼取得和维持标准体重，减轻胰岛负荷，使血糖处于正常水平；减少低血糖的发生；防止相关病变（高血压、高血脂、肾病、非酒精性脂肪性肝病等）出现。

儿童T2DM管理采用分级管理。治疗方法的选择取决于症状、高血糖严重程度、是否有酮症/酮症酸中毒。

NOTES

1. 药物治疗 对于合并酮症或酮症酸中毒的T2DM患者，以及难以在T1DM和T2DM之间进行鉴别的患者，必须使用胰岛素治疗。对于确诊但没有合并酮症或酮症酸中毒的T2DM患者，如果随机静脉血糖大于250mg/dl或者HbA1c大于8.5%，也推荐使用胰岛素。二甲双胍可以在诊断初期或者在酮症酸中毒纠正后即与胰岛素联合应用。使用胰岛素的患者可以在2~4周过渡到二甲双胍，每次减少胰岛素剂量的30%~50%，逐渐增加二甲双胍用量。对于无症状、HbA1c<8.5%的患者，可以二甲双胍联合生活方式干预，观察3~4个月，若HbA1c<7%，空腹血糖低于130mg/dl，餐后低于180mg/dl，可以继续生活方式干预和二甲双胍治疗；若超过上述指标，则需加用基础胰岛素治疗。

二甲双胍可以增加肝脏胰岛素敏感性，减轻体重，低血糖发生风险低，要求的血糖监测次数较胰岛素治疗少，痛苦小，药物没有口服时间的限制。鉴于其胃肠道副作用，建议从每日500~1 000mg加起，每周增加500~1 000mg，直到达到有效量或最大量（2 000mg），随餐分次给予。一般来说，超过2 000mg不再发挥治疗作用。

2. 饮食治疗 以维持标准体重、纠正已发生的代谢紊乱和减轻胰岛β细胞的负担为原则。6~12岁儿童为900~1 200kcal/d，13~18岁则1 200kcal/d以上。推荐每日碳水化合物供能比为50%~55%，建议来自低血糖生成指数（GI）、富含膳食纤维的食物。脂肪的摄入以25%~35%为宜，应增加植物脂肪占总脂肪摄入的比例，限制饱和脂肪酸与反式脂肪酸的摄入量，饱和脂肪酸的摄入量不应超过供能比的10%。蛋白质摄入量占总能量的15%~20%。植物来源蛋白质，尤其是大豆蛋白更有助于降低血脂水平。膳食纤维可改善餐后血糖代谢和长期糖尿病控制，谷物膳食纤维还可增强胰岛素敏感性，推荐糖尿病患者的膳食纤维摄入量为10~14g/1 000kcal。

3. 运动治疗 每天至少60分钟中等至剧烈的运动强度可以达到降低BMI和改善血糖的目标。中等至剧烈的运动定义为使呼吸增快、流汗、心率增快的运动。“谈话试验”可简单地评估运动强度：如果可以说话不能唱则是中等强度；不能说话则是剧烈运动。依从性是影响实施效果的重要因素。运动方式根据儿童的喜好及家庭环境个体化，简单易行最好。每天60分钟的活动可以1次性完成，也可以分阶段逐渐完成，每次不少于15分钟。饮食、运动的干预需结合患者的药物治疗，对使用胰岛素者，应注意避免低血糖的发生。另外要求限制学习以外的“屏幕”时间（如看电视和电脑），每天少于2小时。

4. 血糖监测 对新诊断的患者，无论采用什么样的治疗方法，均要求监测空腹、餐前和睡前血糖，在达到血糖控制目标后，可以根据选择的治疗药物、治疗强度等适当调整血糖监测频率。但是对于易发生低血糖或高血糖的患者或者接受易发生低血糖的治疗方式时，则需要继续严密监测。

多次胰岛素注射或胰岛素泵治疗的T2DM患者，每天血糖监测频度应达到3次或以上。睡前注射1次长效胰岛素的患者，需要监测空腹血糖，尤其注意夜间和空腹的低血糖。口服药物治疗的患者，如果HbA1c在理想水平或非糖尿病范围，只需间断监测血糖，每周数次即可。如果患者在疾病状态或者有低血糖或高血糖的症状，则需频繁监测。建议餐前和餐后2小时血糖相结合的监测方式。

HbA1c应每3个月监测1次，控制目标为小于7%。

5. 并发症和合并症的筛查 如T2DM患者在诊断时即有合并症的存在，则每次就诊都应测血压。其他的并发症（如蛋白尿、视网膜病、血脂紊乱和多囊卵巢综合征）在诊断糖尿病时和以后每年检查。

6. 以家庭为中心的糖尿病管理模式 临床医生在给予T2DM患者治疗方案的过程中，除了依据诊疗常规外，一定要考虑到家庭的结构、教育背景及父母和患者对治疗的倾向性，这些决定了患者及家长的依从性。而依从性是决定治疗成功与否的重要因素。

（巩纯秀）

思考题

1. 儿童身材矮小症的身高标准是什么?
2. 先天甲状腺功能减退症临床表现有哪些?
3. 儿童抗甲状腺药物首选是什么?治疗期间可能出现哪些药物副作用?
4. 21-羟化酶缺乏症的临床表现是什么?
5. 1 型和 2 型糖尿病如何鉴别?
6. 糖尿病酮症酸中毒的治疗原则是什么?

NOTES

15章

扫码获取
数字内容

第十五章 遗传性疾病

1. 染色体畸变的原因。
2. 21-三体综合征典型面容的表现。
3. 21-三体综合征的常见核型。
4. 先天性卵巢发育不全综合征的主要临床表现。
5. 先天性卵巢发育不全综合征的治疗要点。
6. 苯丙酮尿症的临床特征及治疗原则。
7. 肝豆状核变性的临床特点。

第一节 概 述

遗传性疾病是指由于遗传物质(染色体、DNA)异常或生殖细胞所携带的遗传信息异常导致子代性状异常的一类疾病。遗传性疾病通常具有先天性、终生性和家族性等特征,但遗传性疾病并不等同于先天性疾病或家族性疾病。先天性疾病是指在胎儿发育过程中,由环境或母体因素的影响导致个体出生后即出现临床表现的一类疾病,但并不一定是遗传性疾病,即不具有遗传性,如母亲在孕早期感染风疹病毒可引起胎儿出现先天性白内障。而另一方面,遗传性疾病也可以是晚发型,可迟至青少年甚至成人期才发病,如蓬佩病、尼曼-皮克病的晚发型等。遗传性疾病通常具有家族性,与同一家系中的成员具有共同的致病基因有关,但散发病例也不能排除遗传性疾病。

遗传性疾病的临床表现常常缺乏特异性,故早期诊断较为重要。遗传性疾病的诊断通常需要依靠各种实验室、病理及影像学检查,结合病史特点和临床表现,由初步检查开始,按一定的诊断思路选择进行。常用的特异性检查方法包括以下几种。

1. 染色体核型分析 根据患者的临床症状和体征,高度怀疑染色体疾病时,应行外周血染色体核型分析。特别对智力落后、生长发育落后、性发育异常者应进行该项检查。

2. 遗传代谢病筛查诊断试验 包括血/尿氨基酸水平测定、尿有机酸分析、血浆脂肪酸分析、血酰基肉碱分析、血乳清酸测定等。通过上述特殊检查,可以诊断遗传代谢病中的小分子遗传缺陷病。

3. 酶活性分析 遗传性疾病大多存在基因变异引起酶活性的改变。因此,测定酶的活性可以对相应的疾病进行诊断,如溶酶体贮积症等。

4. 基因诊断 随着分子生物学检测技术的提高,基因分析已经广泛应用于临床,日益成为遗传性疾病诊断以及携带者筛查的重要手段,但基因分析也具有一定局限性。

第二节 染色体疾病

一、概述

染色体疾病是由各种原因引起染色体数目异常或/和结构畸变所导致的疾病,又称染色体畸变综合征。在新生儿中的总发生率约为0.6%。

(一)染色体畸变原因

1. 物理因素 放射线能诱发染色体畸变,畸变率随射线剂量的增高而增高。孕母接触放射线后,其子代发生染色体畸变的危险性增高。

2. 化学因素 许多化学药物(如抗代谢药物、抗癫痫药物等)和农药、毒物(如苯、甲苯、砷等)可致染色体畸变增加。

3. 生物因素 风疹病毒、巨细胞病毒、麻疹病毒、腮腺炎病毒等感染可引起胎儿染色体断裂。

4. 孕妇年龄 孕母年龄越大,子代发生染色体病的可能性越大,可能与孕母卵子老化有关。

5. 遗传因素 染色体异常的父母如平衡易位的携带者,可能传给下一代。

(二)染色体病的分类

1. 常染色体病 即常染色体数目或结构异常所产生的疾病,其共同的特征为:①生长发育迟缓;②智力发育落后;③多发先天畸形,如内脏畸形、特殊面容、皮肤纹理改变等。最常见的是21-三体综合征,其次是18-三体综合征、13-三体综合征及5p$^-$综合征等。

2. 性染色体病 即性染色体数目异常或结构畸变。主要表现为性征发育障碍或异常,最常见的是特纳综合征、克兰费尔特综合征。

(三)染色体核型分析的指征

染色体核型分析的指征包括:①怀疑患有染色体病者;②有多种先天畸形者;③有明显生长发育障碍或智力发育障碍者;④性发育异常或不全者;⑤孕母年龄过大、不孕或多次自然流产史者;⑥有染色体畸变家族史者。

二、常染色体异常

(一)21-三体综合征

21-三体综合征又称唐氏综合征,是人类最早认识、最为常见的染色体疾病。在活产婴中发生率为1/1 000~1/600。

【发病机制】

21-三体综合征由亲代之一的生殖细胞在减数分裂形成配子时,或受精卵在有丝分裂时,21号染色体发生不分离所致。

【临床表现】

21-三体综合征主要特征为智力落后、特殊面容、生长发育迟缓,伴有多种先天畸形。

1. 特殊面容 患者出生时即有明显的特殊面容(图15-2-1):表情呆滞,眼裂小,眼距宽,双眼外眦上斜,可有内眦赘皮,鼻梁低平,外耳小,硬腭窄小,常张口伸舌,流涎多,头小而圆,前囟大且闭合延迟,颈短而宽。

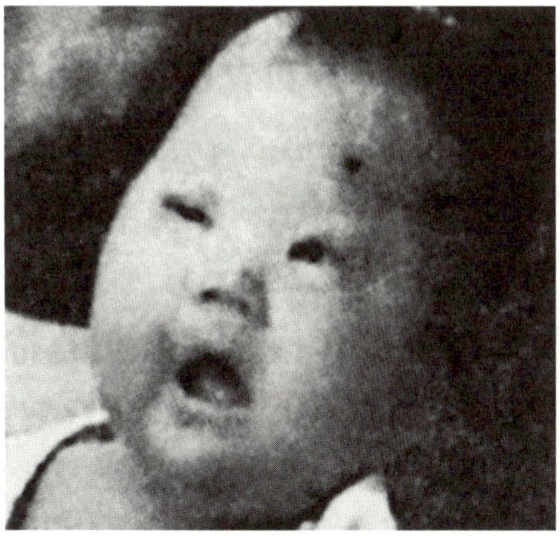

图15-2-1 21-三体综合征的特殊面容

2. 智力落后 是本病最突出、最严重的临床表现。绝大部分患者有不同程度的智力发育障碍。

3. 生长发育迟缓 患者出生时身长和体重较正常儿低,生后体格发育、动作发育均迟缓,身材矮小,骨龄落后于实际年龄;出牙迟且顺序异常;四肢短,韧带松弛,关节可过度弯曲;肌张力低下,腹膨隆,可伴有脐疝;手指粗短,小指尤短,中间指骨短宽,且向内弯曲。

4. 伴发畸形 约50%患者伴有先天性心脏病,其次是消化道畸形。

5. 皮纹特点 手掌出现猿线(俗称“通贯手”)、atd角一般大于45°,第4、5指纹桡箕增多。

6. 其他 免疫功能低下,易患感染性疾病,急性淋巴细胞性白血病的发生率高于正常人群。如存活至成人期，则常在 30 岁以后出现老年性痴呆症状。

【实验室检查】

细胞遗传学检查根据核型分析可分为三型。

1. 标准型 约占 95% 左右，核型为 47，XX（或 XY），+21，由亲代的生殖细胞在减数分裂时染色体不分离所致。

2. 易位型（translocation） 占 2.5%~5.0%，多为罗伯逊易位（Robertsonian translocation），额外的 21 号染色体长臂易位到另一近端着丝粒染色体上。有 D/G 易位和 G/G 易位。最常见核型为 46，XY（或 XX），-14，+t（14q21q）。

3. 嵌合体型（mosaic） 占 2%~4%，是由受精卵在早期分裂过程中发生了 21 号染色体不分离所致。核型 90% 为 46，XY（XX）/47，XY（XX），+21。患者临床表现的严重程度与正常细胞所占百分比有关。

【诊断与鉴别诊断】

典型病例根据特殊面容、智力与生长发育落后、皮纹特点等不难作出临床诊断，但应做染色体核型分析以确诊。本病应与先天性甲状腺功能减退症鉴别。后者有颜面黏液性水肿、头发干枯、皮肤粗糙、喂养困难、便秘、腹胀等症状，可测血清 TSH、FT_4 和染色体核型分析进行鉴别。还应与其他以智力落后为主要表现的染色体疾病相鉴别。

【遗传咨询】

孕母年龄愈大，风险愈高，>35 岁者发病率明显上升。若母亲为 21q21q 平衡易位携带者，子代发病风险率为 100%。

【产前诊断和产前筛查】

对高危孕妇可常规做羊水细胞或绒毛膜细胞染色体检查，进行产前诊断。

目前可在孕妇中进行孕早期或者孕中期 21-三体综合征产前筛查，采用测定孕妇血清 β 绒毛膜促性腺激素（β-HCG）、甲胎蛋白（AFP）、游离雌三醇（FE3）进行产前诊断。通过 B 超测量胎儿颈项皮肤厚度也是疑诊 21-三体综合征的重要指标。羊水细胞或绒毛膜细胞染色体核型分析是本病产前诊断的确诊方法。

【治疗】

目前 21-三体综合征尚无确定有效的治疗方法。可采用综合措施，加强特殊教育和训练，使其逐步自理生活，从事力所能及的劳动。注意预防感染，如伴有先天性心脏病、胃肠道或其他畸形，可考虑手术矫治。

（二）18-三体综合征

18-三体综合征（18-trisomy syndrome，Edwards syndrome）是发病率仅次于 21-三体综合征的常染色体三体征。由 Edwards 等于 1960 年首次报道。主要临床表现为多发畸形，重度智力低下。本病在新生婴儿中的发生率为 1/5 000~1/4 000，男女之比为 1：（3~4）。

【病因】

18-三体综合征由卵细胞在减数分裂过程中 18 号染色体不分离所致。本病与孕母年龄关系密切，高龄孕妇胎儿的患病风险明显增加，其自然流产率高。

【临床表现】

1. 生长发育障碍 多为小于胎龄儿，喂养困难，反应低下，骨骼、肌肉发育不良。新生儿早期肌张力低，以后肌张力增高。精神和运动发育迟缓。

2. 多发畸形

（1）颅面部：小头畸形，头前后径长，枕骨突出。小眼畸形、眼距宽，内眦赘皮，角膜混浊，白内障、虹膜缺损等。鼻后孔闭锁；腭弓高窄，下颌小，唇裂或腭裂；耳位低，外耳畸形。

NOTES

（2）胸部：颈短，胸骨短，乳头小且发育不良，乳距宽。第 12 肋骨发育不良或缺如。

（3）多种先天畸形：多为先天性心脏病、消化道畸形、泌尿系畸形。男性多有隐睾，阴囊畸形。女性可有双角子宫、阴蒂肥大及双阴道。可有甲状腺发育不良，胸腺发育不良。

（4）四肢：患者有特殊的握拳姿势，手指屈曲，拇指、中指及示指紧收，示指压在中指上，小指压在无名指上。手指不易伸直，如被动伸直时，则中指及小指斜向尺侧，拇指及示指斜向桡侧，示指与中指分开，形成 V 形。指甲发育不良。趾短且背屈，骨突出，呈摇椅底样足。偶见短肢畸形。

（5）皮肤及皮纹：皮肤多毳毛，皱褶多，可出现血管瘤。指纹特征包括六个以上弓形纹，第五指只有一横纹，30% 有猿线（通贯线）以及轴三射远位，呈 t′或 t″。

3. 重度智力落后。

【实验室检查】

18-三体综合征临床表现多种多样，各种畸形并非 18-三体综合征特有，因此不能仅根据临床畸形做出诊断，须进行染色体核型分析。

患者的核型有三种：80% 为 47，XY（XX），+18；10% 为嵌合体，即 46，XY（XX）/47，XY（XX），+18；其余为各种易位，主要是 18 号染色体与 D 组染色体的易位。

【治疗和预后】

18-三体综合征无特殊疗法。患者最多存活几个月，存活 1 年以上者不到 10%。

三、性染色体异常

（一）先天性卵巢发育不全综合征

先天性卵巢发育不全综合征是由全部或部分体细胞中一条 X 染色体完全或部分缺失所致。由 Turner 于 1938 年首先报道，故称为特纳综合征（Turner syndrome，TS）。TS 是最常见的性染色体疾病，也是人类唯一出生后能存活的染色体完全单体疾病。活产女婴中的发病率为 1/2 500~1/2 000。主要临床表现为身材矮小、特殊的躯体特征和性发育不良等。

【发病机制】

先天性卵巢发育不全综合征由亲代生殖细胞在减数分裂过程中或早期合子分裂期性染色体不分离、合子卵裂中姐妹染色单体不分离或染色体在有丝分裂中部分缺失（嵌合体）所致。

【临床表现】

患者呈女性表型，临床表现多样。患者多因身材矮小、青春期无性征发育或原发性闭经等就诊。

1. 生长障碍 是患者最常见的就诊原因之一。主要表现为：宫内生长迟缓，出生时身长体重在正常低限，3 岁后身高增长缓慢，青春期无生长加速。90% 患者成年身高不超过 150cm。部分嵌合体或遗传靶身高较高者，身高也可处于正常范围。

2. 性发育不良 主要表现为缺乏第二性征或青春发育延迟、初潮延迟、原发性闭经、不孕不育等。但也有部分患者可出现自发性性发育，甚至规律月经，但最终大部分患者会出现卵巢衰竭。

3. 特殊的躯体特征 包括颜面部皮肤色素痣、颈短、颈蹼、后发际低、盾状胸、乳头间距增宽及乳头内陷、肘外翻、第 4 及第 5 掌骨短、凸指甲等。

4. 可伴其他畸形 如 35% 患者伴有心脏畸形（主动脉缩窄）；25% 的患者有肾脏畸形（马蹄肾、异位肾、肾积水等）；10%~25% 有脊柱侧凸。

5. 智力 大部分患者智力正常，有时可伴有不同程度的智力低下。

6. 自身免疫性疾病 患者自身免疫性疾病的发生率高于一般人群，且随年龄的增长，发病风险增加。常见的自身免疫性疾病有自身免疫性甲状腺炎、糖尿病、炎症性肠病等。

【实验室检查】

1. 染色体核型分析 是确诊 TS 的关键检测手段。TS 的常见核型有以下几种类型。

（1）单体型：核型为 45，X，约占 60%。患者具有典型的临床表现。

（2）嵌合型：核型为45，X/46，XX，约占该病的25%。以46，XX为主的个体临床表现较轻。若以45，X细胞为主，其表型与单体型相似。

（3）X染色体结构异常：46，X，del（Xq）或者46，X，del（X_p），即1条X染色体长臂或短臂缺失；46，X，i（Xq），即一条X染色体的短臂缺失而形成了等长臂X染色体；环状X染色体，46，X，r（X）；标记染色体等。

2. 内分泌激素检查 黄体生成素（LH）、卵泡刺激素（FSH）明显升高，E_2降低。部分患者GH激发试验峰值可小于10ng/ml、血清IGF-1分泌低下。

3. B超检查 子宫、卵巢发育不良，严重者性腺呈纤维条索状。心脏、肾脏伴发畸形等。

4. 左手腕掌指骨X线片 示骨龄落后。

【治疗】

先天性卵巢发育不全综合征的治疗以改善其成人期最终身高、促进性征发育、辅助生殖技术、社会心理治疗及相关疾病防治为主。

1. 重组人生长激素（rhGH） 治疗目的在于改善成年身高。目前对于开始应用rhGH的时间以及剂量尚无统一标准。一般认为在患者的身高位于正常女性生长曲线的第5百分位数以下时，即应开始rhGH治疗。rhGH的推荐剂量为0.15~0.20U/（kg·d）。患者已获满意身高或骨龄≥14岁、生长速率<2cm/年时，可考虑停药。用药期间应定期监测甲状腺功能、空腹血糖及骨龄发育情况。

2. 雌激素替代治疗 一般从12~14岁开始，先用小剂量雌激素，如倍美力（premarine）治疗6~12个月，逐步增加到成人替代治疗剂量，以促使乳房及外阴发育。第一次阴道出血发生后或雌激素治疗2年后可进行周期性的雌激素-孕激素疗法（人工周期治疗）。

3. 预防性性腺切除 含有Y染色体或有来源于Y染色体片段的患者，为避免性腺恶性肿瘤的发生，宜尽早行双侧性腺预防性切除。

对于TS患者应在各年龄段加强全面医学监测，注意伴发或相关疾病的监测及处理。必要时可提供辅助生殖技术服务。

（二）先天性睾丸发育不全综合征

先天性睾丸发育不全综合征又称克兰费尔特综合征（Klinefelter syndrome，KS），发病率仅次于特纳综合征，是男性不育的常见原因之一。本病在新生男婴中发病率为1/800~1/500，在男性生殖腺发育不全和不育患者中高达30%。

【发病机制】

先天性睾丸发育不全综合征的发生机制是亲代生殖细胞在减数分裂形成精子或卵子的过程中发生了性染色体不分离。

【临床表现】

患者呈男性表型，具有男性外生殖器。体格瘦长，身材较高，指间距大于身高。男性第二性征不明显，无胡须，无喉结；腋毛、阴毛及脂肪分布呈女性型，稀少或无；皮肤白皙。阴茎短小，睾丸极小而较硬，或为隐睾，睾丸活检可见曲精细管玻璃样变和纤维化。由于无精子，一般不能生育。

患者可有性格孤僻、腼腆、胆小，缺乏男孩性格。在标准47，XXY核型中，约有25%显示中度智力发育落后，表现为语言和学习障碍。

【实验室检查】

1. 染色体核型分析 是确诊本病的主要依据。该病染色体核型大多为47，XXY，也可有性染色体四体型或者五体型，如48，XXXY、48，XXYY、49，XXXXY、49，XXXYY；不同类型的嵌合体也较常见。

2. 生化检验 患者血清睾酮降低，LH、FSH升高。

3. 其他检查 B超可显示条索状睾丸。患者精液中一般无精子生成，病理检查见曲细精管玻璃样变，其睾丸间质细胞［莱氏（Leydig）细胞］虽有增生，但内分泌活力不足。

NOTES

【治疗】

先天性睾丸发育不全综合征需尽早确诊，自幼开始强化教育和训练，促进智力发育及正常性格形成。患者自11~12岁开始，进行雄激素治疗。一般可采用长效睾酮制剂，如庚酸睾酮治疗，每4周注射1次25mg，渐增至50mg，以后每年增加50mg，至成年时每次250mg。治疗过程中应注意监测血睾酮水平。但雄激素只能促进男性化及维持性功能，而不能恢复成年后的生育能力。

第三节 遗传性代谢病

一、概述

遗传性代谢病（inborn errors of metabolism，IEM）是由于基因突变，蛋白质分子在结构和功能上发生改变，导致酶、受体、载体等缺陷，使机体的生化反应和代谢出现异常，反应底物或者中间代谢产物在体内大量蓄积，引起一系列临床表现。遗传性代谢病种类繁多，目前已达近千种。虽单一病种患病率较低，但是总体发病率较高，危害严重。

遗传性代谢病起病时间不同，可在婴幼儿期、儿童期、青少年甚至成年期发病。其临床表现复杂多样，可有急性危象期、缓解期和缓慢进展期。全身各系统器官均可受累，以神经系统及消化系统的表现较为突出。有些有容貌异常，毛发、皮肤色素改变。部分患者表现为骨骼畸形，心肌肥大，皮疹，白内障，角膜混浊，视神经萎缩，耳聋，大头，肝、脾大，黄疸或肝硬化等。急性症状和生化异常包括急性代谢性脑病、高氨血症、代谢性酸中毒、低血糖等。

遗传性代谢病的诊断常需依赖实验室检查。血、尿常规分析，生化检测如血糖、血气分析、肝功能、胆红素、血氨、乳酸、丙酮酸、肌酐、尿素、电解质测定，有助于对遗传性代谢病作出初步判断或缩小诊断范围。遗传性代谢病的确诊需根据疾病进行特异性底物或者产物的测定。目前，GC/MS、串联质谱技术结合氨基酸分析等其他生化技术已可诊断多数遗传性有机酸和氨基酸代谢异常，是目前对遗传性代谢病进行高危筛查、确定诊断最为有效和广泛应用的方法。酶学测定对酶活性降低的遗传性代谢病诊断有重要价值，基因诊断对遗传病的最终诊断和分型越来越重要，但基因分析尚不能完全取代酶学检测。

大多遗传代谢病尚缺乏切实有效的治疗，对部分发病率相对较高、临床危害重、早期诊断并早期治疗可取得良好临床效果的疾病宜进行新生儿筛查。近年来，应用串联质谱仪（tandem-MS），可利用一张干血滴滤纸片对包括氨基酸病、有机酸尿症和脂肪酸氧化缺陷等在内的30余种遗传性代谢病在数分钟内同时进行筛查，大大提高了效率，在大规模群体筛查中显著降低了成本，实现了筛查工作从“一项检测一种疾病”到“一项检测多种疾病”的转变。该技术显著扩大了遗传代谢病的筛查、诊断和研究范围，使越来越多的遗传代谢病得到及时的筛查、诊断和正确处理。

二、糖代谢障碍

（一）糖原贮积病

糖原贮积病（glycogen storage disease，GSD）是一组由先天性酶缺陷所造成的糖代谢障碍性疾病。糖原分解或合成过程中各种酶缺乏，以致糖原（正常或异常结构）累积在肝、肌肉、心、肾等组织而造成一系列的临床症状。根据酶缺陷不同和糖原在体内沉积部位的不同分为10型。发病率约为1/25 000~1/20 000。临床以Ⅰ型糖原贮积病最多见（表15-3-1）。

（二）糖原贮积病Ⅰa型

【发病机制】

糖原贮积病Ⅰa型是由葡萄糖-6-磷酸酶（G6Pase）缺陷所导致的常染色体隐性遗传病，活产儿发病率为1/100 000，在GSD各型中最为多见。

NOTES

表 15-3-1 糖原贮积病的类型

分型	疾病	酶缺陷	致病基因	基因定位	主要受累组织
GSD 0 型					
0a		糖原合成酶	*GYS2*	12p12.2	肝
0b		糖原合成酶	*GYS1*	19q13.3	肌肉
GSD Ⅰ型					
Ⅰa	冯·基尔克（von Gierke）病	葡萄糖-6-磷酸酶	*G6PC*、*G6PC1*	17q21	肝、肾
Ⅰb		葡萄糖-6-磷酸转移酶	*G6PT1*	11q23	肝
Ⅰc		葡萄糖-6-磷酸转移酶	*G6PT1*	11q23 6p21.3	肝
GSD Ⅱ型	庞贝（Pompe）病	α-1,4-葡萄糖苷酶	*GAA*	17q25.2~q25.3	心、肝、肌肉
GSD Ⅲ型	Forbes 病、Cori 病				
Ⅲa		脱枝酶	*AGL*	1p21	肝、肌肉
Ⅲb		脱枝酶	*AGL*	1p21	肝
Ⅲc		淀粉-1,6-葡糖苷酶			
Ⅲd		低聚-(1,4→1,4)-葡聚糖转移酶			
GSD Ⅳ型	安德森（Andersen）病	分枝酶	*GBE1*	3p12	肝
GSD Ⅴ型	麦卡德尔（McArdle）病	肌磷酸化酶	*PYGM*	11q13	肌肉
GSD Ⅵ型	Hers 病	肝磷酸化酶	*PYGL*	14q21~q22	肝
GSD Ⅶ型	Tarui 病	肌肉磷酸果糖激酶	*PFKM*	12q13.3	肌肉、红细胞
GSD Ⅸa 型		肝磷酸化酶激酶	*PHKA2*	Xp12~q13	肝
GSD Ⅺ型	Faneoni-Biekel 综合征	葡萄糖转运蛋白 2	*GLUT2*	3p26.1~q26.3	肝、肾

葡萄糖-6-磷酸酶缺乏时，糖原的分解过程发生障碍，6-磷酸葡萄糖不能进一步水解成葡萄糖，导致低血糖，另外过多的糖原贮积在肝、肾中，不仅导致其体积明显增大，而且其功能也受到损害。

正常人在血糖过低时，胰高血糖素分泌增高以促进肝糖原分解和葡萄糖异生过程，生成葡萄糖使血糖保持稳定。而Ⅰ型 GSD 患者因葡萄糖-6-磷酸酶缺陷，由低血糖刺激分泌的胰高血糖素不仅不能提高血糖浓度，却使大量糖原分解所产生的部分 6-磷酸葡萄糖进入糖酵解途径；同时，由于 6-磷酸葡萄糖的累积，大部分 1-磷酸葡萄糖又重新再合成糖原；而低血糖又不断导致组织蛋白分解，向肝脏输送葡萄糖异生原料，这些异常代谢都加速了肝糖原的合成。糖代谢异常同时还造成了脂肪代谢紊乱，亢进的葡萄糖异生和糖酵解过程不仅使血中丙酮酸和乳酸含量增高，导致酸中毒，还生成了大量乙酰辅酶 A，为脂肪酸和胆固醇的合成提供了原料；同时还产生了合成脂肪和胆固醇所必需的还原型辅酶Ⅰ（烟酰胺腺嘌呤二核苷酸，NADH）和还原型辅酶Ⅱ（烟酰胺腺嘌呤二核苷酸磷酸，NADPH）。低血糖还使胰岛素水平降低，促进外周脂肪组织分解，使游离脂肪酸水平增高。这些代谢改变最终造成了甘油三酯和胆固醇等脂质合成旺盛，临床表现为高脂血症和肝脂肪变性。另外，6-磷酸葡萄糖的累积促进了磷酸戊糖旁路代谢，从而促进嘌呤代谢并使其终末代谢产物尿酸增加。

葡萄糖-6-磷酸酶的编码基因位于 17q21，约 12.5kb，含 5 个外显子。迄今为止，在葡糖-6-磷酸酶基因编码区已发现 100 余种突变。不同种族和不同地区的人群有不同的突变类型。

NOTES

【临床表现】

患者临床表现轻重不一，大多起病隐袭。典型者表现为生长落后、身材矮小，低血糖，肝大，易感染。患者呈娃娃脸，肌张力低下，智力发育多数正常。重症者在新生儿期即可出现严重低血糖、酸中毒、呼吸困难和肝大等症状，少数可出现低血糖惊厥。患者有高乳酸血症、高尿酸血症、高脂血症。部分患者尽管血糖很低，但无明显的低血糖症状，往往因肝大就诊，经生化检查才发现低血糖。

患者可出现骨质疏松，由于血小板功能不良，常有鼻出血等出血倾向，可并发肾病或肾功能异常。

【实验室检查】

1. **生化异常** 包括低血糖，酮症酸中毒，高乳酸血症，血脂及尿酸升高，可有肝功能异常。

2. **血小板** 功能降低，黏附率、聚集功能低下。

3. **肝功能** 多数正常，少数异常。

4. **糖代谢功能试验** ①肾上腺素试验：正常者血糖上升40%~60%；患者血糖无明显上升。②胰高血糖素试验：正常时在15~45分钟内血糖可升高1.5~2.8mmol/L，患者血糖升高不明显。

5. **B超** 肝、肾大。

6. **X线** 骨质疏松。

7. **CT** 少数病程较长的患者肝脏可有单个或多个腺瘤，部分可发生恶变。

8. **肝组织活体检查和酶活性测定** 肝组织糖原染色见糖原增多，特异性酶活性降低。

9. **外周血白细胞DNA分析** 是GSD分型和携带者检出最可靠的证据。

【诊断】

根据病史、体征和血生化检测结果可作出临床诊断，肾上腺素或胰高血糖素等试验可辅助诊断。准确分型需进行酶学测定和基因诊断。

【治疗】

糖原贮积病Ⅰa型的治疗原则是维持患者血糖在正常水平，防止低血糖，从而减轻临床症状。

饮食治疗是本病治疗的主要手段。重症者治疗方案可采用多次少量进食和夜间持续点滴高碳水化合物，以维持餐前或空腹3~4小时血糖3.9~6.1mmol/L。1岁以后可服用生玉米淀粉混悬液，剂量为1.75~2.00g/kg，以冷开水调服，每4~6小时1次。需避免或限制含果糖、半乳糖的水果、饮料、乳制品和食物。采用低脂饮食预防高脂血症，并注意补充各种微量元素和矿物质。如果患者存在难以控制的低血糖，或出现肝衰竭或肝腺瘤，可考虑肝移植。如合并肾衰竭，可行肝、肾联合移植。

（三）半乳糖血症

半乳糖血症（galactosemia）是由半乳糖代谢途径中酶的缺陷所造成的遗传代谢病，其发病率约为1/40 000。根据酶的缺陷不同分为3型，均为常染色体隐性遗传病。临床表现为黄疸，肝、脾大，低血糖和肝功能异常。其中以半乳糖-1-磷酸尿苷酰转移酶缺乏最为多见，在新生儿中发病率为1/30 000~1/10 000。

【发病机制】

正常情况下，乳糖进入肠道后即被水解成半乳糖和葡萄糖经肠黏膜吸收。半乳糖被吸收后在肝细胞内先后经半乳糖激酶（galactokinase，GALK）、半乳糖-1-磷酸尿苷酰转移酶（galactose-1-phosphate uridyltransferase，GALT）和尿苷二磷酸半乳糖表异构酶（uridine diphosphate galactose-4-epimerase，GALE）的作用，最终生成1-磷酸葡萄糖进入葡萄糖代谢途径（图15-3-1）。人体肝脏将半乳糖转化为葡萄糖的能力很强，摄入血中的半乳糖在半小时内即有50%被转化。

半乳糖-1-磷酸尿苷酰转移酶（GALT）的编码基因位于9p13，其缺陷导致半乳糖、半乳糖-1-磷酸和半乳糖代谢旁路生成的半乳糖醇等在各种组织中积累。1-磷酸半乳糖具细胞毒性，对糖代谢途径中的多种酶有抑制作用，特别是葡萄糖磷酸变位酶。葡萄糖磷酸变位酶被阻抑后不能使1-磷酸葡萄糖转化为6-磷酸葡萄糖，阻断了糖原分解过程；高浓度的1-磷酸半乳糖还抑制葡萄糖异生过程，因而在临床上呈现低血糖症状。半乳糖进入晶状体后即被醛糖还原酶（aldose reductase）还原成为半乳糖

NOTES

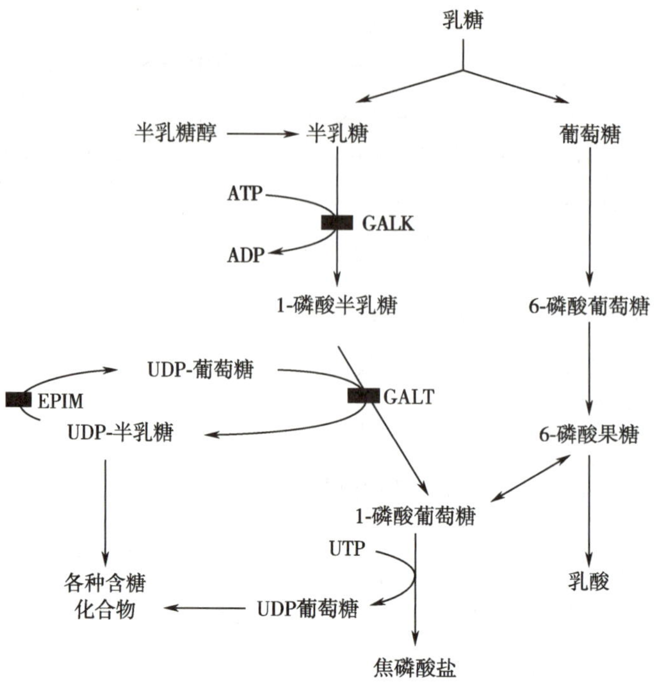

图 15-3-1 半乳糖代谢途径及酶缺陷

GALK：半乳糖激酶；GALT：半乳糖-1-磷酸尿苷酰转移酶；EPIM：尿苷二磷酸半乳糖表异构酶。

醇，沉积在晶状体中造成晶状体内渗透压增高、含水量增加、氨基酸转运和蛋白合成降低等代谢异常，最终形成白内障。

【临床表现】

典型患者在围生期即发病，常在喂给乳类后数日即出现呕吐、拒食、体重不增和嗜睡等症状，继而呈现黄疸和肝大。若不能及时诊断而继续喂给乳类，将导致病情进一步恶化，在2~5周内发生腹腔积液、肝衰竭、出血等终末期症状。如用裂隙灯检查，在发病早期即可发现晶状体白内障形成。

30%~50%患者在病程第1周左右并发大肠埃希菌败血症，使病情更加严重。未经及时诊断和治疗的患者大多在新生儿期内夭折。少数患者症状可较轻微，仅在进食乳类后出现轻度的消化道症状，但如继续食用乳类食物，则在婴幼儿期逐渐呈现生长迟缓、智能发育落后、肝硬化和白内障等征象。

【诊断】

1. 尿液气相色谱-质谱（GC-MS）分析 对疑似患者进行尿液GC-MS分析，患者尿半乳糖、半乳糖醇、半乳糖酸等明显增高。

2. 酶学分析 外周血红、白细胞，皮肤成纤维细胞或肝活体组织检查等均可供测定酶活性之用，以红细胞最为方便。

3. 其他常规检查 包括肝功能、凝血功能、血糖、血氨、血电解质、血气分析等。

【治疗】

诊断一旦明确，应立即治疗。半乳糖血症患者终生禁食含半乳糖成分的食物。开始治疗的年龄越小，效果越好。

明确诊断后，立即停用乳类，改用豆浆、米粉等喂养，并适当补充钙剂，辅以不含半乳糖的果汁、蔬菜汁以补充维生素。4个月以上添加优质蛋白质，如鸡蛋黄、肉松和鱼等营养必需物质。通常在限制乳类3~4天后即可见临床症状改善，肝功能在1周后好转。患者开始摄食辅食后，必须避免一切可能含有奶类的食品和某些含有乳糖的水果、蔬菜，如西瓜、西红柿等。

NOTES

对症支持治疗：低血糖时静脉输注葡萄糖；腹泻严重时及时补充电解质和水；对合并败血症的患者应采用适当的抗生素并给予积极支持治疗。

三、氨基酸与有机酸代谢障碍

（一）苯丙酮尿症

苯丙酮尿症（phenylketonuria，PKU）是苯丙氨酸羟化酶（phenylalanine hydroxylase，PAH）缺陷，体内各组织不能将苯丙氨酸羟化为酪氨酸，致使苯丙氨酸及其代谢物蓄积体内，引起一系列的功能异常。本病是最常见的先天性氨基酸代谢障碍，呈常染色体隐性遗传。本病具有种族和地域差异，我国发病率总体为1/11 000。

【发病机制】

苯丙氨酸（phenylalanine，Phe）是人体必需氨基酸，摄入体内的苯丙氨酸一部分用于蛋白质的合成，一部分通过PAH作用转变为酪氨酸，以供给合成肾上腺素、黑色素、甲状腺素等。苯丙氨酸代谢见图15-3-2。

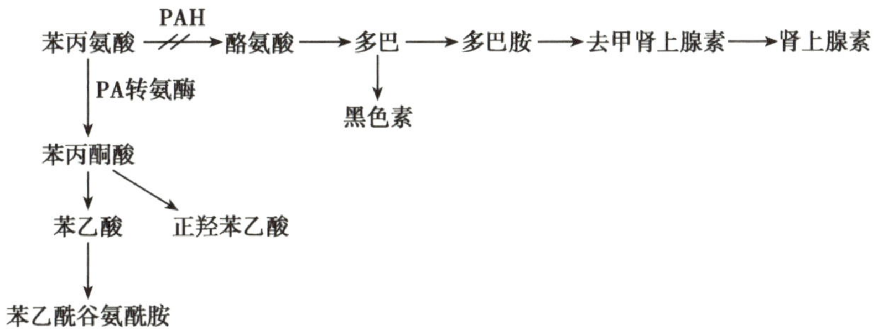

图15-3-2 苯丙氨酸代谢途径及其酶缺陷

人类PAH编码基因位于12q22~12q24，长约90kb，有13个外显子和12个内含子，编码451个氨基酸。在中国人群中已发现了100种以上基因变异。基因异常导致PAH缺乏，苯丙氨酸不能转化为酪氨酸，致使苯丙氨酸在血液、脑脊液、各种组织中积聚。同时由于主要代谢途径受阻，次要代谢途径增强，产生大量苯丙酮酸、苯乙酸、苯乳酸和对羟基苯丙酮酸等旁路代谢产物，并自尿中排出。高浓度的苯丙氨酸及其旁路代谢产物在脑组织中大量蓄积，可导致脑细胞受损。

此外，苯丙氨酸的代谢还须辅酶四氢生物蝶呤（tetrabiopterin，BH4）参与。BH4合成和再生途径中，须经过三磷酸鸟苷环化水解酶（GTPCH）、6-丙酮酰四氢生物蝶呤合成酶（PTPS）和二氢蝶啶还原酶（DHPR）的催化，代谢途径见图15-3-3。GTPCH、PTPS、DHPR等酶的编码基因缺陷可造成相关酶的活性下降，导致血苯丙氨酸升高。BH4还是酪氨酸和色氨酸等芳香氨基酸在催化过程中所必需的共同的辅酶，因而BH4缺乏时，不仅苯丙氨酸不能转化成酪氨酸，而且多巴胺、5-羟色胺等重要神经递质的合成受阻，加重神经系统的损害。

据统计，在我国新生儿筛查中发现的高苯丙氨酸血症，大多数为*PAH*基因缺陷所引起的PKU，约10%~15%为BH4缺乏症，绝大多数是PTPS缺乏类型，DHPR缺陷罕见。

【临床表现】

患者出生时正常，通常在3~6个月时出现症状，1岁时症状明显。

1. 神经系统 表现为智力发育落后，行为异常，如兴奋不安、抑郁、多动、孤僻等。可有癫痫小发作，少数呈现肌张力增高和腱反射亢进。BH4缺乏型患者神经系统症状出现早且重，常见肌张力减低、嗜睡或惊厥、智力落后明显。

2. 皮肤 患者生后数月因黑色素合成不足，头发由黑变黄，皮肤白皙。皮肤湿疹较常见。

3. 体味 由于尿和汗液中排出较多苯乙酸，有明显鼠尿臭味。

NOTES

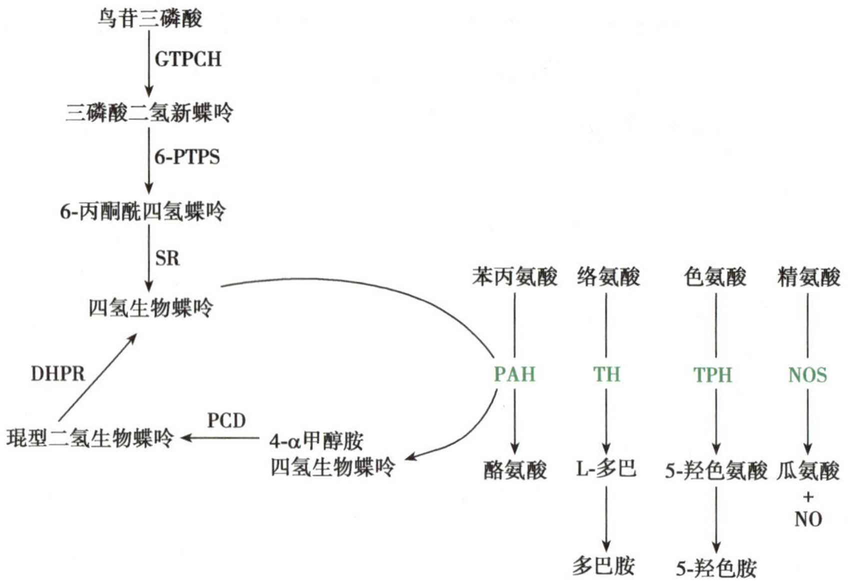

图 15-3-3 四氢生物蝶呤代谢途径

PCD：蝶呤-4α-二甲醇胺脱水酶；SR：墨蝶呤还原酶。

【实验室检查】

1. 新生儿疾病筛查 新生儿哺乳 3 天，针刺足跟采集外周血，滴于专用采血滤纸上，晾干后寄送至筛查实验室，进行苯丙氨酸浓度测定。如苯丙氨酸浓度大于筛查阳性切割值，则需进一步鉴别诊断和确诊。

2. 苯丙氨酸浓度测定 正常浓度小于 120μmol/L（2mg/dl），经典型 PKU>1 200μmol/L。

3. 尿三氯化铁（$FeCl_3$）及 2，4-二硝基苯肼试验（DNPH） 一般用于较大儿童的初筛。

4. 尿蝶呤谱分析 主要用于血苯丙氨酸增高患者的鉴别诊断。如由 6-丙酮酰四氢生物蝶呤合成酶缺乏所致的 BH4 缺乏症，尿中新蝶呤明显增加，生物蝶呤下降。三磷酸鸟苷环化水解酶缺乏的患者呈现蝶呤总排出量减少。

5. 血浆氨基酸分析和尿液有机酸分析 为本病提供生化诊断依据，且可与其他代谢缺陷病鉴别。患者尿中可检测到大量苯丙氨酸代谢产物。

6. 四氢生物蝶呤负荷试验 主要鉴别患者是否对四氢生物蝶呤负荷有反应。在服用 BH4 后 24 小时内，其血苯丙氨酸浓度下降超过 30% 为有反应，见于四氢生物蝶呤缺乏症和部分 PKU 患者，后者称为四氢生物蝶呤反应性苯丙氨酸羟化酶缺乏症（BH4 反应性 PAH 缺乏症）。

7. 基因诊断 可考虑常规进行，尤其对于经上述鉴别诊断试验仍不能确诊者，应尽早行基因诊断。

【诊断】

根据智力落后、头发由黑变黄、特殊体味和血苯丙氨酸升高可以确诊。PKU 应力求早期诊断与治疗，以避免神经系统的损伤。

四氢生物蝶呤缺乏症患者除有典型 PKU 表现外，神经系统表现较为突出，诊断主要依靠尿蝶呤谱分析。

【治疗】

PKU 为少数可治性遗传代谢病之一，应力求早诊断与早治疗，以避免神经系统的不可逆性损伤。一旦确诊即应给予积极治疗，开始治疗年龄越小，疗效越佳。

本病治疗主要采用低苯丙氨酸奶方。待血苯丙氨酸浓度降至理想浓度时，可逐渐少量添加天然饮食，以避免苯丙氨酸缺乏。但应以低蛋白、低苯丙氨酸食物为原则，其量和次数随血苯丙氨酸浓度而定。苯丙氨酸的理想控制范围：0~3 岁 120~240μmol/L；3~9 岁 180~360μmol/L；9~12 岁

NOTES

180~480μmol/L；12~16 岁 180~600μmol/L；>16 岁 180~900μmol/L。

低苯丙氨酸饮食治疗至少持续到青春期后。终身治疗对患者更有益。成年女性患者在怀孕前应重新开始饮食控制，血苯丙氨酸应该在 300μmol/L 以下，直至分娩，以免高苯丙氨酸血症影响胎儿，造成母源性 PKU（maternal PKU）。

对诊断 BH4 缺乏症患者，需补充 BH4、5-羟色胺和左旋多巴（*L*-DOPA）。

（二）酪氨酸血症

酪氨酸血症（tyrosinemia）是由酪氨酸代谢途径中的酶缺陷，导致体内酪氨酸及其代谢产物在体内大量蓄积，对机体造成损害的一种常染色体隐性遗传病。根据酶缺陷的种类，可分为 3 种类型，其中Ⅰ型最为多见。本节主要介绍Ⅰ型。

【发病机制】

酪氨酸血症Ⅰ型，又名肝肾型酪氨酸血症，是由编码延胡索酰乙酰乙酸水解酶（fumarylacetoacetate hydroxylase，FAH）的基因发生突变导致 FAH 活性降低或缺失，酪氨酸分解代谢发生障碍，中间代谢产物如马来酰乙酰乙酸、延胡索酰乙酰乙酸以及旁路途径产生的琥珀酰乙酰乙酸及琥珀酰丙酮等在体内蓄积，后两者可与蛋白质的巯基结合，造成肝、肾等多器官受损。该病总患病率约为 1/120 000~1/100 000。*FAH* 基因位于 15q23~q25，长约 30~50kb，包含 14 个外显子。

【临床表现】

酪氨酸血症Ⅰ型可于任何年龄发病，但多于新生儿及婴儿期发病，临床表现多样。根据患者的发病年龄分为急性型和慢性型。

急性型多于生后 6 个月内发病，起病急骤，生后即可出现呕吐、腹泻、嗜睡、体重不增、肝大、黄疸和腹腔积液、出血、低血糖等。如未及时治疗，患者多于生后 3~9 个月内死于肝衰竭。

慢性型多于 1 岁后发病，主要表现为慢性肝、肾功能损害，结节性肝硬化及肾小管功能受损，可伴有低磷性佝偻病及类卟啉症性神经危象表现。

【实验室检查】

1. 常规检查 肝功能异常，凝血功能异常，肾小管功能受损，贫血，血小板减少，AFP 水平显著增高。

2. 血串联质谱、尿有机酸分析 血酪氨酸增高；尿中 4-羟基苯乳酸、4-羟基苯乙酸、4-羟基苯丙酮酸及琥珀酰丙酮升高。

3. 酶活性 肝活检组织、外周血淋巴细胞中 FAH 活性明显降低。

4. 基因检测 可进行 *FAH* 基因相关突变位点分析。

【诊断】

结合肝、肾功能损害的临床表现，血酪氨酸、琥珀酰丙酮升高，尿 4-羟基苯乳酸、4-羟基苯乙酸及琥珀酰丙酮升高可诊断酪氨酸血症Ⅰ型。可行酶活性测定或基因检测确诊。

【治疗】

酪氨酸血症Ⅰ型治疗目的是降低酪氨酸及其代谢产物的水平，减轻其对机体的损伤。

1. 饮食控制 采用低酪氨酸、低苯丙氨酸饮食，两种氨基酸的摄入量均应<25mg/(kg·d)。

2. 药物治疗 尼替西农，为一种 4-羟基苯丙酮酸双加氧酶的抑制剂，可减少下游毒性代谢产物的产生，改善临床症状，是目前最佳治疗药物。

3. 其他 难以获得尼替西农、对尼替西农治疗无效的急性肝衰竭及疑有肝细胞癌患者可考虑肝移植。

（三）甲基丙二酸血症

甲基丙二酸血症（methylmalonic acidemia，MMA）又称甲基丙二酸尿症，是由甲基丙二酰辅酶 A 变位酶缺陷或其辅酶钴胺素（cobalamin，cbl）代谢缺陷，导致甲基丙二酸、甲基枸橼酸等代谢物在体内蓄积，引起神经、肾脏、肝脏、骨髓等多器官损伤的一类常染色体隐性遗传病。

【病因】

甲基丙二酸是异亮氨酸、缬氨酸、甲硫氨酸、苏氨酸、胆固醇和奇数链脂肪酸分解代谢途径中甲基丙二酰辅酶A的代谢产物。正常情况下在甲基丙二酰辅酶A变位酶及腺苷钴胺素的作用下转化成琥珀酰辅酶A，参与三羧酸循环。基因突变导致甲基丙二酰变位酶或甲基钴胺素活性下降，甲基丙二酰辅酶A代谢受阻，其旁路代谢产物甲基丙二酸、丙酸、甲基枸橼酸等代谢物异常蓄积，引起脑、肝、肾、骨髓及心脏等多器官损伤。

甲基丙二酸血症的生化机制复杂，其缺陷包括：两种变位酶蛋白缺陷产生的完全性变位酶缺陷（complete mutase deficiency，mut0）和部分缺陷（partial deficiency，mut−）；两种腺苷钴胺素（AdoCbl）合成缺陷，即线粒体钴胺素还原酶（mitochondrial Cbl reductase，cblA）缺乏和线粒体钴胺素腺苷转移酶（mitochondrial cobalamin adenosyltransferase，cblB）缺乏，以及3种由胞质和溶酶体钴胺素代谢异常引起的腺苷钴胺素和甲基钴胺素（MeCbl）合成缺陷（cblC、cblD、cblF）。患者为mut0、mut−、cblA和cblB遗传缺陷时仅有甲基丙二酸血症，临床表现相似；为cblC、cblD、cblF缺陷时，产生甲基丙二酸血症和同型半胱氨酸尿症（homocystinuria）。

编码甲基丙二酰变位酶的基因为*MUT*，cblA、cblB、cblC、cblD和cblF的相应编码基因分别为*MMAA*、*MMAB*、*MMACHC*、*MMADHC*及*LMBRD1*。其中，*MUT*基因和*MMACHC*基因突变在甲基丙二酸血症中最常见。*MUT*基因定位于6p21，含13个外显子，总长35kb，编码750个氨基酸，至今已发现200余种突变。*MMACHC*基因定位于1p34.1，含5个外显子，基因长10 736bp，编码282个氨基酸，已发现50余种*MMACHC*基因突变。

【临床表现】

甲基丙二酸血症最常见的临床症状为：嗜睡、生长发育不良、反复发作性呕吐、脱水、呼吸窘迫和肌张力低下。其他少见症状有智力落后、抽搐、肝大和昏迷。

重症患者可于新生儿期发病，也可在儿童、青少年期发病，在发热、感染、饥饿、疲劳、外伤等应激状态或高蛋白饮食等因素诱发下可发生急性代谢紊乱，出现类似急性脑病样症状，如呕吐、脱水、昏迷、惊厥、酸中毒、酮尿、低血糖、呼吸困难、肌张力低下并发脑病，早期死亡率极高，预后不良。

迟发型患者多在3~14岁出现症状，甚至于成年期起病，常合并脊髓、外周神经、肝、肾、眼、血管及皮肤等多系统损害，此外，发现部分成人患者首发症状为精神及心理异常。

【实验室检查】

MMA患者缺乏特异性症状与体征，临床诊断困难，常需要通过生化代谢及基因分析才能确诊。

1. 常规实验室检查 可发现贫血、中性粒细胞减少、血小板减少、全血细胞减少、酮症、酸中毒、高氨血症、高/低血糖、肝损害等。

2. 血串联质谱及尿有机酸分析 患者血丙酰肉碱（C3）及C3/C2（乙酰肉碱）比值增高。尿有机酸检测见甲基丙二酸及甲基枸橼酸增高。

3. 血同型半胱氨酸检测 甲基丙二酸血症合并同型半胱氨酸血症患者，血清和尿液同型半胱氨酸浓度增高，以此可与单纯甲基丙二酸血症患者进行鉴别。

4. 头颅磁共振（MRI）检查 常见对称性基底节损害，双侧苍白球信号异常，可表现为脑白质脱髓鞘变性、软化、坏死、脑萎缩及脑积水等。

5. 脑电图 MMA伴抽搐患者脑电图主要呈高峰节律紊乱、慢波背景伴痫样放电，部分无抽搐患者脑电图为局灶性样放电和慢波背景。

6. 基因检测 基因分析是MMA分型最可靠的依据，通过对其不同基因突变检测可明确致病基因。

7. 维生素 B_{12} 负荷试验 每天肌内注射维生素 B_{12} 1.0mg，连续3~5天，通过治疗前后临床症状，生化指标，血C3、C3/C2及尿甲基丙二酸水平变化，观察患者对维生素 B_{12} 的反应性。血C3、C3/C2及尿甲基丙二酸水平变化在治疗后较治疗前下降50%为维生素 B_{12} 有效型。

NOTES

【治疗与预后】

MMA 的治疗原则为减少甲基丙二酸及其旁路代谢产物的生成和加速其清除。尽早开始限制饮食中蛋白质(或应用限制甲基丙二酸前体氨基酸的特殊奶方)。

1. 急性期治疗 以补液、纠正酸中毒及电解质紊乱为主,同时限制蛋白质摄入,供给充足的热量,给予左旋肉碱静脉滴注。肌内注射维生素 B_{12},1mg/d,连续 3~6 天。若伴有高氨血症,可静脉滴注或口服精氨酸 100~500mg/(kg·d)。若患者血氨>500μmol/L,经限制蛋白、静脉滴注左卡尼汀及降血氨药物治疗 3~4 小时后血氨无下降,或有严重的电解质紊乱、昏迷、脑水肿表现,应考虑血液透析或腹膜透析。

2. 长期治疗

(1)饮食治疗:给予不含异亮氨酸、缬氨酸、苏氨酸和蛋氨酸的特殊配方奶粉或蛋白粉。大部分 MMA 合并同型半胱氨酸血症患者不需要严格控制天然蛋白质摄入。

(2)药物治疗:维生素 B_{12} 用于维生素 B_{12} 有效型的长期维持治疗,羟钴胺效果优于氰钴胺。补充左旋肉碱、甜菜碱、叶酸。

(3)对维生素 B_{12} 无效型且饮食控制治疗效果较差的患者可尝试肝移植治疗。

四、溶酶体贮积症

(一)黏多糖病

黏多糖病(mucopolysaccharidosis,MPS)是一组由降解各种黏多糖所需的溶酶体酶缺陷,造成不能完全降解的黏多糖在溶酶体中贮积而致的溶酶体贮积症。根据临床表现和不同的酶缺陷,可将 MPS 分为 7 种类型,除 MPS Ⅱ型为 X 连锁隐性遗传外,其余均属常染色体隐性遗传。

【发病机制】

黏多糖是结缔组织细胞间质的主要成分,广泛存在于各种细胞内。不同的黏多糖需不同的溶酶体酶进行降解,目前已知有 10 种溶酶体酶参与其降解过程,其中任何一种酶的缺陷都会造成氨基葡聚糖链分解障碍。参与黏多糖代谢的各种酶的编码基因和临床类别见表 15-3-2。

表 15-3-2 黏多糖病分型

类型	综合征	缺陷酶	致病基因	基因定位
MPS Ⅰ型				
ⅠH 型	赫尔勒(Hurler)综合征	α-*L*-艾杜糖酶	*IDUA*	4p16.3
ⅠS 型	Scheie 综合征	α-*L*-艾杜糖酶	*IDUA*	4p16.3
ⅠH/S 型	Hurler-Scheie 综合征	α-*L*-艾杜糖酶	*IDUA*	4p16.3
MPS Ⅱ型(A、B)	亨特(Hunter)综合征(A、B)	艾杜糖醛酸硫酸酯酶	*IDS* *SIDS*	Xq28
MPS Ⅲ型			*SGSH*	17q25.3
ⅢA 型	圣菲利波(Sanfilippo)综合征 A	硫酸乙酰肝素硫酸酯酶		
ⅢB 型	圣菲利波综合征 B	N-乙酰-α-*D*-氨基葡糖苷酶	*NAGLU*	17q21
ⅢC 型	圣菲利波综合征 C	乙酰辅酶 A:α-氨基葡糖苷-N-乙酰转移酶	*HGSNAT*	8p11
ⅢD 型	圣菲利波综合征 D	N-乙酰氨基葡糖苷-6-硫酸酯酶	*GNS*	12q14
MPS Ⅳ型 ⅣA 型	莫基奥(Morquio)综合征 A	氨基半乳糖-6-硫酸酯酶	*GALNS*	16q24.3
ⅣB 型	莫基奥综合征 B	β-半乳糖苷酶	*GLB1*	3p22.3
MPS Ⅵ型	马罗托-拉米(Maroteaux-Lamy)综合征	芳基硫酸酯酶 B	*ARSB*	5q14.1
MPS Ⅶ型	斯莱(Sly)综合征	β-葡萄糖醛酸酶	*GUSB*	7q11.21
MPS Ⅸ型		透明质酸酶	*HYAL1*	3p21.3~p21.2

NOTES

【临床表现】

MPS 主要临床特征是粗糙面容，骨骼异常及运动受限，肝、脾大和智力低下。

1. 体格发育障碍 患者出生时正常，大多生后1年左右呈现生长落后，身材矮小，关节进行性畸变，脊柱后凸或侧凸，膝外翻、爪形手等改变。患者头大，面容粗糙，前额突出，毛发多而发际低。

2. 智能障碍 患者精神、神经发育在1岁后逐渐迟缓，但 MPS ⅠS、Ⅳ和Ⅵ型患者大都智能正常。

3. 眼部病变 大部分患者在1岁左右出现角膜混浊，MPS Ⅱ、Ⅳ型发生较晚且较轻，因Ⅲ型酶缺陷仅导致 HS 降解障碍，故无角膜病变。ⅠS、Ⅱ和Ⅲ型可能有视网膜色素改变。ⅠS 型可发生青光眼。

4. 其他 由于黏多糖在各器官的贮积，常见肝、脾大，耳聋，心瓣膜损伤，动脉硬化等。随着病情进展，可发生肺功能不全、颈神经压迫症状和交通性脑积水等继发病变。

【实验室检查】

1. 尿液黏多糖检测 尿液的黏多糖定性、定量检查。甲苯胺蓝呈色法为本病的筛查试验，亦可用醋酸纤维薄膜电泳来区分尿中排出的黏多糖类型，协助分型。

2. 骨骼 X 线检查 骨质疏松，颅骨增大，"J"型蝶鞍。脊柱后凸或侧弯，椎体呈楔形或扁平，胸、腰椎体前下缘呈鱼唇样前突或呈鸟嘴突。肋骨脊柱端细小，胸骨端增宽，呈飘带状。掌骨短粗，基底变尖，指骨远端窄圆，腕骨骨化成熟延迟。

3. 酶学分析 是临床诊断黏多糖病和分型的重要手段，可采用外周血白细胞或成纤维细胞进行。

4. DNA 分析 参与黏多糖代谢的各种酶的编码基因均已定位，在患者中可发现多种不同基因突变类型。

【诊断】

1. 根据临床特殊面容和体征、X 线片表现以及尿黏多糖阳性，可以作出临床诊断。

2. 酶活性测定和基因分析是目前确诊和 MPS 分型的可靠方法。

MPS 应与佝偻病、先天性甲状腺功能减退症、黏脂贮积症（mucolipidosis，ML）、甘露糖贮积病、GM1 型神经节苷脂沉积病等鉴别。这些疾病临床表现与黏多糖病相似，但尿中黏多糖排出量不增加。

【治疗】

1. 酶替代治疗 MPS Ⅰ型、Ⅱ型、Ⅵ型的酶替代治疗已取得较好的临床疗效。通过酶替代治疗，患者尿中黏多糖明显减少，肝、脾明显缩小，生长发育速度加快，关节活动能力提高。但由于酶不能透过血脑屏障，酶替代治疗对改善认知功能及中枢神经系统功能效果不佳。另外，酶替代治疗不能逆转已经形成的心瓣膜病变及骨骼改变。

2. 骨髓移植、造血干细胞移植 可改善部分临床症状，提高生活质量，延长寿命。移植前脏器受累越轻的患者，移植疗效越好。

（二）戈谢病

【病因】

戈谢病（Gaucher disease，GD）又称葡萄糖脑苷脂沉积症，是由溶酶体β-葡萄糖脑苷脂酶（β-glucocerebrosidase，GBA）缺陷，使葡萄糖脑苷脂不能分解成半乳糖脑苷脂或葡萄糖和 N-酰基鞘氨醇，而在单核-吞噬细胞系统内大量沉积，引起组织细胞大量增殖，造成肝、脾大，骨骼病变，也可出现造血系统和中枢神经系统症状，并形成形态特异的戈谢细胞。本病是最常见的溶酶体贮积病之一，为常染色体隐性遗传病。

β-葡萄糖脑苷脂酶的编码基因定位于1q21~1q31，长约7kb，含有11个外显子。该基因突变种类繁多，目前已确定近200余种。

【临床表现】

由于酶缺乏的程度不同，临床表现可有较大差异。根据起病情况、器官受累程度及有无神经系统症状将戈谢病分为三种类型，具体临床及分型见表15-3-3。

NOTES

表 15-3-3　各型戈谢病的临床及遗传学特征

型别	别称	基因突变	酶活性/%	起病时间	疾病进展	肝、脾大	神经系统表现	脾切除	预后
Ⅰ型	慢性无神经型；成人型	*1226G*（*N370S*）纯合突变	12~45	起病可早至婴儿，也可迟至几十岁	起病隐匿，进展缓慢	早期脾大而后肝大，脾功能亢进	无神经系统表现	效果好，长期存活率高	较好
Ⅱ型	急性神经型；婴儿型	*1448C*（*L444P*）纯合基因突变	几乎测不出	发病早	进展迅速，病情危重	脾大	神经系统症状明显	无效	极差；常于2岁内死亡
Ⅲ型	亚急性或慢性神经型；少年型	*1448C*（*L444P*）和 *1342C*（*D409H*）杂合突变	13~20	婴幼儿起病	进展缓慢（亚急性）	初期脾大、肝脏大，进展缓慢	后期出现神经系统症状	仅可缓解脾功能亢进表现	不良；常于儿童或青春期死亡

【实验室检查】

1. **血常规**　可正常，脾功能亢进者可见外周血三系减少，或仅血小板减少。

2. **血清酸性磷酸酶增高。**

3. **戈谢细胞检查**　患者骨髓、脾、肝或淋巴结穿刺液均可供检测。骨髓涂片在片尾可找到“洋葱皮样”戈谢细胞。但高脂血症、慢性粒细胞白血病、多发性骨髓瘤等病亦可见到类戈谢细胞，需与之鉴别。

4. **酶学检查**　通常采用外周血白细胞或培养皮肤成纤维细胞进行。

5. **皮肤成纤维细胞β-葡萄糖脑苷脂（GC）与半乳糖脑苷脂的比值**　正常值为0.16±0.08，Ⅰ型戈谢病患者的比值降至0.04±0.02。

6. **基因诊断**　本病基因突变种类繁多但有患者DNA检测未见异常，故需结合酶活性评判。

【诊断和鉴别诊断】

根据肝、脾大或有中枢神经系统症状，骨髓细胞学检查找到戈谢细胞，血清酸性磷酸酶增高，即可诊断。同时应做β-葡萄糖脑苷脂酶活性测定，有条件者可同时做基因诊断。但本病基因突变种类繁多，分析结果正常者亦不能完全排除本病。

应注意与下列疾病鉴别：尼曼-皮克病、幼年型类风湿关节炎和风湿性关节炎、慢性粒细胞白血病、血小板减少性紫癜及一些结缔组织病、地中海贫血、海蓝组织细胞增生症、脾淋巴瘤/白血病等。

【治疗及预后】

1. **脾切除**　Ⅰ型和Ⅲ型患者脾大合并脾功能亢进者，如年龄在4岁以上，可行脾切除以缓解症状，但有可能加重骨骼和神经系统病变。因此，对这两型患者应予以长期随访，观察贫血和出血倾向的发展，尽可能推迟手术或仅部分脾切除。

2. **酶替代治疗（enzyme replacement therapy，ERT）**　采用重组酸性β-葡糖苷酶（伊米苷酶），通过每2周静脉滴注（30~60IU/kg）可逆转骨骼外症状。维持酶替代疗法可以改善骨骼结构，减少骨痛，同时诱导生长发育的追赶。

但酶替代治疗不能通过血脑屏障，对有神经系统受累的患者效果不理想，不适用于Ⅱ型患者。

3. **造血干细胞移植（HSCT）**　成功的HSCT能够纠正患者的酶缺陷，改善贫血和血小板减少，使肝、脾体积缩小。部分已经发生神经系统症状和骨病的患者在移植后也趋于稳定，但经验尚需进一步积累。

4. **其他**　通过化学抑制葡萄糖神经酰胺合酶来减少葡糖神经酰胺的合成，可用于不能够进行酶替代治疗的患者。

（三）尼曼-皮克病

尼曼-皮克病（Niemann-Pick disease，NPD）又称鞘磷脂沉积病，是一组罕见的遗传性磷脂代谢紊乱疾病，由神经鞘磷脂酶缺乏导致神经鞘磷脂（sphingomyelin，SM）异常沉积在肝、脾等单核-吞噬细胞系统，器官和神经组织细胞中，临床以肝、脾大和神经系统受损为主。本病分为A~E 5型，均为常染色体隐性遗传病。除E型发生于成人外，其余均发生于婴幼儿及少年。

【临床表现】

根据临床表现（发病年龄和有无神经系统症状）、神经鞘磷脂酶含量及脂质贮积量，尼曼-皮克病分为5型。儿童期以A、B、C 3型为主，遗传学及临床特征见表15-3-4。

表15-3-4 儿童常见尼曼-皮克病的遗传学及临床特征

型别	致病基因	缺陷酶或蛋白质	酶活性	神经鞘磷脂累积量	临床表现起病时间	疾病进展	肝、脾大	神经系统表现	其他表现	预后
A型	*SMPD1*	酸性鞘磷脂酶	正常的5%~10%	正常的20~60倍	婴儿型；生后1年内	迅速	3~6个月时出现肝、脾大和淋巴结肿大	症状出现较早	约半数可见眼底黄斑部樱红斑	大多3岁左右死亡
B型	*SMPD1*	酸性鞘磷脂酶	正常的5%~20%	正常的3~20倍	较A型稍晚，多1~2岁起病	缓慢	常见脾先大，后出现肝大	不侵犯神经系统	部分有樱桃色斑疹和色晕；反复肺部感染	预后较好，大部分患者可存活至成年
C型	*NPC1*或*NPC2*	NPC1蛋白或NPC2蛋白	正常的50%	正常的8倍	1/3病例在生后第2年发病；2/3儿童期或青春期起病	缓慢	肝、脾大程度较A、B型轻	弥漫性脑病变，共济失调和癫痫发作等	多数有眼球上下活动障碍；吸入性肺炎	起病越早，预后越差

【诊断及鉴别诊断】

对原因不明的肝、脾大患者，不论是否伴有神经系统症状，均应考虑尼曼-皮克病的可能性，尤其同时伴有反复肺部感染者。

肝、脾大，早期出现神经系统症状和骨髓涂片找到典型的泡沫细胞，即可对A型患者作出初步诊断，但确诊仍需依据酶活性检测。由于正常白细胞中的鞘磷脂酶活性亦比较低，所以通常采用培养皮肤成纤维细胞作为检测材料。基因突变分析也可帮助确诊。

本病应与戈谢病、GM1型神经节苷脂病、肝豆状核变性、遗传性共济失调等相鉴别。

【治疗】

尼曼-皮克病目前尚无特殊治疗方法，主要是对症治疗。除低脂饮食、加强营养外，应用维生素C、E或丁羟基二苯乙烯，可阻止神经鞘磷脂M所含不饱和脂肪酸的过氧化和聚合作用，减少脂褐素和自由基形成。非神经型、有脾功能亢进者可以行脾切除术。

麦格司他通过抑制葡萄糖基神经酰胺合成酶的活性，阻止糖鞘脂的生物合成，从而减少在体内蓄积，可能对部分尼曼-皮克病C型患者有效。

（四）神经节苷脂沉积病

NOTES

神经节苷脂广泛存在于人体各种细胞内，以脑和神经组织中含量最高。GM1是最主要的一种神经节苷脂，GM1 的降解必须在溶酶体中经一系列水解酶的作用逐步进行，其中任一酶的缺陷都将造成节苷脂在溶酶体中沉积，进而破坏细胞和器官，导致神经节苷脂沉积病（gangliosidosis），其临床表现以中枢神经系统症状为主。溶酶体酶缺陷导致的各种脂质沉积症见表 15-3-5。

表 15-3-5 溶酶体酶缺陷导致的各种脂质沉积症

缺陷酶	基因定位	造成的疾病
β-半乳糖苷酶	3p22.3	GM_1 神经节苷脂沉积病（Ⅰ、Ⅱ、Ⅲ型）
β-己糖胺酶 A（α-亚单位）	15q23~q24	B 型 GM_2 神经节苷脂沉积病，婴儿型［泰-萨克斯（Tay-Sachs）病］
β-己糖胺酶 A 及 B（β-亚单位）	5q13	O 型 GM_2 神经节苷脂沉积病，婴儿型［桑德霍夫（Sandhoff）病］ O 型 GM_2 神经节苷脂沉积病，少年及成人型
α-半乳糖苷酶 A	Xq22	法布里（Fabry）病
半乳糖脑苷脂酶	14q31	克拉伯（Krabbe）病
β-葡萄糖脑苷脂酶	1q21~q31	戈谢病（Ⅰ、Ⅱ、Ⅲ型）
芳基硫酸酯酶	14q31	异染性脑白质营养不良（MLD）
鞘磷脂酶	11p15.1~p15.4	尼曼-皮克病（A、B 型）
酸性神经酰胺酶	8p22~p21.3	Farber 病

【病因和发病机制】

GM1 神经节苷脂沉积病是由酸性 β-半乳糖苷酶（acid β-galactosidase）缺乏，阻断了 GM1 降解过程所造成。该酶编码基因位于 3p22.3。

【临床表现】

神经节苷脂沉积病通常分为婴儿型（Ⅰ型）、幼年型（Ⅱ型）和慢性晚发型（Ⅲ型）。

1. Ⅰ型（婴儿型） 患者多在 3~6 个月发病，少数新生儿期起病。初起表现为全身肌张力低下，喂养困难，对外界反应差。生后数月即可见肝、脾大，常伴丑陋面容，如前额凸出、耳大、鼻梁低平、齿龈增生和巨舌。患者精神、动作发育迟缓；对声音敏感；动作失定向并逐渐出现眼震颤、阵发性痉挛、惊厥、腱反射亢进等症状。患者的骨髓、肝脾、淋巴结中可找到特殊的泡沫细胞。骨骼 X 线片常显示多发性骨发育不良、骨质疏松、椎体前缘尖突和畸形等现象。约 50% 患者眼底检查可发现樱红色斑，部分患者有角膜薄翳。

2. Ⅱ型（晚发婴儿型，或称幼年/少年型） 多在 12~18 个月发病。首发症状常是步态异常、易摔跌及行走不稳，继而上肢运动不稳，不能独坐、独站和失语，逐渐发展至痉挛性四肢瘫痪，常见癫痫发作。患者通常无外周神经受累和肝、脾大，视网膜和角膜无病变，视力正常，面容正常。骨骼 X 线片可见轻度髋臼和胸、腰椎椎体发育不良，近端掌骨畸形。

3. Ⅲ型（慢性晚发型，成年型） 多在儿童期和青春期发病，亦有迟至三四十岁者。以构音障碍和肌张力改变为初始症状，病情进展缓慢，可长达数 10 年，智力可能轻度受损，通常无共济失调、肌阵挛、癫痫等症状，无面容异常及肝、脾大，无视网膜、角膜病变。骨骼 X 线片可能见到脊椎椎体轻度扁平。

【诊断】

神经节苷脂沉积病患者尿中可检出硫酸角质素；外周血淋巴细胞常有空泡形成、骨骼 X 线片有特征性改变等均有助于诊断。确诊需依据外周血白细胞、培养成纤维细胞或肝活体组织的酸性 β-半乳糖苷酶活性测定或基因分析。

【治疗及预后】

神经节苷脂沉积病尚无有效治疗方法。酶活性越低，发病越早，进展越快。预后不良。

NOTES

五、铜代谢障碍

肝豆状核变性

肝豆状核变性（hepatolenticular degeneration，WD）是一种常染色体隐性遗传病，由 P 型 *ATP7B* 基因异常导致铜在体内贮积。临床上以肝硬化、眼角膜色素环和锥体外系症状三大表现为特征。发病率约为 1/30 000。

【发病机制】

ATP7B 基因突变时，铜蓝蛋白和铜氧化酶活性降低，铜自胆汁中排出减少，但由于患者肠道吸收铜功能正常，所以大量铜贮积在体内重要器官和组织，造成细胞损伤，临床出现各系统被累及的相应症状。

ATP7B 基因定位于 13q14.3~21.1，含 21 个外显子，cDNA 全长约 7.5kb，编码 1 411 个氨基酸。目前已经发现各种类型的 *ATP7B* 基因突变达 200 余种。*ATP7B* 基因突变类型在不同种族、地区存在明显差异，中国人的突变以外显子 8 较高，其中 *R778L* 突变最常见。

【临床表现】

发病年龄以 7~12 岁最多见。最小起病年龄为 3 岁以下，最大可至成年期起病。临床表现变异较大，整个病程可分为无症状期和发病期。

1. 无症状期　从出生至发病前，患者仅有轻度尿铜增高，甚少被发现。

2. 肝损害期　随着肝细胞中铜沉积量的增加，逐渐出现肝脏受损症状。发病隐袭，初时因症状轻微，易被忽视；或可反复出现疲乏、食欲缺乏、呕吐、黄疸、水肿或腹腔积液等。轻者仅见肝、脾大，而无临床症状。部分病例可能并发病毒性肝炎，多数与慢性活动性肝炎不易鉴别，亦有少数病情迅速发展至急性肝功能衰竭者。有时初诊就发现有肝硬化，出现肝、脾质地坚硬，腹腔积液，食管静脉曲张，脾功能亢进，出血倾向和肝功能不全的表现。

3. 神经系统症状　多在 10 岁以后出现。患者可出现程度不等的锥体外系症状，如腱反射亢进、病理反射等，有肌张力改变，精细动作困难，动作笨拙或不自主运动，肢体震颤，面无表情，书写困难，构语困难，吞咽困难。晚期时精神症状更为明显，罕见癫痫发作或偏瘫，无感觉障碍，一般无严重的智力低下。

4. 溶血性贫血　约 15% 的患者在出现肝病症状前或同时可发生溶血性贫血，一般呈一过性。

5. 肾脏　主要表现为肾小管重吸收功能障碍，如蛋白尿、糖尿、氨基酸尿和肾小管酸中毒表现，少数患者可有范科尼综合征表现。

6. 角膜色素环（K-F 环，Kayser-Fleisher ring）　是本病特有的体征，初期需用裂隙灯检查。

7. 约 20% 的患者发生背部或关节疼痛症状，最易受损的关节是膝、踝关节，双下肢弯曲变形。

【实验室检查】

1. 血清铜蓝蛋白测定　小儿正常含量为 200~400mg/L，患者通常低于 200mg/L，甚至在 50mg/L 以下。血清铜蓝蛋白值与病情、病程和驱铜疗效无关。有 5%~10% 的 WD 患者血清铜蓝蛋白不低或在正常低限，多为不典型肝豆状核变性患者。

2. 24 小时尿铜排量　尿铜排量可辅助临床确诊、评估疗效和指导药物剂量以及观察患者对治疗的依从性。正常小儿尿铜低于 40μg/24h；未经治疗的患者明显增高，常达 100~1 000μg/24h。

3. K-F 环检查　早期需在眼科裂隙灯下检查，以后肉眼亦可见到。

4. 头颅 CT、MRI 检查　CT 多见脑室扩大，脑干和小脑萎缩，大脑皮质和白质萎缩及基底节低密度改变等，以双侧豆状核区低密度灶最具特征性。头颅 MRI 比 CT 更具价值，表现为豆状核（尤其壳核）、尾状核、中脑和脑桥、丘脑、小脑及额叶皮质 T_1 加权像低信号和 T_2 加权像高信号，或壳核和尾状核在加权像显示高低混杂信号。T_2 加权像低信号是本病与铜沉积相关的较具特征性改变。

5. 骨骼 X 线检查　常见骨质疏松、关节间隙变窄或骨赘生等病变。

6. 基因突变检测　*ATP7B* 基因突变。基因诊断也可应用于患者家系中的致病基因携带者、症状

NOTES

前患者的检测以及产前诊断。

【诊断】

有典型临床表现、角膜K-F环、血清铜蓝蛋白降低和24小时尿铜明显增高,即可做出诊断。但由于肝豆状核变性早期症状常较隐袭,多系统症状并非同时出现,极易漏诊或误诊。对有阳性家族史、原因不明的肝病、锥体外系症状、溶血性贫血、肾小管功能障碍、代谢性骨病的患者,要考虑本病的可能。

【治疗】

肝豆状核变性是目前少数可以对症治疗的单基因遗传病,其疗效与开始治疗的时间密切相关,治疗开始愈早,预后愈好。治疗原则是减少铜的摄入和增加铜的排出,避免铜在体内沉积,以恢复和维持机体正常功能。患者应终身治疗。

1. 低铜饮食 每日食物中含铜量不应>1mg,避免食用含铜量高的食物,如肝、贝壳类、蘑菇、蚕豆、豌豆、玉米和巧克力等。

2. 促进铜排出 主要使用螯合剂。右旋青霉胺(*D*-penicillamine)是目前最常用的强效金属螯合药物,并可促进尿铜排出。剂量为每天20mg/kg,分两三次餐前半小时口服。首次服用应做青霉素皮内试验。治疗期间应定期检查血、尿常规和24小时尿铜变化。因青霉胺可能有拮抗维生素B_6的作用,故应补充维生素B_6 10~20mg,每天3次。

3. 减少铜吸收 口服锌制剂能促进肝、肠黏膜细胞合成分泌金属硫蛋白,并与铜离子结合而减少肠铜吸收。常用制剂为硫酸锌,儿童用量每天50~150mg,分两三次口服。服药后1小时内禁食,以避免影响锌吸收。重症患者不宜首选口服锌制剂。

青霉胺与锌盐联合治疗可减少青霉胺用量,青霉胺每日用7~10mg/kg,4~6个月后仅用锌作维持治疗。轻症者单用锌盐也可改善症状。二药合用时最好间隔2~3小时,以免影响疗效。

4. 其他治疗 锥体外系症状可对症处理,如用左旋多巴等。肝、肾、溶血、骨关节等病症可根据病情适当处理。对本病所致的急性肝衰竭或失代偿性肝硬化患者,经上述各种治疗无效者可考虑进行肝移植。

六、色素代谢异常

(一)高铁血红蛋白血症

高铁血红蛋白血症(methemoglobinemia)是一组比较罕见的代谢性疾病,其特点为红细胞中高铁血红蛋白(简称Met Hb)含量超过正常以致患者临床上出现发绀症状。

本症可分为以下类型。

1. 药物致高铁血红蛋白血症(drug induced methemoglobinemia) 主要由药物或化学物接触引起,如亚硝酸戊酯、亚硝酸钠、毛果芸香碱、利多卡因等。

2. 先天性高铁血红蛋白血症(congenital methemoglobinemia) 是由红细胞内还原型辅酶-细胞色素b5还原酶(NADH-cytochrome b5 reductase,b5R)缺乏引起。本症为常染色体隐性遗传病。

3. 先天性高铁血红蛋白血症伴有异常血红蛋白M(congenital methemoglobinemia associated with hemoglobin M) 是由珠蛋白基因发生突变所致的一种先天性家族性高铁血红蛋白血症,为常染色体显性遗传病。

【临床表现】

高铁血红蛋白血症的主要临床表现为缺氧和发绀。临床症状的严重度决定于Met Hb量、发病速度以及患者的心脏、呼吸和造血系统对缺氧的代偿能力。

获得性高铁血红蛋白血症发病急,Met Hb达20%~30%时即可出现发绀、恶心、呕吐、头痛、疲倦、呼吸急促、心率增快等症状。当Met Hb大于60%时可发生昏睡、呼吸循环衰竭甚至死亡。

【诊断】

不能用心脏或肺部疾病解释的发绀,且经吸氧而无效者,应考虑有高铁血红蛋白血症的可能性。

NOTES

【治疗】

高铁血红蛋白血症的治疗主要是针对发绀的处理。

1. 维生素 C 有直接还原高铁血红蛋白的作用，每日 200~300mg，分 3 次口服，可使高铁血红蛋白逐渐减至 10% 以下，发绀可逐渐消失。

2. 亚甲蓝 在体内经谷胱甘肽和三磷酸吡啶核苷黄递酶还原为无色亚甲蓝，后者可将高铁血红蛋白还原为正常血红蛋白，从而使高铁血红蛋白消失，发绀消退。剂量 1~2mg/kg，静脉注射，发绀消退后改为 3~5mg/(kg·d) 口服。

3. 忌用引起高铁血红蛋白血症的药物。

（二）卟啉病

卟啉病（porphyria）又名血紫质症，是一组较少见的血红素代谢障碍性疾病。由血红素生物合成途径中酶的先天性或获得性缺陷导致卟啉或其前体异常升高，并在组织中蓄积，由尿、粪中排出。临床表现为腹痛、神经精神症状、光感性皮肤损害等。

血红素大部分在骨髓和肝脏合成，有 8 种酶参与其合成过程，任一种酶发生缺陷均可以导致卟啉病。多数为常染色体显性遗传。

1. 急性间歇性卟啉病

【病因与发病机制】

急性间歇性卟啉病（acute intermittent porphyria，AIP）是部分缺乏胆色素原脱氨酶（PBGD）的结果，属常染色体显性遗传疾病。

AIP 是所有遗传性卟啉病中最常见的一种。发病常在 20~40 岁，女性多于男性，男女比例约为 3∶2，女性多见于青春期后和妊娠期。临床特点为阵发性腹痛和神经系统症状，尿中 σ-氨基-r-酮戊酸（ALA）和胆色素原（PBG）排泄增多。

【临床表现】

急性、弥漫性或局限性腹痛发作是 AIP 最常见的症状，其他胃肠特征包括恶心、呕吐、便秘或腹泻、腹胀和肠梗阻。

神经系统症状是 AIP 常见的特征，肌肉软弱常开始于腿的近侧，但也可累及臂或远端肢体。运动神经、脑神经都可受累，甚至导致延髓麻痹，呼吸衰竭而死亡；也可出现斑状感觉缺失。

【实验室检查】

AIP 患者尿中 ALA 和 PBG 定量，可比正常人增加 100 倍以上，在间歇期虽然减少，但仍比正常人高。刚排出的新鲜尿颜色正常，经过一段时间，尤其在阳光下暴露后，PBG 转变为尿卟啉或粪卟啉，尿色渐加深，呈咖啡色。患者肝细胞、红细胞和成纤维细胞中的尿卟啉原Ⅰ合成酶明显降低。

【诊断与鉴别诊断】

对反复发作找不到原因的腹部绞痛患者，伴有神经精神症状，尿放置后呈咖啡色者应考虑 AIP。若有服用巴比妥类、氨基比林或磺胺类药物致症状加重的病史，更有助于诊断。

腹痛应与外科疾病鉴别。伴有神经、精神症状需与成瘾性疾病、神经根炎和精神病等鉴别。

【治疗】

AIP 急性发作时，应积极纠正水、电解质紊乱。

静脉给予正铁血红素可有效地减少 ALA 和 PBG 的排泄并控制急性发作。

可采用水合氯醛、吗啡或哌替啶缓解疼痛或烦躁等神经系统症状。部分患者服用氯丙嗪可使肠痉挛缓解。

2. 先天性红细胞生成性卟啉病

【病因与发病机制】

先天性红细胞生成性卟啉病（congenital erythropoietic porphyria，CEP）极少见，为常染色体隐性遗传病，是由尿卟啉原Ⅲ合成酶缺乏所致。

NOTES

【临床表现】

新生儿或婴幼儿期排出红色或葡萄酒样尿常是早期症状，很快出现皮肤特征性的症状，早发性皮肤光过敏。表皮下的水疱损害可发展成侵蚀性结痂，有瘢痕形成和色素沉着，偶或色素脱失。多数有多毛症和脱发，以及在紫外线光下牙齿呈红色荧光（CEP 独特的症状）。

患者可有溶血性贫血与脾大的症状和体征，以及含有丰富卟啉的胆结石。骨髓显示红骨髓增生，可出现骨折或椎体压缩使体型变矮。

【实验室检查】

CEP 患者血红蛋白低，贫血为正色素性，网织红细胞增高，骨髓增生旺盛，幼红细胞在紫外线照射下，细胞核部分显示强荧光。

尿呈红色，含大量尿卟啉原Ⅰ，粪中排出大量粪卟啉原Ⅰ。

【诊断】

婴儿（或者在多数成人）排红色的尿和/或严重的皮肤光过敏提示 CEP 的诊断。

【治疗】

避阳光及避免皮肤创伤和感染是 CEP 中最重要的预防性措施。口服 β-胡萝卜素治疗，局部滤光（太阳光）可以有帮助。输血治疗可暂时减少溶血和参与增加红细胞的生成，也可减少卟啉的排泄。脾切除可在短期内减少溶血和卟啉的排泄以及减轻皮肤表现，但并非所有病例都能见效。

第四节　遗传性骨骼疾病

一、软骨发育不全

软骨发育不全（achondroplasia）是一种由软骨内骨化缺陷所致的先天性发育异常，主要影响长骨，表现为短肢型矮小身材，智力及体力发育良好。本病为常染色体显性遗传。

【临床表现】

1. 生长落后　胎儿娩出时即可见其身体长度正常而肢体较短，此后逐渐明显，肢体近端如肱骨及股骨比远端骨更短。至成人期，平均身高男性为（131±5.6）cm，女性为（124±5.9）cm。

2. 特殊体态　头颅增大，有的患者有轻度脑积水，穹隆及前额突出。胸椎后突，腰椎前突，以后者为明显。骶骨较为水平，使得臀部特征性的突出。胸腔扁而小，肋骨异常地短。手指粗而短，分开，常可见 4、5 指为一组，2、3 指为一组，拇指为一组，似“三叉戟”。下肢呈弓形，走路有滚动步态（rolling）。

3. 智力发育正常

【X 线表现】

1. 前额突出，顶骨及枕骨亦较隆突，但颅底短小，枕大孔变小而呈漏斗形。

2. 长骨变短，骨干厚，髓腔变小，骨骺可呈碎裂或不齐整。下肢弓形，腓骨长于胫骨，上肢尺骨长于桡骨。

3. 椎体厚度减少，自第一腰椎至第五腰椎，椎弓间距离逐渐变小。

4. 骨盆狭窄，髂骨扁而圆，各个径均小，髋臼向后移，接近坐骨切迹，有髋内翻，髋臼与股骨头大小不对称。肋骨短，胸骨宽而厚。肩胛角不锐利，肩胛盂浅而小。

【诊断及鉴别诊断】

软骨发育不全诊断一般不难。不典型病例需与其他原因所引起的生长落后区别，如软骨发育不良（hypochondroplasia）、软骨-外胚层发育不全（chondro-ectodermal dysplasia）、脊柱-骨骺发育不全（spondylo-epiphyseal dysplasia）等。

【治疗】

软骨发育不全目前尚无特殊治疗方法。

部分药物处于临床试验过程中。其中C型利钠肽类似物的2期临床试验显示有一定疗效。

二、成骨不全

成骨不全(osteogenesis imperfecta,OI),又称脆骨病(brittle bone disease),是一种遗传异质性结缔组织病。其特征为骨脆性增加、骨质疏松,即使轻微外伤甚至没有外伤也可发生骨折。本病大多是由编码Ⅰ型胶原的2个基因(*COL1A1*、*COL1A2*)之一发生错义突变或重排所致。我国发病率为3/100 000。

【临床表现】

结合临床、放射学及遗传学表现,成骨不全分为Ⅰ~Ⅵ型。各型患者基本上都有骨折和骨畸形,但各型间,甚至同型患者间表现不一,轻重不同。共同特点如下。

1. 多发性骨折和骨畸形 轻微外伤甚至没有外伤也会发生骨折。先天型者在出生时即有多处骨折。骨折大多为青枝型,移位少,疼痛轻,愈合快,依靠骨膜下成骨完成,因而常不被注意而造成畸形连接。长骨及肋骨为好发部位。青春期过后,骨折趋势逐渐减少。

2. 蓝巩膜 约占90%以上,是由于患者的巩膜变为半透明,可以看到其下方的脉络膜颜色。

3. 耳聋 常在11~40岁出现,约占25%。

4. 关节过度松弛 尤其是腕及踝关节;还可以有膝外翻、平足、习惯性肩脱位及桡骨头脱位等。

5. 头面部畸形 严重的颅骨发育不良者,在出生时头颅有皮囊感。生后头颅逐渐变宽阔,顶骨及枕骨突出,两颞球状膨出,额骨前突,双耳被推向下方,脸呈倒三角形。部分患者伴脑积水。

6. 牙本质发育不全 呈黄色或蓝灰色透光牙,牙齿易龋、磨损及破裂。乳齿损坏比恒齿重。

7. 其他胶原组织受侵犯表现 皮肤光滑、菲薄、易破损,血管脆性增加,并发肺炎、主动脉瓣细小、二尖瓣脱垂等。患者可出现生长落后。

【X线表现】

X线表现主要为普遍性骨质疏松及多发骨折。Ⅱ、Ⅲ型患者严重。

【治疗】

成骨不全目前无有效药物。治疗原则为慎防骨折、尽量恢复活动度与功能。

三、低磷佝偻病

低磷佝偻病(hypophosphatemic rickets)是一组由遗传性或获得性病因导致肾脏排磷增多,引起以低磷血症为特征的骨骼矿化障碍性疾病。其中X-连锁低血磷性佝偻病(X-linked hypophosphatemic rickets,XLH)是低磷性佝偻病中最常见的一种,主要表现为身材矮小、骨骼畸形、牙齿异常、骨痛等。

该病是由X染色体上的内肽酶同源的磷酸盐调节基因(phosphate regulating gene with homologies to endopeptidases on the X-chromosome,PHEX)突变所致。本病为X连锁显性遗传,男女均可受累,患病率约为1/60 000~1/20 000。

【临床表现】

低磷佝偻病的主要表现是生长障碍、骨骼畸形、骨骼疼痛。

1. 患者生长缓慢,身材矮小,表现为非匀称性矮小以及下肢畸形。

2. 骨骼畸形。患者多在1岁负重走路后出现双下肢畸形(如膝内翻、膝外翻)、蹒跚步态、进行性下肢弯曲畸形。部分患者可出现颅骨结构异常,如前额突出、颅缝早闭、Ⅰ型Chiari畸形等。青少年及成人期还可出现骨软化、骨骼疼痛、骨关节炎、多发病理性骨折。

3. 肌肉疼痛,行走无力。

4. 牙龈脓肿,牙釉质发育不良。

【辅助检查】

NOTES

1. 常规 低血磷,高尿磷,血清碱性磷酸酶升高,血钙正常或稍低,25-OHD_3正常。PTH正常,少数升高。肾小管磷重吸收率降低。

2. 骨骼 X 线 活动性佝偻病表现，长骨干骺端杯口状或毛刷状；骨质疏松，皮质变薄，下肢较上肢改变明显。

3. 基因检测 可采用 Sanger 测序或二代测序方法检测 *PHEX* 基因突变，采用多重连接探针扩增技术等方法检测基因的拷贝数变异等。

【治疗】

1. 传统治疗 为磷酸盐合剂与活性维生素 D 联合治疗。推荐中性磷酸盐制剂，剂量（以磷元素计算）为每日 20~60mg/kg，分 4~6 次口服。临床常用的活性维生素 D 有骨化三醇和阿法骨化醇。推荐初始剂量为骨化三醇 20~30ng/（kg·d）或阿法骨化醇 30~50ng/（kg·d）。随着佝偻病的逐渐恢复，骨化三醇可从起始治疗剂量减为维持量。治疗过程中应注意监测患者佝偻病体征、生长速率，以及血电解质、PTH 水平，尿钙，尿肌酐和肾脏超声等。

一般不推荐 XLH 患者额外补钙，以避免由此带来的高尿钙症风险。但若患者血钙偏低、尿钙减少，特别在治疗早期患者有低钙表现时，应适当补钙。

2. 布罗索尤单抗治疗 布罗索尤单抗是人源化的成纤维细胞生长因子 23（FGF23）单克隆抗体，可通过直接与 FGF23 结合，从而抑制下游信号通路，增加肾脏重吸收磷，还可增加血清活性维生素 D 水平以促进肠道吸收磷，改善骨骼矿化。

布罗索尤单抗治疗儿童 XLH 的起始剂量为 0.8mg/kg，每 2 周 1 次皮下注射。最低起始剂量为 10mg，最大剂量为 90mg。接受布罗索尤单抗治疗期间不能同时口服磷酸盐和活性维生素 D 类似物。对正在接受传统治疗的患者，给予布罗索尤单抗治疗前需停药 1 周。

3. 骨科治疗 适用于仅靠药物治疗难以改善的严重骨骼畸形。

（罗小平）

思考题

1. 简述染色体核型分析的指征。
2. 简述 21-三体综合征的产前诊断措施。
3. 21-三体综合征的临床表现有哪些？
4. 简述先天性卵巢发育不全综合征患者不同年龄段关注的重点问题。
5. 简述苯丙酮尿症患者的发病机制。
6. 简述低磷佝偻病的诊断要点。

16章

扫码获取
数字内容

第十六章
免疫性疾病

1. 儿童免疫系统解剖生理特点。
2. 免疫出生错误的分类及进展。
3. 常见免疫出生错误的临床表现和诊治要点。
4. 过敏性疾病的临床识别、相应的检查、治疗和管理原则。

第一节　儿童免疫系统解剖生理特点

免疫（immunity）是机体的一种保护性生理功能，原意指抵御传染病的能力，现指识别自身、排斥异己以维持机体生理平衡的能力，包括三方面内容：抵御病原微生物及毒素侵袭；清除衰老、损伤或死亡的细胞，稳定体内环境；免疫监视，识别和清除自身突变细胞和外源性异质性细胞。免疫功能失调或紊乱，可致异常免疫反应，如反复感染、免疫缺陷病、变态反应、自身免疫性疾病及恶性肿瘤。

儿童期的免疫系统发育不成熟，各种免疫功能（包括固有免疫和适应性免疫）尚不健全，特别是新生儿期尚未接触抗原，免疫记忆没有建立，对各种病原，甚至致病力很弱的细菌也有易感性。

（一）固有免疫（innate immune）

固有免疫系统是与生俱来的快速免疫反应系统，构成了宿主防御机制的首道屏障，其成分由父母遗传给后代，针对的是仅由微生物表达的分子。固有免疫系统成分来自宿主本身以及体内微生物（微生物组）。宿主成分包括：①物理屏障，包括皮肤、上皮、黏膜表面的紧密连接，黏液本身以及防止病原体侵入肠道的血管内皮细胞；②上皮细胞和吞噬细胞内的抗菌酶（如溶菌酶）；③炎症相关血清蛋白，如补体成分、CRP 和凝集素（糖结合蛋白）；④细胞表面和吞噬颗粒中的抗菌肽（防御素、抗菌肽等）；⑤能够感受微生物并释放防御反应信号的细胞受体（如 Toll 样受体，TLR）；⑥能够释放细胞因子和其他炎症介质的细胞，如巨噬细胞、肥大细胞、自然杀伤细胞、固有淋巴细胞（ILC）；⑦吞噬细胞（中性粒细胞、单核细胞、巨噬细胞）；⑧炎症复合体，调节固有炎症反应的中枢信号传递系统。微生物组包括体表或体内的细菌、真菌和病毒，其会显著影响宿主防御机制，也是固有免疫系统的一部分；机体的微生物成分会直接影响免疫应答的成熟和持续效力，可防止病原体过度生长，并调节炎症与免疫稳态的平衡。

1. 单核/巨噬细胞系统　血液中具有吞噬功能的细胞主要为中性粒细胞和单核细胞，胎儿期开始发育，至出生后可达 8×10^9 个/L~13×10^9 个/L（8 000~13 000 个/mm^3），72 小时后下降至 0.4×10^9/L（400 个/mm^3），维持一定低水平；2~3 周后再度上升，达正常。由于缺乏辅助因子，单核/巨噬细胞的趋化，黏附，吞噬，氧化杀菌及产生 G-CSF、IL-8、IL-6、IFN-γ、IL-12 等细胞因子和抗原提呈能力均较成人差，中性粒细胞的游走能力及吞噬功能也较差。

2. 屏障作用　皮肤/黏膜屏障功能差，尤其是新生儿期，易因皮肤/黏膜感染而患败血症；黏膜免疫系统产生免疫耐受的功能较差，所以容易出现蛋白不耐受情况。婴幼儿期淋巴结功能尚未成熟，屏障作用较差。血脑屏障发育不成熟，易患颅内感染。

3. 补体和其他免疫分子　母体的补体不转输给胎儿，新生儿补体经典途径（CH50、C3、C4 和 C5）活性是其母亲的 50%~60%，生后 3~6 个月达到成人水平。旁路途径的各种成分发育更为落后，B 因子和备解素仅分别为成人的35%~60%和35%~70%。未成熟儿补体经典和旁路途径均低于成熟儿。正常体液中多种免疫分子具有非特异性抗微生物的作用，其水平低下也可造成抗病能力较差，新生儿血浆纤连蛋白浓度仅为成人的1/3~1/2，未成熟儿则更低。未成熟儿甘露糖结合凝集素（mannose binding lectin，MBL）较成人低，生后10~20周达到足月新生儿水平。

（二）适应性免疫（adaptive immunity）

1. B淋巴细胞及免疫球蛋白 胎儿和新生儿有产生IgM的B细胞，但无产生IgG和IgA的B细胞。分泌IgG的B细胞于2岁时、分泌IgA的B细胞于5岁时达成人水平。B细胞至5岁才发育成熟，婴幼儿体内的B细胞多为不成熟的B细胞，不能有效产生抗多糖抗原的抗体，所以婴幼儿容易感染含有胸腺非依赖抗原（TI）-2抗原（具有许多重复性抗原决定簇的抗原，如细菌荚膜多糖和聚合鞭毛素等）的病原体。

IgG是唯一能通过胎盘的Ig，为主动性转运过程。大量IgG通过胎盘是在妊娠的后期。胎龄小于32周的胎儿或未成熟儿的血清IgG浓度低于4g/L，而足月新生儿血清IgG高于其母体5%~10%。新生儿自身合成IgG比IgM慢。生后2~4个月血清IgG降至最低点，达2g/L，早产儿可低至0.6g/L。出生6个月以后婴儿自身产生IgG水平逐渐增加，至10~12个月时体内IgG均为自身产生，达2.660~12.699（平均6.340）g/L；8~10岁时达成人水平（5.46~15.74g/L，平均10.86g/L）。IgG亚类随年龄增长而逐渐上升，IgG2代表细菌多糖的抗体，其上升速度在2岁内很慢，在此年龄阶段易患荚膜细菌感染。

IgM不能通过胎盘，所以出生时IgM水平极低。胎儿IgM水平增高往往提示存在宫内感染。出生后IgM产生迅速增加，男孩于3岁时，女孩于6岁时达到成人血清水平。IgA发育最迟，至青春后期或成人期才达成人水平。分泌型IgA于新生儿期不能测出，2个月时唾液中可测到，2~4岁时达成人水平。IgD在胎龄31周开始出现，其自身合成较少，生后脐血含量仅为成人的1%，1岁为10%，2~3岁达成人水平。IgE自胎龄11周开始合成，7岁左右达成人水平。Ig的个体发育见图16-1-1。

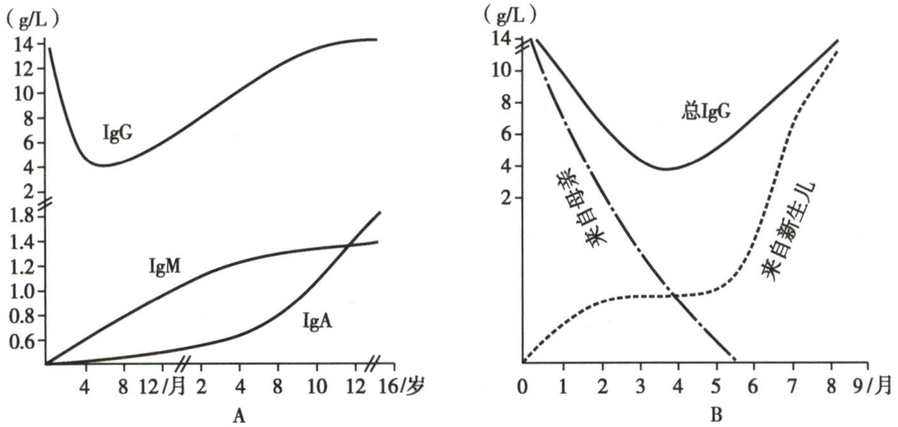

图16-1-1 免疫细胞的种类和发育

A. IgG、IgM和IgA个体发育，由于母体IgG能通过胎盘，所以出生时婴儿血清IgG水平甚高，随母体IgG消失，于生后3~5个月降至最低点，婴儿自身的IgG逐渐产生，大约于8~10岁时达成人水平。IgM和IgA出生时几乎为零，IgM发育最快，于6~8岁时达成人水平；IgA于11~12岁时接近成人浓度。B. 出生后9个月内婴儿血清IgG的动态变化。

2. T淋巴细胞及细胞因子 成熟T细胞占外周血淋巴细胞的60%~70%，因此外周血淋巴细胞计数可反映T细胞数量。出生时淋巴细胞数目较少，6~7个月时超过中性粒细胞的百分率，6~7岁时两者相当，此后随年龄增加逐渐接近成人水平。出生时T细胞功能发育已完成，故新生儿的皮肤迟发型超敏反应在初生后不久即已形成，新生儿接种卡介苗数周后，结核菌素试验即呈阳性反应。但小于胎龄儿和早产儿的 T 细胞数量少，对有丝分裂原反应较低。早产儿至 1 月龄时 T 细胞数量可赶上足月儿，而小于胎龄儿要在 1 岁以后才赶上同龄正常儿。

绝大多数脐血 T 细胞（97%）为 $CD45RA^+$ "初始"（näive）T 细胞（成人外周血为 50%），而 $CD45RO^+$ 记忆性 T 细胞极少。新生儿 T 细胞表达 CD25 和 CD40 配体较成人弱，辅助 B 细胞合成和转换 Ig、促进吞噬细胞和 CTL 的能力差；新生儿及婴儿期 $CD4^+$ 标记的辅助性 T 细胞（Th）相对较多，且以 Th2 为主，$CD8^+$ 细胞毒性/抑制性 T 细胞较少，$CD4^+/CD8^+$ 比值高达 3~4，故 Th2 类细胞功能相对亢进，其分泌的细胞因子占有相对优势，有利于避免母子免疫排斥反应；新生儿 T 细胞产生 TNF 和 GM-CSF 的能力仅为成人的 50%，产生 IFN-γ、IL-10 和 IL-4 的能力为成人的 10%~20%。随着抗原反复刺激，各种细胞因子水平逐渐升高，如 IFN-γ 于生后 175 天即达到成人水平。

3. 自然杀伤细胞 参与抗体依赖细胞介导的细胞毒性作用，其表面标记 CD56 于出生时几乎不表达，整个新生儿期亦很低。NK 细胞活性于生后 1~5 个月时达成人水平。抗体依赖细胞介导的细胞毒性功能仅为成人的 50%，于 1 岁时达到成人水平。

第二节 免疫出生错误

免疫出生错误（inborn error of immunity，IEI）以往称为原发性免疫缺陷病（primary immunodeficiency，PID），是由遗传因素或先天性免疫系统发育不良导致免疫系统功能障碍的一组综合征，可累及固有免疫或适应性免疫。临床表现为抗感染功能低下，反复发生严重的感染；或因（可同时伴有）免疫自身稳定和免疫监视功能异常，发生自身免疫性疾病、过敏症和某些恶性肿瘤。随着生物遗传学和诊断技术的飞速发展和不断改进，近来每年都有新的 IEI 被发现。1970 年世界卫生组织在日内瓦正式组建专家委员会对 PID 进行命名和分类，此后世界卫生组织与国际免疫协会（IUIS）联合组织专家每 2 年召开 1 次会议，讨论并更新其命名和分类。2017 年，IUIS 专家委员会将 PID 更名为 IEI。2021 年 IUIS 更新了 IEI 的分类，增加了新发现的 55 个新基因突变导致的 IEI，分为 10 个大类，共 485 种疾病（表 16-2-1）。

表 16-2-1 2021 年免疫出生错误分类

免疫出生错误分类	免疫出生错误分类
联合免疫缺陷	先天性固有免疫缺陷
联合免疫缺陷伴有综合征特征	自身炎症性疾病
主要抗体缺陷	补体缺陷
免疫失调性疾病	骨髓衰竭性疾病
先天性吞噬细胞缺陷	拟表型 IEI

IEI 的临床表现因病因不同而极为复杂，但其共同的表现却非常类似和一致，即反复感染、易患肿瘤和自身免疫性疾病。另外某些 IEI 有其特殊的临床特征，有助于对这些特殊疾病作出临床诊断，如：低钙血症、先天性心脏病和面部畸形（胸腺发育不全）；脐带延迟脱落，外周血白细胞增高和反复感染（白细胞黏附功能缺陷）；眼部及皮肤白化症伴反复感染［白细胞异常色素减退综合征（Chediak-Higashi syndrome）］；神经系统进行性变、共济失调伴反复呼吸道感染（毛细血管扩张共济失调综合征）等。总之出现以下症状时提示可能存在 IEI 的危险（表 16-2-2）。

对于可疑 IEI 的患者应根据具体情况选择进行以下的各种免疫学检查：①B 细胞的检查，如各种 Ig 和 IgG 亚类水平、B 细胞计数（CD19/20）、抗体反应（破伤风、白喉、风疹等）、B 细胞活化增殖功能、淋巴结活检等；②T 细胞的检查，如外周血淋巴细胞计数、胸部 X 线片、迟发皮肤过敏反应、T 细胞亚群分析（CD3/CD4/CD8）、细胞活化增殖功能、各种细胞因子测定以及皮肤或胸腺活检；③吞噬细胞的

NOTES

表16-2-2　提示潜在IEI的症状和体征

病史	IEI的重要提示——感染史
	复发性(可能)的细菌感染(比患者年龄相对应的预期更频繁) 一个以上的严重感染(如脑膜炎、骨髓炎、肺炎、败血症) 表现为不典型感染,通常非常严重,或慢性,或常规治疗无效(尤其是需要静脉应用抗生素) 内脏脓肿 复发性皮下脓肿(特别是儿童) 迁延或复发性腹泻 机会病原体引起的感染(如肺孢子虫) 严重和慢性持续疣、全身传染性软疣 泛化性念珠菌病,1岁以上儿童复发性鹅口疮 疫苗接种并发症[播散性卡介苗(BCG)或水痘感染、脊髓灰质炎、轮状病毒感染]
家族史	IEI家族史;家族中有类似症状者(母系的男性受累,或另外的明确的遗传模式) 不明原因的婴儿死亡,死于感染 父母已知或可疑的血缘关系(三代以内) 自身免疫性疾病,或多个家庭成员出现血液系统肿瘤
其他线索	提示IEI,但不确定 纯红细胞再生障碍性贫血或胸腺发育不良(X线) 血管性水肿 自身免疫性疾病(特别是自身免疫性血细胞减少,SLE) 出血倾向 先天性心脏异常(主要是心脏圆锥动脉干缺损) 慢性腹泻,吸收不良,胰腺功能不全 脐带脱落延迟(>4周) 乳牙脱落延迟 发育迟缓(进行性) 难治性阻塞性肺疾病 湿疹、皮炎(严重,异位性) 发育停滞或消瘦(成人) 输血后移植物抗宿主反应,或母体抗原植入 肉芽肿 溶血 光过敏 低钙性惊厥 炎症性肠病(非典型) 恶性肿瘤(主要为淋巴瘤) 非过敏性水肿 伤口愈合差,瘢痕形成 反复发热 肋骨或其他骨骼异常(X线) 胸腺瘤 不能解释的支气管扩张,肺大疱,间质性肺疾病 血管炎
体格检查	
皮肤及其附属物	头发或牙齿异常的,湿疹,新生儿红斑,(部分)白化病,皮肤苍白,色素失调症,指甲营养不良,广泛的疣或软疣,先天性脱发,白癜风,瘀点(早发,慢性),冷脓肿,毛细血管扩张,无汗
口腔	龈口炎(严重),牙周炎,口疮(反复),巨大的口腔溃疡,鹅口疮,牙列拥挤,锥形牙,牙釉质发育不良,乳牙永存
眼睛	视网膜病变,毛细血管扩张
淋巴组织	淋巴结和扁桃体缺失,淋巴结肿大(过度),无脾,器官肿大(肝,脾)
神经系统	共济失调,小头畸形,巨头
其他	血管性水平(无荨麻疹),杵状指,畸形,生长发育迟缓或不对称性生长

NOTES

检查，如WBC计数及形态、DHR(二氢罗丹明)分析、细胞的移动/趋化/吞噬/杀菌功能、黏附分子测定；④各种补体和调理素成分和功能的测定，另外还应包括各种相应的酶活性的测定。由于IEI多为单基因遗传性疾病，所以对其进行基因突变分析是目前确诊IEI的金标准。

(一) 严重联合免疫缺陷病(severe combined immunodeficiency，SCID)

SCID为一组由不同基因异常所致的严重T细胞缺乏/功能异常，并伴随B细胞功能异常的疾病。

【发病机制】

已经证实下列突变可以导致SCID：常见的是IL-2受体γ链(IL2RG)、ARTEMIS、RAGl、RAG2、ADA、CD45、JAK3、IL7R和RAC2等。SCID的遗传方式有X连锁和常染色体隐性遗传两种，其中X连锁严重联合免疫缺陷病(X-SCID)最常见，其病因为IL-2、IL-4、IL-7、IL-9和IL-15的共有受体γ链(γc)基因突变所致，占SCID病例的50%~60%。

【临床表现】

不同基因突变导致SCID的临床表现大致相仿，均发病较早，一般在6个月内发病。临床表现为反复的呼吸道、肠道感染，感染的病原种类可涵盖细菌、病毒、真菌、原虫及各种条件致病菌。临床上可发生局部或全身念珠菌感染、持续腹泻、生长发育停滞和营养不良；常出现条件致病菌引起的致命感染，如卡氏肺孢子虫、曲霉菌、李斯特菌和军团菌，常出现普通病毒，如巨细胞病毒(CMV)、水痘病毒、疱疹病毒、麻疹病毒和腺病毒所致的肺部感染。婴儿期可有严重的皮肤感染。其他表现还包括体重不增、长期口腔念珠菌感染和慢性腹泻，金黄色葡萄球菌引起的皮肤反复感染也很常见。

SCID患者还可发生移植物抗宿主病(GVHD)，主要见于接受了含异体来源的淋巴细胞的输血。急性GVHD的症状和体征是发热、剥脱性皮炎、伴高胆红素血症的肝炎、呕吐、腹泻和腹痛，严重的可致命。

不同致病基因导致的SCID也各有特点。X-SCID患者生后不久即发生严重细菌或病毒感染，多数病例于婴儿期死亡。*RAG-1*或*RAG-2*基因突变者于婴儿期发病，外周血T和B细胞计数均明显下降。*ADA*基因突变使ADA的毒性中间代谢产物累积，抑制T、B细胞增殖和分化，多数发病早，极少数轻症在年长儿或成人中发病。网状发育不良(reticular dysgenesis)者为淋巴干细胞和髓前体细胞发育成熟障碍，外周血淋巴细胞、中性粒细胞和血小板均严重减少，常死于婴儿期。

患者免疫系统异常表现为：T细胞、NK细胞($CD16^+CD56^+$)缺如或显著减少，体外丝裂原刺激无活化反应或反应严重低下；B细胞数量可能减少、正常或相对升高，但功能异常，导致Ig产生减少和类别转换障碍；SCID患者在感染或注射疫苗后均不产生特异性抗体。

【诊断】

淋巴细胞绝对计数是最常用的SCID筛查诊断方法，因为几乎SCID患者生后均会出现淋巴细胞减少，T淋巴细胞计数$<2.2\times10^9$个/L(婴儿相对年龄稍大儿童计数高)，可出现少数表达CD2抗原的幼稚T淋巴细胞，缺乏成熟的T淋巴细胞。SCID患者淋巴细胞亚群分布特点与基因型有关。如*γc*、*JAK3*所致者表现为$T^-B^+NK^-$，腺苷脱氨酶所致者表现为$T^-B^-NK^-$，*RAGl*、*RAG2*所致者表现为$T^-B^-NK^+$，*IL-7α*所致者表现为$T^-B^+NK^+$。T淋巴细胞增殖反应低下，T淋巴细胞对丝裂原和抗原的增殖减弱或缺失。基因诊断可以检测到以上相关基因的突变。

【治疗】

对SCID根本的治疗是免疫重建。早期的免疫重建可使患者得到长期生存的机会。治疗方法主要是移植人类白细胞抗原(HLA)一致的造血干细胞，生后3个月内骨髓移植或干细胞移植可使患者生存率达95%。这些接受移植的患者在移植后T细胞发育至正常水平，NK细胞水平常较正常低。另外强调，SCID的患者不能进行减毒活疫苗的免疫接种，输注的血液制品也应经过辐照清除具有增殖能力的细胞；应尽可能延长患者寿命，保护器官功能，为免疫重建做好准备。

(二) X连锁无丙种球蛋白血症(X-linked agammaglobulinaemia，XLA)

XLA是由人类布鲁顿酪氨酸激酶(Bruton's syrosine kinase，*Btk*)基因突变，使B细胞系列发育障

NOTES

碍，从而导致血清免疫球蛋白水平降低或缺失，感染易感性增加的一种原发性体液免疫缺陷病，为原发性 B 细胞缺陷的典型代表。1952 年 Bruton 报道了 1 例在 4 年半内连续发生 19 次脓毒血症的男性患者，从此人们开始认识原发性免疫缺陷病存在，所以 XLA 又称布鲁顿（Bruton）综合征。

【发病机制】

XLA 的发病机制是由位于 X 染色体 q21.3~q22 区域的 *Btk* 基因突变，导致 B 细胞成熟障碍。*Btk* 基因全长约 37.5kb，含有 19 个外显子，该基因编码的蛋白含有 5 个功能区，分别为 PH、TH、SH3、SH2 和 SHl 区，这 5 个功能区任一位点的突变都有可能影响 BTK 的活性。BTK 为细胞内重要的信号蛋白激酶，可通过多种途径调控 B 细胞分化及功能性反应，其功能障碍可使前 B 细胞向 B 细胞的分化过程阻滞，成熟 B 细胞和组织浆细胞缺失或数量减少，继而导致免疫球蛋白合成不足，使机体发生免疫缺陷。

【临床表现】

XLA 的发病率约为（6~10）/100 万。男孩发病，XLA 发病年龄多在 6 月龄以后（由于母体 IgG 可通过胎盘进入胎儿血液循环，故病儿生后 4 个月内可不出现任何症状），一般为 9~18 月龄，但也有一些到成年甚至更晚才发病的病例。XLA 最突出的临床表现是反复严重的细菌感染，感染部位主要包括呼吸系统、消化系统及中枢神经系统，其中以呼吸道感染最为常见，常见病原菌包括流感嗜血杆菌、肺炎链球菌、金黄色葡萄球菌和假单胞菌属细菌等。长期、反复的呼吸道感染可导致支气管扩张、杵状指等不可逆转的器官功能损害。消化道感染常见的症状有腹泻、腹痛、胃食管反流和胃肠炎。引起感染性腹泻的病原包括蓝氏贾第鞭毛虫、沙门菌、空肠弯曲菌、隐孢子虫等。因为 *Btk* 在 T 淋巴细胞上无表达，不影响细胞免疫，所以 XLA 患者对病毒感染的反应过程正常，但仍可以由肠道病毒感染而引起肠炎。

重症感染的 XLA 患者可出现侵袭性中枢神经系统感染症状。XLA 患者接种脊髓灰质炎疫苗可引发疫苗相关性脊髓灰质炎。另外，XLA 患者容易出现中耳炎、慢性鼻窦炎、营养不良、贫血、粒细胞减少、血小板减少、生长激素缺乏症及甲状腺激素紊乱等并发症。XLA 患者还可发生肿瘤、自身免疫和炎症性疾病，包括幼年特发性关节炎（10%~30%）、皮肌炎等。XLA 患者淋巴组织发育不良可出现扁桃体缺如等体征。

血清中各类 Ig 明显降低或缺乏是 XLA 的典型免疫学特征。患者血清 IgG 水平降低通常<2g/L，大部分 XLA 患者血清 IgG 为 1~2g/L，少数患者（<10%）的血清 IgG 可>2g/L。而 IgM 和 IgA 水平通常<0.2g/L。患者外周血中成熟 B 淋巴细胞减少或者缺乏，外周血 $CD19^+$B 淋巴细胞计数显著降低，一般<2%。另外，淋巴结及淋巴组织缺乏生发中心和淋巴滤泡，骨髓中无浆细胞，但祖 B 细胞数量正常，T 淋巴细胞数量及功能正常。预防接种后表现为无或较弱的抗体反应。

【诊断】

细胞及体液免疫功能检查是 XLA 诊断的基础，流式细胞仪测定 $CDl9^+$ 或 $CD20^+$B 淋巴细胞数量、BTK 蛋白表达水平有助于 XLA 的诊断；而 *Btk* 基因突变分析是 XLA 的确诊依据，目前已报道该基因突变类型超过 780 种。

【治疗】

免疫球蛋白替代疗法可控制大多数 XLA 患者的感染症状，全身状况可迅速改善。目前有静脉途径（IVIG）和皮下途径（SIG）两种，国内主要采用 IVIG。IVIG 治疗 XLA 的总原则是：早用比晚用效果好；较大剂量比小剂量好。如果 IVIG 治疗开始较晚，感染所致的器质性损害将是不可逆的。临床中常用剂量为 400~600mg/kg，每 3~4 周 1 次。血清 IgG 维持 5g/L 以上，感染明显减少，但有研究表明，此浓度不能提供足够保护，部分患者可能需更高剂量的 IgG 以控制感染。IVIG 用量应个体化。对于有明确感染的 XLA 患者应积极应用抗生素，根据药敏结果及时调整抗生素的种类及疗程。

（三）普通变异型免疫缺陷病（common variable immunodeficiency，CVID）

CVID 为一组病因不明，遗传方式不定，表现为 Ig 缺如的综合征。可发生于任何年龄，但多于幼

NOTES

儿或青春期起病，男女均可发病。

【发病机制】

CVID发病机制尚不完全清楚，目前认为大多数是Th细胞功能异常，不能向B细胞提供辅助信息使B细胞的分化受阻，导致Ig的合成和转换障碍。也有研究表明B细胞本身功能缺陷或者存在B细胞自身抗体也是其可能的发病机制。

【临床表现】

CVID最常见的临床表现为反复呼吸道感染，包括鼻窦炎、中耳炎、支气管炎和肺炎，可导致支气管扩张；病原菌为流感嗜血杆菌、链球菌、肺炎链球菌以及真菌或水痘-带状疱疹病毒等病毒。约10%的患者合并化脓性脑膜炎或病毒性脑炎等中枢神经系统感染；可出现吸收不良综合征或蛋白丢失性肠病等消化道症状。少数患者有淋巴结和脾大。易发生自身免疫性疾病和肿瘤。

实验室检查表现为血清IgG和IgA低下，IgM正常或降低，B细胞数量可能减少，T细胞功能异常，如$CD4^+/CD8^+$细胞比例、IL-2、IL-5和IFNγ活性下降。

【诊断】

CVID诊断依赖于排除其他原发性免疫缺陷病，如XLA、高IgM综合征、严重联合免疫缺陷以及伴有Ig降低的获得性免疫缺陷病。婴幼儿发病者不易和XLA鉴别，一般CVID患者的血清IgG不低于3g/L，外周血B细胞计数接近正常。诊断后还应注意检查有无合并自身免疫性疾病或肿瘤。

【治疗】

CVID与XLA相似，IVIG的标准剂量为每月400mg~600mg/kg。对于反复感染患者，应用抗生素预防感染非常重要。另外T细胞缺陷者可用胸腺肽注射或胸腺移植。

（四）选择性IgA缺乏症（selective IgA deficiency，SIgAD）

SIgAD是原发性免疫缺陷病中发病率最高的一种，占原发性免疫缺陷病的60%以上。有报告白种人中的发病率为1/1 000~1/223，我国估计的患病率为0.24%，多数（75%~90%）患者有家族史，可为染色体隐性遗传或常染色体显性遗传，也可为散发。

【发病机制】

SIgAD的发病机制目前尚不清楚，可能与B细胞本身的缺陷或Th细胞功能缺陷，致使B细胞不能分化为分泌IgA的浆细胞有关。

【临床表现】

半数SIgAD患者可无临床症状；反复的呼吸道感染是SIgAD患者最常出现的临床表现，常表现为细菌感染，如流感嗜血杆菌和肺炎链球菌感染，部分患者因此会出现支气管扩张；而某些伴有IgG2亚型缺乏的患者更容易出现严重的感染及并发症。黏膜上的IgA缺乏，使得某些病原体在黏膜上皮繁殖，容易引起消化道或泌尿道感染，出现相关的临床症状。SIgAD常伴有自身免疫或变态反应性疾病，包括哮喘、特应性皮炎、过敏性鼻炎以及食物过敏等；最常见的自身免疫性疾病包括特发性血小板减少性紫癜（ITP）、幼年型类风湿关节炎（JIA）、甲状腺炎、系统性红斑狼疮和溃疡性结肠炎等，同时，在SIgAD患者的一级亲属中发生自身免疫性疾病的发病率约为10%，明显高于正常人群。

患者血清IgA水平常低于0.07g/L，甚至完全检测不到；重症患者唾液中也不能检测到分泌型IgA，血清IgG和IgM正常。约20%的患者同时缺乏IgG2和IgG4。约40%的患者可检测到自身抗体。细胞免疫功能正常。患者外周血成熟B淋巴细胞数量并不减少，但淋巴组织中，特别是扁桃体和胃肠道黏膜下淋巴细胞中分泌IgA的成熟B细胞和浆细胞缺乏。

【诊断】

SIgAD诊断标准为：4岁以上患者血清IgA<0.07g/L，其他血清免疫球蛋白正常或增高；除外其他因素（如药物、脾切除术等）所致的继发性血清IgA降低。如果患者血清IgA>0.07g/L，但低于同年龄正常值的2个标准差，则可以诊断为部分性IgA缺乏症；年龄之所以以4岁为界限，是因为部分婴幼儿在4岁后IgA可恢复正常。

NOTES

【治疗】

SIgAD 一般预后良好,无需特殊治疗,输血时应注意输入不含 IgA 的血液或洗涤红细胞。伴发 SLE 等自身免疫性疾病时,可用免疫抑制剂治疗;有感染时积极抗感染。

(五) 湿疹-血小板减少-免疫缺陷综合征(Wiskott-Aldrich syndrome,WAS)

湿疹-血小板减少-免疫缺陷综合征是一种严重 X 连锁隐性遗传性疾病,以血小板减少、血小板体积减小、湿疹、免疫缺陷、易患自身免疫性疾病和淋巴瘤为特征。国外统计其在新生儿中的发病率为(1~10)/100 万,多起病于 6 个月内。

【发病机制】

WAS 的致病基因于 1994 年被发现,是定位于 X 染色体短臂着丝点周围 Xpl 1.22~p11.23 的 *WASP* 基因,编码含 502 个氨基酸的 WAS 蛋白(WASP)。WASP 表达于胸腺、脾淋巴细胞和血小板,是一种细胞内信号转导分子,与小分子 G 蛋白结合,调节肌动蛋白多聚化,影响细胞骨架及免疫突触形成。由于 WASP 功能复杂,其基因突变导致的临床疾病亦十分多样,包括典型 WAS、X 连锁血小板减少症(XLT)、间歇性 X 连锁血小板减少症(IXLT)和 X 连锁粒细胞减少症(XLN)。

【临床表现】

WAS 的典型临床表现为血小板减少、湿疹和免疫功能异常三联症,但是同时出现三联症者仅占 27%。血小板减少和出血倾向见于 80% 以上的 WAS 患者,包括血便、瘀斑瘀点、咯血和血尿等,重者可出现威胁生命的消化道大出血和颅内出血;约 5% 的患者仅表现为血小板减少。WAS 患者异位性湿疹的发生约占 80%。免疫功能异常表现为容易罹患各种感染,其中化脓性外耳道炎最多见,占 78%,还有鼻窦炎、肺炎等,严重者发生败血症和脑膜炎;病原包括各种病毒和细菌(特别是具有荚膜的细菌,如肺炎链球菌)、念珠菌和卡氏肺孢子虫等。WAS 患者常伴发自身免疫性疾病,包括自身免疫性溶血性贫血、血管炎、关节炎和肾脏疾病;青春期以后 10%~20% 的患者可发生肿瘤,主要有淋巴网状恶性肿瘤,以 EB 病毒阳性的 B 细胞淋巴瘤最常见。

最常见的免疫功能异常为 T 淋巴细胞功能缺陷,且随年龄而逐渐加重。辅助检查的异常包括:小细胞性贫血,血小板数量减少、体积减小;血清 IgG、IgA 和 IgM 降低而 IgE 水平升高;同族血凝素滴度异常和对各种疫苗(包括蛋白质、多糖或结合疫苗)的反应减弱;患者的淋巴细胞凋亡增加可导致 T 淋巴细胞减少,但其程度较轻,80% 以上患者的 T 淋巴细胞绝对值>1 000 个/μL,另外 T 细胞的丝裂原刺激淋巴细胞增殖反应异常。

【诊断】

根据 WAS 反复感染、湿疹、血小板数目减少和血小板体积减小的临床表现,典型的 WAS 病例诊断并不困难。对先天性或早发血小板减少伴血小板体积减小的男婴,需警惕 WAS 的可能,*WASP* 基因检测到突变位点即可明确诊断;目前已经发现 300 多种 *WASP* 基因的突变。也可应用流式细胞仪进行 WASP 表达的检测来明确诊断。

【治疗】

早期进行骨髓或脐血干细胞移植是目前治疗 WAS 最有效的手段,HLA 同型同胞供体移植效果最佳。若能提供 HLA 同型供体,骨髓移植的成活率可达 90%,而半合子和配型无关的供体移植成活率为 34% 和 65%。对 WAS 的其他治疗还包括避免外伤和出血、抗感染、IVIG、输血或血小板等。

(六) X 连锁慢性肉芽肿病(chronic granulomatous disease,CGD)

CGD 是常见的吞噬细胞功能障碍的 IEI。由基因突变引起吞噬细胞还原型辅酶Ⅱ(NADPH)氧化酶复合物缺陷,导致吞噬细胞呼吸爆发功能障碍,不能产生超氧化物,失去杀伤过氧化物酶阳性细菌与真菌的能力,导致反复的慢性化脓性感染,形成肉芽肿。CGD 在美国的发病率约为 1/20 万,其他国家报告的发病率在 1/45 万~1/11 万,我国的发病率尚不清楚。

【发病机制】

CGD 是基因突变使吞噬细胞 NADPH 氧化酶复合物相应亚基缺陷或构象变化,导致 NADPH 氧化酶活性缺陷。NADPH 氧化酶复合物由 5 个 phox 亚基组成，其中 gp91phox 和 p22phox 是细胞膜上的细胞色素 b558 成分；而 p47phox、p67phox 和 p40phox 是胞质蛋白，其编码基因分别为 *CYBB*、*CYBA*、*NCF1*、*NCF2* 和 *NCF4*；CGD 最常见的遗传方式是 *CYBB* 基因突变引起的 X 连锁隐性遗传（X-CGD），约占 70%；其次为常染色受体隐性遗传（AR-CGD）中的 *NCF2* 基因突变，约占 20%；*CYBA* 和 *NCF1* 基因突变引起的 AR-CGD 各占 5%，而常染色体显性遗传（AD-CGD）的 *NCF4* 突变很少见。

【临床表现】

约 75% 的 CGD 患者在 6 个月内起病。最典型的临床表现为反复感染，局部化脓性炎症，包括反复肺部感染、淋巴结炎、肝脓肿、骨髓炎、皮肤脓肿或蜂窝织炎。几乎所有 CGD 患者均有肺部感染，包括反复肺炎、肺门淋巴结病、脓胸及肺脓肿，其中 50% 的肺炎为烟曲霉菌肺炎；皮肤、淋巴结的感染往往反复发生，经久不愈，出现组织坏死，形成瘢痕；35% 的 CGD 患者有肝脓肿，其中 90% 由金黄色葡萄球菌感染所致；胃肠道或泌尿道的肉芽肿形成可导致相应部位的梗阻，约 20% CGD 患者有炎症性肠病的表现；X-CGD 患者结核感染的发生率较健康人群高 170 倍。

【诊断】

对于生长发育落后，自幼反复出现严重肺部、淋巴结、肝、脾和皮肤等部位细菌或真菌感染，有肉芽肿形成，结肠炎及伤口愈合延迟者，接种卡介苗后出现 BCG 感染或怀疑结核而抗结核治疗效果不好者，应高度怀疑本病。四氮唑蓝试验（NBT）为常用的传统筛查方法（可测定胞内超氧化物的释放），CGD 患者 NBT 检测阳性<5%（健康人>95%）；而二羟罗丹明 123（DHR）试验是用流式细胞术分析中性粒细胞在佛波酯（PMA）刺激后，细胞内产生的过氧化氢将无荧光的 DHR123 氧化为有荧光的罗丹明的程度，此方法更敏感、准确，已逐渐替代 NBT 成为确诊 CGD 的主要手段，并能发现轻症 CGD 患者和携带者。基因突变分析可从分子水平明确 CGD 诊断。

【治疗】

CGD 患者均需长期用抗生素和抗真菌药物预防细菌和真菌感染，最常用复方磺胺甲噁唑和伊曲康唑。重组人干扰素-γ 作为免疫调节剂，可降低 CGD 患者感染率。CGD 患者有感染时，要尽可能明确病原后进行有针对性的治疗，有脓肿形成时经皮引流或切除脓肿是非常必要的，特别是骨骼和深部软组织的感染，最有效的治疗为外科手术与抗生素同时运用。免疫重建是目前唯一能根治 CGD 的方法。

（七）*NLRP3* 相关自身炎症性疾病（NAAS）

NAAS 为自身炎症性疾病（autoinflammatory diseases，AIDs）的代表疾病之一。AIDs 是由固有免疫系统的缺陷或失调（缺乏适应性免疫系统适应性 T 细胞和自身抗体的主要致病作用）引起的一组以反复发热、急性关节炎和急性期蛋白增加为特征的复发性非侵袭性炎症性疾病。AIDs 的概念是由 Kastner 等在 1999 年基于发现了两个周期性发热综合征——地中海热（FMF）和肿瘤坏死因子（TNF）受体相关周期热综合征（TRAPS）的致病基因而首先提出的。由于基因诊断技术的进步，至今已有 40 多种 AIDs 被认识和发现。

NAAS 也称为 cryopyrin 相关周期热综合征（CAPS），包括三种疾病：家族性寒冷性自身炎症综合征（FCAS）、Muckle-Wells 综合征（MWS）和新生儿多系统炎性疾病（NOMID）/慢性婴儿神经皮肤关节综合征（CINCA）。目前尚无确切的发病率，估计发病率为 1/100 万~10/100 万（美国 1/100 万~2/100 万，法国 1/36 万）。

【发病机制】

NAAS 为常染色体显性遗传，致病基因是 *NLRP3*，也称为 *CIAS1*，位于染色体 1q44，编码细胞内核苷酸结合寡聚化结构域（NOD）样受体（NLRs）家族成员之一的 NALP3，即 cryopyrin。NLRP3 功能获得性突变（gain-of-function）导致编码蛋白 cryopyrin 聚合形成高度有序的蛋白寡聚体，并募集凋亡相关点样蛋白（ASC）及半胱天冬酶（caspase）形成复杂的炎症复合体，产生活化的半胱天冬酶 1（IL-1β 转化酶），将胞内不具活性的 IL-1β 前体裂解成活化的成熟 IL-1β 分泌到胞外而发挥作用。迄今已发

NOTES

现 *NLRP3* 基因的 60 多种突变与 NAAS 有关。

【临床表现】

NAAS 共同的临床特征是反复发作的多系统炎症，累及皮肤、肌肉、骨骼、关节、眼、耳以及中枢神经系统（CNS），三种亚型的病情从轻到重分别为 FACS、MWS 和 NOMID/CINCA；主要表现有发热、关节痛及荨麻疹。

FCAS 是一种轻症的 NAAS，发病年龄较早，90% 在新生儿期，为寒冷导致的多系统炎症反应，最常见的症状为荨麻疹（100%），以肢端多见，其他症状是关节痛（93%）、发热、寒战、结膜炎、多汗、嗜睡、头痛等。MWS 又称荨麻疹-耳聋-淀粉样变综合征，病情介于 FCAS 和 NOMID 之间，生后数周即可出现荨麻疹样皮疹，症状慢性或间断发作，一般持续 2~3 天，其他尚有发热、关节痛、结膜炎等。NOMID/CINCA 为 NAAS 最严重的表型，以反复发作的慢性炎症为特征，可累及皮肤、关节和中枢神经系统。生后不久即出现慢性荨麻疹样皮疹为其主要临床表现（见文末彩图 16-2-1）；肌肉骨骼受累表现为生长板和骨骺软骨过度生长，导致膝、踝、肘、腕以及手足小关节炎症和畸形；中枢神经系统症状包括慢性无菌性脑膜炎、脑室扩大、大脑萎缩、头痛、惊厥以及认知和智力发育迟缓；其出现进行性感觉神经性耳聋较 MWS 更早；眼部病变包括葡萄膜炎、视乳头水肿、结膜炎和视神经炎；其他尚可见肝、脾、淋巴结肿大，生长发育迟缓等；典型的新生儿外貌为矮小、头大、鞍鼻、肢体短小和杵状指，部分年长儿也可因前额突出及眼外突而呈特殊面容。

CAPS 患者实验室检查表现为全身炎症指标异常，包括 ESR、CRP 和淀粉样蛋白（ASAA）升高，急性发作时血白细胞升高，脑膜炎时可有颅内压升高和脑脊液细胞数增多，常出现贫血和血小板增多。超声检查可见淋巴结和肝、脾轻度大；膝部 X 线检查可见髌骨肥大/过度生长、骨骺过度生长和关节炎的表现。头颅影像学检查可见脑室扩大、脑萎缩等表现。

【诊断】

NAAS 的诊断主要依据典型临床表现，对所有出现周期性发热、荨麻疹、不能解释的全身炎症反应和阳性家族史，特别是很早期发病的患者均应怀疑本病的可能。国际儿童风湿病实验研究组织（PRINTO）和国际 AIDs 注册项目（Eurofever Project）提出了基于循证医学的临床分类标准：荨麻疹样皮疹 25 分、神经感觉性耳聋 25 分、结膜炎 10 分、无渗出性咽炎 25 分、无腹痛 15 分，诊断的临界值（cut-off）值为 ≥52 分。由于约 50% 的具有典型临床特征的 CINCA 不能检测到 *NLRP3* 的突变，所以基因检测阴性不能除外诊断，应加强测序深度，仔细寻找是否致病性白细胞中存在体细胞嵌合体。

【治疗】

NAAS 目前尚无特异治疗方法。欧洲儿童风湿病治疗项目（SHARE）最近提出了 CAPS 的治疗建议：IL-1 抑制剂可用于任何年龄及类型。目前可以应用的 IL-1 抑制剂有：阿那白滞素（anakinra）、利洛纳塞（rilonacept）和卡那单抗（canakinumab）。为避免器官损伤，对疾病活动的患者应尽早开始 IL-1 阻滞剂的治疗；对症治疗可短期应用 NSAIDs 和糖皮质激素，但其不能作为初始基础治疗。

第三节 过敏性疾病

过敏性疾病是一组由机体免疫系统对环境中典型无害物质产生的超敏反应性疾病，包括过敏性鼻炎、特应性皮炎、过敏性哮喘、食物过敏和严重过敏反应等。近年来随着社会的进步，疾病谱也发生了明显改变，过敏性疾病的发生率逐渐增加，世界卫生组织（WHO）已经把过敏性疾病列为 21 世纪需要重点研究和防治的三大疾病之一。我国资料显示 2015 年 1~7 岁儿童特应性皮炎的发生率为 12.94%，是 2002 年 3.07% 的 4 倍之多。

【发病机制】

机体受到生理剂量的过敏原刺激后，出现异于常人的生理功能紊乱或组织细胞损伤的反应称为超敏反应，可由免疫和非免疫机制介导。免疫机制介导的超敏反应称为过敏。过敏性疾病的发病机制包括 IgE 介导、非 IgE 介导和混合介导三种。IgE 介导的过敏最常见，属于Ⅰ型超敏反应，即速发型过敏反应，也称变态反应（allergy）。其发生过程可分为诱导阶段和效应阶段；诱导阶段是变应原进入机体后刺激机体产生 IgE 抗体，IgE Fc 段与肥大细胞和嗜碱性粒细胞表面受体 FcεR Ⅰ结合成为致敏细胞；效应阶段为相同的变应原再次进入体内后，与致敏细胞上的特异性 IgE 结合，触发效应细胞脱颗粒并释放组胺等生物活性介质，导致血管扩张、通透性增强、平滑肌收缩和腺体分泌增加等病理反应。非 IgE 介导的过敏发病机制尚不清楚。

遗传易感性和环境暴露在过敏性疾病的发病中起重要作用，T 辅助（Th）1/Th2 平衡失调是经典的“卫生假说”。Th2 细胞分泌 IL-4，可诱导 IgE 的合成，Th1 细胞分泌的干扰素（IFN）-γ 则抑制 IgE 的合成；感染性抗原优先激活 Th1 细胞，而变应原优先激活 Th2 细胞；环境的洁净导致机体对感染性变应原的暴露减少，以及大量抗生素的使用抑制了感染性抗原，Th1 细胞功能抑制而 Th2 细胞功能增强，促进了过敏性疾病的发生。研究表明调节性 T 细胞（Treg）、Th17 细胞、树突状细胞等均不同程度地参与过敏性疾病的发生。近来关于肠道菌群在过敏性疾病发生中的作用也受到重视，认为儿童早期肠道丰富的黏膜相关淋巴组织与大量肠道微生物相互作用对于产生免疫耐受至关重要，不同的菌群模式可诱发不同的免疫反应模式。肠道益生菌群可促进 Th1 倾向免疫应答，也可促进 Treg 发育及分泌抑制性细胞因子，因此益生菌防治过敏性疾病也成为目前的研究热点领域。

【临床表现】

根据过敏反应发生的部位不同，过敏性疾病的临床表现不尽相同；不同的过敏性疾病常常有相重叠的临床表现；较长期的过敏反应在儿童期也可影响生长发育。

（1）过敏性鼻炎：经常或每年固定时间出现阵发性打喷嚏、流涕，伴有鼻部、眼睛的痒感或灼热感，导致患者有揉眼、挖鼻等动作，鼻黏膜充血严重者可出现鼻塞、张口呼吸，眼睛可有结膜充血、流泪等。

（2）特应性皮炎：皮肤出现红斑、渗出，因瘙痒明显可出现明显的抓痕、结痂或苔藓样变等（见文末彩图 16-3-1），慢性病程，反复出现；进食过敏食物后可出现风团样皮疹、水肿型红斑或黏膜部位（口周、眼周或生殖器）的水肿。

（3）过敏性哮喘：哮喘是一种以慢性气道炎症和气道高反应性为特征的异质性疾病，患者反复发作喘息、咳嗽，严重时出现胸闷、气促，常在夜间和/或凌晨发作或加剧，给予支气管扩张药物可以缓解，停药常致复发。

（4）食物过敏：是由经口摄入食物后的异常免疫反应所致，涉及皮肤、消化、呼吸、心血管及神经等多个器官和系统，其中以皮肤症状最为常见，包括急性荨麻疹和血管性水肿等。轻微者仅有口腔瘙痒，严重时出现危及生命的过敏性休克；IgE 介导的反应，会在摄入致敏食物后数分钟至数小时内发作；非 IgE 介导的反应，则可能在摄入致敏食物后数小时至数日才发作。非 IgE 介导的食物过敏表现为亚急性和/或慢性症状，通常局限于胃肠道。如果患者有消化道症状，如不明原因的腹泻反复出现且常规治疗无效时应注意排除食物过敏的可能；慢性呕吐和腹泻，尤其是伴生长迟滞时，提示可能存在食物蛋白诱导性肠病、乳糜泻或嗜酸性粒细胞性胃肠病（EGID）等疾病。

（5）严重过敏反应：是系统性的超敏反应，发生迅速，可累及呼吸（憋气、喘息）、循环（血压下降、晕厥等）和胃肠道（严重腹部绞痛、呕吐）等，严重者危及生命，可伴有或不伴有典型的皮肤过敏表现。

【检查】

过敏性疾病的检查包括体内和体外两个方面。体外的检查包括血液以及受累局部体液（例如鼻分泌物、皮肤疱液、支气管肺泡液等）中的嗜酸性粒细胞计数（EOS）、特异性 IgE（sIgE）等；体内试验包括皮肤点刺试验（skin prick test，SPT）和口服食物激发试验（OFC）等。

（1）过敏性疾病的体外检查：外周血或局部体液中的 EOS 增高可辅助诊断过敏性疾病。过敏患者外周血 EOS 常$>0.5\times10^9$/L；诱导痰液中 EOS 计数>0.03 提示存在 EOS 性气道炎症；EOS 升高水平与特应性皮炎症状严重程度成正相关，可作为监测临床疗效的指标之一；EOS 增高亦可见于生理（如早产儿、家族性或静脉营养后）或其他病理（如寄生虫感染、EOS 肺炎、炎性肠病、T 细胞免疫缺陷等）情况，需注意鉴别。

变应原特异性 IgE 的产生是过敏性疾病发病中的基本要素，所以过敏性疾病中常可见总 IgE 水平升高。需注意的是，变应原特异性 IgE 通常在机体对此变应原过敏前数年就能检测出来，但只有一部分致敏个体会出现症状；总 IgE 水平的升高与过敏性疾病风险增加有关，但不适用于对个体疾病的诊断；一些非过敏性疾病中也可见总 IgE 水平升高，例如免疫缺陷病中的高 IgE 综合征等，需要鉴别。

（2）过敏性疾病的体内试验：SPT 是将变应原点刺入皮肤，如果患者的肥大细胞表面有变应原特异性 IgE，则细胞就会被激活并产生局限性瘙痒、肿胀和红斑。SPT 有助于诊断的过敏性疾病包括：过敏性哮喘、过敏性鼻炎、过敏性结膜炎、食物过敏、某些药物过敏、某些毒液过敏以及乳胶过敏等。无论对于吸入或食入变应原，SPT 均具有较低的阳性预测正确率和较高的阴性预测正确率，所以 SPT 阴性可基本排除该变应原诱发的 IgE 介导的过敏反应，而阳性者则需进一步确诊。

OFC 阳性是确诊食物过敏的依据，乙酰胆碱支气管激发试验在临床上主要用于判断可疑哮喘患者是否存在支气管高反应性及其程度。所有体内检查均有诱发严重过敏反应风险，故应在有抢救条件的医院内有专业人员监测时进行。

（3）过敏性疾病的其他检查：肺通气功能测定是确定儿童哮喘诊断、评估疾病严重度并指导控制药物治疗强度的主要手段。哮喘患者存在可逆性通气功能受限，表现为阻塞性通气功能障碍；尽可能对所有怀疑哮喘的适龄儿童进行此项检查，并定期复查。呼出气一氧化氮测定为无创气道炎症检测手段，可帮助评估气道炎症，对长期控制治疗药物剂量的调整有一定帮助。若高度怀疑消化道症状与食物摄入有关，经饮食回避症状仍不缓解，则可能需要行消化道内镜检查进一步诊断和鉴别诊断。

【诊断】

过敏性疾病的诊断需要依据病史和体格检查，结合上述的检查综合判断。诊断 IgE 介导的过敏应包括：识别变应原，证实存在针对该变应原的特异性 IgE 以及确定患者暴露于该变应原时会出现症状；在此基础上，尚有不同疾病各自特点的诊断标准，如支气管哮喘的诊断主要依赖于临床表现和可逆性气流受限的证据，并排除可能引起相关症状的其他疾病，详见第八章第九节。

【治疗】

过敏性疾病的治疗主要包括对因治疗（回避过敏原或对部分患者采用特异性免疫疗法）和药物对症治疗。需要特别掌握的是严重过敏反应的急救，因为如果治疗不及时会发生严重后果；其一线治疗药物是肾上腺素肌内注射，有严重过敏反应史的患者，在有进食或接触不明物质出现过敏反应时，即使过敏症状还较轻，如仅有皮肤风团或鼻痒、喷嚏，也应当积极肌内注射肾上腺素，具体剂量见表 16-3-1；严重过敏患者也可辅助抗组胺药或短期全身使用糖皮质激素；合并气道痉挛的患者，可以吸入 β_2 受体激动剂，如沙丁胺醇；但需要注意的是，吸入或雾化吸入支气管扩张剂不能替代肌内注射肾上腺素，需定时评估患者血压、心率、血氧饱和度和意识状态。

表 16-3-1 肾上腺素使用剂量

年龄	1‰肾上腺素量	年龄	1‰肾上腺素量
<10kg 婴幼儿	体重×0.01ml	6~12 岁儿童	0.3mg=0.3ml
1~5 岁儿童	0.15mg=0.15ml	青少年和成人	0.5mg=0.5ml

变应原免疫治疗（AIT）是目前能够改变儿童过敏性疾病自然进程的治疗方法，国内外多个指南/共识均提出将 AIT 作为治疗儿童过敏性疾病的一线疗法。目前临床上应用最广泛的是用螨变应原提取物进行特异性免疫治疗。

口服抗组胺药可有效控制特应性皮炎的瘙痒，明显缓解过敏性鼻炎所致的鼻痒、流涕、打喷嚏症状，对过敏性结膜炎所致眼部症状也有一定的缓解作用，但改善鼻塞的效果有限。白三烯受体阻滞剂为儿童哮喘和过敏性鼻炎治疗的一线用药；儿童过敏性疾病多为 IgE 介导，其特异性的人源性单克隆

NOTES

抗体——奥马珠单抗，可选择性结合血清 IgE，阻止效应细胞释放促炎介质和细胞因子，对 IgE 介导的过敏性疾病有很好的治疗效果。

不同过敏性疾病的对症治疗各不相同，包括支气管哮喘的扩张支气管的吸入治疗、特应性皮炎的外用药物治疗、过敏性鼻炎的局部治疗等；确诊为食物过敏或由食物诱发的其他过敏性疾病患者，应严格回避过敏食物。

【管理和预防】

过敏性疾病应由变态反应专科医生规律随诊，进行长期的疾病管理。首先，对过敏性疾病患者和家庭的健康教育非常重要，包括首诊教育、强化教育（随诊教育）以及家庭和看护人员教育，主要内容包括过敏知识的普及和指导，让患者及家长了解过敏性疾病的病因、危险因素、自然进程、疾病可能造成的危害性以及均衡营养和随访的重要性等。

对于严重过敏反应，需要教育家长和患者：认识其危险性和自我管理的重要性，避免高风险的诱因（如剧烈运动等）；定期随访评估过敏反应状态和可能的诱因，应在医疗记录上（书面和电子）登记可能的诱因；家长应细心观察过敏反应可能的症状，及时就医。医护人员也应当详细采集病史及查体，全面监测生命体征，以减少漏诊与误诊；患者家庭应随身携带急救计划和肾上腺素笔，有过敏可能时尽早快速使用肾上腺素。

对于支气管哮喘患者的管理重点在于规律随访和提高用药的依从性，可加强教育、电子检测系统的应用以及制订个体化的行动计划等工作，特别是以学校为基础的儿童哮喘管理计划，能有效减少哮喘的急性发作，提供疾病的控制水平。避免摄入食物变应原是食物过敏最有效的管理方式，也是食物过敏饮食管理的核心内容，需对患者及其家长进行严格的饮食规避教育，包括采取预防措施防止意外摄入过敏食物、购买加工食品前阅读食品标签、定期进行营养状况评估及指导等；同时为满足营养需求，可选用替代品，如对牛奶蛋白过敏的患者采用深度水解蛋白或氨基酸配方奶喂养。婴儿早期使用保湿剂可预防特应性皮炎，有研究表明妊娠和哺乳期使用益生菌可减少婴儿湿疹，但在预防或治疗食物过敏方面没有确切的作用。

儿童过敏性疾病在不同的年龄段呈现出不同的表现形式，婴儿期以湿疹和消化道过敏为主，儿童期逐渐转向呼吸道，表现为变应性鼻炎和支气管哮喘，这一历程称为“过敏性疾病进程”。儿科变态反应医师要从整体上认识和把握过敏性疾病的发生发展，认识和处理在这一过程中出现的各种病症，用科学合理的方法使患者和家庭社会获得最大的益处。

（宋红梅）

思考题

1. 儿童免疫系统的解剖生理特点都有哪些？
2. 对于反复感染的患者，如何选择实验室检查逐步进行 IEI 的诊断？
3. 对于早期发病的存在反复或持续炎症反应的患者，如何鉴别诊断？
4. 接诊急性过敏的患者，应如何处置？

NOTES

第十七章
风湿性疾病

扫码获取
数字内容

1. 风湿热的临床表现和诊断标准。
2. 幼年特发性关节炎的诊断和鉴别诊断。
3. 儿童系统性红斑狼疮的临床特点。
4. 幼年皮肌炎的临床特点。
5. IgA 相关性血管炎的临床表现和诊断。
6. 川崎病的诊断和治疗。

第一节 概　　述

风湿性疾病(rheumatic disease)是指以肌肉、骨骼系统、血管和皮肤的急/慢性炎症为主要表现的全身性疾病。人们认识这类疾病经历了漫长的实践过程。在命名上,先后经历了胶原病、结缔组织病、自身免疫性疾病的演变过程。随着对其发病机制和病理学改变的认识,目前风湿性疾病是指由固有免疫和适应性免疫异常导致自身免疫或自身炎症而引起的一组累及全身多个器官和系统的炎症性疾病。近年来新的检查技术和治疗药物不断进展,使风湿性疾病的死亡率有了明显的下降,患者的生活质量有了明显提高。

【流行病学】

近年来儿童风湿性疾病发病有逐年上升的趋势,较多见的疾病为过敏性紫癜和川崎病,由于抗生素的广泛应用,风湿热的发病已经有了明显下降。目前我国尚没有确切的风湿性疾病发病率的确切数据,特别是儿童风湿性疾病。上海曾报告系统性红斑狼疮(SLE)的患病率为 70/10 万人,明显高于其他国家 1.5/10 万~7.6/10 万人的数据;1986—1990 年由广东省心血管研究所调查报道风湿热发病率从 33.79/10 万下降至 22.30/10 万,风湿性心脏病患病率从 0.79‰ 下降至 0.61‰;20 世纪 90 年代末我国川崎病的发病已经增加到(30.6~36.8)/10 万人,但是远低于日本报告的(102.6~108.0)/10 万人。

【病因和发病机制】

尽管至今风湿性疾病的病因和发病机制仍未阐明,但是多数的观点认为可能是由遗传易感性的基础,加上某些诱发因素(如感染等)的作用,导致机体的免疫内环境调节失衡所致。特别是遗传学因素在儿童风湿性疾病的发病中起着非常重要的作用。随着 20 世纪人类基因组计划的完成以及其在临床的广泛应用,风湿性疾病中单基因遗传病的研究有了很大进展,已经明确了大部分单基因遗传病的基因定位。

大多数炎症性风湿性疾病与自身免疫损伤有关,近年来免疫学的进展为揭示风湿性疾病的发病机制提供了重要信息。适应性免疫异常使机体(B/T 细胞)产生了针对自身抗原的抗体或致敏淋巴细胞是发病的关键;固有免疫对风湿性疾病慢性炎症反应的参与也被逐渐认识;特别是一些原发性免疫缺陷病的免疫紊乱导致风湿性疾病的发生也越来越受到关注。

【临床表现】

风湿性疾病可以累及全身各个系统和器官,所以其临床表现也多种多样。一般表现常有发热、乏力、肌痛等;较多见的表现为多形性皮疹、关节肿痛及活动受限等关节炎的表现,胸腔积液及心包积液等浆膜炎表现以及血液、肾脏、神经和心肺受累的表现。特别是儿童患者发热以及器官受累的情况较成人更多见。

风湿性疾病患者的皮肤损害表现多样，以各种红斑疹多见，如多形性红斑、水肿性红斑、结节性红斑、环形红斑等。有些相对特征性皮疹对疾病的诊断很有帮助，如：盘状红斑、蝶形红斑多见于SLE(见文末彩图 17-1-1)；紫癜样皮疹多见于过敏性紫癜；雷诺现象、网状青斑、结节性红斑和冻疮样皮疹多见于系统性血管炎；风湿热可有环形红斑和皮下结节；眶周紫红色水肿性红斑和 Gottron 征则对皮肌炎的诊断有特异性；银屑病可表现为指甲凹陷，甲沟皱襞，指甲增厚、碎裂及剥脱。

关节受累多表现为关节红肿、活动受限和关节腔积液，风湿性关节炎多累及较大关节且常呈游走性，但一般没有滑膜和骨质的破坏，不遗留关节畸形；而幼年特发性关节炎可累及全身各个关节，并由于滑膜和关节软骨的破坏，可形成关节间隙变窄、融合，造成关节永久性畸形和功能障碍。

儿童风湿性疾病患者器官受累较成人多见，更易累及重要器官，特别是肾脏、心脏和神经系统。血液系统受累可出现贫血、白细胞减少和血小板减少；心血管系统可表现为心包炎、心肌炎、心瓣膜异常、心律失常以及心功能衰竭等；呼吸系统受累以胸腔积液最多见，还可出现间质性肺疾病、弥漫性肺泡出血、急性间质性肺炎、急性呼吸窘迫综合征和肺动脉高压；肾脏受累可见蛋白尿、血尿、高血压、肾间质损害和肾功能不全；神经系统受累则表现为认知功能障碍、精神病、头痛、情绪异常、惊厥、脑血管疾病和周围神经受累的症状其他器官受累包括口腔和生殖器溃疡，角膜溃疡、结膜炎、葡萄膜炎及视神经炎等眼部损伤，以及鼻窦炎、鼻黏膜溃疡、鼻中隔穿孔甚至鼻骨的破坏等。

【辅助检查】

1. 炎症指标 风湿性疾病的特点之一即急性炎症反应指标明显增高，包括白细胞和血小板升高、血红蛋白降低、血沉（ESR）增快、急性期蛋白（C 反应蛋白、淀粉样物质 A 和血清铁蛋白等）升高和白蛋白降低。

2. 自身抗体 风湿性疾病的另一实验室特征为血液中出现自身抗体，以抗核抗体（ANA）为代表，为 SLE 的特征性抗体之一，也可见于干燥综合征和混合结缔组织病（MCTD）等。其他的自身抗体还包括：SLE 的标志性抗体——抗双链 DNA（dsDNA）抗体和抗 Sm 抗体；多见于干燥综合征的抗 SSA 和 SSB 抗体；存在于皮肌炎患者的抗 Jo-1 抗体、抗 MDA5 抗体、抗 NXP2 抗体等多个肌炎抗体谱；硬皮病多见的抗 Scl-70 抗体；系统性血管炎的抗中性粒细胞胞质抗体（ANCA），以及抗 C1q 抗体、抗 RNP 抗体、类风湿因子（RF）、抗核周因子抗体（APF）、抗角蛋白抗体（AKA）、抗环瓜氨酸多肽抗体（CCP）等见于不同的疾病。

3. 其他辅助检查 风湿性疾病可出现所受累器官各种相应辅助检查的异常表现，包括心脏受累时的心电图和超声心动图异常、肺部受累时的肺功能和胸部影像学异常以及中枢神经系统受累时的脑电图和影像学异常等。

【诊断】

大部分风湿性疾病的诊断标准均为分类标准，应该注意在符合分类标准的同时除外可能出现相似表现的其他情况，如感染或肿瘤性疾病。国际风湿病联盟（the International League of Associations for Rheumatology，ILAR）联合欧洲风湿病联盟（EULAR）和美国风湿病学会（ACR）等组织，不断推出和更新风湿性疾病的诊断和分类标准。儿童风湿性疾病方面，国际风湿病联盟儿科委员会、欧洲儿科风湿病学合作研究小组（PRES）、儿童风湿病国际试验组织（PRINTO）和欧洲儿童风湿病单中心访问单位（SHARE）等，也制定或更新了一系列儿童风湿免疫性疾病的循证指南等。

【治疗】

目前儿童风湿性疾病尚无特效的根治方法，治疗原则为积极控制病情活动，改善和阻止器官损害，坚持长期、规律治疗，加强随访，尽可能减少药物副作用以改善患者生活质量。糖皮质激素是治疗风湿性疾病的基础用药。可根据不同疾病和病情轻重选择适当的初始剂量。目前公认的糖皮质激素治疗原则为尽可能小量化。常用泼尼松，严重者可用甲泼尼龙冲击治疗；应注意应用中对其不良反应

NOTES

的预防，包括监测眼压、血压和血糖等，同时应加用维生素 D 和钙剂以防治骨质疏松。

尽早使用改善病情药物（DMARDs）以控制疾病的进展已成为风湿性疾病学界的共识。传统制剂（如环磷酰胺、硫唑嘌呤）、一些新型免疫抑制剂（包括来氟米特、环孢霉素、霉酚酸酯、FK506 等）、川崎病时大剂量丙种球蛋白冲击以及老药羟氯喹（HCQ）的作用已被熟知并广泛应用。生物靶向治疗是 21 世纪以来风湿病治疗的里程碑：以肿瘤坏死因子（TNF）-α 为靶点的多种制剂——依那西普（etanercept）、英夫利昔单抗、阿达木单抗治疗关节炎；清除 B 细胞的利妥昔单抗、抗 B 淋巴细胞刺激因子（BLyS）的贝利尤单抗（belimumab）、抗 CD22 单抗（epratuzumab）以及抑制 BLyS 和增殖诱导配体（APRIL）的双靶点制剂——泰它西普治疗 SLE；白细胞介素（IL）-1 拮抗剂——阿那白滞素和卡纳单抗（kanakinumab）、IL-6 单抗托珠单抗（tocilizumab）治疗幼年特发性关节炎（JIA）；细胞毒 T 细胞抗原 4 免疫球蛋白（CTLA-4 Ig）阿巴西普（abatacept），新型口服非受体酪氨酸激酶（JAK）通路抑制剂——托法替布（tofacitinib）、芦可替尼（ruxolitinib）、巴瑞克替尼（baricitinib）等也已用于关节炎、SLE、皮肌炎和系统性血管炎的治疗。另外造血干细胞移植治疗严重和难治性的风湿性疾病也初步显示了令人期盼的良好效果。

第二节　急性风湿热

急性风湿热（acute rheumatic fever，ARF）是 A 组乙型溶血性链球菌咽峡炎后的免疫性炎性疾病，特征是累及心脏、关节、中枢神经系统、皮肤及皮下组织等器官，急性期可危及生命，患者多死于心力衰竭；慢性反复发作可形成风湿性心脏瓣膜病变。任何年龄段都可能发生 ARF，但好发年龄为 6~15 岁，无性别差异。全世界范围内的平均发病率为 19/10 万学龄儿童。四季均可发病，以冬春季多见。

【病因和发病机制】

ARF 是 A 组乙型溶血性链球菌（GAS）咽峡炎后的自身免疫性疾病，由该菌引起的咽峡炎患者中 0.3%~3.0% 在发病 1~4 周后发生 ARF，可能与遗传易感性有关。链球菌抗原的分子模拟是风湿热发病的主要机制，GAS 的荚膜透明质酸与人体关节滑膜有共同抗原；细胞壁外层蛋白质中 M 蛋白和 M 相关蛋白、中层多糖中 N-乙酰葡糖胺和鼠李糖均与人体心肌和心瓣膜有共同抗原；其细胞膜的蛋白与人体心肌肌膜和丘脑下核、尾状核之间亦有共同抗原。这些分子相似性的 GAS 抗原激活自身反应性 B 细胞和 T 细胞，激活补体成分产生炎性病变，引发组织损伤。

【临床表现】

风湿热临床表现轻重不一，取决于疾病侵犯部位和程度。急性风湿热发病前 1~5 周有链球菌咽峡炎史。该病多呈急性起病，亦可为隐匿性进程，如不进行预防，可以反复周期性发作。一般表现可有发热（热型不规则）、全身不适、精神不振、乏力、面色苍白、多汗、鼻出血、腹痛等。ARF 主要表现为关节炎、心脏炎、风湿性舞蹈病、皮下结节和环形红斑。

1. 关节炎 见于 50%~60% 的患者，为游走性多关节炎，每个关节症状持续 1~7 天，以膝、踝、肘、腕等大关节为主，局部红、肿、热、痛，活动受限。约 4 周后关节炎可自行消退，不留畸形。

2. 心脏炎 是一种累及心包、心外膜、心肌和心内膜的全心炎，发生率为 40%~50%，以心肌炎和心内膜炎多见。轻者症状不明显，重者可导致心力衰竭，甚至死亡。

3. 舞蹈病 占 ARF 患者的 3%~10%，常在溶血性链球菌咽峡炎后 1~6 个月出现，常发生于 4~7 岁，女孩多见，累及锥体外系，其特征为面部和四肢肌肉的不自主、无目的的快速运动，如伸舌、皱眉、挤眼、耸肩、语言障碍、书写困难、微细动作不协调等，在兴奋或注意力集中时加剧，入睡后即消失。症状多在 6 周内缓解，很少持续 6 个月以上。

4. 皮肤症状

（1）皮下小结：见于 5%~10% 的风湿热患者，常伴发严重心脏炎，起病后数周才出现，经 2~4 周消失；小结呈圆形，质硬，无压痛，可活动，米粒至花生米大小，分布于肘、腕、膝、踝等关节伸侧，以及枕部、前额头皮、脊柱棘突处。

（2）环形红斑：见于 2%~5% 的患者，位于躯干及四肢近端屈侧，呈环形、半环形红斑，发热时明显，环内皮肤正常，边缘轻微隆起，直径约 2.5cm 左右；呈一过性，或时隐时现，呈迁延性，可持续数周。

【辅助检查】

1. 实验室检查 ARF 活动期可出现急性炎症的表现，如血常规表现为白细胞计数增高伴核左移，轻度贫血，血小板计数正常或升高，CRP 升高，血沉增快；可有 GAS 感染的证据，如抗链球菌溶血素 O（ASO）升高，或链球菌激酶或抗脱氧核糖核酸酶 B 升高；免疫学的异常还可见 α2 球蛋白增高，IgG、IgA 升高和补体 C3 升高。

2. 辅助检查

（1）ECG：可见 P-R 间期延长、Ⅱ度Ⅰ型房室传导阻滞、ST-T 变化、非阵发性结性心动过速、房室肥大等。

（2）放射及影像学检查：胸片示肺纹理可增加，心影正常或增大；受累关节可能显示少量积液。

（3）超声心动图检查：确诊有无心包积液和心内膜炎心脏瓣膜损害，并可判断房室肥大、左室收缩和舒张功能。

（4）心肌核素检查：可检测出轻症及亚临床型心肌炎。

【诊断和鉴别诊断】

1. 诊断标准 目前多采用美国心脏协会（AHA）1992 年修改的 Jones 诊断标准（表 17-2-1），包括 3 个部分，即主要临床表现、次要临床表现和链球菌感染证据。在确定链球菌感染证据的前提下，有两项主要表现或一项主要表现伴两项次要表现即可作出诊断。2002 年世界卫生组织为 GAS 的前驱感染设定了 45 天的时间范围，并提出猩红热可作为 GAS 感染的证据之一。虽然 2015 年 AHA 再次修订了 Jones 标准，针对初发或复发、低风险或中高风险等不同人群应用的标准略有不同，但是对于低风险人群还是主张沿用 1992 年 Jones 标准。

表 17-2-1 1992 年修订的 Jones 诊断标准

主要表现	次要表现	链球菌感染的证据
1. 心肌炎 心脏杂音 心脏增大 心包炎 充血性心力衰竭	1. 临床表现：既往风湿热病史；关节痛；发热	1. 近期患过猩红热 2. 咽部溶血性链球菌培养阳性 3. ASO 滴度升高
2. 多发性关节炎	2. 实验室：血沉增快；CRP 升高；白细胞增多；贫血	
3. Sydenham 舞蹈症	3. 心电图：P-R 间期延长；Q-T 间期延长	
4. 环形红斑		
5. 皮下结节		

注：如关节炎已列为主要表现，则关节痛不能作为 1 项次要表现；如心肌炎已列为主要表现，则心电图不能作为 1 项次要表现。

由于风湿热临床表现错综复杂，近年不典型和轻型病例增多，两项主要表现者已不多见，加之链球菌感染的证据有时较难确定，故硬性遵循此标准易造成诊断失误。只有综合分析全部临床资料，必要时长期追踪观察，方能提高确诊率。

2. 风湿热活动性指标 下列三种情况提示风湿活动的持续存在：①体温不能恢复正常，体重不增加，易疲劳；②脉搏快，心率不正常，易有变化；③血沉增快，CRP 阳性，ASO 滴度不下降或中性粒细胞计数增高。

NOTES

3. 鉴别诊断 风湿热需与有类似临床表现的感染、肿瘤以及其他风湿性疾病相鉴别，如：发热应与各种感染、急性白血病或淋巴瘤等肿瘤性疾病、JIA 等炎症性风湿病以及链球菌感染后状态等相鉴别;心脏受累时应与感染性心内膜炎、病毒性心肌炎等鉴别;关节炎应与各种原因的关节炎性病变(包括感染、肿瘤和 JIA 等)鉴别。

【治疗】

1. 一般治疗 急性期患者均应卧床休息至体温和血沉正常;如有心脏受累,应避免体力活动或精神刺激,并应在体温和血沉恢复正常、心动过速控制或明显的心电图改善后继续卧床 3~4 周,然后逐渐恢复活动;心脏扩大伴有心力衰竭者,应绝对卧床休息 6~8 周,然后在 3 个月内逐渐增加活动量,约 6 个月左右才可逐渐恢复正常活动。

2. 清除链球菌感染 诊断风湿热时,无论患者是否存在咽炎症状,即使咽拭子培养阴性,都要进行抗菌治疗。目前推荐应用苄星青霉素肌内注射 1 次(成人 120 万 U,儿童 60 万 U)为首选治疗。对少数耐青霉素菌株感染或青霉素过敏者,可选用红霉素或罗红霉素,疗程 10 天;也可用林可霉素、新大环内酯类及头孢菌素类等替代药物。

3. 抗风湿治疗 应用非甾体类抗炎药(NSAIDs)治疗和预防关节炎症。以往常用阿司匹林 80~100mg/(kg·d),分三四次口服,症状控制 1 周后剂量可以降低 50%,一般疗程 6~8 周,有轻度心脏炎者宜用 12 周。近年来,NSAID 如萘普生已经在很大程度上替代了阿司匹林,用法为 2 岁以上儿童 10~20mg/(kg·d),分 2 次服(<1 000mg/d)。不能耐受或对上述药物过敏者或者心脏炎者,宜早期使用糖皮质激素治疗。在激素停药前 2 周加用阿司匹林至停药后 2~3 周,可预防肾上腺皮质激素撤药时的反弹。对已发生心脏炎的患者应给予肾上腺皮质激素治疗,常用泼尼松,剂量 1.0~1.5mg/(kg·d),分次服用(最大剂量≤60mg/d),控制病情后逐渐减量,总疗程 8~12 周,病情迁延者可延长疗程。

4. 对症治疗 有充血性心力衰竭者应加用地高辛,剂量宜偏小,采用维持量法,并加用卡托普利、呋塞米和螺内酯;注意限制液体入量;纠正电解质紊乱。对舞蹈症,大多数病例无需其他治疗,但心理和社会支持非常重要;给予患者一个安静的环境,避免强光和噪声的刺激,可避免症状加重。必要时在抗风湿治疗的基础上加用丙戊酸、卡马西平、氟哌啶醇等。出现二尖瓣狭窄者可行二尖瓣球囊扩张术等,出现严重瓣膜关闭不全者可行瓣膜整形修复-人工瓣膜置换术等。

【预防】

ARF 的预防可分为一级预防(初次发作的预防)和二级预防(复发的预防)。一级预防的关键为及时诊断和治疗 GAS 扁桃体咽炎(见前述)。二级预防推荐持续抗菌药物治疗,主要针对以下人群:①有明确 ARF 病史的患者,包括仅有 Sydenham 舞蹈症的病例;②有确切风湿性心脏病证据的患者。以苄星青霉素,120 万 U,每 3~4 周肌内注射 1 次,应用的疗程取决于 ARF 的复发风险与疾病的严重程度。无心脏炎的 ARF 患者,持续 5 年或至 21 岁以上;有风湿性心脏炎但没有后遗症者,持续 10 年或至 21 岁以上;有风湿性心脏炎且有后遗症者,应持续 10 年或至 40 岁以上,有时甚至终生用药。青霉素过敏者因红霉素耐药性较高且副作用较大,不宜长期使用,目前推荐应用磺胺药物。

第三节 幼年特发性关节炎

幼年特发性关节炎(juvenile idiopathic arthritis,JIA)是儿童时期最常见的风湿性疾病。根据国际风湿病学联盟(ILAR)的定义,JIA 是指 16 岁以下儿童持续 6 周以上且原因不明的关节炎。此概念替代了以往欧洲沿用的幼年慢性关节炎(juvenile chronic arthritis,JCA)和北美沿用的幼年类风湿性关节炎(juvenile rheumatoid arthritis,JRA)。其临床表现的异质性,使得诊断和治疗都相对困难。

【流行病学】

JIA 是儿童时期风湿性疾病中最常见的一种,也是儿童致残或致盲的原因之一。该病在不同民族、不同气候的地区所报道的发病率高低不同:欧洲报告为(9.2~19.6)/10 万;加拿大为 5.3/10 万;

NOTES

ACR 2000 年报告 JRA 的发病率为每年 13.9/10 万。我国尚缺乏大范围的发病调查。国外报道的发病年龄有 2 个高峰：一个为 1~3 岁，以女孩为主；一个为 8~10 岁，包括更多的少关节型男孩。性别差异取决于发病年龄和疾病类型，男女比例约为 1：(2~3)。

【病因和发病机制】

JIA 的病因和发病机制仍未完全阐明，但至少已公认免疫遗传的易感性及外部环境的某些触发因素是基本的致病原因。

1. 遗传因素 研究最初开始于 JIA 与人类白细胞抗原（human leukocyte antigen，HLA）的关系：HLA-B27 与成人强直性脊柱炎和 JIA 附着点相关关节炎的关系已经明确；临床观察也发现选择性免疫球蛋白 A 缺乏、丙种球蛋白缺乏等免疫功能缺陷的患者易发生慢性关节炎。JIA 全身型（sJIA）患者表现出的全身强烈炎症反应，甚至导致巨噬细胞活化综合征（MAS），可能与家族性巨噬细胞淋巴组织增生症（HLH）、FAS/FSAL 信号途径以及炎症小体病相关的基因有关。

2. 免疫异常 越来越多的研究证据表明 sJIA 与关节型的 JIA 的发病机制完全不同，但是免疫调节异常和细胞因子的异常都在两者的发病过程中起重要作用。参与 sJIA 的免疫细胞主要为固有免疫细胞（如吞噬细胞、中性粒细胞等），参与全身炎症反应，相关的细胞因子包括白细胞介素（IL）-1、IL-6、IL-18 和巨噬细胞抑制因子（MIF）等；参与关节型 JIA 的免疫细胞主要为抗原特异性 T 细胞如 $CD4^+CD25^+FOXP3^+$ 的调节性 T 细胞、Th17 细胞等，参与关节滑膜的炎症和损伤，相关的细胞因子包括肿瘤坏死因子（TNF）-α、IL-17、TGF-β 等。

3. 环境与感染因素 环境因素具体的作用机制尚不清楚，可能是通过表观医学机制而发挥作用，有学者认为感染可能参与其中。例如莱姆病以及感染导致的反应性关节炎与 JIA 的关节表现相似，有文献提示甲型流感病毒、风疹病毒、微小病毒 B19 或 EB 病毒等感染也可诱发慢性关节炎，但是到目前为止尚没有这些病原致病的充分证据。

【临床表现】

JIA 的临床表现异质性较大，虽然不同的疾病分型（详见后述）临床特点各有不同，但是全身炎症反应和关节炎为其基本表现，同时可以累及全身各个系统而出现相应的表现。炎症反应严重时可出现巨噬细胞活化综合征（macrophage activation syndrome，MAS）。

1. 全身表现 发热是 JIA 特别是 sJIA 最突出的表现，特点为弛张热，起病急骤，体温可高达 39℃以上，伴寒战、肌肉酸痛等明显全身中毒症状。体温的高峰可以出现在每天的任何时间，但以傍晚或凌晨较多，热退后患者可能嬉戏如常。关节炎型患者的全身症状相对轻，常表现为低热。

sJIA 患者发热常伴有标志性特征——与发热相伴随的全身性皮疹，随体温升降而显现或隐退，即高热时皮疹出现，体温降至正常则迅速消退，如此反复；皮疹常多为直径 2~5mm 的红色荨麻疹样斑丘疹（见文末彩图 17-3-1），最常见散在于躯干及肢体近端皮肤，亦可见于面部、掌、腋窝等处；皮肤受到抓、摩擦或热等物理刺激可诱发皮疹出现。

sJIA 患者还可以有淋巴结、肝、脾的肿大，以及其他多系统受累，包括多浆膜腔炎症（如心包炎和胸膜炎、心肌炎、肺间质纤维化）以及神经系统的炎症等，特别是发生 MAS 时上述表现更明显。

2. 关节炎 是 JIA 的基本表现，不同类型表现的程度和特点也不尽相同。sJIA 者绝大多数都有关节症状，大、小关节均可受累，尤以腕关节多见，也可累及掌指关节和颈椎关节；重者表现为明显的关节肿、痛、发热、活动受限，轻者仅有轻微的局部皮肤发红；关节症状既可与发热同时出现，也能在发热后数周甚至数月或数年才出现。

多关节炎型关节炎的特点是慢性多发性对称性关节炎，受累关节达 5 个或 5 个以上，如膝、腕、肘、踝以及手足的小关节；少关节型患者常累及下肢大关节，伴有肌腱、筋膜附着点炎症而表现为足跟疼痛，多年病程后可出现典型的骶髂关节和/或腰椎受累，类似成人的强直性脊柱炎。

腱鞘炎和肌炎常是疾病活动期的表现。腱鞘的炎症主要发生在腕关节背侧及踝关节周围，屈肌腱鞘的滑膜炎导致手指不能伸展，受累关节周围肌肉萎缩是 JIA 的另一特点。

3. 关节外特殊表现

（1）生长停滞：JIA 的慢性炎症可影响患者生长发育，急性期身高停止增长，性腺与第二性征发育均迟缓；生长发育停滞也可发生在某一局部，如发生在下颌，造成小颌畸形。疾病早期可因炎症刺激，骨化中心和骨骺发育增快，致使患侧肢体较健侧更长，而到了疾病晚期受累骨骼发育停滞，骨骺过早愈合，导致身材矮小。

（2）骨质减少：关节的慢性炎症可导致骨量减少，以四肢骨骼受累最明显，表现为骨龄落后、骨转化迟缓、骨形成减少、骨吸收增加，造成严重的骨质疏松和骨折。

（3）慢性葡萄膜炎：是 JIA 最具破坏性的并发症之一，最常见的临床表现是在裂隙灯下发现前房液中细胞数增多，角膜背部表面有点状角膜沉淀物。JIA 中发病早、少关节炎型以及抗核抗体（ANA）阳性的女孩容易发生慢性葡萄膜炎，如不及时治疗可导致视力的丧失，少数慢性葡萄膜炎患者即使经充分治疗仍可能发生白内障、继发性青光眼等严重后果，所以一旦确诊 JIA，应尽快行眼科裂隙灯检查，并定期复查。

【辅助检查】

1. 实验室检查 炎症指标明显升高是判断 JIA 活动性以及治疗效果的重要依据，包括：白细胞总数升高且以中性粒细胞为主，轻到中度的贫血，血小板明显升高，血沉增快（MAS 时反而降低），CRP、纤维蛋白原、血清铁蛋白和淀粉样物质 A（SSA）等急性期蛋白明显升高，以及负性急性期蛋白（如血清白蛋白）降低。

JIA 通常有免疫球蛋白（IgG、IgM 和 IgA）升高，特别是 IgM 升高，可能为预示治疗反应差和临床进展的重要指标；也有约 4% 的患者存在选择性 IgA 的缺乏；可出现 ANA 阳性，RF 阳性，HLA-B27 阳性；部分患者可有抗核周因子（APF）、抗角蛋白抗体（AKA）和抗环瓜氨酸肽（CCP）抗体等关节炎特异性抗体阳性，但相对成人类风湿性关节炎阳性率较低；RF 和抗 CCP 抗体在有骨质破坏和畸形患者中阳性率较高，可能为关节病变进展或恶化的判定指标。

2. 影像学检查 对 JIA 的临床诊断、鉴别诊断以及预后等的判断均有很大帮助。早期 X 线的改变可能仅有骨质疏松，典型的 X 线异常表现为：关节周围的梭形软组织肿胀，关节面模糊，关节边缘局限性骨吸收和侵蚀性损害；晚期关节软骨破坏可使关节间隙变窄及纤维化，甚至形成骨性强直。CT 可显示复杂的骨与关节结构，并可清楚显示关节狭窄、积液和脱位情况，可更好地判断关节受累程度。MRI 具有良好的软组织对比分辨率，可清楚显示骨和软骨病变出现之前滑膜受累的情况、关节软骨及软骨下骨质的变化和早期骨质侵蚀与破坏病变，但由于其灵敏度过高，所以对结果的判断有赖于有经验的放射学和风湿科医生的合作。近年来随着超声技术的发展，软组织和关节软骨的超声显像越来越清晰，由于其方便易行且无辐射等特点，其在临床的应用也逐渐增多，准确的判断也同样依赖于操作医生的经验。

【诊断和鉴别诊断】

1. 诊断标准及分型 按照 ILAR 的定义，JIA 的诊断并不困难，即 16 岁以下儿童持续 6 周以上原因不明的关节炎。这里应该注意两个问题。一个问题是关节炎的定义为关节肿胀或关节腔积液同时伴有至少两项下列指征：①活动受限；②活动时疼痛或关节触痛；③关节局部发热，仅有关节痛或触痛不能诊断为关节炎。另一个问题是关节炎要持续 6 周以上，所以关节炎病史少于 6 周者不能肯定诊断。另外还须仔细寻找可能的病因，以除外其他原因引起的关节炎（详见后述）。

JIA 的诊断成立后应进一步进行亚型的分类，目前常用的是 ILAR 2001 年提出的 JIA 的分类标准，将 JIA 分为全身型（systemic arthritis）、少关节型（oligoarthritis）、RF 阴性多关节型（polyarthritis RF-negative）、RF 阳性多关节型（polyarthritis RF-positive）、银屑病性关节炎（psoriatic arthritis）、附着点炎症相关的关节炎（enthesitis related arthritis，ERA）及未分化的幼年特发性关节炎（undifferentiated arthritis）7 种类型。

2. 鉴别诊断 JIA 的诊断特别强调原因不明，所以其鉴别诊断显得尤为重要，需要仔细进行体格检查并选择适当的辅助检查，以除外可能引起相似表现的其他原因。

sJIA的诊断特别需要除外以下疾病：①感染性疾病，包括各种病原体的感染，如病毒感染（特别是EB病毒、巨细胞病毒、微小病毒B19等的感染），典型的细菌感染（包括脓毒血症），肺炎支原体、肺炎衣原体等非典型病原体的感染以及结核、真菌、Q热、猫抓热等。②恶性肿瘤，包括儿童多见的白血病、淋巴瘤、神经母细胞瘤等，建议对所有疑诊sJIA的病例应常规行外周血涂片、骨髓穿刺，必要时行淋巴结等组织活检，特别是对于病史相对较短的患者。目前一些影像学检查，如核素骨扫描以及磁共振弥散加权成像（DWI）等也可以帮助除外肿瘤性疾病。③自身炎症性疾病，包括家族性地中海热（FMF）、高IgD综合征、肿瘤坏死因子受体相关周期热综合征（TRAPS）、婴儿慢性神经皮肤关节综合征/新生儿起病的多系统炎症性疾病（CINCA/NOMID）、幼年结节病以及炎症性肠病等。④其他风湿性疾病，如风湿热、系统性红斑狼疮（SEL）、川崎病、幼年皮肌炎、白塞病、各种血管炎等。对于关节炎型的JIA应该与其他原因引起的关节炎相鉴别。

3. 活动度的评估 在JIA的诊断确立后应对其活动度进行评价，特别是作为对治疗后效果评估的对比。临床上方便实用的还是活动性关节炎的个数以及全身炎症活动指标，包括外周血白细胞计数升高、中性粒细胞计数升高、血红蛋白的下降、血小板升高、血沉增快以及急性期蛋白的升高或降低（如C反应蛋白、SSA、血清铁蛋白的升高和白蛋白的降低）。

4. 并发症 JIA诊断后还应注意并发症的检查和诊断，特别是严重并发症，例如眼部并发症，尤其是对于少关节型且ANA阳性的患者，前葡萄膜炎的发生率为17%，巩膜睫状体炎的发生率高达30%，所以应常规行眼科裂隙灯检查。

JIA另外一个严重并发症为MAS。当处于活动期的JIA者出现白细胞或血小板降低，同时伴有血沉的下降、血清铁蛋白的明显升高、血脂的升高、乳酸脱氢酶的明显升高以及D-二聚体和纤维蛋白原的升高等表现时，即应考虑MAS的可能，应该及时进行骨髓穿刺或组织活检，寻找噬血的证据以明确诊断，及时治疗。

【治疗】

JIA的治疗原则是急性期积极控制全身炎症活动，缓解关节症状；维持期预防关节破坏导致的后遗症，减少或避免药物不良反应的影响，最终改善患者生活质量。应根据疾病的不同分型、严重程度、有无不良预后的高危因素等综合评估，制订安全有效、依从性高、不良反应少的个体化治疗方案。

1. 一般治疗 包括高热时的支持和对症治疗。明显关节肿痛者应适当休息并减少受累关节的活动；定期监测有无药物不良反应及葡萄膜炎等严重并发症；注意人文关怀，增强患者和家属治疗疾病的信心。

2. 药物治疗

（1）NSAIDs：是治疗JIA的基本药物，通过抑制环氧化酶（COX），减少前列腺素的合成，从而起到抗炎、止痛、退热、消肿的作用。该类药物起效快，耐受性好，副作用少。常用药物有传统的NSAIDs和COX-2抑制剂。NSAIDs中目前只有少数药物可用于JIA的治疗，包括：萘普生10~15mg/(kg·d)，分2次服用；布洛芬30~40mg/(kg·d)，分两三次服用；双氯芬酸2~3mg/(kg·d)等。

（2）糖皮质激素：在初始治疗中糖皮质激素与DMARDs短期联合使用，有益于疾病的诱导缓解。糖皮质激素在JIA的适应证：①用于有严重并发症者，如合并MAS或葡萄膜炎（也可局部应用）；②NSAIDs或其他治疗无效的sJIA者，可加用泼尼松1~2mg/(kg·d)（≤60mg/d），分次或顿服，2周后依病情调整剂量；③NSAIDs和DMARDs未能控制的多关节型患者；④用于少关节炎型患者的关节腔注射，可很快缓解局部症状。

（3）DMARDs：早期应用DMARDs治疗可阻止病情进展，明显减少关节破坏和降低致残率。常用药物有：甲氨蝶呤（MTX）、柳氮磺吡啶（SSZ）、来氟米特（LEF）、羟氯喹（HCQ）和其他免疫抑制剂，包括环磷酰胺（CTX）、环孢霉素（CsA）、他克莫司（Tac）和沙利度胺等。

（4）生物制剂：是近年来新发展起来的一类靶向性药物，已成为治疗RA的新里程碑，在缓解炎

NOTES

症与阻止骨侵蚀方面均有突出作用。常用的生物制剂主要包括TNF拮抗剂(依那西普、英夫利昔单抗、阿达木单抗等)、IL-1拮抗剂(阿那白滞素、卡纳单抗以及利纳西普)、IL-6受体阻滞剂(托珠单抗)、细胞毒性T淋巴细胞抗原-4(阿巴西普)、B细胞清除剂(利妥昔单抗、贝利尤单抗)以及新的小分子药物,如JAK抑制剂托法替布等。

3. 其他治疗 理疗及运动康复治疗对保持关节活动和肌力强度是极为重要的。尽早开始保护关节活动及维持肌肉强度的锻炼,有利于防止或纠正关节残疾。对严重或难治病例,自体干细胞移植治疗可作为传统药物和生物制剂治疗失败后的一种选择。

【预后】

以往30%~50%的JIA患者炎症持续进展,故早期、规范、持久的抗炎治疗尤为重要;给予适当处理后75%的患者不会严重致残,但IgM型RF阳性、CCP抗体阳性被认为是预后不良的因素;主要后遗症是关节功能丧失和虹膜睫状体炎所致的视力障碍;如合并MAS等严重并发症可导致死亡。随着生物制剂的应用,JIA患者的预后有了很大的改善,目前认为不良结局主要见于诊断延迟较长和/或没有接受有效治疗的患者。

第四节 系统性红斑狼疮

系统性红斑狼疮(systemic lupus erythematosus,SLE)是一种以多系统损害和血清中出现自身抗体为特征的自身免疫性疾病,15%~20%的SLE在儿童时期起病,儿童系统性红斑狼疮(cSLE)也是儿童常见风湿性疾病之一。与成人SLE相比,cSLE病情更重,器官损害(特别是肾脏和神经系统)发生率高,发展迅速,预后差。

【流行病学】

cSLE占儿童风湿性疾病的11%,约占所有SLE病例的20%。国外资料估计cSLE的患病率约为(0.36~0.60)/10万;我国台湾地区一项调查显示,16岁以下cSLE的患病率为(5.7~7.0)/10万;目前尚无我国内地cSLE发病率或患病率的报道。cSLE发病年龄多在9岁以上,女孩多见,男女比例为1∶(7~9)。

【病因和发病机制】

SLE基本的病因和发病机制尚不清楚,可能为在遗传易感性的基础上,同时在一些诱发因素的作用下,机体的免疫内环境调节失衡所致。

1. 遗传易感性 SLE存在家族聚集现象,同卵双生子的共同患病率高达25%。迄今为止已发现的与SLE发病有可靠关联的基因有数十个,特别是目前单基因狼疮概念的提出,涉及补体缺陷、免疫耐受或调节异常、细胞凋亡(如*Fas*/*FasL*异常)、核酸代谢(包括变性、传感和修复异常)以及Ⅰ型干扰素通路异常相关基因等。

2. 诱发因素 感染是重要因素之一,包括EB病毒感染等,其可通过分子模拟、影响免疫调节功能以及参与RNA干扰机制而诱导特异性免疫应答。其他诱发因素包括:应激可通过促进神经内分泌改变而影响免疫细胞功能;毒品(包括药物)可调节细胞反应性和自身抗原的免疫原性;紫外线照射等物理因素可导致炎症和组织损伤。

3. 免疫功能紊乱 T、B淋巴细胞被上述诱发因素激活,产生大量的自身抗体和炎性细胞因子,导致多系统的组织损伤。以上因素也可以通过增加细胞的凋亡和诱导凋亡清除机制障碍等导致自身抗体的产生。

4. 其他因素 SLE患者的男女比例为1∶7,病情也常在月经期和妊娠期加重,反映了雌激素可能与SLE的发生发展有关。近期的研究显示维生素D也可能参与了SLE的发病。

【临床表现】

儿童期起病的SLE临床多以发热、面部红斑、水肿、关节痛及全身乏力为主要表现。与成人相比,

cSLE 病情更严重，并且更容易有器官受累。

1. 全身症状 cSLE 较成人多见，如发热、疲乏、体重下降、脱发及全身炎症性改变（如淋巴结肿大，肝、脾大）等。

2. 皮肤、黏膜 皮肤、黏膜是 cSLE 最常见的受累器官之一，发生率为 30%~90%。40% 左右的患者以皮疹为首发症状，其中以面部蝶形红斑最常见（见文末彩图 17-1-1），是 SLE 的标志性表现；还可见脱发、光过敏、盘状红斑、血管炎性皮疹、雷诺现象及肢端溃疡等，也可见口腔及鼻黏膜溃疡。

3. 关节、肌肉 最常见表现为关节痛、关节炎，表现为对称性、多发性大小关节的肿、痛、积液、活动受限、晨僵，但无破坏性改变。其他表现有腱鞘炎、肌痛及肌无力，但真性肌炎少见。

4. 狼疮性肾炎 肾脏在 cSLE 的受累率为 40%~90%，比成人多见且严重。90% 在发病第 1 年内出现，症状从轻度蛋白尿或镜下血尿到终末期肾衰竭，蛋白尿是最常见的临床表现，还可表现为镜下血尿、高血压和肾功能不全。最常见的病理类型为弥漫增殖性肾小球肾炎。

5. 血液系统 最常见的表现是贫血；白细胞减少，占 20%~50%，比成人发生率略低，其中淋巴细胞减少比中性粒细胞减少更常见，是疾病活动的一个敏感指标。血小板减少占 30%，儿童病例中可能有近 15% 以 ITP 为首发症状，有 20%~30% 的抗核抗体（ANA）阳性的血小板减少患者最终发展为 SLE，故慢性 ITP 患者应注意检测狼疮指标。狼疮抗凝物阳性的患者易发生深静脉血栓或颅内静脉血栓。

6. 神经系统 即神经精神性狼疮（NPSLE），有 17%~95% 的 cSLE 患者在病程中出现神经精神症状。25% 的患者于病后第 1 年内出现。最常见的表现是头痛，其他包括情绪异常、认知功能障碍、精神病、惊厥、脑血管疾病、横贯性脊髓炎、周围神经病和假性脑瘤等。

7. 心血管系统 以心包炎最常见（占 58.3%），心内膜炎、心肌炎或瓣膜病相对少见，罕见由冠状动脉炎所致的缺血性心脏病。肺动脉高压（PAH）的发生通常与雷诺现象有关，cSLE 合并 PAH 的发生率为 5%~14%。

8. 呼吸系统 肺部受累见于 50% 的 cSLE，其中以胸膜炎及胸腔积液最多见，主要表现为呼吸困难。其他肺部受累包括间质性肺疾病（ILD）、弥漫性肺泡出血（DAH）、急性间质性肺炎（ALP）和急性呼吸窘迫综合征（ARDS）；膈肌受累、血管炎及肺栓塞较少见。

9. 消化系统 20%~40% 的 cSLE 可出现各种消化系统表现，包括腹痛、食欲缺乏、恶心、呕吐、腹胀、腹泻、消化道出血和穿孔以及肝、脾大，还可以有胰腺炎、假性梗阻或蛋白丢失性肠病。

10. 其他系统 患者可出现内分泌系统异常，35% 有抗甲状腺抗体阳性，其中 10%~15% 发展为明显的甲状腺功能减退，也可为甲状腺功能亢进。此外，可出现月经异常、青春期延迟等。眼部受累较普遍，可出现巩膜炎、虹膜炎、结膜炎和视网膜病变，少数视力障碍。

11. 狼疮危象（lupus crisis） 指急性的危及生命的重症 SLE，如：急进性狼疮肾炎；严重的中枢神经系统损害；严重的溶血性贫血、血小板减少性紫癜、粒细胞缺乏症；严重心脏损害；严重狼疮性肺炎或肺出血、呼吸窘迫综合征；严重狼疮性肝炎；严重的血管炎；灾难性抗磷脂综合征等。儿童较成人尤易发生危象。

【辅助检查】

1. 实验室检查 根据受累系统的不同，SLE 可出现各种血细胞的异常、血尿、蛋白尿以及粪便常规的异常。SLE 患者的急性炎症反应指标明显增高，包括 ESR 以及急性期蛋白等，同时存在低补体血症，特别是 C3 降低常常和病情活动度以及肾脏损害有关。NPSLE 的患者可有脑脊液压力升高、白细胞数和蛋白升高，糖和氯化物正常。

多种自身抗体的出现是 SLE 的特征性表现，包括 ANA 阳性率为 96%~100%，dsDNA 抗体为 84%~95%，抗 U1-RNP 抗体为 37%，抗 RNA 抗体为 27%，抗 Sm 抗体为 20%，但是抗 SSA/Ro 抗体和抗 SSB/La 抗体的阳性率则较成人低。ANA 诊断 SLE 的敏感度为 100%，特异度为 90%，特别是高滴度的 ANA 高度提示 SLE 的可能，抗 dsDNA 和抗 Sm 抗体对 SLE 诊断的特异性近 100%。抗磷脂抗体

NOTES

也是 SLE 患者较常见的自身抗体，包括抗心磷脂抗体（22%~50%）、狼疮抗凝物（20%~30%）和抗 β2 糖蛋白Ⅰ（β2-GPⅠ）；SLE 患者还可出现类风湿因子、抗核糖体 P 抗体等的阳性，后者可能在神经精神性狼疮患者中阳性率更高。

2. 其他辅助检查 由于 SLE 可以累及各个系统、器官，受累器官的异常都可出现相应的其他辅助检查的异常。

（1）心脏受累：心电图的异常包括各种心律失常、低电压以及 ST-T 改变等；超声心动图可发现心包积液、心房/心室扩大、心肌肥厚、心室壁运动异常和收缩/舒张功能障碍、心瓣膜异常、肺动脉高压以及无菌性疣状赘生物等异常。

（2）肺部受累：胸部 X 线或 CT 检查可发现胸腔积液、肺纹理增强、肺内渗出影和非实变，以及肺野磨玻璃征和小叶间隔增厚等肺间质性病变，特别是胸部高分辨 CT 对于肺间质病变有很好的诊断价值。37% 的 SLE 患者可出现肺功能（PFTs，包括通气功能或弥散功能）障碍。

（3）NPSLE：约 70% 的 NPSLE 患者有脑电图的异常；头颅 CT 和 MRI 异常最常见为脑萎缩，主要是轻度广泛性脑皮质萎缩，其次为血管闭塞导致的脑白质低密度影以及脑室壁或脑白质高密度钙化影。磁共振波谱（MRS）、磁共振成像（MTI）、弥漫性张力成像（DTI）、正电子发射断层成像（PET）和单光子发射计算机断层成像（SPECT）等新技术对于发现 CNS 损伤以及评估治疗效果也有很大帮助。

【诊断和鉴别诊断】

对于出现多系统损害的学龄期以上的儿童，特别是女孩，应想到 SLE 的可能，需要进一步进行有针对的实验室或辅助检查以明确诊断。

1. 分类诊断标准 SLE 的分类诊断标准有 1997 年 ACR 分类标准、2012 年国际狼疮研究临床协作组（SLICC）分类标准以及 2019 年 EULAR/ACR 分类标准。对于 cSLE 患者，推荐使用 2012 年 SLICC 标准进行诊断。

临床标准。

（1）急性皮肤狼疮（蝶形红斑/大疱性狼疮/类似于中毒性表皮坏死溶解的 SLE 皮肤表现/狼疮斑丘疹/光过敏），或亚急性皮肤狼疮（非硬结性牛皮癣状皮疹，环状多囊性病灶可自行消退且不留瘢痕），除外皮肌炎皮疹。

（2）慢性皮肤狼疮（经典盘状红斑：局灶或弥漫/增殖性或疣状狼疮/狼疮脂膜炎/黏膜狼疮/肿胀型红斑狼疮/冻疮样狼疮/盘状红斑+扁平苔藓）。

（3）口腔溃疡：上颚/颊黏膜/舌/鼻腔，除外其他原因，如感染、白塞病、IBD、血管炎、反应性关节炎 ReA、食用酸性食物等。

（4）非瘢痕性脱发：弥漫性头发变细/变脆，除外斑秃、药物、缺铁、脂溢性。

（5）≥2 个关节滑膜炎：肿胀/渗出，或压痛+晨僵≥30 分钟。

（6）浆膜炎：典型胸膜炎≥1 天/胸膜腔积液/胸膜摩擦音，典型心包炎疼痛≥1 天（前倾位缓解）/心包积液/心包摩擦感/心电图证实的心包炎，且除外其他原因。

（7）肾脏损害：24 小时尿蛋白>0.5g，或 RBC 管型。

（8）神经系统受累：癫痫/精神障碍/多发性单神经病（除外原发性血管炎）/脊髓炎/周围神经病及脑神经病（除外原发血管炎、感染、DM）/急性意识模糊状态（除外中毒、代谢性、尿毒症、药物）。

（9）溶血性贫血。

（10）白细胞减少（<4 000/mm^3）或淋巴细胞减少（<1 000/mm^3），除外其他原因。

（11）血小板减少：<100 000/mm^3，除外其他原因。

免疫学标准。

（1）ANA 阳性。

（2）抗 dsDNA 抗体阳性。

（3）抗 Sm 抗体阳性。

NOTES

（4）抗磷脂抗体阳性：抗心磷脂抗体/抗β2GP1抗体/狼疮抗凝物/RPR假阳性。

（5）低补体血症：C3或C4或CH50降低。

（6）直接Coombs试验阳性。

临床标准+免疫学标准≥4条，且临床标准≥1条、免疫学标准≥1条或者肾脏活检病理证实狼疮性肾炎+ANA或抗dsDNA阳性即可诊断。

在SLE的诊断中，一方面要强调实验室检查的重要性，例如抗核抗体的阳性，特别是免疫学异常中的抗dsDNA抗体、抗Sm抗体和抗磷脂抗体阳性；另一方面，应该注意除外感染、肿瘤和其他结缔组织疾病。

2. 狼疮性肾炎的诊断标准 根据中华医学会儿科学分会肾脏病学组制定的诊疗指南，SLE患者有下列任一项肾受累表现者即可诊断为狼疮性肾炎。

（1）尿蛋白检查满足以下任一项者：1周内3次尿蛋白定性检查阳性；或24小时尿蛋白定量>150mg；或1周内3次尿微量白蛋白高于正常值。

（2）离心尿每高倍镜视野（HPF）RBC>5个。

（3）肾功能（包括肾小球和/或肾小管功能）异常。

（4）肾活检异常。

3. 病情活动度的评估 SLE的诊断确立后，还应使用经过验证的标准化测量工具评估疾病活动度和器官损害程度，国际上通用的评价成人SLE活动度和累及器官损害的标准也已经用于cSLE的评估，包括SLE疾病活动指数（SLEDAI）等。建议采用SLEDAI-2000和SLICC/ACR DI工具分别评估患者疾病活动度和器官损害程度。

4. 鉴别诊断 由于SLE的临床表现涉及全身各个系统，故其鉴别诊断也比较复杂，应该与各个系统可出现相似症状的不同疾病相鉴别。全身症状应和各种感染、全身炎症反应综合征等鉴别。血液系统疾病包括特发性溶血性贫血、免疫性血小板减少性紫癜、白血病以及恶性网状内皮细胞增多症等恶性肿瘤。也应与其他风湿性疾病相鉴别，例如急性风湿热、幼年特发性关节炎、皮肌炎、干燥综合征以及各种血管炎等。特别是对于发病年龄小、临床表现不典型以及治疗反应差的患者，应注意除外遗传相关单基因狼疮的可能。

【治疗】

目前SLE尚无特效的治疗方法，治疗原则为积极控制狼疮活动、改善和阻止器官损害，遵循早期、规范、个体化治疗原则，坚持长期、规律治疗，加强随访，尽可能减少药物副作用，以提高患者生活质量。

1. 一般治疗 对于SLE这样的严重、慢性疾病，首先要对家长和患者进行相关知识的宣传，说明长期治疗的必要性，以增加其对治疗的依从性，同时为患者树立治疗的信心。适当的休息和营养、防治感染以及日常生活中防晒也非常重要。

2. 药物治疗

（1）根据病情活动度选择治疗方案：①轻度活动SLE。针对轻度活动SLE患者的皮肤黏膜和关节症状，可选用NSAIDs、HCQ及MTX，必要时用小剂量糖皮质激素。②中度活动SLE。可采用口服足量糖皮质激素[1.5~2.0mg/(kg·d)，最大剂量60mg/d]，如果需要长时间应用0.3mg/(kg·d)的糖皮质激素维持治疗，则有必要联合免疫抑制剂治疗，常用药物为MTX、LEF、AZA等。③重度活动SLE。治疗分为诱导缓解和维持治疗两个阶段。诱导缓解阶段应用足量糖皮质激素加免疫抑制剂治疗，特别是对于临床表现严重和狼疮危象的患者，应积极给予甲泼尼龙冲击治疗，同时联合CTX冲击治疗。其他免疫抑制剂可选用霉酚酸酯（MMF）、CsA和Tac；维持治疗阶段应根据病情逐渐减少糖皮质激素的用量，最后小剂量维持，并选用适当的免疫疫抑制剂。

（2）常用药物：糖皮质激素是治疗cSLE的基础用药。常用泼尼松，初始足量激素治疗应维持3~6周，根据病情酌情缓慢减量，至≤5mg/d维持数年。甲泼尼龙冲击剂量为每次15~30mg/kg（最大

NOTES

量不超过 1g/次),连用 3 天为 1 个疗程,每周 1 个疗程,可连用两三个疗程;强调甲泼尼龙冲击治疗前应充分除外各种感染,特别是结核、真菌等的感染;应用糖皮质激素的同时应加用维生素 D 和钙剂。

HCQ 已经被推荐为 SLE 的基础治疗,对孕妇和胎儿安全;主要不良反应为视网膜病变和视野缺损,推荐每 6~12 个月进行 1 次眼科检查。CTX 早期与糖皮质激素联合应用是降低病死率的关键。其他可选择的免疫抑制剂还有 MMF、CsA、Tac、LEF、AZA、MTX 等。近年来清除 B 淋巴细胞的生物治疗取得了很好的疗效。目前贝利尤单抗已被批准用于 5 岁及以上 cSLE 患者的治疗。

(3)其他治疗:静脉注射免疫球蛋白(IVIG)、血浆置换对 SLE 患者有短期的治疗效果;干细胞移植对常规治疗无效的严重自身免疫疾病可达到超过 5 年的持续缓解,可用于常规药物治疗无效、病情进行性发展且预后不良、累及重要器官、危及生命或者不能耐受药物毒副作用者。另外需注意并发症的治疗,如骨质疏松的预防,股骨头坏死、肺动脉高压等的治疗。

【随访及预后】

随访对于维持 SLE 的长期缓解和改善预后非常重要,稳定期的患者可每 6~12 个月随访 1 次,注意对肾脏和神经系统的监测,应重视对一些严重影响患者生活质量方面的问题或并发症进行随访,包括生长缓慢、性腺损伤和生育问题、可能影响患者学习能力和认知功能的因素等。SLE 的预后与过去相比已有显著提高,其与疾病的活动程度、肾脏或神经系统受累情况等有关。该病死亡原因常见为感染、肾衰竭、中枢神经系统病变、肺出血和肺动脉高压等。

第五节　幼年皮肌炎

幼年皮肌炎(juvenile dermatomyositis,JDM)是儿童期发生的一种慢性自身免疫性炎性肌病,是青少年特发性炎性肌病(JIIM)中最常见的临床类型,特征为横纹肌和皮肤非化脓性炎症,表现为各种皮疹、近端肌无力和肌酶升高,也可累及消化、呼吸等多个系统。

【流行病学】

JDM 占所有 JIIM 患者的 81.2%~85.0%。我国没有 JDM 的流行病学资料,国外报道发病率为(2~4)/100 万儿童,女孩更多见,其发病率是男孩的 2~5 倍,发病年龄多在 5~10 岁。

【发病机制和病理】

JDM 病因和发病机制尚不明确,遗传易感性、免疫调节异常和感染可能为参与其发病的主要因素。JDM 的血管炎与其他风湿病一样,可见血管变性、栓塞、多发性梗死;皮肤改变表现为表皮萎缩、基底细泡液化变性、真皮水肿、慢性炎性细胞浸润,胶原纤维断裂与破碎;肌肉组织肌纤维粗细不等、变性、坏死,毛细血管损伤导致肌纤维束周萎缩为其特征性改变,病程长者伴随钙质沉着。

【临床表现】

JDM 多隐匿或亚急性起病,常有乏力、低热、体重减轻和食欲缺乏等全身症状;特征性皮疹和肌无力为其主要表现;少数患者急性起病,高热,肌无力进展迅速,伴有多系统受累。

1. 肌肉症状　几乎所有患者均可出现不同程度的近端肌群对称性肌无力,深腱反射存在可以和外周神经损伤鉴别;下肢近端肌肉最先受累,随后是肩胛肌和上肢近端肌肉,表现为行走(特别是上下楼梯和蹲起)困难,双手上举不能等;受累肌肉水肿时可出现局部硬结和肌肉触痛。腭肌及环咽肌无力可能导致吞咽困难、气管误吸和食物反流;食管上段受累可导致固体和流质食物吞咽困难;累及胸廓肌肉时可出现呼吸困难;疾病晚期可出现肌肉萎缩。约 5% 的 JDM 患者没有临床上明显的无力,称为无肌病性或微肌病性 JDM。

2. 皮肤症状　几乎所有 JDM 患者存在皮肤受累,向阳疹(heliotrope)和 Gottron 丘疹是 JDM 最常见的两种特征性皮疹,还常见甲襞毛细血管改变和皮肤溃疡。向阳疹(见文末彩图 17-5-1)是一种发生在上眼睑的紫红色皮疹,常伴有眼睑肿胀,是 JDM 患者最常见的表现之一,发生率为 80%~94%;Gottron 征(见文末彩图 17-5-2)是一种发生在指关节背侧面或者肘、膝及内踝伸肌面的鳞屑性红色丘

NOTES

疹，发生率为77%~91%；80%的JDM患者可见甲襞毛细血管改变，包括毛细血管扩张、卷曲和无灌注（毛细血管袢丢失）；溃疡性皮肤病是一种严重且可能致命的JDM表现，常提示有肺和胃肠道的严重病变。

皮疹可能与肌肉受累同时出现，或者是在明显肌无力前出现；与肌肉疾病相比，皮肤疾病似乎会持续更长时间且更难治疗。20%~30%的JDM患者可出现皮肤及肌肉组织的钙质沉着，常见于疾病后期、未经治疗或治疗不充分的患者。

JDM患者可出现全身性水肿，可能是血管内皮损伤导致弥散性毛细血管渗出的结果，虽然很少见，但其可能是一种预后不良征象，表明可能存在对治疗反应缓慢以及单用糖皮质激素无效；JDM患者也可发生局部皮下水肿，可能与筋膜炎症、钙质沉着的发生有关。

3. 其他系统症状 JDM患者还可出现非侵蚀性关节痛和关节炎，甚至关节挛缩；消化道受累可表现吞咽困难、食物反流、腹痛、便秘等；呼吸道受累可有间质性肺炎、肺不张和肺纤维化等；其他少见症状有肝、脾大，视网膜炎，虹膜炎和肾脏受累；罕见伴发恶性肿瘤。

【辅助检查】

1. 血清肌酶 病初血清肌酶包括肌酸激酶（CK）、乳酸脱氢酶（LDH）、天冬氨酸转氨酶（AST）和丙氨酸转氨酶（ALT）水平升高是JDM的特征性表现，提示肌肉损伤，其中CK最敏感。肌酶可用于诊断以及评价疗效和监测预后。疾病晚期无活动性肌肉病变时（即使有肌肉萎缩）肌酶水平可为正常。

2. 肌炎抗体谱 皮肌炎患者存在多种自身抗体，可分为肌炎特异性抗体（MSAs）、肌炎相关性抗体（MAAs）和组织特异性抗体。这些抗体谱对疾病的诊断、分型以及疾病严重程度和预后的判断具有重要参考价值。

3. 肌电图（EMG） 绝大多数患者出现肌源性损害的表现，典型的肌电图呈三联症：①插入电位延长、纤颤波、正锐波；②自发异常的高频放电；③低幅、短时限的多相波。

4. MRI 肌肉及皮下结缔组织炎性水肿在MRI表现为弥漫性或多发片状异常信号，以双侧对称性近端肌肉受累为主；肌筋膜炎可表现为肌筋膜明显增厚；合并脂肪浸润肌肉萎缩时表现为肌束变细、肌间隙增宽，病变肌肉脂肪组织增多；MRI对早期肌组织病变和钙质沉着敏感，可提高肌电图及肌活检的阳性率，也可用于评估疾病活动性、累及损害和对治疗的反应。

5. 肌活检 肌肉病理改变为肌肉广泛性或局灶性炎症及变性坏死，标志性病变为肌纤维束周萎缩；血管周围见炎症细胞浸润，主要是单核细胞和T细胞，也可有少量其他类型细胞，如B细胞、肥大细胞，罕见情况下可见嗜酸性粒细胞。免疫组化可见肌纤维中高度表达Ⅰ型MHC抗原。

6. 其他 血常规可有淋巴细胞减少；CRP和ESR可轻度升高，血管损伤时血小板和血管内皮释放血管性血友病因子（vWF），但是对患者诊断和疾病活动度监测的价值有限；60%~70%出现ANA阳性。X线检查可以确定骨骼肌钙化范围；肺部受累时胸部高分辨CT可显示肺间质纤维化，也可出现肺通气和弥散功能障碍。

【诊断与鉴别诊断】

对于幼年皮肌炎患者，如果具备典型的四肢近端肌无力、肌酶谱的升高和特征性的皮肤改变，诊断并不困难。

1. 诊断标准 尽管近年来EULAR/ACR提出了新的特发性炎症性肌病（IIMs）的诊断分类，将JDM作为IIMs的一型进行分类诊断，但1975年Bohan和Peter提出的诊断标准仍然是临床诊断的主要参考标准。最近有趋势以MRI替代有创的EMG和肌活检用于JDM的诊断，并主张采用肌炎抗体谱等指标。

特发性炎症性肌病诊断分类标准诊断项目如下。

（1）对称性近端肌（肢带肌和颈屈肌）无力，伴或不伴吞咽困难及呼吸肌无力。

（2）血清肌酶谱升高，特别是CK升高。

（3）EMG异常。

（4）骨骼肌活检病理组织学异常；

（5）特征性皮肤改变：向阳疹和 Gottron 丘疹。

满足第（5）项及前 4 项中的 3 项为确定诊断；满足第（5）项及前 4 项中的 2 项为可能诊断；满足第（5）项及前 4 项中的 1 项为疑似诊断。

2. 鉴别诊断

（1）感染后肌炎：一些感染原，如流感病毒 B、弓形体和柯萨奇病毒 B 等感染后，可出现急性一过性肌炎，腓肠肌疼痛明显，血清 CK 升高，随感染控制，常于 1~4 周内迅速缓解。

（2）重症肌无力：全身广泛性肌无力，反复运动后明显，晨轻暮重，多伴有眼睑下垂，无皮疹，血清肌酶和肌活检均正常。血清抗乙酰胆碱受体和新斯的明试验可鉴别。

（3）进行性肌营养不良：起病隐匿，缓慢进展，无肌肉压痛及皮疹；男性发病，常有家族史，典型病例有肌病步态及腓肠肌假性肥大、典型的高尔（Gower）征，CK 较 JDM 明显升高。

（4）其他风湿免疫性疾病：一些弥漫性结缔组织病可有不同程度的肌肉受累，包括混合结缔组织病、硬皮病、SLE 以及多个自身炎症性疾病，如 CANDLE 综合征等。

（5）代谢性肌病：如糖原贮积病（GSD）Ⅱ型和Ⅴ型、肉碱循环障碍、线粒体肌病、甲状腺功能异常、低钙和低钾血症等，可出现相应的低血糖、血尿氨基酸筛查异常、乳酸升高、甲状腺功能及电解质异常等。

（6）其他：包括横纹肌溶解症、先天性肌病、疫苗和药物等引起的肌病等，需仔细鉴别。

【治疗】

1. 一般治疗 急性期卧床休息，进行肢体被动运动，以防肌肉萎缩，病情稳定后进行积极康复锻炼，促进功能恢复；给予高热量、高蛋白以及含钙丰富饮食，适量补充维生素 D，减少骨量丢失和骨折风险；吞咽困难时可鼻饲，保证进食并预防误吸；避免紫外线暴露，预防感染等。

2. 治疗原则 尽早应用糖皮质激素联合免疫抑制剂治疗，以控制肌肉炎症进展；MTX 为一线治疗；对于重症或高危患者、难治病例、对 MTX 反应欠佳或有不良反应者，可采用静脉注射免疫球蛋白（IVIG）、CsA 或 AZA 等二线药物，或 CTX、MMF、Tac 等三线药物，以及利妥昔单抗等生物制剂治疗。维持治疗常需坚持 2 年以上。

3. 糖皮质激素 为 JDM 的基础治疗药物，包括泼尼松和甲泼尼龙等。

（1）泼尼松：初始根据病情轻重给予 1~2mg/(kg·d)，最大剂量为 60mg/d，可晨起顿服，重症可分次口服，足量常需用药 1~2 个月。病情缓解后缓慢减量至最小维持剂量，总疗程一般不少于 2 年。

（2）甲泼尼龙：病情进展迅速或有呼吸困难、吞咽困难、发声困难及消化道血管病变者，可予 15~30mg/(kg·d)，最大剂量 1g/d，静脉冲击，每周连用 3 天为 1 个疗程，可用一两个疗程，然后序贯口服泼尼松。早期使用甲泼尼龙冲击治疗还可最大限度地减缓钙质沉着症的进展。

4. 免疫抑制剂

（1）MTX：为首选药物，剂量 10~15mg/(m^2·周)，口服或皮下注射；第 2 天口服叶酸 5mg 以减少不良反应。

（2）IVIG：1~2g/(kg·月)，应用 4~6 个月，可明显改善肌力和皮疹，特别是用于肺间质或胃肠道病变重、抗 MDA5 抗体和抗 NXP2 抗体阳性以及疾病进展迅速者。

（3）生物制剂：可用于重症、难治性 JDM 的治疗，包括利妥昔单抗、托珠单抗和 TNF-α 拮抗剂等。

（4）其他免疫抑制剂：参见 SLE 相关内容。

5. 其他治疗 严重病例可应用血浆置换；皮肤病变可使用润肤剂、外用激素和他克莫司等以及口服 HCQ 治疗；严重钙质沉积以及无疾病性皮肌炎者的治疗比较困难，可试用利妥昔单抗、TNF-α 拮抗剂、沙利度胺等；近年来 JAK 抑制剂托法替布等对 JDM 有效的报道已引起关注。

【预后】

早期诊断、及时治疗、合理应用糖皮质激素和免疫抑制剂，可使 JDM 的长期生存率接近 98%。死

NOTES

亡的最大风险发生在发病后的最初2年内，包括急性胃肠道并发症、肺间质纤维化导致呼吸功能不全或伴感染等。钙化持续存在可导致严重的残疾。

第六节 IgA相关性血管炎

IgA相关性血管炎（IgA vasculitis，IgAV），以往称为过敏性紫癜（Henoch-Schönlein purpura，HSP），为儿童期最常发生的血管炎，临床表现为皮肤可触性皮肤紫癜，但无血小板减少也无凝血性疾病，伴或不伴腹痛、胃肠出血、关节痛、肾脏损害等症状。多数呈良性自限性过程。

【流行病学】

IgAV为儿童期最常发生的血管炎，多见于3~15岁儿童。英国报道不同年龄段儿童每年的发病率为（20~70）/10万。亚洲报告的发病率更高，约为56/10万。有报道IgAV多发于男性，男女比例为（1.2~1.8）：1。IgAV主要发生于秋、冬和春季，夏季发病极少。

【病因及发病机制】

发病机制仍未完全阐明，病因可能涉及感染、免疫紊乱、遗传等因素。约一半的IgAV病例发生于上呼吸道感染后，尤其是链球菌所致的感染，其他感染还包括幽门螺杆菌（HP）、金黄色葡萄球菌、肺炎支原体以及EB病毒等；疫苗接种、某些药物和昆虫叮咬等也可能触发IgAV；越来越多的研究提示遗传在本病发病中的作用，白种人的发病率明显高于黑种人，涉及的易感基因主要有*HLA*基因（*DRB1*01*、*DRB1*11*、*DRB1*14*、*HLA-B*4102*）、家族性地中海基因、血管紧张素转换酶基因、甘露糖结合凝集素基因、血管内皮生长因子基因、*PAX2*基因、*TIM-1*等。

其发病机制是与IgA沉积有关的免疫介导的血管炎。研究发现患者炎性炎症浸润中只有IgA1一种亚型，其原因目前尚不清楚，可能与IgA糖基化改变、IgA抗心磷脂抗体水平升高有关。IgA1沉积于小血管壁引起的自身炎症反应和组织损伤在发病中起重要作用，IgA1糖基化异常及IgA1分子清除障碍在IgAV的肾脏损害中起着关键作用，大分子的IgA1-IgG循环免疫复合物沉积于肾脏可能是导致紫癜性肾炎（HSPN）的重要发病机制。

【临床表现】

IgAV多急性起病，首发症状以皮肤可触性紫癜为主，部分病例以腹痛、关节炎或肾脏症状为首发症状。起病前1~3周常有上呼吸道感染史。

1. 皮肤紫癜 半数以上患者最早的表现是皮肤可触性紫癜，为本病特征。紫癜初起呈紫红色斑丘疹，高出皮面，压之不退色，继而呈棕褐色，逐渐消退，严重时融合成片，呈瘀斑，甚至有出血性坏死，形成血疱（见文末彩图17-6-1）；多见于下肢及臀部，对称分布，关节伸侧较多，面部及躯干较少；通常皮疹在1~2周内逐渐消退，不留痕迹，可反复、分批出现，部分病例可迁延数周或数月；可伴有荨麻疹和血管神经性水肿，婴儿急性出血性水肿可能是HSP的特征亚型。

2. 消化道症状 50%~75%的患者可出现消化道症状，通常发生于皮疹起病1周内。临床主要表现为反复的阵发性腹痛，位于脐周或下腹部，疼痛剧烈，可伴恶心、呕吐；部分患者有黑便或血便，腹泻或便秘，或短暂的麻痹性肠梗阻；严重者出现消化道出血、肠缺血和坏死、肠套叠或肠穿孔。少见情况包括急性胰腺炎、胆囊受累以及蛋白丢失性肠病。

3. 关节症状 约2/3的患者出现关节受累，通常累及下肢大关节（髋、膝和踝），表现为明显的关节周围肿胀和压痛，但一般没有关节积液、发红和皮温升高，可累及单关节或多个关节（常不超过4个）。关节症状消失较快，不会造成慢性损伤和后遗症。

4. 肾脏症状 30%~60%的病例有肾脏受累，肾脏症状轻重不一，多数患者是以单一的血尿或/和蛋白尿为主，也可伴尿中管型、血压增高及水肿，少数呈肾病综合征表现；重症患者可出现肾衰竭。肾脏症状多发生于起病的4~6周内，亦可在病程更晚期或其他症状消失后。大多数都能完全恢复，少数发展为慢性肾脏病。

5. 其他 生殖系统受累以睾丸炎较为常见,在男性 HSP 中可占 27%。中枢神经系统受累较为罕见,发生率为 2% 左右,临床表现包括中枢系统血管炎、抽搐、昏迷、颅内出血、吉兰-巴雷综合征、后部可逆性脑病综合征、共济失调和周围神经病等。偶尔累及循环系统,发生心肌炎和心包炎;累及呼吸系统,发生喉头水肿、哮喘、肺出血等。

【辅助检查】

1. 常规检查 血常规:白细胞正常或增加,中性和嗜酸性粒细胞可增高;除非严重出血,一般无贫血;血小板计数正常甚至升高,出血和凝血时间正常,血块收缩试验正常,部分患者毛细血管脆性试验阳性。尿常规可见红细胞、蛋白、管型。有消化道症状者大便隐血试验多阳性。血沉正常或增快。

2. 免疫学检查 50%~70% 的患者血清 IgA 可升高,IgG、IgM 正常或轻度升高;部分 IgAV 患者存在低补体血症及 ASO 升高,可能与近期链球菌感染有关。

3. 超声检查 超声可早期诊断 IgAV 消化道损伤,急性期可见受累肠壁节段性扩张、肠壁水肿增厚、肠腔向心性或偏心性狭窄,其黏膜层及浆膜层呈晕环状低回声表现;也可见肠系膜淋巴结肿大及肠间隙积液表现;彩色多普勒超声可显示受累肠壁血流丰富等征象;对于有阴囊症状的男孩,超声可有助于除外睾丸扭转。

4. 皮肤活检 对于不典型可触性皮疹或疑诊患者可行皮肤活检协助诊断。活检应为新发皮损,病理病变为白细胞碎裂性血管炎,真皮毛细血管和毛细血管后小静脉受累。

5. 肾穿刺活检 肾脏症状较重和迁延患者可行肾穿刺活检以了解病情,给予相应治疗。IgAV 患者肾脏病理可表现为增生性肾小球肾炎、肾小球新月体病变,病变范围局灶/节段或弥漫性。荧光显微镜下可见 IgA 为主的免疫复合物沉积。2019 年 SHARE 共识推荐的肾穿适应证包括:①eGFR 降低[$<80ml(min \cdot 1.73m^2)$];②严重蛋白尿(24 小时尿蛋白>2.5g 或尿蛋白肌酐比>250mg/mmol)或持续性蛋白尿;③怀疑急进性肾小球肾炎,符合肾病综合征或肾炎综合征。

6. 其他检查 对有中枢神经系统症状患者,可完善头颅 MRI 检查;胃镜有助于腹痛早于皮肤紫癜出现的不典型病例的诊断。

【诊断和鉴别诊断】

1. 诊断标准 建议采用 2010 年 EULAR/PRINTO/PRES 的统一标准。可触性紫癜样皮疹为必要条件,同时伴有以下 4 项中的任意一项:①弥漫性腹痛;②病理活检提示 IgA 沉积;③关节炎/关节痛;④肾脏受累表现,包括蛋白尿(24 小时尿蛋白>0.3g 或尿蛋白肌酐比>30mg/mmol)或血尿(红细胞管型或尿沉渣检查红细胞>5 个/高倍视野)。

2. 鉴别诊断 若临床表现不典型,特别是皮肤紫癜未出现时容易误诊为其他疾病,需与原发性血小板减少性紫癜、风湿性关节炎、败血症等感染性疾病鉴别;如果腹痛明显,还应与外科急腹症鉴别。

(1)特发性血小板减少性紫癜(ITP):皮疹为散在针尖大小出血点,不高出皮面,多出现在皮下组织疏松的眼睑、颈部及前胸等,不伴血管神经性水肿,且血常规提示血小板减少。

(2)风湿性关节炎:有关节症状者需与风湿性关节炎鉴别,后者无出血性皮疹,并常伴有心脏炎临床表现等。

(3)感染性疾病:应与败血症、脑膜炎双球菌感染、亚急性细菌性心内膜炎等皮疹鉴别。这类疾病中毒症状重、起病急,皮疹为瘀斑、瘀点,不伴血管神经性水肿。

(4)紫癜伴有急性腹痛者应与肠套叠、肠梗阻或阑尾炎等急腹症相鉴别,必要时进行相关检查。

【治疗】

1. 一般治疗 急性期休息,下肢、臀部和生殖区水肿可通过卧床休息和/或抬高受累部位得到改善。注意液量、营养和保持电解质平衡。有消化道症状时,轻症患者可进食少量少渣易消化食物,严重腹痛或呕吐患者需要素饮食或暂时禁食。应积极寻找并去除致病因素,控制感染。

2. 对症治疗 有荨麻疹或血管神经性水肿时,应用抗组胺药物和钙剂。NSAIDs 可以缓解患者

NOTES

明显的关节和腹部症状。

3. 糖皮质激素 在IgAV中糖皮质激素主要适用于严重胃肠道症状、血管神经性水肿、中重度肾损害、睾丸炎或颅内血管炎。对于有腹部症状的患者，可用氢化可的松琥珀酸钠5~10mg/(kg·次)，4~8小时重复使用；或甲泼尼龙5~10mg/(kg·d)［病情严重患者可冲击治疗，10~30mg/(kg·d)，最大剂量不超过1g/d，连用3天，必要时1周后重复1次］；症状缓解后改为口服泼尼松，并逐渐减停，总疗程2~4周。

4. 肾损伤的治疗 IgAV患者肾脏受累时应根据受累情况酌情加用免疫抑制剂，常需加用糖皮质激素，根据病情选择静脉冲击或口服，诱导治疗后应尽可能改为隔日口服维持以减少其不良反应。其他免疫抑制剂包括CTX、MMF、CsA、Tac、LEF等，可根据肾脏病理改变选择应用。

5. 其他治疗 对于急进性紫癜性肾炎(病理提示新月体形成)及IgAV伴有严重合并症(如严重神经系统并发症)者，可辅助应用血浆置换；对于持续蛋白尿的紫癜性肾炎患者，建议应用ACEI或ARB治疗。

【预后】

IgAV预后一般良好，具有自限性，有报道94%可自愈；病程一般约1~2周至1~2个月，少数可长达数月或1年以上。死亡病例的主要原因为急性期的消化道病变或长期肾脏病变。肾脏预后不良的危险因素包括严重的腹痛和胃肠道出血、紫癜超过1个月、高血压以及血清Ⅷ因子减少等。另外起病时表现为肾炎综合征、肾病综合征、肾炎性肾病的患者也有5%~20%发展为终末期肾病。对于尿液分析正常的患者，推荐随访至少半年，存在尿液异常的患者至少随访3~5年。

第七节 川 崎 病

川崎病(Kawasaki disease，KD)又称皮肤黏膜淋巴结综合征(mucocutaneous lymphnode syndrome，MCLS)，是1961年由日本的川崎富作先生首先发现的，当时命名为“小儿急性热性皮肤黏膜淋巴结综合征”。川崎病主要发生在5岁以下儿童和婴幼儿，以全身性中、小动脉炎性病变为主要病理特征。1975年开始引起我国儿科医学界的重视。目前，世界各地都有川崎病的发病报道，发病率存在地区差异，亚洲国家及地区显著高发，以日本最高，在5岁以下儿童中，2011年、2018年的川崎病发病率为(243.1~359.0)/10万。我国目前尚缺少全国性的流调数据。北京2014年调查显示，发病率约为110/10万，上海2017年的数据显示，发病率约为104.6/10万。上海地区流调资料显示，川崎病的发病年龄为15日龄~14岁，高发年龄为1岁，89.5%为5岁以下儿童，男女发病比例约为1.7∶1。冠状动脉病变是影响患者预后最重要的因素，是儿童时期缺血性心脏病的主要原因。近年来由于规范化应用大剂量免疫球蛋白治疗，病死率已从上个世纪70年代的2%下降到0.5%以下。

【病因和发病机制】

川崎病的病因目前尚不清楚。但大量流行病学和临床观察显示，川崎病发病与感染有关，但迄今无法确定微生物是致病的唯一原因。具有遗传易感性，如兄弟姐妹有川崎病或者家族成员中患有川崎病的孩子发病率明显增加，可能与FcγR2a、半胱天冬酶3(CASP3)、Ⅱ类HLA等单核苷酸多态性相关。发病机制研究发现，川崎病患者存在异常的免疫激活，提示其发病与免疫功能异常有关。在急性期，外周血的活性T细胞、B细胞、单核/巨噬细胞的数量均上升；淋巴细胞及单核/巨噬细胞的活化伴随有细胞毒素分泌的增加以及血液循环中增多的炎性介质(如TNF、超氧自由基等)和B细胞激活产生的抗内皮细胞自身抗体等，可损伤血管内皮细胞，导致内皮功能失调、凋亡和坏死。这些免疫损伤过程可持续到川崎病的恢复期甚至更久。

【病理特点】

川崎病基本病理变化可分为三个病理过程。

NOTES

第一个过程是坏死性动脉炎，由发热后2周内完全同步的中性粒细胞浸润过程组成。这是唯一的自限性过程，并逐渐破坏动脉壁进入外膜，导致动脉瘤。

第二个过程是亚急性/慢性血管炎，以淋巴细胞、浆细胞和嗜酸性粒细胞的非同步浸润为特征并伴随较少的巨噬细胞。该过程在发热2周后开始，但在一小部分患者中可持续数月至数年，并与第三个过程密切相关。

第三个过程是血管肌纤维母细胞增生（luminal myofibroblastic proliferation，LMP），其特征在于独特的内侧平滑肌细胞衍生的肌纤维母细胞过程，其在发热前2周开始并持续数月至数年，具有引起进行性动脉狭窄的可能性。

【临床表现】

1. 主要表现

（1）发热：常为反复发热，热度高达39℃以上，呈弛张热。如没有及时治疗，高热可持续1~2周，甚至更长。

（2）皮疹：发生于急性期，多见于躯干和四肢近侧端，最常见的是斑丘疹、猩红热样皮疹和多型性红疹。1岁内的婴儿常见卡介苗接种处的红肿。

（3）四肢末端的变化：通常在起病后3~5天出现手掌及足底发红，常伴有硬肿。病程10~20天后手足硬肿与泛红趋于消退，而指/趾末端从甲周开始脱皮，可累及整个手掌与足底。起病后1~2个月，在指甲上可出现横沟（博氏线，Beau's line）。

（4）双眼球结膜充血：在发热24~48小时后常出现双侧结膜充血。球结膜充血较睑结膜多见。一般没有分泌物。裂隙灯检查可发现前葡萄膜炎。偶有结膜下出血及点状角膜炎。

（5）口唇和口腔表现：口咽部的改变也见于热起后24~48小时。口唇干红皲裂，杨梅舌，口腔及咽部黏膜明显充血，通常不伴有溃疡和分泌物。

（6）颈部淋巴结肿大：起病后1~2天出现，多见于单侧，通常位于颈前三角，直径多大于1.5cm，触之柔软，但不可推动，无化脓。

2. 其他表现　患者易激惹、烦躁不安，少数有颈项强直、面神经麻痹，感音神经性耳聋等神经系统表现；可有腹痛、恶心、腹泻、麻痹性肠梗阻、肝大、黄疸、血清转氨酶升高等消化系统表现；可有咳嗽、关节痛和关节炎；心血管系统可出现心包炎、心肌炎、心内膜炎、瓣膜反流、心律失常、冠状动脉扩张、冠状动脉瘤、冠状动脉血栓，甚至心肌梗死等。冠状动脉病变常在第2~4周出现。

【辅助检查】

1. 实验室检查　外周血白细胞增高，以粒细胞为主，轻中度贫血，血小板早期正常，第2~3周增多，少数患者可出现血小板降低，常提示病情严重；血沉明显增快，C反应蛋白、脑钠肽（B-type natriuretic peptide，BNP）或N端脑钠肽前体（N-terminal moiety of B-type natriuretic peptide，NT-pro BNP）升高，低钠和低白蛋白血症，ALT、AST及胆红素可以升高。血清IgG、IgM、IgA、IgE和血液循环免疫复合物升高，血清炎性因子如白介素-6、肿瘤坏死因子-α（tumor necrosis factor-α，TNF-α）升高。无菌性脓尿。

2. 心电图　早期示窦性心动过速，非特异性ST-T变化；心包炎时可有广泛S-T段抬高和低电压；心肌梗死时相应导联有S-T段明显抬高，T波倒置及异常Q波。

3. 胸部X线平片　可示肺部纹理增多、模糊或有片状阴影，心影可扩大。

4. 超声心动图　急性期可见心包积液，左室内径增大，二尖瓣、主动脉瓣或三尖瓣反流；可有冠状动脉异常，如冠状动脉扩张、冠状动脉瘤、冠状动脉狭窄等（图17-7-1）。冠状动脉扩张的标准根据体表面积计算的Z值结果，分为：轻度扩张，Z值为2.0~<2.5；小动脉瘤，Z值为≥2.5~<5；中动脉瘤，Z值为≥5~<10，而且冠脉内径绝对大小≥4mm、<8mm；大型或巨型动脉瘤，Z值≥10，或者冠脉内径绝对大小≥8mm），或年龄≥5岁，冠脉内腔直径大于相邻段的1.5倍也认为是扩张。

5. 冠状动脉造影　超声检查如有多发性冠状动脉瘤或心电图有心肌缺血表现者，应进行冠状动脉造影，以观察冠状动脉病变程度，指导治疗（图17-7-2）。

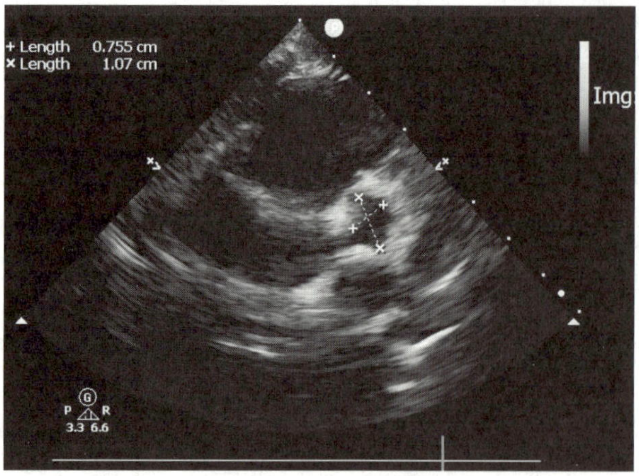

图 17-7-1 超声心动图检测冠状动脉病变
可测量冠脉瘤的大小。

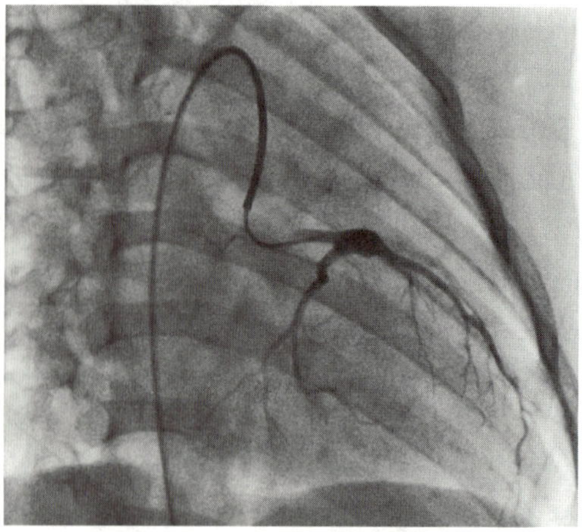

图 17-7-2 冠状动脉造影检测冠状动脉病变
可见左前降支起始部瘤样扩张。

6. 多层螺旋 CT 血管成像（multi-slice spiral computed tomography angiography，MSCTA） 急性期如果超声心动图显示冠状动脉内血栓形成伴栓塞风险或已经发生栓塞，可行冠脉 MSCTA 协助判断。

7. 磁共振 可以检查是否有非冠状动脉动脉瘤形成，如腋动脉、锁骨下动脉、肱动脉、股动脉等，通常靠近或位于分支点。此外，还可以帮助判断有无心肌炎症以及冠脉病变导致的心肌缺血。少数川崎病患者可合并寰枢关节脱位，可进行头颅磁共振检查协助判断。

【诊断】

川崎病为临床综合征，诊断主要依靠临床表现，结合实验室检查，并排除其他疾病。川崎病包括完全性川崎病（complete Kawasaki disease，CKD）和不完全性川崎病（incomplete Kawasaki disease，IKD）两种类型。

1. CKD 发热，并具有以下至少 4 项主要临床特征。

（1）双侧球结膜充血。

（2）口唇及口腔的变化：唇干红，草莓舌，口咽部黏膜弥漫性充血。

（3）皮疹，包括单独出现的卡疤红肿。

（4）四肢末梢改变：急性期手足发红、肿胀，恢复期甲周脱皮。

（5）非化脓性颈部淋巴结肿大。

2. IKD 发热≥5 天，但主要临床特征<4 项，按图 17-7-3 流程评估是否为 IKD。

【鉴别诊断】

1. 败血症 血培养阳性，抗生素治疗有效，可发现感染病灶。

2. 麻疹 多有流行病学史，口腔内可见到颊黏膜麻疹黏膜斑，血常规示白细胞计数降低而淋巴细胞增高，麻疹病原学检查和血清抗体阳性。

3. 幼年类风湿性关节炎全身型 无眼结膜充血，无口唇发红、皲裂，无手足硬肿及指/趾端膜状脱皮，无冠状动脉损害。

4. 猩红热 皮疹多于发热当日或次日出疹，呈粟粒样均匀丘疹，疹间皮肤潮红，无明显指/趾肿胀，口唇皲裂不明显，青霉素治疗有效。

5. 结节性多动脉炎 是一种全身性坏死性中小动脉炎，以 9~11 岁为发病高峰年龄。病变呈节段性分布，常发生于肾、心、消化道和皮肤，受累血管可发生动脉瘤、血栓形成或狭窄，婴儿以冠状动脉病变最显著，与川崎病较难区别。其要点为患者有多系统病变，出现沿血管分布的皮下结节、紫癜样皮疹。组织病理学检查是确诊的重要依据，但因病变呈节段性分布，皮肤和肌肉活检的阳性率不高。

NOTES

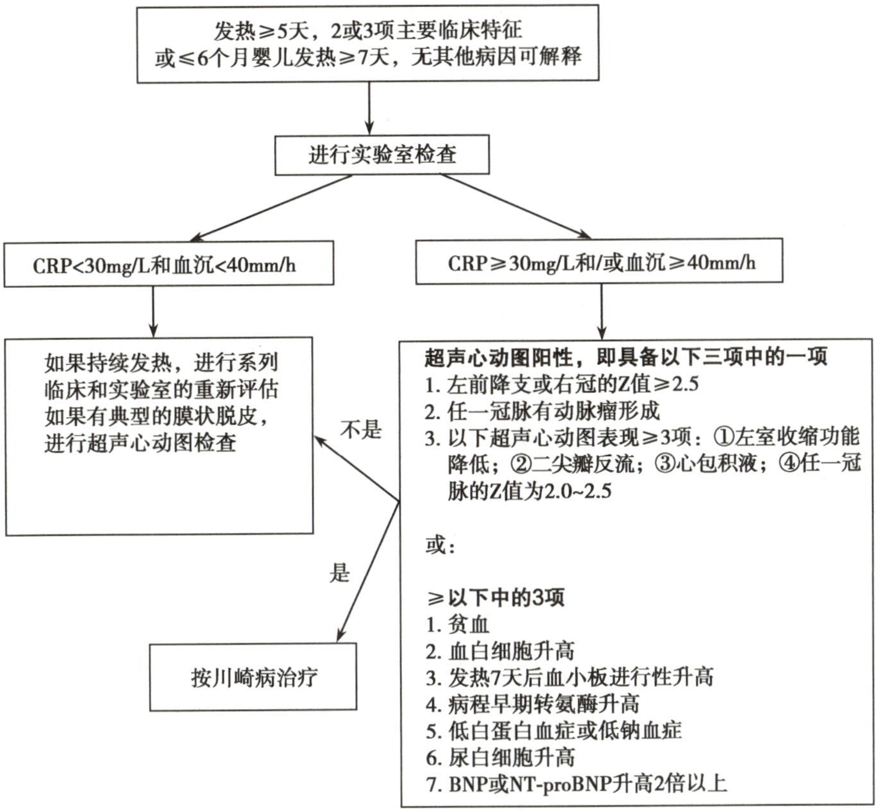

图 17-7-3 IKD 评估流程

6. 史-约（Stevens-Johnson）综合征等药物超敏反应 多发生在某些感染或口服某些药物后，出现多形性红斑，皮肤出现水疱性病变，口唇黏膜及眼部多受累较重，病变可累及角膜、睑结膜、球结膜和眼睑。

【治疗】

川崎病急性期的标准治疗为大剂量免疫球蛋白静脉滴注和口服阿司匹林等。

1. 大剂量免疫球蛋白 诊断明确后尽早大剂量滴注静脉用免疫球蛋白（IVIG），可有效地改善症状，减少冠状动脉病变的发生率，缩短病程。剂量为 2g/kg，于 10~12 小时内缓慢滴入。如果 IVIG 治疗结束后 36 小时，体温仍高于 38℃，或用药后 2 周内再次发热，并出现至少一项川崎病主要临床表现者，排除其他导致发热的原因后，即考虑为 IVIG 无反应，可再次使用 IVIG 或根据情况选用激素等其他药物。

2. 阿司匹林 通过抑制环氧化酶，抑制前列腺素的合成，阻断血小板产生血栓素 A，其足量使用有抗炎作用，小剂量维持有抗凝作用。在急性炎症期以 30~50mg/（kg·d），分 3 次口服，直至热退、急性期症状消失。随后以小剂量 3~5mg/（kg·d）顿服 1 次，连续 2~3 个月，至血沉、血小板恢复正常；有冠状动脉病变者则应用至冠状动脉恢复正常或终身用药。

3. 氯吡格雷 用于有严重阿司匹林肝毒性或阿司匹林禁忌的患者，或有冠脉扩张患者的联合用药，<2 岁 0.2~1mg/（kg·d），≥2 岁 1mg/（kg·d）。

4. 其他治疗 川崎病恢复期仍然有冠状动脉病变者，除了应用阿司匹林抗血小板聚集外，可加用双嘧达莫 2~5mg/（kg·d），分 3 次口服；如果并发一个或多个巨大冠状动脉瘤，或多个小到中等冠状动脉瘤，则可加用小分子肝素：年龄<1 岁，治疗量为 300U/（kg·d），预防量为 150U/（kg·d）；年龄≥1 岁，治疗量为 200U/（kg·d），预防量为 100U/（kg·d）；或加用华法林 0.05~0.12mg/（kg·d）抗凝治疗，调整国际化比值在 1.5~2.5。此外，应根据病情给予对症及支持疗法，如补充液体、护肝、控制心力衰竭、纠正

NOTES

心律失常等，有心肌梗死时应及时进行溶栓治疗；严重的冠状动脉病变者需要冠状动脉搭桥术或介入治疗。

【预后和随访】

川崎病多数预后良好，1%~2% 患者可再发。未经治疗的患者，并发冠状动脉瘤者可达 20%~30%；近年来应用大剂量 IVIG 治疗，冠状动脉病变发生率明显降低。根据冠状动脉病变情况对川崎病患者进行随访管理对于改善预后十分重要。有冠状动脉病变且病程 1 个月后仍然存在者需终身随访。应用 IVIG 的患者 9 个月内不宜进行麻疹、风疹、腮腺炎等活疫苗的预防接种。

（宋红梅　褚茂平）

思考题

1. 儿童风湿热时什么情况下需要预防性应用长效青霉素？
2. 简述幼年特发性关节炎全身型的鉴别诊断。
3. 儿童 SLE 与成人 SLE 有何不同？
4. 幼年皮肌炎的临床表现与诊断标准是什么？
5. IgA 相关性血管炎如何根据不同的临床表现进行治疗？
6. 简述 IVIG 无反应川崎病以及川崎病合并休克的诊断及治疗。

NOTES

第十八章
感染传染性疾病

扫码获取
数字内容

1. 感染性疾病与传染性疾病的概念。
2. 常见传染性疾病的传染源、传播途径和易感人群。
3. 儿童发热出疹性疾病的临床特征、诊断与鉴别诊断。
4. 儿童传染性疾病的预防和免疫规划疫苗接种。

第一节　概　　述

感染性疾病(infectious disease)是由致病微生物(包括病毒、细菌、螺旋体、立克次体、真菌、寄生虫等)通过不同方式感染人体并出现临床症状的疾病。根据是否具有传染源、传播途径和易感人群三个基本条件,感染性疾病可分为传染病(communicable disease)和非传染性感染性疾病。

儿童处于生长发育及各器官、系统功能逐渐成熟阶段,免疫系统发育尚不完善,是致病微生物感染的高发人群。传染性强,感染后可产生持久免疫力的疾病多为儿童时期发病,如麻疹、流行性腮腺炎、水痘等。为保护易感人群,我国对新生儿和儿童全面实行免疫规划,已经基本消灭了脊髓灰质炎,儿童乙肝病毒感染率也由 10% 下降至不足 1%。根据传播方式、速度和对人体危害程度不同,我国将 40 种感染性疾病纳入法定传染病管理。近年来,传染病流行出现了新的特征,某些传染病如结核、麻疹、疟疾死灰复燃;也相继出现新的传染病,如高致病性禽流感、HIV、H7N9 禽流感和新型冠状病毒感染。二者统称为新发和再发传染病(emerging and re-emerging infectious disease,ERID)。此外,随着儿童重症医学的发展、广谱抗生素和免疫抑制剂的广泛使用,继发性感染和耐药发生率呈上升趋势。

掌握儿童感染性疾病的病原流行特征、致病机制和预防措施是降低其发病率、提高治愈率的重要环节。早发现,早隔离,增强公共卫生意识,保持良好生活习惯是阻断传染源有效方法,普及疫苗接种可有效保护儿童等易感人群,避免感染性疾病的发生。

第二节　病毒感染性疾病

一、麻疹

麻疹(measles)是由麻疹病毒(measles virus)引起的一种急性出疹性呼吸道传染病,临床以发热、咳嗽、流涕、结膜炎、麻疹黏膜斑(Koplik spots)及全身斑丘疹,以疹退后有糠麸样脱屑,色素沉着为主要特征。我国将麻疹纳入乙类传染病。

【病因】

麻疹病毒属副黏液病毒科麻疹病毒属,为单股负链 RNA 病毒,只有一个血清型,8 个不同基因组和 24 个基因型。电镜下呈球形或丝杆状,直径约 100~250nm,由 6 种结构蛋白组成,即含 M、F 和 H 的包膜蛋白与 N、P 和 L 核衣壳蛋白。H 蛋白能与细胞受体结合,F 蛋白与病毒细胞融合有关,M 蛋白与病毒释出相关。麻疹病毒体外生存力较弱,对热(56℃,30 分钟)、酸($pH<4.5$)、紫外线和一般消毒剂均敏感,但耐寒冷及干燥,于 0℃可存活 1 个月,-70℃下可保存活力数月至数年。

【流行病学】

麻疹患者为唯一传染源，无症状病毒携带者及隐性感染者传染性较低。传播方式主要为空气飞沫或接触污染周围环境传播。麻疹患者在出疹前3天至出疹后4~6天传染性最强，其口、鼻、咽、眼结膜的分泌物中均含有病毒，以空气飞沫或经污染环境接触传播给易感者。该病的传染性较强，多见于8个月~5岁儿童，好发季节为冬春季。

【发病机制及病理】

麻疹病毒经呼吸道黏膜和眼结膜侵入，在局部上皮细胞内增殖后播散到周围淋巴组织。感染后第2~3天引起第一次病毒血症，继之病毒在全身的单核-巨噬细胞系统内增殖。感染后第5~7天，大量病毒释放进入血液循环，引起第二次病毒血症。病毒在感染后7~11天播散至全身组织、器官，但以口、呼吸道、眼结膜、皮肤及胃肠道等部位为主。至感染后第15~17天，病毒血症逐渐消失，器官内病毒快速减少至消除。

麻疹病理特征是感染部位形成两种类型的多核巨细胞，即网状内皮巨细胞和上皮巨细胞。两者均系多个细胞融合而成。前者广泛存在于全身淋巴结及肝、脾等器官中，后者主要位于皮肤、眼结膜、鼻、咽、呼吸道和胃肠道黏膜等处。

麻疹病毒可直接损伤皮肤浅表血管内皮细胞，细胞毒性T细胞杀伤病毒感染的靶细胞——上皮和内皮细胞、单核-巨噬细胞，使真皮淋巴细胞浸润、充血、肿胀，表皮细胞坏死及退行性变性形成脱屑，因红细胞崩解及血浆渗出，皮疹消退后留有色素沉着。

【临床表现】

(一) 典型麻疹

1. **潜伏期** 一般为8~12天，可有低热及全身不适。

2. **前驱期** 一般持续2~4天，主要表现为发热，咳嗽，流涕，流泪，眼结膜充血、畏光及咽痛和周身乏力。在出疹前1~3天，于第二下磨牙相对应的颊黏膜处，可见直径约0.5~1.0mm灰白色斑点，外周有红晕，即麻疹黏膜斑，为麻疹前驱期的特异性体征。1~2天内麻疹黏膜斑迅速增多，可波及整个颊黏膜，于出疹后2~3天迅速消失。部分患者可有头痛和呕吐、腹泻等消化道症状。

3. **出疹期** 持续3~5天，此时发热、呼吸道症状达高峰。皮疹先出现于耳后、发际，渐及前额、面和颈部，自上而下至胸、腹、背及四肢，最后达手掌和足底。皮疹初为淡红色斑丘疹，压之退色，疹间皮肤正常，可融合成片，继之转为暗红色，可出现出血性皮疹。

4. **恢复期** 一般持续3~4天，按出疹先后顺序依次消退。此期体温下降，全身症状明显减轻。疹退处有糠麸状脱屑及浅褐色色素沉着。整个病程为10~14天。

(二) 非典型麻疹

1. **轻型麻疹** 多见于对麻疹具有部分免疫力者，如<6个月婴儿、接受过被动免疫或曾接种过麻疹疫苗者；发热且症状较轻，麻疹黏膜斑不典型或不出现，皮疹稀疏，无并发症。

2. **重型麻疹** 多见于免疫力低下或有基础疾病的患者。起病急骤，持续高热或体温不升，全身中毒症状重，皮疹可呈出血性，或皮疹出不透，或皮疹出而骤退，常有肺炎和呼吸窘迫、神经系统症状或心血管功能不全。此型病情危重，病死率高。

3. **异型麻疹(非典型麻疹综合征)** 见于接种麻疹灭活疫苗或个别减毒活疫苗缺乏F蛋白抗体者。表现高热、头痛、肌痛、乏力等，多无麻疹黏膜斑，2~3天后出疹，但从四肢远端开始，渐及躯干及面部。皮疹为多形性，有斑丘疹、疱疹、紫癜或荨麻疹等。

4. **无皮疹型麻疹** 见于应用免疫抑制剂、接受被动免疫者，或者接种过麻疹疫苗后发生突破感染的患者。全病程无皮疹，也可不出现麻疹黏膜斑，以发热为主要表现。

【辅助检查】

1. **血常规** 白细胞总数减少，淋巴细胞相对增多。若淋巴细胞严重减少，提示预后不良。

2. **病原学与血清学检查** 取患者鼻咽部分泌物、血细胞及尿沉渣细胞，应用免疫荧光或免疫酶

NOTES

法检测麻疹病毒抗原，或 RT-PCR 法检测病毒核酸。特异性 IgM 阳性可诊断急性期感染，IgG 抗体恢复期较早期增高 4 倍以上提示近期感染。

3. 多核巨细胞检查 于出疹前 2 天至出疹后 1 天取患者鼻、咽、眼分泌物涂片，瑞氏染色后直接镜检多核巨细胞。

【并发症】

1. 肺炎 为麻疹最常见并发症，可发生于麻疹病程的各个时期。麻疹病毒引起的肺炎多不严重，在病程早期发生，随热退和皮疹出齐而缓解，但对于细胞免疫缺陷者可呈致死性。

2. 喉炎 原发于麻疹病毒或继发细菌感染。表现为声音嘶哑、犬吠样咳嗽及吸气性呼吸困难。轻者随体温下降、皮疹消退，症状逐渐消失；重者可致气道阻塞，窒息而导致死亡。

3. 脑炎 多发生于出疹后的 2~6 天，临床表现及脑脊液改变与其他病毒性脑炎相似。病死率约 15%，可遗留有不同程度的智力低下、癫痫及瘫痪等神经系统后遗症。

4. 亚急性硬化性全脑炎（subacute sclerosing panencephalitis，SSPE） 是麻疹引起的慢性进行性脑退行性病变，发病率约 1/100 万，多发生于麻疹后 7~10 年。临床表现为逐渐出现智力障碍、性格改变、运动不协调、语言障碍及癫痫发作等，最后因昏迷、强直性瘫痪而死亡。血清或脑脊液中可检出高滴度特异性抗体；脑组织中可检出麻疹病毒或其抗原。

【诊断】

典型麻疹根据流行病学史、各期典型表现即可作出临床诊断。非典型麻疹，需依赖于实验室的病原学检查。

【鉴别诊断】

1. 风疹 呼吸道表现及全身中毒症状较轻，无口腔麻疹黏膜斑。常于发热 1~2 天后出疹，皮疹分布以面、颈及躯干为主，疹退无脱屑及色素沉着。常伴有耳后及颈部淋巴结肿大。

2. 幼儿急疹 突然高热，持续 3~5 天，上呼吸道症状较轻，热骤降而出现皮疹。皮疹分布以躯干为主，1~3 天皮疹退尽。热退疹出为本病特点。

3. 猩红热 发热、咽痛明显，1~2 天内全身出现针尖大小的丘疹，疹间皮肤充血，口周苍白圈，持续 3~5 天皮疹消退，1 周后全身大片脱皮。

4. 手足口病 春夏季多见，前驱期较短，发热伴有皮疹，手、足、口腔及肛周可见红色斑丘疹和疱疹。

5. 药物疹 近期有用药史，皮疹痒，伴低热或无热，停药后皮疹逐渐消退。血嗜酸性粒细胞可升高。儿童出疹性疾病的鉴别诊断见表 18-2-1。

表 18-2-1　儿童出疹性疾病的鉴别诊断

疾病类型	病原	全身症状及其体征	皮疹特点	发热与皮疹关系
麻疹	麻疹病毒	呼吸道卡他性炎症，结膜炎，发热第 2~3 天口腔黏膜斑	红色斑丘疹，自头面部→颈→躯干→四肢，退疹后有色素沉着及细小脱屑，可见麻疹黏膜斑	发热 3~4 天，出疹期热更高
风疹	风疹病毒	全身症状轻，耳后、枕部淋巴结肿大并触痛	面部→躯干→四肢，斑丘疹，疹间有正常皮肤，退疹后无色素沉着及脱屑	发热后半天至 1 天出疹
幼儿急疹	人疱疹病毒 6 型或 7 型	一般情况好，高热时可有惊厥，耳后枕部淋巴结亦可肿大	红色斑丘疹，颈及躯干部多见，1 天出齐，次日消退	高热 3~5 天，热退疹出
猩红热	乙型溶血性链球菌	高热，中毒症状重，咽峡炎，杨梅舌，环口苍白圈，扁桃体炎	皮肤弥漫充血，上有密集针尖大小丘疹，持续 3~5 天退疹，1 周后全身大片脱皮	发热 1~2 天出疹，出疹时高热

NOTES

续表

疾病类型	病原	全身症状及其体征	皮疹特点	发热与皮疹关系
手足口病	肠道病毒	发热,口腔疱疹溃疡,流涎	手、足、口腔及肛周可见红色斑丘疹和疱疹,疱壁较厚,疱液较少	发热同时或1~2天后出现皮疹
药物疹	药物	皮疹痒感,摩擦及受压部位多,与用药有关	斑丘疹、疱疹、猩红热样皮疹、荨麻疹	发热、服药史

【治疗】

尚无特效抗麻疹病毒药物,主要为对症治疗和防治并发症。

1. 一般治疗 卧床休息,保持室内空气新鲜,注意温度及湿度。保持眼、鼻及口腔清洁,避免强光刺激,给予营养丰富并易于消化的食物,注意补充维生素A和维生素D。

2. 对症治疗 高热者可采用物理降温或酌用小剂量退热药;咳嗽者可适用祛痰镇咳剂;惊厥时可给予镇静止惊剂。

3. 并发症治疗 根据各种并发症的发生,及时给予相应的治疗。

【预防】

预防麻疹的关键是控制传播和对易感者接种麻疹疫苗。

1. 控制传播 管理传染源,切断传播途径。早发现,早报告,早隔离麻疹患者:隔离至出疹后5天;合并肺炎者延长到出疹后10天。麻疹流行期间,避免去人群密集的场所。

2. 疫苗接种 获得主动免疫。我国免疫规划程序将8个月婴儿定为初免对象,接种含有麻疹减毒活疫苗的麻疹、风疹和流行性腮腺炎联合疫苗(MMR),18月龄复种。

3. 被动免疫 未接受过麻疹预防接种者,在接触麻疹5天内,注射人血丙种球蛋白0.25ml/kg可预防发病;被动免疫维持3~8周。

二、风疹

风疹(rubella)是由风疹病毒引起的急性出疹性传染病,临床以低热、皮疹及耳后、枕部淋巴结肿大和全身症状轻微为特征。妊娠早期(3个月内)感染风疹可导致胎儿先天畸形,称之为先天性风疹综合征(congenital rubella syndrome,CRS)。

【病因】

风疹病毒是披膜病毒科(togavirus family)风疹病毒属唯一成员。其直径约60nm,基因组为单股正链RNA,编码2种非结构蛋白和3种结构蛋白。包膜含E1和E2糖蛋白,只有一个血清型。风疹病毒不耐热,37℃和室温中很快灭活,但能耐寒和干燥,-60℃下可存活数月。

【流行病学】

人类为风疹病毒的唯一宿主,患者从出疹前1周到出疹后1周均具有传染性。其鼻咽部分泌物、血、尿及粪便中均带有病毒。风疹主要通过空气飞沫传播,多见于1~5岁儿童,一年四季均可发生,但以冬春季发病最高。先天性风疹患者在生后数月内仍有病毒排出,具有传染性。约25%~50%的感染者为无症状感染。

【发病机制】

病毒首先侵入上呼吸道,在黏膜及局部淋巴结增殖,引起病毒血症,进而侵犯皮肤等靶组织或器官。风疹病毒复制和形成的抗原-抗体免疫复合物参与其致病机制,导致皮疹、血小板减少和关节症状。若在妊娠早期感染风疹病毒,风疹病毒可通过胎盘侵及胎儿,可导致胎儿畸形。

【临床表现】

(一)获得性风疹

1. 潜伏期 一般为14~21天。

NOTES

2. 前驱期 约 1~2 天，症状多较轻微，有低热和卡他症状，耳后、枕部及后颈部淋巴结稍大伴轻度压痛。

3. 出疹期 多于发热 1~2 天后出疹，最早见于面颊部，迅速扩展至躯干和四肢，1 天内布满全身，但手掌及足底常无皮疹。皮疹初为稀疏红色斑疹、斑丘疹，面部及四肢远端皮疹较稀疏，以后躯干、背部皮疹融合。皮疹多于 3 天内迅速消退，疹退后不留有色素沉着。

此期患者耳后、枕部及后颈部淋巴结肿大明显。个别不出现皮疹，仅有全身及上呼吸道感染症状，故称无皮疹风疹。

（二）先天性风疹综合征

先天性风疹综合征是妊娠早期感染风疹病毒引起的胎儿发育畸形。先天畸形以先天性心脏病、白内障、唇腭裂、耳聋、小头畸形及骨发育障碍等多见。出生时感染可持续存在，并可引起多器官的损害，如血小板减少性紫癜、进行性风疹全脑炎及肝、脾大等。

【诊断和鉴别诊断】

典型风疹可根据流行病学史、前驱期短、皮疹特点及耳后淋巴结肿大等临床表现作出临床诊断。不典型风疹需借助于病原学或血清学检测确诊。妊娠初 3~4 个月感染风疹，出生时婴儿若有畸形和多种病症，血清中抗风疹病毒 IgM 阳性或 IgG 逐渐升高，可诊断为先天性风疹综合征。未见畸形，仅有实验室证据，则称为先天性风疹感染。

【治疗】

目前尚无特效的抗病毒治疗方法。主要是对症治疗，加强护理和支持治疗。

【预防】

风疹大多症状轻，预后良好，一般出疹 5 天后即无传染性。妊娠早期应避免与风疹患者接触。儿童及易感育龄妇女，可接种风疹减毒活疫苗。

三、水痘

水痘（varicella，chickenpox）是由水痘-带状疱疹病毒（varicella-zoster virus，VZV）初次感染引起的急性传染病，临床以斑疹、丘疹、疱疹和结痂的皮疹共同存在为特征。水痘具有较强的传染性，以冬春季为多见，常呈流行性。

【病因】

水痘-带状疱疹病毒是人疱疹病毒 3 型，α 疱疹病毒亚科，呈球形颗粒，直径约 150~200nm，基因组为双链 DNA。该病毒仅有一个血清型，在外界环境中生活力较弱，不耐高温，不耐酸，在痂皮中不能存活。人类是该病毒的唯一宿主。

【流行病学】

患者是唯一的传染源。自发病前 1~2 天至皮疹干燥结痂均有传染性，主要通过空气飞沫和接触传播，传染性极强。人群普遍易感，任何年龄均可发病，以学龄前儿童发病率较高，病后免疫力持久。水痘四季均可发病，以冬春季多见。

【发病机制及病理】

水痘-带状疱疹病毒初次经口、鼻侵入人体，首先在呼吸道黏膜内增殖后入血，产生第一次病毒血症。在肝、脾及单核-巨噬细胞系统内增殖后再次入血，产生第二次病毒血症，并向全身扩散。水痘的恢复依赖于细胞免疫，在 T 细胞功能缺陷的患者中水痘病情更为严重。其主要损害部位在皮肤黏膜，较少累及内脏。通常在皮疹出现后 1~4 天，产生特异性细胞免疫和抗体，病毒血症消失，症状随之缓解。原发感染后，病毒潜伏在神经节内，若再激活则表现为带状疱疹。

水痘的皮肤病变主要在表皮棘细胞层，组织液渗入形成水痘疱疹，内含大量病毒。水疱液开始透明，继之上皮细胞脱落及炎性细胞浸润，疱内液体减少并变混浊。继发感染时可变为脓疱。进而上皮细胞再生，结痂后脱落，一般不留瘢痕。

NOTES

【临床表现】

1. 潜伏期 一般为14天左右(10~20天)。

2. 前驱期 婴幼儿常无前驱症状或症状轻微,皮疹和全身表现多同时出现。年长儿可有畏寒、低热、头痛、乏力及咽痛等表现,持续1~2天。

3. 出疹期 发热数小时至24小时出现皮疹。皮疹先于躯干和头部,后波及面部和四肢。初为红色斑疹,数小时变为丘疹及疱疹。疱疹为单房性,疱液初清亮,呈珠状,后稍混浊,周围有红晕。1~2天后疱疹从中心开始干枯、结痂,红晕消失。1周左右痂皮脱落,一般不留瘢痕。皮疹呈向心性分布,主要位于躯干,其次头面部,四肢相对较少。黏膜也常受累,见于口咽部、眼结膜、外阴及肛门等处。丘疹、疱疹和痂疹可同时存在。

水痘多为自限性疾病,10天左右可自愈。疱疹内出血的出血型水痘病情严重,常由血小板减少或弥漫性血管内出血所致。

【辅助检查】

1. 血常规 白细胞总数正常或稍低。

2. 疱疹刮片 刮取新鲜疱疹基底组织涂片,用瑞特或吉姆萨染色可发现多核巨细胞,用苏木素-伊红染色可见核内包涵体。

3. 病毒核酸与血清学检查 PCR检测皮损或疱液中的病毒DNA片段。血清特异性IgM抗体阳性,双份血清IgG抗体转阳或滴度4倍以上升高可确诊。

4. 病毒分离 将疱疹液接种于人胚成纤维细胞,分离病毒鉴定。

【并发症】

水痘的常见并发症为皮肤继发细菌感染,如脓疱疮、丹毒、蜂窝组织炎等,严重时可发生败血症;继发性血小板减少可致皮肤、黏膜出血,严重内脏出血;水痘肺炎多见于免疫缺陷儿童和新生儿;神经系统受累者可见水痘后脑炎、吉兰-巴雷综合征等。

【诊断及鉴别诊断】

典型水痘可根据流行病学及皮疹特点,如向心性分布、分批出现、不同形态皮疹同时存在等可作出临床诊断。抗原、抗体等病原学检查可协助确诊。应注意与丘疹性荨麻疹和能引起疱疹性皮肤损害的疾病,如肠道病毒和金黄色葡萄球菌感染、虫咬性皮疹、药物以及接触性皮炎等相鉴别。

【治疗】

1. 一般治疗 早期隔离。局部治疗以止痒和防止继发感染为主。皮肤瘙痒者可局部涂擦润肤剂和内服抗组胺药物,继发感染者可用抗生素软膏。

2. 抗病毒治疗 阿昔洛韦(acyclovir,ACV)是目前治疗水痘-带状疱疹病毒的首选抗病毒药物。剂量为每次20mg/kg,4次/日,连用5天。此外,也可应用伐昔洛韦等。

3. 防治并发症 继发细菌感染时可给予抗生素,并发脑炎时适当应用脱水剂。

【预防】

控制传染源,隔离患者至皮疹全部结痂为止;对已接触的易感儿童,应检疫3周。易感者接种水痘减毒活疫苗可预防水痘的发生。

四、流行性腮腺炎

流行性腮腺炎(mumps)是由腮腺炎病毒(mumps virus)引起的急性呼吸道传染病。其临床特征为腮腺的非化脓性肿胀、疼痛和发热,并可累及其他各种腺体及其他器官。腮腺炎病毒感染后可获持久免疫,我国将其纳入丙类传染病。

【病因】

腮腺炎病毒是副黏液病毒科的单股负链RNA病毒。其直径为100~200nm,只有一个血清型,基因组编码7种结构蛋白,NP、P、L、F、HN、M和SH,其中F和HN可诱生中和抗体,对物理和化学因素

NOTES

敏感，56℃ 20 分钟、福尔马林或紫外线能将其灭活；4℃下可存活 2 个月以上。

【流行病学】

人是腮腺炎病毒的唯一宿主，可通过直接接触、飞沫、唾液污染食具或玩具等途径传播。一年四季均可发生，但以冬春季为高峰。人群对本病普遍易感，感染后可获持久免疫。

【发病机制及病理】

病毒侵入呼吸道黏膜后在上皮细胞内增殖，并释放入血，形成第一次病毒血症。病毒经血液至全身各器官，先后累及各种腺体，如腮腺、颌下腺、舌下腺及胰腺、生殖腺等，在腺上皮细胞增殖，再次入血形成第二次病毒血症，进一步波及其他器官。

病理特征为腮腺非化脓性炎症，包括间质水肿、点状出血、淋巴细胞浸润和腺泡坏死。腺体导管水肿，管腔内脱落的坏死上皮细胞可使腺体分泌排出受阻，唾液淀粉酶经淋巴系统进入血液而使血、尿淀粉酶升高。其他器官如胰腺、睾丸可有类似病理改变。

【临床表现】

潜伏期 12~25 天，可无前驱症状。起病较急，可有发热、头痛、咽痛、食欲缺乏、恶心及呕吐等，数小时至 1~2 天出现腮腺肿大，初为一侧，继之对侧也出现肿大。腮腺肿大以耳垂为中心，并向前、后、下发展，边界不清，局部表面热而不红，触之有弹性感并有压痛。当腮腺肿大明显时出现胀痛，咀嚼或进食酸性食物时疼痛加剧。腮腺导管口（位于上颌第二磨牙旁的颊黏膜处）在早期常有红肿。腮腺肿大约 1~3 天达高峰，1 周左右消退，病程约 10~14 天。

颌下腺和舌下腺也可同时受累。常合并有脑膜炎、胰腺炎和生殖腺炎（多见睾丸炎）。不典型病例可无腮腺肿大，仅表现为单纯睾丸炎或脑膜炎。

【辅助检查】

（一）一般检查

1. 血常规 白细胞总数大多正常或稍高，淋巴细胞相对增高。

2. 血清及尿淀粉酶测定 其增高程度常与腮腺肿胀程度相平行。90% 的患者发病早期血清及尿淀粉酶增高，有助于诊断。

3. 脑脊液检测 约半数腮腺炎患者在无脑膜炎表现时，脑脊液中白细胞可轻度升高。

（二）病原学检查

1. 病毒分离 发病 1 周内，可从患者唾液、尿及脑脊液中分离出病毒。

2. 病毒核酸与血清学检查 PCR 检测病毒核酸，血清特异性 IgM 阳性提示近期感染。

【并发症】

患者常因腮腺炎病毒侵犯中枢神经系统及其他腺体而出现症状，某些并发症可不伴有腮腺肿大而单独出现。

（一）神经系统

1. 脑膜脑炎 较为常见，多在腮腺肿大后 1 周左右出现，临床表现及脑脊液改变与其他病毒性脑膜脑炎相似。疾病早期在脑脊液中可分离出腮腺炎病毒，多数预后良好，偶有死亡及留有神经系统后遗症者。

2. 多发性神经炎、脑脊髓炎 偶有腮腺炎后 1~3 周出现多发性神经炎、脑脊髓炎，但预后多良好。肿大腮腺可压迫面神经引起暂时性面神经麻痹，有时出现三叉神经炎、偏瘫、截瘫及上升性麻痹等。

3. 耳聋 由听神经受累所致。发生率约 1/15 000，可发展成永久性和完全性耳聋，75% 为单侧，故影响较小。

（二）生殖腺炎

睾丸炎是青春发育期男孩常见的并发症，多为单侧，肿大且有压痛，半数病例发生不同程度睾丸萎缩，但很少引起不育症。7% 青春期后女性患者可并发卵巢炎，表现下腹疼痛及压痛，尚未见导致不育的报告。

NOTES

(三) 胰腺炎

胰腺炎多发生于腮腺肿大后3~7天,以中上腹疼痛为主要症状,可伴有发热、呕吐、腹胀或腹泻等,轻型及亚临床型较常见,发生严重胰腺炎的极少见。由于单纯腮腺炎即可引起血、尿淀粉酶升高,故血、尿淀粉酶不宜作为诊断依据。血脂肪酶检测有助于胰腺炎的诊断。

【诊断及鉴别诊断】

流行性腮腺炎依据流行病学史、腮腺及其他唾液腺非化脓性肿大的特点,可作出临床诊断。非典型的流行性腮腺炎需依靠病原学检测确诊。

鉴别诊断包括其他病原(细菌、流感病毒、副流感病毒等)引起的腮腺炎和其他原因引起的腮腺肿大,如白血病、淋巴瘤及腮腺肿瘤等。

【治疗】

流行性腮腺炎为自限性疾病,主要是对症治疗、镇痛及退热。急性期应避免进食刺激性食物,多饮水,保持口腔卫生。高热患者可采用物理降温或使用解热剂,严重头痛和并发睾丸炎者可酌情应用止痛药。重症脑膜脑炎、睾丸炎或心肌炎者,可短程给予糖皮质激素治疗。

【预防】

及早隔离患者,直至腮腺肿胀完全消退为止。对集体机构的易感儿童应检疫3周。流行性腮腺炎减毒活疫苗具有较好的预防效果。

五、手足口病

手足口病(hand-foot-mouth disease,HFMD)是由肠道病毒(enterovirus,EV)引起的传染性疾病,以学龄前儿童发病为主。大多数患者症状轻微,以发热和手、足、口腔等部位的皮疹或疱疹为主要特征。少数患者可出现中枢神经系统和呼吸系统受累,引发无菌性脑膜炎、脑干脑炎、神经源性肺水肿和心肌炎等。我国将手足口病纳入丙类传染病。

【病因】

肠道病毒属于小RNA病毒科肠道病毒属,基因组为单股正链RNA。引起手足口病的肠道病毒包括柯萨奇病毒(coxsackievirus)A组(Cox A)的4~7、9、10、16型,B组(Cox B)的1~3、5型,埃可病毒(echovirus,ECHO)部分血清型和肠道病毒71型(EV71)等。其中以EV71及Cox A16型较为常见。重症及死亡病例多由EV71所致。

肠道病毒适合在湿、热的环境下生存,可通过感染者的粪便、咽喉分泌物、唾液和疱疹液等广泛传播。病毒对紫外线及干燥敏感,各种氧化剂(高锰酸钾、漂白粉等)、甲醛、碘酒都能灭活病毒。病毒在4℃可存活1年,在-20℃可长期保存。

【流行病学】

1. 传染源 患者和隐性感染者为传染源,发病后1周内传染性最强。粪便中排毒可持续4~8周。

2. 传播途径 密切接触是手足口病重要的传播方式。肠道病毒可经粪-口和呼吸道飞沫传播,亦可因接触被病毒污染的物品,饮用或食入污染的水和食物感染。

3. 易感性 人类普遍易感。各年龄组儿童均可感染发病,以3岁以下儿童发病率最高。感染后可获得特异性免疫,但不同血清型间无交叉免疫。

【发病机制及病理】

肠道病毒通过咽部或肠道上皮细胞侵入体内,在局部黏膜、淋巴结内增殖后释放入血引起病毒血症。病毒进一步播散到皮肤及黏膜、神经系统、呼吸系统等,引起炎症反应。肠道病毒具有嗜神经性,神经组织病理表现为脑干和脊髓上段炎性反应、神经细胞凋亡坏死、脑水肿、小脑扁桃体疝;肺部主要表现为肺水肿、肺淤血和肺出血。

【临床表现】

潜伏期为2~10天,平均3~5天。手足口病临床表现多样,根据疾病的进展分为五期,按危重程度分为普通型、重型和危重型。

1. 出疹期 表现为发热，手、足、口、臀等部位出疹。皮疹表现为斑丘疹、丘疹、疱疹，疱内液体较少，不疼、不痒，恢复时不结痂、不留疤。部分皮损严重，可表现为大疱样改变，伴疼痛及痒感。部分病例仅表现为皮疹或疱疹性咽峡炎。此期为普通型，多数在此期痊愈。

2. 神经系统受累期 多发生在病程1~5天内。表现为精神差、嗜睡、易惊、头痛、呕吐、烦躁、肢体抖动、肌无力和颈强直等。此期为重型，大多数可痊愈。

3. 心肺功能衰竭前期 多发生在病程5天内，表现为心率和呼吸增快、出冷汗、四肢末梢发凉、皮肤发花、血压升高。此期为危重型。

4. 心肺功能衰竭期 可由第3期迅速进入该期。表现为心动过速（或过缓）、呼吸急促、口唇发绀、咳粉红色泡沫痰或血性液体、血压降低或休克。亦有以严重脑功能衰竭为主要表现，可见抽搐、严重意识障碍等。此期为危重型。

5. 恢复期 体温逐渐恢复正常，神经系统受累症状和心肺功能逐渐恢复，少数可遗留神经系统后遗症。

多数患者预后良好，1周内痊愈。危重型患者病死率高。

【辅助检查】

（一）一般检查

1. 血常规 白细胞计数多正常，部分病例白细胞计数、中性粒细胞比例升高。

2. 血生化 谷丙转氨酶和谷草转氨酶肝酶可轻度升高，病情危重者肌钙蛋白、血糖及乳酸升高。

3. 脑脊液 神经系统受累时，脑脊液呈病毒性脑炎、脑膜脑炎样改变。

（二）病原学及血清学检查

咽拭子、粪便或肛拭子肠道病毒核酸阳性或分离到肠道病毒，血清特异性病毒IgM抗体阳性或恢复期IgG抗体有4倍及以上升高有助于确诊。

（三）影像学检查

轻症患者肺部无明显异常。重症及危重症并发神经源性肺水肿时，两肺野透亮度减低，磨玻璃样改变，呈斑片或大片状阴影，进展迅速。合并脑干脑炎者，颅脑CT或MRI可发现脑桥、延髓及中脑的斑点状或斑片状长T_1和长T_2信号。

【诊断及鉴别诊断】

依据流行病学资料、临床表现及实验室检查可作出临床诊断，确诊须有病原学证据。HFMD普通病例需与其他儿童发疹性疾病相鉴别，如与水痘、不典型麻疹、幼儿急疹、风疹及川崎病等鉴别。部分病例仅表现为脑炎或脑膜炎等，可依据病原学检测进行鉴别。

【治疗】

（一）普通型治疗

1. 加强隔离 避免交叉感染，适当休息，清淡饮食，做好口腔和皮肤护理。

2. 对症治疗 对发热、呕吐、腹泻等给予相应处理。

3. 抗病毒治疗 早期使用干扰素-α雾化，利巴韦林静脉滴注有一定疗效。

（二）重型及危重型治疗

1. 神经系统受累 ①镇静、止惊；②控制高颅压：限制入量，给予甘露醇脱水，剂量每次0.5~1.0g/kg，每4~8小时一次；③静脉注射免疫球蛋白：1.0g/(kg·d)，连用2天；④酌情使用糖皮质激素。

2. 呼吸系统受累 ①保持呼吸道通畅，监测呼吸、心率、血压及血氧饱和度。②出现以下表现者可采用机械通气：呼吸急促、减慢或节律改变；气道分泌物呈淡红色或血性；短期内肺部出现湿性啰音；胸部X线检查提示肺部渗出性病变；血氧饱和度或动脉血氧分压下降；面色苍白，发绀，皮温低，皮肤发花，血压下降；频繁抽搐或昏迷。

3. 循环系统受累 ①对血流动力学为高动力高阻力型者，以扩血管药物为主。可使用米力农，负荷量 50~75μg/kg，维持量从 0.25μg/(kg·min) 开始，最大可达 1μg/(kg·min)，不超过 72 小时。高血压者可用酚妥拉明 1~20μg/(kg·min)，或硝普钠 0.5~5.0μg/(kg·min)，由小剂量开始逐渐增加剂量。②血压下降时，可应用升压药物治疗，如：多巴胺 5~20μg/(kg·min)、去甲肾上腺素 0.05~2.00μg/(kg·min)、肾上腺素 0.05~2.00μg/(kg·min) 或多巴酚丁胺 2.5~20.0μg/(kg·min) 等。

【预防】

保持良好的个人卫生习惯是预防手足口病的关键。6 月龄~5 岁儿童可接种 EV71 灭活疫苗，基础免疫程序为 2 剂次，间隔 1 个月。

六、传染性单核细胞增多症

传染性单核细胞增多症（infectious mononucleosis，IM）是由 EB 病毒（Epstein-Barr virus，EBV）所致的急性感染性疾病，主要侵犯儿童和青少年。临床上以发热、咽痛、肝/脾和淋巴结肿大、外周血中淋巴细胞增多并出现异型淋巴细胞等为特征。

【病因】

EBV 是人疱疹病毒 4 型，属于疱疹病毒科 γ 疱疹病毒亚科淋巴隐病毒属，是一种嗜淋巴细胞的 DNA 病毒，具有潜伏及转化的特征。病毒呈球形，直径约 150~180nm。EBV 基因组呈线状双股 DNA，但在受染细胞内，病毒 DNA 存在两种形式：①线状 DNA 整合到宿主细胞染色体 DNA 中；②以环状结构游离于宿主细胞 DNA 之外。二者可因不同的宿主细胞而独立或并存。

EBV 抗原可触发机体产生相应的抗体，主要包括：①衣壳抗原（VCA）。可产生 IgM 和 IgG 抗体，VCA-IgM 早期出现，在 1~2 个月后消失，是新近受 EBV 感染的标志；VCA-IgG 出现稍迟于前者，可持续多年或终生。②早期抗原（EA）。EA 是 EBV 进入增殖性周期初期形成的一种抗原。EA-IgG 于病后 3~4 周达高峰，持续 3~6 个月。③核心抗原（EBNA）。EBNA-IgG 于病后 3~4 周出现，持续终生。④淋巴细胞决定的膜抗原（LYDMA）。带有 LYDMA 的 B 细胞是细胞毒性 T 细胞攻击的靶细胞，出现和持续时间与 EBNA-IgG 相同（图 18-2-1）。

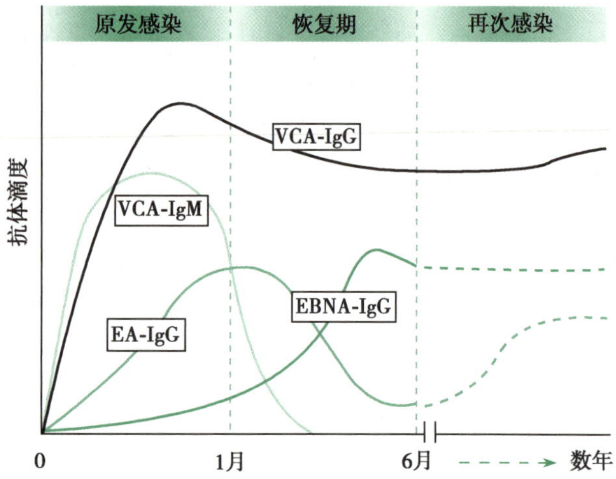

图 18-2-1 血清 EBV 特异性抗体产生动态图

【流行病学】

传染性单核细胞增多症在世界各地均有发生，多呈散发性。病后可获得较稳固的免疫力。患者和隐性感染者是传染源。病毒大量存在于唾液腺及唾液中，可持续或间断排毒达数周、数月甚至数年。口-口传播是重要的传播途径，偶可经输血传播。本病主要见于儿童和青少年，性别差异不大。6 岁以下小儿得病后大多表现为隐性或轻型感染，15 岁以上感染者则多呈典型症状。

【发病机制及病理】

EBV 进口腔后，主要累及咽部上皮细胞、B 淋巴细胞、T 淋巴细胞及 NK 细胞等具有 EBV 受体 CD21 的靶细胞。EBV 在咽部细胞中增殖，引起扁桃体炎、咽炎和局部淋巴结肿大。病毒还可在腮腺和其他唾液腺上皮细胞中繁殖，长期或间歇性向唾液中排放，进入血液后引起病毒血症或通过感染的 B 淋巴细胞进行播散。感染的 B 淋巴细胞可引起 T 淋巴细胞免疫应答并转化为细胞毒性 T 细胞（CTL）。CTL 细胞在免疫病理损伤中起重要的作用，一方面杀伤感染 EBV 的 B 细胞，另一方面侵犯组织、器官而产生一系列的临床表现。活化淋巴细胞产生的细胞因子、免疫复合物的沉积以及病毒对细胞的直接损害也参与其病理机制。

淋巴细胞的良性增生是传染性单核细胞增多症的病理特征。可见非化脓性淋巴结肿大，淋巴细胞及单核-巨噬细胞高度增生。肝、心、肾、肾上腺、肺、皮肤、中枢神经系统等重要器官/系统均可有淋巴细胞、单核细胞及异型淋巴细胞浸润和局限性坏死病灶。脾脏充满异型淋巴细胞，水肿，致脾脏质脆、易出血，甚至破裂。

【临床表现】

潜伏期约5~15天。起病急缓不一，症状呈多样性。多数患者有乏力、头痛、畏寒、鼻塞、恶心、食欲缺乏、轻度腹泻等前驱症状。年龄越小，症状越不典型。典型表现如下。

1. 发热 一般均有发热，体温38~40℃，无固定热型，热程大多1~2周，少数可达数月。中毒症状多不严重。

2. 咽峡炎 绝大多数患者可表现为咽部、扁桃体、腭垂充血、肿胀，部分患者扁桃体表面可见白色渗出物或假膜形成。咽部肿胀严重者可出现呼吸及吞咽困难。

3. 淋巴结肿大 全身淋巴结均可肿大，在病程第1周就可出现，以颈部最为常见。肘部滑车淋巴结肿大常提示有本病的可能。肿大淋巴结直径很少超过3cm，无明显压痛和粘连，肠系膜淋巴结肿大可引起腹痛。肿大淋巴结常在热退后数周至数月消退。

4. 肝、脾大 肝大者约占20%~62%，大多数在肋下2cm以内，可出现肝功能异常，部分有轻度黄疸。约半数患者有轻度脾大，伴疼痛及压痛，偶可发生脾破裂。

5. 皮疹 可出现多形性皮疹，如丘疹、斑丘疹、荨麻疹、猩红热样斑疹、出血性皮疹等。皮疹大多在4~6天出现，持续1周左右消退。

本病病程一般为2~3周，也可长至数月。

【辅助检查】

1. 血常规 外周血象改变是本病的重要特征。早期白细胞总数可正常或偏低，以后逐渐升高，可达$(30\sim50)\times10^9$/L，淋巴细胞数百分比高。异型淋巴细胞超过10%或其绝对值超过1.0×10^9/L时具有诊断意义。

2. 血清嗜异性凝集试验(heterophil agglutination test，HAT) 起病1周内患者血清中出现IgM嗜异性抗体能凝集绵羊或马红细胞，阳性率达80%~90%。5岁以下小儿多为阴性。

3. EBV特异性抗体检测 血清中VCA-IgM阳性是新近EBV感染的标志，EA-IgG升高是近期感染或EBV复制活跃的标志，均有诊断价值。

4. EBV-DNA检测 PCR检测血清中的EBV-DNA，阳性提示存在病毒血症。

【诊断和鉴别诊断】

根据发热，咽痛，肝、脾及淋巴结肿大的典型“三联症”，以及外周血异型淋巴细胞>10%可作出临床诊断。VCA-IgM阳性或双份血清VCA-IgG抗体效价呈4倍以上增高可诊断EBV急性感染。本病需与其他病毒感染所致的淋巴细胞和单核细胞增多相鉴别。嗜异性抗体阴性的类传染性单核细胞增多症中，几乎半数与巨细胞病毒感染有关。

【治疗】

传染性单核细胞增多症多为自限性，自然病程约2~4周，预后良好，主要采取对症治疗。抗病毒治疗可选用阿昔洛韦等药物。重型患者短疗程应用糖皮质激素可明显减轻症状。仅在继发细菌感染时应用抗菌药物，应避免使用氨苄西林类抗生素。发生脾破裂时，应及时诊断并行手术治疗。

【预防】

EBV疫苗在研制中，尚未用于临床。

七、新型冠状病毒感染

新型冠状病毒感染(corona virus disease 2019，COVID-19)是由新型冠状病毒(2019 novel coronavirus，2019-nCoV，亦称severe acute respiratory syndrome coronavirus-2，SARS-CoV-2)引起的新发急性呼吸道

NOTES

传染病。儿童感染症状多较轻，少数可发展为急性呼吸窘迫综合征、多系统炎症综合征（multisystem inflammatory syndrome，MIS-C）及多器官功能衰竭等。

【病因】

SARS-CoV-2 属于β属的冠状病毒，基因组为 29.9kb 的单股正链 RNA，有包膜，颗粒呈圆形或椭圆形，直径 60~140nm。转录子包括核蛋白（N）、包膜（E）、基质蛋白（M）和刺突蛋白（S）4 种结构蛋白，以及 RNA 依赖性的 RNA 聚合酶（RdRp）。病毒通过刺突蛋白与血管紧张素转化酶 2（ACE2）结合进入靶细胞。冠状病毒对紫外线和热敏感，56℃ 30 分钟、乙醚、75% 乙醇、含氯消毒剂、过氧乙酸和氯仿等脂溶剂均可有效灭活病毒。

【流行病学】

COVID-19 患者和无症状感染者是主要的传染源，在潜伏期即有传染性，发病后 5 天内传染性较强。主要通过呼吸道飞沫和密切接触传播，也可由接触病毒污染物以及吸入气溶胶感染。人群普遍易感。

【发病机制及病理】

SARS-CoV-2 侵入呼吸道上皮细胞复制可引起肺脏病变，呈现弥漫性肺泡损伤和渗出性肺泡炎。肺泡腔内见浆液、纤维蛋白性渗出物及透明膜形成；渗出细胞主要为单核和巨噬细胞，可见多核巨细胞，Ⅱ型肺泡上皮细胞增生和巨噬细胞内包涵体。肺内各级支气管黏膜部分上皮脱落，腔内可见渗出物和黏液，肺血管炎、血栓形成和栓塞。病程较长的病例，可见肺泡腔渗出物机化和肺间质纤维化。心脏、肝、脾和肾脏可见充血、出血、坏死等炎性改变。

【临床表观】

潜伏期为 1~14 天，多为 3~7 天。儿童病例症状相对较轻，多不典型，可表现为低热、乏力、嗅觉及味觉障碍等。部分患者仅出现呕吐、腹泻、呼吸急促或反应差。极少数儿童发展为 MIS-C，出现类似川崎病的表现，如发热伴皮疹、非化脓性结膜炎、低血压或休克、凝血障碍等。病情可在短期内急剧恶化。

临床分为四型。

1. **轻型** 临床症状轻微，影像学无肺炎表现。

2. **普通型** 具有发热、呼吸道症状等，影像学可见肺炎表现。

3. **重型** 符合下列任何一条：①持续高热超过 3 天；②气促；③指氧饱和度≤93%；④鼻翼扇动、三凹征；⑤嗜睡、惊厥；⑥拒食或喂养困难，有脱水征。

4. **危重型** 符合以下情况之一者：①呼吸衰竭，且需要机械通气；②休克；③合并其他器官功能衰竭。

【辅助检查】

1. **一般检查** 早期外周血白细胞总数正常或减少，淋巴细胞计数减少，部分患者可出现转氨酶、心肌酶和铁蛋白增高。多数患者 C 反应蛋白和血沉升高。重型、危重型患者可见 D-二聚体升高，炎症因子升高。

2. **病原学及血清学检查**

（1）病毒核酸检测：采用 PCR 和/或二代测序技术（NGS）在鼻咽拭子、呼吸道分泌物等标本中检测出病毒核酸。

（2）血清学检查：病毒特异性 IgM 抗体、IgG 抗体阳性。血清学检测不单独作为诊断依据。

3. **胸部影像学检查** 早期呈现多发小斑片影及间质改变，以肺外带明显；进而发展为双肺多发磨玻璃影、浸润影，严重者可出现肺实变和肺水肿。

【诊断和鉴别诊断】

诊断可分为疑似病例和确诊病例。

NOTES

1. **疑似病例** 有流行病学史中任何 1 条，且符合临床表现中任意 2 条；无流行病学史，符合临床表现中任意 2 条,同时新型冠状病毒 IgM 抗体阳性;或符合临床表现中的 3 条。

(1)流行病学史:①发病前 14 天内有病例报告社区的旅行史或居住史;②发病前 14 天内与 SARS-CoV-2 患者或无症状感染者有接触史;③发病前 14 天内接触过病例报告社区的发热或有呼吸道症状的患者;④聚集性发病。

(2)临床表现:①有发热和/或呼吸道症状等 COVID-19 相关临床表现;②具有上述影像学特征;③发病早期白细胞总数正常或降低,淋巴细胞计数正常或减少。

2. 确诊病例 疑似病例同时具备以下病原学或血清学证据之一者:①SARS-CoV-2 核酸阳性;②病毒基因测序与已知的 SARS-CoV-2 高度同源;③SARS-CoV-2 特异性 IgM 抗体和 IgG 抗体阳性;④SARS-CoV-2 特异性 IgG 抗体由阴性转为阳性或恢复期 IgG 抗体滴度较急性期呈 4 倍及以上升高。

COVID-19 轻型需与其他病毒,如流感病毒、腺病毒、呼吸道合胞病毒及支原体等感染鉴别。对疑似病例可采取快速抗原和 PCR 核酸检测等方法,对常见呼吸道病原体进行检测。出现皮疹、黏膜损害时,需与川崎病鉴别。

【治疗】

疑似及确诊病例应在定点医院隔离治疗,单人单间隔离。危重型病例应尽早收入 ICU。

1. 一般治疗 卧床休息,保证能量摄入及水、电解质平衡。对呼吸困难和低氧血症患者给予氧疗。

2. 抗病毒 目前尚缺乏有效抗病毒药物。

3. 免疫治疗 康复者恢复期血浆可用于病情进展较快、重型和危重型患者。双肺广泛病变者及重型患者可使用托珠单抗,首次剂量 4~8mg/kg,12 小时后追加应用 1 次。

4. 糖皮质激素 病情进展迅速、机体炎症反应过度激活状态者,酌情使用糖皮质激素,甲泼尼龙 0.5~1.0mg/(kg·d)。

5. 重型、危重型病例的治疗 ①呼吸支持:呼吸窘迫和低氧血症患者,给予高流量氧疗或无创通气。症状无改善者进行有创机械通气。合并心源性休克或者心搏骤停者采用体外膜氧合(ECMO)治疗。②循环支持:危重型患者或合并休克者,使用血管活性药物,改善组织灌注。③血液净化:包括血浆置换、吸附、血浆滤过等,减轻炎症反应所致二次损伤。④MIS-C:尽早抗炎,纠正休克和出凝血功能障碍。有川崎病表现者,可静脉使用丙种球蛋白、糖皮质激素及口服阿司匹林等。

【预防】

保持良好的个人及环境卫生。公共区域保持"一米线"距离,勤洗手,戴口罩。我国于 2021 年 7 月批准新冠病毒灭活疫苗用于 3~17 岁儿童预防接种。

八、儿童艾滋病

艾滋病亦称获得性免疫缺陷综合征(acquired immunodeficiency syndrome,AIDS),是由人免疫缺陷病毒(human immunodeficiency virus,HIV)感染引起的传染病。临床表现以细胞免疫缺陷、机会性感染和易发生恶性肿瘤为主要特征。我国将艾滋病纳入乙类传染病。

【病因】

HIV 属于反转录病毒科正反转录病毒亚科慢病毒属,为 RNA 包膜病毒。其核心部分包括两条相同的单股正链 RNA、核壳蛋白(NC)和病毒复制所需的酶,包括反转录酶(RT,p51/P66)、整合酶(IN,p32)及蛋白酶(PR,p10)等。核心外为核衣壳(p24);外层包膜嵌有糖蛋白 gp120 和跨膜糖蛋白 gp41。基因组全长约 9.7kb,含有 3 个结构基因(*gag*、*pol* 和 *env*)、2 个调节基因(*tat* 和 *rev*)和 4 个辅助基因(*nef*、*vpr*、*vpu* 和 *vif*)。HIV 的反转录酶无校正功能,故有高度变异性。

HIV 分为 HIV-1 和 HIV-2 两型,二者氨基酸同源序列性为 40%~60%。HIV-1 是引起 AIDS 的主要病原,根据 *env* 基因序列将 HIV-1 分为 M、O 和 N 三个组。我国以 HIV-1 为主要流行株,已发现的有 A、B(欧美 B)、B′(泰国 B)、C、D、E、F、G、H、J 和 K 等 11 个亚型。HIV-2 共有 7 个亚型(A~G),其生物学特性与 HIV-1 相似,但传染性较低。

HIV 在自然环境中的生存力较弱,对理化因素的抵抗力较低。常用消毒剂(如 0.5% 过氧乙酸、0.5% 次氯酸钠、碘酊和 70% 乙醇等)都能灭活 HIV,但紫外线或 γ 射线不能灭活 HIV。56℃ 30 分钟可使 HIV 失去感染性,高压灭菌或 100℃ 20 分钟可完全灭活。

【流行病学】

1. 传染源 为 HIV 感染者和艾滋病患者,病毒存在于其各种体液中。

2. 传播途径 垂直传播是儿童 HIV 感染的主要途径,宫内、产时和哺乳是最常见的传播方式,输入 HIV 污染的血制品也可获得感染。

3. 流行状况和流行特征 截至 2018 年,我国累计报告 HIV 感染者和艾滋病患者 85 万例,垂直传播率为 4.9%。

【发病机制和病理】

1. 发病机制 HIV 借助 CD4、CCR5 和 CXCR4 受体进入易感细胞,形成产毒性感染。HIV 主要侵犯 $CD4^+$ T 细胞、巨噬细胞和树突细胞等,初次感染后 24~48 小时内到达局部淋巴结,继而产生病毒血症。随着 $CD4^+$ T 细胞减少和特异性免疫建立,病毒在数周内降至谷底,然后逐渐回升,达到相对稳定水平,进入临床潜伏期。机体免疫系统不能完全清除病毒,形成慢性感染,包括无症状感染期和有症状感染期。无症状感染期持续时间变化较大,数月至十多年不等,平均约 8 年。

当 HIV 再次大量复制导致淋巴细胞功能下降和数量耗竭时,可发生严重机会感染或恶性肿瘤。HIV 除引起靶细胞溶解坏死外,亦可通过结合 gp120 封闭 Th 细胞 CD4 受体,影响其免疫调控功能;诱导 CD4 受体的自身抗体而阻断 Th 功能;触发抗体依赖性细胞介导细胞毒效应攻击 $CD4^+$ T 细胞,诱导 T 细胞和 B 细胞凋亡和细胞因子异常表达等。

2. 病理改变 组织炎症反应少,机会性感染病原体多。淋巴结病变可以是反应性或肿瘤性病变。胸腺可萎缩、退行性或炎性变化。

【临床表现】

垂直传播获得者常在 2~3 岁时发病,输血途径感染者潜伏期为 9 个月~5 年。临床历经急性期、无症状期和艾滋病期,儿童病例通常只有无症状 HIV 感染和 AIDS 两个阶段。

1. 急性期 通常发生在初次感染 HIV 后 2~4 周。临床症状轻微,以发热最为常见,可伴有咽痛、恶心、淋巴结肿大等症状。此期血液中可检出 HIV RNA 和 p24 抗原,$CD4^+$ T 细胞计数一过性减少。持续 1~3 周后病情缓解。

2. 无症状期 可从急性期进入或直接进入本期。其持续时间长短与感染病毒数量、感染途径、机体免疫状况等因素有关。在无症状期,$CD4^+$ T 细胞计数逐渐下降,HIV 不断复制,具有传染性。

3. 艾滋病期 为 HIV 感染的最终阶段。以 $CD4^+$ T 细胞计数明显下降(<200 个/mm^3)和血浆 HIV 病毒载量明显升高为特征。主要临床表现为各种机会性感染及肿瘤等儿童艾滋病指针性疾病(表 18-2-2)。

【辅助检查】

1. 一般检查 急性期外周血白细胞计数下降,以淋巴细胞减少为主;可有轻度血小板减少或肝功能异常。艾滋病期淋巴细胞绝对值降低,可见血红蛋白和血小板减少。

2. 影像学检查 机会性感染患者肺部影像学常可见间质性肺炎和囊肿样改变;头颅 CT 和 MRI 可发现脑弓形体感染形成的囊肿;淋巴增生性间质性肺炎时表现为特征性间质性小结节浸润。

3. 特异性抗体检查 由于母亲 HIV IgG 抗体可通过胎盘屏障传到胎儿,至 9~12 个月(甚至长达 18 个月)才消失,故对于 18 个月以内婴儿,仅 HIV 抗体阳性不能诊断为 HIV 感染,需进一步做病毒核酸检测确诊。

4. 病原学检查 ①病毒分离:从外周血、骨髓及脑脊液等样本分离病毒。②病毒抗原:p24 抗原在 HIV 感染者血液中最早出现,后逐渐下降至检测不出;到艾滋病期,病毒大量复制,p24 抗原又可

NOTES

表 18-2-2 儿童艾滋病指针性疾病

儿童艾滋病指针性疾病	原因不明的严重消瘦、发育迟缓或营养不良 肺孢子菌肺炎 复发性严重的细菌性感染，如深部脓肿、化脓性肌炎，骨或者关节感染，脑膜炎 慢性单纯疱疹病毒感染，持续时间超过 1 个月或任何内脏器官感染 食道、气管、支气管或肺假丝酵母菌感染 播散性非结核分枝杆菌感染 肺外结核病 卡波西肉瘤 中枢神经系统弓形虫病（新生儿除外） 巨细胞病毒性疾病，包括视网膜炎或其他脏器感染（新生儿除外） 慢性隐孢子虫病 有症状的 HIV 相关性心肌病或肾病 脑或 B 细胞非霍奇金淋巴瘤 肺外隐球菌感染 HIV 脑病 进行性多灶性白质脑病 慢性等孢子球虫病 播散性地方性真菌病（肺外组织浆菌病、球孢子菌病及青霉病）

被测出，可用于 HIV 感染窗口期的辅助诊断。③病毒核酸：PCR 检测 HIV DNA 或 HIV RNA 统称为病毒核酸检测（nucleic acid test，NAT），用于婴儿 HIV 感染的早期诊断、监测疾病进展和评价抗病毒疗效。

HIV 感染孕妇分娩的新生儿出生后 4~6 周行首次 NAT 检测，3 个月内复检 2 次。两次以上检测阳性者，开始抗病毒治疗。

【诊断和鉴别诊断】

1. 诊断原则 以实验室检测为依据，结合临床表现和流行病学资料综合判断。

2. 诊断标准

（1）HIV 感染的诊断：符合下列一项即可诊断。

1）小于 18 月龄：①为 HIV 感染母亲所生和 HIV 分离实验结果阳性；②为 HIV 感染母亲所生和 2 次 NAT 检测均为阳性；③有医源性暴露史，HIV 两次 NAT 检测均为阳性。

2）大于 18 月龄：①HIV 抗体筛查试验阳性和 HIV 补充试验阳性（NAT 阳性）；②HIV 分离结果阳性。

（2）艾滋病的诊断：符合下列一项即可诊断。

1）符合 HIV 感染诊断和 $CD4^+$ T 细胞百分比或计数明显减少（<12 月龄：<25%；12~36 月龄：<20%；37~60 月龄：<15%；5 岁~14 岁：<200 个/mm^3）。

2）符合 HIV 感染诊断和至少有一种儿童艾滋病指征性疾病。

3. 鉴别诊断 主要与原发性免疫缺陷病和其他获得性免疫缺陷病鉴别。HIV 病原学检测可帮助鉴别。

【治疗】

1. 抗反转录病毒药物

（1）核苷类反转录酶抑制剂（NRTIs）：①阿巴卡韦（abacavir，ABC）。每次 8mg/kg，2 次/日。②恩曲他滨（emtricitabine，FTC）。青少年 0.2g/次，1 次/日。③拉米夫定（lamivudine，3TC）。新生儿每次 2mg/kg，儿童每次 4mg/kg，2 次/日。④司他夫定（stavudine，D4T）。每次 1mg/kg，2 次/日。⑤齐多夫定（zidovudine，ZDV 或 AZT）。新生儿及婴幼儿每次 2mg/kg，4 次/日；儿童每次 160mg/m^2，3 次/日。

（2）非核苷类反转录酶抑制剂（NNRTIs）：①奈韦拉平（nevirapine，NVP）。新生儿/婴幼儿每次

NOTES

5mg/kg;<8 岁儿童,每次 4mg/kg;>8 岁儿童,每次 7mg/kg,2 次/日(前 14 天,1 次/日,后改为 2 次/日)。②依非韦伦(efavirenz,EFV)。15~25kg 儿童,200~300mg/次;25~40kg 者,300~400mg/次;>40kg 者,600mg/次,1 次/日。

(3)蛋白酶抑制剂(PI):①洛匹那韦/利托那韦(LPV/r)复合制剂。7~15kg 儿童:每次 LPV 12mg/kg 和 RTV 3mg/kg;15~40kg:每次 LPV 10mg/kg 和 RTV 2.5mg/kg,2 次/日。②利托那韦(ritonavir, RTV)。青少年和成人,2 周左右剂量逐渐增至 600mg/次,2 次/日。③阿扎那韦(atazanavir,ATV)。400mg/次,1 次/日。④达芦那韦(darunavir,DRV)。600mg/次,1 次/日,同时服用利托那韦 100mg,2 次/日。

(4)整合酶抑制剂(INSTI):①雷特格韦(raltegravir,RAL)。>25kg 儿童:400mg/次,2 次/日。②多替拉韦(dolutegravir,DTG)。儿童,50mg/次,1 次/日。

2. 抗病毒治疗方案 临床诊断为 HIV 感染的儿童,应启动终身抗反转录病毒治疗(antiretroviral therapy,ART)。

(1)一线方案。首选方案:ABC+3TC+DTG;替代方案:ABC+3TC+LPV/r;TAF+3TC/FTC+DTG。新生儿首选方案:AZT/ABC+3TC+RAL;替代方案:AZT+3TC+NVP。

(2)二线方案。首选 AZT+3TC+LPV/r(ATV/r);替代方案:AZT+3TC+DRV/r。

【预防】

1. 普及艾滋病知识与减少育龄期女性感染。

2. 阻断垂直传播。对于 HIV 感染孕妇,应尽早开始三联抗反转录病毒治疗。对 HIV 感染母亲分娩的新生儿,NVP 预防用药 6 周。

第三节 细菌感染性疾病

一、猩红热

猩红热(scarlet fever)是由 A 组溶血性链球菌所致的急性呼吸道传染病,临床以发热、咽峡炎、全身弥漫性红色皮疹及疹退后皮肤脱屑为特征。多见于 5~15 岁的儿童,少数患者病后可出现变态反应性心、肾和关节损害。我国将本病纳入乙类传染病。

【病因】

病原菌为 A 组 β 溶血性链球菌。其直径约 0.6~1.0μm,依据其表面抗原 M,可分为 220 个血清型。M 蛋白是细菌的菌体成分,对中性粒细胞和血小板都有免疫毒性作用。链球菌能产生 A、B、C 和 F 四种抗原性不同的红疹毒素,其抗体无交叉保护力,均能致发热和猩红热皮疹。此外,该细菌还能产生链激酶和透明质酸酶,前者可溶解血块并阻止血液凝固,后者可溶解组织间的透明质酸,使细菌在组织内扩散。细菌的致热性外毒素可引起发热、头痛等全身中毒症状。

A 组 β 溶血性链球菌对热及干燥抵抗力较弱,经 56℃处理 30 分钟可全部灭活,易被各种消毒剂杀死,但在 0℃环境中可生活几个月。

【流行病学】

猩红热通过飞沫传播,患者和带菌者为主要传染源。接触污染物品间接传播偶可发生,皮肤脱屑本身没有传染性。人群普遍易感,冬春季为发病高峰,夏秋季较少。

【发病机制及病理】

溶血性链球菌致病力来源于细菌本身及其产生的毒素和蛋白酶类,引起三种类型病变:①炎症性病变。细菌从呼吸道侵入咽、扁桃体,引起局部炎症,表现为咽峡及扁桃体急性充血、水肿,有中性粒细胞浸润,纤维素渗出,可为卡他性、脓性或膜性,并可向邻近组织和器官扩散,亦可通过血源播散。②中毒性病变。溶血性链球菌产生红疹毒素,经吸收后使机体表皮毛细血管扩张,真皮层广泛充血,

NOTES

在毛囊口周围有淋巴细胞及单核细胞浸润，形成猩红热样皮疹。③变态反应性病变。部分患者于感染 2~3 周后可出现心、肾和滑膜组织等非化脓性病变。

【临床表现】

1. 潜伏期 通常为 2~3 天，短者 1 天，长者 5~6 天。外科型猩红热潜伏期较短，一般为 1~2 天。

2. 前驱期 从发病到出疹为前驱期，一般不超过 24 小时，少数病例可达 2 天。起病多急骤，有畏寒，高热伴头痛、恶心、呕吐、咽痛等。婴儿在起病时烦躁或惊厥。轻者仅咽部或扁桃体充血，重者咽及软腭有脓性渗出物和点状红疹或出血性红疹，或有假膜形成。颈及颌下淋巴结肿大及压痛。

3. 出疹期 多见于发病后 1~2 天出疹。皮疹从颈、上胸部开始，然后迅速波及躯干及上肢，最后到下肢。皮疹特点是全身皮肤弥漫性红色点状皮疹，高出皮面，扪之有粗糙感，压之退色，有痒感，疹间无正常皮肤。以手按压则红色可暂时消退数秒钟，出现苍白的手印，此种现象称为贫血性皮肤划痕，为猩红热的特征之一。在皮肤皱褶处，如腋窝、肘弯和腹股沟等处，皮疹密集成线，压之不退，称为巴氏线（Pastia lines），为猩红热特征之二。前驱期或发疹初期，舌质淡红，其上被覆灰白色苔，边缘充血水肿，舌刺突起，2~3 天后舌苔由边缘消退，舌面清净，呈牛肉样深红色，舌刺红肿明显，突出于舌面上，形成“杨梅”样舌，为猩红热特征之三。猩红热患者还可出现口周苍白区，系口周皮肤与面颊部发红的皮肤比较，相对苍白。

4. 恢复期 皮疹于 3~5 天后颜色转暗，逐渐隐退，并按出疹先后顺序脱皮，皮疹愈多，脱屑愈明显。轻症患者呈细屑状或片状屑。重症患者有时呈大片脱皮，以指、趾部最显。此时全身中毒症状及局部炎症也很快消退。此期约 1 周左右。

5. 除了上述典型的临床表现外，尚可有其他特殊表现。

（1）脓毒型：咽峡炎明显，渗出物多，局部黏膜可坏死而形成溃疡。细菌扩散到附近组织，发生化脓性中耳炎、鼻窦炎、乳突炎及颈部淋巴结炎，重者发生败血症。较少见。

（2）中毒型：全身中毒症状重，高热 40℃以上。往往出现意识障碍、萎靡、嗜睡或烦躁，重者谵妄，惊厥及昏迷。亦可呈循环衰竭及中毒性心肌炎表现。皮疹可为出血性，延时较久，但咽峡炎不明显。此型患者易出现全身或局部的细菌感染性并发症。

（3）外科型（包括产科型）：病原菌通过咽外途径（如伤口、产道、烧/烫伤创面或皮肤感染）侵入人体引起发病，其皮疹先出现于细菌入侵部位附近，邻近的淋巴结炎较显著，全身症状轻，咽及扁桃体无炎症。预后良好。

【辅助检查】

1. 血常规 白细胞总数增加，约在（10~20）$\times 10^9$/L，中性粒细胞可达 80% 以上，严重者可出现中毒颗粒。

2. 抗原检测 免疫荧光法或乳胶凝集法检测咽拭子或伤口分泌物 A 组 β 溶血性链球菌，用于快速诊断。

3. 细菌培养 从咽拭子或其他病灶内取标本培养，分离出 A 组 β 溶血性链球菌。

【诊断和鉴别诊断】

典型皮疹、巴氏线、杨梅舌等是临床诊断猩红热的主要依据，结合全身症状，如发热、咽痛、扁桃体红肿以及流行病学特点，诊断并不难。诊断困难者多系极轻和极重的，或就诊时恰在出疹期与脱屑期之间，缺乏典型症状的病例。咽拭子细菌培养阳性有助于诊断。

本病应与其他出疹性疾病相鉴别（见表 18-2-1）。

【治疗】

1. 一般治疗 供给充分的营养、热量。在发热、咽痛期间可给予流质或半流质饮食，保持口腔清洁，较大儿童可用温盐水漱口。高热者，应物理降温或用退热剂。

2. 抗生素治疗 青霉素是首选药物，能迅速杀灭链球菌，预防和治疗脓毒并发症。预防并发症，如急性肾小球肾炎和急性风湿热的发生。治疗开始愈早，效果愈好，疗程至少 10 天。青霉素过敏者

NOTES

可选用头孢菌素，或根据药物敏感结果选用，疗程 7~10 天。

【预防】

1. 早期隔离 确诊患者隔离至有效抗生素治疗至少 24 小时后。带菌者咽培养 3 次阴性后解除隔离。密切接触患者的易感人群需医学观察 1 周。

2. 接触者的处理 儿童机构发生猩红热时，应严密观察接触者。进行晨间检查，有条件者可做咽拭子培养。对可疑患者，应给予隔离治疗。

二、中毒型细菌性痢疾

细菌性痢疾（bacillary dysentery）是由志贺菌属引起的肠道传染病，而中毒型细菌性痢疾（bacillary dysentery，toxic type）则是急性细菌性痢疾的危重型。起病急骤，临床以高热、嗜睡、惊厥、迅速发生休克及昏迷为特征。我国将本病纳入乙类传染病。

【病因及流行病学】

病原体为痢疾杆菌，属肠杆菌的志贺菌属。志贺菌属分成 A、B、C、D 四群，A 群为痢疾志贺菌，B 群为福氏志贺菌，C 群为鲍氏志贺菌，D 群宋氏志贺菌。我国引起流行的多数为福氏志贺菌，其次为宋氏志贺菌。

急性、慢性痢疾患者及带菌者是主要传染源。其传播方式是通过消化道传播，可通过污染的水和食物传播，夏秋季多见，多见于体格健壮的小儿，发病年龄以 2~7 岁多见。

【发病机制及病理】

引起中毒型细菌性痢疾的机制与普通急性细菌性痢疾不同，与机体对志贺菌的毒素反应有关。志贺菌侵袭人体后，细菌裂解，产生大量内毒素和少量外毒素。内毒素从肠壁吸收入血，引起发热、毒血症及微循环障碍。内毒素作用于肾上腺髓质及兴奋交感神经系统，释放肾上腺素及去甲肾上腺素等，使小动脉和小静脉发生痉挛性收缩。内毒素直接作用或通过刺激网状内皮系统，使组氨酸脱羧酶活性增加，或通过溶酶体释放，导致大量血管扩张物质释放，使血浆外渗，血液浓缩。此外，血小板凝聚，释放血小板因子 3，促进血管内凝血，加重微循环障碍。

中毒型细菌性痢疾的肠道病变轻而不典型，特别在疾病的早期，中毒症状虽极严重，但病理改变并不明显，甚至在死亡病例中，结肠仅见充血、水肿。主要病理改变为大脑及脑干水肿，甚至脑疝，神经细胞变性及点状出血，肾小管上皮细胞变性坏死，部分肾上腺充血、皮质出血和萎缩。

【临床表现】

中毒型细菌性痢疾的潜伏期通常为 1~2 天，但可短至数小时，长达 8 天。

（一）发病特点

起病急骤，突发高热，常在肠道症状出现前发生惊厥，短时期内（一般在数小时内）即可出现中毒症状。起病后体温很快上升至 39℃以上，可达 40~41℃，可伴有头痛、畏寒等症状。肠道症状往往在数小时或数十小时后出现，故常被误诊为其他热性疾病。

（二）分型

1. 休克型 主要表现为脓毒性休克。初起面色灰白，唇周青灰，四肢冷，指/趾甲发白，脉细速，心率增快。后期出现青紫，血压下降，尿量减少，脉细速或细弱，心音低钝，无尿。重者青紫严重，心率减慢，心音微弱，血压测不出。可同时伴心、肺、血液及肾脏等多器官功能不全的表现。

2. 脑型 病初起时小儿烦躁或萎靡、嗜睡，严重者出现惊厥。惊厥可反复发作，病初发作前后神志清楚，继之可转入谵妄昏迷，并可在持续惊厥后呼吸突然停止，为脑疝所致。眼底检查可见小动脉直径变细，小静脉淤血扩张。此型较重，病死率高。

3. 肺型 主要表现为呼吸窘迫综合征。以肺微循环障碍为主，常由中毒型细菌性痢疾的休克型或脑型发展而来，病情危重，病死率高。

4. 混合型 上述两型或三型同时存在或先后出现，此型极为凶险，病死率高。

NOTES

【辅助检查】

1. **血常规** 白细胞总数及中性粒细胞增高，但发热仅数小时的患者可以不高。

2. **大便常规与大便培养** 可见成堆白细胞、吞噬细胞和红细胞。尚无腹泻的早期病例，应用生理盐水灌肠后做粪便检查。大便培养可分离出志贺菌属痢疾杆菌。

3. **核酸检测** 采用核酸杂交或PCR方法检查大便中的痢疾杆菌核酸。

【诊断及鉴别诊断】

健康儿童，夏秋季节突然高热，伴反复惊厥、脑病和休克表现者，均应考虑中毒型细菌性痢疾。可用肛拭子或灌肠取便，若镜检发现大量脓细胞或红细胞可临床诊断，但需与下列疾病相鉴别。

1. **流行性乙型脑炎** 其发热的热度是逐日升高，神经症状常在发热1~2天后出现。流行性乙型脑炎患者少有循环障碍，脑脊液检查呈病毒性脑炎样改变，而中毒型细菌性痢疾的脑脊液检查无异常，可鉴别。

2. **流行性脑膜炎** 高热、惊厥、昏迷，伴有面灰肢冷，很快发展为休克。但流行性脑膜炎患者常伴有呕吐、皮肤瘀点或瘀斑，脑膜刺激征亦较为明显，且多见于冬春季节。脑脊液检查可鉴别。

3. **急性出血性坏死性小肠炎** 常以发热起病，有血便，粪便具有特殊的臭味，腹痛较剧烈。热度一般不高，腹泻症状明显，严重时便血较多。休克常出现在后期。

【治疗】

中毒型细菌性痢疾病情凶险，必须及时抢救治疗。

1. **降温止惊** 可采用物理、药物降温或亚冬眠疗法。持续惊厥者，可用地西泮0.3mg/kg肌内注射或静脉注射(最大剂量≤10mg/次)；或用水合氯醛30~50mg/kg保留灌肠；或苯巴比妥钠肌内注射。

2. **控制感染** 通常选用两种痢疾杆菌敏感的抗生素静脉滴注。近年来痢疾杆菌耐药菌株日益增多，故可选用阿米卡星、头孢噻肟钠或头孢曲松钠等药物。

3. **抗休克治疗** ①扩充血容量，纠正酸中毒，维持水、电解质酸碱平衡。②改善微循环。在扩容的基础上，适当应用血管活性药物，如多巴胺、酚妥拉明等。③糖皮质激素。地塞米松每次0.2~0.5mg/kg静滴，每天1或2次，疗程3~5天。

4. **防治脑水肿和呼吸衰竭** 20%甘露醇减低颅内压，每次0.5~1.0g/kg静脉注射，每天3或4次，必要时与利尿剂交替使用。保持患者呼吸道通畅，呼吸衰竭者应及时给予机械通气。

【预防】

1. **管理传染源** 急性菌痢患者尽早接触隔离和及时治疗，粪便连续培养2次阴性方可解除隔离，对其生活用具及排泄物注意消毒处理。有密切接触史儿童居家隔离7天。

2. **保护易感人群** 目前尚无志贺菌疫苗。注意饮食卫生，忌食不洁食物，饭前便后洗手。

第四节 结 核 病

一、总论

结核病(tuberculosis)是由结核分枝杆菌(*Mycobacterium tuberculosis*)引起的慢性感染性疾病。全身各个器官均可受累，但以肺结核最常见。目前全球仍有1/4的人感染结核分枝杆菌，每年新发结核感染者约1 000万，其中15岁以下的儿童患者占12%。我国是结核病高发国家之一，年发病数占全球的8.4%，位居全球第3位。本病为乙类传染病。

【病因】

结核分枝杆菌属于分枝杆菌属，具有抗酸性，为需氧菌，抗酸染色呈红色。分裂繁殖缓慢，在固体培养基上需4~6周才出现菌落。结核分枝杆菌可分为4型：人型、牛型、鸟型和鼠型。人类致病的主要为人型和牛型，其中人型是人类结核病的主要病原体。

【流行病学】

1. 传染源 呼吸道结核患者，尤其是在痰中查见结核分枝杆菌的患者是主要传染源，正规化疗2~4周后，随着痰菌排量减少而传染性降低。

2. 传播途径 呼吸道为主要传染途径，儿童吸入带结核分枝杆菌的飞沫或尘埃即可引起感染，可形成肺部原发病灶。少数可经消化道感染，形成咽部或肠道原发病灶；经皮肤或胎盘传染者少见。

3. 易感人群 生活贫困、居住拥挤、营养不良、社会经济落后等是人群结核病的高发原因。儿童发病与否主要取决于：①结核分枝杆菌的毒力及数量。②机体抵抗力的强弱。患麻疹、百日咳及白血病、淋巴瘤或艾滋病等免疫功能受抑制者和接受免疫抑制剂治疗者尤其好发结核病。③遗传因素。单卵双胎儿结核病的一致性明显高于双卵双胎儿。

【发病机制及病理】

机体在感染结核分枝杆菌后，在产生免疫力的同时，也产生致敏T细胞介导的变态反应。

1. 细胞介导的免疫反应 巨噬细胞吞噬并消化结核分枝杆菌，并将特异性抗原传递给辅助T淋巴细胞（$CD4^+T$细胞），巨噬细胞（主要为树突状细胞）分泌IL-12，诱导$CD4^+T$细胞向Th1细胞极化，分泌和释放IFN-γ。IFN-γ进一步促进单核细胞聚积、激活、增殖和分化，产生大量反应性产物，释放氧化酶和消化酶及其他杀菌素，吞噬和杀灭结核分枝杆菌。IFN-γ可增强细胞毒性T细胞（CTL）和自然杀伤（NK）细胞的活性，溶解已吞噬结核分枝杆菌和受抗原作用的巨噬细胞。上述细胞免疫反应可杀灭结核分枝杆菌，但亦可导致宿主细胞和组织破坏。未被杀灭的结核分枝杆菌可通过巨噬细胞经淋巴管扩散到淋巴结。

2. 迟发型变态反应 是由T细胞介导，以巨噬细胞为效应细胞的宿主对结核分枝杆菌及其产物的超常免疫反应。这种反应有利于预防外源性再感染和在局部杀灭血源播散的结核分枝杆菌。但在大多数情况下，迟发型变态反应可引起细胞坏死及干酪样改变，甚至形成空洞。

部分感染者在感染部位周围形成防御屏障，未被杀灭的结核分枝杆菌进入休眠状态，称为潜伏结核感染，没有症状和传染性。若免疫系统不能建立有效的防御阻隔，潜伏结核分枝杆菌可在肺内扩散（形成肺结核），或进入胸内淋巴腺，或播散到身体其他部位，发展为肺外结核病（extra pulmonary tuberculosis）。

【诊断】

以病原学检查为主，结合流行病学、临床症状、影像学检查，力求早期诊断。其中病原学、病理学结果是确诊依据。

（一）病史

1. 结核中毒症状 有无长期低热、轻咳、盗汗、乏力、食欲缺乏、消瘦等。

2. 结核病接触史 应特别注意家庭病史，开放性结核病接触史对诊断十分重要，年龄愈小，意义愈大。

3. 卡介苗（Bacille Calmette-Guérin，BCG）接种史 BCG能有效地预防结核性脑膜炎和粟粒性结核病的发生，应仔细检查患者双上臂有无BCG接种后瘢痕。

4. 急性传染病史 麻疹、百日咳等可使机体免疫功能暂时降低，致使体内潜伏的结核病灶活动、恶化，或成为结核病的诱因。

5. 结核过敏表现 如结节性红斑、疱疹性结膜炎等。

（二）结核菌素试验

小儿结核分枝杆菌感染4~8周后，结核菌素试验可呈阳性反应。其机制主要是致敏淋巴细胞和巨噬细胞积聚在真皮的血管周围，分泌Th1类细胞因子IFN-γ，诱发炎症反应，血管通透性增高，在注射局部形成硬结所致，属于迟发型变态反应。

1. 试验方法 常用的结核菌素皮内试验为皮内注射0.1ml含5个单位的纯蛋白衍化物（purified protein derivative，PPD）。注射部位为左前臂掌侧面中下1/3交界处皮内，使之形成直径为6~10mm的皮丘，48~72小时后观测反应结果，测定局部硬结的直径判断反应强度。硬结直径不足5mm为阴性；

NOTES

5~9mm 为阳性(+);10~19mm 为中度阳性(++);≥20mm 为强阳性(+++);局部除硬结外,还有水疱、破溃、淋巴管炎及双圈反应等为极强阳性反应(++++)。

2. 临床意义

(1)阳性反应:①接种卡介苗后;②年长儿无明显临床症状,仅呈阳性反应,表示曾感染过结核分枝杆菌;③婴幼儿,尤其是未接种卡介苗者,中度阳性反应多表示体内有新的结核病灶;④强阳性或极强阳性反应者,表明体内有活动性结核病;⑤由阴性反应转为阳性反应,或反应强度由原来小于10mm 增至大于 10mm,且增幅超过 6mm 时,表明新近有感染。

接种卡介苗后与自然感染阳性反应的主要区别见表 18-4-1。

表 18-4-1 结核菌素试验在接种卡介苗后与自然感染阳性反应的主要区别

分类	硬结直径/mm	硬结颜色	硬结质地	阳性反应持续时间	阳性反应的变化
接种卡介苗后	多为 5~9	浅红	较软,边缘不整	较短,2~3 天即消失	有较明显的逐年减弱倾向,一般于 3~5 年内逐渐消失
自然感染	多为 10~20	深红	较硬,边缘清楚	较长,可达 7~10 天	短时间内反应无减弱倾向,可持续若干年,甚至终身

(2)阴性反应:①未感染过结核;②结核迟发性变态反应前期;③假阴性反应。

(三)实验室检查

1. 结核分枝杆菌检查 从痰、肺泡灌洗液、胃液、脑脊液、浆膜腔液中找到结核分枝杆菌是重要的确诊依据。厚涂片法或荧光染色法阳性率较高。结核分枝杆菌阳性培养时间需 2 周左右,可用于鉴别结核分枝杆菌与非结核分枝杆菌。

2. 免疫学及分子生物学诊断

(1)利福平耐药实时荧光定量核酸扩增(Xpert MTB/RIF):用定量聚合酶链反应(qPCR)方法检测上述样本中结核分枝杆菌 DNA,可在 2 小时内同时检测结核分枝杆菌和利福平耐药情况。其敏感度和特异度远高于抗酸染色试验,有助于快速诊断。

(2)γ-干扰素释放试验(IGRAs):检测机体对结核分枝杆菌特异性抗原 6kD 和 10kD 培养滤液蛋白的免疫应答。IGRAs 不受 BCG 接种的影响,特异性较 PPD 更高。IGRAs 阳性结果仅能提示结核感染的存在,不能确定活动性结核病。

(3)宏基因组测序:采用 NGS 检测样本中的病原微生物宏基因组,对疑似病例有诊断价值。

3. 血沉 增快可协助判断结核病的活动性。

(四)影像学检查

1. X 线检查 胸部 X 线检查是筛查小儿结核病基本手段,可检出结核病灶的范围、性质、类型、活动或进展情况。

2. CT 和 MRI 胸部 CT 检查可提高肺结核的诊断及鉴别诊断,发现隐蔽病灶。高分辨 CT 可显示早期(2 周内)粟粒性肺结核,≥4mm 的肺门纵隔淋巴结。MRI 无放射线和分辨率高,有利于隐秘病灶的定位和鉴别诊断。

(五)其他辅助检查

1. 电子支气管镜有助于支气管内膜结核及支气管淋巴结结核的诊断。
2. 周围淋巴结穿刺液涂片可发现特异性结核改变,如结核结节或干酪性坏死。
3. 肺穿刺活检或胸腔镜取肺活检病理和病原学检查,对特殊疑难病例确诊有帮助。

【治疗】

(一)一般治疗

注意休息,营养。居住环境应阳光充足,空气流通。

NOTES

（二）抗结核药物

1. 常用的抗结核药物 可分为两类。

（1）杀菌药物：①全杀菌药，如异烟肼（isoniazid，INH）和利福平（rifampin，RFP），对细胞内、外处于生长繁殖期的细菌及干酪病灶内代谢缓慢的细菌均有杀灭作用。②半杀菌药，如链霉素（streptomycin，SM）和吡嗪酰胺（pyrazinamide，PZA）。SM能杀灭在碱性环境中生长、分裂、繁殖活跃的细胞外的结核分枝杆菌；PZA能杀灭在酸性环境中细胞内结核分枝杆菌及干酪病灶内代谢缓慢的结核分枝杆菌。

（2）抑菌药物：常用的有乙胺丁醇（ethambutol，EMB）及乙硫异烟胺（ethionamide，ETH）。乙胺丁醇影响细胞内外处于生长繁殖期的结核分枝杆菌菌体核糖核酸的合成，减缓耐药菌的产生。

2. 儿童抗结核药的使用 见表18-4-2。

表18-4-2 儿童常用抗结核药物

药物	剂量/[mg/(kg·d)]	给药途径	主要副作用
异烟肼（INH或H）	7~15（≤300mg/d）	口服或静脉滴入	肝毒性，末梢神经炎，过敏，皮疹和发热
利福平（RFP或R）	10~20（≤600mg/d）	口服	肝毒性、恶心、呕吐和流感样症状
吡嗪酰胺（PZA或Z）	30~40（≤750mg/d）	口服	肝毒性，高尿酸血症，关节痛，过敏和发热
乙胺丁醇（EMB或E）	15~25mg	口服	皮疹，视神经炎
丙硫异烟胺（PTH）	10~15	口服	胃肠道反应，肝毒性，末梢神经炎，过敏，皮疹，发热
阿米卡星（Am）	10~15	肌内注射	肾毒性，Ⅷ脑神经损害

3. 抗结核治疗方案

（1）标准疗法：一般用于结核性脑膜炎、骨关节结核，疗程12个月。

（2）短程疗法：能快速杀灭机体内处于不同繁殖速度的细胞内、外结核分枝杆菌群，且病变吸收消散快，远期复发少。疗程6~9个月，一般用于除结核性脑膜炎、骨关节结核外的非耐药结核病。

抗结核治疗为两个阶段，即：①强化治疗阶段。联用三四种抗结核药物。在标准疗程中，此阶段一般需2~3个月；短程疗法中，一般为2个月。②巩固维持治疗阶段。联用2种抗结核药物。在标准疗程中，此阶段为5~9个月；短程疗法中，一般为4个月。

【预防】

1. 控制传染源 结核患者是儿童结核病的主要传染源，早期发现及合理治疗结核患者，是预防儿童结核病的根本措施。

2. 接种BCG 新生儿出生即接种BCG，可降低儿童发病的严重性，是预防儿童严重结核病的有效措施。

下列情况禁止接种BCG：①先天性胸腺发育不全症或严重联合免疫缺陷病患者；②急性传染病恢复期；③注射局部有湿疹或患全身性皮肤病；④结核菌素试验阳性；⑤HIV感染的儿童。

3. 预防性化疗

（1）目的：①预防活动性肺结核；②预防肺外结核病发生；③预防青春期结核病复燃。

（2）对象：密切接触家庭内开放性肺结核病患者5岁以下的儿童。

（3）方法：INH每日10mg/kg（≤300mg/d），疗程6~9个月；或INH每日10mg/kg（≤300mg/d）联合RFP每日10mg/kg（≤300mg/d），疗程3个月。

二、原发型肺结核

NOTES

原发型肺结核（primary pulmonary tuberculosis）是结核分枝杆菌初次侵入肺部后发生的原发感染，

占儿童各型肺结核总数的 85.3%。原发型肺结核包括原发综合征（primary complex）与支气管淋巴结结核（tuberculosis of trachebronchial lymphnodes）。前者由肺原发病灶、局部淋巴结病变和两者相连的淋巴管炎组成；后者肺部原发病灶或因其范围较小，或已经吸收，仅遗留局部肿大的淋巴结。

【病理】

肺部原发病灶多位于胸膜下，肺上叶底部和下叶的上部，右侧较多见。病变为渗出、增殖、坏死。渗出性病变以炎症细胞、单核细胞及纤维蛋白为主要成分；增殖性改变以结核结节及结核性肉芽肿为主；坏死的特征性改变为干酪样改变，常出现于渗出性病变中。结核性炎症的主要特征是上皮样细胞结节及朗格汉斯细胞。

典型的原发综合征呈“双极”病变，即一端为原发病灶，一端为肿大的肺门淋巴结。由于小儿机体处于高度过敏状态，所以病灶周围炎症甚广泛，原发病灶范围扩大到一个肺段甚至一叶。小儿年龄愈小，此种大片性病变愈明显。引流淋巴结肿大多为单侧，但亦有对侧淋巴结受累者。

原发型肺结核的病理转归如下。

1. 吸收好转　病变完全吸收，钙化或硬结（潜伏或痊愈）。出现钙化表示病变至少已有 6~12 个月。

2. 进展　①原发病灶扩大，产生空洞；②支气管淋巴结周围炎，形成淋巴结支气管瘘，导致支气管内膜结核或干酪性肺炎；③支气管淋巴结肿大，造成肺不张或阻塞性肺气肿；④结核性胸膜炎。

3. 恶化　血行播散，导致急性粟粒性肺结核或全身性粟粒性结核病。

【临床表现】

原发型肺结核症状轻重不一。轻者可无症状，起病缓慢，可有低热、食欲缺乏、疲乏、盗汗等结核中毒症状，多见于年龄较大儿童。婴幼儿及症状较重者可急性起病，高热可达 39~40℃，但一般情况尚好，与发热不相称，持续 2~3 周后转为低热，并伴结核中毒症状，干咳和轻度呼吸困难是最常见的症状。婴儿可表现为体重不增或生长发育障碍。部分小儿可出现眼疱疹性结膜炎，皮肤结节性红斑及/或多发性一过性关节炎。当胸内淋巴结高度肿大时，可产生一系列压迫症状：压迫气管分叉处可出现类似百日咳样痉挛性咳嗽；压迫支气管使其部分阻塞时可引起喘鸣；压迫喉返神经可致声嘶；压迫静脉可致胸部一侧或双侧静脉怒张。

体格检查可见周围淋巴结不同程度肿大。肺部体征可不明显，与肺内病变不一致。胸片呈中到重度肺结核病变者，50% 以上可无体征。如原发病灶较大，叩诊呈浊音，听诊呼吸音减低或有少许干湿音。婴儿可伴肝大。

【诊断和鉴别诊断】

（一）诊断

1. 病史　应详细询问结核接触史、BCG 接种史以及有关麻疹或百日咳等传染病既往史。

2. 体格检查　检查双上臂有无 BCG 接种后瘢痕；若发现眼疱疹性结膜炎、皮肤结节性红斑，活动性结核病的可能性较大。

3. 结核菌素试验　呈强阳性或由阴性转为阳性者，应做进一步检查。

4. X 线检查　对确定肺结核病灶的性质、部位、范围及其发展情况和决定治疗方案等具有重要作用。

（1）原发综合征：肺内原发灶大小不一。局部炎性淋巴结相对较大而肺部的感染灶相对较小是原发性肺结核的特征。婴幼儿病灶范围较广，可占据一肺段甚至一肺叶（图 18-4-1）；年长儿病灶周围炎症较轻，阴影范围不大，多呈小圆形或小片状影。部分病例可见局部胸膜病变。

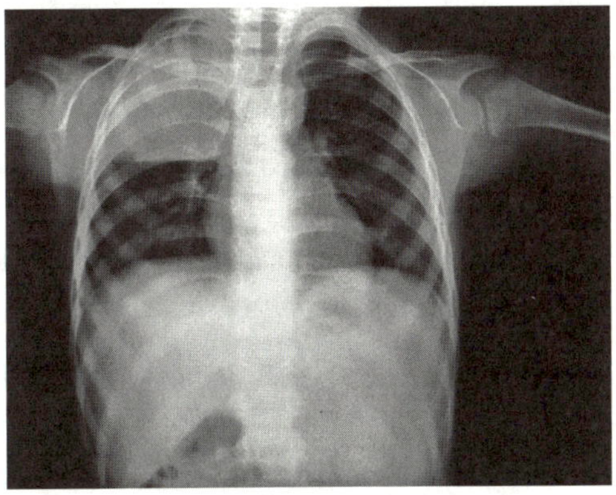

图 18-4-1　原发综合征

（2）支气管淋巴结结核：是小儿原发型肺结核X线胸片最为常见者。分两种类型：①炎症型。淋巴结周围肺组织的渗出性炎性浸润，呈现从肺门向外扩展的密度增高阴影，边缘模糊，此为肺门部肿大淋巴结阴影。②结节型。表现为肺门区域圆形或卵圆形致密阴影，边缘清楚，突向肺野。

此外，胸片常显示伴随影像，如气管、支气管受压、变形、移位，局限性狭窄，气管分支部变宽等。易见于婴幼儿，多系肿大淋巴结压迫或溃入支气管内腔而引起。

CT扫描可显示纵隔和肺门淋巴结肿大。表现为肺门增大、变形，肺门血管移位，纵隔淋巴结肿大，淋巴结内可有钙化。增强扫描后淋巴结周围有环型强化，中心因干酪性坏死呈低密度（图18-4-2）。

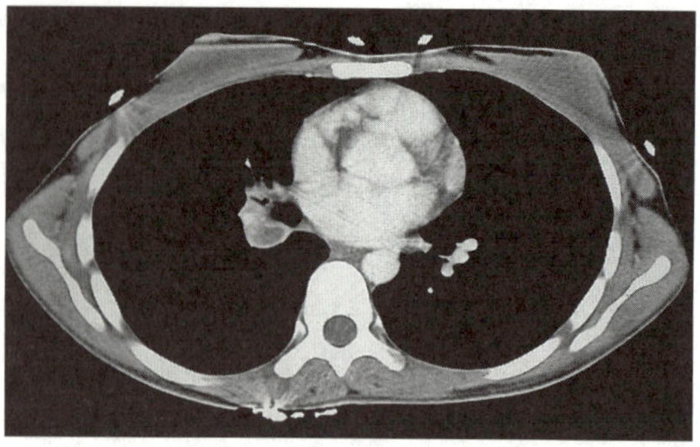

图18-4-2 支气管淋巴结结核CT扫描显示右肺门增大的淋巴结，边缘可见明显强化。

5. 电子支气管镜检查 结核病变蔓延至支气管时，支气管镜检查可发现以下病变：①肿大淋巴结压迫支气管致管腔狭窄，或与支气管壁粘连固定，以致活动受限；②黏膜充血，水肿，炎性浸润，溃疡或肉芽肿；③在淋巴结穿孔前期，可见突入支气管腔的肿块；④淋巴结穿孔形成淋巴结支气管瘘。

6. 实验室检查 见本节“总论”部分。

（二）鉴别诊断

原发型结核病在X线检查前，应与呼吸道感染、百日咳、风湿热、伤寒等相鉴别；在X线检查后应与各种肺炎、支气管扩张相鉴别；胸内淋巴结肿大明显时，应与纵隔良性及恶性肿瘤相鉴别。X线表现为肺不张-肺实变或肺段性结核病者需与异物吸入鉴别。

【治疗】

一般治疗及治疗原则见“总论”。抗结核药物的应用如下。

选用短程疗法，一般采用6~9个月INH、RFP治疗，病情严重者可在病程初期加用吡嗪酰胺治疗3个月。

判断小儿活动性结核病的参考指标为：①结核菌素试验强阳性和极强阳性；②未接种卡介苗且<3岁，尤其是<1岁婴儿结核菌素试验中度阳性者；③排出物中找到结核分枝杆菌；④胸部X线检查示活动性原发型肺结核改变者；⑤支气管镜检查有明显支气管结核病变者。

三、急性粟粒性肺结核

急性粟粒性肺结核（acute miliary tuberculosis of the lungs）或称急性血行播散性肺结核，是结核分枝杆菌经血行播散而引起的肺结核，主要见于儿童期，尤其是婴幼儿。麻疹、百日咳、HIV感染等传染性疾病或营养不良，易诱发本病，常并发结核性脑膜炎。

【病理】

急性粟粒性肺结核多在原发感染后3~6个月以内发生。由于婴幼儿免疫功能低下，感染结核分枝杆菌易形成结核分枝杆菌血症。原发病灶或淋巴结干酪样坏死发生溃破时，大量细菌侵入血液而引起急性全身粟粒性结核病，可累及肺、脑膜、脑、肝、肾、肠系膜淋巴结等。播散到各器官中的结核分枝杆菌，在间质组织中形成细小结节。在肺脏中的结核结节分布于上肺部者多于下肺部，为灰白色半透明或淡黄色不透明的结节，如针尖或粟粒一般，约1~2mm大小。镜检示结核结节由类上皮细胞、淋巴细胞和朗格汉斯细胞加上中心干酪坏死性病灶组成。两肺广泛分布1~3mm的小点状阴影，密度均匀，边界清楚，分布均匀。

【临床表现】

NOTES

急性粟粒性肺结核起病多急剧，婴幼儿多突然高热（39~40℃），呈稽留热或弛张热，部分病例可低热，呈规则或不规则发热，常持续数周或数月，多伴有寒战、盗汗、食欲缺乏、咳嗽、面色苍白、气促和发绀等。约 50% 以上的患者在起病时就出现脑膜炎征象。部分患者伴有肝、脾大以及浅表淋巴结肿大等。少数婴幼儿主要表现为发热、食欲缺乏、消瘦和倦怠等。

6 个月以下婴儿粟粒性结核症状重而不典型，累及器官多，病程进展快，病死率高。全身性粟粒性结核患者的眼底检查可发现脉络膜结核结节，分布于视网膜中心动脉分支周围。

【诊断和鉴别诊断】

急性粟粒性肺结核的诊断主要根据结核接触史、临床表现及结核菌素试验阳性。可疑者应进行结核分枝杆菌的病原学检查、胸部 X 线摄片。早期因粟粒阴影细小而不易查出，起病 2~3 周后胸部 X 线方可发现大小一致、分布均匀的粟粒状阴影，密布于两侧肺野。肺部 CT 扫描可见肺影显示大小（1~3mm）、分布一致阴影，部分病灶有融合（图 18-4-3）。

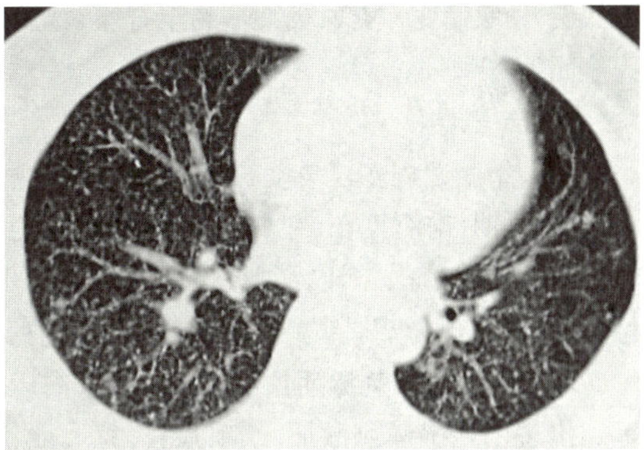

图 18-4-3 急性粟粒性肺结核 CT 影像
两肺广泛分布的 1~3mm 的小点状阴影，密度均匀，边界清楚，分布均匀。

临床上应与肺炎、伤寒、败血症、组织细胞增生症 X 及肺含铁血黄素沉着症等相鉴别。

【治疗】

一般支持疗法见“原发型肺结核”。早期抗结核治疗甚为重要。

1. 抗结核治疗 分为强化治疗阶段及巩固维持治疗阶段。强化治疗开始时即给予四联抗结核药物，如 INH、RFP、PZA 及 EMB。开始治疗杀灭的效果越好，以后产生耐药菌的机会越小。巩固治疗阶段继续给予 INH、RFP 治疗 6~9 个月。

2. 糖皮质激素 有严重中毒症状及呼吸困难者，在应用足量抗结核药物的同时，可用泼尼松 1~2mg/(kg·d)，疗程 2~4 周。

【预后】

病情多急、重，但若能早期诊断和彻底治疗，仍可治愈。

四、结核性脑膜炎

结核性脑膜炎（tuberculous meningitis）简称“结脑”，是儿童结核病中最严重的类型。常在结核原发感染后 1 年以内发生，尤其在初染结核 3~6 个月最易发生结脑。多见于 3 岁以内婴幼儿，约占 60%。若诊断不及时和治疗不当，病死率及后遗症的发生率较高。

【发病机制】

结脑常为全身性粟粒性结核病的一部分，通过血行播散而来。婴幼儿中枢神经系统发育不成熟、血脑屏障功能不完善、免疫功能低下与本病的发生密切相关。结脑亦可由脑实质或脑膜的结核病灶破溃，结核分枝杆菌进入蛛网膜下腔及脑脊液中所致。偶见脊椎、颅骨或中耳与乳突的结核灶直接蔓延侵犯脑膜。

【病理】

1. 脑膜病变 软脑膜弥漫充血，水肿，炎性渗出，并形成许多结核结节。蛛网膜下腔大量炎性渗出物积聚，因重力关系、脑底池腔大、脑底血管神经周围的毛细血管吸附作用等，炎性渗出物易在脑底诸池聚积。渗出物中可见上皮样细胞、朗格汉斯细胞及干酪坏死。

2. 脑神经损害 浆液纤维蛋白渗出物波及脑神经鞘，包围挤压脑神经引起脑神经损害，常见第Ⅶ、Ⅲ、Ⅳ、Ⅵ、Ⅱ对脑神经障碍的临床症状。

3. 脑部血管病变 早期主要为急性动脉炎，病程较长者，增生性结核病变较明显，可见栓塞性动

NOTES

脉内膜炎，严重者可发生脑组织梗死、缺血、软化而致偏瘫。

4. 脑实质病变 炎症可蔓延至脑实质，或脑实质已有结核病变，可致结核性脑膜脑炎。少数病例脑实质内有结核瘤。

5. 脑积水及室管膜炎 室管膜及脉络丛受累，出现脑室管膜炎。如室管膜或脉络丛结核病变使一侧或双侧室间孔粘连狭窄，可出现一侧或双侧脑室扩张。脑底部渗出物机化、粘连、堵塞，使脑脊液循环受阻，可导致脑积水。

6. 脊髓病变 有时炎症蔓延至脊膜、脊髓及脊神经根，脊膜肿胀、充血、水肿和粘连，蛛网膜下腔完全闭塞。

【临床表现】

典型结脑起病多较缓慢。根据临床表现，病程大致可分为 3 期。

1. 早期（前驱期） 约 1~2 周，主要症状为小儿性格改变，如少言、懒动、易倦、烦躁、易怒等。可有发热、食欲缺乏、盗汗、消瘦、呕吐、便秘（婴儿可为腹泻）等。年长儿可自诉头痛，多轻微或非持续性，婴儿则表现为蹙眉皱额，或凝视、嗜睡，或发育迟滞等。

2. 中期（脑膜刺激期） 约 1~2 周，颅内压增高致剧烈头痛、喷射性呕吐、嗜睡或烦躁不安、惊厥等。出现明显脑膜刺激征，颈项强直，克氏征、布氏征阳性。幼婴则表现为前囟膨隆、颅缝裂开。此期可出现脑神经障碍，最常见者为面神经瘫痪，其次为动眼神经和展神经瘫痪。部分患者出现脑炎体征，如定向障碍、运动障碍或语言障碍。眼底检查可见视乳头水肿、视神经炎或脉络膜粟粒状结核结节。

3. 晚期（昏迷期） 约 1~3 周，以上症状及意识障碍逐渐加重，出现昏迷，阵挛性或强直性惊厥频繁发作。患者可极度消瘦，呈舟状腹；常出现水、盐代谢紊乱。最终由颅内压急剧增高导致脑疝，致使呼吸及心血管中枢麻痹而死亡。

不典型结脑表现为：①婴幼儿起病急，进展较快，有时仅以惊厥为主诉；②早期出现脑实质损害者，可表现为舞蹈症或精神障碍；③早期出现脑血管损害者，可表现为肢体瘫痪；④合并脑结核瘤者可似颅内肿瘤表现；⑤抗结核治疗过程中发生脑膜炎常表现为顿挫型。

【诊断】

结脑的早期诊断主要依靠病史、临床观察及对本病的警惕性。

1. 病史 ①结核接触史，特别家庭内有开放性肺结核患者；②卡介苗接种史，大多数患者未接种过卡介苗；③既往结核病史，尤其是 1 年内发现结核病又未经治疗者；④近期急性传染病史，如麻疹、百日咳等常为结核病恶化的诱因。

2. 临床表现 凡有上述病史的患者出现性格改变、头痛、不明原因的呕吐、嗜睡或烦躁不安相交替及顽固性便秘时，即应考虑本病的可能。眼底检查发现有脉络膜粟粒结节对诊断有帮助。

3. 脑脊液检查 对本病的诊断极为重要。常规检查：脑脊液压力增高，外观无色透明或呈毛玻璃样，蛛网膜下腔阻塞时，可呈黄色。静置 12~24 小时后，脑脊液中可有蜘蛛网状薄膜形成，沉淀物涂片做抗酸染色可提高结核分枝杆菌检出率。白细胞计数多为 50×10^6~500×10^6/L，以淋巴细胞为主，但急性进展期，脑膜新病灶或结核瘤破溃时，白细胞数可>1 000×10^6/L。糖和氯化物均降低为结脑的典型改变。蛋白量增高，一般多为 1.0~3.0g/L，椎管阻塞时可高达 4.0~5.0g/L。对脑脊液改变不典型者，需多次动态检测。

4. 其他检查

（1）结核分枝杆菌抗原检测：ELISA 法检测脑脊液中结核分枝杆菌抗原。

（2）抗结核抗体测定：以 ELISA 法检测结脑患者脑脊液 PPD-IgM 抗体和 PPD-IgG 抗体，其水平常高于血清中的水平。PPD-IgM 抗体于病后 2~4 天开始出现，2 周达高峰，至 8 周时基本降至正常，为早期诊断依据之一；而 PPD-IgG 抗体于病后 2 周起逐渐上升，至 6 周达高峰，约在 12 周时降至正常。

NOTES

（3）腺苷脱氨酶（ADA）活性测定：ADA 主要存在于 T 细胞中，在结脑发病 1 个月内明显增高，治疗 3 个月后明显降低，为简单可靠的早期诊断方法。

（4）结核菌素试验：阳性对诊断有帮助，但高达 50% 的患者可呈阴性反应。

（5）脑脊液结核分枝杆菌培养：是诊断结脑可靠的依据。

（6）PCR：在脑脊液中扩增出结核分枝杆菌的 DNA 片段。

5. 影像学检查 约 85% 结核性脑膜炎患者的胸片有结核病改变，其中 90% 为活动性病变，呈粟粒型肺结核者占 48%。脑 CT 在疾病早期可正常，随着病情进展可出现基底节阴影增强，脑池密度增高、模糊、钙化，脑室扩大，脑水肿或早期局灶性梗死征。

【鉴别诊断】

1. 化脓性脑膜炎 脑脊液外观混浊，细胞数多>1 000×10^6/L，分类以中性粒细胞为主，涂片或培养可找到致病菌。

2. 病毒性脑膜炎 脑脊液无色透明，白细胞多在 50×10^6~200×10^6/L，以淋巴细胞为主，糖和氯化物含量正常。

3. 隐球菌性脑膜炎 高颅压症状显著，头痛剧烈。脑脊液呈蛋白-细胞分离，糖显著降低，脑脊液墨汁涂片可找到厚荚膜圆形发亮的菌体。

【并发症及后遗症】

结脑常见的并发症为脑积水、脑实质损害、脑出血及脑神经障碍。严重后遗症为脑积水、肢体瘫痪、智力低下、失明、失语、癫痫及尿崩症等。发生后遗症以晚期结脑为主。

【治疗】

结脑的治疗包括抗结核和降低高颅压。

1. 一般疗法 患者应卧床休息；细心护理，保证足够热量。

2. 抗结核治疗 联合应用易透过血脑屏障的抗结核杀菌药物，分阶段治疗。

（1）强化治疗阶段：联合使用 INH、RFP、PZA 及 EMB，疗程 2~3 个月。其中 INH 每日 7~15mg/kg，最大剂量 300mg，RFP 每日 10~20mg/kg（<450mg/d），PZA 每日 30~40mg/kg（<750mg/d），EMB 每日 15~25mg/kg。

（2）巩固维持治疗阶段：继续用 INH、RFP 10 个月。总疗程不少于 12 个月，或待脑脊液恢复正常后继续治疗 6 个月。

3. 降低高颅压 由于室管膜炎症的刺激，脑脊液分泌增多，压力增高，脑脊液循环通路受阻而产生各种类型脑积水，故应及时控制颅内压。

（1）脱水剂：20% 甘露醇，每次 0.5~1.0g/kg，于 30 分钟内快速静脉注入。4~6 小时 1 次，脑疝时可加大剂量至每次 2g/kg。2~3 天后逐渐减量，7~10 天停用。

（2）利尿剂：乙酰唑胺，一般于停用甘露醇前 1~2 天加用，每日 20~40mg/kg（<750mg/d）口服。该药系碳酸酐酶抑制剂，可减少脑脊液的产生而降低颅内压。

（3）脑室分流手术：若脑底脑膜粘连发生梗阻性脑积水，可行侧脑室分流术。

4. 糖皮质激素 能抑制炎症渗出从而降低颅内压，减轻中毒症状及脑膜刺激症状，减少粘连，从而减轻或防止脑积水的发生。早期使用效果好。一般使用泼尼松，每日 1~2mg/kg（<60mg/d），共 4 周，之后的 1~2 周逐渐减量至停用。

5. 对症治疗

（1）惊厥的处理：见第十二章第二节。

（2）水、电解质紊乱的处理：①稀释性低钠血症。由于丘脑下部视上核和室旁核受结核炎症渗出物刺激，所以垂体分泌抗利尿激素增多，导致远端肾小管回吸收水增加，造成稀释性低钠血症。使用 3% 氯化钠液静滴，每次 6~12ml/kg，可提高血钠 5~10mmol/L。②脑性失盐综合征。可因间脑或中脑发生损害，醛固酮分泌减少；或因促尿钠排泄激素过多，大量 Na^+ 由肾排出，同时带出大量水分，造成脑性失盐综合征。用 2∶1 等张含钠液补充部分失去的体液后，以 3% 氯化钠液以提高血钠浓度。

NOTES

【预后】

早期病例无死亡,治疗愈晚,病死率愈高,晚期病死率高达24.9%。年龄愈小,脑膜炎症发展愈快,病死率愈高。抗结核药物剂量不足或方法不当,或产生耐药菌株,可使病程迁延,易出现并发症。停药后随访观察至少3~5年,临床症状消失,脑脊液正常,疗程结束后2年无复发者,方可认为治愈。

第五节 深部真菌病

深部真菌病(deep mycosis)是致病性真菌侵犯皮下组织、黏膜和内脏,引起这些器官、组织的真菌感染性疾病,一般在机体免疫功能低下时发生。由于抗生素、糖皮质激素和免疫抑制剂的广泛应用,深部真菌病发病率有明显上升趋势,我国儿童以假丝酵母菌病多见,隐球菌病及曲霉菌病次之,也可见组织胞浆菌病等。

一、假丝酵母菌病

假丝酵母菌病常为继发性,多发生于儿童及各种原因引起的免疫功能低下的患者。亦有婴儿期发病后,长期潜伏至成人时再发病。引起人类疾病的假丝酵母菌属中80%~90%为白假丝酵母菌(*C.albicans*),其他为光滑假丝酵母菌(*C.glabrata*)、近平滑假丝酵母菌(*C.parepsilois*)、热带假丝酵母菌(*C.tropicalis*)和克柔假丝酵母菌(*C.krusei*)等。其中白假丝酵母菌致病力最强。

【病因】

假丝酵母菌常定植于正常人或患者的浅表部位,如皮肤、口腔、上呼吸道、消化道及阴道等处,健康小儿带菌率达5%~30%,属于条件致病菌,正常情况下不致病,当机体抵抗力降低时发病,称内源性感染。原发灶常在口腔,感染自口咽部向下蔓延而引起食管、胃及小肠病变。外源性感染是由接触致病力强的白假丝酵母菌所致,可通过医护人员、医疗器械接触感染,以及饮水、食物和母-婴垂直传播。深入组织的真菌可产生菌丝,进一步穿透弥散,导致血行播散。内源性感染是侵袭性假丝酵母菌病的主要感染途径。

【发病机制及病理】

假丝酵母菌病病理改变多样,可呈炎症、化脓和肉芽肿等改变。黏膜病变以其坏死组织、纤维素及大量菌丝和芽孢形成假膜,假膜脱落后形成灶性糜烂和出血性溃疡;内脏病变多呈肉芽肿改变;急性播散型病灶显示灰白色的微小脓肿。病灶内可找到孢子及假菌丝,可侵害血管,易引起破裂出血;严重免疫抑制者炎症反应轻微,仅见假丝酵母菌及坏死组织形成的脓肿。

【临床表现】

假丝酵母菌病的临床表现可呈急性、亚急性或慢性,一般分为皮肤黏膜型和侵袭性内脏型。

(一)皮肤黏膜型

皮肤黏膜型假丝酵母菌病好发于新生儿和肥胖多汗小婴儿的皮肤皱褶处,尤其是肛周、臀部、外阴及腹股沟等尿布包裹区最易受损,其次为腋窝、颈前及下颌。以擦伤最常见,皮肤皱褶处可见红斑、水疱或脓疱,皮肤潮红、糜烂、变厚,有痒感,上有灰白色脱屑。免疫缺陷者,皮肤可呈肉芽肿改变。

黏膜受损最常表现为鹅口疮。黏膜病变由舌、颊黏膜蔓延至咽喉、气管和食管。鹅口疮常为消化道、呼吸道假丝酵母菌病的局部表现,或是播散型假丝酵母菌病的早期征象。

(二)侵袭性内脏型

1. 消化道假丝酵母菌病 最常见为假丝酵母菌肠炎(candida enteritis),多发生于营养不良或腹泻经久不愈的患者,大便黄稀或豆腐渣样,多泡沫,有发酵气味,每天3~10余次不等。病程迁延,常伴低热,严重者形成肠黏膜溃疡而出现便血。

2. 呼吸道假丝酵母菌病 以假丝酵母菌性肺炎(candida pneumonia)多见,常继发于婴幼儿细菌性肺炎、肺结核及血液病,亦可从口腔直接蔓延或经血行播散。原发白假丝酵母菌性肺炎罕见。临床

NOTES

表现轻重不一：轻者没有症状；重者高热、咳嗽，常咳出无色胶冻样痰，呼吸窘迫、发绀，肺部可闻及中细湿啰音，当病灶融合时可出现相应肺实变体征。

3. 泌尿道假丝酵母菌病 泌尿道受累者可仅表现为假丝酵母菌尿，或肾实质的弥漫性浸润，或肾集合系统坏死。

其他受影响的器官包括心脏、骨骼、关节、肝脏和脾脏等。早产儿侵袭性假丝酵母菌病也常见中枢神经系统受累；少部分合并眼内炎，与早产儿视网膜病风险增加相关。

【诊断】

假丝酵母菌病临床表现无特异性，下列检查有助诊断。

1. 真菌检查 ①取病灶组织或假膜、渗液等标本直接镜检，查见厚膜孢子及假菌丝，多次镜检阳性有诊断意义；②非无菌部位标本真菌培养 1 周内出现乳白色光滑菌落，且菌落数大于 50% 有诊断意义；③血真菌培养阳性是诊断的"金标准"。

2. 血清(1,3)β-*D*-葡聚糖检测(G 试验) 可用于区分真菌和细菌感染，以及假丝酵母菌定植与感染状态，其敏感性与感染严重程度相关，阳性有临床诊断意义。

3. NGS 宏基因组测序可检测真菌多样性及耐药性。

4. 病理诊断 在病理组织中发现真菌和相应病理改变即可确诊。

【治疗】

1. 一般治疗 加强营养支持和护理，治疗基础疾病，去除导致真菌感染的相关因素。

2. 抗真菌治疗 ①局限性黏膜假丝酵母菌病：口腔或食管真菌感染者可局部治疗，给予 2.5% 碳酸氢钠 250ml+制霉菌素 50 万 U，碾碎漱口及含服；②侵袭性假丝酵母菌病：可选择三唑类抗真菌药氟康唑、伊曲康唑和伏立康唑，棘球白素类的卡泊芬净等，必要时应用多烯类的两性霉素 B 或其脂质体。疗程一般为治疗至血培养阴性，相关症状体征消失后 14 天。

二、隐球菌病

隐球菌病(cryptococcosis)是由新型隐球菌(*Cryptococcus neoformans*)及其变种引起的深部真菌疾病，病程呈急性或慢性，各年龄均可发病。可侵及人体任何组织和器官，中枢感染神经系统是最常见的感染部位。

【病因】

新型隐球菌为无菌丝的酵母型单细胞真菌，在体外为无荚膜或仅有小荚膜，进入人体形成厚荚膜后，致病力增强。在脑脊液、痰液或病灶组织中呈圆形或半圆形，四周包围肥厚的胶质样夹膜。新型隐球菌广泛存在于土壤、干鸽粪、水果、蔬菜、正常人皮肤和粪便中，可经呼吸道或皮肤黏膜破损处侵入人体，血行播散至脑、骨骼和皮肤，亦可宫内感染。在免疫功能正常的人群中，隐球菌的感染率很低，但免疫抑制患者的易感性增加。

【发病机制及病理】

隐球菌病早期表现为弥漫性浸润渗出性改变，晚期为肉芽肿形成。在早期病灶组织中有大量的新型隐球菌集聚，因菌体周围包绕胶质样荚膜，抑制白细胞趋化因子，故组织炎症反应不明显。肉芽肿的形成常在感染数月后，可见巨细胞、巨噬细胞及成纤维细胞增生，淋巴细胞和浆细胞浸润。感染主要侵犯中枢神经系统，以基底节及大脑皮质灰质受累最严重，脑组织较易形成小空洞，脑膜增厚，有肉芽肿形成。

【临床表现】

(一) 隐球菌性脑膜炎(cryptococcal meningitis)

隐球菌性脑膜炎是真菌性脑膜炎中最常见的类型。起病隐匿，进展缓慢，早期多无或有不规则低热，或有轻度间歇性头痛，而后逐渐加重，常反复发作。颅内压增高明显时头痛剧烈，可伴有恶心、呕吐，嗜睡、昏睡及昏迷等意识障碍，晚期有抽搐。部分患者有精神症状、偏瘫、脑神经损害，以视神经受

NOTES

损多见。本病的病程长短不一:短者病情逐渐加重,在数月内死亡;长者迁延多年。本病预后不良。

(二) 肺隐球菌病(pulmonary cryptococcosis)

肺隐球菌病起病缓慢,常与中枢神经系统感染并存。临床常无明显症状,与肺结核不易区分。多趋自愈,少数呈急性肺炎的表现,如病灶延及胸膜,可有胸痛和胸膜渗出。胸部X线片表现多样或呈粟粒状病变,但不侵犯肺门或纵隔淋巴结。本病一般预后良好。

(三) 皮肤黏膜隐球菌病(mucocutaneous cryptococcosis)

皮肤黏膜隐球菌病常为全身性隐球菌病的局部表现,很少单独发生。皮肤隐球菌病主要表现为丘疹、痤疮样皮疹、硬结、肉芽肿等。

【诊断】

除临床表现外,病原学检查是隐球菌病的重要诊断依据。

1. 病原学检查 ①真菌培养:在室温或37℃培养3~4天可见菌落长出。②墨汁染色涂片法:是迅速、简便、可靠的方法。标本来源可为脑脊液、痰液、病灶组织或渗液等,在显微镜暗视野下找隐球菌,可见圆形或椭圆形的双层厚壁菌体,内有反光孢子,无菌丝,外周有一圈透明的肥厚荚膜。③组织病理学:脑组织可检测到带荚膜的隐球菌,且离心的脑脊液标本具有更高的灵敏度。④NGS:可检测真菌多样性。

2. 隐球菌荚膜多糖抗原乳胶凝集试验 脑脊液阳性有确诊意义。

【治疗】

1. 一般治疗 同"假丝酵母菌病"。

2. 抗真菌治疗 疗程6~12个月。治疗脑膜炎时,先给予两性霉素B联合5-氟胞嘧啶治疗4~6周,然后氟康唑巩固治疗8周,再继续维持治疗6~12个月。

(1)两性霉素B(amphotericin B):是治疗隐球菌病的首选药物。方法为:静脉滴注,从小剂量开始,每日0.1mg/kg;如无不良反应,渐增至每日1.0~1.5mg/kg,疗程1~3个月。椎管内注射或脑室内注射仅限于治疗隐球菌性脑膜炎。

(2)5-氟胞嘧啶(5-fluorocytosine):对隐球菌有良好抑制作用,一般与两性霉素B联用。剂量为每日50~150mg/kg,疗程4~6周。口服吸收后可透过血脑屏障,但容易产生耐药性。

(3)氟康唑(fluconazole):有很好的抗隐球菌活性和血脑屏障通透性。用法:每日10~12mg/kg,维持量减半,顿服,每日最大量400~800mg。

(4)伊曲康唑(itraconazole):用量为4mg/(kg·d),分2次;或者头48小时内,每次4mg/kg,每12小时1次,以后每天1次。可静脉滴注后序贯口服。

3. 其他治疗 局限性病灶如皮肤、胸部肉芽肿及空洞等,在未合并中枢神经系统感染的情况下,可以行手术切除。

三、曲霉菌病

曲霉菌病(aspergillosis)是由致病曲霉菌(aspergillus)所引起的疾病。最常侵犯的组织为肺,其次为胃肠道、脑、肝、肾及心脏等。毒素和菌丝可阻塞血管,严重者引起肺和胃肠道的出血性坏死。为真菌感染死因的第1位。

【病因】

病原体为曲霉菌属丝状真菌。引起人类疾病常见的有烟曲霉菌和黄曲霉菌。曲霉菌广布于自然界,尤其是土壤、谷物、稻草、家禽及牲畜的皮毛与空气中,也可寄生于正常人的皮肤与上呼吸道,为条件致病菌。

【发病机制及病理】

病原菌可经皮肤黏膜损伤处或吸入呼吸道,暂时黏附和寄居,如果吸入量多或在人体免疫功能损害时,进入血液循环到其他组织或器官,萌发菌丝而致病。过敏体质者吸入曲霉菌孢子可触发IgE介导的变态反应而致支气管痉挛。曲霉菌最常侵犯支气管和肺，亦可侵犯鼻窦、外耳道、眼和皮肤，或经血行播散至全身各器官。早期病变为弥漫性浸润渗出性改变，进展多为坏死、化脓和肉芽肿形成。病灶内可找到大量菌丝。

【临床表现】

曲霉菌病的临床表现随发病部位不同而异。

1. 肺曲霉菌病（pulmonary aspergillosis） 是临床上最常见的类型。婴幼儿肺曲霉菌病患者可表现为持续高热，早期呼吸道症状体征不明显，分为两型：①曲霉菌性支气管-肺炎（aspergillus bronchopneumonia）。起病可急可缓。大量曲霉孢子被吸入可引起急性支气管炎、浸润性肺炎或局限性肉芽肿，也可形成多发性小脓肿。可表现为高热或不规则发热、咳嗽、气喘、咳绿色脓痰及反复咯血等。肺部体征不明显或闻及干啰音。②球型肺曲霉菌病（aspergilloma）。系菌丝体在肺内空腔中繁殖、聚积并与纤维蛋白和黏膜细胞形成球形肿物，不侵犯其他肺组织。多数患者无症状，或出现发热、咳嗽、气促、咳黏液脓痰，其中含绿色颗粒。可反复咯血，有时咯血是唯一症状。

2. 变态反应性曲霉菌病（allergic aspergillosis） 吸入大量含有曲霉孢子的尘埃，引起过敏性鼻炎、支气管哮喘、支气管炎或变应性肺曲霉菌病。表现为吸入后数小时出现咳喘、呼吸困难、咳棕黄色黏痰，可伴发热。痰液镜检可见大量嗜酸性粒细胞和菌丝。大多数患者3~4天缓解，如再吸入可复发。

3. 全身性曲霉菌病（disseminated aspergillosis） 急性起病，呈致死性，多见于免疫缺陷者。曲霉菌多由肺部病灶进入血液循环，播散至全身多个器官，主要侵犯脑和肾脏。临床表现随所侵犯器官而异，以发热、全身中毒症状和栓塞最常见。

【诊断】

曲霉菌病的临床表现多无特异性，需结合病原菌检查作出诊断。

1. 病原体检查 血液、痰液或皮肤活检物涂片可见菌丝或曲霉菌孢子，培养见曲霉菌生长。曲霉菌是实验室常见的污染菌，多次阳性且为同一菌种才有诊断价值。

2. 半乳甘露聚糖（GM）试验 GM抗原是曲霉菌细胞壁成分，在组织生长过程中由菌丝释放，因此GM试验只针对曲霉菌感染，对早期诊断有重要意义。可用于胸腔液、肺泡灌洗液、血浆和血清的检测，连续2次GM阳性有临床诊断意义。

3. 病理组织检查 取受损组织或淋巴结活检，可根据真菌形态确诊。

【治疗】

1. 一般治疗 同“假丝酵母菌病”。

2. 抗真菌治疗 首选伏立康唑。两性霉素B脂质体、棘白菌素类、泊沙康唑、伊曲康唑等可作为替代药物。疗程一般至临床症状消失、影像学病变吸收。常用6~12周或更长。

（1）伏立康唑（voriconazole）：静脉滴注，首日6mg/（kg·次），1天2次，次日起4mg/（kg·次），每天2次。

（2）两性霉素B：如果患者能耐受，每日剂量可为1.5mg/kg，总剂量为30~40mg/kg。

3. 糖皮质激素 对于变态反应性曲霉菌病，首选小剂量激素治疗。泼尼松0.5~1.0mg/（kg·d），2周后隔日用药。疗程3个月。

4. 手术治疗 严重咯血合并单个曲霉球患者，在无禁忌证情况下可手术清除病灶。

第六节 寄生虫病

寄生虫病（parasitic disease）是小儿时期最常见的一类疾病。寄生虫在人体内随寄生部位和生活方式的不同，可掠夺机体营养和造成机械性或化学性损伤。轻者出现消化不良、营养不良等症状，重者出现某些重要器官的严重病理损害，甚至致残或致命。2015年全国第三次人体重要寄生虫病现状调查显示，蠕虫总加权感染率为 5.10%，农村地区重点寄生虫的感染人数仍然较多。

一、蛔虫病

人蛔虫亦称似蚓蛔线虫（ascaris lumbricoides linnaeus），简称蛔虫，成虫寄生于人体小肠，可引起蛔虫病（ascariasis），幼虫能在人体内移行引起内脏移行症（visceral larva migrans）或眼幼虫移行症（ocular larva migrans）。蛔虫具有游走、扭曲成团、钻孔等特点，除对肠黏膜易造成机械性损伤及毒性作用外，还可引起许多并发症。

【病因】

蛔虫病患者和感染者是主要的传染源。蛔虫为寄生人体肠道内体形最大的线虫，雌雄异体，似蚯蚓，一般长 15~35cm。成虫寄生于人体小肠，雌虫产出的蛔虫卵随粪便排出体外，发育成熟为具感染性的虫卵。人群普遍易感。

【致病机制及病理】

虫卵被人吞食后，幼虫破卵侵入肠壁，经门静脉系统移行至肝脏，经右心、肺泡、支气管、气管到咽部，被吞咽至小肠并发育为成虫。寄生部位以空肠为主。在移行过程中幼虫也可随血流到达其他器官，一般不发育为成虫，但可造成器官损害。生吃未经洗净且附有感染性虫卵的食物或用感染的手取食是感染的主要途径。

【临床表现】

潜伏期约 8 周。多数蛔虫感染患者无症状，称蛔虫感染者。出现临床症状者称蛔虫病。

（一）幼虫移行引起的症状

1. 蛔虫卵移行至肺可引起蛔幼性肺炎或蛔虫性嗜酸性细胞性肺炎，表现为干咳、胸闷、血丝痰或哮喘样症状，血嗜酸性细胞增多，肺部体征不明显。

2. 严重感染时，幼虫可侵入脑、肝、脾、肾、甲状腺和眼，引起相应的临床表现。

（二）成虫引起的症状

临床症状的轻重与感染蛔虫数目有关，也与蛔虫所在部位和状态有关。轻者无任何症状，大量蛔虫感染可引起食欲缺乏或多食易饥、异食癖等症状而致营养不良。患者常腹痛，位于脐周，不剧烈，喜按揉；部分患者烦躁，易惊或萎靡，磨牙；虫体的异种蛋白可引起荨麻疹、哮喘等过敏反应。成虫在某些情况（如发热、麻醉）和驱虫药的刺激下也可引起移行症。

（三）成虫引起的并发症

1. 胆道蛔虫症 突起剧烈腹部绞痛，以剑突下偏右侧为主，伴恶心、呕吐，腹部检查无明显阳性体征或仅有右上腹压痛，表现为症状重与体征轻的特点。绝大多数虫体可自行从胆管退出，腹痛随之缓解，可反复发作。部分患者可发生胆道感染。

2. 蛔虫性肠梗阻 由蛔虫扭曲成团堵塞肠管或蛔虫毒素刺激肠壁引起肠蠕动障碍所致。大部分为机械性或不完全性肠梗阻，多见于回肠下段，空肠、结肠部位少见。常起病急骤，表现为脐周或右下腹阵发性剧痛、呕吐、腹胀、腹泻或便秘等症状，肠鸣音亢进，可见肠型和蠕动波，可扪及软的、无痛性、可移动的条索状包块。

【诊断】

根据临床症状和体征，有排出或呕吐蛔虫史，或粪便涂片找到蛔虫卵，或痰中查见幼虫，即可确诊。血中嗜酸性粒细胞增高，有助于诊断。并发症需与其他外科急腹症鉴别。

【治疗】

（一）驱虫治疗

1. 苯咪唑类 阿苯达唑 400mg/d，或甲苯达唑 200mg/d，用于 2 岁以上的儿童，能使虫体肌肉麻痹而死亡，也可杀灭幼虫、抑制虫卵发育。

2. 噻嘧啶 麻痹虫体，排出体外，不引起胆道梗阻或肠梗阻；10mg/kg，顿服。

3. 枸橼酸哌嗪 使虫体肌肉迟缓性麻痹，不能吸附在肠壁而随粪便排出体外，每日剂量150mg/kg，用于不完全性肠梗阻和胆道蛔虫病绞痛的缓解期。

4. 左旋咪唑 每日剂量2~3mg/kg。

（二）并发症治疗

1. 胆道蛔虫症 驱虫选用虫体肌肉麻痹驱虫药。内科治疗持久不缓解者，可手术治疗。

2. 蛔虫性肠梗阻 对不完全性肠梗阻，先用内科治疗，疼痛缓解后可予驱虫治疗。完全性肠梗阻时应及时手术治疗。

3. 蛔虫性阑尾炎或腹膜炎 一旦确诊，应及早手术治疗。

【预防】

注意饮食环境卫生和个人卫生，防止感染；做好粪便管理，消灭传染源。

二、绦虫病

绦虫病（cestodiasis）是由寄生于人体小肠中的各种绦虫（cestode，tapeworm）所引起的一类肠道寄生虫病。以猪带绦虫（*Taenia solium*）和牛带绦虫（*Taenia saginata*）最为常见。多因生食或进食未熟的含有囊虫的猪肉或牛肉而被感染。带绦虫感染主要分布在西藏地区。

【病因】

人是猪带绦虫和牛带绦虫的终宿主，患者为主要传染源。猪或牛带绦虫成虫为乳白色，背腹扁平、左右对称、大多分节，长如带状，无口和消化道，缺体腔。绦虫雌雄同体，分为头节、颈节、体节三部分。头节为其吸附器，颈节为其生长部分，体节分为未成熟、成熟和妊娠三种节片。猪带绦虫在人体内可存活25年以上。牛带绦虫可达30~60年，人进食生的或未熟的含活囊尾蚴的猪肉或牛肉而感染。

【发病机制及病理】

猪带绦虫成虫长2~4m，牛带绦虫为4~8m。成虫寄生于人体小肠上部，头节多固定于十二指肠或空肠，妊娠节片内充满虫卵，可随粪便一同排出；中间宿主猪或牛吞食后，虫卵在十二指肠内经消化液作用24~72小时后孵出六钩蚴，可钻破肠壁，随淋巴、血液散布至全身。在骨骼肌内经60~72天发育成囊尾蚴。含囊尾蚴的猪肉俗称“米猪肉”。人进食含活囊尾蚴的猪肉或牛肉后，囊尾蚴在体内经10~12周发育为成虫。人体也可成为猪带绦虫的中间宿主，误食其虫卵后，可患囊尾蚴病。

【临床表现】

猪或牛带绦虫病潜伏期8~12周。感染猪或牛带绦虫后症状多轻微，一般以粪便中出现白色带状妊娠节片为最初的唯一症状。常在内裤、被褥或粪便中发现白色节片，或伴肛门瘙痒。绦虫病初期可有上腹部或脐周疼痛，常伴恶心、呕吐、消化不良、倦怠、乏力、腹泻、食欲改变等消化系统症状，偶见神经过敏、失眠、磨牙、癫痫样发作与晕厥等神经精神症状。猪带绦虫的囊尾蚴可以在身体的任何部位发育，并发囊尾蚴病。牛带绦虫妊娠节片蠕动能力强，常自肛门自行爬出。几乎所有患者都有肛门瘙痒不适感。牛带绦虫病的并发症有肠梗阻与阑尾炎，多由链体或节片阻塞所致。牛带绦虫囊尾蚴不在人体寄生，不引起囊尾蚴病。

【诊断】

临床诊断：有进食生或未熟猪肉或牛肉史，粪便中发现白色带状节片，即可诊断绦虫病。

确定诊断：粪便中检出虫卵或节片可确诊为绦虫病。镜检头节和孕节形态可鉴别虫种。

（1）病原检查：肛门溢出节片或粪便检查出虫卵和节片。

（2）免疫学检查：①抗原检查。绦虫感染后不久即可持续检出粪抗原，驱虫治疗后消失。②特异性抗体。血清抗虫体特异性抗体阳性有助于绦虫病感染或寄生的诊断。

（3）核酸检测：PCR法检测虫卵或虫体的核酸，可鉴别猪或牛带绦虫。

【治疗】

绦虫病的治疗主要为驱虫治疗，疗效多显著，可痊愈：①吡喹酮是根除绦虫成虫的高效药物，剂量为 5~10mg/kg，顿服，1 小时后服泻药，服药当天或次日即可排出零碎虫体与节片。②阿苯达唑。2~12 岁儿童，200~400mg/d，连服 3 天。③甲苯达唑，每次 200mg，2 次/日，连服 3 天，≤4 岁，用量减半。

驱虫后均应留取 24 小时全部粪便，淘洗检查头节以确定疗效。治疗猪肉绦虫病时，先服止吐药，以免虫卵反流入胃，孵化成为六钩蚴，形成各部位的囊虫病。随访 3 个月。

【预防】

严格进行肉类检疫，改变生食或进食未熟肉类的习惯。

三、钩虫病

钩虫病（ancylostomiasis）是由钩口科线虫（hookworm）寄生于人体小肠所致的疾病。常见的有十二指肠钩虫（*Ancylostoma duodenale*）和美洲钩虫（*Necator americanus*），另外还有可引起人兽共患病的锡兰钩虫（*Ancylostoma ceylanicum*）。临床主要表现为贫血、营养不良、胃肠功能失调。轻者可无症状，称钩虫感染。

【病因】

钩虫病患者和感染者为唯一的传染源。皮肤接触感染期蚴污染的土壤或进食污染的食物是其主要感染途径；偶有通过胎盘感染胎儿的先天性钩虫病。人群普遍易感。钩虫病遍及全球，在热带、亚热带和温带地区特别流行。多数地区是十二指肠钩虫和美洲钩虫混合感染。

【发病机制及病理】

成虫虫体细长，顶端有一发达的口囊，成虫寄生在人体小肠上段，以其口囊咬吸在肠黏膜上，摄取血液及组织液。虫卵随粪便排出，在温暖、潮湿、疏松土壤中孵育成杆状蚴，然后发育为丝状蚴，即感染期蚴。丝状蚴通过毛囊、汗腺口或皮肤破损处钻入人体血管和淋巴管，随血流进入肺泡，向上移行至咽部，被吞咽入胃，达小肠发育为成虫。

【临床表现】

（一）钩蚴引起的症状

1. 钩蚴皮炎 感染期的钩蚴侵入皮肤时局部可出现红色瘙痒性小丘疹和匍匐丘疹，数日内消失。搔抓破后常继发感染，形成脓疱，可引起发热和淋巴结炎。

2. 内脏损害 蚴虫侵入血液循环在体内移行时穿过肺、肝、眼等器官，可出现局部炎症反应及相应器官的临床症状。如移行至肺部可出现发热、咳嗽、气促和哮喘，痰中带血丝，甚至咯血。

（二）成虫引起的症状

成虫引起的症状主要为缺铁性贫血，是由钩虫吸附在小肠黏膜上吸血及造成肠黏膜损伤而致慢性失血，患者生长发育迟缓，严重者可发生贫血性心脏病。消化道症状在初期表现为贪食、多食、易饥，但体重下降；后期食欲缺乏，胃肠功能紊乱，腹胀，腹泻，便血等。少数出现喜食生米、生豆，甚至泥土、煤渣等异食癖表现。

（三）婴儿钩虫病

婴儿钩虫病出现早，病情发展迅速且重。发病多在 5~12 个月。临床表现为发热，贫血严重，血红蛋白低于 50g/L，便血，大便黑色或柏油样，胃肠功能紊乱，心尖部明显收缩期杂音，肝、脾大，血象可呈类白血病样反应，嗜酸性粒细胞显著增高。

【诊断】

在流行区，对有贫血、胃肠功能紊乱、异食癖、营养不良及生长发育迟缓的小儿应考虑钩虫病的可能。粪便中找出钩虫卵或孵化出钩蚴，大便淘洗或肠内镜检查出钩虫成虫都可确诊。粪便饱和盐水漂浮法较直接镜检的阳性率明显增高，钩蚴培养法检出率较高。痰中找到钩蚴亦可确诊。免疫筛查适用于大规模普查，用钩虫虫体抗原做皮内试验，阳性者结合流行病学及临床特点，可作出早期诊断。

【治疗】

NOTES

1. 一般治疗 给予铁剂和充足营养以纠正贫血、改善营养状况，严重贫血者可少量多次输血。

2. 驱虫治疗　①苯咪唑类药物：为广谱驱肠线虫药，具有杀死成虫和虫卵的作用。驱虫作用缓慢，治疗3~4天才排钩虫。常用剂型有：甲苯达唑，每次100mg，日服2次，连服3天；阿苯达唑，儿童200mg，顿服，10天后可重复1次。②噻嘧啶：剂量为10mg/kg，顿服，连服2~3天。③左旋咪唑：剂量为2~3mg/kg，顿服，连用3天。

3. 钩蚴皮炎的治疗　局部涂抹2%~4%碘液、15%噻苯唑油膏、左旋咪唑涂剂。

【预防】

定期普查普治，加强个人防护。实施粪便无害化管理。

（赵东赤）

思考题

1. 传染病的流行应具备哪些条件？
2. 如何判断一种病原微生物的传染强度？
3. 提高疫苗接种有效性的方法有哪些？
4. 混合感染时，如何权衡抗微生物药物的选择？

19章

扫码获取
数字内容

第十九章
儿科常见危重病

1. 常用氧疗和呼吸支持技术。
2. 急性呼吸衰竭的发病机制和血气诊断标准。
3. 儿童脓毒性休克的诊断标准和治疗原则。
4. 儿童中毒的诊断要点和治疗原则。
5. 儿童心肺复苏方法和流程。

第一节 概 述

儿童重症医学(pediatric critical care medicine)是以研究各种儿童危重病诊断、监护和治疗为主要内容的临床学科。重症医学理论和儿童重症监护病房(pediatric intensive care unit,PICU)的临床实践涉及生理、病理、药理、诊断和治疗技术等多个专业领域,与儿内科、儿外科等其他专业既有区别,也有很多交叉和重叠。发达国家从20世纪六七十年代起陆续大批建立新生儿监护病房和PICU。PICU病区的设置目标是对儿科危重患者提供最佳的监护和生命支持治疗。

常用的生命支持技术如下。

1. 机械通气 是PICU中最常用的生命支持手段。根据是否需建立人工气道分为无创通气和有创通气,根据通气频率分为常频通气和高频通气。

(1)有创机械通气(invasive mechanical ventilation,IMV):是目前应用最广的呼吸支持技术。呼吸机通过气管插管或气管切开与患者连接,以高压空气和氧气作为气源,在吸气相施加一定的正压,将气体送入肺内;呼气相靠患者胸廓的自主回缩使气体排出,实现改善通气和换气。常频通气有多种通气模式,根据呼吸机对呼吸的支持程度可分为控制通气、辅助通气和辅助控制通气。优点是通气效果好,能最大限度地避免低通气等严重问题,适用于自主呼吸消失或微弱、中重度呼吸衰竭等。缺点是:可能发生人工气道相关的损伤、机械通气相关性肺损伤、呼吸机相关性肺炎等并发症;气道管理难度大;患者不舒适感强烈,难以耐受,需要使用镇痛、镇静药物等。

(2)无创通气(non-invasive ventilation,NIV):原理和有创通气相同,但不需建立人工气道,通过鼻塞、鼻罩或面罩连接患者和呼吸机,通过对气道施加一定的正压,改善通气及气体交换,降低呼吸功消耗,适用于自主呼吸功能良好的轻至中度呼吸衰竭。近年开发并使用的经鼻高流量(high-flow nasal cannula,HFNC)氧疗装置通过高速气流使气道内形成一定的压力,实际也是无创正压通气,且具有不需高压空气、操作简单、患者感觉更舒适等优点。

(3)高频通气(high frequency ventilation,HFV):以高频振荡通气(high frequency oscillatory ventilation,HFOV)最常用。其原理和常频通气不同,是利用气体弥散等原理,以远低于解剖无效腔的潮气量和远高于正常的呼吸频率,通过高频率的振荡产生双相压力变化,实现有效气体交换的机械通气方法。优点是潮气量极低,肺泡内压力变化小,可减轻由压力变化大造成的肺损伤。适用于常频通气不能缓解的呼吸衰竭或伴气胸、纵隔气肿的呼吸衰竭。

2. 体外膜氧合(extracorporeal membrane oxygenation,ECMO) 是通过静脉、动脉插管建立体外循环通路,以血泵作为驱动动力,通过体外膜氧合器进行气体交换,对呼吸和循环(心脏)均具有支持作用,适用于常规治疗无效的极重度呼吸衰竭、心力衰竭或心肺功能衰竭患者。

3. 一氧化氮(nitric oxide,NO)吸入 NO是唯一的选择性肺血管扩张剂,主要通过激活鸟苷酸环化酶,使cGMP增加,导致肺血管平滑肌舒张。通过吸入进入血液循环的NO能迅速地被血红蛋白结合灭活,不对体循环产生作用,常用于肺动脉高压或伴有肺动脉压升高的低氧血症的治疗。

4. 血液净化 是通过建立血管通路将血液引流至体外的滤器,利用弥散、对流或吸附原理,清除血液中的有害溶质或多余液体的治疗方法,也称肾替代治疗(renal replacement therapy,RRT)。根据清除溶质的机制可分为透析、滤过、血浆置换、血浆吸附等,临床常根据需要选择不同的方式单独或组合应用;根据血液净化的持续时间可分为间断性肾替代治疗(intermittent RRT,IRRT)和持续性肾替代治疗(continuous RRT,CRRT)。常用于急性肾损伤、中毒及各种原因导致的常规治疗不能缓解的严重电解质和酸碱平衡紊乱、容量超负荷等。腹膜透析在ICU应用较少。

5. 除颤与同步电复律 是治疗恶性心律失常的常用方法。除颤是利用非同步电击终止室颤或无脉性室速,使心脏节律转复为窦性节律。同步电复律简称电复律,指通过与心电图R波同步的电击终止快速心律失常,使其转复为窦性节律。

第二节 急性呼吸衰竭

呼吸衰竭指各种原因引起的肺通气和/或换气功能严重障碍,以致人体在静息状态下不能维持足够的气体交换,导致低氧血症伴/不伴高碳酸血症,进而引起一系列病理生理改变和相应临床表现的综合征。急性呼吸衰竭(acute respiratory failure,ARF)指呼吸功能之前正常,由突发原因引起的呼吸衰竭,通常在数分钟到数小时内发生。

【病因】

神经肌肉系统、胸廓或胸膜、各级气道、肺泡及肺血管中,任何环节的异常均可导致呼吸衰竭。病因大致分为以下几类。

1. 气道阻塞性疾病 如急性喉炎、气管内异物、气管狭窄或软化、哮喘、毛细支气管炎等。

2. 肺组织疾病 如各种原因引起的肺炎、肺不张等。

3. 肺水肿性疾病 由肺泡-毛细血管膜通透性增加所致,如急性呼吸窘迫综合征(acute respiratory distress syndrome,ARDS)、吸入化学物质、中毒等。

4. 肺血管性疾病 如肺栓塞、肺血管炎等。

5. 胸廓、胸壁与胸膜疾病 如多发肋骨骨折、脊柱畸形、大量气胸或胸腔积液等。

6. 神经肌肉系统疾病 如脑炎、脑外伤、脑肿瘤、脊髓灰质炎、重症肌无力、吉兰-巴雷综合征及应用镇静和麻醉药导致呼吸抑制等。

【儿童呼吸生理特点】

儿童的呼吸生理特点与成人有所不同。新生儿和6个月内小婴儿主要经鼻呼吸,鼻塞时易出现呼吸困难;婴幼儿舌体较大,喉部位置较高,会厌较大且呈水平位,声门下狭窄明显,部分学龄前及学龄期儿童腺样体或扁桃体肥大;有些儿童存在先天解剖发育异常,均易导致上气道梗阻。婴儿的基础代谢率较成人高,病情严重时氧消耗量增加,而代谢储备相对不足。小儿中枢神经系统、呼吸肌、气道软骨及肺泡发育尚不成熟,更易发生呼吸衰竭,且症状更重。

【发病机制】

呼吸衰竭的基本发病机制是肺通气和/或换气功能障碍。

(一)通气功能障碍

肺通气是指肺泡气体与外界气体交换的过程,是在呼吸中枢的调控下,通过呼吸肌的收缩与松弛,使胸廓和肺做节律性的扩张和回缩得以实现。因人体有一定的氧贮备,所以通气功能障碍以CO_2潴留更为突出。可分为以下两种类型。

NOTES

1. 限制性通气功能障碍 指吸气时肺泡扩张受限所引起的肺泡通气不足。主要涉及呼吸中枢、呼吸肌、胸廓和肺的顺应性，前三者的功能障碍可统称为呼吸泵衰竭。呼吸泵衰竭主要由呼吸驱动不足和呼吸运动受限所致，如中枢神经系统疾病、安眠药中毒均可引起呼吸驱动力不足；吉兰-巴雷综合征、胸廓疾病、大量胸腔积液和气胸等可引起呼吸运动受限。而肺水肿、肺实变和肺表面活性物质缺乏等，使肺顺应性降低，也可导致限制性通气不足。

2. 阻塞性通气功能障碍 由气道狭窄或阻塞导致气道阻力增加所致。

（二）换气功能障碍

肺换气是指肺泡内气体与肺泡毛细血管血液中气体的交换。换气功能障碍主要导致低氧血症，严重时可出现二氧化碳（carbon dioxide，CO_2）潴留。

1. 通气/血流比例（V/Q）失调 肺内有效的气体交换不仅要求有足够的通气量与血流量，而且要求两者比例要适当。在静息状态下，健康成人的肺通气量约为 4L/min，肺血流量约为 5L/min，全肺平均 V/Q 大约为 0.8。肺泡 V/Q 失调有下述两种主要形式。

（1）部分肺泡通气不足：肺部病变，如肺炎、肺不张等，可引起肺泡萎陷，肺泡通气不足，V/Q降低，部分未经氧合或未经充分氧合的静脉血（肺动脉中的血液）通过肺泡毛细血管或短路流入动脉血（肺静脉中的血液）中，故又称肺动-静脉分流或功能性分流。此时，单纯增加吸氧浓度难以改善缺氧。

（2）部分肺泡血流不足：肺血管病变，如肺栓塞，引起栓塞部位血流减少，V/Q 升高，肺泡通气不能被充分利用，又称为无效腔样通气。

肺泡 V/Q 失调通常以低氧血症为主，无明显 CO_2 潴留，其原因主要为：①动脉与混合静脉血的氧分压差为 59mmHg，比 CO_2 分压差大 10 倍。②氧解离曲线呈 S 形，正常肺泡毛细血管血氧饱和度已处于曲线的平台段，无法携带更多的氧来进行代偿；而 CO_2 解离曲线在生理范围内呈直线，有利于通气良好区域对通气不足区域的代偿，CO_2 一般可充分排出。

2. 弥散功能障碍 肺泡气体与肺泡壁毛细血管血液中的气体交换是通过弥散进行的。气体弥散指气体分子从高浓度区向低浓度区移动的过程，其机制是气体分子的随意移动，结果使弥散膜两边不同浓度的气体分子最终达到平衡。

肺泡-毛细血管膜也称弥散膜，由肺泡表面液层、肺泡上皮、基底膜、间质、毛细血管内皮组成。由于 CO_2 通过肺泡毛细血管膜的弥散速率约为 O_2 的 21 倍，所以弥散功能障碍主要影响氧的交换。成人的血液与肺泡总接触时间约 0.75 秒，完成气体弥散过程约需 0.25 秒，有足够时间使气体在血液和肺泡间达到平衡，故弥散功能的贮备空间较大，弥散障碍不是低氧血症的主要原因。但年龄越小，血液与肺泡总接触时间越短，弥散时间占接触时间的比例越大，贮备能力越小。弥散障碍包括弥散面积减少（如肺炎、肺不张）、弥散膜增厚（如肺水肿、肺纤维化）等。临床上弥散功能障碍极少是导致呼吸衰竭的唯一病理因素，往往与 V/Q 失调同时存在。其所致低氧血症可通过吸入高浓度氧加以纠正，但严重间质性肺炎等某些难以逆转的弥散障碍性疾病预后较差。

【临床表现】

除原发病的临床表现外，急性呼吸衰竭主要是缺氧和 CO_2 潴留引起的多器官功能障碍表现。

（一）原发病表现

原发病表现因原发病的不同而异。

（二）呼吸系统表现

缺氧和 CO_2 潴留均可影响呼吸功能。周围性急性呼吸衰竭表现为呼吸困难。早期呼吸多增快，晚期呼吸减慢、无力。呼吸频率如减至 5~6 次/分，提示呼吸随时会停止。上气道梗阻时以吸气性呼吸困难为主，下气道梗阻时以呼气困难为主。中枢性急性呼吸衰竭表现为呼吸节律改变，可为呼吸浅慢，严重时出现潮式呼吸、抽泣样呼吸、叹息样呼吸、呼吸暂停及下颌样呼吸等。

（三）肺外表现

NOTES

1. 发绀 指血液中还原血红蛋白增多，使皮肤、黏膜呈现青紫的现象。呼吸衰竭时，由缺氧导致还原血红蛋白增加，属于中心性发绀。发绀是提示缺氧的常见体征，但并不是缺氧的敏感和特异体征。出现发绀后还应考虑是否存在药物或化学药品中毒所致的高铁血红蛋白血症、硫化血红蛋白血症。严重贫血患者，虽然氧饱和度明显降低，但由于还原血红蛋白绝对值也明显降低，常无明显发绀。在血红蛋白增多症中，虽然患者氧饱和度不低，但由于还原血红蛋白绝对值升高，仍可表现发绀。有黄疸、水肿、色素沉着者可掩盖发绀症状。

2. 神经系统 严重缺氧和 CO_2 潴留均可使脑血管扩张和血管内皮损伤，导致烦躁、谵妄、甚至昏迷，引起脑水肿，甚至不可逆的脑细胞损伤。

3. 循环系统 早期可有心率增快、血压升高，后可出现心率减慢、血压下降，甚至出现心律失常、心搏骤停。

4. 消化系统 可有消化道出血、肝功能受损。

5. 泌尿系统 尿少或无尿，尿中出现蛋白、白细胞及管型，严重缺氧可引起肾小管坏死，出现急性肾损伤甚至肾衰竭。

6. 水、电解质紊乱 在缺氧条件下组织细胞生物氧化过程无法正常进行，同时生成酸性代谢产物乳酸。乳酸的堆积既可导致代谢性酸中毒，又因能量供应不足，钠泵功能失调，K^+ 转移到细胞外，Na^+、H^+ 进入细胞内，从而产生高钾血症及细胞内酸中毒。CO_2 潴留可引起呼吸性酸中毒。呼吸性酸中毒时 pH 下降，可引起细胞内外离子交换，即细胞外 2 个 Na^+ 和 1 个 H^+ 与细胞内 3 个 K^+ 相交换；同时肾小管 Na^+-H^+ 交换加强，Na^+-K^+ 交换减少，均可使细胞外液 K^+ 浓度升高，导致高钾血症。另外，呼吸性酸中毒时，机体为了维持 $HCO_3^-/PaCO_2$ 相对正常范围，通过血流缓冲、细胞内外离子交换、肾脏代偿等代偿机制，可使血 HCO_3^- 代偿性升高，而血 Cl^- 相应降低。

【诊断】

诊断呼吸衰竭必须结合病因、临床表现及动脉血气分析进行综合判断。呼吸衰竭的血气诊断标准如下。

1. Ⅰ型呼吸衰竭 即低氧血症型呼吸衰竭。PaO_2<60mmHg（8.0kPa），$PaCO_2$ 正常或降低。

2. Ⅱ型呼吸衰竭 即高碳酸低氧血症型呼吸衰竭。PaO_2<60mmHg（8.0kPa），同时 $PaCO_2$>50mmHg（6.5kPa）。

以上是在水平面、安静、不吸氧状态下测得动脉血气结果的分型标准。如果患者病情过重，在氧疗状态下测定动脉血气，所测得的 PaO_2 仅能反映氧疗的效果，诊断呼吸衰竭需结合临床。

【治疗】

急性呼吸衰竭的治疗原则以呼吸支持为基础，积极针对病因或诱因进行治疗。

（一）保持气道通畅

保持气道通畅是呼吸衰竭救治成功的基本保障，措施包括：保持合适体位，及时清除气道分泌物，加强湿化及排痰；应用药物解除支气管痉挛和水肿；如不能维持气道通畅，及时行气管插管或气管切开建立人工气道。

（二）氧疗和呼吸支持

呼吸衰竭的主要病理生理改变是缺氧，在通畅气道的基础上设法提高血氧饱和度非常重要。原则上在最大限度防止氧中毒的基础上，保持 PaO_2>60mmHg（8.0kPa）。另外，只有实现有效肺泡通气才能维持氧合和避免 CO_2 潴留。

1. 鼻导管吸氧 方法简单，但通常吸氧浓度不会超过 45%。吸入氧浓度（FiO_2）的高低与氧流量有关，FiO_2（%）=21+4×氧流量（L/min）。

2. 简易面罩、带储氧囊非重复呼吸面罩、文丘里（Venturi）面罩 优点为吸氧浓度相对稳定，可提供相对高浓度氧气，对鼻黏膜刺激小，但在一定程度上影响患者进食、咳痰。

3. 高流量吸氧 是指通过无需密封的鼻塞导管直接将一定氧浓度的加温加湿后的空氧混合高流量气体输送给患者的一种氧疗方式，通常可在 30~50L/min 范围内调节气流量。此方式舒适性和依

NOTES

从性相对较好，可提供不同浓度的氧气，并可通过高流量气体轻微改善 CO_2 潴留。

4. 持续气道正压通气（continuous positive airway pressure，CPAP） 是一种无创机械通气方式，在患者自主呼吸条件下，除可以提供一定浓度的氧气外，还可提供一定的压力水平，使整个呼吸周期内气道均保持正压，增加肺泡压力，提高功能残气量，减少肺内分流，改善换气功能；克服气道阻力，增加潮气量，减少呼吸功，降低 $PaCO_2$，改善通气功能；同时还有减轻肺泡毛细血管淤血及渗出，稳定胸廓框架结构，保持气道通畅等作用。

5. 双水平气道内正压通气（bilevel positive airway pressure，BiPAP） 是另一种无创通气方式，可在呼吸周期中提供吸气相和呼气相 2 个不同水平的压力支持。

6. 有创机械通气 当患者自主呼吸不能维持或严重高碳酸血症时，不适宜应用以上氧疗和呼吸支持方式，需要气管插管或气管切开行有创机械通气。通气模式及呼吸机条件应结合患者情况进行综合考虑，既要保证有效通气氧合，又要防止发生并发症，特别是呼吸机相关肺损伤。

7. ECMO 技术 根据患者心功能和循环状态选择 ECMO 的应用类型。若患者心功能良好，仅需要支持肺脏功能，采用血液从静脉引出又注入静脉的静脉-静脉 ECMO（V-V ECMO）；若呼吸衰竭患者同时存在心血管功能障碍，需采用血液从静脉引出动脉注入的静脉-动脉 ECMO（V-A ECMO），可同时支持心脏和肺脏功能。

（三）病因治疗

病因治疗是呼吸衰竭治疗的根本，如：对于细菌性肺炎患者，应予适宜的抗生素治疗；有张力性气胸或大量胸腔积液时应积极进行穿刺引流；对重症哮喘患者应予支气管解痉剂及激素治疗等。但对于濒危患者，应先进行抢救，再争取时间明确病因。另外，许多复杂疾病由呼吸衰竭开始，逐渐向多器官损害发展，需要尽早防治多器官功能衰竭的发生。

（四）其他

其他治疗包括其他器官功能支持、处理并发症、营养支持治疗等。严重呼吸衰竭患者常规治疗无效时可考虑应用非常规呼吸支持治疗，包括高频通气、俯卧位通气、应用肺泡表面活性物质及吸入一氧化氮等。

第三节 儿童急性呼吸窘迫综合征

儿童急性呼吸窘迫综合征（pediatric acute respiratory distress syndrome，PARDS）是指儿童在严重感染、休克、创伤及烧伤等非心源性疾病过程中，肺毛细血管内皮细胞和肺泡上皮细胞损伤，引起弥漫性肺间质和肺泡水肿所导致的急性低氧性呼吸功能不全或衰竭。

【概念的变迁】

1967 年 Ashbaugh 等根据 12 例危重患者的临床表现、病理结果和治疗反应，首先提出“成人呼吸窘迫综合征”概念。1994 年美欧联席会议（American European Consensus Conference，AECC）认为该综合征不仅发生在成人，儿童亦可发生，并根据其急性起病特点，将其命名为 ARDS，诊断标准包括：①急性起病；②胸部 X 线片显示双肺浸润性病变；③动脉血氧分压（PaO_2）与吸入氧浓度（FiO_2）之比（PaO_2/FiO_2，P/F）$\leqslant$200mmHg；④肺毛细血管楔压 $\leqslant$18mmHg 或无左房压增高临床证据。如 200<P/F$\leqslant$300mmHg 且满足上述其他标准，则诊断为急性肺损伤。

尽管 AECC 标准被广泛应用，但该标准有一些缺点，使用中也存在一些争议。2012 年由欧洲危重病学会联合美国胸科学会和美国危重病学会，在柏林对 AECC 标准进行修订并制定 ARDS 柏林标准（Berlin 标准）。Berlin 标准界定了高危因素致 ARDS 的“发病时间”为 1 周；取消急性肺损伤术语，并根据肺部氧合障碍程度将 ARDS 分为轻度、中度和重度；要求评估肺部氧合障碍程度时呼气末正压应 $\geqslant$5cmH_2O；剔除根据肺动脉楔压诊断心功能不全，强调 ARDS 可与心源性肺水肿并存，引入其他客观指标（如超声心动图）排查高静水压性肺水肿。

NOTES

虽然成人 ARDS 和 PARDS 的发病机制和病理生理有类似之处，但成人 ARDS 诊断标准未考虑儿童特殊性，用于儿科存在一系列不足。2012 年儿科急性肺损伤委员会（Pediatric Acute Lung Injury Consensus Conference，PALICC）联合多个国家重症医学会制定 PARDS 诊断标准并于 2015 年发布（表 19-3-1）。PALICC 标准除强调应排除围生期相关肺损伤外，并未设定年龄界限，包括从新生儿到青春期所有年龄阶段儿童；简化影像标准，不要求胸部 X 线片出现双肺浸润性病变；用氧合指数（oxygen index，OI）或氧饱和度指数（oxygen saturation index，OSI）评估病情轻重并分度；为无创通气患者设定特殊标准，如 P/F 或 SpO_2/FiO_2（S/F）；并为慢性肺疾病和发绀型心脏病患者特别设置 PARDS 标准。

表 19-3-1　儿童急性呼吸窘迫综合征诊断标准

<table>
<tr><th>项目</th><th colspan="4">标准</th></tr>
<tr><td>年龄</td><td colspan="4">排除围生期相关肺疾病</td></tr>
<tr><td>时间</td><td colspan="4">7 天内明确的临床损害过程</td></tr>
<tr><td>水肿原因</td><td colspan="4">不能完全用心力衰竭或液量超载来解释的呼吸衰竭</td></tr>
<tr><td>胸部影像</td><td colspan="4">胸部影像显示肺部有新浸润的急性实质性病变</td></tr>
<tr><td rowspan="3">肺部氧合</td><td>无创机械通气</td><td colspan="3">有创机械通气</td></tr>
<tr><td>儿童急性呼吸窘迫综合征（无危重程度分级）</td><td>轻度</td><td>中度</td><td>重度</td></tr>
<tr><td>面罩双水平正压通气或持续气道正压≥5cmH_2O
P/F≤300
S/F≤264</td><td>4≤OI<8
5≤OSI<7.5</td><td>8≤OI<16
7.5≤OSI<12.3</td><td>OI≥16
OSI≥12.3</td></tr>
<tr><td colspan="5">特殊人群 *</td></tr>
<tr><td>发绀型心脏病</td><td colspan="4">符合上述年龄、时间、水肿原因和胸部影像标准，出现不能用原有心脏疾病解释的肺部氧合急剧恶化</td></tr>
<tr><td>慢性肺疾病</td><td colspan="4">符合上述年龄、时间、水肿原因标准，胸部影像出现新的浸润病灶，肺部氧合从基础状态急剧恶化并符合上述标准</td></tr>
<tr><td>左心功能不全</td><td colspan="4">符合上述年龄、时间、水肿原因标准，胸部影像出现新的浸润病灶，肺部氧合急剧恶化符合上述标准并不能用左心功能不全解释</td></tr>
</table>

注：P/F 为 PaO_2/FiO_2；S/F 为 SpO_2/FiO_2；OSI=（FiO_2×平均气道压×100）/SpO_2；OI=（FiO_2×平均气道压×100）/PaO_2。

*：基于 OI 或 OSI 的 PARDS 分度标准不适用于接受机械通气的慢性肺疾病或有发绀型先天性心脏病的患者。

【流行病学】

2015 年 PARDS 诊断标准发布前，使用成人 ARDS 标准时国外研究显示 PARDS 人群发病率为 3.5/10 万，PICU 内发病率为 2.3%，总病死率为 33.7%，PICU 内病死率 26%。我国 2004 年多中心调查显示，PICU 内 PARDS 发病率为 1.42%，病死率为 62.9%。2015 年 PALICC 标准发布后，至今没有关于 PARDS 人群发病资料，亚洲多中心研究报道 PICU 内 PARDS 病死率为 30.3%。随着我国 PICU 建设的不断完善及诊疗技术提高，尤其是 ECMO 技术的推广应用，PARDS 的病死率逐步降低，2021 年北京单中心报道 PICU 内 PARDS 病死率已降至 23.2%。

【病因】

多种原因可导致 PARDS，根据肺损伤机制将 PARDS 病因分为直接肺损伤因素和间接肺损伤因素（表 19-3-2）。前者直接损伤肺部，所导致的 ARDS 称为肺源性 PARDS；后者指肺外疾病或损伤通过激活全身炎症反应产生肺损伤，所导致的 PARDS 称为肺外源性 PARDS。肺部感染是肺源性 PARDS 最常见原因，如肺炎链球菌、流感病毒和腺病毒等，而脓毒症是肺外源性 PARDS 的主要原因。

NOTES

表 19-3-2 儿童急性呼吸窘迫综合征病因

直接因素	间接因素
肺炎（细菌、病毒、支原体、真菌等）	脓毒症及脓毒性休克
误吸	严重非肺部创伤
溺水	心肺分流术后
吸入性损伤（烟雾、氧气）	大量输血
肺部创伤、肺挫伤	药物过量
肺血管炎	药物副作用
肺脂肪栓塞	急性重型胰腺炎
机械通气	大面积烧伤
	弥散性血管内凝血

【发病机制】

PARDS 发病机制尚未完全阐明。尽管致病因素可直接损伤肺泡上皮，但 PARDS 本质是多种炎症细胞及其释放的炎症介质和细胞因子间接介导的肺脏炎症反应。PARDS 是系统性炎症反应的肺部表现，是机体自身失控的炎症瀑布反应结果。

PARDS 病理生理特征是肺泡-毛细血管膜通透性增高，形成间质及肺泡水肿，肺表面活性物质减少，导致小气道陷闭和肺泡萎陷不张，进而导致肺容积减小、功能残气量降低、肺顺应性降低、通气血流比例失调，引起肺部氧合障碍，出现顽固性低氧血症和呼吸窘迫。

【临床表现】

PARDS 早期临床表现与其病因有关。由于 PARDS 病因复杂，有时临床表现隐匿或不典型。

1. 呼吸窘迫 呼吸频率增快及呼吸窘迫是 PARDS 主要表现之一。通常在起病 1~2 天内出现呼吸增快，鼻翼扇动，并逐渐加重，出现呼吸困难，呼吸做功增加，三凹征阳性。严重时表现为点头呼吸，不能平卧。

2. 缺氧表现 由于缺氧逐渐加重，患者可表现烦躁不安、焦虑、拒奶、心率增快、唇及指/趾甲发绀。

3. 其他症状 合并肺部感染时可出现咳嗽、咳痰、发热和畏寒等。

4. 体格检查 部分患者两肺可闻及干、湿啰音和哮鸣音。肺部实变时呼吸音减低。

【辅助检查】

1. X 线胸片 不同时期 X 线表现：病程早期胸片正常或仅见两肺纹理增多、模糊，可伴有小斑片影；继而出现两肺透光度减低，呈磨玻璃样改变，显示弥漫性肺间质水肿；随着病变继续进展，两肺出现大片密度不均匀的融合病灶，其中可见支气管充气征，肺间质水肿加重，甚至呈白肺。

2. 胸部 CT 与胸片相比，CT 扫描能更准确地反映肺病变范围大小，对早期诊断有帮助。典型 PARDS 肺部 CT 表现为肺内病变不均一，呈现重力依赖现象，上部肺组织正常或相对正常，中部呈磨玻璃样改变，下垂部位呈实变影。

3. 血气分析 是评估肺部通气换气功能的重要方法。PARDS 早期多为不同程度的低氧血症和呼吸性碱中毒，随着病情加重，P/F 进行性下降。PARDS 晚期无效腔通气增加，出现 CO_2 潴留，表现为呼吸性酸中毒。

4. 超声检查 超声心动图可除外心源性肺水肿。肺部超声对判断肺部水肿和实变有帮助，尤其在不能行肺部 CT 检查时更有优势。

【诊断】

NOTES

尽早诊断并及时干预对改善 PARDS 预后非常重要。由于 PARDS 早期症状不典型，易被忽略，所以:对存在危险因素的患者应严密监测呼吸情况;对呼吸困难患者及时检查肺部影像,了解肺部病变;通过脉搏氧和血气分析评估肺部氧合;结合超声心动图或液体平衡情况排除心力衰竭或液量超载所致的呼吸衰竭,参照PARDS诊断标准尽早明确诊断。

【鉴别诊断】

1. 心源性肺水肿 是由心力衰竭导致肺毛细血管静水压增加所致,与PARDS临床表现有很多相似之处,但临床治疗措施相差甚远。超声心动图对鉴别有帮助。

2. 弥漫性肺泡出血 是一种严重的造血干细胞移植并发症,常发生在造血干细胞移植早期,其发病机制可能与急性移植物抗宿主病及免疫重建相关,出现广泛肺内出血。常见症状为咯血,伴不同程度的呼吸困难,咯血量可有很大差异。

3. 肿瘤肺部转移浸润 如淋巴瘤肺浸润、癌性淋巴管炎和肿瘤肺部转移等。

【治疗】

对于PARDS尚无特效治疗方法,目前主要根据其病理生理改变和临床表现,在ICU内采取综合治疗措施,包括积极治疗原发病、呼吸循环支持和防治并发症。

1. 病因治疗 控制原发病遏止其诱导的失控炎症反应。

2. 呼吸支持 PARDS患者有严重低氧血症,但常规氧疗方式如鼻导管、面罩吸氧难以奏效,需机械通气以提高氧疗效果。对轻度PARDS可试用无创正压通气的呼吸支持方法。儿童一般使用经面罩或鼻罩BiPAP,小婴儿可用经鼻塞CPAP。

无创通气治疗无效或病情较重时应气管插管行有创机械通气。由于PARDS肺部病变并不均一,部分肺泡病变严重,不能进行气体交换,只有肺泡病变较轻或无明显病变的肺泡才可进行气体交换。机械通气时既要利用又要保护尚能气体交换的肺泡,故应采用肺保护性通气策略,包括用小潮气量以限制平台压和设置合适的呼气末正压。PALICC指南推荐的潮气量为5~8ml/kg,平台压限制在28cmH_2O以内。对呼吸系统顺应性较差的患者,潮气量可低至3~6ml/kg,平台压可限制在29~32cmH_2O。PEEP设置应遵循个体化原则,对于重度PARDS患者,常需设置10~15cmH_2O,有时需高于15cmH_2O。常频机械通气时平台压超过28cmH_2O的中重度PARDS患者可考虑使用高频振荡通气。机械通气后仍有严重低氧血症者可联合使用俯卧位通气和NO吸入等。

3. 液体管理 目标是保证液体入量以维持足够血容量、器官和组织灌注及氧输送,同时减轻肺水肿。对存在血流动力学不稳定的PARDS患者,早期应积极液体复苏;血流动力学稳定后,评估监测患者液体平衡状况,实行目标指导的限制性液体策略,保持液体平衡或负平衡,防止体内液体过多。存在液体超载时可尽早实施连续性血液净化。

4. 镇痛、镇静及肌松 适度镇痛、镇静可减少患者痛苦和躁动,有利于改善人机同步性和肺部氧合,减少氧耗,减少呼吸机相关性肺损伤从而改善预后。应根据病情制订个体化治疗方案。如深度镇静后仍人机不同步,应使用肌松药。

5. 糖皮质激素 PARDS治疗中激素应用由来已久,但对其应用时机、剂量、疗程及效果一直存在争议。PALICC指南不建议对PARDS使用激素治疗,但应进一步研究哪些患者可从激素治疗中获益,并确定何种激素及何种剂量有效。

6. 营养支持 尽早开始营养支持,提供充足营养物质,满足机体代谢需要,以促进疾病恢复。如果胃肠能耐受,首选肠内营养,不但可提供比较全面的营养,而且利于维持肠黏膜完整性和功能。如果肠内营养不能满足机体需要,应考虑进行肠外营养。

7. ECMO 目前对PARDS何时实施ECMO没有绝对推荐指征,当常规机械通气治疗及挽救性治疗措施无效时可考虑使用。尽量在机械通气后7天内施行。应根据患者心功能状况选择ECMO类型,如患者心功能良好,可选择V-V ECMO,其仅替代肺脏气体交换功能,是治疗ARDS的常用模式。如同时合并心功能不全,应选择V-A ECMO,可同时支持替代心脏泵血和肺脏气体交换功能。

NOTES

第四节　脓毒症和脓毒性休克

脓毒症（sepsis）由感染导致的失调的宿主反应引起，以全身炎症反应、免疫失调、微循环紊乱和终末器官功能障碍为特征，严重者表现为脓毒性休克（septic shock，SS）。脓毒症总病死率约为25%，尤以脓毒性休克最高，是导致儿童，特别是5岁以下儿童死亡的主要原因之一。世界卫生组织（WHO）统计，全球5岁以下儿童死亡60%为严重感染所致，每1 000名5岁以下儿童中约有6.3名死于脓毒症。

【定义和诊断标准】

尽管脓毒症久已存在，但对其认识仍然有限，其定义、诊断标准和治疗也在随认识的深入而调整、完善。"sepsis"一词原意为"腐烂、腐败"，曾被解释为"感染的全身播散"，在我国曾被译为"败血症""脓毒血症"等，目前多数译为"脓毒症"。1991年美国胸科医师学会和重症监护医学会专家共识会议将其定义为"感染导致的全身炎症反应"，提出了全身炎症反应综合征（systemic inflammation response syndrome，SIRS）的概念和诊断标准，制定了基于SIRS的成人脓毒症诊断标准，将其分为脓毒症、严重脓毒症和脓毒性休克。后续研究发现，SIRS不能准确预测成人患者危及生命的不良预后，许多符合SIRS标准的患者预后良好，甚至从未发生感染。因此，2016年提出的脓毒症专家共识3.0版将成人脓毒症定义修订为"感染导致的危及生命的器官功能障"，不再使用SIRS作为脓毒症的诊断标准，取消了"严重脓毒症"这一术语，将其分为"脓毒症"和"脓毒性休克"，其中"脓毒症"相当于1991年标准中的"严重脓毒症"；并推荐以简便易行的序贯器官衰竭评估（sequential organ failure assessment，SOFA）或快速SOFA（quick SOFA，qSOFA）评分作为脓毒症的评估和诊断方法。

由于儿童处在生长发育阶段，从病因到临床表现均与成人有所不同，2005年国际儿童脓毒症和器官功能障碍共识会议根据成人标准，结合儿童特点，制定了儿童SIRS和脓毒症诊断标准（表19-4-1）、器官功能障碍诊断标准（表19-4-2）及不同年龄儿童生命体征和白细胞计数异常的判断标准（表19-4-3）。近年研究表明，与成人相似，SIRS标准同样不能准确预测儿童脓毒症的不良预后，成人的SOFA评分也不完全适用于儿童，故儿童诊断标准尚未更新。

表19-4-1　儿童全身炎症反应综合征和脓毒症诊断标准

诊断名称	诊断标准
SIRS	具备下列4项中至少2项，其中1项必须是体温或白细胞计数 1. 核心温度>38.5℃或<36℃ 2. 心率异常：心动过速或心动过缓 （1）心动过速：在没有外界刺激、慢性药物或疼痛刺激的情况下，平均心率>同年龄均值+2个标准差；或不可解释的持续性心动过速持续时间>0.5~4小时 （2）心动过缓：在没有迷走神经刺激、未使用β-受体阻滞剂、无先天性心脏病的情况下，平均心率<同年龄组心率的第10百分位；或不可解释的持续抑制状态达0.5小时 3. 呼吸频率增快>同年龄均值+2个标准差；或需要机械通气，但不是由使用麻醉药物或神经肌肉疾病引起 4. 白细胞计数增加或降低（非化疗导致）超过同年龄正常参考值，或未成熟中性粒细胞比例>10%
感染	可疑或经培养、组织染色、分子生物学方法等证实的任何病原体感染；或与感染高度相关的临床综合征，感染的证据包括体格检查、影像学和实验室阳性结果，如无菌体液中的白细胞、内脏穿孔、胸片符合肺炎表现、瘀斑或紫癜性皮疹、暴发性紫癜
脓毒症	由可疑或确诊的感染导致的SIRS；或可疑或确诊的感染同时存在SIRS
严重脓毒症	符合脓毒症诊断标准并出现以下3项中任意1项 （1）心血管功能障碍 （2）急性呼吸窘迫综合征 （3）≥2个以上其他器官功能障碍
脓毒性休克	符合脓毒症诊断标准且出现心血管功能障碍

表 19-4-2 儿童器官功能障碍诊断标准

系统或器官	功能障碍诊断标准
心血管系统	1 小时内静脉输入等渗晶体液≥40ml/kg 后，仍然存在： (1)低血压：低于同年龄段血压的第 5 百分位，或收缩压低于同年龄段均值-2 个标准差；或(2)需要血管活性药物维持血压在正常范围[多巴胺>5μg/(kg·min)，或任何剂量的多巴酚丁胺、肾上腺素、去甲肾上腺素]；或(3)下列 5 项中至少 2 项：①难以用其他原因解释的代谢性酸中毒，碱缺失>5mmol/L；②动脉乳酸水平>正常上限的 2 倍；③少尿，尿量<0.5ml/(kg·h)；④毛细血管再充盈时间(capillary refill time，CRT)>5 秒；⑤核心温度和外周体温差值>3℃
呼吸系统	在无青紫型先天性心脏病、肺部原来没有病变的情况下，动脉血氧分压(PaO_2)/吸入氧浓度比值(FiO_2)<300；或动脉血 CO_2 分压($PaCO_2$)>60mmHg 或较基础值升高 20mmHg；或经逐步减少氧流量证实(减少过程中如需要应增加氧流量)需要>50% 的吸入氧浓度以维持经皮氧饱和度≥92%；或需要有创或无创通气支持
神经系统	Glasgow 昏迷评分≤11 分 原有意识障碍者，意识状况恶化且 Glasgow 昏迷评分下降≥3 分
血液系统	血小板计数<80×10^9/L，或过去 3 天内从最高值下降 50%(适用于慢性血液疾病/肿瘤患者) 国际标准化比值>2
肾脏	血清肌酐≥同年龄组正常值上限的 2 倍，或较基线值增加 2 倍
肝脏	总胆红素≥68.4μmol/L(新生儿不适用) 丙氨酸转氨酶达同龄儿童正常上限的 2 倍

表 19-4-3 不同年龄儿童生命体征和白细胞计数异常的判断标准 *

年龄	心率/(次/分)		呼吸频率/(次/分)	收缩压/mmHg	白细胞计数/($\times10^9$/L)
	心动过速	心动过缓			
出生 1 周内	>180	<100	>50	<65	>34
1 周~1 个月	>180	<100	>40	<75	>19.5 或<5
1 个月~1 岁	>180	<90	>34	<100	>17.5 或<5
2~5 岁	>140	无适用值	>22	<94	>15.5 或<6
6~12 岁	>130	无适用值	>18	<105	>13.5 或<4.5
13~<18 岁	>110	无适用值	>14	<117	>11 或<4.5

注：* 上限为同年龄组第 95 百分位值，下限为同年龄组第 5 百分位值。

【病因】

细菌、病毒、支原体等多种微生物感染均可导致脓毒症和脓毒性休克，病原谱依年龄、感染部位、患者免疫状况、感染发生在社区还是医院等而异，以细菌最常见，其次为病毒；感染部位则以呼吸道、消化道、泌尿道、腹腔、皮肤软组织、中枢神经系统及血流感染多见。

【发病机制】

脓毒症和脓毒性休克的发病机制至今仍不完全明确，目前认为主要包括以下三个环节。

1. 炎性细胞因子过度释放导致全身炎症反应 感染后机体的免疫应答首先是局部固有免疫细胞(主要是巨噬细胞)识别、吞噬、杀灭病原微生物，激发信号级联反应，随后多形核白细胞等炎性细胞聚集并释放促炎和抗炎细胞因子，引起感染部位的炎症反应。如果促炎和抗炎因子释放量适当且处于平衡状态，则炎症反应局限在感染部位；如果促炎因子过度释放，则引起广泛全身炎症反应；抗炎因子释放过多，则抑制免疫系统，感染难以控制。导致全身炎症反应的机制尚不清楚，可能和病原体及其毒素的作用、过量炎性因子释放及促炎和抗炎因子失衡、补体激活及遗传易感性有关。

NOTES

2. 全身炎症反应导致广泛细胞损伤 可能的途径包括:①微循环调节功能紊乱,凝血系统激活导致毛细血管内微血栓形成,血管内皮细胞损伤致通透性增加和组织水肿,红细胞变形能力改变等共同作用导致微循环障碍,组织缺血、缺氧;②促炎因子和/或其他炎症产物通过抑制线粒体呼吸酶复合体等多种途径,使线粒体摄取和利用氧的能力下降;③全身炎症反应激活各种细胞死亡途径,包括细胞坏死、细胞凋亡、坏死性凋亡、促炎性细胞死亡和自噬诱导性细胞死亡;④自噬作用在炎性应答的诱导和调节、促进损害组织恢复中发挥关键作用,脓毒症期间自噬作用降低,加剧组织和器官损伤。

3. 全身炎症反应和广泛细胞受损最终导致器官功能障碍 可累及所有的器官系统,导致多器官功能障碍综合征(multiple organ dysfunction syndrome,MODS),以循环、肺、胃肠道、肝、肾和神经系统受累最常见。

(1)循环系统:①在中央循环水平,心肌抑制性物质释放引起心室收缩和舒张功能降低。②在局域循环水平,血管舒缩异常和反应性降低导致血流分布异常,是脓毒性休克最突出的表现。成人以血管舒张为主,低血压出现早;儿童以血管收缩最常见,低血压出现晚。③在微循环水平,脓毒症导致功能性毛细血管数量减少,微循环紊乱,毛细血管内皮损伤导致通透性增加,大量液体和蛋白质渗出到组织中,引起有效循环血容量不足,并激活凝血系统,导致弥散性血管内凝血(disseminated intravascular coagulation,DIC)。

(2)肺:血管内皮损伤使微血管通透性增高,引起间质性和肺泡性肺水肿;中性粒细胞等炎性细胞滞留在肺微循环内,启动和/或加重肺泡毛细血管内皮损伤,导致 ARDS。

(3)胃肠道和肝:循环异常使肠道屏障功能受抑,细菌和内毒素移位到体循环中;肝循环障碍和细胞损伤使肝对肠源性内毒素和细菌产物的清除能力降低,加重脓毒症反应。

(4)肾灌注不足和/或缺氧导致急性肾小管坏死、以肾皮质血流减少和髓质血流增加为特征的血流分布异常、微循环障碍等,致使肾小管功能障碍、肾小球滤过率降低,导致急性肾损伤。

(5)神经系统:以脓毒症相关性脑病最常见。主要原因可能是炎症介质导致细胞代谢和细胞间信号传递异常,血管内皮损伤使血脑屏障受损也起了一定作用。少数可发生周围神经病。

【临床表现】

脓毒症常急性起病,多首先出现感染性疾病症状和体征,随后出现器官功能障碍或休克表现。器官功能障碍表现因损伤的器官和程度不同而异。休克早期多以组织低灌注为主要表现,血压多正常,为休克代偿期;失代偿期则血压降低。休克可表现为冷休克和暖休克,以冷休克最常见,特征为皮肤苍白或花斑纹、四肢凉、外周脉搏快而细弱、CRT 延长、血压降低出现晚;暖休克特征为心率快、四肢温暖、外周脉搏有力、CRT 正常或缩短、早期即出现血压降低。少数病例休克来势凶猛,可掩盖原发病的表现。

【诊断】

目前儿童脓毒症诊断仍使用 2005 年国际儿童脓毒症和器官功能障碍共识会议的标准,继续使用脓毒症和严重脓毒症的诊断名称,满足相应标准即可诊断(表 19-4-1~表 19-4-3)。儿童脓毒性休克的诊断标准则有争议,许多学者主张不再强调经 1 小时液体复苏后仍有休克表现才能诊断。国内一般采用我国《儿童脓毒性休克(感染性休克)诊治专家共识(2015 版)》的标准,脓毒症患者出现以下 3 项表现之一即可诊断为脓毒性休克。

1. 低血压 血压<同年龄组第 5 百分位,或收缩压<同年龄组均值 -2 个标准差(年龄≤1 个月,<60mmHg;>1 个月~1 岁,<70mmHg;>1 岁~9 岁,<(70+2×年龄)mmHg;≥10 岁,<90mmHg)。

2. 需用血管活性药物始能维持血压在正常范围 如多巴胺>5μg/(kg·min)或任何剂量的多巴酚丁胺、去甲肾上腺素、肾上腺素。

3. 具备下列组织低灌注表现中 3 条及以上。

(1)心率、脉搏变化:外周动脉搏动细弱,心率、脉搏增快。

NOTES

（2）皮肤改变：面色苍白或苍灰，湿冷，大理石样花纹。如为暖休克可表现为四肢温暖、皮肤干燥。

（3）CRT 延长：CRT>3 秒（需除外环境温度影响），暖休克时 CRT 可以正常。

（4）意识改变：早期烦躁不安或萎靡，表情淡漠。晚期意识模糊，甚至昏迷、惊厥。

（5）尿量：液体复苏后尿量仍<0.5ml/（kg·h），持续至少 2 小时。

（6）乳酸酸中毒：动脉血乳酸>2mmol/L，除外其他缺血、缺氧及代谢因素等。

我国标准与国际标准的区别是：不将低血压作为儿童脓毒性休克诊断的必备条件，因低血压已是儿童机体代偿衰竭的表现，故脓毒性休克应尽量在血压尚未明显降低的代偿期诊断，以达到早治疗和改善预后的目的。

【鉴别诊断】

1. 引起发热的非感染性疾病　根据指南标准诊断脓毒症并不困难，但需注意与某些以发热伴器官功能障碍为特点的非感染性疾病鉴别，如系统性红斑狼疮、川崎病、白血病等。此类疾病各有其特征性表现，通过病史、体格检查，结合辅助检查多可以明确诊断。

2. 其他原因引起的休克　过敏性休克、低血容量性休克、心源性休克、梗阻性休克均有不同的病因和特征，通过病史、查体和相应的辅助检查可发现引起休克的病因，鉴别多不困难。

【治疗】

脓毒性休克是脓毒症最危重的表现形式，早期诊断、早期治疗是降低病死率的关键。一旦诊断，应立即启动包括维持通气和氧合、液体复苏、血管活性药物、抗感染、严密监测等的集束化治疗。脓毒性休克或严重脓毒症患者发生器官功能障碍时，应给予相应的生命支持治疗。

（一）脓毒性休克的治疗

脓毒性休克的治疗可分为复苏和稳定治疗 2 个阶段。

1. 复苏治疗　一般指诊断休克后 1 小时内的治疗。应在 5 分钟内评估并稳定气道和呼吸，建立血管通路，开始体温、血压、心律、呼吸、尿量和经皮氧饱和度监测。血管通路建立后开始液体复苏，尽早开始正性肌力药物或血管活性药物治疗。治疗目标是恢复并维持气道通畅、氧合和通气，恢复正常心率、血压和灌注。

（1）建立血管通路：尽快建立 2 条血管通路，第 1 条首选外周静脉，建立成功后，首先留取必要的血标本（如血培养、血常规、生化等），随后开始液体复苏；同时尽快建立第 2 条静脉通路，若有可能，第 2 条最好选择中心静脉通路。静脉通路建立困难者，尽快建立骨髓通路。

（2）液体复苏：血管通路建立后立刻开始液体复苏。首选等渗晶体液，常用 0.9% 氯化钠、林格液或平衡盐溶液。若具备重症监护条件，每次予 20ml/kg（超重者按理想体重计算），首部液体于 5~10 分钟内静脉输注，每部液体输入后评估组织灌注是否改善及有无肝大、肺部湿啰音和心脏奔马律等容量超负荷表现，根据评估结果调整输液速度，出现容量超负荷则停止液体复苏，1 小时内总量可达 40~60ml/kg 或更高。若无重症监护条件，对无低血压者建议开始即以维持输液速度补液，不予液体复苏；对有低血压者，建议每次液量按 10~20ml/kg，第 1 个小时总量不超过 40ml/kg。第 1 个小时液量达到 40ml/kg 休克仍无明显改善者，应考虑为液体抵抗性休克。

晶体液无效、存在毛细血管渗漏或低蛋白血症者可予胶体液，可选择 5% 白蛋白或血浆，不应使用羟乙基淀粉。

（3）血管活性药物：若第 1 部液体复苏后组织灌注无改善，第 2 条血管通路建立后即应尽早给予血管活性药物。冷休克者首选肾上腺素，剂量 0.05~0.30μg/（kg·min）；暖休克者首选去甲肾上腺素，剂量 0.05~0.30μg/（kg·min）。多巴胺效果不及肾上腺素或去甲肾上腺素，一般不作为首选，剂量为 5~10μg/（kg·min）。如仍无好转，应考虑为儿茶酚胺抵抗性休克。

（4）抗感染治疗：考虑细菌感染者，应在诊断脓毒性休克或严重脓毒症后 1 小时之内、留取细菌培养标本之后静脉给予抗菌药物。对于病毒感染所致的严重脓毒症，则应尽早抗病毒治疗。

NOTES

（5）肾上腺皮质激素：若存在绝对肾上腺功能不全或下丘脑-垂体-肾上腺轴衰竭风险，如有暴发性紫癜、先天性肾上腺增生、长期使用肾上腺皮质激素史等，经肾上腺素或去甲肾上腺素治疗后休克仍不能纠正，应予肾上腺皮质激素。首选氢化可的松，按应激剂量 $50mg/m^2$ 静脉输入；若无氢化可的松，可予相应剂量的甲泼尼龙。

（6）纠正电解质紊乱和低血糖：若存在电解质紊乱或低血糖等，予以纠正。

若休克明显好转，则继续上述治疗，当血压、心率恢复至同年龄儿童正常水平，周围动脉和中央动脉搏动正常，四肢温暖，CRT≤2s，尿量>1ml/(kg·h)时，停止抗休克治疗；若休克仍未纠正，则尽快收入 PICU。

2. 稳定治疗 一般指 1 小时后的抗休克治疗。全身炎症反应及其导致的血管张力异常、血液重新分配、毛细血管渗漏及心功能抑制等往往会持续数日，且处于不停的变化之中。进入 PICU 后，应在无创监测的基础上，尽快开始有创血流动力学、心功能及氧代谢等指标监测，并依据监测结果调整抗休克治疗。这一阶段往往也需数日。

（1）液体治疗：目标是维持有效循环血容量，避免液量过多。若有 CVP 降低、下腔静脉变窄、心腔缩小等血容量不足表现，则继续液体复苏，并判断容量反应性。对容量有反应者继续液体复苏，随休克好转逐渐减慢输液速度、降低液体张力，随休克纠正输液速度逐渐降至 2~4ml/(kg·h)，液体张力逐渐降至 1/3 张并根据电解质情况调整。若 CVP 正常、下腔静脉宽度和变异率正常，或对容量无反应，则应适当减慢输液速度，重点改善心脏功能和血管反应性等。此阶段仍以晶体液为主，严重低蛋白血症、毛细血管渗漏严重及晶体液复苏效果差者，可适当予 5% 白蛋白或血浆等胶体液。若出现 CVP 增高、下腔静脉增宽及变异率降低、浮肿加重等，提示液量过多，应降低输液速度，并适当应用利尿剂，避免液量超负荷。

（2）正性肌力药和升压药：应根据血流动力学和心功能监测结果判断血流动力学类型，并根据血流动力学类型选择正性肌力药和升压药。

1）心输出量降低、周围血管阻力增高（低排高阻）的儿茶酚胺抵抗性休克：若血压降低，可在肾上腺素的基础上加用去甲肾上腺素；或以去甲肾上腺素替代肾上腺素，血压恢复后加用多巴酚丁胺 5~10μg/(kg·min)。若血压正常，在继续使用儿茶酚胺类血管活性药的基础上，加用血管扩张药，首选米力农，负荷量 25~50μg/kg 静脉注射（10 分钟以上），维持量 0.25~0.75μg/(kg·min) 持续静脉输注，仍无效者可考虑硝普钠或硝酸甘油持续静脉输入。注意使用血管扩张剂过程中可能会出现血压降低，需注意补充容量和/或加用去甲肾上腺素。不论血压是否正常，若存在顽固性低心输出量，可考虑加用左西孟旦。

2）心输出量增高、周围血管阻力降低（高排低阻）的儿茶酚胺抵抗性休克：若经充分液体复苏和去甲肾上腺素治疗仍存在低血压，可考虑使用低剂量垂体后叶激素。垂体后叶激素可能因增加周围血管阻力而使心输出量降低，需注意监测，必要时加用多巴酚丁胺等正性肌力药物。

（3）抗感染治疗：在仔细分析病史、体征、感染部位等的基础上，经验性抗感染治疗。病原菌及耐药情况明确后，及早开始针对性治疗。有明确病灶者应及早采取穿刺或切开引流、清创等方法清除坏死组织，对可疑导致感染的植入物（如各种导管等）要及时拔除。每日评估抗感染治疗效果，根据评估结果及时调整。

（4）内分泌治疗及血糖控制：对于无肾上腺皮质功能不全的患者，不建议常规使用糖皮质激素。有甲状腺功能不全者应予甲状腺素替代治疗。对血糖的控制水平仍有争议，多数认为应控制在 7.8~10.0mmol/L，血糖严重升高者可加用胰岛素，但须避免低血糖。

（5）血和血制品：休克未纠正者血红蛋白浓度应维持在≥100g/L，休克纠正后维持在≥70g/L 即可。凝血因子活性明显降低者应予新鲜冰冻血浆，严重低白蛋白血症者可予白蛋白。无明显出血者血小板 $<10\times10^9/L$、有明显出血者血小板 $<20\times10^9/L$，应预防性输血小板；当活动性出血、侵入性操作或手术时，需要维持血小板 $>50\times10^9/L$。静脉注射丙种球蛋白适用于中毒性休克综合征或有免疫球蛋

NOTES

白缺乏的免疫缺陷患者，其他情况则不推荐使用。

（6）纠正水、电解质和酸碱平衡紊乱：离子钙水平降低者应静脉补充葡萄糖酸钙或氯化钙。血钠和血钾异常可通过调节晶体液的钠、钾含量使其恢复正常水平。对严重代谢性酸中毒、pH≤7.15者，可予5%碳酸氢钠纠正至pH>7.15即可。若因毛细血管渗漏或急性肾损伤等出现液量超负荷，首先予利尿剂；利尿剂无效者应予肾替代治疗，避免液量超负荷>10%。

（7）难治性休克的治疗：经上述治疗仍未能纠正休克者为难治性休克，首先应注意寻找并治疗病因，例如感染源控制不力、心包积液、气胸、肾上腺皮质功能减退、甲状腺功能减退、继续失血、腹间隔综合征、坏死组织未彻底清除和免疫抑制等。仍不缓解者可考虑ECMO治疗。

（二）器官功能障碍的治疗

1. ARDS　见本章第三节。

2. 急性肾损伤（AKI）　在维持循环的前提下尽量减少液体入量，避免液量超负荷；避免使用肾毒性药物。AKI达Ⅱ期或以上、合并其他器官功能不全或伴液量超负荷时，应予肾替代治疗。

3. 肝衰竭治疗　尽可能避免应用肝损害的药物，肝衰竭时可予以血液净化治疗。

4. 胃肠功能障碍　对有消化道出血或应激性溃疡者，可给予H_2受体阻滞剂或质子泵抑制剂治疗，有肠梗阻或腹内压增高者予胃肠减压或腹腔减压。

5. 脓毒症相关性脑病　对有颅内压增高者，予甘露醇等减轻脑水肿、降低颅内压治疗，控制惊厥发作，维持内环境稳定，避免低氧血症、低血糖等加重脑损伤的因素。

（三）其他治疗

1. 镇痛镇静　对严重脓毒症机械通气患者，应给予适当镇痛、镇静，可降低氧耗，有利器官功能保护。

2. 营养支持治疗　能耐受肠道喂养者，应在24~48小时内开始肠内营养支持；不能耐受肠内营养或有肠内营养禁忌证者，如果无严重营养风险，肠外营养应于1周后开始。适当的营养支持治疗可降低病死率，改善预后。

3. 对症治疗　对发热、感染引起的局部症状等给予对症治疗。

第五节　急性颅内高压

颅内高压指颅腔内容物体积增加引起颅内压（ICP）增高所致的一系列临床表现。脑水肿是引起小儿急性颅内高压最主要的原因，当颅内压过高发生脑疝时，患者可突然死亡。及时识别和治疗颅内高压，是控制脑水肿，预防脑疝形成，降低病死率和致残率的重要措施。

【正常颅内压及代偿机制】

1. 正常颅内压　通常以侧脑室内液体的压力来代表。在椎管蛛网膜下腔通畅的情况下，与侧卧位做腰椎穿刺时所测得的压力大体相等，故常用腰穿所测脑脊液压力代表颅内压。婴儿和儿童的颅内压正常值约5~10mmHg。

2. 颅内高压的代偿机制　颅腔为一骨性腔隙，小儿在囟门和颅缝闭合前，若颅内压力增高，则囟门隆起，颅缝裂开，以增加颅腔容积，减轻高颅压程度；一旦囟门和颅缝闭合，则其容积固定，不能通过增加颅腔容积来缓解高颅压。

颅内压与颅腔内容物的容积关系密切，但二者之间并不成正比。如Langfitt容量压力曲线所示（图19-5-1），

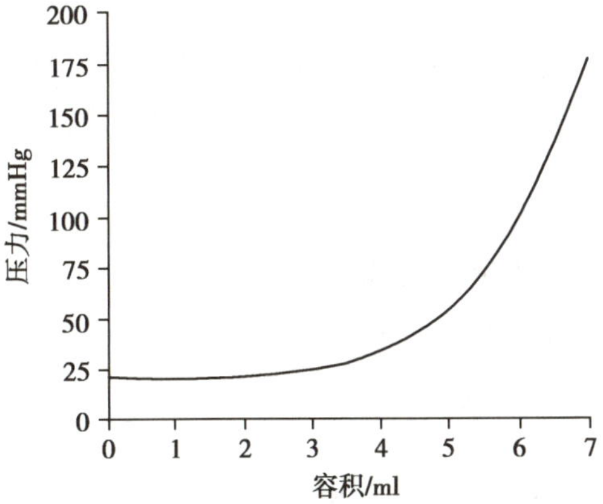

图19-5-1　颅内容量-压力曲线

颅内压正常或轻度增高时，由于颅腔存在一定的顺应性与代偿能力，容积改变对颅内压影响不大，这是机体一种有限的生理代偿功能；一旦超出代偿临界点，颅内容物体积轻度增加，也将使颅内压迅速增高，出现颅内高压，导致脑缺血、缺氧，脑功能障碍。严重者因颅腔内容物受压变形，部分脑组织移位，可造成脑血流中断、脑疝等严重后果。

全颅腔的代偿空间仅为8%~10%，各种颅内容物的代偿能力有很大不同。脑及脑膜不易压缩，代偿能力最小，为维持脑功能，脑血流量亦相对恒定，因而脑脊液最早发生变化，经过枕骨大孔被挤向椎管；若颅内压进一步增高，脑血流量亦代偿性地减少。

3. 脑血流的自动调节作用 正常情况下脑血流从出生至成人保持相对恒定，约为每分钟50~60ml/100g脑组织。脑组织对血供的需要量明显高于其他器官，但能量储备极少，其氧化代谢所需葡萄糖和氧绝大部分来自血液循环，因此脑对缺血、缺氧、低血糖极为敏感。相对恒定的脑血流是脑组织维持正常生理功能和代谢活动的重要前提。当机体出现一定程度的代谢及血压等变化波动时，通过改变脑血管阻力，发挥脑血流自动调节作用，以维持脑血流量相对稳定。但严重缺氧、代谢紊乱及血压变化等可导致脑血管自动调节功能失调。

【病因】

急性感染是最常见的病因，包括多种病原感染引起的脑膜炎、脑炎、脑病等；颅脑创伤，缺血/缺氧，颅内出血，急性中毒，水、电解质平衡紊乱（如糖尿病酮症酸中毒）等也是导致颅内高压的常见原因。

【脑损伤机制】

不同病因所致颅内高压的机制有所不同。交通意外、坠落伤等直接的高速颅脑撞击伤多导致颞叶发生机械性变形和挫伤；血管病变、各种病因的缺血/缺氧、低血糖、惊厥持续状态造成代谢紊乱，容易影响边缘系统内结构的功能；弥漫性轴索损伤造成轴索完整性破坏，使传入神经的结构或功能受损；脑组织肿胀、颅内压升高会导致组织压迫性坏死；颅内压升高、脑血管调节功能失调使脑灌注压降低，脑血流量减少加重脑代谢紊乱和脑水肿。

【临床表现】

急性颅内高压的临床表现与引起颅内压增高的原发病、病变部位和性质、病情进展速度及合并症等诸多因素相关。早期表现多缺乏特异性，严重时常合并生命体征改变。

1. 头痛 初始为阵发性，逐渐发展为持续性。婴幼儿多表现为烦躁不安，尖声哭叫，甚至拍打头部。婴儿因前囟未闭和颅骨缝裂开，可部分缓解高颅压，故头痛多比成人轻。

2. 呕吐 特征为喷射性呕吐，与饮食无关，清晨较重。

3. 头部体征 婴儿前囟膨隆紧张。骨缝裂开、头围增大、头面部浅表静脉怒张、破壶音阳性等体征为亚急性或慢性代偿表现。这些代偿常使低龄患者早期症状不典型。

4. 意识障碍 可有程度不等的嗜睡、躁动或狂躁，随病情进展，意识障碍迅速加深，进入昏迷状态。

5. 血压升高 颅内压增高时，延髓的血管运动中枢代偿性加压反应使血压增高，收缩压可上升20mmHg以上，且脉压差增宽，血压音调增强。

6. 肌张力改变及惊厥 表现为肌张力增高，严重者出现去大脑强直、去皮层强直等。病变刺激大脑皮质，可致抽搐或癫痫样发作。

7. 呼吸障碍 脑干受压或轴性移位，可引起呼吸节律不齐、呼吸暂停、潮式呼吸、下颌运动等，多为脑疝的前驱症状。

8. 循环障碍 颅内高压影响神经组织压力感受器，使周围血管收缩，表现为皮肤及面色苍白、皮肤发凉及指/趾发绀。脑干移位引发缺氧，可致缓脉。

9. 体温调节障碍 因下丘脑体温调节中枢受压，出现体温调节障碍，可表现为体温急剧升高，呈持续性、难以控制的高热或超高热。

NOTES

10. 眼部表现 眼部改变多提示中脑受压。可表现为眼球突出、复视、视野变化等。眼底检查可见视乳头水肿,常为慢性颅内压增高的主要症状,急性脑水肿时很少见,在婴幼儿更为罕见。严重的视乳头水肿可致继发性视神经萎缩。较重的颅内压增高还可致眼球血液回流受阻,出现球结膜水肿。

11. 脑疝的表现 以小脑幕切迹疝和枕骨大孔疝最常见。意识障碍、瞳孔扩大及血压增高伴缓脉被称为库欣三联症,为高颅压危象,常为脑疝的先兆。

(1)小脑幕切迹疝:是由幕上的脑组织通过小脑幕切迹挤向同侧大脑角所造成(图 19-5-2)。表现为瞳孔忽小忽大,两侧大小不等,对光反射减弱或消失,一侧或两侧眼睑下垂、斜视或凝视,出现双吸气、叹息样或抽泣样呼吸、下颌运动及呼吸暂停等中枢性呼吸节律紊乱。小脑幕裂隙处硬脑膜受牵扯,能引起显著的颈强直。中脑及大脑脚锥体束受压时则出现单侧(脑疝对侧)或双侧的锥体束征及/或肢体瘫痪。

(2)枕骨大孔疝:为小脑扁桃体疝入枕骨大孔所致(图 19-5-3)。表现为昏迷迅速加深、双侧瞳孔散大、对光反应消失、眼球固定,并迅速出现呼吸、心搏骤停。幕上病变所致枕骨大孔疝多发生在小脑幕切迹疝之后,但幕下病变则可直接造成枕骨大孔疝。

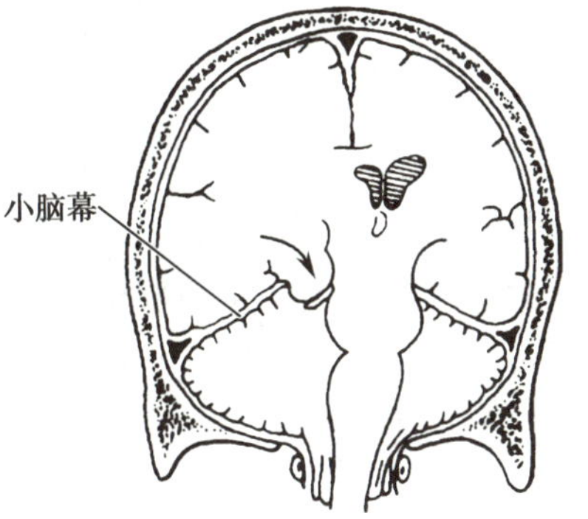

图 19-5-2 小脑幕切迹疝

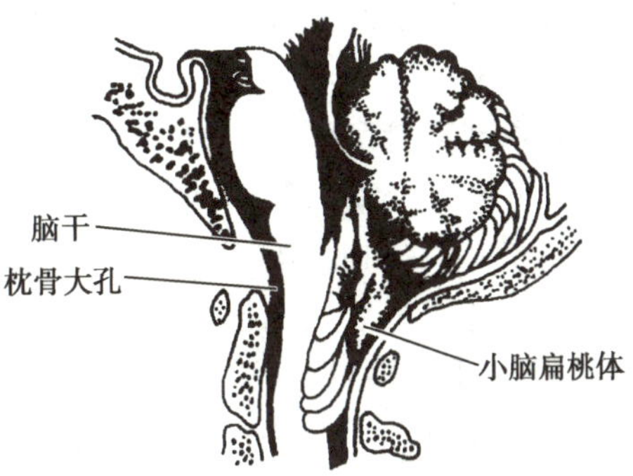

图 19-5-3 枕骨大孔疝

【辅助检查】

1. 颅内压测定和监测 常用方法包括腰椎穿刺测脑脊液压力、侧脑室穿刺引流测压、直接颅压监测法等。

2. 影像学检查 颅脑 CT 平扫相比 MR 能够更方便快捷地发现颅内病变,且对发现颅内出血、肿瘤等占位病变比较敏感;还可通过观察脑组织移位表现,准确判断脑疝的部位和类型。但脑水肿的 CT 影像学表现通常在 24 小时后才比较明显,因此,必须谨慎解读头颅 CT 结果。头颅 MR 能更早发现大脑皮质肿胀、侧脑室受压等,但检查所需时间相对较长,部分危重患者实施困难。

3. 经颅多普勒超声(transcranial doppler,TCD) 为无创检查方法,床旁可行,通过监测颅底基底动脉环大血管血流速度,了解脑血流动力学改变,可间接判断脑血流灌注,协助临床判断高颅压程度、治疗效果和预后。

4. 其他 颅脑超声可用于前囟未闭的小婴儿;近红外光谱测量的脑氧饱和度监测可实时反映脑组织氧合状态和脑血流灌注情况,并具有无创、操作简单的特点,持续监测其动态变化对了解病情进展、防治继发性脑损伤有帮助。

【诊断】

1. 急性颅内高压诊断

(1)病史中存在导致脑水肿或颅内压增高的原因。

(2)具备上述颅内高压相关症状和体征。

（3）意识障碍、瞳孔扩大以及血压增高伴缓脉被称为库欣三联症，为颅内高压危象，常为脑疝的前兆。

注意小儿高颅压时常缺乏明确主诉，婴儿在颅压增高时可通过前囟膨隆、骨缝裂开进行代偿，临床症状常不典型。

2. 脑疝诊断

（1）小脑幕切迹疝：在高颅压基础上出现双侧瞳孔大小不等、呼吸节律不整、一侧或双侧锥体束征阳性等表现，即可临床诊断小脑幕切迹疝。颅脑 CT 平扫有助诊断。

（2）枕骨大孔疝：在高颅压基础上昏迷程度快速加深，瞳孔先缩小后散大或散大固定、对光反射消失，眼球固定，快速出现中枢性呼吸衰竭甚至呼吸骤停，即可临床诊断枕骨大孔疝。颅脑 CT 扫描见小脑扁桃体下移、枕骨大孔饱满，可协助诊断。

【治疗】

根据高颅压严重程度、有无高颅压危象或脑疝，选择适当治疗方法。出现高颅压危象或脑疝表现，或 ICP 监测显示压力≥20mmHg 且持续超过 5 分钟，需要紧急治疗。

1. 维持有效通气和氧合 是治疗高颅压的基础和保证。对不能维持气道通畅、咳嗽反射或咽反射消失、存在缺氧或低通气、Glasgow 昏迷评分≤8 分、即将或已发生脑疝者，需立刻气管插管、机械通气。对存在高颅压危象或脑疝者，先予控制性过度通气，控制 $PaCO_2$ 在 30~35mmHg；对无高颅压危象或脑疝者，目标是维持 PaO_2 和 $PaCO_2$ 正常。

2. 高渗脱水剂和利尿药 ①20% 甘露醇：每次 0.5~1.0g/kg，10~30 分钟快速静脉输入，通常每 4~6 小时 1 次，可根据高颅压严重程度和治疗效果适度调整用药频率；②高渗盐水：常用 3% 氯化钠注射液，负荷量 6.5~10.0ml/kg，维持量 0.1~1.0ml/(kg·h)，持续静脉输入，控制血清钠在正常高限水平；③10% 甘油果糖：每次 5~10ml/kg，静脉输入，每天 1 或 2 次；④呋塞米：每次 0.5~1.0mg/kg。

3. 适当限制液量 在维持循环和内环境稳定的前提下，使患者保持轻度脱水状态为宜。在使用甘露醇等利尿剂的情况下，不应过分限制液体入量。

4. 控制性脑脊液引流 对存在高颅压危象或脑疝者，或使用高渗脱水和利尿剂无效的严重高颅压者，可考虑控制性脑脊液引流。

5. 去骨瓣减压 可用于重型颅脑损伤和急性脑出血患者，但其手术时机及存活患者远期预后等目前尚无定论。

6. 综合治疗 避免导致颅内压增高的因素，头位抬高 30℃；避免和控制发热，亚低温治疗可降低患者脑代谢率，对脑功能具有保护作用；维持正常血压和脑灌注压；适度镇静，控制惊厥发作等。

7. 病因治疗 在控制高颅压的同时，必须尽快明确原发病并给予针对性治疗。

【预防】

急性颅内高压是一个临床综合征，降低导致颅内高压发生的原发病的发生率是预防关键，如加强儿童各种意外伤害的防范宣教，按时接种疫苗，保持良好卫生习惯，减少急性感染性疾病发生等均是有效预防措施。

第六节 儿童意外伤害

意外伤害（accidental injury）或称非故意伤害（unintentional injury），指各种意外因素导致的身体伤害，具有突发性、外来性、非本意、非疾病和可预防的特征。近年意外伤害呈明显增多趋势，已成为发达国家儿童致死的首位原因，在我国则是全人群致死的第 5 位原因。同时，意外伤害致残人数远远超过死亡人数。中毒、创伤、溺水、烧/烫伤、动物伤等是我国儿童最常见的意外伤害。儿童好奇心和探索欲强，识别防范危险的能力低，家庭和社会对造成伤害的危险因素不了解和重视不够，预防意外伤害知识不普及，缺乏有效预防机制和方法等，是儿童意外伤害多发的主要原因。

NOTES

一、中毒

中毒(poisoning)指任何有毒物质经某种途径进入体内并导致机体功能损害，是最常见的儿童意外伤害类型之一，以急性中毒最常见。世界卫生组织的报告显示，意外中毒居儿童意外伤害死亡原因的第5位。

【病因和病理生理】

中毒途径90%以上为消化道摄入，绝大多数为误服，约80%为儿童自己误服；其次为经皮肤或呼吸道摄入，经注射途径摄入罕见。毒物种类以药物最常见，其他依次为日用化学品、农药或鼠药、有毒气体和有毒植物。约90%的中毒发生在家庭中，5岁以下儿童占80%。家中药物或其他有毒物质保管不当是重要原因。

毒物种类繁多，引起中毒的机制也各不相同，少数以局部作用为主，多数主要通过影响酶的活性等方式损害细胞和器官功能。损害的程度与毒物的性质、摄入量、进入人体的途径等多种因素有关。若毒物毒性较低或摄入量极少，则中毒表现较轻；若毒性强或摄入量过大，则可能导致休克、呼吸衰竭、肺水肿、脑水肿、惊厥、昏迷、肝/肾功能损害、严重内环境紊乱等，甚至心搏、呼吸骤停，危及生命。

【临床表现】

中毒的临床表现与毒物的种类、剂量、摄入途径和摄入后的时间相关。一般最先出现的是与摄入途径相关的表现，多以局部刺激症状为主；随后的表现与毒物的毒性高低、毒理学特征、摄入的剂量和摄入后的时间等密切相关，多数缺乏特异性，部分表现为一组相对固定的症状和体征，称中毒综合征(toxidrome)。

【诊断和鉴别诊断】

急性中毒的诊断依靠详细的病史、以识别中毒综合征为重点的体格检查和必要的辅助检查。

(一) 病史

怀疑中毒时，应尽量问清楚摄入毒物的名称、摄入时间、摄入途径、摄入量及可能同时摄入的其他毒物。向患者的家人、朋友仔细询问患者接触的环境中是否有可能接触到的毒物、数量有无减少或丢失、发病前精神状态异常或精神打击等细节，往往能获得中毒的线索。询问中毒史有时极其困难，特别在无目击者的情况下，因此凡遇集体多人先后或同时发病，症状相似，突然发病，且症状体征不能用一种疾病解释，出现意识障碍或多器官受损，按初步诊断治疗后效果不佳或无效等情况，均应考虑中毒的可能性。

(二) 体格检查

体格检查应细致、全面，主要目的是发现对诊断有提示意义的中毒综合征(表19-6-1)。同时要注意，衣服或衣服口袋中的残留药物或毒物、异常气味、口唇及口腔黏膜的烧伤等是高度提示中毒的线索。

表19-6-1 常见中毒综合征及其提示的毒物种类

中毒综合征	主要表现	提示的毒物种类
副交感神经兴奋性增高综合征	瞳孔缩小、腹泻、尿失禁、多汗、流涎、肌无力、肌束颤动、肌肉麻痹	有机磷杀虫剂、吡啶斯地明
交感神经兴奋性增高综合征	发热、皮肤潮红、心动过速、血压增高、瞳孔扩大、多汗	止咳药、减轻充血药、苯丙胺、可卡因、摇头丸、茶碱
抗胆碱能活性增高综合征	与交感神经兴奋性增高综合征表现相似，不同点包括口腔干燥、皮肤发热干燥	三环类抗抑郁药、抗帕金森病药物、抗组胺药、阿托品和茄属植物、解痉药、吩噻嗪类药物、毒蕈(伞形毒蕈)、盐酸环喷托酯滴眼液
中枢神经抑制综合征	昏迷、呼吸频率降低、瞳孔缩小、血压降低	阿片类药物、麻醉药、镇静催眠药

NOTES

续表

中毒综合征	主要表现	提示的毒物种类
急性共济失调或眼球震颤综合征	共济失调、眼球震颤	抗组胺药、甲氧氯普胺、乙醇、苯妥英、卡马西平、哌嗪类药、巴比妥类药、一氧化碳、有机溶剂、溴化物
代谢性酸中毒综合征	呼吸频率增快、深大呼吸	乙醇、一氧化碳、防冻剂、铁剂、降糖药、三环类抗抑郁药、水杨酸盐
高铁血红蛋白血症综合征	吸氧不能缓解的发绀	亚硝酸盐、硝酸盐、苯胺染料、非那西丁、硝基苯、氯酸盐、苯佐卡因、磺胺类药和甲氧氯普胺(新生儿期)
化学性肺炎综合征	咳嗽、呼吸窘迫、中枢神经系统抑制、摄入毒物后呕吐	挥发性碳氢化合物,如石油馏出物(汽油、煤油、松节油、香精油等)、稀料
肾衰竭综合征	少尿或无尿、血红蛋白尿、肌红蛋白尿	四氯化碳、乙二醇、甲醇、鹅膏蕈碱、草酸盐
剧烈呕吐综合征	剧烈呕吐	阿司匹林、茶碱、腐蚀性毒物、氟化物、硼酸、铁剂

有些毒物的中毒表现与某些疾病非常相似,常见者见表19-6-2,应特别注意结合病史、毒物筛查等进行鉴别。

表19-6-2 与常见疾病表现类似的中毒

毒物种类	临床表现特征	表现类似的常见疾病
对乙酰氨基酚	肝衰竭	特发性或其他疾病等导致的肝衰竭
茶碱、丙酮	高血糖、酮症、中枢神经系统抑制	糖尿病酮症酸中毒
乙醇	非酮性低血糖、突然昏迷	糖原贮积病、中链乙酰辅酶A缺乏症
水杨酸盐	突然体温增高,呼吸增快	肺炎
摇头丸	中枢神经系统抑制、晕厥、发热	热性惊厥

(三)辅助检查

对怀疑中毒的患者,根据病史和体格检查所提示的线索,选择适当的辅助检查以尽快明确诊断。对毒物不明确者,多数需要进行毒物筛查方能明确诊断,应尽快收集中毒现场、可疑毒物的容器和被污染的衣物上的残留物,以及患者的呕吐物、血液、尿等进行毒物筛查和鉴定。即使毒物明确,有时也需通过测定血液、尿液等标本中的毒物浓度来确定中毒严重程度。常规实验室检查有时可提示毒物种类,甚至明确诊断,如血气分析发现碳氧血红蛋白明显增高可确诊一氧化碳中毒。

【治疗】

急性中毒的治疗包括:支持和综合治疗,清除毒物污染,促进已吸收的毒物排泄,使用解毒剂。治疗和诊断常同时进行,特别是对于危重患者。

(一)支持和综合治疗

多数毒物没有特效解毒剂,支持和综合治疗是中毒急救的基础。紧急治疗包括重建和稳定气道、呼吸和循环。一旦危及生命的呼吸、气道和循环情况改善,应立刻进行全面评估,并开始清除毒物污染、促进排泄和特效解毒剂治疗。

(二)清除毒物污染

方法有多种,应根据病情酌情选择。

1. 一般方法 及时脱离有毒的环境,脱去被污染的衣物,对眼部或皮肤暴露的患者,可用大量清水冲洗。但需注意某些毒物,如金属钾、镁、钠等,不可用清水冲洗,而应以凡士林或矿物油覆盖。

2. 催吐和洗胃　催吐不能有效清除毒物，误吸风险高，不再建议使用。洗胃存在误吸、食管损伤的风险，不建议常规使用，一般仅在摄入活性炭不能吸附、没有特效解毒剂的致命性毒物后 1 小时内洗胃，少数在胃内存留时间长的毒物超过 1 小时也应洗胃。腐蚀性毒物（如强酸、强碱）、挥发性毒物（如汽油、煤油等）中毒为洗胃禁忌证，为深昏迷和休克患者洗胃应慎重。

3. 活性炭吸附　使用指征包括：摄入大量的致命性毒物，摄入时间在 1 小时以内，活性炭可吸附该毒物，患者能够配合。其他情况则因有效性证据不足且存在误吸风险，需在评估风险和收益后决定。

4. 促进肠道内毒物排出　常用导泻剂使患者腹泻，促进毒物排出。

（三）促进已吸收毒物的排泄

1. 利尿　通过大量输液和使用利尿剂，促进毒物经尿液排出，适用于经肾排泄的水溶性毒物。可能导致肺水肿、电解质紊乱，不推荐常规使用。

2. 碱化尿液　适用于经肾排泄、主要分布在细胞外液的弱酸性毒物中毒。方法是通过给予碱性液，维持尿 pH 值在 7.5~8.5。并发症包括高钠血症、低钾血症、液量过多等。

3. 促进毒物经消化道排泄　通过反复多次经胃肠道给予活性炭或离子交换树脂，打断毒物吸收的肝肠循环，增加毒物排泄。适用于分布容积低、半衰期长、固有清除率低、能被活性炭或离子交换树脂吸附的毒物。禁忌证包括意识障碍、频繁呕吐及肠梗阻。

4. 毒物体外清除技术　适用于主要分布于血浆、体外清除速率高于内源性清除速率的毒物。若毒物不能通过体外清除技术排出，则不应使用。同时具备下列条件是毒物体外清除的绝对适应证：摄入大量致死性毒物，没有特效解毒剂或其他替代方法，有可以有效清除该毒物的体外清除方法。其他情况需在综合分析毒物的毒理学特性、摄入毒物剂量、病情及风险和获益后决定，并选择适当方法。常用方法包括血液灌流、血液透析、血液滤过及持续透析滤过、血浆置换等。

（四）特效解毒剂

解毒剂常有明显毒副作用，轻度中毒者多数经支持和综合治疗即可痊愈，应慎重使用；重症病例应在评估其获益大于风险后使用；对危及生命的严重中毒，只要有解毒剂，就应尽早使用。使用过程中必须严密监测解毒剂的毒副作用。几种常见毒物及其解毒剂见表 19-6-3。

表 19-6-3　几种常见毒物及其解毒剂

毒物	解毒剂
对乙酰氨基酚	N-乙酰半胱氨酸
吩噻嗪类	氟马西尼
β-受体阻滞剂	阿托品、异丙肾上腺素、胰高血糖素
钙通道阻滞剂	胰高血糖素
一氧化碳	氧气
环类抗抑郁药	碳酸氢钠
铁剂	去铁胺
铅	依地酸钠钙、二巯基丙醇、青霉胺、二巯基丁二酸
亚硝酸盐	亚甲蓝
阿片类	纳洛酮
有机磷	阿托品、解磷定、氯磷定、双复磷
肾上腺素能药物	酚妥拉明、β-受体阻滞剂、抗高血压药

【预防】

重点是加强预防中毒知识的普及，提高全社会的防范意识；加强药品及其他有毒物品的管理；推

NOTES

广使用药品安全包装；加强对父母和儿童看护者的预防中毒知识和措施的培训；将家中的药品和有毒物品放置在儿童不能触及的安全位置；加强对儿童的监管和用药安全教育。

二、创伤

创伤（trauma）指外部机械力导致的突发身体伤害，是最常见的儿童意外伤害类型，已成为儿童死亡和致残的首位原因。导致严重创伤的原因以各种形式的交通事故和从高处坠落最常见。

创伤患者有 3 个死亡高峰：第 1 个是伤后数分钟内，只有预防创伤才能避免；第 2 个是伤后数分钟到数小时，快速评估和治疗是降低死亡率、改善预后的关键；第 3 个是伤后数天至数周，死因多为感染和多器官功能衰竭，针对性治疗是主要治疗方法。本部分仅介绍第 2 个死亡高峰时段的紧急评估和治疗。

【创伤紧急救治流程】

创伤的紧急救治流程可分为初始评估和二次评估，核心是及时发现并优先处理危及生命的最危险情况。开始评估的同时应简要询问病史，重点询问致伤的原因及伤后的主要情况。

（一）初始评估

初始评估的顺序为 A-B-C-D-E，即气道（airway，A）、呼吸（breathing，B）、循环（circulation，C）、神经失能（disability，D）和充分暴露（exposure，E）。这一顺序是根据直接危及生命的伤情或并发症发生率由高到低排列。医生必须在每一评估步骤中通过体格检查，必要时结合快速辅助检查，尽快确认危及生命的情况并立即处理，完成后再进行下一步骤。

1. 气道评估（A） 气道梗阻是创伤后心搏骤停最常见的原因。须迅速判定气道是否通畅，口腔、咽喉、鼻腔有无异物，是否存在导致气道不稳定的面部、下颌、喉等部位创伤。即使当时没有气道梗阻，也应高度警惕，反复评估。

若已存在气道梗阻，应立即查明原因并予相应处理。处理的顺序通常是：将头部置于中性位，抬起或前推下颌；吸除口咽腔分泌物，清除异物；若经上述处理仍存在气道梗阻，则可根据情况采用口咽或鼻咽气道、气管插管、喉罩、环甲膜穿刺、气管切开术等方法建立人工气道。以气管插管最常用，指征为：已发生或即将发生气道梗阻；肺挫伤伴低氧血症；连枷胸伴胸壁运动不足；失血性休克；格拉斯哥昏迷评分（Glasgow coma scale，GCS）或儿童 GCS（pediatric GCS，PGCS）<8 分。颌面部、喉部创伤导致困难气道者，需相应专业医生协助建立稳定的气道。

在整个评估治疗过程中必须注意保护颈椎，直至确认没有颈椎损伤。对可疑颈椎损伤，特别是复合伤、头颈损伤或意识障碍者，必须先行保护颈椎。需要颈椎固定的指征包括：存在可能损伤颈椎的致伤机制（如车辆交通事故、坠落伤等）；有容易发生颈椎损伤的因素（如 21-三体综合征、既往颈部损伤或颈椎手术史）；GCS 或 PGCS<13 分；有颈痛、斜颈、颈部肌肉僵硬；有神经功能缺陷。

2. 呼吸评估（B） 注意呼吸频率、节律和呼吸困难体征。气管偏移、胸壁运动异常、呼吸困难、胸部或颈部挫伤或撕裂伤均提示可能存在危及生命的创伤，常见的有张力性气胸、连枷胸、胸壁大面积缺损和大量血胸。

紧急呼吸治疗：①给予高浓度氧；②若呼吸频率过慢、节律不规则或严重呼吸困难，尽快气管插管、正压通气，插管前予气囊面罩正压通气；③张力性气胸或大量血胸，予胸腔穿刺或放置引流管减压；④对连枷胸，适当固定后予正压通气；⑤对于开放性气胸，先以敷料包扎使其变为封闭性，同时放置引流管，再予正压通气。治疗过程中监测呼气末 CO_2 浓度、经皮氧饱和度、血气分析等，并根据效果随时调整治疗措施，直至实现满意的通气和氧合。

3. 循环评估（C） 大量出血导致的低血容量是创伤患者休克的最常见原因。心动过速是创伤儿童低血容量最早出现的体征，血红蛋白和血压不是早期判断失血量和失血性休克的可靠指标。不同程度失血性休克的表现见表 19-6-4。

NOTES

休克的紧急治疗方法如下。

表 19-6-4 不同程度失血性休克的临床表现

失血性休克的程度	失血量/%	意识状态	心率	呼吸频率	脉搏	皮肤	毛细血管再充盈时间	血压	尿量
Ⅰ级-很轻微	<15	轻微焦虑	正常	正常	正常	温暖红润	正常	正常或轻度升高	正常
Ⅱ级-轻微	15~30	轻度焦虑、模糊、躁动	轻度增快	轻度增快	正常或外周搏动减弱	肢端凉、发花	延长	正常或轻度降低	轻度降低
Ⅲ级-中度	>30,<40	十分焦虑、模糊、昏睡	中度增快	中度增快	外周动脉搏动微弱或消失	肢端凉、发花或苍白	明显延长	降低	明显减少
Ⅳ级-重度	>40	严重昏睡或昏迷	明显增快	明显增快或减慢、停止	外周动脉搏动消失;中央动脉搏动减弱或消失	肢端冰冷、苍白或青紫	明显延长	降低	明显减少或无尿

(1)控制出血:严重外出血时,首先直接压迫止血,无效者可采用止血带压迫止血。怀疑骨盆骨折且血流动力学不稳定时,仔细检查会阴和直肠并对骨盆进行固定,仍无效者应尽早清创、止血。对于持续性内出血,抗纤维蛋白溶解药,如氨基己酸、氨甲环酸能有效减少出血,给药越早,效果越明显,在创伤后 3 小时内使用能降低死亡率。

难以控制的大出血是创伤患者发生可避免死亡的最重要原因。此时应采取损伤控制性复苏(damage control resuscitation,DCR)策略,具体要求包括:尽快控制出血;适当限制晶体液用量;早期使用加温的血液制品;平衡性大量输血策略;允许性低血压;使用止血药物和损伤控制性手术。

(2)建立血管通路:快速建立两条粗孔径静脉通路。静脉通路建立困难时可首先建立骨髓通路,必要时可放置中心静脉导管或静脉切开。

(3)液体复苏和输血:对代偿性休克者,在 10~15 分钟内快速输注 20ml/kg 生理盐水,根据休克恢复情况决定是否继续液体复苏;若晶体液达 40~60ml/kg,休克改善不明显,则输入 10ml/kg 浓缩红细胞。失代偿性休克者需更快恢复血容量,输入晶体液但症状改善不明显时,即应输入浓缩红细胞,初始量 10~20ml/kg。伴大出血和/或创伤性凝血病,需大量输血者,输入浓缩红细胞、新鲜冰冻血浆和血小板的比例按治疗量单位计算,应为 1∶1∶1。若有创伤性凝血病,特别是有头部创伤者,不论是否输血,均应使用新鲜冰冻血浆。

(4)血管活性药:升压药物主要用于脊髓损伤导致的休克,低血容量性休克以液体复苏和输血为主,效果不佳或严重低血压时可作为辅助治疗措施。

(5)其他原因所致休克:除失血外,脊髓损伤导致的血管调节障碍,心包积血或张力性气胸导致的心脏压塞、血液回流障碍等也可导致休克,在循环评估和治疗休克的过程中必须注意及时发现这些可能的病因,并予相应治疗。

4. 失能评估(D) 需紧急处理的情况包括:GCS 或 PGCS≤8 分;瞳孔不对称或散大、固定;提示严重脑或脊髓损伤的神经系统体征。

失能的紧急治疗:目标是降低缺氧、局部缺血和脑水肿导致的继发性脑损伤。具体措施包括:提供辅助供氧以保证氧饱和度>95%;对有气管插管指征者,尽早气管插管,进行控制通气;伴低血压者需快速液体复苏以维持脑灌注;对有脑疝表现者予静脉输入甘露醇或高渗盐水以降低颅内压;对任何 GCS≤12 分的儿童,都需请神经外科医师进行会诊和评估,对 GCS≤8 分者应尽量进行有创颅内压监测。

5. 充分暴露(E) 完成评估并紧急处理危急情况后,完全脱去或打开患者衣物进行全身检查,有

NOTES

助于及时发现多发损伤，但要注意保护颈椎和保持体温。

6. 初始评估时的辅助检查 辅助检查项目要根据评估结果选择。血常规、血生化、血气分析、凝血功能等作为复苏过程中进行比较的基线值。对严重创伤者，应立即测定血型，交叉配血，以备输血。由临床医生进行床旁快速超声可迅速确定心包积血、气胸、血胸和腹腔积液。X线平片可快速确定骨折、气胸等严重创伤。诊断性腹腔穿刺对判断腹腔积液性质、确定是否需要紧急手术有重要意义。

（二）二次评估

对所有患者完成初始评估后，都需进行详细的二次评估。主要目的是及时发现初始评估中漏诊的损伤，以腹部空腔器官损伤、胰十二指肠损伤、膈肌破裂、直肠及输尿管损伤、胸部动脉损伤、心脏压塞、食管穿孔、肢体损伤、血管断裂和骨-筋膜室综合征等较为常见；同时对创伤的情况作出全面判断。如在二次评估过程中病情恶化，应再次进行初始评估，并对任何新发现的问题进行处理。

二次评估的内容包括：病史、全面体格检查及其他辅助检查。

1. 病史 内容包括症状和体征、过敏史、用药史、既往史、最后进餐情况和导致创伤的事件/环境。要尽可能详细询问受伤的过程，了解受伤的机制，这对分析伤情有重要意义。

2. 体格检查 二次评估时的体格检查应从头到脚，全面细致，特别注意与创伤有关的体征及隐蔽部位的检查，以尽可能发现隐蔽的创伤。

3. 辅助检查 应根据评估结果选择适当的检查方法和部位，以影像学检查最常用。CT扫描速度快，能快速发现颅内出血、胸/腹腔积气或积血，并对肺部、腹腔器官及骨折等进行准确评估，临床应用最多。超声检查应用越来越广泛，尤其适用于腹腔、胸腔损伤的快速确定及监测。MRI虽然在某些方面优于CT，但耗时过长，不适合在紧急情况下使用。对怀疑血管损伤者，应及时进行血管造影。

完成二次评估后，根据评估结果，请相应专业医生共同研究确定下一步诊治方案。

【预防】

重点是普及创伤预防知识，提高全社会对创伤预防的重视程度；加强对道路交通设施、交通工具等的管理，遵守交通规则；提高父母和儿童看护者预防创伤的意识及识别危险因素的能力，并对儿童进行有效管理、教育和监督，使其具备预防创伤的意识、知识和能力。

三、溺水

【定义】

溺水（drowning）是指淹没或浸入液体中导致呼吸障碍的过程。溺水结局分为死亡、病态和非病态。溺水过程以气道低于液体平面（淹没）或液体覆盖面部（浸入）出现呼吸障碍为起点。任何没有呼吸障碍的淹没或浸入不能称为溺水。

【流行病学】

溺水为严重且被忽视的全球公共卫生问题。据世界卫生组织估计，2019年全球有236 000人死于溺水，超过90%发生在中低收入国家，溺水是意外伤害死亡的第3位原因，占所有与伤害有关死亡的7%。2017年我国溺水发生率为8/10万，死亡率为5.1/10万。不同年龄组人群溺水地点有所不同，1~4岁主要发生在室内脸盆、水缸及浴池，5~9岁主要发生在水渠、池塘和水库，10岁以上主要是池塘、湖泊和江河中。男孩溺水发生率比女孩高，南方比北方高，农村比城市高，夏秋季比冬春季高。

【病理生理】

溺水时，水进入咽喉会引起屏气、呛咳，部分患者出现喉痉挛。如果未得到营救，溺水者出现低氧血症并迅速出现意识丧失和呼吸暂停。心律变化多先出现心动过速，随后是心动过缓和无脉性电活动，最后为心电静止。缺氧所致神经系统不可逆损伤是死亡和致残的主要原因。

溺水时水进入肺泡会冲洗、稀释肺表面活性物质并使其发生功能障碍，引起肺不张，同时导致肺损伤，使肺泡毛细血管膜的完整性受到损害，通透性增加，引起肺水肿，导致肺部气体交换障碍。

溺水者热量散失迅速，因此低温很常见。体温低于25℃可直接导致死亡。但低温能降低大脑氧

NOTES

耗，延缓脑细胞缺氧和 ATP 耗竭，对大脑有一定保护作用。

【治疗】

1. 现场抢救 一旦发现溺水者，应尽快将其救离水中，但施救者一定要保证自身安全。经特殊训练的水上救援人员可施行水中复苏（in-water resuscitation），即在水中对溺水者进行通气，但不进行胸外按压。

溺水死亡原因是呼吸障碍所致缺氧，最重要的抢救措施是改善通气，纠正缺氧和恢复循环，因此溺水时心肺复苏步骤应按照传统的 ABC（开放气道-人工呼吸-胸外按压）顺序进行。一旦溺水者被救上岸，应迅速清理其口鼻泥沙、杂物或呕吐物，使其气道通畅，检查患者反应。如果患者神志不清，没有自主呼吸，先进行 2~5 次有效人工呼吸。如人工呼吸后检查未触及脉搏，立即行胸外按压，并按照儿童胸外按压与人工呼吸比例进行心肺复苏，直到自主循环恢复。溺水者颈髓受伤比例低于 0.5%，固定颈椎会影响气道开放及延迟正压通气开始时间，一般不推荐对溺水者常规实行颈椎固定。但对有明显颈椎受损证据，如跳水或撞击的溺水者，救治时应考虑颈椎固定。多数溺水者吸入肺内的水很少，即使吸入一些水到肺内也会很快吸收入循环系统，没有必要采取各种方法（倒立或挤压腹部）试图将吸入肺内的水清除，并且控水容易引起胃内容物反流和误吸，反而会导致气道阻塞和肺部感染。

所有接受过任何复苏措施的溺水者，即使意识清楚且心肺功能看似正常，均需被送至医院进行评估和监护。

2. 院内救治 溺水者被送至医院后，应立即评估其心肺脑功能。对一般情况好的溺水患者，可在急诊内留观。如观察 6~8 小时后患者神志清楚，不需吸氧，生命体征正常，可离院回家。对症状较重溺水者的救治主要是保证通气氧合、稳定循环、脑复苏和复温。

对无呼吸或通气不足者需要行气管插管机械通气，开始时应选择高氧浓度，使脉搏氧达 94% 以上；采用肺保护性通气策略，潮气量 6~8ml/kg，起始呼气末正压 $5cmH_2O$，再根据肺部氧合情况调整。由于溺水患者肺部损害是由局部因素所致，所以多恢复较快。但即使肺部通气氧合良好，为防止病情反复，最好不要在 24 小时内撤机。吸入污水可引起吸入性肺炎，应监测体温、血白细胞和肺部浸润片影变化，选择合适抗菌素。对怀疑肺内吸入异物者可行纤维支气管镜检查。溺水者常有心功能障碍，心输出量降低，应建立静脉通道；对有低血压者进行补液；持续低血压者需输注血管活性药物；对有心力衰竭者使用多巴酚丁胺和米力农等强心药物。

脑功能恢复是治疗重点。最关键和有效的措施是迅速恢复足够的通气氧合和灌注，维持正常血糖，避免任何增加脑代谢的因素。对有高颅压者，使用甘露醇和高张盐水降颅压。对抽搐者使用抗惊厥药物，如地西泮、苯巴比妥等。

对溺水者应积极保暖复温，预防或治疗中重度体温过低。对所有溺水者，应脱掉其湿衣服，用干毛毯或棉被包裹保暖。最简单的复温措施是加温输注液体、红外线加热器、温化机械通气气体。对体温明显降低者可采用温热液灌洗胃、膀胱或腹腔，或体外循环复温。需要注意的是，溺水后低温可能由淹没时间较长所致，是预后不良的表现，尽快复温利于心肺复苏；但复苏成功后，诱导性低体温有脑保护作用，可维持体温在 32~34℃，持续 24~48 小时。

【预后】

溺水时间长短和缺氧严重程度是影响预后的最重要因素。溺水时间<10 分钟者预后较好，>25 分钟者预后极差。反复神经系统评估是判断预后的基础。最初 24~72 小时神经系统查体和病情变化是预测长期预后的最佳指标。

【预防】

儿童溺水可防可控，需采取综合干预措施。不将儿童单独留在浴缸、浴盆里或开放水源边；为住所附近的池塘、小溪和沟渠等安装护栏；培训学龄儿童游泳技术和水上安全技能；普及基础生命支持技术，尽早对溺水者进行基础生命支持，可降低死亡率和严重神经系统后遗症。

NOTES

四、毒蛇咬伤

我国有蛇类 200 余种，其中毒蛇 60 余种，剧毒类蛇 10 余种。毒蛇咬伤（snake bite）多发生在每年的 4~10 月份，热带和亚热带地区一年四季均可能发生。

【毒蛇分类】

根据所含蛇毒类型，将毒蛇分为 4 类。

1. **神经毒类** 如金环蛇、银环蛇和海蛇等。
2. **血液毒类** 如竹叶青、烙铁头和蝰蛇等。
3. **细胞毒类** 如眼镜蛇等。
4. **混合毒类** 如眼镜王蛇、蝮蛇和尖吻蝮蛇等。

【中毒机制】

当人体被毒蛇咬伤后，蛇毒沿毒腺导管从大牙注入咬伤部位，经淋巴管和静脉系统吸收。不同类型蛇毒的中毒机制各不相同。

1. **神经毒** 主要为 α-神经毒素（α-neurotoxin，α-NT）和 β-神经毒素（β-neurotoxin，β-NT），分别作用于运动终板的乙酰胆碱受体和运动神经末梢。α-NT 竞争胆碱受体，β-NT 抑制乙酰胆碱释放，再抑制其合成。以上均可阻断神经-肌肉传导而引起神经肌肉弛缓性麻痹。

2. **血液毒** 蛇毒蛋白酶直接或间接作用于血管壁，破坏血管壁结构，损害毛细血管内皮细胞，抑制血小板聚集而导致出血。蛇毒溶血因子可直接作用于血细胞膜，使其渗透性和脆性增加，导致溶血。蛇毒促凝因子可促使凝血和微循环血栓形成，继而引起 DIC；类凝血酶具有类似凝血酶活性，既可促进纤维蛋白单体生成，又可激活纤溶系统，在蛇毒纤维蛋白溶解酶共同作用下引起低纤维蛋白血症。

3. **细胞毒** 蛇毒中透明质酸酶使伤口局部组织透明质酸解聚、细胞间质溶解和组织通透性增大，除产生局部肿胀、疼痛等症状外，还促使蛇毒更易于经淋巴管和毛细血管吸收进入血液循环，进而出现全身中毒症状。蛋白水解酶可损害血管和组织。轻者局部肿胀，皮肤软组织坏死；严重者出现大片坏死，导致患肢残疾，还可直接引起心肌损害，甚至心肌细胞变性、坏死。

【临床表现】

依据蛇毒种类不同，毒蛇咬伤临床表现可分为以下四类。

1. **血液毒表现** 局部表现为咬伤创口出血不止，肢体肿胀，皮下出血、瘀斑，并可出现血疱、水疱，伤口剧痛难忍。全身表现为多部位出血，如鼻腔、牙龈、尿道、消化道，甚至颅内出血；血管内溶血时有黄疸、酱油样尿，严重者出现急性肾衰竭；合并 DIC 时除全身出血外，还会出现皮肤潮冷、口渴、脉速和血压下降等休克表现。

2. **神经毒表现** 咬伤创口处发麻，疼痛不明显。早期症状轻微，1~4 小时后可出现流涎、视物模糊、眼睑下垂、语言不清、肢体弛缓性瘫痪、吞咽困难；因呼吸肌麻痹出现呼吸困难，危重者甚至自主呼吸停止和心搏骤停。

3. **细胞毒表现** 细胞毒可导致肢体肿胀、溃烂、坏死，严重者可致患肢残疾；可继发心肌损害、横纹肌溶解、急性肾损伤，甚至多器官功能障碍综合征。

4. **混合毒表现** 出现 2 种或 2 种以上毒素引起的症状，如：眼镜王蛇咬伤以神经毒素表现为主，合并细胞毒素表现；五步蛇咬伤以血液毒素和细胞毒素表现为主。

【诊断】

诊断主要依据蛇咬伤病史及相应的临床表现。病史询问的重点是蛇咬伤的时间、地点、症状和体征。可以根据发病地域，患者捕捉到、拍摄到蛇的照片或已看见蛇并能通过图谱辨认、判断蛇的种类。结合患者临床症状、体征及实验室检查结果等判断病情严重程度，并注意与其他毒虫咬伤的鉴别，如蜈蚣、蝎子咬伤。

NOTES

【毒蛇咬伤救治】

救治要点是迅速清除和破坏局部蛇毒，减缓毒素吸收，排出已吸收的毒素；早期足量使用抗蛇毒血清，防治各种合并症。

1. 现场急救 应立即脱离蛇咬伤环境，尽量全身完全制动，尤其受伤肢体制动。绷带加压固定可用于神经毒类毒蛇咬伤，避免压迫过紧、时间过长导致肢体因缺血而坏死；用清洁水源冲洗伤口，可辅以负压拔罐吸出毒素。及早转送至有条件救治的医院。

2. 抗蛇毒血清 是治疗毒蛇咬伤唯一切实有效的药物。

（1）指征：明确毒蛇咬伤和疑似诊断指征为毒蛇咬伤并伴有以下至少一项中毒表现：①咬伤 48 小时内局部肿胀超过咬伤肢体的 50%；②肿胀快速进展；③咬伤后毒素回流，淋巴结肿痛；④有全身中毒表现。

（2）禁忌证：抗蛇毒血清对蛇伤中毒者无绝对禁忌证。对皮试阳性者，考虑缓慢滴注或脱敏用药。对有严重过敏或过敏性休克史的患者，应根据中毒严重程度，权衡利弊，谨慎决定是否用药。

（3）用量：根据病情和临床经验作出决定，一般为 6 000~12 000U，静脉滴注或推注。毒蛇咬伤成人和儿童释放毒素量相同，因此，儿童被毒蛇咬伤后抗蛇毒血清用量与成人一致。

3. 咬伤创面处理 常规消毒创口；可在咬伤处纵向扩大伤口皮肤，以利蛇毒排出。如有创面坏死，清创后予生长因子、湿润烧伤膏及创面敷料外敷，促进创面肉芽组织生长；如创口下组织坏死，形成蛇伤溃疡，可反复多次清创，清除坏死感染的肉芽组织，予负压封闭引流术负压吸引，促进创面修复。

4. 糖皮质激素 早期使用糖皮质激素可减轻蛇毒引起的炎症反应、溶血反应和过敏反应。

5. 预防破伤风 注射抗破伤风血清。

6. 抗感染治疗 对有局部坏死、伤口有脓性分泌物或者脓肿形成者，应使用抗生素。

7. 并发症治疗 毒蛇咬伤后若发生急性肾损伤、心力衰竭、休克、弥散性血管内凝血和继发感染等并发症时，应立即给予相应处理。

8. 中草药蛇药 祖国医学对蛇伤有独特研究，如季德胜蛇药片等；其他中医中药亦有不少药剂配方，可能有一定的疗效。

第七节 意识障碍

意识障碍（disturbance of consciousness）指意识状况受损，觉醒和对外界的感知能力降低，依程度不同可表现为嗜睡、意识混沌、昏睡、谵妄和昏迷（coma）。昏迷是最严重的意识障碍，表现为不能被唤醒，不能感知周围环境，随意运动丧失，对刺激反应异常和/或反射异常。

【病因和病理生理】

意识障碍的病因按病变性质可分为创伤和非创伤两大类，按病变部位可分为颅内和全身疾病。颅内病变以中枢神经系统感染、创伤、出血、占位、脑血管病变、自身免疫相关性中枢神经系统病变、代谢性或其他原因导致的脑病等常见。全身性疾病以重症感染，休克，内分泌及代谢性疾病，严重高血压，缺氧缺血性脑损伤，肝衰竭，肾衰竭，水、电解质及酸碱平衡紊乱，中毒等常见。

觉醒状态的调节主要依赖脑干的上行网状激活系统，知觉则依赖大脑皮质和皮质下结构之间广泛网络连接。意识障碍或昏迷是上行网状激活系统与下丘脑、丘脑和大脑皮质之间联络受损的结果。脑干功能障碍、双侧大脑半球受损或神经元活性全面抑制均可使意识减弱或丧失。大脑局限性病变、包括一侧半球的损伤不会引起昏迷。

【诊断及鉴别诊断】

对意识障碍的诊断包括意识障碍的程度和病因两个方面。病因诊断尤其重要。

（一）意识障碍程度的诊断

对所有存在意识障碍的患者均应作出严重程度的判断，多种评估工具可协助量化判断意识障碍

NOTES

程度和监测意识障碍水平的变化，以 AVPU 法和 GCS 昏迷评分应用最广。

1. AVPU 法 通过患者对语言和疼痛刺激的反应来评估意识障碍的程度。A(alert)：指意识清楚，对外界刺激反应正常；V(response to voice)：指患者存在意识障碍，但对语言刺激尚有反应；P(response to pain)：指患者存在意识障碍，对语言刺激已无反应，但对疼痛刺激仍有反应；U(unresponsive)：指对语言和疼痛刺激均无反应。该方法简单快捷，但不能对意识障碍程度进行细致分级，适合于急诊或非重症监护和神经专业医生使用。

2. GCS 和 PGCS GCS 适用于 5 岁以上儿童和成人，PGCS 适用于 5 岁以下儿童。详细评估内容见表 19-7-1。每项单独评分并计算总分(如：E2V2M4，总分 8 分)。最高分为 15 分，表示意识状态正常，13~14 分提示轻度意识障碍，9~12 分提示中度意识障碍，≤8 分提示严重意识障碍，最低分为 3 分，表示最深昏迷程度。该方法能对意识障碍严重程度进行细致分级，但比较复杂，适合重症医学和神经专业医生使用。

表 19-7-1 GCS 和 PGCS 评估方法

<table>
<tr><th>评估项目</th><th colspan="2"><1 岁</th><th colspan="2">≥1 岁</th><th>得分/分</th></tr>
<tr><td rowspan="4">最佳眼部反应</td><td colspan="2">自发</td><td colspan="2">自发</td><td>4</td></tr>
<tr><td colspan="2">声音刺激时</td><td colspan="2">语言刺激时</td><td>3</td></tr>
<tr><td colspan="2">疼痛刺激时</td><td colspan="2">疼痛刺激时</td><td>2</td></tr>
<tr><td colspan="2">刺激后无反应</td><td colspan="2">刺激后无反应</td><td>1</td></tr>
<tr><td rowspan="6">最佳运动反应</td><td colspan="2">自发</td><td colspan="2">服从命令动作</td><td>6</td></tr>
<tr><td colspan="2">因局部疼痛而动</td><td colspan="2">因局部疼痛而动</td><td>5</td></tr>
<tr><td colspan="2">因痛而屈曲回缩</td><td colspan="2">因痛而屈曲回缩</td><td>4</td></tr>
<tr><td colspan="2">因疼痛而呈屈曲反应(似去皮层强直)</td><td colspan="2">因疼痛而呈屈曲反应(似去皮层强直)</td><td>3</td></tr>
<tr><td colspan="2">因疼痛而呈伸展反应(似去大脑强直)</td><td colspan="2">因疼痛而呈伸展反应(似去大脑强直)</td><td>2</td></tr>
<tr><td colspan="2">无运动反应</td><td colspan="2">无运动反应</td><td>1</td></tr>
<tr><td rowspan="6">最佳语言反应</td><th>0~23 个月</th><th colspan="2">2~5 岁</th><th>>5 岁</th><th></th></tr>
<tr><td>微笑，发声</td><td colspan="2">适当的单词，短语</td><td>能定向说话</td><td>5</td></tr>
<tr><td>哭闹，可安慰</td><td colspan="2">词语不当</td><td>不能定向</td><td>4</td></tr>
<tr><td>持续哭闹，尖叫</td><td colspan="2">持续哭闹，尖叫</td><td>语言不当</td><td>3</td></tr>
<tr><td>呻吟，不安</td><td colspan="2">呻吟</td><td>语言难于理解</td><td>2</td></tr>
<tr><td>无反应</td><td colspan="2">无反应</td><td>无反应</td><td>1</td></tr>
</table>

(二) 意识障碍的病因诊断

对意识障碍的患者，应首先评估并维持气道、呼吸和循环功能，同时通过快速神经学评估及时发现危及生命的情况，并迅速查找意识障碍的病因。

1. 快速神经学评估 在完成对气道、呼吸和循环的评估及处理后，立刻对瞳孔大小及反射、脑干反射和运动功能进行评估，可快速发现必须给予紧急治疗的高颅压危象、脑疝等危急情况。对可能存在创伤的患者，应首先固定颈椎并快速确定是否存在创伤。若有明确创伤病史或发现明显创伤，按创伤高级生命支持流程进行评估和治疗。

2. 病史 全面、准确的病史可为病因诊断提供重要线索，有时甚至能够明确病因。询问病史要有层次、有重点，首先应重点询问用药史和特殊暴露史，特别是原因不明的意识障碍；要重点询问在家庭或周围环境中可能的毒物暴露；随后重点询问意识障碍的起病缓急、有无诱因及伴随症状，既往史也不能忽略。

NOTES

3. 体格检查 对意识障碍患者应进行全面细致的体格检查，并重点注意有无特殊中毒综合征、定位性中枢神经系统损害体征或其他提示某种疾病的特殊体征。

4. 辅助检查 在评估和维持气道、呼吸和循环的过程中尽快完成血糖、血气分析、电解质等快速床旁检查，以快速明确是否存在可立即纠正的代谢紊乱。随后的辅助检查应在对病史和体格检查综合分析后，选择适当的项目并确定优先检查的顺序。对存在神经系统定位损害体征者，应首先进行颅脑影像学检查，并优先选择 CT 扫描。MRI 耗时长，对出血等的分辨能力低于 CT，限制了其在紧急情况下的使用。对无定位神经系统损害的患者，则应首先进行代谢因素、内分泌疾病和感染等相关检查，怀疑中枢神经系统感染或免疫性病变时应行腰穿检查脑脊液。

（三）鉴别诊断

多种疾病可出现类似意识障碍的表现，但患者实际上意识清楚，必须予以鉴别。

1. 完全瘫痪 急性脑干（特别是脑桥）病变导致完全瘫痪，患者无法活动或讲话，但意识保留，能以眨眼或眼球自主上下运动表达意见，称为“闭锁综合征”。其他导致重度运动瘫痪的疾病，如吉兰-巴雷综合征、肉毒中毒也可有类似表现。

2. 无动性缄默 由额叶运动区病变引起。主要表现为缄默不语，四肢不能运动，不能完成指令性动作，对疼痛刺激多无逃避反应，但意识保留且常有眼睛跟踪运动，肌张力、肌腱反射和姿势性反射通常保留完好。

3. 精神及心理疾病 ①癔病性不反应状态：表现类似昏迷，但意识存在，常有眼睑眨动和眼球运动，可伴感觉和运动异常，但与神经分布不符，各种反射正常存在，无病理反射。暗示性语言可使其加重或减轻。②木僵：见于精神分裂症、抑郁症、癔症性精神病、急性应激反应和器质性脑病。患者言语活动和动作行为处于完全的抑制状态，经常保持固定姿势，各种反射保存。木僵解除后，患者可回忆起木僵期间发生的事情。

【治疗】

意识障碍的治疗包括支持治疗、病因治疗和对症综合治疗，具体措施应根据病情评估结果，优先处理危险性最高的危急情况。病因治疗是关键，必须尽早开始。

（一）支持治疗

1. 呼吸和循环支持 建立安全的气道并提供充足通气可减轻神经系统损伤。对 GCS 或 PGCS <8 分者应予气管插管和机械通气，目标是维持动脉血 CO_2 分压和氧分压大致正常，除非有高颅压危象，一般不予过度通气。若存在终末器官灌注不足，应迅速采取措施恢复循环。对疑有创伤者，应注意保护颈椎。

2. 其他支持治疗 对存在其他器官损害，如严重肝衰竭或急/慢性肾损伤，以及严重酸碱平衡和电解质紊乱、液体超载，药物治疗无效或可能立刻危及生命者，应予血液净化治疗。

（二）病因治疗

意识障碍的病因一旦明确，应立刻开始针对病因的特异性治疗。及时、有效的对因治疗是最终改善预后的关键。

（三）对症综合治疗

对症综合治疗主要包括避免和治疗各种可能导致脑损伤加重的并发症和临床情况，如：对高颅压危象或脑疝者立刻予以降颅压药物治疗；对颅内出血或占位性病变者，及时手术；对发热者应适当退热；及时控制惊厥；纠正水、电解质和酸碱平衡紊乱；适度镇痛、镇静，避免谵妄和躁动；避免院内感染和发生压疮等并发症也非常重要。

【预后】

昏迷患者的预后取决于原发病、意识障碍的严重程度及治疗措施是否及时、得当。昏迷患者可苏醒或进展为植物状态，甚至脑死亡。如患者创伤性脑损伤后植物状态持续 12 个月以上，非创伤性脑损伤后持续 3 个月以上，则未来苏醒的可能性极低。脑死亡是包括脑干在内的全脑功能不可逆性丧

NOTES

失，主要表现为深度昏迷、脑干反射、自主呼吸和脑灌注消失、脑电图呈电静息等。早期康复训练和治疗有助于改善意识障碍患者的预后。

第八节 癫痫持续状态

癫痫持续状态（status epilepticus，SE）指一次癫痫发作（epileptic seizure）时间足够长，或短时间内反复癫痫发作的一种持久的癫痫发作状态。癫痫发作有多种形式，以惊厥（convulsion）最常见，表现为全身或局部肌肉反复、节律性的快速收缩和放松，也称抽搐。儿童，特别是婴幼儿惊厥的发生率高，6 岁以下儿童约为 4%~6%，为成人的 10~15 倍。癫痫频繁反复发作或长时间持续，可导致脑和其他重要器官损伤，遗留永久性神经系统损害，甚至死亡。

【定义和分类】

国际抗癫痫联盟（International League Against Epilepsy，ILAE）最初将 SE 定义为：一次惊厥发作持续>30 分钟，或惊厥反复发作，间歇期意识不恢复。但之后的研究发现，当一次惊厥发作持续>5 分钟，自行缓解的可能性大幅降低；不伴惊厥发作的癫痫也可发生 SE。因此，尽管尚未取得完全一致，近年修改的 SE 定义普遍缩短了发作持续时间界值。2012 年美国神经重症监护学会将 SE 定义为临床和/或脑电发作活动持续≥5 分钟，或反复发作未恢复到基线状态，并将 SE 分为惊厥性癫痫持续状态（convulsive SE，CSE）和非惊厥性癫痫持续状态（nonconvulsive SE，NCSE）。ILAE 也于 2015 年更新了 SE 定义和分类，见表 19-8-1、表 19-8-2。

表 19-8-1 癫痫持续状态定义

SE 类型	时间点 1（T1）/分钟	时间点 2（T2）/分钟
强直-阵挛性 SE	5	30
局灶性 SE 伴意识障碍	10	>60
失神发作性 SE	10~15	尚不清楚

注：T1 为发作持续至此时间点，则很可能发展为持续的癫痫发作，需按照 SE 采取紧急处理措施；T2 为发作持续至此时间点，将导致长期神经系统损害。

表 19-8-2 癫痫持续状态分类

A. 伴明显运动症状的 SE	B. 不伴明显运动症状的 SE，即 NCSE
A.1. CSE，也称强直-阵挛性 SE	B.1. NCSE 伴昏迷（包括“微小发作” SE）
A.1.a 全身性惊厥性 SE	B.2. NCSE 不伴昏迷
A.1.b. 局灶性惊厥演化为双侧惊厥性 SE	B.2.a. 全身发作
A.1.c. 不能确定局灶性还是全身性 SE	B.2.a.a. 典型失神发作 SE
A.2. 肌阵挛性 SE（主要为癫痫性肌阵挛抽搐）	B.2.a.b. 不典型失神发作 SE
A.2.a. 伴昏迷	B.2.a.c. 肌阵挛失神 SE
A.2.b. 不伴昏迷	B.2.b. 局灶性发作
A.3. 局灶性运动性 SE	B.2.b.a. 不伴意识障碍（持续先兆，伴自主神经、感觉、视觉、嗅觉、味觉、情感/心理/体验性或听觉症状）
A.3.a. 反复局灶性运动性发作（Jackson）	B.2.b.b. 失语状态
A.3.b. 部分性持续性癫痫（EPC）	B.2.b.c. 伴意识障碍
A.3.c. 偏转持续状态	B.2.c 不能确定局灶性还是全身性发作
A.3.d. 眼阵挛持续状态	B.2.c.a. 自主神经 SE
A.3.e. 发作期瘫痪（局灶性抑制性 SE）	
A.4. 强直性持续状态	
A.5. 过度运动性 SE	

尽管SE有多种表现形式,但以CSE最常见,故本节重点讨论CSE。

【病因和病理生理】

SE病因复杂多样,以神经系统疾病最常见,多种全身性疾病也可导致SE。根据病因是否明确,可分为:①症状性SE,指病因明确的SE。常见病因包括结构性病变、代谢异常、感染性疾病、中毒、遗传性疾病等多种神经系统或全身疾病;抗癫痫药物突然减量或停用也是导致SE的重要原因。②隐源性SE,指经充分检查未能找到明确病因的SE,此类患者很可能存在导致SE的原发疾病,只是限于目前的技术水平而未能明确,故称隐源性。

儿童大脑皮质兴奋性活动占优势,抑制功能较差;神经纤维髓鞘绝缘作用差,兴奋冲动易泛化,故容易发生惊厥。发生SE,尤其是CSE时,数分钟内即出现抑制性神经递质受体下调和兴奋性神经递质受体上调,皮质神经元兴奋性持续增高,异常放电不能终止,神经元的代谢率和氧消耗持续大幅度增加;同时抽搐时气道不通畅和呼吸受抑、通气不足导致缺氧,肌肉持续抽搐也消耗大量的氧,使全身组织,特别是脑神经元处于缺氧状态。若CSE超过30分钟,则出现脑损伤,并随时间延长逐渐加重,导致永久性脑损伤。除脑损伤外,患者的循环负荷也明显增加,心血管系统在缺氧情况下持续超负荷工作,最终导致心血管功能受损。持续抽搐还可导致横纹肌溶解,与缺氧等因素共同作用引起急性肾损伤。持续的惊厥发作、低通气和缺氧最终可引起多器官功能衰竭,甚至死亡。

【临床表现】

伴有明显运动症状的SE以长时间惊厥发作和意识障碍为突出表现,发作形式以全身性强直-阵挛性发作最常见,少数表现为癫痫性肌阵挛抽搐、局灶性运动性发作、强直性发作和过度运动。经典的NCSE以失神发作最常见,部分可表现为自主神经症状、各种感觉症状或情感/心理/体验性症状等其他发作形式,脑电图呈持续痫样放电。除经典NCSE外,近年发现部分昏迷或惊厥控制后的CSE患者,虽然临床无惊厥发作,但脑电图呈持续痫样放电,称非典型NCSE或癫痫性电持续状态(electrical status epilepticus,ESE),主要见于ICU患者。症状性SE患者除SE表现外,常有原发病的临床表现。

【诊断和鉴别诊断】

SE的诊断必须包括两个方面:①确定是否为SE和发作类型;②明确病因,特别是需立刻治疗的可逆性病因。

(一)确定是否为SE和发作类型

伴明显运动发作的SE诊断多不困难,结合发作形式和持续时间即可作出诊断。需特别注意的是,小婴儿,特别是新生儿,惊厥发作常不典型,应仔细询问、观察发作时表现,确定发作形式。

NCSE的诊断则比较困难,必须结合临床表现和脑电图监测综合分析判断。

伴有抽搐发作的SE需注意和以下疾病鉴别。

1. 癔病性抽搐 多见于年长儿,女多于男,多由不良情感刺激诱发。抽搐形式表现多样,可长时间持续发作,但不会发生跌伤,无大小便失禁,面色无改变,瞳孔不扩大,无发作后睡眠,无意识丧失,暗示性语言可诱发或终止发作,脑电图正常。

2. 破伤风 由破伤风梭状芽孢杆菌经伤口侵入人体,所产生的破伤风毒素侵袭脊髓前角和脑干的运动神经元所致。潜伏期多为7~8天,典型表现是牙关紧闭、苦笑面容、四肢阵发或强直性痉挛,但意识清楚。发病前受伤史、发作时的典型表现和意识清楚是鉴别的要点。

(二)明确病因

儿童SE的病因诊断须结合年龄、发病季节、病史、体征进行综合分析,有针对性地选择必要的辅助检查,最终明确诊断。尤其要注意及时发现需紧急治疗的可逆性病因,如低血糖、严重电解质紊乱、高血压、颅内出血等。

【治疗】

SE 是急危重症，必须立即紧急处理，应根据发作类型、病因选择适当治疗措施。

(一) CSE 的治疗

CSE 的治疗原则是：评估并维持气道、呼吸和循环；尽快控制惊厥发作；寻找并治疗病因；避免脑损伤进一步加重。

1. 评估并维持气道、呼吸和循环 CSE 患者常伴上气道梗阻、呼吸困难和缺氧，需立刻评估气道梗阻和缺氧的严重程度，并采取适当措施保持气道通畅，维持有效氧合。循环障碍多由严重缺氧引起，随缺氧改善可恢复，若纠正缺氧后仍不恢复，则需分析病因并给予相应治疗。

2. 尽快控制惊厥发作 一旦 CSE 诊断成立，应在 5~10 分钟内建立血管通路，并经血管通路给予药物治疗，控制惊厥发作。首选静脉（intravenous，IV）通路，若不成功，则快速建立骨髓（intraosseous，IO）通路。药物治疗不能控制者应尽早试用非药物疗法。

（1）抗惊厥药物治疗：所有抗惊厥药物均应及时、足量给予，给药延迟、剂量不足是导致 CSE 控制率降低、治疗失败的重要原因。

1）一线药物：苯二氮䓬类是治疗 CSE 的一线药物，应在诊断 CSE 后 10 分钟之内给予。常用药物：①地西泮，每次 0.2~0.5mg/kg，最大剂量为 10mg，静脉注射（intravenous injection，IV）/骨髓内注射（intraosseous injection，IO），速度 1mg/min，10 分钟内无效者可重复 1 次；若尚未建立血管通路，则经肛门直肠给药，剂量 0.5mg/kg。该药肌内注射（intramuscular，IM）吸收不稳定，用于 CSE 时不能肌内注射给药。②咪达唑仑，每次 0.2mg/kg，最大剂量 10mg，IV/IO/肌内注射（ntramuscular injection，IM），10 分钟内无效者可重复 1 次。此类药物快速静脉注射可导致呼吸抑制和低血压，应做好监测和正压通气准备。

2）二线药物：若苯二氮䓬类药物未能控制发作，则应在 30 分钟内开始二线药物治疗。常用的药物包括：①丙戊酸，负荷量 20~40mg/kg，总量最大为 1.5g，IV/IO，15 分钟内注射；维持量 1~2mg/(kg·h) 持续静脉输入，惊厥控制后改为 30~60mg/(kg·d)，每 6 小时 1 次，口服（per os，PO）。主要副作用为血氨增高等，不能除外代谢病者慎用。②苯巴比妥，负荷量 20mg/kg，IV/IO；维持量 5mg/(kg·d)，每 6~8 小时 1 次，IV/IO/IM/PO。主要副作用为呼吸抑制。③苯妥英，负荷量 20mg/kg，IV/IO，注射速度 25~50mg/min；维持量 5~7mg/(kg·d)，IV/IO/PO，每 8 小时 1 次。主要副作用为心肺抑制、心律失常、低血压、代谢性酸中毒等。④左乙拉西坦，60mg/(kg·d)，每 12 小时 1 次，IV/IO，4 天后改为口服，剂量不变，副作用相对轻微。二线药物属于抗癫痫药物，可用于 CSE 控制后的继续抗癫痫治疗。

3）三线药物：若二线药物仍未控制惊厥发作，发作持续时间>30~60 分钟，则为难治性癫痫持续状态（refractory status epilepticus，RSE），但若发作持续时间超过 30 分钟，应在 1 小时内开始三线药物治疗，目标是惊厥发作停止、脑电图达到爆发抑制状态并维持 24~48 小时。可选择的药物包括咪达唑仑、丙泊酚、氯胺酮、戊巴比妥、利多卡因。用法为负荷量静脉注射后持续静脉输注；或吸入麻醉剂异氟烷。三线药物治疗过程中多数呼吸循环抑制较重，必须在 ICU 内严密监护下进行。同时三线药物多为超说明书用药，疗效不确定，使用时必须按流程获得批准并征得家长知情同意，用药过程中仔细观察效果和副作用。

4）其他药物：经三线药物治疗仍未缓解，惊厥持续>24 小时，则为超难治性癫痫持续状态（super-refractory status epilepticus，SRSE），易发生高热、心肺衰竭、电解质紊乱、横纹肌溶解及多器官功能障碍。可试用硫酸镁，考虑免疫因素引起者可试用甲泼尼龙、静脉注射用免疫球蛋白、血浆置换或血浆吸附治疗。

（2）非药物疗法：包括生酮饮食、迷走神经刺激术、低温疗法、手术治疗等，但这些方法效果尚不明确，风险高，应经多学科讨论，评估风险和获益后决定。

NOTES

3. 寻找并治疗病因 在控制惊厥的同时，尽快查找并治疗病因，尤其要注意快速寻找并治疗需紧急干预的可逆性病因，如低血糖、低钙血症、低钠血症等代谢性因素，并立刻纠正。

4. 避免脑损伤进一步加重 在控制惊厥、针对病因进行治疗的同时，需采取治疗颅内压增高、纠正内环境紊乱、减少刺激、合理使用抗癫痫药物、避免惊厥复发等综合措施，积极防治继发性脑损伤，避免脑损伤进一步加重。

(二) NCSE 的治疗

与 CSE 相比，除微小发作 SE 外，NCSE 较少引起全身并发症，多采用相对保守的治疗策略，较少使用三线药物，但开始治疗时间不应延迟，一旦 NCSE 诊断成立即开始治疗。一般首选苯二氮䓬类药物，无效时加用非苯二氮䓬类抗癫痫药物，2 种以上非苯二氮䓬类抗癫痫药物无效时才考虑使用三线药物。具体的药物选择需根据临床类型和病因综合分析、评估风险和获益后决定，并根据治疗效果调整。

【预防】

积极预防和治疗导致 SE 的原发病是预防发生 SE 的关键。

第九节 儿童心肺复苏

心搏骤停（cardiac arrest，CA）指心脏搏动突然停止，与呼吸骤停互为因果，伴随发生，导致全身严重缺氧而迅速死亡，也称心搏呼吸骤停。心肺复苏（cardiopulmonary resuscitation，CPR）指通过心脏按压、人工呼吸等急救医学手段，恢复已中断的循环及呼吸功能。CPR 的最终目标是重建呼吸和循环，保护脑功能，尽量减轻或避免神经系统后遗症，保障生存质量。

【病因和发病机制】

不同年龄儿童导致心搏呼吸骤停的主要病因不同，婴幼儿以先天性疾病、感染等多见，幼儿及学龄期儿童则意外伤害为多。

不同疾病通过多种病理生理学过程导致心搏呼吸骤停，最常见的有三种：①低氧血症，见于各种原因导致的呼吸衰竭；②心肌缺血，常见于各种原因引起的休克；③心律失常，主要是室颤（ventricular fibrillation，VF）或室速（ventricular tachycardia，VT）。儿童以缺氧和心肌缺血最常见，且多数两者同时存在；心律失常大约占 10%~20%。

心搏呼吸骤停病理生理的关键问题是缺氧、CO_2 潴留和缺血再灌注损伤，可分 4 个阶段：①心搏骤停前期，指心搏停止之前的一段时间，除少数由心律失常导致的心搏呼吸骤停外，缺氧伴或不伴 CO_2 潴留、心肌缺血是主要问题，早期识别、治疗呼吸衰竭和休克可预防心搏呼吸骤停。②无血流灌注期，指心搏停止至开始 CPR 之前，血流完全中断，处于完全的缺氧状态，持续时间越长，复苏成功率越低，复苏后神经系统损害越重。③低血流灌注期，指 CPR 开始至自主循环恢复。心脏按压和人工通气使血流和供氧恢复，但仍明显低于正常。高质量 CPR 是提高存活率、改善神经系统预后的关键。④复苏后阶段，自主循环恢复后，严重缺氧、CO_2 潴留及再灌注损伤等导致的细胞损害可引起全身多器官损伤，称心搏骤停后综合征或复苏后综合征，以循环系统抑制、意识障碍、惊厥发作、脑水肿、急性肾损伤等最为突出，心搏停止时间、CPR 持续时间和 CPR 质量是影响严重程度的关键因素。积极治疗心搏骤停后综合征，促进脑功能恢复，改善生存质量是治疗重点。

【临床表现】

心脏停搏后大动脉搏动及心音立即消失；8~12 秒出现昏迷，可有一过性抽搐；30~40 秒瞳孔扩大，对光反射消失；30~40 秒呼吸停止。

心电图表现有四种类型：①等电位线，最常见，占 70% 以上；②VF，约占 10%~15%；③无脉性 VT（pulseless VT，pVT），心电图呈室速波形，但心肌无有效收缩和排血，病理生理状态与 VF 相同；④无脉性电活动，也称电机械分离，表现多样，常见为传导阻滞、室性逸搏，甚至正常的窦性节律，但心脏无有效排血，测不到血压和脉搏。

NOTES

【诊断】

突然昏迷伴大动脉搏动消失即可确诊心搏骤停。对可疑病例应立刻开始 CPR，不可因反复评估延误 CPR。

【儿童心肺复苏流程】

复苏全过程可分 3 个阶段：基础生命支持（basic life support，BLS）是由最早发现心搏呼吸骤停患者的人立刻开始的 CPR，通常由 1 或 2 人进行；儿童高级生命支持（pediatric advanced life support，PALS）是在 BLS 基础上，由多人组成的团队应用辅助器械、药物等继续复苏，尽快实现自主循环恢复；复苏后稳定是实现自主循环恢复后，继续给予生命支持、治疗心搏骤停后综合征、维持内环境稳定等的综合治疗措施，目的是保护脑功能，防止继发性器官损害，寻找并治疗病因，力争患者达到最好的存活状态。

儿童与成人复苏流程基本一致，但有其独特的生理特征，心搏呼吸骤停的病因也与成人不同，因此儿童 BLS、PALS 和复苏后稳定治疗均有与成人不同的具体要求。新生儿处于由宫内依赖母体生存到生后独立生存的转换时期，复苏方法与儿童和成人有很大差异，不在本节讨论范围。

（一）PBLS 流程

1. 确认环境安全 必须首先确认环境安全。若患者处于危险区域，须首先将患者移动到安全区域，搬动外伤患者时需要特别注意保护颈椎和脊柱。

2. 检查反应、呼吸和脉搏 轻拍患者双肩，并大声说："喂！你怎么了？"同时检查患者是否有肢体活动或语言。对于婴儿，轻拍足底，检查其是否有反应。

如患者有反应，则快速检查是否有外伤或需要其他医疗帮助。拨打当地急救电话，反复评估患者情况，并使其保持舒适体位，等候急救人员到场。

如患者无反应，立即现场呼救，然后用 5~10 秒的时间同时观察患者有无呼吸动作，触摸有无大动脉搏动（婴儿触摸肱动脉，儿童触摸颈动脉）。如无法确认是否有脉搏，或脉率<60 次/分，立即以心脏按压开始 CPR。若无自主呼吸或呼吸微弱，但脉率>60 次/分，则仅予人工呼吸，频率 20~30 次/分。

3. 启动紧急反应系统 对无目击者的院外心搏呼吸骤停，首先进行 5 个循环 CPR，再启动紧急反应系统；对有目击者的院外心搏呼吸骤停，首先启动紧急反应系统，获得自动体外除颤仪（automated external defibrillator，AED），再进行 CPR。

4. 心脏按压 按压部位为双乳头连线中点下方的胸骨，频率为 100~120 次/分；深度婴儿大约 4cm，儿童大约 5cm，青少年与成人一致，为 5~6cm。每次按压后应保证胸廓完全回弹复位。根据患者年龄和参与复苏的人数选择按压方法：①双指按压法（图 19-9-1），适用于单人对婴儿实施 CPR；②双手环抱按压法（图 19-9-2），适用于双人或多人对婴儿和新生儿进行 CPR；③双掌按压法，适用于年

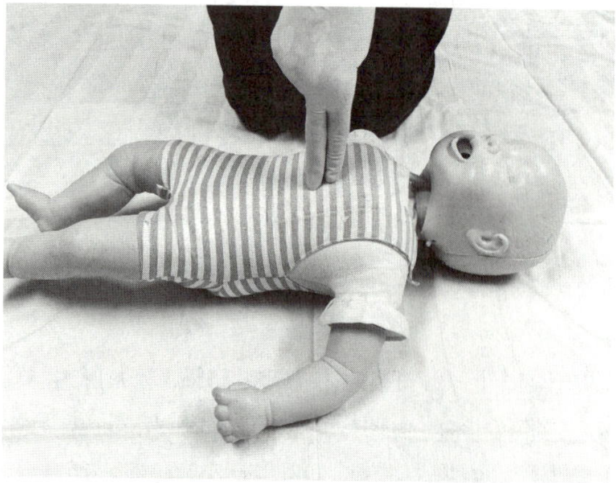

图 19-9-1 双指按压法

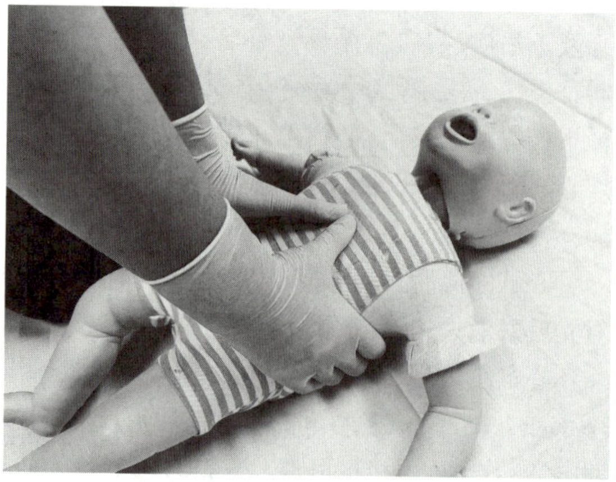

图 19-9-2 双手环抱按压法

NOTES

长儿和成人（图 19-9-3）；④单掌按压法，除仅用一只手掌按压外，其他同双掌按压，适用低年龄儿童。

5. 打开气道　单人 CPR 按压 30 次后，双人或多人 CPR 按压 15 次后，进行人工呼吸前打开气道。对无头颈部损伤者使用抬头举颏法；对怀疑或存在头颈部外伤者，使用推举下颌法。若推举下颌法不能有效打开气道，仍使用抬头举颏法。检查呼吸道是否有异物或分泌物，若有，予以清除。

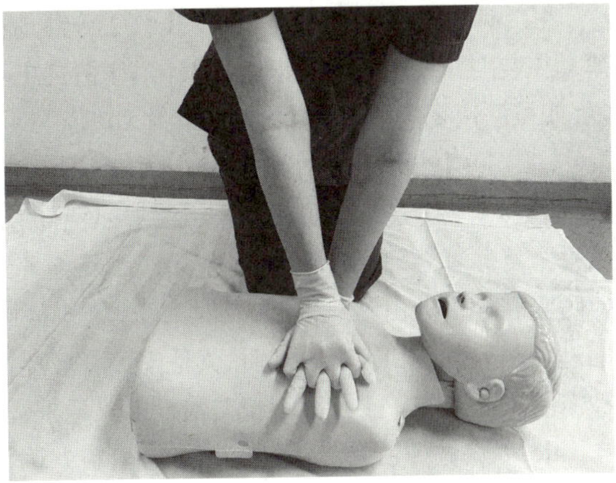

图 19-9-3　双掌按压法

6. 人工呼吸　打开并清理气道后予 2 次人工正压通气。可采用口对口/鼻人工呼吸（图 19-9-4）或气囊面罩正压通气（图 19-9-5）。每次吸气时间和呼气时间均为 1 秒，正压通气时以看到胸廓起伏为宜。如果胸廓无抬起，应再次尝试开放气道；再次开放气道后仍无胸廓抬起，应考虑异物堵塞可能，须予相应处理排除异物。气囊面罩人工通气过程中，最好使用 100% 的氧气。

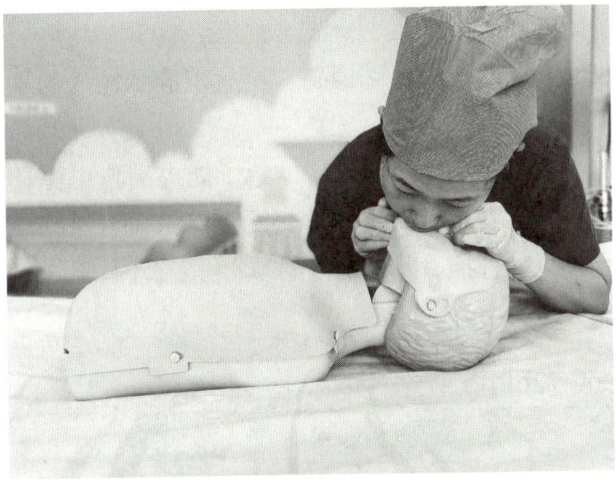

图 19-9-4　口对口人工呼吸

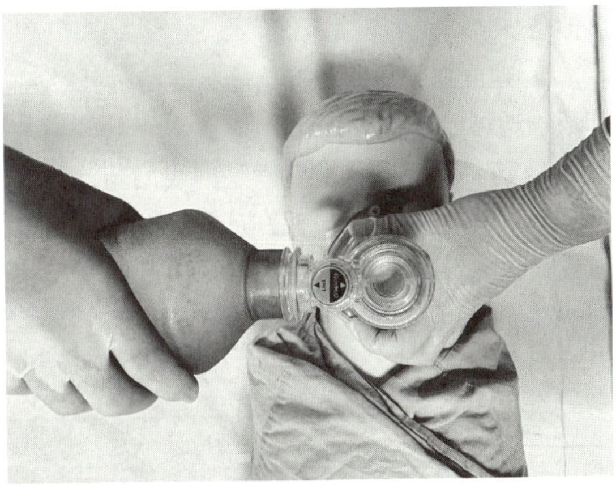

图 19-9-5　气囊面罩正压通气

7. 按压与通气的协调　建立高级气道前，按压通气比例单人复苏时为 30∶2，即每按压 30 次后暂停按压，给予 2 次人工呼吸；双人复苏时为 15∶2。建立高级气道后，按压频率仍为 100~120 次/分，通气频率为 20~30 次/分，通气时不再停止按压。

8. 高质量 CPR　心脏按压是 CPR 期间维持心输出量的唯一方法，必须保证高质量 CPR，才能使心脏和脑维持一定血液灌注，实现自主循环恢复和减轻脑损伤。具体要求包括：①胸外按压频率 100~120 次/分；②按压幅度至少达到胸廓前后径的 1/3，婴儿大约 4cm，儿童大约 5cm，青少年 5~6cm；③每次按压后保证胸廓完全回弹复位；④尽量缩短中断按压的时间，避免不必要的按压中断，必须停止时每次停止时间<10 秒；⑤避免过度通气。

研究表明，按压开始 1~2 分钟后，尽管施救者未感到疲劳，但按压效果已有下降。因此双人或多人复苏时，按压 2 分钟左右即应换人，转换应在 5 秒内完成，以保证高质量 CPR。

9. 使用 AED　除颤是以电击终止 VF 或 pVT，恢复有序、有心搏出量、可触及脉搏的心电节律和心肌收缩。除颤每延迟 1 分钟，复苏成功率降低 5%~10%。获得 AED 后必须立刻按 AED 操作步骤操作，若 AED 心律分析提示为可电击心律，按 AED 提示实施除颤；若提示为不可电击心律，则继续 CPR。每次除颤后立刻以心脏按压开始 CPR，直至下一次 AED 心律分析结果，并按照 AED 提示再次除颤或继续 CPR。

NOTES

10. 评估 BLS 期间，持续 CPR 约 2 分钟，应触摸大动脉搏动评估自主循环是否恢复。若大动脉搏动恢复且>60 次/分，停止心脏按压，评估自主呼吸情况，维持有效通气和氧合；若大动脉搏动未恢复，或虽已恢复但脉率<60 次/分，继续 CPR。

（二）PALS 流程

CPR 是一个连续的过程，若要达到最理想的复苏效果，重点应注意如下几个方面：①开始 BLS 时，第一个复苏者立刻开始胸外按压；第二个复苏者到场后，应立刻准备好用气囊面罩人工通气。儿童心搏呼吸骤停多数由缺氧引起，及时人工通气尤为重要。②保证高质量心肺复苏。③当两个复苏者分别进行胸外按压和人工通气时，其他复苏者应尽快准备好监护仪、除颤仪，建立血管通路，并准备好预计需使用的药物。④及时查找并治疗需紧急处理的可逆性病因。

1. 尽快做好监护 尽快连接心电监护并确认心电图表现，若为 VF 或 pVT，则尽早除颤；若为等电位线或无脉性电活动，则继续 CPR。气管插管后监测呼气末 CO_2 可帮助快速确认和监测气管插管的位置。若在 CPR 过程中呼气末 CO_2 浓度突然或持续增加，或已行有创动脉压监测者的动脉压波形由仅在按压时出现，变为自发的、与脉搏搏动一致的波形，均提示自主循环恢复；中心静脉压则可协助判断血容量和心脏功能，为复苏后稳定治疗提供更多有用信息。

2. 建立高级气道 CPR 开始后应尽快气管插管或使用喉罩建立高级气道，以气管插管最常用。但不可因建立高级气道而长时间停止心脏按压。气管插管前先予气囊面罩加压通气，使患者有足够氧储备。

3. 建立血管通路 首选静脉通路，静脉穿刺困难时应立即建立骨髓通路。所有需静脉输入的复苏药物均可经骨髓通路给予。

4. 药物治疗 肾上腺素是一线用药，适用于所有心搏呼吸骤停患者，尽早给予能提高自主循环恢复率。其他药物仅在有适应证时使用。复苏时常用药物见表 19-9-1。复苏药物最好经血管通路注射或输入。对于血管通路建立困难、已经气管插管者，可经气管插管给予肾上腺素、利多卡因、阿托品和纳洛酮，其他药物不能经气管插管给予。

表 19-9-1 儿童复苏常用药物

药物名称	适应证	剂量和用法
肾上腺素	心搏骤停	IV/IO：1 ∶ 10 000 浓度 0.1ml/kg（0.01mg/kg），3~5 分钟 1 次。单次最大剂量 1mg 气管插管内给药：1 ∶ 1 000 浓度，0.1ml/kg（0.1mg/kg）
胺碘酮	室颤、无脉性室速或室速	IV/IO：5mg/kg，最大 300mg。无效可重复，每日最大剂量 15mg/kg（或总量 2.2g）
利多卡因	室颤、无脉性室速或室速	IV/IO：负荷量 1mg/kg，若无效 15 分钟后可重复注射，最大量 5mg/kg。维持量 20~50μg/（kg·min）持续静脉滴注。若开始维持静脉滴注距负荷量给药时间>15 分钟，开始持续静脉滴注前再给予 1 次负荷量 气管插管内给药：2~3mg/kg
10% 氯化钙	低钙血症、高钾血症、高镁血症、钙通道阻滞剂过量导致的低血压或心搏骤停	IV/IO：20mg/kg（0.2ml/kg），必要时重复
10% 葡萄糖酸钙	同 10% 氯化钙	IV/IO：50mg/kg（0.5ml/kg），必要时重复
硫酸阿托品	有症状的心动过缓	IV/IO：0.02mg/kg，单次最大剂量儿童 0.50mg，青少年 1.00mg。无效可重复 1 次。总剂量最大儿童 1mg，青少年 2mg 气管插管内给药：0.04~0.06mg/kg

NOTES

续表

药物名称	适应证	剂量和用法
纳洛酮	逆转阿片类麻醉药作用	IV/IO:0.1mg/kg,必要时每 2 分钟重复 1 次,最大剂量 2mg 气管插管内给药:剂量为静脉剂量的 2~3 倍
5% 碳酸氢钠	严重代谢性酸中毒、高钾血症	IV/IO:1mmol/kg,缓慢注射,使用时要保证有效通气
10% 或 25% 葡萄糖	低血糖	IV/IO:0.5~1.0g/kg

5. 除颤 若 AED 除颤不成功或未取得 AED,应选择可调节除颤能量的手动除颤器。首次除颤剂量为 2J/kg,第 2 次及以后除颤应至少达 4J/kg,但最高不超过 10J/kg 或成人剂量。每次除颤后立刻以胸外按压开始 CPR,2 分钟后评估心律是否恢复。

6. 体外心肺复苏(extracorporeal CPR,ECPR) 对于常规 CPR 无效的顽固性心搏呼吸骤停,在 CPR 期间开始 ECMO,称为 ECPR,可增加存活率,有条件的单位可以开展。

7. 及时发现并治疗可逆性病因 这些因素往往是复苏不成功或复苏后病情再次恶化的重要原因,必须快速识别并紧急处理。为方便记忆和查找,将其归结为 6H、5T。6H 指:低血容量(hypovolemia)、缺氧(hypoxia)、酸中毒(hydrogen ions,acidosis)、高/低血钾(hyper-hypokalemia)、低血糖(hypoglycemia)、低温(hypothermia)。5T 指:中毒(toxication)、心脏压塞(tamponade cardiac)、张力性气胸(tension pneumothorax)、肺栓塞(thrombosis,pulmonary)、冠脉栓塞(thrombosis,coronary)。

8. 终止心肺复苏的指征 对自主循环不能恢复者,目前尚无证据支持何时终止心肺复苏最为恰当。意识和自主呼吸等中枢神经系统功能未恢复的表现不能作为终止复苏的指征;只要心脏对各种刺激(包括药物)有反应,CPR 至少应持续 1 小时。

(三)复苏后稳定

对于自主循环恢复并能维持者,进入复苏后稳定治疗阶段,应采取综合措施,积极治疗心搏骤停后综合征,加强脑保护,避免脑损伤进一步加重。

1. 监护 实现自主循环恢复后,应进行密切监护,包括意识状态、体温、尿量、经皮氧饱和度、呼气末 CO_2 水平、心电图、血压、血糖、血乳酸、血气分析、电解质、凝血功能、胸部影像学等。对于循环状态不稳定者,应监测中心静脉压、有创动脉血压、中心静脉血氧饱和度、心脏超声等。对于神经系统损害明显者,应进行脑损伤评估,监测脑电图,并行 TCD 监测脑血流及颅脑 CT 或 MR 等影像学检查。

2. 维持通气和氧合 继续保持有效通气和氧供,通过调节每分钟通气量和吸入氧浓度,使动脉血氧饱和度维持在≥94%,但<100%,动脉血 CO_2 分压在正常范围,避免过高或过低。

3. 稳定循环功能 复苏后循环支持的目标是达到同年龄的正常血压。复苏后休克很常见,原因主要为心肌抑制和血管调节功能障碍,应予血管活性药物调节心血管功能。常用药物包括米力农、多巴酚丁胺、多巴胺、肾上腺素和去甲肾上腺素;对于确认或可疑血容量不足者,予液体复苏;对于有严重心律失常者,应予纠正。

4. 脑保护治疗 对于复苏后处于昏迷状态者,应维持正常体温或采用治疗性低体温,体温≥38℃时积极退热。对于有颅内高压者,应予降颅压治疗。惊厥发作或癫痫性电持续状态均可加重脑损伤,应积极治疗。

5. 维持肾功能 CPR 之后可由多种因素导致急性肾损伤,应针对原因处理,避免使用肾毒性药物,并根据肾损伤程度采取适当限制液量、利尿等措施,必要时血液净化。

6. 维持内环境稳定 在维持有效循环的前提下,宜使液体略呈负平衡状态;避免高血糖或低血糖;纠正酸碱平衡和电解质紊乱。

7. 治疗原发病 去除病因是避免再次发生心搏呼吸骤停的根本方法。一旦实现自主循环恢复,

NOTES

应立刻寻找病因并尽快开始针对性治疗。

（钱素云）

思考题

1. 简述脓毒性休克时组织低灌注的 6 项表现。
2. 高质量心肺复苏的要点是什么？
3. 创伤所致失血性休克的紧急治疗措施有哪些？

附录一

中国居民膳食能量需要量

膳食能量需要量(EER)

年龄/阶段	男性						女性					
	PAL Ⅰ[a]		PAL Ⅱ[b]		PAL Ⅲ[c]		PAL Ⅰ[a]		PAL Ⅱ[b]		PAL Ⅲ[c]	
	MJ/d	kcal/d	MJ/d	kcal/d	MJ/d	kcal/d	MJ/d	kcal/d	MJ/d	kcal/d	MJ/d	kcal/d
0岁~	—		0.38MJ/(kg·d)	90kcal/(kg·d)	—		—		0.38MJ/(kg·d)	90kcal/(kg·d)	—	
0.5岁~	—		0.31MJ/(kg·d)	75kcal/(kg·d)	—		—		0.31MJ/(kg·d)	75kcal/(kg·d)	—	
1岁~	—		3.77	900	—		—		3.35	800	—	
2岁~	—		4.60	1 100	—		—		4.18	1 000	—	
3岁~	—		5.23	1 250	—		—		4.81	1 150	—	
4岁~	—		5.44	1 300	—		—		5.23	1 250	—	
5岁~	—		5.86	1 400	—		—		5.44	1 300	—	
6岁~	5.86	1 400	6.69	1 600	7.53	1 800	5.44	1 300	6.07	1 450	6.90	1 650
7岁~	6.28	1 500	7.11	1 700	7.95	1 900	5.65	1 350	6.49	1 550	7.32	1 750
8岁~	6.69	1 600	7.74	1 850	8.79	2 100	6.07	1 450	7.11	1 700	7.95	1 900
9岁~	7.11	1 700	8.16	1 950	9.20	2 200	6.49	1 550	7.53	1 800	8.37	2 000
10岁~	7.53	1 800	8.58	2 050	9.62	2 300	6.90	1 650	7.95	1 900	8.79	2 100
11岁~	7.95	1 900	9.20	2 200	10.25	2 450	7.32	1 750	8.37	2 000	9.41	2 250
12岁~	9.62	2 300	10.88	2 600	12.13	2 900	8.16	1 950	9.20	2 200	10.25	2 450
15岁~	10.88	2 600	12.34	2 950	13.81	3 300	8.79	2 100	9.83	2 350	11.09	2 650
18岁~	9.00	2 150	10.67	2 550	12.55	3 000	7.11	1 700	8.79	2 100	10.25	2 450
30岁~	8.58	2 050	10.46	2 500	12.34	2 950	7.11	1 700	8.58	2 050	10.04	2 400
50岁~	8.16	1 950	10.04	2 400	11.72	2 800	6.69	1 600	8.16	1 950	9.62	2 300
65岁~	7.95	1 900	9.62	2 300	—	—	6.49	1 550	7.74	1 850	—	—
75岁~	7.53	1 800	9.20	2 200	—	—	6.28	1 500	7.32	1 750	—	—
孕早期	—	—	—	—	—	—	+0	+0	+0	+0	+0	+0
孕中期	—	—	—	—	—	—	+1.05	+250	+1.05	+250	+1.05	+250
孕晚期	—	—	—	—	—	—	+1.67	+400	+1.67	+400	+1.67	+400
乳母	—	—	—	—	—	—	+1.67	+400	+1.67	+400	+1.67	+400

注:PAL Ⅰ[a]、PAL Ⅱ[b] 和 PAL Ⅲ[c] 分别代表低强度身体活动水平、中等强度身体活动水平和高强度身体活动水平。
"—" 表示未制定或未涉及;"+" 表示在相应年龄阶段的成年女性需要量基础上增加的需要量。

附录二

中国居民膳食碳水化合物、脂肪酸参考摄入量

附表 2-1 膳食碳水化合物参考摄入量

年龄/阶段	总碳水化合物		膳食纤维	添加糖[a]
	EAR/($g \cdot d^{-1}$)	AMDR/%E	AI/($g \cdot d^{-1}$)	AMDR/%E
0 岁~	60(AI)	—	—	—
0.5 岁~	80(AI)	—	—	—
1 岁~	120	50~65	5~10	—
4 岁~	120	50~65	10~15	<10
7 岁~	120	50~65	15~20	<10
9 岁~	120	50~65	15~20	<10
12 岁~	150	50~65	20~25	<10
15 岁~	150	50~65	25~30	<10
18 岁~	120	50~65	25~30	<10
30 岁~	120	50~65	25~30	<10
50 岁~	120	50~65	25~30	<10
65 岁~	120	50~65	25~30	<10
75 岁~	120	50~65	25~30	<10
孕早期	+10	50~65	+0	<10
孕中期	+20	50~65	+4	<10
孕晚期	+35	50~65	+4	<10
乳母	+50	50~65	+4	<10

注:[a] 添加糖每天不超过 50g/d,最好低于 25g/d。

"—"表示未制定;"+"表示在相应年龄阶段的成年女性需要量基础上增加的需要量。

附表 2-2　膳食脂肪及脂肪酸参考摄入量

年龄/阶段	总脂肪	饱和脂肪酸	n-6 多不饱和脂肪酸	n-3 多不饱和脂肪酸	亚油酸	亚麻酸	EPA+DHA
	AMDR/%E	AMDR/%E	AMDR/%E	AMDR/%E	AI/%E	AI/%E	AMDR/AI/($g\cdot d^{-1}$)
0 岁~	48(AI)	—	—	—	8.0(0.15g[a])	0.90	0.1[b]
0.5 岁~	40(AI)	—	—	—	6.0	0.67	0.1[b]
1 岁~	35(AI)	—	—	—	4.0	0.60	0.1[b]
3 岁~	35(AI)	—	—	—	4.0	0.60	0.2
4 岁~	20~30	<8	—	—	4.0	0.60	0.2
6 岁~	20~30	<8	—	—	4.0	0.60	0.2
7 岁~	20~30	<8	—	—	4.0	0.60	0.2
9 岁~	20~30	<8	—	—	4.0	0.60	0.2
11 岁~	20~30	<8	—	—	4.0	0.60	0.2
12 岁~	20~30	<8	—	—	4.0	0.60	0.25
15 岁~	20~30	<8	—	—	4.0	0.60	0.25
18 岁~	20~30	<10	2.5~9.0	0.5~2.0	4.0	0.60	0.25~2.00(AMDR)
30 岁~	20~30	<10	2.5~9.0	0.5~2.0	4.0	0.60	0.25~2.00(AMDR)
50 岁~	20~30	<10	2.5~9.0	0.5~2.0	4.0	0.60	0.25~2.00(AMDR)
65 岁~	20~30	<10	2.5~9.0	0.5~2.0	4.0	0.60	0.25~2.00(AMDR)
75 岁~	20~30	<10	2.5~9.0	0.5~2.0	4.0	0.60	0.25~2.00(AMDR)
孕早期	20~30	<10	2.5~9.0	0.5~2.0	+0	+0	0.25(0.2[b])
孕中期	20~30	<10	2.5~9.0	0.5~2.0	+0	+0	0.25(0.2[b])
孕晚期	20~30	<10	2.5~9.0	0.5~2.0	+0	+0	0.25(0.2[b])
乳母	20~30	<10	2.5~9.0	0.5~2.0	+0	+0	0.25(0.2[b])

注：[a] 花生四烯酸；[b] DHA。

“—”表示未制定；“+”表示在相应年龄阶段的成年女性需要量基础上增加的需要量。

附录三

中国居民膳食水适宜摄入量

水的适宜摄入量[a]

单位:ml/d

年龄/阶段	饮水量		总摄入量[b]	
	男性	女性	男性	女性
0岁~	—		700[c]	
0.5岁~	—		900	
1岁~	—		1 300	
4岁~	800		1 600	
7岁~	1 000		1 800	
12岁~	1 300	1 100	2 300	2 000
15岁~	1 400	1 200	2 500	2 200
18岁~	1 700	1 500	3 000	2 700
65岁~	1 700	1 500	3 000	2 700
孕早期	—	+0	—	+0
孕中期	—	+200	—	+300
孕晚期	—	+200	—	+300
乳母	—	+600	—	+1 100

注:[a] 温和气候条件下,低强度身体活动水平时的摄入量。在不同温湿度和/或不同强度身体活动水平时,应进行相应调整。

[b] 包括食物中的水和饮水中的水。

[c] 纯母乳喂养婴儿无需额外补充水分。

"—"表示未涉及;"+"表示在相应年龄阶段的成年女性需要量基础上增加的需要量。

推荐阅读

[1] 包新华,姜玉武,张月华. 儿童神经病学[M]. 3版. 北京:人民卫生出版社,2021.
[2] 陈荣华,赵正言,刘湘云. 儿童保健学[M]. 5版. 南京:江苏凤凰科学技术出版社,2017.
[3] 中华医学会儿科学分会内分泌遗传代谢学组,中华医学会儿科学分会儿童保健学组,中华儿科杂志编辑委员会. 儿童体格发育评估与管理临床实践专家共识[J]. 中华儿科杂志,2021,59(3):169-174.
[4] 桂永浩,申昆玲. 儿科学[M]. 2版. 北京:人民卫生出版社,2021.
[5] 黄兰,熊涛,唐军,等. 新生儿坏死性小肠结肠炎临床诊疗指南(2020)[J]. 中国当代儿科杂志,2021,23(1):1-11.
[6] 黎海芪. 实用儿童保健学[M]. 北京:人民卫生出版社,2016.
[7] 马克. 诊断学:问诊与查体[M]. 范宏伟,黄晓明,李航,译.7版. 北京:中国协和医科大学出版社,2015.
[8] 毛萌,江帆. 儿童保健学[M]. 4版. 北京:人民卫生出版社,2020.
[9] 邵肖梅. 实用新生儿[M]. 5版. 北京:人民卫生出版社,2019.
[10] 沈晓明. 临床儿科学[M]. 2版. 北京:人民卫生出版社,2013.
[11] 王天有,申昆玲,沈颖. 诸福棠实用儿科学[M]. 9版. 北京:人民卫生出版社,2022.
[12] 中华医学会儿科学分会内分泌遗传代谢学组,中华医学会儿科学分会儿童保健学组,中华医学会儿科学分会临床营养学组,等. 中国儿童肥胖诊断评估与管理专家共识[J]. 中华儿科杂志,2022,60(6):507-515.
[13] 中华医学会儿科学分会消化学组. 儿童炎症性肠病诊断和治疗专家共识[J]. 中华儿科杂志,2019,57(7):501-507.
[14]《中华儿科杂志》编辑委员会. 儿童社区获得性肺炎管理指南(2013年修订)[J]. 中华儿科杂志,2013,51(10):745-752.
[15] 赵晓东. 儿童免疫学[M]. 2版. 北京:人民卫生出版社,2022.
[16] KHALID A,HENRY C L,MARILYN B E,et al. Neonatal Resuscitation:2020 American Heart Association Guidelines for Cardiopulmonary Resuscitation and Emergency Cardiovascular Care [J]. Circulation,2020,142:S524-S550.
[17] FLOREZ ID,NIÑO-SERNA LF,BELTRÁN-ARROYAVE CP. Acute Infectious Diarrhea and Gastroenteritis in Children [J]. Curr Infect Dis Rep,2020,22(2):4.
[18] KELLEY-QUON LI,ARTHUR LG,WILLIAMS RF,et al. Management of Intussusception in Children:A Systematic Review [J]. J Pediatr Surg,2021,56(3):587-596.
[19] KIDNEY DISEASE:IMPROVING GLOBAL OUTCOMES(KDIGO)GLOMERULAR DISEASES WORK GROUP. KDIGO 2021 Clinical Practice Guideline for the Management of Glomerular Diseases [J]. Kidney Int,2021,100:S1-S276.
[20] MAYER-DAVIS EJ,KAHKOSKA AR,JEFFERIES C,et al. ISPAD Clinical Practice Consensus Guidelines 2018:Definition,Epidemiology,and Classification of Diabetes in Children and Adolescents [J]. Pediatr Diabetes,2018,19(Suppl 27):7-19.
[21] PETTY RE,LAXER RM,WEDDERBURN LR. Juvenile Idiopathic Arthritis:Classification and Basic Concepts.

Textbook of Pediatric Rheumatology [M]. 8th ed. Philadelphia: Elsevier, Inc, 2020.

[22] Myung K. Park, Mehrdad Salamat.Park's Pediatric Cardiology For Practioners [M]. 7th ed. Philadelphia Pa: Elsevier, 2021.

[23] WEISS SL, PETERS MJ, ALHAZZANI W, et al. Surviving Sepsis Campaign International Guidelines for the Management of Septic Shock and Sepsis-Associated Organ Dysfunction in Children [J]. Pediatr Crit Care Med, 2020, 21(2): e52-e106.

[24] WILMOTT RW, DETERDING R, LI A, et al. Kendig's Disorders of the Respiratory Tract in Children [M]. 9th ed. Philadelphia PA: Elsevier, 2019.

中英文名词对照索引

D

E

F

K

L

M

Y

Z

彩　　图

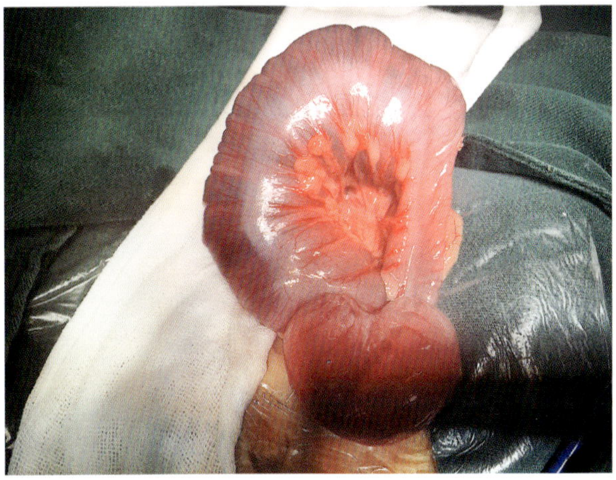

彩图 7-8-5　肠套叠手术复位

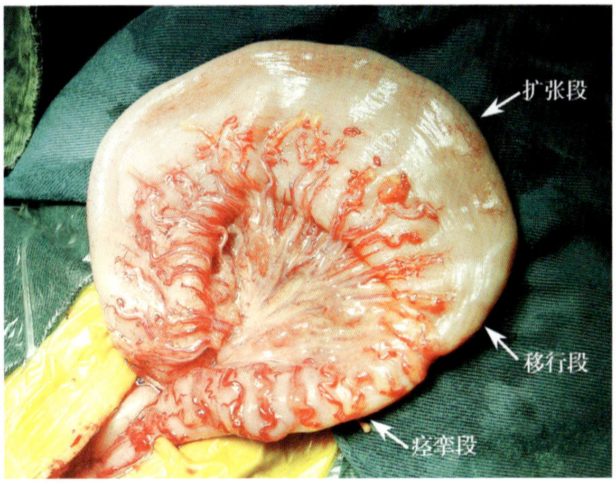

彩图 7-12-1　先天性巨结肠大体病理图片

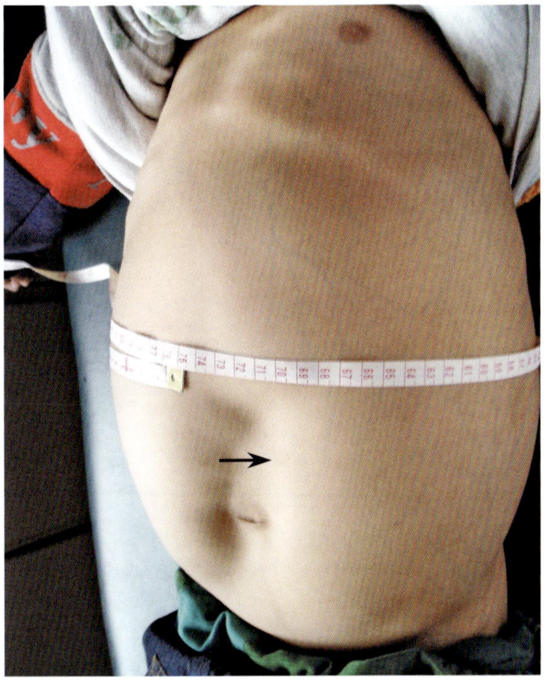

彩图 7-12-2　巨结肠患者高度腹胀，见巨大肠型

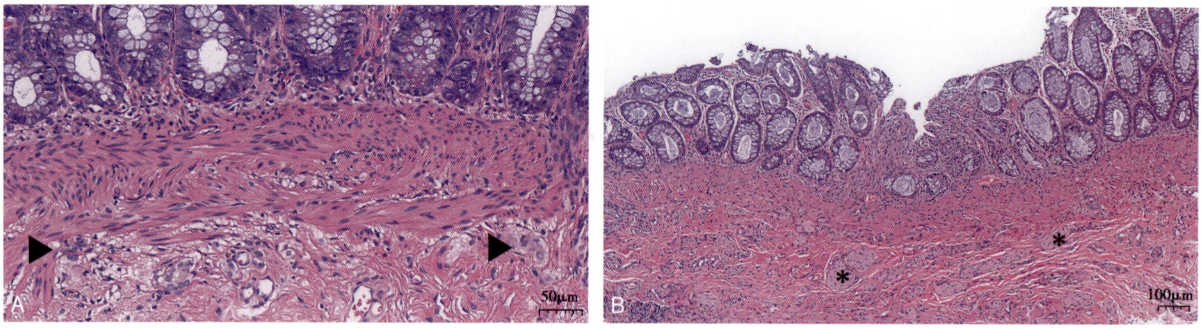

彩图 7-12-4 直肠组织 HE 染色

A. 正常直肠组织肌间神经丛及黏膜下神经丛可见神经节细胞;B. 巨结肠患者直肠组织肌间及黏膜下神经丛神经节细胞缺如,神经干异常增粗。

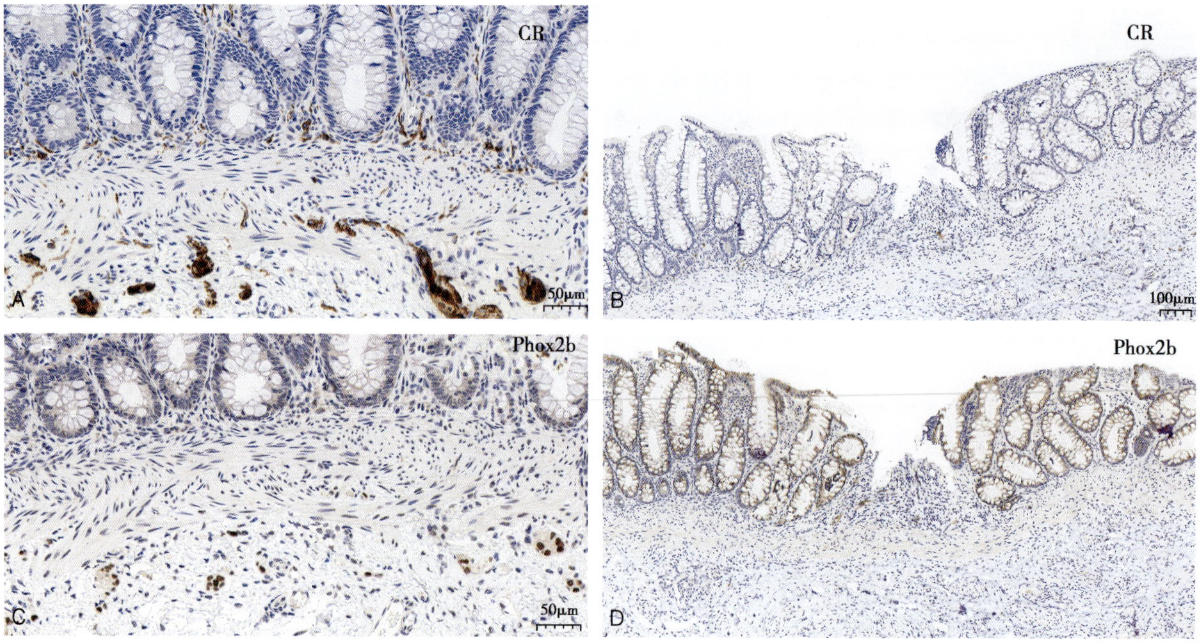

彩图 7-12-5 免疫组织化学染色

A、C. 正常直肠组织 CR 与 Phox2b 表达阳性;B、D. 巨结肠患者直肠组织 CR 与 Phox2b 表达阴性。

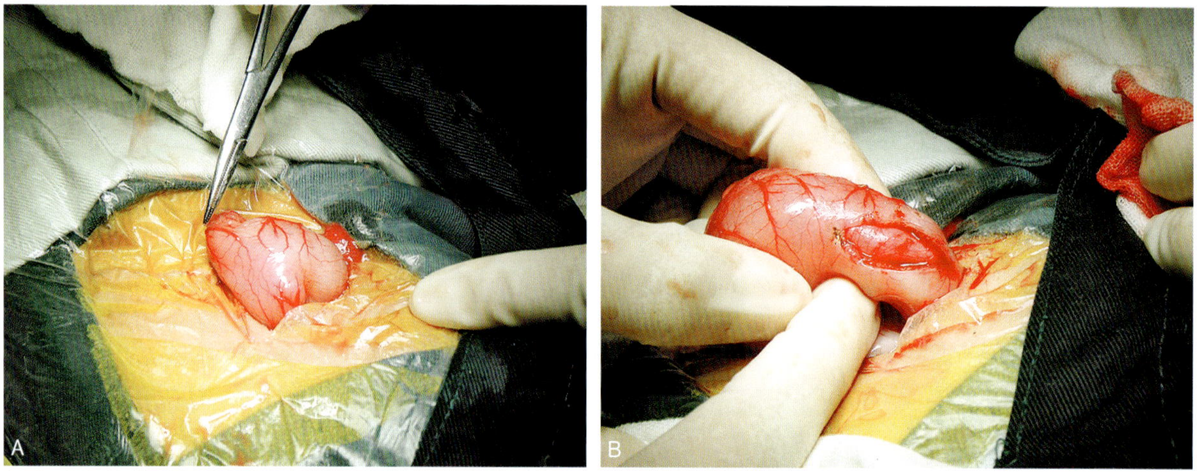

彩图 7-13-3 开腹幽门环肌切开术

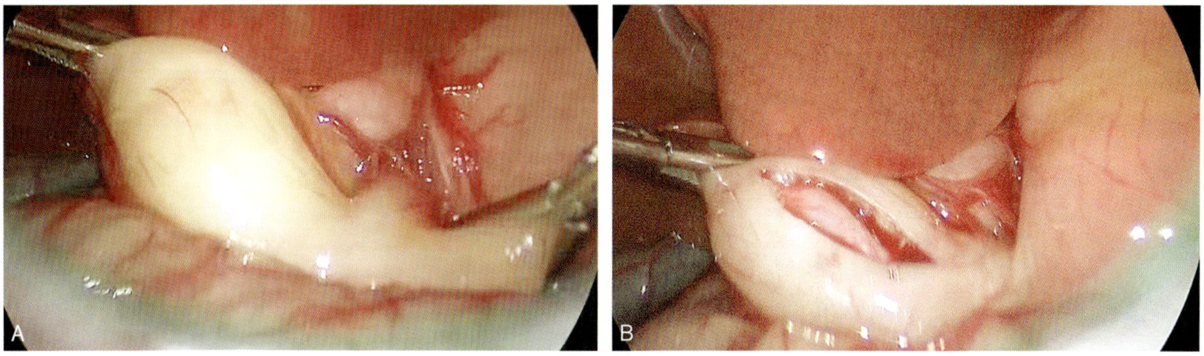

彩图 7-13-4　腹腔镜幽门环肌切开术

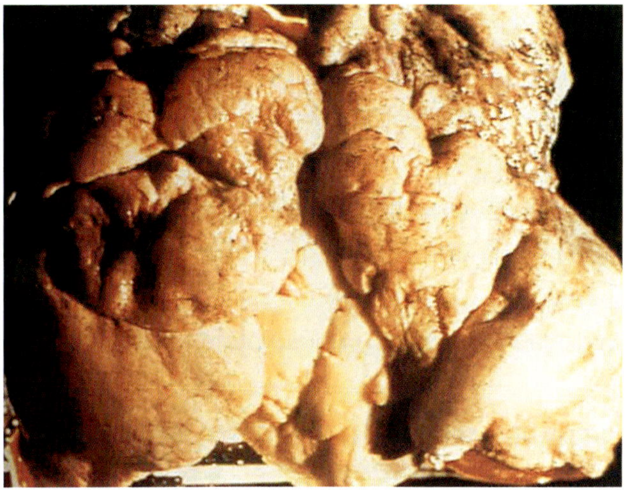

彩图 8-9-2　因哮喘死亡患者的大体标本

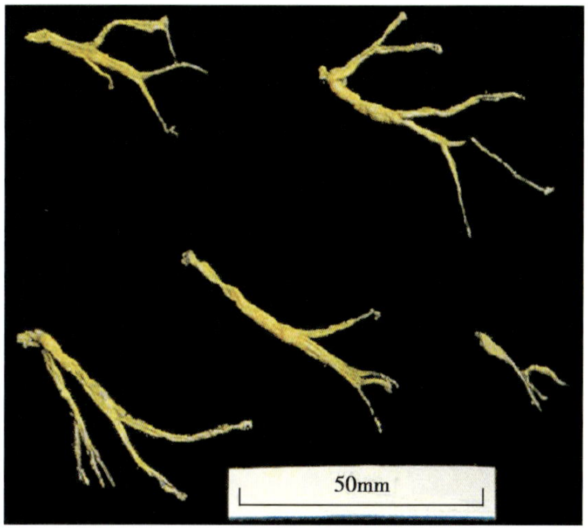

彩图 8-9-3　支气管哮喘患者咳出的黏液栓

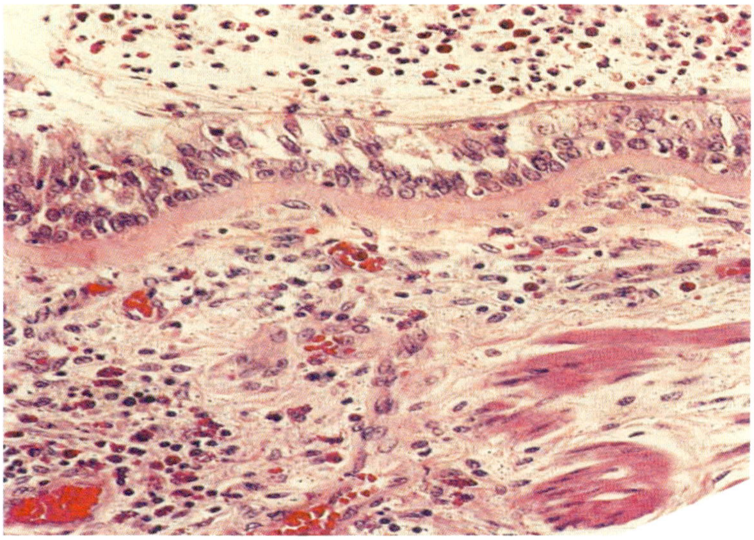

彩图 8-9-4　哮喘患者小气道显微镜下所见

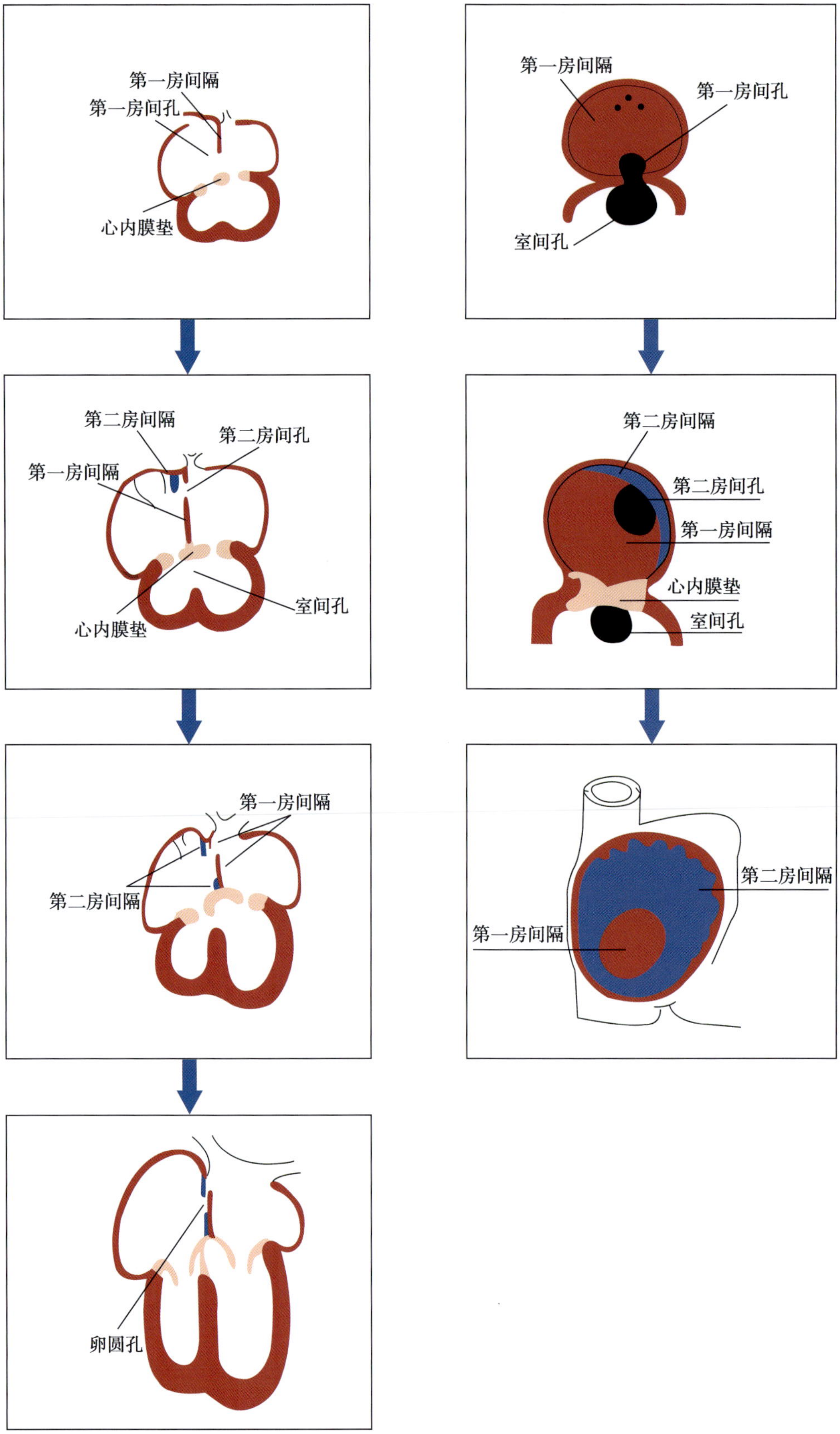

彩图 9-1-2　胚胎心脏房间隔的发育过程

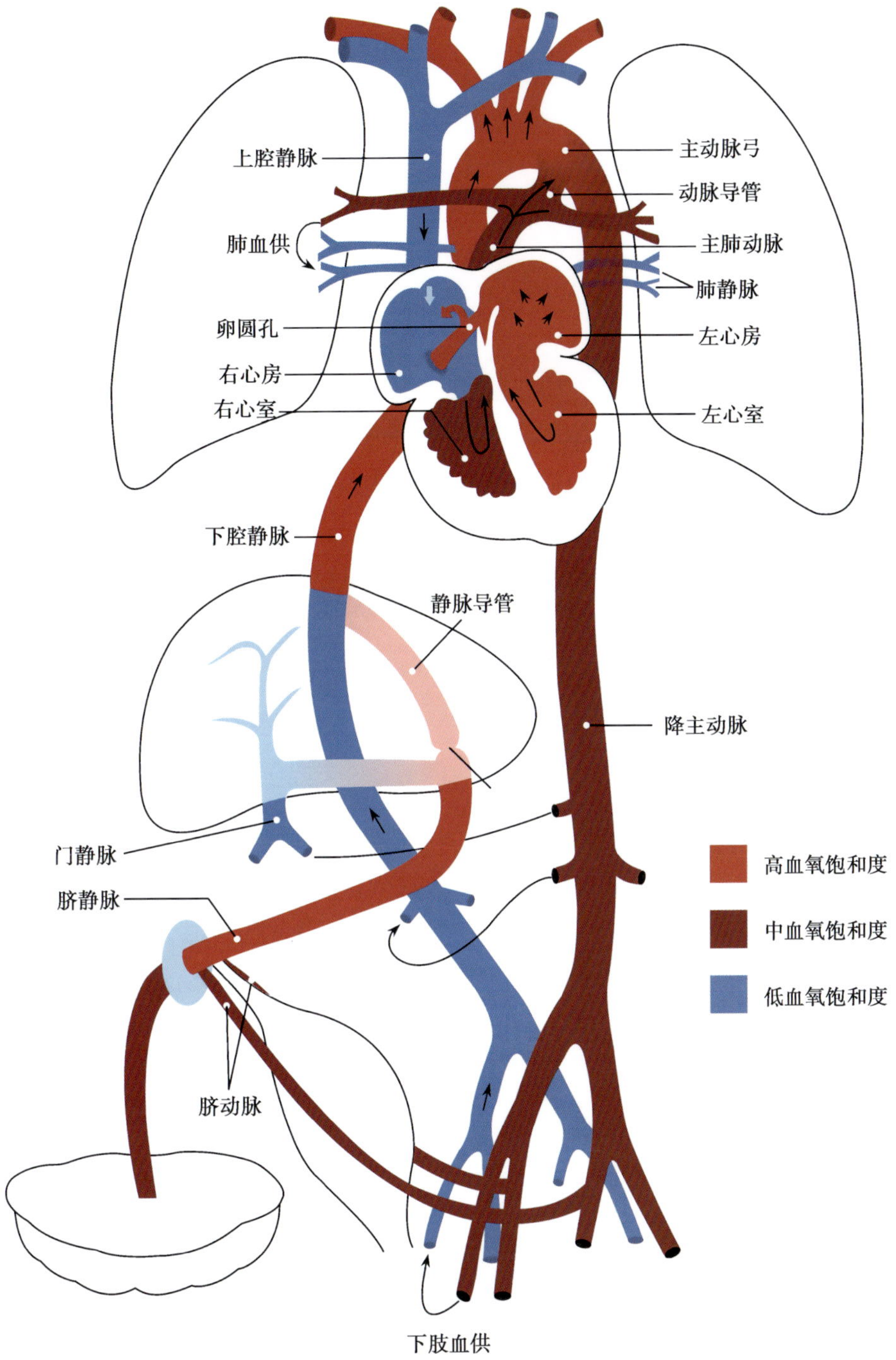

彩图 9-1-4　胎儿血液循环示意图

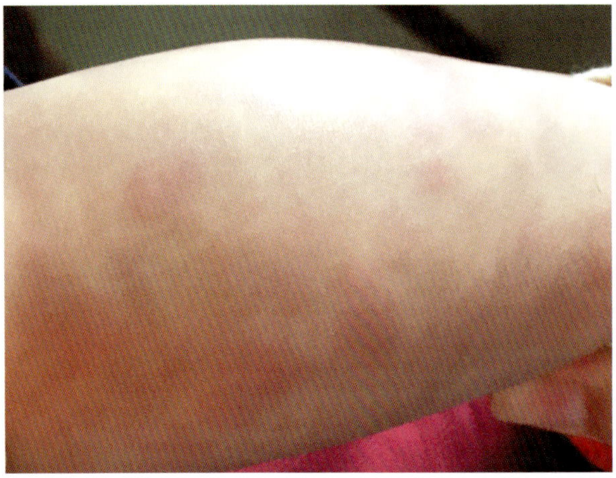

彩图 16-2-1　慢性荨麻疹样皮疹

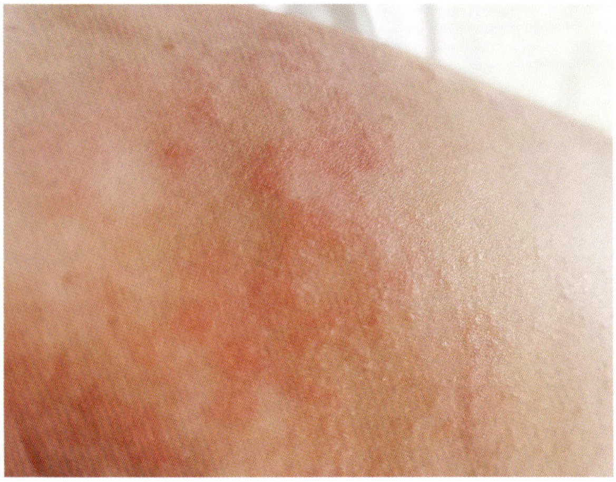

彩图 16-3-1　特应性皮炎皮疹

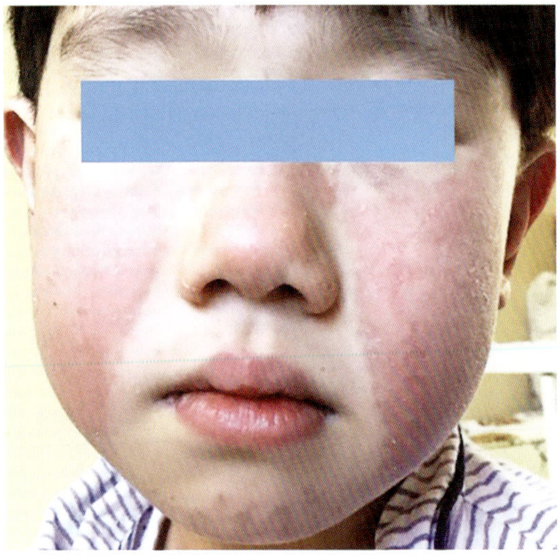

彩图 17-1-1　SLE 时的蝶形红斑

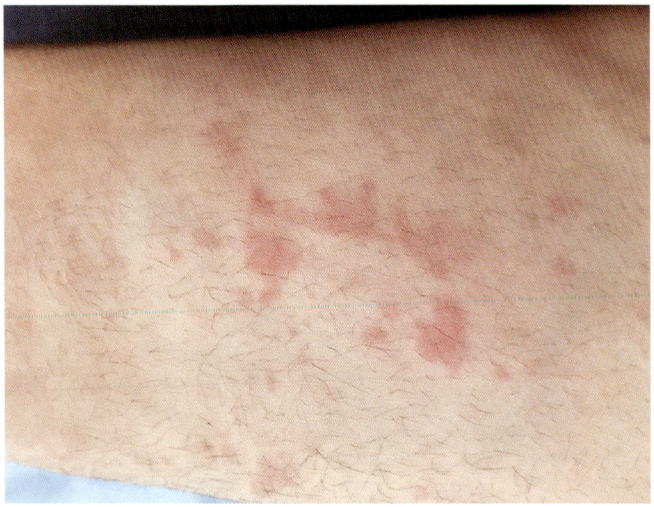

彩图 17-3-1　sJIA 特征性红色荨麻疹样斑丘疹

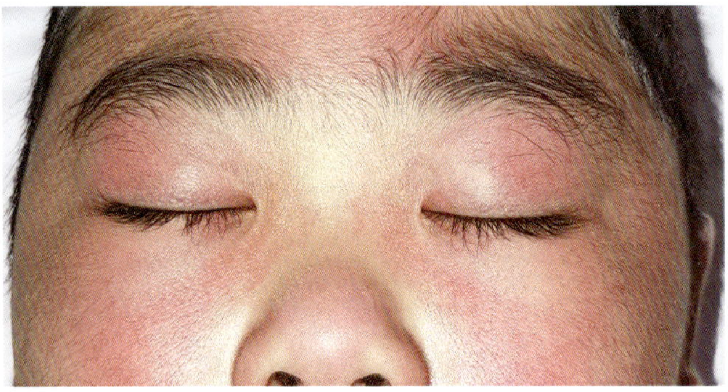

彩图 17-5-1　JDM 患者的向阳疹

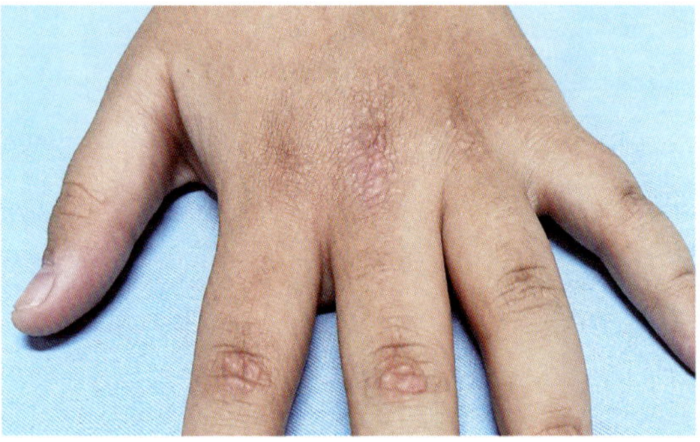

彩图 17-5-2　JDM 患者的 Gottron 征

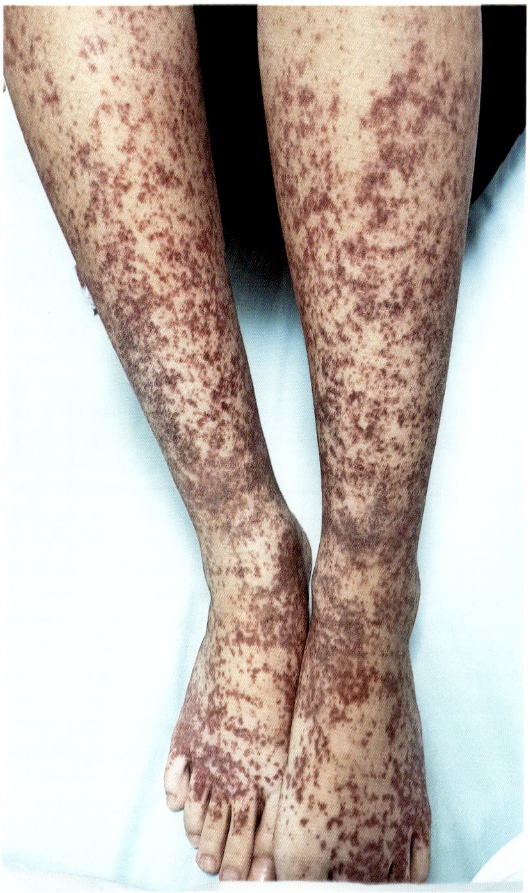

彩图 17-6-1　过敏性紫癜的典型皮疹